# Computational Studies of the Most Frequent Chinese Words and Sounds

## World Scientific Series in Computer Science

Volume 1: Computer-Aided Specification Techniques
*by J Demetrovics, E Knuth and P Radó*

Volume 2: Symbolic and Algebraic Computation by Computers
*edited by N Inada and T Soma*

Volume 3: Computational Studies of the Most Frequent Chinese Words and Sounds
*by Ching Y Suen*

Volume 4: Understanding and Learning Statistics by Computer
*by M C K Yang and D Robinson*

Volume 5: Information Control Problems in Manufacturing Automation
*by L Nemes*

Series in Computer Science — Volume 3

# Computational Studies of the Most Frequent Chinese Words and Sounds


CHING Y SUEN

*Department of Computer Science*
*Concordia University*



World Scientific

*Published by*

**World Scientific Publishing Co Pte Ltd.**
**P. O. Box 128, Farrer Road, Singapore 9128**
**242, Cherry Street, Philadelphia PA 19106-1906, USA**

**Library of Congress Cataloging-in-Publication Data**

Suen, Ching Y.
Computational studies of the most frequent Chinese words and sounds.

1. Chinese language — Data processing. 2. Chinese language — Word frequency. I. Title.
PL1074.5.S893 1986 495.1'028'5 85-31531
ISBN 9971-50-022-1



Printed in Singapore by Fu Loong Lithographer Pte Ltd.

# PREFACE

Following the rapid growth of powerful computer hardware and sophisticated software, Chinese computing and data processing have become a very exciting field. This book presents the 6,321 most commonly used Chinese words in two orderings: one in descending frequency, and the other in phonetic groups according to Suen's new phonetic system. Extracted from a corpus of 40,032 different Chinese words, these six thousand most frequently used words cover 90% of 879,300 word samples selected from popular newspapers and novels, magazines and periodicals, school texts and miscellaneous reading materials. In order to make the databases and frequency tables easily available to other people, the author has recorded on a magnetic tape the derived databases and results, as well as the digitized patterns of 5,000 most frequently used Chinese characters printed in the Kai font 楷體 . Copies of this tape are available from the author. Access to them by computer is described in Chapter 1 with documentation, sample outputs and program. Statistics related to the databases have also been computed, e.g. the lengths of the Chinese words and their frequencies, and the distribution of the word frequencies and ranks. All data have been coded in Suen's new Romanized Mandarin phonetic system to facilitate the pronunciation of the Chinese words and description of this phonetic system and the rationale behind it are presented in Chapter 2.

The data presented in this book are of the most fundamental importance in the design and construction of word processors and computers for processing Chinese texts and data, investigation of lexicographical and phonological matters, compilation of dictionaries, language reform, and preparation of Chinese lessons. In addition, they form a valuable source of information in deciding on the coding, transmission, and reproduction of Chinese words, the number and sequence of words to be stored in memory, the layout of the keyboard by shape and by sound, and the use of words and contextual information to speed up the input process. Hence this book should be of interest to linguists, computer scientists, psychologists, students, teachers, and specialists of the Chinese language, as well as sinologists and scholars in computational studies of Chinese words and sounds.

It is with pleasure that I acknowledge my gratitude to Prof. I.-m. Liu of the Chinese University of Hong Kong who not only encouraged me to use the data published in his book, but also offered constructive comments on the draft of this book. The author also wishes to thank Prof. M. M. Y. Sung of Indiana University, Prof. C.-C. Cheng of the University of Illinois at Urbana-Champaign, Prof. J. Unger of the University of Hawaii and Prof. V. H. Mair of the University of Pennsylvania for their valuable comments and criticisms. Thanks are also due to Messrs. C. L. Yu, Q. N. Ong, and Y. X. Gu, for computer programming help and digitization of many Chinese characters.

Particular acknowledgement is due to my ablest assistant, Ms. W. F. Kok, who performed the laborious and tedious task of extracting the most frequent words and their frequencies from the original data, tabulation of the processed data in phonetic and rank lists, and subsequently assisted me with checking, revising, and reconciling the data here presented.

My appreciation is expressed here to Mr. P. K. L. Chan of Hong Kong who has been supportive of my research on Chinese language processing. The author is grateful to the Natural Sciences and Engineering Research Council of Canada and the Department of Education of Quebec for their financial support of his projects.

Ching Y. Suen
*Montreal, June 1985*

# CONTENTS

# Chapter 1
# DATA AND ACCESS

## Source of Data

The data were extracted from Liu et al.'s book entitled *Frequency Count of 40,000 Chinese Words* published in 1975. This book contains a corpus of 879,300 samples of 40,032 different Chinese words selected from popular newspapers, magazines and periodicals, novels and non-novels, elementary and secondary school textbooks, children's extra-curricular reading materials, and readers' digests, covering a large variety of subjects. In order to avoid the listing of too many unimportant words, the names of small towns, streets, people, foreign characters and colloquials, were eliminated unless they appeared at least two times in the collection. The frequency counts of all 40,032 words were listed only in the order of phonetic sounds, i.e. starting from b ( ㄅ ), 八 749, 八寶飯 2, ...; p ( ㄆ ), 趴 3, 扒 1, ...; m ( ㄇ ), 嗎 494, 嘛 24, ...; f ( ㄈ ), 伐 10, 伐木 2, ...; .........; y( ㄩ ), 迂腐 2, 迂道 1, ... Had they also listed the Chinese words in descending order of frequency, their book would have been more useful. Although the end of the book contains a listing of 1,000 most common words found in the corpus, they were again listed only in phonetic order and their frequencies were not given.

Liu et al. defined a word as the smallest unit which carries meaning in a sentence. Hence some characters (such as nouns) can be words so long as they alone, carry meaning in a sentence. To differentiate a character from a word, characters are combined to form a word when they are not habitually used independently to express an idea. For examples, 去了 (meaning gone) and 走著 (meaning walking along), are both considered as words. However, it may be worthwhile to note that sometimes it is not easy to identify a *word* precisely due to the fuzzy boundary between a word and a phrase, and between a word and a character. As well, like any other corpuses involving frequency counts of words, some words are dependent on time, local customs, geographic locations, and the type of materials selected.

The following sections provide information on the data, their file structures, and statistics derived. Copies of the entire corpus of data are available on magnetic tapes from the author.

## Access to the Data

This section provides the information required to access the data of

(1) A set of 4,864 most frequently used Chinese characters and their phonetic sounds represented in Suen's Mandarin system (see Chapter 2),

(2) A set of 6,321 most frequent Chinese words and their phonetic sounds and frequency statistics.

The data would be expedient to users who wish to conduct research on computer input and output of Chinese characters and phonetic sounds. It would also be useful to those learning Chinese words with the aid of the phonetic representations along with the tones.

**Data Description**

All 3 sets of data are written on a 9 track 1600 bpi magnetic tape listed below:

(1) *The matrices of about 5,000 Chinese characters each represented in a 50 by 50 matrix.* These binarized characters are ordered according to the identity (ID) numbers listed in [Suen 1979]. Printouts of the first few matrices are shown in Fig. 1.

(2) *The phonetic data with Filenames CYSPIN and CYSDES.* CYSPIN is ordered according to phonetic sounds and CYSDES is in descending order of frequency. Each data set consists of a listing of 6,321 Chinese words. These are multi-records which contain the phonetic sounds, tone, frequency, frequency percentage, identity (ID) and rank of the Chinese words and characters. The ID is the identification of each character and the rank is the number related to the frequency of occurrence and is assigned to the characters which can be written in different forms. Hence, several characters may share the same rank but have unique ID's. Printouts of the first page of CYSPIN and CYSDES are shown in Tables 1 and 2 respectively. Note that for simplicity in data handling and uniformity in data format on the magnetic tape, both Freq. and Freq.% are represented by 0 when the character is not the first one in the word, e.g.

| Syllable | Tone | Freq. | Freq.% | ID | Rank |
|---|---|---|---|---|---|
| ba | 1 | 10 | 0.0013 | 2 | 388 |
| xi | 1 | 0 | 0.0000 | 2783 | 61 |

Hence the Freq. and Freq.% corresponding to the first character (ba in this example) are the Freq. and Freq.% of the word ba xi.

(3) *Exception character lists.* There are altogether 438 characters in the lists. Their filenames are F50, F51, F52, F53, F54, F55 respectively. Printouts of lists of exception characters are given in Appendices B, C, D, E, and F. Note that for convenience, the ID and the Rank of the new characters on the magnetic tape are suppressed and represented by 0 0, see line 6 in Table 1. In the actual printouts their ID's and Ranks are restored as ID1 RK1 for the first pair of 0's, ID2 RK2 for the second pair of 0's, etc. The positions of these characters in the file are given by their ID's plus 4,900, e.g. the position of the character which has ID70 is given by 4,900+70=4,970.

Fig. 1. Sample printouts of some character matrices.

Table 1. Printout of the first page of CYSPIN.

| | | | | | |
|---|---|---|---|---|---|
| ba | 1 | 749 | 0.0949 | 1 | 93 |
| ba | 1 | 10 | 0.0013 | 2 | 388 |
| xi | 1 | 0 | 0.0000 | 2783 | 61 |
| ba | 1 | 262 | 0.0332 | 3 | 340 |
| ba | 2 | 29 | 0.0037 | 9 | 1833 |
| ba | 3 | 15 | 0.0019 | 0 | 0 |
| ba | 4 | 44 | 0.0056 | 12 | 275 |
| ba | 4 | 151 | 0.0191 | 12 | 275 |
| ba | 4 | 0 | 0.0000 | 12 | 275 |
| ba | 4 | 206 | 0.0261 | 13 | 1182 |
| ba | 4 | 27 | 0.0034 | 13 | 1182 |
| luh | 5 | 0 | 0.0000 | 1295 | 5 |
| ba | 4 | 20 | 0.0025 | 13 | 1182 |
| goong | 1 | 0 | 0.0000 | 1804 | 125 |
| bo | 1 | 32 | 0.0041 | 18 | 807 |
| bo | 1 | 10 | 0.0013 | 18 | 807 |
| lan | 2 | 0 | 0.0000 | 1339 | 552 |
| bo | 1 | 49 | 0.0062 | 19 | 984 |
| li | 2 | 0 | 0.0000 | 1370 | 1150 |
| bo | 1 | 10 | 0.0013 | 19 | 984 |
| li | 2 | 0 | 0.0000 | 1370 | 1150 |
| gwan | 3 | 0 | 0.0000 | 1787 | 452 |
| bo | 1 | 13 | 0.0016 | 21 | 2545 |
| bo | 1 | 28 | 0.0035 | 20 | 1577 |
| bo | 2 | 13 | 0.0016 | 25 | 883 |
| bo | 2 | 0 | 0.0000 | 25 | 883 |
| bo | 2 | 12 | 0.0015 | 25 | 883 |
| mu | 3 | 0 | 0.0000 | 560 | 287 |
| bo | 2 | 25 | 0.0032 | 25 | 883 |
| ju:eh | 2 | 0 | 0.0000 | 2547 | 2524 |
| bo | 2 | 16 | 0.0020 | 36 | 2643 |
| dsi | 3 | 0 | 0.0000 | 3874 | 324 |
| bo | 2 | 15 | 0.0019 | 26 | 1106 |
| lin | 2 | 0 | 0.0000 | 1477 | 228 |
| bo | 1 | 117 | 0.0148 | 29 | 933 |
| shi | 4 | 0 | 0.0000 | 3596 | 362 |
| bo | 1 | 11 | 0.0014 | 29 | 933 |
| wu | 4 | 0 | 0.0000 | 4602 | 128 |
| gwan | 3 | 0 | 0.0000 | 1786 | 702 |
| bo | 2 | 48 | 0.0061 | 28 | 1566 |
| bo | 4 | 13 | 0.0016 | 46 | 683 |
| rcu | 1 | 0 | 0.0000 | 3507 | 60 |
| bai | 2 | 243 | 0.0308 | 49 | 251 |
| bai | 2 | 27 | 0.0034 | 49 | 251 |
| tien | 1 | 0 | 0.0000 | 1097 | 28 |
| bai | 2 | 20 | 0.0025 | 49 | 251 |
| goong | 1 | 0 | 0.0000 | 1808 | 1094 |
| bai | 2 | 18 | 0.0023 | 49 | 251 |
| run | 2 | 0 | 0.0000 | 3812 | 11 |
| bai | 2 | 37 | 0.0047 | 49 | 251 |
| suh | 4 | 0 | 0.0000 | 4114 | 339 |
| bai | 2 | 15 | 0.0019 | 49 | 251 |
| yu:n | 2 | 0 | 0.0000 | 4832 | 544 |
| bai | 3 | 1022 | 0.1295 | 50 | 180 |
| bai | 3 | 13 | 0.0016 | 50 | 180 |
| hwo | 4 | 0 | 0.0000 | 2098 | 1331 |
| goong | 1 | 0 | 0.0000 | 1805 | 83 |
| si | 1 | 0 | 0.0000 | 4084 | 564 |
| bai | 3 | 64 | 0.0081 | 51 | 1358 |
| bai | 3 | 16 | 0.0020 | 51 | 1358 |
| two | 1 | 0 | 0.0000 | 1133 | 1251 |
| bai | 4 | 60 | 0.0076 | 52 | 1138 |
| bai | 4 | 80 | 0.0101 | 53 | 851 |
| bai | 4 | 10 | 0.0013 | 53 | 851 |

**Table 2. Printout of the first page of CYSDES.**

| | | | | | |
|---|---|---|---|---|---|
| duh | 5 | 54438 | 6.8965 | 749 | 1 |
| shi | 4 | 16504 | 2.0908 | 3593 | 3 |
| dsai | 4 | 12252 | 1.5522 | 3899 | 9 |
| yi | 1 | 11935 | 1.5120 | 4300 | 2 |
| bu | 4 | 11410 | 1.4455 | 213 | 8 |
| luh | 5 | 11061 | 1.4013 | 1295 | 5 |
| you | 3 | 10685 | 1.3536 | 4444 | 6 |
| nung | 2 | 9907 | 1.2551 | 1212 | 70 |
| wo | 3 | 9096 | 1.1523 | 4625 | 4 |
| ta | 1 | 9076 | 1.1498 | 979 | 10 |
| guh | 4 | 7482 | 0.9479 | 1634 | 22 |
| rjuh | 4 | 6865 | 0.8697 | 3155 | 19 |
| shang | 4 | 5093 | 0.6452 | 3712 | 17 |
| run | 2 | 4977 | 0.6305 | 3812 | 11 |
| lai | 2 | 4930 | 0.6246 | 1297 | 15 |
| rji | 1 | 4921 | 0.6234 | 3077 | 106 |
| jiu | 4 | 4802 | 0.6083 | 2382 | 25 |
| yeh | 3 | 4798 | 0.6078 | 4394 | 46 |
| huh | 2 | 4711 | 0.5968 | 1956 | 395 |
| shwo | 1 | 4452 | 0.5640 | 3770 | 37 |
| dwo | 1 | 4289 | 0.5434 | 933 | 49 |
| rjau | 2 | 3876 | 0.4910 | 3173 | 1153 |
| rjoong | 1 | 3607 | 0.4570 | 3361 | 20 |
| yau | 4 | 3574 | 0.4528 | 4425 | 27 |
| da | 4 | 3433 | 0.4349 | 745 | 12 |
| wei | 2 | 3382 | 0.4285 | 4639 | 95 |
| ta | 1 | 3250 | 0.4117 | 981 | 10 |
| dou | 1 | 3191 | 0.4043 | 783 | 42 |
| yi | 3 | 3189 | 0.4040 | 4324 | 24 |
| chu: | 4 | 3136 | 0.3973 | 2754 | 43 |
| ta | 1 | 3072 | 0.3892 | 978 | 10 |
| wo | 3 | 3012 | 0.3816 | 4625 | 4 |
| mun | 5 | 0 | 0.0000 | 479 | 16 |
| shi | 2 | 2986 | 0.3783 | 3578 | 29 |
| yu: | 3 | 2980 | 0.3775 | 4750 | 468 |
| na | 4 | 2978 | 0.3773 | 1179 | 71 |
| shi | 2 | 2908 | 0.3684 | 3579 | 13 |
| dau | 4 | 2906 | 0.3681 | 775 | 21 |
| rjoong | 3 | 2862 | 0.3626 | 3368 | 89 |
| duh | 2 | 2519 | 0.3191 | 746 | 146 |
| hun | 3 | 2508 | 0.3177 | 2040 | 53 |
| nien | 2 | 2467 | 0.3125 | 1242 | 35 |
| swo | 3 | 2450 | 0.3104 | 4169 | 79 |
| liang | 3 | 2365 | 0.2996 | 1500 | 103 |
| er | 4 | 2358 | 0.2987 | 4298 | 14 |
| li | 3 | 2281 | 0.2890 | 1386 | 44 |
| mei | 2 | 2251 | 0.2852 | 431 | 108 |
| you | 4 | 2236 | 0.2833 | 4448 | 115 |
| san | 1 | 2165 | 0.2743 | 4138 | 18 |
| yu:oong | 4 | 2146 | 0.2719 | 4864 | 38 |
| hwei | 4 | 2139 | 0.2710 | 2126 | 31 |
| dwei | 4 | 2124 | 0.2691 | 947 | 90 |
| yu: | 2 | 2075 | 0.2629 | 4728 | 113 |
| hau | 3 | 2069 | 0.2621 | 1995 | 45 |
| guh | 4 | 2019 | 0.2558 | 1636 | 119 |
| rcu | 1 | 1991 | 0.2522 | 3507 | 60 |
| gwo | 4 | 1986 | 0.2516 | 1754 | 67 |
| dswei | 4 | 1909 | 0.2418 | 3961 | 109 |
| ta | 1 | 1903 | 0.2411 | 979 | 10 |
| mun | 5 | 0 | 0.0000 | 479 | 16 |
| kuh | 3 | 1773 | 0.2246 | 1840 | 41 |
| xia | 4 | 1767 | 0.2239 | 2844 | 50 |
| ni | 3 | 1710 | 0.2166 | 1221 | 57 |
| jiang | 1 | 1694 | 0.2146 | 2462 | 213 |

**File Structure**

(a) *Character matrices*
They consist of digitized characters each with a matrix size of 50 by 50. They are in the form of a text file. Each Chinese character is a record. A file may consist of up to 100 records. The file is identified by its filename followed by the 100 character matrix patterns. There are 49 such files, and the characters are ordered in accordance to the ID's found in *Computational Analysis of Mandarin* by C. Y. Suen (Birkhäuser Boston, 1979). The data structure of the character matrices is presented in the following diagram:

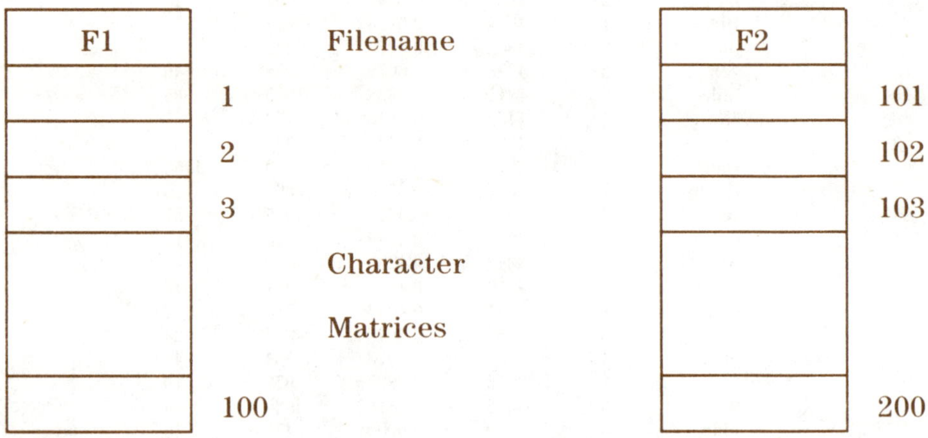


(b) *Phonetic data*
They comprised the 6,321 most frequently used Chinese words derived from the book *Frequency Count of 40,000 Chinese words* by Liu et al. (1975). Only words with a frequency of 10 or greater have been selected. The words are converted into phonetic sounds using Suen's new phonetic system to be described in Chapter 2. A sample can be found in Appendix A.
(c) *Exception characters*
These are characters not listed according to the ID's (Suen [1979]). They are either additional character matrices or improved versions of the old ones. Complete listings of these characters are shown in Appendices B, C, D, E, and F.

**Access to the Character Matrices**

Step 1: Mount/block=3060/rec=60 mta0: vax1 (for VAX 11/780 only).
Step 2: Check if the ID number is in the exception list. If yes, proceed to step 4. If not, continue with Step 3.
Step 3: To determine the file and the offset for the particular record, proceed as follows:
(i) Divide the ID number by 100, then add 1 to the result. (That will give the number of the filename. Each filename begins with an 'F' followed by the number.)
(ii) Mod the ID number by 100. (That will give the remainder of the above integer division which is the record number.)

*Example 1*
ID number is 102.
102 divided by 100 = 1 (add 1)
= 2 (filename)
102 mod 100 = 2 (record)
The character for ID 102 can be found in F2 and the 2nd record.

*Example 2*
ID number is 200.
200 divided by 100 = 2 (filename)
200 mod 100 = 0 (In this case, it is the 100th record of F2. Therefore 1 is not added to the filename.)
The character for ID 200 can be found in F2 and the 100th record.

Step 4: ID number found in exception lists. Advance to the filename, specify the exact record of the character.

*Example 3*
ID number is 162 (use Appendices B, C, D, E, F). The corresponding character is in F50, and in the 10th record.

To facilitate the users of these databases, a FORTRAN program which extracts the character matrices is given in Appendix G.

**Access to Input-data**

Format for the multi-record listing is as follows:

```
Syllable,Tone,Freq.,Freq.%,ID,Rank
(a8,1x,i1,1x,i5,f10.4,i7,i7)
```
(as in FORTRAN language)

**Procedure to Print the Input Listings on the Versatec Printer/Plotter using the Concordia SYMSET Typesetting Program**

Step 1. @ show input-file-spec first-page last-page KEEP.
Step 2. sympnt input-file-spec first-page last-page KEEP.

*Examples*
(i) sympnt print1 1 5 keep — to print the first 5 pages of data
(ii) sympnt one 4 4 keep — to print page 4 only of data

**Summary**

These data can be designed and used in various ways to suit the need of the users. The way the data is used in Appendix A serves as an aid to help users pronounce correctly the words with the sound representations. Consequently, it also facilitates the learning of Chinese words. However, due to the presence of the exception lists, accessing the data is not always smooth. Nevertheless, it should not be too complicated with the instructions given.

**Statistics Related to the Database**

After entering the data into the computer, an analysis was made to study their characteristics. Statistics on the lengths of the Chinese words and their frequencies were computed. As tabulated below, the 6,321 most common words account for 90% of all the Chinese words collected by Liu et al. (1975). Most Chinese words (67.06%) are formed from two characters, stand-alone characters account for 27.88% of the words while 3 and 4 character words occupy 4.46% and 0.60% of the database respectively. The average length per word is 1.78 characters. This distribution of word lengths agrees with the results produced by other people.

Table 3. Statistics on the lengths of the Chinese words and their frequencies.

| | Words | % Words | Frequencies | % Freq. |
|---|---|---|---|---|
| Words with one character | 1762 | 27.88 | 543499 | 68.85 |
| Words with two characters | 4239 | 67.06 | 237971 | 30.15 |
| Words with three characters | 282 | 4.46 | 7038 | 0.89 |
| Words with four characters | 38 | 0.60 | 845 | 0.11 |
| Total | 6321 | | 789353 | |

The distribution of the word frequencies according to ranks is shown in Fig. 2 and in Table 4. Here we can see that the first 10 words account for almost 20% of the entire list of 6,321 most frequently used Chinese words. The first 100, 500, 1,000, and 2,000 words occupy almost 50%, 70%, 80%, and 90% of the database respectively. These frequency statistics look similar to those on single characters found in Suen's book entitled *Computational Analysis of Mandarin* (1979). These tabulated figures indicate that the usage of the last 3,000 words was really dismal, i.e. only about 7% of the entire database. Looking at the word frequency distribution from another angle, Table 5 gives the frequency ranges of the Chinese words in the database. It indicates that 118 words occur 1,000 times or more in the database and they occupy nearly 50% of the word counts of the entire list of 789,353 samples of Chinese words. In the next frequency range of 500–999, there are altogether 88 words. Again, this table signifies the sharp contrast between the small number of high frequency words and the very large number of words rarely used in written Chinese.

The above tables contain valuable information for scientists and linguists engaged in Chinese studies such as language learning and understanding, automatic translation, and Chinese computers. As well, both the data and statistics derived from them should be very useful to architects and designers of computers for Chinese input and output, e.g. in deciding on the number and sequence of words to be stored in memory, the layout of the keyboard, and the use of Chinese words to provide contextual information to improve and speed up the input process.

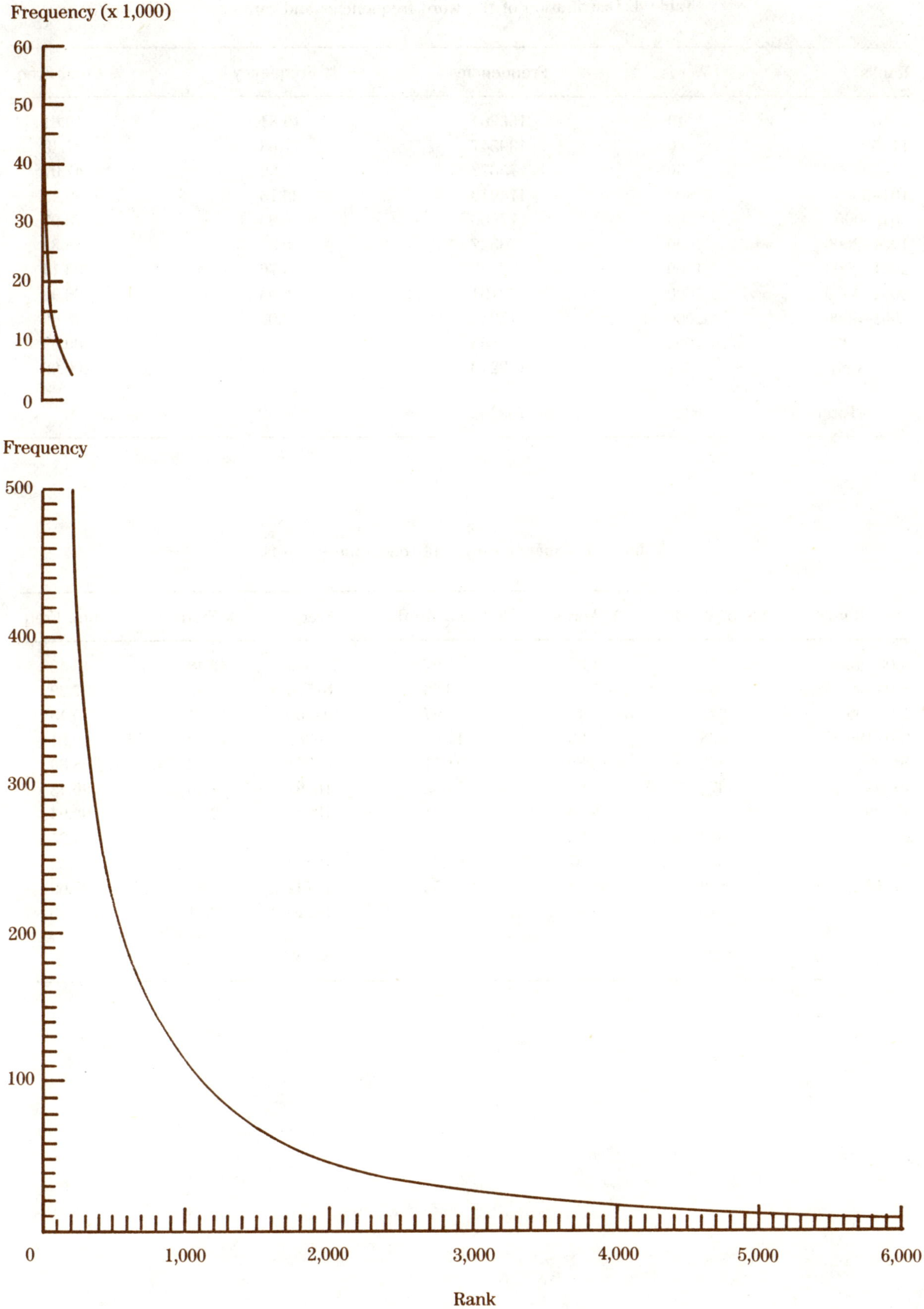


Fig 2. Distribution of word frequencies.

Table 4. Distribution of the word frequencies and ranks.

| Ranks | Words | Frequencies | % Frequency | % Cum. Freq. |
|---|---|---|---|---|
| 1–10 | 10 | 156364 | 19.81 | 19.81 |
| 11–50 | 40 | 139547 | 17.68 | 37.49 |
| 51–100 | 50 | 75672 | 9.59 | 47.07 |
| 101–500 | 400 | 174913 | 22.16 | 69.23 |
| 501–1000 | 500 | 77606 | 9.83 | 79.07 |
| 1001–2000 | 1000 | 73527 | 9.31 | 88.38 |
| 2001–3000 | 1000 | 37583 | 4.76 | 93.14 |
| 3001–4000 | 1000 | 23161 | 2.93 | 96.08 |
| 4001–5000 | 1000 | 15915 | 2.02 | 98.09 |
| 5001–6000 | 1000 | 11855 | 1.50 | 99.59 |
| 6001–end | 321 | 3210 | 0.41 | 100.00 |
| Total | 6321 | 789353 | 100.00 | |

Table 5. Frequency ranges of the Chinese words.

| Freq. Range | No. of Words | % Words | % Cum. Words | Freq. | % Freq. | % Cum. Freq. |
|---|---|---|---|---|---|---|
| 1000–above | 118 | 1.87 | 1.87 | 390589 | 49.48 | 49.48 |
| 500–999 | 88 | 1.39 | 3.26 | 61576 | 7.80 | 57.28 |
| 200–499 | 342 | 5.41 | 8.67 | 104250 | 13.21 | 70.49 |
| 100–199 | 568 | 8.99 | 17.66 | 79881 | 10.12 | 80.61 |
| 50–99 | 876 | 13.86 | 31.51 | 60941 | 7.72 | 88.33 |
| 40–49 | 375 | 5.93 | 37.45 | 16598 | 2.10 | 90.43 |
| 30–39 | 579 | 9.16 | 46.61 | 19811 | 2.51 | 92.94 |
| 25–29 | 383 | 6.06 | 52.67 | 10330 | 1.31 | 94.25 |
| 20–24 | 567 | 8.97 | 61.64 | 18215 | 1.57 | 95.82 |
| 15–19 | 879 | 13.91 | 75.54 | 14741 | 1.87 | 97.69 |
| 10–14 | 1546 | 24.46 | 100.00 | 18215 | 2.31 | 100.00 |
| Total | 6321 | | | 789353 | | |

# Chapter 2

# PHONETIC SYSTEMS AND ROMANIZATION OF MANDARIN

## Introduction

Mandarin is the official language spoken in China. Since the turn of the century, many Romanization systems have been developed and used in the teaching and learning of Mandarin [Suen 1979 & 1983]. Most of them were developed to aid foreigners and Chinese to learn to speak and write Mandarin, e.g. J.I.F.H., Wade, Wade-Giles, Gwoyu Romatzyh, Yale, Pinyin, and Liu's phonetic system [Suen 1979, Liu 1982]. Some of these systems are shown in Table 6. Their inconsistencies in symbol usage, and relative merits, have already been identified and compared [Suen 1980, Liu 1982]. Before we go into more details about an optimal phonetic system developed by the author, let us examine the phonetic properties of Mandarin.

## Phonetic Properties of Mandarin

Mandarin sounds consist of consonants, vowels, semi-vowels, and diphthongs. A Mandarin syllable comprises 1 to 3 such constituents, the first symbol is usually a consonant. The syllabic structure of Mandarin is shown below.

| *Syllabic Structure* | *Example* |
|---|---|
| 1. Vowel | /a/ |
| 2. Diphthong | /ei/ |
| 3. Triphthong | /iau/ |
| 4. Vowel + Nasal | /a n/ |
| 5. Diphthong + Nasal | /ia ng/ |
| 6. Consonant + Vowel | /b o/ |
| 7. Consonant + Diphthong | /p au/ |
| 8. Consonant + Triphthong | /m iau/ |
| 9. Consonant + Vowel + Nasal | /r u n/ |
| 10. Consonant + Diphthong + Nasal | /l ia ng/ |

Associated with each Mandarin syllable is a tone which gives the musical quality. It is normally denoted by a diacritical mark as shown below. A tone specifies the pitch contour of the syllable. There are five tones in Mandarin and they can be described as follows [Suen 1979]:

Table 6. Some common Mandarin phonetic systems.

| | JIFH | IPA | Yale | Pinyin | Suen |
|---|---|---|---|---|---|
| 1 | ㄅ | b̥ | b | b | b |
| 2 | ㄆ | p' | p | p | p |
| 3 | ㄇ | m | m | m | m |
| 4 | ㄈ | f | f | f | f |
| 5 | ㄉ | d̥ | d | d | d |
| 6 | ㄊ | t' | t | t | t |
| 7 | ㄋ | n | n | n | n |
| 8 | ㄌ | l | l | l | l |
| 9 | ㄍ | g̊ | g | g | g |
| 10 | ㄎ | k' | k | k | k |
| 11 | ㄏ | x | h | h | h |
| 12 | ㄐ | dʑ̥ | j | j | j |
| 13 | ㄑ | tɕ' | ch | q | ch |
| 14 | ㄒ | ɕ | s | x | x |
| 15 | ㄓ | dʐ̥ | j | zh | rj |
| 16 | ㄔ | tʂ' | ch | ch | rc |
| 17 | ㄕ | ʂ | sh | sh | sh |
| 18 | ㄖ | ʐ | r | r | r |
| 19 | ㄗ | dz̥ | dz | z | ds |
| 20 | ㄘ | ts' | ts | c | ts |
| 21 | ㄙ | s | s | s | s |
| 22 | ㄧ, 丨 | i | i | i | i |
| 23 | ㄨ | u | u | u | oo,u |
| 24 | ㄩ | y | yu | ü | ü |
| 25 | ㄚ | a | a | a | a |
| 26 | ㄛ | ɔ | o | o | o |
| 27 | ㄜ | ɣ | \`e | e | uh |
| 28 | ㄝ | ɛ | e | e | e,eh |
| 29 | ㄞ | ai | ai | ai | ai |
| 30 | ㄟ | ei | ei | ei | ei |
| 31 | ㄠ | au | au | ao | au |
| 32 | ㄡ | ou | ou | ou | ou |
| 33 | ㄢ | an | an | an | an |
| 34 | ㄣ | ən | en | en | un |
| 35 | ㄤ | aŋ | ang | ang | ang |
| 36 | ㄥ | əŋ | eng | eng | ung |
| 37 | ㄦ | ɜ | er | er | er |

| *Tone* | *Description* | *Pitch* |
|---|---|---|
| 1. ˉ | high level | 55 |
| 2. ˊ | high rising | 35 |
| 3. ˇ | low rising | 214 |
| 4. ˋ | high falling to low | 51 |
| 5. · | neutral | 5 |

For example, the syllable /wǒ/, meaning "I" in English, has a low rising tone. Since there are only about 400 different syllables in the whole Mandarin language, the tone is crucial in signifying the meaning of words. This property of Mandarin is distinct from the English sounds.

**Towards An Optimal Phonetic System**

Advances in computer technology and computational techniques have led to the possibility of analyzing very large databases in Chinese. With the aid of a computer, the relative frequencies of various phonetic components of 750,000 Chinese syllables have been computed [Suen 1979]. Many different Mandarin phonetic systems have been analyzed and compared. An in-depth study comparing Pinyin with Suen's previous phonetic system was made several years ago [Suen 1980] taking into consideration the ease of pronunciation, consistency of symbol sounds, confusions with English words and comparison with English sounds, length of syllable, and the ease of using the phonetic system with conventional typewriters and printers. For example, the analysis showed that Pinyin has the following undesirable inconsistencies:

| | | | |
|---|---|---|---|
| e → ϵ, ɣ, ə | e.g. | diē 爹， dė 的， | bèn 奔 |
| a → α, ϵ | e.g. | bà 爸， biañ 邊 | |
| o → ɔ, u | e.g. | bō 波， dōng 東 | |
| u → u, ü | e.g. | bù 不， jū 居 | |

Analysis by the computer indicates that the above inconsistencies cause the confusions in the pronunciation of 346 Mandarin syllables in the Pinyin system, i.e. 110, 69, 92, 39, and 36 syllables which contain *a*, *e*, *i*, *o*, *u*, respectively [Suen 1980]. Both computational and subjective results favour Suen's 1980 system in most criteria. However, the author's 1980 system used the same consonants as Pinyin. Hence we can say the superiority of that system was due to the right selection of symbols to represent the vowels, semi-vowels, and diphthongs. To go one step further, the author conducted more research in this area and a new and substantially better phonetic system was proposed in 1983 [Suen 1983]. Listings of Mandarin sounds and syllables in Suen's new phonetic system are shown in Tables 7 and 8 respectively. It is believed this is the most suitable phonetic system to date to represent Mandarin sounds by letters of the Roman alphabet making them readily pronounceable by English speakers. This is important not only because English is the most popular language in the Western society, but also because the majority of the educated people in the world (including the Chinese themselves) have some knowledge of English. Note that the biggest problem which is the most controversial issue (see e.g. Cheng [1973]) in assigning the palatal, retroflex and dental sibilant sounds has been solved. In the new system, the palatal sounds are

Table 7. Consonants, semi-vowels, vowels, and diphthongs of Mandarin in Suen's new phonetic system.

(a) *Consonants*

| Manner / Place | Plosives & Affricates | | Nasals | Lateral | Fricatives |
|---|---|---|---|---|---|
| | Unaspirated | Aspirated | | | |
| Labial | b | p | m | | f |
| Dental & Alveolar | d | t | n | l | |
| Gutteral | g | k | ng | | h |
| Palatal | j | ch | | | x |
| Retroflex | rj | rc | | | sh<br>r |
| Dental | ds | ts | | | s |

(b) *Semi-vowels*

| | |
|---|---|
| w | y |

(c) *Vowels*

| Tongue Position | Front | Central | Back |
|---|---|---|---|
| High | i<br>ü | | oo (u)* |
| Mild | e (eh)* | er<br>u (uh)* | o |
| Light | | a | |

( )* Vowels used at the end of the syllable, e.g.

*tǒong* *tǔ* *yén* *yéh* *tùng* *tùh*

(d) *Diphthongs*

| | | | | |
|---|---|---|---|---|
| ai | ei | au | ou | iu |

Table 8. Listing of Mandarin syllables in Suen's new phonetic system.

| | | | | | | | |
|---|---|---|---|---|---|---|---|
| 1 | ba | 56 | fan | 111 | nieh | 166 | gwei |
| 2 | bo | 57 | fun | 112 | niau | 167 | gwan |
| 3 | bai | 58 | fang | 113 | niu | 168 | goon |
| 4 | bei | 59 | fung | 114 | nien | 169 | gwang |
| 5 | bau | 60 | fu | 115 | nin | 170 | goong |
| 6 | ban | 61 | da | 116 | niang | 171 | ka |
| 7 | bun | 62 | duh | 117 | ning | 172 | kuh |
| 8 | bang | 63 | dai | 118 | nu | 173 | kai |
| 9 | bung | 64 | dei | 119 | nwo | 174 | kau |
| 10 | bi | 65 | dau | 120 | nwan | 175 | kou |
| 11 | bieh | 66 | dou | 121 | noong | 176 | kan |
| 12 | biau | 67 | dan | 122 | nü | 177 | kun |
| 13 | bien | 68 | dang | 123 | nüeh | 178 | kang |
| 14 | bin | 69 | dung | 124 | la | 179 | kung |
| 15 | bing | 70 | di | 125 | lo | 180 | ku |
| 16 | bu | 71 | dieh | 126 | luh | 181 | kwa |
| 17 | pa | 72 | diau | 127 | lai | 182 | kwo |
| 18 | po | 73 | diu | 128 | lei | 183 | kwai |
| 19 | pai | 74 | dien | 129 | lau | 184 | kwei |
| 20 | pei | 75 | ding | 130 | lou | 185 | kwan |
| 21 | pau | 76 | du | 131 | lan | 186 | koon |
| 22 | pou | 77 | dwo | 132 | lang | 187 | kwang |
| 23 | pan | 78 | dwei | 133 | lung | 188 | koong |
| 24 | pun | 79 | dwan | 134 | li | 189 | ha |
| 25 | pang | 80 | doon | 135 | lia | 190 | huh |
| 26 | pung | 81 | doong | 136 | lieh | 191 | hai |
| 27 | pi | 82 | ta | 137 | liau | 192 | hei |
| 28 | pieh | 83 | tuh | 138 | liu | 193 | hau |
| 29 | piau | 84 | tai | 139 | lien | 194 | hou |
| 30 | pien | 85 | tau | 140 | lin | 195 | han |
| 31 | pin | 86 | tou | 141 | liang | 196 | hun |
| 32 | ping | 87 | tan | 142 | ling | 197 | hang |
| 33 | pu | 88 | tang | 143 | lu | 198 | hung |
| 34 | ma | 89 | tung | 144 | lwo | 199 | hu |
| 35 | mo | 90 | ti | 145 | lwan | 200 | hwa |
| 36 | muh | 91 | tieh | 146 | loon | 201 | hwo |
| 37 | mai | 92 | tiau | 147 | loong | 202 | hwai |
| 38 | mei | 93 | tien | 148 | lü | 203 | hwei |
| 39 | mau | 94 | ting | 149 | lüeh | 204 | hwan |
| 40 | mou | 95 | tu | 150 | lüen | 205 | hoon |
| 41 | man | 96 | two | 151 | lün | 206 | hwang |
| 42 | mun | 97 | twei | 152 | ga | 207 | hoong |
| 43 | mang | 98 | twan | 153 | guh | 208 | ji |
| 44 | mung | 99 | toon | 154 | gai | 209 | jia |
| 45 | mi | 100 | toong | 155 | gei | 210 | jieh |
| 46 | mieh | 101 | na | 156 | gau | 211 | jiau |
| 47 | miau | 102 | nuh | 157 | gou | 212 | jiu |
| 48 | mien | 103 | nai | 158 | gan | 213 | jien |
| 49 | min | 104 | nei | 159 | gun | 214 | jin |
| 50 | ming | 105 | nau | 160 | gang | 215 | jiang |
| 51 | mu | 106 | nan | 161 | gung | 216 | jing |
| 52 | fa | 107 | nun | 162 | gu | 217 | jü |
| 53 | fo | 108 | nang | 163 | gwa | 218 | jüeh |
| 54 | fei | 109 | nung | 164 | gwo | 219 | jüen |
| 55 | fou | 110 | ni | 165 | gwai | 220 | jün |

Table 8. (cont'd.)

| | | | | | | | |
|---|---|---|---|---|---|---|---|
| 221 | jüoong | 276 | rcun | 331 | dswo | 386 | yin |
| 222 | chi | 277 | rcang | 332 | dswei | 387 | yang |
| 223 | chia | 278 | rcung | 333 | dswan | 388 | ying |
| 224 | chieh | 279 | rcu | 334 | dsoon | 389 | wu |
| 225 | chiau | 280 | rcwo | 335 | dsoong | 390 | wa |
| 226 | chiu | 281 | rcwei | 336 | tsi | 391 | wo |
| 227 | chien | 282 | rcwan | 337 | tsa | 392 | wai |
| 228 | chin | 283 | rcoon | 338 | tsuh | 393 | wei |
| 229 | chiang | 284 | rcwang | 339 | tsai | 394 | wan |
| 230 | ching | 285 | rcoong | 340 | tsau | 395 | wun |
| 231 | chü | 286 | shi | 341 | tsou | 396 | wang |
| 232 | chüeh | 287 | sha | 342 | tsan | 397 | wung |
| 233 | chüen | 288 | shuh | 343 | tsun | 398 | yü |
| 234 | chün | 289 | shai | 344 | tsang | 399 | yüeh |
| 235 | chüoong | 290 | shei | 345 | tsung | 400 | yüen |
| 236 | xi | 291 | shau | 346 | tsu | 401 | yün |
| 237 | xia | 292 | shou | 347 | tswo | 402 | yüoong |
| 238 | xieh | 293 | shan | 348 | tswei | | |
| 239 | xiau | 294 | shun | 349 | tswan | | |
| 240 | xiu | 295 | shang | 350 | tsoon | | |
| 241 | xien | 296 | shung | 351 | tsoong | | |
| 242 | xin | 297 | shu | 352 | si | | |
| 243 | xiang | 298 | shwa | 353 | sa | | |
| 244 | xing | 299 | shwo | 354 | suh | | |
| 245 | xü | 300 | shwai | 355 | sai | | |
| 246 | xüeh | 301 | shwei | 356 | sau | | |
| 247 | xüen | 302 | shwan | 357 | sou | | |
| 248 | xün | 303 | shoon | 358 | san | | |
| 249 | xüoong | 304 | shwang | 359 | sun | | |
| 250 | rji | 305 | ri | 360 | sang | | |
| 251 | rja | 306 | ruh | 361 | sung | | |
| 252 | rjuh | 307 | rau | 362 | su | | |
| 253 | rjai | 308 | rou | 363 | swo | | |
| 254 | rjau | 309 | ran | 364 | swei | | |
| 255 | rjou | 310 | run | 365 | swan | | |
| 256 | rjan | 311 | rang | 366 | soon | | |
| 257 | rjun | 312 | rung | 367 | soong | | |
| 258 | rjang | 313 | ru | 368 | a | | |
| 259 | rjung | 314 | rwo | 369 | o | | |
| 260 | rju | 315 | rwei | 370 | uh | | |
| 261 | rjwa | 316 | rwan | 371 | ai | | |
| 262 | rjwo | 317 | roon | 372 | au | | |
| 263 | rjwai | 318 | roong | 373 | ou | | |
| 264 | rjwei | 319 | dsi | 374 | an | | |
| 265 | rjwan | 320 | dsa | 375 | un | | |
| 266 | rjoon | 321 | dsuh | 376 | ang | | |
| 267 | rjwang | 322 | dsai | 377 | er | | |
| 268 | rjoong | 323 | dsei | 378 | yi | | |
| 269 | rci | 324 | dsau | 379 | ya | | |
| 270 | rca | 325 | dsou | 380 | yo | | |
| 271 | rcuh | 326 | dsan | 381 | yeh | | |
| 272 | rcai | 327 | dsun | 382 | yai | | |
| 273 | rcau | 328 | dsang | 383 | yau | | |
| 274 | rcou | 329 | dsung | 384 | you | | |
| 275 | rcan | 330 | dsu | 385 | yen | | |

represented by *j*, *ch*, and *x*. The use of *ch* is far more appropriate than *q* in Pinyin. All retroflex sounds with the exception of *sh* which is close to its natural sound (*rj*, *rc*, and *r*), begin with *r* to signify the start with a retroflexed tongue. All dental affricates (*ds*, *ts*, and *s*) contain *s* to indicate their dental *s*ibilant sounds, which phonetically are also close to the actual pronunciation. Note that the unaspirated dental sibilant *ds* can also be represented by dz which is closer to the IPA representation. However, *ds* is more like English (e.g. soun*ds*, no*ds*, etc.) and an English speaker would undoubtedly pronounce *ds* as a voiced affricate.

In order to simplify the spelling and to facilitate pronunciation, dual representations have been assigned to three vowels /u/, /ɛ/, and /ə/:

| | | |
|---|---|---|
| /u/ | t*ǒo*ng 統 | t*ǔ* 土 |
| /ɛ/ | y*é*n 研 | y*éh* 椰 |
| /ə/ | h*u*ng 哼 | h*uh* 喝 |

These representations result in unambiguous pronunciation of the syllables, e.g. tǒong 統 gives the pronunciation of /tǔŋ/ and tǔ 土 the sound /tǔ/. One may note that people will pronounce tǒo the same way as tǔ, but tǔ also saves one letter in the spelling apart from being unambiguous in pronunciation. In addition to these dual representations, all other vowels and diphthongs have unique pronunciations. In order to facilitate writing and printing, and to maintain the legibility of the vowel symbols, diacritical marks of both the high level and neutral tones are omitted in Suen's new phonetic system. Omission of the diacritical mark in the first tone is of little consequence because it is a flat tone anyway, whereas the other tones vary in contour. The fifth tone occurs rarely, and when it does occur it is usually at the end of a sentence. On the other hand, it is conceivable that people proficient in a Romanization system may not need the guidance of tonal marks at all.

When the most important criteria were taken into consideration, Suen's new system has been proved to be superior to Wade-Giles', Pinyin, and all other existing systems. The results of several experiments also indicate that Suen's system facilitates the mastery of the sounds of Mandarin more easily and accurately due to consistency between spelling and pronunciation. Its spellings like *run*, *doong*, *ching*, etc. (instead of *ren*, *dong*, *qing*, etc. in Pinyin) make it especially easy for English speaking people as demonstrated in Fig. 3, by a passage Romanized in Suen's system.

**References**


1. C. Y. Suen, *Computational Analysis of Mandarin*, Birkhäuser-Boston, 1979.
2. C. Y. Suen, "A comparative study of Mandarin phonetic systems by computer," Proc. Int. Computer Conf., 7.3.1–7.3.15, Oct. 1980.
3. D.-J. Liu, *A Comparative Study of Romanization Systems*, The Asian Associates, New York, 1982.
4. C. Y. Suen, "Computational analysis of Mandarin with reference to the English language," Proc. 9th Int. Conf. Computational Linguistics, 371–376, July 1982.
5. C. Y. Suen, "Computer synthesis of Mandarin," Proc. Int. Conf. Acoustics, Speech, and Signal Processing, 698–700, 1976.
6. C. Y. Suen, "Computer-aided design of Mandarin phonetic system," Proc. 8th Annual Convention of the Chinese-American Academic & Professional Association, 37–38, Nov. 1983.
7. C.-C. Cheng, *A Synchronic Phonology of Mandarin Chinese*, Mouton, Hague, 1973.
8. I.-m. Liu, C.-J. Chuang and S.-C. Wang, *Frequency Count of 40,000 Chinese Words*, Lucky Books Co., Taipei, 1975, 377 pp.

這個國音系統是經過了
**Rjei guh gwó yin xi tǒong shi jing gwò luh**

數年不斷的研究，
**shù nién bù dwàn duh yén yiu,**

利用電腦分析了大量的語音，
**li yòong dièn nǎu fun xi luh dà liàng duh yǔ yin,**

並參考了很多文獻和書本，
**bing tsan kǎu luh hǔn dwo wún xièn huh shu bǔn,**

才創造出來的。
**tsái chwàng dsàu chu lái duh.**

其特點是字符與發音一致，
**chi tùh diěn shi dsi fú yǔ fa yin yi rji,**

易拼易念和易學。
**yi pin, yi nièn, huh yi xwéh.**

Fig. 3. Sample passage in Suen's new phonetic system.

*Corpus of 6,321 Chinese Words in Descending Order of Frequency*

| | Char. | Syll. | Tone | Freq. | Freq.% | ID | Rank |
|---|---|---|---|---|---|---|---|
| 1. | 的 | duh | 5 | 54438 | 6.8965 | 749 | 1 |
| 2. | 是 | shi | 4 | 16504 | 2.0908 | 3593 | 3 |
| 3. | 在 | dsai | 4 | 12252 | 1.5522 | 3899 | 9 |
| 4. | 一 | yi | 1 | 11935 | 1.5120 | 4300 | 2 |
| 5. | 不 | bu | 4 | 11410 | 1.4455 | 213 | 8 |
| 6. | 了 | luh | 5 | 11061 | 1.4013 | 1295 | 5 |
| 7. | 有 | you | 3 | 10685 | 1.3536 | 4444 | 6 |
| 8. | 能 | nung | 2 | 9907 | 1.2551 | 1212 | 70 |
| 9. | 我 | wo | 3 | 9096 | 1.1523 | 4625 | 4 |
| 10. | 他 | ta | 1 | 9076 | 1.1498 | 979 | 10 |
| 11. | 個 | guh | 4 | 7482 | 0.9479 | 1634 | 22 |
| 12. | 這 | rjuh | 4 | 6865 | 0.8697 | 3155 | 19 |
| 13. | 上 | shang | 4 | 5093 | 0.6452 | 3712 | 17 |
| 14. | 人 | run | 2 | 4977 | 0.6305 | 3812 | 11 |
| 15. | 來 | lai | 2 | 4930 | 0.6246 | 1297 | 15 |
| 16. | 之 | rji | 1 | 4921 | 0.6234 | 3077 | 106 |
| 17. | 就 | jiu | 4 | 4802 | 0.6083 | 2382 | 25 |
| 18. | 也 | yeh | 3 | 4798 | 0.6078 | 4394 | 46 |
| 19. | 和 | huh | 2 | 4711 | 0.5968 | 1956 | 395 |
| 20. | 說 | shwo | 1 | 4452 | 0.5640 | 3770 | 37 |
| 21. | 多 | dwo | 1 | 4289 | 0.5434 | 933 | 49 |
| 22. | 着 | rjau | 2 | 3876 | 0.4910 | 3173 | 1153 |
| 23. | 中 | rjoong | 1 | 3607 | 0.4570 | 3361 | 20 |
| 24. | 要 | yau | 4 | 3574 | 0.4528 | 4425 | 27 |
| 25. | 大 | da | 4 | 3433 | 0.4349 | 745 | 12 |
| 26. | 為 | wei | 2 | 3382 | 0.4285 | 4639 | 95 |
| 27. | 牠 | ta | 1 | 3250 | 0.4117 | 981 | 10 |
| 28. | 都 | dou | 1 | 3191 | 0.4043 | 783 | 42 |
| 29. | 以 | yi | 3 | 3189 | 0.4040 | 4324 | 24 |
| 30. | 去 | chü | 4 | 3136 | 0.3973 | 2754 | 43 |
| 31. | 她 | ta | 1 | 3072 | 0.3892 | 978 | 10 |
| 32. | 我 | wo | 3 | 3012 | 0.3816 | 4625 | 4 |
| | 們 | mun | 5 | | | 479 | 16 |
| 33. | 時 | shi | 2 | 2986 | 0.3783 | 3578 | 29 |
| 34. | 與 | yü | 3 | 2980 | 0.3775 | 4750 | 468 |
| 35. | 那 | na | 4 | 2978 | 0.3773 | 1179 | 71 |
| 36. | 十 | shi | 2 | 2908 | 0.3684 | 3579 | 13 |
| 37. | 到 | dau | 4 | 2906 | 0.3681 | 775 | 21 |
| 38. | 種 | rjoong | 3 | 2862 | 0.3626 | 3368 | 89 |
| 39. | 得 | duh | 2 | 2519 | 0.3191 | 746 | 146 |
| 40. | 很 | hun | 3 | 2508 | 0.3177 | 2040 | 53 |
| 41. | 年 | nien | 2 | 2467 | 0.3125 | 1242 | 35 |
| 42. | 所 | swo | 3 | 2450 | 0.3104 | 4169 | 79 |
| 43. | 兩 | liang | 3 | 2365 | 0.2996 | 1500 | 103 |
| 44. | 二 | er | 4 | 2358 | 0.2987 | 4298 | 14 |
| 45. | 裏 | li | 3 | 2281 | 0.2890 | 1386 | 44 |
| 46. | 沒 | mei | 2 | 2251 | 0.2852 | 431 | 108 |
| 47. | 又 | you | 4 | 2236 | 0.2833 | 4448 | 115 |
| 48. | 三 | san | 1 | 2165 | 0.2743 | 4138 | 18 |
| 49. | 用 | yüoong | 4 | 2146 | 0.2719 | 4864 | 38 |
| 50. | 會 | hwei | 4 | 2139 | 0.2710 | 2126 | 31 |
| 51. | 對 | dwei | 4 | 2124 | 0.2691 | 947 | 90 |
| 52. | 於 | yü | 2 | 2075 | 0.2629 | 4728 | 113 |
| 53. | 好 | hau | 3 | 2069 | 0.2621 | 1995 | 45 |
| 54. | 各 | guh | 4 | 2019 | 0.2558 | 1636 | 119 |
| 55. | 出 | rcu | 1 | 1991 | 0.2522 | 3507 | 60 |
| 56. | 過 | gwo | 4 | 1986 | 0.2516 | 1754 | 67 |
| 57. | 最 | dswei | 4 | 1909 | 0.2418 | 3961 | 109 |

| | Char. | Syll. | Tone | Freq. | Freq.% | ID | Rank |
|---|---|---|---|---|---|---|---|
| 58. | 他 | ta | 1 | 1903 | 0.2411 | 979 | 10 |
| | 們 | mun | 5 | | | 479 | 16 |
| 59. | 可 | kuh | 3 | 1773 | 0.2246 | 1840 | 41 |
| 60. | 下 | xia | 4 | 1767 | 0.2239 | 2844 | 50 |
| 61. | 你 | ni | 3 | 1710 | 0.2166 | 1221 | 57 |
| 62. | 將 | jiang | 1 | 1694 | 0.2146 | 2462 | 213 |
| 63. | 後 | hou | 4 | 1665 | 0.2109 | 2009 | 48 |
| 64. | 時 | shi | 2 | 1662 | 0.2106 | 3578 | 29 |
| | 候 | hou | 4 | | | 2008 | 140 |
| 65. | 還 | hai | 2 | 1607 | 0.2036 | 1978 | 127 |
| 66. | 使 | shi | 3 | 1604 | 0.2032 | 3587 | 154 |
| 67. | 只 | rji | 3 | 1600 | 0.2027 | 3103 | 277 |
| 68. | 可 | kuh | 2 | 1598 | 0.2024 | 1840 | 41 |
| | 以 | yi | 3 | | | 4324 | 24 |
| 69. | 及 | ji | 2 | 1597 | 0.2023 | 2223 | 291 |
| 70. | 但 | dan | 4 | 1579 | 0.2000 | 808 | 175 |
| 71. | 道 | dau | 4 | 1561 | 0.1978 | 774 | 155 |
| 72. | 或 | hwo | 4 | 1556 | 0.1971 | 2096 | 208 |
| 73. | 地 | di | 4 | 1541 | 0.1952 | 858 | 33 |
| 74. | 小 | xiau | 3 | 1491 | 0.1889 | 2887 | 40 |
| 75. | 已 | yi | 3 | 1465 | 0.1856 | 4323 | 183 |
| 76. | 國 | gwo | 2 | 1428 | 0.1809 | 1749 | 7 |
| 77. | 從 | tsoong | 2 | 1415 | 0.1793 | 4081 | 133 |
| 78. | 其 | chi | 2 | 1403 | 0.1777 | 2598 | 243 |
| 79. | 並 | bing | 4 | 1397 | 0.1770 | 203 | 204 |
| 80. | 自 | dsi | 4 | 1395 | 0.1767 | 3878 | 86 |
| | 己 | ji | 3 | | | 2246 | 307 |
| 81. | 前 | chien | 2 | 1393 | 0.1765 | 2687 | 145 |
| 82. | 無 | wu | 2 | 1377 | 0.1744 | 4585 | 295 |
| 83. | 王 | wang | 2 | 1372 | 0.1738 | 4712 | 257 |
| 84. | 四 | si | 4 | 1364 | 0.1728 | 4094 | 30 |
| 85. | 此 | tsi | 3 | 1346 | 0.1705 | 3994 | 314 |
| 86. | 看 | kan | 4 | 1320 | 0.1672 | 1871 | 58 |
| 87. | 第 | di | 4 | 1315 | 0.1666 | 857 | 39 |
| 88. | 等 | dung | 3 | 1314 | 0.1665 | 833 | 118 |
| 89. | 再 | dsai | 4 | 1265 | 0.1603 | 3898 | 216 |
| 90. | 每 | mei | 3 | 1260 | 0.1596 | 441 | 171 |
| 91. | 便 | bien | 4 | 1237 | 0.1567 | 178 | 209 |
| 92. | 日 | ri | 4 | 1229 | 0.1557 | 3795 | 54 |
| 93. | 天 | tien | 1 | 1186 | 0.1502 | 1097 | 28 |
| 94. | 向 | xiang | 4 | 1184 | 0.1500 | 2974 | 189 |
| 95. | 由 | you | 2 | 1181 | 0.1496 | 4435 | 126 |
| 96. | 更 | gung | 1 | 1160 | 0.1470 | 1700 | 1466 |
| 97. | 幾 | ji | 3 | 1156 | 0.1464 | 2247 | 191 |
| 98. | 如 | ru | 2 | 1148 | 0.1454 | 3829 | 120 |
| 99. | 事 | shi | 4 | 1143 | 0.1448 | 3592 | 77 |
| 100. | 位 | wei | 4 | 1138 | 0.1442 | 4659 | 188 |
| 101. | 家 | jia | 1 | 1120 | 0.1419 | 2279 | 36 |
| 102. | 本 | bun | 3 | 1100 | 0.1394 | 112 | 65 |
| 103. | 想 | xiang | 3 | 1096 | 0.1388 | 2970 | 192 |
| 104. | 見 | jien | 4 | 1078 | 0.1366 | 2417 | 206 |
| 105. | 外 | wai | 4 | 1075 | 0.1362 | 4632 | 122 |
| 106. | 回 | hwei | 2 | 1070 | 0.1356 | 2120 | 163 |
| 107. | 它 | ta | 1 | 1068 | 0.1353 | 980 | 205 |
| 108. | 因 | yin | 1 | 1066 | 0.1350 | 4508 | 138 |
| 109. | 六 | liu | 4 | 1063 | 0.1347 | 1457 | 64 |
| 110. | 進 | jin | 4 | 1055 | 0.1337 | 2454 | 144 |
| 111. | 因 | yin | 1 | 1041 | 0.1319 | 4508 | 138 |
| | 爲 | wei | 4 | | | 4660 | 98 |
| 112. | 所 | swo | 2 | 1036 | 0.1312 | 4169 | 79 |
| | 以 | yi | 3 | | | 4324 | 24 |

| | Char. | Syll. | Tone | Freq. | Freq.% | ID | Rank |
|---|---|---|---|---|---|---|---|
| 113. | 被 | bei | 4 | 1032 | 0.1307 | 63 | 218 |
| 114. | 走 | dsou | 3 | 1030 | 0.1305 | 3920 | 217 |
| 115. | 自 | dsi | 4 | 1029 | 0.1304 | 3878 | 86 |
| 116. | 百 | bai | 3 | 1022 | 0.1295 | 50 | 180 |
| 117. | 美 | mei | 3 | 1021 | 0.1293 | 442 | 80 |
| | 國 | gwo | 2 | | | 1749 | 7 |
| 118. | 內 | nei | 4 | 1004 | 0.1272 | 1193 | 241 |
| 119. | 做 | dswo | 4 | 989 | 0.1253 | 3952 | 99 |
| 120. | 入 | ru | 4 | 986 | 0.1249 | 3836 | 319 |
| 121. | 水 | shwei | 3 | 951 | 0.1205 | 3781 | 75 |
| 122. | 像 | xiang | 4 | 951 | 0.1205 | 2973 | 223 |
| 123. | 才 | tsai | 2 | 945 | 0.1197 | 4006 | 248 |
| 124. | 間 | jien | 1 | 937 | 0.1187 | 2391 | 245 |
| 125. | 同 | toong | 2 | 932 | 0.1181 | 1160 | 92 |
| 126. | 國 | gwo | 2 | 919 | 0.1164 | 1749 | 7 |
| | 家 | jia | 1 | | | 2279 | 36 |
| 127. | 知 | rji | 1 | 904 | 0.1145 | 3076 | 269 |
| | 道 | dau | 4 | | | 774 | 155 |
| 128. | 全 | chüen | 2 | 900 | 0.1140 | 2767 | 170 |
| 129. | 一 | yi | 1 | 899 | 0.1139 | 4300 | 2 |
| | 一 | yi | 1 | | | 4300 | 2 |
| 130. | 高 | gau | 1 | 881 | 0.1116 | 1647 | 104 |
| 131. | 如 | ru | 2 | 880 | 0.1115 | 3829 | 120 |
| | 果 | gwo | 3 | | | 1751 | 174 |
| 132. | 月 | yüeh | 4 | 880 | 0.1115 | 4794 | 97 |
| 133. | 工 | goong | 1 | 878 | 0.1112 | 1804 | 125 |
| | 作 | dswo | 4 | | | 3953 | 47 |
| 134. | 九 | jiu | 3 | 872 | 0.1105 | 2377 | 105 |
| 135. | 正 | rjung | 4 | 862 | 0.1092 | 3274 | 193 |
| 136. | 當 | dang | 1 | 851 | 0.1078 | 819 | 157 |
| 137. | 新 | xin | 1 | 843 | 0.1068 | 2947 | 134 |
| 138. | 却 | chüeh | 4 | 839 | 0.1063 | 2759 | 462 |
| 139. | 生 | shung | 1 | 817 | 0.1035 | 3715 | 32 |
| | 活 | hwo | 2 | | | 2091 | 203 |
| 140. | 即 | ji | 2 | 801 | 0.1015 | 2227 | 812 |
| 141. | 但 | dan | 4 | 796 | 0.1008 | 808 | 175 |
| | 是 | shi | 4 | | | 3593 | 3 |
| 142. | 現 | xien | 4 | 793 | 0.1005 | 2933 | 167 |
| | 在 | dsai | 4 | | | 3899 | 9 |
| 143. | 坐 | dswo | 3 | 790 | 0.1001 | 3955 | 596 |
| 144. | 這 | rjuh | 4 | 783 | 0.0992 | 3155 | 19 |
| | 樣 | yang | 4 | | | 4546 | 69 |
| 145. | 分 | fun | 1 | 776 | 0.0983 | 630 | 112 |
| 146. | 而 | er | 2 | 756 | 0.0958 | 4290 | 156 |
| 147. | 這 | rjuh | 4 | 753 | 0.0954 | 3155 | 19 |
| | 些 | xieh | 1 | | | 2849 | 139 |
| 148. | 呢 | ni | 2 | 752 | 0.0953 | 1215 | 2507 |
| 149. | 八 | ba | 1 | 749 | 0.0949 | 1 | 93 |
| 150. | 則 | dsuh | 2 | 749 | 0.0949 | 3887 | 758 |
| 151. | 作 | dswo | 4 | 745 | 0.0944 | 3953 | 47 |
| 152. | 問 | wun | 4 | 735 | 0.0931 | 4708 | 151 |
| | 題 | ti | 2 | | | 1066 | 229 |
| 153. | 知 | rji | 1 | 730 | 0.0925 | 3076 | 269 |
| 154. | 階 | jieh | 1 | 716 | 0.0907 | 2306 | 1601 |
| | 段 | dwan | 4 | | | 951 | 967 |
| 155. | 長 | rcang | 2 | 712 | 0.0902 | 3471 | 227 |
| 156. | 起 | chi | 3 | 707 | 0.0896 | 2621 | 78 |
| 157. | 真 | rjun | 1 | 707 | 0.0896 | 3223 | 238 |
| 158. | 曾 | tsung | 2 | 699 | 0.0886 | 4042 | 607 |
| 159. | 世 | shi | 4 | 698 | 0.0884 | 3594 | 236 |
| | 界 | jieh | 4 | | | 2329 | 265 |
| 160. | 社 | shuh | 4 | 694 | 0.0879 | 3636 | 305 |
| | 會 | hwei | 4 | | | 2126 | 31 |
| 161. | 政 | rjung | 4 | 686 | 0.0869 | 3275 | 162 |
| | 府 | fu | 3 | | | 710 | 323 |
| 162. | 早 | dsau | 3 | 683 | 0.0865 | 3906 | 370 |

| | Char. | Syll. | Tone | Freq. | Freq.% | ID | Rank |
|---|---|---|---|---|---|---|---|
| 163. | 心 | xin | 1 | 682 | 0.0864 | 2946 | 142 |
| 164. | 問 | wun | 4 | 677 | 0.0858 | 4708 | 151 |
| 165. | 因 | yin | 1 | 674 | 0.0854 | 4508 | 138 |
| | 此 | tsi | 3 | | | 3994 | 314 |
| 166. | 給 | gei | 3 | 671 | 0.0850 | 1645 | 219 |
| 167. | 叫 | jiau | 4 | 671 | 0.0850 | 2367 | 168 |
| 168. | 地 | di | 4 | 667 | 0.0845 | 858 | 33 |
| | 方 | fang | 1 | | | 647 | 62 |
| 169. | 聲 | shung | 1 | 662 | 0.0839 | 3714 | 221 |
| 170. | 受 | shou | 4 | 645 | 0.0817 | 3663 | 351 |
| 171. | 手 | shou | 3 | 638 | 0.0808 | 3660 | 190 |
| 172. | 們 | mun | 5 | 625 | 0.0792 | 479 | 16 |
| 173. | 未 | wei | 4 | 621 | 0.0787 | 4664 | 870 |
| 174. | 萬 | wan | 4 | 617 | 0.0782 | 4695 | 315 |
| 175. | 方 | fang | 1 | 613 | 0.0777 | 647 | 62 |
| | 面 | mien | 4 | | | 539 | 66 |
| 176. | 名 | ming | 2 | 612 | 0.0775 | 551 | 141 |
| 177. | 千 | chien | 1 | 605 | 0.0766 | 2674 | 365 |
| 178. | 成 | rcung | 2 | 605 | 0.0766 | 3490 | 56 |
| 179. | 已 | yi | 3 | 605 | 0.0766 | 4323 | 183 |
| | 經 | jing | 1 | | | 2479 | 110 |
| 180. | 應 | ying | 4 | 596 | 0.0755 | 4576 | 569 |
| 181. | 許 | xü | 3 | 591 | 0.0749 | 3011 | 322 |
| | 諾 | nwo | 4 | | | 1269 | 1501 |
| 182. | 對 | dwei | 4 | 587 | 0.0744 | 947 | 90 |
| | 於 | yü | 2 | | | 4728 | 113 |
| 183. | 可 | kuh | 3 | 584 | 0.0740 | 1840 | 41 |
| | 是 | shi | 4 | | | 3593 | 3 |
| 184. | 處 | rcu | 4 | 573 | 0.0726 | 3521 | 334 |
| 185. | 先 | xien | 1 | 573 | 0.0726 | 2910 | 234 |
| 186. | 比 | bi | 3 | 570 | 0.0722 | 134 | 211 |
| 187. | 先 | xien | 1 | 570 | 0.0722 | 2910 | 234 |
| | 生 | shung | 1 | | | 3715 | 32 |
| 188. | 一 | yi | 1 | 565 | 0.0716 | 4300 | 2 |
| | 般 | ban | 1 | | | 92 | 770 |
| 189. | 死 | si | 3 | 562 | 0.0712 | 4092 | 403 |
| 190. | 極 | ji | 2 | 560 | 0.0709 | 2224 | 485 |
| 191. | 帶 | dai | 4 | 558 | 0.0707 | 755 | 301 |
| 192. | 身 | shun | 1 | 552 | 0.0699 | 3691 | 249 |
| 193. | 發 | fa | 1 | 542 | 0.0687 | 577 | 73 |
| | 展 | rjan | 3 | | | 3209 | 577 |
| 194. | 發 | fa | 1 | 539 | 0.0683 | 577 | 73 |
| | 生 | shung | 1 | | | 3715 | 32 |
| 195. | 時 | shi | 2 | 538 | 0.0682 | 3578 | 29 |
| | 間 | jien | 1 | | | 2391 | 245 |
| 196. | 日 | ri | 4 | 535 | 0.0678 | 3795 | 54 |
| | 本 | bun | 3 | | | 112 | 65 |
| 197. | 山 | shan | 1 | 535 | 0.0678 | 3670 | 107 |
| 198. | 少 | shau | 3 | 534 | 0.0677 | 3652 | 360 |
| 199. | 太 | tai | 4 | 531 | 0.0673 | 998 | 158 |
| 200. | 吃 | rci | 1 | 517 | 0.0655 | 3377 | 169 |
| 201. | 項 | xiang | 4 | 515 | 0.0652 | 2976 | 507 |
| 202. | 重 | rjoong | 4 | 513 | 0.0650 | 3372 | 214 |
| | 要 | yau | 4 | | | 4425 | 27 |
| 203. | 總 | dsoong | 3 | 510 | 0.0646 | 3979 | 200 |
| 204. | 必 | bi | 4 | 506 | 0.0641 | 139 | 483 |
| | 須 | xü | 1 | | | 3004 | 626 |
| 205. | 數 | shu | 4 | 504 | 0.0638 | 3755 | 400 |
| 206. | 言 | yen | 2 | 500 | 0.0633 | 4468 | 846 |
| 207. | 可 | kuh | 3 | 499 | 0.0632 | 1840 | 41 |
| | 能 | nung | 2 | | | 1212 | 70 |
| 208. | 研 | yen | 2 | 496 | 0.0628 | 4467 | 439 |
| | 究 | jiu | 4 | | | 2381 | 434 |
| 209. | 請 | ching | 3 | 494 | 0.0626 | 2737 | 310 |
| 210. | 嗎 | ma | 5 | 494 | 0.0626 | 394 | 508 |
| 211. | 法 | fa | 3 | 487 | 0.0617 | 584 | 88 |

| | Char. | Syll. | Tone | Freq. | Freq.% | ID | Rank |
|---|---|---|---|---|---|---|---|
| 212. | 雖 | swei | 1 | 485 | 0.0614 | 4173 | 548 |
| | 然 | ran | 2 | | | 3807 | 123 |
| 213. | 點 | dien | 3 | 484 | 0.0613 | 892 | 160 |
| 214. | 元 | yüen | 2 | 482 | 0.0611 | 4811 | 239 |
| 215. | 環 | hwan | 2 | 480 | 0.0608 | 2140 | 845 |
| | 境 | jing | 4 | | | 2501 | 853 |
| 216. | 跟 | gun | 1 | 479 | 0.0607 | 1690 | 240 |
| 217. | 一 | yi | 1 | 471 | 0.0597 | 4300 | 2 |
| | 定 | ding | 4 | | | 912 | 121 |
| 218. | 一 | yi | 1 | 471 | 0.0597 | 4300 | 2 |
| | 樣 | yang | 4 | | | 4546 | 69 |
| 219. | 不 | bu | 4 | 468 | 0.0593 | 213 | 8 |
| | 過 | gwo | 4 | | | 1754 | 67 |
| 220. | 立 | li | 4 | 468 | 0.0593 | 1395 | 152 |
| 221. | 條 | tiau | 2 | 466 | 0.0590 | 1090 | 231 |
| 222. | 放 | fang | 4 | 463 | 0.0587 | 660 | 285 |
| 223. | 亦 | yi | 4 | 453 | 0.0574 | 4339 | 1563 |
| 224. | 開 | kai | 1 | 452 | 0.0573 | 1849 | 114 |
| | 始 | shi | 3 | | | 3586 | 503 |
| 225. | 邊 | bien | 1 | 450 | 0.0570 | 171 | 260 |
| 226. | 勞 | lau | 2 | 447 | 0.0566 | 1318 | 775 |
| | 苦 | ku | 3 | | | 1888 | 567 |
| 227. | 行 | xing | 2 | 446 | 0.0565 | 2989 | 76 |
| 228. | 學 | xüeh | 2 | 446 | 0.0565 | 3028 | 26 |
| | 生 | shung | 1 | | | 3715 | 32 |
| 229. | 運 | yün | 4 | 444 | 0.0562 | 4841 | 284 |
| | 動 | doong | 4 | | | 974 | 94 |
| 230. | 經 | jing | 1 | 441 | 0.0559 | 2479 | 110 |
| | 濟 | ji | 4 | | | 2262 | 839 |
| 231. | 今 | jin | 1 | 439 | 0.0556 | 2441 | 176 |
| | 天 | tien | 1 | | | 1097 | 28 |
| 232. | 其 | chi | 2 | 438 | 0.0555 | 2598 | 243 |
| | 她 | ta | 1 | | | 978 | 10 |
| 233. | 常 | rcang | 2 | 438 | 0.0555 | 3472 | 136 |
| 234. | 讓 | rang | 4 | 436 | 0.0552 | 3825 | 615 |
| 235. | 覺 | jüeh | 2 | 435 | 0.0551 | 2545 | 512 |
| | 得 | duh | 2 | | | 746 | 146 |
| 236. | 東 | doong | 1 | 431 | 0.0546 | 967 | 84 |
| | 西 | xi | 1 | | | 2783 | 61 |
| 237. | 關 | gwan | 1 | 431 | 0.0546 | 1780 | 247 |
| | 係 | xi | 4 | | | 2822 | 877 |
| 238. | 大 | da | 4 | 430 | 0.0545 | 745 | 12 |
| | 家 | jia | 1 | | | 2279 | 36 |
| 239. | 門 | mun | 2 | 430 | 0.0545 | 476 | 274 |
| 240. | 女 | nü | 3 | 429 | 0.0543 | 1278 | 302 |
| 241. | 那 | na | 4 | 426 | 0.0540 | 1179 | 71 |
| | 裏 | li | 3 | | | 1386 | 44 |
| 242. | 同 | toong | 2 | 426 | 0.0540 | 1160 | 92 |
| | 時 | shi | 2 | | | 3578 | 29 |
| 243. | 那 | na | 4 | 423 | 0.0536 | 1179 | 71 |
| | 些 | xieh | 1 | | | 2849 | 139 |
| 244. | 書 | shu | 1 | 423 | 0.0536 | 3732 | 179 |
| 245. | 表 | biau | 3 | 419 | 0.0531 | 168 | 182 |
| | 示 | shi | 4 | | | 3598 | 528 |
| 246. | 美 | mei | 3 | 417 | 0.0528 | 442 | 80 |
| 247. | 孩 | hai | 2 | 416 | 0.0527 | 1977 | 367 |
| | 子 | dsi | 3 | | | 3874 | 324 |
| 248. | 生 | shung | 1 | 414 | 0.0524 | 3715 | 32 |
| 249. | 主 | rju | 3 | 412 | 0.0522 | 3299 | 130 |
| | 要 | yau | 4 | | | 4425 | 27 |
| 250. | 聽 | ting | 1 | 412 | 0.0522 | 1107 | 267 |
| 251. | 方 | fang | 1 | 407 | 0.0516 | 647 | 62 |
| | 法 | fa | 3 | | | 584 | 88 |
| 252. | 笑 | xiau | 4 | 407 | 0.0516 | 2888 | 455 |
| 253. | 深 | shun | 1 | 405 | 0.0513 | 3690 | 639 |
| 254. | 而 | er | 2 | 400 | 0.0507 | 4290 | 156 |
| | 且 | chieh | 3 | | | 2643 | 425 |
| 255. | 父 | fu | 4 | 398 | 0.0504 | 720 | 256 |
| | 親 | chin | 1 | | | 2700 | 261 |

| | Char. | Syll. | Tone | Freq. | Freq.% | ID | Rank |
|---|---|---|---|---|---|---|---|
| 256. | 件 | jien | 4 | 398 | 0.0504 | 2419 | 521 |
| 257. | 路 | lu | 4 | 397 | 0.0503 | 1537 | 149 |
| 258. | 快 | kwai | 4 | 395 | 0.0500 | 1902 | 232 |
| 259. | 愛 | ai | 4 | 393 | 0.0498 | 4246 | 300 |
| 260. | 關 | gwan | 1 | 393 | 0.0498 | 1780 | 247 |
| 261. | 計 | ji | 4 | 393 | 0.0498 | 2256 | 410 |
| | 劃 | hwa | 4 | | | 2090 | 723 |
| 262. | 仍 | rung | 2 | 393 | 0.0498 | 3827 | 803 |
| 263. | 參 | tsan | 1 | 392 | 0.0497 | 4028 | 331 |
| | 加 | jia | 1 | | | 2278 | 124 |
| 264. | 然 | ran | 2 | 391 | 0.0495 | 3807 | 123 |
| | 後 | hou | 4 | | | 2009 | 48 |
| 265. | 送 | soong | 4 | 391 | 0.0495 | 4204 | 435 |
| 266. | 半 | ban | 4 | 390 | 0.0494 | 103 | 413 |
| 267. | 學 | xüeh | 2 | 390 | 0.0494 | 3028 | 26 |
| | 校 | xiau | 4 | | | 2889 | 63 |
| 268. | 為 | wei | 4 | 388 | 0.0492 | 4660 | 98 |
| | 什 | shuh | 2 | | | 3628 | 96 |
| | 麼 | muh | 5 | | | 395 | 3443 |
| 269. | 文 | wun | 2 | 387 | 0.0490 | 4699 | 147 |
| | 化 | hwa | 4 | | | 2085 | 278 |
| 270. | 頭 | tou | 2 | 385 | 0.0488 | 1017 | 164 |
| 271. | 發 | fa | 1 | 383 | 0.0485 | 577 | 73 |
| | 現 | xien | 4 | | | 2933 | 167 |
| 272. | 需 | xü | 1 | 380 | 0.0481 | 3003 | 733 |
| | 要 | yau | 4 | | | 4425 | 27 |
| 273. | 多 | dwo | 1 | 379 | 0.0480 | 933 | 49 |
| | 少 | shau | 3 | | | 3652 | 360 |
| 274. | 精 | jing | 1 | 378 | 0.0479 | 2478 | 527 |
| | 神 | shun | 2 | | | 3697 | 466 |
| 275. | 一 | yi | 1 | 378 | 0.0479 | 4300 | 2 |
| | 切 | chieh | 1 | | | 2640 | 1869 |
| 276. | 非 | fei | 1 | 376 | 0.0476 | 588 | 355 |
| | 常 | rcang | 2 | | | 3472 | 136 |
| 277. | 情 | ching | 2 | 372 | 0.0471 | 2734 | 233 |
| | 形 | xing | 2 | | | 2988 | 252 |
| 278. | 拿 | na | 2 | 372 | 0.0471 | 1175 | 382 |
| 279. | 這 | rjuh | 4 | 372 | 0.0471 | 3155 | 19 |
| | 裏 | li | 3 | | | 1386 | 44 |
| 280. | 錢 | chien | 2 | 370 | 0.0469 | 2686 | 525 |
| 281. | 工 | goong | 1 | 370 | 0.0469 | 1804 | 125 |
| | 業 | yeh | 4 | | | 4397 | 137 |
| 282. | 愛 | ai | 4 | 367 | 0.0465 | 4246 | 300 |
| | 好 | hau | 4 | | | 1999 | 1547 |
| 283. | 遠 | yüen | 3 | 367 | 0.0465 | 4822 | 364 |
| 284. | 總 | dsoong | 2 | 364 | 0.0461 | 3979 | 200 |
| | 統 | toong | 3 | | | 1169 | 283 |
| 285. | 活 | hwo | 2 | 363 | 0.0460 | 2091 | 203 |
| | 動 | doong | 4 | | | 974 | 94 |
| 286. | 經 | jing | 1 | 363 | 0.0460 | 2479 | 110 |
| 287. | 成 | rcung | 2 | 363 | 0.0460 | 3490 | 56 |
| | 為 | wei | 2 | | | 4639 | 95 |
| 288. | 住 | rju | 4 | 363 | 0.0460 | 3304 | 333 |
| 289. | 信 | xin | 4 | 363 | 0.0460 | 2957 | 378 |
| 290. | 地 | di | 4 | 362 | 0.0459 | 858 | 33 |
| | 區 | chü | 1 | | | 2740 | 385 |
| 291. | 還 | hai | 2 | 362 | 0.0459 | 1978 | 127 |
| | 是 | shi | 4 | | | 3593 | 3 |
| 292. | 看 | kan | 4 | 362 | 0.0459 | 1871 | 58 |
| | 到 | dau | 4 | | | 775 | 21 |
| 293. | 字 | dsi | 4 | 359 | 0.0455 | 3877 | 194 |
| 294. | 公 | goong | 1 | 359 | 0.0455 | 1805 | 83 |
| | 司 | si | 1 | | | 4084 | 564 |
| 295. | 有 | you | 3 | 359 | 0.0455 | 4444 | 6 |
| | 些 | xieh | 1 | | | 2849 | 139 |
| 296. | 較 | jiau | 4 | 357 | 0.0452 | 2370 | 509 |
| 297. | 結 | jieh | 2 | 357 | 0.0452 | 2310 | 404 |
| | 果 | gwo | 3 | | | 1751 | 174 |
| 298. | 人 | run | 2 | 357 | 0.0452 | 3812 | 11 |
| | 類 | lei | 4 | | | 1314 | 298 |
| 299. | 於 | yü | 2 | 357 | 0.0452 | 4728 | 113 |
| | 是 | shi | 4 | | | 3593 | 3 |

| | Char. | Syll. | Tone | Freq. | Freq.% | ID | Rank |
|---|---|---|---|---|---|---|---|
| 300. | 故 | gu | 4 | 356 | 0.0451 | 1728 | 437 |
| 301. | 隻 | rji | 1 | 355 | 0.0450 | 3079 | 402 |
| 302. | 寫 | xieh | 3 | 355 | 0.0450 | 2861 | 161 |
| 303. | 具 | jü | 4 | 354 | 0.0448 | 2530 | 583 |
| 304. | 開 | kai | 1 | 353 | 0.0447 | 1849 | 114 |
| 305. | 應 | ying | 4 | 353 | 0.0447 | 4576 | 569 |
| | 該 | gai | 1 | | | 1638 | 384 |
| 306. | 打 | da | 3 | 351 | 0.0445 | 744 | 253 |
| 307. | 面 | mien | 4 | 351 | 0.0445 | 539 | 66 |
| 308. | 些 | xieh | 1 | 350 | 0.0443 | 2849 | 139 |
| 309. | 非 | fei | 1 | 348 | 0.0441 | 588 | 355 |
| 310. | 那 | na | 4 | 348 | 0.0441 | 1179 | 71 |
| | 麼 | muh | 5 | | | 395 | 3443 |
| 311. | 相 | xiang | 1 | 348 | 0.0441 | 2959 | 327 |
| 312. | 雖 | swei | 1 | 347 | 0.0440 | 4173 | 548 |
| 313. | 必 | bi | 4 | 344 | 0.0436 | 139 | 483 |
| 314. | 這 | rjuh | 4 | 344 | 0.0436 | 3155 | 19 |
| | 麼 | muh | 5 | | | 395 | 3443 |
| 315. | 海 | hai | 3 | 343 | 0.0435 | 1980 | 102 |
| 316. | 話 | hwa | 4 | 342 | 0.0433 | 2086 | 254 |
| 317. | 叫 | jiau | 4 | 342 | 0.0433 | 2367 | 168 |
| | 做 | dswo | 4 | | | 3952 | 99 |
| 318. | 教 | jiau | 4 | 341 | 0.0432 | 2368 | 68 |
| | 育 | yü | 4 | | | 4762 | 196 |
| 319. | 量 | liang | 4 | 340 | 0.0431 | 1503 | 423 |
| 320. | 加 | jia | 1 | 339 | 0.0429 | 2278 | 124 |
| 321. | 任 | run | 4 | 339 | 0.0429 | 3817 | 293 |
| | 何 | huh | 2 | | | 1955 | 609 |
| 322. | 完 | wan | 2 | 338 | 0.0428 | 4683 | 309 |
| | 全 | chüen | 2 | | | 2767 | 170 |
| 323. | 朋 | pung | 2 | 335 | 0.0424 | 293 | 414 |
| | 友 | you | 3 | | | 4443 | 336 |
| 324. | 均 | jün | 1 | 334 | 0.0423 | 2573 | 1245 |
| 325. | 決 | jüeh | 2 | 333 | 0.0422 | 2546 | 363 |
| | 定 | ding | 4 | | | 912 | 121 |
| 326. | 看 | kan | 4 | 333 | 0.0422 | 1871 | 58 |
| | 見 | jien | 4 | | | 2417 | 206 |
| 327. | 告 | gau | 4 | 332 | 0.0421 | 1655 | 386 |
| | 訴 | su | 4 | | | 4153 | 759 |
| 328. | 利 | li | 4 | 332 | 0.0421 | 1398 | 222 |
| | 用 | yüoong | 4 | | | 4864 | 38 |
| 329. | 近 | jin | 4 | 331 | 0.0419 | 2453 | 344 |
| 330. | 注 | rju | 4 | 330 | 0.0418 | 3303 | 447 |
| | 視 | shi | 4 | | | 3602 | 720 |
| 331. | 滿 | man | 3 | 329 | 0.0417 | 468 | 454 |
| 332. | 省 | shung | 3 | 329 | 0.0417 | 3724 | 201 |
| 333. | 難 | nan | 2 | 327 | 0.0414 | 1202 | 570 |
| 334. | 倒 | dau | 3 | 326 | 0.0413 | 769 | 964 |
| 335. | 原 | yüen | 2 | 326 | 0.0413 | 4809 | 197 |
| 336. | 你 | ni | 3 | 325 | 0.0412 | 1221 | 57 |
| | 們 | mun | 5 | | | 479 | 16 |
| 337. | 以 | yi | 3 | 324 | 0.0410 | 4324 | 24 |
| | 及 | ji | 2 | | | 2223 | 291 |
| 338. | 空 | koong | 1 | 322 | 0.0408 | 1944 | 199 |
| | 氣 | chi | 1 | | | 2627 | 132 |
| 339. | 誰 | shei | 2 | 322 | 0.0408 | 3845 | 627 |
| 340. | 影 | ying | 2 | 322 | 0.0408 | 4574 | 498 |
| | 響 | xiang | 3 | | | 2969 | 696 |
| 341. | 經 | jing | 1 | 321 | 0.0407 | 2479 | 110 |
| | 過 | gwo | 4 | | | 1754 | 67 |
| 342. | 且 | chieh | 3 | 320 | 0.0405 | 2643 | 425 |
| 343. | 定 | ding | 4 | 318 | 0.0403 | 912 | 121 |
| 344. | 自 | dsi | 4 | 318 | 0.0403 | 3878 | 86 |
| | 然 | ran | 2 | | | 3807 | 123 |
| 345. | 人 | run | 2 | 317 | 0.0402 | 3812 | 11 |
| | 員 | yüen | 2 | | | 4808 | 210 |
| 346. | 若 | rwo | 4 | 317 | 0.0402 | 3841 | 899 |
| 347. | 一 | yi | 1 | 317 | 0.0402 | 4300 | 2 |
| | 些 | xieh | 1 | | | 2849 | 139 |

| | Char. | Syll. | Tone | Freq. | Freq.% | ID | Rank |
|---|---|---|---|---|---|---|---|
| 348. | 台 | tai | 2 | 316 | 0.0400 | 991 | 636 |
| | 灣 | wan | 1 | | | 4677 | 321 |
| 349. | 穿 | rcwan | 1 | 314 | 0.0398 | 3535 | 719 |
| 350. | 方 | fang | 1 | 313 | 0.0397 | 647 | 62 |
| 351. | 稱 | rcung | 1 | 313 | 0.0397 | 3485 | 470 |
| 352. | 搜 | sou | 1 | 313 | 0.0397 | 4132 | 1968 |
| 353. | 花 | hwa | 1 | 312 | 0.0395 | 2078 | 246 |
| 354. | 畫 | hwa | 4 | 312 | 0.0395 | 2088 | 320 |
| | 一 | yi | 1 | | | 4300 | 2 |
| 355. | 夜 | yeh | 4 | 311 | 0.0394 | 4399 | 664 |
| 356. | 尤 | you | 2 | 311 | 0.0394 | 4436 | 1043 |
| | 其 | chi | 2 | | | 2598 | 243 |
| 357. | 增 | dsung | 1 | 310 | 0.0393 | 3936 | 658 |
| | 加 | jia | 1 | | | 2278 | 124 |
| 358. | 求 | chiu | 2 | 308 | 0.0390 | 2669 | 494 |
| 359. | 往 | wang | 3 | 308 | 0.0390 | 4714 | 426 |
| 360. | 科 | kuh | 1 | 304 | 0.0385 | 1826 | 341 |
| | 學 | xüeh | 2 | | | 3028 | 26 |
| 361. | 時 | shi | 2 | 302 | 0.0383 | 3578 | 29 |
| | 代 | dai | 4 | | | 756 | 262 |
| 362. | 為 | wei | 4 | 302 | 0.0383 | 4660 | 98 |
| | 了 | luh | 5 | | | 1295 | 5 |
| 363. | 自 | dsi | 4 | 301 | 0.0381 | 3878 | 86 |
| | 由 | you | 2 | | | 4435 | 126 |
| 364. | 敢 | gan | 3 | 299 | 0.0379 | 1682 | 816 |
| 365. | 既 | ji | 4 | 299 | 0.0379 | 2264 | 1180 |
| 366. | 尤 | you | 2 | 297 | 0.0376 | 4436 | 1043 |
| 367. | 連 | lien | 2 | 296 | 0.0375 | 1459 | 343 |
| 368. | 指 | rji | 3 | 296 | 0.0375 | 3102 | 373 |
| 369. | 人 | run | 2 | 295 | 0.0374 | 3812 | 11 |
| | 民 | min | 2 | | | 542 | 59 |
| 370. | 一 | yi | 1 | 295 | 0.0374 | 4300 | 2 |
| | 點 | dien | 3 | | | 892 | 160 |
| 371. | 身 | shun | 1 | 294 | 0.0372 | 3691 | 249 |
| | 體 | ti | 3 | | | 1073 | 178 |
| 372. | 當 | dang | 1 | 293 | 0.0371 | 819 | 157 |
| | 時 | shi | 2 | | | 3578 | 29 |
| 373. | 當 | dang | 1 | 292 | 0.0370 | 819 | 157 |
| | 然 | ran | 2 | | | 3807 | 123 |
| 374. | 怎 | dsun | 3 | 292 | 0.0370 | 3930 | 185 |
| | 麼 | muh | 5 | | | 395 | 3443 |
| 375. | 另 | ling | 4 | 292 | 0.0370 | 1522 | 691 |
| 376. | 買 | mai | 3 | 291 | 0.0369 | 425 | 550 |
| 377. | 稱 | rcung | 1 | 290 | 0.0367 | 3485 | 470 |
| | 讚 | dsan | 4 | | | 3927 | 1526 |
| 378. | 如 | ru | 2 | 290 | 0.0367 | 3829 | 120 |
| | 此 | tsi | 3 | | | 3994 | 314 |
| 379. | 次 | tsi | 4 | 290 | 0.0367 | 3996 | 173 |
| 380. | 意 | yi | 4 | 290 | 0.0367 | 4332 | 195 |
| | 思 | si | 1 | | | 4087 | 619 |
| 381. | 稱 | rcung | 1 | 289 | 0.0366 | 3485 | 470 |
| | 為 | wei | 2 | | | 4639 | 95 |
| 382. | 容 | roong | 2 | 288 | 0.0365 | 3855 | 401 |
| | 易 | yi | 4 | | | 4333 | 565 |
| 383. | 喜 | xi | 3 | 288 | 0.0365 | 2817 | 440 |
| | 歡 | hwan | 1 | | | 2138 | 428 |
| 384. | 重 | rjoong | 4 | 287 | 0.0364 | 3372 | 214 |
| 385. | 國 | gwo | 2 | 286 | 0.0362 | 1749 | 7 |
| | 際 | ji | 4 | | | 2258 | 571 |
| 386. | 別 | bieh | 2 | 285 | 0.0361 | 163 | 259 |
| | 人 | run | 2 | | | 3812 | 11 |
| 387. | 類 | lei | 4 | 285 | 0.0361 | 1314 | 298 |
| 388. | 直 | rji | 2 | 285 | 0.0361 | 3092 | 416 |
| 389. | 家 | jia | 1 | 284 | 0.0360 | 2279 | 36 |
| | 庭 | ting | 2 | | | 1109 | 687 |
| 390. | 作 | dswo | 4 | 282 | 0.0357 | 3953 | 47 |
| | 用 | yüoong | 4 | | | 4864 | 38 |
| 391. | 物 | wu | 4 | 282 | 0.0357 | 4602 | 128 |
| | 質 | rji | 4 | | | 3127 | 3565 |
| 392. | 歲 | swei | 4 | 280 | 0.0355 | 4180 | 685 |
| 393. | 其 | chi | 2 | 279 | 0.0353 | 2598 | 243 |
| | 中 | rjoong | 1 | | | 3361 | 20 |

| | Char. | Syll. | Tone | Freq. | Freq.% | ID | Rank |
|---|---|---|---|---|---|---|---|
| 394. | 區 | chü | 1 | 279 | 0.0353 | 2740 | 385 |
| 395. | 久 | jiu | 3 | 278 | 0.0352 | 2376 | 522 |
| 396. | 變 | bien | 4 | 277 | 0.0351 | 180 | 316 |
| 397. | 部 | bu | 4 | 277 | 0.0351 | 212 | 91 |
| | 分 | fun | 4 | | | 640 | 693 |
| 398. | 怎 | dsun | 3 | 277 | 0.0351 | 3930 | 185 |
| | 樣 | yang | 4 | | | 4546 | 69 |
| 399. | 風 | fung | 1 | 277 | 0.0351 | 662 | 268 |
| 400. | 繼 | ji | 4 | 277 | 0.0351 | 2260 | 692 |
| | 續 | xü | 4 | | | 3014 | 669 |
| 401. | 站 | rjan | 4 | 277 | 0.0351 | 3214 | 586 |
| 402. | 特 | tuh | 4 | 277 | 0.0351 | 989 | 328 |
| | 別 | bieh | 2 | | | 163 | 259 |
| 403. | 後 | hou | 4 | 276 | 0.0350 | 2009 | 48 |
| | 來 | lai | 2 | | | 1297 | 15 |
| 404. | 張 | rjang | 1 | 276 | 0.0350 | 3243 | 311 |
| 405. | 同 | toong | 2 | 276 | 0.0350 | 1160 | 92 |
| | 学 | xüeh | 2 | | | 3028 | 26 |
| 406. | 今 | jin | 1 | 275 | 0.0348 | 2441 | 176 |
| 407. | 進 | jin | 4 | 275 | 0.0348 | 2454 | 144 |
| | 行 | xing | 2 | | | 2989 | 76 |
| 408. | 至 | rji | 4 | 274 | 0.0347 | 3110 | 442 |
| 409. | 願 | yüen | 4 | 274 | 0.0347 | 4823 | 787 |
| 410. | 部 | bu | 4 | 273 | 0.0346 | 212 | 91 |
| 411. | 青 | ching | 1 | 272 | 0.0345 | 2725 | 488 |
| | 年 | nien | 2 | | | 1242 | 35 |
| 412. | 初 | rcu | 1 | 271 | 0.0343 | 3506 | 496 |
| 413. | 熱 | ruh | 4 | 271 | 0.0343 | 3797 | 390 |
| 414. | 組 | dsu | 3 | 270 | 0.0342 | 3946 | 329 |
| | 織 | rji | 1 | | | 3078 | 471 |
| 415. | 祇 | rji | 1 | 269 | 0.0341 | 3088 | 3753 |
| 416. | 注 | rju | 4 | 269 | 0.0341 | 3303 | 447 |
| | 意 | yi | 4 | | | 4332 | 195 |
| 417. | 盡 | jin | 4 | 268 | 0.0340 | 2456 | 914 |
| 418. | 生 | shung | 1 | 268 | 0.0340 | 3715 | 32 |
| | 產 | rcan | 3 | | | 3449 | 279 |
| 419. | 轉 | rjwan | 3 | 265 | 0.0336 | 3343 | 531 |
| 420. | 眼 | yen | 3 | 264 | 0.0334 | 4484 | 396 |
| 421. | 取 | chü | 3 | 263 | 0.0333 | 2751 | 486 |
| 422. | 從 | tsoong | 2 | 263 | 0.0333 | 4081 | 133 |
| | 此 | tsi | 3 | | | 3994 | 314 |
| 423. | 吧 | ba | 1 | 262 | 0.0332 | 3 | 540 |
| 424. | 比 | bi | 3 | 261 | 0.0331 | 134 | 211 |
| | 較 | jiau | 4 | | | 2370 | 509 |
| 425. | 某 | mou | 3 | 259 | 0.0328 | 464 | 1613 |
| 426. | 能 | nung | 2 | 259 | 0.0328 | 1212 | 70 |
| | 夠 | gou | 4 | | | 1663 | 520 |
| 427. | 雙 | shwang | 1 | 259 | 0.0328 | 3792 | 898 |
| 428. | 講 | jiang | 3 | 256 | 0.0324 | 2471 | 356 |
| 429. | 戰 | rjan | 4 | 256 | 0.0324 | 3215 | 280 |
| 430. | 國 | gwo | 2 | 255 | 0.0323 | 1749 | 7 |
| | 民 | min | 2 | | | 542 | 59 |
| 431. | 過 | gwo | 4 | 254 | 0.0322 | 1754 | 67 |
| | 去 | chü | 4 | | | 2754 | 43 |
| 432. | 船 | rcwan | 2 | 254 | 0.0322 | 3537 | 563 |
| 433. | 機 | ji | 1 | 252 | 0.0319 | 2198 | 153 |
| | 會 | hwei | 4 | | | 2126 | 31 |
| 434. | 馬 | ma | 3 | 251 | 0.0318 | 390 | 282 |
| 435. | 約 | yüeh | 1 | 251 | 0.0318 | 4792 | 357 |
| 436. | 布 | bu | 4 | 249 | 0.0315 | 215 | 297 |
| 437. | 期 | chi | 2 | 249 | 0.0315 | 2599 | 225 |
| 438. | 不 | bu | 4 | 248 | 0.0314 | 213 | 8 |
| | 但 | dan | 4 | | | 808 | 175 |
| 439. | 思 | si | 1 | 248 | 0.0314 | 4087 | 619 |
| | 想 | xiang | 3 | | | 2970 | 192 |
| 440. | 場 | rcang | 2 | 247 | 0.0313 | 3474 | 450 |
| 441. | 英 | ying | 1 | 247 | 0.0313 | 4550 | 272 |
| | 國 | gwo | 2 | | | 1749 | 7 |

| | Char. | Syll. | Tone | Freq. | Freq.% | ID | Rank |
|---|---|---|---|---|---|---|---|
| 442. | 軍 | jün | 1 | 246 | 0.0312 | 2574 | 150 |
| 443. | 須 | xü | 1 | 245 | 0.0310 | 3004 | 626 |
| 444. | 原 | yüen | 2 | 245 | 0.0310 | 4809 | 197 |
| | 來 | lai | 2 | | | 1297 | 15 |
| 445. | 光 | gwang | 1 | 244 | 0.0309 | 1801 | 224 |
| 446. | 白 | bai | 2 | 243 | 0.0308 | 49 | 251 |
| 447. | 一 | yi | 1 | 243 | 0.0308 | 4300 | 2 |
| | 直 | rji | 2 | | | 3092 | 416 |
| 448. | 敎 | jiau | 1 | 242 | 0.0307 | 2341 | 1225 |
| 449. | 城 | rcung | 2 | 242 | 0.0307 | 3489 | 467 |
| 450. | 七 | chi | 1 | 238 | 0.0302 | 2590 | 100 |
| 451. | 中 | rjoong | 1 | 237 | 0.0300 | 3361 | 20 |
| | 心 | xin | 1 | | | 2946 | 142 |
| 452. | 以 | yi | 3 | 237 | 0.0300 | 4324 | 24 |
| | 為 | wei | 2 | | | 4639 | 95 |
| 453. | 東 | doong | 1 | 236 | 0.0299 | 967 | 84 |
| 454. | 並 | bing | 4 | 234 | 0.0296 | 203 | 204 |
| | 且 | chieh | 3 | | | 2643 | 425 |
| 455. | 發 | fa | 1 | 234 | 0.0296 | 577 | 73 |
| 456. | 令 | ling | 4 | 234 | 0.0296 | 1523 | 650 |
| 457. | 怕 | pa | 4 | 234 | 0.0296 | 228 | 653 |
| 458. | 使 | shi | 3 | 234 | 0.0296 | 3587 | 154 |
| | 用 | yüoong | 4 | | | 4864 | 38 |
| 459. | 它 | ta | 1 | 234 | 0.0296 | 980 | 205 |
| | 們 | mun | 5 | | | 479 | 16 |
| 460. | 病 | bing | 4 | 233 | 0.0295 | 202 | 318 |
| 461. | 乃 | nai | 3 | 233 | 0.0295 | 1187 | 921 |
| 462. | 聲 | shung | 1 | 233 | 0.0295 | 3714 | 221 |
| | 音 | yin | 1 | | | 4507 | 313 |
| 463. | 酒 | jiu | 3 | 232 | 0.0294 | 2379 | 753 |
| 464. | 長 | rcang | 2 | 231 | 0.0293 | 3471 | 227 |
| | 江 | jiang | 1 | | | 2463 | 131 |
| 465. | 也 | yeh | 2 | 231 | 0.0293 | 4394 | 46 |
| | 許 | xü | 3 | | | 3011 | 322 |
| 466. | 步 | bu | 4 | 230 | 0.0291 | 214 | 417 |
| 467. | 何 | huh | 2 | 230 | 0.0291 | 1955 | 609 |
| 468. | 隨 | swei | 2 | 230 | 0.0291 | 4176 | 747 |
| 469. | 謂 | wei | 4 | 230 | 0.0291 | 4668 | 1831 |
| 470. | 獲 | hwo | 4 | 229 | 0.0290 | 2095 | 1111 |
| | 得 | duh | 2 | | | 746 | 146 |
| 471. | 妳 | ni | 3 | 229 | 0.0290 | 1220 | 57 |
| 472. | 產 | rcan | 3 | 229 | 0.0290 | 3449 | 279 |
| | 生 | shung | 1 | | | 3715 | 32 |
| 473. | 歷 | li | 4 | 228 | 0.0289 | 1399 | 934 |
| | 史 | shi | 3 | | | 3589 | 795 |
| 474. | 老 | lau | 3 | 227 | 0.0288 | 1322 | 117 |
| | 師 | shi | 1 | | | 3570 | 116 |
| 475. | 民 | min | 2 | 227 | 0.0288 | 542 | 59 |
| | 族 | dsu | 2 | | | 3941 | 809 |
| 476. | 性 | xing | 4 | 226 | 0.0286 | 2996 | 482 |
| 477. | 包 | bau | 1 | 225 | 0.0285 | 73 | 554 |
| | 裹 | gwo | 3 | | | 1753 | 2804 |
| 478. | 塊 | kwai | 4 | 225 | 0.0285 | 1901 | 684 |
| 479. | 力 | li | 4 | 225 | 0.0285 | 1396 | 143 |
| | 量 | liang | 2 | | | 1498 | 1436 |
| 480. | 您 | nin | 2 | 225 | 0.0285 | 1252 | 1001 |
| 481. | 飛 | fei | 1 | 224 | 0.0284 | 589 | 230 |
| 482. | 廿 | nien | 4 | 224 | 0.0284 | 1251 | 2457 |
| 483. | 植 | rji | 2 | 224 | 0.0284 | 3093 | 887 |
| | 物 | wu | 4 | | | 4602 | 128 |
| 484. | 服 | fu | 2 | 223 | 0.0283 | 688 | 366 |
| | 務 | wu | 4 | | | 4601 | 377 |
| 485. | 能 | nung | 2 | 222 | 0.0281 | 1212 | 70 |
| | 力 | li | 4 | | | 1396 | 143 |
| 486. | 甚 | shuh | 2 | 222 | 0.0281 | 3629 | 96 |
| | 麼 | muh | 5 | | | 395 | 3443 |
| 487. | 甚 | shun | 4 | 222 | 0.0281 | 3703 | 1303 |
| 488. | 物 | wu | 4 | 222 | 0.0281 | 4602 | 128 |
| | 體 | ti | 3 | | | 1073 | 178 |

| | Char. | Syll. | Tone | Freq. | Freq.% | ID | Rank |
|---|---|---|---|---|---|---|---|
| 489. | 興 | xing | 4 | 221 | 0.0280 | 2995 | 555 |
| | 趣 | chü | 4 | | | 2753 | 904 |
| 490. | 雨 | yü | 3 | 221 | 0.0280 | 4752 | 532 |
| 491. | 足 | dsu | 2 | 220 | 0.0279 | 3942 | 655 |
| 492. | 據 | jü | 4 | 220 | 0.0279 | 2528 | 523 |
| 493. | 設 | shuh | 4 | 220 | 0.0279 | 3635 | 374 |
| | 備 | bei | 4 | | | 62 | 392 |
| 494. | 表 | biau | 3 | 219 | 0.0277 | 168 | 182 |
| | 現 | xien | 4 | | | 2933 | 167 |
| 495. | 準 | rjoon | 3 | 219 | 0.0277 | 3350 | 623 |
| | 備 | bei | 4 | | | 62 | 392 |
| 496. | 政 | rjung | 4 | 219 | 0.0277 | 3275 | 162 |
| | 治 | rji | 4 | | | 3111 | 361 |
| 497. | 替 | ti | 4 | 219 | 0.0277 | 1075 | 815 |
| 498. | 相 | xiang | 1 | 219 | 0.0277 | 2959 | 327 |
| | 當 | dang | 1 | | | 819 | 157 |
| 499. | 規 | gwei | 1 | 218 | 0.0276 | 1760 | 579 |
| | 定 | ding | 4 | | | 912 | 121 |
| 500. | 南 | nan | 2 | 218 | 0.0276 | 1203 | 81 |
| 501. | 世 | shi | 4 | 218 | 0.0276 | 3594 | 236 |
| 502. | 隊 | dwei | 4 | 215 | 0.0272 | 946 | 427 |
| 503. | 接 | jieh | 1 | 214 | 0.0271 | 2305 | 294 |
| | 受 | shou | 4 | | | 3663 | 351 |
| 504. | 產 | rcan | 3 | 214 | 0.0271 | 3449 | 279 |
| 505. | 餘 | yü | 2 | 214 | 0.0271 | 4730 | 1168 |
| 506. | 古 | gu | 3 | 213 | 0.0270 | 1719 | 407 |
| 507. | 明 | ming | 2 | 213 | 0.0270 | 552 | 101 |
| 508. | 派 | pai | 4 | 213 | 0.0270 | 246 | 701 |
| 509. | 似 | shi | 4 | 213 | 0.0270 | 4093 | 841 |
| | 乎 | hu | 1 | | | 2055 | 1144 |
| 510. | 小 | xiau | 2 | 212 | 0.0269 | 2887 | 40 |
| | 姐 | jieh | 3 | | | 2325 | 679 |
| 511. | 得 | duh | 2 | 211 | 0.0267 | 746 | 146 |
| | 到 | dau | 4 | | | 775 | 21 |
| 512. | 安 | an | 1 | 210 | 0.0266 | 4273 | 242 |
| | 全 | chüen | 2 | | | 2767 | 170 |
| 513. | 否 | fou | 3 | 210 | 0.0266 | 604 | 1101 |
| 514. | 父 | fu | 4 | 210 | 0.0266 | 720 | 256 |
| 515. | 含 | han | 2 | 210 | 0.0266 | 2016 | 991 |
| 516. | 至 | rji | 4 | 210 | 0.0266 | 3110 | 442 |
| | 於 | yü | 2 | | | 4728 | 113 |
| 517. | 忙 | mang | 2 | 209 | 0.0265 | 481 | 620 |
| 518. | 努 | nu | 3 | 209 | 0.0265 | 1264 | 709 |
| | 力 | li | 4 | | | 1396 | 143 |
| 519. | 算 | swan | 4 | 209 | 0.0265 | 4188 | 480 |
| 520. | 一 | yi | 1 | 209 | 0.0265 | 4300 | 2 |
| | 面 | mien | 4 | | | 539 | 66 |
| 521. | 例 | li | 4 | 208 | 0.0264 | 1400 | 751 |
| | 如 | ru | 2 | | | 3829 | 120 |
| 522. | 北 | bei | 3 | 207 | 0.0262 | 61 | 72 |
| 523. | 所 | swo | 2 | 207 | 0.0262 | 4169 | 79 |
| | 有 | you | 3 | | | 4444 | 6 |
| 524. | 罷 | ba | 4 | 206 | 0.0261 | 13 | 1182 |
| 525. | 竟 | jing | 4 | 206 | 0.0261 | 2500 | 859 |
| 526. | 今 | jin | 1 | 205 | 0.0260 | 2441 | 176 |
| | 日 | ri | 4 | | | 3795 | 54 |
| 527. | 離 | li | 2 | 205 | 0.0260 | 1371 | 538 |
| 528. | 技 | ji | 4 | 204 | 0.0258 | 2263 | 1196 |
| | 術 | shu | 4 | | | 3758 | 598 |
| 529. | 成 | rcung | 2 | 204 | 0.0258 | 3490 | 56 |
| | 功 | goong | 1 | | | 1807 | 335 |
| 530. | 人 | run | 2 | 204 | 0.0258 | 3812 | 11 |
| | 士 | shi | 4 | | | 3596 | 362 |
| 531. | 辦 | ban | 4 | 203 | 0.0257 | 104 | 332 |
| | 法 | fa | 4 | | | 586 | 640 |
| 532. | 臉 | lien | 3 | 203 | 0.0257 | 1468 | 778 |
| 533. | 車 | rcuh | 1 | 203 | 0.0257 | 3412 | 181 |
| 534. | 中 | rjoong | 1 | 203 | 0.0257 | 3361 | 20 |
| | 華 | hwa | 2 | | | 2080 | 166 |
| | 民 | min | 2 | | | 542 | 59 |
| | 國 | gwo | 2 | | | 1749 | 7 |

| | Char. | Syll. | Tone | Freq. | Freq.% | ID | Rank |
|---|---|---|---|---|---|---|---|
| 535. | 易 | yi | 4 | 203 | 0.0257 | 4333 | 565 |
| 536. | 異 | yi | 4 | 203 | 0.0257 | 4335 | 1096 |
| 537. | 紙 | rji | 3 | 202 | 0.0256 | 3105 | 648 |
| 538. | 提 | ti | 2 | 202 | 0.0256 | 1065 | 409 |
| | 出 | rcu | 1 | | | 3507 | 60 |
| 539. | 強 | chiang | 2 | 201 | 0.0255 | 2716 | 354 |
| 540. | 共 | goong | 4 | 201 | 0.0255 | 1820 | 186 |
| 541. | 了 | liau | 2 | 201 | 0.0255 | 1443 | 1003 |
| | 解 | jieh | 3 | | | 2326 | 546 |
| 542. | 通 | toong | 1 | 201 | 0.0255 | 1158 | 202 |
| 543. | 一 | yi | 1 | 201 | 0.0255 | 4300 | 2 |
| | 起 | chi | 3 | | | 2621 | 78 |
| 544. | 報 | bau | 4 | 200 | 0.0253 | 85 | 184 |
| 545. | 任 | run | 4 | 200 | 0.0253 | 3817 | 293 |
| 546. | 所 | swo | 3 | 200 | 0.0253 | 4169 | 79 |
| | 謂 | wei | 4 | | | 4668 | 1831 |
| 547. | 她 | ta | 1 | 200 | 0.0253 | 978 | 10 |
| | 們 | mun | 5 | | | 479 | 16 |
| 548. | 完 | wan | 2 | 200 | 0.0253 | 4683 | 309 |
| 549. | 人 | run | 2 | 199 | 0.0252 | 3812 | 11 |
| | 口 | kou | 3 | | | 1858 | 220 |
| 550. | 望 | wang | 4 | 198 | 0.0251 | 4719 | 381 |
| 551. | 肯 | kun | 3 | 197 | 0.0250 | 1873 | 1040 |
| 552. | 事 | shi | 4 | 197 | 0.0250 | 3592 | 77 |
| | 實 | shi | 2 | | | 3581 | 215 |
| 553. | 談 | tan | 2 | 197 | 0.0250 | 1024 | 581 |
| 554. | 需 | xü | 1 | 197 | 0.0250 | 3003 | 733 |
| 555. | 變 | bien | 4 | 196 | 0.0248 | 180 | 316 |
| | 成 | rcung | 2 | | | 3490 | 56 |
| 556. | 低 | di | 1 | 196 | 0.0248 | 842 | 799 |
| 557. | 個 | guh | 4 | 196 | 0.0248 | 1634 | 22 |
| | 人 | run | 2 | | | 3812 | 11 |
| 558. | 農 | noong | 2 | 195 | 0.0247 | 1273 | 451 |
| | 業 | yeh | 4 | | | 4397 | 137 |
| 559. | 食 | shi | 2 | 195 | 0.0247 | 3580 | 350 |
| | 物 | wu | 4 | | | 4602 | 128 |
| 560. | 事 | shi | 4 | 195 | 0.0247 | 3592 | 77 |
| | 業 | yeh | 4 | | | 4397 | 137 |
| 561. | 想 | xiang | 3 | 195 | 0.0247 | 2970 | 192 |
| | 到 | dau | 4 | | | 775 | 21 |
| 562. | 要 | yau | 4 | 194 | 0.0246 | 4425 | 27 |
| | 求 | chiu | 2 | | | 2669 | 494 |
| 563. | 公 | goong | 1 | 193 | 0.0245 | 1805 | 83 |
| | 尺 | rci | 3 | | | 3386 | 725 |
| 564. | 西 | xi | 1 | 193 | 0.0245 | 2783 | 61 |
| 565. | 音 | yin | 1 | 193 | 0.0245 | 4507 | 313 |
| | 樂 | yüeh | 4 | | | 4796 | 705 |
| 566. | 魚 | yü | 2 | 193 | 0.0245 | 4727 | 608 |
| 567. | 短 | dwan | 3 | 192 | 0.0243 | 950 | 884 |
| 568. | 認 | run | 4 | 192 | 0.0243 | 3816 | 479 |
| | 為 | wei | 2 | | | 4639 | 95 |
| 569. | 建 | jien | 4 | 191 | 0.0242 | 2416 | 273 |
| | 設 | shuh | 4 | | | 3635 | 374 |
| 570. | 變 | bien | 4 | 190 | 0.0241 | 180 | 316 |
| | 化 | hwa | 4 | | | 2085 | 278 |
| 571. | 反 | fan | 3 | 190 | 0.0241 | 620 | 460 |
| | 應 | ying | 4 | | | 4576 | 569 |
| 572. | 加 | jia | 1 | 190 | 0.0241 | 2278 | 124 |
| | 以 | yi | 3 | | | 4324 | 24 |
| 573. | 照 | rjau | 4 | 190 | 0.0241 | 3179 | 408 |
| 574. | 藝 | yi | 4 | 190 | 0.0241 | 4337 | 1161 |
| | 術 | shu | 4 | | | 3758 | 598 |
| 575. | 愈 | yü | 4 | 190 | 0.0241 | 4765 | 1595 |
| 576. | 管 | gwan | 3 | 189 | 0.0239 | 1787 | 452 |
| 577. | 除 | rcu | 2 | 189 | 0.0239 | 3510 | 444 |
| | 了 | luh | 5 | | | 1295 | 5 |
| 578. | 座 | dswo | 4 | 188 | 0.0238 | 3954 | 1012 |
| 579. | 明 | ming | 2 | 188 | 0.0238 | 552 | 101 |
| | 白 | bai | 2 | | | 49 | 251 |
| 580. | 認 | run | 4 | 188 | 0.0238 | 3816 | 479 |
| | 識 | shi | 4 | | | 3603 | 632 |

| | Char. | Syll. | Tone | Freq. | Freq.% | ID | Rank |
|---|---|---|---|---|---|---|---|
| 581. | 市 | shi | 4 | 188 | 0.0238 | 3595 | 87 |
| | 場 | rcang | 2 | | | 3474 | 450 |
| 582. | 改 | gai | 3 | 187 | 0.0237 | 1639 | 436 |
| | 變 | bien | 4 | | | 180 | 316 |
| 583. | 列 | lieh | 4 | 187 | 0.0237 | 1428 | 500 |
| 584. | 政 | rjung | 4 | 187 | 0.0237 | 3275 | 162 |
| | 策 | tsuh | 4 | | | 4002 | 1373 |
| 585. | 依 | yi | 1 | 187 | 0.0237 | 4301 | 743 |
| 586. | 大 | da | 4 | 186 | 0.0236 | 745 | 12 |
| | 陸 | lu | 4 | | | 1536 | 430 |
| 587. | 喝 | huh | 1 | 186 | 0.0236 | 1952 | 919 |
| 588. | 眼 | yen | 3 | 186 | 0.0236 | 4484 | 396 |
| | 睛 | jing | 1 | | | 2480 | 802 |
| 589. | 衣 | yi | 1 | 186 | 0.0236 | 4299 | 432 |
| | 服 | fu | 2 | | | 688 | 366 |
| 590. | 和 | huh | 2 | 185 | 0.0234 | 1956 | 395 |
| | 平 | ping | 2 | | | 354 | 165 |
| 591. | 加 | jia | 1 | 185 | 0.0234 | 2278 | 124 |
| | 強 | chiang | 2 | | | 2716 | 354 |
| 592. | 進 | jin | 4 | 185 | 0.0234 | 2454 | 144 |
| | 步 | bu | 4 | | | 214 | 417 |
| 593. | 主 | rju | 3 | 185 | 0.0234 | 3299 | 130 |
| 594. | 晚 | wan | 3 | 185 | 0.0234 | 4687 | 441 |
| 595. | 合 | huh | 2 | 184 | 0.0233 | 1953 | 172 |
| 596. | 看 | kan | 4 | 184 | 0.0233 | 1871 | 58 |
| | 看 | kan | 4 | | | 1871 | 58 |
| 597. | 上 | shang | 4 | 184 | 0.0233 | 3712 | 17 |
| | 面 | mien | 4 | | | 539 | 66 |
| 598. | 現 | xien | 4 | 184 | 0.0233 | 2933 | 167 |
| 599. | 方 | fang | 1 | 183 | 0.0232 | 647 | 62 |
| | 式 | shi | 4 | | | 3604 | 762 |
| 600. | 靠 | kau | 4 | 183 | 0.0232 | 1857 | 960 |
| 601. | 落 | lwo | 4 | 183 | 0.0232 | 1558 | 681 |
| 602. | 越 | yüeh | 4 | 183 | 0.0232 | 4793 | 558 |
| 603. | 原 | yüen | 2 | 183 | 0.0232 | 4809 | 197 |
| | 因 | yin | 1 | | | 4508 | 138 |
| 604. | 單 | dan | 1 | 182 | 0.0231 | 797 | 616 |
| | 位 | wei | 4 | | | 4659 | 188 |
| 605. | 至 | rji | 4 | 182 | 0.0231 | 3110 | 442 |
| | 少 | shau | 3 | | | 3652 | 360 |
| 606. | 睡 | shwei | 4 | 182 | 0.0231 | 3783 | 703 |
| 607. | 共 | goong | 4 | 181 | 0.0229 | 1820 | 186 |
| | 同 | toong | 2 | | | 1160 | 92 |
| 608. | 會 | hwei | 4 | 181 | 0.0229 | 2126 | 31 |
| | 議 | yi | 4 | | | 4331 | 290 |
| 609. | 解 | jieh | 3 | 181 | 0.0229 | 2326 | 546 |
| | 決 | jüeh | 2 | | | 2546 | 363 |
| 610. | 讀 | du | 2 | 180 | 0.0228 | 919 | 391 |
| 611. | 紅 | hoong | 2 | 180 | 0.0228 | 2188 | 604 |
| 612. | 樁 | rjwang | 1 | 180 | 0.0228 | 3355 | 4075 |
| 613. | 夠 | gou | 4 | 179 | 0.0227 | 1863 | 520 |
| 614. | 絕 | jüeh | 2 | 179 | 0.0227 | 2548 | 940 |
| 615. | 女 | nü | 3 | 179 | 0.0227 | 1278 | 302 |
| | 人 | run | 2 | | | 3812 | 11 |
| 616. | 實 | shi | 2 | 179 | 0.0227 | 3581 | 215 |
| 617. | 設 | shuh | 4 | 179 | 0.0227 | 3635 | 374 |
| 618. | 太 | tai | 4 | 179 | 0.0227 | 998 | 158 |
| | 太 | tai | 4 | | | 998 | 158 |
| 619. | 情 | ching | 2 | 178 | 0.0226 | 2734 | 233 |
| | 況 | kwang | 4 | | | 1939 | 1209 |
| 620. | 那 | na | 4 | 178 | 0.0226 | 1179 | 71 |
| | 樣 | yang | 4 | | | 4546 | 69 |
| 621. | 歐 | ou | 1 | 178 | 0.0226 | 4266 | 860 |
| | 洲 | rjou | 1 | | | 3188 | 420 |
| 622. | 真 | rjun | 1 | 178 | 0.0226 | 3223 | 238 |
| | 正 | rjung | 4 | | | 3274 | 193 |
| 623. | 受 | shou | 4 | 178 | 0.0226 | 3663 | 351 |
| | 到 | dau | 4 | | | 775 | 21 |
| 624. | 現 | xien | 4 | 178 | 0.0226 | 2933 | 167 |
| | 象 | xiang | 4 | | | 2975 | 599 |
| 625. | 業 | yeh | 4 | 178 | 0.0226 | 4397 | 137 |

| | Char. | Syll. | Tone | Freq. | Freq.% | ID | Rank |
|---|---|---|---|---|---|---|---|
| 626. | 引 | yin | 2 | 178 | 0.0226 | 4520 | 797 |
| | 起 | chi | 3 | | | 2621 | 78 |
| 627. | 氣 | chi | 4 | 177 | 0.0224 | 2627 | 132 |
| 628. | 甚 | shun | 4 | 177 | 0.0224 | 3703 | 1303 |
| | 至 | rji | 4 | | | 3110 | 442 |
| 629. | 兵 | bing | 1 | 176 | 0.0223 | 192 | 459 |
| 630. | 底 | di | 3 | 176 | 0.0223 | 854 | 820 |
| 631. | 動 | doong | 4 | 176 | 0.0223 | 974 | 94 |
| | 物 | wu | 4 | | | 4602 | 128 |
| 632. | 知 | rji | 1 | 176 | 0.0223 | 3076 | 269 |
| | 識 | shi | 4 | | | 3603 | 632 |
| 633. | 中 | rjoong | 1 | 176 | 0.0223 | 3361 | 20 |
| | 央 | yang | 1 | | | 4528 | 625 |
| 634. | 動 | doong | 4 | 175 | 0.0222 | 974 | 94 |
| 635. | 傳 | rcwan | 2 | 175 | 0.0222 | 3538 | 371 |
| 636. | 星 | xing | 1 | 175 | 0.0222 | 2983 | 226 |
| | 期 | chi | 2 | | | 2599 | 225 |
| 637. | 感 | gan | 3 | 174 | 0.0220 | 1680 | 551 |
| | 覺 | jüeh | 2 | | | 2545 | 512 |
| 638. | 觀 | gwan | 1 | 174 | 0.0220 | 1782 | 359 |
| | 念 | nien | 4 | | | 1250 | 578 |
| 639. | 困 | koon | 4 | 174 | 0.0220 | 1931 | 1128 |
| | 難 | nan | 2 | | | 1202 | 570 |
| 640. | 常 | rcang | 2 | 174 | 0.0220 | 3472 | 136 |
| | 常 | rcang | 2 | | | 3472 | 136 |
| 641. | 樣 | yang | 4 | 174 | 0.0220 | 4546 | 69 |
| | 子 | dsi | 5 | | | 3880 | 52 |
| 642. | 搬 | ban | 1 | 173 | 0.0219 | 95 | 1359 |
| 643. | 不 | bu | 4 | 173 | 0.0219 | 213 | 8 |
| | 久 | jiu | 3 | | | 2376 | 522 |
| 644. | 增 | dsung | 1 | 173 | 0.0219 | 3936 | 658 |
| 645. | 好 | hau | 3 | 173 | 0.0219 | 1995 | 45 |
| | 像 | xiang | 4 | | | 2973 | 223 |
| 646. | 黑 | hei | 1 | 173 | 0.0219 | 1986 | 443 |
| 647. | 下 | xia | 4 | 173 | 0.0219 | 2844 | 50 |
| | 面 | mien | 4 | | | 539 | 66 |
| 648. | 接 | jieh | 1 | 172 | 0.0218 | 2305 | 294 |
| 649. | 健 | jien | 4 | 172 | 0.0218 | 2421 | 657 |
| | 康 | kang | 1 | | | 1877 | 631 |
| 650. | 離 | li | 2 | 172 | 0.0218 | 1371 | 538 |
| | 開 | kai | 1 | | | 1849 | 114 |
| 651. | 然 | ran | 2 | 172 | 0.0218 | 3807 | 123 |
| | 而 | er | 2 | | | 4290 | 156 |
| 652. | 下 | xia | 4 | 172 | 0.0218 | 2844 | 59 |
| | 午 | wu | 3 | | | 4592 | 292 |
| 653. | 血 | xüeh | 4 | 172 | 0.0218 | 3031 | 1604 |
| | 液 | yeh | 4 | | | 4398 | 892 |
| 654. | 國 | gwo | 2 | 171 | 0.0217 | 1749 | 7 |
| | 內 | nei | 4 | | | 1193 | 241 |
| 655. | 價 | jia | 4 | 171 | 0.0217 | 2299 | 805 |
| | 格 | guh | 2 | | | 1623 | 740 |
| 656. | 篇 | pien | 1 | 171 | 0.0217 | 340 | 987 |
| 657. | 中 | rjoong | 1 | 171 | 0.0217 | 3361 | 20 |
| | 午 | wu | 3 | | | 4592 | 292 |
| 658. | 說 | shwo | 1 | 171 | 0.0217 | 3770 | 37 |
| | 明 | ming | 2 | | | 552 | 101 |
| 659. | 無 | wu | 2 | 171 | 0.0217 | 4585 | 295 |
| | 論 | loon | 4 | | | 1577 | 347 |
| 660. | 留 | liu | 2 | 170 | 0.0215 | 1450 | 800 |
| 661. | 只 | rji | 3 | 170 | 0.0215 | 3103 | 277 |
| | 要 | yau | 4 | | | 4425 | 27 |
| 662. | 中 | rjoong | 1 | 170 | 0.0215 | 3361 | 20 |
| | 國 | gwo | 2 | | | 1749 | 7 |
| 663. | 整 | rjung | 3 | 170 | 0.0215 | 3273 | 593 |
| | 個 | guh | 4 | | | 1634 | 22 |
| 664. | 比 | bi | 3 | 169 | 0.0214 | 134 | 211 |
| | 賽 | sai | 4 | | | 4123 | 514 |
| 665. | 反 | fan | 3 | 169 | 0.0214 | 620 | 460 |
| 666. | 供 | goong | 1 | 169 | 0.0214 | 1809 | 825 |
| 667. | 急 | ji | 2 | 169 | 0.0214 | 2226 | 830 |
| 668. | 幾 | ji | 3 | 169 | 0.0214 | 2247 | 191 |
| | 乎 | hu | 1 | | | 2055 | 1144 |

| | Char. | Syll. | Tone | Freq. | Freq.% | ID | Rank |
|---|---|---|---|---|---|---|---|
| 669. | 句 | jü | 4 | 169 | 0.0214 | 2529 | 831 |
| 670. | 一 | yi | 1 | 169 | 0.0214 | 4300 | 2 |
| | 下 | xia | 4 | | | 2844 | 50 |
| 671. | 地 | di | 4 | 168 | 0.0213 | 858 | 33 |
| | 位 | wei | 4 | | | 4659 | 188 |
| 672. | 十 | shi | 2 | 168 | 0.0213 | 3579 | 13 |
| | 分 | fun | 1 | | | 630 | 112 |
| 673. | 實 | shi | 2 | 167 | 0.0212 | 3581 | 215 |
| | 際 | ji | 4 | | | 2258 | 571 |
| 674. | 完 | wan | 2 | 167 | 0.0212 | 4683 | 309 |
| | 成 | rcung | 2 | | | 3490 | 56 |
| 675. | 行 | xing | 2 | 167 | 0.0212 | 2989 | 76 |
| | 動 | doong | 4 | | | 974 | 94 |
| 676. | 保 | bau | 3 | 166 | 0.0210 | 80 | 411 |
| | 持 | rci | 2 | | | 3380 | 590 |
| 677. | 昨 | dswo | 2 | 166 | 0.0210 | 3949 | 629 |
| | 天 | tien | 1 | | | 1097 | 28 |
| 678. | 故 | gu | 4 | 166 | 0.0210 | 1728 | 437 |
| | 事 | shi | 4 | | | 3592 | 77 |
| 679. | 根 | gun | 1 | 166 | 0.0210 | 1689 | 519 |
| | 據 | jü | 4 | | | 2528 | 523 |
| 680. | 脚 | jiau | 3 | 166 | 0.0210 | 2356 | 729 |
| 681. | 殺 | sha | 1 | 166 | 0.0210 | 3618 | 689 |
| 682. | 說 | shwo | 1 | 166 | 0.0210 | 3770 | 37 |
| | 話 | hwa | 4 | | | 2086 | 254 |
| 683. | 圖 | tu | 2 | 166 | 0.0210 | 1120 | 85 |
| 684. | 意 | yi | 4 | 166 | 0.0210 | 4332 | 195 |
| 685. | 基 | ji | 1 | 165 | 0.0209 | 2197 | 497 |
| | 本 | bun | 3 | | | 112 | 65 |
| 686. | 皆 | jieh | 1 | 165 | 0.0209 | 2308 | 2426 |
| 687. | 該 | gai | 1 | 164 | 0.0208 | 1638 | 384 |
| 688. | 趕 | gan | 3 | 164 | 0.0208 | 1679 | 731 |
| 689. | 今 | jin | 1 | 164 | 0.0208 | 2441 | 176 |
| | 年 | nien | 2 | | | 1242 | 35 |
| 690. | 首 | shou | 3 | 164 | 0.0208 | 3659 | 618 |
| 691. | 方 | fang | 1 | 163 | 0.0206 | 647 | 62 |
| | 向 | xiang | 4 | | | 2974 | 189 |
| 692. | 空 | koong | 1 | 163 | 0.0206 | 1944 | 199 |
| 693. | 條 | tiau | 2 | 163 | 0.0206 | 1090 | 231 |
| | 件 | jien | 4 | | | 2419 | 521 |
| 694. | 委 | wei | 3 | 163 | 0.0206 | 4653 | 518 |
| | 員 | yüen | 2 | | | 4808 | 210 |
| | 會 | hwei | 4 | | | 2126 | 31 |
| 695. | 立 | li | 4 | 162 | 0.0205 | 1395 | 152 |
| | 刻 | kuh | 4 | | | 1845 | 738 |
| 696. | 市 | shi | 4 | 162 | 0.0205 | 3595 | 87 |
| 697. | 醫 | yi | 1 | 162 | 0.0205 | 4302 | 617 |
| | 生 | shung | 1 | | | 3715 | 32 |
| 698. | 待 | dai | 4 | 161 | 0.0204 | 758 | 927 |
| 699. | 簡 | jien | 3 | 161 | 0.0204 | 2405 | 765 |
| | 單 | dan | 1 | | | 797 | 616 |
| 700. | 裡 | li | 3 | 161 | 0.0204 | 1385 | 44 |
| 701. | 利 | li | 4 | 161 | 0.0204 | 1398 | 222 |
| 702. | 制 | rji | 4 | 161 | 0.0204 | 3113 | 495 |
| | 度 | du | 4 | | | 927 | 212 |
| 703. | 若 | rwo | 4 | 161 | 0.0204 | 3841 | 899 |
| | 干 | gan | 1 | | | 1671 | 1307 |
| 704. | 五 | wu | 3 | 161 | 0.0204 | 4593 | 34 |
| 705. | 附 | fu | 4 | 160 | 0.0203 | 719 | 591 |
| | 近 | jin | 4 | | | 2453 | 344 |
| 706. | 將 | jiang | 1 | 160 | 0.0203 | 2462 | 213 |
| | 來 | lai | 2 | | | 1297 | 15 |
| 707. | 居 | jü | 1 | 160 | 0.0203 | 2511 | 674 |
| 708. | 舉 | jü | 3 | 160 | 0.0203 | 2522 | 276 |
| | 行 | xing | 2 | | | 2989 | 76 |
| 709. | 理 | li | 2 | 160 | 0.0203 | 1388 | 207 |
| | 想 | xiang | 3 | | | 2970 | 192 |
| 710. | 不 | bu | 4 | 159 | 0.0201 | 213 | 8 |
| | 斷 | dwan | 4 | | | 952 | 871 |
| 711. | 度 | du | 4 | 159 | 0.0201 | 927 | 212 |
| 712. | 劇 | jü | 4 | 159 | 0.0201 | 2531 | 1213 |
| | 情 | ching | 2 | | | 2734 | 233 |

| | Char. | Syll. | Tone | Freq. | Freq.% | ID | Rank |
|---|---|---|---|---|---|---|---|
| 713. | 收 | shou | 1 | 159 | 0.0201 | 3657 | 397 |
| 714. | 臺 | tai | 2 | 159 | 0.0201 | 992 | 177 |
| | 北 | bei | 3 | | | 61 | 72 |
| 715. | 層 | tsung | 2 | 159 | 0.0201 | 4041 | 1055 |
| 716. | 端 | dwan | 1 | 158 | 0.0200 | 949 | 764 |
| 717. | 活 | hwo | 2 | 158 | 0.0200 | 2091 | 203 |
| 718. | 往 | wang | 2 | 158 | 0.0200 | 4714 | 426 |
| | 往 | wang | 3 | | | 4714 | 426 |
| 719. | 行 | xing | 2 | 158 | 0.0200 | 2989 | 76 |
| | 為 | wei | 2 | | | 4639 | 95 |
| 720. | 全 | chüen | 2 | 157 | 0.0199 | 2767 | 170 |
| | 部 | bu | 4 | | | 212 | 91 |
| 721. | 群 | chün | 2 | 157 | 0.0199 | 2774 | 651 |
| 722. | 發 | fa | 1 | 157 | 0.0199 | 577 | 73 |
| | 表 | biau | 3 | | | 168 | 182 |
| 723. | 實 | shi | 2 | 157 | 0.0199 | 3581 | 215 |
| | 驗 | yen | 4 | | | 4493 | 749 |
| 724. | 戲 | xi | 4 | 157 | 0.0199 | 2820 | 647 |
| 725. | 相 | xiang | 1 | 157 | 0.0199 | 2959 | 327 |
| | 同 | toong | 2 | | | 1160 | 92 |
| 726. | 小 | xiau | 3 | 157 | 0.0199 | 2887 | 40 |
| | 時 | shi | 2 | | | 3578 | 29 |
| 727. | 左 | dswo | 3 | 156 | 0.0198 | 3951 | 594 |
| 728. | 觀 | gwan | 1 | 156 | 0.0198 | 1782 | 359 |
| | 察 | rca | 2 | | | 3404 | 448 |
| 729. | 貿 | mau | 4 | 156 | 0.0198 | 457 | 1907 |
| | 易 | yi | 4 | | | 4333 | 565 |
| 730. | 民 | min | 2 | 156 | 0.0198 | 542 | 59 |
| 731. | 人 | run | 2 | 156 | 0.0198 | 3812 | 11 |
| | 們 | mun | 5 | | | 479 | 16 |
| 732. | 蘇 | su | 1 | 156 | 0.0198 | 4149 | 399 |
| | 聯 | lien | 2 | | | 1458 | 379 |
| 733. | 停 | ting | 2 | 156 | 0.0198 | 1110 | 649 |
| 734. | 從 | tsoong | 2 | 156 | 0.0198 | 4081 | 133 |
| | 事 | shi | 4 | | | 3592 | 77 |
| 735. | 企 | chi | 4 | 155 | 0.0196 | 2631 | 2312 |
| | 圖 | tu | 2 | | | 1120 | 85 |
| 736. | 製 | rji | 4 | 155 | 0.0196 | 3112 | 526 |
| | 造 | dsau | 4 | | | 3911 | 338 |
| 737. | 文 | wun | 2 | 155 | 0.0196 | 4699 | 147 |
| 738. | 啊 | a | 1 | 154 | 0.0195 | 4209 | 624 |
| 739. | 奇 | chi | 2 | 154 | 0.0195 | 2600 | 730 |
| | 怪 | gwai | 4 | | | 1758 | 821 |
| 740. | 代 | dai | 4 | 154 | 0.0195 | 756 | 262 |
| 741. | 建 | jien | 4 | 154 | 0.0195 | 2416 | 273 |
| | 立 | li | 4 | | | 1395 | 152 |
| 742. | 金 | jin | 1 | 154 | 0.0195 | 2440 | 271 |
| 743. | 軍 | jün | 1 | 154 | 0.0195 | 2574 | 150 |
| | 事 | shi | 4 | | | 3592 | 77 |
| 744. | 專 | rjwan | 1 | 154 | 0.0195 | 3339 | 547 |
| 745. | 樹 | shu | 4 | 154 | 0.0195 | 3756 | 303 |
| 746. | 徒 | tu | 2 | 154 | 0.0195 | 1123 | 2197 |
| | 然 | ran | 2 | | | 3807 | 123 |
| 747. | 根 | gun | 1 | 153 | 0.0194 | 1689 | 519 |
| 748. | 舉 | jü | 3 | 153 | 0.0194 | 2522 | 276 |
| 749. | 面 | mien | 4 | 153 | 0.0194 | 539 | 66 |
| | 積 | ji | 1 | | | 2201 | 961 |
| 750. | 曾 | tsung | 2 | 153 | 0.0194 | 4042 | 607 |
| | 經 | jing | 1 | | | 2479 | 110 |
| 751. | 沿 | yen | 2 | 153 | 0.0194 | 4470 | 900 |
| 752. | 都 | du | 1 | 152 | 0.0193 | 916 | 510 |
| | 市 | shi | 4 | | | 3595 | 87 |
| 753. | 尼 | ni | 2 | 152 | 0.0193 | 1214 | 602 |
| | 克 | kuh | 4 | | | 1842 | 458 |
| | 森 | sun | 1 | | | 4142 | 1000 |
| 754. | 片 | pien | 4 | 152 | 0.0193 | 344 | 476 |
| 755. | 同 | toong | 2 | 152 | 0.0193 | 1160 | 92 |
| | 樣 | yang | 4 | | | 4546 | 69 |
| 756. | 爸 | ba | 4 | 151 | 0.0191 | 12 | 275 |
| | 爸 | ba | 4 | | | 12 | 275 |

| | Char. | Syll. | Tone | Freq. | Freq.% | ID | Rank |
|---|---|---|---|---|---|---|---|
| 757. | 氣 | chi | 4 | 151 | 0.0191 | 2627 | 132 |
| | 體 | ti | 3 | | | 1073 | 178 |
| 758. | 分 | fun | 1 | 151 | 0.0191 | 630 | 112 |
| | 子 | dsi | 3 | | | 3874 | 324 |
| 759. | 互 | hu | 4 | 151 | 0.0191 | 2074 | 1045 |
| | 相 | xiang | 1 | | | 2959 | 327 |
| 760. | 建 | jien | 4 | 151 | 0.0191 | 2416 | 273 |
| 761. | 媽 | ma | 1 | 151 | 0.0191 | 382 | 148 |
| | 媽 | ma | 1 | | | 382 | 148 |
| 762. | 學 | xüeh | 2 | 151 | 0.0191 | 3028 | 26 |
| | 習 | xi | 2 | | | 2807 | 263 |
| 763. | 作 | dswo | 4 | 150 | 0.0190 | 3953 | 47 |
| | 爲 | wei | 2 | | | 4639 | 95 |
| 764. | 還 | hwan | 2 | 150 | 0.0190 | 2139 | 1383 |
| 765. | 或 | hwo | 4 | 150 | 0.0190 | 2096 | 208 |
| | 者 | rjuh | 3 | | | 3153 | 376 |
| 766. | 長 | rjang | 3 | 150 | 0.0190 | 3250 | 135 |
| 767. | 丈 | rjang | 4 | 150 | 0.0190 | 3254 | 1689 |
| | 夫 | fu | 1 | | | 681 | 502 |
| 768. | 呀 | ya | 1 | 150 | 0.0190 | 4369 | 572 |
| 769. | 一 | yi | 1 | 150 | 0.0190 | 4300 | 2 |
| | 片 | pien | 4 | | | 344 | 476 |
| 770. | 衆 | rjoong | 4 | 149 | 0.0189 | 3371 | 757 |
| 771. | 兒 | er | 2 | 148 | 0.0187 | 4291 | 82 |
| | 子 | dsi | 3 | | | 3874 | 324 |
| 772. | 號 | hau | 4 | 148 | 0.0187 | 1997 | 270 |
| 773. | 色 | suh | 4 | 148 | 0.0187 | 4114 | 339 |
| | 彩 | tsai | 3 | | | 4010 | 951 |
| 774. | 提 | ti | 2 | 148 | 0.0187 | 1065 | 409 |
| 775. | 辦 | ban | 4 | 147 | 0.0186 | 104 | 332 |
| 776. | 不 | bu | 4 | 147 | 0.0186 | 213 | 8 |
| | 僅 | jin | 2 | | | 2447 | 1146 |
| 777. | 零 | ling | 2 | 147 | 0.0186 | 1507 | 1092 |
| 778. | 猶 | you | 2 | 147 | 0.0186 | 4441 | 2445 |
| 779. | 口 | kǫu | 3 | 146 | 0.0185 | 1858 | 220 |
| 780. | 找 | rjau | 3 | 146 | 0.0185 | 3176 | 606 |
| 781. | 人 | run | 2 | 146 | 0.0185 | 3812 | 11 |
| | 家 | jia | 1 | | | 2279 | 36 |
| 782. | 態 | tai | 4 | 146 | 0.0185 | 997 | 954 |
| | 度 | du | 4 | | | 927 | 212 |
| 783. | 分 | fun | 1 | 145 | 0.0184 | 630 | 112 |
| | 別 | bieh | 2 | | | 163 | 259 |
| 784. | 農 | noong | 2 | 145 | 0.0184 | 1273 | 451 |
| | 民 | min | 2 | | | 542 | 59 |
| 785. | 直 | rji | 2 | 145 | 0.0184 | 3092 | 416 |
| | 接 | jieh | 1 | | | 2305 | 294 |
| 786. | 尚 | shang | 4 | 145 | 0.0184 | 3711 | 1324 |
| 787. | 說 | shwo | 1 | 145 | 0.0184 | 3770 | 37 |
| | 道 | dau | 4 | | | 774 | 155 |
| 788. | 現 | xien | 4 | 145 | 0.0184 | 2933 | 167 |
| | 代 | dai | 4 | | | 756 | 262 |
| 789. | 訓 | xün | 4 | 145 | 0.0184 | 3061 | 864 |
| | 練 | lien | 4 | | | 1470 | 424 |
| 790. | 去 | chü | 4 | 144 | 0.0182 | 2754 | 43 |
| | 年 | nien | 2 | | | 1242 | 35 |
| 791. | 最 | dswei | 4 | 144 | 0.0182 | 3961 | 109 |
| | 近 | jin | 4 | | | 2453 | 344 |
| 792. | 國 | gwo | 2 | 144 | 0.0182 | 1749 | 7 |
| | 父 | fu | 4 | | | 720 | 256 |
| 793. | 面 | mien | 4 | 144 | 0.0182 | 539 | 66 |
| | 前 | chien | 2 | | | 2687 | 145 |
| 794. | 年 | nien | 2 | 144 | 0.0182 | 1242 | 35 |
| | 輕 | ching | 1 | | | 2728 | 592 |
| 795. | 念 | nien | 4 | 144 | 0.0182 | 1250 | 578 |
| 796. | 詩 | shi | 1 | 144 | 0.0182 | 3573 | 1533 |
| 797. | 忽 | hu | 1 | 143 | 0.0181 | 2052 | 833 |
| | 然 | ran | 2 | | | 3807 | 123 |
| 798. | 支 | rji | 1 | 143 | 0.0181 | 3080 | 923 |
| 799. | 指 | rji | 3 | 143 | 0.0181 | 3102 | 373 |
| | 出 | rcu | 1 | | | 3507 | 60 |
| 800. | 仍 | rung | 2 | 143 | 0.0181 | 3827 | 803 |
| | 然 | ran | 2 | | | 3807 | 123 |

| | Char. | Syll. | Tone | Freq. | Freq.% | ID | Rank |
|---|---|---|---|---|---|---|---|
| 801. | 存 | tsoon | 2 | 143 | 0.0181 | 4070 | 1105 |
| | 在 | dsai | 4 | | | 3899 | 9 |
| 802. | 維 | wei | 2 | 143 | 0.0181 | 4638 | 769 |
| | 持 | rci | 2 | | | 3380 | 590 |
| 803. | 心 | xin | 1 | 143 | 0.0181 | 2946 | 142 |
| | 理 | li | 3 | | | 1388 | 207 |
| 804. | 形 | xing | 2 | 143 | 0.0181 | 2988 | 252 |
| | 成 | rcung | 2 | | | 3490 | 56 |
| 805. | 弟 | di | 4 | 142 | 0.0180 | 860 | 340 |
| 806. | 回 | hwei | 2 | 142 | 0.0180 | 2120 | 163 |
| | 答 | da | 1 | | | 737 | 1931 |
| 807. | 物 | wu | 4 | 142 | 0.0180 | 4602 | 128 |
| 808. | 選 | xüen | 3 | 142 | 0.0180 | 3042 | 412 |
| 809. | 汽 | chi | 4 | 141 | 0.0179 | 2629 | 675 |
| | 車 | rcuh | 1 | | | 3412 | 181 |
| 810. | 達 | da | 2 | 141 | 0.0179 | 741 | 296 |
| 811. | 高 | gau | 1 | 141 | 0.0179 | 1647 | 104 |
| | 興 | xing | 4 | | | 2995 | 555 |
| 812. | 快 | kwai | 4 | 141 | 0.0179 | 1902 | 232 |
| | 樂 | luh | 4 | | | 1292 | 465 |
| 813. | 男 | nan | 2 | 141 | 0.0179 | 1205 | 938 |
| 814. | 其 | chi | 2 | 140 | 0.0177 | 2598 | 243 |
| | 實 | shi | 2 | | | 3581 | 215 |
| 815. | 纔 | tsai | 2 | 140 | 0.0177 | 4007 | 1484 |
| 816. | 晚 | wan | 3 | 140 | 0.0177 | 4687 | 441 |
| | 上 | shang | 4 | | | 3712 | 17 |
| 817. | 屋 | wu | 1 | 140 | 0.0177 | 4579 | 767 |
| 818. | 消 | xiau | 1 | 140 | 0.0177 | 2873 | 475 |
| | 息 | xi | 2 | | | 2806 | 622 |
| 819. | 右 | you | 4 | 140 | 0.0177 | 4447 | 828 |
| 820. | 道 | dau | 4 | 139 | 0.0176 | 774 | 155 |
| | 德 | duh | 2 | | | 747 | 286 |
| 821. | 範 | fan | 4 | 139 | 0.0176 | 621 | 686 |
| | 圍 | wei | 2 | | | 4641 | 792 |
| 822. | 感 | gan | 3 | 139 | 0.0176 | 1680 | 551 |
| | 到 | dau | 4 | | | 775 | 21 |
| 823. | 壞 | hwai | 4 | 139 | 0.0176 | 2111 | 732 |
| 824. | 校 | xiau | 4 | 139 | 0.0176 | 2889 | 63 |
| 825. | 讀 | du | 2 | 138 | 0.0175 | 919 | 391 |
| | 書 | shu | 1 | | | 3732 | 179 |
| 826. | 公 | goong | 1 | 138 | 0.0175 | 1805 | 83 |
| 827. | 日 | ri | 4 | 138 | 0.0175 | 3795 | 54 |
| | 子 | dsi | 5 | | | 3880 | 52 |
| 828. | 善 | shan | 4 | 138 | 0.0175 | 3682 | 840 |
| 829. | 聽 | ting | 1 | 138 | 0.0175 | 1107 | 267 |
| | 到 | dau | 4 | | | 775 | 21 |
| 830. | 溫 | wun | 1 | 138 | 0.0175 | 4697 | 534 |
| | 度 | du | 4 | | | 927 | 212 |
| 831. | 凡 | fan | 2 | 137 | 0.0174 | 611 | 1082 |
| 832. | 地 | di | 4 | 136 | 0.0172 | 858 | 33 |
| | 球 | chiu | 2 | | | 2670 | 237 |
| 833. | 改 | gai | 3 | 136 | 0.0172 | 1639 | 436 |
| | 善 | shan | 4 | | | 3682 | 840 |
| 834. | 價 | jia | 4 | 136 | 0.0172 | 2299 | 805 |
| | 值 | rji | 2 | | | 3096 | 1116 |
| 835. | 留 | liu | 2 | 136 | 0.0172 | 1450 | 800 |
| | 下 | xia | 4 | | | 2844 | 50 |
| 836. | 位 | wei | 4 | 136 | 0.0172 | 4659 | 188 |
| | 置 | rji | 4 | | | 3114 | 741 |
| 837. | 音 | yin | 1 | 136 | 0.0172 | 4507 | 313 |
| 838. | 越 | yüeh | 4 | 136 | 0.0172 | 4793 | 558 |
| | 南 | nan | 2 | | | 1203 | 81 |
| 839. | 幫 | bang | 1 | 135 | 0.0171 | 116 | 726 |
| | 助 | rju | 4 | | | 3306 | 493 |
| 840. | 記 | ji | 4 | 135 | 0.0171 | 2255 | 517 |
| | 得 | duh | 2 | | | 746 | 146 |
| 841. | 減 | jien | 3 | 135 | 0.0171 | 2406 | 1071 |
| | 少 | shau | 4 | | | 3654 | 993 |
| 842. | 班 | ban | 1 | 134 | 0.0170 | 93 | 372 |
| 843. | 辦 | ban | 4 | 134 | 0.0170 | 104 | 332 |
| | 理 | li | 3 | | | 1388 | 207 |
| 844. | 經 | jing | 1 | 134 | 0.0170 | 2479 | 110 |
| | 常 | rcang | 2 | | | 3472 | 136 |

| | Char. | Syll. | Tone | Freq. | Freq.% | ID | Rank |
|---|---|---|---|---|---|---|---|
| 845. | 苦 | ku | 3 | 134 | 0.0170 | 1888 | 567 |
| 846. | 另 | ling | 4 | 134 | 0.0170 | 1522 | 691 |
| | 外 | wai | 4 | | | 4632 | 122 |
| 847. | 述 | shu | 4 | 134 | 0.0170 | 3757 | 917 |
| 848. | 體 | ti | 3 | 134 | 0.0170 | 1073 | 178 |
| 849. | 跳 | tiau | 4 | 134 | 0.0170 | 1095 | 670 |
| 850. | 通 | toong | 1 | 134 | 0.0170 | 1158 | 202 |
| | 常 | rcang | 2 | | | 3472 | 136 |
| 851. | 以 | yi | 3 | 134 | 0.0170 | 4324 | 24 |
| | 來 | lai | 2 | | | 1297 | 15 |
| 852. | 怪 | gwai | 4 | 133 | 0.0168 | 1758 | 821 |
| 853. | 救 | jiu | 4 | 133 | 0.0168 | 2384 | 727 |
| 854. | 止 | rji | 3 | 133 | 0.0168 | 3104 | 707 |
| 855. | 勝 | shung | 4 | 133 | 0.0168 | 3725 | 895 |
| 856. | 蘇 | su | 1 | 133 | 0.0168 | 4149 | 399 |
| | 俄 | uh | 4 | | | 4222 | 312 |
| 857. | 土 | tu | 3 | 133 | 0.0168 | 1128 | 422 |
| | 地 | di | 4 | | | 858 | 33 |
| 858. | 係 | xi | 4 | 133 | 0.0168 | 2822 | 877 |
| 859. | 訪 | fang | 3 | 132 | 0.0167 | 655 | 893 |
| | 問 | wun | 4 | | | 4708 | 151 |
| 860. | 負 | fu | 4 | 132 | 0.0167 | 723 | 948 |
| | 責 | dsuh | 2 | | | 3886 | 777 |
| 861. | 節 | jieh | 2 | 132 | 0.0167 | 2311 | 352 |
| | 目 | mu | 4 | | | 565 | 348 |
| 862. | 結 | jieh | 2 | 132 | 0.0167 | 2310 | 404 |
| | 婚 | hoon | 1 | | | 2155 | 1747 |
| 863. | 哭 | ku | 1 | 132 | 0.0167 | 1885 | 1069 |
| 864. | 美 | mei | 3 | 132 | 0.0167 | 442 | 80 |
| | 元 | yüen | 2 | | | 4811 | 239 |
| 865. | 朝 | rcau | 2 | 132 | 0.0167 | 3426 | 628 |
| 866. | 標 | biau | 1 | 131 | 0.0166 | 166 | 832 |
| | 準 | rjoon | 3 | | | 3350 | 623 |
| 867. | 分 | fun | 1 | 131 | 0.0166 | 630 | 112 |
| | 鐘 | rjoong | 1 | | | 3360 | 662 |
| 868. | 命 | ming | 4 | 131 | 0.0166 | 557 | 431 |
| 869. | 製 | rji | 4 | 131 | 0.0166 | 3112 | 526 |
| 870. | 似 | shi | 4 | 131 | 0.0166 | 4093 | 841 |
| | 的 | duh | 5 | | | 749 | 1 |
| 871. | 億 | yi | 4 | 131 | 0.0166 | 4342 | 1610 |
| 872. | 願 | yüen | 4 | 131 | 0.0166 | 4823 | 787 |
| | 意 | yi | 4 | | | 4332 | 195 |
| 873. | 起 | chi | 3 | 130 | 0.0165 | 2621 | 78 |
| | 來 | lai | 2 | | | 1297 | 15 |
| 874. | 歸 | gwei | 1 | 130 | 0.0165 | 1759 | 976 |
| 875. | 機 | ji | 1 | 130 | 0.0165 | 2198 | 153 |
| | 關 | gwan | 1 | | | 1780 | 247 |
| 876. | 旁 | pang | 2 | 130 | 0.0165 | 284 | 867 |
| 877. | 充 | rcoong | 1 | 130 | 0.0165 | 3560 | 739 |
| | 分 | fun | 4 | | | 640 | 693 |
| 878. | 終 | rjoong | 1 | 130 | 0.0165 | 3363 | 874 |
| | 點 | dien | 3 | | | 892 | 160 |
| 879. | 終 | rjoong | 1 | 130 | 0.0165 | 3363 | 874 |
| | 於 | yü | 2 | | | 4728 | 113 |
| 880. | 存 | tsoon | 2 | 130 | 0.0165 | 4070 | 1105 |
| 881. | 岸 | an | 4 | 129 | 0.0163 | 4282 | 796 |
| 882. | 案 | an | 4 | 129 | 0.0163 | 4280 | 630 |
| 883. | 法 | fa | 4 | 129 | 0.0163 | 586 | 640 |
| | 國 | gwo | 2 | | | 1749 | 7 |
| 884. | 房 | fang | 2 | 129 | 0.0163 | 649 | 560 |
| 885. | 火 | hwo | 3 | 129 | 0.0163 | 2093 | 235 |
| 886. | 節 | jieh | 2 | 129 | 0.0163 | 2311 | 352 |
| 887. | 找 | rjau | 3 | 129 | 0.0163 | 3176 | 606 |
| | 到 | dau | 4 | | | 775 | 21 |
| 888. | 人 | run | 2 | 129 | 0.0163 | 3812 | 11 |
| | 物 | wu | 4 | | | 4602 | 128 |
| 839. | 清 | ching | 1 | 128 | 0.0162 | 2726 | 289 |
| 890. | 感 | gan | 3 | 128 | 0.0162 | 1680 | 551 |

| | Char. | Syll. | Tone | Freq. | Freq.% | ID | Rank |
|---|---|---|---|---|---|---|---|
| 891. | 理 | li | 3 | 128 | 0.0162 | 1388 | 207 |
| 892. | 痛 | toong | 4 | 128 | 0.0162 | 1172 | 880 |
| | 苦 | ku | 3 | | | 1888 | 567 |
| 893. | 子 | dsi | 3 | 127 | 0.0161 | 3874 | 324 |
| 894. | 復 | fu | 4 | 127 | 0.0161 | 722 | 595 |
| 895. | 民 | min | 2 | 127 | 0.0161 | 542 | 59 |
| | 國 | gwo | 2 | | | 1749 | 7 |
| 896. | 出 | rcu | 1 | 127 | 0.0161 | 3507 | 60 |
| | 現 | xien | 4 | | | 2933 | 167 |
| 897. | 致 | rji | 4 | 127 | 0.0161 | 3117 | 838 |
| 898. | 傷 | shang | 1 | 127 | 0.0161 | 3706 | 754 |
| 899. | 失 | shi | 1 | 127 | 0.0161 | 3569 | 266 |
| | 去 | chü | 4 | | | 2754 | 43 |
| 900. | 嚴 | yen | 2 | 127 | 0.0161 | 4471 | 861 |
| | 重 | rjoong | 4 | | | 3372 | 214 |
| 901. | 以 | yi | 3 | 127 | 0.0161 | 4324 | 24 |
| | 前 | chien | 2 | | | 2687 | 145 |
| 902. | 電 | dien | 4 | 126 | 0.0160 | 896 | 129 |
| | 影 | ying | 3 | | | 4574 | 498 |
| 903. | 發 | fa | 1 | 126 | 0.0160 | 577 | 73 |
| | 達 | da | 2 | | | 741 | 296 |
| 904. | 夫 | fu | 1 | 126 | 0.0160 | 681 | 502 |
| | 人 | run | 2 | | | 3812 | 11 |
| 905. | 化 | hwa | 4 | 126 | 0.0160 | 2085 | 278 |
| | 学 | xüeh | 2 | | | 3028 | 26 |
| 906. | 亂 | lwan | 4 | 126 | 0.0160 | 1568 | 794 |
| 907. | 唱 | rcang | 4 | 126 | 0.0160 | 3481 | 469 |
| 908. | 重 | rcoong | 2 | 126 | 0.0160 | 3567 | 746 |
| 909. | 生 | shung | 1 | 126 | 0.0160 | 3715 | 32 |
| | 物 | wu | 4 | | | 4602 | 128 |
| 910. | 氧 | yang | 3 | 126 | 0.0160 | 4541 | 1305 |
| 911. | 法 | fa | 3 | 125 | 0.0158 | 584 | 88 |
| | 律 | lü | 4 | | | 1602 | 667 |
| 912. | 改 | gai | 3 | 125 | 0.0158 | 1639 | 436 |
| 913. | 毫 | hau | 2 | 125 | 0.0158 | 1989 | 1773 |
| 914. | 弄 | noong | 4 | 125 | 0.0158 | 1277 | 1259 |
| 915. | 山 | shan | 1 | 125 | 0.0158 | 3670 | 107 |
| | 莊 | rjwang | 1 | | | 3351 | 1315 |
| 916. | 什 | shuh | 2 | 125 | 0.0158 | 3628 | 96 |
| | 麼 | muh | 5 | | | 395 | 3443 |
| 917. | 討 | tau | 3 | 125 | 0.0158 | 1012 | 393 |
| | 論 | loon | 4 | | | 1577 | 347 |
| 918. | 倍 | bei | 4 | 124 | 0.0157 | 67 | 1951 |
| 919. | 本 | bun | 3 | 124 | 0.0157 | 112 | 65 |
| | 來 | lai | 2 | | | 1297 | 15 |
| 920. | 恢 | hwei | 1 | 124 | 0.0157 | 2114 | 1522 |
| | 復 | fu | 4 | | | 722 | 595 |
| 921. | 賣 | mai | 4 | 124 | 0.0157 | 426 | 889 |
| 922. | 人 | run | 2 | 124 | 0.0157 | 3812 | 11 |
| | 生 | shung | 1 | | | 3715 | 32 |
| 923. | 團 | twan | 2 | 124 | 0.0157 | 1150 | 524 |
| | 體 | ti | 3 | | | 1073 | 178 |
| 924. | 習 | xi | 2 | 124 | 0.0157 | 2807 | 263 |
| | 慣 | gwan | 4 | | | 1790 | 1004 |
| 925. | 亞 | ya | 4 | 124 | 0.0157 | 4384 | 345 |
| | 洲 | rjou | 1 | | | 3188 | 420 |
| 926. | 前 | chien | 2 | 123 | 0.0156 | 2687 | 145 |
| | 面 | mien | 4 | | | 539 | 66 |
| 927. | 呼 | hu | 1 | 123 | 0.0156 | 2053 | 829 |
| | 吸 | xi | 1 | | | 2785 | 786 |
| 928. | 交 | jiau | 1 | 123 | 0.0156 | 2339 | 358 |
| | 通 | toong | 1 | | | 1158 | 202 |
| 929. | 配 | pei | 4 | 123 | 0.0156 | 255 | 1097 |
| | 合 | huh | 2 | | | 1953 | 172 |
| 930. | 喫 | rci | 1 | 123 | 0.0156 | id13 | rk13 |
| 931. | 支 | rji | 1 | 123 | 0.0156 | 3080 | 923 |
| | 持 | rci | 2 | | | 3380 | 590 |
| 932. | 諸 | rju | 1 | 123 | 0.0156 | 3282 | 1100 |
| 933. | 臺 | tai | 2 | 123 | 0.0156 | 992 | 177 |
| | 北 | bei | 3 | | | 61 | 72 |
| | 市 | shi | 4 | | | 3595 | 87 |
| 934. | 太 | tai | 4 | 123 | 0.0156 | 998 | 158 |
| | 陽 | yang | 2 | | | 4533 | 299 |

| | Char. | Syll. | Tone | Freq. | Freq.% | ID | Rank |
|---|---|---|---|---|---|---|---|
| 935. | 草 | tsau | 3 | 123 | 0.0156 | 4025 | 541 |
| 936. | 特 | tuh | 4 | 123 | 0.0156 | 989 | 328 |
| 937. | 按 | an | 4 | 122 | 0.0155 | 4281 | 1024 |
| 938. | 保 | bau | 3 | 122 | 0.0155 | 80 | 411 |
| | 護 | hu | 4 | | | 2072 | 722 |
| 939. | 彼 | bi | 2 | 122 | 0.0155 | 136 | 1612 |
| | 此 | tsi | 3 | | | 3994 | 314 |
| 940. | 逐 | rju | 2 | 122 | 0.0155 | 3294 | 1254 |
| | 漸 | jien | 4 | | | 2418 | 652 |
| 941. | 偉 | wei | 3 | 122 | 0.0155 | 4652 | 1057 |
| | 大 | da | 4 | | | 745 | 12 |
| 942. | 達 | da | 2 | 121 | 0.0153 | 741 | 296 |
| | 到 | dau | 4 | | | 775 | 21 |
| 943. | 關 | gwan | 1 | 121 | 0.0153 | 1780 | 247 |
| | 於 | yü | 2 | | | 4728 | 113 |
| 944. | 普 | pu | 3 | 121 | 0.0153 | 373 | 824 |
| | 通 | toong | 1 | | | 1158 | 202 |
| 945. | 惟 | wei | 2 | 121 | 0.0153 | 4642 | 1802 |
| 946. | 選 | xüen | 3 | 121 | 0.0153 | 3042 | 412 |
| | 擇 | dsuh | 2 | | | 3889 | 1574 |
| 947. | 期 | chi | 2 | 120 | 0.0152 | 2599 | 225 |
| | 間 | jien | 1 | | | 2391 | 245 |
| 948. | 電 | dien | 4 | 120 | 0.0152 | 896 | 129 |
| 949. | 電 | dien | 4 | 120 | 0.0152 | 896 | 129 |
| | 視 | shi | 4 | | | 3602 | 720 |
| 950. | 反 | fan | 3 | 120 | 0.0152 | 620 | 460 |
| | 對 | dwei | 4 | | | 947 | 90 |
| 951. | 控 | koong | 4 | 120 | 0.0152 | 1948 | 1584 |
| | 制 | rji | 4 | | | 3113 | 495 |
| 952. | 林 | lin | 2 | 120 | 0.0152 | 1477 | 228 |
| 953. | 女 | nü | 3 | 120 | 0.0152 | 1278 | 302 |
| | 兒 | er | 2 | | | 4291 | 82 |
| 954. | 永 | yüoong | 2 | 120 | 0.0152 | 4852 | 780 |
| | 遠 | yüen | 3 | | | 4822 | 364 |
| 955. | 鮮 | xien | 1 | 119 | 0.0151 | 2912 | 1363 |
| 956. | 引 | yin | 3 | 119 | 0.0151 | 4520 | 797 |
| 957. | 革 | guh | 2 | 118 | 0.0149 | 1624 | 678 |
| | 命 | ming | 4 | | | 557 | 431 |
| 958. | 解 | jieh | 3 | 118 | 0.0149 | 2326 | 546 |
| | 釋 | shi | 4 | | | 3606 | 1482 |
| 959. | 距 | jü | 4 | 118 | 0.0149 | 2532 | 1197 |
| | 離 | li | 2 | | | 1371 | 538 |
| 960. | 外 | wai | 4 | 118 | 0.0149 | 4632 | 122 |
| | 面 | mien | 4 | | | 539 | 66 |
| 961. | 博 | bo | 1 | 117 | 0.0148 | 29 | 933 |
| | 士 | shi | 4 | | | 3596 | 362 |
| 962. | 鳥 | niau | 3 | 117 | 0.0148 | 1233 | 603 |
| 963. | 產 | rcan | 2 | 117 | 0.0148 | 3449 | 279 |
| | 品 | pin | 3 | | | 350 | 415 |
| 964. | 戰 | rjan | 4 | 117 | 0.0148 | 3215 | 280 |
| | 爭 | rjung | 1 | | | 3263 | 613 |
| 965. | 中 | rjoong | 1 | 117 | 0.0148 | 3361 | 20 |
| | 華 | hwa | 2 | | | 2080 | 166 |
| 966. | 證 | rjung | 4 | 117 | 0.0148 | 3277 | 712 |
| | 明 | ming | 2 | | | 552 | 101 |
| 967. | 實 | shi | 2 | 117 | 0.0148 | 3581 | 215 |
| | 施 | shi | 1 | | | 3572 | 772 |
| 968. | 參 | tsan | 1 | 117 | 0.0148 | 4028 | 331 |
| | 觀 | gwan | 1 | | | 1782 | 359 |
| 969. | 香 | xiang | 1 | 117 | 0.0148 | 2961 | 745 |
| | 港 | gang | 3 | | | 1698 | 491 |
| 970. | 欲 | yü | 4 | 117 | 0.0148 | 4771 | 2397 |
| 971. | 原 | yüen | 2 | 117 | 0.0148 | 4809 | 197 |
| | 則 | dsuh | 2 | | | 3887 | 758 |
| 972. | 答 | da | 1 | 116 | 0.0147 | 737 | 1931 |
| 973. | 供 | goong | 1 | 116 | 0.0147 | 1809 | 825 |
| | 應 | ying | 1 | | | 4549 | 325 |
| 974. | 美 | mei | 3 | 116 | 0.0147 | 442 | 80 |
| | 麗 | li | 4 | | | 1397 | 536 |
| 975. | 重 | rjoong | 4 | 116 | 0.0147 | 3372 | 214 |
| | 視 | shi | 4 | | | 3602 | 720 |
| 976. | 式 | shi | 4 | 116 | 0.0147 | 3604 | 762 |
| 977. | 適 | shi | 4 | 116 | 0.0147 | 3605 | 735 |
| | 當 | dang | 1 | | | 819 | 157 |

| | Char. | Syll. | Tone | Freq. | Freq.% | ID | Rank |
|---|---|---|---|---|---|---|---|
| 978. | 首 | shou | 3 | 116 | 0.0147 | 3659 | 618 |
| | 先 | xien | 1 | | | 2910 | 234 |
| 979. | 提 | ti | 2 | 116 | 0.0147 | 1065 | 409 |
| | 高 | gau | 1 | | | 1647 | 104 |
| 980. | 投 | tou | 2 | 116 | 0.0147 | 1016 | 714 |
| | 資 | dsi | 1 | | | 3865 | 920 |
| 981. | 作 | dswo | 4 | 115 | 0.0146 | 3953 | 47 |
| | 品 | pin | 3 | | | 350 | 415 |
| 982. | 拉 | la | 1 | 115 | 0.0146 | 1282 | 406 |
| 983. | 冷 | lung | 3 | 115 | 0.0146 | 1367 | 710 |
| 984. | 培 | pei | 2 | 115 | 0.0146 | 250 | 1345 |
| | 養 | yang | 3 | | | 4542 | 421 |
| 985. | 處 | rcu | 2 | 115 | 0.0146 | 3517 | 562 |
| | 理 | li | 3 | | | 1388 | 207 |
| 986. | 食 | shi | 2 | 115 | 0.0146 | 3580 | 350 |
| 987. | 生 | shung | 1 | 115 | 0.0146 | 3715 | 32 |
| | 長 | rjang | 3 | | | 3250 | 135 |
| 988. | 意 | yi | 4 | 115 | 0.0146 | 4332 | 195 |
| | 見 | jien | 4 | | | 2417 | 206 |
| 989. | 吹 | rcwei | 1 | 114 | 0.0144 | 3529 | 1007 |
| 990. | 試 | shi | 4 | 114 | 0.0144 | 3599 | 504 |
| 991. | 義 | yi | 4 | 114 | 0.0144 | 4334 | 330 |
| 992. | 動 | doong | 4 | 113 | 0.0143 | 974 | 94 |
| | 作 | dswo | 4 | | | 3953 | 47 |
| 993. | 管 | gwan | 2 | 113 | 0.0143 | 1787 | 452 |
| | 理 | li | 3 | | | 1388 | 207 |
| 994. | 記 | ji | 4 | 113 | 0.0143 | 2255 | 517 |
| | 者 | rjuh | 3 | | | 3153 | 376 |
| 995. | 氏 | shi | 4 | 113 | 0.0143 | 3607 | 1403 |
| 996. | 屬 | shu | 3 | 113 | 0.0143 | 3747 | 806 |
| | 於 | yü | 2 | | | 4728 | 113 |
| 997. | 筆 | bi | 3 | 112 | 0.0142 | 133 | 429 |
| 998. | 權 | chüen | 2 | 112 | 0.0142 | 2766 | 473 |
| 999. | 剛 | gang | 1 | 112 | 0.0142 | 1692 | 771 |
| 1000. | 桌 | rjwo | 1 | 112 | 0.0142 | 3319 | 911 |
| 1001. | 聽 | ting | 1 | 112 | 0.0142 | 1107 | 267 |
| | 見 | jien | 4 | | | 2417 | 206 |
| 1002. | 以 | yi | 3 | 112 | 0.0142 | 4324 | 24 |
| | 後 | hou | 4 | | | 2009 | 48 |
| 1003. | 缺 | chüeh | 1 | 111 | 0.0141 | 2757 | 1273 |
| | 乏 | fa | 2 | | | 578 | 2365 |
| 1004. | 勸 | chüen | 4 | 111 | 0.0141 | 2773 | 1532 |
| | 募 | mu | 4 | | | 571 | 2498 |
| 1005. | 數 | shu | 4 | 111 | 0.0141 | 3755 | 400 |
| | 學 | xüeh | 2 | | | 3028 | 26 |
| | 家 | jia | 1 | | | 2279 | 36 |
| 1006. | 色 | suh | 4 | 111 | 0.0141 | 4114 | 339 |
| 1007. | 採 | tsai | 2 | 111 | 0.0141 | 4011 | 827 |
| | 取 | chü | 3 | | | 2751 | 486 |
| 1008. | 外 | wai | 4 | 111 | 0.0141 | 4632 | 122 |
| | 國 | gwo | 2 | | | 1749 | 7 |
| 1009. | 建 | jien | 4 | 110 | 0.0139 | 2416 | 273 |
| | 議 | yi | 4 | | | 4331 | 290 |
| 1010. | 文 | wun | 2 | 110 | 0.0139 | 4699 | 147 |
| | 章 | rjang | 1 | | | 3242 | 784 |
| 1011. | 線 | xien | 4 | 110 | 0.0139 | 2935 | 368 |
| 1012. | 性 | xing | 4 | 110 | 0.0139 | 2996 | 482 |
| | 質 | rji | 4 | | | 3127 | 3565 |
| 1013. | 選 | xüen | 2 | 110 | 0.0139 | 3042 | 412 |
| | 舉 | jü | 3 | | | 2522 | 276 |
| 1014. | 液 | yeh | 4 | 110 | 0.0139 | 4398 | 892 |
| | 體 | ti | 3 | | | 1073 | 178 |
| 1015. | 不 | bu | 4 | 109 | 0.0138 | 213 | 8 |
| | 必 | bi | 4 | | | 139 | 483 |
| 1016. | 大 | da | 4 | 109 | 0.0138 | 745 | 12 |
| | 多 | dwo | 1 | | | 933 | 49 |
| | 數 | shu | 4 | | | 3755 | 400 |
| 1017. | 發 | fa | 1 | 109 | 0.0138 | 577 | 73 |
| | 揮 | hwei | 1 | | | 2112 | 1222 |
| 1018. | 封 | fung | 1 | 109 | 0.0138 | 664 | 945 |
| 1019. | 喊 | han | 3 | 109 | 0.0138 | 2024 | 1061 |
| 1020. | 屆 | jieh | 4 | 109 | 0.0138 | 2331 | 1308 |

| | Char. | Syll. | Tone | Freq. | Freq.% | ID | Rank |
|---|---|---|---|---|---|---|---|
| 1021. | 形 | xing | 2 | 109 | 0.0138 | 2988 | 252 |
| 1022. | 兒 | er | 2 | 108 | 0.0137 | 4291 | 82 |
| | 童 | toong | 2 | | | 1159 | 389 |
| 1023. | 房 | fang | 2 | 108 | 0.0137 | 649 | 560 |
| | 子 | dsi | 3 | | | 3874 | 324 |
| 1024. | 工 | goong | 1 | 108 | 0.0137 | 1804 | 125 |
| | 具 | jü | 4 | | | 2530 | 583 |
| 1025. | 顧 | gu | 4 | 108 | 0.0137 | 1727 | 1074 |
| 1026. | 兼 | jien | 1 | 108 | 0.0137 | 2395 | 1749 |
| 1027. | 決 | jüeh | 2 | 108 | 0.0137 | 2546 | 363 |
| 1028. | 理 | li | 3 | 108 | 0.0137 | 1388 | 207 |
| | 論 | loon | 4 | | | 1577 | 347 |
| 1029. | 論 | loon | 4 | 108 | 0.0137 | 1577 | 347 |
| 1030. | 值 | rji | 2 | 108 | 0.0137 | 3096 | 1116 |
| 1031. | 措 | tswo | 4 | 108 | 0.0137 | 4051 | 2280 |
| | 施 | shi | 1 | | | 3572 | 772 |
| 1032. | 外 | wai | 4 | 108 | 0.0137 | 4632 | 122 |
| | 交 | jiau | 1 | | | 2339 | 358 |
| 1033. | 大 | da | 4 | 107 | 0.0136 | 745 | 12 |
| | 部 | bu | 4 | | | 212 | 91 |
| | 分 | fun | 1 | | | 630 | 112 |
| 1034. | 調 | diau | 4 | 107 | 0.0136 | 883 | 646 |
| | 查 | rca | 2 | | | 3406 | 644 |
| 1035. | 造 | dsau | 4 | 107 | 0.0136 | 3911 | 338 |
| 1036. | 段 | dwan | 4 | 107 | 0.0136 | 951 | 967 |
| 1037. | 工 | goong | 1 | 107 | 0.0136 | 1804 | 125 |
| | 人 | run | 2 | | | 3812 | 11 |
| 1038. | 蔣 | jiang | 3 | 107 | 0.0136 | 2473 | 1025 |
| 1039. | 金 | jin | 1 | 107 | 0.0136 | 2440 | 271 |
| | 屬 | shu | 3 | | | 3747 | 806 |
| 1040. | 老 | lau | 3 | 107 | 0.0136 | 1322 | 117 |
| | 人 | run | 2 | | | 3812 | 11 |
| 1041. | 聞 | wun | 2 | 107 | 0.0136 | 4698 | 1242 |
| 1042. | 葉 | yeh | 4 | 107 | 0.0136 | 4396 | 612 |
| 1043. | 一 | yi | 1 | 107 | 0.0136 | 4300 | 2 |
| | 時 | shi | 2 | | | 3578 | 29 |
| 1044. | 應 | ying | 4 | 107 | 0.0136 | 4576 | 569 |
| | 用 | yüoong | 4 | | | 4864 | 38 |
| 1045. | 哥 | guh | 1 | 106 | 0.0134 | 1616 | 433 |
| | 哥 | guh | 1 | | | 1616 | 433 |
| 1046. | 河 | huh | 2 | 106 | 0.0134 | 1954 | 159 |
| 1047. | 成 | rcung | 2 | 106 | 0.0134 | 3490 | 56 |
| | 就 | jiu | 4 | | | 2382 | 25 |
| 1048. | 衆 | rjoong | 4 | 106 | 0.0134 | 3371 | 757 |
| | 人 | run | 2 | | | 3812 | 11 |
| 1049. | 正 | rjung | 4 | 106 | 0.0134 | 3274 | 193 |
| | 常 | rcang | 2 | | | 3472 | 136 |
| 1050. | 宣 | xüen | 1 | 106 | 0.0134 | 3034 | 766 |
| | 佈 | bu | 4 | | | 216 | 986 |
| 1051. | 份 | fun | 4 | 105 | 0.0133 | 641 | 661 |
| 1052. | 公 | goong | 1 | 105 | 0.0133 | 1805 | 83 |
| | 里 | li | 3 | | | 1387 | 419 |
| 1053. | 交 | jiau | 1 | 105 | 0.0133 | 2339 | 358 |
| 1054. | 結 | jieh | 2 | 105 | 0.0133 | 2310 | 404 |
| | 束 | shu | 4 | | | 3760 | 1234 |
| 1055. | 內 | nei | 4 | 105 | 0.0133 | 1193 | 241 |
| | 容 | roong | 2 | | | 3855 | 401 |
| 1056. | 主 | rju | 3 | 105 | 0.0133 | 3299 | 130 |
| | 人 | run | 2 | | | 3812 | 11 |
| 1057. | 時 | shi | 2 | 105 | 0.0133 | 3578 | 29 |
| | 期 | chi | 2 | | | 2599 | 225 |
| 1058. | 設 | shuh | 4 | 105 | 0.0133 | 3635 | 374 |
| | 計 | ji | 4 | | | 2256 | 410 |
| 1059. | 危 | wei | 2 | 105 | 0.0133 | 4643 | 1079 |
| | 險 | xien | 3 | | | 2928 | 957 |
| 1060. | 文 | wun | 2 | 105 | 0.0133 | 4699 | 147 |
| | 字 | dsi | 4 | | | 3877 | 194 |
| 1061. | 文 | wun | 2 | 105 | 0.0133 | 4699 | 147 |
| | 學 | xüeh | 2 | | | 3028 | 26 |
| 1032. | 氣 | chi | 4 | 104 | 0.0132 | 2627 | 132 |
| | 候 | hou | 4 | | | 2008 | 140 |
| 1063. | 組 | dsu | 3 | 104 | 0.0132 | 3946 | 329 |
| | 成 | rcung | 2 | | | 3490 | 56 |

| | Char. | Syll. | Tone | Freq. | Freq.% | ID | Rank |
|---|---|---|---|---|---|---|---|
| 1064. | 責 | dsuh | 2 | 104 | 0.0132 | 3886 | 777 |
| | 任 | run | 4 | | | 3817 | 293 |
| 1065. | 費 | fei | 4 | 104 | 0.0132 | 599 | 635 |
| 1066. | 廣 | gwang | 3 | 104 | 0.0132 | 1802 | 288 |
| 1067. | 教 | jiau | 4 | 104 | 0.0132 | 2368 | 68 |
| | 授 | shou | 4 | | | 3665 | 1553 |
| 1068. | 究 | jiu | 4 | 104 | 0.0132 | 2381 | 434 |
| | 竟 | jing | 4 | | | 2500 | 859 |
| 1069. | 良 | liang | 2 | 104 | 0.0132 | 1494 | 537 |
| 1070. | 排 | pai | 2 | 104 | 0.0132 | 240 | 736 |
| 1071. | 終 | rjoong | 1 | 104 | 0.0132 | 3363 | 874 |
| 1072. | 肉 | rou | 4 | 104 | 0.0132 | 3805 | 611 |
| 1073. | 實 | shi | 2 | 104 | 0.0132 | 3581 | 215 |
| | 在 | dsai | 4 | | | 3899 | 9 |
| 1074. | 西 | xi | 1 | 104 | 0.0132 | 2783 | 61 |
| | 方 | fang | 1 | | | 647 | 62 |
| 1075. | 清 | ching | 1 | 103 | 0.0130 | 2726 | 289 |
| | 楚 | rcu | 3 | | | 3516 | 1205 |
| 1076. | 大 | da | 4 | 103 | 0.0130 | 745 | 12 |
| | 概 | gai | 4 | | | 1641 | 1073 |
| 1077. | 頂 | ding | 3 | 103 | 0.0130 | 910 | 989 |
| 1078. | 資 | dsi | 1 | 103 | 0.0130 | 3865 | 920 |
| | 料 | liau | 4 | | | 1445 | 387 |
| 1079. | 根 | gun | 1 | 103 | 0.0130 | 1689 | 519 |
| | 本 | bun | 3 | | | 112 | 65 |
| 1080. | 卽 | ji | 2 | 103 | 0.0130 | 2227 | 812 |
| | 時 | shi | 2 | | | 3578 | 29 |
| 1081. | 接 | jieh | 1 | 103 | 0.0130 | 2305 | 294 |
| | 觸 | rcu | 4 | | | 3523 | 1509 |
| 1082. | 漸 | jien | 4 | 103 | 0.0130 | 2418 | 652 |
| 1083. | 看 | kan | 4 | 103 | 0.0130 | 1871 | 58 |
| | 來 | lai | 2 | | | 1297 | 15 |
| 1084. | 考 | kau | 3 | 103 | 0.0130 | 1855 | 438 |
| | 慮 | lü | 4 | | | 1604 | 1722 |
| 1085. | 種 | rjoong | 2 | 103 | 0.0130 | 3368 | 89 |
| | 種 | rjoong | 3 | | | 3368 | 89 |
| 1086. | 縣 | xien | 4 | 103 | 0.0130 | 2932 | 308 |
| 1087. | 必 | bi | 4 | 102 | 0.0129 | 139 | 483 |
| | 要 | yau | 4 | | | 4425 | 27 |
| 1088. | 官 | gwan | 1 | 102 | 0.0129 | 1781 | 556 |
| 1089. | 見 | jien | 4 | 102 | 0.0129 | 2417 | 206 |
| | 到 | dau | 4 | | | 775 | 21 |
| 1090. | 居 | jü | 1 | 102 | 0.0129 | 2511 | 674 |
| | 民 | min | 2 | | | 542 | 59 |
| 1091. | 破 | po | 4 | 102 | 0.0129 | 235 | 654 |
| 1092. | 乘 | rcung | 2 | 102 | 0.0129 | 3492 | 543 |
| 1093. | 中 | rjoong | 1 | 102 | 0.0129 | 3361 | 20 |
| | 國 | gwo | 2 | | | 1749 | 7 |
| | 人 | run | 2 | | | 3812 | 11 |
| 1094. | 失 | shi | 1 | 102 | 0.0129 | 3569 | 266 |
| | 敗 | bai | 4 | | | 53 | 851 |
| 1095. | 養 | yang | 3 | 102 | 0.0129 | 4542 | 421 |
| 1096. | 原 | yüen | 2 | 102 | 0.0129 | 4809 | 197 |
| | 子 | dsi | 3 | | | 3874 | 324 |
| 1097. | 球 | chiu | 2 | 101 | 0.0128 | 2670 | 237 |
| 1098. | 嘴 | dswei | 3 | 101 | 0.0128 | 3959 | 852 |
| 1099. | 工 | goong | 1 | 101 | 0.0128 | 1804 | 125 |
| | 廠 | rcang | 3 | | | 3479 | 969 |
| 1100. | 今 | jin | 1 | 101 | 0.0128 | 2441 | 176 |
| | 後 | hou | 4 | | | 2009 | 48 |
| 1101. | 經 | jing | 1 | 101 | 0.0128 | 2479 | 110 |
| | 營 | ying | 2 | | | 4562 | 791 |
| 1102. | 哩 | li | 5 | 101 | 0.0128 | 1425 | 2459 |
| 1103. | 平 | ping | 2 | 101 | 0.0128 | 354 | 165 |
| | 均 | jün | 1 | | | 2573 | 1245 |
| 1104. | 成 | rcung | 2 | 101 | 0.0128 | 3490 | 56 |
| | 立 | li | 4 | | | 1395 | 152 |
| 1105. | 限 | xien | 4 | 101 | 0.0128 | 2936 | 910 |
| | 制 | rji | 4 | | | 3113 | 495 |
| 1106. | 緣 | yün | 2 | 101 | 0.0128 | 4832 | 544 |
| 1107. | 答 | da | 1 | 100 | 0.0127 | 737 | 1931 |
| | 應 | ying | 4 | | | 4576 | 569 |

| | Char. | Syll. | Tone | Freq. | Freq.% | ID | Rank |
|---|---|---|---|---|---|---|---|
| 1108. | 鼓 | gu | 3 | 100 | 0.0127 | 1721 | 1122 |
| | 勵 | li | 4 | | | 1402 | 1480 |
| 1109. | 過 | gwo | 4 | 100 | 0.0127 | 1754 | 67 |
| | 程 | rcung | 2 | | | 3491 | 580 |
| 1110. | 海 | hai | 3 | 100 | 0.0127 | 1980 | 102 |
| | 洋 | yang | 2 | | | 4532 | 456 |
| 1111. | 科 | kuh | 1 | 100 | 0.0127 | 1826 | 341 |
| | 学 | xüeh | 2 | | | 3028 | 26 |
| | 家 | jia | 1 | | | 2279 | 36 |
| 1112. | 值 | rji | 2 | 100 | 0.0127 | 3096 | 1116 |
| | 得 | duh | 2 | | | 746 | 146 |
| 1113. | 如 | ru | 2 | 100 | 0.0127 | 3829 | 120 |
| | 今 | jin | 1 | | | 2441 | 176 |
| 1114. | 屬 | shu | 3 | 100 | 0.0127 | 3747 | 806 |
| 1115. | 錯 | tswo | 4 | 100 | 0.0127 | 4052 | 789 |
| 1116. | 型 | xing | 2 | 100 | 0.0127 | 2991 | 1214 |
| 1117. | 輕 | ching | 1 | 99 | 0.0125 | 2728 | 592 |
| 1118. | 資 | dsi | 1 | 99 | 0.0125 | 3865 | 920 |
| | 源 | yüen | 2 | | | 4812 | 1037 |
| 1119. | 立 | li | 4 | 99 | 0.0125 | 1395 | 152 |
| | 卽 | ji | 2 | | | 2227 | 812 |
| 1120. | 壓 | ya | 1 | 99 | 0.0125 | 4368 | 944 |
| | 力 | li | 4 | | | 1396 | 143 |
| 1121. | 銀 | yin | 2 | 99 | 0.0125 | 4514 | 963 |
| | 行 | hang | 2 | | | 2042 | 1123 |
| 1122. | 病 | bing | 4 | 98 | 0.0124 | 202 | 318 |
| | 人 | run | 2 | | | 3812 | 11 |
| 1123. | 架 | jia | 4 | 98 | 0.0124 | 2301 | 1130 |
| 1124. | 理 | li | 3 | 98 | 0.0124 | 1388 | 207 |
| | 由 | you | 2 | | | 4435 | 126 |
| 1125. | 洗 | xi | 3 | 98 | 0.0124 | 2816 | 633 |
| 1126. | 迅 | xün | 4 | 98 | 0.0124 | 3064 | 2206 |
| | 速 | su | 4 | | | 4156 | 1056 |
| 1127. | 元 | yüen | 2 | 98 | 0.0124 | 4811 | 239 |
| | 素 | su | 4 | | | 4154 | 704 |
| 1128. | 道 | dau | 4 | 97 | 0.0123 | 774 | 155 |
| | 理 | li | 3 | | | 1388 | 207 |
| 1129. | 豐 | fung | 1 | 97 | 0.0123 | 663 | 953 |
| | 富 | fu | 4 | | | 721 | 773 |
| 1130. | 介 | jieh | 4 | 97 | 0.0123 | 2330 | 1332 |
| | 紹 | shau | 4 | | | 3653 | 1492 |
| 1131. | 僅 | jin | 2 | 97 | 0.0123 | 2447 | 1146 |
| 1132. | 老 | lau | 3 | 97 | 0.0123 | 1322 | 117 |
| | 爺 | yeh | 2 | | | 4390 | 1801 |
| 1133. | 輛 | liang | 4 | 97 | 0.0123 | 1505 | 1299 |
| 1134. | 破 | po | 4 | 97 | 0.0123 | 235 | 654 |
| | 壞 | hwai | 2 | | | 2111 | 732 |
| 1135. | 主 | rju | 3 | 97 | 0.0123 | 3299 | 130 |
| | 張 | rjang | 1 | | | 3243 | 311 |
| 1136. | 隨 | swei | 2 | 97 | 0.0123 | 4176 | 747 |
| | 時 | shi | 2 | | | 3578 | 29 |
| 1137. | 有 | you | 3 | 97 | 0.0123 | 4444 | 6 |
| | 點 | dien | 3 | | | 892 | 160 |
| 1138. | 抱 | bau | 4 | 96 | 0.0122 | 84 | 1063 |
| 1139. | 地 | di | 4 | 96 | 0.0122 | 858 | 33 |
| | 帶 | dai | 4 | | | 755 | 301 |
| 1140. | 組 | dsu | 3 | 96 | 0.0122 | 3946 | 329 |
| 1141. | 計 | ji | 4 | 96 | 0.0122 | 2256 | 410 |
| 1142. | 軍 | jün | 1 | 96 | 0.0122 | 2574 | 150 |
| | 隊 | dwei | 4 | | | 946 | 427 |
| 1143. | 名 | ming | 2 | 96 | 0.0122 | 551 | 141 |
| | 字 | dsi | 4 | | | 3877 | 194 |
| 1144. | 似 | shi | 4 | 96 | 0.0122 | 4093 | 841 |
| 1145. | 臺 | tai | 2 | 96 | 0.0122 | 992 | 177 |
| 1146. | 推 | twei | 1 | 96 | 0.0122 | 1145 | 601 |
| 1147. | 玩 | wan | 2 | 96 | 0.0122 | 4682 | 457 |
| 1148. | 益 | yi | 4 | 96 | 0.0122 | 4336 | 1078 |
| 1149. | 杯 | bei | 1 | 95 | 0.0120 | 54 | 1050 |
| 1150. | 表 | biau | 3 | 95 | 0.0120 | 168 | 182 |
| | 面 | mien | 4 | | | 539 | 66 |
| 1151. | 不 | bu | 4 | 95 | 0.0120 | 213 | 8 |
| | 論 | loon | 2 | | | 1575 | 3950 |

| | Char. | Syll. | Tone | Freq. | Freq.% | ID | Rank |
|---|---|---|---|---|---|---|---|
| 1152. | 街 | jieh | 1 | 95 | 0.0120 | 2304 | 862 |
| 1153. | 借 | jieh | 4 | 95 | 0.0120 | 2328 | 1188 |
| 1154. | 漸 | jien | 4 | 95 | 0.0120 | 2418 | 652 |
| | 漸 | jien | 4 | | | 2418 | 652 |
| 1155. | 客 | kuh | 4 | 95 | 0.0120 | 1844 | 922 |
| | 人 | run | 2 | | | 3812 | 11 |
| 1156. | 主 | rju | 3 | 95 | 0.0120 | 3299 | 130 |
| | 義 | yi | 4 | | | 4334 | 330 |
| 1157. | 始 | shi | 3 | 95 | 0.0120 | 3586 | 503 |
| 1158. | 相 | xiang | 1 | 95 | 0.0120 | 2959 | 327 |
| | 信 | xin | 4 | | | 2957 | 378 |
| 1159. | 兄 | xüoong | 1 | 95 | 0.0120 | 3069 | 1159 |
| 1160. | 一 | yi | 1 | 95 | 0.0120 | 4300 | 2 |
| | 致 | rji | 4 | | | 3117 | 838 |
| 1161. | 圓 | yüen | 2 | 95 | 0.0120 | 4813 | 970 |
| 1162. | 情 | ching | 2 | 94 | 0.0119 | 2734 | 233 |
| 1163. | 檢 | jien | 3 | 94 | 0.0119 | 2407 | 1029 |
| | 查 | rca | 2 | | | 3406 | 644 |
| 1164. | 莫 | mo | 4 | 94 | 0.0119 | 411 | 1294 |
| 1165. | 整 | rjung | 3 | 94 | 0.0119 | 3273 | 593 |
| 1166. | 談 | tan | 2 | 94 | 0.0119 | 1024 | 581 |
| | 話 | hwa | 4 | | | 2086 | 254 |
| 1167. | 欣 | xin | 1 | 94 | 0.0119 | 2948 | 1481 |
| | 賞 | shang | 3 | | | 3709 | 1456 |
| 1168. | 機 | ji | 1 | 93 | 0.0118 | 2198 | 153 |
| | 械 | xieh | 4 | | | 2862 | 1872 |
| 1169. | 跡 | ji | 1 | 93 | 0.0118 | 2206 | 1224 |
| | 象 | xiang | 4 | | | 2975 | 599 |
| 1170. | 積 | ji | 1 | 93 | 0.0118 | 2201 | 961 |
| | 極 | ji | 2 | | | 2224 | 485 |
| 1171. | 記 | ji | 4 | 93 | 0.0118 | 2255 | 517 |
| 1172. | 例 | li | 4 | 93 | 0.0118 | 1400 | 751 |
| 1173. | 那 | na | 4 | 93 | 0.0118 | 1179 | 71 |
| | 兒 | er | 2 | | | 4291 | 82 |
| 1174. | 只 | rji | 2 | 93 | 0.0118 | 3103 | 277 |
| | 好 | hau | 3 | | | 1995 | 45 |
| 1175. | 從 | tsoong | 2 | 93 | 0.0118 | 4081 | 133 |
| | 前 | chien | 2 | | | 2687 | 145 |
| 1176. | 顏 | yen | 2 | 93 | 0.0118 | 4473 | 952 |
| | 色 | suh | 4 | | | 4114 | 339 |
| 1177. | 因 | yin | 1 | 93 | 0.0118 | 4508 | 138 |
| | 而 | er | 2 | | | 4290 | 156 |
| 1178. | 本 | bun | 3 | 92 | 0.0117 | 112 | 65 |
| | 身 | shun | 1 | | | 3691 | 249 |
| 1179. | 戴 | dai | 4 | 92 | 0.0117 | 757 | 1127 |
| 1180. | 担 | dan | 1 | 92 | 0.0117 | 798 | 1059 |
| | 任 | run | 4 | | | 3817 | 293 |
| 1181. | 單 | dan | 1 | 92 | 0.0117 | 797 | 616 |
| 1182. | 而 | er | 2 | 92 | 0.0117 | 4290 | 156 |
| | 已 | yi | 3 | | | 4323 | 183 |
| 1183. | 均 | jün | 1 | 92 | 0.0117 | 2573 | 1245 |
| | 匀 | yün | 2 | | | 4831 | 2287 |
| 1184. | 平 | ping | 2 | 92 | 0.0117 | 354 | 165 |
| 1185. | 成 | rcung | 2 | 92 | 0.0117 | 3490 | 56 |
| | 績 | ji | 1 | | | 2202 | 837 |
| 1186. | 正 | rjung | 4 | 92 | 0.0117 | 3274 | 193 |
| | 確 | chüeh | 4 | | | 2761 | 949 |
| 1187. | 事 | shi | 4 | 92 | 0.0117 | 3592 | 77 |
| | 件 | jien | 4 | | | 2419 | 521 |
| 1188. | 等 | dung | 2 | 91 | 0.0115 | 833 | 118 |
| | 等 | dung | 3 | | | 833 | 118 |
| 1189. | 否 | fou | 3 | 91 | 0.0115 | 604 | 1101 |
| | 則 | dsuh | 2 | | | 3887 | 758 |
| 1190. | 付 | fu | 4 | 91 | 0.0115 | 727 | 1463 |
| 1191. | 觀 | gwan | 1 | 91 | 0.0115 | 1782 | 359 |
| | 衆 | rjoong | 4 | | | 3371 | 757 |
| 1192. | 紀 | ji | 4 | 91 | 0.0115 | 2257 | 682 |
| | 錄 | lu | 4 | | | 1539 | 1065 |
| 1193. | 男 | nan | 2 | 91 | 0.0115 | 1205 | 938 |
| | 人 | run | 2 | | | 3812 | 11 |
| 1194. | 城 | rcung | 2 | 91 | 0.0115 | 3489 | 467 |
| | 市 | shi | 4 | | | 3595 | 87 |
| 1195. | 置 | rji | 4 | 91 | 0.0115 | 3114 | 741 |

| | Char. | Syll. | Tone | Freq. | Freq.% | ID | Rank |
|---|---|---|---|---|---|---|---|
| 1196. | 專 | rjwan | 1 | 91 | 0.0115 | 3339 | 547 |
| | 家 | jia | 1 | | | 2279 | 36 |
| 1197. | 衛 | wei | 4 | 91 | 0.0115 | 4661 | 453 |
| | 生 | shung | 1 | | | 3715 | 32 |
| 1198. | 姓 | xing | 4 | 91 | 0.0115 | 2997 | 1279 |
| 1199. | 槍 | chiang | 1 | 90 | 0.0114 | 2712 | 1077 |
| 1200. | 等 | dung | 3 | 90 | 0.0114 | 833 | 118 |
| | 於 | yü | 2 | | | 4728 | 113 |
| 1201. | 發 | fa | 1 | 90 | 0.0114 | 577 | 73 |
| | 出 | rcu | 1 | | | 3507 | 60 |
| 1202. | 匪 | fei | 3 | 90 | 0.0114 | 597 | 673 |
| 1203. | 功 | goong | 1 | 90 | 0.0114 | 1807 | 335 |
| 1204. | 舊 | jiu | 4 | 90 | 0.0114 | 2383 | 813 |
| 1205. | 旁 | pang | 2 | 90 | 0.0114 | 284 | 867 |
| | 邊 | bien | 1 | | | 171 | 260 |
| 1206. | 這 | rjuh | 4 | 90 | 0.0114 | 3155 | 19 |
| | 兒 | er | 2 | | | 4291 | 82 |
| 1207. | 天 | tien | 1 | 90 | 0.0114 | 1097 | 28 |
| | 下 | xia | 4 | | | 2844 | 50 |
| 1208. | 衣 | yi | 1 | 90 | 0.0114 | 4299 | 432 |
| 1209. | 友 | you | 3 | 90 | 0.0114 | 4443 | 336 |
| | 邦 | bang | 1 | | | 115 | 1432 |
| 1210. | 豈 | chi | 3 | 89 | 0.0113 | 2622 | 3217 |
| 1211. | 電 | dien | 4 | 89 | 0.0113 | 896 | 129 |
| | 話 | hwa | 4 | | | 2086 | 254 |
| 1212. | 左 | dswo | 3 | 89 | 0.0113 | 3951 | 594 |
| | 右 | you | 4 | | | 4447 | 828 |
| 1213. | 斷 | dwan | 4 | 89 | 0.0113 | 952 | 871 |
| 1214. | 掛 | gwa | 4 | 89 | 0.0113 | 1742 | 981 |
| 1215. | 開 | kai | 1 | 89 | 0.0113 | 1849 | 114 |
| | 發 | fa | 1 | | | 577 | 73 |
| 1216. | 治 | rji | 4 | 89 | 0.0113 | 3111 | 361 |
| 1217. | 週 | rjou | 1 | 89 | 0.0113 | 3187 | 865 |
| 1218. | 特 | tuh | 4 | 89 | 0.0113 | 989 | 328 |
| | 殊 | shu | 1 | | | 3738 | 1812 |
| 1219. | 忘 | wang | 4 | 89 | 0.0113 | 4718 | 1133 |
| 1220. | 喜 | xi | 3 | 89 | 0.0113 | 2817 | 440 |
| 1221. | 因 | yin | 1 | 89 | 0.0113 | 4508 | 138 |
| | 素 | su | 4 | | | 4154 | 704 |
| 1222. | 原 | yüen | 2 | 89 | 0.0113 | 4809 | 197 |
| | 料 | liau | 4 | | | 1445 | 387 |
| 1223. | 島 | dau | 3 | 88 | 0.0111 | 770 | 380 |
| 1224. | 堆 | dwei | 1 | 88 | 0.0111 | 945 | 1447 |
| 1225. | 婦 | fu | 4 | 88 | 0.0111 | 725 | 1200 |
| | 人 | run | 2 | | | 3812 | 11 |
| 1226. | 感 | gan | 3 | 88 | 0.0111 | 1680 | 551 |
| | 情 | ching | 2 | | | 2734 | 233 |
| 1227. | 海 | hai | 3 | 88 | 0.0111 | 1980 | 102 |
| | 軍 | jün | 1 | | | 2574 | 150 |
| 1228. | 加 | jia | 1 | 88 | 0.0111 | 2278 | 124 |
| | 上 | shang | 4 | | | 3712 | 17 |
| 1229. | 燃 | ran | 2 | 88 | 0.0111 | 3806 | 924 |
| | 燒 | shau | 1 | | | 3647 | 788 |
| 1230. | 創 | rcwang | 4 | 88 | 0.0111 | 3558 | 916 |
| | 造 | dsau | 4 | | | 3911 | 338 |
| 1231. | 駐 | rju | 4 | 88 | 0.0111 | 3308 | 1117 |
| 1232. | 助 | rju | 4 | 88 | 0.0111 | 3306 | 493 |
| 1233. | 速 | su | 4 | 88 | 0.0111 | 4156 | 1056 |
| | 度 | du | 4 | | | 927 | 212 |
| 1234. | 形 | xing | 2 | 88 | 0.0111 | 2988 | 252 |
| | 狀 | rjwang | 4 | | | 3358 | 873 |
| 1235. | 最 | dswei | 4 | 87 | 0.0110 | 3961 | 109 |
| | 後 | hou | 4 | | | 2009 | 48 |
| 1236. | 攻 | goong | 1 | 87 | 0.0110 | 1806 | 695 |
| | 擊 | ji | 2 | | | 2229 | 886 |
| 1237. | 擴 | kwo | 4 | 87 | 0.0110 | 1896 | 1397 |
| | 大 | da | 4 | | | 745 | 12 |
| 1238. | 里 | li | 3 | 87 | 0.0110 | 1387 | 419 |
| 1239. | 茶 | rca | 2 | 87 | 0.0110 | 3403 | 643 |
| 1240. | 指 | rji | 3 | 87 | 0.0110 | 3102 | 373 |
| | 導 | dau | 4 | | | 777 | 405 |

| | Char. | Syll. | Tone | Freq. | Freq.% | ID | Rank |
|---|---|---|---|---|---|---|---|
| 1241. | 生 | shung | 1 | 87 | 0.0110 | 3715 | 32 |
| | 存 | tsoon | 2 | | | 4070 | 1105 |
| 1242. | 依 | yi | 1 | 87 | 0.0110 | 4301 | 743 |
| | 照 | rjau | 4 | | | 3179 | 408 |
| 1243. | 遇 | yü | 4 | 87 | 0.0110 | 4766 | 1008 |
| 1244. | 黨 | dang | 3 | 86 | 0.0109 | 822 | 903 |
| 1245. | 到 | dau | 4 | 86 | 0.0109 | 775 | 21 |
| | 達 | da | 2 | | | 741 | 296 |
| 1246. | 自 | dsi | 4 | 86 | 0.0109 | 3878 | 86 |
| | 從 | tsoong | 2 | | | 4081 | 133 |
| 1247. | 分 | fun | 1 | 86 | 0.0109 | 630 | 112 |
| | 為 | wei | 2 | | | 4639 | 95 |
| 1248. | 蓋 | gai | 4 | 86 | 0.0109 | 1640 | 1277 |
| 1249. | 公 | goong | 1 | 86 | 0.0109 | 1805 | 83 |
| | 分 | fun | 1 | | | 630 | 112 |
| 1250. | 國 | gwo | 2 | 86 | 0.0109 | 1749 | 7 |
| | 王 | wang | 2 | | | 4712 | 257 |
| 1251. | 角 | jiau | 3 | 86 | 0.0109 | 2354 | 637 |
| 1252. | 未 | wei | 4 | 86 | 0.0109 | 4664 | 870 |
| | 來 | lai | 2 | | | 1297 | 15 |
| 1253. | 穩 | wun | 3 | 86 | 0.0109 | 4705 | 2022 |
| | 定 | ding | 4 | | | 912 | 121 |
| 1254. | 協 | xieh | 2 | 86 | 0.0109 | 2852 | 823 |
| | 助 | rju | 4 | | | 3306 | 493 |
| 1255. | 報 | bau | 4 | 85 | 0.0108 | 85 | 184 |
| | 館 | gwan | 3 | | | 1786 | 702 |
| 1256. | 報 | bau | 4 | 85 | 0.0108 | 85 | 184 |
| | 紙 | rji | 3 | | | 3105 | 648 |
| 1257. | 避 | bi | 4 | 85 | 0.0108 | 141 | 1183 |
| | 免 | mien | 3 | | | 534 | 781 |
| 1258. | 調 | diau | 4 | 85 | 0.0108 | 883 | 646 |
| 1259. | 彷 | fang | 3 | 85 | 0.0108 | 656 | 2455 |
| | 彿 | fu | 2 | | | 696 | 2501 |
| 1260. | 廣 | gwang | 3 | 85 | 0.0108 | 1802 | 288 |
| | 大 | da | 4 | | | 745 | 12 |
| 1261. | 接 | jieh | 1 | 85 | 0.0108 | 2305 | 294 |
| | 近 | jin | 4 | | | 2453 | 344 |
| 1262. | 批 | pi | 1 | 85 | 0.0108 | 303 | 1306 |
| 1263. | 重 | rjoong | 4 | 85 | 0.0108 | 3372 | 214 |
| | 大 | da | 4 | | | 745 | 12 |
| 1264. | 熟 | shou | 2 | 85 | 0.0108 | 3658 | 1033 |
| 1265. | 促 | tsu | 4 | 85 | 0.0108 | 4045 | 1485 |
| | 進 | jin | 4 | | | 2454 | 144 |
| 1266. | 新 | xin | 1 | 85 | 0.0108 | 2947 | 134 |
| | 聞 | wun | 2 | | | 4698 | 1242 |
| 1267. | 雪 | xüeh | 3 | 85 | 0.0108 | 3029 | 863 |
| 1268. | 備 | bei | 4 | 84 | 0.0106 | 62 | 392 |
| 1269. | 畢 | bi | 4 | 84 | 0.0106 | 138 | 708 |
| | 業 | yeh | 4 | | | 4397 | 137 |
| 1270. | 負 | fu | 4 | 84 | 0.0106 | 723 | 948 |
| 1271. | 複 | fu | 4 | 84 | 0.0106 | 726 | 1164 |
| | 雜 | dsa | 2 | | | 3885 | 1104 |
| 1272. | 官 | gwan | 1 | 84 | 0.0106 | 1781 | 556 |
| | 員 | yüen | 2 | | | 4808 | 210 |
| 1273. | 合 | huh | 2 | 84 | 0.0106 | 1953 | 172 |
| | 作 | dswo | 4 | | | 3953 | 47 |
| 1274. | 級 | ji | 2 | 84 | 0.0106 | 2222 | 317 |
| 1275. | 緊 | jin | 2 | 84 | 0.0106 | 2448 | 822 |
| | 張 | rjang | 1 | | | 3243 | 311 |
| 1276. | 者 | rjuh | 3 | 84 | 0.0106 | 3153 | 376 |
| 1277. | 莊 | rjwang | 1 | 84 | 0.0106 | 3351 | 1315 |
| 1278. | 散 | san | 4 | 84 | 0.0106 | 4141 | 1155 |
| 1279. | 實 | shi | 2 | 84 | 0.0106 | 3581 | 215 |
| | 行 | xing | 2 | | | 2042 | 1123 |
| 1280. | 神 | shun | 2 | 84 | 0.0106 | 3697 | 466 |
| 1281. | 統 | toong | 3 | 84 | 0.0106 | 1169 | 283 |
| | 一 | yi | 1 | | | 4300 | 2 |
| 1282. | 從 | tsoong | 2 | 84 | 0.0106 | 4081 | 133 |
| | 來 | lai | 2 | | | 1297 | 15 |
| 1283. | 陽 | yang | 2 | 84 | 0.0106 | 4533 | 299 |
| | 光 | gwang | 1 | | | 1801 | 224 |
| 1284. | 安 | an | 1 | 83 | 0.0105 | 4273 | 242 |
| | 排 | pai | 2 | | | 240 | 736 |

| | Char. | Syll. | Tone | Freq. | Freq.% | ID | Rank |
|---|---|---|---|---|---|---|---|
| 1285. | 大 | da | 4 | 83 | 0.0105 | 745 | 12 |
| | 學 | xüeh | 2 | | | 3028 | 26 |
| 1286. | 店 | dien | 4 | 83 | 0.0105 | 895 | 1141 |
| 1287. | 早 | dsau | 3 | 83 | 0.0105 | 3906 | 370 |
| | 晨 | rcun | 2 | | | 3456 | 878 |
| 1288. | 婦 | fu | 4 | 83 | 0.0105 | 725 | 1200 |
| | 女 | nü | 3 | | | 1278 | 302 |
| 1289. | 高 | gau | 1 | 83 | 0.0105 | 1647 | 104 |
| | 級 | ji | 2 | | | 2222 | 317 |
| 1290. | 歡 | hwan | 1 | 83 | 0.0105 | 2138 | 428 |
| | 愉 | yü | 2 | | | 4732 | 1622 |
| 1291. | 黃 | hwang | 2 | 83 | 0.0105 | 2167 | 258 |
| 1292. | 機 | ji | 1 | 83 | 0.0105 | 2198 | 153 |
| | 構 | gou | 4 | | | 1666 | 876 |
| 1293. | 鄰 | lin | 2 | 83 | 0.0105 | 1479 | 1016 |
| | 居 | jü | 1 | | | 2511 | 674 |
| 1294. | 辭 | tsi | 2 | 83 | 0.0105 | 3989 | 1735 |
| 1295. | 吸 | xi | 1 | 83 | 0.0105 | 2785 | 786 |
| 1296. | 想 | xiang | 2 | 83 | 0.0105 | 2970 | 192 |
| | 法 | fa | 3 | | | 584 | 88 |
| 1297. | 幸 | xing | 4 | 83 | 0.0105 | 2998 | 939 |
| | 福 | fu | 2 | | | 687 | 529 |
| 1298. | 愉 | yü | 2 | 83 | 0.0105 | 4732 | 1622 |
| | 快 | kwai | 4 | | | 1902 | 232 |
| 1299. | 騎 | chi | 2 | 82 | 0.0104 | 2602 | 1410 |
| 1300. | 獨 | du | 2 | 82 | 0.0104 | 920 | 959 |
| | 立 | li | 4 | | | 1395 | 152 |
| 1301. | 貢 | goong | 4 | 82 | 0.0104 | 1819 | 1450 |
| | 獻 | xien | 4 | | | 2938 | 1354 |
| 1302. | 換 | hwan | 4 | 82 | 0.0104 | 2146 | 1011 |
| 1303. | 決 | jüeh | 2 | 82 | 0.0104 | 2546 | 363 |
| | 心 | xin | 1 | | | 2946 | 142 |
| 1304. | 臨 | lin | 2 | 82 | 0.0104 | 1476 | 857 |
| 1305. | 門 | mun | 2 | 82 | 0.0104 | 476 | 274 |
| | 口 | kou | 3 | | | 1858 | 220 |
| 1306. | 處 | rcu | 3 | 82 | 0.0104 | 3517 | 562 |
| 1307. | 中 | rjoong | 1 | 82 | 0.0104 | 3361 | 20 |
| | 共 | goong | 4 | | | 1820 | 186 |
| 1308. | 重 | rjoong | 4 | 82 | 0.0104 | 3372 | 214 |
| | 量 | liang | 4 | | | 1503 | 423 |
| 1309. | 州 | rjou | 1 | 82 | 0.0104 | 3186 | 337 |
| 1310. | 哲 | rjuh | 2 | 82 | 0.0104 | 3145 | 2039 |
| | 學 | xüeh | 2 | | | 3028 | 26 |
| 1311. | 人 | run | 2 | 82 | 0.0104 | 3812 | 11 |
| | 人 | run | 2 | | | 3812 | 11 |
| 1312. | 守 | shou | 3 | 82 | 0.0104 | 3661 | 931 |
| 1313. | 天 | tien | 1 | 82 | 0.0104 | 1097 | 28 |
| | 氣 | chi | 4 | | | 2627 | 132 |
| 1314. | 報 | bau | 4 | 81 | 0.0103 | 85 | 184 |
| | 導 | dau | 4 | | | 777 | 405 |
| 1315. | 牆 | chiang | 2 | 81 | 0.0103 | 2718 | 1333 |
| 1316. | 共 | goong | 4 | 81 | 0.0103 | 1820 | 186 |
| | 黨 | dang | 3 | | | 822 | 903 |
| 1317. | 固 | gu | 4 | 81 | 0.0103 | 1730 | 1093 |
| | 然 | ran | 2 | | | 3807 | 123 |
| 1318. | 行 | hang | 2 | 81 | 0.0103 | 2042 | 1123 |
| 1319. | 漂 | piau | 1 | 81 | 0.0103 | 331 | 2651 |
| | 亮 | liang | 4 | | | 1502 | 553 |
| 1320. | 平 | ping | 2 | 81 | 0.0103 | 354 | 165 |
| | 原 | yüen | 2 | | | 4809 | 197 |
| 1321. | 普 | pu | 3 | 81 | 0.0103 | 373 | 824 |
| | 遍 | bien | 4 | | | 177 | 264 |
| 1322. | 吃 | rei | 1 | 81 | 0.0103 | 3377 | 169 |
| | 飯 | fan | 4 | | | 622 | 418 |
| 1323. | 床 | rewang | 2 | 81 | 0.0103 | 3554 | 1095 |
| 1324. | 執 | rji | 2 | 81 | 0.0103 | 3095 | 1314 |
| | 行 | xing | 2 | | | 2989 | 76 |
| 1325. | 種 | rjoong | 3 | 81 | 0.0103 | 3368 | 89 |
| | 類 | lei | 4 | | | 1314 | 298 |
| 1326. | 爭 | rjung | 1 | 81 | 0.0103 | 3263 | 613 |
| | 取 | chü | 3 | | | 2751 | 486 |
| 1327. | 上 | shang | 4 | 81 | 0.0103 | 3712 | 17 |
| | 午 | wu | 3 | | | 4592 | 292 |

| | Char. | Syll. | Tone | Freq. | Freq.% | ID | Rank |
|---|---|---|---|---|---|---|---|
| 1328. | 勝 | shung | 4 | 81 | 0.0103 | 3725 | 895 |
| | 利 | li | 4 | | | 1398 | 222 |
| 1329. | 停 | ting | 2 | 81 | 0.0103 | 1110 | 649 |
| | 止 | rji | 3 | | | 3104 | 707 |
| 1330. | 武 | wu | 3 | 81 | 0.0103 | 4595 | 515 |
| | 器 | chi | 4 | | | 2626 | 394 |
| 1331. | 顯 | xien | 3 | 81 | 0.0103 | 2927 | 972 |
| | 然 | ran | 2 | | | 3807 | 123 |
| 1332. | 兄 | xüoong | 1 | 81 | 0.0103 | 3069 | 1159 |
| | 弟 | di | 4 | | | 860 | 340 |
| 1333. | 樣 | yang | 4 | 81 | 0.0103 | 4546 | 69 |
| 1334. | 一 | yi | 1 | 81 | 0.0103 | 4300 | 2 |
| | 向 | xiang | 4 | | | 2974 | 189 |
| 1335. | 敗 | bai | 4 | 80 | 0.0101 | 53 | 851 |
| 1336. | 讀 | du | 2 | 80 | 0.0101 | 919 | 391 |
| | 者 | rjuh | 3 | | | 3153 | 376 |
| 1337. | 飯 | fan | 4 | 80 | 0.0101 | 622 | 418 |
| 1338. | 國 | gwo | 2 | 80 | 0.0101 | 1749 | 7 |
| | 外 | wai | 4 | | | 4632 | 122 |
| 1339. | 歡 | hwan | 1 | 80 | 0.0101 | 2138 | 428 |
| | 迎 | ying | 2 | | | 4561 | 907 |
| 1340. | 看 | kan | 4 | 80 | 0.0101 | 1871 | 58 |
| | 出 | rcu | 1 | | | 3507 | 60 |
| 1341. | 顆 | kuh | 1 | 80 | 0.0101 | 1825 | 1502 |
| 1342. | 妹 | mei | 4 | 80 | 0.0101 | 445 | 501 |
| | 妹 | mei | 4 | | | 445 | 501 |
| 1343. | 民 | min | 2 | 80 | 0.0101 | 542 | 59 |
| | 主 | rju | 3 | | | 3299 | 130 |
| 1344. | 牛 | niu | 2 | 80 | 0.0101 | 1235 | 587 |
| 1345. | 著 | rju | 4 | 80 | 0.0101 | 3305 | 638 |
| | 名 | ming | 2 | | | 551 | 141 |
| 1346. | 少 | shau | 4 | 80 | 0.0101 | 3654 | 993 |
| | 年 | nien | 2 | | | 1242 | 35 |
| 1347. | 適 | shi | 4 | 80 | 0.0101 | 3605 | 735 |
| 1348. | 盛 | shung | 4 | 80 | 0.0101 | 3726 | 597 |
| 1349. | 無 | wu | 2 | 80 | 0.0101 | 4585 | 295 |
| | 意 | yi | 4 | | | 4332 | 195 |
| 1350. | 吸 | xi | 1 | 80 | 0.0101 | 2785 | 786 |
| | 收 | shou | 1 | | | 3657 | 397 |
| 1351. | 英 | ying | 1 | 80 | 0.0101 | 4550 | 272 |
| 1352. | 遇 | yü | 4 | 80 | 0.0101 | 4766 | 1008 |
| | 到 | dau | 4 | | | 775 | 21 |
| 1353. | 樂 | yüeh | 4 | 80 | 0.0101 | 4796 | 705 |
| | 器 | chi | 4 | | | 2626 | 394 |
| 1354. | 強 | chiang | 2 | 79 | 0.0100 | 2716 | 354 |
| | 調 | diau | 4 | | | 883 | 646 |
| 1355. | 教 | jiau | 4 | 79 | 0.0100 | 2368 | 68 |
| | 師 | shi | 1 | | | 3570 | 116 |
| 1356. | 覺 | jüeh | 2 | 79 | 0.0100 | 2545 | 512 |
| 1357. | 旅 | lü | 3 | 79 | 0.0100 | 1594 | 1034 |
| | 行 | xing | 2 | | | 2989 | 76 |
| 1358. | 平 | ping | 2 | 79 | 0.0100 | 354 | 165 |
| | 衡 | hung | 2 | | | 2049 | 1915 |
| 1359. | 插 | rca | 1 | 79 | 0.0100 | 3400 | 1401 |
| 1360. | 視 | shi | 4 | 79 | 0.0100 | 3602 | 720 |
| 1361. | 腿 | twei | 3 | 79 | 0.0100 | 1147 | 1434 |
| 1362. | 唯 | wei | 2 | 79 | 0.0100 | 4644 | 2543 |
| | 一 | yi | 1 | | | 4300 | 2 |
| 1363. | 壓 | ya | 1 | 79 | 0.0100 | 4368 | 944 |
| 1364. | 要 | yau | 4 | 79 | 0.0100 | 4425 | 27 |
| | 是 | shi | 4 | | | 3593 | 3 |
| 1365. | 一 | yi | 1 | 79 | 0.0100 | 4300 | 2 |
| | 陣 | rjun | 4 | | | 3239 | 1021 |
| 1366. | 影 | ying | 3 | 79 | 0.0100 | 4574 | 498 |
| 1367. | 保 | bau | 3 | 78 | 0.0099 | 80 | 411 |
| | 證 | rjung | 4 | | | 3277 | 712 |
| 1368. | 全 | chüen | 2 | 78 | 0.0099 | 2767 | 170 |
| | 體 | ti | 3 | | | 1073 | 178 |
| 1369. | 和 | huh | 2 | 78 | 0.0099 | 1956 | 395 |
| | 尚 | shang | 4 | | | 3711 | 1324 |
| 1370. | 樓 | lou | 2 | 78 | 0.0099 | 1328 | 1099 |
| 1371. | 明 | ming | 2 | 78 | 0.0099 | 552 | 101 |
| | 天 | tien | 1 | | | 1097 | 28 |

| | Char. | Syll. | Tone | Freq. | Freq.% | ID | Rank |
|---|---|---|---|---|---|---|---|
| 1372. | 女 | nü | ? | 78 | 0.0099 | 1278 | 302 |
| | 子 | dsi | 3 | | | 3874 | 324 |
| 1373. | 爬 | pa | 2 | 78 | 0.0099 | 224 | 1026 |
| 1374. | 拍 | pai | 1 | 78 | 0.0099 | 238 | 979 |
| 1375. | 窗 | rcwang | 1 | 78 | 0.0099 | 3551 | 1136 |
| 1376. | 商 | shang | 1 | 78 | 0.0099 | 3707 | 474 |
| | 業 | yeh | 4 | | | 4397 | 137 |
| 1377. | 適 | shi | 4 | 78 | 0.0099 | 3605 | 735 |
| | 應 | ying | 4 | | | 4576 | 569 |
| 1378. | 申 | shun | 1 | 78 | 0.0099 | 3692 | 1414 |
| | 請 | ching | 3 | | | 2737 | 310 |
| 1379. | 鄉 | xiang | 1 | 78 | 0.0099 | 2958 | 576 |
| 1380. | 般 | ban | 1 | 77 | 0.0098 | 92 | 770 |
| 1381. | 部 | bu | 4 | 77 | 0.0098 | 212 | 91 |
| | 隊 | dwei | 4 | | | 946 | 427 |
| 1382. | 確 | chüeh | 4 | 77 | 0.0098 | 2761 | 949 |
| 1383. | 弟 | di | 4 | 77 | 0.0098 | 860 | 340 |
| | 弟 | di | 4 | | | 860 | 340 |
| 1384. | 對 | dwei | 4 | 77 | 0.0098 | 947 | 90 |
| | 方 | fang | 1 | | | 647 | 62 |
| 1385. | 房 | fang | 2 | 77 | 0.0098 | 649 | 560 |
| | 屋 | wu | 1 | | | 4579 | 767 |
| 1386. | 改 | gai | 3 | 77 | 0.0098 | 1639 | 436 |
| | 進 | jin | 4 | | | 2454 | 144 |
| 1387. | 構 | gou | 4 | 77 | 0.0098 | 1666 | 876 |
| | 成 | rcung | 2 | | | 3490 | 56 |
| 1388. | 後 | hou | 4 | 77 | 0.0098 | 2009 | 48 |
| | 面 | mien | 4 | | | 539 | 66 |
| 1389. | 患 | hwan | 4 | 77 | 0.0098 | 2145 | 1703 |
| 1390. | 絕 | jüeh | 2 | 77 | 0.0098 | 2548 | 940 |
| | 對 | dwei | 4 | | | 947 | 90 |
| 1391. | 狀 | rjwang | 4 | 77 | 0.0098 | 3358 | 873 |
| | 態 | tai | 4 | | | 997 | 954 |
| 1392. | 桌 | rjwo | 1 | 77 | 0.0098 | 3319 | 911 |
| | 子 | dsi | 3 | | | 3874 | 324 |
| 1393. | 失 | shi | 1 | 77 | 0.0098 | 3569 | 266 |
| 1394. | 室 | shi | 4 | 77 | 0.0098 | 3601 | 549 |
| 1395. | 速 | su | 4 | 77 | 0.0098 | 4156 | 1056 |
| 1396. | 同 | toong | 2 | 77 | 0.0098 | 1160 | 92 |
| | 胞 | bau | 1 | | | 74 | 985 |
| 1397. | 效 | xiau | 4 | 77 | 0.0098 | 2891 | 935 |
| | 果 | gwo | 3 | | | 1751 | 174 |
| 1398. | 演 | yen | 3 | 77 | 0.0098 | 4483 | 645 |
| 1399. | 一 | yi | 1 | 77 | 0.0098 | 4300 | 2 |
| | 會 | hwei | 4 | | | 2126 | 31 |
| | 兒 | er | 2 | | | 4291 | 82 |
| 1400. | 應 | ying | 4 | 77 | 0.0098 | 4576 | 569 |
| | 當 | dang | 1 | | | 819 | 157 |
| 1401. | 運 | yün | 4 | 77 | 0.0098 | 4841 | 284 |
| | 用 | yüoong | 4 | | | 4864 | 38 |
| 1402. | 達 | da | 2 | 76 | 0.0096 | 741 | 296 |
| | 成 | rcung | 2 | | | 3490 | 56 |
| 1403. | 道 | dau | 4 | 76 | 0.0096 | 774 | 155 |
| | 路 | lu | 4 | | | 1537 | 149 |
| 1404. | 到 | dau | 4 | 76 | 0.0096 | 775 | 21 |
| | 處 | rcu | 3 | | | 3517 | 562 |
| 1405. | 方 | fang | 1 | 76 | 0.0096 | 647 | 62 |
| | 便 | bien | 4 | | | 178 | 209 |
| 1406. | 幹 | gan | 4 | 76 | 0.0096 | 1686 | 971 |
| 1407. | 工 | goong | 1 | 76 | 0.0096 | 1804 | 125 |
| | 程 | rcung | 2 | | | 3491 | 580 |
| 1408. | 懷 | hwai | 2 | 76 | 0.0096 | 2107 | 1187 |
| 1409. | 既 | ji | 4 | 76 | 0.0096 | 2264 | 1180 |
| | 然 | ran | 2 | | | 3807 | 123 |
| 1410. | 滿 | man | 3 | 76 | 0.0096 | 468 | 454 |
| | 足 | dsu | 2 | | | 3942 | 655 |
| 1411. | 密 | mi | 4 | 76 | 0.0096 | 511 | 660 |
| | 切 | chieh | 1 | | | 2640 | 1869 |
| 1412. | 憑 | ping | 2 | 76 | 0.0096 | 358 | 1997 |
| 1413. | 差 | rca | 1 | 76 | 0.0096 | 3399 | 2434 |
| 1414. | 充 | rcoong | 1 | 76 | 0.0096 | 3560 | 739 |
| | 滿 | man | 3 | | | 468 | 454 |

| No. | Char. | Syll. | Tone | Freq. | Freq.% | ID | Rank |
|---|---|---|---|---|---|---|---|
| 1415. | 時 | shi | 2 | 76 | 0.0096 | 3578 | 29 |
| | 常 | rcang | 2 | | | 3472 | 136 |
| 1416. | 世 | shi | 4 | 76 | 0.0096 | 3594 | 236 |
| | 紀 | ji | 4 | | | 2257 | 682 |
| 1417. | 行 | xing | 2 | 76 | 0.0096 | 2989 | 76 |
| | 政 | rjung | 4 | | | 3275 | 162 |
| 1418. | 一 | yi | 1 | 76 | 0.0096 | 4300 | 2 |
| | 旦 | dan | 4 | | | 814 | 2003 |
| 1419. | 等 | dung | 3 | 75 | 0.0095 | 833 | 118 |
| | 到 | dau | 4 | | | 775 | 21 |
| 1420. | 公 | goong | 1 | 75 | 0.0095 | 1805 | 83 |
| | 共 | goong | 4 | | | 1820 | 186 |
| 1421. | 隔 | guh | 2 | 75 | 0.0095 | 1626 | 1268 |
| 1422. | 佳 | jia | 1 | 75 | 0.0095 | 2280 | 1523 |
| 1423. | 刻 | kuh | 4 | 75 | 0.0095 | 1845 | 738 |
| 1424. | 利 | li | 4 | 75 | 0.0095 | 1398 | 222 |
| | 益 | yi | 4 | | | 4336 | 1078 |
| 1425. | 着 | rjau | 2 | 75 | 0.0095 | 3173 | 1153 |
| | 迷 | mi | 2 | | | 502 | 1627 |
| 1426. | 爭 | rjung | 1 | 75 | 0.0095 | 3263 | 613 |
| 1427. | 正 | rjung | 4 | 75 | 0.0095 | 3274 | 193 |
| | 式 | shi | 4 | | | 3604 | 762 |
| 1428. | 投 | tou | 2 | 75 | 0.0095 | 1016 | 714 |
| 1429. | 惡 | uh | 4 | 75 | 0.0095 | 4221 | 1264 |
| 1430. | 學 | xüeh | 2 | 75 | 0.0095 | 3028 | 26 |
| | 術 | shu | 4 | | | 3758 | 598 |
| 1431. | 院 | yüen | 4 | 75 | 0.0095 | 4824 | 255 |
| | 長 | rjang | 3 | | | 3250 | 135 |
| 1432. | 氫 | ching | 1 | 74 | 0.0094 | 2729 | 2573 |
| 1433. | 國 | gwo | 2 | 74 | 0.0094 | 1749 | 7 |
| | 防 | fang | 2 | | | 650 | 375 |
| 1434. | 可 | kuh | 3 | 74 | 0.0094 | 1840 | 41 |
| | 愛 | ai | 4 | | | 4246 | 300 |
| 1435. | 領 | ling | 3 | 74 | 0.0094 | 1521 | 461 |
| | 導 | dau | 4 | | | 777 | 405 |
| 1436. | 倫 | loon | 2 | 74 | 0.0094 | 1569 | 734 |
| | 敦 | doon | 1 | | | 957 | 1287 |
| 1437. | 年 | nien | 2 | 74 | 0.0094 | 1242 | 35 |
| | 級 | ji | 2 | | | 2222 | 317 |
| 1438. | 配 | pei | 4 | 74 | 0.0094 | 255 | 1097 |
| | 子 | dsi | 3 | | | 3874 | 324 |
| 1439. | 瓶 | ping | 2 | 74 | 0.0094 | 355 | 1697 |
| 1440. | 始 | shi | 3 | 74 | 0.0094 | 3586 | 503 |
| | 終 | rjoong | 1 | | | 3363 | 874 |
| 1441. | 套 | tau | 4 | 74 | 0.0094 | 1013 | 1276 |
| 1442. | 刺 | tsi | 4 | 74 | 0.0094 | 3995 | 1404 |
| | 激 | ji | 1 | | | 2203 | 1223 |
| 1443. | 希 | xi | 1 | 74 | 0.0094 | 2782 | 561 |
| | 望 | wang | 4 | | | 4719 | 381 |
| 1444. | 相 | xiang | 1 | 74 | 0.0094 | 2959 | 327 |
| | 反 | fan | 3 | | | 620 | 460 |
| 1445. | 移 | yi | 2 | 74 | 0.0094 | 4306 | 918 |
| 1446. | 必 | bi | 4 | 73 | 0.0092 | 139 | 483 |
| | 然 | ran | 2 | | | 3807 | 123 |
| 1447. | 箇 | guh | 4 | 73 | 0.0092 | 1633 | 22 |
| 1448. | 國 | gwo | 2 | 73 | 0.0092 | 1749 | 7 |
| | 會 | hwei | 4 | | | 2126 | 31 |
| 1449. | 擊 | ji | 2 | 73 | 0.0092 | 2229 | 886 |
| 1450. | 接 | jieh | 1 | 73 | 0.0092 | 2305 | 294 |
| | 著 | rju | 4 | | | 3305 | 638 |
| 1451. | 啦 | la | 1 | 73 | 0.0092 | 1281 | 621 |
| 1452. | 末 | mo | 4 | 73 | 0.0092 | 410 | 1390 |
| 1453. | 持 | rci | 2 | 73 | 0.0092 | 3380 | 590 |
| 1454. | 燒 | shau | 1 | 73 | 0.0092 | 3647 | 788 |
| 1455. | 死 | si | 3 | 73 | 0.0092 | 4092 | 403 |
| | 亡 | wang | 2 | | | 4711 | 1208 |
| 1456. | 業 | yeh | 4 | 73 | 0.0092 | 4397 | 137 |
| | 務 | wu | 4 | | | 4601 | 377 |
| 1457. | 表 | biau | 3 | 72 | 0.0091 | 168 | 182 |
| 1458. | 打 | da | 3 | 72 | 0.0091 | 744 | 253 |
| | 開 | kai | 1 | | | 1849 | 114 |
| 1459. | 當 | dang | 1 | 72 | 0.0091 | 819 | 157 |
| | 地 | di | 4 | | | 858 | 33 |

| | Char. | Syll. | Tone | Freq. | Freq.% | ID | Rank |
|---|---|---|---|---|---|---|---|
| 1460. | 地 | di | 4 | 72 | 0.0091 | 858 | 33 |
| | 點 | dien | 3 | | | 892 | 160 |
| 1461. | 洞 | doong | 4 | 72 | 0.0091 | 973 | 1051 |
| 1462. | 資 | dsi | 1 | 72 | 0.0091 | 3865 | 920 |
| | 本 | bun | 3 | | | 112 | 65 |
| 1463. | 奪 | dwo | 2 | 72 | 0.0091 | 934 | 1423 |
| | 鬥 | dou | 4 | | | 787 | 1140 |
| 1464. | 反 | fan | 3 | 72 | 0.0091 | 620 | 460 |
| | 而 | er | 2 | | | 4290 | 156 |
| 1465. | 厚 | hou | 4 | 72 | 0.0091 | 2011 | 1312 |
| 1466. | 解 | jieh | 3 | 72 | 0.0091 | 2326 | 546 |
| 1467. | 拒 | jü | 4 | 72 | 0.0091 | 2533 | 1649 |
| | 絕 | jüeh | 2 | | | 2548 | 940 |
| 1468. | 良 | liang | 2 | 72 | 0.0091 | 1494 | 537 |
| | 好 | hau | 3 | | | 1995 | 45 |
| 1469. | 瞭 | liau | 2 | 72 | 0.0091 | 1442 | 2260 |
| | 解 | jieh | 3 | | | 2326 | 546 |
| 1470. | 跑 | pau | 3 | 72 | 0.0091 | 262 | 489 |
| 1471. | 譬 | pi | 4 | 72 | 0.0091 | 325 | 2159 |
| | 如 | ru | 2 | | | 3829 | 120 |
| 1472. | 長 | rjang | 3 | 72 | 0.0091 | 3250 | 135 |
| | 大 | da | 4 | | | 745 | 12 |
| 1473. | 人 | run | 2 | 72 | 0.0091 | 3812 | 11 |
| | 體 | ti | 3 | | | 1073 | 178 |
| 1474. | 賽 | sai | 4 | 72 | 0.0091 | 4123 | 514 |
| 1475. | 側 | tsuh | 4 | 72 | 0.0091 | 4001 | 1946 |
| 1476. | 學 | xüeh | 2 | 72 | 0.0091 | 3028 | 26 |
| | 者 | rjuh | 3 | | | 3153 | 376 |
| 1477. | 宜 | yi | 2 | 72 | 0.0091 | 4309 | 936 |
| 1478. | 北 | bei | 3 | 71 | 0.0090 | 61 | 72 |
| | 越 | yüeh | 4 | | | 4793 | 558 |
| 1479. | 到 | dau | 4 | 71 | 0.0090 | 775 | 21 |
| | 底 | di | 3 | | | 854 | 820 |
| 1480. | 公 | goong | 1 | 71 | 0.0090 | 1805 | 83 |
| | 斤 | jin | 1 | | | 2442 | 1587 |
| 1481. | 藉 | jieh | 4 | 71 | 0.0090 | 2332 | 1868 |
| 1482. | 警 | jing | 3 | 71 | 0.0090 | 2491 | 1088 |
| | 察 | rca | 2 | | | 3404 | 448 |
| 1483. | 局 | jü | 2 | 71 | 0.0090 | 2516 | 672 |
| 1484. | 政 | rjung | 4 | 71 | 0.0090 | 3275 | 162 |
| | 權 | chüen | 4 | | | 2766 | 473 |
| 1485. | 沙 | sha | 1 | 71 | 0.0090 | 3619 | 614 |
| | 漠 | mo | 4 | | | 415 | 1906 |
| 1486. | 勢 | shi | 4 | 71 | 0.0090 | 3600 | 557 |
| 1487. | 射 | shuh | 4 | 71 | 0.0090 | 3638 | 446 |
| 1488. | 碗 | wan | 3 | 71 | 0.0090 | 4686 | 1343 |
| 1489. | 忘 | wang | 4 | 71 | 0.0090 | 4718 | 1133 |
| | 記 | ji | 4 | | | 2255 | 517 |
| 1490. | 心 | xin | 1 | 71 | 0.0090 | 2946 | 142 |
| | 情 | ching | 2 | | | 2734 | 233 |
| 1491. | 休 | xiu | 1 | 71 | 0.0090 | 2896 | 894 |
| | 息 | xi | 2 | | | 2806 | 622 |
| 1492. | 學 | xüeh | 2 | 71 | 0.0090 | 3028 | 26 |
| | 問 | wun | 4 | | | 4708 | 151 |
| 1493. | 爺 | yeh | 2 | 71 | 0.0090 | 4390 | 1801 |
| 1494. | 議 | yi | 4 | 71 | 0.0090 | 4331 | 290 |
| | 員 | yüen | 2 | | | 4808 | 210 |
| 1495. | 語 | yü | 3 | 71 | 0.0090 | 4751 | 346 |
| 1496. | 安 | an | 1 | 70 | 0.0089 | 4273 | 242 |
| 1497. | 強 | chiang | 2 | 70 | 0.0089 | 2716 | 354 |
| | 烈 | lieh | 4 | | | 1427 | 913 |
| 1498. | 趨 | chü | 1 | 70 | 0.0089 | 2743 | 2680 |
| 1499. | 大 | da | 4 | 70 | 0.0089 | 745 | 12 |
| | 會 | hwei | 4 | | | 2126 | 31 |
| 1500. | 的 | di | 4 | 70 | 0.0089 | 862 | 1044 |
| | 確 | chüeh | 4 | | | 2761 | 949 |
| 1501. | 載 | dsai | 4 | 70 | 0.0089 | 3900 | 1326 |
| 1502. | 分 | fun | 1 | 70 | 0.0089 | 630 | 112 |
| | 布 | bu | 4 | | | 215 | 297 |
| 1503. | 告 | gau | 4 | 70 | 0.0089 | 1655 | 386 |
| 1504. | 譏 | ji | 1 | 70 | 0.0089 | 2213 | 3340 |

| | Char. | Syll. | Tone | Freq. | Freq.% | ID | Rank |
|---|---|---|---|---|---|---|---|
| 1505. | 驚 | jing | 1 | 70 | 0.0089 | 2483 | 1152 |
| 1506. | 立 | li | 4 | 70 | 0.0089 | 1395 | 152 |
| | 正 | rjung | 4 | | | 3274 | 193 |
| 1507. | 馬 | ma | 3 | 70 | 0.0089 | 390 | 282 |
| | 上 | shang | 4 | | | 3712 | 17 |
| 1508. | 慢 | man | 4 | 70 | 0.0089 | 470 | 659 |
| 1509. | 密 | mi | 4 | 70 | 0.0089 | 511 | 660 |
| 1510. | 某 | mou | 3 | 70 | 0.0089 | 464 | 1613 |
| | 些 | xieh | 1 | | | 2849 | 139 |
| 1511. | 春 | rcoon | 1 | 70 | 0.0089 | 3542 | 513 |
| 1512. | 傳 | rcwan | 2 | 70 | 0.0089 | 3538 | 371 |
| | 統 | toong | 3 | | | 1169 | 283 |
| 1513. | 智 | rji | 4 | 70 | 0.0089 | 3116 | 1355 |
| | 慧 | hwei | 4 | | | 2130 | 1959 |
| 1514. | 治 | rji | 4 | 70 | 0.0089 | 3111 | 361 |
| | 療 | liau | 2 | | | 1436 | 1632 |
| 1515. | 鎮 | rjun | 4 | 70 | 0.0089 | 3237 | 869 |
| 1516. | 稍 | shau | 1 | 70 | 0.0089 | 3646 | 1591 |
| 1517. | 石 | shi | 2 | 70 | 0.0089 | 3583 | 369 |
| 1518. | 輸 | shu | 1 | 70 | 0.0089 | 3731 | 1125 |
| 1519. | 水 | shwei | 2 | 70 | 0.0089 | 3781 | 75 |
| | 準 | rjoon | 3 | | | 3350 | 623 |
| 1520. | 夏 | xia | 4 | 70 | 0.0089 | 2843 | 589 |
| | 季 | ji | 4 | | | 2259 | 793 |
| 1521. | 醒 | xing | 3 | 70 | 0.0089 | 2994 | 1301 |
| 1522. | 一 | yi | 1 | 70 | 0.0089 | 4300 | 2 |
| | 番 | fan | 1 | | | 605 | 1542 |
| 1523. | 移 | yi | 2 | 70 | 0.0089 | 4306 | 918 |
| | 動 | doong | 4 | | | 974 | 94 |
| 1524. | 懂 | doong | 3 | 69 | 0.0087 | 972 | 1663 |
| 1525. | 仔 | dsai | 3 | 69 | 0.0087 | 3895 | 1575 |
| | 細 | xi | 4 | | | 2821 | 584 |
| 1526. | 怎 | dsun | 3 | 69 | 0.0087 | 3930 | 185 |
| 1527. | 德 | duh | 2 | 69 | 0.0087 | 747 | 286 |
| | 國 | gwo | 2 | | | 1749 | 7 |
| 1528. | 集 | ji | 2 | 69 | 0.0087 | 2225 | 342 |
| 1529. | 集 | ji | 2 | 69 | 0.0087 | 2225 | 342 |
| | 中 | rjoong | 1 | | | 3361 | 20 |
| 1530. | 監 | jien | 1 | 69 | 0.0087 | 2393 | 1313 |
| | 獄 | yü | 4 | | | 4768 | 1902 |
| 1531. | 巨 | jü | 4 | 69 | 0.0087 | 2534 | 1226 |
| 1532. | 寬 | kwan | 1 | 69 | 0.0087 | 1922 | 1618 |
| 1533. | 款 | kwan | 3 | 69 | 0.0087 | 1923 | 1262 |
| 1534. | 綠 | lü | 4 | 69 | 0.0087 | 1601 | 801 |
| 1535. | 年 | nien | 2 | 69 | 0.0087 | 1242 | 35 |
| | 齡 | ling | 2 | | | 1511 | 1955 |
| 1536. | 女 | nü | 3 | 69 | 0.0087 | 1278 | 302 |
| | 孩 | hai | 2 | | | 1977 | 367 |
| 1537. | 陪 | pei | 2 | 69 | 0.0087 | 249 | 1928 |
| 1538. | 狀 | rjwang | 4 | 69 | 0.0087 | 3358 | 873 |
| 1539. | 樹 | shu | 4 | 69 | 0.0087 | 3756 | 303 |
| | 林 | lin | 2 | | | 1477 | 228 |
| 1540. | 推 | twei | 1 | 69 | 0.0087 | 1145 | 601 |
| | 行 | xing | 2 | | | 2989 | 76 |
| 1541. | 顯 | xien | 3 | 69 | 0.0087 | 2927 | 972 |
| | 示 | shi | 4 | | | 3598 | 528 |
| 1542. | 邀 | yau | 1 | 69 | 0.0087 | 4405 | 1656 |
| | 請 | ching | 3 | | | 2737 | 310 |
| 1543. | 演 | yen | 3 | 69 | 0.0087 | 4483 | 645 |
| | 奏 | dsou | 4 | | | 3922 | 1593 |
| 1544. | 有 | you | 3 | 69 | 0.0087 | 4444 | 6 |
| | 效 | xiau | 4 | | | 2891 | 935 |
| 1545. | 表 | biau | 2 | 68 | 0.0086 | 168 | 182 |
| | 演 | yen | 3 | | | 4483 | 645 |
| 1546. | 妻 | chi | 1 | 68 | 0.0086 | 2594 | 1750 |
| | 子 | dsi | 3 | | | 3874 | 324 |
| 1547. | 遷 | chien | 1 | 68 | 0.0086 | 2676 | 1468 |
| 1548. | 情 | ching | 2 | 68 | 0.0086 | 2734 | 233 |
| | 勢 | shi | 4 | | | 3600 | 557 |
| 1549. | 敵 | di | 2 | 68 | 0.0086 | 845 | 912 |

| | Char. | Syll. | Tone | Freq. | Freq.% | ID | Rank |
|---|---|---|---|---|---|---|---|
| 1550. | 姿 | dsi | 1 | 68 | 0.0086 | 3864 | 1525 |
| | 勢 | shi | 4 | | | 3600 | 557 |
| 1551. | 奏 | dsou | 4 | 68 | 0.0086 | 3922 | 1593 |
| 1552. | 公 | goong | 1 | 68 | 0.0086 | 1805 | 83 |
| | 開 | kai | 1 | | | 1849 | 114 |
| 1553. | 股 | gu | 3 | 68 | 0.0086 | 1722 | 1569 |
| 1554. | 機 | ji | 1 | 68 | 0.0086 | 2198 | 153 |
| | 器 | chi | 4 | | | 2626 | 394 |
| 1555. | 計 | ji | 4 | 68 | 0.0086 | 2256 | 410 |
| | 算 | swan | 4 | | | 4188 | 480 |
| 1556. | 結 | jieh | 2 | 68 | 0.0086 | 2310 | 404 |
| | 合 | huh | 2 | | | 1953 | 172 |
| 1557. | 見 | jien | 4 | 68 | 0.0086 | 2417 | 206 |
| | 面 | mien | 4 | | | 539 | 66 |
| 1558. | 李 | li | 3 | 68 | 0.0086 | 1390 | 575 |
| 1559. | 毛 | mau | 2 | 68 | 0.0086 | 453 | 573 |
| 1560. | 哦 | o | 2 | 68 | 0.0086 | 4213 | 2694 |
| 1561. | 超 | rcau | 1 | 68 | 0.0086 | 3423 | 1233 |
| | 過 | gwo | 4 | | | 1754 | 67 |
| 1562. | 石 | shi | 2 | 68 | 0.0086 | 3583 | 369 |
| | 油 | you | 2 | | | 4437 | 487 |
| 1563. | 輸 | shu | 1 | 68 | 0.0086 | 3731 | 1125 |
| | 出 | rcu | 1 | | | 3507 | 60 |
| 1564. | 錯 | tswo | 4 | 68 | 0.0086 | 4052 | 789 |
| | 誤 | wu | 4 | | | 4604 | 1678 |
| 1565. | 鵝 | uh | 2 | 68 | 0.0086 | 4215 | 1676 |
| 1566. | 溫 | wun | 1 | 68 | 0.0086 | 4697 | 534 |
| 1567. | 修 | xiu | 1 | 68 | 0.0086 | 2897 | 688 |
| 1568. | 許 | xü | 3 | 68 | 0.0086 | 3011 | 322 |
| | 配 | pei | 4 | | | 255 | 1097 |
| 1569. | 意 | yi | 4 | 68 | 0.0086 | 4332 | 195 |
| | 外 | wai | 4 | | | 4632 | 122 |
| 1570. | 運 | yün | 4 | 68 | 0.0086 | 4841 | 284 |
| 1571. | 確 | chüeh | 4 | 67 | 0.0085 | 2761 | 949 |
| | 實 | shi | 2 | | | 3581 | 215 |
| 1572. | 自 | dsi | 4 | 67 | 0.0085 | 3878 | 86 |
| | 我 | wo | 3 | | | 4625 | 4 |
| 1573. | 作 | dswo | 4 | 67 | 0.0085 | 3953 | 47 |
| | 者 | rjuh | 3 | | | 3153 | 376 |
| 1574. | 登 | dung | 1 | 67 | 0.0085 | 832 | 1360 |
| 1575. | 價 | jia | 4 | 67 | 0.0085 | 2299 | 805 |
| 1576. | 儘 | jin | 2 | 67 | 0.0085 | 2449 | 2009 |
| | 管 | gwan | 3 | | | 1787 | 452 |
| 1577. | 儘 | jin | 2 | 67 | 0.0085 | 2449 | 2009 |
| | 量 | liang | 4 | | | 1503 | 423 |
| 1578. | 命 | ming | 4 | 67 | 0.0085 | 557 | 431 |
| | 令 | ling | 4 | | | 1523 | 650 |
| 1579. | 麼 | muh | 5 | 67 | 0.0085 | 395 | 3443 |
| 1580. | 歐 | ou | 1 | 67 | 0.0085 | 4266 | 860 |
| 1581. | 戰 | rjan | 4 | 67 | 0.0085 | 3215 | 280 |
| | 鬥 | dou | 4 | | | 789 | 1140 |
| 1582. | 任 | run | 4 | 67 | 0.0085 | 3817 | 293 |
| | 務 | wu | 4 | | | 4601 | 377 |
| 1583. | 收 | shou | 1 | 67 | 0.0085 | 3657 | 397 |
| | 入 | ru | 4 | | | 3836 | 319 |
| 1584. | 嚴 | yen | 2 | 67 | 0.0085 | 4471 | 861 |
| | 格 | guh | 2 | | | 1623 | 740 |
| 1585. | 影 | ying | 3 | 67 | 0.0085 | 4574 | 498 |
| | 片 | pien | 4 | | | 344 | 476 |
| 1586. | 予 | yü | 2 | 67 | 0.0085 | 4731 | 1852 |
| 1587. | 包 | bau | 1 | 66 | 0.0084 | 73 | 554 |
| 1588. | 保 | bau | 3 | 66 | 0.0084 | 80 | 411 |
| | 障 | rjang | 4 | | | 3256 | 1874 |
| 1589. | 東 | doong | 1 | 66 | 0.0084 | 967 | 84 |
| | 京 | jing | 1 | | | 2481 | 533 |
| 1590. | 公 | goong | 1 | 66 | 0.0084 | 1805 | 83 |
| | 務 | wu | 4 | | | 4601 | 377 |
| | 員 | yüen | 2 | | | 4808 | 210 |
| 1591. | 狗 | gou | 3 | 66 | 0.0084 | 1662 | 760 |
| 1592. | 互 | hu | 4 | 66 | 0.0084 | 2074 | 1045 |
| 1593. | 雞 | ji | 1 | 66 | 0.0084 | 2200 | 641 |

| | Char. | Syll. | Tone | Freq. | Freq.% | ID | Rank |
|---|---|---|---|---|---|---|---|
| 1594. | 亮 | liang | 4 | 66 | 0.0084 | 1502 | 553 |
| 1595. | 中 | rjoong | 1 | 66 | 0.0084 | 3361 | 20 |
| | 間 | jien | 1 | | | 2391 | 245 |
| 1596. | 周 | rjou | 1 | 66 | 0.0084 | 3185 | 398 |
| 1597. | 追 | rjwei | 1 | 66 | 0.0084 | 3334 | 1135 |
| | 求 | chiu | 2 | | | 2669 | 494 |
| 1598. | 實 | shi | 2 | 66 | 0.0084 | 3581 | 215 |
| | 現 | xien | 4 | | | 2933 | 167 |
| 1599. | 提 | ti | 2 | 66 | 0.0084 | 1065 | 409 |
| | 供 | goong | 4 | | | 1821 | 1685 |
| 1600. | 天 | tien | 1 | 66 | 0.0084 | 1097 | 28 |
| | 然 | ran | 2 | | | 3807 | 123 |
| 1601. | 採 | tsai | 3 | 66 | 0.0084 | 4011 | 827 |
| | 用 | yüoong | 4 | | | 4864 | 38 |
| 1602. | 粗 | tsu | 1 | 66 | 0.0084 | 4043 | 1416 |
| 1603. | 享 | xiang | 3 | 66 | 0.0084 | 2971 | 1441 |
| | 受 | shou | 4 | | | 3663 | 351 |
| 1604. | 醫 | yi | 1 | 66 | 0.0084 | 4302 | 617 |
| | 學 | xüeh | 2 | | | 3028 | 26 |
| 1605. | 語 | yü | 3 | 66 | 0.0084 | 4751 | 346 |
| | 言 | yen | 2 | | | 4468 | 846 |
| 1606. | 不 | bu | 4 | 65 | 0.0082 | 213 | 8 |
| | 管 | gwan | 3 | | | 1787 | 452 |
| 1607. | 敵 | di | 2 | 65 | 0.0082 | 845 | 912 |
| | 人 | run | 2 | | | 3812 | 11 |
| 1608. | 地 | di | 4 | 65 | 0.0082 | 858 | 33 |
| | 面 | mien | 4 | | | 539 | 66 |
| 1609. | 房 | fang | 2 | 65 | 0.0082 | 649 | 560 |
| | 間 | jien | 1 | | | 2391 | 245 |
| 1610. | 固 | gu | 4 | 65 | 0.0082 | 1730 | 1093 |
| | 定 | ding | 4 | | | 912 | 121 |
| 1611. | 經 | jing | 1 | 65 | 0.0082 | 2479 | 110 |
| | 費 | fei | 4 | | | 599 | 635 |
| 1612. | 略 | lüeh | 4 | 65 | 0.0082 | 1608 | 1039 |
| 1613. | 重 | rcoong | 2 | 65 | 0.0082 | 3567 | 746 |
| | 新 | xin | 1 | | | 2947 | 134 |
| 1614. | 主 | rju | 3 | 65 | 0.0082 | 3299 | 130 |
| | 持 | rci | 2 | | | 3380 | 590 |
| 1615. | 人 | run | 2 | 65 | 0.0082 | 3812 | 11 |
| | 數 | shu | 4 | | | 3755 | 400 |
| 1616. | 山 | shan | 1 | 65 | 0.0082 | 3670 | 107 |
| | 地 | di | 4 | | | 858 | 33 |
| 1617. | 勢 | shi | 4 | 65 | 0.0082 | 3600 | 557 |
| | 力 | li | 4 | | | 1396 | 143 |
| 1618. | 額 | uh | 2 | 65 | 0.0082 | 4216 | 1167 |
| 1619. | 香 | xiang | 1 | 65 | 0.0082 | 2961 | 745 |
| 1620. | 曉 | xiau | 3 | 65 | 0.0082 | 2886 | 1400 |
| | 得 | duh | 2 | | | 746 | 146 |
| 1621. | 小 | xiau | 3 | 65 | 0.0082 | 2887 | 40 |
| | 麥 | mai | 4 | | | 427 | 843 |
| 1622. | 陷 | xien | 4 | 65 | 0.0082 | 2939 | 1353 |
| 1623. | 擺 | bai | 3 | 64 | 0.0081 | 51 | 1358 |
| 1624. | 保 | bau | 3 | 64 | 0.0081 | 80 | 411 |
| 1625. | 必 | bi | 4 | 64 | 0.0081 | 139 | 483 |
| | 需 | xü | 1 | | | 3003 | 733 |
| 1626. | 不 | bu | 4 | 64 | 0.0081 | 213 | 8 |
| | 幸 | xing | 4 | | | 2998 | 939 |
| 1627. | 清 | ching | 1 | 64 | 0.0081 | 2726 | 289 |
| | 潔 | jieh | 2 | | | 2313 | 982 |
| 1628. | 情 | ching | 2 | 64 | 0.0081 | 2734 | 233 |
| | 緒 | xü | 4 | | | 3016 | 1550 |
| 1629. | 大 | da | 4 | 64 | 0.0081 | 745 | 12 |
| | 廈 | sha | 4 | | | 3625 | 1278 |
| 1630. | 電 | dien | 4 | 64 | 0.0081 | 896 | 129 |
| | 流 | liu | 2 | | | 1448 | 353 |
| 1631. | 高 | gau | 1 | 64 | 0.0081 | 1647 | 104 |
| | 度 | du | 4 | | | 927 | 212 |
| 1632. | 懷 | hwai | 2 | 64 | 0.0081 | 2107 | 1187 |
| | 疑 | yi | 2 | | | 4311 | 1609 |
| 1633. | 己 | ji | 3 | 64 | 0.0081 | 2246 | 307 |
| 1634. | 孔 | koong | 2 | 64 | 0.0081 | 1946 | 1060 |
| | 子 | dsi | 3 | | | 3874 | 324 |
| 1635. | 恐 | koong | 3 | 64 | 0.0081 | 1945 | 1070 |
| | 怕 | pa | 4 | | | 228 | 653 |

| No. | Char. | Syll. | Tone | Freq. | Freq.% | ID | Rank |
|---|---|---|---|---|---|---|---|
| 1636. | 科 | kuh | 1 | 64 | 0.0081 | 1826 | 341 |
| 1637. | 罵 | ma | 4 | 64 | 0.0081 | 393 | 1220 |
| 1638. | 妹 | mei | 4 | 64 | 0.0081 | 445 | 501 |
| 1639. | 謀 | mou | 2 | 64 | 0.0081 | 462 | 1327 |
| 1640. | 占 | rjan | 4 | 64 | 0.0081 | 3217 | 930 |
| 1641. | 只 | rji | 3 | 64 | 0.0081 | 3103 | 277 |
| | 是 | shi | 4 | | | 3593 | 3 |
| 1642. | 設 | shuh | 4 | 64 | 0.0081 | 3635 | 374 |
| | 法 | fa | 3 | | | 584 | 88 |
| 1643. | 菜 | tsai | 4 | 64 | 0.0081 | 4017 | 574 |
| 1644. | 權 | chüen | 2 | 63 | 0.0080 | 2766 | 473 |
| | 利 | li | 4 | | | 1398 | 222 |
| 1645. | 答 | da | 1 | 63 | 0.0080 | 737 | 1931 |
| | 覆 | fu | 4 | | | 728 | 1421 |
| 1646. | 耳 | er | 2 | 63 | 0.0080 | 4295 | 994 |
| | 朵 | dwo | 3 | | | 938 | 1424 |
| 1647. | 飛 | fei | 1 | 63 | 0.0080 | 589 | 230 |
| | 行 | xing | 2 | | | 2989 | 76 |
| 1648. | 紛 | fun | 1 | 63 | 0.0080 | 629 | 1108 |
| | 紛 | fun | 1 | | | 629 | 1108 |
| 1649. | 構 | gou | 4 | 63 | 0.0080 | 1666 | 876 |
| | 造 | dsau | 4 | | | 3911 | 338 |
| 1650. | 估 | gu | 1 | 63 | 0.0080 | 1714 | 2727 |
| | 計 | ji | 4 | | | 2256 | 410 |
| 1651. | 害 | hai | 4 | 63 | 0.0080 | 1982 | 484 |
| 1652. | 家 | jia | 1 | 63 | 0.0080 | 2279 | 36 |
| | 人 | run | 2 | | | 3812 | 11 |
| 1653. | 考 | kau | 3 | 63 | 0.0080 | 1855 | 438 |
| 1654. | 考 | kau | 3 | 63 | 0.0080 | 1855 | 438 |
| | 試 | shi | 4 | | | 3599 | 504 |
| 1655. | 領 | ling | 3 | 63 | 0.0080 | 1521 | 461 |
| | 袖 | xiu | 4 | | | 2901 | 1710 |
| 1656. | 數 | shu | 4 | 63 | 0.0080 | 3755 | 400 |
| | 字 | dsi | 4 | | | 3877 | 194 |
| 1657. | 藏 | tsang | 2 | 63 | 0.0080 | 4040 | 1118 |
| 1658. | 聰 | tsoong | 1 | 63 | 0.0080 | 4074 | 1317 |
| | 明 | ming | 2 | | | 552 | 101 |
| 1659. | 細 | xi | 4 | 63 | 0.0080 | 2821 | 584 |
| 1660. | 響 | xiang | 3 | 63 | 0.0080 | 2969 | 696 |
| 1661. | 顯 | xien | 3 | 63 | 0.0080 | 2927 | 972 |
| 1662. | 形 | xing | 2 | 63 | 0.0080 | 2988 | 252 |
| | 式 | shi | 4 | | | 3604 | 762 |
| 1663. | 硬 | ying | 4 | 63 | 0.0080 | 4575 | 1458 |
| 1664. | 必 | bi | 4 | 62 | 0.0079 | 139 | 483 |
| | 定 | ding | 4 | | | 912 | 121 |
| 1665. | 齊 | chi | 2 | 62 | 0.0079 | 2601 | 668 |
| 1666. | 罪 | dswei | 4 | 62 | 0.0079 | 3960 | 1779 |
| 1667. | 多 | dwo | 1 | 62 | 0.0079 | 933 | 49 |
| | 麼 | muh | 5 | | | 395 | 3443 |
| 1668. | 合 | huh | 2 | 62 | 0.0079 | 1953 | 172 |
| | 理 | li | 3 | | | 1388 | 207 |
| 1669. | 疾 | ji | 2 | 62 | 0.0079 | 2231 | 1112 |
| | 病 | bing | 4 | | | 202 | 318 |
| 1670. | 將 | jiang | 1 | 62 | 0.0079 | 2462 | 213 |
| | 軍 | jün | 1 | | | 2574 | 150 |
| 1671. | 抗 | kang | 4 | 62 | 0.0079 | 1881 | 588 |
| | 戰 | rjan | 4 | | | 3215 | 280 |
| 1672. | 密 | mi | 4 | 62 | 0.0079 | 511 | 660 |
| | 度 | du | 4 | | | 927 | 212 |
| 1673. | 配 | pei | 4 | 62 | 0.0079 | 255 | 1097 |
| 1674. | 差 | rca | 4 | 62 | 0.0079 | 3408 | 1369 |
| | 不 | bu | 4 | | | 213 | 8 |
| | 多 | dwo | 1 | | | 933 | 49 |
| 1675. | 純 | rcoon | 2 | 62 | 0.0079 | 3544 | 2040 |
| 1676. | 追 | rjwei | 1 | 62 | 0.0079 | 3334 | 1135 |
| 1677. | 師 | shi | 1 | 62 | 0.0079 | 3570 | 116 |
| 1678. | 說 | shwo | 1 | 62 | 0.0079 | 3770 | 37 |
| | 出 | rcu | 1 | | | 3507 | 60 |
| 1679. | 私 | si | 1 | 62 | 0.0079 | 4089 | 943 |
| 1680. | 森 | sun | 1 | 62 | 0.0079 | 4142 | 1000 |
| | 林 | lin | 2 | | | 1477 | 228 |

| | Char. | Syll. | Tone | Freq. | Freq.% | ID | Rank |
|---|---|---|---|---|---|---|---|
| 1681. | 體 | ti | 3 | 62 | 0.0079 | 1073 | 178 |
| | 積 | ji | 1 | | | 2201 | 961 |
| 1682. | 鐵 | tieh | 3 | 62 | 0.0079 | 1085 | 250 |
| | 路 | lu | 4 | | | 1537 | 149 |
| 1683. | 頭 | tou | 2 | 62 | 0.0079 | 1017 | 164 |
| | 髮 | fa | 3 | | | 583 | 1446 |
| 1684. | 想 | xiang | 2 | 62 | 0.0079 | 2970 | 192 |
| | 起 | chi | 3 | | | 2621 | 78 |
| 1685. | 謝 | xieh | 4 | 62 | 0.0079 | 2863 | 902 |
| 1686. | 一 | yi | 1 | 62 | 0.0079 | 4300 | 2 |
| | 生 | shung | 1 | | | 3715 | 32 |
| 1687. | 一 | yi | 1 | 62 | 0.0079 | 4300 | 2 |
| | 半 | ban | 4 | | | 103 | 413 |
| 1688. | 幼 | you | 4 | 62 | 0.0079 | 4450 | 1132 |
| 1689. | 毒 | du | 2 | 61 | 0.0077 | 918 | 847 |
| 1690. | 分 | fen | 1 | 61 | 0.0077 | 630 | 112 |
| | 析 | xi | 1 | | | 2790 | 2273 |
| 1691. | 攻 | goong | 1 | 61 | 0.0077 | 1806 | 695 |
| 1692. | 民 | min | 2 | 61 | 0.0077 | 542 | 59 |
| | 間 | jien | 1 | | | 2391 | 245 |
| 1693. | 繞 | rau | 4 | 61 | 0.0077 | 3800 | 1137 |
| 1694. | 承 | rcung | 2 | 61 | 0.0077 | 3494 | 897 |
| | 認 | run | 4 | | | 3816 | 479 |
| 1695. | 成 | rcung | 2 | 61 | 0.0077 | 3490 | 56 |
| | 長 | rjang | 3 | | | 3250 | 135 |
| 1696. | 只 | rji | 2 | 61 | 0.0077 | 3103 | 277 |
| | 有 | you | 3 | | | 4444 | 6 |
| 1697. | 指 | rji | 3 | 61 | 0.0077 | 3102 | 373 |
| | 揮 | hwei | 1 | | | 2112 | 1222 |
| 1698. | 商 | shang | 1 | 61 | 0.0077 | 3707 | 474 |
| 1699. | 鐵 | tieh | 3 | 61 | 0.0077 | 1085 | 250 |
| 1700. | 聽 | ting | 1 | 61 | 0.0077 | 1107 | 267 |
| | 說 | shwo | 1 | | | 3770 | 37 |
| 1701. | 統 | toong | 3 | 61 | 0.0077 | 1169 | 283 |
| | 治 | rji | 4 | | | 3111 | 361 |
| 1702. | 威 | wei | 1 | 61 | 0.0077 | 4634 | 744 |
| | 脅 | xieh | 2 | | | 2853 | 2142 |
| 1703. | 想 | xiang | 3 | 61 | 0.0077 | 2970 | 192 |
| | 像 | xiang | 4 | | | 2973 | 223 |
| 1704. | 一 | yi | 1 | 61 | 0.0077 | 4300 | 2 |
| | 帶 | dai | 4 | | | 755 | 301 |
| 1705. | 拜 | bai | 4 | 60 | 0.0076 | 52 | 1138 |
| 1706. | 遍 | bien | 4 | 60 | 0.0076 | 177 | 264 |
| 1707. | 不 | bu | 4 | 60 | 0.0076 | 213 | 8 |
| | 得 | duh | 2 | | | 746 | 146 |
| | 不 | bu | 4 | | | 213 | 8 |
| 1708. | 遵 | dsoon | 1 | 60 | 0.0076 | 3968 | 1761 |
| | 守 | shou | 3 | | | 3661 | 931 |
| 1709. | 昨 | dswo | 2 | 60 | 0.0076 | 3949 | 629 |
| | 日 | ri | 4 | | | 3795 | 54 |
| 1710. | 多 | dwo | 1 | 60 | 0.0076 | 933 | 49 |
| | 半 | ban | 4 | | | 103 | 413 |
| 1711. | 費 | fei | 4 | 60 | 0.0076 | 599 | 635 |
| | 用 | yüoong | 4 | | | 4864 | 38 |
| 1712. | 歌 | guh | 1 | 60 | 0.0076 | 1615 | 542 |
| 1713. | 規 | gwei | 1 | 60 | 0.0076 | 1760 | 579 |
| | 模 | mu | 2 | | | 558 | 2782 |
| 1714. | 會 | hwei | 4 | 60 | 0.0076 | 2126 | 31 |
| | 員 | yüen | 2 | | | 4808 | 210 |
| 1715. | 集 | ji | 2 | 60 | 0.0076 | 2225 | 342 |
| | 合 | huh | 2 | | | 1953 | 172 |
| 1716. | 看 | kan | 4 | 60 | 0.0076 | 1871 | 58 |
| | 法 | fa | 3 | | | 584 | 88 |
| 1717. | 課 | kuh | 4 | 60 | 0.0076 | 1843 | 111 |
| 1718. | 米 | mi | 3 | 60 | 0.0076 | 507 | 559 |
| 1719. | 年 | nien | 2 | 60 | 0.0076 | 1242 | 35 |
| | 紀 | ji | 4 | | | 2257 | 682 |
| 1720. | 判 | pan | 4 | 60 | 0.0076 | 274 | 1284 |
| | 斷 | dwan | 4 | | | 952 | 871 |
| 1721. | 陳 | rcun | 2 | 60 | 0.0076 | 3457 | 530 |
| 1722. | 周 | rjou | 1 | 60 | 0.0076 | 3185 | 398 |
| | 圍 | wei | 2 | | | 4641 | 792 |
| 1723. | 所 | swo | 3 | 60 | 0.0076 | 4169 | 79 |
| | 得 | duh | 2 | | | 746 | 146 |
| | 稅 | shwei | 4 | | | 3782 | 1235 |

| | Char. | Syll. | Tone | Freq. | Freq.% | ID | Rank |
|---|---|---|---|---|---|---|---|
| 1724. | 逃 | tau | 2 | 60 | 0.0076 | 1006 | 1064 |
| 1725. | 印 | yin | 4 | 60 | 0.0076 | 4525 | 326 |
| | 象 | xiang | 4 | | | 2975 | 599 |
| 1726. | 油 | you | 2 | 60 | 0.0076 | 4437 | 487 |
| 1727. | 不 | bu | 4 | 59 | 0.0075 | 213 | 8 |
| | 免 | mien | 3 | | | 534 | 781 |
| 1728. | 雜 | dsa | 2 | 59 | 0.0075 | 3885 | 1104 |
| | 誌 | rji | 4 | | | 3118 | 2143 |
| 1729. | 資 | dsi | 1 | 59 | 0.0075 | 3865 | 920 |
| | 金 | jin | 1 | | | 2440 | 271 |
| 1730. | 改 | gai | 3 | 59 | 0.0075 | 1639 | 436 |
| | 革 | guh | 2 | | | 1624 | 678 |
| 1731. | 工 | goong | 1 | 59 | 0.0075 | 1804 | 125 |
| 1732. | 公 | goong | 1 | 59 | 0.0075 | 1805 | 83 |
| | 路 | lu | 4 | | | 1537 | 149 |
| 1733. | 功 | goong | 1 | 59 | 0.0075 | 1807 | 335 |
| | 能 | nung | 2 | | | 1212 | 70 |
| 1734. | 候 | hou | 4 | 59 | 0.0075 | 2008 | 140 |
| | 選 | xüen | 3 | | | 3042 | 412 |
| | 人 | run | 2 | | | 3812 | 11 |
| 1735. | 獲 | hwo | 4 | 59 | 0.0075 | 2095 | 1111 |
| 1736. | 假 | jia | 3 | 59 | 0.0075 | 2292 | 896 |
| | 如 | ru | 2 | | | 3829 | 120 |
| 1737. | 簡 | jien | 3 | 59 | 0.0075 | 2405 | 765 |
| | 直 | rji | 2 | | | 3092 | 416 |
| 1738. | 據 | jü | 4 | 59 | 0.0075 | 2528 | 523 |
| | 說 | shwo | 1 | | | 3770 | 37 |
| 1739. | 卡 | ka | 3 | 59 | 0.0075 | 1823 | 1110 |
| 1740. | 了 | liau | 3 | 59 | 0.0075 | 1443 | 1003 |
| 1741. | 哪 | na | 5 | 59 | 0.0075 | 1183 | 2081 |
| 1742. | 南 | nan | 2 | 59 | 0.0075 | 1203 | 81 |
| | 部 | bu | 4 | | | 212 | 91 |
| 1743. | 種 | rjoong | 2 | 59 | 0.0075 | 3368 | 89 |
| | 子 | dsi | 3 | | | 3874 | 324 |
| 1744. | 捉 | rjwo | 1 | 59 | 0.0075 | 3318 | 1198 |
| 1745. | 試 | shi | 4 | 59 | 0.0075 | 3599 | 504 |
| | 驗 | yen | 4 | | | 4493 | 749 |
| 1746. | 天 | tien | 1 | 59 | 0.0075 | 1097 | 28 |
| | 空 | koong | 1 | | | 1944 | 199 |
| 1747. | 夏 | xia | 4 | 59 | 0.0075 | 2843 | 589 |
| | 天 | tien | 1 | | | 1097 | 28 |
| 1748. | 学 | xüeh | 2 | 59 | 0.0075 | 3028 | 26 |
| | 院 | yüen | 4 | | | 4824 | 255 |
| 1749. | 妖 | yau | 1 | 59 | 0.0075 | 4407 | 1992 |
| 1750. | 藥 | yau | 4 | 59 | 0.0075 | 4427 | 721 |
| 1751. | 印 | yin | 4 | 59 | 0.0075 | 4525 | 326 |
| | 度 | du | 4 | | | 927 | 212 |
| 1752. | 前 | chien | 2 | 58 | 0.0073 | 2687 | 145 |
| | 往 | wang | 3 | | | 4714 | 426 |
| 1753. | 前 | chien | 2 | 58 | 0.0073 | 2687 | 145 |
| | 途 | tu | 2 | | | 1119 | 706 |
| 1754. | 宗 | dsoong | 1 | 58 | 0.0073 | 3972 | 699 |
| | 教 | jiau | 4 | | | 2368 | 68 |
| 1755. | 公 | goong | 1 | 58 | 0.0073 | 1805 | 83 |
| | 園 | yüen | 2 | | | 4810 | 656 |
| 1756. | 韓 | han | 2 | 58 | 0.0073 | 2018 | 1035 |
| | 國 | gwo | 2 | | | 1749 | 7 |
| 1757. | 基 | ji | 1 | 58 | 0.0073 | 2197 | 497 |
| | 地 | di | 4 | | | 858 | 33 |
| 1758. | 來 | lai | 2 | 58 | 0.0073 | 1297 | 15 |
| | 源 | yüen | 2 | | | 4812 | 1037 |
| 1759. | 內 | nei | 4 | 58 | 0.0073 | 1193 | 241 |
| | 部 | bu | 4 | | | 212 | 91 |
| 1760. | 農 | noong | 2 | 58 | 0.0073 | 1273 | 451 |
| 1761. | 批 | pi | 1 | 58 | 0.0073 | 303 | 1306 |
| | 評 | ping | 2 | | | 353 | 1445 |
| 1762. | 平 | ping | 2 | 58 | 0.0073 | 354 | 165 |
| | 時 | shi | 2 | | | 3578 | 29 |
| 1763. | 尺 | rci | 3 | 58 | 0.0073 | 3386 | 725 |
| 1764. | 製 | rji | 4 | 58 | 0.0073 | 3112 | 526 |
| | 成 | rcung | 2 | | | 3490 | 56 |
| 1765. | 施 | shi | 1 | 58 | 0.0073 | 3572 | 772 |
| 1766. | 事 | shi | 4 | 58 | 0.0073 | 3592 | 77 |
| | 物 | wu | 4 | | | 4602 | 128 |

| | Char. | Syll. | Tone | Freq. | Freq.% | ID | Rank |
|---|---|---|---|---|---|---|---|
| 1767. | 數 | shu | 4 | 58 | 0.0073 | 3755 | 400 |
| | 目 | mu | 4 | | | 565 | 348 |
| 1768. | 設 | shuh | 4 | 58 | 0.0073 | 3635 | 374 |
| | 立 | li | 4 | | | 1395 | 152 |
| 1769. | 剩 | shung | 4 | 58 | 0.0073 | 3727 | 1638 |
| | 下 | xia | 4 | | | 2844 | 50 |
| 1770. | 四 | si | 4 | 58 | 0.0073 | 4094 | 30 |
| | 周 | rjou | 1 | | | 3185 | 398 |
| 1771. | 損 | soon | 3 | 58 | 0.0073 | 4192 | 1357 |
| | 失 | shi | 1 | | | 3569 | 266 |
| 1772. | 文 | wun | 2 | 58 | 0.0073 | 4699 | 147 |
| | 明 | ming | 2 | | | 552 | 101 |
| 1773. | 西 | xi | 1 | 58 | 0.0073 | 2783 | 61 |
| | 德 | duh | 2 | | | 747 | 286 |
| 1774. | 小 | xiau | 3 | 58 | 0.0073 | 2887 | 40 |
| | 学 | xüeh | 2 | | | 3028 | 26 |
| 1775. | 醫 | yi | 1 | 58 | 0.0073 | 4302 | 617 |
| | 師 | shi | 1 | | | 3570 | 116 |
| 1776. | 營 | ying | 2 | 58 | 0.0073 | 4562 | 791 |
| 1777. | 安 | an | 1 | 57 | 0.0072 | 4273 | 242 |
| | 慰 | wei | 4 | | | 4667 | 1925 |
| 1778. | 暗 | an | 4 | 57 | 0.0072 | 4279 | 790 |
| 1779. | 北 | bei | 3 | 57 | 0.0072 | 61 | 72 |
| | 平 | ping | 2 | | | 354 | 165 |
| 1780. | 奇 | chi | 2 | 57 | 0.0072 | 2600 | 730 |
| 1781. | 對 | dwei | 4 | 57 | 0.0072 | 947 | 90 |
| | 象 | xiang | 4 | | | 2975 | 599 |
| 1782. | 發 | fa | 1 | 57 | 0.0072 | 577 | 73 |
| | 明 | ming | 2 | | | 552 | 101 |
| 1783. | 放 | fang | 4 | 57 | 0.0072 | 660 | 285 |
| | 心 | xin | 1 | | | 2946 | 142 |
| 1784. | 份 | fun | 4 | 57 | 0.0072 | 641 | 661 |
| | 子 | dsi | 3 | | | 3874 | 324 |
| 1785. | 哥 | guh | 1 | 57 | 0.0072 | 1616 | 433 |
| 1786. | 觀 | gwan | 1 | 57 | 0.0072 | 1782 | 359 |
| | 光 | gwang | 1 | | | 1801 | 224 |
| 1787. | 簡 | jien | 3 | 57 | 0.0072 | 2405 | 765 |
| 1788. | 秘 | mi | 4 | 57 | 0.0072 | 510 | 1080 |
| | 密 | mi | 4 | | | 511 | 660 |
| 1789. | 描 | miau | 2 | 57 | 0.0072 | 521 | 2111 |
| | 寫 | xieh | 3 | | | 2861 | 161 |
| 1790. | 皮 | pi | 2 | 57 | 0.0072 | 311 | 481 |
| | 膚 | fu | 1 | | | 680 | 1567 |
| 1791. | 平 | ping | 2 | 57 | 0.0072 | 354 | 165 |
| | 等 | dung | 3 | | | 833 | 118 |
| 1792. | 照 | rjau | 4 | 57 | 0.0072 | 3179 | 408 |
| | 片 | pien | 4 | | | 344 | 476 |
| 1793. | 史 | shi | 3 | 57 | 0.0072 | 3589 | 795 |
| 1794. | 廝 | si | 1 | 57 | 0.0072 | 4091 | 3254 |
| 1795. | 微 | wei | 2 | 57 | 0.0072 | 4640 | 798 |
| | 笑 | xiau | 4 | | | 2888 | 455 |
| 1796. | 演 | yen | 3 | 57 | 0.0072 | 4483 | 645 |
| | 員 | yüen | 2 | | | 4808 | 210 |
| 1797. | 醫 | yi | 1 | 57 | 0.0072 | 4302 | 617 |
| 1798. | 依 | yi | 1 | 57 | 0.0072 | 4301 | 743 |
| | 然 | ran | 2 | | | 3807 | 123 |
| 1799. | 其 | chi | 2 | 56 | 0.0071 | 2598 | 243 |
| | 餘 | yü | 2 | | | 4730 | 1168 |
| 1800. | 器 | chi | 4 | 56 | 0.0071 | 2626 | 394 |
| | 官 | gwan | 1 | | | 1781 | 556 |
| 1801. | 慶 | ching | 4 | 56 | 0.0071 | 2738 | 776 |
| | 祝 | rju | 4 | | | 3307 | 1228 |
| 1802. | 作 | dswo | 4 | 56 | 0.0071 | 3953 | 47 |
| | 家 | jia | 1 | | | 2279 | 36 |
| 1803. | 乾 | gan | 1 | 56 | 0.0071 | 1669 | 761 |
| 1804. | 可 | kuh | 3 | 56 | 0.0071 | 1840 | 41 |
| | 憐 | lien | 2 | | | 1460 | 1519 |
| 1805. | 禮 | li | 3 | 56 | 0.0071 | 1389 | 605 |
| 1806. | 面 | mien | 4 | 56 | 0.0071 | 539 | 66 |
| | 對 | dwei | 4 | | | 947 | 90 |
| 1807. | 怒 | nu | 4 | 56 | 0.0071 | 1265 | 1531 |
| 1808. | 呈 | rcung | 2 | 56 | 0.0071 | 3496 | 1985 |
| 1809. | 人 | run | 2 | 56 | 0.0071 | 3812 | 11 |
| | 才 | tsai | 2 | | | 4006 | 248 |

| | Char. | Syll. | Tone | Freq. | Freq.% | ID | Rank |
|---|---|---|---|---|---|---|---|
| 1810. | 數 | shu | 4 | 56 | 0.0071 | 3755 | 400 |
| | 量 | liang | 4 | | | 1503 | 423 |
| 1811. | 生 | shung | 1 | 56 | 0.0071 | 3715 | 32 |
| | 命 | ming | 4 | | | 557 | 431 |
| 1812. | 推 | twei | 1 | 56 | 0.0071 | 1145 | 601 |
| | 動 | doong | 4 | | | 974 | 94 |
| 1813. | 外 | wai | 4 | 56 | 0.0071 | 4632 | 122 |
| | 銷 | xiau | 1 | | | 2872 | 1795 |
| 1814. | 細 | xi | 4 | 56 | 0.0071 | 2821 | 584 |
| | 胞 | bau | 1 | | | 74 | 985 |
| 1815. | 享 | xiang | 3 | 56 | 0.0071 | 2971 | 1441 |
| 1816. | 信 | xin | 4 | 56 | 0.0071 | 2957 | 378 |
| | 心 | xin | 1 | | | 2946 | 142 |
| 1817. | 一 | yi | 1 | 56 | 0.0071 | 4300 | 2 |
| | 同 | toong | 2 | | | 1160 | 92 |
| 1818. | 迎 | ying | 2 | 56 | 0.0071 | 4561 | 907 |
| 1819. | 變 | bien | 4 | 55 | 0.0070 | 180 | 316 |
| | 為 | wei | 2 | | | 4639 | 95 |
| 1820. | 企 | chi | 4 | 55 | 0.0070 | 2631 | 2312 |
| | 業 | yeh | 4 | | | 4397 | 137 |
| 1821. | 勸 | chüen | 4 | 55 | 0.0070 | 2773 | 1532 |
| 1822. | 頓 | doon | 4 | 55 | 0.0070 | 960 | 782 |
| 1823. | 最 | dswei | 4 | 55 | 0.0070 | 3961 | 109 |
| | 好 | hau | 3 | | | 1995 | 45 |
| 1824. | 作 | dswo | 4 | 55 | 0.0070 | 3953 | 47 |
| | 戰 | rjan | 4 | | | 3215 | 280 |
| 1825. | 法 | fa | 3 | 55 | 0.0070 | 584 | 88 |
| | 院 | yüen | 4 | | | 4824 | 255 |
| 1826. | 繁 | fan | 2 | 55 | 0.0070 | 610 | 1134 |
| | 榮 | roong | 2 | | | 3854 | 888 |
| 1827. | 非 | fei | 1 | 55 | 0.0070 | 588 | 355 |
| | 洲 | rjou | 1 | | | 3188 | 420 |
| 1828. | 副 | fu | 4 | 55 | 0.0070 | 724 | 844 |
| 1829. | 寒 | han | 2 | 55 | 0.0070 | 2015 | 1018 |
| 1830. | 婚 | hoon | 1 | 55 | 0.0070 | 2155 | 1747 |
| | 姻 | yin | 1 | | | 4512 | 4161 |
| 1831. | 界 | jieh | 4 | 55 | 0.0070 | 2329 | 265 |
| 1832. | 軍 | jün | 1 | 55 | 0.0070 | 2574 | 150 |
| | 官 | gwan | 1 | | | 1781 | 556 |
| 1833. | 立 | li | 4 | 55 | 0.0070 | 1395 | 152 |
| | 場 | rcang | 2 | | | 3474 | 450 |
| 1834. | 練 | lien | 4 | 55 | 0.0070 | 1470 | 424 |
| | 習 | xi | 2 | | | 2807 | 263 |
| 1835. | 陸 | lu | 4 | 55 | 0.0070 | 1536 | 430 |
| 1836. | 勉 | mien | 3 | 55 | 0.0070 | 534 | 781 |
| | 強 | chiang | 2 | | | 2716 | 354 |
| 1837. | 內 | nei | 4 | 55 | 0.0070 | 1193 | 241 |
| | 心 | xin | 1 | | | 2946 | 142 |
| 1838. | 衝 | rcoong | 1 | 55 | 0.0070 | 3559 | 1160 |
| 1839. | 主 | rju | 2 | 55 | 0.0070 | 3299 | 130 |
| | 管 | gwan | 3 | | | 1787 | 452 |
| 1840. | 主 | rju | 3 | 55 | 0.0070 | 3299 | 130 |
| | 任 | run | 4 | | | 3817 | 293 |
| 1841. | 容 | roong | 2 | 55 | 0.0070 | 3855 | 401 |
| 1842. | 濕 | shi | 1 | 55 | 0.0070 | 3571 | 1316 |
| 1843. | 伸 | shun | 1 | 55 | 0.0070 | 3693 | 1062 |
| 1844. | 泰 | tai | 4 | 55 | 0.0070 | 1000 | 965 |
| | 國 | gwo | 2 | | | 1749 | 7 |
| 1845. | 透 | tou | 4 | 55 | 0.0070 | 1018 | 1221 |
| 1846. | 污 | wu | 1 | 55 | 0.0070 | 4581 | 1694 |
| | 染 | ran | 3 | | | 3810 | 942 |
| 1847. | 抑 | yi | 4 | 55 | 0.0070 | 4354 | 3261 |
| 1848. | 有 | you | 3 | 55 | 0.0070 | 4444 | 6 |
| | 趣 | chü | 4 | | | 2753 | 904 |
| 1849. | 避 | bi | 4 | 54 | 0.0068 | 141 | 1183 |
| 1850. | 秦 | chin | 2 | 54 | 0.0068 | 2706 | 1321 |
| 1851. | 缺 | chüeh | 1 | 54 | 0.0068 | 2757 | 1273 |
| | 點 | dien | 3 | | | 892 | 160 |
| 1852. | 打 | da | 3 | 54 | 0.0068 | 744 | 253 |
| | 算 | swan | 4 | | | 4188 | 480 |
| 1853. | 代 | dai | 4 | 54 | 0.0068 | 756 | 262 |
| | 替 | ti | 4 | | | 1075 | 815 |

| | Char. | Syll. | Tone | Freq. | Freq.% | ID | Rank |
|---|---|---|---|---|---|---|---|
| 1854. | 犯 | fan | 4 | 54 | 0.0068 | 624 | 1741 |
| 1855. | 防 | fang | 2 | 54 | 0.0068 | 650 | 375 |
| | 止 | rji | 3 | | | 3104 | 707 |
| 1856. | 供 | goong | 1 | 54 | 0.0068 | 1809 | 825 |
| | 給 | ji | 3 | | | 1645 | 219 |
| 1857. | 減 | jien | 3 | 54 | 0.0068 | 2406 | 1071 |
| 1858. | 貓 | mau | 1 | 54 | 0.0068 | 451 | 1189 |
| 1859. | 男 | nan | 2 | 54 | 0.0068 | 1205 | 938 |
| | 子 | dsi | 3 | | | 3874 | 324 |
| 1860. | 迫 | po | 4 | 54 | 0.0068 | 234 | 1364 |
| 1861. | 場 | rcang | 2 | 54 | 0.0068 | 3474 | 450 |
| | 所 | swo | 3 | | | 4169 | 79 |
| 1862. | 注 | rju | 4 | 54 | 0.0068 | 3303 | 447 |
| 1863. | 上 | shang | 4 | 54 | 0.0068 | 3712 | 17 |
| | 海 | hai | 3 | | | 1980 | 102 |
| 1864. | 手 | shou | 3 | 54 | 0.0068 | 3660 | 190 |
| | 段 | dwan | 4 | | | 951 | 967 |
| 1865. | 土 | tu | 3 | 54 | 0.0068 | 1128 | 422 |
| 1866. | 相 | xiang | 1 | 54 | 0.0068 | 2959 | 327 |
| | 似 | si | 4 | | | 4093 | 841 |
| 1867. | 憲 | xien | 4 | 54 | 0.0068 | 2937 | 881 |
| | 法 | fa | 3 | | | 584 | 88 |
| 1868. | 行 | xing | 2 | 54 | 0.0068 | 2989 | 76 |
| | 政 | rjung | 4 | | | 3275 | 162 |
| | 院 | yüen | 4 | | | 4824 | 255 |
| 1869. | 選 | xüen | 2 | 54 | 0.0068 | 3042 | 412 |
| | 手 | shou | 3 | | | 3660 | 190 |
| 1870. | 養 | yang | 3 | 54 | 0.0068 | 4542 | 421 |
| | 成 | rcung | 2 | | | 3490 | 56 |
| 1871. | 營 | ying | 2 | 54 | 0.0068 | 4562 | 791 |
| | 養 | yang | 3 | | | 4542 | 421 |
| 1872. | 幫 | bang | 1 | 53 | 0.0067 | 116 | 726 |
| | 忙 | mang | 2 | | | 481 | 620 |
| 1873. | 當 | dang | 1 | 53 | 0.0067 | 819 | 157 |
| | 局 | jü | 2 | | | 2516 | 672 |
| 1874. | 低 | di | 1 | 53 | 0.0067 | 842 | 799 |
| | 頭 | tou | 2 | | | 1017 | 164 |
| 1875. | 自 | dsi | 4 | 53 | 0.0067 | 3878 | 86 |
| | 動 | doong | 4 | | | 974 | 94 |
| 1876. | 德 | duh | 2 | 53 | 0.0067 | 747 | 286 |
| 1877. | 故 | gu | 4 | 53 | 0.0067 | 1728 | 437 |
| | 意 | yi | 4 | | | 4332 | 195 |
| 1878. | 更 | gung | 1 | 53 | 0.0067 | 1700 | 1466 |
| | 衣 | yi | 1 | | | 4299 | 432 |
| | 室 | shi | 4 | | | 3601 | 549 |
| 1879. | 乎 | hu | 1 | 53 | 0.0067 | 2055 | 1144 |
| 1880. | 降 | jiang | 4 | 53 | 0.0067 | 2475 | 1212 |
| 1881. | 建 | jien | 4 | 53 | 0.0067 | 2416 | 273 |
| | 築 | rju | 2 | | | 3291 | 1022 |
| 1882. | 競 | jing | 4 | 53 | 0.0067 | 2505 | 1272 |
| | 爭 | rjung | 1 | | | 3263 | 613 |
| 1883. | 連 | lien | 2 | 53 | 0.0067 | 1459 | 343 |
| | 繫 | xi | 4 | | | 2827 | 2377 |
| 1884. | 廟 | miau | 4 | 53 | 0.0067 | 527 | 1768 |
| 1885. | 紐 | niu | 3 | 53 | 0.0067 | 1237 | 1252 |
| | 約 | yüeh | 1 | | | 4792 | 357 |
| 1886. | 女 | nü | 3 | 53 | 0.0067 | 1278 | 302 |
| | 孩 | hai | 2 | | | 1977 | 367 |
| | 兒 | er | 2 | | | 4291 | 82 |
| 1887. | 皮 | pi | 2 | 53 | 0.0067 | 311 | 481 |
| 1888. | 春 | rcoon | 1 | 53 | 0.0067 | 3542 | 513 |
| | 天 | tien | 1 | | | 1097 | 28 |
| 1889. | 認 | run | 4 | 53 | 0.0067 | 3816 | 479 |
| 1890. | 身 | shun | 1 | 53 | 0.0067 | 3691 | 249 |
| | 子 | dsi | 3 | | | 3874 | 324 |
| 1891. | 通 | toong | 1 | 53 | 0.0067 | 1158 | 202 |
| | 過 | gwo | 4 | | | 1754 | 67 |
| 1892. | 味 | wei | 4 | 53 | 0.0067 | 4663 | 882 |
| | 道 | dau | 4 | | | 774 | 155 |
| 1893. | 物 | wu | 4 | 53 | 0.0067 | 4602 | 128 |
| | 價 | jia | 4 | | | 2299 | 805 |
| 1894. | 協 | xieh | 2 | 53 | 0.0067 | 2852 | 823 |
| | 定 | ding | 4 | | | 912 | 121 |
| 1895. | 一 | yi | 1 | 53 | 0.0067 | 4300 | 2 |
| | 會 | hwei | 4 | | | 2126 | 31 |

| | Char. | Syll. | Tone | Freq. | Freq.% | ID | Rank |
|---|---|---|---|---|---|---|---|
| 1896. | 意 | yi | 4 | 53 | 0.0067 | 4332 | 195 |
| | 識 | shi | 4 | | | 3603 | 632 |
| 1897. | 擁 | yüoong | 3 | 53 | 0.0067 | 4854 | 1643 |
| 1898. | 壁 | bi | 4 | 52 | 0.0066 | 140 | 1319 |
| 1899. | 妻 | chi | 1 | 52 | 0.0066 | 2594 | 1750 |
| 1900. | 前 | chien | 2 | 52 | 0.0066 | 2687 | 145 |
| | 進 | jin | 4 | | | 2454 | 144 |
| 1901. | 東 | doong | 1 | 52 | 0.0066 | 967 | 84 |
| | 南 | nan | 2 | | | 1203 | 81 |
| | 亞 | ya | 4 | | | 4384 | 345 |
| 1902. | 早 | dsau | 3 | 52 | 0.0066 | 3906 | 370 |
| | 上 | shang | 4 | | | 3712 | 17 |
| 1903. | 足 | dsu | 2 | 52 | 0.0066 | 3942 | 655 |
| | 球 | chiu | 2 | | | 2670 | 237 |
| 1904. | 增 | dsung | 1 | 52 | 0.0066 | 3936 | 658 |
| | 進 | jin | 4 | | | 2454 | 144 |
| 1905. | 吩 | fun | 1 | 52 | 0.0066 | 634 | 3049 |
| | 咐 | fu | 4 | | | 734 | 2864 |
| 1906. | 固 | gu | 4 | 52 | 0.0066 | 1730 | 1093 |
| 1907. | 果 | gwo | 3 | 52 | 0.0066 | 1751 | 174 |
| | 然 | ran | 2 | | | 3807 | 123 |
| 1908. | 漢 | han | 4 | 52 | 0.0066 | 2025 | 492 |
| 1909. | 好 | hau | 2 | 52 | 0.0066 | 1995 | 45 |
| | 好 | hau | 3 | | | 1995 | 45 |
| | 的 | duh | 5 | | | 749 | 1 |
| 1910. | 恨 | hun | 4 | 52 | 0.0066 | 2041 | 1165 |
| 1911. | 貨 | hwo | 4 | 52 | 0.0066 | 2098 | 1331 |
| | 幣 | bi | 4 | | | 144 | 2070 |
| 1912. | 積 | ji | 1 | 52 | 0.0066 | 2201 | 961 |
| 1913. | 肌 | ji | 1 | 52 | 0.0066 | 2204 | 1124 |
| | 肉 | rou | 4 | | | 3805 | 611 |
| 1914. | 結 | jieh | 2 | 52 | 0.0066 | 2310 | 404 |
| | 構 | gou | 4 | | | 1666 | 876 |
| 1915. | 晶 | jing | 1 | 52 | 0.0066 | 2485 | 1634 |
| | 體 | ti | 3 | | | 1073 | 178 |
| 1916. | 空 | koong | 1 | 52 | 0.0066 | 1944 | 199 |
| | 中 | rjoong | 1 | | | 3361 | 20 |
| 1917. | 秒 | miău | 3 | 52 | 0.0066 | 525 | 1838 |
| 1918. | 民 | min | 2 | 52 | 0.0066 | 542 | 59 |
| | 生 | shung | 1 | | | 3715 | 32 |
| 1919. | 除 | rcu | 2 | 52 | 0.0066 | 3510 | 444 |
| | 非 | fei | 1 | | | 588 | 355 |
| 1920. | 除 | rcu | 2 | 52 | 0.0066 | 3510 | 444 |
| 1921. | 日 | ri | 4 | 52 | 0.0066 | 3795 | 54 |
| | 本 | bun | 3 | | | 112 | 65 |
| | 人 | run | 2 | | | 3812 | 11 |
| 1922. | 住 | rju | 4 | 52 | 0.0066 | 3304 | 333 |
| | 宅 | rjai | 2 | | | 3163 | 2822 |
| 1923. | 整 | rjung | 2 | 52 | 0.0066 | 3273 | 593 |
| | 理 | li | 3 | | | 1388 | 207 |
| 1924. | 食 | shi | 2 | 52 | 0.0066 | 3580 | 350 |
| | 品 | pin | 3 | | | 350 | 415 |
| 1925. | 手 | shou | 2 | 52 | 0.0066 | 3660 | 190 |
| | 指 | rji | 3 | | | 3102 | 373 |
| 1926. | 土 | tu | 2 | 52 | 0.0066 | 1128 | 422 |
| | 壤 | rang | 3 | | | 3824 | 1339 |
| 1927. | 圍 | wei | 2 | 52 | 0.0066 | 4641 | 792 |
| 1928. | 消 | xiau | 1 | 52 | 0.0066 | 2873 | 475 |
| | 滅 | mieh | 4 | | | 519 | 947 |
| 1929. | 性 | xing | 4 | 52 | 0.0066 | 2996 | 482 |
| | 命 | ming | 4 | | | 557 | 431 |
| 1930. | 預 | yü | 4 | 52 | 0.0066 | 4761 | 690 |
| | 定 | ding | 4 | | | 912 | 121 |
| 1931. | 幫 | bang | 1 | 51 | 0.0065 | 116 | 726 |
| 1932. | 捕 | bu | 3 | 51 | 0.0065 | 207 | 1258 |
| 1933. | 大 | da | 4 | 51 | 0.0065 | 745 | 12 |
| | 約 | yüeh | 1 | | | 4792 | 357 |
| 1934. | 當 | dang | 1 | 51 | 0.0065 | 819 | 157 |
| | 初 | rcu | 1 | | | 3506 | 496 |
| 1935. | 遭 | dsau | 1 | 51 | 0.0065 | 3903 | 1372 |
| 1936. | 放 | fang | 4 | 51 | 0.0065 | 660 | 285 |
| | 棄 | chi | 4 | | | 2628 | 1709 |
| 1937. | 分 | fun | 1 | 51 | 0.0065 | 630 | 112 |
| | 數 | shu | 3 | | | 3753 | 2041 |

| | Char. | Syll. | Tone | Freq. | Freq.% | ID | Rank |
|---|---|---|---|---|---|---|---|
| 1938. | 國 | gwo | 2 | 51 | 0.0065 | 1749 | 7 |
| | 語 | yü | 3 | | | 4751 | 346 |
| 1939. | 海 | hai | 3 | 51 | 0.0065 | 1980 | 102 |
| | 外 | wai | 4 | | | 4632 | 122 |
| 1940. | 寄 | ji | 4 | 51 | 0.0065 | 2261 | 1084 |
| 1941. | 禁 | jin | 4 | 51 | 0.0065 | 2455 | 1113 |
| | 止 | rji | 3 | | | 3104 | 707 |
| 1942. | 就 | jiu | 4 | 51 | 0.0065 | 2382 | 25 |
| | 業 | yeh | 4 | | | 4397 | 137 |
| 1943. | 具 | jü | 4 | 51 | 0.0065 | 2530 | 583 |
| | 備 | bei | 4 | | | 62 | 392 |
| 1944. | 距 | jü | 4 | 51 | 0.0065 | 2532 | 1197 |
| 1945. | 賴 | lai | 4 | 51 | 0.0065 | 1299 | 1772 |
| 1946. | 倫 | loon | 2 | 51 | 0.0065 | 1569 | 734 |
| | 理 | li | 3 | | | 1388 | 207 |
| 1947. | 腦 | nau | 3 | 51 | 0.0065 | 1198 | 908 |
| 1948. | 車 | rcuh | 1 | 51 | 0.0065 | 3412 | 181 |
| | 輛 | liang | 4 | | | 1505 | 1299 |
| 1949. | 沈 | rcun | 2 | 51 | 0.0065 | 3459 | 1323 |
| | 默 | mo | 4 | | | 412 | 1766 |
| 1950. | 章 | rjang | 1 | 51 | 0.0065 | 3242 | 784 |
| 1951. | 整 | rjung | 3 | 51 | 0.0065 | 3273 | 593 |
| | 齊 | chi | 2 | | | 2601 | 668 |
| 1952. | 睡 | shwei | 4 | 51 | 0.0065 | 3783 | 703 |
| | 覺 | jiau | 4 | | | 2369 | 1350 |
| 1953. | 僧 | sung | 1 | 51 | 0.0065 | 4147 | 2761 |
| 1954. | 隨 | swei | 2 | 51 | 0.0065 | 4176 | 747 |
| | 便 | bien | 4 | | | 178 | 209 |
| 1955. | 踏 | ta | 4 | 51 | 0.0065 | 985 | 1298 |
| 1956. | 談 | tan | 2 | 51 | 0.0065 | 1024 | 581 |
| | 到 | dau | 4 | | | 775 | 21 |
| 1957. | 躺 | tang | 3 | 51 | 0.0065 | 1052 | 1788 |
| 1958. | 溫 | wun | 1 | 51 | 0.0065 | 4697 | 534 |
| | 暖 | nwan | 3 | | | 1271 | 1170 |
| 1959. | 小 | xiau | 3 | 51 | 0.0065 | 2887 | 40 |
| | 說 | shwo | 1 | | | 3770 | 37 |
| 1960. | 意 | yi | 4 | 51 | 0.0065 | 4332 | 195 |
| | 義 | yi | 4 | | | 4334 | 330 |
| 1961. | 勇 | yüoong | 3 | 51 | 0.0065 | 4851 | 974 |
| | 氣 | chi | 4 | | | 2627 | 132 |
| 1962. | 愛 | ai | 4 | 50 | 0.0063 | 4246 | 300 |
| | 情 | ching | 2 | | | 2734 | 233 |
| 1963. | 北 | bei | 3 | 5Q | 0.0063 | 61 | 72 |
| | 部 | bu | 4 | | | 212 | 91 |
| 1964. | 冰 | bing | 1 | 50 | 0.0063 | 194 | 1107 |
| 1965. | 當 | dang | 1 | 50 | 0.0063 | 819 | 157 |
| | 年 | nien | 2 | | | 1242 | 35 |
| 1966. | 番 | fan | 1 | 50 | 0.0063 | 605 | 1542 |
| 1967. | 功 | goong | 1 | 50 | 0.0063 | 1807 | 335 |
| | 課 | kuh | 4 | | | 1843 | 111 |
| 1968. | 古 | gu | 3 | 50 | 0.0063 | 1719 | 407 |
| | 代 | dai | 4 | | | 756 | 262 |
| 1969. | 固 | gu | 4 | 50 | 0.0063 | 1730 | 1093 |
| | 體 | ti | 3 | | | 1073 | 178 |
| 1970. | 湖 | hu | 2 | 50 | 0.0063 | 2057 | 445 |
| 1971. | 教 | jiau | 4 | 50 | 0.0063 | 2368 | 68 |
| | 練 | lien | 4 | | | 1470 | 424 |
| 1972. | 結 | jieh | 2 | 50 | 0.0063 | 2310 | 404 |
| | 論 | loon | 4 | | | 1577 | 347 |
| 1973. | 酒 | jiu | 2 | 50 | 0.0063 | 2379 | 753 |
| | 店 | dian | 3 | | | 895 | 1141 |
| 1974. | 勵 | li | 4 | 50 | 0.0063 | 1402 | 1480 |
| 1975. | 曆 | li | 4 | 50 | 0.0063 | 1401 | 1556 |
| 1976. | 鐘 | rjoong | 1 | 50 | 0.0063 | 3360 | 662 |
| 1977. | 上 | shang | 4 | 50 | 0.0063 | 3712 | 17 |
| | 課 | kuh | 4 | | | 1843 | 111 |
| 1978. | 使 | shi | 3 | 50 | 0.0063 | 3587 | 154 |
| | 得 | duh | 2 | | | 746 | 146 |
| 1979. | 是 | shi | 4 | 50 | 0.0063 | 3593 | 3 |
| | 的 | duh | 5 | | | 749 | 1 |
| 1980. | 適 | shi | 4 | 50 | 0.0063 | 3605 | 735 |
| | 合 | huh | 2 | | | 1953 | 172 |

| | Char. | Syll. | Tone | Freq. | Freq.% | ID | Rank |
|---|---|---|---|---|---|---|---|
| 1981. | 首 | shou | 3 | 50 | 0.0063 | 3659 | 618 |
| | 都 | du | 1 | | | 916 | 510 |
| 1982. | 天 | tien | 1 | 50 | 0.0063 | 1097 | 28 |
| | 天 | tien | 1 | | | 1097 | 28 |
| 1983. | 通 | toong | 1 | 50 | 0.0063 | 1158 | 202 |
| | 知 | rji | 1 | | | 3076 | 269 |
| 1984. | 材 | tsai | 2 | 50 | 0.0063 | 4005 | 755 |
| | 料 | liau | 4 | | | 1445 | 387 |
| 1985. | 無 | wu | 2 | 50 | 0.0063 | 4585 | 295 |
| | 數 | shu | 4 | | | 3755 | 400 |
| 1986. | 西 | xi | 1 | 50 | 0.0063 | 2783 | 61 |
| | 元 | yüen | 2 | | | 4811 | 239 |
| 1987. | 嚇 | xia | 4 | 50 | 0.0063 | 2845 | 1570 |
| 1988. | 夏 | xia | 4 | 50 | 0.0063 | 2843 | 589 |
| 1989. | 小 | xiau | 3 | 50 | 0.0063 | 2887 | 40 |
| | 心 | xin | 1 | | | 2946 | 142 |
| 1990. | 顯 | xien | 3 | 50 | 0.0063 | 2927 | 972 |
| | 著 | rju | 4 | | | 3305 | 638 |
| 1991. | 以 | yi | 2 | 50 | 0.0063 | 4324 | 24 |
| | 往 | wang | 3 | | | 4714 | 426 |
| 1992. | 印 | yin | 4 | 50 | 0.0063 | 4525 | 326 |
| 1993. | 辦 | ban | 4 | 49 | 0.0062 | 104 | 332 |
| | 公 | goong | 1 | | | 1805 | 83 |
| | 室 | shi | 4 | | | 3601 | 549 |
| 1994. | 保 | bau | 3 | 49 | 0.0062 | 80 | 411 |
| | 留 | liu | 2 | | | 1450 | 800 |
| 1995. | 玻 | bo | 1 | 49 | 0.0062 | 19 | 984 |
| | 璃 | li | 2 | | | 1370 | 1150 |
| 1996. | 強 | chiang | 2 | 49 | 0.0062 | 2716 | 354 |
| | 大 | da | 4 | | | 745 | 12 |
| 1997. | 親 | chin | 1 | 49 | 0.0062 | 2700 | 261 |
| | 自 | dsi | 4 | | | 3878 | 86 |
| 1998. | 資 | dsi | 1 | 49 | 0.0062 | 3865 | 920 |
| 1999. | 發 | fa | 1 | 49 | 0.0062 | 577 | 73 |
| | 見 | jien | 4 | | | 2417 | 206 |
| 2000. | 凡 | fan | 2 | 49 | 0.0062 | 611 | 1082 |
| | 是 | shi | 4 | | | 3593 | 3 |

| | Char. | Syll. | Tone | Freq. | Freq.% | ID | Rank |
|---|---|---|---|---|---|---|---|
| 2001. | 復 | fu | 4 | 49 | 0.0062 | 722 | 595 |
| | 興 | xing | 1 | | | 2982 | 505 |
| 2002. | 鼓 | gu | 3 | 49 | 0.0062 | 1721 | 1122 |
| 2003. | 活 | hwo | 2 | 49 | 0.0062 | 2091 | 203 |
| | 潑 | po | 1 | | | 229 | 1819 |
| 2004. | 火 | hwo | 3 | 49 | 0.0062 | 2093 | 235 |
| | 車 | rcuh | 1 | | | 3412 | 181 |
| 2005. | 集 | ji | 2 | 49 | 0.0062 | 2225 | 342 |
| | 團 | twan | 2 | | | 1150 | 524 |
| 2006. | 結 | jieh | 2 | 49 | 0.0062 | 2310 | 404 |
| 2007. | 君 | jün | 1 | 49 | 0.0062 | 2576 | 1289 |
| 2008. | 空 | koong | 1 | 49 | 0.0062 | 1944 | 199 |
| | 等 | dung | 3 | | | 833 | 118 |
| 2009. | 浪 | lang | 4 | 49 | 0.0062 | 1364 | 1202 |
| | 費 | fei | 4 | | | 599 | 635 |
| 2010. | 老 | lau | 2 | 49 | 0.0062 | 1322 | 117 |
| | 鼠 | shu | 3 | | | 3746 | 1036 |
| 2011. | 連 | lien | 2 | 49 | 0.0062 | 1459 | 343 |
| | 續 | xü | 4 | | | 3014 | 669 |
| 2012. | 美 | mei | 3 | 49 | 0.0062 | 442 | 80 |
| | 國 | gwo | 2 | | | 1749 | 7 |
| | 人 | run | 2 | | | 3812 | 11 |
| 2013. | 猛 | mung | 3 | 49 | 0.0062 | 495 | 1295 |
| 2014. | 泥 | ni | 2 | 49 | 0.0062 | 1213 | 1027 |
| | 土 | tu | 3 | | | 1128 | 422 |
| 2015. | 能 | nung | 2 | 49 | 0.0062 | 1212 | 70 |
| | 量 | liang | 4 | | | 1503 | 423 |
| 2016. | 唱 | rcang | 4 | 49 | 0.0062 | 3481 | 469 |
| | 歌 | guh | 1 | | | 1615 | 542 |
| 2017. | 出 | rcu | 1 | 49 | 0.0062 | 3507 | 60 |
| | 口 | kou | 3 | | | 1858 | 220 |
| 2018. | 築 | rju | 2 | 49 | 0.0062 | 3291 | 1022 |
| 2019. | 握 | wo | 4 | 49 | 0.0062 | 4627 | 1419 |
| 2020. | 吸 | xi | 1 | 49 | 0.0062 | 2785 | 786 |
| | 引 | yin | 3 | | | 4520 | 797 |
| 2021. | 心 | xin | 1 | 49 | 0.0062 | 2946 | 142 |
| | 靈 | ling | 2 | | | 1506 | 1260 |

| | Char. | Syll. | Tone | Freq. | Freq.% | ID | Rank |
|---|---|---|---|---|---|---|---|
| 2022. | 形 | xing | 2 | 49 | 0.0062 | 2988 | 252 |
| | 容 | roong | 2 | | | 3855 | 401 |
| 2023. | 學 | xüeh | 2 | 49 | 0.0062 | 3028 | 26 |
| | 說 | shwo | 1 | | | 3770 | 37 |
| 2024. | 演 | yen | 3 | 49 | 0.0062 | 4483 | 645 |
| | 出 | rcu | 1 | | | 3507 | 60 |
| 2025. | 以 | yi | 2 | 49 | 0.0062 | 4324 | 24 |
| | 免 | mien | 3 | | | 534 | 781 |
| 2026. | 筆 | bi | 3 | 48 | 0.0061 | 133 | 429 |
| | 名 | ming | 2 | | | 551 | 141 |
| 2027. | 遍 | bien | 4 | 48 | 0.0061 | 177 | 264 |
| 2028. | 薄 | bo | 2 | 48 | 0.0061 | 28 | 1566 |
| 2029. | 橋 | chiau | 2 | 48 | 0.0061 | 2651 | 1052 |
| 2030. | 發 | fa | 1 | 48 | 0.0061 | 577 | 73 |
| | 育 | yü | 4 | | | 4762 | 196 |
| 2031. | 富 | fu | 4 | 48 | 0.0061 | 721 | 773 |
| 2032. | 感 | gan | 3 | 48 | 0.0061 | 1680 | 551 |
| | 覺 | jüeh | 2 | | | 2545 | 512 |
| | 到 | dau | 4 | | | 775 | 21 |
| 2033. | 孤 | gu | 1 | 48 | 0.0061 | 1712 | 2085 |
| | 獨 | du | 2 | | | 920 | 959 |
| 2034. | 貴 | gwei | 4 | 48 | 0.0061 | 1772 | 804 |
| 2035. | 海 | hai | 2 | 48 | 0.0061 | 1980 | 102 |
| | 水 | shwei | 3 | | | 3781 | 75 |
| 2036. | 婚 | hoon | 1 | 48 | 0.0061 | 2155 | 1747 |
| 2037. | 甲 | jia | 3 | 48 | 0.0061 | 2293 | 783 |
| 2038. | 姊 | jieh | 2 | 48 | 0.0061 | 2327 | 848 |
| | 姊 | jieh | 3 | | | 2327 | 848 |
| 2039. | 居 | jü | 1 | 48 | 0.0061 | 2511 | 674 |
| | 然 | ran | 2 | | | 3807 | 123 |
| 2040. | 可 | kuh | 3 | 48 | 0.0061 | 1840 | 41 |
| | 怕 | pa | 4 | | | 228 | 653 |
| 2041. | 客 | kuh | 4 | 48 | 0.0061 | 1844 | 922 |
| 2042. | 難 | nan | 2 | 48 | 0.0061 | 1202 | 570 |
| | 道 | dau | 4 | | | 774 | 155 |
| 2043. | 鬧 | nau | 4 | 48 | 0.0061 | 1201 | 1143 |
| 2044. | 平 | ping | 2 | 48 | 0.0061 | 354 | 165 |
| | 常 | rcang | 2 | | | 3472 | 136 |
| 2045. | 然 | ran | 2 | 48 | 0.0061 | 3807 | 123 |
| 2046. | 製 | rji | 4 | 48 | 0.0061 | 3112 | 526 |
| | 作 | dswo | 4 | | | 3953 | 47 |
| 2047. | 豬 | rju | 1 | 48 | 0.0061 | 3280 | 926 |
| 2048. | 收 | shou | 1 | 48 | 0.0061 | 3657 | 397 |
| | 到 | dau | 4 | | | 775 | 21 |
| 2049. | 收 | shou | 1 | 48 | 0.0061 | 3657 | 397 |
| | 集 | ji | 2 | | | 2225 | 342 |
| 2050. | 生 | shung | 1 | 48 | 0.0061 | 3715 | 32 |
| | 意 | yi | 4 | | | 4332 | 195 |
| 2051. | 他 | ta | 1 | 48 | 0.0061 | 979 | 10 |
| | 人 | run | 2 | | | 3812 | 11 |
| 2052. | 太 | tai | 4 | 48 | 0.0061 | 998 | 158 |
| | 空 | koong | 1 | | | 1944 | 199 |
| 2053. | 題 | ti | 2 | 48 | 0.0061 | 1066 | 229 |
| | 目 | mu | 4 | | | 565 | 348 |
| 2054. | 財 | tsai | 2 | 48 | 0.0061 | 4008 | 1119 |
| | 產 | rcan | 3 | | | 3449 | 279 |
| 2055. | 亡 | wang | 2 | 48 | 0.0061 | 4711 | 1208 |
| 2056. | 詳 | xiang | 2 | 48 | 0.0061 | 2965 | 1506 |
| | 細 | xi | 4 | | | 2821 | 584 |
| 2057. | 搖 | yau | 2 | 48 | 0.0061 | 4412 | 906 |
| 2058. | 鹽 | yen | 2 | 48 | 0.0061 | 4466 | 663 |
| 2059. | 以 | yi | 3 | 48 | 0.0061 | 4324 | 24 |
| | 色 | suh | 4 | | | 4114 | 339 |
| | 列 | lieh | 4 | | | 1428 | 500 |
| 2060. | 曰 | yüeh | 1 | 48 | 0.0061 | 4791 | 2920 |
| 2061. | 原 | yüen | 2 | 48 | 0.0061 | 4809 | 197 |
| | 理 | li | 3 | | | 1388 | 207 |
| 2062. | 運 | yün | 4 | 48 | 0.0061 | 4841 | 284 |
| | 輸 | shu | 1 | | | 3731 | 1125 |
| 2063. | 逼 | bi | 1 | 47 | 0.0060 | 130 | 1881 |
| 2064. | 當 | dang | 1 | 47 | 0.0060 | 819 | 157 |
| | 作 | dswo | 4 | | | 3953 | 47 |

| | Char. | Syll. | Tone | Freq. | Freq.% | ID | Rank |
|---|---|---|---|---|---|---|---|
| 2065. | 共 | goong | 4 | 47 | 0.0060 | 1820 | 186 |
| | 產 | rcan | 3 | | | 3449 | 279 |
| 2066. | 個 | guh | 4 | 47 | 0.0060 | 1634 | 22 |
| | 性 | xing | 4 | | | 2996 | 482 |
| 2067. | 加 | jia | 1 | 47 | 0.0060 | 2278 | 124 |
| | 速 | su | 4 | | | 4156 | 1056 |
| 2068. | 健 | jien | 4 | 47 | 0.0060 | 2421 | 657 |
| | 全 | chüen | 2 | | | 2767 | 170 |
| 2069. | 開 | kai | 1 | 47 | 0.0060 | 1849 | 114 |
| | 會 | hwei | 4 | | | 2126 | 31 |
| 2070. | 例 | li | 4 | 47 | 0.0060 | 1400 | 751 |
| | 子 | dsi | 3 | | | 3874 | 324 |
| 2071. | 媽 | ma | 1 | 47 | 0.0060 | 382 | 148 |
| 2072. | 滿 | man | 3 | 47 | 0.0060 | 468 | 454 |
| | 意 | yi | 4 | | | 4332 | 195 |
| 2073. | 命 | ming | 4 | 47 | 0.0060 | 557 | 431 |
| | 運 | yün | 4 | | | 4841 | 284 |
| 2074. | 龐 | pang | 2 | 47 | 0.0060 | 286 | 2595 |
| | 大 | da | 4 | | | 745 | 12 |
| 2075. | 廠 | rcang | 3 | 47 | 0.0060 | 3479 | 969 |
| 2076. | 徹 | rcuh | 4 | 47 | 0.0060 | 3414 | 2276 |
| | 底 | di | 3 | | | 854 | 820 |
| 2077. | 秩 | rji | 4 | 47 | 0.0060 | 3119 | 1848 |
| | 序 | xü | 4 | | | 3013 | 1158 |
| 2078. | 質 | rji | 4 | 47 | 0.0060 | 3127 | 3565 |
| | 量 | liang | 4 | | | 1503 | 423 |
| 2079. | 中 | rjoong | 1 | 47 | 0.0060 | 3361 | 20 |
| | 學 | xüeh | 2 | | | 3028 | 26 |
| 2080. | 主 | rju | 3 | 47 | 0.0060 | 3299 | 130 |
| | 席 | xi | 2 | | | 2809 | 850 |
| 2081. | 賺 | rjwan | 4 | 47 | 0.0060 | 3345 | 2144 |
| 2082. | 詩 | shi | 1 | 47 | 0.0060 | 3573 | 1533 |
| | 人 | run | 2 | | | 3812 | 11 |
| 2083. | 市 | shi | 4 | 47 | 0.0060 | 3595 | 87 |
| | 府 | fu | 3 | | | 710 | 323 |
| 2084. | 神 | shun | 2 | 47 | 0.0060 | 3697 | 466 |
| | 經 | jing | 1 | | | 2479 | 110 |
| 2085. | 說 | shwo | 1 | 47 | 0.0060 | 3770 | 37 |
| | 法 | fa | 3 | | | 584 | 88 |
| 2086. | 太 | tai | 4 | 47 | 0.0060 | 998 | 158 |
| | 平 | ping | 2 | | | 354 | 165 |
| | 洋 | yang | 2 | | | 4532 | 456 |
| 2087. | 同 | toong | 2 | 47 | 0.0060 | 1160 | 92 |
| | 情 | ching | 2 | | | 2734 | 233 |
| 2088. | 維 | wei | 2 | 47 | 0.0060 | 4638 | 769 |
| | 護 | hu | 4 | | | 2072 | 722 |
| 2089. | 小 | xiau | 3 | 47 | 0.0060 | 2887 | 40 |
| | 孩 | hai | 2 | | | 1977 | 367 |
| | 子 | dsi | 3 | | | 3874 | 324 |
| 2090. | 星 | xing | 1 | 47 | 0.0060 | 2983 | 226 |
| 2091. | 羊 | yang | 2 | 47 | 0.0060 | 4535 | 946 |
| 2092. | 一 | yi | 1 | 47 | 0.0060 | 4300 | 2 |
| | 再 | dsai | 4 | | | 3898 | 216 |
| 2093. | 以 | yi | 3 | 47 | 0.0060 | 4324 | 24 |
| | 致 | rji | 4 | | | 3117 | 838 |
| 2094. | 義 | yi | 4 | 47 | 0.0060 | 4334 | 330 |
| | 大 | da | 4 | | | 745 | 12 |
| | 利 | li | 4 | | | 1398 | 222 |
| 2095. | 預 | yü | 4 | 47 | 0.0060 | 4761 | 690 |
| | 備 | bei | 4 | | | 62 | 392 |
| 2096. | 便 | bien | 4 | 46 | 0.0058 | 178 | 209 |
| | 利 | li | 4 | | | 1398 | 222 |
| 2097. | 當 | dang | 1 | 46 | 0.0058 | 819 | 157 |
| | 前 | chien | 2 | | | 2687 | 145 |
| 2098. | 遭 | dsau | 1 | 46 | 0.0058 | 3903 | 1372 |
| | 受 | shou | 4 | | | 3663 | 351 |
| 2099. | 資 | dsi | 1 | 46 | 0.0058 | 3865 | 920 |
| | 格 | guh | 2 | | | 1623 | 740 |
| 2100. | 躲 | dwo | 3 | 46 | 0.0058 | 937 | 1488 |
| 2101. | 服 | fu | 2 | 46 | 0.0058 | 688 | 366 |
| | 裝 | rjwang | 1 | | | 3352 | 545 |
| 2102. | 幅 | fu | 2 | 46 | 0.0058 | 689 | 1476 |
| 2103. | 高 | gau | 1 | 46 | 0.0058 | 1647 | 104 |
| | 原 | yüen | 2 | | | 4809 | 197 |
| 2104. | 顧 | gu | 4 | 46 | 0.0058 | 1727 | 1074 |
| | 問 | wun | 4 | | | 4708 | 151 |

| | Char. | Syll. | Tone | Freq. | Freq.% | ID | Rank |
|---|---|---|---|---|---|---|---|
| 2105. | 黑 | hei | 1 | 46 | 0.0058 | 1986 | 443 |
| | 暗 | an | 4 | | | 4279 | 790 |
| 2106. | 混 | hoon | 4 | 46 | 0.0058 | 2163 | 2091 |
| | 合 | huh | 2 | | | 1953 | 172 |
| 2107. | 會 | hwei | 4 | 46 | 0.0058 | 2126 | 31 |
| | 談 | tan | 2 | | | 1024 | 581 |
| 2108. | 擠 | ji | 3 | 46 | 0.0058 | 2248 | 1705 |
| 2109. | 家 | jia | 1 | 46 | 0.0058 | 2279 | 36 |
| | 長 | rjang | 3 | | | 3250 | 135 |
| 2110. | 階 | jieh | 1 | 46 | 0.0058 | 2306 | 1601 |
| | 級 | ji | 2 | | | 2222 | 317 |
| 2111. | 肩 | jien | 1 | 46 | 0.0058 | 2394 | 1917 |
| 2112. | 進 | jin | 4 | 46 | 0.0058 | 2454 | 144 |
| | 化 | hwa | 4 | | | 2085 | 278 |
| 2113. | 經 | jing | 1 | 46 | 0.0058 | 2479 | 110 |
| | 驗 | yen | 4 | | | 4493 | 749 |
| 2114. | 舉 | jü | 3 | 46 | 0.0058 | 2522 | 276 |
| | 辦 | ban | 4 | | | 104 | 332 |
| 2115. | 捲 | jüen | 3 | 46 | 0.0058 | 2566 | 2036 |
| 2116. | 夢 | mung | 4 | 46 | 0.0058 | 497 | 1248 |
| 2117. | 指 | rji | 3 | 46 | 0.0058 | 3102 | 373 |
| | 示 | shi | 4 | | | 3598 | 528 |
| 2118. | 熱 | ruh | 4 | 46 | 0.0058 | 3797 | 390 |
| | 鬧 | nau | 4 | | | 1201 | 1143 |
| 2119. | 事 | shi | 4 | 46 | 0.0058 | 3592 | 77 |
| | 項 | xiang | 4 | | | 2976 | 507 |
| 2120. | 身 | shun | 1 | 46 | 0.0058 | 3691 | 249 |
| | 份 | fun | 4 | | | 641 | 661 |
| 2121. | 宋 | soong | 4 | 46 | 0.0058 | 4203 | 1218 |
| 2122. | 團 | twan | 2 | 46 | 0.0058 | 1150 | 524 |
| | 結 | jieh | 2 | | | 2310 | 404 |
| 2123. | 犧 | xi | 1 | 46 | 0.0058 | 2791 | 2272 |
| | 牲 | shung | 1 | | | 3716 | 1901 |
| 2124. | 一 | yi | 1 | 46 | 0.0058 | 4300 | 2 |
| | 部 | bu | 4 | | | 212 | 91 |
| | 份 | fun | 4 | | | 641 | 661 |
| 2125. | 優 | you | 1 | 46 | 0.0058 | 4431 | 983 |
| | 良 | liang | 2 | | | 1494 | 537 |
| 2126. | 游 | you | 2 | 46 | 0.0058 | 4438 | 1126 |
| | 泳 | yüoong | 3 | | | 4855 | 2190 |
| 2127. | 埃 | ai | 1 | 45 | 0.0057 | 4238 | 2128 |
| | 及 | ji | 2 | | | 2223 | 291 |
| 2128. | 輕 | ching | 1 | 45 | 0.0057 | 2728 | 592 |
| | 鬆 | soong | 1 | | | 4195 | 1497 |
| 2129. | 權 | chüen | 2 | 45 | 0.0057 | 2766 | 473 |
| | 力 | li | 4 | | | 1396 | 143 |
| 2130. | 窮 | chüoong | 2 | 45 | 0.0057 | 2780 | 1588 |
| 2131. | 大 | da | 4 | 45 | 0.0057 | 745 | 12 |
| | 自 | dsi | 4 | | | 3878 | 86 |
| | 然 | ran | 2 | | | 3807 | 123 |
| 2132. | 導 | dau | 4 | 45 | 0.0057 | 777 | 405 |
| | 致 | rji | 4 | | | 3117 | 838 |
| 2133. | 總 | dsoong | 2 | 45 | 0.0057 | 3979 | 200 |
| | 理 | li | 3 | | | 1388 | 207 |
| 2134. | 兒 | er | 2 | 45 | 0.0057 | 4291 | 82 |
| 2135. | 發 | fa | 1 | 45 | 0.0057 | 577 | 73 |
| | 動 | doong | 4 | | | 974 | 94 |
| 2136. | 發 | fa | 1 | 45 | 0.0057 | 577 | 73 |
| | 覺 | jüeh | 2 | | | 2545 | 512 |
| 2137. | 發 | fa | 1 | 45 | 0.0057 | 577 | 73 |
| | 揚 | yang | 2 | | | 4534 | 1156 |
| 2138. | 防 | fang | 2 | 45 | 0.0057 | 650 | 375 |
| 2139. | 公 | goong | 1 | 45 | 0.0057 | 1805 | 83 |
| | 主 | rju | 3 | | | 3299 | 130 |
| 2140. | 花 | hwa | 1 | 45 | 0.0057 | 2078 | 246 |
| | 園 | yüen | 2 | | | 4810 | 656 |
| 2141. | 華 | hwa | 2 | 45 | 0.0057 | 2080 | 166 |
| 2142. | 環 | hwan | 2 | 45 | 0.0057 | 2140 | 845 |
| 2143. | 際 | ji | 4 | 45 | 0.0057 | 2258 | 571 |
| 2144. | 假 | jia | 3 | 45 | 0.0057 | 2292 | 896 |
| 2145. | 局 | jü | 2 | 45 | 0.0057 | 2516 | 672 |
| | 面 | mien | 4 | | | 539 | 66 |
| 2146. | 軍 | jün | 1 | 45 | 0.0057 | 2574 | 150 |
| | 人 | run | 2 | | | 3812 | 11 |

| | Char. | Syll. | Tone | Freq. | Freq.% | ID | Rank |
|---|---|---|---|---|---|---|---|
| 2147. | 靠 | kau | 4 | 45 | 0.0057 | 1857 | 960 |
| | 近 | jin | 4 | | | 2453 | 344 |
| 2148. | 量 | liang | 2 | 45 | 0.0057 | 1498 | 1436 |
| 2149. | 妙 | miau | 4 | 45 | 0.0057 | 528 | 1392 |
| 2150. | 磨 | mo | 2 | 45 | 0.0057 | 401 | 1718 |
| 2151. | 農 | noong | 2 | 45 | 0.0057 | 1273 | 451 |
| | 村 | tsoon | 1 | | | 4069 | 666 |
| 2152. | 職 | rji | 2 | 45 | 0.0057 | 3091 | 585 |
| 2153. | 弱 | rwo | 4 | 45 | 0.0057 | 3840 | 1236 |
| 2154. | 順 | shoon | 4 | 45 | 0.0057 | 3789 | 905 |
| | 利 | li | 4 | | | 1398 | 222 |
| 2155. | 受 | shou | 4 | 45 | 0.0057 | 3663 | 351 |
| | 傷 | shang | 1 | | | 3706 | 754 |
| 2156. | 採 | tsai | 3 | 45 | 0.0057 | 4011 | 827 |
| 2157. | 俄 | uh | 4 | 45 | 0.0057 | 4222 | 312 |
| 2158. | 完 | wan | 2 | 45 | 0.0057 | 4683 | 309 |
| | 整 | rjung | 3 | | | 3273 | 593 |
| 2159. | 席 | xi | 2 | 45 | 0.0057 | 2809 | 850 |
| 2160. | 項 | xiang | 4 | 45 | 0.0057 | 2976 | 507 |
| | 目 | mu | 4 | | | 565 | 348 |
| 2161. | 小 | xiau | 3 | 45 | 0.0057 | 2887 | 40 |
| | 朋 | pung | 2 | | | 293 | 414 |
| | 友 | you | 3 | | | 4443 | 336 |
| 2162. | 嫌 | xien | 2 | 45 | 0.0057 | 2924 | 2982 |
| 2163. | 妖 | yau | 1 | 45 | 0.0057 | 4407 | 1992 |
| | 精 | jing | 1 | | | 2478 | 527 |
| 2164. | 游 | you | 2 | 45 | 0.0057 | 4438 | 1126 |
| 2165. | 爸 | ba | 4 | 44 | 0.0056 | 12 | 275 |
| 2166. | 包 | bau | 1 | 44 | 0.0056 | 73 | 554 |
| | 紮 | rja | 2 | | | 3133 | 2471 |
| 2167. | 奔 | bun | 1 | 44 | 0.0056 | 110 | 1803 |
| 2168. | 確 | chüeh | 4 | 44 | 0.0056 | 2761 | 949 |
| | 定 | ding | 4 | | | 912 | 121 |
| 2169. | 在 | dsai | 4 | 44 | 0.0056 | 3899 | 9 |
| | 於 | yü | 2 | | | 4728 | 113 |
| 2170. | 足 | dsu | 2 | 44 | 0.0056 | 3942 | 655 |
| | 以 | yi | 3 | | | 4324 | 24 |
| 2171. | 昨 | dswo | 2 | 44 | 0.0056 | 3949 | 629 |
| 2172. | 翻 | fan | 1 | 44 | 0.0056 | 606 | 1297 |
| 2173. | 繁 | fan | 2 | 44 | 0.0056 | 610 | 1134 |
| | 難 | nan | 4 | | | 1209 | 1377 |
| 2174. | 扶 | fu | 2 | 44 | 0.0056 | 691 | 1885 |
| 2175. | 附 | fu | 4 | 44 | 0.0056 | 719 | 591 |
| 2176. | 縫 | fung | 2 | 44 | 0.0056 | 673 | 2222 |
| 2177. | 感 | gan | 3 | 44 | 0.0056 | 1680 | 551 |
| | 動 | doong | 4 | | | 974 | 94 |
| 2178. | 高 | gau | 1 | 44 | 0.0056 | 1647 | 104 |
| | 棉 | mien | 2 | | | 530 | 737 |
| 2179. | 汗 | han | 4 | 44 | 0.0056 | 2028 | 1300 |
| 2180. | 寂 | ji | 2 | 44 | 0.0056 | 2233 | 1978 |
| | 寞 | mo | 4 | | | 417 | 2547 |
| 2181. | 姐 | jieh | 3 | 44 | 0.0056 | 2325 | 679 |
| 2182. | 建 | jien | 4 | 44 | 0.0056 | 2416 | 273 |
| | 造 | dsau | 4 | | | 3911 | 338 |
| 2183. | 緊 | jin | 2 | 44 | 0.0056 | 2448 | 822 |
| | 急 | ji | 2 | | | 2226 | 830 |
| 2184. | 儘 | jin | 2 | 44 | 0.0056 | 2449 | 2009 |
| 2185. | 禁 | jin | 4 | 44 | 0.0056 | 2455 | 1113 |
| 2186. | 棵 | kuh | 1 | 44 | 0.0056 | 1827 | 1667 |
| 2187. | 課 | kuh | 4 | 44 | 0.0056 | 1843 | 111 |
| | 程 | rcung | 2 | | | 3491 | 580 |
| 2188. | 美 | mei | 3 | 44 | 0.0056 | 442 | 80 |
| | 術 | shu | 4 | | | 3758 | 598 |
| 2189. | 年 | nien | 2 | 44 | 0.0056 | 1242 | 35 |
| | 代 | dai | 4 | | | 756 | 262 |
| 2190. | 平 | ping | 2 | 44 | 0.0056 | 354 | 165 |
| | 靜 | jing | 4 | | | 2498 | 785 |
| 2191. | 出 | rcu | 1 | 44 | 0.0056 | 3507 | 60 |
| | 席 | xi | 2 | | | 2809 | 850 |
| 2192. | 暫 | rjan | 4 | 44 | 0.0056 | 3219 | 1247 |
| | 時 | shi | 2 | | | 3578 | 29 |

| | Char. | Syll. | Tone | Freq. | Freq.% | ID | Rank |
|---|---|---|---|---|---|---|---|
| 2193. | 暫 | rjan | 4 | 44 | 0.0056 | 3219 | 1247 |
| 2194. | 石 | shi | 2 | 44 | 0.0056 | 3583 | 369 |
| | 頭 | tou | 2 | | | 1017 | 164 |
| 2195. | 升 | shung | 1 | 44 | 0.0056 | 3717 | 715 |
| | 学 | xüeh | 2 | | | 3028 | 26 |
| 2196. | 說 | shwo | 1 | 44 | 0.0056 | 3770 | 37 |
| | 到 | dau | 4 | | | 775 | 21 |
| 2197. | 絲 | si | 1 | 44 | 0.0056 | 4086 | 676 |
| 2198. | 私 | si | 1 | 44 | 0.0056 | 4089 | 943 |
| | 人 | run | 2 | | | 3812 | 11 |
| 2199. | 田 | tien | 2 | 44 | 0.0056 | 1099 | 535 |
| 2200. | 聽 | ting | 1 | 44 | 0.0056 | 1107 | 267 |
| | 得 | duh | 2 | | | 746 | 146 |
| 2201. | 西 | xi | 1 | 44 | 0.0056 | 2783 | 61 |
| | 班 | ban | 1 | | | 93 | 372 |
| | 牙 | ya | 2 | | | 4374 | 836 |
| 2202. | 信 | xin | 4 | 44 | 0.0056 | 2957 | 378 |
| | 仰 | yang | 3 | | | 4544 | 1418 |
| 2203. | 行 | xing | 2 | 44 | 0.0056 | 2989 | 76 |
| | 人 | run | 2 | | | 3812 | 11 |
| 2204. | 邀 | yau | 1 | 44 | 0.0056 | 4405 | 1656 |
| 2205. | 英 | ying | 1 | 44 | 0.0056 | 4550 | 272 |
| | 雄 | xüoong | 2 | | | 3075 | 711 |
| 2206. | 預 | yü | 4 | 44 | 0.0056 | 4761 | 690 |
| | 料 | liau | 4 | | | 1445 | 387 |
| 2207. | 院 | yüen | 4 | 44 | 0.0056 | 4824 | 255 |
| 2208. | 補 | bu | 3 | 43 | 0.0054 | 208 | 842 |
| | 充 | rcoong | 1 | | | 3560 | 739 |
| 2209. | 其 | chi | 2 | 43 | 0.0054 | 2598 | 243 |
| | 次 | tsi | 4 | | | 3996 | 173 |
| 2210. | 敲 | chiau | 1 | 43 | 0.0054 | 2648 | 2093 |
| 2211. | 曲 | chü | 1 | 43 | 0.0054 | 2739 | 1440 |
| 2212. | 大 | da | 4 | 43 | 0.0054 | 745 | 12 |
| | 衆 | rjoong | 4 | | | 3371 | 757 |
| 2213. | 對 | dwei | 4 | 43 | 0.0054 | 947 | 90 |
| | 付 | fu | 4 | | | 727 | 1463 |
| 2214. | 方 | fang | 1 | 43 | 0.0054 | 647 | 62 |
| | 纔 | tsai | 2 | | | 4007 | 1484 |
| 2215. | 赴 | fu | 4 | 43 | 0.0054 | 729 | 1973 |
| 2216. | 負 | fu | 4 | 43 | 0.0054 | 723 | 948 |
| | 擔 | dan | 1 | | | 799 | 1059 |
| 2217. | 趕 | gan | 3 | 43 | 0.0054 | 1679 | 731 |
| | 快 | kwai | 4 | | | 1902 | 232 |
| 2218. | 個 | guh | 4 | 43 | 0.0054 | 1634 | 22 |
| | 個 | guh | 4 | | | 1634 | 22 |
| 2219. | 國 | gwo | 2 | 43 | 0.0054 | 1749 | 7 |
| | 民 | min | 2 | | | 542 | 59 |
| | 黨 | dang | 3 | | | 822 | 903 |
| 2220. | 歡 | hwan | 1 | 43 | 0.0054 | 2138 | 428 |
| | 樂 | luh | 4 | | | 1292 | 465 |
| 2221. | 交 | jiau | 1 | 43 | 0.0054 | 2339 | 358 |
| | 換 | hwan | 4 | | | 2146 | 1011 |
| 2222. | 金 | jin | 1 | 43 | 0.0054 | 2440 | 271 |
| | 錢 | chien | 2 | | | 2686 | 525 |
| 2223. | 經 | jing | 1 | 43 | 0.0054 | 2479 | 110 |
| | 理 | li | 3 | | | 1388 | 207 |
| 2224. | 景 | jing | 3 | 43 | 0.0054 | 2492 | 808 |
| 2225. | 劇 | jü | 4 | 43 | 0.0054 | 2531 | 1213 |
| 2226. | 厲 | li | 4 | 43 | 0.0054 | 1403 | 1789 |
| | 害 | hai | 4 | | | 1982 | 484 |
| 2227. | 領 | ling | 3 | 43 | 0.0054 | 1521 | 461 |
| 2228. | 碰 | pung | 4 | 43 | 0.0054 | 301 | 1266 |
| | 到 | dau | 4 | | | 775 | 21 |
| 2229. | 傳 | rcwan | 2 | 43 | 0.0054 | 3538 | 371 |
| | 播 | bo | 4 | | | 46 | 683 |
| 2230. | 真 | rjun | 1 | 43 | 0.0054 | 3223 | 238 |
| | 實 | shi | 2 | | | 3581 | 215 |
| 2231. | 熱 | ruh | 4 | 43 | 0.0054 | 3797 | 390 |
| | 情 | ching | 2 | | | 2734 | 233 |
| 2232. | 熱 | ruh | 4 | 43 | 0.0054 | 3797 | 390 |
| | 烈 | lieh | 4 | | | 1427 | 913 |
| 2233. | 認 | run | 4 | 43 | 0.0054 | 3816 | 479 |
| | 真 | rjun | 1 | | | 3223 | 238 |

| | Char. | Syll. | Tone | Freq. | Freq.% | ID | Rank |
|---|---|---|---|---|---|---|---|
| 2234. | 扇 | shan | 4 | 43 | 0.0054 | 3681 | 1967 |
| 2235. | 實 | shi | 2 | 43 | 0.0054 | 3581 | 215 |
| | 力 | li | 4 | | | 1396 | 143 |
| 2236. | 遂 | swei | 4 | 43 | 0.0054 | 4181 | 2908 |
| 2237. | 擡 | tai | 2 | 43 | 0.0054 | 994 | 1517 |
| | 頭 | tou | 2 | | | 1017 | 164 |
| 2238. | 提 | ti | 2 | 43 | 0.0054 | 1065 | 409 |
| | 到 | dau | 4 | | | 775 | 21 |
| 2239. | 停 | ting | 2 | 43 | 0.0054 | 1110 | 649 |
| | 火 | hwo | 3 | | | 2093 | 235 |
| 2240. | 餓 | uh | 4 | 43 | 0.0054 | 4224 | 1473 |
| 2241. | 相 | xiang | 1 | 43 | 0.0054 | 2959 | 327 |
| | 處 | rcu | 3 | | | 3517 | 562 |
| 2242. | 興 | xing | 1 | 43 | 0.0054 | 2982 | 505 |
| | 建 | jien | 4 | | | 2416 | 273 |
| 2243. | 修 | xiu | 1 | 43 | 0.0054 | 2897 | 688 |
| | 養 | yang | 3 | | | 4542 | 421 |
| 2244. | 尋 | xün | 2 | 43 | 0.0054 | 3053 | 1652 |
| 2245. | 咬 | yau | 3 | 43 | 0.0054 | 4421 | 1641 |
| 2246. | 嚴 | yen | 2 | 43 | 0.0054 | 4471 | 861 |
| 2247. | 嬰 | ying | 1 | 43 | 0.0054 | 4551 | 2447 |
| | 兒 | er | 2 | | | 4291 | 82 |
| 2248. | 安 | an | 1 | 42 | 0.0053 | 4273 | 242 |
| | 靜 | jing | 4 | | | 2498 | 785 |
| 2249. | 請 | ching | 3 | 42 | 0.0053 | 2737 | 310 |
| | 求 | chiu | 2 | | | 2669 | 494 |
| 2250. | 缺 | chüeh | 1 | 42 | 0.0053 | 2757 | 1273 |
| | 少 | shau | 3 | | | 3652 | 360 |
| 2251. | 大 | da | 4 | 42 | 0.0053 | 745 | 12 |
| | 戰 | rjan | 4 | | | 3215 | 280 |
| 2252. | 遭 | dsau | 1 | 42 | 0.0053 | 3903 | 1372 |
| | 遇 | yü | 4 | | | 4766 | 1008 |
| 2253. | 怎 | dsun | 3 | 42 | 0.0053 | 3930 | 185 |
| | 麼 | muh | 5 | | | 395 | 3443 |
| | 辦 | ban | 4 | | | 104 | 332 |
| 2254. | 肚 | du | 4 | 42 | 0.0053 | 929 | 1422 |
| | 子 | dsi | 5 | | | 3880 | 52 |
| 2255. | 港 | gang | 3 | 42 | 0.0053 | 1698 | 491 |
| 2256. | 管 | gwan | 3 | 42 | 0.0053 | 1787 | 452 |
| | 制 | rji | 4 | | | 3113 | 495 |
| 2257. | 廣 | gwang | 3 | 42 | 0.0053 | 1802 | 288 |
| | 播 | bo | 4 | | | 46 | 683 |
| 2258. | 航 | hang | 2 | 42 | 0.0053 | 2043 | 671 |
| | 線 | xien | 4 | | | 2935 | 368 |
| 2259. | 回 | hwei | 2 | 42 | 0.0053 | 2120 | 163 |
| | 憶 | yi | 4 | | | 4344 | 1851 |
| 2260. | 貨 | hwo | 4 | 42 | 0.0053 | 2098 | 1331 |
| 2261. | 降 | jiang | 4 | 42 | 0.0053 | 2475 | 1212 |
| | 低 | di | 1 | | | 842 | 799 |
| 2262. | 交 | jiau | 1 | 42 | 0.0053 | 2339 | 358 |
| | 易 | yi | 4 | | | 4333 | 565 |
| 2263. | 精 | jing | 1 | 42 | 0.0053 | 2478 | 527 |
| 2264. | 居 | jü | 1 | 42 | 0.0053 | 2511 | 674 |
| | 住 | rju | 4 | | | 3304 | 333 |
| 2265. | 冒 | mau | 4 | 42 | 0.0053 | 455 | 1578 |
| 2266. | 趁 | rcun | 3 | 42 | 0.0053 | 3466 | 2238 |
| 2267. | 三 | san | 1 | 42 | 0.0053 | 4138 | 18 |
| | 民 | min | 2 | | | 542 | 59 |
| | 主 | rju | 3 | | | 3299 | 130 |
| | 義 | yi | 4 | | | 4334 | 330 |
| 2268. | 商 | shang | 1 | 42 | 0.0053 | 3707 | 474 |
| | 量 | liang | 4 | | | 1503 | 423 |
| 2269. | 童 | toong | 2 | 42 | 0.0053 | 1159 | 389 |
| | 子 | dsi | 3 | | | 3874 | 324 |
| | 軍 | jün | 1 | | | 2574 | 150 |
| 2270. | 冊 | tsuh | 4 | 42 | 0.0053 | 4000 | 810 |
| 2271. | 協 | xieh | 2 | 42 | 0.0053 | 2852 | 823 |
| | 議 | yi | 4 | | | 4331 | 290 |
| 2272. | 寫 | xieh | 3 | 42 | 0.0053 | 2861 | 161 |
| | 作 | dswo | 4 | | | 3953 | 47 |
| 2273. | 新 | xin | 1 | 42 | 0.0053 | 2947 | 134 |
| | 鮮 | xien | 1 | | | 2912 | 1363 |
| 2274. | 興 | xing | 1 | 42 | 0.0053 | 2982 | 505 |
| 2275. | 姓 | xing | 4 | 42 | 0.0053 | 2997 | 1279 |
| | 名 | ming | 2 | | | 551 | 141 |

| | Char. | Syll. | Tone | Freq. | Freq.% | ID | Rank |
|---|---|---|---|---|---|---|---|
| 2276. | 性 | xing | 4 | 42 | 0.0053 | 2996 | 482 |
| | 格 | guh | 2 | | | 1623 | 740 |
| 2277. | 意 | yi | 4 | 42 | 0.0053 | 4332 | 195 |
| | 味 | wei | 4 | | | 4663 | 882 |
| 2278. | 飲 | yin | 3 | 42 | 0.0053 | 4519 | 1642 |
| 2279. | 予 | yü | 2 | 42 | 0.0053 | 4731 | 1852 |
| | 以 | yi | 3 | | | 4324 | 24 |
| 2280. | 預 | yü | 4 | 42 | 0.0053 | 4761 | 690 |
| | 防 | fang | 2 | | | 650 | 375 |
| 2281. | 不 | bu | 4 | 41 | 0.0052 | 213 | 8 |
| | 禁 | jin | 1 | | | 2446 | 2970 |
| 2282. | 青 | ching | 1 | 41 | 0.0052 | 2725 | 488 |
| 2283. | 大 | da | 4 | 41 | 0.0052 | 745 | 12 |
| | 小 | xiau | 3 | | | 2887 | 40 |
| 2284. | 掉 | diau | 4 | 41 | 0.0052 | 882 | 854 |
| 2285. | 渡 | du | 4 | 41 | 0.0052 | 926 | 1068 |
| 2286. | 奉 | fung | 4 | 41 | 0.0052 | 676 | 1499 |
| 2287. | 公 | goong | 1 | 41 | 0.0052 | 1805 | 83 |
| | 民 | min | 2 | | | 542 | 59 |
| 2288. | 孤 | gu | 1 | 41 | 0.0052 | 1712 | 2085 |
| | 兒 | er | 2 | | | 4291 | 82 |
| 2289. | 光 | gwang | 1 | 41 | 0.0052 | 1801 | 224 |
| | 榮 | roong | 2 | | | 3854 | 888 |
| 2290. | 忽 | hu | 1 | 41 | 0.0052 | 2052 | 833 |
| 2291. | 激 | ji | 1 | 41 | 0.0052 | 2203 | 1223 |
| | 烈 | lieh | 4 | | | 1427 | 913 |
| 2292. | 季 | ji | 4 | 41 | 0.0052 | 2259 | 793 |
| | 節 | jieh | 2 | | | 2311 | 352 |
| 2293. | 假 | jia | 3 | 41 | 0.0052 | 2292 | 896 |
| | 設 | shuh | 4 | | | 3635 | 374 |
| 2294. | 旅 | lü | 2 | 41 | 0.0052 | 1594 | 1034 |
| | 館 | gwan | 3 | | | 1786 | 702 |
| 2295. | 墨 | mo | 4 | 41 | 0.0052 | 408 | 1199 |
| | 西 | xi | 1 | | | 2783 | 61 |
| | 哥 | guh | 1 | | | 1616 | 433 |
| 2296. | 出 | rcu | 1 | 41 | 0.0052 | 3507 | 60 |
| | 發 | fa | 1 | | | 577 | 73 |
| 2297. | 長 | rjang | 2 | 41 | 0.0052 | 3250 | 135 |
| | 老 | lau | 3 | | | 1322 | 117 |
| 2298. | 照 | rjau | 4 | 41 | 0.0052 | 3179 | 408 |
| | 顧 | gu | 4 | | | 1727 | 1074 |
| 2299. | 職 | rji | 2 | 41 | 0.0052 | 3091 | 585 |
| | 員 | yüen | 2 | | | 4808 | 210 |
| 2300. | 閃 | shan | 3 | 41 | 0.0052 | 3680 | 1309 |
| 2301. | 舒 | shu | 1 | 41 | 0.0052 | 3734 | 1371 |
| | 適 | shi | 4 | | | 3605 | 735 |
| 2302. | 設 | shuh | 4 | 41 | 0.0052 | 3635 | 374 |
| | 施 | shi | 1 | | | 3572 | 772 |
| 2303. | 社 | shuh | 4 | 41 | 0.0052 | 3636 | 305 |
| | 區 | chü | 1 | | | 2740 | 385 |
| 2304. | 思 | si | 1 | 41 | 0.0052 | 4087 | 619 |
| | 考 | kau | 3 | | | 1855 | 438 |
| 2305. | 唐 | tang | 2 | 41 | 0.0052 | 1046 | 1157 |
| 2306. | 天 | tien | 1 | 41 | 0.0052 | 1097 | 28 |
| | 才 | tsai | 2 | | | 4006 | 248 |
| 2307. | 偷 | tou | 1 | 41 | 0.0052 | 1015 | 990 |
| 2308. | 俄 | uh | 4 | 41 | 0.0052 | 4222 | 312 |
| | 國 | gwo | 2 | | | 1749 | 7 |
| 2309. | 誤 | wu | 4 | 41 | 0.0052 | 4604 | 1678 |
| 2310. | 小 | xiau | 3 | 41 | 0.0052 | 2887 | 40 |
| | 人 | run | 2 | | | 3812 | 11 |
| 2311. | 小 | xiau | 3 | 41 | 0.0052 | 2887 | 40 |
| | 孩 | hai | 2 | | | 1977 | 367 |
| 2312. | 興 | xing | 1 | 41 | 0.0052 | 2982 | 505 |
| | 奮 | fun | 4 | | | 643 | 1244 |
| 2313. | 幸 | xing | 4 | 41 | 0.0052 | 2998 | 939 |
| 2314. | 眼 | yen | 3 | 41 | 0.0052 | 4484 | 396 |
| | 光 | gwang | 1 | | | 1801 | 224 |
| 2315. | 一 | yi | 1 | 41 | 0.0052 | 4300 | 2 |
| | 齊 | chi | 2 | | | 2601 | 668 |
| 2316. | 以 | yi | 3 | 41 | 0.0052 | 4324 | 24 |
| | 便 | bien | 4 | | | 178 | 209 |
| 2317. | 遊 | you | 2 | 41 | 0.0052 | 4434 | 463 |

| | Char. | Syll. | Tone | Freq. | Freq.% | ID | Rank |
|---|---|---|---|---|---|---|---|
| 2318. | 越 | yüeh | 4 | 41 | 0.0052 | 4793 | 558 |
| | 戰 | rjan | 4 | | | 3215 | 280 |
| 2319. | 月 | yüeh | 4 | 41 | 0.0052 | 4794 | 97 |
| | 球 | chiu | 2 | | | 2670 | 237 |
| 2320. | 永 | yüoong | 3 | 41 | 0.0052 | 4852 | 780 |
| 2321. | 澳 | au | 4 | 40 | 0.0051 | 4262 | 1282 |
| | 洲 | rjou | 1 | | | 3188 | 420 |
| 2322. | 飽 | bau | 3 | 40 | 0.0051 | 83 | 1420 |
| 2323. | 補 | bu | 3 | 40 | 0.0051 | 208 | 842 |
| | 助 | rju | 4 | | | 3306 | 493 |
| 2324. | 搶 | chiang | 3 | 40 | 0.0051 | 2723 | 1384 |
| 2325. | 瞧 | chiau | 2 | 40 | 0.0051 | 2654 | 1673 |
| 2326. | 淺 | chien | 3 | 40 | 0.0051 | 2694 | 1792 |
| 2327. | 大 | da | 4 | 40 | 0.0051 | 745 | 12 |
| | 致 | rji | 4 | | | 3117 | 838 |
| 2328. | 單 | dan | 1 | 40 | 0.0051 | 797 | 616 |
| | 獨 | du | 2 | | | 920 | 959 |
| 2329. | 地 | di | 4 | 40 | 0.0051 | 858 | 33 |
| | 理 | li | 3 | | | 1388 | 207 |
| 2330. | 自 | dsi | 4 | 40 | 0.0051 | 3878 | 86 |
| | 行 | xing | 2 | | | 2989 | 76 |
| 2331. | 阻 | dsu | 2 | 40 | 0.0051 | 3947 | 1387 |
| | 止 | rji | 3 | | | 3104 | 707 |
| 2332. | 祖 | dsu | 3 | 40 | 0.0051 | 3945 | 610 |
| | 國 | gwo | 2 | | | 1749 | 7 |
| 2333. | 髮 | fa | 3 | 40 | 0.0051 | 583 | 1446 |
| 2334. | 府 | fu | 3 | 40 | 0.0051 | 710 | 323 |
| 2335. | 分 | fun | 1 | 40 | 0.0051 | 630 | 112 |
| | 裂 | lieh | 4 | | | 1429 | 1545 |
| 2336. | 風 | fung | 1 | 40 | 0.0051 | 662 | 268 |
| | 景 | jing | 3 | | | 2492 | 808 |
| 2337. | 逢 | fung | 2 | 40 | 0.0051 | 674 | 1954 |
| 2338. | 剛 | gang | 1 | 40 | 0.0051 | 1692 | 771 |
| | 才 | tsai | 2 | | | 4006 | 248 |
| 2339. | 公 | goong | 1 | 40 | 0.0051 | 1805 | 83 |
| | 平 | ping | 2 | | | 354 | 165 |
| 2340. | 好 | hau | 3 | 40 | 0.0051 | 1995 | 45 |
| | 處 | rcu | 4 | | | 3521 | 334 |
| 2341. | 黃 | hwang | 2 | 40 | 0.0051 | 2167 | 258 |
| | 帝 | di | 4 | | | 859 | 477 |
| 2342. | 記 | ji | 4 | 40 | 0.0051 | 2255 | 517 |
| | 載 | dsai | 4 | | | 3900 | 1326 |
| 2343. | 繼 | ji | 4 | 40 | 0.0051 | 2260 | 692 |
| 2344. | 檢 | jien | 2 | 40 | 0.0051 | 2407 | 1029 |
| | 討 | tau | 3 | | | 1012 | 393 |
| 2345. | 看 | kan | 4 | 40 | 0.0051 | 1871 | 58 |
| | 起 | chi | 3 | | | 2621 | 78 |
| | 來 | lai | 2 | | | 1297 | 15 |
| 2346. | 禮 | li | 3 | 40 | 0.0051 | 1389 | 605 |
| | 貌 | mau | 4 | | | 458 | 1767 |
| 2347. | 綠 | lü | 4 | 40 | 0.0051 | 1601 | 801 |
| | 色 | suh | 4 | | | 4114 | 339 |
| 2348. | 麻 | ma | 2 | 40 | 0.0051 | 384 | 817 |
| | 煩 | fan | 2 | | | 613 | 1460 |
| 2349. | 出 | rcu | 1 | 40 | 0.0051 | 3507 | 60 |
| | 生 | shung | 1 | | | 3715 | 32 |
| 2350. | 成 | rcung | 2 | 40 | 0.0051 | 3490 | 56 |
| | 熟 | shou | 2 | | | 3658 | 1033 |
| 2351. | 真 | rjun | 1 | 40 | 0.0051 | 3223 | 238 |
| | 理 | li | 3 | | | 1388 | 207 |
| 2352. | 裝 | rjwang | 1 | 40 | 0.0051 | 3352 | 545 |
| | 置 | rji | 4 | | | 3114 | 741 |
| 2353. | 狀 | rjwang | 4 | 40 | 0.0051 | 3358 | 873 |
| | 況 | kwang | 4 | | | 1939 | 1209 |
| 2354. | 賞 | shang | 3 | 40 | 0.0051 | 3709 | 1456 |
| 2355. | 屍 | shi | 1 | 40 | 0.0051 | 3575 | 2385 |
| | 體 | ti | 3 | | | 1073 | 178 |
| 2356. | 聲 | shung | 1 | 40 | 0.0051 | 3714 | 221 |
| | 明 | ming | 2 | | | 552 | 101 |
| 2357. | 水 | shwei | 3 | 40 | 0.0051 | 3781 | 75 |
| | 蒸 | rjung | 1 | | | 3262 | 1114 |
| | 氣 | chi | 4 | | | 2627 | 132 |
| 2358. | 體 | ti | 3 | 40 | 0.0051 | 1073 | 178 |
| | 育 | yü | 4 | | | 4762 | 196 |

| | Char. | Syll. | Tone | Freq. | Freq.% | ID | Rank |
|---|---|---|---|---|---|---|---|
| 2359. | 體 | ti | 3 | 40 | 0.0051 | 1073 | 178 |
| | 力 | li | 4 | | | 1396 | 143 |
| 2360. | 天 | tien | 1 | 40 | 0.0051 | 1097 | 28 |
| | 堂 | tang | 2 | | | 1043 | 1098 |
| 2361. | 廳 | ting | 1 | 40 | 0.0051 | 1106 | 750 |
| 2362. | 屋 | wu | 1 | 40 | 0.0051 | 4579 | 767 |
| | 子 | dsi | 5 | | | 3880 | 52 |
| 2363. | 系 | xi | 4 | 40 | 0.0051 | 2823 | 834 |
| 2364. | 顯 | xien | 3 | 40 | 0.0051 | 2927 | 972 |
| | 得 | duh | 2 | | | 746 | 146 |
| 2365. | 腰 | yau | 1 | 40 | 0.0051 | 4408 | 1816 |
| 2366. | 一 | yi | 1 | 40 | 0.0051 | 4300 | 2 |
| | 律 | lü | 4 | | | 1602 | 667 |
| 2367. | 預 | yü | 4 | 40 | 0.0051 | 4761 | 690 |
| | 算 | swan | 4 | | | 4188 | 480 |
| 2368. | 唉 | ai | 1 | 39 | 0.0049 | 4235 | 2047 |
| 2369. | 安 | an | 1 | 39 | 0.0049 | 4273 | 242 |
| | 定 | ding | 4 | | | 912 | 121 |
| 2370. | 閉 | bi | 4 | 39 | 0.0049 | 142 | 1644 |
| 2371. | 不 | bu | 4 | 39 | 0.0049 | 213 | 8 |
| | 能 | nung | 2 | | | 1212 | 70 |
| | 不 | bu | 4 | | | 213 | 8 |
| 2372. | 氣 | chi | 4 | 39 | 0.0049 | 2627 | 132 |
| | 氛 | fun | 1 | | | 631 | 2940 |
| 2373. | 鉛 | chien | 1 | 39 | 0.0049 | 2673 | 872 |
| | 筆 | bi | 3 | | | 133 | 429 |
| 2374. | 請 | ching | 3 | 39 | 0.0049 | 2737 | 310 |
| | 教 | jiau | 4 | | | 2368 | 68 |
| 2375. | 蛋 | dan | 4 | 39 | 0.0049 | 807 | 713 |
| | 白 | bai | 2 | | | 49 | 251 |
| | 質 | rji | 2 | | | 3094 | 724 |
| 2376. | 抵 | di | 3 | 39 | 0.0049 | 853 | 890 |
| | 達 | da | 2 | | | 741 | 296 |
| 2377. | 雕 | diau | 1 | 39 | 0.0049 | 878 | 2556 |
| | 刻 | kuh | 4 | | | 1845 | 738 |
| 2378. | 點 | dien | 3 | 39 | 0.0049 | 892 | 160 |
| | 鐘 | rjoong | 1 | | | 3360 | 662 |
| 2379. | 東 | doong | 1 | 39 | 0.0049 | 967 | 84 |
| | 北 | bei | 3 | | | 61 | 72 |
| 2380. | 鑽 | dswan | 1 | 39 | 0.0049 | 3963 | 2439 |
| 2381. | 獨 | du | 2 | 39 | 0.0049 | 920 | 959 |
| 2382. | 輔 | fu | 3 | 39 | 0.0049 | 709 | 1190 |
| | 導 | dau | 4 | | | 777 | 405 |
| 2383. | 宮 | goong | 1 | 39 | 0.0049 | 1808 | 1094 |
| 2384. | 共 | goong | 4 | 39 | 0.0049 | 1820 | 186 |
| | 產 | rcan | 2 | | | 3449 | 279 |
| | 黨 | dang | 3 | | | 822 | 903 |
| 2385. | 觀 | gwan | 1 | 39 | 0.0049 | 1782 | 359 |
| | 點 | dien | 3 | | | 892 | 160 |
| 2386. | 光 | gwang | 1 | 39 | 0.0049 | 1801 | 224 |
| | 復 | fu | 4 | | | 722 | 595 |
| 2387. | 跪 | gwei | 4 | 39 | 0.0049 | 1773 | 2566 |
| 2388. | 鍋 | gwo | 1 | 39 | 0.0049 | 1746 | 1745 |
| 2389. | 技 | ji | 4 | 39 | 0.0049 | 2263 | 1196 |
| | 巧 | chiau | 3 | | | 2659 | 1491 |
| 2390. | 教 | jiau | 1 | 39 | 0.0049 | 2341 | 1225 |
| | 學 | xüeh | 2 | | | 3028 | 26 |
| 2391. | 教 | jiau | 4 | 39 | 0.0049 | 2368 | 68 |
| | 會 | hwei | 4 | | | 2126 | 31 |
| 2392. | 堅 | jien | 1 | 39 | 0.0049 | 2390 | 1041 |
| | 持 | rci | 2 | | | 3380 | 590 |
| 2393. | 檢 | jien | 3 | 39 | 0.0049 | 2407 | 1029 |
| | 驗 | yen | 4 | | | 4493 | 749 |
| 2394. | 進 | jin | 4 | 39 | 0.0049 | 2454 | 144 |
| | 口 | kou | 3 | | | 1858 | 220 |
| 2395. | 具 | jü | 4 | 39 | 0.0049 | 2530 | 583 |
| | 體 | ti | 3 | | | 1073 | 178 |
| 2396. | 煤 | mei | 2 | 39 | 0.0049 | 430 | 1058 |
| 2397. | 名 | ming | 2 | 39 | 0.0049 | 551 | 141 |
| | 稱 | rcung | 1 | | | 3485 | 470 |
| 2398. | 難 | nan | 2 | 39 | 0.0049 | 1202 | 570 |
| | 仰 | yang | 3 | | | 4544 | 1418 |
| 2399. | 偶 | ou | 3 | 39 | 0.0049 | 4269 | 2282 |
| | 然 | ran | 2 | | | 3807 | 123 |

| | Char. | Syll. | Tone | Freq. | Freq.% | ID | Rank |
|---|---|---|---|---|---|---|---|
| 2400. | 出 | rcu | 1 | 39 | 0.0049 | 3507 | 60 |
| | 版 | ban | 3 | | | 99 | 697 |
| 2401. | 廚 | rcu | 2 | 39 | 0.0049 | 3512 | 1732 |
| | 房 | fang | 2 | | | 649 | 560 |
| 2402. | 中 | rjoong | 1 | 39 | 0.0049 | 3361 | 20 |
| | 部 | bu | 4 | | | 212 | 91 |
| 2403. | 正 | rjung | 4 | 39 | 0.0049 | 3274 | 193 |
| | 好 | hau | 3 | | | 1995 | 45 |
| 2404. | 熱 | ruh | 4 | 39 | 0.0049 | 3797 | 390 |
| | 帶 | dai | 4 | | | 755 | 301 |
| 2405. | 忍 | run | 3 | 39 | 0.0049 | 3815 | 1216 |
| | 受 | shou | 4 | | | 3663 | 351 |
| 2406. | 曬 | shai | 4 | 39 | 0.0049 | 3644 | 1552 |
| 2407. | 施 | shi | 1 | 39 | 0.0049 | 3572 | 772 |
| | 行 | xing | 2 | | | 2042 | 1123 |
| 2408. | 試 | shi | 4 | 39 | 0.0049 | 3599 | 504 |
| | 管 | gwan | 3 | | | 1787 | 452 |
| 2409. | 市 | shi | 4 | 39 | 0.0049 | 3595 | 87 |
| | 區 | chü | 1 | | | 2740 | 385 |
| 2410. | 數 | shu | 4 | 39 | 0.0049 | 3755 | 400 |
| | 学 | xüeh | 2 | | | 3028 | 26 |
| 2411. | 損 | soon | 3 | 39 | 0.0049 | 4192 | 1357 |
| | 害 | hai | 4 | | | 1982 | 484 |
| 2412. | 擦 | tsa | 1 | 39 | 0.0049 | 3998 | 1206 |
| 2413. | 才 | tsai | 2 | 39 | 0.0049 | 4006 | 248 |
| | 能 | nung | 2 | | | 1212 | 70 |
| 2414. | 途 | tu | 2 | 39 | 0.0049 | 1119 | 706 |
| 2415. | 味 | wei | 4 | 39 | 0.0049 | 4663 | 882 |
| 2416. | 相 | xiang | 1 | 39 | 0.0049 | 2959 | 327 |
| | 等 | dung | 3 | | | 833 | 118 |
| 2417. | 小 | xiau | 2 | 39 | 0.0049 | 2887 | 40 |
| | 小 | xiau | 3 | | | 2887 | 40 |
| | 的 | duh | 5 | | | 749 | 1 |
| 2418. | 歇 | xieh | 1 | 39 | 0.0049 | 2848 | 2749 |
| 2419. | 旋 | xüen | 2 | 39 | 0.0049 | 3039 | 1291 |
| | 轉 | rjwan | 4 | | | 3347 | 2348 |
| 2420. | 頁 | yeh | 4 | 39 | 0.0049 | 4401 | 1714 |
| 2421. | 越 | yüeh | 4 | 39 | 0.0049 | 4793 | 558 |
| | 來 | lai | 2 | | | 1297 | 15 |
| | 越 | yüeh | 4 | | | 4793 | 558 |
| 2422. | 表 | biau | 3 | 38 | 0.0048 | 168 | 182 |
| | 情 | ching | 2 | | | 2734 | 233 |
| 2423. | 不 | bu | 4 | 38 | 0.0048 | 213 | 8 |
| | 如 | ru | 2 | | | 3829 | 120 |
| 2424. | 不 | bu | 4 | 38 | 0.0048 | 213 | 8 |
| | 錯 | tswo | 4 | | | 4052 | 789 |
| 2425. | 親 | chin | 1 | 38 | 0.0048 | 2700 | 261 |
| | 戚 | chi | 1 | | | 2592 | 1549 |
| 2426. | 大 | da | 4 | 38 | 0.0048 | 745 | 12 |
| | 多 | dwo | 1 | | | 933 | 49 |
| 2427. | 冬 | doong | 1 | 38 | 0.0048 | 966 | 885 |
| | 天 | tien | 1 | | | 1097 | 28 |
| 2428. | 東 | doong | 1 | 38 | 0.0048 | 967 | 84 |
| | 方 | fang | 1 | | | 647 | 62 |
| 2429. | 繁 | fan | 2 | 38 | 0.0048 | 610 | 1134 |
| | 殖 | rji | 2 | | | 3098 | 1454 |
| 2430. | 福 | fu | 2 | 38 | 0.0048 | 687 | 529 |
| 2431. | 福 | fu | 2 | 38 | 0.0048 | 687 | 529 |
| | 利 | li | 4 | | | 1398 | 222 |
| 2432. | 服 | fu | 2 | 38 | 0.0048 | 688 | 366 |
| 2433. | 分 | fun | 1 | 38 | 0.0048 | 630 | 112 |
| | 離 | li | 2 | | | 1371 | 538 |
| 2434. | 高 | gau | 1 | 38 | 0.0048 | 1647 | 104 |
| | 中 | rjoong | 1 | | | 3361 | 20 |
| 2435. | 關 | gwan | 1 | 38 | 0.0048 | 1780 | 247 |
| | 心 | xin | 1 | | | 2946 | 142 |
| 2436. | 光 | gwang | 1 | 38 | 0.0048 | 1801 | 224 |
| | 明 | ming | 2 | | | 552 | 101 |
| 2437. | 廣 | gwang | 3 | 38 | 0.0048 | 1802 | 288 |
| | 泛 | fan | 4 | | | 625 | 2499 |
| 2438. | 過 | gwo | 4 | 38 | 0.0048 | 1754 | 67 |
| | 份 | fun | 4 | | | 641 | 661 |
| 2439. | 海 | hai | 3 | 38 | 0.0048 | 1980 | 102 |
| | 岸 | an | 4 | | | 4282 | 796 |
| 2440. | 害 | hai | 4 | 38 | 0.0048 | 1982 | 484 |
| | 怕 | pa | 4 | | | 228 | 653 |

| No. | Char. | Syll. | Tone | Freq. | Freq.% | ID | Rank |
|---|---|---|---|---|---|---|---|
| 2441. | 韓 | han | 2 | 38 | 0.0048 | 2018 | 1035 |
| 2442. | 胡 | hu | 2 | 38 | 0.0048 | 2056 | 966 |
| 2443. | 回 | hwei | 2 | 38 | 0.0048 | 2120 | 163 |
| | 頭 | tou | 2 | | | 1017 | 164 |
| 2444. | 教 | jiau | 4 | 38 | 0.0048 | 2368 | 68 |
| | 室 | shi | 4 | | | 3601 | 549 |
| 2445. | 巨 | jü | 4 | 38 | 0.0048 | 2534 | 1226 |
| | 大 | da | 4 | | | 745 | 12 |
| 2446. | 恐 | koong | 3 | 38 | 0.0048 | 1945 | 1070 |
| | 佈 | bu | 4 | | | 216 | 986 |
| 2447. | 擴 | kwo | 4 | 38 | 0.0048 | 1896 | 1397 |
| | 張 | rjang | 1 | | | 3243 | 311 |
| 2448. | 勞 | lau | 2 | 38 | 0.0048 | 1318 | 775 |
| | 工 | goong | 1 | | | 1804 | 125 |
| 2449. | 倆 | lia | 3 | 38 | 0.0048 | 1426 | 2298 |
| 2450. | 聯 | lien | 2 | 38 | 0.0048 | 1458 | 379 |
| | 絡 | lwo | 4 | | | 1560 | 2031 |
| 2451. | 露 | lu | 4 | 38 | 0.0048 | 1538 | 1395 |
| 2452. | 民 | min | 2 | 38 | 0.0048 | 542 | 59 |
| | 衆 | rjoong | 4 | | | 3371 | 757 |
| 2453. | 便 | pien | 2 | 38 | 0.0048 | 342 | 2194 |
| | 宜 | yi | 2 | | | 4309 | 936 |
| 2454. | 燃 | ran | 2 | 38 | 0.0048 | 3806 | 924 |
| 2455. | 出 | rcu | 1 | 38 | 0.0048 | 3507 | 60 |
| | 身 | shun | 1 | | | 3691 | 249 |
| 2456. | 准 | rjoon | 3 | 38 | 0.0048 | 3349 | 1470 |
| 2457. | 重 | rjoong | 4 | 38 | 0.0048 | 3372 | 214 |
| | 點 | dien | 3 | | | 892 | 160 |
| 2458. | 如 | ru | 2 | 38 | 0.0048 | 3829 | 120 |
| | 何 | huh | 2 | | | 1955 | 609 |
| 2459. | 神 | shun | 2 | 38 | 0.0048 | 3697 | 466 |
| | 秘 | mi | 4 | | | 510 | 1080 |
| 2460. | 俗 | su | 2 | 38 | 0.0048 | 4152 | 1341 |
| 2461. | 碎 | swei | 4 | 38 | 0.0048 | 4179 | 1736 |
| 2462. | 僞 | wei | 4 | 38 | 0.0048 | 4672 | 2395 |
| 2463. | 希 | xi | 1 | 38 | 0.0048 | 2782 | 561 |
| | 臘 | la | 4 | | | 1284 | 1861 |
| 2464. | 義 | yi | 4 | 38 | 0.0048 | 4334 | 330 |
| | 務 | wu | 4 | | | 4601 | 377 |
| 2465. | 有 | you | 3 | 38 | 0.0048 | 4444 | 6 |
| | 名 | ming | 2 | | | 551 | 141 |
| 2466. | 用 | yüoong | 4 | 38 | 0.0048 | 4864 | 38 |
| | 途 | tu | 2 | | | 1119 | 706 |
| 2467. | 白 | bai | 2 | 37 | 0.0047 | 49 | 251 |
| | 色 | suh | 4 | | | 4114 | 339 |
| 2468. | 爆 | bau | 4 | 37 | 0.0047 | 86 | 1162 |
| | 炸 | rja | 4 | | | 3139 | 1239 |
| 2469. | 彼 | bi | 3 | 37 | 0.0047 | 136 | 1612 |
| 2470. | 邊 | bien | 1 | 37 | 0.0047 | 171 | 260 |
| | 緣 | yüen | 2 | | | 4814 | 1623 |
| 2471. | 部 | bu | 4 | 37 | 0.0047 | 212 | 91 |
| | 門 | mun | 2 | | | 476 | 274 |
| 2472. | 期 | chi | 2 | 37 | 0.0047 | 2599 | 225 |
| | 望 | wang | 4 | | | 4719 | 381 |
| 2473. | 區 | chü | 1 | 37 | 0.0047 | 2740 | 385 |
| | 域 | yü | 4 | | | 4763 | 811 |
| 2474. | 群 | chün | 2 | 37 | 0.0047 | 2774 | 651 |
| | 衆 | rjoong | 4 | | | 3371 | 757 |
| 2475. | 打 | da | 3 | 37 | 0.0047 | 744 | 253 |
| | 擊 | ji | 2 | | | 2229 | 886 |
| 2476. | 走 | dsou | 3 | 37 | 0.0047 | 3920 | 217 |
| | 路 | lu | 4 | | | 1537 | 149 |
| 2477. | 父 | fu | 4 | 37 | 0.0047 | 720 | 256 |
| | 母 | mu | 3 | | | 560 | 287 |
| 2478. | 豐 | fung | 1 | 37 | 0.0047 | 663 | 953 |
| 2479. | 剛 | gang | 1 | 37 | 0.0047 | 1692 | 771 |
| | 剛 | gang | 1 | | | 1692 | 771 |
| 2480. | 鋼 | gang | 1 | 37 | 0.0047 | 1691 | 1017 |
| | 琴 | chin | 2 | | | 2704 | 1053 |
| 2481. | 果 | gwo | 3 | 37 | 0.0047 | 1751 | 174 |
| 2482. | 混 | hoon | 4 | 37 | 0.0047 | 2163 | 2091 |
| 2483. | 核 | huh | 2 | 37 | 0.0047 | 1958 | 956 |
| | 子 | dsi | 3 | | | 3874 | 324 |
| | 彈 | dan | 4 | | | 810 | 875 |

| | Char. | Syll. | Tone | Freq. | Freq.% | ID | Rank |
|---|---|---|---|---|---|---|---|
| 2484. | 華 | hwa | 2 | 37 | 0.0047 | 2080 | 166 |
| | 盛 | shung | 4 | | | 3726 | 597 |
| | 頓 | doon | 4 | | | 960 | 782 |
| 2485. | 化 | hwa | 4 | 37 | 0.0047 | 2085 | 278 |
| 2486. | 教 | jiau | 4 | 37 | 0.0047 | 2368 | 68 |
| | 堂 | tang | 2 | | | 1043 | 1098 |
| 2487. | 尖 | jien | 1 | 37 | 0.0047 | 2392 | 1688 |
| 2488. | 堅 | jien | 1 | 37 | 0.0047 | 2390 | 1041 |
| | 定 | ding | 4 | | | 912 | 121 |
| 2489. | 金 | jin | 1 | 37 | 0.0047 | 2440 | 271 |
| | 融 | roong | 2 | | | 3859 | 2319 |
| 2490. | 路 | lu | 4 | 37 | 0.0047 | 1537 | 149 |
| | 線 | xien | 4 | | | 2935 | 368 |
| 2491. | 矛 | mau | 2 | 37 | 0.0047 | 454 | 3445 |
| | 盾 | doon | 4 | | | 962 | 3168 |
| 2492. | 莫 | mo | 4 | 37 | 0.0047 | 411 | 1294 |
| | 斯 | si | 1 | | | 4085 | 304 |
| | 科 | kuh | 1 | | | 1826 | 341 |
| 2493. | 產 | rcan | 3 | 37 | 0.0047 | 3449 | 279 |
| | 量 | liang | 4 | | | 1503 | 423 |
| 2494. | 展 | rjan | 2 | 37 | 0.0047 | 3209 | 577 |
| | 覽 | lan | 3 | | | 1349 | 1195 |
| 2495. | 找 | rjau | 3 | 37 | 0.0047 | 3176 | 606 |
| | 出 | rcu | 1 | | | 3507 | 60 |
| 2496. | 制 | rji | 4 | 37 | 0.0047 | 3113 | 495 |
| | 裁 | tsai | 2 | | | 4009 | 1535 |
| 2497. | 制 | rji | 4 | 37 | 0.0047 | 3113 | 495 |
| 2498. | 忠 | rjoong | 1 | 37 | 0.0047 | 3362 | 1054 |
| 2499. | 逐 | rju | 2 | 37 | 0.0047 | 3294 | 1254 |
| 2500. | 折 | rjuh | 2 | 37 | 0.0047 | 3146 | 1469 |
| 2501. | 人 | run | 2 | 37 | 0.0047 | 3812 | 11 |
| | 力 | li | 4 | | | 1396 | 143 |
| 2502. | 少 | shau | 4 | 37 | 0.0047 | 3654 | 993 |
| | 女 | nü | 3 | | | 1278 | 302 |
| 2503. | 失 | shi | 1 | 37 | 0.0047 | 3569 | 266 |
| | 望 | wang | 4 | | | 4719 | 381 |
| 2504. | 示 | shi | 4 | 37 | 0.0047 | 3598 | 528 |
| 2505. | 市 | shi | 4 | 37 | 0.0047 | 3595 | 87 |
| | 長 | rjang | 3 | | | 3250 | 135 |
| 2506. | 順 | shoon | 4 | 37 | 0.0047 | 3789 | 905 |
| 2507. | 舒 | shu | 1 | 37 | 0.0047 | 3734 | 1371 |
| | 服 | fu | 2 | | | 688 | 366 |
| 2508. | 私 | si | 1 | 37 | 0.0047 | 4089 | 943 |
| | 立 | li | 4 | | | 1395 | 152 |
| 2509. | 艘 | sou | 1 | 37 | 0.0047 | 4125 | 2389 |
| 2510. | 談 | tan | 2 | 37 | 0.0047 | 1024 | 581 |
| | 判 | pan | 4 | | | 274 | 1284 |
| 2511. | 彈 | tan | 2 | 37 | 0.0047 | 1023 | 1201 |
| 2512. | 頭 | tou | 2 | 37 | 0.0047 | 1017 | 164 |
| | 腦 | nau | 3 | | | 1198 | 908 |
| 2513. | 參 | tsan | 1 | 37 | 0.0047 | 4028 | 331 |
| | 考 | kau | 3 | | | 1855 | 438 |
| 2514. | 違 | wei | 2 | 37 | 0.0047 | 4645 | 1950 |
| | 反 | fan | 3 | | | 620 | 460 |
| 2515. | 危 | wei | 2 | 37 | 0.0047 | 4643 | 1079 |
| | 機 | ji | 1 | | | 2198 | 153 |
| 2516. | 尾 | wei | 3 | 37 | 0.0047 | 4655 | 1715 |
| 2517. | 無 | wu | 2 | 37 | 0.0047 | 4585 | 295 |
| | 限 | xien | 4 | | | 2936 | 910 |
| 2518. | 喜 | xi | 3 | 37 | 0.0047 | 2817 | 440 |
| | 愛 | ai | 4 | | | 4246 | 300 |
| 2519. | 行 | xing | 2 | 37 | 0.0047 | 2989 | 76 |
| | 李 | li | 3 | | | 1390 | 575 |
| 2520. | 眼 | yen | 3 | 37 | 0.0047 | 4484 | 396 |
| | 淚 | lei | 4 | | | 1313 | 1435 |
| 2521. | 依 | yi | 1 | 37 | 0.0047 | 4301 | 743 |
| | 據 | jü | 4 | | | 2528 | 523 |
| 2522. | 乙 | yi | 3 | 37 | 0.0047 | 4326 | 1066 |
| 2523. | 役 | yi | 4 | 37 | 0.0047 | 4340 | 1417 |
| 2524. | 按 | an | 4 | 36 | 0.0046 | 4281 | 1024 |
| | 照 | rjau | 4 | | | 3179 | 408 |
| 2525. | 保 | bau | 3 | 36 | 0.0046 | 80 | 411 |
| | 存 | tsoon | 2 | | | 4070 | 1105 |

| | Char. | Syll. | Tone | Freq. | Freq.% | ID | Rank |
|---|---|---|---|---|---|---|---|
| 2526. | 侵 | chin | 1 | 36 | 0.0046 | 2699 | 941 |
| | 略 | lüeh | 4 | | | 1608 | 1039 |
| 2527. | 全 | chüen | 2 | 36 | 0.0046 | 2767 | 170 |
| | 面 | mien | 4 | | | 539 | 66 |
| 2528. | 咱 | dsan | 2 | 36 | 0.0046 | 3925 | 2212 |
| | 們 | mun | 5 | | | 479 | 16 |
| 2529. | 自 | dsi | 4 | 36 | 0.0046 | 3878 | 86 |
| | 治 | rji | 4 | | | 3111 | 361 |
| 2530. | 綜 | dsoong | 4 | 36 | 0.0046 | 3980 | 2353 |
| | 合 | huh | 2 | | | 1953 | 172 |
| 2531. | 足 | dsu | 2 | 36 | 0.0046 | 3942 | 655 |
| | 夠 | gou | 4 | | | 1663 | 520 |
| 2532. | 罰 | fa | 2 | 36 | 0.0046 | 579 | 1515 |
| 2533. | 法 | fa | 3 | 36 | 0.0046 | 584 | 88 |
| | 令 | ling | 4 | | | 1523 | 650 |
| 2534. | 感 | gan | 3 | 36 | 0.0046 | 1680 | 551 |
| | 謝 | xieh | 4 | | | 2863 | 902 |
| 2535. | 革 | guh | 2 | 36 | 0.0046 | 1624 | 678 |
| | 新 | xin | 1 | | | 2947 | 134 |
| 2536. | 各 | guh | 4 | 36 | 0.0046 | 1636 | 119 |
| | 自 | dsi | 4 | | | 3878 | 86 |
| 2537. | 合 | huh | 2 | 36 | 0.0046 | 1953 | 172 |
| | 成 | rcung | 2 | | | 3490 | 56 |
| 2538. | 幻 | hwan | 4 | 36 | 0.0046 | 2147 | 2425 |
| | 想 | xiang | 3 | | | 2970 | 192 |
| 2539. | 或 | hwo | 4 | 36 | 0.0046 | 2096 | 208 |
| | 許 | xü | 3 | | | 3011 | 322 |
| 2540. | 基 | ji | 1 | 36 | 0.0046 | 2197 | 497 |
| | 於 | yü | 2 | | | 4728 | 113 |
| 2541. | 季 | ji | 4 | 36 | 0.0046 | 2259 | 793 |
| | 辛 | xin | 1 | | | 2949 | 992 |
| | 吉 | ji | 2 | | | 2228 | 1005 |
| 2542. | 講 | jiang | 3 | 36 | 0.0046 | 2471 | 356 |
| | 話 | hwa | 4 | | | 2086 | 254 |
| 2543. | 接 | jieh | 1 | 36 | 0.0046 | 2305 | 294 |
| | 到 | dau | 4 | | | 775 | 21 |
| 2544. | 開 | kai | 1 | 36 | 0.0046 | 1849 | 114 |
| | 口 | kou | 3 | | | 1858 | 220 |
| 2545. | 抗 | kang | 4 | 36 | 0.0046 | 1881 | 588 |
| | 議 | yi | 4 | | | 4331 | 290 |
| 2546. | 克 | kuh | 4 | 36 | 0.0046 | 1842 | 458 |
| | 服 | fu | 2 | | | 688 | 366 |
| 2547. | 聯 | lien | 2 | 36 | 0.0046 | 1458 | 379 |
| | 合 | huh | 2 | | | 1953 | 172 |
| | 國 | gwo | 2 | | | 1749 | 7 |
| 2548. | 羅 | lwo | 2 | 36 | 0.0046 | 1549 | 511 |
| | 馬 | ma | 3 | | | 390 | 282 |
| 2549. | 明 | ming | 2 | 36 | 0.0046 | 552 | 101 |
| | 年 | nien | 2 | | | 1242 | 35 |
| 2550. | 名 | ming | 2 | 36 | 0.0046 | 551 | 141 |
| | 詞 | tsi | 2 | | | 3988 | 568 |
| 2551. | 南 | nan | 2 | 36 | 0.0046 | 1203 | 81 |
| | 方 | fang | 1 | | | 647 | 62 |
| 2552. | 拍 | pai | 1 | 36 | 0.0046 | 238 | 979 |
| | 子 | dsi | 3 | | | 3874 | 324 |
| 2553. | 撲 | pu | 1 | 36 | 0.0046 | 362 | 1513 |
| 2554. | 長 | rcang | 2 | 36 | 0.0046 | 3471 | 227 |
| | 度 | du | 4 | | | 927 | 212 |
| 2555. | 遲 | rci | 2 | 36 | 0.0046 | 3382 | 1875 |
| 2556. | 出 | rcu | 1 | 36 | 0.0046 | 3507 | 60 |
| | 售 | shou | 4 | | | 3664 | 1637 |
| 2557. | 盛 | rcung | 2 | 36 | 0.0046 | 3498 | 2277 |
| 2558. | 洲 | rjou | 1 | 36 | 0.0046 | 3188 | 420 |
| 2559. | 掙 | rjung | 1 | 36 | 0.0046 | 3269 | 2829 |
| | 扎 | rja | 2 | | | 3132 | 2531 |
| 2560. | 仁 | run | 2 | 36 | 0.0046 | 3811 | 973 |
| 2561. | 仍 | rung | 2 | 36 | 0.0046 | 3827 | 803 |
| | 舊 | jiu | 4 | | | 2383 | 813 |
| 2562. | 山 | shan | 1 | 36 | 0.0046 | 3670 | 107 |
| | 坡 | po | 1 | | | 230 | 1344 |
| 2563. | 時 | shi | 2 | 36 | 0.0046 | 3578 | 29 |
| | 刻 | kuh | 4 | | | 1845 | 738 |
| 2564. | 市 | shi | 4 | 36 | 0.0046 | 3595 | 87 |
| | 民 | min | 2 | | | 542 | 59 |
| 2565. | 生 | shung | 1 | 36 | 0.0046 | 3715 | 32 |
| | 理 | li | 3 | | | 1388 | 207 |

| | Char. | Syll. | Tone | Freq. | Freq.% | ID | Rank |
|---|---|---|---|---|---|---|---|
| 2566. | 太 | tai | 4 | 36 | 0.0046 | 998 | 158 |
| | 尉 | wei | 4 | | | 4671 | 2487 |
| 2567. | 談 | tan | 2 | 36 | 0.0046 | 1024 | 581 |
| | 談 | tan | 2 | | | 1024 | 581 |
| 2568. | 湯 | tang | 1 | 36 | 0.0046 | 1042 | 1680 |
| 2569. | 填 | tien | 2 | 36 | 0.0046 | 1098 | 1320 |
| 2570. | 草 | tsau | 3 | 36 | 0.0046 | 4025 | 541 |
| | 地 | di | 4 | | | 858 | 33 |
| 2571. | 詞 | tsi | 2 | 36 | 0.0046 | 3988 | 568 |
| 2572. | 磁 | tsi | 2 | 36 | 0.0046 | 3990 | 1090 |
| | 鐵 | tieh | 3 | | | 1085 | 250 |
| 2573. | 特 | tuh | 4 | 36 | 0.0046 | 989 | 328 |
| | 色 | suh | 4 | | | 4114 | 339 |
| 2574. | 團 | twan | 2 | 36 | 0.0046 | 1150 | 524 |
| 2575. | 外 | wai | 4 | 36 | 0.0046 | 4632 | 122 |
| | 國 | gwo | 2 | | | 1749 | 7 |
| | 人 | run | 2 | | | 3812 | 11 |
| 2576. | 舞 | wu | 3 | 36 | 0.0046 | 4594 | 978 |
| | 台 | tai | 2 | | | 991 | 636 |
| 2577. | 勿 | wu | 4 | 36 | 0.0046 | 4611 | 3418 |
| 2578. | 戲 | xi | 4 | 36 | 0.0046 | 2820 | 647 |
| | 劇 | jü | 4 | | | 2531 | 1213 |
| 2579. | 斜 | xieh | 2 | 36 | 0.0046 | 2854 | 1794 |
| 2580. | 學 | xüeh | 2 | 36 | 0.0046 | 3028 | 26 |
| | 期 | chi | 2 | | | 2599 | 225 |
| 2581. | 一 | yi | 1 | 36 | 0.0046 | 4300 | 2 |
| | 邊 | bien | 1 | | | 171 | 260 |
| 2582. | 儀 | yi | 2 | 36 | 0.0046 | 4308 | 1498 |
| | 器 | chi | 4 | | | 2626 | 394 |
| 2583. | 遊 | you | 2 | 36 | 0.0046 | 4434 | 463 |
| | 戲 | xi | 4 | | | 2820 | 647 |
| 2584. | 包 | bau | 1 | 35 | 0.0044 | 73 | 554 |
| | 括 | kuo | 3 | | | 1897 | 1076 |
| 2585. | 北 | bei | 3 | 35 | 0.0044 | 61 | 72 |
| | 方 | fang | 1 | | | 647 | 62 |
| 2586. | 畢 | bi | 4 | 35 | 0.0044 | 138 | 708 |
| | 竟 | jing | 4 | | | 2500 | 859 |
| 2587. | 步 | bu | 4 | 35 | 0.0044 | 214 | 417 |
| | 驟 | dsou | 4 | | | 3921 | 2584 |
| 2588. | 娶 | chü | 3 | 35 | 0.0044 | 2752 | 3552 |
| 2589. | 貸 | dai | 4 | 35 | 0.0044 | 762 | 2660 |
| | 款 | kwan | 3 | | | 1923 | 1262 |
| 2590. | 蛋 | dan | 4 | 35 | 0.0044 | 807 | 713 |
| 2591. | 導 | dau | 4 | 35 | 0.0044 | 777 | 405 |
| | 演 | yen | 3 | | | 4483 | 645 |
| 2592. | 災 | dsai | 1 | 35 | 0.0044 | 3893 | 1217 |
| | 害 | hai | 4 | | | 1982 | 484 |
| 2593. | 賊 | dsei | 2 | 35 | 0.0044 | 3901 | 2583 |
| 2594. | 自 | dsi | 4 | 35 | 0.0044 | 3878 | 86 |
| | 然 | ran | 2 | | | 3807 | 123 |
| | 界 | jieh | 4 | | | 2329 | 265 |
| 2595. | 尊 | dsoon | 1 | 35 | 0.0044 | 3969 | 1495 |
| 2596. | 做 | dswo | 4 | 35 | 0.0044 | 3952 | 99 |
| | 到 | dau | 4 | | | 775 | 21 |
| 2597. | 耳 | er | 3 | 35 | 0.0044 | 4295 | 994 |
| 2598. | 乾 | gan | 1 | 35 | 0.0044 | 1669 | 761 |
| | 燥 | dsau | 4 | | | 3913 | 2015 |
| 2599. | 格 | guh | 2 | 35 | 0.0044 | 1623 | 740 |
| 2600. | 冠 | gwan | 4 | 35 | 0.0044 | 1792 | 1790 |
| | 軍 | jün | 1 | | | 2574 | 150 |
| 2601. | 黑 | hei | 1 | 35 | 0.0044 | 1986 | 443 |
| | 人 | run | 2 | | | 3812 | 11 |
| 2602. | 畫 | hwa | 4 | 35 | 0.0044 | 2088 | 320 |
| | 家 | jia | 1 | | | 2279 | 36 |
| 2603. | 繼 | ji | 4 | 35 | 0.0044 | 2260 | 692 |
| | 承 | rcung | 2 | | | 3494 | 897 |
| 2604. | 記 | ji | 4 | 35 | 0.0044 | 2255 | 517 |
| | 憶 | yi | 4 | | | 4344 | 1851 |
| 2605. | 夾 | jia | 1 | 35 | 0.0044 | 2285 | 3530 |
| 2606. | 假 | jia | 4 | 35 | 0.0044 | 2298 | 1103 |
| | 期 | chi | 2 | | | 2599 | 225 |
| 2607. | 駕 | jia | 4 | 35 | 0.0044 | 2300 | 1937 |
| 2608. | 教 | jiau | 4 | 35 | 0.0044 | 2368 | 68 |
| | 訓 | xün | 4 | | | 3061 | 864 |

| No. | Char. | Syll. | Tone | Freq. | Freq.% | ID | Rank |
|---|---|---|---|---|---|---|---|
| 2609. | 介 | jieh | 4 | 35 | 0.0044 | 2330 | 1332 |
| | 質 | rji | 2 | | | 3094 | 724 |
| 2610. | 剪 | jien | 3 | 35 | 0.0044 | 2409 | 1263 |
| 2611. | 靜 | jing | 4 | 35 | 0.0044 | 2498 | 785 |
| | 止 | rji | 3 | | | 3104 | 707 |
| 2612. | 堪 | kan | 1 | 35 | 0.0044 | 1864 | 2669 |
| 2613. | 困 | koon | 4 | 35 | 0.0044 | 1931 | 1128 |
| | 擾 | rau | 3 | | | 3799 | 2102 |
| 2614. | 慢 | man | 4 | 35 | 0.0044 | 470 | 659 |
| | 慢 | man | 4 | | | 470 | 659 |
| | 的 | duh | 5 | | | 749 | 1 |
| 2615. | 美 | mei | 3 | 35 | 0.0044 | 442 | 80 |
| | 金 | jin | 1 | | | 2440 | 271 |
| 2616. | 那 | na | 4 | 35 | 0.0044 | 1179 | 71 |
| | 末 | mo | 4 | | | 410 | 1390 |
| 2617. | 排 | pai | 2 | 35 | 0.0044 | 240 | 736 |
| | 列 | lieh | 4 | | | 1428 | 500 |
| 2618. | 日 | ri | 4 | 35 | 0.0044 | 3795 | 54 |
| | 期 | chi | 2 | | | 2599 | 225 |
| 2619. | 直 | rji | 2 | 35 | 0.0044 | 3092 | 416 |
| | 線 | xien | 4 | | | 2935 | 368 |
| 2620. | 振 | rjun | 4 | 35 | 0.0044 | 3236 | 996 |
| | 動 | doong | 4 | | | 974 | 94 |
| 2621. | 溶 | roong | 2 | 35 | 0.0044 | 3857 | 1734 |
| | 解 | jieh | 3 | | | 2326 | 546 |
| 2622. | 人 | run | 2 | 35 | 0.0044 | 3812 | 11 |
| | 性 | xing | 4 | | | 2996 | 482 |
| 2623. | 散 | san | 4 | 35 | 0.0044 | 4141 | 1155 |
| | 步 | bu | 4 | | | 214 | 417 |
| 2624. | 上 | shang | 4 | 35 | 0.0044 | 3712 | 17 |
| | 升 | shung | 1 | | | 3717 | 715 |
| 2625. | 上 | shang | 4 | 35 | 0.0044 | 3712 | 17 |
| | 学 | xüeh | 2 | | | 3028 | 26 |
| 2626. | 少 | shau | 3 | 35 | 0.0044 | 3652 | 360 |
| | 數 | shu | 4 | | | 3755 | 400 |
| 2627. | 生 | shung | 1 | 35 | 0.0044 | 3715 | 32 |
| | 氣 | chi | 4 | | | 2627 | 132 |
| 2628. | 速 | su | 4 | 35 | 0.0044 | 4156 | 1056 |
| | 率 | lü | 4 | | | 1603 | 1842 |
| 2629. | 檯 | tai | 2 | 35 | 0.0044 | 994 | 1517 |
| 2630. | 特 | tuh | 4 | 35 | 0.0044 | 989 | 328 |
| | 徵 | wei | 2 | | | 4640 | 798 |
| 2631. | 完 | wan | 2 | 35 | 0.0044 | 4683 | 309 |
| | 畢 | bi | 4 | | | 138 | 708 |
| 2632. | 屋 | wu | 1 | 35 | 0.0044 | 4579 | 767 |
| | 頂 | ding | 3 | | | 910 | 989 |
| 2633. | 鄉 | xiang | 1 | 35 | 0.0044 | 2958 | 576 |
| | 村 | tsoon | 1 | | | 4069 | 666 |
| 2634. | 謝 | xieh | 4 | 35 | 0.0044 | 2863 | 902 |
| | 謝 | xieh | 4 | | | 2863 | 902 |
| 2635. | 心 | xin | 1 | 35 | 0.0044 | 2946 | 142 |
| | 理 | li | 3 | | | 1388 | 207 |
| | 学 | xüeh | 2 | | | 3028 | 26 |
| 2636. | 英 | ying | 1 | 35 | 0.0044 | 4550 | 272 |
| | 文 | wun | 2 | | | 4699 | 147 |
| 2637. | 娛 | yü | 2 | 35 | 0.0044 | 4738 | 2489 |
| | 樂 | luh | 4 | | | 1292 | 465 |
| 2638. | 原 | yüen | 2 | 35 | 0.0044 | 4809 | 197 |
| | 始 | shi | 3 | | | 3586 | 503 |
| 2639. | 運 | yün | 4 | 35 | 0.0044 | 4841 | 284 |
| | 動 | doong | 4 | | | 974 | 94 |
| | 員 | yüen | 2 | | | 4808 | 210 |
| 2640. | 永 | yüoong | 2 | 35 | 0.0044 | 4852 | 780 |
| | 久 | jiu | 3 | | | 2376 | 522 |
| 2641. | 氣 | chi | 4 | 34 | 0.0043 | 2627 | 132 |
| | 溫 | wun | 1 | | | 4697 | 534 |
| 2642. | 青 | ching | 1 | 34 | 0.0043 | 2725 | 488 |
| | 少 | shau | 4 | | | 3654 | 993 |
| | 年 | nien | 2 | | | 1242 | 35 |
| 2643. | 電 | dien | 4 | 34 | 0.0043 | 896 | 129 |
| | 腦 | nau | 3 | | | 1198 | 908 |
| 2644. | 飛 | fei | 1 | 34 | 0.0043 | 589 | 230 |
| | 行 | xing | 2 | | | 2989 | 76 |
| | 員 | yüen | 2 | | | 4808 | 210 |
| 2645. | 肥 | fei | 2 | 34 | 0.0043 | 595 | 818 |
| | 沃 | wo | 4 | | | 4629 | 2641 |
| 2646. | 肺 | fei | 4 | 34 | 0.0043 | 602 | 1296 |

| | Char. | Syll. | Tone | Freq. | Freq.% | ID | Rank |
|---|---|---|---|---|---|---|---|
| 2647. | 功 | goong | 1 | 34 | 0.0043 | 1807 | 335 |
| | 夫 | fu | 1 | | | 681 | 502 |
| 2648. | 故 | gu | 4 | 34 | 0.0043 | 1728 | 437 |
| | 鄉 | xiang | 1 | | | 2958 | 576 |
| 2649. | 官 | gwan | 1 | 34 | 0.0043 | 1781 | 556 |
| | 人 | run | 2 | | | 3812 | 11 |
| 2650. | 觀 | gwan | 1 | 34 | 0.0043 | 1782 | 359 |
| 2651. | 紅 | hoong | 2 | 34 | 0.0043 | 2188 | 604 |
| | 色 | suh | 4 | | | 4114 | 339 |
| 2652. | 橫 | hung | 2 | 34 | 0.0043 | 2048 | 1172 |
| 2653. | 黃 | hwang | 2 | 34 | 0.0043 | 2167 | 258 |
| | 金 | jin | 1 | | | 2440 | 271 |
| 2654. | 貨 | hwo | 4 | 34 | 0.0043 | 2098 | 1331 |
| | 物 | wu | 4 | | | 4602 | 128 |
| 2655. | 驕 | jiau | 1 | 34 | 0.0043 | 2342 | 2059 |
| | 傲 | au | 4 | | | 4264 | 2188 |
| 2656. | 肩 | jien | 1 | 34 | 0.0043 | 2394 | 1917 |
| | 膀 | bang | 3 | | | 119 | 1536 |
| 2657. | 堅 | jien | 1 | 34 | 0.0043 | 2390 | 1041 |
| | 強 | chiang | 2 | | | 2716 | 354 |
| 2658. | 減 | jien | 3 | 34 | 0.0043 | 2406 | 1071 |
| | 輕 | ching | 1 | | | 2728 | 592 |
| 2659. | 競 | jing | 4 | 34 | 0.0043 | 2505 | 1272 |
| | 選 | xüen | 3 | | | 3042 | 412 |
| 2660. | 樂 | luh | 4 | 34 | 0.0043 | 1292 | 465 |
| | 觀 | gwan | 1 | | | 1782 | 359 |
| 2661. | 明 | ming | 2 | 34 | 0.0043 | 552 | 101 |
| | 顯 | xian | 3 | | | 2927 | 972 |
| 2662. | 農 | noong | 2 | 34 | 0.0043 | 1273 | 451 |
| | 場 | rcang | 2 | | | 3474 | 450 |
| 2663. | 農 | noong | 2 | 34 | 0.0043 | 1273 | 451 |
| | 產 | rcan | 3 | | | 3449 | 279 |
| 2664. | 出 | rcu | 1 | 34 | 0.0043 | 3507 | 60 |
| | 來 | lai | 2 | | | 1297 | 15 |
| 2665. | 只 | rji | 3 | 34 | 0.0043 | 3103 | 277 |
| | 得 | duh | 2 | | | 746 | 146 |
| 2666. | 認 | run | 4 | 34 | 0.0043 | 3816 | 479 |
| | 得 | duh | 2 | | | 746 | 146 |
| 2667. | 傷 | shang | 1 | 34 | 0.0043 | 3706 | 754 |
| | 害 | hai | 4 | | | 1982 | 484 |
| 2668. | 商 | shang | 1 | 34 | 0.0043 | 3707 | 474 |
| | 人 | run | 2 | | | 3812 | 11 |
| 2669. | 駛 | shi | 3 | 34 | 0.0043 | 3588 | 1711 |
| 2670. | 士 | shi | 4 | 34 | 0.0043 | 3596 | 362 |
| | 兵 | bing | 1 | | | 192 | 459 |
| 2671. | 收 | shou | 1 | 34 | 0.0043 | 3657 | 397 |
| | 拾 | shi | 2 | | | 3582 | 1589 |
| 2672. | 手 | shou | 3 | 34 | 0.0043 | 3660 | 190 |
| | 續 | xü | 4 | | | 3014 | 669 |
| 2673. | 昇 | shung | 1 | 34 | 0.0043 | 3719 | 2241 |
| 2674. | 剩 | shung | 4 | 34 | 0.0043 | 3727 | 1638 |
| 2675. | 思 | si | 1 | 34 | 0.0043 | 4087 | 619 |
| 2676. | 挑 | tiau | 1 | 34 | 0.0043 | 1088 | 1860 |
| 2677. | 刺 | tsi | 4 | 34 | 0.0043 | 3995 | 1404 |
| 2678. | 測 | tsuh | 4 | 34 | 0.0043 | 3999 | 1048 |
| 2679. | 恩 | un | 1 | 34 | 0.0043 | 4285 | 1562 |
| 2680. | 文 | wun | 2 | 34 | 0.0043 | 4699 | 147 |
| | 藝 | yi | 4 | | | 4337 | 1161 |
| 2681. | 詳 | xiang | 2 | 34 | 0.0043 | 2965 | 1506 |
| 2682. | 消 | xiau | 1 | 34 | 0.0043 | 2873 | 475 |
| | 失 | shi | 1 | | | 3569 | 266 |
| 2683. | 新 | xin | 1 | 34 | 0.0043 | 2947 | 134 |
| | 臺 | tai | 2 | | | 992 | 177 |
| | 幣 | bi | 4 | | | 144 | 2070 |
| 2684. | 虛 | xü | 1 | 34 | 0.0043 | 3006 | 1920 |
| 2685. | 懸 | xüen | 2 | 34 | 0.0043 | 3038 | 1873 |
| 2686. | 銀 | yin | 2 | 34 | 0.0043 | 4514 | 963 |
| 2687. | 憂 | you | 1 | 34 | 0.0043 | 4430 | 2151 |
| 2688. | 用 | yüoong | 4 | 34 | 0.0043 | 4864 | 38 |
| | 掉 | diau | 4 | | | 882 | 854 |
| 2689. | 悲 | bei | 1 | 33 | 0.0042 | 57 | 1717 |
| | 劇 | jü | 4 | | | 2531 | 1213 |

| | Char. | Syll. | Tone | Freq. | Freq.% | ID | Rank |
|---|---|---|---|---|---|---|---|
| 2690. | 表 | biau | 3 | 33 | 0.0042 | 168 | 182 |
| | 達 | da | 2 | | | 741 | 296 |
| 2691. | 變 | bien | 4 | 33 | 0.0042 | 180 | 316 |
| | 換 | hwan | 4 | | | 2146 | 1011 |
| 2692. | 迄 | chi | 4 | 33 | 0.0042 | 2633 | 3356 |
| 2693. | 氣 | chi | 4 | 33 | 0.0042 | 2627 | 132 |
| | 象 | xiang | 4 | | | 2975 | 599 |
| 2694. | 趨 | chü | 1 | 33 | 0.0042 | 2743 | 2680 |
| | 勢 | shi | 4 | | | 3600 | 557 |
| 2695. | 全 | chüen | 2 | 33 | 0.0042 | 2767 | 170 |
| | 球 | chiu | 2 | | | 2670 | 237 |
| 2696. | 全 | chüen | 2 | 33 | 0.0042 | 2767 | 170 |
| | 力 | li | 4 | | | 1396 | 143 |
| 2697. | 丟 | diu | 1 | 33 | 0.0042 | 887 | 1615 |
| 2698. | 浮 | fu | 2 | 33 | 0.0042 | 692 | 1543 |
| 2699. | 分 | fun | 1 | 33 | 0.0042 | 630 | 112 |
| | 成 | rcung | 2 | | | 3490 | 56 |
| 2700. | 分 | fun | 1 | 33 | 0.0042 | 630 | 112 |
| | 散 | san | 3 | | | 4139 | 3131 |
| 2701. | 分 | fun | 1 | 33 | 0.0042 | 630 | 112 |
| | 泌 | mi | 4 | | | 515 | 2221 |
| 2702. | 公 | goong | 1 | 33 | 0.0042 | 1805 | 83 |
| | 寓 | yü | 4 | | | 4776 | 2772 |
| 2703. | 割 | guh | 1 | 33 | 0.0042 | 1618 | 1617 |
| 2704. | 灌 | gwan | 4 | 33 | 0.0042 | 1789 | 1666 |
| | 溉 | gai | 4 | | | 1643 | 2302 |
| 2705. | 廣 | gwang | 3 | 33 | 0.0042 | 1802 | 288 |
| | 州 | rjou | 1 | | | 3186 | 337 |
| 2706. | 規 | gwei | 1 | 33 | 0.0042 | 1760 | 579 |
| | 律 | lü | 4 | | | 1602 | 667 |
| 2707. | 好 | hau | 3 | 33 | 0.0042 | 1995 | 45 |
| | 漢 | han | 4 | | | 2025 | 492 |
| 2708. | 黑 | hei | 1 | 33 | 0.0042 | 1986 | 443 |
| | 色 | suh | 4 | | | 4114 | 339 |
| 2709. | 合 | huh | 2 | 33 | 0.0042 | 1953 | 172 |
| | 適 | shi | 4 | | | 3605 | 735 |
| 2710. | 極 | ji | 2 | 33 | 0.0042 | 2224 | 485 |
| | 端 | dwan | 1 | | | 949 | 764 |
| 2711. | 嫁 | jia | 4 | 33 | 0.0042 | 2303 | 3722 |
| 2712. | 江 | jiang | 1 | 33 | 0.0042 | 2463 | 131 |
| 2713. | 艱 | jien | 1 | 33 | 0.0042 | 2397 | 2269 |
| | 苦 | ku | 3 | | | 1888 | 567 |
| 2714. | 景 | jing | 3 | 33 | 0.0042 | 2492 | 808 |
| | 色 | suh | 4 | | | 4114 | 339 |
| 2715. | 敬 | jing | 4 | 33 | 0.0042 | 2503 | 909 |
| 2716. | 難 | nan | 2 | 33 | 0.0042 | 1202 | 570 |
| | 得 | duh | 2 | | | 746 | 146 |
| 2717. | 濃 | noong | 2 | 33 | 0.0042 | 1272 | 1824 |
| 2718. | 碰 | pung | 4 | 33 | 0.0042 | 301 | 1266 |
| 2719. | 衝 | rcoong | 1 | 33 | 0.0042 | 3559 | 1160 |
| | 突 | tu | 2 | | | 1122 | 968 |
| 2720. | 蟲 | rcoong | 2 | 33 | 0.0042 | 3565 | 665 |
| 2721. | 創 | rcwang | 4 | 33 | 0.0042 | 3558 | 916 |
| | 作 | dswo | 4 | | | 3953 | 47 |
| 2722. | 着 | rjau | 2 | 33 | 0.0042 | 3173 | 1153 |
| | 手 | shou | 3 | | | 3660 | 190 |
| 2723. | 質 | rji | 4 | 33 | 0.0042 | 3127 | 3565 |
| 2724. | 準 | rjoon | 3 | 33 | 0.0042 | 3350 | 623 |
| 2725. | 種 | rjoong | 4 | 33 | 0.0042 | 3374 | 763 |
| | 植 | rji | 2 | | | 3093 | 887 |
| 2726. | 注 | rju | 4 | 33 | 0.0042 | 3303 | 447 |
| | 重 | rjoong | 4 | | | 3372 | 214 |
| 2727. | 溶 | roong | 2 | 33 | 0.0042 | 3857 | 1734 |
| | 液 | yeh | 4 | | | 4398 | 892 |
| 2728. | 忍 | run | 3 | 33 | 0.0042 | 3815 | 1216 |
| | 住 | rju | 4 | | | 3304 | 333 |
| 2729. | 石 | shi | 2 | 33 | 0.0042 | 3583 | 369 |
| | 器 | chi | 4 | | | 2626 | 394 |
| 2730. | 事 | shi | 4 | 33 | 0.0042 | 3592 | 77 |
| | 務 | wu | 4 | | | 4601 | 377 |
| 2731. | 世 | shi | 4 | 33 | 0.0042 | 3594 | 236 |
| | 界 | jieh | 4 | | | 2329 | 265 |
| | 大 | da | 4 | | | 745 | 12 |
| | 戰 | rjan | 4 | | | 3215 | 280 |

| | Char. | Syll. | Tone | Freq. | Freq.% | ID | Rank |
|---|---|---|---|---|---|---|---|
| 2732. | 說 | shwo | 1 | 33 | 0.0042 | 3770 | 37 |
| | 來 | lai | 2 | | | 1297 | 15 |
| 2733. | 寺 | si | 4 | 33 | 0.0042 | 4098 | 1989 |
| 2734. | 嗣 | si | 4 | 33 | 0.0042 | 4104 | 3794 |
| 2735. | 太 | tai | 4 | 33 | 0.0042 | 998 | 158 |
| | 公 | goong | 1 | | | 1805 | 83 |
| 2736. | 題 | ti | 2 | 33 | 0.0042 | 1066 | 229 |
| 2737. | 條 | tiau | 2 | 33 | 0.0042 | 1090 | 231 |
| | 約 | yüeh | 1 | | | 4792 | 357 |
| 2738. | 頭 | tou | 2 | 33 | 0.0042 | 1017 | 164 |
| | 領 | ling | 3 | | | 1521 | 461 |
| 2739. | 寸 | tsoon | 4 | 33 | 0.0042 | 4072 | 1640 |
| 2740. | 武 | wu | 3 | 33 | 0.0042 | 4595 | 515 |
| | 力 | li | 4 | | | 1396 | 143 |
| 2741. | 物 | wu | 4 | 33 | 0.0042 | 4602 | 128 |
| | 理 | li | 3 | | | 1388 | 207 |
| 2742. | 西 | xi | 1 | 33 | 0.0042 | 2783 | 61 |
| | 洋 | yang | 2 | | | 4532 | 456 |
| 2743. | 媳 | xi | 2 | 33 | 0.0042 | 2814 | 4503 |
| | 婦 | fu | 4 | | | 725 | 1200 |
| 2744. | 相 | xiang | 1 | 33 | 0.0042 | 2959 | 327 |
| | 對 | dwei | 4 | | | 947 | 90 |
| 2745. | 校 | xiau | 4 | 33 | 0.0042 | 2889 | 63 |
| | 長 | rjang | 3 | | | 3250 | 135 |
| 2746. | 辛 | xin | 1 | 33 | 0.0042 | 2949 | 992 |
| | 苦 | ku | 3 | | | 1888 | 567 |
| 2747. | 要 | yau | 4 | 33 | 0.0042 | 4425 | 27 |
| | 緊 | jin | 2 | | | 2448 | 822 |
| 2748. | 野 | yeh | 3 | 33 | 0.0042 | 4393 | 814 |
| 2749. | 爆 | bau | 4 | 32 | 0.0041 | 86 | 1162 |
| | 發 | fa | 1 | | | 577 | 73 |
| 2750. | 比 | bi | 3 | 32 | 0.0041 | 134 | 211 |
| | 例 | li | 4 | | | 1400 | 751 |
| 2751. | 錶 | biau | 3 | 32 | 0.0041 | 167 | 2451 |
| 2752. | 波 | bo | 1 | 32 | 0.0041 | 18 | 807 |
| 2753. | 本 | bun | 3 | 32 | 0.0041 | 112 | 65 |
| | 人 | run | 2 | | | 3812 | 11 |
| 2754. | 千 | chien | 1 | 32 | 0.0041 | 2674 | 365 |
| | 萬 | wan | 4 | | | 4695 | 315 |
| 2755. | 侵 | chin | 1 | 32 | 0.0041 | 2699 | 941 |
| 2756. | 秋 | chiu | 1 | 32 | 0.0041 | 2666 | 826 |
| 2757. | 大 | da | 4 | 32 | 0.0041 | 745 | 12 |
| | 使 | shi | 3 | | | 3587 | 154 |
| 2758. | 待 | dai | 4 | 32 | 0.0041 | 758 | 927 |
| | 遇 | yü | 4 | | | 4766 | 1008 |
| 2759. | 當 | dang | 1 | 32 | 0.0041 | 819 | 157 |
| | 中 | rjoong | 1 | | | 3361 | 20 |
| 2760. | 電 | dien | 4 | 32 | 0.0041 | 896 | 129 |
| | 燈 | dung | 1 | | | 831 | 677 |
| 2761. | 醉 | dswei | 4 | 32 | 0.0041 | 3962 | 2126 |
| 2762. | 左 | dswo | 2 | 32 | 0.0041 | 3951 | 594 |
| | 手 | shou | 3 | | | 3660 | 190 |
| 2763. | 作 | dswo | 4 | 32 | 0.0041 | 3953 | 47 |
| | 風 | fung | 1 | | | 662 | 268 |
| 2764. | 對 | dwei | 4 | 32 | 0.0041 | 947 | 90 |
| | 面 | mien | 4 | | | 539 | 66 |
| 2765. | 朵 | dwo | 3 | 32 | 0.0041 | 938 | 1424 |
| 2766. | 規 | gwei | 1 | 32 | 0.0041 | 1760 | 579 |
| | 矩 | jü | 3 | | | 2521 | 2607 |
| 2767. | 好 | hau | 2 | 32 | 0.0041 | 1995 | 45 |
| | 好 | hau | 3 | | | 1995 | 45 |
| 2768. | 華 | hwa | 2 | 32 | 0.0041 | 2080 | 166 |
| | 僑 | chiau | 2 | | | 2652 | 1006 |
| 2769. | 假 | jia | 2 | 32 | 0.0041 | 2292 | 896 |
| | 使 | shi | 3 | | | 3587 | 154 |
| 2770. | 街 | jieh | 1 | 32 | 0.0041 | 2304 | 862 |
| | 頭 | tou | 2 | | | 1017 | 164 |
| 2771. | 進 | jin | 4 | 32 | 0.0041 | 2454 | 144 |
| | 展 | rjan | 3 | | | 3209 | 577 |
| 2772. | 精 | jing | 1 | 32 | 0.0041 | 2478 | 527 |
| | 力 | li | 4 | | | 1396 | 143 |
| 2773. | 鏡 | jing | 4 | 32 | 0.0041 | 2499 | 756 |
| | 子 | dsi | 3 | | | 3874 | 324 |
| 2774. | 逕 | jing | 4 | 32 | 0.0041 | 2509 | 3733 |

| | Char. | Syll. | Tone | Freq. | Freq.% | ID | Rank |
|---|---|---|---|---|---|---|---|
| 2775. | 君 | jün | 1 | 32 | 0.0041 | 2576 | 1289 |
| | 主 | rju | 3 | | | 3299 | 130 |
| 2776. | 客 | kuh | 4 | 32 | 0.0041 | 1844 | 922 |
| | 廳 | ting | 1 | | | 1106 | 750 |
| 2777. | 客 | kuh | 4 | 32 | 0.0041 | 1844 | 922 |
| | 觀 | gwan | 1 | | | 1782 | 359 |
| 2778. | 跨 | kwa | 4 | 32 | 0.0041 | 1895 | 2168 |
| 2779. | 靈 | ling | 2 | 32 | 0.0041 | 1506 | 1260 |
| | 魂 | hoon | 2 | | | 2157 | 2375 |
| 2780. | 羅 | lwo | 2 | 32 | 0.0041 | 1549 | 511 |
| | 素 | su | 4 | | | 4154 | 704 |
| 2781. | 鳴 | ming | 2 | 32 | 0.0041 | 553 | 2549 |
| 2782. | 明 | ming | 2 | 32 | 0.0041 | 552 | 101 |
| | 星 | xing | 1 | | | 2983 | 226 |
| 2783. | 披 | pi | 1 | 32 | 0.0041 | 305 | 2331 |
| 2784. | 疲 | pi | 2 | 32 | 0.0041 | 310 | 1765 |
| | 倦 | jüen | 4 | | | 2567 | 2203 |
| 2785. | 潮 | rcau | 2 | 32 | 0.0041 | 3425 | 1607 |
| | 濕 | shi | 1 | | | 3571 | 1316 |
| 2786. | 醜 | rcou | 3 | 32 | 0.0041 | 3439 | 2237 |
| 2787. | 沈 | rcun | 2 | 32 | 0.0041 | 3459 | 1323 |
| | 重 | rjoong | 4 | | | 3372 | 214 |
| 2788. | 乘 | rcung | 2 | 32 | 0.0041 | 3492 | 543 |
| | 客 | kuh | 4 | | | 1844 | 922 |
| 2789. | 志 | rji | 4 | 32 | 0.0041 | 3115 | 728 |
| 2790. | 鐘 | rjoong | 1 | 32 | 0.0041 | 3360 | 662 |
| | 頭 | tou | 2 | | | 1017 | 164 |
| 2791. | 重 | rjoong | 4 | 32 | 0.0041 | 3372 | 214 |
| | 要 | yau | 4 | | | 4425 | 27 |
| | 性 | xing | 4 | | | 2996 | 482 |
| 2792. | 重 | rjoong | 4 | 32 | 0.0041 | 3372 | 214 |
| | 心 | xin | 1 | | | 2946 | 142 |
| 2793. | 主 | rju | 3 | 32 | 0.0041 | 3299 | 130 |
| | 辦 | ban | 4 | | | 104 | 332 |
| 2794. | 抓 | rjwa | 1 | 32 | 0.0041 | 3316 | 1275 |
| | 住 | rju | 4 | | | 3304 | 333 |
| 2795. | 人 | run | 2 | 32 | 0.0041 | 3812 | 11 |
| | 工 | goong | 1 | | | 1804 | 125 |
| 2796. | 設 | shuh | 4 | 32 | 0.0041 | 3635 | 374 |
| | 置 | rji | 4 | | | 3114 | 741 |
| 2797. | 升 | shung | 1 | 32 | 0.0041 | 3717 | 715 |
| 2798. | 調 | tiau | 2 | 32 | 0.0041 | 1089 | 1121 |
| | 節 | jieh | 2 | | | 2311 | 352 |
| 2799. | 同 | toong | 2 | 32 | 0.0041 | 1160 | 92 |
| | 意 | yi | 4 | | | 4332 | 195 |
| 2800. | 統 | toong | 3 | 32 | 0.0041 | 1169 | 283 |
| | 計 | ji | 4 | | | 2256 | 410 |
| 2801. | 透 | tou | 4 | 32 | 0.0041 | 1018 | 1221 |
| | 露 | lu | 4 | | | 1538 | 1395 |
| 2802. | 推 | twei | 1 | 32 | 0.0041 | 1145 | 601 |
| | 廣 | gwang | 3 | | | 1802 | 288 |
| 2803. | 彎 | wan | 1 | 32 | 0.0041 | 4679 | 1407 |
| | 曲 | chü | 1 | | | 2739 | 1440 |
| 2804. | 往 | wang | 3 | 32 | 0.0041 | 4714 | 426 |
| | 來 | lai | 2 | | | 1297 | 15 |
| 2805. | 微 | wei | 2 | 32 | 0.0041 | 4640 | 798 |
| 2806. | 協 | xieh | 2 | 32 | 0.0041 | 2852 | 823 |
| | 會 | hwei | 4 | | | 2126 | 31 |
| 2807. | 現 | xien | 4 | 32 | 0.0041 | 2933 | 167 |
| | 代 | dai | 4 | | | 756 | 262 |
| | 化 | hwa | 4 | | | 2085 | 278 |
| 2808. | 線 | xien | 4 | 32 | 0.0041 | 2935 | 368 |
| | 圈 | chüen | 1 | | | 2765 | 1399 |
| 2809. | 循 | xün | 2 | 32 | 0.0041 | 3055 | 2096 |
| 2810. | 尋 | xün | 2 | 32 | 0.0041 | 3053 | 1652 |
| | 求 | chiu | 2 | | | 2669 | 494 |
| 2811. | 有 | you | 3 | 32 | 0.0041 | 4444 | 6 |
| | 限 | xien | 4 | | | 2936 | 910 |
| 2812. | 于 | yü | 2 | 32 | 0.0041 | 4735 | 2488 |
| 2813. | 矮 | ai | 3 | 31 | 0.0039 | 4242 | 1762 |
| 2814. | 暴 | bau | 4 | 31 | 0.0039 | 87 | 1086 |
| 2815. | 鼻 | bi | 2 | 31 | 0.0039 | 132 | 1475 |
| | 子 | dsi | 5 | | | 3880 | 52 |
| 2816. | 本 | bun | 3 | 31 | 0.0039 | 112 | 65 |
| | 票 | piau | 4 | | | 338 | 490 |

| | Char. | Syll. | Tone | Freq. | Freq.% | ID | Rank |
|---|---|---|---|---|---|---|---|
| 2817. | 牆 | chiang | 2 | 31 | 0.0039 | 2718 | 1333 |
| | 壁 | bi | 4 | | | 140 | 1319 |
| 2818. | 曲 | chü | 3 | 31 | 0.0039 | 2750 | 849 |
| | 調 | diau | 4 | | | 883 | 646 |
| 2819. | 地 | di | 4 | 31 | 0.0039 | 858 | 33 |
| | 形 | xing | 2 | | | 2988 | 252 |
| 2820. | 噸 | doon | 4 | 31 | 0.0039 | 959 | 2223 |
| 2821. | 自 | dsi | 4 | 31 | 0.0039 | 3878 | 86 |
| | 強 | chiang | 2 | | | 2716 | 354 |
| 2822. | 高 | gau | 1 | 31 | 0.0039 | 1647 | 104 |
| | 雄 | xüoong | 2 | | | 3075 | 711 |
| 2823. | 工 | goong | 1 | 31 | 0.0039 | 1804 | 125 |
| | 程 | rcung | 2 | | | 3491 | 580 |
| | 師 | shi | 1 | | | 3570 | 116 |
| 2824. | 機 | ji | 1 | 31 | 0.0039 | 2198 | 153 |
| | 場 | rcang | 2 | | | 3474 | 450 |
| 2825. | 加 | jia | 1 | 31 | 0.0039 | 2278 | 124 |
| | 州 | rjou | 1 | | | 3186 | 337 |
| 2826. | 驚 | jing | 1 | 31 | 0.0039 | 2483 | 1152 |
| | 奇 | chi | 2 | | | 2600 | 730 |
| 2827. | 靜 | jing | 4 | 31 | 0.0039 | 2498 | 785 |
| 2828. | 恐 | koong | 3 | 31 | 0.0039 | 1945 | 1070 |
| | 懼 | jü | 4 | | | 2538 | 2523 |
| 2829. | 帽 | mau | 4 | 31 | 0.0039 | 456 | 1514 |
| 2830. | 明 | ming | 2 | 31 | 0.0039 | 552 | 101 |
| | 瞭 | liau | 3 | | | 1442 | 2260 |
| 2831. | 女 | nü | 3 | 31 | 0.0039 | 1278 | 302 |
| | 士 | shi | 4 | | | 3596 | 362 |
| 2832. | 平 | ping | 2 | 31 | 0.0039 | 354 | 165 |
| | 民 | min | 2 | | | 542 | 59 |
| 2833. | 盆 | pun | 2 | 31 | 0.0039 | 279 | 1243 |
| 2834. | 差 | rca | 1 | 31 | 0.0039 | 3399 | 2434 |
| | 別 | bieh | 2 | | | 163 | 259 |
| 2835. | 赤 | rci | 4 | 31 | 0.0039 | 3393 | 1455 |
| | 道 | dau | 4 | | | 774 | 155 |
| 2836. | 處 | rcu | 4 | 31 | 0.0039 | 3521 | 334 |
| | 處 | rcu | 4 | | | 3521 | 334 |
| 2837. | 程 | rcung | 2 | 31 | 0.0039 | 3491 | 580 |
| | 序 | xü | 4 | | | 3013 | 1158 |
| 2838. | 創 | rcwang | 4 | 31 | 0.0039 | 3558 | 916 |
| 2839. | 站 | rjan | 4 | 31 | 0.0039 | 3214 | 586 |
| | 立 | li | 4 | | | 1395 | 152 |
| 2840. | 震 | rjun | 4 | 31 | 0.0039 | 3238 | 1426 |
| 2841. | 轉 | rjwan | 3 | 31 | 0.0039 | 3343 | 531 |
| | 動 | doong | 4 | | | 974 | 94 |
| 2842. | 熱 | ruh | 4 | 31 | 0.0039 | 3797 | 390 |
| | 心 | xin | 1 | | | 2946 | 142 |
| 2843. | 忍 | run | 3 | 31 | 0.0039 | 3815 | 1216 |
| 2844. | 任 | run | 4 | 31 | 0.0039 | 3817 | 293 |
| | 勞 | lau | 2 | | | 1318 | 775 |
| | 任 | run | 4 | | | 3817 | 293 |
| | 怨 | yüen | 4 | | | 4826 | 2155 |
| 2845. | 軟 | rwan | 3 | 31 | 0.0039 | 3849 | 1428 |
| 2846. | 熟 | shou | 2 | 31 | 0.0039 | 3658 | 1033 |
| | 悉 | xi | 1 | | | 2793 | 2528 |
| 2847. | 獸 | shou | 4 | 31 | 0.0039 | 3662 | 1510 |
| 2848. | 水 | shwei | 3 | 31 | 0.0039 | 3781 | 75 |
| | 平 | ping | 2 | | | 354 | 165 |
| 2849. | 塑 | su | 4 | 31 | 0.0039 | 4157 | 1923 |
| | 膠 | jiau | 1 | | | 2338 | 1166 |
| 2850. | 談 | tan | 2 | 31 | 0.0039 | 1024 | 581 |
| | 吐 | tu | 3 | | | 1127 | 1681 |
| 2851. | 脫 | two | 1 | 31 | 0.0039 | 1133 | 1251 |
| | 離 | li | 2 | | | 1371 | 538 |
| 2852. | 晚 | wan | 3 | 31 | 0.0039 | 4687 | 441 |
| | 飯 | fan | 4 | | | 622 | 418 |
| 2853. | 務 | wu | 4 | 31 | 0.0039 | 4601 | 377 |
| 2854. | 西 | xi | 1 | 31 | 0.0039 | 2783 | 61 |
| | 歐 | ou | 1 | | | 4266 | 860 |
| 2855. | 相 | xiang | 1 | 31 | 0.0039 | 2959 | 327 |
| | 互 | hu | 4 | | | 2074 | 1045 |
| 2856. | 學 | xüeh | 2 | 31 | 0.0039 | 3028 | 26 |
| | 業 | yeh | 4 | | | 4397 | 137 |
| 2857. | 一 | yi | 1 | 31 | 0.0039 | 4300 | 2 |
| | 共 | goong | 4 | | | 1820 | 186 |

| | Char. | Syll. | Tone | Freq. | Freq.% | ID | Rank |
|---|---|---|---|---|---|---|---|
| 2858. | 疑 | yi | 2 | 31 | 0.0039 | 4311 | 1609 |
| 2859. | 迎 | ying | 2 | 31 | 0.0039 | 4561 | 907 |
| | 接 | jieh | 1 | | | 2305 | 294 |
| 2860. | 有 | you | 3 | 31 | 0.0039 | 4444 | 6 |
| | 利 | li | 4 | | | 1398 | 222 |
| 2861. | 原 | yüen | 2 | ·31 | 0.0039 | 4809 | 197 |
| | 子 | dsi | 3 | | | 3874 | 324 |
| | 核 | huh | 2 | | | 1958 | 956 |
| 2862. | 源 | yüen | 2 | 31 | 0.0039 | 4812 | 1037 |
| 2863. | 緣 | yüen | 2 | 31 | 0.0039 | 4814 | 1623 |
| | 故 | gu | 4 | | | 1728 | 437 |
| 2864. | 背 | bei | 4 | 30 | 0.0038 | 65 | 975 |
| | 景 | jing | 3 | | | 2492 | 808 |
| 2865. | 不 | bu | 4 | 30 | 0.0038 | 213 | 8 |
| | 覺 | jüeh | 2 | | | 2545 | 512 |
| 2866. | 不 | bu | 4 | 30 | 0.0038 | 213 | 8 |
| | 至 | rji | 4 | | | 3110 | 442 |
| 2867. | 琴 | chin | 2 | 30 | 0.0038 | 2704 | 1053 |
| 2868. | 曲 | chü | 1 | 30 | 0.0038 | 2739 | 1440 |
| | 折 | rjuh | 2 | | | 3146 | 1469 |
| 2869. | 打 | da | 3 | 30 | 0.0038 | 744 | 253 |
| | 仗 | rjang | 4 | | | 3253 | 1850 |
| 2870. | 大 | da | 4 | 30 | 0.0038 | 745 | 12 |
| | 都 | dou | 1 | | | 783 | 42 |
| 2871. | 大 | da | 4 | 30 | 0.0038 | 745 | 12 |
| | 量 | liang | 4 | | | 1503 | 423 |
| 2872. | 担 | dan | 1 | 30 | 0.0038 | 798 | 1059 |
| | 心 | xin | 1 | | | 2946 | 142 |
| 2873. | 滴 | di | 1 | 30 | 0.0038 | 841 | 1698 |
| 2874. | 髒 | dsang | 1 | 30 | 0.0038 | 3931 | 1386 |
| 2875. | 祖 | dsu | 2 | 30 | 0.0038 | 3945 | 610 |
| | 母 | mu | 3 | | | 560 | 287 |
| 2876. | 祖 | dsu | 3 | 30 | 0.0038 | 3945 | 610 |
| | 父 | fu | 4 | | | 720 | 256 |
| 2877. | 作 | dswo | 4 | 30 | 0.0038 | 3953 | 47 |
| | 業 | yeh | 4 | | | 4397 | 137 |
| 2878. | 做 | dswo | 4 | 30 | 0.0038 | 3952 | 99 |
| | 事 | shi | 4 | | | 3592 | 77 |
| 2879. | 登 | dung | 1 | 30 | 0.0038 | 832 | 1360 |
| | 記 | ji | 4 | | | 2255 | 517 |
| 2880. | 返 | fan | 3 | 30 | 0.0038 | 619 | 1433 |
| 2881. | 訪 | fang | 3 | 30 | 0.0038 | 655 | 893 |
| 2882. | 廢 | fei | 4 | 30 | 0.0038 | 600 | 464 |
| | 物 | wu | 4 | | | 4602 | 128 |
| 2883. | 佛 | fo | 2 | 30 | 0.0038 | 587 | 1169 |
| 2884. | 分 | fun | 1 | 30 | 0.0038 | 630 | 112 |
| | 解 | jieh | 3 | | | 2326 | 546 |
| 2885. | 風 | fung | 1 | 30 | 0.0038 | 662 | 268 |
| | 氣 | chi | 4 | | | 2627 | 132 |
| 2886. | 工 | goong | 1 | 30 | 0.0038 | 1804 | 125 |
| | 會 | hwei | 4 | | | 2126 | 31 |
| 2887. | 公 | goong | 1 | 30 | 0.0038 | 1805 | 83 |
| | 子 | dsi | 5 | | | 3880 | 52 |
| 2888. | 工 | goong | 1 | 30 | 0.0038 | 1804 | 125 |
| | 資 | dsi | 1 | | | 3865 | 920 |
| 2889. | 古 | gu | 2 | 30 | 0.0038 | 1719 | 407 |
| | 老 | lau | 3 | | | 1322 | 117 |
| 2890. | 國 | gwo | 2 | 30 | 0.0038 | 1749 | 7 |
| | 中 | rjoong | 1 | | | 3361 | 20 |
| 2891. | 婚 | hoon | 1 | 30 | 0.0038 | 2155 | 1747 |
| | 禮 | li | 3 | | | 1389 | 605 |
| 2892. | 滑 | hwa | 2 | 30 | 0.0038 | 2079 | 1046 |
| 2893. | 浸 | jin | 4 | 30 | 0.0038 | 2457 | 1727 |
| 2894. | 晉 | jin | 4 | 30 | 0.0038 | 2458 | 1524 |
| 2895. | 驚 | jing | 1 | 30 | 0.0038 | 2483 | 1152 |
| | 人 | run | 2 | | | 3812 | 11 |
| 2896. | 看 | kan | 4 | 30 | 0.0038 | 1871 | 58 |
| | 不 | bu | 4 | | | 213 | 8 |
| | 起 | chi | 3 | | | 2621 | 78 |
| 2897. | 渴 | kuh | 3 | 30 | 0.0038 | 1839 | 1746 |
| | 望 | wang | 4 | | | 4719 | 381 |
| 2898. | 立 | li | 4 | 30 | 0.0038 | 1395 | 152 |
| | 法 | fa | 3 | | | 584 | 88 |
| | 院 | yüen | 4 | | | 4824 | 255 |
| 2899. | 例 | li | 4 | 30 | 0.0038 | 1400 | 751 |
| | 外 | wai | 4 | | | 4632 | 122 |

| | Char. | Syll. | Tone | Freq. | Freq.% | ID | Rank |
|---|---|---|---|---|---|---|---|
| 2900. | 練 | lien | 4 | 30 | 0.0038 | 1470 | 424 |
| 2901. | 臨 | lin | 2 | 30 | 0.0038 | 1476 | 857 |
| | 時 | shi | 2 | | | 3578 | 29 |
| 2902. | 律 | lü | 4 | 30 | 0.0038 | 1602 | 667 |
| | 師 | shi | 1 | | | 3570 | 116 |
| 2903. | 樂 | luh | 4 | 30 | 0.0038 | 1292 | 465 |
| | 園 | yüen | 2 | | | 4810 | 656 |
| 2904. | 埋 | mai | 2 | 30 | 0.0038 | 424 | 1740 |
| 2905. | 忙 | mang | 2 | 30 | 0.0038 | 481 | 620 |
| | 碌 | lu | 4 | | | 1540 | 2565 |
| 2906. | 貌 | mau | 4 | 30 | 0.0038 | 458 | 1767 |
| 2907. | 免 | mien | 3 | 30 | 0.0038 | 534 | 781 |
| 2908. | 孥 | nu | 2 | 30 | 0.0038 | id 5 | rk 5 |
| 2909. | 鋪 | pu | 4 | 30 | 0.0038 | 377 | 1998 |
| 2910. | 查 | rca | 2 | 30 | 0.0038 | 3406 | 644 |
| 2911. | 嘗 | rcang | 2 | 30 | 0.0038 | 3476 | 2383 |
| | 試 | shi | 4 | | | 3599 | 504 |
| 2912. | 沈 | rcun | 2 | 30 | 0.0038 | 3459 | 1323 |
| 2913. | 成 | rcung | 2 | 30 | 0.0038 | 3490 | 56 |
| | 果 | gwo | 3 | | | 1751 | 174 |
| 2914. | 牀 | rcwang | 2 | 30 | 0.0038 | 3553 | 1095 |
| 2915. | 招 | rjau | 1 | 30 | 0.0038 | 3168 | 950 |
| | 待 | dai | 4 | | | 758 | 927 |
| 2916. | 知 | rji | 1 | 30 | 0.0038 | 3076 | 269 |
| | 縣 | xien | 4 | | | 2932 | 308 |
| 2917. | 職 | rji | 2 | 30 | 0.0038 | 3091 | 585 |
| | 務 | wu | 4 | | | 4601 | 377 |
| 2918. | 整 | rjung | 3 | 30 | 0.0038 | 3273 | 593 |
| | 潔 | jieh | 2 | | | 2313 | 982 |
| 2919. | 正 | rjung | 4 | 30 | 0.0038 | 3274 | 193 |
| | 當 | dang | 1 | | | 819 | 157 |
| 2920. | 轉 | rjwan | 3 | 30 | 0.0038 | 3343 | 531 |
| | 身 | shun | 1 | | | 3691 | 249 |
| 2921. | 莊 | rjwang | 1 | 30 | 0.0038 | 3351 | 1315 |
| | 嚴 | yen | 2 | | | 4471 | 861 |
| 2922. | 瑞 | rwei | 4 | 30 | 0.0038 | 3845 | 1325 |
| | 士 | shi | 4 | | | 3596 | 362 |
| 2923. | 實 | shi | 2 | 30 | 0.0038 | 3581 | 215 |
| | 踐 | jien | 4 | | | 2422 | 1707 |
| 2924. | 攝 | shuh | 4 | 30 | 0.0038 | 3640 | 1691 |
| | 氏 | shi | 4 | | | 3607 | 1403 |
| 2925. | 水 | shwei | 3 | 30 | 0.0038 | 3781 | 75 |
| | 泥 | ni | 2 | | | 1213 | 1027 |
| 2926. | 絲 | si | 1 | 30 | 0.0038 | 4086 | 676 |
| | 毫 | hau | 2 | | | 1989 | 1773 |
| 2927. | 隨 | swei | 2 | 30 | 0.0038 | 4176 | 747 |
| | 即 | ji | 2 | | | 2227 | 812 |
| 2928. | 體 | ti | 3 | 30 | 0.0038 | 1073 | 178 |
| | 重 | rjoong | 4 | | | 3372 | 214 |
| 2929. | 投 | tou | 2 | 30 | 0.0038 | 1016 | 714 |
| | 手 | shou | 3 | | | 3660 | 190 |
| 2930. | 財 | tsai | 2 | 30 | 0.0038 | 4008 | 1119 |
| | 富 | fu | 4 | | | 721 | 773 |
| 2931. | 途 | tu | 2 | 30 | 0.0038 | 1119 | 706 |
| | 徑 | jing | 4 | | | 2504 | 1672 |
| 2932. | 嗯 | un | 1 | 30 | 0.0038 | 4284 | 3259 |
| 2933. | 唯 | wei | 2 | 30 | 0.0038 | 4644 | 2543 |
| 2934. | 胃 | wei | 4 | 30 | 0.0038 | 4665 | 1430 |
| 2935. | 鞋 | xieh | 2 | 30 | 0.0038 | 2851 | 1335 |
| 2936. | 心 | xin | 1 | 30 | 0.0038 | 2946 | 142 |
| | 目 | mu | 4 | | | 565 | 348 |
| 2937. | 洋 | yang | 2 | 30 | 0.0038 | 4532 | 456 |
| 2938. | 演 | yen | 2 | 30 | 0.0038 | 4483 | 645 |
| | 講 | jiang | 3 | | | 2471 | 356 |
| 2939. | 岩 | yen | 2 | 30 | 0.0038 | 4474 | 1879 |
| | 石 | shi | 2 | | | 3583 | 369 |
| 2940. | 音 | yin | 1 | 30 | 0.0038 | 4507 | 313 |
| | 符 | fu | 2 | | | 690 | 1067 |
| 2941. | 飲 | yin | 3 | 30 | 0.0038 | 4519 | 1642 |
| | 食 | shi | 2 | | | 3580 | 350 |
| 2942. | 贏 | ying | 2 | 30 | 0.0038 | 4565 | 2393 |

| | Char. | Syll. | Tone | Freq. | Freq.% | ID | Rank |
|---|---|---|---|---|---|---|---|
| 2943. | 優 | you | 1 | 30 | 0.0038 | 4431 | 983 |
| 2944. | 遊 | you | 2 | 30 | 0.0038 | 4434 | 463 |
| | 客 | kuh | 4 | | | 1844 | 922 |
| 2945. | 樂 | yüeh | 4 | 30 | 0.0038 | 4796 | 705 |
| | 隊 | dwei | 4 | | | 946 | 427 |
| 2946. | 圓 | yüen | 2 | 30 | 0.0038 | 4813 | 970 |
| | 形 | xing | 2 | | | 2988 | 252 |
| 2947. | 拔 | ba | 2 | 29 | 0.0037 | 9 | 1833 |
| 2948. | 北 | bei | 3 | 29 | 0.0037 | 61 | 72 |
| | 京 | jing | 1 | | | 2481 | 533 |
| 2949. | 不 | bu | 4 | 29 | 0.0037 | 213 | 8 |
| | 時 | shi | 2 | | | 3578 | 29 |
| 2950. | 代 | dai | 4 | 29 | 0.0037 | 756 | 262 |
| | 價 | jia | 4 | | | 2299 | 805 |
| 2951. | 遞 | di | 4 | 29 | 0.0037 | 864 | 2367 |
| 2952. | 動 | doong | 4 | 29 | 0.0037 | 974 | 94 |
| | 詞 | tsi | 2 | | | 3988 | 568 |
| 2953. | 鬪 | dou | 4 | 29 | 0.0037 | 789 | 1140 |
| | 爭 | rjung | 1 | | | 3263 | 613 |
| 2954. | 宗 | dsoong | 1 | 29 | 0.0037 | 3972 | 699 |
| 2955. | 責 | dsuh | 2 | 29 | 0.0037 | 3886 | 777 |
| 2956. | 作 | dswo | 4 | 29 | 0.0037 | 3953 | 47 |
| | 物 | wu | 4 | | | 4602 | 128 |
| 2957. | 兒 | er | 2 | 29 | 0.0037 | 4291 | 82 |
| | 女 | nü | 3 | | | 1278 | 302 |
| 2958. | 犯 | fan | 4 | 29 | 0.0037 | 624 | 1741 |
| | 罪 | dswei | 4 | | | 3960 | 1779 |
| 2959. | 服 | fu | 2 | 29 | 0.0037 | 688 | 366 |
| | 從 | tsoong | 2 | | | 4081 | 133 |
| 2960. | 改 | gai | 3 | 29 | 0.0037 | 1639 | 436 |
| | 爲 | wei | 2 | | | 4639 | 95 |
| 2961. | 乾 | gan | 1 | 29 | 0.0037 | 1669 | 761 |
| | 淨 | jing | 4 | | | 2502 | 1031 |
| 2962. | 感 | gan | 3 | 29 | 0.0037 | 1680 | 551 |
| | 激 | ji | 1 | | | 2203 | 1223 |
| 2963. | 寒 | han | 2 | 29 | 0.0037 | 2015 | 1018 |
| | 冷 | lung | 3 | | | 1367 | 710 |
| 2964. | 壺 | hu | 2 | 29 | 0.0037 | 2061 | 1935 |
| 2965. | 河 | huh | 2 | 29 | 0.0037 | 1954 | 159 |
| | 流 | liu | 2 | | | 1448 | 353 |
| 2966. | 何 | huh | 2 | 29 | 0.0037 | 1955 | 609 |
| | 等 | dung | 3 | | | 833 | 118 |
| 2967. | 黃 | hwang | 2 | 29 | 0.0037 | 2167 | 258 |
| | 河 | huh | 2 | | | 1954 | 159 |
| 2968. | 技 | ji | 4 | 29 | 0.0037 | 2263 | 1196 |
| | 能 | nung | 2 | | | 1212 | 70 |
| 2969. | 計 | ji | 4 | 29 | 0.0037 | 2256 | 410 |
| | 程 | rcung | 2 | | | 3491 | 580 |
| | 車 | rcuh | 1 | | | 3412 | 181 |
| 2970. | 教 | jiau | 4 | 29 | 0.0037 | 2368 | 68 |
| | 導 | dau | 4 | | | 777 | 405 |
| 2971. | 街 | jieh | 1 | 29 | 0.0037 | 2304 | 862 |
| | 道 | dau | 4 | | | 774 | 155 |
| 2972. | 箭 | jien | 4 | 29 | 0.0037 | 2420 | 779 |
| 2973. | 盡 | jin | 4 | 29 | 0.0037 | 2456 | 914 |
| | 量 | liang | 4 | | | 1503 | 423 |
| 2974. | 境 | jing | 4 | 29 | 0.0037 | 2501 | 853 |
| | 界 | jieh | 4 | | | 2329 | 265 |
| 2975. | 狂 | kwang | 2 | 29 | 0.0037 | 1935 | 1957 |
| 2976. | 籃 | lan | 2 | 29 | 0.0037 | 1341 | 1631 |
| 2977. | 糧 | liang | 2 | 29 | 0.0037 | 1496 | 1171 |
| 2978. | 流 | liu | 2 | 29 | 0.0037 | 1448 | 353 |
| | 動 | doong | 4 | | | 974 | 94 |
| 2979. | 劉 | liu | 2 | 29 | 0.0037 | 1447 | 680 |
| 2980. | 馬 | ma | 3 | 29 | 0.0037 | 390 | 282 |
| | 路 | lu | 4 | | | 1537 | 149 |
| 2981. | 慢 | man | 4 | 29 | 0.0037 | 470 | 659 |
| | 慢 | man | 4 | | | 470 | 659 |
| | 地 | di | 4 | | | 858 | 33 |
| 2982. | 毛 | mau | 2 | 29 | 0.0037 | 453 | 573 |
| | 病 | bing | 4 | | | 202 | 318 |
| 2983. | 冒 | mau | 4 | 29 | 0.0037 | 455 | 1578 |
| | 險 | xien | 3 | | | 2928 | 957 |
| 2984. | 美 | mei | 3 | 29 | 0.0037 | 442 | 80 |
| | 軍 | jün | 1 | | | 2574 | 150 |

| | Char. | Syll. | Tone | Freq. | Freq.% | ID | Rank |
|---|---|---|---|---|---|---|---|
| 2985. | 棉 | mien | 2 | 29 | 0.0037 | 530 | 737 |
| | 花 | hwa | 1 | | | 2078 | 246 |
| 2986. | 蒙 | mung | 2 | 29 | 0.0037 | 487 | 937 |
| 2987. | 農 | noong | 2 | 29 | 0.0037 | 1273 | 451 |
| | 夫 | fu | 1 | | | 681 | 502 |
| 2988. | 票 | piau | 4 | 29 | 0.0037 | 338 | 490 |
| 2989. | 盆 | pun | 2 | 29 | 0.0037 | 279 | 1243 |
| | 地 | di | 4 | | | 858 | 33 |
| 2990. | 染 | ran | 3 | 29 | 0.0037 | 3810 | 942 |
| | 色 | suh | 4 | | | 4114 | 339 |
| | 體 | ti | 3 | | | 1073 | 178 |
| 2991. | 廠 | rcang | 3 | 29 | 0.0037 | 3479 | 969 |
| | 商 | shang | 1 | | | 3707 | 474 |
| 2992. | 抽 | rcou | 1 | 29 | 0.0037 | 3431 | 1402 |
| 2993. | 成 | rcung | 2 | 29 | 0.0037 | 3490 | 56 |
| | 本 | bun | 3 | | | 112 | 65 |
| 2994. | 株 | rju | 1 | 29 | 0.0037 | 3284 | 2208 |
| 2995. | 人 | run | 2 | 29 | 0.0037 | 3812 | 11 |
| | 格 | guh | 2 | | | 1623 | 740 |
| 2996. | 失 | shi | 1 | 29 | 0.0037 | 3569 | 266 |
| | 蹤 | dsoong | 1 | | | 3974 | 2388 |
| 2997. | 書 | shu | 1 | 29 | 0.0037 | 3732 | 179 |
| | 籍 | ji | 2 | | | 2230 | 1619 |
| 2998. | 蔬 | shu | 1 | 29 | 0.0037 | 3735 | 1759 |
| | 菜 | tsai | 4 | | | 4017 | 574 |
| 2999. | 審 | shun | 3 | 29 | 0.0037 | 3699 | 1415 |
| | 查 | rca | 2 | | | 3406 | 644 |
| 3000. | 水 | shwei | 2 | 29 | 0.0037 | 3781 | 75 |
| | 果 | gwo | 3 | | | 1751 | 174 |
| 3001. | 蘇 | su | 1 | 29 | 0.0037 | 4149 | 399 |
| 3002. | 倘 | tang | 3 | 29 | 0.0037 | 1051 | 2662 |
| | 若 | rwo | 4 | | | 3841 | 899 |
| 3003. | 調 | tiau | 2 | 29 | 0.0037 | 1089 | 1121 |
| | 整 | rjung | 3 | | | 3273 | 593 |
| 3004. | 特 | tuh | 4 | 29 | 0.0037 | 989 | 328 |
| | 性 | xing | 4 | | | 2996 | 482 |
| 3005. | 網 | wang | 3 | 29 | 0.0037 | 4713 | 1695 |
| 3006. | 委 | wei | 3 | 29 | 0.0037 | 4653 | 518 |
| | 員 | yüen | 2 | | | 4808 | 210 |
| 3007. | 舞 | wu | 3 | 29 | 0.0037 | 4594 | 978 |
| 3008. | 物 | wu | 4 | 29 | 0.0037 | 4602 | 128 |
| | 品 | pin | 3 | | | 350 | 415 |
| 3009. | 霧 | wu | 4 | 29 | 0.0037 | 4603 | 1969 |
| 3010. | 溫 | wun | 1 | 29 | 0.0037 | 4697 | 534 |
| | 和 | huh | 2 | | | 1956 | 395 |
| 3011. | 文 | wun | 2 | 29 | 0.0037 | 4699 | 147 |
| | 件 | jien | 4 | | | 2419 | 521 |
| 3012. | 下 | xia | 4 | 29 | 0.0037 | 2844 | 50 |
| | 令 | ling | 4 | | | 1523 | 650 |
| 3013. | 消 | xiau | 1 | 29 | 0.0037 | 2873 | 475 |
| | 化 | hwa | 4 | | | 2085 | 278 |
| 3014. | 小 | xiau | 3 | 29 | 0.0037 | 2887 | 40 |
| | 數 | shu | 4 | | | 3755 | 400 |
| 3015. | 現 | xien | 4 | 29 | 0.0037 | 2933 | 167 |
| | 成 | rcung | 2 | | | 3490 | 56 |
| 3016. | 幸 | xing | 4 | 29 | 0.0037 | 2998 | 939 |
| | 運 | yün | 4 | | | 4841 | 284 |
| 3017. | 修 | xiu | 1 | 29 | 0.0037 | 2897 | 688 |
| | 正 | rjung | 4 | | | 3274 | 193 |
| 3018. | 敍 | xü | 4 | 29 | 0.0037 | 3015 | 1898 |
| | 述 | shu | 4 | | | 3757 | 917 |
| | 出 | rcu | 1 | | | 3507 | 60 |
| | 來 | lai | 2 | | | 1297 | 15 |
| 3019. | 言 | yen | 2 | 29 | 0.0037 | 4468 | 846 |
| | 語 | yü | 3 | | | 4751 | 346 |
| 3020. | 議 | yi | 4 | 29 | 0.0037 | 4331 | 290 |
| | 會 | hwei | 4 | | | 2126 | 31 |
| 3021. | 友 | you | 3 | 29 | 0.0037 | 4443 | 336 |
| 3022. | 愛 | ai | 4 | 28 | 0.0035 | 4246 | 300 |
| | 護 | hu | 4 | | | 2072 | 722 |
| 3023. | 撥 | bo | 1 | 28 | 0.0035 | 20 | 1577 |
| 3024. | 本 | bun | 2 | 28 | 0.0035 | 112 | 65 |
| | 領 | ling | 3 | | | 1521 | 461 |
| 3025. | 起 | chi | 3 | 28 | 0.0035 | 2621 | 78 |
| | 初 | rcu | 1 | | | 3506 | 496 |

| | Char. | Syll. | Tone | Freq. | Freq.% | ID | Rank |
|---|---|---|---|---|---|---|---|
| 3026. | 僑 | chiau | 2 | 28 | 0.0035 | 2652 | 1006 |
| | 胞 | bau | 1 | | | 74 | 985 |
| 3027. | 傾 | ching | 1 | 28 | 0.0035 | 2730 | 2095 |
| 3028. | 尊 | dsoon | 1 | 28 | 0.0035 | 3969 | 1495 |
| | 敬 | jing | 4 | | | 2503 | 909 |
| 3029. | 縱 | dsoong | 4 | 28 | 0.0035 | 3981 | 2065 |
| 3030. | 族 | dsu | 2 | 28 | 0.0035 | 3941 | 809 |
| 3031. | 作 | dswo | 4 | 28 | 0.0035 | 3953 | 47 |
| | 成 | rcung | 2 | | | 3490 | 56 |
| 3032. | 得 | duh | 2 | 28 | 0.0035 | 746 | 146 |
| | 以 | yi | 3 | | | 4324 | 24 |
| 3033. | 反 | fan | 3 | 28 | 0.0035 | 620 | 460 |
| | 正 | rjung | 4 | | | 3274 | 193 |
| 3034. | 匪 | fei | 3 | 28 | 0.0035 | 597 | 673 |
| | 諜 | dieh | 2 | | | 870 | 2053 |
| 3035. | 負 | fu | 4 | 28 | 0.0035 | 723 | 948 |
| | 担 | dan | 1 | | | 798 | 1059 |
| 3036. | 付 | fu | 4 | 28 | 0.0035 | 727 | 1463 |
| | 出 | rcu | 1 | | | 3507 | 60 |
| 3037. | 風 | fung | 1 | 28 | 0.0035 | 662 | 268 |
| | 格 | guh | 2 | | | 1623 | 740 |
| 3038. | 公 | goong | 1 | 28 | 0.0035 | 1805 | 83 |
| | 頃 | ching | 3 | | | 2736 | 3551 |
| 3039. | 功 | goong | 1 | 28 | 0.0035 | 1807 | 335 |
| | 用 | yüoong | 4 | | | 4864 | 38 |
| 3040. | 鬼 | gwei | 3 | 28 | 0.0035 | 1766 | 1914 |
| 3041. | 後 | hou | 4 | 28 | 0.0035 | 2009 | 48 |
| | 方 | fang | 1 | | | 647 | 62 |
| 3042. | 合 | huh | 2 | 28 | 0.0035 | 1953 | 172 |
| | 唱 | rcang | 4 | | | 3481 | 469 |
| 3043. | 黃 | hwang | 2 | 28 | 0.0035 | 2167 | 258 |
| | 色 | suh | 4 | | | 4114 | 339 |
| 3044. | 獎 | jiang | 3 | 28 | 0.0035 | 2470 | 718 |
| 3045. | 交 | jiau | 1 | 28 | 0.0035 | 2339 | 358 |
| | 給 | gei | 3 | | | 1645 | 219 |
| 3046. | 腳 | jiau | 3 | 28 | 0.0035 | 2356 | 729 |
| | 步 | bu | 4 | | | 214 | 417 |
| 3047. | 見 | jien | 4 | 28 | 0.0035 | 2417 | 206 |
| | 解 | jieh | 3 | | | 2326 | 546 |
| 3048. | 建 | jien | 4 | 28 | 0.0035 | 2416 | 273 |
| | 築 | rju | 2 | | | 3291 | 1022 |
| | 物 | wu | 4 | | | 4602 | 128 |
| 3049. | 淨 | jing | 4 | 28 | 0.0035 | 2502 | 1031 |
| 3050. | 舉 | jü | 2 | 28 | 0.0035 | 2522 | 276 |
| | 手 | shou | 3 | | | 3660 | 190 |
| 3051. | 舉 | jü | 3 | 28 | 0.0035 | 2522 | 276 |
| | 動 | doong | 4 | | | 974 | 94 |
| 3052. | 垃 | luh | 4 | 28 | 0.0035 | 1294 | 2458 |
| | 圾 | suh | 4 | | | 4116 | 2443 |
| 3053. | 落 | lwo | 4 | 28 | 0.0035 | 1558 | 681 |
| | 後 | hou | 4 | | | 2009 | 48 |
| 3054. | 悶 | mun | 1 | 28 | 0.0035 | 475 | 3157 |
| 3055. | 猛 | mung | 3 | 28 | 0.0035 | 495 | 1295 |
| | 然 | ran | 2 | | | 3807 | 123 |
| 3056. | 盤 | pan | 2 | 28 | 0.0035 | 272 | 1009 |
| 3057. | 偏 | pien | 1 | 28 | 0.0035 | 339 | 1660 |
| 3058. | 扯 | rcuh | 3 | 28 | 0.0035 | 3413 | 3240 |
| 3059. | 戰 | rjan | 4 | 28 | 0.0035 | 3215 | 280 |
| | 場 | rcang | 2 | | | 3474 | 450 |
| 3060. | 照 | rjau | 4 | 28 | 0.0035 | 3179 | 408 |
| | 射 | shuh | 4 | | | 3638 | 446 |
| 3061. | 指 | rji | 3 | 28 | 0.0035 | 3102 | 373 |
| | 定 | ding | 4 | | | 912 | 121 |
| 3062. | 征 | rjung | 1 | 28 | 0.0035 | 3264 | 1427 |
| | 服 | fu | 2 | | | 688 | 366 |
| 3063. | 徵 | rjung | 1 | 28 | 0.0035 | 3265 | 1192 |
| 3064. | 政 | rjung | 4 | 28 | 0.0035 | 3275 | 182 |
| | 見 | jien | 4 | | | 2417 | 206 |
| 3065. | 裝 | rjwang | 1 | 28 | 0.0035 | 3352 | 545 |
| | 飾 | shi | 4 | | | 3611 | 2183 |
| 3066. | 撞 | rjwang | 4 | 28 | 0.0035 | 3359 | 2145 |
| 3067. | 儒 | ru | 2 | 28 | 0.0035 | 3828 | 2624 |
| | 家 | jia | 1 | | | 2279 | 36 |

| | Char. | Syll. | Tone | Freq. | Freq.% | ID | Rank |
|---|---|---|---|---|---|---|---|
| 3068. | 阮 | rwan | 3 | 28 | 0.0035 | 3851 | 3127 |
| | 文 | wun | 2 | | | 4699 | 147 |
| | 紹 | shau | 4 | | | 3653 | 1492 |
| 3069. | 塞 | sai | 1 | 28 | 0.0035 | 4120 | 2045 |
| 3070. | 善 | shan | 4 | 28 | 0.0035 | 3682 | 840 |
| | 良 | liang | 2 | | | 1494 | 537 |
| 3071. | 視 | shi | 4 | 28 | 0.0035 | 3602 | 720 |
| | 爲 | wei | 2 | | | 4639 | 95 |
| 3072. | 適 | shi | 4 | 28 | 0.0035 | 3605 | 735 |
| | 宜 | yi | 2 | | | 4309 | 936 |
| 3073. | 手 | shou | 3 | 28 | 0.0035 | 3660 | 190 |
| | 臂 | bi | 4 | | | 143 | 1537 |
| 3074. | 神 | shun | 2 | 28 | 0.0035 | 3697 | 466 |
| | 聖 | shung | 4 | | | 3728 | 1154 |
| 3075. | 率 | shwai | 4 | 28 | 0.0035 | 3778 | 1534 |
| | 領 | ling | 3 | | | 1521 | 461 |
| 3076. | 稅 | shwei | 4 | 28 | 0.0035 | 3782 | 1235 |
| 3077. | 素 | su | 4 | 28 | 0.0035 | 4154 | 704 |
| 3078. | 牠 | ta | 1 | 28 | 0.0035 | 981 | 10 |
| | 們 | mun | 5 | | | 479 | 16 |
| 3079. | 討 | tau | 3 | 28 | 0.0035 | 1012 | 393 |
| | 厭 | yen | 4 | | | 4492 | 1817 |
| 3080. | 討 | tau | 3 | 28 | 0.0035 | 1012 | 393 |
| 3081. | 吞 | toon | 1 | 28 | 0.0035 | 1151 | 1806 |
| 3082. | 系 | xi | 4 | 28 | 0.0035 | 2823 | 834 |
| | 统 | toong | 3 | | | 1169 | 283 |
| 3083. | 想 | xiang | 2 | 28 | 0.0035 | 2970 | 192 |
| | 想 | xiang | 3 | | | 2970 | 192 |
| 3084. | 賢 | xien | 2 | 28 | 0.0035 | 2916 | 1571 |
| 3085. | 須 | xü | 1 | 28 | 0.0035 | 3004 | 626 |
| | 要 | yau | 4 | | | 4425 | 27 |
| 3086. | 尋 | xün | 2 | 28 | 0.0035 | 3053 | 1652 |
| | 找 | rjau | 3 | | | 3176 | 606 |
| 3087. | 遙 | yau | 2 | 28 | 0.0035 | 4413 | 2019 |
| | 遠 | yüen | 3 | | | 4822 | 364 |
| 3088. | 一 | yi | 1 | 28 | 0.0035 | 4300 | 2 |
| | 連 | lien | 2 | | | 1459 | 343 |
| | 串 | rcwan | 4 | | | 3541 | 2211 |
| 3089. | 矣 | yi | 3 | 28 | 0.0035 | 4329 | 4149 |
| 3090. | 異 | yi | 4 | 28 | 0.0035 | 4335 | 1096 |
| | 常 | rcang | 2 | | | 3472 | 136 |
| 3091. | 意 | yi | 4 | 28 | 0.0035 | 4332 | 195 |
| | 志 | rji | 4 | | | 3115 | 728 |
| 3092. | 音 | yin | 1 | 28 | 0.0035 | 4507 | 313 |
| | 色 | suh | 4 | | | 4114 | 339 |
| 3093. | 陰 | yin | 1 | 28 | 0.0035 | 4510 | 1148 |
| | 謀 | mou | 2 | | | 462 | 1327 |
| 3094. | 銀 | yin | 2 | 28 | 0.0035 | 4514 | 963 |
| | 子 | dsi | 5 | | | 3880 | 52 |
| 3095. | 友 | you | 3 | 28 | 0.0035 | 4443 | 336 |
| | 誼 | yi | 4 | | | 4345 | 2215 |
| 3096. | 有 | you | 3 | 28 | 0.0035 | 4444 | 6 |
| | 機 | ji | 1 | | | 2198 | 153 |
| 3097. | 怨 | yüen | 4 | 28 | 0.0035 | 4826 | 2155 |
| 3098. | 罷 | ba | 4 | 27 | 0.0034 | 13 | 1182 |
| | 了 | luh | 5 | | | 1295 | 5 |
| 3099. | 白 | bai | 2 | 27 | 0.0034 | 49 | 251 |
| | 天 | tien | 1 | | | 1097 | 28 |
| 3100. | 悲 | bei | 1 | 27 | 0.0034 | 57 | 1717 |
| | 哀 | ai | 1 | | | 4236 | 2017 |
| 3101. | 不 | bu | 4 | 27 | 0.0034 | 213 | 8 |
| | 妨 | fang | 2 | | | 652 | 1858 |
| 3102. | 橋 | chiau | 2 | 27 | 0.0034 | 2651 | 1052 |
| | 樑 | liang | 2 | | | 1497 | 2165 |
| 3103. | 情 | ching | 2 | 27 | 0.0034 | 2734 | 233 |
| | 感 | gan | 3 | | | 1680 | 551 |
| 3104. | 球 | chiu | 2 | 27 | 0.0034 | 2670 | 237 |
| | 員 | yüen | 2 | | | 4808 | 210 |
| 3105. | 大 | da | 4 | 27 | 0.0034 | 745 | 12 |
| | 同 | toong | 2 | | | 1160 | 92 |
| 3106. | 大 | da | 4 | 27 | 0.0034 | 745 | 12 |
| | 胆 | dan | 3 | | | 804 | 1787 |
| 3107. | 當 | dang | 1 | 27 | 0.0034 | 819 | 157 |
| | 下 | xia | 4 | | | 2844 | 50 |
| 3108. | 抵 | di | 3 | 27 | 0.0034 | 853 | 890 |
| | 抗 | kang | 4 | | | 1881 | 588 |

| | Char. | Syll. | Tone | Freq. | Freq.% | ID | Rank |
|---|---|---|---|---|---|---|---|
| 3109. | 地 | di | 4 | 27 | 0.0034 | 858 | 33 |
| | 中 | rjoong | 1 | | | 3361 | 20 |
| | 海 | hai | 3 | | | 1980 | 102 |
| 3110. | 典 | dien | 3 | 27 | 0.0034 | 894 | 1177 |
| | 型 | xing | 2 | | | 2991 | 1214 |
| 3111. | 訂 | ding | 4 | 27 | 0.0034 | 911 | 694 |
| 3112. | 懂 | doong | 3 | 27 | 0.0034 | 972 | 1663 |
| | 得 | duh | 2 | | | 746 | 146 |
| 3113. | 滋 | dsi | 1 | 27 | 0.0034 | 3869 | 2279 |
| | 味 | wei | 4 | | | 4663 | 882 |
| 3114. | 姿 | dsi | 1 | 27 | 0.0034 | 3864 | 1525 |
| | 態 | tai | 4 | | | 997 | 954 |
| 3115. | 租 | dsu | 1 | 27 | 0.0034 | 3940 | 1639 |
| 3116. | 贈 | dsung | 4 | 27 | 0.0034 | 3939 | 1561 |
| 3117. | 等 | dung | 3 | 27 | 0.0034 | 833 | 118 |
| | 候 | hou | 4 | | | 2008 | 140 |
| 3118. | 奪 | dwo | 2 | 27 | 0.0034 | 934 | 1423 |
| 3119. | 發 | fa | 1 | 27 | 0.0034 | 577 | 73 |
| | 起 | chi | 3 | | | 2621 | 78 |
| 3120. | 反 | fan | 3 | 27 | 0.0034 | 620 | 460 |
| | 映 | ying | 4 | | | 4577 | 1781 |
| 3121. | 虎 | hu | 3 | 27 | 0.0034 | 2069 | 1210 |
| 3122. | 化 | hwa | 4 | 27 | 0.0034 | 2085 | 278 |
| | 合 | huh | 2 | | | 1953 | 172 |
| 3123. | 毀 | hwei | 3 | 27 | 0.0034 | 2121 | 1808 |
| 3124. | 激 | ji | 1 | 27 | 0.0034 | 2203 | 1223 |
| | 動 | doong | 4 | | | 974 | 94 |
| 3125. | 急 | ji | 2 | 27 | 0.0034 | 2226 | 830 |
| | 忙 | mang | 2 | | | 481 | 620 |
| 3126. | 價 | jia | 4 | 27 | 0.0034 | 2299 | 805 |
| | 錢 | chien | 2 | | | 2686 | 525 |
| 3127. | 監 | jien | 1 | 27 | 0.0034 | 2393 | 1313 |
| | 督 | du | 1 | | | 915 | 1376 |
| 3128. | 間 | jien | 4 | 27 | 0.0034 | 2429 | 2466 |
| | 接 | jieh | 1 | | | 2305 | 294 |
| 3129. | 京 | jing | 1 | 27 | 0.0034 | 2481 | 533 |
| 3130. | 經 | jing | 1 | 27 | 0.0034 | 2479 | 110 |
| | 濟 | ji | 4 | | | 2262 | 839 |
| | 部 | bu | 4 | | | 212 | 91 |
| 3131. | 開 | kai | 1 | 27 | 0.0034 | 1849 | 114 |
| | 放 | fang | 4 | | | 660 | 285 |
| 3132. | 孔 | koong | 3 | 27 | 0.0034 | 1946 | 1060 |
| 3133. | 聯 | lien | 2 | 27 | 0.0034 | 1458 | 379 |
| | 盟 | mung | 2 | | | 486 | 1596 |
| 3134. | 樓 | lou | 2 | 27 | 0.0034 | 1328 | 1099 |
| | 下 | xia | 4 | | | 2844 | 50 |
| 3135. | 陸 | lu | 4 | 27 | 0.0034 | 1536 | 430 |
| | 軍 | jün | 1 | | | 2574 | 150 |
| 3136. | 描 | miau | 2 | 27 | 0.0034 | 521 | 2111 |
| | 述 | shu | 4 | | | 3757 | 917 |
| 3137. | 內 | nei | 4 | 27 | 0.0034 | 1193 | 241 |
| | 閣 | guh | 2 | | | 1625 | 1889 |
| 3138. | 平 | ping | 2 | 27 | 0.0034 | 354 | 165 |
| | 凡 | fan | 2 | | | 611 | 1082 |
| 3139. | 儲 | rcu | 2 | 27 | 0.0034 | 3509 | 1508 |
| | 蓄 | xü | 4 | | | 3018 | 2119 |
| 3140. | 直 | rji | 2 | 27 | 0.0034 | 3092 | 416 |
| | 徑 | jing | 4 | | | 2504 | 1672 |
| 3141. | 主 | rju | 3 | 27 | 0.0034 | 3299 | 130 |
| | 意 | yi | 4 | | | 4332 | 195 |
| 3142. | 抓 | rjwa | 1 | 27 | 0.0034 | 3316 | 1275 |
| 3143. | 轉 | rjwan | 3 | 27 | 0.0034 | 3343 | 531 |
| | 變 | bien | 4 | | | 180 | 316 |
| 3144. | 人 | run | 2 | 27 | 0.0034 | 3812 | 11 |
| | 間 | jien | 1 | | | 2391 | 245 |
| 3145. | 忍 | run | 3 | 27 | 0.0034 | 3815 | 1216 |
| | 耐 | nai | 4 | | | 1191 | 1500 |
| 3146. | 沙 | sha | 1 | 27 | 0.0034 | 3619 | 614 |
| | 灘 | tan | 1 | | | 1019 | 2195 |
| 3147. | 山 | shan | 1 | 27 | 0.0034 | 3670 | 107 |
| | 谷 | gu | 3 | | | 1723 | 1437 |
| 3148. | 師 | shi | 1 | 27 | 0.0034 | 3570 | 116 |
| | 兄 | xüoong | 1 | | | 3069 | 1159 |
| 3149. | 士 | shi | 4 | 27 | 0.0034 | 3596 | 362 |

| | Char. | Syll. | Tone | Freq. | Freq.% | ID | Rank |
|---|---|---|---|---|---|---|---|
| 3150. | 手 | shou | 3 | 27 | 0.0034 | 3660 | 190 |
| | 術 | shu | 4 | | | 3758 | 598 |
| 3151. | 神 | shun | 2 | 27 | 0.0034 | 3697 | 466 |
| | 情 | ching | 2 | | | 2734 | 233 |
| 3152. | 司 | si | 1 | 27 | 0.0034 | 4084 | 564 |
| | 機 | ji | 1 | | | 2198 | 153 |
| 3153. | 貼 | tieh | 1 | 27 | 0.0034 | 1083 | 1394 |
| 3154. | 停 | ting | 2 | 27 | 0.0034 | 1110 | 649 |
| | 留 | liu | 2 | | | 1450 | 800 |
| 3155. | 燦 | tsan | 4 | 27 | 0.0034 | 4033 | 2354 |
| | 爛 | lan | 4 | | | 1353 | 1465 |
| 3156. | 促 | tsu | 4 | 27 | 0.0034 | 4045 | 1485 |
| | 成 | rcung | 2 | | | 3490 | 56 |
| 3157. | 測 | tsuh | 4 | 27 | 0.0034 | 3999 | 1048 |
| | 驗 | yen | 4 | | | 4493 | 749 |
| 3158. | 推 | twei | 1 | 27 . | 0.0034 | 1145 | 601 |
| | 翻 | fan | 1 | | | 606 | 1297 |
| 3159. | 惡 | uh | 4 | 27 | 0.0034 | 4221 | 1264 |
| | 劣 | lieh | 4 | | | 1432 | 2604 |
| 3160. | 玩 | wan | 2 | 27 | 0.0034 | 4682 | 457 |
| | 具 | jü | 4 | | | 2530 | 583 |
| 3161. | 象 | xiang | 4 | 27 | 0.0034 | 2975 | 599 |
| | 徵 | rjung | 1 | | | 3265 | 1192 |
| 3162. | 夜 | yeh | 4 | 27 | 0.0034 | 4399 | 664 |
| | 晚 | wan | 3 | | | 4687 | 441 |
| 3163. | 儀 | yi | 2 | 27 | 0.0034 | 4308 | 1498 |
| | 式 | shi | 4 | | | 3604 | 762 |
| 3164. | 優 | you | 1 | 27 | 0.0034 | 4431 | 983 |
| | 美 | mei | 3 | | | 442 | 80 |
| 3165. | 悠 | you | 1 | 27 | 0.0034 | 4432 | 2391 |
| | 久 | jiu | 3 | | | 2376 | 522 |
| 3166. | 有 | you | 3 | 27 | 0.0034 | 4444 | 6 |
| | 意 | yi | 4 | | | 4332 | 195 |
| 3167. | 右 | you | 4 | 27 | 0.0034 | 4447 | 828 |
| | 手 | shou | 3 | | | 3660 | 190 |
| 3168. | 宇 | yü | 3 | 27 | 0.0034 | 4754 | 1554 |
| | 宙 | rjou | 4 | | | 3194 | 2683 |
| 3169. | 玉 | yü | 4 | 27 | 0.0034 | 4764 | 768 |
| | 米 | mi | 3 | | | 507 | 559 |
| 3170. | 院 | yüen | 4 | 27 | 0.0034 | 4824 | 255 |
| | 子 | dsi | 5 | | | 3880 | 52 |
| 3171. | 勇 | yüoong | 2 | 27 | 0.0034 | 4851 | 974 |
| | 敢 | gan | 3 | | | 1682 | 816 |
| 3172. | 永 | yüoong | 3 | 27 | 0.0034 | 4852 | 780 |
| | 恆 | hung | 2 | | | 2050 | 1585 |
| 3173. | 俺 | an | 3 | 26 | 0.0033 | id16 | rk16 |
| 3174. | 傍 | bang | 4 | 26 | 0.0033 | 125 | 4196 |
| | 晚 | wan | 3 | | | 4687 | 441 |
| 3175. | 比 | bi | 3 | 26 | 0.0033 | 134 | 211 |
| | 如 | ru | 2 | | | 3829 | 120 |
| 3176. | 編 | bien | 1 | 26 | 0.0033 | 170 | 472 |
| 3177. | 起 | chi | 3 | 26 | 0.0033 | 2621 | 78 |
| | 身 | shun | 1 | | | 3691 | 249 |
| 3178. | 牽 | chien | 1 | 26 | 0.0033 | 2678 | 1810 |
| 3179. | 親 | chin | 1 | 26 | 0.0033 | 2700 | 261 |
| | 切 | chieh | 1 | | | 2640 | 1869 |
| 3180. | 親 | chin | 1 | 26 | 0.0033 | 2700 | 261 |
| | 愛 | ai | 4 | | | 4246 | 300 |
| 3181. | 搭 | da | 1 | 26 | 0.0033 | 738 | 1679 |
| 3182. | 大 | da | 4 | 26 | 0.0033 | 745 | 12 |
| | 人 | run | 2 | | | 3812 | 11 |
| 3183. | 大 | da | 4 | 26 | 0.0033 | 745 | 12 |
| | 学 | xüeh | 2 | | | 3028 | 26 |
| | 生 | shung | 1 | | | 3715 | 32 |
| 3184. | 地 | di | 4 | 26 | 0.0033 | 858 | 33 |
| | 址 | rji | 3 | | | 3107 | 1775 |
| 3185. | 糟 | dsau | 1 | 26 | 0.0033 | 3902 | 2185 |
| 3186. | 子 | dsi | 3 | 26 | 0.0033 | 3874 | 324 |
| | 孫 | soon | 1 | | | 4190 | 998 |
| 3187. | 得 | duh | 2 | 26 | 0.0033 | 746 | 146 |
| | 意 | yi | 4 | | | 4332 | 195 |
| 3188. | 放 | fang | 4 | 26 | 0.0033 | 660 | 285 |
| | 出 | rcu | 1 | | | 3507 | 60 |
| 3189. | 廢 | fei | 4 | 26 | 0.0033 | 600 | 464 |
| 3190. | 高 | gau | 1 | 26 | 0.0033 | 1647 | 104 |
| | 等 | dung | 3 | | | 833 | 118 |

| | Char. | Syll. | Tone | Freq. | Freq.% | ID | Rank |
|---|---|---|---|---|---|---|---|
| 3191. | 共 | goong | 4 | 26 | 0.0033 | 1820 | 186 |
| | 產 | rcan | 2 | | | 3449 | 279 |
| | 主 | rju | 3 | | | 3299 | 130 |
| | 義 | yi | 4 | | | 4334 | 330 |
| 3192. | 國 | gwo | 2 | 26 | 0.0033 | 1749 | 7 |
| | 人 | run | 2 | | | 3812 | 11 |
| 3193. | 國 | gwo | 2 | 26 | 0.0033 | 1749 | 7 |
| | 立 | li | 4 | | | 1395 | 152 |
| 3194. | 行 | hang | 2 | 26 | 0.0033 | 2042 | 1123 |
| | 業 | yeh | 4 | | | 4397 | 137 |
| 3195. | 航 | hang | 2 | 26 | 0.0033 | 2043 | 671 |
| | 空 | koong | 1 | | | 1944 | 199 |
| 3196. | 紅 | hoong | 2 | 26 | 0.0033 | 2188 | 604 |
| | 血 | xüeh | 4 | | | 3031 | 1604 |
| | 球 | chiu | 2 | | | 2670 | 237 |
| 3197. | 忽 | hu | 1 | 26 | 0.0033 | 2052 | 833 |
| | 視 | shi | 4 | | | 3602 | 720 |
| 3198. | 護 | hu | 4 | 26 | 0.0033 | 2072 | 722 |
| | 士 | shi | 4 | | | 3596 | 362 |
| 3199. | 飢 | ji | 1 | 26 | 0.0033 | 2209 | 2266 |
| | 餓 | uh | 4 | | | 4224 | 1473 |
| 3200. | 季 | ji | 4 | 26 | 0.0033 | 2259 | 793 |
| | 風 | fung | 1 | | | 662 | 268 |
| 3201. | 講 | jiang | 2 | 26 | 0.0033 | 2471 | 356 |
| | 演 | yen | 3 | | | 4483 | 645 |
| 3202. | 金 | jin | 1 | 26 | 0.0033 | 2440 | 271 |
| | 門 | mun | 2 | | | 476 | 274 |
| 3203. | 經 | jing | 1 | 26 | 0.0033 | 2479 | 110 |
| | 歷 | li | 4 | | | 1399 | 934 |
| 3204. | 鏡 | jing | 4 | 26 | 0.0033 | 2499 | 756 |
| | 頭 | tou | 2 | | | 1017 | 164 |
| 3205. | 開 | kai | 1 | 26 | 0.0033 | 1849 | 114 |
| | 闢 | pi | 4 | | | 324 | 2250 |
| 3206. | 困 | koon | 4 | 26 | 0.0033 | 1931 | 1128 |
| 3207. | 空 | koong | 1 | 26 | 0.0033 | 1944 | 199 |
| | 間 | jien | 1 | | | 2391 | 245 |
| 3208. | 蠟 | la | 4 | 26 | 0.0033 | 1285 | 1841 |
| | 燭 | rju | 2 | | | 3293 | 2100 |
| 3209. | 琅 | lang | 3 | 26 | 0.0033 | 1362 | 3680 |
| 3210. | 牢 | lau | 2 | 26 | 0.0033 | 1317 | 1912 |
| 3211. | 累 | lei | 3 | 26 | 0.0033 | 1307 | 2721 |
| 3212. | 淚 | lei | 4 | 26 | 0.0033 | 1313 | 1435 |
| 3213. | 立 | li | 4 | 26 | 0.0033 | 1395 | 152 |
| | 法 | fa | 3 | | | 584 | 88 |
| 3214. | 陸 | lu | 4 | 26 | 0.0033 | 1536 | 430 |
| | 地 | di | 4 | | | 858 | 33 |
| 3215. | 泥 | ni | 2 | 26 | 0.0033 | 1213 | 1027 |
| 3216. | 拋 | pau | 1 | 26 | 0.0033 | 259 | 2648 |
| 3217. | 品 | pin | 3 | 26 | 0.0033 | 350 | 415 |
| 3218. | 菩 | pu | 2 | 26 | 0.0033 | 371 | 4225 |
| | 薩 | sa | 4 | | | 4111 | 1496 |
| 3219. | 嘗 | rcang | 2 | 26 | 0.0033 | 3476 | 2383 |
| 3220. | 吵 | rcau | 3 | 26 | 0.0033 | 3430 | 1797 |
| 3221. | 吃 | rci | 1 | 26 | 0.0033 | 3377 | 169 |
| | 驚 | jing | 1 | | | 2483 | 1152 |
| 3222. | 晨 | rcun | 2 | 26 | 0.0033 | 3456 | 878 |
| 3223. | 傳 | rcwan | 2 | 26 | 0.0033 | 3538 | 371 |
| | 說 | shwo | 1 | | | 3770 | 37 |
| 3224. | 垂 | rcwei | 2 | 26 | 0.0033 | 3531 | 2014 |
| | 直 | rji | 2 | | | 3092 | 416 |
| 3225. | 着 | rjau | 2 | 26 | 0.0033 | 3173 | 1153 |
| | 急 | ji | 2 | | | 2226 | 830 |
| 3226. | 旨 | rji | 3 | 26 | 0.0033 | 3106 | 2379 |
| 3227. | 中 | rjoong | 1 | 26 | 0.0033 | 3361 | 20 |
| | 東 | doong | 1 | | | 967 | 84 |
| 3228. | 陣 | rjun | 4 | 26 | 0.0033 | 3239 | 1021 |
| 3229. | 容 | roong | 2 | 26 | 0.0033 | 3855 | 401 |
| | 器 | chi | 4 | | | 2626 | 394 |
| 3230. | 喪 | sang | 1 | 26 | 0.0033 | 4143 | 2586 |
| 3231. | 商 | shang | 1 | 26 | 0.0033 | 3707 | 474 |
| | 品 | pin | 3 | | | 350 | 415 |
| 3232. | 傷 | shang | 1 | 26 | 0.0033 | 3706 | 754 |
| | 心 | xin | 1 | | | 2946 | 142 |

| | Char. | Syll. | Tone | Freq. | Freq.% | ID | Rank |
|---|---|---|---|---|---|---|---|
| 3233. | 時 | shi | 2 | 26 | 0.0033 | 3578 | 29 |
| | 分 | fun | 1 | | | 630 | 112 |
| 3234. | 釋 | shi | 4 | 26 | 0.0033 | 3606 | 1482 |
| 3235. | 首 | shou | 2 | 26 | 0.0033 | 3659 | 618 |
| | 長 | rjang | 3 | | | 3250 | 135 |
| 3236. | 生 | shung | 1 | 26 | 0.0033 | 3715 | 32 |
| | 病 | bing | 4 | | | 202 | 318 |
| 3237. | 斯 | si | 1 | 26 | 0.0033 | 4085 | 304 |
| | 蒂 | di | 4 | | | 861 | 1932 |
| | 文 | wun | 2 | | | 4699 | 147 |
| 3238. | 送 | soong | 4 | 26 | 0.0033 | 4204 | 435 |
| | 給 | gei | 3 | | | 1645 | 219 |
| 3239. | 隨 | swei | 2 | 26 | 0.0033 | 4176 | 747 |
| | 後 | hou | 4 | | | 2009 | 48 |
| 3240. | 銅 | toong | 2 | 26 | 0.0033 | 1162 | 1102 |
| 3241. | 測 | tsuh | 4 | 26 | 0.0033 | 3999 | 1048 |
| | 定 | ding | 4 | | | 912 | 121 |
| 3242. | 無 | wu | 2 | 26 | 0.0033 | 4585 | 295 |
| | 可 | kuh | 3 | | | 1840 | 41 |
| | 奈 | nai | 4 | | | 1190 | 2256 |
| | 何 | huh | 2 | | | 1955 | 609 |
| 3243. | 溪 | xi | 1 | 26 | 0.0033 | 2784 | 1230 |
| 3244. | 小 | xiau | 2 | 26 | 0.0033 | 2887 | 40 |
| | 組 | dsu | 3 | | | 3946 | 329 |
| 3245. | 葉 | yeh | 4 | 26 | 0.0033 | 4396 | 612 |
| | 子 | dsi | 5 | | | 3880 | 52 |
| 3246. | 葉 | yeh | 4 | 26 | 0.0033 | 4396 | 612 |
| | 綠 | lü | 4 | | | 1601 | 801 |
| | 素 | su | 4 | | | 4154 | 704 |
| 3247. | 椅 | yi | 3 | 26 | 0.0033 | 4328 | 1237 |
| 3248. | 遇 | yü | 4 | 26 | 0.0033 | 4766 | 1008 |
| | 見 | jien | 4 | | | 2417 | 206 |
| 3249. | 預 | yü | 4 | 26 | 0.0033 | 4761 | 690 |
| 3250. | 案 | an | 4 | 25 | 0.0032 | 4280 | 630 |
| | 子 | dsi | 5 | | | 3880 | 52 |
| 3251. | 包 | bau | 1 | 25 | 0.0032 | 73 | 554 |
| | 圍 | wei | 2 | | | 4641 | 792 |
| 3252. | 伯 | bo | 2 | 25 | 0.0032 | 25 | 883 |
| | 爵 | jüeh | 2 | | | 2547 | 2524 |
| 3253. | 不 | bu | 4 | 25 | 0.0032 | 213 | 8 |
| | 然 | ran | 2 | | | 3807 | 123 |
| 3254. | 恰 | chia | 4 | 25 | 0.0032 | 2639 | 1845 |
| 3255. | 去 | chü | 4 | 25 | 0.0032 | 2754 | 43 |
| | 世 | shi | 4 | | | 3594 | 236 |
| 3256. | 底 | di | 3 | 25 | 0.0032 | 854 | 820 |
| | 下 | xia | 4 | | | 2844 | 50 |
| 3257. | 電 | dien | 4 | 25 | 0.0032 | 896 | 129 |
| | 線 | xien | 4 | | | 2935 | 368 |
| 3258. | 尊 | dsoon | 1 | 25 | 0.0032 | 3969 | 1495 |
| | 嚴 | yen | 2 | | | 4471 | 861 |
| 3259. | 阻 | dsu | 3 | 25 | 0.0032 | 3947 | 1387 |
| | 礙 | ai | 4 | | | 4248 | 2018 |
| 3260. | 祖 | dsu | 3 | 25 | 0.0032 | 3945 | 610 |
| | 先 | xien | 1 | | | 2910 | 234 |
| 3261. | 組 | dsu | 3 | 25 | 0.0032 | 3946 | 329 |
| | 合 | huh | 2 | | | 1953 | 172 |
| 3262. | 對 | dwei | 4 | 25 | 0.0032 | 947 | 90 |
| | 不 | bu | 4 | | | 213 | 8 |
| | 起 | chi | 3 | | | 2621 | 78 |
| 3263. | 風 | fung | 1 | 25 | 0.0032 | 662 | 268 |
| | 俗 | su | 2 | | | 4152 | 1341 |
| 3264. | 核 | huh | 2 | 25 | 0.0032 | 1958 | 956 |
| 3265. | 活 | hwo | 2 | 25 | 0.0032 | 2091 | 203 |
| | 力 | li | 4 | | | 1396 | 143 |
| 3266. | 駕 | jia | 4 | 25 | 0.0032 | 2300 | 1937 |
| | 駛 | shi | 3 | | | 3588 | 1711 |
| 3267. | 講 | jiang | 3 | 25 | 0.0032 | 2471 | 356 |
| | 究 | jiu | 4 | | | 2381 | 434 |
| 3268. | 轎 | jiau | 4 | 25 | 0.0032 | 2371 | 2733 |
| 3269. | 解 | jieh | 3 | 25 | 0.0032 | 2326 | 546 |
| | 除 | rcu | 2 | | | 3510 | 444 |
| 3270. | 劍 | jien | 4 | 25 | 0.0032 | 2425 | 1809 |
| 3271. | 盡 | jin | 4 | 25 | 0.0032 | 2456 | 914 |
| | 力 | li | 4 | | | 1396 | 143 |
| 3272. | 精 | jing | 1 | 25 | 0.0032 | 2478 | 527 |
| | 確 | chüeh | 4 | | | 2761 | 949 |

| | Char. | Syll. | Tone | Freq. | Freq.% | ID | Rank |
|---|---|---|---|---|---|---|---|
| 3273. | 警 | jing | 3 | 25 | 0.0032 | 2491 | 1088 |
| | 告 | gau | 4 | | | 1655 | 386 |
| 3274. | 敬 | jing | 4 | 25 | 0.0032 | 2503 | 909 |
| | 禮 | li | 3 | | | 1389 | 605 |
| 3275. | 竟 | jing | 4 | 25 | 0.0032 | 2500 | 859 |
| | 然 | ran | 2 | | | 3807 | 123 |
| 3276. | 局 | jü | 2 | 25 | 0.0032 | 2516 | 672 |
| | 勢 | shi | 4 | | | 3600 | 557 |
| 3277. | 卡 | ka | 3 | 25 | 0.0032 | 1823 | 1110 |
| | 車 | rcuh | 1 | | | 3412 | 181 |
| 3278. | 擴 | kwo | 4 | 25 | 0.0032 | 1896 | 1397 |
| | 展 | rjan | 3 | | | 3209 | 577 |
| 3279. | 勞 | lau | 2 | 25 | 0.0032 | 1318 | 775 |
| | 動 | doong | 4 | | | 974 | 94 |
| 3280. | 粒 | li | 4 | 25 | 0.0032 | 1404 | 1743 |
| 3281. | 樓 | lou | 2 | 25 | 0.0032 | 1328 | 1099 |
| | 上 | shang | 4 | | | 3712 | 17 |
| 3282. | 馬 | ma | 3 | 25 | 0.0032 | 390 | 282 |
| | 車 | rcuh | 1 | | | 3412 | 181 |
| 3283. | 枚 | mei | 2 | 25 | 0.0032 | 434 | 1953 |
| 3284. | 秘 | mi | 4 | 25 | 0.0032 | 510 | 1080 |
| | 密 | mi | 4 | | | 511 | 660 |
| 3285. | 滅 | mieh | 4 | 25 | 0.0032 | 519 | 947 |
| 3286. | 明 | ming | 2 | 25 | 0.0032 | 552 | 101 |
| | 亮 | liang | 4 | | | 1502 | 553 |
| 3287. | 蒙 | mung | 2 | 25 | 0.0032 | 487 | 937 |
| | 古 | gu | 3 | | | 1719 | 407 |
| 3288. | 朦 | mung | 2 | 25 | 0.0032 | 490 | 3878 |
| | 朧 | loong | 2 | | | 1581 | 1683 |
| 3289. | 唸 | nien | 4 | 25 | 0.0032 | 1249 | 578 |
| | 書 | shu | 1 | | | 3732 | 179 |
| 3290. | 脾 | pi | 2 | 25 | 0.0032 | 313 | 2596 |
| | 氣 | chi | 4 | | | 2627 | 132 |
| 3291. | 僕 | pu | 2 | 25 | 0.0032 | 366 | 2855 |
| | 人 | run | 2 | | | 3812 | 11 |
| 3292. | 捧 | pung | 3 | 25 | 0.0032 | 300 | 2778 |
| 3293. | 鈔 | rcau | 1 | 25 | 0.0032 | 3422 | 2120 |
| | 票 | piau | 4 | | | 338 | 490 |
| 3294. | 出 | rcu | 1 | 25 | 0.0032 | 3507 | 60 |
| | 門 | mun | 2 | | | 476 | 274 |
| 3295. | 成 | rcung | 2 | 25 | 0.0032 | 3490 | 56 |
| | 年 | nien | 2 | | | 1242 | 35 |
| 3296. | 盞 | rjan | 3 | 25 | 0.0032 | 3208 | 3109 |
| 3297. | 戰 | rjan | 4 | 25 | 0.0032 | 3215 | 280 |
| | 略 | lüeh | 4 | | | 1608 | 1039 |
| 3298. | 殖 | rji | 2 | 25 | 0.0032 | 3098 | 1454 |
| | 民 | min | 2 | | | 542 | 59 |
| | 地 | di | 4 | | | 858 | 33 |
| 3299. | 致 | rji | 4 | 25 | 0.0032 | 3117 | 838 |
| | 力 | li | 4 | | | 1396 | 143 |
| 3300. | 證 | rjung | 4 | 25 | 0.0032 | 3277 | 712 |
| | 據 | jü | 4 | | | 2528 | 523 |
| 3301. | 專 | rjwan | 1 | 25 | 0.0032 | 3339 | 547 |
| | 門 | mun | 2 | | | 476 | 274 |
| 3302. | 人 | run | 2 | 25 | 0.0032 | 3812 | 11 |
| | 群 | chün | 2 | | | 2774 | 651 |
| 3303. | 三 | san | 1 | 25 | 0.0032 | 4138 | 18 |
| | 角 | jiau | 3 | | | 2354 | 637 |
| | 形 | xing | 2 | | | 2988 | 252 |
| 3304. | 嫂 | sau | 3 | 25 | 0.0032 | 4128 | 2066 |
| 3305. | 樹 | shu | 4 | 25 | 0.0032 | 3756 | 303 |
| | 葉 | yeh | 4 | | | 4396 | 612 |
| 3306. | 深 | shun | 1 | 25 | 0.0032 | 3690 | 639 |
| | 刻 | kuh | 4 | | | 1845 | 738 |
| 3307. | 生 | shung | 1 | 25 | 0.0032 | 3715 | 32 |
| | 殖 | rji | 2 | | | 3098 | 1454 |
| 3308. | 天 | tien | 1 | 25 | 0.0032 | 1097 | 28 |
| | 子 | dsi | 3 | | | 3874 | 324 |
| 3309. | 田 | tien | 2 | 25 | 0.0032 | 1099 | 535 |
| | 地 | di | 4 | | | 858 | 33 |
| 3310. | 挺 | ting | 3 | 25 | 0.0032 | 1114 | 2369 |
| 3311. | 挫 | tswo | 4 | 25 | 0.0032 | 4055 | 2904 |
| | 折 | rjuh | 2 | | | 3146 | 1469 |
| 3312. | 突 | tu | 1 | 25 | 0.0032 | 1122 | 968 |
| | 出 | rcu | 1 | | | 3507 | 60 |
| 3313. | 圖 | tu | 2 | 25 | 0.0032 | 1120 | 85 |
| | 畫 | hwa | 4 | | | 2088 | 320 |

| | Char. | Syll. | Tone | Freq. | Freq.% | ID | Rank |
|---|---|---|---|---|---|---|---|
| 3314. | 退 | twei | 4 | 25 | 0.0032 | 1148 | 819 |
| | 休 | xiu | 1 | | | 2896 | 894 |
| 3315. | 外 | wai | 4 | 25 | 0.0032 | 4632 | 122 |
| | 界 | jieh | 4 | | | 2329 | 265 |
| 3316. | 吳 | wu | 2 | 25 | 0.0032 | 4584 | 932 |
| 3317. | 物 | wu | 4 | 25 | 0.0032 | 4602 | 128 |
| | 資 | dsi | 1 | | | 3865 | 920 |
| 3318. | 攜 | xi | 1 | 25 | 0.0032 | 2789 | 2231 |
| | 帶 | dai | 4 | | | 755 | 301 |
| 3319. | 銷 | xiau | 1 | 25 | 0.0032 | 2872 | 1795 |
| 3320. | 小 | xiau | 3 | 25 | 0.0032 | 2887 | 40 |
| | 弟 | di | 4 | | | 860 | 340 |
| 3321. | 現 | xien | 4 | 25 | 0.0032 | 2933 | 167 |
| | 實 | shi | 2 | | | 3581 | 215 |
| 3322. | 牙 | ya | 2 | 25 | 0.0032 | 4374 | 836 |
| | 齒 | rci | 3 | | | 3385 | 1232 |
| 3323. | 仰 | yang | 3 | 25 | 0.0032 | 4544 | 1418 |
| 3324. | 野 | yeh | 3 | 25 | 0.0032 | 4393 | 814 |
| | 外 | wai | 4 | | | 4632 | 122 |
| 3325. | 遺 | yi | 2 | 25 | 0.0032 | 4307 | 449 |
| | 失 | shi | 1 | | | 3569 | 266 |
| 3326. | 音 | yin | 1 | 25 | 0.0032 | 4507 | 313 |
| | 調 | diau | 4 | | | 883 | 646 |
| 3327. | 語 | yü | 3 | 25 | 0.0032 | 4751 | 346 |
| | 氣 | chi | 4 | | | 2627 | 132 |
| 3328. | 閱 | yüeh | 4 | 25 | 0.0032 | 4795 | 1265 |
| | 讀 | du | 2 | | | 919 | 391 |
| 3329. | 員 | yüen | 2 | 25 | 0.0032 | 4808 | 210 |
| | 工 | goong | 1 | | | 1804 | 125 |
| 3330. | 暗 | an | 4 | 24 | 0.0030 | 4279 | 790 |
| | 示 | shi | 4 | | | 3598 | 528 |
| 3331. | 背 | bei | 4 | 24 | 0.0030 | 65 | 975 |
| | 後 | hou | 4 | | | 2009 | 48 |
| 3332. | 比 | bi | 3 | 24 | 0.0030 | 134 | 211 |
| | 喻 | yü | 4 | | | 4778 | 3147 |
| 3333. | 畢 | bi | 4 | 24 | 0.0030 | 138 | 708 |
| 3334. | 辯 | bien | 4 | 24 | 0.0030 | 182 | 2158 |
| | 論 | loon | 4 | | | 1577 | 347 |
| 3335. | 變 | bien | 4 | 24 | 0.0030 | 180 | 316 |
| | 動 | doong | 4 | | | 974 | 94 |
| 3336. | 圈 | chüen | 1 | 24 | 0.0030 | 2765 | 1399 |
| 3337. | 電 | dien | 4 | 24 | 0.0030 | 896 | 129 |
| | 池 | rci | 2 | | | 3379 | 1181 |
| 3338. | 冬 | doong | 1 | 24 | 0.0030 | 966 | 885 |
| | 季 | ji | 4 | | | 2259 | 793 |
| 3339. | 動 | doong | 4 | 24 | 0.0030 | 974 | 94 |
| | 機 | ji | 1 | | | 2198 | 153 |
| 3340. | 走 | dsou | 3 | 24 | 0.0030 | 3920 | 217 |
| | 私 | si | 1 | | | 4089 | 943 |
| 3341. | 最 | dswei | 4 | 24 | 0.0030 | 3961 | 109 |
| | 初 | rcu | 1 | | | 3506 | 496 |
| 3342. | 飯 | fan | 4 | 24 | 0.0030 | 622 | 418 |
| | 店 | dien | 4 | | | 895 | 1141 |
| 3343. | 改 | gai | 3 | 24 | 0.0030 | 1639 | 436 |
| | 良 | liang | 2 | | | 1494 | 537 |
| 3344. | 甘 | gan | 1 | 24 | 0.0030 | 1670 | 600 |
| 3345. | 剛 | gang | 1 | 24 | 0.0030 | 1692 | 771 |
| | 好 | hau | 3 | | | 1995 | 45 |
| 3346. | 滾 | goon | 3 | 24 | 0.0030 | 1797 | 1583 |
| 3347. | 工 | goong | 1 | 24 | 0.0030 | 1804 | 125 |
| | 夫 | fu | 1 | | | 681 | 502 |
| 3348. | 購 | gou | 4 | 24 | 0.0030 | 1665 | 1269 |
| 3349. | 廣 | gwang | 3 | 24 | 0.0030 | 1802 | 288 |
| | 告 | gau | 4 | | | 1655 | 386 |
| 3350. | 過 | gwo | 4 | 24 | 0.0030 | 1754 | 67 |
| | 於 | yü | 2 | | | 4728 | 113 |
| 3351. | 海 | hai | 3 | 24 | 0.0030 | 1980 | 102 |
| | 濱 | bin | 1 | | | 184 | 1374 |
| 3352. | 漢 | han | 4 | 24 | 0.0030 | 2025 | 492 |
| | 子 | dsi | 3 | | | 3874 | 324 |
| 3353. | 後 | hou | 4 | 24 | 0.0030 | 2009 | 48 |
| | 果 | gwo | 3 | | | 1751 | 174 |
| 3354. | 緩 | hwan | 3 | 24 | 0.0030 | 2144 | 1825 |
| 3355. | 回 | hwei | 2 | 24 | 0.0030 | 2120 | 163 |
| | 家 | jia | 1 | | | 2279 | 36 |

| | Char. | Syll. | Tone | Freq. | Freq.% | ID | Rank |
|---|---|---|---|---|---|---|---|
| 3356. | 毀 | hwei | 3 | 24 | 0.0030 | 2121 | 1808 |
| | 滅 | mieh | 4 | | | 519 | 947 |
| 3357. | 假 | jia | 3 | 24 | 0.0030 | 2292 | 896 |
| | 若 | rwo | 4 | | | 3841 | 899 |
| 3358. | 教 | jiau | 4 | 24 | 0.0030 | 2368 | 68 |
| | 頭 | tou | 2 | | | 1017 | 164 |
| 3359. | 傑 | jieh | 2 | 24 | 0.0030 | 2312 | 1558 |
| | 出 | rcu | 1 | | | 3507 | 60 |
| 3360. | 堅 | jien | 1 | 24 | 0.0030 | 2390 | 1041 |
| 3361. | 近 | jin | 4 | 24 | 0.0030 | 2453 | 344 |
| | 年 | nien | 2 | | | 1242 | 35 |
| 3362. | 局 | jü | 2 | 24 | 0.0030 | 2516 | 672 |
| | 長 | rjang | 3 | | | 3250 | 135 |
| 3363. | 開 | kai | 1 | 24 | 0.0030 | 1849 | 114 |
| | 拓 | two | 4 | | | 1144 | 2296 |
| 3364. | 恐 | koong | 3 | 24 | 0.0030 | 1945 | 1070 |
| 3365. | 快 | kwai | 4 | 24 | 0.0030 | 1902 | 232 |
| | 活 | hwo | 2 | | | 2091 | 203 |
| 3366. | 攔 | lan | 2 | 24 | 0.0030 | 1343 | 2723 |
| 3367. | 老 | lau | 3 | 24 | 0.0030 | 1322 | 117 |
| | 太 | tai | 4 | | | 998 | 158 |
| | 太 | tai | 4 | | | 998 | 158 |
| 3368. | 利 | li | 4 | 24 | 0.0030 | 1398 | 222 |
| | 息 | xi | 2 | | | 2806 | 622 |
| 3369. | 輪 | loon | 2 | 24 | 0.0030 | 1570 | 506 |
| 3370. | 龍 | loong | 2 | 24 | 0.0030 | 1581 | 1683 |
| 3371. | 嘛 | ma | 5 | 24 | 0.0030 | 396 | 4228 |
| 3372. | 秘 | mi | 4 | 24 | 0.0030 | 510 | 1080 |
| | 書 | shu | 1 | | | 3732 | 179 |
| 3373. | 面 | mien | 4 | 24 | 0.0030 | 539 | 66 |
| | 臨 | lin | 2 | | | 1476 | 857 |
| 3374. | 面 | mien | 4 | 24 | 0.0030 | 539 | 66 |
| | 孔 | koong | 3 | | | 1946 | 1060 |
| 3375. | 陌 | mo | 4 | 24 | 0.0030 | 416 | 2654 |
| | 生 | shung | 1 | | | 3715 | 32 |
| 3376. | 難 | nan | 2 | 24 | 0.0030 | 1202 | 570 |
| | 免 | mien | 3 | | | 534 | 781 |
| 3377. | 濃 | noong | 2 | 24 | 0.0030 | 1272 | 1824 |
| | 度 | du | 4 | | | 927 | 212 |
| 3378. | 騙 | pien | 4 | 24 | 0.0030 | 343 | 2050 |
| 3379. | 平 | ping | 2 | 24 | 0.0030 | 354 | 165 |
| | 行 | xing | 2 | | | 2989 | 76 |
| 3380. | 噴 | pun | 1 | 24 | 0.0030 | 278 | 1625 |
| 3381. | 膨 | pung | 2 | 24 | 0.0030 | 294 | 2452 |
| | 脹 | rjang | 4 | | | 3258 | 2382 |
| 3382. | 超 | rcau | 1 | 24 | 0.0030 | 3423 | 1233 |
| 3383. | 衝 | rcoong | 1 | 24 | 0.0030 | 3559 | 1160 |
| | 擊 | ji | 2 | | | 2229 | 886 |
| 3384. | 呈 | rcung | 2 | 24 | 0.0030 | 3496 | 1985 |
| | 現 | xien | 4 | | | 2933 | 167 |
| 3385. | 窗 | rcwang | 1 | 24 | 0.0030 | 3551 | 1136 |
| | 子 | dsi | 3 | | | 3874 | 324 |
| 3386. | 幢 | rcwang | 2 | 24 | 0.0030 | 3555 | 3244 |
| 3387. | 知 | rji | 1 | 24 | 0.0030 | 3076 | 269 |
| | 府 | fu | 3 | | | 710 | 323 |
| 3388. | 準 | rjoon | 3 | 24 | 0.0030 | 3350 | 623 |
| | 確 | chüeh | 4 | | | 2761 | 949 |
| 3389. | 中 | rjoong | 1 | 24 | 0.0030 | 3361 | 20 |
| | 途 | tu | 2 | | | 1119 | 706 |
| 3390. | 中 | rjoong | 1 | 24 | 0.0030 | 3361 | 20 |
| | 華 | hwa | 2 | | | 2080 | 166 |
| | 民 | min | 2 | | | 542 | 59 |
| | 族 | dsu | 2 | | | 3941 | 809 |
| 3391. | 中 | rjoong | 1 | 24 | 0.0030 | 3361 | 20 |
| | 央 | yang | 1 | | | 4528 | 625 |
| | 銀 | yin | 2 | | | 4514 | 963 |
| | 行 | hang | 2 | | | 2042 | 1123 |
| 3392. | 重 | rjoong | 4 | 24 | 0.0030 | 3372 | 214 |
| | 力 | li | 4 | | | 1396 | 143 |
| 3393. | 晝 | rjou | 4 | 24 | 0.0030 | 3195 | 1983 |
| 3394. | 振 | rjun | 4 | 24 | 0.0030 | 3236 | 996 |
| 3395. | 政 | rjung | 4 | 24 | 0.0030 | 3275 | 162 |
| 3396. | 正 | rjung | 4 | 24 | 0.0030 | 3274 | 193 |
| | 義 | yi | 4 | | | 4334 | 330 |

| | Char. | Syll. | Tone | Freq. | Freq.% | ID | Rank |
|---|---|---|---|---|---|---|---|
| 3397. | 榮 | roong | 2 | 24 | 0.0030 | 3854 | 888 |
| | 譽 | yü | 4 | | | 4767 | 1903 |
| 3398. | 熱 | ruh | 4 | 24 | 0.0030 | 3797 | 390 |
| | 量 | liang | 4 | | | 1503 | 423 |
| 3399. | 人 | run | 2 | 24 | 0.0030 | 3812 | 11 |
| | 羣 | chün | 2 | | | 2775 | 651 |
| 3400. | 識 | shi | 4 | 24 | 0.0030 | 3603 | 632 |
| 3401. | 售 | shou | 4 | 24 | 0.0030 | 3664 | 1637 |
| 3402. | 省 | shung | 2 | 24 | 0.0030 | 3724 | 201 |
| | 府 | fu | 3 | | | 710 | 323 |
| 3403. | 酸 | swan | 1 | 24 | 0.0030 | 4186 | 1255 |
| 3404. | 談 | tan | 2 | 24 | 0.0030 | 1024 | 581 |
| | 論 | loon | 4 | | | 1577 | 347 |
| 3405. | 提 | ti | 2 | 24 | 0.0030 | 1065 | 409 |
| | 起 | chi | 3 | | | 2621 | 78 |
| 3406. | 同 | toong | 2 | 24 | 0.0030 | 1160 | 92 |
| | 事 | shi | 4 | | | 3592 | 77 |
| 3407. | 叢 | tsoong | 2 | 24 | 0.0030 | 4080 | 1988 |
| 3408. | 塗 | tu | 2 | 24 | 0.0030 | 1121 | 1822 |
| 3409. | 疼 | tung | 2 | 24 | 0.0030 | 1058 | 1361 |
| 3410. | 外 | wai | 4 | 24 | 0.0030 | 4632 | 122 |
| | 匯 | hwei | 4 | | | 2129 | 2516 |
| 3411. | 完 | wan | 2 | 24 | 0.0030 | 4683 | 309 |
| | 美 | mei | 3 | | | 442 | 80 |
| 3412. | 萬 | wan | 4 | 24 | 0.0030 | 4695 | 315 |
| | 一 | yi | 1 | | | 4300 | 2 |
| 3413. | 魏 | wei | 4 | 24 | 0.0030 | 4666 | 1175 |
| 3414. | 污 | wu | 1 | 24 | 0.0030 | 4581 | 1694 |
| 3415. | 惜 | xi | 2 | 24 | 0.0030 | 2811 | 1620 |
| 3416. | 細 | xi | 4 | 24 | 0.0030 | 2821 | 584 |
| | 菌 | jün | 4 | | | 2579 | 962 |
| 3417. | 相 | xiang | 1 | 24 | 0.0030 | 2959 | 327 |
| | 差 | rca | 1 | | | 3399 | 2434 |
| 3418. | 想 | xiang | 3 | 24 | 0.0030 | 2970 | 192 |
| | 出 | rcu | 1 | | | 3507 | 60 |

| | Char. | Syll. | Tone | Freq. | Freq.% | ID | Rank |
|---|---|---|---|---|---|---|---|
| 3419. | 相 | xiang | 4 | 24 | 0.0030 | 2978 | 1174 |
| | 公 | goong | 1 | | | 1805 | 83 |
| 3420. | 小 | xiau | 2 | 24 | 0.0030 | 2887 | 40 |
| | 小 | xiau | 3 | | | 2887 | 40 |
| 3421. | 畜 | xü | 4 | 24 | 0.0030 | 3017 | 2179 |
| | 牧 | mu | 4 | | | 566 | 1365 |
| 3422. | 血 | xüeh | 4 | 24 | 0.0030 | 3031 | 1604 |
| 3423. | 言 | yen | 2 | 24 | 0.0030 | 4468 | 846 |
| | 論 | loon | 4 | | | 1577 | 347 |
| 3424. | 研 | yen | 2 | 24 | 0.0030 | 4467 | 439 |
| | 討 | tau | 3 | | | 1012 | 393 |
| 3425. | 演 | yen | 3 | 24 | 0.0030 | 4483 | 645 |
| | 唱 | rcang | 4 | | | 3481 | 469 |
| 3426. | 醫 | yi | 1 | 24 | 0.0030 | 4302 | 617 |
| | 藥 | yau | 4 | | | 4427 | 721 |
| 3427. | 躍 | yüeh | 4 | 24 | 0.0030 | 4800 | 2448 |
| 3428. | 願 | yüen | 4 | 24 | 0.0030 | 4823 | 787 |
| | 望 | wang | 4 | | | 4719 | 381 |
| 3429. | 云 | yün | 2 | 24 | 0.0030 | 4834 | 3832 |
| 3430. | 擁 | yüoong | 2 | 24 | 0.0030 | 4854 | 1643 |
| | 有 | you | 3 | | | 4444 | 6 |
| 3431. | 用 | yüoong | 4 | 24 | 0.0030 | 4864 | 38 |
| | 處 | rcu | 4 | | | 3521 | 334 |
| 3432. | 抱 | bau | 4 | 23 | 0.0029 | 84 | 1063 |
| | 怨 | yüen | 4 | | | 4826 | 2155 |
| 3433. | 不 | bu | 4 | 23 | 0.0029 | 213 | 8 |
| | 料 | liau | 4 | | | 1445 | 387 |
| 3434. | 奇 | chi | 2 | 23 | 0.0029 | 2600 | 730 |
| | 特 | tuh | 4 | | | 989 | 328 |
| 3435. | 旗 | chi | 2 | 23 | 0.0029 | 2603 | 868 |
| 3436. | 切 | chieh | 1 | 23 | 0.0029 | 2640 | 1869 |
| 3437. | 侵 | chin | 1 | 23 | 0.0029 | 2699 | 941 |
| | 蝕 | shi | 2 | | | 3585 | 1590 |
| 3438. | 勤 | chin | 2 | 23 | 0.0029 | 2703 | 1290 |
| | 劳 | lau | 2 | | | 1318 | 775 |
| 3439. | 清 | ching | 1 | 23 | 0.0029 | 2726 | 289 |
| | 醒 | xing | 3 | | | 2994 | 1301 |

| | Char. | Syll. | Tone | Freq. | Freq.% | ID | Rank |
|---|---|---|---|---|---|---|---|
| 3440. | 取 | chü | 3 | 23 | 0.0029 | 2751 | 486 |
| | 得 | duh | 2 | | | 746 | 146 |
| 3441. | 當 | dang | 1 | 23 | 0.0029 | 819 | 157 |
| | 日 | ri | 4 | | | 3795 | 54 |
| 3442. | 點 | dien | 2 | 23 | 0.0029 | 892 | 160 |
| | 點 | dien | 3 | | | 892 | 160 |
| | 頭 | tou | 2 | | | 1017 | 164 |
| 3443. | 雜 | dsa | 2 | 23 | 0.0029 | 3885 | 1104 |
| 3444. | 賭 | du | 3 | 23 | 0.0029 | 922 | 2026 |
| 3445. | 法 | fa | 3 | 23 | 0.0029 | 584 | 88 |
| | 則 | dsuh | 2 | | | 3887 | 758 |
| 3446. | 放 | fang | 4 | 23 | 0.0029 | 660 | 285 |
| | 鬆 | soong | 1 | | | 4195 | 1497 |
| 3447. | 菲 | fei | 1 | 23 | 0.0029 | 591 | 1408 |
| | 律 | lü | 4 | | | 1602 | 667 |
| | 賓 | bin | 1 | | | 185 | 1139 |
| 3448. | 姑 | gu | 1 | 23 | 0.0029 | 1710 | 1366 |
| | 娘 | niang | 2 | | | 1253 | 1579 |
| 3449. | 古 | gu | 3 | 23 | 0.0029 | 1719 | 407 |
| | 人 | run | 2 | | | 3812 | 11 |
| 3450. | 耕 | gung | 1 | 23 | 0.0029 | 1701 | 1336 |
| 3451. | 國 | gwo | 2 | 23 | 0.0029 | 1749 | 7 |
| | 軍 | jün | 1 | | | 2574 | 150 |
| 3452. | 國 | gwo | 2 | 23 | 0.0029 | 1749 | 7 |
| | 小 | xiau | 3 | | | 2887 | 40 |
| 3453. | 過 | gwo | 4 | 23 | 0.0029 | 1754 | 67 |
| | 度 | du | 4 | | | 927 | 212 |
| 3454. | 漢 | han | 4 | 23 | 0.0029 | 2025 | 492 |
| | 人 | run | 2 | | | 3812 | 11 |
| 3455. | 號 | hau | 4 | 23 | 0.0029 | 1997 | 270 |
| | 召 | rjau | 4 | | | 3178 | 1338 |
| 3456. | 呼 | hu | 1 | 23 | 0.0029 | 2053 | 829 |
| | 籲 | yü | 4 | | | 4769 | 2358 |
| 3457. | 河 | huh | 2 | 23 | 0.0029 | 1954 | 159 |
| | 川 | rcwan | 1 | | | 3536 | 698 |
| 3458. | 化 | hwa | 4 | 23 | 0.0029 | 2085 | 278 |
| | 合 | huh | 2 | | | 1953 | 172 |
| | 物 | wu | 4 | | | 4602 | 128 |
| 3459. | 化 | hwa | 4 | 23 | 0.0029 | 2085 | 278 |
| | 為 | wei | 2 | | | 4639 | 95 |
| 3460. | 輝 | hwei | 1 | 23 | 0.0029 | 2117 | 1702 |
| | 煌 | hwang | 2 | | | 2168 | 2517 |
| 3461. | 灰 | hwei | 1 | 23 | 0.0029 | 2113 | 1010 |
| | 色 | suh | 4 | | | 4114 | 339 |
| 3462. | 及 | ji | 2 | 23 | 0.0029 | 2223 | 291 |
| | 時 | shi | 2 | | | 3578 | 29 |
| 3463. | 交 | jiau | 1 | 23 | 0.0029 | 2339 | 358 |
| | 流 | liu | 2 | | | 1448 | 353 |
| 3464. | 繳 | jiau | 3 | 23 | 0.0029 | 2355 | 1896 |
| 3465. | 教 | jiau | 4 | 23 | 0.0029 | 2368 | 68 |
| | 育 | yü | 4 | | | 4762 | 196 |
| | 部 | bu | 4 | | | 212 | 91 |
| 3466. | 截 | jieh | 2 | 23 | 0.0029 | 2314 | 2267 |
| 3467. | 劫 | jieh | 2 | 23 | 0.0029 | 2317 | 2968 |
| 3468. | 緊 | jin | 2 | 23 | 0.0029 | 2448 | 822 |
| | 要 | yau | 4 | | | 4425 | 27 |
| 3469. | 井 | jing | 3 | 23 | 0.0029 | 2494 | 1439 |
| 3470. | 警 | jing | 3 | 23 | 0.0029 | 2491 | 1088 |
| | 方 | fang | 1 | | | 647 | 62 |
| 3471. | 聚 | jü | 4 | 23 | 0.0029 | 2535 | 1918 |
| 3472. | 考 | kau | 3 | 23 | 0.0029 | 1855 | 438 |
| | 驗 | yen | 4 | | | 4493 | 749 |
| 3473. | 藍 | lan | 2 | 23 | 0.0029 | 1338 | 1544 |
| | 色 | suh | 4 | | | 4114 | 339 |
| 3474. | 類 | lei | 4 | 23 | 0.0029 | 1314 | 298 |
| | 似 | si | 4 | | | 4093 | 841 |
| 3475. | 裂 | lieh | 4 | 23 | 0.0029 | 1429 | 1545 |
| 3476. | 連 | lien | 2 | 23 | 0.0029 | 1459 | 343 |
| | 忙 | mang | 2 | | | 481 | 620 |
| 3477. | 鄰 | lin | 2 | 23 | 0.0029 | 1479 | 1016 |
| 3478. | 馬 | ma | 3 | 23 | 0.0029 | 390 | 282 |
| | 來 | lai | 2 | | | 1297 | 15 |
| | 西 | xi | 1 | | | 2783 | 61 |
| | 亞 | ya | 4 | | | 4384 | 345 |
| 3479. | 美 | mei | 2 | 23 | 0.0029 | 442 | 80 |
| | 好 | hau | 3 | | | 1995 | 45 |

| | Char. | Syll. | Tone | Freq. | Freq.% | ID | Rank |
|---|---|---|---|---|---|---|---|
| 3480. | 名 | ming | 2 | 23 | 0.0029 | 551 | 141 |
| | 單 | dan | 1 | | | 797 | 616 |
| 3481. | 磨 | mo | 2 | 23 | 0.0029 | 401 | 1718 |
| | 擦 | tsa | 1 | | | 3998 | 1206 |
| 3482. | 納 | na | 4 | 23 | 0.0029 | 1178 | 955 |
| 3483. | 牛 | niu | 2 | 23 | 0.0029 | 1235 | 587 |
| | 頓 | doon | 4 | | | 960 | 782 |
| 3484. | 女 | nü | 3 | 23 | 0.0029 | 1278 | 302 |
| | 王 | wang | 2 | | | 4712 | 257 |
| 3485. | 拼 | pin | 1 | 23 | 0.0029 | 346 | 1645 |
| | 命 | ming | 4 | | | 557 | 431 |
| 3486. | 貧 | pin | 2 | 23 | 0.0029 | 348 | 1696 |
| 3487. | 破 | po | 4 | 23 | 0.0029 | 235 | 654 |
| | 裂 | lieh | 4 | | | 1429 | 1545 |
| 3488. | 長 | rcang | 2 | 23 | 0.0029 | 3471 | 227 |
| | 久 | jiu | 3 | | | 2376 | 522 |
| 3489. | 恥 | rci | 3 | 23 | 0.0029 | 3388 | 2236 |
| 3490. | 純 | rcoon | 2 | 23 | 0.0029 | 3544 | 2040 |
| | 粹 | tswei | 4 | | | 4062 | 2906 |
| 3491. | 襯 | rcun | 3 | 23 | 0.0029 | 3465 | 3242 |
| | 衫 | shan | 1 | | | 3671 | 3246 |
| 3492. | 成 | rcung | 2 | 23 | 0.0029 | 3490 | 56 |
| | 人 | run | 2 | | | 3812 | 11 |
| 3493. | 掌 | rjang | 3 | 23 | 0.0029 | 3249 | 1280 |
| | 櫃 | gwei | 4 | | | 1774 | 2343 |
| 3494. | 長 | rjang | 3 | 23 | 0.0029 | 3250 | 135 |
| | 官 | gwan | 1 | | | 1781 | 556 |
| 3495. | 照 | rjau | 4 | 23 | 0.0029 | 3179 | 408 |
| | 例 | li | 4 | | | 1400 | 751 |
| 3496. | 支 | rji | 1 | 23 | 0.0029 | 3080 | 923 |
| | 流 | liu | 2 | | | 1448 | 353 |
| 3497. | 知 | rji | 1 | 23 | 0.0029 | 3076 | 269 |
| | 識 | shi | 4 | | | 3603 | 632 |
| | 份 | fun | 4 | | | 641 | 661 |
| | 子 | dsi | 3 | | | 3874 | 324 |
| 3498. | 指 | rji | 3 | 23 | 0.0029 | 3102 | 373 |
| | 責 | dsuh | 2 | | | 3886 | 777 |
| 3499. | 竹 | rju | 2 | 23 | 0.0029 | 3292 | 634 |
| 3500. | 煮 | rju | 3 | 23 | 0.0029 | 3298 | 1281 |
| 3501. | 注 | rju | 4 | 23 | 0.0029 | 3303 | 447 |
| | 意 | yi | 4 | | | 4332 | 195 |
| | 到 | dau | 4 | | | 775 | 21 |
| 3502. | 熱 | ruh | 4 | 23 | 0.0029 | 3797 | 390 |
| | 忱 | rcun | 2 | | | 3462 | 3578 |
| 3503. | 撒 | sa | 1 | 23 | 0.0029 | 4106 | 3256 |
| 3504. | 散 | san | 4 | 23 | 0.0029 | 4141 | 1155 |
| | 佈 | bu | 4 | | | 216 | 986 |
| 3505. | 商 | shang | 1 | 23 | 0.0029 | 3707 | 474 |
| | 議 | yi | 4 | | | 4331 | 290 |
| 3506. | 收 | shou | 1 | 23 | 0.0029 | 3657 | 397 |
| | 穫 | hwo | 4 | | | 2099 | 2171 |
| 3507. | 說 | shwo | 1 | 23 | 0.0029 | 3770 | 37 |
| | 出 | rcu | 1 | | | 3507 | 60 |
| | 來 | lai | 2 | | | 1297 | 15 |
| 3508. | 踢 | ti | 1 | 23 | 0.0029 | 1062 | 2295 |
| 3509. | 提 | ti | 2 | 23 | 0.0029 | 1065 | 409 |
| | 醒 | xing | 3 | | | 2994 | 1301 |
| 3510. | 田 | tien | 2 | 23 | 0.0029 | 1099 | 535 |
| | 中 | rjoong | 1 | | | 3361 | 20 |
| 3511. | 聽 | ting | 1 | 23 | 0.0029 | 1107 | 267 |
| | 衆 | rjoong | 4 | | | 3371 | 757 |
| 3512. | 財 | tsai | 2 | 23 | 0.0029 | 4008 | 1119 |
| | 政 | rjung | 4 | | | 3275 | 162 |
| 3513. | 參 | tsan | 1 | 23 | 0.0029 | 4028 | 331 |
| | 與 | yü | 4 | | | 4781 | 3425 |
| 3514. | 操 | tsau | 1 | 23 | 0.0029 | 4019 | 1014 |
| | 作 | dswo | 4 | | | 3953 | 47 |
| 3515. | 測 | tsuh | 4 | 23 | 0.0029 | 3999 | 1048 |
| | 量 | liang | 2 | | | 1498 | 1436 |
| 3516. | 拖 | two | 1 | 23 | 0.0029 | 1132 | 1699 |
| | 延 | yen | 2 | | | 4472 | 1256 |
| 3517. | 王 | wang | 2 | 23 | 0.0029 | 4712 | 257 |
| | 國 | gwo | 2 | | | 1749 | 7 |
| 3518. | 王 | wang | 2 | 23 | 0.0029 | 4712 | 257 |
| | 室 | shi | 4 | | | 3601 | 549 |
| 3519. | 王 | wang | 2 | 23 | 0.0029 | 4712 | 257 |
| | 子 | dsi | 3 | | | 3874 | 324 |

| | Char. | Syll. | Tone | Freq. | Freq.% | ID | Rank |
|---|---|---|---|---|---|---|---|
| 3520. | 危 | wei | 2 | 23 | 0.0029 | 4643 | 1079 |
| 3521. | 違 | wei | 2 | 23 | 0.0029 | 4645 | 1950 |
| 3522. | 膝 | xi | 1 | 23 | 0.0029 | 2797 | 3095 |
| 3523. | 西 | xi | 1 | 23 | 0.0029 | 2783 | 61 |
| | 面 | mien | 4 | | | 539 | 66 |
| 3524. | 香 | xiang | 1 | 23 | 0.0029 | 2961 | 745 |
| | 蕉 | jiau | 1 | | | 2343 | 1938 |
| 3525. | 嚮 | xiang | 4 | 23 | 0.0029 | 2979 | 2983 |
| 3526. | 消 | xiau | 1 | 23 | 0.0029 | 2873 | 475 |
| | 除 | rcu | 2 | | | 3510 | 444 |
| 3527. | 消 | xiau | 1 | 23 | 0.0029 | 2873 | 475 |
| | 極 | ji | 2 | | | 2224 | 485 |
| 3528. | 笑 | xiau | 4 | 23 | 0.0029 | 2888 | 455 |
| | 話 | hwa | 4 | | | 2086 | 254 |
| 3529. | 笑 | xiau | 4 | 23 | 0.0029 | 2888 | 455 |
| | 容 | roong | 2 | | | 3855 | 401 |
| 3530. | 閑 | xien | 2 | 23 | 0.0029 | 2918 | 2177 |
| 3531. | 衣 | yi | 1 | 23 | 0.0029 | 4299 | 432 |
| | 裳 | shang | 5 | | | 3713 | 1483 |
| 3532. | 遺 | yi | 2 | 23 | 0.0029 | 4307 | 449 |
| | 傳 | rcwan | 2 | | | 3538 | 371 |
| 3533. | 遺 | yi | 2 | 23 | 0.0029 | 4307 | 449 |
| | 憾 | han | 4 | | | 2032 | 2569 |
| 3534. | 移 | yi | 2 | 23 | 0.0029 | 4306 | 918 |
| | 植 | rji | 2 | | | 3093 | 887 |
| 3535. | 營 | ying | 2 | 23 | 0.0029 | 4562 | 791 |
| | 養 | yang | 3 | | | 4542 | 421 |
| | 素 | su | 4 | | | 4154 | 704 |
| 3536. | 優 | you | 1 | 23 | 0.0029 | 4431 | 983 |
| | 越 | yüeh | 4 | | | 4793 | 558 |
| 3537. | 預 | yü | 4 | 23 | 0.0029 | 4761 | 690 |
| | 測 | tsuh | 4 | | | 3999 | 1048 |
| 3538. | 月 | yüeh | 4 | 23 | 0.0029 | 4794 | 97 |
| | 亮 | liang | 4 | | | 1502 | 553 |
| 3539. | 員 | yüen | 2 | 23 | 0.0029 | 4808 | 210 |
| | 外 | wai | 4 | | | 4632 | 122 |
| 3540. | 運 | yün | 4 | 23 | 0.0029 | 4841 | 284 |
| | 動 | doong | 4 | | | 974 | 94 |
| | 場 | rcang | 2 | | | 3474 | 450 |
| 3541. | 半 | ban | 4 | 22 | 0.0028 | 103 | 413 |
| | 天 | tien | 1 | | | 1097 | 28 |
| 3542. | 暴 | bau | 4 | 22 | 0.0028 | 87 | 1086 |
| | 力 | li | 4 | | | 1396 | 143 |
| 3543. | 報 | bau | 4 | 22 | 0.0028 | 85 | 184 |
| | 名 | ming | 2 | | | 551 | 141 |
| 3544. | 筆 | bi | 2 | 22 | 0.0028 | 133 | 429 |
| | 者 | rjuh | 3 | | | 3153 | 376 |
| 3545. | 別 | bieh | 2 | 22 | 0.0028 | 163 | 259 |
| | 墅 | shu | 4 | | | 3765 | 3780 |
| 3546. | 不 | bu | 4 | 22 | 0.0028 | 213 | 8 |
| | 安 | an | 1 | | | 4273 | 242 |
| 3547. | 啓 | chi | 3 | 22 | 0.0028 | 2620 | 977 |
| | 發 | fa | 1 | | | 577 | 73 |
| 3548. | 氣 | chi | 4 | 22 | 0.0028 | 2627 | 132 |
| | 盾 | doon | 4 | | | 962 | 3168 |
| 3549. | 輕 | ching | 1 | 22 | 0.0028 | 2728 | 592 |
| | 輕 | ching | 1 | | | 2728 | 592 |
| 3550. | 屈 | chü | 1 | 22 | 0.0028 | 2742 | 1919 |
| 3551. | 趣 | chü | 4 | 22 | 0.0028 | 2753 | 904 |
| | 味 | wei | 4 | | | 4663 | 882 |
| 3552. | 大 | da | 4 | 22 | 0.0028 | 745 | 12 |
| | 西 | xi | 1 | | | 2783 | 61 |
| | 洋 | yang | 2 | | | 4532 | 456 |
| 3553. | 單 | dan | 1 | 22 | 0.0028 | 797 | 616 |
| | 純 | rcoon | 2 | | | 3544 | 2040 |
| 3554. | 稻 | dau | 4 | 22 | 0.0028 | 776 | 980 |
| | 子 | dsi | 3 | | | 3874 | 324 |
| 3555. | 澱 | dien | 4 | 22 | 0.0028 | 902 | 2868 |
| | 粉 | fun | 3 | | | 639 | 999 |
| 3556. | 遭 | dsau | 1 | 22 | 0.0028 | 3903 | 1372 |
| | 到 | dau | 4 | | | 775 | 21 |
| 3557. | 茲 | dsi | 1 | 22 | 0.0028 | 3867 | 2042 |
| 3558. | 座 | dswo | 4 | 22 | 0.0028 | 3954 | 1012 |
| | 位 | wei | 4 | | | 4659 | 188 |
| 3559. | 獨 | du | 2 | 22 | 0.0028 | 920 | 959 |
| | 自 | dsi | 4 | | | 3878 | 86 |
| 3560. | 燈 | dung | 1 | 22 | 0.0028 | 831 | 677 |
| | 光 | gwang | 1 | | | 1801 | 224 |

| | Char. | Syll. | Tone | Freq. | Freq.% | ID | Rank |
|---|---|---|---|---|---|---|---|
| 3561. | 發 | fa | 1 | 22 | 0.0028 | 577 | 73 |
| | 言 | yen | 2 | | | 4468 | 846 |
| | 人 | run | 2 | | | 3812 | 11 |
| 3562. | 分 | fun | 1 | 22 | 0.0028 | 630 | 112 |
| | 配 | pei | 4 | | | 255 | 1097 |
| 3563. | 風 | fung | 1 | 22 | 0.0028 | 662 | 268 |
| | 度 | du | 4 | | | 927 | 212 |
| 3564. | 概 | gai | 4 | 22 | 0.0028 | 1641 | 1073 |
| 3565. | 高 | gau | 1 | 22 | 0.0028 | 1647 | 104 |
| | 大 | da | 4 | | | 745 | 12 |
| 3566. | 購 | gou | 4 | 22 | 0.0028 | 1665 | 1269 |
| | 買 | mai | 3 | | | 425 | 550 |
| 3567. | 古 | gu | 2 | 22 | 0.0028 | 1719 | 407 |
| | 典 | dien | 3 | | | 894 | 1177 |
| 3568. | 雇 | gu | 4 | 22 | 0.0028 | 1732 | 2728 |
| 3569. | 閣 | guh | 2 | 22 | 0.0028 | 1625 | 1889 |
| | 下 | xia | 4 | | | 2844 | 50 |
| 3570. | 官 | gwan | 1 | 22 | 0.0028 | 1781 | 556 |
| | 吏 | li | 4 | | | 1405 | 2135 |
| 3571. | 規 | gwei | 1 | 22 | 0.0028 | 1760 | 579 |
| | 範 | fan | 4 | | | 621 | 686 |
| 3572. | 國 | gwo | 2 | 22 | 0.0028 | 1749 | 7 |
| | 文 | wun | 2 | | | 4699 | 147 |
| 3573. | 呼 | hu | 1 | 22 | 0.0028 | 2053 | 829 |
| | 喚 | hwan | 4 | | | 2148 | 2306 |
| 3574. | 核 | huh | 2 | 22 | 0.0028 | 1958 | 956 |
| | 定 | ding | 4 | | | 912 | 121 |
| 3575. | 河 | huh | 2 | 22 | 0.0028 | 1954 | 159 |
| | 水 | shwei | 3 | | | 3781 | 75 |
| 3576. | 喚 | hwan | 4 | 22 | 0.0028 | 2148 | 2306 |
| 3577. | 繪 | hwei | 4 | 22 | 0.0028 | 2127 | 1438 |
| | 畫 | hwa | 4 | | | 2088 | 320 |
| 3578. | 極 | ji | 2 | 22 | 0.0028 | 2224 | 485 |
| | 力 | li | 4 | | | 1396 | 143 |
| 3579. | 計 | ji | 4 | 22 | 0.0028 | 2256 | 410 |
| | 算 | swan | 4 | | | 4188 | 480 |
| | 機 | ji | 1 | | | 2198 | 153 |
| 3580. | 記 | ji | 4 | 22 | 0.0028 | 2255 | 517 |
| | 號 | hau | 4 | | | 1997 | 270 |
| 3581. | 角 | jiau | 3 | 22 | 0.0028 | 2354 | 637 |
| | 度 | du | 4 | | | 927 | 212 |
| 3582. | 階 | jieh | 1 | 22 | 0.0028 | 2306 | 1601 |
| | 層 | tsung | 2 | | | 4041 | 1055 |
| 3583. | 姐 | jieh | 2 | 22 | 0.0028 | 2325 | 679 |
| | 姐 | jieh | 3 | | | 2325 | 679 |
| 3584. | 近 | jin | 4 | 22 | 0.0028 | 2453 | 344 |
| | 代 | dai | 4 | | | 756 | 262 |
| 3585. | 劇 | jü | 4 | 22 | 0.0028 | 2531 | 1213 |
| | 烈 | lieh | 4 | | | 1427 | 913 |
| 3586. | 拒 | jü | 4 | 22 | 0.0028 | 2533 | 1649 |
| 3587. | 可 | kuh | 3 | 22 | 0.0028 | 1840 | 41 |
| | 靠 | kau | 4 | | | 1857 | 960 |
| 3588. | 老 | lau | 2 | 22 | 0.0028 | 1322 | 117 |
| | 闆 | ban | 3 | | | 101 | 2775 |
| 3589. | 老 | lau | 3 | 22 | 0.0028 | 1322 | 117 |
| | 人 | run | 2 | | | 3812 | 11 |
| | 家 | jia | 1 | | | 2279 | 36 |
| 3590. | 理 | li | 3 | 22 | 0.0028 | 1388 | 207 |
| | 性 | xing | 4 | | | 2996 | 482 |
| 3591. | 蠻 | man | 2 | 22 | 0.0028 | 466 | 2291 |
| 3592. | 迷 | mi | 2 | 22 | 0.0028 | 502 | 1627 |
| | 惑 | hwo | 4 | | | 2102 | 3084 |
| 3593. | 免 | mien | 3 | 22 | 0.0028 | 534 | 781 |
| | 得 | duh | 2 | | | 746 | 146 |
| 3594. | 免 | mien | 3 | 22 | 0.0028 | 534 | 781 |
| | 費 | fei | 4 | | | 599 | 635 |
| 3595. | 麵 | mien | 4 | 22 | 0.0028 | 538 | 1393 |
| | 包 | bau | 1 | | | 73 | 554 |
| 3596. | 模 | mu | 2 | 22 | 0.0028 | 558 | 2782 |
| | 樣 | yang | 4 | | | 4546 | 69 |
| 3597. | 模 | mu | 2 | 22 | 0.0028 | 558 | 2782 |
| | 倣 | fang | 3 | | | 659 | 3456 |
| 3598. | 牛 | niu | 2 | 22 | 0.0028 | 1235 | 587 |
| | 奶 | nai | 3 | | | 1189 | 1647 |
| 3599. | 農 | noong | 2 | 22 | 0.0028 | 1273 | 451 |
| | 會 | hwei | 4 | | | 2126 | 31 |
| 3600. | 農 | noong | 2 | 22 | 0.0028 | 1273 | 451 |
| | 產 | rcan | 2 | | | 3449 | 279 |
| | 品 | pin | 3 | | | 350 | 415 |

| | Char. | Syll. | Tone | Freq. | Freq.% | ID | Rank |
|---|---|---|---|---|---|---|---|
| 3601. | 貧 | pin | 2 | 22 | 0.0028 | 348 | 1696 |
| | 苦 | ku | 3 | | | 1888 | 567 |
| 3602. | 品 | pin | 3 | 22 | 0.0028 | 350 | 415 |
| | 質 | rji | 2 | | | 3094 | 724 |
| 3603. | 巢 | rcau | 2 | 22 | 0.0028 | 3428 | 1966 |
| 3604. | 充 | rcoong | 1 | 22 | 0.0028 | 3560 | 739 |
| | 實 | shi | 2 | | | 3581 | 215 |
| 3605. | 出 | rcu | 1 | 22 | 0.0028 | 3507 | 60 |
| | 名 | ming | 2 | | | 551 | 141 |
| 3606. | 車 | rcuh | 1 | 22 | 0.0028 | 3412 | 181 |
| | 站 | rjan | 4 | | | 3214 | 586 |
| 3607. | 承 | rcung | 2 | 22 | 0.0028 | 3494 | 897 |
| 3608. | 誠 | rcung | 2 | 22 | 0.0028 | 3493 | 1413 |
| | 懇 | kun | 3 | | | 1875 | 2370 |
| 3609. | 乘 | rcung | 2 | 22 | 0.0028 | 3492 | 543 |
| | 積 | ji | 1 | | | 2201 | 961 |
| 3610. | 傳 | rcwan | 2 | 22 | 0.0028 | 3538 | 371 |
| | 染 | ran | 3 | | | 3810 | 942 |
| 3611. | 創 | rcwang | 4 | 22 | 0.0028 | 3558 | 916 |
| | 辦 | ban | 4 | | | 104 | 332 |
| 3612. | 債 | rjai | 4 | 22 | 0.0028 | 3165 | 2617 |
| 3613. | 掌 | rjang | 3 | 22 | 0.0028 | 3249 | 1280 |
| | 握 | wo | 4 | | | 4627 | 1419 |
| 3614. | 招 | rjau | 1 | 22 | 0.0028 | 3168 | 950 |
| 3615. | 志 | rji | 4 | 22 | 0.0028 | 3115 | 728 |
| | 願 | yüen | 4 | | | 4823 | 787 |
| 3616. | 中 | rjoong | 1 | 22 | 0.0028 | 3361 | 20 |
| | 年 | nien | 2 | | | 1242 | 35 |
| 3617. | 主 | rju | 3 | 22 | 0.0028 | 3299 | 130 |
| | 題 | ti | 2 | | | 1066 | 229 |
| 3618. | 針 | rjun | 1 | 22 | 0.0028 | 3222 | 915 |
| 3619. | 珍 | rjun | 1 | 22 | 0.0028 | 3225 | 1292 |
| | 妮 | ni | 2 | | | 1216 | 2411 |
| 3620. | 征 | rjung | 1 | 22 | 0.0028 | 3264 | 1427 |
| 3621. | 三 | san | 1 | 22 | 0.0028 | 4138 | 18 |
| | 角 | jiau | 3 | | | 2354 | 637 |
| | 洲 | rjou | 1 | | | 3188 | 420 |
| 3622. | 傻 | sha | 3 | 22 | 0.0028 | 3623 | 2435 |
| 3623. | 商 | shang | 1 | 22 | 0.0028 | 3707 | 474 |
| | 店 | dien | 4 | | | 895 | 1141 |
| 3624. | 尚 | shang | 4 | 22 | 0.0028 | 3711 | 1324 |
| | 書 | shu | 1 | | | 3732 | 179 |
| 3625. | 拾 | shi | 2 | 22 | 0.0028 | 3582 | 1589 |
| 3626. | 釋 | shi | 4 | 22 | 0.0028 | 3606 | 1482 |
| | 放 | fang | 4 | | | 660 | 285 |
| 3627. | 書 | shu | 1 | 22 | 0.0028 | 3732 | 179 |
| | 房 | fang | 2 | | | 649 | 560 |
| 3628. | 舍 | shuh | 4 | 22 | 0.0028 | 3637 | 1370 |
| 3629. | 省 | shung | 3 | 22 | 0.0028 | 3724 | 201 |
| | 會 | hwei | 4 | | | 2126 | 31 |
| 3630. | 睡 | shwei | 4 | 22 | 0.0028 | 3783 | 703 |
| | 眠 | mien | 2 | | | 529 | 1785 |
| 3631. | 賜 | si | 4 | 22 | 0.0028 | 4097 | 2629 |
| 3632. | 宿 | su | 4 | 22 | 0.0028 | 4158 | 1800 |
| 3633. | 祂 | ta | 1 | 22 | 0.0028 | id 4 | rk 4 |
| 3634. | 探 | tan | 4 | 22 | 0.0028 | 1036 | 1518 |
| | 討 | tau | 3 | | | 1012 | 393 |
| 3635. | 提 | ti | 2 | 22 | 0.0028 | 1065 | 409 |
| | 倡 | rcang | 4 | | | 3480 | 1690 |
| 3636. | 天 | tien | 1 | 22 | 0.0028 | 1097 | 28 |
| | 地 | di | 4 | | | 858 | 33 |
| 3637. | 財 | tsai | 2 | 22 | 0.0028 | 4008 | 1119 |
| 3638. | 藏 | tsang | 2 | 22 | 0.0028 | 4040 | 1118 |
| | 歛 | lien | 4 | | | 1475 | 3499 |
| 3639. | 次 | tsi | 4 | 22 | 0.0028 | 3996 | 173 |
| | 數 | shu | 4 | | | 3755 | 400 |
| 3640. | 促 | tsu | 4 | 22 | 0.0028 | 4045 | 1485 |
| | 使 | shi | 3 | | | 3587 | 154 |
| 3641. | 圖 | tu | 2 | 22 | 0.0028 | 1120 | 85 |
| | 書 | shu | 1 | | | 3732 | 179 |
| | 館 | gwan | 3 | | | 1786 | 702 |
| 3642. | 外 | wai | 4 | 22 | 0.0028 | 4632 | 122 |
| | 表 | biau | 3 | | | 168 | 182 |

| | Char. | Syll. | Tone | Freq. | Freq.% | ID | Rank |
|---|---|---|---|---|---|---|---|
| 3643. | 彎 | wan | 1 | 22 | 0.0028 | 4679 | 1407 |
| 3644. | 箱 | xiang | 1 | 22 | 0.0028 | 2960 | 1572 |
| 3645. | 效 | xiau | 4 | 22 | 0.0028 | 2891 | 935 |
| | 率 | lü | 4 | | | 1603 | 1842 |
| 3646. | 羨 | xien | 4 | 22 | 0.0028 | 2940 | 2205 |
| | 慕 | mu | 4 | | | 569 | 1929 |
| 3647. | 新 | xin | 1 | 22 | 0.0028 | 2947 | 134 |
| | 加 | jia | 1 | | | 2278 | 124 |
| | 坡 | po | 1 | | | 230 | 1344 |
| 3648. | 興 | xing | 1 | 22 | 0.0028 | 2982 | 505 |
| | 起 | chi | 3 | | | 2621 | 78 |
| 3649. | 形 | xing | 2 | 22 | 0.0028 | 2988 | 252 |
| | 態 | tai | 4 | | | 997 | 954 |
| 3650. | 楊 | yang | 2 | 22 | 0.0028 | 4537 | 1207 |
| 3651. | 一 | yi | 1 | 22 | 0.0028 | 4300 | 2 |
| | 度 | du | 4 | | | 927 | 212 |
| 3652. | 移 | yi | 2 | 22 | 0.0028 | 4306 | 918 |
| | 民 | min | 2 | | | 542 | 59 |
| 3653. | 音 | yin | 1 | 22 | 0.0028 | 4507 | 313 |
| | 樂 | yüeh | 4 | | | 4796 | 705 |
| | 家 | jia | 1 | | | 2279 | 36 |
| 3654. | 愈 | yü | 4 | 22 | 0.0028 | 4765 | 1595 |
| | 來 | lai | 2 | | | 1297 | 15 |
| | 愈 | yü | 4 | | | 4765 | 1595 |
| 3655. | 運 | yün | 4 | 22 | 0.0028 | 4841 | 284 |
| | 動 | doong | 4 | | | 974 | 94 |
| | 會 | hwei | 4 | | | 2126 | 31 |
| 3656. | 用 | yüoong | 4 | 22 | 0.0028 | 4864 | 38 |
| | 力 | li | 4 | | | 1396 | 143 |
| 3657. | 版 | ban | 3 | 21 | 0.0027 | 99 | 697 |
| 3658. | 包 | bau | 1 | 21 | 0.0027 | 73 | 554 |
| | 含 | han | 2 | | | 2016 | 991 |
| 3659. | 保 | bau | 2 | 21 | 0.0027 | 80 | 411 |
| | 守 | shou | 3 | | | 3661 | 931 |
| 3660. | 表 | biau | 3 | 21 | 0.0027 | 168 | 182 |
| | 現 | xien | 4 | | | 2933 | 167 |
| | 出 | rcu | 1 | | | 3507 | 60 |
| 3661. | 編 | bien | 1 | 21 | 0.0027 | 170 | 472 |
| | 輯 | ji | 2 | | | 2232 | 2227 |
| 3662. | 兵 | bing | 1 | 21 | 0.0027 | 192 | 459 |
| | 器 | chi | 4 | | | 2626 | 394 |
| 3663. | 柄 | bing | 3 | 21 | 0.0027 | 198 | 2249 |
| 3664. | 部 | bu | 4 | 21 | 0.0027 | 212 | 91 |
| | 份 | fun | 4 | | | 641 | 661 |
| 3665. | 佈 | bu | 4 | 21 | 0.0027 | 216 | 986 |
| | 置 | rji | 4 | | | 3114 | 741 |
| 3666. | 欺 | chi | 1 | 21 | 0.0027 | 2591 | 1708 |
| 3667. | 切 | chieh | 4 | 21 | 0.0027 | 2645 | 642 |
| | 實 | shi | 2 | | | 3581 | 215 |
| 3668. | 欠 | chien | 4 | 21 | 0.0027 | 2697 | 2468 |
| 3669. | 清 | ching | 1 | 21 | 0.0027 | 2726 | 289 |
| | 晨 | rcun | 2 | | | 3456 | 878 |
| 3670. | 情 | ching | 2 | 21 | 0.0027 | 2734 | 233 |
| | 報 | bau | 4 | | | 85 | 184 |
| 3671. | 大 | da | 4 | 21 | 0.0027 | 745 | 12 |
| | 部 | bu | 4 | | | 212 | 91 |
| 3672. | 釘 | ding | 1 | 21 | 0.0027 | 905 | 1616 |
| 3673. | 讚 | dsan | 4 | 21 | 0.0027 | 3927 | 1526 |
| | 揚 | yang | 2 | | | 4534 | 1156 |
| 3674. | 自 | dsi | 4 | 21 | 0.0027 | 3878 | 86 |
| | 身 | shun | 1 | | | 3691 | 249 |
| 3675. | 怎 | dsun | 3 | 21 | 0.0027 | 3930 | 185 |
| | 的 | di | 4 | | | 862 | 1044 |
| 3676. | 增 | dsung | 1 | 21 | 0.0027 | 3936 | 658 |
| | 強 | chiang | 2 | | | 2716 | 354 |
| 3677. | 作 | dswo | 4 | 21 | 0.0027 | 3953 | 47 |
| | 官 | gwan | 1 | | | 1781 | 556 |
| 3678. | 作 | dswo | 4 | 21 | 0.0027 | 3953 | 47 |
| | 曲 | chü | 3 | | | 2750 | 849 |
| | 家 | jia | 1 | | | 2279 | 36 |
| 3679. | 多 | dwo | 1 | 21 | 0.0027 | 933 | 49 |
| | 數 | shu | 4 | | | 3755 | 400 |
| 3680. | 防 | fang | 2 | 21 | 0.0027 | 650 | 375 |
| | 空 | koong | 1 | | | 1944 | 199 |
| 3681. | 紡 | fang | 3 | 21 | 0.0027 | 654 | 1614 |
| | 織 | rji | 1 | | | 3078 | 471 |

| | Char. | Syll. | Tone | Freq. | Freq.% | ID | Rank |
|---|---|---|---|---|---|---|---|
| 3682. | 放 | fang | 4 | 21 | 0.0027 | 660 | 285 |
| | 射 | shuh | 4 | | | 3638 | 446 |
| | 性 | xing | 4 | | | 2996 | 482 |
| 3683. | 腹 | fu | 4 | 21 | 0.0027 | 730 | 1821 |
| 3684. | 分 | fun | 1 | 21 | 0.0027 | 630 | 112 |
| | 開 | kai | 1 | | | 1849 | 114 |
| 3685. | 高 | gau | 1 | 21 | 0.0027 | 1647 | 104 |
| | 潮 | rcau | 2 | | | 3425 | 1607 |
| 3686. | 高 | gau | 1 | 21 | 0.0027 | 1647 | 104 |
| | 尚 | shang | 4 | | | 3711 | 1324 |
| 3687. | 公 | goong | 1 | 21 | 0.0027 | 1805 | 83 |
| | 人 | run | 2 | | | 3812 | 11 |
| 3688. | 鼓 | gu | 2 | 21 | 0.0027 | 1721 | 1122 |
| | 舞 | wu | 3 | | | 4594 | 978 |
| 3689. | 歌 | guh | 1 | 21 | 0.0027 | 1615 | 542 |
| | 唱 | rcang | 4 | | | 3481 | 469 |
| 3690. | 規 | gwei | 1 | 21 | 0.0027 | 1760 | 579 |
| | 則 | dsuh | 2 | | | 3887 | 758 |
| 3691. | 貴 | gwei | 4 | 21 | 0.0027 | 1772 | 804 |
| | 族 | dsu | 2 | | | 3941 | 809 |
| 3692. | 吼 | hou | 3 | 21 | 0.0027 | 2007 | 2373 |
| 3693. | 化 | hwa | 4 | 21 | 0.0027 | 2085 | 278 |
| | 学 | xüeh | 2 | | | 3028 | 26 |
| | 家 | jia | 1 | | | 2279 | 36 |
| 3694. | 荒 | hwang | 1 | 21 | 0.0027 | 2165 | 1503 |
| 3695. | 禍 | hwo | 4 | 21 | 0.0027 | 2100 | 1916 |
| 3696. | 家 | jia | 1 | 21 | 0.0027 | 2279 | 36 |
| | 裏 | li | 3 | | | 1386 | 44 |
| 3697. | 焦 | jiau | 1 | 21 | 0.0027 | 2346 | 2268 |
| | 急 | ji | 2 | | | 2226 | 830 |
| 3698. | 教 | jiau | 4 | 21 | 0.0027 | 2308 | 68 |
| | 養 | yang | 3 | | | 4542 | 421 |
| 3699. | 介 | jieh | 4 | 21 | 0.0027 | 2330 | 1332 |
| 3700. | 艦 | jien | 4 | 21 | 0.0027 | 2423 | 1145 |
| | 隊 | dwei | 4 | | | 946 | 427 |
| 3701. | 斤 | jin | 1 | 21 | 0.0027 | 2442 | 1587 |
| 3702. | 坑 | kung | 1 | 21 | 0.0027 | 1883 | 1933 |
| 3703. | 老 | lau | 2 | 21 | 0.0027 | 1322 | 117 |
| | 虎 | hu | 3 | | | 2069 | 1210 |
| 3704. | 屢 | lü | 3 | 21 | 0.0027 | 1596 | 2301 |
| 3705. | 盲 | mang | 2 | 21 | 0.0027 | 482 | 2656 |
| | 目 | mu | 4 | | | 565 | 348 |
| 3706. | 秒 | miau | 3 | 21 | 0.0027 | 525 | 1838 |
| | 鐘 | rjoong | 1 | | | 3360 | 662 |
| 3707. | 民 | min | 2 | 21 | 0.0027 | 542 | 59 |
| | 主 | rju | 2 | | | 3299 | 130 |
| | 黨 | dang | 3 | | | 822 | 903 |
| 3708. | 那 | na | 4 | 21 | 0.0027 | 1179 | 71 |
| | 邊 | bien | 1 | | | 171 | 260 |
| 3709. | 片 | pien | 4 | 21 | 0.0027 | 344 | 476 |
| | 刻 | kuh | 4 | | | 1845 | 738 |
| 3710. | 葡 | pu | 2 | 21 | 0.0027 | 365 | 1662 |
| | 萄 | tau | 5 | | | 1014 | 1909 |
| | 糖 | tang | 2 | | | 1044 | 855 |
| 3711. | 燃 | ran | 2 | 21 | 0.0027 | 3806 | 924 |
| | 料 | liau | 4 | | | 1445 | 387 |
| 3712. | 超 | rcau | 1 | 21 | 0.0027 | 3423 | 1233 |
| | 越 | yüeh | 4 | | | 4793 | 558 |
| 3713. | 成 | rcung | 2 | 21 | 0.0027 | 3490 | 56 |
| | 分 | fun | 4 | | | 640 | 693 |
| 3714. | 誠 | rcung | 2 | 21 | 0.0027 | 3493 | 1413 |
| 3715. | 船 | rcwan | 2 | 21 | 0.0027 | 3537 | 563 |
| | 長 | rjang | 3 | | | 3250 | 135 |
| 3716. | 闖 | rcwang | 3 | 21 | 0.0027 | 3556 | 3121 |
| 3717. | 日 | ri | 4 | 21 | 0.0027 | 3795 | 54 |
| | 記 | ji | 4 | | | 2255 | 517 |
| 3718. | 掌 | rjang | 3 | 21 | 0.0027 | 3249 | 1280 |
| 3719. | 障 | rjang | 4 | 21 | 0.0027 | 3256 | 1874 |
| | 礙 | ai | 4 | | | 4248 | 2018 |
| 3720. | 招 | rjau | 1 | 21 | 0.0027 | 3168 | 950 |
| | 呼 | hu | 1 | | | 2053 | 829 |
| 3721. | 着 | rjau | 2 | 21 | 0.0027 | 3173 | 1153 |
| | 重 | rjoong | 4 | | | 3372 | 214 |
| 3722. | 指 | rji | 3 | 21 | 0.0027 | 3102 | 373 |
| | 針 | rjun | 1 | | | 3222 | 915 |

| | Char. | Syll. | Tone | Freq. | Freq.% | ID | Rank |
|---|---|---|---|---|---|---|---|
| 3723. | 種 | rjoong | 3 | 21 | 0.0027 | 3368 | 89 |
| | 族 | dsu | 2 | | | 3941 | 809 |
| 3724. | 週 | rjou | 1 | 21 | 0.0027 | 3187 | 865 |
| | 末 | mo | 4 | | | 410 | 1390 |
| 3725. | 針 | rjun | 1 | 21 | 0.0027 | 3222 | 915 |
| | 對 | dwei | 4 | | | 947 | 90 |
| 3726. | 睜 | rjung | 1 | 21 | 0.0027 | 3267 | 1944 |
| 3727. | 證 | rjung | 4 | 21 | 0.0027 | 3277 | 712 |
| | 實 | shi | 2 | | | 3581 | 215 |
| 3728. | 賺 | rjwan | 4 | 21 | 0.0027 | 3345 | 2144 |
| | 錢 | chien | 2 | | | 2686 | 525 |
| 3729. | 上 | shang | 4 | 21 | 0.0027 | 3712 | 17 |
| | 漲 | rjang | 4 | | | 3261 | 4549 |
| 3730. | 時 | shi | 2 | 21 | 0.0027 | 3578 | 29 |
| | 時 | shi | 2 | | | 3578 | 29 |
| 3731. | 食 | shi | 2 | 21 | 0.0027 | 3580 | 350 |
| | 鹽 | yen | 2 | | | 4466 | 663 |
| 3732. | 收 | shou | 1 | 21 | 0.0027 | 3657 | 397 |
| | 音 | yin | 1 | | | 4507 | 313 |
| | 機 | ji | 1 | | | 2198 | 153 |
| 3733. | 收 | shou | 1 | 21 | 0.0027 | 3657 | 397 |
| | 縮 | swo | 1 | | | 4164 | 1429 |
| 3734. | 手 | shou | 2 | 21 | 0.0027 | 3660 | 190 |
| | 錶 | biau | 3 | | | 167 | 2451 |
| 3735. | 授 | shou | 4 | 21 | 0.0027 | 3665 | 1553 |
| 3736. | 輸 | shu | 1 | 21 | 0.0027 | 3731 | 1125 |
| | 送 | soong | 4 | | | 4204 | 435 |
| 3737. | 束 | shu | 4 | 21 | 0.0027 | 3760 | 1234 |
| | 縛 | fu | 4 | | | 700 | 3164 |
| 3738. | 射 | shuh | 4 | 21 | 0.0027 | 3638 | 446 |
| | 擊 | ji | 2 | | | 2229 | 886 |
| 3739. | 神 | shun | 2 | 21 | 0.0027 | 3697 | 466 |
| | 話 | hwa | 4 | | | 2086 | 254 |
| 3740. | 水 | shwei | 3 | 21 | 0.0027 | 3781 | 75 |
| | 分 | fun | 4 | | | 640 | 693 |
| 3741. | 孫 | soon | 1 | 21 | 0.0027 | 4190 | 998 |
| 3742. | 宿 | su | 4 | 21 | 0.0027 | 4158 | 1800 |
| | 舍 | shuh | 4 | | | 3637 | 1370 |
| 3743. | 縮 | swo | 1 | 21 | 0.0027 | 4164 | 1429 |
| | 小 | xiau | 3 | | | 2887 | 40 |
| 3744. | 天 | tien | 1 | 21 | 0.0027 | 1097 | 28 |
| | 上 | shang | 4 | | | 3712 | 17 |
| 3745. | 餐 | tsan | 1 | 21 | 0.0027 | 4027 | 1594 |
| 3746. | 蒼 | tsang | 1 | 21 | 0.0027 | 4036 | 1527 |
| | 涼 | liang | 2 | | | 1495 | 1178 |
| 3747. | 特 | tuh | 4 | 21 | 0.0027 | 989 | 328 |
| | 權 | chüen | 2 | | | 2766 | 473 |
| 3748. | 脫 | two | 1 | 21 | 0.0027 | 1133 | 1251 |
| 3749. | 尾 | wei | 3 | 21 | 0.0027 | 4655 | 1715 |
| | 巴 | ba | 1 | | | 2 | 388 |
| 3750. | 畏 | wei | 4 | 21 | 0.0027 | 4673 | 3023 |
| 3751. | 聞 | wun | 2 | 21 | 0.0027 | 4698 | 1242 |
| | 名 | ming | 2 | | | 551 | 141 |
| 3752. | 細 | xi | 4 | 21 | 0.0027 | 2821 | 584 |
| | 心 | xin | 1 | | | 2946 | 142 |
| 3753. | 巷 | xiang | 4 | 21 | 0.0027 | 2980 | 1846 |
| 3754. | 銷 | xiau | 1 | 21 | 0.0027 | 2872 | 1795 |
| | 售 | shou | 4 | | | 3664 | 1637 |
| 3755. | 消 | xiau | 1 | 21 | 0.0027 | 2873 | 475 |
| | 費 | fei | 4 | | | 599 | 635 |
| 3756. | 鞋 | xieh | 2 | 21 | 0.0027 | 2851 | 1335 |
| | 子 | dsi | 3 | | | 3874 | 324 |
| 3757. | 現 | xien | 4 | 21 | 0.0027 | 2933 | 167 |
| | 場 | rcang | 2 | | | 3474 | 450 |
| 3758. | 現 | xien | 4 | 21 | 0.0027 | 2933 | 167 |
| | 時 | shi | 2 | | | 3578 | 29 |
| 3759. | 型 | xing | 2 | 21 | 0.0027 | 2991 | 1214 |
| | 態 | tai | 4 | | | 997 | 954 |
| 3760. | 宣 | xüen | 1 | 21 | 0.0027 | 3034 | 766 |
| | 傳 | rcwan | 2 | | | 3538 | 371 |
| 3761. | 樣 | yang | 4 | 21 | 0.0027 | 4546 | 69 |
| | 樣 | yang | 4 | | | 4546 | 69 |
| 3762. | 延 | yen | 2 | 21 | 0.0027 | 4472 | 1256 |
| | 長 | rcang | 2 | | | 3471 | 227 |
| 3763. | 嚴 | yen | 2 | 21 | 0.0027 | 4471 | 861 |
| | 肅 | su | 4 | | | 4155 | 1318 |

| | Char. | Syll. | Tone | Freq. | Freq.% | ID | Rank |
|---|---|---|---|---|---|---|---|
| 3764. | 一 | yi | 1 | 21 | 0.0027 | 4300 | 2 |
| | 下 | xia | 4 | | | 2844 | 50 |
| | 子 | dsi | 5 | | | 3880 | 52 |
| 3765. | 一 | yi | 1 | 21 | 0.0027 | 4300 | 2 |
| | 兩 | liang | 3 | | | 1500 | 103 |
| 3766. | 英 | ying | 1 | 21 | 0.0027 | 4550 | 272 |
| | 國 | gwo | 2 | | | 1749 | 7 |
| | 人 | run | 2 | | | 3812 | 11 |
| 3767. | 優 | you | 1 | 21 | 0.0027 | 4431 | 983 |
| | 秀 | xiu | 4 | | | 2902 | 1020 |
| 3768. | 憂 | you | 1 | 21 | 0.0027 | 4430 | 2151 |
| | 慮 | lü | 4 | | | 1604 | 1722 |
| 3769. | 遠 | yüen | 3 | 21 | 0.0027 | 4822 | 364 |
| | 東 | doong | 1 | | | 967 | 84 |
| 3770. | 擁 | yüoong | 3 | 21 | 0.0027 | 4854 | 1643 |
| | 護 | hu | 4 | | | 2072 | 722 |
| 3771. | 挨 | ai | 1 | 20 | 0.0025 | 4237 | 2150 |
| 3772. | 罷 | ba | 4 | 20 | 0.0025 | 13 | 1182 |
| | 工 | goong | 1 | | | 1804 | 125 |
| 3773. | 白 | bai | 2 | 20 | 0.0025 | 49 | 251 |
| | 宮 | goong | 1 | | | 1808 | 1094 |
| 3774. | 半 | ban | 4 | 20 | 0.0025 | 103 | 413 |
| | 島 | dau | 3 | | | 770 | 380 |
| 3775. | 報 | bau | 4 | 20 | 0.0025 | 85 | 184 |
| | 復 | fu | 4 | | | 722 | 595 |
| 3776. | 臂 | bi | 4 | 20 | 0.0025 | 143 | 1537 |
| 3777. | 變 | bien | 4 | 20 | 0.0025 | 180 | 316 |
| | 做 | dswo | 4 | | | 3952 | 99 |
| 3778. | 濱 | bin | 1 | 20 | 0.0025 | 184 | 1374 |
| 3779. | 補 | bu | 3 | 20 | 0.0025 | 208 | 842 |
| 3780. | 前 | chien | 2 | 20 | 0.0025 | 2687 | 145 |
| | 方 | fang | 1 | | | 647 | 62 |
| 3781. | 親 | chin | 1 | 20 | 0.0025 | 2700 | 261 |
| | 友 | you | 3 | | | 4443 | 336 |
| 3782. | 傾 | ching | 1 | 20 | 0.0025 | 2730 | 2095 |
| | 斜 | xieh | 2 | | | 2854 | 1794 |
| 3783. | 打 | da | 3 | 20 | 0.0025 | 744 | 253 |
| | 破 | po | 4 | | | 235 | 654 |
| 3784. | 呆 | dai | 1 | 20 | 0.0025 | 752 | 1786 |
| 3785. | 地 | di | 4 | 20 | 0.0025 | 858 | 33 |
| | 圖 | tu | 2 | | | 1120 | 85 |
| 3786. | 董 | doong | 3 | 20 | 0.0025 | 971 | 2558 |
| | 事 | shi | 4 | | | 3592 | 77 |
| | 長 | rjang | 3 | | | 3250 | 135 |
| 3787. | 自 | dsi | 4 | 20 | 0.0025 | 3878 | 86 |
| | 私 | si | 1 | | | 4089 | 943 |
| 3788. | 阻 | dsu | 3 | 20 | 0.0025 | 3947 | 1387 |
| | 力 | li | 4 | | | 1396 | 143 |
| 3789. | 二 | er | 4 | 20 | 0.0025 | 4298 | 14 |
| | 氧 | yang | 3 | | | 4541 | 1305 |
| | 化 | hwa | 4 | | | 2085 | 278 |
| 3790. | 發 | fa | 1 | 20 | 0.0025 | 577 | 73 |
| | 行 | xing | 2 | | | 2989 | 76 |
| 3791. | 反 | fan | 3 | 20 | 0.0025 | 620 | 460 |
| | 攻 | goong | 1 | | | 1806 | 695 |
| 3792. | 放 | fang | 4 | 20 | 0.0025 | 660 | 285 |
| | 射 | shuh | 4 | | | 3638 | 446 |
| 3793. | 否 | fou | 3 | 20 | 0.0025 | 604 | 1101 |
| | 認 | run | 4 | | | 3816 | 479 |
| 3794. | 分 | fun | 1 | 20 | 0.0025 | 630 | 112 |
| | 母 | mu | 3 | | | 560 | 287 |
| 3795. | 分 | fun | 1 | 20 | 0.0025 | 630 | 112 |
| | 明 | ming | 2 | | | 552 | 101 |
| 3796. | 概 | gai | 4 | 20 | 0.0025 | 1641 | 1073 |
| | 念 | nien | 4 | | | 1250 | 578 |
| 3797. | 攻 | goong | 1 | 20 | 0.0025 | 1806 | 695 |
| | 勢 | shi | 4 | | | 3600 | 557 |
| 3798. | 隔 | guh | 2 | 20 | 0.0025 | 1626 | 1268 |
| | 壁 | bi | 4 | | | 140 | 1319 |
| 3799. | 更 | gung | 4 | 20 | 0.0025 | 1708 | 349 |
| | 巧 | chiau | 3 | | | 2659 | 1491 |
| 3800. | 關 | gwan | 1 | 20 | 0.0025 | 1780 | 247 |
| | 切 | chieh | 4 | | | 2645 | 642 |
| 3801. | 官 | gwan | 1 | 20 | 0.0025 | 1781 | 556 |
| | 兵 | bing | 1 | | | 192 | 459 |
| 3802. | 光 | gwang | 1 | 20 | 0.0025 | 1801 | 224 |
| | 緒 | xü | 4 | | | 3016 | 1550 |

| | Char. | Syll. | Tone | Freq. | Freq.% | ID | Rank |
|---|---|---|---|---|---|---|---|
| 3803. | 航 | hang | 2 | 20 | 0.0025 | 2043 | 671 |
| | 空 | koong | 1 | | | 1944 | 199 |
| | 公 | goong | 1 | | | 1805 | 83 |
| | 司 | si | 1 | | | 4084 | 564 |
| 3804. | 候 | hou | 4 | 20 | 0.0025 | 2008 | 140 |
| 3805. | 何 | huh | 2 | 20 | 0.0025 | 1955 | 609 |
| | 必 | bi | 4 | | | 139 | 483 |
| 3806. | 划 | hwa | 2 | 20 | 0.0025 | 2082 | 2263 |
| 3807. | 歡 | hwan | 1 | 20 | 0.0025 | 2138 | 428 |
| | 喜 | xi | 3 | | | 2817 | 440 |
| 3808. | 會 | hwei | 4 | 20 | 0.0025 | 2126 | 31 |
| | 腳 | jiau | 3 | | | 2356 | 729 |
| 3809. | 獲 | hwo | 4 | 20 | 0.0025 | 2095 | 1111 |
| | 致 | rji | 4 | | | 3117 | 838 |
| 3810. | 吉 | ji | 2 | 20 | 0.0025 | 2228 | 1005 |
| 3811. | 傢 | jia | 1 | 20 | 0.0025 | 2283 | 2200 |
| | 伙 | hwo | 3 | | | 2092 | 2170 |
| 3812. | 節 | jieh | 2 | 20 | 0.0025 | 2311 | 352 |
| | 省 | shung | 3 | | | 3724 | 201 |
| 3813. | 解 | jieh | 3 | 20 | 0.0025 | 2326 | 546 |
| | 答 | da | 1 | | | 737 | 1931 |
| 3814. | 藉 | jieh | 4 | 20 | 0.0025 | 2332 | 1868 |
| | 口 | kou | 3 | | | 1858 | 220 |
| 3815. | 近 | jin | 4 | 20 | 0.0025 | 2453 | 344 |
| | 來 | lai | 2 | | | 1297 | 15 |
| 3816. | 精 | jing | 1 | 20 | 0.0025 | 2478 | 527 |
| | 密 | mi | 4 | | | 511 | 660 |
| 3817. | 經 | jing | 1 | 20 | 0.0025 | 2479 | 110 |
| | 由 | you | 2 | | | 4435 | 126 |
| 3818. | 捐 | jüen | 1 | 20 | 0.0025 | 2563 | 1602 |
| 3819. | 開 | kai | 1 | 20 | 0.0025 | 1849 | 114 |
| | 玩 | wan | 2 | | | 4682 | 457 |
| | 笑 | xiau | 4 | | | 2888 | 455 |
| 3820. | 抗 | kang | 4 | 20 | 0.0025 | 1881 | 588 |
| 3821. | 空 | koong | 1 | 20 | 0.0025 | 1944 | 199 |
| | 虛 | xü | 1 | | | 3006 | 1920 |
| 3822. | 擴 | kwo | 4 | 20 | 0.0025 | 1896 | 1397 |
| 3823. | 勞 | lau | 2 | 20 | 0.0025 | 1318 | 775 |
| 3824. | 壘 | lei | 3 | 20 | 0.0025 | 1308 | 1328 |
| 3825. | 寮 | liau | 2 | 20 | 0.0025 | 1434 | 856 |
| | 國 | gwo | 2 | | | 1749 | 7 |
| 3826. | 聯 | lien | 2 | 20 | 0.0025 | 1458 | 379 |
| | 軍 | jün | 1 | | | 2574 | 150 |
| 3827. | 領 | ling | 2 | 20 | 0.0025 | 1521 | 461 |
| | 土 | tu | 3 | | | 1128 | 422 |
| 3828. | 流 | liu | 2 | 20 | 0.0025 | 1448 | 353 |
| | 域 | yü | 4 | | | 4763 | 811 |
| 3829. | 美 | mei | 3 | 20 | 0.0025 | 442 | 80 |
| | 洲 | rjou | 1 | | | 3188 | 420 |
| 3830. | 美 | mei | 3 | 20 | 0.0025 | 442 | 80 |
| | 觀 | gwan | 1 | | | 1782 | 359 |
| 3831. | 面 | mien | 4 | 20 | 0.0025 | 539 | 66 |
| | 目 | mu | 4 | | | 565 | 348 |
| 3832. | 門 | mun | 2 | 20 | 0.0025 | 476 | 274 |
| | 戶 | hu | 4 | | | 2071 | 858 |
| 3833. | 拿 | na | 2 | 20 | 0.0025 | 1175 | 382 |
| | 破 | po | 4 | | | 235 | 654 |
| | 崙 | loon | 2 | | | 1572 | 2084 |
| 3834. | 南 | nan | 2 | 20 | 0.0025 | 1203 | 81 |
| | 越 | yüeh | 4 | | | 4793 | 558 |
| 3835. | 內 | nei | 4 | 20 | 0.0025 | 1193 | 241 |
| | 陸 | lu | 4 | | | 1536 | 430 |
| 3836. | 寧 | ning | 2 | 20 | 0.0025 | 1256 | 774 |
| | 靜 | jing | 4 | | | 2498 | 785 |
| 3837. | 拋 | pau | 1 | 20 | 0.0025 | 259 | 2648 |
| | 棄 | chi | 4 | | | 2628 | 1709 |
| 3838. | 賠 | pei | 2 | 20 | 0.0025 | 252 | 2219 |
| 3839. | 腸 | rcang | 2 | 20 | 0.0025 | 3473 | 1471 |
| 3840. | 籌 | rcou | 2 | 20 | 0.0025 | 3433 | 1754 |
| | 備 | bei | 4 | | | 62 | 392 |
| 3841. | 出 | rcu | 1 | 20 | 0.0025 | 3507 | 60 |
| | 產 | rcan | 3 | | | 3449 | 279 |
| 3842. | 照 | rjau | 4 | 20 | 0.0025 | 3179 | 408 |
| | 料 | liau | 4 | | | 1445 | 387 |

| | Char. | Syll. | Tone | Freq. | Freq.% | ID | Rank |
|---|---|---|---|---|---|---|---|
| 3843. | 衆 | rjoong | 4 | 20 | 0.0025 | 3371 | 757 |
| | 多 | dwo | 1 | | | 933 | 49 |
| 3844. | 柱 | rju | 4 | 20 | 0.0025 | 3309 | 2235 |
| 3845. | 真 | rjun | 1 | 20 | 0.0025 | 3223 | 238 |
| | 的 | duh | 5 | | | 749 | 1 |
| 3846. | 震 | rjun | 4 | 20 | 0.0025 | 3238 | 1426 |
| | 動 | doong | 4 | | | 974 | 94 |
| 3847. | 溶 | roong | 2 | 20 | 0.0025 | 3857 | 1734 |
| 3848. | 熱 | ruh | 4 | 20 | 0.0025 | 3797 | 390 |
| | 愛 | ai | 4 | | | 4246 | 300 |
| 3849. | 山 | shan | 1 | 20 | 0.0025 | 3670 | 107 |
| | 麓 | lu | 4 | | | 1542 | 2875 |
| 3850. | 少 | shau | 4 | 20 | 0.0025 | 3654 | 993 |
| | 棒 | bang | 4 | | | 122 | 925 |
| 3851. | 時 | shi | 2 | 20 | 0.0025 | 3578 | 29 |
| | 機 | ji | 1 | | | 2198 | 153 |
| 3852. | 試 | shi | 4 | 20 | 0.0025 | 3599 | 504 |
| | 試 | shi | 4 | | | 3599 | 504 |
| 3853. | 受 | shou | 4 | 20 | 0.0025 | 3663 | 351 |
| | 精 | jing | 1 | | | 2478 | 527 |
| 3854. | 輸 | shu | 1 | 20 | 0.0025 | 3731 | 1125 |
| | 入 | ru | 4 | | | 3836 | 319 |
| 3855. | 深 | shun | 1 | 20 | 0.0025 | 3690 | 639 |
| | 深 | shun | 1 | | | 3690 | 639 |
| 3856. | 伸 | shun | 1 | 20 | 0.0025 | 3693 | 1062 |
| | 出 | rcu | 1 | | | 3507 | 60 |
| 3857. | 慎 | shun | 4 | 20 | 0.0025 | 3705 | 2535 |
| | 重 | rjoong | 4 | | | 3372 | 214 |
| 3858. | 繩 | shung | 2 | 20 | 0.0025 | 3723 | 1653 |
| 3859. | 摔 | shwai | 1 | 20 | 0.0025 | 3774 | 2437 |
| 3860. | 水 | shwei | 3 | 20 | 0.0025 | 3781 | 75 |
| | 利 | li | 4 | | | 1398 | 222 |
| 3861. | 鬆 | soong | 1 | 20 | 0.0025 | 4195 | 1497 |
| 3862. | 隨 | swei | 2 | 20 | 0.0025 | 4176 | 747 |
| | 地 | di | 4 | | | 858 | 33 |
| 3863. | 跳 | tiau | 4 | 20 | 0.0025 | 1095 | 670 |
| | 舞 | wu | 3 | | | 4594 | 978 |
| 3864. | 猜 | tsai | 1 | 20 | 0.0025 | 4004 | 2016 |
| 3865. | 雌 | tsi | 1 | 20 | 0.0025 | 3985 | 2440 |
| 3866. | 握 | wo | 4 | 20 | 0.0025 | 4627 | 1419 |
| | 手 | shou | 3 | | | 3660 | 190 |
| 3867. | 文 | wun | 2 | 20 | 0.0025 | 4699 | 147 |
| | 物 | wu | 4 | | | 4602 | 128 |
| 3868. | 穩 | wun | 3 | 20 | 0.0025 | 4705 | 2022 |
| 3869. | 西 | xi | 1 | 20 | 0.0025 | 2783 | 61 |
| | 北 | bei | 3 | | | 61 | 72 |
| 3870. | 習 | xi | 2 | 20 | 0.0025 | 2807 | 263 |
| 3871. | 息 | xi | 2 | 20 | 0.0025 | 2806 | 622 |
| 3872. | 下 | xia | 4 | 20 | 0.0025 | 2844 | 50 |
| | 雨 | yü | 3 | | | 4752 | 532 |
| 3873. | 下 | xia | 4 | 20 | 0.0025 | 2844 | 50 |
| | 班 | ban | 1 | | | 93 | 372 |
| 3874. | 箱 | xiang | 1 | 20 | 0.0025 | 2960 | 1572 |
| | 子 | dsi | 3 | | | 3874 | 324 |
| 3875. | 想 | xiang | 3 | 20 | 0.0025 | 2970 | 192 |
| | 一 | yi | 1 | | | 4300 | 2 |
| | 想 | xiang | 3 | | | 2970 | 192 |
| 3876. | 效 | xiau | 4 | 20 | 0.0025 | 2891 | 935 |
| 3877. | 孝 | xiau | 4 | 20 | 0.0025 | 2890 | 1352 |
| 3878. | 顯 | xien | 3 | 20 | 0.0025 | 2927 | 972 |
| | 微 | wei | 2 | | | 4640 | 798 |
| | 鏡 | jing | 4 | | | 2499 | 756 |
| 3879. | 薪 | xin | 1 | 20 | 0.0025 | 2950 | 2890 |
| | 水 | shwei | 3 | | | 3781 | 75 |
| 3880. | 信 | xin | 4 | 20 | 0.0025 | 2957 | 378 |
| | 任 | run | 4 | | | 3817 | 293 |
| 3881. | 修 | xiu | 1 | 20 | 0.0025 | 2897 | 688 |
| | 改 | gai | 3 | | | 1639 | 436 |
| 3882. | 要 | yau | 4 | 20 | 0.0025 | 4425 | 27 |
| | 領 | ling | 3 | | | 1521 | 461 |
| 3883. | 野 | yeh | 3 | 20 | 0.0025 | 4393 | 814 |
| | 心 | xin | 1 | | | 2946 | 142 |
| 3884. | 一 | yi | 1 | 20 | 0.0025 | 4300 | 2 |
| | 貫 | gwan | 4 | | | 1794 | 1976 |

| No. | Char. | Syll. | Tone | Freq. | Freq.% | ID | Rank |
|---|---|---|---|---|---|---|---|
| 3885. | 依 | yi | 1 | 20 | 0.0025 | 4301 | 743 |
| | 賴 | lai | 4 | | | 1299 | 1772 |
| 3886. | 印 | yin | 4 | 20 | 0.0025 | 4525 | 326 |
| | 尼 | ni | 2 | | | 1214 | 602 |
| 3887. | 英 | ying | 1 | 20 | 0.0025 | 4550 | 272 |
| | 勇 | yüoong | 3 | | | 4851 | 974 |
| 3888. | 贏 | ying | 2 | 20 | 0.0025 | 4565 | 2393 |
| | 得 | duh | 2 | | | 746 | 146 |
| 3889. | 營 | ying | 2 | 20 | 0.0025 | 4562 | 791 |
| | 業 | yeh | 4 | | | 4397 | 137 |
| 3890. | 優 | you | 1 | 20 | 0.0025 | 4431 | 983 |
| | 點 | dien | 3 | | | 892 | 160 |
| 3891. | 有 | you | 3 | 20 | 0.0025 | 4444 | 6 |
| | 如 | ru | 2 | | | 3829 | 120 |
| 3892. | 幼 | you | 4 | 20 | 0.0025 | 4450 | 1132 |
| | 兒 | er | 2 | | | 4291 | 82 |
| 3893. | 域 | yü | 4 | 20 | 0.0025 | 4763 | 811 |
| 3894. | 約 | yüeh | 1 | 20 | 0.0025 | 4792 | 357 |
| | 束 | shu | 4 | | | 3760 | 1234 |
| 3895. | 擁 | yüoong | 2 | 20 | 0.0025 | 4854 | 1643 |
| | 擠 | ji | 3 | | | 2248 | 1705 |
| 3896. | 勇 | yüoong | 3 | 20 | 0.0025 | 4851 | 974 |
| 3897. | 保 | bau | 3 | 19 | 0.0024 | 80 | 411 |
| | 衛 | wei | 4 | | | 4661 | 453 |
| 3898. | 報 | bau | 4 | 19 | 0.0024 | 85 | 184 |
| | 酬 | rcou | 2 | | | 3437 | 2755 |
| 3899. | 辯 | bien | 4 | 19 | 0.0024 | 179 | 1926 |
| 3900. | 併 | bing | 4 | 19 | 0.0024 | 205 | 1970 |
| 3901. | 步 | bu | 4 | 19 | 0.0024 | 214 | 417 |
| | 行 | xing | 2 | | | 2989 | 76 |
| 3902. | 棄 | chi | 4 | 19 | 0.0024 | 2628 | 1709 |
| 3903. | 氣 | chi | 4 | 19 | 0.0024 | 2627 | 132 |
| | 壓 | ya | 1 | | | 4368 | 944 |
| 3904. | 切 | chieh | 4 | 19 | 0.0024 | 2645 | 642 |
| 3905. | 情 | ching | 2 | 19 | 0.0024 | 2734 | 233 |
| | 願 | yüen | 4 | | | 4823 | 787 |
| 3906. | 取 | chü | 3 | 19 | 0.0024 | 2751 | 486 |
| | 締 | di | 4 | | | 865 | 3465 |
| 3907. | 打 | da | 3 | 19 | 0.0024 | 744 | 253 |
| | 電 | dien | 4 | | | 896 | 129 |
| | 話 | hwa | 4 | | | 2086 | 254 |
| 3908. | 大 | da | 4 | 19 | 0.0024 | 745 | 12 |
| | 半 | ban | 4 | | | 103 | 413 |
| 3909. | 當 | dang | 1 | 19 | 0.0024 | 819 | 157 |
| | 天 | tien | 1 | | | 1097 | 28 |
| 3910. | 導 | dau | 4 | 19 | 0.0024 | 777 | 405 |
| | 師 | shi | 1 | | | 3570 | 116 |
| 3911. | 動 | doong | 4 | 19 | 0.0024 | 974 | 94 |
| | 力 | li | 4 | | | 1396 | 143 |
| 3912. | 栽 | dsai | 1 | 19 | 0.0024 | 3892 | 1693 |
| | 培 | pei | 2 | | | 250 | 1345 |
| 3913. | 自 | dsi | 4 | 19 | 0.0024 | 3878 | 86 |
| | 殺 | sha | 1 | | | 3618 | 689 |
| 3914. | 自 | dsi | 4 | 19 | 0.0024 | 3878 | 86 |
| | 來 | lai | 2 | | | 1297 | 15 |
| | 水 | shwei | 3 | | | 3781 | 75 |
| 3915. | 宗 | dsoong | 1 | 19 | 0.0024 | 3972 | 699 |
| | 旨 | rji | 3 | | | 3106 | 2379 |
| 3916. | 總 | dsoong | 3 | 19 | 0.0024 | 3979 | 200 |
| | 之 | rji | 1 | | | 3077 | 106 |
| 3917. | 做 | dswo | 4 | 19 | 0.0024 | 3952 | 99 |
| | 法 | fa | 3 | | | 584 | 88 |
| 3918. | 發 | fa | 1 | 19 | 0.0024 | 577 | 73 |
| | 掘 | jüeh | 2 | | | 2550 | 2738 |
| 3919. | 發 | fa | 1 | 19 | 0.0024 | 577 | 73 |
| | 音 | yin | 1 | | | 4507 | 313 |
| 3920. | 法 | fa | 3 | 19 | 0.0024 | 584 | 88 |
| | 官 | gwan | 1 | | | 1781 | 556 |
| 3921. | 煩 | fan | 2 | 19 | 0.0024 | 613 | 1460 |
| 3922. | 方 | fang | 1 | 19 | 0.0024 | 647 | 62 |
| | 案 | an | 4 | | | 4280 | 630 |
| 3923. | 放 | fang | 4 | 19 | 0.0024 | 660 | 285 |
| | 下 | xia | 4 | | | 2844 | 50 |
| 3924. | 腐 | fu | 3 | 19 | 0.0024 | 712 | 1462 |
| | 爛 | lan | 4 | | | 1353 | 1465 |

| | Char. | Syll. | Tone | Freq. | Freq.% | ID | Rank |
|---|---|---|---|---|---|---|---|
| 3925. | 峯 | fung | 1 | 19 | 0.0024 | 665 | 1597 |
| 3926. | 趕 | gan | 3 | 19 | 0.0024 | 1679 | 731 |
| | 上 | shang | 4 | | | 3712 | 17 |
| 3927. | 公 | goong | 1 | 19 | 0.0024 | 1805 | 83 |
| | 元 | yüen | 2 | | | 4811 | 239 |
| 3928. | 古 | gu | 3 | 19 | 0.0024 | 1719 | 407 |
| | 巴 | ba | 1 | | | 2 | 388 |
| 3929. | 雇 | gu | 4 | 19 | 0.0024 | 1732 | 2728 |
| | 用 | yüoong | 4 | | | 4864 | 38 |
| 3930. | 跟 | gun | 1 | 19 | 0.0024 | 1690 | 240 |
| | 前 | chien | 2 | | | 2687 | 145 |
| 3931. | 寡 | gwa | 3 | 19 | 0.0024 | 1740 | 2668 |
| 3932. | 關 | gwan | 1 | 19 | 0.0024 | 1780 | 247 |
| | 頭 | tou | 2 | | | 1017 | 164 |
| 3933. | 官 | gwan | 1 | 19 | 0.0024 | 1781 | 556 |
| | 方 | fang | 1 | | | 647 | 62 |
| 3934. | 關 | gwan | 1 | 19 | 0.0024 | 1780 | 247 |
| | 節 | jieh | 2 | | | 2311 | 352 |
| 3935. | 號 | hau | 4 | 19 | 0.0024 | 1997 | 270 |
| | 碼 | ma | 3 | | | 392 | 1836 |
| 3936. | 洪 | hoong | 2 | 19 | 0.0024 | 2187 | 1129 |
| 3937. | 戶 | hu | 4 | 19 | 0.0024 | 2071 | 858 |
| 3938. | 加 | jia | 1 | 19 | 0.0024 | 2278 | 124 |
| | 工 | goong | 1 | | | 1804 | 125 |
| 3939. | 角 | jiau | 3 | 19 | 0.0024 | 2354 | 637 |
| | 落 | lwo | 4 | | | 1558 | 681 |
| 3940. | 艱 | jien | 1 | 19 | 0.0024 | 2397 | 2269 |
| | 難 | nan | 2 | | | 1202 | 570 |
| 3941. | 進 | jin | 4 | 19 | 0.0024 | 2454 | 144 |
| | 攻 | goong | 1 | | | 1806 | 695 |
| 3942. | 舅 | jiu | 4 | 19 | 0.0024 | 2386 | 1726 |
| | 舅 | jiu | 4 | | | 2386 | 1726 |
| 3943. | 俱 | jü | 4 | 19 | 0.0024 | 2537 | 2972 |
| | 樂 | luh | 4 | | | 1292 | 465 |
| | 部 | bu | 4 | | | 212 | 91 |
| 3944. | 考 | kau | 3 | 19 | 0.0024 | 1855 | 438 |
| | 生 | shung | 1 | | | 3715 | 32 |
| 3945. | 刻 | kuh | 4 | 19 | 0.0024 | 1845 | 738 |
| | 度 | du | 4 | | | 927 | 212 |
| 3946. | 了 | liau | 3 | 19 | 0.0024 | 1443 | 1003 |
| | 不 | bu | 4 | | | 213 | 8 |
| | 起 | chi | 3 | | | 2621 | 78 |
| 3947. | 溜 | liu | 1 | 19 | 0.0024 | 1446 | 1580 |
| 3948. | 煤 | mei | 2 | 19 | 0.0024 | 430 | 1058 |
| | 礦 | kwang | 4 | | | 1937 | 928 |
| 3949. | 美 | mei | 2 | 19 | 0.0024 | 442 | 80 |
| | 滿 | man | 3 | | | 468 | 454 |
| 3950. | 緬 | mien | 3 | 19 | 0.0024 | 533 | 1541 |
| | 甸 | dien | 4 | | | 898 | 1770 |
| 3951. | 摸 | mo | 1 | 19 | 0.0024 | 397 | 1285 |
| 3952. | 抹 | mo | 3 | 19 | 0.0024 | 407 | 2400 |
| | 煞 | sha | 4 | | | 3624 | 2898 |
| 3953. | 墨 | mo | 4 | 19 | 0.0024 | 408 | 1199 |
| 3954. | 胖 | pang | 4 | 19 | 0.0024 | 288 | 1835 |
| 3955. | 飄 | piau | 1 | 19 | 0.0024 | 332 | 1444 |
| 3956. | 嚷 | rang | 3 | 19 | 0.0024 | 3823 | 2351 |
| 3957. | 查 | rca | 2 | 19 | 0.0024 | 3406 | 644 |
| | 出 | rcu | 1 | | | 3507 | 60 |
| 3958. | 產 | rcan | 3 | 19 | 0.0024 | 3449 | 279 |
| | 業 | yeh | 4 | | | 4397 | 137 |
| 3959. | 翅 | rci | 4 | 19 | 0.0024 | 3392 | 1675 |
| | 膀 | bang | 3 | | | 119 | 1536 |
| 3960. | 重 | rcoong | 2 | 19 | 0.0024 | 3567 | 746 |
| | 慶 | ching | 4 | | | 2738 | 776 |
| 3961. | 出 | rcu | 1 | 19 | 0.0024 | 3507 | 60 |
| | 路 | lu | 4 | | | 1537 | 149 |
| 3962. | 儲 | rcu | 2 | 19 | 0.0024 | 3509 | 1508 |
| 3963. | 沈 | rcun | 2 | 19 | 0.0024 | 3459 | 1323 |
| | 思 | si | 1 | | | 4087 | 619 |
| 3964. | 窄 | rjai | 3 | 19 | 0.0024 | 3164 | 3567 |
| 3965. | 趙 | rjau | 4 | 19 | 0.0024 | 3181 | 1730 |
| 3966. | 支 | rji | 1 | 19 | 0.0024 | 3080 | 923 |
| | 援 | yüen | 2 | | | 4815 | 1085 |

| | Char. | Syll. | Tone | Freq. | Freq.% | ID | Rank |
|---|---|---|---|---|---|---|---|
| 3967. | 直 | rji | 2 | 19 | 0.0024 | 3092 | 416 |
| | 到 | dau | 4 | | | 775 | 21 |
| 3968. | 職 | rji | 2 | 19 | 0.0024 | 3091 | 585 |
| | 責 | dsuh | 2 | | | 3886 | 777 |
| 3969. | 制 | rji | 4 | 19 | 0.0024 | 3113 | 495 |
| | 服 | fu | 2 | | | 688 | 366 |
| 3970. | 准 | rjoon | 2 | 19 | 0.0024 | 3349 | 1470 |
| | 許 | xü | 3 | | | 3011 | 322 |
| 3971. | 中 | rjoong | 1 | 19 | 0.0024 | 3361 | 20 |
| | 南 | nan | 2 | | | 1203 | 81 |
| | 半 | ban | 4 | | | 103 | 413 |
| | 島 | dau | 3 | | | 770 | 380 |
| 3972. | 朱 | rju | 1 | 19 | 0.0024 | 3285 | 1551 |
| 3973. | 助 | rju | 4 | 19 | 0.0024 | 3306 | 493 |
| | 手 | shou | 3 | | | 3660 | 190 |
| 3974. | 轉 | rjwan | 3 | 19 | 0.0024 | 3343 | 531 |
| | 移 | yi | 2 | | | 4306 | 918 |
| 3975. | 裝 | rjwang | 1 | 19 | 0.0024 | 3352 | 545 |
| | 成 | rcung | 2 | | | 3490 | 56 |
| 3976. | 人 | run | 2 | 19 | 0.0024 | 3812 | 11 |
| | 情 | ching | 2 | | | 2734 | 233 |
| 3977. | 認 | run | 4 | 19 | 0.0024 | 3816 | 479 |
| | 定 | ding | 4 | | | 912 | 121 |
| 3978. | 沙 | sha | 1 | 19 | 0.0024 | 3619 | 614 |
| 3979. | 閃 | shan | 3 | 19 | 0.0024 | 3680 | 1309 |
| | 爍 | shwo | 4 | | | 3771 | 2687 |
| 3980. | 上 | shang | 4 | 19 | 0.0024 | 3712 | 17 |
| | 班 | ban | 1 | | | 93 | 372 |
| 3981. | 獅 | shi | 1 | 19 | 0.0024 | 3576 | 1876 |
| | 子 | dsi | 3 | | | 3874 | 324 |
| 3982. | 實 | shi | 2 | 19 | 0.0024 | 3581 | 215 |
| | 用 | yüoong | 4 | | | 4864 | 38 |
| 3983. | 實 | shi | 2 | 19 | 0.0024 | 3581 | 215 |
| | 驗 | yen | 4 | | | 4493 | 749 |
| | 室 | shi | 4 | | | 3601 | 549 |
| 3984. | 式 | shi | 4 | 19 | 0.0024 | 3604 | 762 |
| | 樣 | yang | 4 | | | 4546 | 69 |
| 3985. | 書 | shu | 1 | 19 | 0.0024 | 3732 | 179 |
| | 本 | bun | 3 | | | 112 | 65 |
| 3986. | 攝 | shuh | 4 | 19 | 0.0024 | 3640 | 1691 |
| 3987. | 深 | shun | 1 | 19 | 0.0024 | 3690 | 639 |
| | 厚 | hou | 4 | | | 2011 | 1312 |
| 3988. | 繩 | shung | 2 | 19 | 0.0024 | 3723 | 1653 |
| | 子 | dsi | 5 | | | 3880 | 52 |
| 3989. | 睡 | shwei | 4 | 19 | 0.0024 | 3783 | 703 |
| | 着 | rjau | 2 | | | 3173 | 1153 |
| 3990. | 隋 | swei | 2 | 19 | 0.0024 | 4177 | 2482 |
| 3991. | 縮 | swo | 1 | 19 | 0.0024 | 4164 | 1429 |
| 3992. | 台 | tai | 2 | 19 | 0.0024 | 991 | 636 |
| | 中 | rjoong | 1 | | | 3361 | 20 |
| 3993. | 颱 | tai | 2 | 19 | 0.0024 | 996 | 2336 |
| | 風 | fung | 1 | | | 662 | 268 |
| 3994. | 台 | tai | 2 | 19 | 0.0024 | 991 | 636 |
| | 灣 | wan | 1 | | | 4677 | 321 |
| | 省 | shung | 3 | | | 3724 | 201 |
| 3995. | 糖 | tang | 2 | 19 | 0.0024 | 1044 | 855 |
| 3996. | 天 | tien | 1 | 19 | 0.0024 | 1097 | 28 |
| | 生 | shung | 1 | | | 3715 | 32 |
| 3997. | 透 | tou | 4 | 19 | 0.0024 | 1018 | 1221 |
| | 明 | ming | 2 | | | 552 | 101 |
| 3998. | 草 | tsau | 3 | 19 | 0.0024 | 4025 | 541 |
| | 原 | yüen | 2 | | | 4809 | 197 |
| 3999. | 拖 | two | 1 | 19 | 0.0024 | 1132 | 1699 |
| 4000. | 無 | wu | 2 | 19 | 0.0024 | 4585 | 295 |
| | 比 | bi | 3 | | | 134 | 211 |
| 4001. | 無 | wu | 2 | 19 | 0.0024 | 4585 | 295 |
| | 疑 | yi | 2 | | | 4311 | 1609 |
| 4002. | 西 | xi | 1 | 19 | 0.0024 | 2783 | 61 |
| | 裝 | rjwang | 1 | | | 3352 | 545 |
| 4003. | 西 | xi | 1 | 19 | 0.0024 | 2783 | 61 |
| | 南 | nan | 2 | | | 1203 | 81 |
| 4004. | 鄉 | xiang | 1 | 19 | 0.0024 | 2958 | 576 |
| | 下 | xia | 4 | | | 2844 | 50 |
| 4005. | 協 | xieh | 2 | 19 | 0.0024 | 2852 | 823 |
| | 調 | tiau | 2 | | | 1089 | 1121 |
| 4006. | 纖 | xien | 1 | 19 | 0.0024 | 2911 | 1941 |
| | 維 | wei | 2 | | | 4638 | 769 |

| | Char. | Syll. | Tone | Freq. | Freq.% | ID | Rank |
|---|---|---|---|---|---|---|---|
| 4007. | 限 | xien | 4 | 19 | 0.0024 | 2936 | 910 |
| | 度 | du | 4 | | | 927 | 212 |
| 4008. | 心 | xin | 1 | 19 | 0.0024 | 2946 | 142 |
| | 臟 | dsang | 4 | | | 3932 | 1340 |
| | 病 | bing | 4 | | | 202 | 318 |
| 4009. | 心 | xin | 1 | 19 | 0.0024 | 2946 | 142 |
| | 事 | shi | 4 | | | 3592 | 77 |
| 4010. | 徐 | xü | 2 | 19 | 0.0024 | 3009 | 1274 |
| | 光 | gwang | 1 | | | 1801 | 224 |
| | 啓 | chi | 3 | | | 2620 | 977 |
| 4011. | 血 | xüeh | 4 | 19 | 0.0024 | 3031 | 1604 |
| | 管 | gwan | 3 | | | 1787 | 452 |
| 4012. | 兇 | xüoong | 1 | 19 | 0.0024 | 3068 | 1605 |
| | 手 | shou | 3 | | | 3660 | 190 |
| 4013. | 鴨 | ya | 1 | 19 | 0.0024 | 4371 | 1304 |
| 4014. | 謠 | yau | 2 | 19 | 0.0024 | 4416 | 2845 |
| | 言 | yen | 2 | | | 4468 | 846 |
| 4015. | 業 | yeh | 4 | 19 | 0.0024 | 4397 | 137 |
| | 者 | rjuh | 3 | | | 3153 | 376 |
| 4016. | 演 | yen | 3 | 19 | 0.0024 | 4483 | 645 |
| | 說 | shwo | 1 | | | 3770 | 37 |
| 4017. | 演 | yen | 3 | 19 | 0.0024 | 4483 | 645 |
| | 習 | xi | 2 | | | 2807 | 263 |
| 4018. | 毅 | yi | 4 | 19 | 0.0024 | 4348 | 2356 |
| | 力 | li | 4 | | | 1396 | 143 |
| 4019. | 有 | you | 3 | 19 | 0.0024 | 4444 | 6 |
| | 點 | dien | 3 | | | 892 | 160 |
| | 兒 | er | 2 | | | 4291 | 82 |
| 4020. | 越 | yüeh | 4 | 19 | 0.0024 | 4793 | 558 |
| | 共 | goong | 4 | | | 1820 | 186 |
| 4021. | 員 | yüen | 2 | 19 | 0.0024 | 4808 | 210 |
| 4022. | 運 | yün | 4 | 19 | 0.0024 | 4841 | 284 |
| | 氣 | chi | 4 | | | 2627 | 132 |
| 4023. | 用 | yüoong | 4 | 19 | 0.0024 | 4864 | 38 |
| | 心 | xin | 1 | | | 2946 | 142 |
| 4024. | 案 | an | 4 | 18 | 0.0023 | 4280 | 630 |
| | 件 | jien | 4 | | | 2419 | 521 |
| 4025. | 白 | bai | 2 | 18 | 0.0023 | 49 | 251 |
| | 人 | run | 2 | | | 3812 | 11 |
| 4026. | 抱 | bau | 4 | 18 | 0.0023 | 84 | 1063 |
| | 歉 | chien | 4 | | | 2696 | 2572 |
| 4027. | 北 | bei | 3 | 18 | 0.0023 | 61 | 72 |
| | 市 | shi | 4 | | | 3595 | 87 |
| 4028. | 編 | bien | 1 | 18 | 0.0023 | 170 | 472 |
| | 成 | rcung | 2 | | | 3490 | 56 |
| 4029. | 不 | bu | 4 | 18 | 0.0023 | 213 | 8 |
| | 知 | rji | 1 | | | 3076 | 269 |
| | 不 | bu | 4 | | | 213 | 8 |
| | 覺 | jüeh | 2 | | | 2545 | 512 |
| 4030. | 不 | bu | 4 | 18 | 0.0023 | 213 | 8 |
| | 啻 | rci | 4 | | | 3397 | 4564 |
| 4031. | 七 | chi | 1 | 18 | 0.0023 | 2590 | 100 |
| | 八 | ba | 1 | | | 1 | 93 |
| 4032. | 奇 | chi | 2 | 18 | 0.0023 | 2600 | 730 |
| | 妙 | miau | 3 | | | 525 | 1838 |
| 4033. | 起 | chi | 3 | 18 | 0.0023 | 2621 | 78 |
| | 伏 | fu | 2 | | | 694 | 1908 |
| 4034. | 器 | chi | 4 | 18 | 0.0023 | 2626 | 394 |
| | 具 | jü | 4 | | | 2530 | 583 |
| 4035. | 簽 | chien | 1 | 18 | 0.0023 | 2675 | 1505 |
| | 訂 | ding | 4 | | | 911 | 694 |
| 4036. | 遣 | chien | 3 | 18 | 0.0023 | 2693 | 2094 |
| 4037. | 清 | ching | 1 | 18 | 0.0023 | 2726 | 289 |
| | 晰 | xi | 1 | | | 2799 | 3365 |
| 4038. | 輕 | ching | 1 | 18 | 0.0023 | 2728 | 592 |
| | 易 | yi | 4 | | | 4333 | 565 |
| 4039. | 情 | ching | 2 | 18 | 0.0023 | 2734 | 233 |
| | 景 | jing | 3 | | | 2492 | 808 |
| 4040. | 求 | chiu | 2 | 18 | 0.0023 | 2669 | 494 |
| | 學 | xüeh | 2 | | | 3028 | 26 |
| 4041. | 大 | da | 4 | 18 | 0.0023 | 745 | 12 |
| | 師 | shi | 1 | | | 3570 | 116 |
| 4042. | 大 | da | 4 | 18 | 0.0023 | 745 | 12 |
| | 門 | mun | 2 | | | 476 | 274 |
| 4043. | 帶 | dai | 4 | 18 | 0.0023 | 755 | 301 |
| | 給 | gei | 3 | | | 1645 | 219 |
| 4044. | 當 | dang | 1 | 18 | 0.0023 | 819 | 157 |
| | 選 | xüen | 3 | | | 3042 | 412 |

| | Char. | Syll. | Tone | Freq. | Freq.% | ID | Rank |
|---|---|---|---|---|---|---|---|
| 4045. | 電 | dien | 4 | 18 | 0.0023 | 896 | 129 |
| | 路 | lu | 4 | | | 1537 | 149 |
| 4046. | 東 | doong | 1 | 18 | 0.0023 | 967 | 84 |
| | 部 | bu | 4 | | | 212 | 91 |
| 4047. | 子 | dsi | 3 | 18 | 0.0023 | 3874 | 324 |
| | 弟 | di | 4 | | | 860 | 340 |
| 4048. | 怎 | dsun | 3 | 18 | 0.0023 | 3930 | 185 |
| | 生 | shung | 1 | | | 3715 | 32 |
| 4049. | 做 | dswo | 4 | 18 | 0.0023 | 3952 | 99 |
| | 人 | run | 2 | | | 3812 | 11 |
| 4050. | 發 | fa | 1 | 18 | 0.0023 | 577 | 73 |
| | 言 | yen | 2 | | | 4468 | 846 |
| 4051. | 法 | fa | 3 | 18 | 0.0023 | 584 | 88 |
| | 子 | dsi | 5 | | | 3880 | 52 |
| 4052. | 法 | fa | 3 | 18 | 0.0023 | 584 | 88 |
| | 庭 | ting | 2 | | | 1109 | 687 |
| 4053. | 泛 | fan | 4 | 18 | 0.0023 | 625 | 2499 |
| | 濫 | lan | 4 | | | 1352 | 2665 |
| 4054. | 腐 | fu | 3 | 18 | 0.0023 | 712 | 1462 |
| | 敗 | bai | 4 | | | 53 | 851 |
| 4055. | 瘋 | fung | 1 | 18 | 0.0023 | 670 | 2252 |
| | 狂 | kwang | 2 | | | 1935 | 1957 |
| 4056. | 改 | gai | 3 | 18 | 0.0023 | 1639 | 436 |
| | 正 | rjung | 4 | | | 3274 | 193 |
| 4057. | 股 | gu | 3 | 18 | 0.0023 | 1722 | 1569 |
| | 票 | piau | 4 | | | 338 | 490 |
| 4058. | 骨 | gu | 3 | 18 | 0.0023 | 1718 | 901 |
| 4059. | 格 | guh | 2 | 18 | 0.0023 | 1623 | 740 |
| | 外 | wai | 4 | | | 4632 | 122 |
| 4060. | 個 | guh | 4 | 18 | 0.0023 | 1634 | 22 |
| | 中 | rjoong | 1 | | | 3361 | 20 |
| 4061. | 關 | gwan | 1 | 18 | 0.0023 | 1780 | 247 |
| | 懷 | hwai | 2 | | | 2107 | 1187 |
| 4062. | 管 | gwan | 3 | 18 | 0.0023 | 1787 | 452 |
| | 家 | jia | 1 | | | 2279 | 36 |
| 4063. | 廣 | gwang | 3 | 18 | 0.0023 | 1802 | 288 |
| | 場 | rcang | 2 | | | 3474 | 450 |
| 4064. | 果 | gwo | 3 | 18 | 0.0023 | 1751 | 174 |
| | 實 | shi | 2 | | | 3581 | 215 |
| 4065. | 還 | hai | 2 | 18 | 0.0023 | 1978 | 127 |
| | 要 | yau | 4 | | | 4425 | 27 |
| 4066. | 函 | han | 2 | 18 | 0.0023 | 2020 | 2463 |
| 4067. | 航 | hang | 2 | 18 | 0.0023 | 2043 | 671 |
| | 行 | xing | 2 | | | 2989 | 76 |
| 4068. | 豪 | hau | 2 | 18 | 0.0023 | 1988 | 1865 |
| | 華 | hwa | 2 | | | 2080 | 166 |
| 4069. | 好 | hau | 3 | 18 | 0.0023 | 1995 | 45 |
| | 萊 | lai | 2 | | | 1296 | 1887 |
| | 塢 | wu | 4 | | | 4609 | 3142 |
| 4070. | 和 | huh | 2 | 18 | 0.0023 | 1956 | 395 |
| | 談 | tan | 2 | | | 1024 | 581 |
| 4071. | 歡 | hwan | 1 | 18 | 0.0023 | 2138 | 428 |
| 4072. | 雞 | ji | 1 | 18 | 0.0023 | 2200 | 641 |
| | 蛋 | dan | 4 | | | 807 | 713 |
| 4073. | 加 | jia | 1 | 18 | 0.0023 | 2278 | 124 |
| | 入 | ru | 4 | | | 3836 | 319 |
| 4074. | 加 | jia | 1 | 18 | 0.0023 | 2278 | 124 |
| | 熱 | ruh | 4 | | | 3797 | 390 |
| 4075. | 家 | jia | 1 | 18 | 0.0023 | 2279 | 36 |
| | 族 | dsu | 2 | | | 3941 | 809 |
| 4076. | 接 | jieh | 1 | 18 | 0.0023 | 2305 | 294 |
| | 洽 | xia | 2 | | | 2835 | 3096 |
| 4077. | 節 | jieh | 2 | 18 | 0.0023 | 2311 | 352 |
| | 奏 | dsou | 4 | | | 3922 | 1593 |
| 4078. | 傑 | jieh | 2 | 18 | 0.0023 | 2312 | 1558 |
| | 作 | dswo | 4 | | | 3953 | 47 |
| 4079. | 堅 | jien | 1 | 18 | 0.0023 | 2390 | 1041 |
| | 決 | jüeh | 2 | | | 2546 | 363 |
| 4080. | 僅 | jin | 2 | 18 | 0.0023 | 2447 | 1146 |
| | 僅 | jin | 2 | | | 2447 | 1146 |
| 4081. | 莖 | jing | 1 | 18 | 0.0023 | 2482 | 1548 |
| 4082. | 警 | jing | 3 | 18 | 0.0023 | 2491 | 1088 |
| 4083. | 句 | jü | 4 | 18 | 0.0023 | 2529 | 831 |
| | 子 | dsi | 3 | | | 3874 | 324 |
| 4084. | 郡 | jün | 4 | 18 | 0.0023 | 2578 | 2311 |
| 4085. | 籃 | lan | 2 | 18 | 0.0023 | 1341 | 1631 |
| | 球 | chiu | 2 | | | 2670 | 237 |

| | Char. | Syll. | Tone | Freq. | Freq.% | ID | Rank |
|---|---|---|---|---|---|---|---|
| 4086. | 老 | lau | 3 | 18 | 0.0023 | 1322 | 117 |
| | 實 | shi | 2 | | | 3581 | 215 |
| 4087. | 禮 | li | 3 | 18 | 0.0023 | 1389 | 605 |
| | 物 | wu | 4 | | | 4602 | 128 |
| 4088. | 廉 | lien | 2 | 18 | 0.0023 | 1461 | 1489 |
| 4089. | 臉 | lien | 3 | 18 | 0.0023 | 1468 | 778 |
| | 色 | suh | 4 | | | 4114 | 339 |
| 4090. | 樓 | lou | 2 | 18 | 0.0023 | 1328 | 1099 |
| | 梯 | ti | 1 | | | 1063 | 1598 |
| 4091. | 旅 | lü | 3 | 18 | 0.0023 | 1594 | 1034 |
| | 社 | shuh | 4 | | | 3636 | 305 |
| 4092. | 美 | mei | 3 | 18 | 0.0023 | 442 | 80 |
| | 妙 | miau | 4 | | | 528 | 1392 |
| 4093. | 拿 | na | 2 | 18 | 0.0023 | 1175 | 382 |
| | 出 | rcu | 1 | | | 3507 | 60 |
| 4094. | 耐 | nai | 4 | 18 | 0.0023 | 1191 | 1500 |
| | 心 | xin | 1 | | | 2946 | 142 |
| 4095. | 年 | nien | 2 | 18 | 0.0023 | 1242 | 35 |
| | 度 | du | 4 | | | 927 | 212 |
| 4096. | 能 | nung | 2 | 18 | 0.0023 | 1212 | 70 |
| | 幹 | gan | 4 | | | 1686 | 971 |
| 4097. | 皮 | pi | 2 | 18 | 0.0023 | 311 | 481 |
| | 鞋 | xieh | 2 | | | 2851 | 1335 |
| 4098. | 差 | rca | 1 | 18 | 0.0023 | 3399 | 2434 |
| | 誤 | wu | 4 | | | 4604 | 1678 |
| 4099. | 詫 | rca | 4 | 18 | 0.0023 | 3409 | 4080 |
| | 異 | yi | 4 | | | 4335 | 1096 |
| 4100. | 差 | rcai | 1 | 18 | 0.0023 | 3420 | 1606 |
| 4101. | 潮 | rcau | 2 | 18 | 0.0023 | 3425 | 1607 |
| 4102. | 朝 | rcau | 2 | 18 | 0.0023 | 3426 | 628 |
| | 廷 | ting | 2 | | | 1112 | 1664 |
| 4103. | 拆 | rcuh | 4 | 18 | 0.0023 | 3418 | 4568 |
| | 除 | rcu | 2 | | | 3510 | 444 |
| 4104. | 臣 | rcun | 2 | 18 | 0.0023 | 3461 | 1412 |
| 4105. | 稱 | rcung | 1 | 18 | 0.0023 | 3485 | 470 |
| | 呼 | hu | 1 | | | 2053 | 829 |
| 4106. | 船 | rcwan | 2 | 18 | 0.0023 | 3537 | 563 |
| | 隻 | rji | 1 | | | 3079 | 402 |
| 4107. | 串 | rcwan | 4 | 18 | 0.0023 | 3541 | 2211 |
| 4108. | 窗 | rcwang | 1 | 18 | 0.0023 | 3551 | 1136 |
| | 口 | kou | 3 | | | 1858 | 220 |
| 4109. | 炸 | rja | 2 | 18 | 0.0023 | 3134 | 3754 |
| 4110. | 展 | rjan | 3 | 18 | 0.0023 | 3209 | 577 |
| 4111. | 召 | rjau | 4 | 18 | 0.0023 | 3178 | 1338 |
| | 集 | ji | 2 | | | 2225 | 342 |
| 4112. | 召 | rjau | 4 | 18 | 0.0023 | 3178 | 1338 |
| | 開 | kai | 1 | | | 1849 | 114 |
| 4113. | 支 | rji | 1 | 18 | 0.0023 | 3080 | 923 |
| | 配 | pei | 4 | | | 255 | 1097 |
| 4114. | 支 | rji | 1 | 18 | 0.0023 | 3080 | 923 |
| | 票 | piau | 4 | | | 338 | 490 |
| 4115. | 窒 | rji | 4 | 18 | 0.0023 | 3125 | 3375 |
| | 息 | xi | 2 | | | 2806 | 622 |
| 4116. | 智 | rji | 4 | 18 | 0.0023 | 3116 | 1355 |
| 4117. | 舟 | rjou | 1 | 18 | 0.0023 | 3190 | 2381 |
| 4118. | 豬 | rju | 1 | 18 | 0.0023 | 3280 | 926 |
| | 肉 | rou | 4 | | | 3805 | 611 |
| 4119. | 著 | rju | 4 | 18 | 0.0023 | 3305 | 638 |
| | 稱 | rcung | 1 | | | 3485 | 470 |
| 4120. | 診 | rjun | 3 | 18 | 0.0023 | 3234 | 2234 |
| | 療 | liau | 2 | | | 1436 | 1632 |
| 4121. | 蒸 | rjung | 1 | 18 | 0.0023 | 3262 | 1114 |
| | 發 | fa | 1 | | | 577 | 73 |
| 4122. | 證 | rjung | 4 | 18 | 0.0023 | 3277 | 712 |
| 4123. | 證 | rjung | 4 | 18 | 0.0023 | 3277 | 712 |
| | 券 | chüen | 4 | | | 2772 | 2527 |
| 4124. | 專 | rjwan | 1 | 18 | 0.0023 | 3339 | 547 |
| | 業 | yeh | 4 | | | 4397 | 137 |
| 4125. | 惹 | ruh | 3 | 18 | 0.0023 | 3796 | 2438 |
| 4126. | 若 | rwo | 4 | 18 | 0.0023 | 3841 | 899 |
| | 是 | shi | 4 | | | 3593 | 3 |
| 4127. | 傷 | shang | 1 | 18 | 0.0023 | 3706 | 754 |
| | 口 | kou | 3 | | | 1858 | 220 |
| 4128. | 上 | shang | 4 | 18 | 0.0023 | 3712 | 17 |
| | 空 | koong | 1 | | | 1944 | 199 |

| | Char. | Syll. | Tone | Freq. | Freq.% | ID | Rank |
|---|---|---|---|---|---|---|---|
| 4129. | 施 | shi | 1 | 18 | 0.0023 | 3572 | 772 |
| | 政 | rjung | 4 | | | 3275 | 162 |
| 4130. | 濕 | shi | 1 | 18 | 0.0023 | 3571 | 1316 |
| | 度 | du | 4 | | | 927 | 212 |
| 4131. | 時 | shi | 2 | 18 | 0.0023 | 3578 | 29 |
| | 髦 | mao | 2 | | | id14 | rk14 |
| 4132. | 時 | shi | 2 | 18 | 0.0023 | 3578 | 29 |
| | 速 | su | 4 | | | 4156 | 1056 |
| 4133. | 事 | shi | 4 | 18 | 0.0023 | 3592 | 77 |
| | 先 | xien | 1 | | | 2910 | 234 |
| 4134. | 順 | shoon | 4 | 18 | 0.0023 | 3789 | 905 |
| | 序 | xü | 4 | | | 3013 | 1158 |
| 4135. | 首 | shou | 3 | 18 | 0.0023 | 3659 | 618 |
| | 相 | xiang | 1 | | | 2959 | 327 |
| 4136. | 疏 | shu | 1 | 18 | 0.0023 | 3733 | 1654 |
| 4137. | 鼠 | shu | 3 | 18 | 0.0023 | 3746 | 1036 |
| 4138. | 捨 | shuh | 3 | 18 | 0.0023 | 3634 | 2062 |
| 4139. | 神 | shun | 2 | 18 | 0.0023 | 3697 | 466 |
| | 仙 | xien | 1 | | | 2909 | 1173 |
| 4140. | 生 | shung | 1 | 18 | 0.0023 | 3715 | 32 |
| | 成 | rcung | 2 | | | 3490 | 56 |
| 4141. | 升 | shung | 1 | 18 | 0.0023 | 3717 | 715 |
| | 高 | gau | 1 | | | 1647 | 104 |
| 4142. | 生 | shung | 1 | 18 | 0.0023 | 3715 | 32 |
| | 平 | ping | 2 | | | 354 | 165 |
| 4143. | 水 | shwei | 3 | 18 | 0.0023 | 3781 | 75 |
| | 稻 | dau | 4 | | | 776 | 980 |
| 4144. | 太 | tai | 4 | 18 | 0.0023 | 998 | 158 |
| | 守 | shou | 3 | | | 3661 | 931 |
| 4145. | 坦 | tan | 3 | 18 | 0.0023 | 1034 | 1250 |
| | 白 | bai | 2 | | | 49 | 251 |
| 4146. | 提 | ti | 2 | 18 | 0.0023 | 1065 | 409 |
| | 名 | ming | 2 | | | 551 | 141 |
| 4147. | 天 | tien | 1 | 18 | 0.0023 | 1097 | 28 |
| | 性 | xing | 4 | | | 2996 | 482 |
| 4148. | 添 | tien | 1 | 18 | 0.0023 | 1096 | 2196 |
| 4149. | 甜 | tien | 2 | 18 | 0.0023 | 1101 | 1530 |
| 4150. | 同 | toong | 2 | 18 | 0.0023 | 1160 | 92 |
| | 盟 | mung | 2 | | | 486 | 1596 |
| 4151. | 採 | tsai | 3 | 18 | 0.0023 | 4011 | 827 |
| | 購 | gou | 4 | | | 1665 | 1269 |
| 4152. | 慘 | tsan | 3 | 18 | 0.0023 | 4032 | 1655 |
| 4153. | 磁 | tsi | 2 | 18 | 0.0023 | 3990 | 1090 |
| | 場 | rcang | 2 | | | 3474 | 450 |
| 4154. | 妥 | two | 3 | 18 | 0.0023 | 1142 | 2718 |
| 4155. | 為 | wei | 4 | 18 | 0.0023 | 4660 | 98 |
| | 何 | huh | 2 | | | 1955 | 609 |
| 4156. | 臥 | wo | 4 | 18 | 0.0023 | 4626 | 2218 |
| 4157. | 舞 | wu | 3 | 18 | 0.0023 | 4594 | 978 |
| | 蹈 | dau | 4 | | | 781 | 2553 |
| 4158. | 誤 | wu | 4 | 18 | 0.0023 | 4604 | 1678 |
| | 會 | hwei | 4 | | | 2126 | 31 |
| 4159. | 問 | wun | 4 | 18 | 0.0023 | 4708 | 151 |
| | 世 | shi | 4 | | | 3594 | 236 |
| 4160. | 西 | xi | 1 | 18 | 0.0023 | 2783 | 61 |
| | 域 | yü | 4 | | | 4763 | 811 |
| 4161. | 洗 | xi | 2 | 18 | 0.0023 | 2816 | 633 |
| | 澡 | dsau | 3 | | | 3905 | 1813 |
| 4162. | 夕 | xi | 4 | 18 | 0.0023 | 2825 | 2204 |
| | 陽 | yang | 2 | | | 4533 | 299 |
| 4163. | 戲 | xi | 4 | 18 | 0.0023 | 2820 | 647 |
| | 院 | yüen | 4 | | | 4824 | 255 |
| 4164. | 嚮 | xiang | 4 | 18 | 0.0023 | 2979 | 2983 |
| | 往 | wang | 3 | | | 4714 | 426 |
| 4165. | 消 | xiau | 1 | 18 | 0.0023 | 2873 | 475 |
| | 耗 | hau | 4 | | | 2001 | 2730 |
| 4166. | 小 | xiau | 3 | 18 | 0.0023 | 2887 | 40 |
| | 嘍 | lou | 5 | | | 1337 | 3930 |
| | 囉 | lwo | 2 | | | 1552 | 3946 |
| 4167. | 現 | xien | 4 | 18 | 0.0023 | 2933 | 167 |
| | 行 | xing | 2 | | | 2989 | 76 |
| 4168. | 線 | xien | 4 | 18 | 0.0023 | 2935 | 368 |
| | 索 | swo | 3 | | | 4168 | 1406 |
| 4169. | 心 | xin | 1 | 18 | 0.0023 | 2946 | 142 |
| | 頭 | tou | 2 | | | 1017 | 164 |

| | Char. | Syll. | Tone | Freq. | Freq.% | ID | Rank |
|---|---|---|---|---|---|---|---|
| 4170. | 信 | xin | 4 | 18 | 0.0023 | 2957 | 378 |
| | 徒 | tu | 2 | | | 1123 | 2197 |
| 4171. | 許 | xü | 2 | 18 | 0.0023 | 3011 | 322 |
| | 可 | kuh | 3 | | | 1840 | 41 |
| 4172. | 養 | yang | 3 | 18 | 0.0023 | 4542 | 421 |
| | 分 | fun | 1 | | | 630 | 112 |
| 4173. | 研 | yen | 2 | 18 | 0.0023 | 4467 | 439 |
| | 究 | jiu | 4 | | | 2381 | 434 |
| | 所 | swo | 3 | | | 4169 | 79 |
| 4174. | 宴 | yen | 4 | 18 | 0.0023 | 4494 | 2020 |
| | 會 | hwei | 4 | | | 2126 | 31 |
| 4175. | 醫 | yi | 1 | 18 | 0.0023 | 4302 | 617 |
| | 療 | liau | 2 | | | 1436 | 1632 |
| 4176. | 伊 | yi | 1 | 18 | 0.0023 | 4304 | 1042 |
| | 朗 | lang | 3 | | | 1363 | 1721 |
| 4177. | 遺 | yi | 2 | 18 | 0.0023 | 4307 | 449 |
| 4178. | 議 | yi | 4 | 18 | 0.0023 | 4331 | 290 |
| 4179. | 印 | yin | 4 | 18 | 0.0023 | 4525 | 326 |
| | 度 | du | 4 | | | 927 | 212 |
| | 洋 | yang | 2 | | | 4532 | 456 |
| 4180. | 優 | you | 1 | 18 | 0.0023 | 4431 | 983 |
| | 勢 | shi | 4 | | | 3600 | 557 |
| 4181. | 友 | you | 3 | 18 | 0.0023 | 4443 | 336 |
| | 人 | run | 2 | | | 3812 | 11 |
| 4182. | 友 | you | 3 | 18 | 0.0023 | 4443 | 336 |
| | 愛 | ai | 4 | | | 4246 | 300 |
| 4183. | 漁 | yü | 2 | 18 | 0.0023 | 4729 | 1257 |
| | 業 | yeh | 4 | | | 4397 | 137 |
| 4184. | 欲 | yü | 4 | 18 | 0.0023 | 4771 | 2397 |
| | 望 | wang | 4 | | | 4719 | 381 |
| 4185. | 樂 | yüeh | 4 | 18 | 0.0023 | 4796 | 705 |
| 4186. | 月 | yüeh | 4 | 18 | 0.0023 | 4794 | 97 |
| | 份 | fun | 4 | | | 641 | 661 |
| 4187. | 園 | yüen | 2 | 18 | 0.0023 | 4810 | 656 |
| 4188. | 緣 | yüen | 2 | 18 | 0.0023 | 4814 | 1623 |
| 4189. | 允 | yün | 2 | 18 | 0.0023 | 4839 | 2108 |
| | 許 | xü | 3 | | | 3011 | 322 |
| 4190. | 用 | yüoong | 4 | 18 | 0.0023 | 4864 | 38 |
| | 法 | fa | 3 | | | 584 | 88 |
| 4191. | 邦 | bang | 1 | 17 | 0.0022 | 115 | 1432 |
| | 交 | jiau | 1 | | | 2339 | 358 |
| 4192. | 綁 | bang | 3 | 17 | 0.0022 | 120 | 2645 |
| 4193. | 棒 | bang | 4 | 17 | 0.0022 | 122 | 925 |
| | 球 | chiu | 2 | | | 2670 | 237 |
| 4194. | 俾 | bi | 4 | 17 | 0.0022 | 149 | 2926 |
| 4195. | 變 | bien | 4 | 17 | 0.0022 | 180 | 316 |
| | 更 | gung | 4 | | | 1708 | 349 |
| 4196. | 冰 | bing | 1 | 17 | 0.0022 | 194 | 1107 |
| | 河 | huh | 2 | | | 1954 | 159 |
| 4197. | 稟 | bing | 3 | 17 | 0.0022 | 201 | 3856 |
| 4198. | 部 | bu | 4 | 17 | 0.0022 | 212 | 91 |
| | 位 | wei | 4 | | | 4659 | 188 |
| 4199. | 祈 | chi | 2 | 17 | 0.0022 | 2607 | 2609 |
| | 禱 | dau | 3 | | | 772 | 2402 |
| 4200. | 恰 | chia | 4 | 17 | 0.0022 | 2639 | 1845 |
| | 好 | hau | 3 | | | 1995 | 45 |
| 4201. | 強 | chiang | 3 | 17 | 0.0022 | 2722 | 2977 |
| | 迫 | po | 4 | | | 234 | 1364 |
| 4202. | 缺 | chüeh | 1 | 17 | 0.0022 | 2757 | 1273 |
| 4203. | 打 | da | 3 | 17 | 0.0022 | 744 | 253 |
| | 獵 | lieh | 4 | | | 1430 | 1329 |
| 4204. | 代 | dai | 4 | 17 | 0.0022 | 756 | 262 |
| | 表 | biau | 3 | | | 168 | 182 |
| | 團 | twan | 2 | | | 1150 | 524 |
| 4205. | 彈 | dan | 4 | 17 | 0.0022 | 810 | 875 |
| 4206. | 地 | di | 4 | 17 | 0.0022 | 858 | 33 |
| | 板 | ban | 3 | | | 98 | 700 |
| 4207. | 地 | di | 4 | 17 | 0.0022 | 858 | 33 |
| | 下 | xia | 4 | | | 2844 | 50 |
| 4208. | 電 | dien | 4 | 17 | 0.0022 | 896 | 129 |
| | 器 | chi | 4 | | | 2626 | 394 |
| 4209. | 定 | ding | 4 | 17 | 0.0022 | 912 | 121 |
| | 律 | lü | 4 | | | 1602 | 667 |
| 4210. | 冬 | doong | 1 | 17 | 0.0022 | 966 | 885 |

| | Char. | Syll. | Tone | Freq. | Freq.% | ID | Rank |
|---|---|---|---|---|---|---|---|
| 4211. | 凍 | doong | 4 | 17 | 0.0022 | 976 | 2132 |
| 4212. | 讚 | dsan | 4 | 17 | 0.0022 | 3927 | 1526 |
| | 賞 | shang | 3 | | | 3709 | 1456 |
| 4213. | 嘴 | dswei | 3 | 17 | 0.0022 | 3959 | 852 |
| | 唇 | rcoon | 2 | | | 3543 | 3243 |
| 4214. | 做 | dswo | 4 | 17 | 0.0022 | 3952 | 99 |
| | 成 | rcung | 2 | | | 3490 | 56 |
| 4215. | 斷 | dwan | 4 | 17 | 0.0022 | 952 | 871 |
| | 定 | ding | 4 | | | 912 | 121 |
| 4216. | 對 | dwei | 4 | 17 | 0.0022 | 947 | 90 |
| | 手 | shou | 3 | | | 3660 | 190 |
| 4217. | 餌 | er | 3 | 17 | 0.0022 | 4296 | 3804 |
| 4218. | 夫 | fu | 1 | 17 | 0.0022 | 681 | 502 |
| | 妻 | chi | 1 | | | 2594 | 1750 |
| 4219. | 符 | fu | 2 | 17 | 0.0022 | 690 | 1067 |
| | 合 | huh | 2 | | | 1953 | 172 |
| 4220. | 覆 | fu | 4 | 17 | 0.0022 | 728 | 1421 |
| 4221. | 憤 | fun | 4 | 17 | 0.0022 | 642 | 1629 |
| | 怒 | nu | 4 | | | 1265 | 1531 |
| 4222. | 風 | fung | 1 | 17 | 0.0022 | 662 | 268 |
| | 光 | gwang | 1 | | | 1801 | 224 |
| 4223. | 感 | gan | 3 | 17 | 0.0022 | 1680 | 551 |
| | 受 | shou | 4 | | | 3663 | 351 |
| 4224. | 高 | gau | 1 | 17 | 0.0022 | 1647 | 104 |
| | 爾 | er | 3 | | | 4293 | 306 |
| | 夫 | fu | 1 | | | 681 | 502 |
| 4225. | 公 | goong | 1 | 17 | 0.0022 | 1805 | 83 |
| | 克 | kuh | 4 | | | 1842 | 458 |
| 4226. | 公 | goong | 1 | 17 | 0.0022 | 1805 | 83 |
| | 正 | rjung | 4 | | | 3274 | 193 |
| 4227. | 公 | goong | 1 | 17 | 0.0022 | 1805 | 83 |
| | 路 | lu | 4 | | | 1537 | 149 |
| | 局 | jü | 2 | | | 2516 | 672 |
| 4228. | 公 | goong | 1 | 17 | 0.0022 | 1805 | 83 |
| | 布 | bu | 4 | | | 215 | 297 |
| 4229. | 顧 | gu | 4 | 17 | 0.0022 | 1727 | 1074 |
| | 客 | kuh | 4 | | | 1844 | 922 |
| 4230. | 歌 | guh | 1 | 17 | 0.0022 | 1615 | 542 |
| | 劇 | jü | 4 | | | 2531 | 1213 |
| 4231. | 觀 | gwan | 1 | 17 | 0.0022 | 1782 | 359 |
| | 賞 | shang | 3 | | | 3709 | 1456 |
| 4232. | 關 | gwan | 1 | 17 | 0.0022 | 1780 | 247 |
| | 鍵 | jien | 4 | | | 2438 | 4468 |
| 4233. | 關 | gwan | 1 | 17 | 0.0022 | 1780 | 247 |
| | 稅 | shwei | 4 | | | 3782 | 1235 |
| 4234. | 館 | gwan | 3 | 17 | 0.0022 | 1786 | 702 |
| 4235. | 灌 | gwan | 4 | 17 | 0.0022 | 1789 | 1666 |
| 4236. | 逛 | gwang | 4 | 17 | 0.0022 | 1803 | 2805 |
| 4237. | 害 | hai | 4 | 17 | 0.0022 | 1982 | 484 |
| | 羞 | xiu | 1 | | | 2899 | 2314 |
| 4238. | 蝴 | hu | 2 | 17 | 0.0022 | 2059 | 1586 |
| | 蝶 | dieh | 2 | | | 868 | 1267 |
| 4239. | 懷 | hwai | 2 | 17 | 0.0022 | 2107 | 1187 |
| | 念 | nien | 4 | | | 1250 | 578 |
| 4240. | 還 | hwan | 2 | 17 | 0.0022 | 2139 | 1383 |
| | 原 | yüen | 2 | | | 4809 | 197 |
| 4241. | 患 | hwan | 4 | 17 | 0.0022 | 2145 | 1703 |
| | 者 | rjuh | 3 | | | 3153 | 376 |
| 4242. | 宦 | hwan | 4 | 17 | 0.0022 | 2151 | 4426 |
| | 官 | gwan | 1 | | | 1781 | 556 |
| 4243. | 機 | ji | 1 | 17 | 0.0022 | 2198 | 153 |
| | 車 | rcuh | 1 | | | 3412 | 181 |
| 4244. | 基 | ji | 1 | 17 | 0.0022 | 2197 | 497 |
| | 因 | yin | 1 | | | 4508 | 138 |
| 4245. | 祭 | ji | 4 | 17 | 0.0022 | 2268 | 1936 |
| 4246. | 加 | jia | 1 | 17 | 0.0022 | 2278 | 124 |
| | 拿 | na | 2 | | | 1175 | 382 |
| | 大 | da | 4 | | | 745 | 12 |
| 4247. | 江 | jiang | 1 | 17 | 0.0022 | 2463 | 131 |
| | 湖 | hu | 2 | | | 2057 | 445 |
| 4248. | 獎 | jiang | 3 | 17 | 0.0022 | 2470 | 718 |
| | 金 | jin | 1 | | | 2440 | 271 |
| 4249. | 獎 | jiang | 3 | 17 | 0.0022 | 2470 | 718 |
| | 勵 | li | 4 | | | 1402 | 1480 |
| 4250. | 角 | jiau | 3 | 17 | 0.0022 | 2354 | 637 |
| | 色 | suh | 4 | | | 4114 | 339 |

| | Char. | Syll. | Tone | Freq. | Freq.% | ID | Rank |
|---|---|---|---|---|---|---|---|
| 4251. | 轎 | jiau | 4 | 17 | 0.0022 | 2371 | 2733 |
| | 子 | dsi | 3 | | | 3874 | 324 |
| 4252. | 節 | jieh | 2 | 17 | 0.0022 | 2311 | 352 |
| | 制 | rji | 4 | | | 3113 | 495 |
| 4253. | 監 | jien | 1 | 17 | 0.0022 | 2393 | 1313 |
| | 視 | shi | 4 | | | 3602 | 720 |
| 4254. | 監 | jien | 1 | 17 | 0.0022 | 2393 | 1313 |
| | 察 | rca | 2 | | | 3404 | 448 |
| | 院 | yüen | 4 | | | 4824 | 255 |
| 4255. | 減 | jien | 3 | 17 | 0.0022 | 2406 | 1071 |
| | 低 | di | 1 | | | 842 | 799 |
| 4256. | 劍 | jien | 4 | 17 | 0.0022 | 2425 | 1809 |
| | 僑 | chiau | 2 | | | 2652 | 1006 |
| 4257. | 鑑 | jien | 4 | 17 | 0.0022 | 2428 | 2734 |
| | 定 | ding | 4 | | | 912 | 121 |
| 4258. | 精 | jing | 1 | 17 | 0.0022 | 2478 | 527 |
| | 華 | hwa | 2 | | | 2080 | 166 |
| 4259. | 頸 | jing | 3 | 17 | 0.0022 | 2493 | 2571 |
| 4260. | 糾 | jiu | 1 | 17 | 0.0022 | 2375 | 1748 |
| | 紛 | fun | 3 | | | 639 | 999 |
| 4261. | 決 | jüeh | 2 | 17 | 0.0022 | 2546 | 363 |
| | 賽 | sai | 4 | | | 4123 | 514 |
| 4262. | 砍 | kan | 3 | 17 | 0.0022 | 1867 | 2006 |
| 4263. | 口 | kou | 3 | 17 | 0.0022 | 1858 | 220 |
| | 袋 | dai | 4 | | | 760 | 1477 |
| 4264. | 理 | li | 2 | 17 | 0.0022 | 1388 | 207 |
| | 解 | jieh | 3 | | | 2326 | 546 |
| 4265. | 立 | li | 4 | 17 | 0.0022 | 1395 | 152 |
| | 志 | rji | 4 | | | 3115 | 728 |
| 4266. | 龍 | loong | 2 | 17 | 0.0022 | 1579 | 582 |
| 4267. | 買 | mai | 3 | 17 | 0.0022 | 425 | 550 |
| | 賣 | mai | 4 | | | 426 | 889 |
| 4268. | 眉 | mei | 2 | 17 | 0.0022 | 432 | 1837 |
| 4269. | 民 | min | 2 | 17 | 0.0022 | 542 | 59 |
| | 意 | yi | 4 | | | 4332 | 195 |
| 4270. | 敏 | min | 2 | 17 | 0.0022 | 543 | 1972 |
| | 感 | gan | 3 | | | 1680 | 551 |
| 4271. | 模 | mu | 2 | 17 | 0.0022 | 558 | 2782 |
| | 糊 | hu | 2 | | | 2060 | 1958 |
| 4272. | 木 | mu | 4 | 17 | 0.0022 | 564 | 383 |
| | 材 | tsai | 2 | | | 4005 | 755 |
| 4273. | 夢 | mung | 4 | 17 | 0.0022 | 497 | 1248 |
| | 想 | xiang | 3 | | | 2970 | 192 |
| 4274. | 難 | nan | 2 | 17 | 0.0022 | 1202 | 570 |
| | 過 | gwo | 4 | | | 1754 | 67 |
| 4275. | 娘 | niang | 2 | 17 | 0.0022 | 1253 | 1579 |
| | 子 | dsi | 3 | | | 3874 | 324 |
| 4276. | 娘 | niang | 2 | 17 | 0.0022 | 1253 | 1579 |
| 4277. | 寧 | ning | 2 | 17 | 0.0022 | 1256 | 774 |
| | 願 | yüen | 4 | | | 4823 | 787 |
| 4278. | 歐 | ou | 1 | 17 | 0.0022 | 4266 | 860 |
| | 姆 | mu | 3 | | | 559 | 1528 |
| 4279. | 爬 | pa | 2 | 17 | 0.0022 | 224 | 1026 |
| | 山 | shan | 1 | | | 3670 | 107 |
| 4280. | 判 | pan | 4 | 17 | 0.0022 | 274 | 1284 |
| | 決 | jüeh | 2 | | | 2546 | 363 |
| 4281. | 判 | pan | 4 | 17 | 0.0022 | 274 | 1284 |
| | 亂 | lwan | 4 | | | 1568 | 794 |
| 4282. | 闢 | pi | 4 | 17 | 0.0022 | 324 | 2250 |
| 4283. | 暴 | pu | 4 | 17 | 0.0022 | 381 | 3442 |
| | 露 | lu | 4 | | | 1538 | 1395 |
| 4284. | 染 | ran | 3 | 17 | 0.0022 | 3810 | 942 |
| 4285. | 場 | rcang | 2 | 17 | 0.0022 | 3474 | 450 |
| | 地 | di | 4 | | | 858 | 33 |
| 4286. | 潮 | rcau | 2 | 17 | 0.0022 | 3425 | 1607 |
| | 流 | liu | 2 | | | 1448 | 353 |
| 4287. | 呎 | rci | 3 | 17 | 0.0022 | 3390 | 2433 |
| 4288. | 純 | rcoon | 2 | 17 | 0.0022 | 3544 | 2040 |
| | 潔 | jieh | 2 | | | 2313 | 982 |
| 4289. | 冲 | rcoong | 1 | 17 | 0.0022 | 3562 | 1636 |
| 4290. | 出 | rcu | 1 | 17 | 0.0022 | 3507 | 60 |
| | 世 | shi | 4 | | | 3594 | 236 |

| | Char. | Syll. | Tone | Freq. | Freq.% | ID | Rank |
|---|---|---|---|---|---|---|---|
| 4291. | 出 | rcu | 1 | 17 | 0.0022 | 3507 | 60 |
| | 賣 | mai | 4 | | | 426 | 889 |
| 4292. | 車 | rcuh | 1 | 17 | 0.0022 | 3412 | 181 |
| | 禍 | hwo | 4 | | | 2100 | 1916 |
| 4293. | 窗 | rcwang | 1 | 17 | 0.0022 | 3551 | 1136 |
| | 戶 | hu | 4 | | | 2071 | 858 |
| 4294. | 垂 | rcwei | 2 | 17 | 0.0022 | 3531 | 2014 |
| 4295. | 帳 | rjang | 4 | 17 | 0.0022 | 3255 | 2099 |
| 4296. | 執 | rji | 2 | 17 | 0.0022 | 3095 | 1314 |
| 4297. | 至 | rji | 4 | 17 | 0.0022 | 3110 | 442 |
| | 今 | jin | 1 | | | 2441 | 176 |
| 4298. | 智 | rji | 4 | 17 | 0.0022 | 3116 | 1355 |
| | 力 | li | 4 | | | 1396 | 143 |
| 4299. | 質 | rji | 4 | 17 | 0.0022 | 3127 | 3565 |
| | 詢 | xün | 2 | | | 3054 | 2097 |
| 4300. | 中 | rjoong | 1 | 17 | 0.0022 | 3361 | 20 |
| | 斷 | dwan | 4 | | | 952 | 871 |
| 4301. | 軸 | rjou | 2 | 17 | 0.0022 | 3191 | 1573 |
| 4302. | 主 | rju | 2 | 17 | 0.0022 | 3299 | 130 |
| | 角 | jiau | 3 | | | 2354 | 637 |
| 4303. | 祝 | rju | 4 | 17 | 0.0022 | 3307 | 1228 |
| 4304. | 這 | rjuh | 4 | 17 | 0.0022 | 3155 | 19 |
| | 般 | ban | 1 | | | 92 | 770 |
| 4305. | 爭 | rjung | 1 | 17 | 0.0022 | 3263 | 613 |
| | 奪 | dwo | 2 | | | 934 | 1423 |
| 4306. | 整 | rjung | 2 | 17 | 0.0022 | 3273 | 593 |
| | 整 | rjung | 3 | | | 3273 | 593 |
| 4307. | 整 | rjung | 2 | 17 | 0.0022 | 3273 | 593 |
| | 體 | ti | 3 | | | 1073 | 178 |
| 4308. | 專 | rjwan | 1 | 17 | 0.0022 | 3339 | 547 |
| | 心 | xin | 1 | | | 2946 | 142 |
| 4309. | 仁 | run | 2 | 17 | 0.0022 | 3811 | 973 |
| | 愛 | ai | 4 | | | 4246 | 300 |
| 4310. | 扔 | rung | 1 | 17 | 0.0022 | 3826 | 1712 |
| 4311. | 瑞 | rwei | 4 | 17 | 0.0022 | 3845 | 1325 |
| | 典 | dicn | 3 | | | 894 | 1177 |
| 4312. | 嫂 | sau | 2 | 17 | 0.0022 | 4128 | 2066 |
| | 嫂 | sau | 3 | | | 4128 | 2066 |
| 4313. | 山 | shan | 1 | 17 | 0.0022 | 3670 | 107 |
| | 東 | doong | 1 | | | 967 | 84 |
| 4314. | 膳 | shan | 4 | 17 | 0.0022 | 3689 | 4593 |
| | 食 | shi | 2 | | | 3580 | 350 |
| 4315. | 師 | shi | 1 | 17 | 0.0022 | 3570 | 116 |
| | 長 | rjang | 3 | | | 3250 | 135 |
| 4316. | 使 | shi | 3 | 17 | 0.0022 | 3587 | 154 |
| | 命 | ming | 4 | | | 557 | 431 |
| 4317. | 士 | shi | 4 | 17 | 0.0022 | 3596 | 362 |
| | 氣 | chi | 4 | | | 2627 | 132 |
| 4318. | 視 | shi | 4 | 17 | 0.0022 | 3602 | 720 |
| | 覺 | jüeh | 2 | | | 2545 | 512 |
| 4319. | 手 | shou | 2 | 17 | 0.0022 | 3660 | 190 |
| | 法 | fa | 3 | | | 584 | 88 |
| 4320. | 瘦 | shou | 4 | 17 | 0.0022 | 3666 | 2063. |
| 4321. | 術 | shu | 4 | 17 | 0.0022 | 3758 | 598 |
| 4322. | 設 | shuh | 4 | 17 | 0.0022 | 3635 | 374 |
| | 想 | xiang | 3 | | | 2970 | 192 |
| 4323. | 身 | shun | 1 | 17 | 0.0022 | 3691 | 249 |
| | 材 | tsai | 2 | | | 4005 | 755 |
| 4324. | 神 | shun | 2 | 17 | 0.0022 | 3697 | 466 |
| | 氣 | chi | 4 | | | 2627 | 132 |
| 4325. | 滲 | shun | 4 | 17 | 0.0022 | 3704 | 2622 |
| | 透 | tou | 4 | | | 1018 | 1221 |
| 4326. | 生 | shung | 1 | 17 | 0.0022 | 3715 | 32 |
| | 動 | doong | 4 | | | 974 | 94 |
| 4327. | 水 | shwei | 3 | 17 | 0.0022 | 3781 | 75 |
| | 力 | li | 4 | | | 1396 | 143 |
| 4328. | 搜 | sou | 1 | 17 | 0.0022 | 4132 | 1968 |
| | 索 | swo | 3 | | | 4168 | 1406 |
| 4329. | 訴 | su | 4 | 17 | 0.0022 | 4153 | 759 |
| 4330. | 訴 | su | 4 | 17 | 0.0022 | 4153 | 759 |
| | 訟 | soong | 4 | | | 4206 | 2444 |
| 4331. | 唆 | swo | 1 | 17 | 0.0022 | 4166 | 3797 |
| | 使 | shi | 3 | | | 3587 | 154 |

| | Char. | Syll. | Tone | Freq. | Freq.% | ID | Rank |
|---|---|---|---|---|---|---|---|
| 4332. | 碳 | tan | 4 | 17 | 0.0022 | 1037 | 1886 |
| 4333. | 逃 | tau | 2 | 17 | 0.0022 | 1006 | 1064 |
| | 避 | bi | 4 | | | 141 | 1183 |
| 4334. | 調 | tiau | 2 | 17 | 0.0022 | 1089 | 1121 |
| | 和 | huh | 2 | | | 1956 | 395 |
| 4335. | 同 | toong | 2 | 17 | 0.0022 | 1160 | 92 |
| | 志 | rji | 4 | | | 3115 | 728 |
| 4336. | 殘 | tsan | 2 | 17 | 0.0022 | 4029 | 1405 |
| 4337. | 蒼 | tsang | 1 | 17 | 0.0022 | 4036 | 1527 |
| | 白 | bai | 2 | | | 49 | 251 |
| 4338. | 策 | tsuh | 4 | 17 | 0.0022 | 4002 | 1373 |
| 4339. | 廁 | tsuh | 4 | 17 | 0.0022 | 4003 | 2186 |
| | 所 | swo | 3 | | | 4169 | 79 |
| 4340. | 策 | tsuh | 4 | 17 | 0.0022 | 4002 | 1373 |
| | 劃 | hwa | 4 | | | 2090 | 723 |
| 4341. | 圖 | tu | 2 | 17 | 0.0022 | 1120 | 85 |
| | 案 | an | 4 | | | 4280 | 630 |
| 4342. | 特 | tuh | 4 | 17 | 0.0022 | 989 | 328 |
| | 點 | dien | 3 | | | 892 | 160 |
| 4343. | 退 | twei | 4 | 17 | 0.0022 | 1148 | 819 |
| | 出 | rcu | 1 | | | 3507 | 60 |
| 4344. | 挖 | wa | 1 | 17 | 0.0022 | 4616 | 2217 |
| 4345. | 外 | wai | 4 | 17 | 0.0022 | 4632 | 122 |
| | 人 | run | 2 | | | 3812 | 11 |
| 4346. | 汪 | wang | 1 | 17 | 0.0022 | 4710 | 2154 |
| 4347. | 往 | wang | 3 | 17 | 0.0022 | 4714 | 426 |
| | 事 | shi | 4 | | | 3592 | 77 |
| 4348. | 無 | wu | 2 | 17 | 0.0022 | 4585 | 295 |
| | 非 | fei | 1 | | | 588 | 355 |
| 4349. | 五 | wu | 3 | 17 | 0.0022 | 4593 | 34 |
| | 六 | liu | 4 | | | 1457 | 64 |
| 4350. | 香 | xiang | 1 | 17 | 0.0022 | 2961 | 745 |
| | 烟 | yen | 1 | | | 4456 | 1147 |
| 4351. | 向 | xiang | 4 | 17 | 0.0022 | 2974 | 189 |
| | 來 | lai | 2 | | | 1297 | 15 |
| 4352. | 消 | xiau | 1 | 17 | 0.0022 | 2873 | 475 |
| 4353. | 消 | xiau | 1 | 17 | 0.0022 | 2873 | 475 |
| | 毒 | du | 2 | | | 918 | 847 |
| 4354. | 校 | xiau | 4 | 17 | 0.0022 | 2889 | 63 |
| | 園 | yüen | 2 | | | 4810 | 656 |
| 4355. | 現 | xien | 4 | 17 | 0.0022 | 2933 | 167 |
| | 出 | rcu | 1 | | | 3507 | 60 |
| 4356. | 獻 | xien | 4 | 17 | 0.0022 | 2938 | 1354 |
| 4357. | 線 | xien | 4 | 17 | 0.0022 | 2935 | 368 |
| | 條 | tiau | 2 | | | 1090 | 231 |
| 4358. | 縣 | xien | 4 | 17 | 0.0022 | 2932 | 308 |
| | 府 | fu | 3 | | | 710 | 323 |
| 4359. | 行 | xing | 2 | 17 | 0.0022 | 2989 | 76 |
| | 走 | dsou | 3 | | | 3920 | 217 |
| 4360. | 形 | xing | 2 | 17 | 0.0022 | 2988 | 252 |
| | 勢 | shi | 4 | | | 3600 | 557 |
| 4361. | 學 | xüeh | 2 | 17 | 0.0022 | 3028 | 26 |
| | 識 | shi | 4 | | | 3603 | 632 |
| 4362. | 學 | xüeh | 2 | 17 | 0.0022 | 3028 | 26 |
| | 家 | jia | 1 | | | 2279 | 36 |
| 4363. | 循 | xün | 2 | 17 | 0.0022 | 3055 | 2096 |
| | 環 | hwan | 2 | | | 2140 | 845 |
| 4364. | 鴉 | ya | 1 | 17 | 0.0022 | 4370 | 1737 |
| | 片 | pien | 4 | | | 344 | 476 |
| 4365. | 要 | yau | 4 | 17 | 0.0022 | 4425 | 27 |
| | 點 | dien | 3 | | | 892 | 160 |
| 4366. | 衣 | yi | 1 | 17 | 0.0022 | 4299 | 432 |
| | 料 | liau | 4 | | | 1445 | 387 |
| 4367. | 一 | yi | 1 | 17 | 0.0022 | 4300 | 2 |
| | 連 | lien | 2 | | | 1459 | 343 |
| 4368. | 一 | yi | 1 | 17 | 0.0022 | 4300 | 2 |
| | 道 | dau | 4 | | | 774 | 155 |
| 4369. | 伊 | yi | 1 | 17 | 0.0022 | 4304 | 1042 |
| | 朗 | lang | 3 | | | 1363 | 1721 |
| | 高 | gau | 1 | | | 1647 | 104 |
| | 原 | yüen | 2 | | | 4809 | 197 |
| 4370. | 以 | yi | 3 | 17 | 0.0022 | 4324 | 24 |
| | 至 | rji | 4 | | | 3110 | 442 |
| 4371. | 抑 | yi | 4 | 17 | 0.0022 | 4354 | 3261 |
| | 制 | rji | 4 | | | 3113 | 495 |

| | Char. | Syll. | Tone | Freq. | Freq.% | ID | Rank |
|---|---|---|---|---|---|---|---|
| 4372. | 引 | yin | 3 | 17 | 0.0022 | 4520 | 797 |
| | 申 | shun | 1 | | | 3692 | 1414 |
| 4373. | 漁 | yü | 2 | 17 | 0.0022 | 4729 | 1257 |
| | 船 | rcwan | 2 | | | 3537 | 563 |
| 4374. | 湧 | yüoong | 3 | 17 | 0.0022 | 4853 | 2156 |
| 4375. | 擺 | bai | 3 | 16 | 0.0020 | 51 | 1358 |
| | 脫 | two | 1 | | | 1133 | 1251 |
| 4376. | 搬 | ban | 1 | 16 | 0.0020 | 95 | 1359 |
| | 運 | yün | 4 | | | 4841 | 284 |
| 4377. | 扮 | ban | 4 | 16 | 0.0020 | 108 | 2594 |
| | 演 | yen | 3 | | | 4483 | 645 |
| 4378. | 寶 | bau | 3 | 16 | 0.0020 | 81 | 716 |
| | 貝 | bei | 4 | | | 64 | 1443 |
| 4379. | 辨 | bien | 4 | 16 | 0.0020 | 179 | 1926 |
| | 認 | run | 4 | | | 3816 | 479 |
| 4380. | 脖 | bo | 2 | 16 | 0.0020 | 36 | 2643 |
| | 子 | dsi | 3 | | | 3874 | 324 |
| 4381. | 本 | bun | 3 | 16 | 0.0020 | 112 | 65 |
| | 國 | gwo | 2 | | | 1749 | 7 |
| 4382. | 漆 | chi | 1 | 16 | 0.0020 | 2589 | 1351 |
| 4383. | 起 | chi | 3 | 16 | 0.0020 | 2621 | 78 |
| | 床 | rcwang | 2 | | | 3554 | 1095 |
| 4384. | 強 | chiang | 2 | 16 | 0.0020 | 2716 | 354 |
| | 度 | du | 4 | | | 927 | 212 |
| 4385. | 瞧 | chiau | 2 | 16 | 0.0020 | 2654 | 1673 |
| | 見 | jien | 4 | | | 2417 | 206 |
| 4386. | 青 | ching | 1 | 16 | 0.0020 | 2725 | 488 |
| | 春 | rcoon | 1 | | | 3542 | 513 |
| 4387. | 打 | da | 3 | 16 | 0.0020 | 744 | 253 |
| | 扮 | ban | 4 | | | 108 | 2594 |
| 4388. | 大 | da | 4 | 16 | 0.0020 | 745 | 12 |
| | 專 | rjwan | 1 | | | 3339 | 547 |
| 4389. | 大 | da | 4 | 16 | 0.0020 | 745 | 12 |
| | 使 | shi | 2 | | | 3587 | 154 |
| | 館 | gwan | 3 | | | 1786 | 702 |
| 4390. | 逮 | dai | 2 | 16 | 0.0020 | 754 | 2075 |
| | 捕 | bu | 3 | | | 207 | 1258 |
| 4391. | 抵 | di | 3 | 16 | 0.0020 | 853 | 890 |
| 4392. | 地 | di | 4 | 16 | 0.0020 | 858 | 33 |
| | 下 | xia | 4 | | | 2844 | 50 |
| | 室 | shi | 4 | | | 3601 | 549 |
| 4393. | 跌 | dieh | 2 | 16 | 0.0020 | 867 | 1720 |
| 4394. | 動 | doong | 4 | 16 | 0.0020 | 974 | 94 |
| | 人 | run | 2 | | | 3812 | 11 |
| 4395. | 在 | dsai | 4 | 16 | 0.0020 | 3899 | 9 |
| | 乎 | hu | 1 | | | 2055 | 1144 |
| 4396. | 自 | dsi | 4 | 16 | 0.0020 | 3878 | 86 |
| | 給 | ji | 3 | | | 2249 | 1271 |
| 4397. | 自 | dsi | 4 | 16 | 0.0020 | 3878 | 86 |
| | 信 | xin | 4 | | | 2957 | 378 |
| 4398. | 蹤 | dsoong | 1 | 16 | 0.0020 | 3974 | 2388 |
| | 跡 | ji | 1 | | | 2206 | 1224 |
| 4399. | 縱 | dsoong | 4 | 16 | 0.0020 | 3981 | 2065 |
| | 然 | ran | 2 | | | 3807 | 123 |
| 4400. | 作 | dswo | 4 | 16 | 0.0020 | 3953 | 47 |
| | 出 | rcu | 1 | | | 3507 | 60 |
| 4401. | 作 | dswo | 4 | 16 | 0.0020 | 3953 | 47 |
| | 文 | wun | 2 | | | 4699 | 147 |
| 4402. | 斷 | dwan | 4 | 16 | 0.0020 | 952 | 871 |
| | 絕 | jüeh | 2 | | | 2548 | 940 |
| 4403. | 發 | fa | 1 | 16 | 0.0020 | 577 | 73 |
| | 射 | shuh | 4 | | | 3638 | 446 |
| 4404. | 返 | fan | 3 | 16 | 0.0020 | 619 | 1433 |
| | 回 | hwei | 2 | | | 2120 | 163 |
| 4405. | 分 | fun | 1 | 16 | 0.0020 | 630 | 112 |
| | 付 | fu | 4 | | | 727 | 1463 |
| 4406. | 干 | gan | 1 | 16 | 0.0020 | 1671 | 1307 |
| | 涉 | shuh | 4 | | | 3639 | 1757 |
| 4407. | 鋼 | gang | 1 | 16 | 0.0020 | 1691 | 1017 |
| | 鐵 | tieh | 3 | | | 1085 | 250 |
| 4408. | 工 | goong | 1 | 16 | 0.0020 | 1804 | 125 |
| | 業 | yeh | 4 | | | 4397 | 137 |
| | 化 | hwa | 4 | | | 2085 | 278 |
| 4409. | 骨 | gu | 3 | 16 | 0.0020 | 1718 | 901 |
| | 頭 | tou | 2 | | | 1017 | 164 |
| 4410. | 個 | guh | 4 | 16 | 0.0020 | 1634 | 22 |
| | 體 | ti | 3 | | | 1073 | 178 |

| | Char. | Syll. | Tone | Freq. | Freq.% | ID | Rank |
|---|---|---|---|---|---|---|---|
| 4411. | 跟 | gun | 1 | 16 | 0.0020 | 1690 | 240 |
| | 隨 | swei | 2 | | | 4176 | 747 |
| 4412. | 貫 | gwan | 4 | 16 | 0.0020 | 1794 | 1976 |
| 4413. | 光 | gwang | 1 | 16 | 0.0020 | 1801 | 224 |
| | 景 | jing | 3 | | | 2492 | 808 |
| 4414. | 光 | gwang | 1 | 16 | 0.0020 | 1801 | 224 |
| | 輝 | hwei | 1 | | | 2117 | 1702 |
| 4415. | 海 | hai | 3 | 16 | 0.0020 | 1980 | 102 |
| | 盜 | dau | 4 | | | 778 | 2502 |
| 4416. | 忽 | hu | 1 | 16 | 0.0020 | 2052 | 833 |
| | 略 | lüeh | 4 | | | 1608 | 1039 |
| 4417. | 和 | huh | 2 | 16 | 0.0020 | 1956 | 395 |
| | 約 | yüeh | 1 | | | 4792 | 357 |
| 4418. | 核 | huh | 2 | 16 | 0.0020 | 1958 | 956 |
| | 准 | rjoon | 3 | | | 3349 | 1470 |
| 4419. | 喝 | huh | 4 | 16 | 0.0020 | 1970 | 2963 |
| | 采 | tsai | 3 | | | 4012 | 2479 |
| 4420. | 恆 | hung | 2 | 16 | 0.0020 | 2050 | 1585 |
| | 河 | huh | 2 | | | 1954 | 159 |
| 4421. | 花 | hwa | 1 | 16 | 0.0020 | 2078 | 246 |
| | 卉 | hwei | 4 | | | 2133 | 3713 |
| 4422. | 緩 | hwan | 3 | 16 | 0.0020 | 2144 | 1825 |
| | 和 | huh | 2 | | | 1956 | 395 |
| 4423. | 會 | hwei | 4 | 16 | 0.0020 | 2126 | 31 |
| | 長 | rjang | 3 | | | 3250 | 135 |
| 4424. | 夥 | hwo | 3 | 16 | 0.0020 | 2094 | 2964 |
| 4425. | 籍 | ji | 2 | 16 | 0.0020 | 2230 | 1619 |
| 4426. | 疾 | ji | 2 | 16 | 0.0020 | 2231 | 1112 |
| 4427. | 季 | ji | 4 | 16 | 0.0020 | 2259 | 793 |
| 4428. | 家 | jia | 1 | 16 | 0.0020 | 2279 | 36 |
| | 務 | wu | 4 | | | 4601 | 377 |
| 4429. | 加 | jia | 1 | 16 | 0.0020 | 2278 | 124 |
| | 速 | su | 4 | | | 4156 | 1056 |
| | 度 | du | 4 | | | 927 | 212 |
| 4430. | 叫 | jiau | 4 | 16 | 0.0020 | 2367 | 168 |
| | 作 | dswo | 4 | | | 3953 | 47 |
| 4431. | 教 | jiau | 4 | 16 | 0.0020 | 2368 | 68 |
| | 徒 | tu | 2 | | | 1123 | 2197 |
| 4432. | 結 | jieh | 2 | 16 | 0.0020 | 2310 | 404 |
| | 實 | shi | 2 | | | 3581 | 215 |
| 4433. | 進 | jin | 4 | 16 | 0.0020 | 2454 | 144 |
| | 度 | du | 4 | | | 927 | 212 |
| 4434. | 進 | jin | 4 | 16 | 0.0020 | 2454 | 144 |
| | 取 | chü | 3 | | | 2751 | 486 |
| 4435. | 景 | jing | 3 | 16 | 0.0020 | 2492 | 808 |
| | 物 | wu | 4 | | | 4602 | 128 |
| 4436. | 競 | jing | 4 | 16 | 0.0020 | 2505 | 1272 |
| | 賽 | sai | 4 | | | 4123 | 514 |
| 4437. | 酒 | jiu | 2 | 16 | 0.0020 | 2379 | 753 |
| | 保 | bau | 3 | | | 80 | 411 |
| 4438. | 舊 | jiu | 4 | 16 | 0.0020 | 2383 | 813 |
| | 金 | jin | 1 | | | 2440 | 271 |
| | 山 | shan | 1 | | | 3670 | 107 |
| 4439. | 舅 | jiu | 4 | 16 | 0.0020 | 2386 | 1726 |
| | 母 | mu | 3 | | | 560 | 287 |
| 4440. | 開 | kai | 1 | 16 | 0.0020 | 1849 | 114 |
| | 車 | rcuh | 1 | | | 3412 | 181 |
| 4441. | 看 | kan | 4 | 16 | 0.0020 | 1871 | 58 |
| | 作 | dswo | 4 | | | 3953 | 47 |
| 4442. | 肯 | kun | 3 | 16 | 0.0020 | 1873 | 1040 |
| | 定 | ding | 4 | | | 912 | 121 |
| 4443. | 瀾 | lan | 2 | 16 | 0.0020 | 1342 | 3179 |
| 4444. | 雷 | lei | 2 | 16 | 0.0020 | 1302 | 891 |
| 4445. | 類 | lei | 4 | 16 | 0.0020 | 1314 | 298 |
| | 型 | xing | 2 | | | 2991 | 1214 |
| 4446. | 理 | li | 3 | 16 | 0.0020 | 1388 | 207 |
| | 智 | rji | 4 | | | 3116 | 1355 |
| 4447. | 禮 | li | 3 | 16 | 0.0020 | 1389 | 605 |
| | 拜 | bai | 4 | | | 52 | 1138 |
| 4448. | 理 | li | 3 | 16 | 0.0020 | 1388 | 207 |
| | 會 | hwei | 4 | | | 2126 | 31 |
| 4449. | 立 | li | 4 | 16 | 0.0020 | 1395 | 152 |
| | 法 | fa | 2 | | | 584 | 88 |
| | 委 | wei | 3 | | | 4653 | 518 |
| | 員 | yüen | 2 | | | 4808 | 210 |
| 4450. | 粒 | li | 4 | 16 | 0.0020 | 1404 | 1743 |
| | 子 | dsi | 3 | | | 3874 | 324 |

| No. | Char. | Syll. | Tone | Freq. | Freq.% | ID | Rank |
|---|---|---|---|---|---|---|---|
| 4451. | 料 | liau | 4 | 16 | 0.0020 | 1445 | 387 |
| 4452. | 聯 | lien | 2 | 16 | 0.0020 | 1458 | 379 |
| | 邦 | bang | 1 | | | 115 | 1432 |
| 4453. | 憐 | lien | 2 | 16 | 0.0020 | 1460 | 1519 |
| 4454. | 旅 | lü | 3 | 16 | 0.0020 | 1594 | 1034 |
| | 客 | kuh | 4 | | | 1844 | 922 |
| 4455. | 呂 | lü | 3 | 16 | 0.0020 | 1593 | 1348 |
| 4456. | 冷 | lung | 3 | 16 | 0.0020 | 1367 | 710 |
| | 靜 | jing | 4 | | | 2498 | 785 |
| 4457. | 洛 | lwo | 4 | 16 | 0.0020 | 1557 | 1311 |
| | 杉 | shan | 1 | | | 3671 | 3246 |
| | 磯 | ji | 1 | | | 2214 | 2676 |
| 4458. | 滅 | mieh | 4 | 16 | 0.0020 | 519 | 947 |
| | 亡 | wang | 2 | | | 4711 | 1208 |
| 4459. | 棉 | mien | 2 | 16 | 0.0020 | 530 | 737 |
| 4460. | 免 | mien | 3 | 16 | 0.0020 | 534 | 781 |
| | 勵 | li | 4 | | | 1402 | 1480 |
| 4461. | 模 | mu | 2 | 16 | 0.0020 | 558 | 2782 |
| | 型 | xing | 2 | | | 2991 | 1214 |
| 4462. | 耐 | nai | 4 | 16 | 0.0020 | 1191 | 1500 |
| 4463. | 難 | nan | 2 | 16 | 0.0020 | 1202 | 570 |
| | 題 | ti | 2 | | | 1066 | 229 |
| 4464. | 腦 | nau | 3 | 16 | 0.0020 | 1198 | 908 |
| | 袋 | dai | 4 | | | 760 | 1477 |
| 4465. | 念 | nien | 4 | 16 | 0.0020 | 1250 | 578 |
| | 頭 | tou | 2 | | | 1017 | 164 |
| 4466. | 唸 | nien | 4 | 16 | 0.0020 | 1249 | 578 |
| 4467. | 女 | nü | 3 | 16 | 0.0020 | 1278 | 302 |
| | 性 | xing | 4 | | | 2996 | 482 |
| 4468. | 貧 | pin | 2 | 16 | 0.0020 | 348 | 1696 |
| | 血 | xüeh | 4 | | | 3031 | 1604 |
| 4469. | 坡 | po | 1 | 16 | 0.0020 | 230 | 1344 |
| 4470. | 常 | rcang | 2 | 16 | 0.0020 | 3472 | 136 |
| | 識 | shi | 4 | | | 3603 | 632 |
| 4471. | 超 | rcau | 1 | 16 | 0.0020 | 3423 | 1233 |
| | 出 | rcu | 1 | | | 3507 | 60 |
| 4472. | 初 | rcu | 1 | 16 | 0.0020 | 3506 | 496 |
| | 步 | bu | 4 | | | 214 | 417 |
| 4473. | 穿 | rcwan | 1 | 16 | 0.0020 | 3535 | 719 |
| | 上 | shang | 4 | | | 3712 | 17 |
| 4474. | 川 | rcwan | 1 | 16 | 0.0020 | 3536 | 698 |
| 4475. | 詹 | rjan | 1 | 16 | 0.0020 | 3202 | 2533 |
| | 森 | sun | 1 | | | 4142 | 1000 |
| 4476. | 戰 | rjan | 4 | 16 | 0.0020 | 3215 | 280 |
| | 國 | gwo | 2 | | | 1749 | 7 |
| 4477. | 張 | rjang | 1 | 16 | 0.0020 | 3243 | 311 |
| | 老 | lau | 3 | | | 1322 | 117 |
| | 師 | shi | 1 | | | 3570 | 116 |
| 4478. | 漲 | rjang | 4 | 16 | 0.0020 | 3252 | 3763 |
| 4479. | 招 | rjau | 1 | 16 | 0.0020 | 3168 | 950 |
| | 牌 | pai | 2 | | | 239 | 1538 |
| 4480. | 朝 | rjau | 1 | 16 | 0.0020 | 3167 | 1849 |
| 4481. | 織 | rji | 1 | 16 | 0.0020 | 3078 | 471 |
| 4482. | 主 | rju | 3 | 16 | 0.0020 | 3299 | 130 |
| | 婦 | fu | 4 | | | 725 | 1200 |
| 4483. | 註 | rju | 4 | 16 | 0.0020 | 3310 | 1965 |
| | 定 | ding | 4 | | | 912 | 121 |
| 4484. | 著 | rju | 4 | 16 | 0.0020 | 3305 | 638 |
| | 作 | dswo | 4 | | | 3953 | 47 |
| 4485. | 爭 | rjung | 1 | 16 | 0.0020 | 3263 | 613 |
| | 執 | rji | 2 | | | 3095 | 1314 |
| 4486. | 蒸 | rjung | 1 | 16 | 0.0020 | 3262 | 1114 |
| | 氣 | chi | 4 | | | 2627 | 132 |
| 4487. | 整 | rjung | 3 | 16 | 0.0020 | 3273 | 593 |
| | 數 | shu | 4 | | | 3755 | 400 |
| 4488. | 壯 | rjwang | 4 | 16 | 0.0020 | 3357 | 1507 |
| 4489. | 追 | rjwei | 1 | 16 | 0.0020 | 3334 | 1135 |
| | 蹤 | dsoong | 1 | | | 3973 | 2388 |
| 4490. | 榮 | roong | 2 | 16 | 0.0020 | 3854 | 888 |
| 4491. | 容 | roong | 2 | 16 | 0.0020 | 3855 | 401 |
| | 納 | na | 4 | | | 1178 | 955 |
| 4492. | 人 | run | 2 | 16 | 0.0020 | 3812 | 11 |
| | 為 | wei | 2 | | | 4639 | 95 |

| | Char. | Syll. | Tone | Freq. | Freq.% | ID | Rank |
|---|---|---|---|---|---|---|---|
| 4493. | 人 | run | 2 | 16 | 0.0020 | 3812 | 11 |
| | 事 | shi | 4 | | | 3592 | 77 |
| 4494. | 任 | run | 4 | 16 | 0.0020 | 3817 | 293 |
| | 意 | yi | 4 | | | 4332 | 195 |
| 4495. | 任 | run | 4 | 16 | 0.0020 | 3817 | 293 |
| | 命 | ming | 4 | | | 557 | 431 |
| 4496. | 三 | san | 1 | 16 | 0.0020 | 4138 | 18 |
| | 五 | wu | 3 | | | 4593 | 34 |
| 4497. | 少 | shau | 4 | 16 | 0.0020 | 3654 | 993 |
| | 爺 | yeh | 2 | | | 4390 | 1801 |
| 4498. | 施 | shi | 1 | 16 | 0.0020 | 3572 | 772 |
| | 工 | goong | 1 | | | 1804 | 125 |
| 4499. | 示 | shi | 4 | 16 | 0.0020 | 3598 | 528 |
| | 範 | fan | 4 | | | 621 | 686 |
| 4500. | 受 | shou | 4 | 16 | 0.0020 | 3663 | 351 |
| | 訓 | xün | 4 | | | 3061 | 864 |
| 4501. | 殊 | shu | 1 | 16 | 0.0020 | 3738 | 1812 |
| 4502. | 叔 | shu | 2 | 16 | 0.0020 | 3743 | 742 |
| | 叔 | shu | 2 | | | 3743 | 742 |
| 4503. | 樹 | shu | 4 | 16 | 0.0020 | 3756 | 303 |
| | 枝 | rji | 1 | | | 3081 | 835 |
| 4504. | 神 | shun | 2 | 16 | 0.0020 | 3697 | 466 |
| | 奇 | chi | 2 | | | 2600 | 730 |
| 4505. | 水 | shwei | 3 | 16 | 0.0020 | 3781 | 75 |
| | 流 | liu | 2 | | | 1448 | 353 |
| 4506. | 說 | shwo | 1 | 16 | 0.0020 | 3770 | 37 |
| | 不 | bu | 4 | | | 213 | 8 |
| | 定 | ding | 4 | | | 912 | 121 |
| 4507. | 司 | si | 1 | 16 | 0.0020 | 4084 | 564 |
| | 法 | fa | 3 | | | 584 | 88 |
| 4508. | 司 | si | 1 | 16 | 0.0020 | 4084 | 564 |
| 4509. | 飼 | si | 4 | 16 | 0.0020 | 4096 | 1389 |
| | 養 | yang | 3 | | | 4542 | 421 |
| 4510. | 談 | tan | 2 | 16 | 0.0020 | 1024 | 581 |
| | 起 | chi | 3 | | | 2621 | 78 |
| 4511. | 彩 | tsai | 3 | 16 | 0.0020 | 4010 | 951 |
| 4512. | 餐 | tsan | 1 | 16 | 0.0020 | 4027 | 1594 |
| | 餐 | tsan | 1 | | | 4027 | 1594 |
| 4513. | 殘 | tsan | 2 | 16 | 0.0020 | 4029 | 1405 |
| | 酷 | ku | 4 | | | 1891 | 2670 |
| 4514. | 吐 | tu | 3 | 16 | 0.0020 | 1127 | 1681 |
| 4515. | 特 | tuh | 4 | 16 | 0.0020 | 989 | 328 |
| | 地 | di | 4 | | | 858 | 33 |
| 4516. | 脫 | two | 1 | 16 | 0.0020 | 1133 | 1251 |
| | 落 | lwo | 4 | | | 1558 | 681 |
| 4517. | 外 | wai | 4 | 16 | 0.0020 | 4632 | 122 |
| | 出 | rcu | 1 | | | 3507 | 60 |
| 4518. | 外 | wai | 4 | 16 | 0.0020 | 4632 | 122 |
| | 長 | rjang | 3 | | | 3250 | 135 |
| 4519. | 外 | wai | 4 | 16 | 0.0020 | 4632 | 122 |
| | 交 | jiau | 1 | | | 2339 | 358 |
| | 部 | bu | 4 | | | 212 | 91 |
| 4520. | 挽 | wan | 3 | 16 | 0.0020 | 4691 | 3026 |
| | 救 | jiu | 4 | | | 2384 | 727 |
| 4521. | 微 | wei | 2 | 16 | 0.0020 | 4640 | 798 |
| | 小 | xiau | 3 | | | 2887 | 40 |
| 4522. | 委 | wei | 3 | 16 | 0.0020 | 4653 | 518 |
| | 託 | two | 1 | | | 1134 | 2163 |
| 4523. | 窩 | wo | 1 | 16 | 0.0020 | 4622 | 1379 |
| 4524. | 無 | wu | 2 | 16 | 0.0020 | 4585 | 295 |
| | 奈 | nai | 4 | | | 1190 | 2256 |
| 4525. | 溫 | wun | 1 | 16 | 0.0020 | 4697 | 534 |
| | 帶 | dai | 4 | | | 755 | 301 |
| 4526. | 希 | xi | 1 | 16 | 0.0020 | 2782 | 561 |
| | 特 | tuh | 4 | | | 989 | 328 |
| | 勒 | luh | 4 | | | 1291 | 1381 |
| 4527. | 吸 | xi | 1 | 16 | 0.0020 | 2785 | 786 |
| | 烟 | yen | 1 | | | 4456 | 1147 |
| 4528. | 細 | xi | 4 | 16 | 0.0020 | 2821 | 584 |
| | 節 | jieh | 2 | | | 2311 | 352 |
| 4529. | 笑 | xiau | 4 | 16 | 0.0020 | 2888 | 455 |
| | 嘻 | xi | 1 | | | 2787 | 1603 |
| | 嘻 | xi | 1 | | | 2787 | 1603 |
| 4530. | 縣 | xien | 4 | 16 | 0.0020 | 2932 | 308 |
| | 長 | rjang | 3 | | | 3250 | 135 |
| 4531. | 心 | xin | 1 | 16 | 0.0020 | 2946 | 142 |
| | 意 | yi | 4 | | | 4332 | 195 |

| | Char. | Syll. | Tone | Freq. | Freq.% | ID | Rank |
|---|---|---|---|---|---|---|---|
| 4532. | 心 | xin | 1 | 16 | 0.0020 | 2946 | 142 |
| | 得 | duh | 2 | | | 746 | 146 |
| 4533. | 新 | xin | 1 | 16 | 0.0020 | 2947 | 134 |
| | 奇 | chi | 2 | | | 2600 | 730 |
| 4534. | 衙 | ya | 2 | 16 | 0.0020 | 4376 | 2633 |
| | 門 | mun | 2 | | | 476 | 274 |
| 4535. | 亞 | ya | 4 | 16 | 0.0020 | 4384 | 345 |
| 4536. | 揚 | yang | 2 | 16 | 0.0020 | 4534 | 1156 |
| 4537. | 羊 | yang | 2 | 16 | 0.0020 | 4535 | 946 |
| | 毛 | mau | 2 | | | 453 | 573 |
| 4538. | 藥 | yau | 4 | 16 | 0.0020 | 4427 | 721 |
| | 物 | wu | 4 | | | 4602 | 128 |
| 4539. | 一 | yi | 1 | 16 | 0.0020 | 4300 | 2 |
| | 塊 | kwai | 4 | | | 1901 | 684 |
| | 兒 | er | 2 | | | 4291 | 82 |
| 4540. | 依 | yi | 1 | 16 | 0.0020 | 4301 | 743 |
| | 舊 | jiu | 4 | | | 2383 | 813 |
| 4541. | 疑 | yi | 2 | 16 | 0.0020 | 4311 | 1609 |
| | 問 | wun | 4 | | | 4708 | 151 |
| 4542. | 由 | you | 2 | 16 | 0.0020 | 4435 | 126 |
| | 來 | lai | 2 | | | 1297 | 15 |
| 4543. | 遊 | you | 2 | 16 | 0.0020 | 4434 | 463 |
| | 覽 | lan | 3 | | | 1349 | 1195 |
| 4544. | 右 | you | 4 | 16 | 0.0020 | 4447 | 828 |
| | 邊 | bien | 1 | | | 171 | 260 |
| 4545. | 虞 | yü | 2 | 16 | 0.0020 | 4741 | 3274 |
| 4546. | 輿 | yü | 2 | 16 | 0.0020 | 4744 | 3275 |
| | 論 | loon | 4 | | | 1577 | 347 |
| 4547. | 雨 | yü | 3 | 16 | 0.0020 | 4752 | 532 |
| | 季 | ji | 4 | | | 2259 | 793 |
| 4548. | 預 | yü | 4 | 16 | 0.0020 | 4761 | 690 |
| | 先 | xien | 1 | | | 2910 | 234 |
| 4549. | 預 | yü | 4 | 16 | 0.0020 | 4761 | 690 |
| | 期 | chi | 2 | | | 2599 | 225 |
| 4550. | 約 | yüeh | 1 | 16 | 0.0020 | 4792 | 357 |
| | 會 | hwei | 4 | | | 2126 | 31 |
| 4551. | 援 | yüen | 2 | 16 | 0.0020 | 4815 | 1085 |
| | 助 | rju | 4 | | | 3306 | 493 |
| 4552. | 袁 | yüen | 2 | 16 | 0.0020 | 4817 | 1782 |
| | 世 | shi | 4 | | | 3594 | 236 |
| | 凱 | kai | 3 | | | 1851 | 1791 |
| 4553. | 用 | yüoong | 4 | 16 | 0.0020 | 4864 | 38 |
| | 意 | yi | 4 | | | 4332 | 195 |
| 4554. | 阿 | a | 4 | 15 | 0.0019 | 4211 | 478 |
| | 里 | li | 3 | | | 1387 | 419 |
| | 山 | shan | 1 | | | 3670 | 107 |
| 4555. | 安 | an | 1 | 15 | 0.0019 | 4273 | 242 |
| | 置 | rji | 4 | | | 3114 | 741 |
| 4556. | 暗 | an | 4 | 15 | 0.0019 | 4279 | 790 |
| | 中 | rjoong | 1 | | | 3361 | 20 |
| 4557. | 熬 | au | 2 | 15 | 0.0019 | 4255 | 3133 |
| 4558. | 耙 | ba | 3 | 15 | 0.0019 | id 1 | rk 1 |
| 4559. | 白 | bai | 2 | 15 | 0.0019 | 49 | 251 |
| | 緣 | yün | 2 | | | 4832 | 544 |
| 4560. | 辦 | ban | 4 | 15 | 0.0019 | 104 | 332 |
| | 到 | dau | 4 | | | 775 | 21 |
| 4561. | 孢 | bau | 1 | 15 | 0.0019 | id 2 | rk 2 |
| | 子 | dsi | 3 | | | 3874 | 324 |
| 4562. | 悲 | bei | 1 | 15 | 0.0019 | 57 | 1717 |
| | 慘 | tsan | 3 | | | 4032 | 1655 |
| 4563. | 丙 | bing | 3 | 15 | 0.0019 | 196 | 1783 |
| 4564. | 柏 | bo | 2 | 15 | 0.0019 | 26 | 1106 |
| | 林 | lin | 2 | | | 1477 | 228 |
| 4565. | 補 | bu | 3 | 15 | 0.0019 | 208 | 842 |
| | 償 | rcang | 2 | | | 3475 | 2384 |
| 4566. | 捕 | bu | 3 | 15 | 0.0019 | 207 | 1258 |
| | 捉 | rjwo | 1 | | | 3318 | 1198 |
| 4567. | 不 | bu | 4 | 15 | 0.0019 | 213 | 8 |
| | 得 | duh | 2 | | | 746 | 146 |
| | 了 | liau | 3 | | | 1443 | 1003 |
| 4568. | 部 | bu | 4 | 15 | 0.0019 | 212 | 91 |
| | 署 | shu | 3 | | | 3749 | 1457 |
| 4569. | 部 | bu | 4 | 15 | 0.0019 | 212 | 91 |
| | 會 | hwei | 4 | | | 2126 | 31 |
| 4570. | 淒 | chi | 1 | 15 | 0.0019 | 2596 | 3092 |
| | 涼 | liang | 2 | | | 1495 | 1178 |

| | Char. | Syll. | Tone | Freq. | Freq.% | ID | Rank |
|---|---|---|---|---|---|---|---|
| 4571. | 奇 | chi | 2 | 15 | 0.0019 | 2600 | 730 |
| | 異 | yi | 4 | | | 4335 | 1096 |
| 4572. | 歧 | chi | 2 | 15 | 0.0019 | 2608 | 3093 |
| | 視 | shi | 4 | | | 3602 | 720 |
| 4573. | 器 | chi | 4 | 15 | 0.0019 | 2626 | 394 |
| | 材 | tsai | 2 | | | 4005 | 755 |
| 4574. | 氣 | chi | 4 | 15 | 0.0019 | 2627 | 132 |
| | 味 | wei | 4 | | | 4663 | 882 |
| 4575. | 氣 | chi | 4 | 15 | 0.0019 | 2627 | 132 |
| | 泡 | pau | 1 | | | 258 | 4216 |
| 4576. | 悄 | chiau | 1 | 15 | 0.0019 | 2658 | 1751 |
| | 悄 | chiau | 1 | | | 2658 | 1751 |
| 4577. | 前 | chien | 2 | 15 | 0.0019 | 2687 | 145 |
| | 線 | xien | 4 | | | 2935 | 368 |
| 4578. | 輕 | ching | 1 | 15 | 0.0019 | 2728 | 592 |
| | 微 | wei | 2 | | | 4640 | 798 |
| 4579. | 清 | ching | 1 | 15 | 0.0019 | 2726 | 289 |
| | 廷 | ting | 2 | | | 1112 | 1664 |
| 4580. | 傾 | ching | 1 | 15 | 0.0019 | 2730 | 2095 |
| | 向 | xiang | 4 | | | 2974 | 189 |
| 4581. | 丘 | chiu | 1 | 15 | 0.0019 | 2668 | 2117 |
| | 陵 | ling | 2 | | | 1509 | 1261 |
| 4582. | 取 | chü | 3 | 15 | 0.0019 | 2751 | 486 |
| | 出 | rcu | 1 | | | 3507 | 60 |
| 4583. | 地 | di | 4 | 15 | 0.0019 | 858 | 33 |
| | 獄 | yü | 4 | | | 4768 | 1902 |
| 4584. | 點 | dien | 3 | 15 | 0.0019 | 892 | 160 |
| | 心 | xin | 1 | | | 2946 | 142 |
| 4585. | 電 | dien | 4 | 15 | 0.0019 | 896 | 129 |
| | 視 | shi | 4 | | | 3602 | 720 |
| | 機 | ji | 1 | | | 2198 | 153 |
| 4586. | 電 | dien | 4 | 15 | 0.0019 | 896 | 129 |
| | 位 | wei | 4 | | | 4659 | 188 |
| 4587. | 東 | doong | 1 | 15 | 0.0019 | 967 | 84 |
| | 尼 | ni | 2 | | | 1214 | 602 |
| 4588. | 讚 | dsan | 4 | 15 | 0.0019 | 3927 | 1526 |
| | 美 | mei | 3 | | | 442 | 80 |
| 4589. | 紫 | dsi | 3 | 15 | 0.0019 | 3873 | 1592 |
| | 色 | suh | 4 | | | 4114 | 339 |
| 4590. | 自 | dsi | 4 | 15 | 0.0019 | 3878 | 86 |
| | 言 | yen | 2 | | | 4468 | 846 |
| | 自 | dsi | 4 | | | 3878 | 86 |
| | 語 | yü | 3 | | | 4751 | 346 |
| 4591. | 字 | dsi | 4 | 15 | 0.0019 | 3877 | 194 |
| | 典 | dien | 3 | | | 894 | 1177 |
| 4592. | 尊 | dsoon | 1 | 15 | 0.0019 | 3969 | 1495 |
| | 重 | rjoong | 4 | | | 3372 | 214 |
| 4593. | 總 | dsoong | 3 | 15 | 0.0019 | 3979 | 200 |
| | 司 | si | 1 | | | 4084 | 564 |
| | 令 | ling | 4 | | | 1523 | 650 |
| 4594. | 總 | dsoong | 3 | 15 | 0.0019 | 3979 | 200 |
| | 經 | jing | 1 | | | 2479 | 110 |
| | 理 | li | 3 | | | 1388 | 207 |
| 4595. | 責 | dsuh | 2 | 15 | 0.0019 | 3886 | 777 |
| | 備 | bei | 4 | | | 62 | 392 |
| 4596. | 擇 | dsuh | 2 | 15 | 0.0019 | 3889 | 1574 |
| 4597. | 做 | dswo | 4 | 15 | 0.0019 | 3952 | 99 |
| | 出 | rcu | 1 | | | 3507 | 60 |
| 4598. | 燈 | dung | 1 | 15 | 0.0019 | 831 | 677 |
| 4599. | 發 | fa | 1 | 15 | 0.0019 | 577 | 73 |
| | 財 | tsai | 2 | | | 4008 | 1119 |
| 4600. | 妨 | fang | 2 | 15 | 0.0019 | 652 | 1858 |
| | 礙 | ai | 4 | | | 4248 | 2018 |
| 4601. | 非 | fei | 1 | 15 | 0.0019 | 588 | 355 |
| | 旦 | dan | 4 | | | 814 | 2003 |
| 4602. | 夫 | fu | 1 | 15 | 0.0019 | 681 | 502 |
| 4603. | 伏 | fu | 2 | 15 | 0.0019 | 694 | 1908 |
| 4604. | 改 | gai | 3 | 15 | 0.0019 | 1639 | 436 |
| | 造 | dsau | 4 | | | 3911 | 338 |
| 4605. | 感 | gan | 2 | 15 | 0.0019 | 1680 | 551 |
| | 染 | ran | 3 | | | 3810 | 942 |
| 4606. | 趕 | gan | 3 | 15 | 0.0019 | 1679 | 731 |
| | 緊 | jin | 2 | | | 2448 | 822 |
| 4607. | 港 | gang | 2 | 15 | 0.0019 | 1698 | 491 |
| | 口 | kou | 3 | | | 1858 | 220 |
| 4608. | 槓 | gang | 4 | 15 | 0.0019 | 1699 | 2342 |
| | 桿 | gan | 3 | | | 1681 | 1253 |

| | Char. | Syll. | Tone | Freq. | Freq.% | ID | Rank |
|---|---|---|---|---|---|---|---|
| 4609. | 公 | goong | 1 | 15 | 0.0019 | 1805 | 83 |
| | 家 | jia | 1 | | | 2279 | 36 |
| 4610. | 共 | goong | 4 | 15 | 0.0019 | 1820 | 186 |
| | 軍 | jün | 1 | | | 2574 | 150 |
| 4611. | 構 | gou | 4 | 15 | 0.0019 | 1666 | 876 |
| | 想 | xiang | 3 | | | 2970 | 192 |
| 4612. | 谷 | gu | 3 | 15 | 0.0019 | 1723 | 1437 |
| 4613. | 古 | gu | 3 | 15 | 0.0019 | 1719 | 407 |
| | 怪 | gwai | 4 | | | 1758 | 821 |
| 4614. | 骨 | gu | 3 | 15 | 0.0019 | 1718 | 901 |
| | 髓 | swei | 2 | | | 4175 | 2046 |
| | 炎 | yen | 2 | | | 4475 | 1677 |
| 4615. | 歌 | guh | 1 | 15 | 0.0019 | 1615 | 542 |
| | 曲 | chü | 3 | | | 2750 | 849 |
| 4616. | 擱 | guh | 1 | 15 | 0.0019 | 1619 | 3076 |
| 4617. | 刮 | gwa | 1 | 15 | 0.0019 | 1734 | 2086 |
| 4618. | 慣 | gwan | 4 | 15 | 0.0019 | 1790 | 1004 |
| 4619. | 軌 | gwei | 3 | 15 | 0.0019 | 1767 | 1449 |
| | 道 | dau | 4 | | | 774 | 155 |
| 4620. | 行 | hang | 2 | 15 | 0.0019 | 2042 | 1123 |
| | 列 | lieh | 4 | | | 1428 | 500 |
| 4621. | 好 | hau | 3 | 15 | 0.0019 | 1995 | 45 |
| | 些 | xieh | 1 | | | 2849 | 139 |
| 4622. | 好 | hau | 4 | 15 | 0.0019 | 1999 | 1547 |
| | 奇 | chi | 2 | | | 2600 | 730 |
| 4623. | 黑 | hei | 1 | 15 | 0.0019 | 1986 | 443 |
| | 海 | hai | 3 | | | 1980 | 102 |
| 4624. | 混 | hoon | 4 | 15 | 0.0019 | 2163 | 2091 |
| | 合 | huh | 2 | | | 1953 | 172 |
| | 物 | wu | 4 | | | 4602 | 128 |
| 4625. | 呵 | huh | 1 | 15 | 0.0019 | 1951 | 2007 |
| 4626. | 哼 | hung | 1 | 15 | 0.0019 | 2046 | 2345 |
| 4627. | 華 | hwa | 2 | 15 | 0.0019 | 2080 | 166 |
| | 人 | run | 2 | | | 3812 | 11 |
| 4628. | 緩 | hwan | 3 | 15 | 0.0019 | 2144 | 1825 |
| | 慢 | man | 4 | | | 470 | 659 |
| 4629. | 回 | hwei | 2 | 15 | 0.0019 | 2120 | 163 |
| | 合 | huh | 2 | | | 1953 | 172 |
| 4630. | 會 | hwei | 4 | 15 | 0.0019 | 2126 | 31 |
| | 員 | yüen | 2 | | | 4808 | 210 |
| | 國 | gwo | 2 | | | 1749 | 7 |
| 4631. | 基 | ji | 1 | 15 | 0.0019 | 2197 | 497 |
| | 金 | jin | 1 | | | 2440 | 271 |
| 4632. | 家 | jia | 1 | 15 | 0.0019 | 2279 | 36 |
| | 鄉 | xiang | 1 | | | 2958 | 576 |
| 4633. | 講 | jiang | 2 | 15 | 0.0019 | 2471 | 356 |
| | 解 | jieh | 3 | | | 2326 | 546 |
| 4634. | 交 | jiau | 1 | 15 | 0.0019 | 2339 | 358 |
| | 涉 | shuh | 4 | | | 3639 | 1757 |
| 4635. | 郊 | jiau | 1 | 15 | 0.0019 | 2340 | 1828 |
| | 區 | chü | 1 | | | 2740 | 385 |
| 4636. | 教 | jiau | 4 | 15 | 0.0019 | 2368 | 68 |
| | 士 | shi | 4 | | | 3596 | 362 |
| 4637. | 揭 | jieh | 1 | 15 | 0.0019 | 2309 | 1895 |
| | 幕 | mu | 4 | | | 567 | 1229 |
| 4638. | 建 | jien | 4 | 15 | 0.0019 | 2416 | 273 |
| | 交 | jiau | 1 | | | 2339 | 358 |
| 4639. | 近 | jin | 4 | 15 | 0.0019 | 2453 | 344 |
| | 郊 | jiau | 1 | | | 2340 | 1828 |
| 4640. | 精 | jing | 1 | 15 | 0.0019 | 2478 | 527 |
| | 細 | xi | 4 | | | 2821 | 584 |
| 4641. | 決 | jüeh | 2 | 15 | 0.0019 | 2546 | 363 |
| | 議 | yi | 4 | | | 4331 | 290 |
| 4642. | 軍 | jün | 1 | 15 | 0.0019 | 2574 | 150 |
| | 艦 | jien | 4 | | | 2423 | 1145 |
| 4643. | 開 | kai | 1 | 15 | 0.0019 | 1849 | 114 |
| | 心 | xin | 1 | | | 2946 | 142 |
| 4644. | 扣 | kou | 4 | 15 | 0.0019 | 1859 | 2225 |
| 4645. | 可 | kuh | 3 | 15 | 0.0019 | 1840 | 41 |
| | 笑 | xiau | 4 | | | 2888 | 455 |
| 4646. | 快 | kwai | 4 | 15 | 0.0019 | 1902 | 232 |
| | 速 | su | 4 | | | 4156 | 1056 |
| 4647. | 況 | kwang | 4 | 15 | 0.0019 | 1939 | 1209 |
| 4648. | 離 | li | 2 | 15 | 0.0019 | 1371 | 538 |
| | 婚 | hoon | 1 | | | 2155 | 1747 |

| | Char. | Syll. | Tone | Freq. | Freq.% | ID | Rank |
|---|---|---|---|---|---|---|---|
| 4649. | 留 | liu | 2 | 15 | 0.0019 | 1450 | 800 |
| | 學 | xüeh | 2 | | | 3028 | 26 |
| | 生 | shung | 1 | | | 3715 | 32 |
| 4650. | 麥 | mai | 4 | 15 | 0.0019 | 427 | 843 |
| 4651. | 滿 | man | 3 | 15 | 0.0019 | 468 | 454 |
| | 清 | ching | 1 | | | 2726 | 289 |
| 4652. | 蔓 | man | 4 | 15 | 0.0019 | 474 | 3446 |
| 4653. | 媒 | mei | 2 | 15 | 0.0019 | 439 | 3045 |
| | 介 | jieh | 4 | | | 2330 | 1332 |
| 4654. | 麵 | mien | 4 | 15 | 0.0019 | 538 | 1393 |
| 4655. | 民 | min | 2 | 15 | 0.0019 | 542 | 59 |
| | 權 | chüen | 2 | | | 2766 | 473 |
| 4656. | 民 | min | 2 | 15 | 0.0019 | 542 | 59 |
| | 族 | dsu | 2 | | | 3941 | 809 |
| | 主 | rju | 3 | | | 3299 | 130 |
| | 義 | yi | 4 | | | 4334 | 330 |
| 4657. | 明 | ming | 2 | 15 | 0.0019 | 552 | 101 |
| | 確 | chüeh | 4 | | | 2761 | 949 |
| 4658. | 抹 | mo | 3 | 15 | 0.0019 | 407 | 2400 |
| 4659. | 孟 | mung | 4 | 15 | 0.0019 | 498 | 1185 |
| | 子 | dsi | 3 | | | 3874 | 324 |
| 4660. | 奈 | nai | 4 | 15 | 0.0019 | 1190 | 2256 |
| | 何 | huh | 2 | | | 1955 | 609 |
| 4661. | 南 | nan | 2 | 15 | 0.0019 | 1203 | 81 |
| | 京 | jing | 1 | | | 2481 | 533 |
| 4662. | 南 | nan | 2 | 15 | 0.0019 | 1203 | 81 |
| | 極 | ji | 2 | | | 2224 | 485 |
| 4663. | 腦 | nau | 2 | 15 | 0.0019 | 1198 | 908 |
| | 子 | dsi | 3 | | | 3874 | 324 |
| 4664. | 你 | ni | 2 | 15 | 0.0019 | 1221 | 57 |
| | 老 | lau | 3 | | | 1322 | 117 |
| 4665. | 偶 | ou | 2 | 15 | 0.0019 | 4269 | 2282 |
| | 爾 | er | 3 | | | 4293 | 306 |
| 4666. | 泡 | pau | 1 | 15 | 0.0019 | 258 | 4216 |
| 4667. | 袍 | pau | 2 | 15 | 0.0019 | 261 | 2853 |
| 4668. | 疲 | pi | 2 | 15 | 0.0019 | 310 | 1765 |
| | 勞 | lau | 2 | | | 1318 | 775 |
| 4669. | 平 | ping | 2 | 15 | 0.0019 | 354 | 165 |
| | 地 | di | 4 | | | 858 | 33 |
| 4670. | 評 | ping | 2 | 15 | 0.0019 | 353 | 1445 |
| | 論 | loon | 4 | | | 1577 | 347 |
| 4671. | 樸 | pu | 2 | 15 | 0.0019 | 367 | 2333 |
| | 素 | su | 4 | | | 4154 | 704 |
| 4672. | 產 | rcan | 3 | 15 | 0.0019 | 3449 | 279 |
| | 物 | wu | 4 | | | 4602 | 128 |
| 4673. | 池 | rci | 2 | 15 | 0.0019 | 3379 | 1181 |
| 4674. | 崇 | rcoong | 2 | 15 | 0.0019 | 3566 | 1756 |
| | 高 | gau | 1 | | | 1647 | 104 |
| 4675. | 重 | rcoong | 2 | 15 | 0.0019 | 3567 | 746 |
| | 複 | fu | 4 | | | 726 | 1164 |
| 4676. | 籌 | rcou | 2 | 15 | 0.0019 | 3433 | 1754 |
| 4677. | 出 | rcu | 1 | 15 | 0.0019 | 3507 | 60 |
| | 國 | gwo | 2 | | | 1749 | 7 |
| 4678. | 除 | rcu | 2 | 15 | 0.0019 | 3510 | 444 |
| | 數 | shu | 4 | | | 3755 | 400 |
| 4679. | 處 | rcu | 3 | 15 | 0.0019 | 3517 | 562 |
| | 分 | fun | 4 | | | 640 | 693 |
| 4680. | 觸 | rcu | 4 | 15 | 0.0019 | 3523 | 1509 |
| 4681. | 傳 | rcwan | 2 | 15 | 0.0019 | 3538 | 371 |
| | 遞 | di | 4 | | | 864 | 2367 |
| 4682. | 日 | ri | 4 | 15 | 0.0019 | 3795 | 54 |
| | 後 | hou | 4 | | | 2009 | 48 |
| 4683. | 致 | rji | 4 | 15 | 0.0019 | 3117 | 838 |
| | 敬 | jing | 4 | | | 2503 | 909 |
| 4684. | 中 | rjoong | 1 | 15 | 0.0019 | 3361 | 20 |
| | 樞 | shu | 1 | | | 3737 | 2242 |
| 4685. | 終 | rjoong | 1 | 15 | 0.0019 | 3363 | 874 |
| | 身 | shun | 1 | | | 3691 | 249 |
| 4686. | 腫 | rjoong | 3 | 15 | 0.0019 | 3367 | 2894 |
| 4687. | 中 | rjoong | 4 | 15 | 0.0019 | 3373 | 1442 |
| | 毒 | du | 2 | | | 918 | 847 |
| 4688. | 周 | rjou | 1 | 15 | 0.0019 | 3185 | 398 |
| | 恩 | un | 1 | | | 4285 | 1562 |
| | 來 | lai | 2 | | | 1297 | 15 |

| | Char. | Syll. | Tone | Freq. | Freq.% | ID | Rank |
|---|---|---|---|---|---|---|---|
| 4689. | 哲 | rjuh | 2 | 15 | 0.0019 | 3145 | 2039 |
| | 學 | xüeh | 2 | | | 3028 | 26 |
| | 家 | jia | 1 | | | 2279 | 36 |
| 4690. | 鎮 | rjun | 4 | 15 | 0.0019 | 3237 | 869 |
| | 靜 | jing | 4 | | | 2498 | 785 |
| 4691. | 正 | rjung | 4 | 15 | 0.0019 | 3274 | 193 |
| | 經 | jing | 1 | | | 2479 | 110 |
| 4692. | 專 | rjwan | 1 | 15 | 0.0019 | 3339 | 547 |
| | 制 | rji | 4 | | | 3113 | 495 |
| 4693. | 卓 | rjwo | 2 | 15 | 0.0019 | 3321 | 2579 |
| | 越 | yüeh | 4 | | | 4793 | 558 |
| 4694. | 儒 | ru | 2 | 15 | 0.0019 | 3828 | 2624 |
| 4695. | 人 | run | 2 | 15 | 0.0019 | 3812 | 11 |
| | 生 | shung | 1 | | | 3715 | 32 |
| | 觀 | gwan | 1 | | | 1782 | 359 |
| 4696. | 三 | san | 1 | 15 | 0.0019 | 4138 | 18 |
| | 四 | si | 4 | | | 4094 | 30 |
| 4697. | 喪 | sang | 4 | 15 | 0.0019 | 4146 | 2322 |
| | 生 | shung | 1 | | | 3715 | 32 |
| 4698. | 殺 | sha | 1 | 15 | 0.0019 | 3618 | 689 |
| | 害 | hai | 4 | | | 1982 | 484 |
| 4699. | 上 | shang | 4 | 15 | 0.0019 | 3712 | 17 |
| | 游 | you | 2 | | | 4438 | 1126 |
| 4700. | 稍 | shau | 1 | 15 | 0.0019 | 3646 | 1591 |
| | 微 | wei | 2 | | | 4640 | 798 |
| 4701. | 少 | shau | 2 | 15 | 0.0019 | 3652 | 360 |
| | 許 | xü | 3 | | | 3011 | 322 |
| 4702. | 師 | shi | 1 | 15 | 0.0019 | 3570 | 116 |
| | 父 | fu | 4 | | | 720 | 256 |
| 4703. | 屍 | shi | 1 | 15 | 0.0019 | 3575 | 2385 |
| 4704. | 食 | shi | 2 | 15 | 0.0019 | 3580 | 350 |
| | 糧 | liang | 2 | | | 1496 | 1171 |
| 4705. | 時 | shi | 2 | 15 | 0.0019 | 3578 | 29 |
| | 辰 | rcun | 2 | | | 3463 | 2581 |
| 4706. | 石 | shi | 2 | 15 | 0.0019 | 3583 | 369 |
| | 子 | dsi | 3 | | | 3874 | 324 |
| 4707. | 蛇 | shuh | 2 | 15 | 0.0019 | 3631 | 1877 |
| 4708. | 攝 | shuh | 4 | 15 | 0.0019 | 3640 | 1691 |
| | 取 | chü | 3 | | | 2751 | 486 |
| 4709. | 紳 | shun | 1 | 15 | 0.0019 | 3696 | 4102 |
| | 士 | shi | 4 | | | 3596 | 362 |
| 4710. | 神 | shun | 2 | 15 | 0.0019 | 3697 | 466 |
| | 父 | fu | 4 | | | 720 | 256 |
| 4711. | 審 | shun | 3 | 15 | 0.0019 | 3699 | 1415 |
| 4712. | 瀋 | shun | 3 | 15 | 0.0019 | 3698 | 1560 |
| | 陽 | yang | 2 | | | 4533 | 299 |
| 4713. | 聲 | shung | 1 | 15 | 0.0019 | 3714 | 221 |
| | 波 | bo | 1 | | | 18 | 807 |
| 4714. | 聖 | shung | 4 | 15 | 0.0019 | 3728 | 1154 |
| 4715. | 衰 | shwai | 1 | 15 | 0.0019 | 3775 | 2350 |
| 4716. | 水 | shwei | 3 | 15 | 0.0019 | 3781 | 75 |
| | 銀 | yin | 2 | | | 4514 | 963 |
| 4717. | 隧 | swei | 4 | 15 | 0.0019 | 4183 | 4133 |
| | 道 | dau | 4 | | | 774 | 155 |
| 4718. | 縮 | swo | 1 | 15 | 0.0019 | 4164 | 1429 |
| | 短 | dwan | 3 | | | 950 | 884 |
| 4719. | 嘆 | tan | 4 | 15 | 0.0019 | 1040 | 2054 |
| 4720. | 趟 | tang | 4 | 15 | 0.0019 | 1056 | 2255 |
| 4721. | 燙 | tang | 4 | 15 | 0.0019 | 1055 | 2794 |
| 4722. | 逃 | tau | 2 | 15 | 0.0019 | 1006 | 1064 |
| | 走 | dsou | 3 | | | 3920 | 217 |
| 4723. | 天 | tien | 1 | 15 | 0.0019 | 1097 | 28 |
| | 賦 | fu | 4 | | | 731 | 2715 |
| 4724. | 天 | tien | 1 | 15 | 0.0019 | 1097 | 28 |
| | 真 | rjun | 1 | | | 3223 | 238 |
| 4725. | 天 | tien | 1 | 15 | 0.0019 | 1097 | 28 |
| | 色 | suh | 4 | | | 4114 | 339 |
| 4726. | 蒼 | tsang | 1 | 15 | 0.0019 | 4036 | 1527 |
| | 蠅 | ying | 2 | | | 4564 | 1658 |
| 4727. | 操 | tsau | 1 | 15 | 0.0019 | 4019 | 1014 |
| | 縱 | dsoong | 4 | | | 3981 | 2065 |
| 4728. | 磁 | tsi | 2 | 15 | 0.0019 | 3990 | 1090 |
| | 極 | ji | 2 | | | 2224 | 485 |
| 4729. | 徒 | tu | 2 | 15 | 0.0019 | 1123 | 2197 |
| 4730. | 危 | wei | 2 | 15 | 0.0019 | 4643 | 1079 |
| | 害 | hai | 4 | | | 1982 | 484 |

| | Char. | Syll. | Tone | Freq. | Freq.% | ID | Rank |
|---|---|---|---|---|---|---|---|
| 4731. | 緯 | wei | 3 | 15 | 0.0019 | 4654 | 2917 |
| | 度 | du | 4 | | | 927 | 212 |
| 4732. | 喂 | wei | 4 | 15 | 0.0019 | 4670 | 2048 |
| 4733. | 未 | wei | 4 | 15 | 0.0019 | 4664 | 870 |
| | 免 | mien | 3 | | | 534 | 781 |
| 4734. | 吾 | wu | 2 | 15 | 0.0019 | 4586 | 2216 |
| | 人 | run | 2 | | | 3812 | 11 |
| 4735. | 無 | wu | 2 | 15 | 0.0019 | 4585 | 295 |
| | 窮 | chüoong | 2 | | | 2780 | 1588 |
| 4736. | 無 | wu | 2 | 15 | 0.0019 | 4585 | 295 |
| | 聊 | liau | 2 | | | 1435 | 2798 |
| 4737. | 無 | wu | 2 | 15 | 0.0019 | 4585 | 295 |
| | 形 | xing | 2 | | | 2988 | 252 |
| 4738. | 午 | wu | 3 | 15 | 0.0019 | 4592 | 292 |
| | 餐 | tsan | 1 | | | 4027 | 1594 |
| 4739. | 武 | wu | 3 | 15 | 0.0019 | 4595 | 515 |
| | 裝 | rjwang | 1 | | | 3352 | 545 |
| 4740. | 文 | wun | 2 | 15 | 0.0019 | 4699 | 147 |
| | 書 | shu | 1 | | | 3732 | 179 |
| 4741. | 文 | wun | 2 | 15 | 0.0019 | 4699 | 147 |
| | 人 | run | 2 | | | 3812 | 11 |
| 4742. | 悉 | xi | 1 | 15 | 0.0019 | 2793 | 2528 |
| 4743. | 攜 | xi | 1 | 15 | 0.0019 | 2789 | 2231 |
| 4744. | 熄 | xi | 2 | 15 | 0.0019 | 2813 | 2747 |
| | 滅 | mieh | 4 | | | 519 | 947 |
| 4745. | 下 | xia | 4 | 15 | 0.0019 | 2844 | 50 |
| | 降 | jiang | 4 | | | 2475 | 1212 |
| 4746. | 曉 | xiau | 3 | 15 | 0.0019 | 2886 | 1400 |
| 4747. | 校 | xiau | 4 | 15 | 0.0019 | 2889 | 63 |
| | 舍 | shuh | 4 | | | 3637 | 1370 |
| 4748. | 笑 | xiau | 4 | 15 | 0.0019 | 2888 | 455 |
| | 笑 | xiau | 4 | | | 2888 | 455 |
| 4749. | 邪 | xieh | 2 | 15 | 0.0019 | 2858 | 4046 |
| | 惡 | uh | 4 | | | 4221 | 1264 |
| 4750. | 掀 | xien | 1 | 15 | 0.0019 | 2913 | 3101 |
| | 起 | chi | 3 | | | 2821 | 78 |
| 4751. | 新 | xin | 1 | 15 | 0.0019 | 2947 | 134 |
| | 興 | xing | 4 | | | 2995 | 555 |
| 4752. | 辛 | xin | 1 | 15 | 0.0019 | 2949 | 992 |
| | 勞 | lau | 2 | | | 1318 | 775 |
| 4753. | 行 | xing | 2 | 15 | 0.0019 | 2989 | 76 |
| | 進 | jin | 4 | | | 2454 | 144 |
| 4754. | 幸 | xing | 4 | 15 | 0.0019 | 2998 | 939 |
| | 虧 | kwei | 1 | | | 1908 | 2034 |
| 4755. | 許 | xü | 2 | 15 | 0.0019 | 3011 | 322 |
| | 可 | kuh | 3 | | | 1840 | 41 |
| | 證 | rjung | 4 | | | 3277 | 712 |
| 4756. | 血 | xüeh | 4 | 15 | 0.0019 | 3031 | 1604 |
| | 壓 | ya | 1 | | | 4368 | 944 |
| 4757. | 旋 | xüen | 2 | 15 | 0.0019 | 3039 | 1291 |
| | 律 | lü | 4 | | | 1602 | 667 |
| 4758. | 煙 | yen | 1 | 15 | 0.0019 | 4457 | 1147 |
| 4759. | 癌 | yen | 2 | 15 | 0.0019 | 4482 | 4669 |
| | 症 | rjung | 4 | | | 3278 | 2317 |
| 4760. | 演 | yen | 3 | 15 | 0.0019 | 4483 | 645 |
| | 奏 | dsou | 4 | | | 3922 | 1593 |
| | 會 | hwei | 4 | | | 2126 | 31 |
| 4761. | 演 | yen | 3 | 15 | 0.0019 | 4483 | 645 |
| | 變 | bien | 4 | | | 180 | 316 |
| 4762. | 宴 | yen | 4 | 15 | 0.0019 | 4494 | 2020 |
| 4763. | 依 | yi | 1 | 15 | 0.0019 | 4301 | 743 |
| | 麗 | li | 4 | | | 1397 | 536 |
| | 沙 | sha | 1 | | | 3619 | 614 |
| | 白 | bai | 2 | | | 49 | 251 |
| 4764. | 以 | yi | 3 | 15 | 0.0019 | 4324 | 24 |
| | 身 | shun | 1 | | | 3691 | 249 |
| | 作 | dswo | 4 | | | 3953 | 47 |
| | 則 | dsuh | 2 | | | 3887 | 758 |
| 4765. | 引 | yin | 3 | 15 | 0.0019 | 4520 | 797 |
| | 誘 | you | 4 | | | 4449 | 2357 |
| 4766. | 遊 | you | 2 | 15 | 0.0019 | 4434 | 463 |
| | 牧 | mu | 4 | | | 566 | 1365 |
| 4767. | 語 | yü | 2 | 15 | 0.0019 | 4751 | 346 |
| | 法 | fa | 3 | | | 584 | 88 |
| 4768. | 育 | yü | 4 | 15 | 0.0019 | 4762 | 196 |
| 4769. | 越 | yüeh | 4 | 15 | 0.0019 | 4793 | 558 |
| | 過 | gwo | 4 | | | 1754 | 67 |
| 4770. | 閱 | yüeh | 4 | 15 | 0.0019 | 4795 | 1265 |

| | Char. | Syll. | Tone | Freq. | Freq.% | ID | Rank |
|---|---|---|---|---|---|---|---|
| 4771. | 原 | yüen | 2 | 15 | 0.0019 | 4809 | 197 |
| | 子 | dsi | 3 | | | 3874 | 324 |
| | 能 | nung | 2 | | | 1212 | 70 |
| 4772. | 援 | yüen | 2 | 15 | 0.0019 | 4815 | 1085 |
| 4773. | 原 | yüen | 2 | 15 | 0.0019 | 4809 | 197 |
| | 先 | xien | 1 | | | 2910 | 234 |
| 4774. | 運 | yün | 4 | 15 | 0.0019 | 4841 | 284 |
| | 送 | soong | 4 | | | 4204 | 435 |
| 4775. | 用 | yüoong | 4 | 15 | 0.0019 | 4864 | 38 |
| | 具 | jü | 4 | | | 2530 | 583 |
| 4776. | 安 | an | 1 | 14 | 0.0018 | 4273 | 242 |
| | 心 | xin | 1 | | | 2946 | 142 |
| 4777. | 噢 | au | 1 | 14 | 0.0018 | 4251 | 4141 |
| 4778. | 板 | ban | 3 | 14 | 0.0018 | 98 | 700 |
| 4779. | 半 | ban | 4 | 14 | 0.0018 | 103 | 413 |
| | 徑 | jing | 4 | | | 2504 | 1672 |
| 4780. | 半 | ban | 4 | 14 | 0.0018 | 103 | 413 |
| | 夜 | yeh | 4 | | | 4399 | 664 |
| 4781. | 邦 | bang | 1 | 14 | 0.0018 | 115 | 1432 |
| 4782. | 榜 | bang | 3 | 14 | 0.0018 | 118 | 2191 |
| 4783. | 北 | bei | 2 | 14 | 0.0018 | 61 | 72 |
| | 美 | mei | 3 | | | 442 | 80 |
| 4784. | 幣 | bi | 4 | 14 | 0.0018 | 144 | 2070 |
| 4785. | 表 | biau | 3 | 14 | 0.0018 | 168 | 182 |
| | 明 | ming | 2 | | | 552 | 101 |
| 4786. | 邊 | bien | 1 | 14 | 0.0018 | 171 | 260 |
| | 疆 | jiang | 1 | | | 2465 | 1030 |
| 4787. | 不 | bu | 4 | 14 | 0.0018 | 213 | 8 |
| | 得 | duh | 2 | | | 746 | 146 |
| | 已 | yi | 3 | | | 4323 | 183 |
| 4788. | 不 | bu | 4 | 14 | 0.0018 | 213 | 8 |
| | 惜 | xi | 2 | | | 2811 | 1620 |
| 4789. | 不 | bu | 4 | 14 | 0.0018 | 213 | 8 |
| | 由 | you | 2 | | | 4435 | 126 |
| | 得 | duh | 2 | | | 746 | 146 |
| 4790. | 本 | bun | 3 | 14 | 0.0018 | 112 | 65 |
| | 質 | rji | 4 | | | 3127 | 3565 |
| 4791. | 氣 | chi | 4 | 14 | 0.0018 | 2627 | 132 |
| | 球 | chiu | 2 | | | 2670 | 237 |
| 4792. | 器 | chi | 4 | 14 | 0.0018 | 2626 | 394 |
| | 物 | wu | 4 | | | 4602 | 128 |
| 4793. | 強 | chiang | 2 | 14 | 0.0018 | 2716 | 354 |
| | 健 | jien | 4 | | | 2421 | 657 |
| 4794. | 強 | chiang | 2 | 14 | 0.0018 | 2716 | 354 |
| | 盛 | shung | 4 | | | 3726 | 597 |
| 4795. | 僑 | chiau | 2 | 14 | 0.0018 | 2652 | 1006 |
| 4796. | 切 | chieh | 1 | 14 | 0.0018 | 2640 | 1869 |
| | 斷 | dwan | 4 | | | 952 | 871 |
| 4797. | 侵 | chin | 1 | 14 | 0.0018 | 2699 | 941 |
| | 犯 | fan | 4 | | | 624 | 1741 |
| 4798. | 勤 | chin | 2 | 14 | 0.0018 | 2703 | 1290 |
| | 奮 | fun | 4 | | | 643 | 1244 |
| 4799. | 區 | chü | 1 | 14 | 0.0018 | 2740 | 385 |
| | 別 | bieh | 2 | | | 163 | 259 |
| 4800. | 大 | da | 4 | 14 | 0.0018 | 745 | 12 |
| | 氣 | chi | 4 | | | 2627 | 132 |
| 4801. | 大 | da | 4 | 14 | 0.0018 | 745 | 12 |
| | 漢 | han | 4 | | | 2025 | 492 |
| 4802. | 東 | doong | 1 | 14 | 0.0018 | 967 | 84 |
| | 南 | nan | 2 | | | 1203 | 81 |
| 4803. | 動 | doong | 4 | 14 | 0.0018 | 974 | 94 |
| | 能 | nung | 2 | | | 1212 | 70 |
| 4804. | 鬪 | dou | 4 | 14 | 0.0018 | 789 | 1140 |
| 4805. | 雜 | dsa | 2 | 14 | 0.0018 | 3885 | 1104 |
| | 糧 | liang | 2 | | | 1496 | 1171 |
| 4806. | 再 | dsai | 4 | 14 | 0.0018 | 3898 | 216 |
| | 見 | jien | 4 | | | 2417 | 206 |
| 4807. | 造 | dsau | 4 | 14 | 0.0018 | 3911 | 338 |
| | 詣 | yi | 4 | | | 4361 | 4655 |
| 4808. | 總 | dsoong | 3 | 14 | 0.0018 | 3979 | 200 |
| | 裁 | tsai | 2 | | | 4009 | 1535 |
| 4809. | 走 | dsou | 3 | 14 | 0.0018 | 3920 | 217 |
| | 廊 | lang | 2 | | | 1358 | 2134 |
| 4810. | 左 | dswo | 3 | 14 | 0.0018 | 3951 | 594 |
| | 派 | pai | 4 | | | 246 | 701 |

| | Char. | Syll. | Tone | Freq. | Freq.% | ID | Rank |
|---|---|---|---|---|---|---|---|
| 4811. | 左 | dswo | 3 | 14 | 0.0018 | 3951 | 594 |
| | 邊 | bien | 1 | | | 171 | 260 |
| 4812. | 作 | dswo | 4 | 14 | 0.0018 | 3953 | 47 |
| | 曲 | chü | 3 | | | 2750 | 849 |
| 4813. | 發 | fa | 1 | 14 | 0.0018 | 577 | 73 |
| | 行 | xing | 2 | | | 2989 | 76 |
| 4814. | 發 | fa | 1 | 14 | 0.0018 | 577 | 73 |
| | 電 | dien | 4 | | | 896 | 129 |
| 4815. | 防 | fang | 2 | 14 | 0.0018 | 650 | 375 |
| | 禦 | yü | 4 | | | 4774 | 2592 |
| 4816. | 否 | fou | 3 | 14 | 0.0018 | 604 | 1101 |
| | 定 | ding | 4 | | | 912 | 121 |
| 4817. | 富 | fu | 4 | 14 | 0.0018 | 721 | 773 |
| | 翁 | wung | 1 | | | 4723 | 1474 |
| 4818. | 諷 | fung | 1 | 14 | 0.0018 | 669 | 2861 |
| | 刺 | tsi | 4 | | | 3995 | 1404 |
| 4819. | 稿 | gau | 3 | 14 | 0.0018 | 1652 | 1723 |
| 4820. | 弓 | goong | 1 | 14 | 0.0018 | 1813 | 2198 |
| 4821. | 孤 | gu | 1 | 14 | 0.0018 | 1712 | 2085 |
| 4822. | 古 | gu | 3 | 14 | 0.0018 | 1719 | 407 |
| | 色 | suh | 4 | | | 4114 | 339 |
| | 古 | gu | 3 | | | 1719 | 407 |
| | 香 | xiang | 1 | | | 2961 | 745 |
| 4823. | 古 | gu | 3 | 14 | 0.0018 | 1719 | 407 |
| | 文 | wun | 2 | | | 4699 | 147 |
| 4824. | 歌 | guh | 1 | 14 | 0.0018 | 1615 | 542 |
| | 星 | xing | 1 | | | 2983 | 226 |
| 4825. | 革 | guh | 2 | 14 | 0.0018 | 1624 | 678 |
| | 命 | ming | 4 | | | 557 | 431 |
| | 黨 | dang | 3 | | | 822 | 903 |
| 4826. | 個 | guh | 4 | 14 | 0.0018 | 1634 | 22 |
| | 位 | wei | 4 | | | 4659 | 188 |
| 4827. | 耕 | gung | 1 | 14 | 0.0018 | 1701 | 1336 |
| | 種 | rjoong | 4 | | | 3374 | 763 |
| 4828. | 耕 | gung | 1 | 14 | 0.0018 | 1701 | 1336 |
| | 作 | dswo | 4 | | | 3953 | 47 |
| 4829. | 官 | gwan | 1 | 14 | 0.0018 | 1781 | 556 |
| | 司 | si | 1 | | | 4084 | 564 |
| 4830. | 關 | gwan | 1 | 14 | 0.0018 | 1780 | 247 |
| | 上 | shang | 4 | | | 3712 | 17 |
| 4831. | 廣 | gwang | 3 | 14 | 0.0018 | 1802 | 288 |
| | 東 | doong | 1 | | | 967 | 84 |
| 4832. | 國 | gwo | 2 | 14 | 0.0018 | 1749 | 7 |
| | 土 | tu | 3 | | | 1128 | 422 |
| 4833. | 婚 | hoon | 1 | 14 | 0.0018 | 2155 | 1747 |
| | 事 | shi | 4 | | | 3592 | 77 |
| 4834. | 昏 | hoon | 1 | 14 | 0.0018 | 2154 | 1826 |
| | 暗 | an | 4 | | | 4279 | 790 |
| 4835. | 魂 | hoon | 2 | 14 | 0.0018 | 2157 | 2375 |
| 4836. | 猴 | hou | 2 | 14 | 0.0018 | 2006 | 2672 |
| | 子 | dsi | 3 | | | 3874 | 324 |
| 4837. | 河 | huh | 2 | 14 | 0.0018 | 1954 | 159 |
| | 北 | bei | 3 | | | 61 | 72 |
| 4838. | 荷 | huh | 2 | 14 | 0.0018 | 1957 | 1151 |
| | 蘭 | lan | 2 | | | 1339 | 552 |
| 4839. | 河 | huh | 2 | 14 | 0.0018 | 1954 | 159 |
| | 內 | nei | 4 | | | 1193 | 241 |
| 4840. | 橫 | hung | 2 | 14 | 0.0018 | 2048 | 1172 |
| | 貫 | gwan | 4 | | | 1794 | 1976 |
| 4841. | 花 | hwa | 1 | 14 | 0.0018 | 2078 | 246 |
| | 樣 | yang | 4 | | | 4546 | 69 |
| 4842. | 滑 | hwa | 2 | 14 | 0.0018 | 2079 | 1046 |
| | 輪 | loon | 2 | | | 1570 | 506 |
| 4843. | 劃 | hwa | 4 | 14 | 0.0018 | 2090 | 723 |
| 4844. | 喚 | hwan | 4 | 14 | 0.0018 | 2148 | 2306 |
| | 做 | dswo | 1 | | | 3952 | 99 |
| 4845. | 皇 | hwang | 2 | 14 | 0.0018 | 2166 | 929 |
| | 帝 | di | 4 | | | 859 | 477 |
| 4846. | 回 | hwei | 2 | 14 | 0.0018 | 2120 | 163 |
| | 教 | jiau | 4 | | | 2368 | 68 |
| 4847. | 回 | hwei | 2 | 14 | 0.0018 | 2120 | 163 |
| | 顧 | gu | 4 | | | 1727 | 1074 |
| 4848. | 會 | hwei | 4 | 14 | 0.0018 | 2126 | 31 |
| | 首 | shou | 3 | | | 3659 | 618 |
| 4849. | 活 | hwo | 2 | 14 | 0.0018 | 2091 | 203 |
| | 躍 | yao | 4 | | | id 9 | rk 9 |

| | Char. | Syll. | Tone | Freq. | Freq.% | ID | Rank |
|---|---|---|---|---|---|---|---|
| 4850. | 基 | ji | 1 | 14 | 0.0018 | 2197 | 497 |
| | 督 | du | 1 | | | 915 | 1376 |
| | 教 | jiau | 4 | | | 2368 | 68 |
| 4851. | 積 | ji | 1 | 14 | 0.0018 | 2201 | 961 |
| | 蓄 | xü | 4 | | | 3018 | 2119 |
| 4852. | 幾 | ji | 3 | 14 | 0.0018 | 2247 | 191 |
| | 何 | huh | 2 | | | 1955 | 609 |
| 4853. | 記 | ji | 4 | 14 | 0.0018 | 2255 | 517 |
| | 住 | rju | 4 | | | 3304 | 333 |
| 4854. | 濟 | ji | 4 | 14 | 0.0018 | 2262 | 839 |
| 4855. | 寄 | ji | 4 | 14 | 0.0018 | 2261 | 1084 |
| | 託 | two | 1 | | | 1134 | 2163 |
| 4856. | 加 | jia | 1 | 14 | 0.0018 | 2278 | 124 |
| | 緊 | jin | 2 | | | 2448 | 822 |
| 4857. | 加 | jia | 1 | 14 | 0.0018 | 2278 | 124 |
| | 倍 | bei | 4 | | | 67 | 1951 |
| 4858. | 焦 | jiau | 1 | 14 | 0.0018 | 2346 | 2268 |
| | 點 | dien | 3 | | | 892 | 160 |
| 4859. | 交 | jiau | 1 | 14 | 0.0018 | 2339 | 358 |
| | 易 | yi | 4 | | | 4333 | 565 |
| | 所 | swo | 3 | | | 4169 | 79 |
| 4860. | 交 | jiau | 1 | 14 | 0.0018 | 2339 | 358 |
| | 談 | tan | 2 | | | 1024 | 581 |
| 4861. | 教 | jiau | 4 | 14 | 0.0018 | 2368 | 68 |
| | 育 | yü | 4 | | | 4762 | 196 |
| | 廳 | ting | 1 | | | 1106 | 750 |
| 4862. | 教 | jiau | 4 | 14 | 0.0018 | 2368 | 68 |
| | 育 | yü | 4 | | | 4762 | 196 |
| | 局 | jü | 2 | | | 2516 | 672 |
| 4863. | 接 | jieh | 1 | 14 | 0.0018 | 2305 | 294 |
| | 待 | dai | 4 | | | 758 | 927 |
| 4864. | 撿 | jien | 3 | 14 | 0.0018 | 2415 | 2813 |
| 4865. | 鍵 | jien | 4 | 14 | 0.0018 | 2438 | 4468 |
| 4866. | 間 | jien | 4 | 14 | 0.0018 | 2429 | 2466 |
| | 諜 | dieh | 2 | | | 870 | 2053 |
| 4867. | 建 | jien | 4 | 14 | 0.0018 | 2416 | 273 |
| | 國 | gwo | 2 | | | 1749 | 7 |
| 4868. | 驚 | jing | 1 | 14 | 0.0018 | 2483 | 1152 |
| | 異 | yi | 4 | | | 4335 | 1096 |
| 4869. | 軍 | jün | 1 | 14 | 0.0018 | 2574 | 150 |
| | 力 | li | 4 | | | 1396 | 143 |
| 4870. | 開 | kai | 1 | 14 | 0.0018 | 1849 | 114 |
| | 採 | tsai | 3 | | | 4011 | 827 |
| 4871. | 刊 | kan | 1 | 14 | 0.0018 | 1862 | 1546 |
| 4872. | 口 | kou | 3 | 14 | 0.0018 | 1858 | 220 |
| | 腔 | chiang | 1 | | | 2714 | 1961 |
| 4873. | 枯 | ku | 1 | 14 | 0.0018 | 1884 | 2139 |
| 4874. | 苦 | ku | 3 | 14 | 0.0018 | 1888 | 567 |
| | 難 | nan | 4 | | | 1209 | 1377 |
| 4875. | 殼 | kuh | 2 | 14 | 0.0018 | 1837 | 1398 |
| 4876. | 可 | kuh | 3 | 14 | 0.0018 | 1840 | 41 |
| | 能 | nung | 2 | | | 1212 | 70 |
| | 性 | xing | 4 | | | 2996 | 482 |
| 4877. | 浪 | lang | 4 | 14 | 0.0018 | 1364 | 1202 |
| 4878. | 利 | li | 4 | 14 | 0.0018 | 1398 | 222 |
| | 潤 | roon | 4 | | | 3853 | 2278 |
| 4879. | 良 | liang | 2 | 14 | 0.0018 | 1494 | 537 |
| | 心 | xin | 1 | | | 2946 | 142 |
| 4880. | 劣 | lieh | 4 | 14 | 0.0018 | 1432 | 2604 |
| 4881. | 烈 | lieh | 4 | 14 | 0.0018 | 1427 | 913 |
| 4882. | 靈 | ling | 2 | 14 | 0.0018 | 1506 | 1260 |
| 4883. | 流 | liu | 2 | 14 | 0.0018 | 1448 | 353 |
| | 浪 | lang | 4 | | | 1364 | 1202 |
| 4884. | 露 | lou | 4 | 14 | 0.0018 | 1335 | 1862 |
| | 出 | rcu | 1 | | | 3507 | 60 |
| 4885. | 旅 | lü | 3 | 14 | 0.0018 | 1594 | 1034 |
| 4886. | 馬 | ma | 2 | 14 | 0.0018 | 390 | 282 |
| | 可 | kuh | 3 | | | 1840 | 41 |
| | 斯 | si | 1 | | | 4085 | 304 |
| 4887. | 螞 | ma | 3 | 14 | 0.0018 | 391 | 1855 |
| | 蟻 | yi | 3 | | | 4327 | 1486 |
| 4888. | 曼 | man | 4 | 14 | 0.0018 | 469 | 1391 |
| | 谷 | gu | 3 | | | 1723 | 1437 |
| 4889. | 茫 | mang | 2 | 14 | 0.0018 | 483 | 2251 |
| | 然 | ran | 2 | | | 3807 | 123 |

| | Char. | Syll. | Tone | Freq. | Freq.% | ID | Rank |
|---|---|---|---|---|---|---|---|
| 4890. | 迷 | mi | 2 | 14 | 0.0018 | 502 | 1627 |
| | 惘 | wang | 3 | | | 4717 | 4692 |
| 4891. | 明 | ming | 2 | 14 | 0.0018 | 552 | 101 |
| | 明 | ming | 2 | | | 552 | 101 |
| 4892. | 名 | ming | 2 | 14 | 0.0018 | 551 | 141 |
| | 譽 | yü | 4 | | | 4767 | 1903 |
| 4893. | 幕 | mu | 4 | 14 | 0.0018 | 567 | 1229 |
| 4894. | 那 | na | 4 | 14 | 0.0018 | 1179 | 71 |
| | 裡 | li | 3 | | | 1385 | 44 |
| 4895. | 男 | nan | 2 | 14 | 0.0018 | 1205 | 938 |
| | 孩 | hai | 2 | | | 1977 | 367 |
| | 子 | dsi | 3 | | | 3874 | 324 |
| 4896. | 難 | nan | 2 | 14 | 0.0018 | 1202 | 570 |
| | 堪 | kan | 1 | | | 1864 | 2669 |
| 4897. | 男 | nan | 2 | 14 | 0.0018 | 1205 | 938 |
| | 性 | xing | 4 | | | 2996 | 482 |
| 4898. | 男 | nan | 2 | 14 | 0.0018 | 1205 | 938 |
| | 生 | shung | 1 | | | 3715 | 32 |
| 4899. | 逆 | ni | 4 | 14 | 0.0018 | 1224 | 3061 |
| 4900. | 農 | noong | 2 | 14 | 0.0018 | 1273 | 451 |
| | 人 | run | 2 | | | 3812 | 11 |
| 4901. | 農 | noong | 2 | 14 | 0.0018 | 1273 | 451 |
| | 田 | tien | 2 | | | 1099 | 535 |
| 4902. | 嫩 | nun | 4 | 14 | 0.0018 | 1210 | 1448 |
| 4903. | 偶 | ou | 3 | 14 | 0.0018 | 4269 | 2282 |
| 4904. | 拍 | pai | 1 | 14 | 0.0018 | 238 | 979 |
| | 賣 | mai | 4 | | | 426 | 889 |
| 4905. | 派 | pai | 4 | 14 | 0.0018 | 246 | 701 |
| | 出 | rcu | 1 | | | 3507 | 60 |
| | 所 | swo | 3 | | | 4169 | 79 |
| 4906. | 判 | pan | 4 | 14 | 0.0018 | 274 | 1284 |
| 4907. | 跑 | pau | 3 | 14 | 0.0018 | 262 | 489 |
| | 道 | dau | 4 | | | 774 | 155 |
| 4908. | 平 | ping | 2 | 14 | 0.0018 | 354 | 165 |
| | 安 | an | 1 | | | 4273 | 242 |
| 4909. | 碰 | pung | 4 | 14 | 0.0018 | 301 | 1266 |
| | 撞 | rjwang | 4 | | | 3359 | 2145 |
| 4910. | 長 | rcang | 2 | 14 | 0.0018 | 3471 | 227 |
| | 城 | rcung | 2 | | | 3489 | 467 |
| 4911. | 暢 | rcang | 4 | 14 | 0.0018 | 3483 | 2239 |
| 4912. | 吃 | rci | 1 | 14 | 0.0018 | 3377 | 169 |
| | 虧 | kwei | 1 | | | 1908 | 2034 |
| 4913. | 遲 | rci | 2 | 14 | 0.0018 | 3382 | 1875 |
| | 遲 | rci | 2 | | | 3382 | 1875 |
| 4914. | 充 | rcoong | 1 | 14 | 0.0018 | 3560 | 739 |
| | 裕 | yü | 4 | | | 4770 | 2286 |
| 4915. | 衝 | rcoong | 1 | 14 | 0.0018 | 3559 | 1160 |
| | 動 | doong | 4 | | | 974 | 94 |
| 4916. | 臭 | rcou | 4 | 14 | 0.0018 | 3440 | 2180 |
| 4917. | 出 | rcu | 1 | 14 | 0.0018 | 3507 | 60 |
| | 家 | jia | 1 | | | 2279 | 36 |
| 4918. | 初 | rcu | 1 | 14 | 0.0018 | 3506 | 496 |
| | 中 | rjoong | 1 | | | 3361 | 20 |
| 4919. | 處 | rcu | 3 | 14 | 0.0018 | 3517 | 562 |
| | 境 | jing | 4 | | | 2501 | 853 |
| 4920. | 處 | rcu | 3 | 14 | 0.0018 | 3517 | 562 |
| | 罰 | fa | 2 | | | 579 | 1515 |
| 4921. | 撤 | rcuh | 4 | 14 | 0.0018 | 3415 | 1635 |
| 4922. | 撤 | rcuh | 4 | 14 | 0.0018 | 3415 | 1635 |
| | 出 | rcu | 1 | | | 3507 | 60 |
| 4923. | 成 | rcung | 2 | 14 | 0.0018 | 3490 | 56 |
| | 品 | pin | 3 | | | 350 | 415 |
| 4924. | 成 | rcung | 2 | 14 | 0.0018 | 3490 | 56 |
| | 份 | fun | 4 | | | 641 | 661 |
| 4925. | 傳 | rcwan | 2 | 14 | 0.0018 | 3538 | 371 |
| | 染 | ran | 3 | | | 3810 | 942 |
| | 病 | bing | 4 | | | 202 | 318 |
| 4926. | 炊 | rcwei | 1 | 14 | 0.0018 | 3528 | 4579 |
| | 事 | shi | 4 | | | 3592 | 77 |
| 4927. | 日 | ri | 4 | 14 | 0.0018 | 3795 | 54 |
| | 前 | chien | 2 | | | 2687 | 145 |
| 4928. | 戰 | rjan | 4 | 14 | 0.0018 | 3215 | 280 |
| | 術 | shu | 4 | | | 3758 | 598 |
| 4929. | 長 | rjang | 3 | 14 | 0.0018 | 3250 | 135 |
| | 成 | rcung | 2 | | | 3490 | 56 |

| | Char. | Syll. | Tone | Freq. | Freq.% | ID | Rank |
|---|---|---|---|---|---|---|---|
| 4930. | 支 | rji | 1 | 14 | 0.0018 | 3080 | 923 |
| | 出 | rcu | 1 | | | 3507 | 60 |
| 4931. | 脂 | rji | 1 | 14 | 0.0018 | 3087 | 2061 |
| | 粉 | fun | 3 | | | 639 | 999 |
| 4932. | 執 | rji | 2 | 14 | 0.0018 | 3095 | 1314 |
| | 政 | rjung | 4 | | | 3275 | 162 |
| | 黨 | dang | 3 | | | 822 | 903 |
| 4933. | 中 | rjoong | 1 | 14 | 0.0018 | 3361 | 20 |
| | 原 | yüen | 2 | | | 4809 | 197 |
| 4934. | 整 | rjung | 3 | 14 | 0.0018 | 3273 | 593 |
| | 頓 | doon | 4 | | | 960 | 782 |
| 4935. | 磚 | rjwan | 1 | 14 | 0.0018 | 3341 | 1811 |
| 4936. | 專 | rjwan | 1 | 14 | 0.0018 | 3339 | 547 |
| | 科 | kuh | 1 | | | 1826 | 341 |
| 4937. | 專 | rjwan | 1 | 14 | 0.0018 | 3339 | 547 |
| | 政 | rjung | 4 | | | 3275 | 162 |
| 4938. | 轉 | rjwan | 3 | 14 | 0.0018 | 3343 | 531 |
| | 爲 | wei | 2 | | | 4639 | 95 |
| 4939. | 入 | ru | 4 | 14 | 0.0018 | 3836 | 319 |
| | 学 | xüeh | 2 | | | 3028 | 26 |
| 4940. | 人 | run | 2 | 14 | 0.0018 | 3812 | 11 |
| | 選 | xüen | 3 | | | 3042 | 412 |
| 4941. | 鰓 | sai | 1 | 14 | 0.0018 | 4119 | 2839 |
| 4942. | 喪 | sang | 4 | 14 | 0.0018 | 4146 | 2322 |
| | 失 | shi | 1 | | | 3569 | 266 |
| 4943. | 殺 | sha | 1 | 14 | 0.0018 | 3618 | 689 |
| | 死 | si | 3 | | | 4092 | 403 |
| 4944. | 山 | shan | 1 | 14 | 0.0018 | 3670 | 107 |
| | 西 | xi | 1 | | | 2783 | 61 |
| 4945. | 衫 | shan | 1 | 14 | 0.0018 | 3671 | 3246 |
| 4946. | 山 | shan | 1 | 14 | 0.0018 | 3670 | 107 |
| | 寨 | rjai | 4 | | | 3166 | 2532 |
| 4947. | 事 | shi | 4 | 14 | 0.0018 | 3592 | 77 |
| | 情 | ching | 2 | | | 2734 | 233 |
| 4948. | 世 | shi | 4 | 14 | 0.0018 | 3594 | 236 |
| | 人 | run | 2 | | | 3812 | 11 |
| 4949. | 逝 | shi | 4 | 14 | 0.0018 | 3609 | 1900 |
| | 世 | shi | 4 | | | 3594 | 236 |
| 4950. | 書 | shu | 1 | 14 | 0.0018 | 3732 | 179 |
| | 法 | fa | 3 | | | 584 | 88 |
| 4951. | 叔 | shu | 2 | 14 | 0.0018 | 3743 | 742 |
| | 父 | fu | 4 | | | 720 | 256 |
| 4952. | 暑 | shu | 3 | 14 | 0.0018 | 3749 | 1457 |
| 4953. | 暑 | shu | 3 | 14 | 0.0018 | 3749 | 1457 |
| | 假 | jia | 4 | | | 2298 | 1103 |
| 4954. | 舌 | shuh | 2 | 14 | 0.0018 | 3630 | 2240 |
| | 頭 | tou | 2 | | | 1017 | 164 |
| 4955. | 社 | shuh | 4 | 14 | 0.0018 | 3636 | 305 |
| | 團 | twan | 2 | | | 1150 | 524 |
| 4956. | 深 | shun | 1 | 14 | 0.0018 | 3690 | 639 |
| | 入 | ru | 4 | | | 3836 | 319 |
| 4957. | 牲 | shung | 1 | 14 | 0.0018 | 3716 | 1901 |
| | 畜 | rcu | 4 | | | 3520 | 1356 |
| 4958. | 生 | shung | 1 | 14 | 0.0018 | 3715 | 32 |
| | 出 | rcu | 1 | | | 3507 | 60 |
| 4959. | 省 | shung | 3 | 14 | 0.0018 | 3724 | 201 |
| | 立 | li | 4 | | | 1395 | 152 |
| 4960. | 盛 | shung | 4 | 14 | 0.0018 | 3726 | 597 |
| | 行 | xing | 2 | | | 2989 | 76 |
| 4961. | 說 | shwo | 1 | 14 | 0.0018 | 3770 | 37 |
| | 服 | fu | 2 | | | 688 | 366 |
| 4962. | 說 | shwo | 1 | 14 | 0.0018 | 3770 | 37 |
| | 起 | chi | 3 | | | 2621 | 78 |
| | 來 | lai | 2 | | | 1297 | 15 |
| 4963. | 思 | si | 1 | 14 | 0.0018 | 4087 | 619 |
| | 索 | swo | 3 | | | 4168 | 1406 |
| 4964. | 司 | si | 1 | 14 | 0.0018 | 4084 | 564 |
| | 令 | ling | 4 | | | 1523 | 650 |
| 4965. | 四 | si | 4 | 14 | 0.0018 | 4094 | 30 |
| | 五 | wu | 3 | | | 4593 | 34 |
| 4966. | 四 | si | 4 | 14 | 0.0018 | 4094 | 30 |
| | 肢 | rji | 1 | | | 3084 | 2060 |
| 4967. | 酥 | su | 1 | 14 | 0.0018 | 4151 | 3602 |
| 4968. | 塑 | su | 4 | 14 | 0.0018 | 4157 | 1923 |
| | 造 | dsau | 4 | | | 3911 | 338 |
| 4969. | 索 | swo | 3 | 14 | 0.0018 | 4168 | 1406 |

| | Char. | Syll. | Tone | Freq. | Freq.% | ID | Rank |
|---|---|---|---|---|---|---|---|
| 4970. | 索 | swo | 3 | 14 | 0.0018 | 4168 | 1406 |
| | 性 | xing | 4 | | | 2996 | 482 |
| 4971. | 所 | swo | 3 | 14 | 0.0018 | 4169 | 79 |
| | 得 | duh | 2 | | | 746 | 146 |
| 4972. | 台 | tai | 2 | 14 | 0.0018 | 991 | 636 |
| | 南 | nan | 2 | | | 1203 | 81 |
| 4973. | 太 | tai | 4 | 14 | 0.0018 | 998 | 158 |
| | 空 | koong | 1 | | | 1944 | 199 |
| | 人 | run | 2 | | | 3812 | 11 |
| 4974. | 體 | ti | 3 | 14 | 0.0018 | 1073 | 178 |
| | 面 | mien | 4 | | | 539 | 66 |
| 4975. | 廳 | ting | 1 | 14 | 0.0018 | 1106 | 750 |
| | 長 | rjang | 3 | | | 3250 | 135 |
| 4976. | 投 | tou | 2 | 14 | 0.0018 | 1016 | 714 |
| | 機 | ji | 1 | | | 2198 | 153 |
| 4977. | 財 | tsai | 2 | 14 | 0.0018 | 4008 | 1119 |
| | 物 | wu | 4 | | | 4602 | 128 |
| 4978. | 踩 | tsai | 3 | 14 | 0.0018 | 4013 | 2540 |
| 4979. | 殘 | tsan | 2 | 14 | 0.0018 | 4029 | 1405 |
| | 廢 | fei | 4 | | | 600 | 464 |
| 4980. | 次 | tsi | 4 | 14 | 0.0018 | 3996 | 173 |
| | 長 | rcang | 2 | | | 3471 | 227 |
| 4981. | 村 | tsoon | 1 | 14 | 0.0018 | 4069 | 666 |
| | 子 | dsi | 3 | | | 3874 | 324 |
| 4982. | 存 | tsoon | 2 | 14 | 0.0018 | 4070 | 1105 |
| | 款 | kwan | 3 | | | 1923 | 1262 |
| 4983. | 匆 | tsoong | 1 | 14 | 0.0018 | 4076 | 3007 |
| | 匆 | tsoong | 1 | | | 4076 | 3007 |
| 4984. | 特 | tuh | 4 | 14 | 0.0018 | 989 | 328 |
| | 質 | rji | 2 | | | 3094 | 724 |
| 4985. | 團 | twan | 2 | 14 | 0.0018 | 1150 | 524 |
| | 隊 | dwei | 4 | | | 946 | 427 |
| 4986. | 推 | twei | 1 | 14 | 0.0018 | 1145 | 601 |
| | 銷 | xiau | 1 | | | 2872 | 1795 |
| 4987. | 拓 | two | 4 | 14 | 0.0018 | 1144 | 2296 |
| | 展 | rjan | 3 | | | 3209 | 577 |
| 4988. | 瓦 | wa | 3 | 14 | 0.0018 | 4619 | 1219 |
| | 斯 | si | 1 | | | 4085 | 304 |
| 4989. | 完 | wan | 2 | 14 | 0.0018 | 4683 | 309 |
| | 善 | shan | 4 | | | 3682 | 840 |
| 4990. | 完 | wan | 2 | 14 | 0.0018 | 4683 | 309 |
| | 備 | bei | 4 | | | 62 | 392 |
| 4991. | 望 | wang | 4 | 14 | 0.0018 | 4719 | 381 |
| | 見 | jien | 4 | | | 2417 | 206 |
| 4992. | 微 | wei | 2 | 14 | 0.0018 | 4640 | 798 |
| | 弱 | rwo | 4 | | | 3840 | 1236 |
| 4993. | 緯 | wei | 3 | 14 | 0.0018 | 4654 | 2917 |
| 4994. | 衛 | wei | 4 | 14 | 0.0018 | 4661 | 453 |
| | 星 | xing | 1 | | | 2983 | 226 |
| 4995. | 吾 | wu | 2 | 14 | 0.0018 | 4586 | 2216 |
| 4996. | 誤 | wu | 4 | 14 | 0.0018 | 4604 | 1678 |
| | 解 | jieh | 3 | | | 2326 | 546 |
| 4997. | 溫 | wun | 1 | 14 | 0.0018 | 4697 | 534 |
| | 度 | du | 4 | | | 927 | 212 |
| | 計 | ji | 4 | | | 2256 | 410 |
| 4998. | 下 | xia | 4 | 14 | 0.0018 | 2844 | 50 |
| | 游 | you | 2 | | | 4438 | 1126 |
| 4999. | 相 | xiang | 1 | 14 | 0.0018 | 2959 | 327 |
| | 識 | shi | 4 | | | 3603 | 632 |
| 5000. | 消 | xiau | 1 | 14 | 0.0018 | 2873 | 475 |
| | 遣 | chien | 3 | | | 2693 | 2094 |
| 5001. | 削 | xiau | 1 | 14 | 0.0018 | 2875 | 1963 |
| | 弱 | rwo | 4 | | | 3840 | 1236 |
| 5002. | 效 | xiau | 4 | 14 | 0.0018 | 2891 | 935 |
| | 忠 | rjoong | 1 | | | 3362 | 1054 |
| 5003. | 險 | xien | 3 | 14 | 0.0018 | 2928 | 957 |
| 5004. | 顯 | xien | 3 | 14 | 0.0018 | 2927 | 972 |
| | 出 | rcu | 1 | | | 3507 | 60 |
| 5005. | 新 | xin | 1 | 14 | 0.0018 | 2947 | 134 |
| | 穎 | ying | 3 | | | 4573 | 2768 |
| 5006. | 信 | xin | 4 | 14 | 0.0018 | 2957 | 378 |
| | 用 | yüoong | 4 | | | 4864 | 38 |
| 5007. | 行 | xing | 2 | 14 | 0.0018 | 2989 | 76 |
| | 星 | xing | 1 | | | 2983 | 226 |
| 5008. | 形 | xing | 2 | 14 | 0.0018 | 2988 | 252 |
| | 體 | ti | 3 | | | 1073 | 178 |

| | Char. | Syll. | Tone | Freq. | Freq.% | ID | Rank |
|---|---|---|---|---|---|---|---|
| 5009. | 修 | xiu | 1 | 14 | 0.0018 | 2897 | 688 |
| | 理 | li | 3 | | | 1388 | 207 |
| 5010. | 學 | xüeh | 2 | 14 | 0.0018 | 3028 | 26 |
| 5011. | 選 | xüen | 3 | 14 | 0.0018 | 3042 | 412 |
| | 出 | rcu | 1 | | | 3507 | 60 |
| 5012. | 雄 | xüoong | 2 | 14 | 0.0018 | 3075 | 711 |
| 5013. | 牙 | ya | 2 | 14 | 0.0018 | 4374 | 836 |
| 5014. | 芽 | ya | 2 | 14 | 0.0018 | 4373 | 1713 |
| 5015. | 搖 | yau | 2 | 14 | 0.0018 | 4412 | 906 |
| | 動 | doong | 4 | | | 974 | 94 |
| 5016. | 野 | yeh | 3 | 14 | 0.0018 | 4393 | 814 |
| | 獸 | shou | 4 | | | 3662 | 1510 |
| 5017. | 夜 | yeh | 4 | 14 | 0.0018 | 4399 | 664 |
| | 間 | jien | 1 | | | 2391 | 245 |
| 5018. | 炎 | yen | 2 | 14 | 0.0018 | 4475 | 1677 |
| | 熱 | ruh | 4 | | | 3797 | 390 |
| 5019. | 一 | yi | 1 | 14 | 0.0018 | 4300 | 2 |
| | 逕 | jing | 4 | | | 2509 | 3733 |
| 5020. | 一 | yi | 1 | 14 | 0.0018 | 4300 | 2 |
| | 股 | gu | 3 | | | 1722 | 1569 |
| 5021. | 一 | yi | 1 | 14 | 0.0018 | 4300 | 2 |
| | 氧 | yang | 3 | | | 4541 | 1305 |
| | 化 | hwa | 4 | | | 2085 | 278 |
| | 碳 | tan | 4 | | | 1037 | 1886 |
| 5022. | 印 | yin | 4 | 14 | 0.0018 | 4525 | 326 |
| | 地 | di | 4 | | | 858 | 33 |
| | 安 | an | 1 | | | 4273 | 242 |
| | 人 | run | 2 | | | 3812 | 11 |
| 5023. | 英 | ying | 1 | 14 | 0.0018 | 4550 | 272 |
| | 語 | yü | 3 | | | 4751 | 346 |
| 5024. | 英 | ying | 1 | 14 | 0.0018 | 4550 | 272 |
| | 里 | li | 3 | | | 1387 | 419 |
| 5025. | 映 | ying | 4 | 14 | 0.0018 | 4577 | 1781 |
| 5026. | 猶 | you | 2 | 14 | 0.0018 | 4441 | 2445 |
| | 如 | ru | 2 | | | 3829 | 120 |
| 5027. | 有 | you | 3 | 14 | 0.0018 | 4444 | 6 |
| | 關 | gwan | 1 | | | 1780 | 247 |
| 5028. | 羽 | yü | 3 | 14 | 0.0018 | 4756 | 1576 |
| | 毛 | mau | 2 | | | 453 | 573 |
| 5029. | 獄 | yü | 4 | 14 | 0.0018 | 4768 | 1902 |
| 5030. | 樂 | yüeh | 4 | 14 | 0.0018 | 4796 | 705 |
| | 曲 | chü | 3 | | | 2750 | 849 |
| 5031. | 遠 | yüen | 2 | 14 | 0.0018 | 4822 | 364 |
| | 遠 | yüen | 3 | | | 4822 | 364 |
| | 的 | duh | 5 | | | 749 | 1 |
| 5032. | 原 | yüen | 2 | 14 | 0.0018 | 4809 | 197 |
| | 諒 | liang | 4 | | | 1504 | 2415 |
| 5033. | 園 | yüen | 2 | 14 | 0.0018 | 4810 | 656 |
| | 地 | di | 4 | | | 858 | 33 |
| 5034. | 奧 | au | 4 | 13 | 0.0016 | 4261 | 1342 |
| 5035. | 百 | bai | 3 | 13 | 0.0016 | 50 | 180 |
| | 貨 | hwo | 4 | | | 2098 | 1331 |
| | 公 | goong | 1 | | | 1805 | 83 |
| | 司 | si | 1 | | | 4084 | 564 |
| 5036. | 伴 | ban | 4 | 13 | 0.0016 | 106 | 1431 |
| | 奏 | dsou | 4 | | | 3922 | 1593 |
| 5037. | 磅 | bang | 4 | 13 | 0.0016 | 121 | 2110 |
| 5038. | 包 | bau | 1 | 13 | 0.0016 | 73 | 554 |
| | 裝 | rjwang | 1 | | | 3352 | 545 |
| 5039. | 暴 | bau | 4 | 13 | 0.0016 | 87 | 1086 |
| | 動 | doong | 4 | | | 974 | 94 |
| 5040. | 北 | bei | 3 | 13 | 0.0016 | 61 | 72 |
| | 面 | mien | 4 | | | 539 | 66 |
| 5041. | 北 | bei | 3 | 13 | 0.0016 | 61 | 72 |
| | 伐 | fa | 1 | | | 576 | 1646 |
| 5042. | 比 | bi | 3 | 13 | 0.0016 | 134 | 211 |
| | 率 | lü | 4 | | | 1603 | 1842 |
| 5043. | 表 | biau | 3 | 13 | 0.0016 | 168 | 182 |
| | 皮 | pi | 2 | | | 311 | 481 |
| 5044. | 賓 | bin | 1 | 13 | 0.0016 | 185 | 1139 |
| 5045. | 剝 | bo | 1 | 13 | 0.0016 | 21 | 2545 |
| 5046. | 伯 | bo | 2 | 13 | 0.0016 | 25 | 883 |
| | 伯 | bo | 2 | | | 25 | 883 |
| 5047. | 播 | bo | 4 | 13 | 0.0016 | 46 | 683 |
| | 出 | rcu | 1 | | | 3507 | 60 |
| 5048. | 不 | bu | 4 | 13 | 0.0016 | 213 | 8 |
| | 利 | li | 4 | | | 1398 | 222 |

| | Char. | Syll. | Tone | Freq. | Freq.% | ID | Rank |
|---|---|---|---|---|---|---|---|
| 5049. | 期 | chi | 2 | 13 | 0.0016 | 2599 | 225 |
| | 限 | xien | 4 | | | 2936 | 910 |
| 5050. | 起 | chi | 2 | 13 | 0.0016 | 2621 | 78 |
| | 點 | dien | 3 | | | 892 | 160 |
| 5051. | 起 | chi | 3 | 13 | 0.0016 | 2621 | 78 |
| | 見 | jien | 4 | | | 2417 | 206 |
| 5052. | 起 | chi | 3 | 13 | 0.0016 | 2621 | 78 |
| | 源 | yüen | 2 | | | 4812 | 1037 |
| 5053. | 契 | chi | 4 | 13 | 0.0016 | 2630 | 2525 |
| | 約 | yüeh | 1 | | | 4792 | 357 |
| 5054. | 敲 | chiau | 1 | 13 | 0.0016 | 2648 | 2093 |
| | 擊 | ji | 2 | | | 2229 | 886 |
| 5055. | 切 | chieh | 1 | 13 | 0.0016 | 2640 | 1869 |
| | 成 | rcung | 2 | | | 3490 | 56 |
| 5056. | 青 | ching | 1 | 13 | 0.0016 | 2725 | 488 |
| | 年 | nien | 2 | | | 1242 | 35 |
| | 人 | run | 2 | | | 3812 | 11 |
| 5057. | 情 | ching | 2 | 13 | 0.0016 | 2734 | 233 |
| | 節 | jieh | 2 | | | 2311 | 352 |
| 5058. | 取 | chü | 3 | 13 | 0.0016 | 2751 | 486 |
| | 消 | xiau | 1 | | | 2873 | 475 |
| 5059. | 確 | chüeh | 4 | 13 | 0.0016 | 2761 | 949 |
| | 則 | dsuh | 2 | | | 3887 | 758 |
| 5060. | 全 | chüen | 2 | 13 | 0.0016 | 2767 | 170 |
| | 然 | ran | 2 | | | 3807 | 123 |
| 5061. | 大 | da | 4 | 13 | 0.0016 | 745 | 12 |
| | 王 | wang | 2 | | | 4712 | 257 |
| 5062. | 大 | da | 4 | 13 | 0.0016 | 745 | 12 |
| | 夫 | fu | 1 | | | 681 | 502 |
| 5063. | 大 | da | 4 | 13 | 0.0016 | 745 | 12 |
| | 哥 | guh | 1 | | | 1616 | 433 |
| 5064. | 單 | dan | 1 | 13 | 0.0016 | 797 | 616 |
| | 調 | diau | 4 | | | 883 | 646 |
| 5065. | 單 | dan | 1 | 13 | 0.0016 | 797 | 616 |
| | 一 | yi | 1 | | | 4300 | 2 |
| 5066. | 地 | di | 4 | 13 | 0.0016 | 858 | 33 |
| | 主 | rju | 3 | | | 3299 | 130 |
| 5067. | 地 | di | 4 | 13 | 0.0016 | 858 | 33 |
| | 勢 | shi | 4 | | | 3600 | 557 |
| 5068. | 疊 | dieh | 2 | 13 | 0.0016 | 871 | 3467 |
| 5069. | 店 | dien | 4 | 13 | 0.0016 | 895 | 1141 |
| | 員 | yüen | 2 | | | 4808 | 210 |
| 5070. | 災 | dsai | 1 | 13 | 0.0016 | 3893 | 1217 |
| 5071. | 栽 | dsai | 1 | 13 | 0.0016 | 3892 | 1693 |
| | 種 | rjoong | 4 | | | 3374 | 763 |
| 5072. | 在 | dsai | 4 | 13 | 0.0016 | 3899 | 9 |
| | 意 | yi | 4 | | | 4332 | 195 |
| 5073. | 早 | dsau | 3 | 13 | 0.0016 | 3906 | 370 |
| | 餐 | tsan | 1 | | | 4027 | 1594 |
| 5074. | 紫 | dsi | 3 | 13 | 0.0016 | 3873 | 1592 |
| 5075. | 驟 | dsou | 4 | 13 | 0.0016 | 3921 | 2584 |
| 5076. | 祖 | dsu | 3 | 13 | 0.0016 | 3945 | 610 |
| 5077. | 多 | dwo | 1 | 13 | 0.0016 | 933 | 49 |
| | 瑙 | nau | 3 | | | 1199 | 4314 |
| | 河 | huh | 2 | | | 1954 | 159 |
| 5078. | 發 | fa | 1 | 13 | 0.0016 | 577 | 73 |
| | 誓 | shi | 4 | | | 3608 | 2121 |
| 5079. | 帆 | fan | 2 | 13 | 0.0016 | 612 | 1857 |
| | 船 | rcwan | 2 | | | 3537 | 563 |
| 5080. | 反 | fan | 3 | 13 | 0.0016 | 620 | 460 |
| | 射 | shuh | 4 | | | 3638 | 446 |
| 5081. | 方 | fang | 1 | 13 | 0.0016 | 647 | 62 |
| | 公 | goong | 1 | | | 1805 | 83 |
| | 里 | li | 3 | | | 1387 | 419 |
| 5082. | 防 | fang | 2 | 13 | 0.0016 | 650 | 375 |
| | 衛 | wei | 4 | | | 4661 | 453 |
| 5083. | 飛 | fei | 1 | 13 | 0.0016 | 589 | 230 |
| | 彈 | dan | 4 | | | 810 | 875 |
| 5084. | 符 | fu | 2 | 13 | 0.0016 | 690 | 1067 |
| | 號 | hau | 4 | | | 1997 | 270 |
| 5085. | 輻 | fu | 2 | 13 | 0.0016 | 704 | 3660 |
| | 射 | shuh | 4 | | | 3638 | 446 |
| 5086. | 分 | fun | 1 | 13 | 0.0016 | 630 | 112 |
| | 發 | fa | 1 | | | 577 | 73 |
| 5087. | 封 | fung | 1 | 13 | 0.0016 | 664 | 945 |
| | 建 | jien | 4 | | | 2416 | 273 |

| | Char. | Syll. | Tone | Freq. | Freq.% | ID | Rank |
|---|---|---|---|---|---|---|---|
| 5088. | 改 | gai | 2 | 13 | 0.0016 | 1639 | 436 |
| | 組 | dsu | 3 | | | 3946 | 329 |
| 5089. | 感 | gan | 3 | 13 | 0.0016 | 1680 | 551 |
| | 冒 | mau | 4 | | | 455 | 1578 |
| 5090. | 鋼 | gang | 1 | 13 | 0.0016 | 1691 | 1017 |
| 5091. | 公 | goong | 1 | 13 | 0.0016 | 1805 | 83 |
| | 會 | hwei | 4 | | | 2126 | 31 |
| 5092. | 公 | goong | 1 | 13 | 0.0016 | 1805 | 83 |
| | 文 | wun | 2 | | | 4699 | 147 |
| 5093. | 公 | goong | 1 | 13 | 0.0016 | 1805 | 83 |
| | 道 | dau | 4 | | | 774 | 155 |
| 5094. | 固 | gu | 4 | 13 | 0.0016 | 1730 | 1093 |
| | 有 | you | 3 | | | 4444 | 6 |
| | 痼 | gu | 4 | | | id 7 | rk 7 |
| 5095. | 觀 | gwan | 1 | 13 | 0.0016 | 1782 | 359 |
| | 看 | kan | 4 | | | 1871 | 58 |
| 5096. | 罐 | gwan | 4 | 13 | 0.0016 | 1791 | 1956 |
| | 頭 | tou | 2 | | | 1017 | 164 |
| 5097. | 光 | gwang | 1 | 13 | 0.0016 | 1801 | 224 |
| | 彩 | tsai | 3 | | | 4010 | 951 |
| 5098. | 國 | gwo | 2 | 13 | 0.0016 | 1749 | 7 |
| | 貨 | hwo | 4 | | | 2098 | 1331 |
| 5099. | 國 | gwo | 2 | 13 | 0.0016 | 1749 | 7 |
| | 畫 | hwa | 4 | | | 2088 | 320 |
| 5100. | 國 | gwo | 2 | 13 | 0.0016 | 1749 | 7 |
| | 防 | fang | 2 | | | 650 | 375 |
| | 部 | bu | 4 | | | 212 | 91 |
| 5101. | 好 | hau | 3 | 13 | 0.0016 | 1995 | 45 |
| | 意 | yi | 4 | | | 4332 | 195 |
| 5102. | 混 | hoon | 3 | 13 | 0.0016 | 2162 | 1827 |
| | 亂 | lwan | 4 | | | 1568 | 794 |
| 5103. | 呼 | hu | 1 | 13 | 0.0016 | 2053 | 829 |
| | 出 | rcu | 1 | | | 3507 | 60 |
| 5104. | 糊 | hu | 2 | 13 | 0.0016 | 2060 | 1958 |
| | 塗 | tu | 2 | | | 1121 | 1822 |
| 5105. | 護 | hu | 4 | 13 | 0.0016 | 2072 | 722 |
| | 理 | li | 3 | | | 1388 | 207 |
| 5106. | 合 | huh | 2 | 13 | 0.0016 | 1953 | 172 |
| | 唱 | rcang | 4 | | | 3481 | 469 |
| | 團 | twan | 2 | | | 1150 | 524 |
| 5107. | 恆 | hung | 2 | 13 | 0.0016 | 2050 | 1585 |
| 5108. | 衡 | hung | 2 | 13 | 0.0016 | 2049 | 1915 |
| | 量 | liang | 2 | | | 1498 | 1436 |
| 5109. | 花 | hwa | 1 | 13 | 0.0016 | 2078 | 246 |
| | 錢 | chien | 2 | | | 2686 | 525 |
| 5110. | 花 | hwa | 1 | 13 | 0.0016 | 2078 | 246 |
| | 蓮 | lien | 2 | | | 1463 | 1557 |
| 5111. | 化 | hwa | 4 | 13 | 0.0016 | 2085 | 278 |
| | 學 | xüeh | 2 | | | 3028 | 26 |
| | 品 | pin | 3 | | | 350 | 415 |
| 5112. | 活 | hwo | 2 | 13 | 0.0016 | 2091 | 203 |
| | 塞 | sai | 4 | | | 4122 | 1131 |
| 5113. | 火 | hwo | 3 | 13 | 0.0016 | 2093 | 235 |
| | 爐 | lu | 2 | | | 1526 | 1599 |
| 5114. | 火 | hwo | 3 | 13 | 0.0016 | 2093 | 235 |
| | 山 | shan | 1 | | | 3670 | 107 |
| 5115. | 集 | ji | 2 | 13 | 0.0016 | 2225 | 342 |
| | 訓 | xün | 4 | | | 3061 | 864 |
| 5116. | 繫 | ji | 4 | 13 | 0.0016 | 2274 | 4445 |
| 5117. | 家 | jia | 1 | 13 | 0.0016 | 2279 | 36 |
| | 事 | shi | 4 | | | 3592 | 77 |
| 5118. | 傢 | jia | 1 | 13 | 0.0016 | 2283 | 2200 |
| | 具 | jü | 4 | | | 2530 | 583 |
| 5119. | 挾 | jia | 2 | 13 | 0.0016 | id11 | rk11 |
| 5120. | 漿 | jiang | 1 | 13 | 0.0016 | 2464 | 2736 |
| 5121. | 江 | jiang | 1 | 13 | 0.0016 | 2463 | 131 |
| | 南 | nan | 2 | | | 1203 | 81 |
| 5122. | 教 | jiau | 1 | 13 | 0.0016 | 2341 | 1225 |
| | 書 | shu | 1 | | | 3732 | 179 |
| 5123. | 郊 | jiau | 1 | 13 | 0.0016 | 2340 | 1828 |
| | 外 | wai | 4 | | | 4632 | 122 |
| 5124. | 節 | jieh | 2 | 13 | 0.0016 | 2311 | 352 |
| | 約 | yüeh | 1 | | | 4792 | 357 |
| 5125. | 解 | jieh | 3 | 13 | 0.0016 | 2326 | 546 |
| | 放 | fang | 4 | | | 660 | 285 |
| 5126. | 檢 | jien | 3 | 13 | 0.0016 | 2407 | 1029 |
| 5127. | 檢 | jien | 3 | 13 | 0.0016 | 2407 | 1029 |
| | 查 | rca | 2 | | | 3406 | 644 |
| | 官 | gwan | 1 | | | 1781 | 556 |

| | Char. | Syll. | Tone | Freq. | Freq.% | ID | Rank |
|---|---|---|---|---|---|---|---|
| 5128. | 精 | jing | 1 | 13 | 0.0016 | 2478 | 527 |
| | 緻 | rji | 4 | | | 3123 | 2751 |
| 5129. | 京 | jing | 1 | 13 | 0.0016 | 2481 | 533 |
| | 師 | shi | 1 | | | 3570 | 116 |
| 5130. | 精 | jing | 1 | 13 | 0.0016 | 2478 | 527 |
| | 彩 | tsai | 3 | | | 4010 | 951 |
| 5131. | 靜 | jing | 4 | 13 | 0.0016 | 2498 | 785 |
| | 靜 | jing | 4 | | | 2498 | 785 |
| | 的 | duh | 5 | | | 749 | 1 |
| 5132. | 境 | jing | 4 | 13 | 0.0016 | 2501 | 853 |
| | 內 | nei | 4 | | | 1193 | 241 |
| 5133. | 酒 | jiu | 3 | 13 | 0.0016 | 2379 | 753 |
| | 食 | shi | 2 | | | 3580 | 350 |
| 5134. | 救 | jiu | 4 | 13 | 0.0016 | 2384 | 727 |
| | 濟 | ji | 4 | | | 2262 | 839 |
| 5135. | 救 | jiu | 4 | 13 | 0.0016 | 2384 | 727 |
| | 助 | rju | 4 | | | 3306 | 493 |
| 5136. | 俱 | jü | 4 | 13 | 0.0016 | 2537 | 2972 |
| 5137. | 開 | kai | 1 | 13 | 0.0016 | 1849 | 114 |
| | 設 | shuh | 4 | | | 3635 | 374 |
| 5138. | 開 | kai | 1 | 13 | 0.0016 | 1849 | 114 |
| | 創 | rcwang | 4 | | | 3558 | 916 |
| 5139. | 烤 | kau | 3 | 13 | 0.0016 | 1856 | 2879 |
| 5140. | 可 | kuh | 3 | 13 | 0.0016 | 1840 | 41 |
| | 觀 | gwan | 1 | | | 1782 | 359 |
| 5141. | 克 | kuh | 4 | 13 | 0.0016 | 1842 | 458 |
| 5142. | 寬 | kwan | 1 | 13 | 0.0016 | 1922 | 1618 |
| | 闊 | kwo | 4 | | | 1899 | 2088 |
| 5143. | 虧 | kwei | 1 | 13 | 0.0016 | 1908 | 2034 |
| 5144. | 懶 | lan | 3 | 13 | 0.0016 | 1348 | 1888 |
| 5145. | 離 | li | 2 | 13 | 0.0016 | 1371 | 538 |
| | 去 | chü | 4 | | | 2754 | 43 |
| 5146. | 聯 | lien | 2 | 13 | 0.0016 | 1458 | 379 |
| | 合 | huh | 2 | | | 1953 | 172 |
| 5147. | 連 | lien | 2 | 13 | 0.0016 | 1459 | 343 |
| | 任 | run | 4 | | | 3817 | 293 |
| 5148. | 戀 | lien | 4 | 13 | 0.0016 | 1474 | 3068 |
| | 愛 | ai | 4 | | | 4246 | 300 |
| 5149. | 淪 | loon | 2 | 13 | 0.0016 | 1571 | 2167 |
| | 陷 | xien | 4 | | | 2939 | 1353 |
| 5150. | 輪 | loon | 2 | 13 | 0.0016 | 1570 | 506 |
| | 船 | rcwan | 2 | | | 3537 | 563 |
| 5151. | 論 | loon | 4 | 13 | 0.0016 | 1577 | 347 |
| | 文 | wun | 2 | | | 4699 | 147 |
| 5152. | 鹿 | lu | 4 | 13 | 0.0016 | 1541 | 1582 |
| 5153. | 率 | lü | 4 | 13 | 0.0016 | 1603 | 1842 |
| 5154. | 樂 | luh | 4 | 13 | 0.0016 | 1292 | 465 |
| | 趣 | chü | 4 | | | 2753 | 904 |
| 5155. | 卵 | lwan | 3 | 13 | 0.0016 | 1567 | 1864 |
| 5156. | 碼 | ma | 3 | 13 | 0.0016 | 392 | 1836 |
| | 頭 | tou | 2 | | | 1017 | 164 |
| 5157. | 帽 | mau | 4 | 13 | 0.0016 | 456 | 1514 |
| | 子 | dsi | 3 | | | 3874 | 324 |
| 5158. | 每 | mei | 2 | 13 | 0.0016 | 441 | 171 |
| | 每 | mei | 3 | | | 441 | 171 |
| 5159. | 美 | mei | 3 | 13 | 0.0016 | 442 | 80 |
| | 化 | hwa | 4 | | | 2085 | 278 |
| 5160. | 蜜 | mi | 4 | 13 | 0.0016 | 512 | 1081 |
| | 蜂 | fung | 1 | | | 661 | 717 |
| 5161. | 陌 | mo | 4 | 13 | 0.0016 | 416 | 2654 |
| | 生 | shung | 1 | | | 3715 | 32 |
| | 人 | run | 2 | | | 3812 | 11 |
| 5162. | 木 | mu | 4 | 13 | 0.0016 | 564 | 383 |
| | 塊 | kwai | 4 | | | 1901 | 684 |
| 5163. | 木 | mu | 4 | 13 | 0.0016 | 564 | 383 |
| 5164. | 牧 | mu | 4 | 13 | 0.0016 | 566 | 1365 |
| 5165. | 孟 | mung | 4 | 13 | 0.0016 | 498 | 1185 |
| 5166. | 南 | nan | 2 | 13 | 0.0016 | 1203 | 81 |
| | 海 | hai | 3 | | | 1980 | 102 |
| 5167. | 內 | nei | 4 | 13 | 0.0016 | 1193 | 241 |
| | 臟 | dsang | 4 | | | 3932 | 1340 |
| 5168. | 捏 | nieh | 1 | 13 | 0.0016 | 1227 | 3062 |
| 5169. | 農 | noong | 2 | 13 | 0.0016 | 1273 | 451 |
| | 作 | dswo | 4 | | | 3953 | 47 |
| | 物 | wu | 4 | | | 4602 | 128 |

| | Char. | Syll. | Tone | Freq. | Freq.% | ID | Rank |
|---|---|---|---|---|---|---|---|
| 5170. | 暖 | nwan | 3 | 13 | 0.0016 | 1271 | 1170 |
| 5171. | 攀 | pan | 1 | 13 | 0.0016 | 269 | 3155 |
| 5172. | 盤 | pan | 2 | 13 | 0.0016 | 272 | 1009 |
| | 旋 | xüen | 2 | | | 3039 | 1291 |
| 5173. | 旁 | pang | 2 | 13 | 0.0016 | 284 | 867 |
| | 人 | run | 2 | | | 3812 | 11 |
| 5174. | 培 | pei | 2 | 13 | 0.0016 | 250 | 1345 |
| | 植 | rji | 2 | | | 3093 | 887 |
| 5175. | 皮 | pi | 2 | 13 | 0.0016 | 311 | 481 |
| | 帶 | dai | 4 | | | 755 | 301 |
| 5176. | 品 | pin | 2 | 13 | 0.0016 | 350 | 415 |
| | 種 | rjoong | 3 | | | 3368 | 89 |
| 5177. | 平 | ping | 2 | 13 | 0.0016 | 354 | 165 |
| | 日 | ri | 4 | | | 3795 | 54 |
| 5178. | 撲 | pu | 1 | 13 | 0.0016 | 362 | 1513 |
| | 滅 | mieh | 4 | | | 519 | 947 |
| 5179. | 拆 | rcai | 1 | 13 | 0.0016 | 3419 | 2146 |
| 5180. | 長 | rcang | 2 | 13 | 0.0016 | 3471 | 227 |
| | 長 | rcang | 2 | | | 3471 | 227 |
| | 的 | duh | 5 | | | 749 | 1 |
| 5181. | 喫 | rci | 1 | 13 | 0.0016 | id13 | rk13 |
| | 酒 | jiu | 3 | | | 2379 | 753 |
| 5182. | 吃 | rci | 1 | 13 | 0.0016 | 3377 | 169 |
| | 力 | li | 4 | | | 1396 | 143 |
| 5183. | 齒 | rci | 3 | 13 | 0.0016 | 3385 | 1232 |
| 5184. | 崇 | rcoong | 2 | 13 | 0.0016 | 3566 | 1756 |
| | 尚 | shang | 4 | | | 3711 | 1324 |
| 5185. | 稠 | rcou | 2 | 13 | 0.0016 | 3436 | 2831 |
| | 密 | mi | 4 | | | 511 | 660 |
| 5186. | 楚 | rcu | 3 | 13 | 0.0016 | 3516 | 1205 |
| 5187. | 日 | ri | 4 | 13 | 0.0016 | 3795 | 54 |
| | 光 | gwang | 1 | | | 1801 | 224 |
| 5188. | 張 | rjang | 1 | 13 | 0.0016 | 3243 | 311 |
| | 開 | kai | 1 | | | 1849 | 114 |
| 5189. | 張 | rjang | 1 | 13 | 0.0016 | 3243 | 311 |
| | 望 | wang | 4 | | | 4719 | 381 |
| 5190. | 丈 | rjang | 4 | 13 | 0.0016 | 3254 | 1689 |
| 5191. | 仗 | rjang | 4 | 13 | 0.0016 | 3253 | 1850 |
| 5192. | 治 | rji | 4 | 13 | 0.0016 | 3111 | 361 |
| | 安 | an | 1 | | | 4273 | 242 |
| 5193. | 忠 | rjoong | 1 | 13 | 0.0016 | 3362 | 1054 |
| | 心 | xin | 1 | | | 2946 | 142 |
| 5194. | 終 | rjoong | 1 | 13 | 0.0016 | 3363 | 874 |
| | 日 | ri | 4 | | | 3795 | 54 |
| 5195. | 諸 | rju | 1 | 13 | 0.0016 | 3282 | 1100 |
| | 侯 | hou | 4 | | | 2008 | 140 |
| 5196. | 珠 | rju | 1 | 13 | 0.0016 | 3283 | 1047 |
| | 寶 | bau | 3 | | | 81 | 716 |
| 5197. | 主 | rju | 2 | 13 | 0.0016 | 3299 | 130 |
| | 體 | ti | 3 | | | 1073 | 178 |
| 5198. | 折 | rjuh | 2 | 13 | 0.0016 | 3146 | 1469 |
| | 射 | shuh | 4 | | | 3638 | 446 |
| 5199. | 這 | rjuh | 4 | 13 | 0.0016 | 3155 | 19 |
| | 邊 | bien | 1 | | | 171 | 260 |
| 5200. | 爭 | rjung | 1 | 13 | 0.0016 | 3263 | 613 |
| | 議 | yi | 4 | | | 4331 | 290 |
| 5201. | 政 | rjung | 4 | 13 | 0.0016 | 3275 | 162 |
| | 務 | wu | 4 | | | 4601 | 377 |
| 5202. | 政 | rjung | 4 | 13 | 0.0016 | 3275 | 162 |
| | 黨 | dang | 3 | | | 822 | 903 |
| 5203. | 鄭 | rjung | 4 | 13 | 0.0016 | 3279 | 748 |
| 5204. | 傳 | rjwan | 4 | 13 | 0.0016 | 3344 | 2209 |
| | 記 | ji | 4 | | | 2255 | 517 |
| 5205. | 裝 | rjwang | 1 | 13 | 0.0016 | 3352 | 545 |
| | 備 | bei | 4 | | | 62 | 392 |
| 5206. | 容 | roong | 2 | 13 | 0.0016 | 3855 | 401 |
| | 量 | liang | 4 | | | 1503 | 423 |
| 5207. | 融 | roong | 2 | 13 | 0.0016 | 3859 | 2319 |
| 5208. | 柔 | rou | 2 | 13 | 0.0016 | 3802 | 1733 |
| | 和 | huh | 2 | | | 1956 | 395 |
| 5209. | 如 | ru | 2 | 13 | 0.0016 | 3829 | 120 |
| | 同 | toong | 2 | | | 1160 | 92 |
| 5210. | 人 | run | 2 | 13 | 0.0016 | 3812 | 11 |
| | 文 | wun | 2 | | | 4699 | 147 |
| 5211. | 傘 | san | 3 | 13 | 0.0016 | 4140 | 2187 |

| | Char. | Syll. | Tone | Freq. | Freq.% | ID | Rank |
|---|---|---|---|---|---|---|---|
| 5212. | 沙 | sha | 1 | 13 | 0.0016 | 3619 | 614 |
| | 發 | fa | 1 | | | 577 | 73 |
| 5213. | 山 | shan | 1 | 13 | 0.0016 | 3670 | 107 |
| | 頭 | tou | 2 | | | 1017 | 164 |
| 5214. | 商 | shang | 1 | 13 | 0.0016 | 3707 | 474 |
| | 談 | tan | 2 | | | 1024 | 581 |
| 5215. | 商 | shang | 1 | 13 | 0.0016 | 3707 | 474 |
| | 令 | ling | 4 | | | 1523 | 650 |
| 5216. | 詩 | shi | 1 | 13 | 0.0016 | 3573 | 1533 |
| | 句 | jü | 4 | | | 2529 | 831 |
| 5217. | 實 | shi | 2 | 13 | 0.0016 | 3581 | 215 |
| | 質 | rji | 4 | | | 3127 | 3565 |
| 5218. | 適 | shi | 4 | 13 | 0.0016 | 3605 | 735 |
| | 度 | du | 4 | | | 927 | 212 |
| 5219. | 收 | shou | 1 | 13 | 0.0016 | 3657 | 397 |
| | 藏 | tsang | 2 | | | 4040 | 1118 |
| 5220. | 收 | shou | 1 | 13 | 0.0016 | 3657 | 397 |
| | 容 | roong | 2 | | | 3855 | 401 |
| 5221. | 手 | shou | 2 | 13 | 0.0016 | 3660 | 190 |
| | 掌 | rjang | 3 | | | 3249 | 1280 |
| 5222. | 手 | shou | 3 | 13 | 0.0016 | 3660 | 190 |
| | 帕 | pa | 4 | | | 227 | 2494 |
| 5223. | 數 | shu | 4 | 13 | 0.0016 | 3755 | 400 |
| | 額 | uh | 2 | | | 4216 | 1167 |
| 5224. | 伸 | shun | 1 | 13 | 0.0016 | 3693 | 1062 |
| | 手 | shou | 3 | | | 3660 | 190 |
| 5225. | 水 | shwei | 2 | 13 | 0.0016 | 3781 | 75 |
| | 手 | shou | 3 | | | 3660 | 190 |
| 5226. | 思 | si | 1 | 13 | 0.0016 | 4087 | 619 |
| | 量 | liang | 4 | | | 1503 | 423 |
| 5227. | 色 | suh | 4 | 13 | 0.0016 | 4114 | 339 |
| | 情 | ching | 2 | | | 2734 | 233 |
| | 狂 | kwang | 2 | | | 1935 | 1957 |
| 5228. | 所 | swo | 3 | 13 | 0.0016 | 4169 | 79 |
| | 在 | dsai | 4 | | | 3899 | 9 |
| 5229. | 胎 | tai | 1 | 13 | 0.0016 | 990 | 2503 |
| | 兒 | er | 2 | | | 4291 | 82 |
| 5230. | 台 | tai | 2 | 13 | 0.0016 | 991 | 636 |
| | 視 | shi | 4 | | | 3602 | 720 |
| 5231. | 態 | tai | 4 | 13 | 0.0016 | 997 | 954 |
| 5232. | 彈 | tan | 2 | 13 | 0.0016 | 1023 | 1201 |
| | 奏 | dsou | 4 | | | 3922 | 1593 |
| 5233. | 探 | tan | 4 | 13 | 0.0016 | 1036 | 1518 |
| | 險 | xien | 3 | | | 2928 | 957 |
| 5234. | 逃 | tau | 2 | 13 | 0.0016 | 1006 | 1064 |
| | 亡 | wang | 2 | | | 4711 | 1208 |
| 5235. | 停 | ting | 2 | 13 | 0.0016 | 1110 | 649 |
| | 下 | xia | 4 | | | 2844 | 50 |
| | 來 | lai | 2 | | | 1297 | 15 |
| 5236. | 痛 | toong | 4 | 13 | 0.0016 | 1172 | 880 |
| | 快 | kwai | 4 | | | 1902 | 232 |
| 5237. | 投 | tou | 2 | 13 | 0.0016 | 1016 | 714 |
| | 票 | piau | 4 | | | 338 | 490 |
| 5238. | 才 | tsai | 2 | 13 | 0.0016 | 4006 | 248 |
| | 華 | hwa | 2 | | | 2080 | 166 |
| 5239. | 才 | tsai | 2 | 13 | 0.0016 | 4006 | 248 |
| | 智 | rji | 4 | | | 3116 | 1355 |
| 5240. | 參 | tsan | 1 | 13 | 0.0016 | 4028 | 331 |
| | 議 | yi | 4 | | | 4331 | 290 |
| | 員 | yüen | 2 | | | 4808 | 210 |
| 5241. | 餐 | tsan | 1 | 13 | 0.0016 | 4027 | 1594 |
| | 廳 | ting | 1 | | | 1106 | 750 |
| 5242. | 蠶 | tsan | 2 | 13 | 0.0016 | 4030 | 879 |
| 5243. | 蒼 | tsang | 1 | 13 | 0.0016 | 4036 | 1527 |
| | 冥 | ming | 2 | | | 555 | 3655 |
| 5244. | 槽 | tsau | 2 | 13 | 0.0016 | 4023 | 3598 |
| 5245. | 伺 | tsi | 4 | 13 | 0.0016 | 3997 | 4620 |
| | 候 | hou | 4 | | | 2008 | 140 |
| 5246. | 匆 | tsoong | 1 | 13 | 0.0016 | 4076 | 3007 |
| | 忙 | mang | 2 | | | 481 | 620 |
| 5247. | 湊 | tsou | 4 | 13 | 0.0016 | 4026 | 2837 |
| 5248. | 策 | tsuh | 4 | 13 | 0.0016 | 4002 | 1373 |
| | 略 | lüeh | 4 | | | 1608 | 1039 |
| 5249. | 催 | tswei | 1 | 13 | 0.0016 | 4056 | 2905 |
| 5250. | 託 | two | 1 | 13 | 0.0016 | 1134 | 2163 |
| 5251. | 瓦 | wa | 3 | 13 | 0.0016 | 4619 | 1219 |

| | Char. | Syll. | Tone | Freq. | Freq.% | ID | Rank |
|---|---|---|---|---|---|---|---|
| 5252. | 頑 | wan | 2 | 13 | 0.0016 | 4685 | 2107 |
| | 皮 | pi | 2 | | | 311 | 481 |
| 5253. | 晚 | wan | 3 | 13 | 0.0016 | 4687 | 441 |
| | 間 | jien | 1 | | | 2391 | 245 |
| 5254. | 萬 | wan | 4 | 13 | 0.0016 | 4695 | 315 |
| | 分 | fun | 1 | | | 630 | 112 |
| 5255. | 王 | wang | 2 | 13 | 0.0016 | 4712 | 257 |
| | 朝 | rcau | 2 | | | 3426 | 628 |
| 5256. | 往 | wang | 2 | 13 | 0.0016 | 4714 | 426 |
| | 常 | rcang | 2 | | | 3472 | 136 |
| 5257. | 旺 | wang | 4 | 13 | 0.0016 | 4720 | 3144 |
| | 盛 | shung | 4 | | | 3726 | 597 |
| 5258. | 為 | wei | 2 | 13 | 0.0016 | 4639 | 95 |
| | 人 | run | 2 | | | 3812 | 11 |
| 5259. | 微 | wei | 2 | 13 | 0.0016 | 4640 | 798 |
| | 血 | xüeh | 4 | | | 3031 | 1604 |
| | 管 | gwan | 3 | | | 1787 | 452 |
| 5260. | 維 | wei | 2 | 13 | 0.0016 | 4638 | 769 |
| | 生 | shung | 1 | | | 3715 | 32 |
| | 素 | su | 4 | | | 4154 | 704 |
| 5261. | 偉 | wei | 3 | 13 | 0.0016 | 4652 | 1057 |
| | 人 | run | 2 | | | 3812 | 11 |
| 5262. | 未 | wei | 4 | 13 | 0.0016 | 4664 | 870 |
| | 必 | bi | 4 | | | 139 | 483 |
| 5263. | 午 | wu | 3 | 13 | 0.0016 | 4592 | 292 |
| | 夜 | yeh | 4 | | | 4399 | 664 |
| 5264. | 吻 | wun | 3 | 13 | 0.0016 | 4704 | 2849 |
| 5265. | 吸 | xi | 1 | 13 | 0.0016 | 2785 | 786 |
| | 取 | chü | 3 | | | 2751 | 486 |
| 5266. | 昔 | xi | 2 | 13 | 0.0016 | 2812 | 3366 |
| | 日 | ri | 4 | | | 3795 | 54 |
| 5267. | 夏 | xia | 4 | 13 | 0.0016 | 2843 | 589 |
| | 威 | wei | 1 | | | 4634 | 744 |
| | 夷 | yi | 2 | | | 4310 | 2104 |
| 5268. | 象 | xiang | 4 | 13 | 0.0016 | 2975 | 599 |
| 5269. | 橡 | xiang | 4 | 13 | 0.0016 | 2977 | 1674 |
| | 皮 | pi | 2 | | | 311 | 481 |
| | 圈 | chüen | 1 | | | 2765 | 1399 |
| 5270. | 蕭 | xiau | 1 | 13 | 0.0016 | 2874 | 2347 |
| 5271. | 效 | xiau | 4 | 13 | 0.0016 | 2891 | 935 |
| | 法 | fa | 3 | | | 584 | 88 |
| 5272. | 仙 | xien | 1 | 13 | 0.0016 | 2909 | 1173 |
| 5273. | 險 | xien | 2 | 13 | 0.0016 | 2928 | 957 |
| | 阻 | dsu | 3 | | | 3947 | 1387 |
| 5274. | 弦 | xien | 2 | 13 | 0.0016 | 2921 | 2817 |
| 5275. | 現 | xien | 4 | 13 | 0.0016 | 2933 | 167 |
| | 今 | jin | 1 | | | 2441 | 176 |
| 5276. | 行 | xing | 2 | 13 | 0.0016 | 2989 | 76 |
| | 軍 | jün | 1 | | | 2574 | 150 |
| 5277. | 行 | xing | 2 | 13 | 0.0016 | 2989 | 76 |
| | 使 | shi | 3 | | | 3587 | 154 |
| 5278. | 性 | xing | 4 | 13 | 0.0016 | 2996 | 482 |
| | 情 | ching | 2 | | | 2734 | 233 |
| 5279. | 性 | xing | 4 | 13 | 0.0016 | 2996 | 482 |
| | 向 | xiang | 4 | | | 2974 | 189 |
| 5280. | 敘 | xü | 4 | 13 | 0.0016 | 3015 | 1898 |
| | 談 | tan | 2 | | | 1024 | 581 |
| 5281. | 洶 | xüoong | 1 | 13 | 0.0016 | 3072 | 3374 |
| | 湧 | yüoong | 3 | | | 4853 | 2156 |
| 5282. | 洋 | yang | 2 | 13 | 0.0016 | 4532 | 456 |
| | 溢 | yi | 4 | | | 4359 | 3810 |
| 5283. | 氧 | yang | 3 | 13 | 0.0016 | 4541 | 1305 |
| | 氣 | chi | 4 | | | 2627 | 132 |
| 5284. | 搖 | yau | 2 | 13 | 0.0016 | 4412 | 906 |
| | 搖 | yau | 2 | | | 4412 | 906 |
| | 頭 | tou | 2 | | | 1017 | 164 |
| 5285. | 藥 | yau | 4 | 13 | 0.0016 | 4427 | 721 |
| | 品 | pin | 3 | | | 350 | 415 |
| 5286. | 夜 | yeh | 4 | 13 | 0.0016 | 4399 | 664 |
| | 間 | jien | 1 | | | 2391 | 245 |
| | 部 | bu | 4 | | | 212 | 91 |
| 5287. | 夜 | yeh | 4 | 13 | 0.0016 | 4399 | 664 |
| | 裏 | li | 3 | | | 1386 | 44 |
| 5288. | 嚴 | yen | 2 | 13 | 0.0016 | 4471 | 861 |
| | 厲 | li | 4 | | | 1403 | 1789 |
| 5289. | 驗 | yen | 4 | 13 | 0.0016 | 4493 | 749 |
| 5290. | 一 | yi | 1 | 13 | 0.0016 | 4300 | 2 |
| | 味 | wei | 4 | | | 4663 | 882 |

| | Char. | Syll. | Tone | Freq. | Freq.% | ID | Rank |
|---|---|---|---|---|---|---|---|
| 5291. | 一二 | yi | 1 | 13 | 0.0016 | 4300 | 2 |
| | | er | 4 | | | 4298 | 14 |
| 5292. | 毅然 | yi | 4 | 13 | 0.0016 | 4348 | 2356 |
| | | ran | 2 | | | 3807 | 123 |
| 5293. | 義士 | yi | 4 | 13 | 0.0016 | 4334 | 330 |
| | | shi | 4 | | | 3596 | 362 |
| 5294. | 異議 | yi | 4 | 13 | 0.0016 | 4335 | 1096 |
| | | yi | 4 | | | 4331 | 290 |
| 5295. | 優異 | you | 1 | 13 | 0.0016 | 4431 | 983 |
| | | yi | 4 | | | 4335 | 1096 |
| 5296. | 幽默 | you | 1 | 13 | 0.0016 | 4433 | 2283 |
| | | mo | 4 | | | 412 | 1766 |
| 5297. | 遊玩 | you | 2 | 13 | 0.0016 | 4434 | 463 |
| | | wan | 2 | | | 4682 | 457 |
| 5298. | 雨水 | yü | 2 | 13 | 0.0016 | 4752 | 532 |
| | | shwei | 3 | | | 3781 | 75 |
| 5299. | 元首 | yüen | 2 | 13 | 0.0016 | 4811 | 239 |
| | | shou | 3 | | | 3659 | 618 |
| 5300. | 踴躍 | yüoong | 3 | 13 | 0.0016 | 4862 | 3835 |
| | | yüeh | 4 | | | 4800 | 2448 |
| 5301. | 用作 | yüoong | 4 | 13 | 0.0016 | 4864 | 38 |
| | | dswo | 4 | | | 3953 | 47 |
| 5302. | 愛因斯坦 | ai | 4 | 12 | 0.0015 | 4246 | 300 |
| | | yin | 1 | | | 4508 | 138 |
| | | si | 1 | | | 4085 | 304 |
| | | tan | 3 | | | 1034 | 1250 |
| 5303. | 安寧 | an | 1 | 12 | 0.0015 | 4273 | 242 |
| | | ning | 2 | | | 1256 | 774 |
| 5304. | 安詳 | an | 1 | 12 | 0.0015 | 4273 | 242 |
| | | xiang | 2 | | | 2965 | 1506 |
| 5305. | 按時 | an | 4 | 12 | 0.0015 | 4281 | 1024 |
| | | shi | 2 | | | 3578 | 29 |
| 5306. | 昂貴 | ang | 2 | 12 | 0.0015 | 4288 | 2068 |
| | | gwei | 4 | | | 1772 | 804 |
| 5307. | 奧林匹克 | au | 4 | 12 | 0.0015 | 4261 | 1342 |
| | | lin | 2 | | | 1477 | 228 |
| | | pi | 3 | | | 319 | 2932 |
| | | kuh | 4 | | | 1842 | 458 |
| 5308. | 版畫 | ban | 3 | 12 | 0.0015 | 99 | 697 |
| | | hwa | 4 | | | 2088 | 320 |
| 5309. | 辦公處 | ban | 4 | 12 | 0.0015 | 104 | 332 |
| | | goong | 1 | | | 1805 | 83 |
| | | rcu | 4 | | | 3521 | 334 |
| 5310. | 辦公 | ban | 4 | 12 | 0.0015 | 104 | 332 |
| | | goong | 1 | | | 1805 | 83 |
| 5311. | 保險 | bau | 2 | 12 | 0.0015 | 80 | 411 |
| | | xien | 3 | | | 2928 | 957 |
| 5312. | 保密 | bau | 3 | 12 | 0.0015 | 80 | 411 |
| | | mi | 4 | | | 511 | 660 |
| 5313. | 悲傷 | bei | 1 | 12 | 0.0015 | 57 | 1717 |
| | | shang | 1 | | | 3706 | 754 |
| 5314. | 北極 | bei | 3 | 12 | 0.0015 | 61 | 72 |
| | | ji | 2 | | | 2224 | 485 |
| 5315. | 被動 | bei | 4 | 12 | 0.0015 | 63 | 218 |
| | | doong | 4 | | | 974 | 94 |
| 5316. | 鼻孔 | bi | 2 | 12 | 0.0015 | 132 | 1475 |
| | | koong | 3 | | | 1946 | 1060 |
| 5317. | 筆鋒 | bi | 3 | 12 | 0.0015 | 133 | 429 |
| | | fung | 1 | | | 667 | 1930 |
| 5318. | 筆記 | bi | 3 | 12 | 0.0015 | 133 | 429 |
| | | ji | 4 | | | 2255 | 517 |
| 5319. | 邊界 | bien | 1 | 12 | 0.0015 | 171 | 260 |
| | | jieh | 4 | | | 2329 | 265 |
| 5320. | 變異 | bien | 4 | 12 | 0.0015 | 180 | 316 |
| | | yi | 4 | | | 4335 | 1096 |
| 5321. | 變遷 | bien | 4 | 12 | 0.0015 | 180 | 316 |
| | | chien | 1 | | | 2676 | 1468 |
| 5322. | 辨別 | bien | 4 | 12 | 0.0015 | 179 | 1926 |
| | | bieh | 2 | | | 163 | 259 |
| 5323. | 病症 | bing | 4 | 12 | 0.0015 | 202 | 318 |
| | | rjung | 4 | | | 3278 | 2317 |
| 5324. | 伯母 | bo | 2 | 12 | 0.0015 | 25 | 883 |
| | | mu | 3 | | | 560 | 287 |
| 5325. | 部下 | bu | 4 | 12 | 0.0015 | 212 | 91 |
| | | xia | 4 | | | 2844 | 50 |
| 5326. | 奔走 | bun | 1 | 12 | 0.0015 | 110 | 1803 |
| | | dsou | 3 | | | 3920 | 217 |
| 5327. | 笨重 | bun | 4 | 12 | 0.0015 | 113 | 4195 |
| | | rjoong | 4 | | | 3372 | 214 |

| | Char. | Syll. | Tone | Freq. | Freq.% | ID | Rank |
|---|---|---|---|---|---|---|---|
| 5328. | 其 | chi | 2 | 12 | 0.0015 | 2598 | 243 |
| | 間 | jien | 1 | | | 2391 | 245 |
| 5329. | 啓 | chi | 3 | 12 | 0.0015 | 2620 | 977 |
| | 示 | shi | 4 | | | 3598 | 528 |
| 5330. | 器 | chi | 4 | 12 | 0.0015 | 2626 | 394 |
| | 皿 | min | 3 | | | 546 | 2938 |
| 5331. | 潛 | chien | 2 | 12 | 0.0015 | 2689 | 1650 |
| 5332. | 侵 | chin | 1 | 12 | 0.0015 | 2699 | 941 |
| | 害 | hai | 4 | | | 1982 | 484 |
| 5333. | 清 | ching | 1 | 12 | 0.0015 | 2726 | 289 |
| | 代 | dai | 4 | | | 756 | 262 |
| 5334. | 邱 | chiu | 1 | 12 | 0.0015 | 2665 | 1368 |
| | 吉 | ji | 2 | | | 2228 | 1005 |
| | 爾 | er | 3 | | | 4293 | 306 |
| 5335. | 驅 | chü | 1 | 12 | 0.0015 | 2741 | 1980 |
| | 逐 | rju | 2 | | | 3294 | 1254 |
| 5336. | 確 | chüeh | 4 | 12 | 0.0015 | 2761 | 949 |
| | 切 | chieh | 4 | | | 2645 | 642 |
| 5337. | 大 | da | 4 | 12 | 0.0015 | 745 | 12 |
| | 衣 | yi | 1 | | | 4299 | 432 |
| 5338. | 大 | da | 4 | 12 | 0.0015 | 745 | 12 |
| | 體 | ti | 3 | | | 1073 | 178 |
| 5339. | 胆 | dan | 3 | 12 | 0.0015 | 804 | 1787 |
| | 怯 | chüeh | 4 | | | 2763 | 3363 |
| 5340. | 稻 | dau | 4 | 12 | 0.0015 | 776 | 980 |
| | 田 | tien | 2 | | | 1099 | 535 |
| 5341. | 導 | dau | 4 | 12 | 0.0015 | 777 | 405 |
| 5342. | 低 | di | 1 | 12 | 0.0015 | 842 | 799 |
| | 廉 | lien | 2 | | | 1461 | 1489 |
| 5343. | 帝 | di | 4 | 12 | 0.0015 | 859 | 477 |
| | 王 | wang | 2 | | | 4712 | 257 |
| 5344. | 釣 | diau | 4 | 12 | 0.0015 | 885 | 2077 |
| 5345. | 電 | dien | 4 | 12 | 0.0015 | 896 | 129 |
| | 力 | li | 4 | | | 1396 | 143 |
| 5346. | 丁 | ding | 1 | 12 | 0.0015 | 906 | 1380 |
| 5347. | 訂 | ding | 4 | 12 | 0.0015 | 911 | 694 |
| | 立 | li | 4 | | | 1395 | 152 |
| 5348. | 葬 | dsang | 4 | 12 | 0.0015 | 3934 | 2043 |
| 5349. | 字 | dsi | 4 | 12 | 0.0015 | 3877 | 194 |
| | 母 | mu | 3 | | | 560 | 287 |
| 5350. | 自 | dsi | 4 | 12 | 0.0015 | 3878 | 86 |
| | 豪 | hau | 2 | | | 1988 | 1865 |
| 5351. | 總 | dsoong | 3 | 12 | 0.0015 | 3979 | 200 |
| | 算 | swan | 4 | | | 4188 | 480 |
| 5352. | 縱 | dsoong | 4 | 12 | 0.0015 | 3981 | 2065 |
| | 使 | shi | 3 | | | 3587 | 154 |
| 5353. | 走 | dsou | 3 | 12 | 0.0015 | 3920 | 217 |
| | 動 | doong | 4 | | | 974 | 94 |
| 5354. | 走 | dsou | 3 | 12 | 0.0015 | 3920 | 217 |
| | 開 | kai | 1 | | | 1849 | 114 |
| 5355. | 罪 | dswei | 4 | 12 | 0.0015 | 3960 | 1779 |
| | 行 | xing | 2 | | | 2989 | 76 |
| 5356. | 罪 | dswei | 4 | 12 | 0.0015 | 3960 | 1779 |
| | 惡 | uh | 4 | | | 4221 | 1264 |
| 5357. | 做 | dswo | 4 | 12 | 0.0015 | 3952 | 99 |
| | 起 | chi | 3 | | | 2621 | 78 |
| 5358. | 作 | dswo | 4 | 12 | 0.0015 | 3953 | 47 |
| | 法 | fa | 3 | | | 584 | 88 |
| 5359. | 發 | fa | 1 | 12 | 0.0015 | 577 | 73 |
| | 洩 | xieh | 4 | | | 2865 | 1962 |
| 5360. | 發 | fa | 1 | 12 | 0.0015 | 577 | 73 |
| | 問 | wun | 4 | | | 4708 | 151 |
| 5361. | 法 | fa | 3 | 12 | 0.0015 | 584 | 88 |
| | 治 | rji | 4 | | | 3111 | 361 |
| 5362. | 房 | fang | 2 | 12 | 0.0015 | 649 | 560 |
| | 東 | doong | 1 | | | 967 | 84 |
| 5363. | 放 | fang | 4 | 12 | 0.0015 | 660 | 285 |
| | 大 | da | 4 | | | 745 | 12 |
| | 鏡 | jing | 4 | | | 2499 | 756 |
| 5364. | 肥 | fei | 2 | 12 | 0.0015 | 595 | 818 |
| 5365. | 肥 | fei | 2 | 12 | 0.0015 | 595 | 818 |
| | 料 | liau | 4 | | | 1445 | 387 |
| 5366. | 富 | fu | 4 | 12 | 0.0015 | 721 | 773 |
| | 強 | chiang | 2 | | | 2716 | 354 |
| 5367. | 富 | fu | 4 | 12 | 0.0015 | 721 | 773 |
| | 裕 | yü | 4 | | | 4770 | 2286 |
| 5368. | 分 | fun | 1 | 12 | 0.0015 | 630 | 112 |
| | 類 | lei | 4 | | | 1314 | 298 |

| | Char. | Syll. | Tone | Freq. | Freq.% | ID | Rank |
|---|---|---|---|---|---|---|---|
| 5369. | 焚 | fun | 2 | 12 | 0.0015 | 636 | 2713 |
| 5370. | 粉 | fun | 3 | 12 | 0.0015 | 639 | 999 |
| | 碎 | swei | 4 | | | 4179 | 1736 |
| 5371. | 干 | gan | 1 | 12 | 0.0015 | 1671 | 1307 |
| | 預 | yü | 4 | | | 4761 | 690 |
| 5372. | 桿 | gan | 3 | 12 | 0.0015 | 1681 | 1253 |
| 5373. | 高 | gau | 1 | 12 | 0.0015 | 1647 | 104 |
| | 明 | ming | 2 | | | 552 | 101 |
| 5374. | 告 | gau | 4 | 12 | 0.0015 | 1655 | 386 |
| | 別 | bieh | 2 | | | 163 | 259 |
| 5375. | 工 | goong | 1 | 12 | 0.0015 | 1804 | 125 |
| | 商 | shang | 1 | | | 3707 | 474 |
| | 業 | yeh | 4 | | | 4397 | 137 |
| 5376. | 公 | goong | 1 | 12 | 0.0015 | 1805 | 83 |
| | 共 | goong | 4 | | | 1820 | 186 |
| | 汽 | chi | 4 | | | 2629 | 675 |
| | 車 | rcuh | i | | | 3412 | 181 |
| 5377. | 骨 | gu | 3 | 12 | 0.0015 | 1718 | 901 |
| | 骼 | guh | 2 | | | 1628 | 2115 |
| 5378. | 觀 | gwan | 1 | 12 | 0.0015 | 1782 | 359 |
| | 測 | tsuh | 4 | | | 3999 | 1048 |
| 5379. | 管 | gwan | 3 | 12 | 0.0015 | 1787 | 452 |
| | 待 | dai | 4 | | | 758 | 927 |
| 5380. | 光 | gwang | 1 | 12 | 0.0015 | 1801 | 224 |
| | 芒 | mang | 2 | | | 480 | 2000 |
| 5381. | 桂 | gwei | 4 | 12 | 0.0015 | 1771 | 1075 |
| | 花 | hwa | 1 | | | 2078 | 246 |
| 5382. | 櫃 | gwei | 4 | 12 | 0.0015 | 1774 | 2343 |
| | 台 | tai | 2 | | | 991 | 636 |
| 5383. | 國 | gwo | 2 | 12 | 0.0015 | 1749 | 7 |
| | 歌 | guh | 1 | | | 1615 | 542 |
| 5384. | 國 | gwo | 2 | 12 | 0.0015 | 1749 | 7 |
| | 民 | min | 2 | | | 542 | 59 |
| | 中 | rjoong | 1 | | | 3361 | 20 |
| | 學 | xüeh | 2 | | | 3028 | 26 |
| 5385. | 海 | hai | 2 | 12 | 0.0015 | 1980 | 102 |
| | 底 | di | 3 | | | 854 | 820 |
| 5386. | 海 | hai | 3 | 12 | 0.0015 | 1980 | 102 |
| | 關 | gwan | 1 | | | 1780 | 247 |
| 5387. | 海 | hai | 3 | 12 | 0.0015 | 1980 | 102 |
| | 鷗 | ou | 1 | | | id 8 | rk 8 |
| 5388. | 轟 | hoong | 1 | 12 | 0.0015 | 2185 | 1866 |
| | 炸 | rja | 4 | | | 3139 | 1239 |
| 5389. | 宏 | hoong | 2 | 12 | 0.0015 | 2190 | 1270 |
| | 偉 | wei | 3 | | | 4652 | 1057 |
| 5390. | 洪 | hoong | 2 | 12 | 0.0015 | 2187 | 1129 |
| | 水 | shwei | 3 | | | 3781 | 75 |
| 5391. | 喉 | hou | 2 | 12 | 0.0015 | 2004 | 2169 |
| | 嚨 | loong | 2 | | | 1580 | 3071 |
| 5392. | 湖 | hu | 2 | 12 | 0.0015 | 2057 | 445 |
| | 南 | nan | 2 | | | 1203 | 81 |
| 5393. | 護 | hu | 4 | 12 | 0.0015 | 2072 | 722 |
| 5394. | 盒 | huh | 2 | 12 | 0.0015 | 1960 | 1686 |
| 5395. | 河 | huh | 2 | 12 | 0.0015 | 1954 | 159 |
| | 南 | nan | 2 | | | 1203 | 81 |
| 5396. | 化 | hwa | 4 | 12 | 0.0015 | 2085 | 278 |
| | 石 | shi | 2 | | | 3583 | 369 |
| 5397. | 懷 | hwai | 2 | 12 | 0.0015 | 2107 | 1187 |
| | 孕 | yün | 4 | | | 4845 | 4184 |
| 5398. | 荒 | hwang | 1 | 12 | 0.0015 | 2165 | 1503 |
| | 忙 | mang | 2 | | | 481 | 620 |
| 5399. | 荒 | hwang | 1 | 12 | 0.0015 | 2165 | 1503 |
| | 涼 | liang | 2 | | | 1495 | 1178 |
| 5400. | 會 | hwei | 4 | 12 | 0.0015 | 2126 | 31 |
| | 場 | rcang | 2 | | | 3474 | 450 |
| 5401. | 火 | hwo | 3 | 12 | 0.0015 | 2093 | 235 |
| | 箭 | jien | 4 | | | 2420 | 779 |
| 5402. | 夥 | hwo | 3 | 12 | 0.0015 | 2094 | 2964 |
| | 計 | ji | 4 | | | 2256 | 410 |
| 5403. | 激 | ji | 1 | 12 | 0.0015 | 2203 | 1223 |
| | 起 | chi | 3 | | | 2621 | 78 |
| 5404. | 積 | ji | 1 | 12 | 0.0015 | 2201 | 961 |
| | 怨 | yüen | 4 | | | 4826 | 2155 |
| 5405. | 激 | ji | 1 | 12 | 0.0015 | 2203 | 1223 |
| 5406. | 急 | ji | 2 | 12 | 0.0015 | 2226 | 830 |
| | 救 | jiu | 4 | | | 2384 | 727 |

| | Char. | Syll. | Tone | Freq. | Freq.% | ID | Rank |
|---|---|---|---|---|---|---|---|
| 5407. | 極 | ji | 2 | 12 | 0.0015 | 2224 | 485 |
| | 權 | chüen | 2 | | | 2766 | 473 |
| 5408. | 伎 | ji | 4 | 12 | 0.0015 | id10 | rk10 |
| | 倆 | liang | 3 | | | 1426 | 2298 |
| 5409. | 醬 | jiang | 4 | 12 | 0.0015 | 2477 | 1504 |
| | 油 | you | 2 | | | 4437 | 487 |
| 5410. | 教 | jiau | 4 | 12 | 0.0015 | 2368 | 68 |
| | 官 | gwan | 1 | | | 1781 | 556 |
| 5411. | 教 | jiau | 4 | 12 | 0.0015 | 2368 | 68 |
| | 員 | yüen | 2 | | | 4808 | 210 |
| 5412. | 監 | jien | 1 | 12 | 0.0015 | 2393 | 1313 |
| 5413. | 鑒 | jien | 4 | 12 | 0.0015 | 2430 | 3213 |
| 5414. | 建 | jien | 4 | 12 | 0.0015 | 2416 | 273 |
| | 築 | rju | 2 | | | 3291 | 1022 |
| | 師 | shi | 1 | | | 3570 | 116 |
| 5415. | 謹 | jin | 2 | 12 | 0.0015 | 2452 | 2971 |
| | 慎 | shun | 4 | | | 3705 | 2535 |
| 5416. | 盡 | jin | 4 | 12 | 0.0015 | 2456 | 914 |
| | 頭 | tou | 2 | | | 1017 | 164 |
| 5417. | 驚 | jing | 1 | 12 | 0.0015 | 2483 | 1152 |
| | 慌 | hwang | 1 | | | 2164 | 1670 |
| 5418. | 精 | jing | 1 | 12 | 0.0015 | 2478 | 527 |
| | 闢 | pi | 4 | | | 324 | 2250 |
| 5419. | 警 | jing | 3 | 12 | 0.0015 | 2491 | 1088 |
| | 覺 | jüeh | 2 | | | 2545 | 512 |
| 5420. | 靜 | jing | 4 | 12 | 0.0015 | 2498 | 785 |
| | 悄 | chiau | 2 | | | 2658 | 1751 |
| | 悄 | chiau | 3 | | | 2658 | 1751 |
| 5421. | 開 | kai | 1 | 12 | 0.0015 | 1849 | 114 |
| | 展 | rjan | 3 | | | 3209 | 577 |
| 5422. | 考 | kau | 3 | 12 | 0.0015 | 1855 | 438 |
| | 慮 | lü | 4 | | | 1604 | 1722 |
| | 到 | dau | 4 | | | 775 | 21 |
| 5423. | 科 | kuh | 1 | 12 | 0.0015 | 1826 | 341 |
| | 舉 | jü | 3 | | | 2522 | 276 |
| 5424. | 客 | kuh | 4 | 12 | 0.0015 | 1844 | 922 |
| | 店 | dien | 4 | | | 895 | 1141 |
| 5425. | 離 | li | 2 | 12 | 0.0015 | 1371 | 538 |
| | 子 | dsi | 3 | | | 3874 | 324 |
| 5426. | 力 | li | 4 | 12 | 0.0015 | 1396 | 143 |
| | 學 | xüeh | 2 | | | 3028 | 26 |
| 5427. | 涼 | liang | 2 | 12 | 0.0015 | 1495 | 1178 |
| 5428. | 兩 | liang | 3 | 12 | 0.0015 | 1500 | 103 |
| | 三 | san | 1 | | | 4138 | 18 |
| 5429. | 零 | ling | 2 | 12 | 0.0015 | 1507 | 1092 |
| | 件 | jien | 4 | | | 2419 | 521 |
| 5430. | 留 | liu | 2 | 12 | 0.0015 | 1450 | 800 |
| | 學 | xüeh | 2 | | | 3028 | 26 |
| 5431. | 流 | liu | 2 | 12 | 0.0015 | 1448 | 353 |
| | 傳 | rcwan | 2 | | | 3538 | 371 |
| 5432. | 輪 | loon | 2 | 12 | 0.0015 | 1570 | 506 |
| | 流 | liu | 2 | | | 1448 | 353 |
| 5433. | 輪 | loon | 2 | 12 | 0.0015 | 1570 | 506 |
| | 廓 | kwo | 4 | | | 1900 | 3521 |
| 5434. | 蘆 | lu | 2 | 12 | 0.0015 | 1528 | 2137 |
| | 葦 | wei | 3 | | | 4657 | 3420 |
| 5435. | 陸 | lu | 4 | 12 | 0.0015 | 1536 | 430 |
| | 續 | xü | 4 | | | 3014 | 669 |
| 5436. | 馬 | ma | 3 | 12 | 0.0015 | 390 | 282 |
| | 尼 | ni | 2 | | | 1214 | 602 |
| | 拉 | la | 1 | | | 1282 | 406 |
| 5437. | 瞞 | man | 2 | 12 | 0.0015 | 467 | 3284 |
| 5438. | 漫 | man | 4 | 12 | 0.0015 | 472 | 1999 |
| 5439. | 毛 | mau | 2 | 12 | 0.0015 | 453 | 573 |
| | 筆 | bi | 3 | | | 133 | 429 |
| 5440. | 毛 | mau | 2 | 12 | 0.0015 | 453 | 573 |
| | 澤 | dsuh | 2 | | | 3888 | 1778 |
| | 東 | doong | 1 | | | 967 | 84 |
| 5441. | 美 | mei | 3 | 12 | 0.0015 | 442 | 80 |
| | 德 | duh | 2 | | | 747 | 286 |
| 5442. | 彌 | mi | 2 | 12 | 0.0015 | 501 | 2598 |
| | 補 | bu | 3 | | | 208 | 842 |
| 5443. | 面 | mien | 4 | 12 | 0.0015 | 539 | 66 |
| | 貌 | mau | 4 | | | 458 | 1767 |
| 5444. | 民 | min | 2 | 12 | 0.0015 | 542 | 59 |
| | 歌 | guh | 1 | | | 1615 | 542 |
| 5445. | 名 | ming | 2 | 12 | 0.0015 | 551 | 141 |
| | 叫 | jiau | 4 | | | 2367 | 168 |

| | Char. | Syll. | Tone | Freq. | Freq.% | ID | Rank |
|---|---|---|---|---|---|---|---|
| 5446. | 莫 | mo | 4 | 12 | 0.0015 | 411 | 1294 |
| | 耳 | er | 3 | | | 4295 | 994 |
| 5447. | 莫 | mo | 4 | 12 | 0.0015 | 411 | 1294 |
| | 名 | ming | 2 | | | 551 | 141 |
| | 其 | chi | 2 | | | 2598 | 243 |
| | 妙 | miau | 4 | | | 528 | 1392 |
| 5448. | 夢 | mung | 4 | 12 | 0.0015 | 497 | 1248 |
| | 見 | jien | 4 | | | 2417 | 206 |
| 5449. | 女 | nü | 3 | 12 | 0.0015 | 1278 | 302 |
| | 童 | toong | 2 | | | 1159 | 389 |
| | 軍 | jün | 1 | | | 2574 | 150 |
| 5450. | 排 | pai | 2 | 12 | 0.0015 | 240 | 736 |
| | 出 | rcu | 1 | | | 3507 | 60 |
| 5451. | 配 | pei | 4 | 12 | 0.0015 | 255 | 1097 |
| | 偶 | ou | 3 | | | 4269 | 2282 |
| 5452. | 匹 | pi | 1 | 12 | 0.0015 | 302 | 1971 |
| 5453. | 偏 | pien | 1 | 12 | 0.0015 | 339 | 1660 |
| | 僻 | pi | 4 | | | 327 | 2780 |
| 5454. | 平 | ping | 2 | 12 | 0.0015 | 354 | 165 |
| | 坦 | tan | 3 | | | 1034 | 1250 |
| 5455. | 迫 | po | 4 | 12 | 0.0015 | 234 | 1364 |
| | 切 | chieh | 1 | | | 2640 | 1869 |
| 5456. | 膨 | pung | 2 | 12 | 0.0015 | 294 | 2452 |
| | 大 | da | 4 | | | 745 | 12 |
| 5457. | 擾 | rau | 3 | 12 | 0.0015 | 3799 | 2102 |
| | 亂 | lwan | 4 | | | 1568 | 794 |
| 5458. | 纏 | rcan | 2 | 12 | 0.0015 | 3443 | 2474 |
| 5459. | 場 | rcang | 2 | 12 | 0.0015 | 3474 | 450 |
| | 面 | mien | 4 | | | 539 | 66 |
| 5460. | 長 | rcang | 2 | 12 | 0.0015 | 3471 | 227 |
| | 方 | fang | 1 | | | 647 | 62 |
| | 形 | xing | 2 | | | 2988 | 252 |
| 5461. | 池 | rci | 2 | 12 | 0.0015 | 3379 | 1181 |
| | 塘 | tang | 2 | | | 1045 | 1771 |
| 5462. | 齒 | rci | 3 | 12 | 0.0015 | 3385 | 1232 |
| | 輪 | loon | 2 | | | 1570 | 506 |
| 5463. | 尺 | rci | 3 | 12 | 0.0015 | 3386 | 725 |
| | 度 | du | 4 | | | 927 | 212 |
| 5464. | 赤 | rci | 4 | 12 | 0.0015 | 3393 | 1455 |
| | 化 | hwa | 4 | | | 2085 | 278 |
| 5465. | 春 | rcoon | 1 | 12 | 0.0015 | 3542 | 513 |
| | 秋 | chiu | 1 | | | 2666 | 826 |
| 5466. | 純 | rcoon | 2 | 12 | 0.0015 | 3544 | 2040 |
| | 熟 | shou | 2 | | | 3658 | 1033 |
| 5467. | 出 | rcu | 1 | 12 | 0.0015 | 3507 | 60 |
| | 租 | dsu | 1 | | | 3940 | 1639 |
| 5468. | 出 | rcu | 1 | 12 | 0.0015 | 3507 | 60 |
| | 面 | mien | 4 | | | 539 | 66 |
| 5469. | 出 | rcu | 1 | 12 | 0.0015 | 3507 | 60 |
| | 發 | fa | 1 | | | 577 | 73 |
| | 點 | dien | 3 | | | 892 | 160 |
| 5470. | 稱 | rcung | 1 | 12 | 0.0015 | 3485 | 470 |
| | 做 | dswo | 4 | | | 3952 | 99 |
| 5471. | 撐 | rcung | 1 | 12 | 0.0015 | 3484 | 2832 |
| 5472. | 乘 | rcung | 2 | 12 | 0.0015 | 3492 | 543 |
| | 機 | ji | 1 | | | 2198 | 153 |
| 5473. | 誠 | rcung | 2 | 12 | 0.0015 | 3493 | 1413 |
| | 實 | shi | 2 | | | 3581 | 215 |
| 5474. | 誠 | rcung | 2 | 12 | 0.0015 | 3493 | 1413 |
| | 意 | yi | 4 | | | 4332 | 195 |
| 5475. | 逞 | rcung | 3 | 12 | 0.0015 | 3503 | 3117 |
| 5476. | 船 | rcwan | 2 | 12 | 0.0015 | 3537 | 563 |
| | 員 | yüen | 2 | | | 4808 | 210 |
| 5477. | 摘 | rjai | 1 | 12 | 0.0015 | 3161 | 1943 |
| 5478. | 佔 | rjan | 4 | 12 | 0.0015 | 3216 | 1215 |
| | 領 | ling | 3 | | | 1521 | 461 |
| 5479. | 漲 | rjang | 4 | 12 | 0.0015 | 3261 | 4549 |
| 5480. | 召 | rjau | 4 | 12 | 0.0015 | 3178 | 1338 |
| 5481. | 支 | rji | 1 | 12 | 0.0015 | 3080 | 923 |
| | 付 | fu | 4 | | | 727 | 1463 |
| 5482. | 知 | rji | 1 | 12 | 0.0015 | 3076 | 269 |
| | 覺 | jüeh | 2 | | | 2545 | 512 |
| 5483. | 直 | rji | 2 | 12 | 0.0015 | 3092 | 416 |
| | 立 | li | 4 | | | 1395 | 152 |
| 5484. | 直 | rji | 2 | 12 | 0.0015 | 3092 | 416 |
| | 昇 | shung | 1 | | | 3719 | 2241 |
| | 機 | ji | 1 | | | 2198 | 153 |

| | Char. | Syll. | Tone | Freq. | Freq.% | ID | Rank |
|---|---|---|---|---|---|---|---|
| 5485. | 指 | rji | 2 | 12 | 0.0015 | 3102 | 373 |
| | 甲 | jia | 3 | | | 2293 | 783 |
| 5486. | 指 | rji | 3 | 12 | 0.0015 | 3102 | 373 |
| | 揮 | hwei | 1 | | | 2112 | 1222 |
| | 部 | bu | 4 | | | 212 | 91 |
| 5487. | 治 | rji | 4 | 12 | 0.0015 | 3111 | 361 |
| | 理 | li | 3 | | | 1388 | 207 |
| 5488. | 致 | rji | 4 | 12 | 0.0015 | 3117 | 838 |
| | 詞 | tsi | 2 | | | 3988 | 568 |
| 5489. | 主 | rju | 2 | 12 | 0.0015 | 3299 | 130 |
| | 審 | shun | 3 | | | 3699 | 1415 |
| 5490. | 遮 | rjuh | 1 | 12 | 0.0015 | 3144 | 1899 |
| 5491. | 真 | rjun | 1 | 12 | 0.0015 | 3223 | 238 |
| | 相 | xiang | 4 | | | 2978 | 1174 |
| 5492. | 珍 | rjun | 1 | 12 | 0.0015 | 3225 | 1292 |
| | 貴 | gwei | 4 | | | 1772 | 804 |
| 5493. | 拯 | rjung | 3 | 12 | 0.0015 | 3272 | 3111 |
| | 救 | jiu | 4 | | | 2384 | 727 |
| 5494. | 正 | rjung | 4 | 12 | 0.0015 | 3274 | 193 |
| | 面 | mien | 4 | | | 539 | 66 |
| 5495. | 追 | rjwei | 1 | 12 | 0.0015 | 3334 | 1135 |
| | 究 | jiu | 4 | | | 2381 | 434 |
| 5496. | 墜 | rjwei | 4 | 12 | 0.0015 | 3336 | 3238 |
| 5497. | 如 | ru | 2 | 12 | 0.0015 | 3829 | 120 |
| | 意 | yi | 4 | | | 4332 | 195 |
| 5498. | 桑 | sang | 1 | 12 | 0.0015 | 4144 | 1780 |
| 5499. | 紗 | sha | 1 | 12 | 0.0015 | 3621 | 1472 |
| 5500. | 紗 | sha | 1 | 12 | 0.0015 | 3621 | 1472 |
| | 布 | bu | 4 | | | 215 | 297 |
| 5501. | 山 | shan | 1 | 12 | 0.0015 | 3670 | 107 |
| | 胞 | bau | 1 | | | 74 | 985 |
| 5502. | 上 | shang | 4 | 12 | 0.0015 | 3712 | 17 |
| | 級 | ji | 2 | | | 2222 | 317 |
| 5503. | 失 | shi | 1 | 12 | 0.0015 | 3569 | 266 |
| | 業 | yeh | 4 | | | 4397 | 137 |
| 5504. | 濕 | shi | 1 | 12 | 0.0015 | 3571 | 1316 |
| | 潤 | roon | 4 | | | 3853 | 2278 |
| 5505. | 詩 | shi | 1 | 12 | 0.0015 | 3573 | 1533 |
| | 歌 | guh | 1 | | | 1615 | 542 |
| 5506. | 詩 | shi | 1 | 12 | 0.0015 | 3573 | 1533 |
| | 意 | yi | 4 | | | 4332 | 195 |
| 5507. | 獅 | shi | 1 | 12 | 0.0015 | 3576 | 1876 |
| 5508. | 實 | shi | 2 | 12 | 0.0015 | 3581 | 215 |
| | 地 | di | 4 | | | 858 | 33 |
| 5509. | 始 | shi | 2 | 12 | 0.0015 | 3586 | 503 |
| | 祖 | dsu | 3 | | | 3945 | 610 |
| 5510. | 時 | shi | 2 | 12 | 0.0015 | 3578 | 29 |
| | 日 | ri | 4 | | | 3795 | 54 |
| 5511. | 市 | shi | 4 | 12 | 0.0015 | 3595 | 87 |
| | 立 | li | 4 | | | 1395 | 152 |
| 5512. | 世 | shi | 4 | 12 | 0.0015 | 3594 | 236 |
| | 代 | dai | 4 | | | 756 | 262 |
| 5513. | 誓 | shi | 4 | 12 | 0.0015 | 3608 | 2121 |
| | 詞 | tsi | 2 | | | 3988 | 568 |
| 5514. | 收 | shou | 1 | 12 | 0.0015 | 3657 | 397 |
| | 復 | fu | 4 | | | 722 | 595 |
| 5515. | 首 | shou | 2 | 12 | 0.0015 | 3659 | 618 |
| | 領 | ling | 3 | | | 1521 | 461 |
| 5516. | 書 | shu | 1 | 12 | 0.0015 | 3732 | 179 |
| | 包 | bau | 1 | | | 73 | 554 |
| 5517. | 社 | shuh | 4 | 12 | 0.0015 | 3636 | 305 |
| | 會 | hwei | 4 | | | 2126 | 31 |
| | 主 | rju | 3 | | | 3299 | 130 |
| | 義 | yi | 4 | | | 4334 | 330 |
| 5518. | 深 | shun | 1 | 12 | 0.0015 | 3690 | 639 |
| | 深 | shun | 1 | | | 3690 | 639 |
| | 的 | duh | 5 | | | 749 | 1 |
| 5519. | 慎 | shun | 4 | 12 | 0.0015 | 3705 | 2535 |
| 5520. | 生 | shung | 1 | 12 | 0.0015 | 3715 | 32 |
| | 物 | wu | 4 | | | 4602 | 128 |
| | 體 | ti | 3 | | | 1073 | 178 |
| 5521. | 生 | shung | 1 | 12 | 0.0015 | 3715 | 32 |
| | 前 | chien | 2 | | | 2687 | 145 |
| 5522. | 生 | shung | 1 | 12 | 0.0015 | 3715 | 32 |
| | 日 | ri | 4 | | | 3795 | 54 |
| 5523. | 生 | shung | 1 | 12 | 0.0015 | 3715 | 32 |
| | 涯 | ya | 2 | | | 4377 | 4150 |
| 5524. | 率 | shwai | 4 | 12 | 0.0015 | 3778 | 1534 |

| | Char. | Syll. | Tone | Freq. | Freq.% | ID | Rank |
|---|---|---|---|---|---|---|---|
| 5525. | 霜 | shwang | 1 | 12 | 0.0015 | 3793 | 2123 |
| 5526. | 水 | shwei | 3 | 12 | 0.0015 | 3781 | 75 |
| | 溝 | gou | 1 | | | 1657 | 1330 |
| 5527. | 水 | shwei | 3 | 12 | 0.0015 | 3781 | 75 |
| | 運 | yün | 4 | | | 4841 | 284 |
| 5528. | 損 | soon | 3 | 12 | 0.0015 | 4192 | 1357 |
| | 壞 | hwai | 4 | | | 2111 | 732 |
| 5529. | 鬆 | soong | 1 | 12 | 0.0015 | 4195 | 1497 |
| | 弛 | rci | 2 | | | 3383 | 4078 |
| 5530. | 俗 | su | 2 | 12 | 0.0015 | 4152 | 1341 |
| | 語 | yü | 3 | | | 4751 | 346 |
| 5531. | 鎖 | swo | 3 | 12 | 0.0015 | 4171 | 2323 |
| 5532. | 太 | tai | 4 | 12 | 0.0015 | 998 | 158 |
| | 空 | koong | 1 | | | 1944 | 199 |
| | 船 | rcwan | 2 | | | 3537 | 563 |
| 5533. | 談 | tan | 2 | 12 | 0.0015 | 1024 | 581 |
| | 天 | tien | 1 | | | 1097 | 28 |
| 5534. | 提 | ti | 2 | 12 | 0.0015 | 1065 | 409 |
| | 轄 | xia | 2 | | | 2831 | 1411 |
| 5535. | 提 | ti | 2 | 12 | 0.0015 | 1065 | 409 |
| | 案 | an | 4 | | | 4280 | 630 |
| 5536. | 啼 | ti | 2 | 12 | 0.0015 | 1070 | 2079 |
| 5537. | 體 | ti | 3 | 12 | 0.0015 | 1073 | 178 |
| | 驗 | yen | 4 | | | 4493 | 749 |
| 5538. | 體 | ti | 3 | 12 | 0.0015 | 1073 | 178 |
| | 認 | run | 4 | | | 3816 | 479 |
| 5539. | 條 | tiau | 2 | 12 | 0.0015 | 1090 | 231 |
| | 例 | li | 4 | | | 1400 | 751 |
| 5540. | 挑 | tiau | 3 | 12 | 0.0015 | 1093 | 3914 |
| | 戰 | rjan | 4 | | | 3215 | 280 |
| 5541. | 同 | toong | 2 | 12 | 0.0015 | 1160 | 92 |
| | 伴 | ban | 4 | | | 106 | 1431 |
| 5542. | 透 | tou | 4 | 12 | 0.0015 | 1018 | 1221 |
| | 過 | gwo | 4 | | | 1754 | 67 |
| 5543. | 猜 | tsai | 1 | 12 | 0.0015 | 4004 | 2016 |
| | 想 | xiang | 3 | | | 2970 | 192 |
| 5544. | 裁 | tsai | 2 | 12 | 0.0015 | 4009 | 1535 |
| | 判 | pan | 4 | | | 274 | 1284 |
| 5545. | 艙 | tsang | 1 | 12 | 0.0015 | 4037 | 3599 |
| 5546. | 操 | tsau | 1 | 12 | 0.0015 | 4019 | 1014 |
| 5547. | 草 | tsau | 3 | 12 | 0.0015 | 4025 | 541 |
| | 叢 | tsoong | 2 | | | 4080 | 1988 |
| 5548. | 辭 | tsi | 2 | 12 | 0.0015 | 3989 | 1735 |
| | 職 | rji | 2 | | | 3091 | 585 |
| 5549. | 促 | tsu | 4 | 12 | 0.0015 | 4045 | 1485 |
| 5550. | 摧 | tswei | 1 | 12 | 0.0015 | 4057 | 2838 |
| | 毀 | hwei | 3 | | | 2121 | 1808 |
| 5551. | 土 | tu | 2 | 12 | 0.0015 | 1128 | 422 |
| | 耳 | er | 3 | | | 4295 | 994 |
| | 其 | chi | 2 | | | 2598 | 243 |
| 5552. | 外 | wai | 4 | 12 | 0.0015 | 4632 | 122 |
| | 衣 | yi | 1 | | | 4299 | 432 |
| 5553. | 挽 | wan | 3 | 12 | 0.0015 | 4691 | 3026 |
| 5554. | 忘 | wang | 4 | 12 | 0.0015 | 4718 | 1133 |
| | 掉 | diau | 4 | | | 882 | 854 |
| 5555. | 違 | wei | 2 | 12 | 0.0015 | 4645 | 1950 |
| | 背 | bei | 4 | | | 65 | 975 |
| 5556. | 我 | wo | 2 | 12 | 0.0015 | 4625 | 4 |
| | 等 | dung | 3 | | | 833 | 118 |
| 5557. | 臥 | wo | 4 | 12 | 0.0015 | 4626 | 2218 |
| | 室 | shi | 4 | | | 3601 | 549 |
| 5558. | 吳 | wu | 2 | 12 | 0.0015 | 4584 | 932 |
| | 淞 | soong | 1 | | | 4198 | 2693 |
| 5559. | 蚊 | wun | 2 | 12 | 0.0015 | 4701 | 1738 |
| 5560. | 紊 | wun | 4 | 12 | 0.0015 | 4709 | 4691 |
| | 亂 | lwan | 4 | | | 1568 | 794 |
| 5561. | 稀 | xi | 1 | 12 | 0.0015 | 2786 | 1728 |
| | 薄 | bo | 2 | | | 28 | 1566 |
| 5562. | 西 | xi | 1 | 12 | 0.0015 | 2783 | 61 |
| | 藏 | dsang | 4 | | | 3933 | 1240 |
| 5563. | 稀 | xi | 1 | 12 | 0.0015 | 2786 | 1728 |
| | 少 | shau | 3 | | | 3652 | 360 |
| 5564. | 細 | xi | 4 | 12 | 0.0015 | 2821 | 584 |
| | 小 | xiau | 3 | | | 2887 | 40 |
| 5565. | 下 | xia | 4 | 12 | 0.0015 | 2844 | 50 |
| | 功 | goong | 1 | | | 1807 | 335 |
| | 夫 | fu | 1 | | | 681 | 502 |

| | Char. | Syll. | Tone | Freq. | Freq.% | ID | Rank |
|---|---|---|---|---|---|---|---|
| 5566. | 鄉 | xiang | 1 | 12 | 0.0015 | 2958 | 576 |
| | 間 | jien | 1 | | | 2391 | 245 |
| 5567. | 響 | xiang | 3 | 12 | 0.0015 | 2969 | 696 |
| | 應 | ying | 4 | | | 4576 | 569 |
| 5568. | 嚮 | xiang | 4 | 12 | 0.0015 | 2979 | 2983 |
| | 導 | dau | 4 | | | 777 | 405 |
| 5569. | 小 | xiau | 2 | 12 | 0.0015 | 2887 | 40 |
| | 腿 | twei | 3 | | | 1147 | 1434 |
| 5570. | 鮮 | xien | 1 | 12 | 0.0015 | 2912 | 1363 |
| | 艷 | yen | 4 | | | 4497 | 2284 |
| 5571. | 袖 | xiu | 4 | 12 | 0.0015 | 2901 | 1710 |
| 5572. | 尋 | xün | 2 | 12 | 0.0015 | 3053 | 1652 |
| | 常 | rcang | 2 | | | 3472 | 136 |
| 5573. | 胸 | xüoong | 1 | 12 | 0.0015 | 3070 | 1753 |
| | 部 | bu | 4 | | | 212 | 91 |
| 5574. | 壓 | ya | 1 | 12 | 0.0015 | 4368 | 944 |
| | 迫 | po | 4 | | | 234 | 1364 |
| 5575. | 押 | ya | 1 | 12 | 0.0015 | 4372 | 3262 |
| 5576. | 鴉 | ya | 1 | 12 | 0.0015 | 4370 | 1737 |
| 5577. | 液 | yeh | 4 | 12 | 0.0015 | 4398 | 892 |
| 5578. | 液 | yeh | 4 | 12 | 0.0015 | 4398 | 892 |
| | 態 | tai | 4 | | | 997 | 954 |
| 5579. | 延 | yen | 2 | 12 | 0.0015 | 4472 | 1256 |
| 5580. | 演 | yen | 3 | 12 | 0.0015 | 4483 | 645 |
| | 戲 | xi | 4 | | | 2820 | 647 |
| 5581. | 掩 | yen | 3 | 12 | 0.0015 | 4486 | 2484 |
| | 護 | hu | 4 | | | 2072 | 722 |
| 5582. | 掩 | yen | 3 | 12 | 0.0015 | 4486 | 2484 |
| 5583. | 一 | yi | 1 | 12 | 0.0015 | 4300 | 2 |
| | 輩 | bei | 4 | | | 66 | 2925 |
| | 子 | dsi | 5 | | | 3880 | 52 |
| 5584. | 依 | yi | 1 | 12 | 0.0015 | 4301 | 743 |
| | 次 | tsi | 4 | | | 3996 | 173 |
| 5585. | 一 | yi | 1 | 12 | 0.0015 | 4300 | 2 |
| | 剎 | sha | 4 | | | id17 | rk17 |
| | 那 | na | 4 | | | 1179 | 71 |
| 5586. | 以 | yi | 3 | 12 | 0.0015 | 4324 | 24 |
| | 至 | rji | 4 | | | 3110 | 442 |
| | 於 | yü | 2 | | | 4728 | 113 |
| 5587. | 藝 | yi | 4 | 12 | 0.0015 | 4337 | 1161 |
| 5588. | 意 | yi | 4 | 12 | 0.0015 | 4332 | 195 |
| | 料 | liau | 4 | | | 1445 | 387 |
| 5589. | 藝 | yi | 4 | 12 | 0.0015 | 4337 | 1161 |
| | 術 | shu | 4 | | | 3758 | 598 |
| | 家 | jia | 1 | | | 2279 | 36 |
| 5590. | 音 | yin | 1 | 12 | 0.0015 | 4507 | 313 |
| | 樂 | yüeh | 4 | | | 4796 | 705 |
| | 會 | hwei | 4 | | | 2126 | 31 |
| 5591. | 陰 | yin | 1 | 12 | 0.0015 | 4510 | 1148 |
| | 影 | ying | 3 | | | 4574 | 498 |
| 5592. | 引 | yin | 3 | 12 | 0.0015 | 4520 | 797 |
| | 擎 | ching | 2 | | | 2735 | 2428 |
| 5593. | 影 | ying | 2 | 12 | 0.0015 | 4574 | 498 |
| | 響 | xiang | 3 | | | 2969 | 696 |
| | 到 | dau | 4 | | | 775 | 21 |
| 5594. | 硬 | ying | 4 | 12 | 0.0015 | 4575 | 1458 |
| | 幣 | bi | 4 | | | 144 | 2070 |
| 5595. | 遊 | you | 2 | 12 | 0.0015 | 4434 | 463 |
| | 行 | xing | 2 | | | 2989 | 76 |
| 5596. | 有 | you | 3 | 12 | 0.0015 | 4444 | 6 |
| | 機 | ji | 1 | | | 2198 | 153 |
| | 物 | wu | 4 | | | 4602 | 128 |
| 5597. | 漁 | yü | 2 | 12 | 0.0015 | 4729 | 1257 |
| | 夫 | fu | 1 | | | 681 | 502 |
| 5598. | 語 | yü | 3 | 12 | 0.0015 | 4751 | 346 |
| | 文 | wun | 2 | | | 4699 | 147 |
| 5599. | 譽 | yü | 4 | 12 | 0.0015 | 4767 | 1903 |
| 5600. | 約 | yüeh | 1 | 12 | 0.0015 | 4792 | 357 |
| | 定 | ding | 4 | | | 912 | 121 |
| 5601. | 元 | yüen | 2 | 12 | 0.0015 | 4811 | 239 |
| | 宵 | xiau | 1 | | | 2877 | 2469 |
| 5602. | 圓 | yüen | 2 | 12 | 0.0015 | 4813 | 970 |
| | 周 | rjou | 1 | | | 3185 | 398 |
| 5603. | 用 | yüoong | 4 | 12 | 0.0015 | 4864 | 38 |
| | 來 | lai | 2 | | | 1297 | 15 |
| 5604. | 阿 | a | 4 | 11 | 0.0014 | 4211 | 478 |
| | 拉 | la | 1 | | | 1282 | 406 |
| | 伯 | bo | 2 | | | 25 | 883 |

| No. | Char. | Syll. | Tone | Freq. | Freq.% | ID | Rank |
|---|---|---|---|---|---|---|---|
| 5605. | 哎 | ai | 1 | 11 | 0.0014 | 4239 | 2355 |
| | 呀 | ya | 1 | | | 4369 | 572 |
| 5606. | 奧 | au | 4 | 11 | 0.0014 | 4261 | 1342 |
| | 運 | yün | 4 | | | 4841 | 284 |
| 5607. | 包 | bau | 1 | 11 | 0.0014 | 73 | 554 |
| | 袱 | fu | 2 | | | 708 | 4255 |
| 5608. | 保 | bau | 3 | 11 | 0.0014 | 80 | 411 |
| | 健 | jien | 4 | | | 2421 | 657 |
| 5609. | 貝 | bei | 4 | 11 | 0.0014 | 64 | 1443 |
| | 多 | dwo | 1 | | | 933' | 49 |
| | 芬 | fun | 1 | | | 632 | 1628 |
| 5610. | 被 | bei | 4 | 11 | 0.0014 | 63 | 218 |
| | 告 | gau | 4 | | | 1655 | 386 |
| 5611. | 畢 | bi | 4 | 11 | 0.0014 | 138 | 708 |
| | 業 | yeh | 4 | | | 4397 | 137 |
| | 生 | shung | 1 | | | 3715 | 32 |
| 5612. | 邊 | bien | 1 | 11 | 0.0014 | 171 | 260 |
| | 境 | jing | 4 | | | 2501 | 853 |
| 5613. | 病 | bing | 4 | 11 | 0.0014 | 202 | 318 |
| | 毒 | du | 2 | | | 918 | 847 |
| 5614. | 併 | bing | 4 | 11 | 0.0014 | 204 | 1995 |
| 5615. | 博 | bo | 1 | 11 | 0.0014 | 29 | 933 |
| | 物 | wu | 4 | | | 4602 | 128 |
| | 館 | gwan | 3 | | | 1786 | 702 |
| 5616. | 步 | bu | 4 | 11 | 0.0014 | 214 | 417 |
| | 兵 | bing | 1 | | | 192 | 459 |
| 5617. | 不 | bu | 4 | 11 | 0.0014 | 213 | 8 |
| | 滿 | man | 3 | | | 468 | 454 |
| 5618. | 本 | bun | 3 | 11 | 0.0014 | 112 | 65 |
| | 事 | shi | 4 | | | 3592 | 77 |
| 5619. | 崎 | chi | 2 | 11 | 0.0014 | 2604 | 2467 |
| | 嶇 | chü | 1 | | | 2745 | 2978 |
| 5620. | 啓 | chi | 3 | 11 | 0.0014 | 2620 | 977 |
| 5621. | 起 | chi | 3 | 11 | 0.0014 | 2621 | 78 |
| | 先 | xien | 1 | | | 2910 | 234 |
| 5622. | 起 | chi | 3 | 11 | 0.0014 | 2621 | 78 |
| | 義 | yi | 4 | | | 4334 | 330 |
| 5623. | 起 | chi | 3 | 11 | 0.0014 | 2621 | 78 |
| | 飛 | fei | 1 | | | 589 | 230 |
| 5624. | 氣 | chi | 4 | 11 | 0.0014 | 2627 | 132 |
| | 管 | gwan | 3 | | | 1787 | 452 |
| 5625. | 僑 | chiau | 2 | 11 | 0.0014 | 2652 | 1006 |
| | 民 | min | 2 | | | 542 | 59 |
| 5626. | 巧 | chiau | 3 | 11 | 0.0014 | 2659 | 1491 |
| | 妙 | miau | 4 | | | 528 | 1392 |
| 5627. | 鉛 | chien | 1 | 11 | 0.0014 | 2677 | 2271 |
| | 條 | tiau | 2 | | | 1090 | 231 |
| 5628. | 親 | chin | 1 | 11 | 0.0014 | 2700 | 261 |
| | 密 | mi | 4 | | | 511 | 660 |
| 5629. | 勤 | chin | 2 | 11 | 0.0014 | 2703 | 1290 |
| 5630. | 青 | ching | 1 | 11 | 0.0014 | 2725 | 488 |
| | 蛙 | wa | 1 | | | 4613 | 1949 |
| 5631. | 輕 | ching | 1 | 11 | 0.0014 | 2728 | 592 |
| | 工 | goong | 1 | | | 1804 | 125 |
| | 業 | yeh | 4 | | | 4397 | 137 |
| 5632. | 清 | ching | 1 | 11 | 0.0014 | 2726 | 289 |
| | 鬆 | soong | 1 | | | 4195 | 1497 |
| 5633. | 輕 | ching | 1 | 11 | 0.0014 | 2728 | 592 |
| | 輕 | ching | 1 | | | 2728 | 592 |
| | 的 | duh | 5 | | | 749 | 1 |
| 5634. | 秋 | chiu | 1 | 11 | 0.0014 | 2666 | 826 |
| | 季 | ji | 4 | | | 2259 | 793 |
| 5635. | 球 | chiu | 2 | 11 | 0.0014 | 2670 | 237 |
| | 場 | rcang | 2 | | | 3474 | 450 |
| 5636. | 趣 | chü | 4 | 11 | 0.0014 | 2753 | 904 |
| 5637. | 拳 | chüen | 2 | 11 | 0.0014 | 2768 | 1940 |
| 5638. | 打 | da | 2 | 11 | 0.0014 | 744 | 253 |
| | 倒 | dau | 3 | | | 769 | 964 |
| 5639. | 打 | da | 3 | 11 | 0.0014 | 744 | 253 |
| | 發 | fa | 1 | | | 577 | 73 |
| 5640. | 大 | da | 4 | 11 | 0.0014 | 745 | 12 |
| | 廳 | ting | 1 | | | 1106 | 750 |
| 5641. | 大 | da | 4 | 11 | 0.0014 | 745 | 12 |
| | 提 | ti | 2 | | | 1065 | 409 |
| | 琴 | chin | 2 | | | 2704 | 1053 |
| 5642. | 當 | dang | 1 | 11 | 0.0014 | 819 | 157 |
| | 事 | shi | 4 | | | 3592 | 77 |
| | 人 | run | 2 | | | 3812 | 11 |

| | Char. | Syll. | Tone | Freq. | Freq.% | ID | Rank |
|---|---|---|---|---|---|---|---|
| 5643. | 島 | dau | 2 | 11 | 0.0014 | 770 | 380 |
| | 嶼 | yü | 3 | | | 4759 | 1716 |
| 5644. | 導 | dau | 4 | 11 | 0.0014 | 777 | 405 |
| | 體 | ti | 3 | | | 1073 | 178 |
| 5645. | 滌 | di | 2 | 11 | 0.0014 | 851 | 3295 |
| 5646. | 吊 | diau | 4 | 11 | 0.0014 | 884 | 2716 |
| 5647. | 點 | dien | 2 | 11 | 0.0014 | 892 | 160 |
| | 火 | hwo | 3 | | | 2093 | 235 |
| 5648. | 電 | dien | 4 | 11 | 0.0014 | 896 | 129 |
| | 壓 | ya | 1 | | | 4368 | 944 |
| 5649. | 雜 | dsa | 2 | 11 | 0.0014 | 3885 | 1104 |
| | 貨 | hwo | 4 | | | 2098 | 1331 |
| | 店 | dien | 4 | | | 895 | 1141 |
| 5650. | 宰 | dsai | 3 | 11 | 0.0014 | 3896 | 1494 |
| | 相 | xiang | 4 | | | 2978 | 1174 |
| 5651. | 再 | dsai | 4 | 11 | 0.0014 | 3898 | 216 |
| | 三 | san | 1 | | | 4138 | 18 |
| 5652. | 早 | dsau | 3 | 11 | 0.0014 | 3906 | 370 |
| | 飯 | fan | 4 | | | 622 | 418 |
| 5653. | 子 | dsi | 3 | 11 | 0.0014 | 3874 | 324 |
| | 宮 | goong | 1 | | | 1808 | 1094 |
| 5654. | 自 | dsi | 4 | 11 | 0.0014 | 3878 | 86 |
| | 在 | dsai | 4 | | | 3899 | 9 |
| 5655. | 自 | dsi | 4 | 11 | 0.0014 | 3878 | 86 |
| | 覺 | jüeh | 2 | | | 2545 | 512 |
| 5656. | 總 | dsoong | 3 | 11 | 0.0014 | 3979 | 200 |
| | 督 | du | 1 | | | 915 | 1376 |
| 5657. | 阻 | dsu | 3 | 11 | 0.0014 | 3947 | 1387 |
| 5658. | 阻 | dsu | 3 | 11 | 0.0014 | 3947 | 1387 |
| | 塞 | sai | 1 | | | 4120 | 2045 |
| 5659. | 嘴 | dswei | 3 | 11 | 0.0014 | 3959 | 852 |
| | 巴 | ba | 1 | | | 2 | 388 |
| 5660. | 乏 | fa | 2 | 11 | 0.0014 | 578 | 2365 |
| 5661. | 繁 | fan | 2 | 11 | 0.0014 | 610 | 1134 |
| 5662. | 反 | fan | 3 | 11 | 0.0014 | 620 | 460 |
| | 覆 | fu | 4 | | | 728 | 1421 |
| 5663. | 反 | fan | 3 | 11 | 0.0014 | 620 | 460 |
| | 應 | ying | 4 | | | 4576 | 569 |
| | 熱 | ruh | 4 | | | 3797 | 390 |
| 5664. | 方 | fang | 1 | 11 | 0.0014 | 647 | 62 |
| | 言 | yen | 2 | | | 4468 | 846 |
| 5665. | 方 | fang | 1 | 11 | 0.0014 | 647 | 62 |
| | 程 | rcung | 2 | | | 3491 | 580 |
| | 式 | shi | 4 | | | 3604 | 762 |
| 5666. | 放 | fang | 4 | 11 | 0.0014 | 660 | 285 |
| | 寬 | kwan | 1 | | | 1922 | 1618 |
| 5667. | 菲 | fei | 1 | 11 | 0.0014 | 591 | 1408 |
| 5668. | 匪 | fei | 2 | 11 | 0.0014 | 597 | 673 |
| | 黨 | dang | 3 | | | 822 | 903 |
| 5669. | 傅 | fu | 4 | 11 | 0.0014 | 733 | 2865 |
| | 會 | hwei | 4 | | | 2126 | 31 |
| 5670. | 副 | fu | 4 | 11 | 0.0014 | 724 | 844 |
| | 總 | dsoong | 2 | | | 3979 | 200 |
| | 統 | toong | 3 | | | 1169 | 283 |
| 5671. | 紛 | fun | 1 | 11 | 0.0014 | 629 | 1108 |
| 5672. | 風 | fung | 1 | 11 | 0.0014 | 662 | 268 |
| | 箏 | rjung | 1 | | | 3266 | 2684 |
| 5673. | 乾 | gan | 1 | 11 | 0.0014 | 1669 | 761 |
| | 脆 | tswei | 4 | | | 4059 | 2441 |
| 5674. | 干 | gan | 1 | 11 | 0.0014 | 1671 | 1307 |
| | 擾 | rau | 3 | | | 3799 | 2102 |
| 5675. | 感 | gan | 2 | 11 | 0.0014 | 1680 | 551 |
| | 想 | xiang | 3 | | | 2970 | 192 |
| 5676. | 公 | goong | 1 | 11 | 0.0014 | 1805 | 83 |
| | 立 | li | 4 | | | 1395 | 152 |
| 5677. | 功 | goong | 1 | 11 | 0.0014 | 1807 | 335 |
| | 效 | xiau | 4 | | | 2891 | 935 |
| 5678. | 公 | goong | 1 | 11 | 0.0014 | 1805 | 83 |
| | 告 | gau | 4 | | | 1655 | 386 |
| 5679. | 共 | goong | 4 | 11 | 0.0014 | 1820 | 186 |
| | 和 | huh | 2 | | | 1956 | 395 |
| | 黨 | dang | 3 | | | 822 | 903 |
| 5680. | 鈎 | gou | 1 | 11 | 0.0014 | 1658 | 2261 |
| 5681. | 勾 | gou | 1 | 11 | 0.0014 | 1659 | 1975 |
| | 結 | jieh | 1 | | | 2307 | 1378 |
| 5682. | 購 | gou | 4 | 11 | 0.0014 | 1665 | 1269 |
| | 置 | rji | 4 | | | 3114 | 741 |

| | Char. | Syll. | Tone | Freq. | Freq.% | ID | Rank |
|---|---|---|---|---|---|---|---|
| 5683. | 罐 | gwan | 4 | 11 | 0.0014 | 1791 | 1956 |
| 5684. | 光 | gwang | 1 | 11 | 0.0014 | 1801 | 224 |
| | 亮 | liang | 4 | | | 1502 | 553 |
| 5685. | 光 | gwang | 1 | 11 | 0.0014 | 1801 | 224 |
| | 合 | huh | 2 | | | 1953 | 172 |
| | 作 | dswo | 4 | | | 3953 | 47 |
| | 用 | yüoong | 4 | | | 4864 | 38 |
| 5686. | 光 | gwang | 1 | 11 | 0.0014 | 1801 | 224 |
| | 能 | nung | 2 | | | 1212 | 70 |
| 5687. | 歸 | gwei | 1 | 11 | 0.0014 | 1759 | 976 |
| | 納 | na | 4 | | | 1178 | 955 |
| | 法 | fa | 3 | | | 584 | 88 |
| 5688. | 国 | gwo | 2 | 11 | 0.0014 | 1749 | 7 |
| | 民 | min | 2 | | | 542 | 59 |
| | 小 | xiau | 3 | | | 2887 | 40 |
| | 学 | xüeh | 2 | | | 3028 | 26 |
| 5689. | 國 | gwo | 2 | 11 | 0.0014 | 1749 | 7 |
| | 勢 | shi | 4 | | | 3600 | 557 |
| 5690. | 國 | gwo | 2 | 11 | 0.0014 | 1749 | 7 |
| | 務 | wu | 4 | | | 4601 | 377 |
| | 院 | yüen | 4 | | | 4824 | 255 |
| 5691. | 國 | gwo | 2 | 11 | 0.0014 | 1749 | 7 |
| | 旗 | chi | 2 | | | 2603 | 868 |
| 5692. | 過 | gwo | 4 | 11 | 0.0014 | 1754 | 67 |
| | 頭 | tou | 2 | | | 1017 | 164 |
| 5693. | 海 | hai | 2 | 11 | 0.0014 | 1980 | 102 |
| | 港 | gang | 3 | | | 1698 | 491 |
| 5694. | 海 | hai | 3 | 11 | 0.0014 | 1980 | 102 |
| | 灣 | wan | 1 | | | 4677 | 321 |
| 5695. | 好 | hau | 3 | 11 | 0.0014 | 1995 | 45 |
| | 在 | dsai | 4 | | | 3899 | 9 |
| 5696. | 號 | hau | 4 | 11 | 0.0014 | 1997 | 270 |
| | 稱 | rcung | 1 | | | 3485 | 470 |
| 5697. | 轟 | hoong | 1 | 11 | 0.0014 | 2185 | 1866 |
| | 炸 | rja | 4 | | | 3139 | 1239 |
| | 機 | ji | 1 | | | 2198 | 153 |
| 5698. | 後 | hou | 4 | 11 | 0.0014 | 2009 | 48 |
| | 涼 | liang | 2 | | | 1495 | 1178 |
| 5699. | 和 | huh | 2 | 11 | 0.0014 | 1956 | 395 |
| | 藹 | ai | 3 | | | 4241 | 2843 |
| 5700. | 河 | huh | 2 | 11 | 0.0014 | 1954 | 159 |
| | 谷 | gu | 3 | | | 1723 | 1437 |
| 5701. | 花 | hwa | 1 | 11 | 0.0014 | 2078 | 246 |
| | 瓣 | ban | 4 | | | 107 | 3633 |
| 5702. | 話 | hwa | 4 | 11 | 0.0014 | 2086 | 254 |
| | 頭 | tou | 2 | | | 1017 | 164 |
| 5703. | 火 | hwo | 3 | 11 | 0.0014 | 2093 | 235 |
| | 車 | rcuh | 1 | | | 3412 | 181 |
| | 站 | rjan | 4 | | | 3214 | 586 |
| 5704. | 火 | hwo | 3 | 11 | 0.0014 | 2093 | 235 |
| | 力 | li | 4 | | | 1396 | 143 |
| 5705. | 貨 | hwo | 4 | 11 | 0.0014 | 2098 | 1331 |
| | 品 | pin | 3 | | | 350 | 415 |
| 5706. | 基 | ji | 1 | 11 | 0.0014 | 2197 | 497 |
| 5707. | 基 | ji | 1 | 11 | 0.0014 | 2197 | 497 |
| | 隆 | loong | 2 | | | 1578 | 1028 |
| 5708. | 即 | ji | 2 | 11 | 0.0014 | 2227 | 812 |
| | 將 | jiang | 1 | | | 2462 | 213 |
| 5709. | 吉 | ji | 2 | 11 | 0.0014 | 2228 | 1005 |
| | 普 | pu | 3 | | | 373 | 824 |
| | 車 | rcuh | 1 | | | 3412 | 181 |
| 5710. | 集 | ji | 2 | 11 | 0.0014 | 2225 | 342 |
| | 體 | ti | 3 | | | 1073 | 178 |
| 5711. | 記 | ji | 4 | 11 | 0.0014 | 2255 | 517 |
| | 述 | shu | 4 | | | 3757 | 917 |
| 5712. | 紀 | ji | 4 | 11 | 0.0014 | 2257 | 682 |
| | 律 | lü | 4 | | | 1602 | 667 |
| 5713. | 假 | jia | 4 | 11 | 0.0014 | 2298 | 1103 |
| | 日 | ri | 4 | | | 3795 | 54 |
| 5714. | 講 | jiang | 3 | 11 | 0.0014 | 2471 | 356 |
| | 求 | chiu | 2 | | | 2669 | 494 |
| 5715. | 結 | jieh | 2 | 11 | 0.0014 | 2310 | 404 |
| | 晶 | jing | 1 | | | 2485 | 1634 |
| 5716. | 結 | jieh | 2 | 11 | 0.0014 | 2310 | 404 |
| | 局 | jü | 2 | | | 2516 | 672 |
| 5717. | 姐 | jieh | 3 | 11 | 0.0014 | 2325 | 679 |
| | 夫 | fu | 1 | | | 681 | 502 |
| 5718. | 尖 | jien | 1 | 11 | 0.0014 | 2392 | 1688 |
| | 銳 | rwei | 4 | | | 3844 | 2626 |

| | Char. | Syll. | Tone | Freq. | Freq.% | ID | Rank |
|---|---|---|---|---|---|---|---|
| 5719. | 奸 | jien | 1 | 11 | 0.0014 | 2396 | 2969 |
| 5720. | 簡 | jien | 2 | 11 | 0.0014 | 2405 | 765 |
| | 短 | dwan | 3 | | | 950 | 884 |
| 5721. | 瞼 | jien | 3 | 11 | 0.0014 | 2413 | 2521 |
| 5722. | 金 | jin | 1 | 11 | 0.0014 | 2440 | 271 |
| | 額 | uh | 2 | | | 4216 | 1167 |
| 5723. | 金 | jin | 1 | 11 | 0.0014 | 2440 | 271 |
| | 子 | dsi | 3 | | | 3874 | 324 |
| 5724. | 錦 | jin | 2 | 11 | 0.0014 | 2450 | 1453 |
| | 標 | biau | 1 | | | 166 | 832 |
| | 賽 | sai | 4 | | | 4123 | 514 |
| 5725. | 錦 | jin | 2 | 11 | 0.0014 | 2450 | 1453 |
| | 標 | biau | 1 | | | 166 | 832 |
| 5726. | 驚 | jing | 1 | 11 | 0.0014 | 2483 | 1152 |
| | 訝 | ya | 4 | | | 4386 | 3410 |
| 5727. | 警 | jing | 3 | 11 | 0.0014 | 2491 | 1088 |
| | 局 | jü | 2 | | | 2516 | 672 |
| 5728. | 淨 | jing | 4 | 11 | 0.0014 | 2502 | 1031 |
| | 化 | hwa | 4 | | | 2085 | 278 |
| 5729. | 決 | jüeh | 2 | 11 | 0.0014 | 2546 | 363 |
| | 策 | tsuh | 4 | | | 4002 | 1373 |
| 5730. | 均 | jün | 1 | 11 | 0.0014 | 2573 | 1245 |
| | 衡 | hung | 2 | | | 2049 | 1915 |
| 5731. | 苦 | ku | 2 | 11 | 0.0014 | 1888 | 567 |
| | 惱 | nau | 3 | | | 1197 | 2601 |
| 5732. | 拉 | la | 1 | 11 | 0.0014 | 1282 | 406 |
| | 曳 | yi | 4 | | | 4358 | 3807 |
| 5733. | 拉 | la | 1 | 11 | 0.0014 | 1282 | 406 |
| | 住 | rju | 4 | | | 3304 | 333 |
| 5734. | 來 | lai | 2 | 11 | 0.0014 | 1297 | 15 |
| | 臨 | lin | 2 | | | 1476 | 857 |
| 5735. | 來 | lai | 2 | 11 | 0.0014 | 1297 | 15 |
| | 年 | nien | 2 | | | 1242 | 35 |
| 5736. | 狼 | lang | 2 | 11 | 0.0014 | 1355 | 1863 |
| 5737. | 朗 | lang | 3 | 11 | 0.0014 | 1363 | 1721 |
| | 誦 | soong | 4 | | | 4208 | 3011 |
| 5738. | 勞 | lau | 2 | 11 | 0.0014 | 1318 | 775 |
| | 動 | doong | 4 | | | 974 | 94 |
| | 力 | li | 4 | | | 1396 | 143 |
| 5739. | 臉 | lien | 2 | 11 | 0.0014 | 1468 | 778 |
| | 孔 | koong | 3 | | | 1946 | 1060 |
| 5740. | 鐮 | lien | 2 | 11 | 0.0014 | 1464 | 3498 |
| | 刀 | dau | 1 | | | 768 | 1072 |
| 5741. | 廉 | lien | 2 | 11 | 0.0014 | 1461 | 1489 |
| | 價 | jia | 4 | | | 2299 | 805 |
| 5742. | 鄰 | lin | 2 | 11 | 0.0014 | 1479 | 1016 |
| | 近 | jin | 4 | | | 2453 | 344 |
| 5743. | 林 | lin | 2 | 11 | 0.0014 | 1477 | 228 |
| | 班 | ban | 1 | | | 93 | 372 |
| 5744. | 籠 | loong | 2 | 11 | 0.0014 | 1581 | 1683 |
| | 罩 | rjau | 4 | | | 3180 | 1982 |
| 5745. | 漏 | lou | 4 | 11 | 0.0014 | 1334 | 2259 |
| 5746. | 埋 | mai | 2 | 11 | 0.0014 | 424 | 1740 |
| | 怨 | yüen | 4 | | | 4826 | 2155 |
| 5747. | 賣 | mai | 4 | 11 | 0.0014 | 426 | 889 |
| | 掉 | diau | 4 | | | 882 | 854 |
| 5748. | 梅 | mei | 2 | 11 | 0.0014 | 433 | 1487 |
| 5749. | 密 | mi | 4 | 11 | 0.0014 | 511 | 660 |
| | 集 | ji | 2 | | | 2225 | 342 |
| 5750. | 名 | ming | 2 | 11 | 0.0014 | 551 | 141 |
| | 義 | yi | 4 | | | 4334 | 330 |
| 5751. | 南 | nan | 2 | 11 | 0.0014 | 1203 | 81 |
| | 美 | mei | 3 | | | 442 | 80 |
| 5752. | 腦 | nau | 3 | 11 | 0.0014 | 1198 | 908 |
| | 筋 | jin | 1 | | | 2444 | 2735 |
| 5753. | 內 | nei | 4 | 11 | 0.0014 | 1193 | 241 |
| | 地 | di | 4 | | | 858 | 33 |
| 5754. | 妳 | ni | 3 | 11 | 0.0014 | 1220 | 57 |
| | 們 | mun | 5 | | | 479 | 16 |
| 5755. | 粘 | nien | 2 | 11 | 0.0014 | 1241 | 1682 |
| | 土 | tu | 3 | | | 1128 | 422 |
| 5756. | 年 | nien | 2 | 11 | 0.0014 | 1242 | 35 |
| | 青 | ching | 1 | | | 2725 | 488 |
| 5757. | 女 | nü | 3 | 11 | 0.0014 | 1278 | 302 |
| | 郎 | lang | 2 | | | 1356 | 1347 |
| 5758. | 排 | pai | 2 | 11 | 0.0014 | 240 | 736 |
| | 隊 | dwei | 4 | | | 946 | 427 |

| | Char. | Syll. | Tone | Freq. | Freq.% | ID | Rank |
|---|---|---|---|---|---|---|---|
| 5759. | 炮 | pau | 4 | 11 | 0.0014 | 263 | 1283 |
| | 彈 | dan | 4 | | | 810 | 875 |
| 5760. | 配 | pei | 4 | 11 | 0.0014 | 255 | 1097 |
| | 上 | shang | 4 | | | 3712 | 17 |
| 5761. | 啤 | pi | 2 | 11 | 0.0014 | 315 | 3643 |
| | 酒 | jiu | 3 | | | 2379 | 753 |
| 5762. | 偏 | pien | 1 | 11 | 0.0014 | 339 | 1660 |
| | 愛 | ai | 4 | | | 4246 | 300 |
| 5763. | 偏 | pien | 1 | 11 | 0.0014 | 339 | 1660 |
| | 偏 | pien | 1 | | | 339 | 1660 |
| 5764. | 篇 | pien | 1 | 11 | 0.0014 | 340 | 987 |
| | 幅 | fu | 2 | | | 689 | 1476 |
| 5765. | 頻 | pin | 2 | 11 | 0.0014 | 349 | 3040 |
| | 率 | lü | 4 | | | 1603 | 1842 |
| 5766. | 平 | ping | 2 | 11 | 0.0014 | 354 | 165 |
| | 方 | fang | 1 | | | 647 | 62 |
| 5767. | 婆 | po | 2 | 11 | 0.0014 | 232 | 1176 |
| | 娘 | niang | 2 | | | 1253 | 1579 |
| 5768. | 婆 | po | 2 | 11 | 0.0014 | 232 | 1176 |
| | 婆 | po | 2 | | | 232 | 1176 |
| 5769. | 破 | po | 4 | 11 | 0.0014 | 235 | 654 |
| | 獲 | hwo | 4 | | | 2095 | 1111 |
| 5770. | 破 | po | 4 | 11 | 0.0014 | 235 | 654 |
| | 舊 | jiu | 4 | | | 2383 | 813 |
| 5771. | 昌 | rcang | 1 | 11 | 0.0014 | 3468 | 997 |
| | 明 | ming | 2 | | | 552 | 101 |
| 5772. | 常 | rcang | 2 | 11 | 0.0014 | 3472 | 136 |
| | 娥 | uh | 2 | | | 4218 | 1990 |
| 5773. | 長 | rcang | 2 | 11 | 0.0014 | 3471 | 227 |
| | 處 | rcu | 4 | | | 3521 | 334 |
| 5774. | 長 | rcang | 2 | 11 | 0.0014 | 3471 | 227 |
| | 期 | chi | 2 | | | 2599 | 225 |
| 5775. | 春 | rcoon | 1 | 11 | 0.0014 | 3542 | 513 |
| | 節 | jieh | 2 | | | 2311 | 352 |
| 5776. | 撤 | rcuh | 4 | 11 | 0.0014 | 3415 | 1635 |
| | 退 | twei | 4 | | | 1148 | 819 |
| 5777. | 塵 | rcun | 2 | 11 | 0.0014 | 3460 | 2013 |
| 5778. | 沈 | rcun | 2 | 11 | 0.0014 | 3459 | 1323 |
| | 着 | rjwo | 2 | | | 3322 | 1731 |
| 5779. | 承 | rcung | 2 | 11 | 0.0014 | 3494 | 897 |
| | 諾 | nwo | 4 | | | 1269 | 1501 |
| 5780. | 承 | rcung | 2 | 11 | 0.0014 | 3494 | 897 |
| | 担 | dan | 1 | | | 798 | 1059 |
| 5781. | 船 | rcwan | 2 | 11 | 0.0014 | 3537 | 563 |
| | 頭 | tou | 2 | | | 1017 | 164 |
| 5782. | 傳 | rcwan | 2 | 11 | 0.0014 | 3538 | 371 |
| | 出 | rcu | 1 | | | 3507 | 60 |
| 5783. | 沾 | rjan | 1 | 11 | 0.0014 | 3204 | 2988 |
| 5784. | 戰 | rjan | 4 | 11 | 0.0014 | 3215 | 280 |
| | 俘 | fu | 2 | | | 693 | 2130 |
| 5785. | 招 | rjau | 1 | 11 | 0.0014 | 3168 | 950 |
| | 生 | shung | 1 | | | 3715 | 32 |
| 5786. | 照 | rjau | 4 | 11 | 0.0014 | 3179 | 408 |
| | 樣 | yang | 4 | | | 4546 | 69 |
| 5787. | 祗 | rji | 1 | 11 | 0.0014 | 3088 | 3753 |
| | 要 | yau | 4 | | | 4425 | 27 |
| 5788. | 直 | rji | 2 | 11 | 0.0014 | 3092 | 416 |
| | 角 | jiau | 3 | | | 2354 | 637 |
| 5789. | 執 | rji | 2 | 11 | 0.0014 | 3095 | 1314 |
| | 政 | rjung | 4 | | | 3275 | 162 |
| 5790. | 植 | rji | 2 | 11 | 0.0014 | 3093 | 887 |
| 5791. | 指 | rji | 3 | 11 | 0.0014 | 3102 | 373 |
| | 頭 | tou | 2 | | | 1017 | 164 |
| 5792. | 智 | rji | 4 | 11 | 0.0014 | 3116 | 1355 |
| | 利 | li | 4 | | | 1398 | 222 |
| 5793. | 志 | rji | 4 | 11 | 0.0014 | 3115 | 728 |
| | 士 | shi | 4 | | | 3596 | 362 |
| 5794. | 中 | rjoong | 1 | 11 | 0.0014 | 3361 | 20 |
| | 等 | dung | 3 | | | 833 | 118 |
| 5795. | 終 | rjoong | 1 | 11 | 0.0014 | 3363 | 874 |
| | 止 | rji | 3 | | | 3104 | 707 |
| 5796. | 中 | rjoong | 1 | 11 | 0.0014 | 3361 | 20 |
| | 級 | ji | 2 | | | 2222 | 317 |
| 5797. | 皺 | rjou | 4 | 11 | 0.0014 | 3197 | 2753 |
| 5798. | 主 | rju | 2 | 11 | 0.0014 | 3299 | 130 |
| | 演 | yen | 3 | | | 4483 | 645 |

| | Char. | Syll. | Tone | Freq. | Freq.% | ID | Rank |
|---|---|---|---|---|---|---|---|
| 5799. | 主 | rju | 3 | 11 | 0.0014 | 3299 | 130 |
| | 觀 | gwan | 1 | | | 1782 | 359 |
| 5800. | 囑 | rju | 3 | 11 | 0.0014 | 3301 | 2318 |
| 5801. | 真 | rjun | 1 | 11 | 0.0014 | 3223 | 238 |
| | 空 | koong | 1 | | | 1944 | 199 |
| 5802. | 真 | rjun | 1 | 11 | 0.0014 | 3223 | 238 |
| | 誠 | rcung | 2 | | | 3493 | 1413 |
| 5803. | 枕 | rjun | 3 | 11 | 0.0014 | 3233 | 2754 |
| | 頭 | tou | 2 | | | 1017 | 164 |
| 5804. | 鎮 | rjun | 4 | 11 | 0.0014 | 3237 | 869 |
| | 定 | ding | 4 | | | 912 | 121 |
| 5805. | 振 | rjun | 4 | 11 | 0.0014 | 3236 | 996 |
| | 作 | dswo | 4 | | | 3953 | 47 |
| 5806. | 震 | rjun | 4 | 11 | 0.0014 | 3238 | 1426 |
| | 撼 | han | 4 | | | 2036 | 3983 |
| 5807. | 政 | rjung | 4 | 11 | 0.0014 | 3275 | 162 |
| | 客 | kuh | 4 | | | 1844 | 922 |
| 5808. | 溶 | roong | 2 | 11 | 0.0014 | 3857 | 1734 |
| | 濟 | ji | 4 | | | 2262 | 839 |
| 5809. | 蠕 | ru | 2 | 11 | 0.0014 | 3850 | 3591 |
| | 動 | doong | 4 | | | 974 | 94 |
| 5810. | 灑 | sa | 3 | 11 | 0.0014 | 4108 | 2044 |
| 5811. | 散 | san | 3 | 11 | 0.0014 | 4139 | 3131 |
| | 文 | wun | 2 | | | 4699 | 147 |
| 5812. | 山 | shan | 1 | 11 | 0.0014 | 3670 | 107 |
| | 水 | shwei | 3 | | | 3781 | 75 |
| | 畫 | hwa | 4 | | | 2088 | 320 |
| 5813. | 山 | shan | 1 | 11 | 0.0014 | 3670 | 107 |
| | 嶺 | ling | 3 | | | 1520 | 1409 |
| 5814. | 山 | shan | 1 | 11 | 0.0014 | 3670 | 107 |
| | 水 | shwei | 3 | | | 3781 | 75 |
| 5815. | 山 | shan | 1 | 11 | 0.0014 | 3670 | 107 |
| | 峯 | fung | 1 | | | 665 | 1597 |
| 5816. | 商 | shang | 1 | 11 | 0.0014 | 3707 | 474 |
| | 代 | dai | 4 | | | 756 | 262 |
| 5817. | 上 | shang | 4 | 11 | 0.0014 | 3712 | 17 |
| | 司 | si | 1 | | | 4084 | 564 |
| 5818. | 上 | shang | 4 | 11 | 0.0014 | 3712 | 17 |
| | 演 | yen | 3 | | | 4483 | 645 |
| 5819. | 施 | shi | 1 | 11 | 0.0014 | 3572 | 772 |
| | 展 | rjan | 3 | | | 3209 | 577 |
| 5820. | 使 | shi | 2 | 11 | 0.0014 | 3587 | 154 |
| | 館 | gwan | 3 | | | 1786 | 702 |
| 5821. | 史 | shi | 3 | 11 | 0.0014 | 3589 | 795 |
| | 密 | mi | 4 | | | 511 | 660 |
| | 斯 | si | 1 | | | 4085 | 304 |
| 5822. | 事 | shi | 4 | 11 | 0.0014 | 3592 | 77 |
| | 蹟 | ji | 1 | | | 2205 | 1224 |
| 5823. | 事 | shi | 4 | 11 | 0.0014 | 3592 | 77 |
| | 功 | goong | 1 | | | 1807 | 335 |
| 5824. | 市 | shi | 4 | 11 | 0.0014 | 3595 | 87 |
| | 舶 | bo | 2 | | | 39 | 3840 |
| 5825. | 似 | shi | 4 | 11 | 0.0014 | 4093 | 841 |
| | 地 | di | 4 | | | 858 | 33 |
| 5826. | 收 | shou | 1 | 11 | 0.0014 | 3657 | 397 |
| | 看 | kan | 4 | | | 1871 | 58 |
| 5827. | 熟 | shou | 2 | 11 | 0.0014 | 3658 | 1033 |
| | 練 | lien | 4 | | | 1470 | 424 |
| 5828. | 首 | shou | 3 | 11 | 0.0014 | 3659 | 618 |
| | 要 | yau | 4 | | | 4425 | 27 |
| 5829. | 手 | shou | 3 | 11 | 0.0014 | 3660 | 190 |
| | 下 | xia | 4 | | | 2844 | 50 |
| 5830. | 書 | shu | 1 | 11 | 0.0014 | 3732 | 179 |
| | 信 | xin | 4 | | | 2957 | 378 |
| 5831. | 恕 | shu | 4 | 11 | 0.0014 | 3761 | 2901 |
| 5832. | 舌 | shuh | 2 | 11 | 0.0014 | 3630 | 2240 |
| 5833. | 射 | shuh | 4 | 11 | 0.0014 | 3638 | 446 |
| | 綫 | xien | 4 | | | 2934 | 368 |
| 5834. | 社 | shuh | 4 | 11 | 0.0014 | 3636 | 305 |
| | 會 | hwei | 4 | | | 2126 | 31 |
| | 學 | xüeh | 2 | | | 3028 | 26 |
| 5835. | 社 | shuh | 4 | 11 | 0.0014 | 3636 | 305 |
| | 論 | loon | 4 | | | 1577 | 347 |
| 5836. | 申 | shun | 1 | 11 | 0.0014 | 3692 | 1414 |
| 5837. | 審 | shun | 3 | 11 | 0.0014 | 3699 | 1415 |
| | 判 | pan | 4 | | | 274 | 1284 |
| 5838. | 聲 | shung | 1 | 11 | 0.0014 | 3714 | 221 |
| | 調 | diau | 4 | | | 883 | 646 |

| | Char. | Syll. | Tone | Freq. | Freq.% | ID | Rank |
|---|---|---|---|---|---|---|---|
| 5839. | 生 | shung | 1 | 11 | 0.0014 | 3715 | 32 |
| | 物 | wu | 4 | | | 4602 | 128 |
| | 學 | xüeh | 2 | | | 3028 | 26 |
| | 家 | jia | 1 | | | 2279 | 36 |
| 5840. | 勝 | shung | 4 | 11 | 0.0014 | 3725 | 895 |
| | 地 | di | 4 | | | 858 | 33 |
| 5841. | 剩 | shung | 4 | 11 | 0.0014 | 3727 | 1638 |
| | 餘 | yü | 2 | | | 4730 | 1168 |
| 5842. | 水 | shwei | 2 | 11 | 0.0014 | 3781 | 75 |
| | 草 | tsau | 3 | | | 4025 | 541 |
| 5843. | 說 | shwo | 1 | 11 | 0.0014 | 3770 | 37 |
| | 起 | chi | 3 | | | 2621 | 78 |
| 5844. | 思 | si | 1 | 11 | 0.0014 | 4087 | 619 |
| | 想 | xiang | 3 | | | 2970 | 192 |
| | 家 | jia | 1 | | | 2279 | 36 |
| 5845. | 飼 | si | 4 | 11 | 0.0014 | 4096 | 1389 |
| | 料 | liau | 4 | | | 1445 | 387 |
| 5846. | 算 | swan | 4 | 11 | 0.0014 | 4188 | 480 |
| | 命 | ming | 4 | | | 557 | 431 |
| 5847. | 算 | swan | 4 | 11 | 0.0014 | 4188 | 480 |
| | 盤 | pan | 2 | | | 272 | 1009 |
| 5848. | 彈 | tan | 2 | 11 | 0.0014 | 1023 | 1201 |
| | 黄 | hwang | 2 | | | 2171 | 2674 |
| | 秤 | rcung | 4 | | | 3505 | 1755 |
| 5849. | 堂 | tang | 2 | 11 | 0.0014 | 1043 | 1098 |
| 5850. | 提 | ti | 2 | 11 | 0.0014 | 1065 | 409 |
| | 議 | yi | 4 | | | 4331 | 290 |
| 5851. | 提 | ti | 2 | 11 | 0.0014 | 1065 | 409 |
| | 早 | dsau | 3 | | | 3906 | 370 |
| 5852. | 通 | toong | 1 | 11 | 0.0014 | 1158 | 202 |
| | 行 | xing | 2 | | | 2989 | 76 |
| 5853. | 採 | tsai | 3 | 11 | 0.0014 | 4011 | 827 |
| | 納 | na | 4 | | | 1178 | 955 |
| 5854. | 採 | tsai | 3 | 11 | 0.0014 | 4011 | 827 |
| | 集 | ji | 2 | | | 2225 | 342 |
| 5855. | 從 | tsoong | 1 | 11 | 0.0014 | 4081 | 133 |
| | 容 | roong | 2 | | | 3855 | 401 |
| 5856. | 瓦 | wa | 2 | 11 | 0.0014 | 4619 | 1219 |
| | 解 | jieh | 3 | | | 2326 | 546 |
| 5857. | 外 | wai | 4 | 11 | 0.0014 | 4632 | 122 |
| | 科 | kuh | 1 | | | 1826 | 341 |
| 5858. | 外 | wai | 4 | 11 | 0.0014 | 4632 | 122 |
| | 戚 | chi | 1 | | | 2592 | 1549 |
| 5859. | 萬 | wan | 4 | 11 | 0.0014 | 4695 | 315 |
| | 物 | wu | 4 | | | 4602 | 128 |
| 5860. | 萬 | wan | 4 | 11 | 0.0014 | 4695 | 315 |
| | 千 | chien | 1 | | | 2674 | 365 |
| 5861. | 望 | wang | 4 | 11 | 0.0014 | 4719 | 381 |
| | 遠 | yüen | 3 | | | 4822 | 364 |
| | 鏡 | jing | 4 | | | 2499 | 756 |
| 5862. | 威 | wei | 1 | 11 | 0.0014 | 4634 | 744 |
| | 力 | li | 4 | | | 1396 | 143 |
| 5863. | 維 | wei | 2 | 11 | 0.0014 | 4638 | 769 |
| 5864. | 微 | wei | 2 | 11 | 0.0014 | 4640 | 798 |
| | 微 | wei | 2 | | | 4640 | 798 |
| 5865. | 吳 | wu | 2 | 11 | 0.0014 | 4584 | 932 |
| | 家 | jia | 1 | | | 2279 | 36 |
| | 驤 | xiang | 1 | | | id18 | rk18 |
| 5866. | 無 | wu | 2 | 11 | 0.0014 | 4585 | 295 |
| | 辜 | gu | 1 | | | 1713 | 2956 |
| 5867. | 侮 | wu | 3 | 11 | 0.0014 | 4596 | 2152 |
| | 辱 | ru | 4 | | | 3835 | 2625 |
| 5868. | 武 | wu | 3 | 11 | 0.0014 | 4595 | 515 |
| | 昌 | rcang | 1 | | | 3468 | 997 |
| 5869. | 武 | wu | 3 | 11 | 0.0014 | 4595 | 515 |
| 5870. | 物 | wu | 4 | 11 | 0.0014 | 4602 | 128 |
| | 件 | jien | 4 | | | 2419 | 521 |
| 5871. | 溫 | wun | 1 | 11 | 0.0014 | 4697 | 534 |
| | 柔 | rou | 2 | | | 3802 | 1733 |
| 5872. | 文 | wun | 2 | 11 | 0.0014 | 4699 | 147 |
| | 化 | hwa | 4 | | | 2085 | 278 |
| | 局 | jü | 2 | | | 2516 | 672 |
| 5873. | 喜 | xi | 3 | 11 | 0.0014 | 2817 | 440 |
| | 悅 | yüeh | 4 | | | 4802 | 2850 |
| 5874. | 戲 | xi | 4 | 11 | 0.0014 | 2820 | 647 |
| | 台 | tai | 2 | | | 991 | 636 |
| 5875. | 細 | xi | 4 | 11 | 0.0014 | 2821 | 584 |
| | 長 | rcang | 2 | | | 3471 | 227 |

| | Char. | Syll. | Tone | Freq. | Freq.% | ID | Rank |
|---|---|---|---|---|---|---|---|
| 5876. | 蝦 | xia | 1 | 11 | 0.0014 | 2830 | 2118 |
| 5877. | 瞎 | xia | 1 | 11 | 0.0014 | 2829 | 2748 |
| 5878. | 下 | xia | 4 | 11 | 0.0014 | 2844 | 50 |
| | 樓 | lou | 2 | | | 1328 | 1099 |
| 5879. | 下 | xia | 4 | 11 | 0.0014 | 2844 | 50 |
| | 去 | chü | 4 | | | 2754 | 43 |
| 5880. | 相 | xiang | 1 | 11 | 0.0014 | 2959 | 327 |
| | 繼 | ji | 4 | | | 2260 | 692 |
| 5881. | 消 | xiau | 1 | 11 | 0.0014 | 2873 | 475 |
| | 防 | fang | 2 | | | 650 | 375 |
| 5882. | 笑 | xiau | 4 | 11 | 0.0014 | 2888 | 455 |
| | 起 | chi | 3 | | | 2621 | 78 |
| | 來 | lai | 2 | | | 1297 | 15 |
| 5883. | 笑 | xiau | 4 | 11 | 0.0014 | 2888 | 455 |
| | 出 | rcu | 1 | | | 3507 | 60 |
| 5884. | 現 | xien | 4 | 11 | 0.0014 | 2933 | 167 |
| | 金 | jin | 1 | | | 2440 | 271 |
| 5885. | 星 | xing | 1 | 11 | 0.0014 | 2983 | 226 |
| | 星 | xing | 1 | | | 2983 | 226 |
| 5886. | 序 | xü | 4 | 11 | 0.0014 | 3013 | 1158 |
| | 幕 | mu | 4 | | | 567 | 1229 |
| 5887. | 續 | xü | 4 | 11 | 0.0014 | 3014 | 669 |
| 5888. | 学 | xüeh | 2 | 11 | 0.0014 | 3028 | 26 |
| | 人 | run | 2 | | | 3812 | 11 |
| 5889. | 宣 | xüen | 1 | 11 | 0.0014 | 3034 | 766 |
| | 告 | gau | 4 | | | 1655 | 386 |
| 5890. | 陽 | yang | 2 | 11 | 0.0014 | 4533 | 299 |
| | 明 | ming | 2 | | | 552 | 101 |
| | 山 | shan | 1 | | | 3670 | 107 |
| 5891. | 氧 | yang | 3 | 11 | 0.0014 | 4541 | 1305 |
| | 化 | hwa | 4 | | | 2085 | 278 |
| 5892. | 鹽 | yen | 2 | 11 | 0.0014 | 4466 | 663 |
| | 分 | fun | 1 | | | 630 | 112 |
| 5893. | 鹽 | yen | 2 | 11 | 0.0014 | 4466 | 663 |
| | 水 | shwei | 3 | | | 3781 | 75 |
| 5894. | 延 | yen | 2 | 11 | 0.0014 | 4472 | 1256 |
| | 續 | xü | 4 | | | 3014 | 669 |
| 5895. | 演 | yen | 3 | 11 | 0.0014 | 4483 | 645 |
| | 化 | hwa | 4 | | | 2085 | 278 |
| 5896. | 厭 | yen | 4 | 11 | 0.0014 | 4492 | 1817 |
| | 煩 | fan | 2 | | | 613 | 1460 |
| 5897. | 厭 | yen | 4 | 11 | 0.0014 | 4492 | 1817 |
| 5898. | 嚥 | yen | 4 | 11 | 0.0014 | 4505 | 3413 |
| 5899. | 伊 | yi | 1 | 11 | 0.0014 | 4304 | 1042 |
| | 利 | li | 4 | | | 1398 | 222 |
| | 莎 | sha | 1 | | | 3622 | 2685 |
| | 白 | bai | 2 | | | 49 | 251 |
| 5900. | 醫 | yi | 1 | 11 | 0.0014 | 4302 | 617 |
| | 治 | rji | 4 | | | 3111 | 361 |
| 5901. | 藝 | yi | 4 | 11 | 0.0014 | 4337 | 1161 |
| | 能 | nung | 2 | | | 1212 | 70 |
| 5902. | 陰 | yin | 1 | 11 | 0.0014 | 4510 | 1148 |
| 5903. | 陰 | yin | 1 | 11 | 0.0014 | 4510 | 1148 |
| | 極 | ji | 2 | | | 2224 | 485 |
| 5904. | 飲 | yin | 3 | 11 | 0.0014 | 4519 | 1642 |
| | 料 | liau | 4 | | | 1445 | 387 |
| 5905. | 引 | yin | 3 | 11 | 0.0014 | 4520 | 797 |
| | 力 | li | 4 | | | 1396 | 143 |
| 5906. | 迎 | ying | 2 | 11 | 0.0014 | 4561 | 907 |
| | 面 | mien | 4 | | | 539 | 66 |
| 5907. | 影 | ying | 2 | 11 | 0.0014. | 4574 | 498 |
| | 響 | xiang | 3 | | | 2969 | 696 |
| | 力 | li | 4 | | | 1396 | 143 |
| 5908. | 遊 | you | 2 | 11 | 0.0014 | 4434 | 463 |
| | 歷 | li | 4 | | | 1399 | 934 |
| 5909. | 有 | you | 3 | 11 | 0.0014 | 4444 | 6 |
| | 錢 | chien | 2 | | | 2686 | 525 |
| 5910. | 誘 | you | 4 | 11 | 0.0014 | 4449 | 2357 |
| 5911. | 幼 | you | 4 | 11 | 0.0014 | 4450 | 1132 |
| | 小 | xiau | 3 | | | 2887 | 40 |
| 5912. | 隅 | yü | 2 | 11 | 0.0014 | 4745 | 3828 |
| 5913. | 愚 | yü | 2 | 11 | 0.0014 | 4743 | 3422 |
| 5914. | 玉 | yü | 4 | 11 | 0.0014 | 4764 | 768 |
| 5915. | 預 | yü | 4 | 11 | 0.0014 | 4761 | 690 |
| | 言 | yen | 2 | | | 4468 | 846 |
| 5916. | 寃 | yüen | 1 | 11 | 0.0014 | 4803 | 3626 |
| | 枉 | wang | 3 | | | 4716 | 3621 |

| | Char. | Syll. | Tone | Freq. | Freq.% | ID | Rank |
|---|---|---|---|---|---|---|---|
| 5917. | 緣 | yün | 2 | 11 | 0.0014 | 4832 | 544 |
| | 南 | nan | 2 | | | 1203 | 81 |
| 5918. | 用 | yüoong | 4 | 11 | 0.0014 | 4864 | 38 |
| | 品 | pin | 3 | | | 350 | 415 |
| 5919. | 愛 | ai | 4 | 10 | 0.0013 | 4246 | 300 |
| | 上 | shang | 4 | | | 3712 | 17 |
| 5920. | 愛 | ai | 4 | 10 | 0.0013 | 4246 | 300 |
| | 惜 | xi | 2 | | | 2811 | 1620 |
| 5921. | 暗 | an | 4 | 10 | 0.0013 | 4279 | 790 |
| | 暗 | an | 4 | | | 4279 | 790 |
| 5922. | 奧 | au | 4 | 10 | 0.0013 | 4261 | 1342 |
| | 國 | gwo | 2 | | | 1749 | 7 |
| 5923. | 巴 | ba | 1 | 10 | 0.0013 | 2 | 388 |
| | 西 | xi | 1 | | | 2783 | 61 |
| 5924. | 敗 | bai | 4 | 10 | 0.0013 | 53 | 851 |
| | 壞 | hwai | 4 | | | 2111 | 732 |
| 5925. | 頒 | ban | 1 | 10 | 0.0013 | 97 | 2157 |
| | 獎 | jiang | 3 | | | 2470 | 718 |
| 5926. | 保 | bau | 2 | 10 | 0.0013 | 80 | 411 |
| | 養 | yang | 3 | | | 4542 | 421 |
| 5927. | 飽 | bau | 3 | 10 | 0.0013 | 83 | 1420 |
| | 合 | huh | 2 | | | 1953 | 172 |
| 5928. | 爆 | bau | 4 | 10 | 0.0013 | 86 | 1162 |
| 5929. | 輩 | bei | 4 | 10 | 0.0013 | 66 | 2925 |
| 5930. | 陛 | bi | 4 | 10 | 0.0013 | 155 | 3636 |
| | 下 | xia | 4 | | | 2844 | 50 |
| 5931. | 標 | biau | 1 | 10 | 0.0013 | 166 | 832 |
| | 誌 | rji | 4 | | | 3118 | 2143 |
| 5932. | 表 | biau | 3 | 10 | 0.0013 | 168 | 182 |
| | 現 | xien | 4 | | | 2933 | 167 |
| | 出 | rcu | 1 | | | 3507 | 60 |
| | 來 | lai | 2 | | | 1297 | 15 |
| 5933. | 貶 | bien | 3 | 10 | 0.0013 | 174 | 3433 |
| 5934. | 變 | bien | 4 | 10 | 0.0013 | 180 | 316 |
| | 局 | jü | 2 | | | 2516 | 672 |
| 5935. | 病 | bing | 4 | 10 | 0.0013 | 202 | 318 |
| | 原 | yüen | 2 | | | 4809 | 197 |
| | 體 | ti | 3 | | | 1073 | 178 |
| 5936. | 玻 | bo | 1 | 10 | 0.0013 | 19 | 984 |
| | 璃 | li | 2 | | | 1370 | 1150 |
| | 管 | gwan | 3 | | | 1787 | 452 |
| 5937. | 波 | bo | 1 | 10 | 0.0013 | 18 | 807 |
| | 蘭 | lan | 2 | | | 1339 | 552 |
| 5938. | 不 | bu | 4 | 10 | 0.0013 | 213 | 8 |
| | 停 | ting | 2 | | | 1110 | 649 |
| 5939. | 不 | bu | 4 | 10 | 0.0013 | 213 | 8 |
| | 致 | rji | 4 | | | 3117 | 838 |
| | 於 | yü | 2 | | | 4728 | 113 |
| 5940. | 崩 | bung | 1 | 10 | 0.0013 | 127 | 2450 |
| | 潰 | kwei | 4 | | | 1918 | 2226 |
| 5941. | 期 | chi | 2 | 10 | 0.0013 | 2599 | 225 |
| | 待 | dai | 4 | | | 758 | 927 |
| 5942. | 騎 | chi | 2 | 10 | 0.0013 | 2602 | 1410 |
| | 士 | shi | 4 | | | 3596 | 362 |
| 5943. | 砌 | chi | 4 | 10 | 0.0013 | 2635 | 3546 |
| 5944. | 汽 | chi | 4 | 10 | 0.0013 | 2629 | 675 |
| | 油 | you | 2 | | | 4437 | 487 |
| 5945. | 腔 | chiang | 1 | 10 | 0.0013 | 2714 | 1961 |
| 5946. | 強 | chiang | 2 | 10 | 0.0013 | 2716 | 354 |
| | 盜 | dau | 4 | | | 778 | 2502 |
| 5947. | 僑 | chiau | 2 | 10 | 0.0013 | 2652 | 1006 |
| | 能 | nung | 2 | | | 1212 | 70 |
| 5948. | 簽 | chien | 1 | 10 | 0.0013 | 2675 | 1505 |
| | 定 | ding | 4 | | | 912 | 121 |
| 5949. | 秦 | chin | 2 | 10 | 0.0013 | 2706 | 1321 |
| | 始 | shi | 3 | | | 3586 | 503 |
| | 皇 | hwang | 2 | | | 2166 | 929 |
| 5950. | 青 | ching | 1 | 10 | 0.0013 | 2725 | 488 |
| | 少 | shau | 4 | | | 3654 | 993 |
| | 棒 | bang | 4 | | | 122 | 925 |
| 5951. | 青 | ching | 1 | 10 | 0.0013 | 2725 | 488 |
| | 銅 | toong | 2 | | | 1162 | 1102 |
| 5952. | 輕 | ching | 1 | 10 | 0.0013 | 2728 | 592 |
| | 輕 | ching | 1 | | | 2728 | 592 |
| | 地 | di | 4 | | | 858 | 33 |
| 5953. | 清 | ching | 1 | 10 | 0.0013 | 2726 | 289 |
| | 除 | rcu | 2 | | | 3510 | 444 |

| | Char. | Syll. | Tone | Freq. | Freq.% | ID | Rank |
|---|---|---|---|---|---|---|---|
| 5954. | 情 | ching | 2 | 10 | 0.0013 | 2734 | 233 |
| | 趣 | chü | 4 | | | 2753 | 904 |
| 5955. | 晴 | ching | 2 | 10 | 0.0013 | 2733 | 1870 |
| | 朗 | lang | 3 | | | 1363 | 1721 |
| 5956. | 慶 | ching | 4 | 10 | 0.0013 | 2738 | 776 |
| 5957. | 球 | chiu | 2 | 10 | 0.0013 | 2670 | 237 |
| | 賽 | sai | 4 | | | 4123 | 514 |
| 5958. | 求 | chiu | 2 | 10 | 0.0013 | 2669 | 494 |
| | 取 | chü | 3 | | | 2751 | 486 |
| 5959. | 大 | da | 4 | 10 | 0.0013 | 745 | 12 |
| | 豆 | dou | 4 | | | 788 | 1087 |
| 5960. | 袋 | dai | 4 | 10 | 0.0013 | 760 | 1477 |
| 5961. | 刀 | dau | 1 | 10 | 0.0013 | 768 | 1072 |
| | 口 | kou | 3 | | | 1858 | 220 |
| 5962. | 倒 | dau | 3 | 10 | 0.0013 | 769 | 964 |
| | 霉 | mei | 2 | | | 436 | 2781 |
| 5963. | 道 | dau | 4 | 10 | 0.0013 | 774 | 155 |
| | 義 | yi | 4 | | | 4334 | 330 |
| 5964. | 弟 | di | 4 | 10 | 0.0013 | 860 | 340 |
| | 兄 | xüoong | 1 | | | 3069 | 1159 |
| 5965. | 地 | di | 4 | 10 | 0.0013 | 858 | 33 |
| | 殼 | kuh | 2 | | | 1837 | 1398 |
| 5966. | 跌 | dieh | 2 | 10 | 0.0013 | 867 | 1720 |
| | 交 | jiau | 1 | | | 2339 | 358 |
| 5967. | 點 | dien | 3 | 10 | 0.0013 | 892 | 160 |
| | 綴 | rjwei | 4 | | | 3337 | 2993 |
| 5968. | 電 | dien | 4 | 10 | 0.0013 | 896 | 129 |
| | 台 | tai | 2 | | | 991 | 636 |
| 5969. | 電 | dien | 4 | 10 | 0.0013 | 896 | 129 |
| | 影 | ying | 3 | | | 4574 | 498 |
| | 院 | yüen | 4 | | | 4824 | 255 |
| 5970. | 電 | dien | 4 | 10 | 0.0013 | 896 | 129 |
| | 動 | doong | 4 | | | 974 | 94 |
| | 機 | ji | 1 | | | 2198 | 153 |
| 5971. | 奠 | dien | 4 | 10 | 0.0013 | 900 | 2404 |
| | 定 | ding | 4 | | | 912 | 121 |
| 5972. | 東 | doong | 1 | 10 | 0.0013 | 967 | 84 |
| | 亞 | ya | 4 | | | 4384 | 345 |
| 5973. | 動 | doong | 4 | 10 | 0.0013 | 974 | 94 |
| | 手 | shou | 3 | | | 3660 | 190 |
| 5974. | 讚 | dsan | 4 | 10 | 0.0013 | 3927 | 1526 |
| | 譽 | yü | 4 | | | 4767 | 1903 |
| 5975. | 鑿 | dsau | 2 | 10 | 0.0013 | 3904 | 1829 |
| 5976. | 自 | dsi | 4 | 10 | 0.0013 | 3878 | 86 |
| | 立 | li | 4 | | | 1395 | 152 |
| 5977. | 怎 | dsun | 3 | 10 | 0.0013 | 3930 | 185 |
| | 地 | di | 4 | | | 858 | 33 |
| 5978. | 毒 | du | 2 | 10 | 0.0013 | 918 | 847 |
| | 品 | pin | 3 | | | 350 | 415 |
| 5979. | 登 | dung | 1 | 10 | 0.0013 | 832 | 1360 |
| | 山 | shan | 1 | | | 3670 | 107 |
| 5980. | 等 | dung | 3 | 10 | 0.0013 | 833 | 118 |
| | 待 | dai | 4 | | | 758 | 927 |
| 5981. | 短 | dwan | 3 | 10 | 0.0013 | 950 | 884 |
| | 暫 | rjan | 4 | | | 3219 | 1247 |
| 5982. | 堆 | dwei | 1 | 10 | 0.0013 | 945 | 1447 |
| | 積 | ji | 1 | | | 2201 | 961 |
| 5983. | 多 | dwo | 1 | 10 | 0.0013 | 933 | 49 |
| | 餘 | yü | 2 | | | 4730 | 1168 |
| 5984. | 躲 | dwo | 3 | 10 | 0.0013 | 937 | 1488 |
| | 避 | bi | 4 | | | 141 | 1183 |
| 5985. | 伐 | fa | 1 | 10 | 0.0013 | 576 | 1646 |
| 5986. | 翻 | fan | 1 | 10 | 0.0013 | 606 | 1297 |
| | 譯 | yi | 4 | | | 4338 | 1120 |
| 5987. | 反 | fan | 3 | 10 | 0.0013 | 620 | 460 |
| | 抗 | kang | 4 | | | 1881 | 588 |
| 5988. | 反 | fan | 3 | 10 | 0.0013 | 620 | 460 |
| | 面 | mien | 4 | | | 539 | 66 |
| 5989. | 犯 | fan | 4 | 10 | 0.0013 | 624 | 1741 |
| | 人 | run | 2 | | | 3812 | 11 |
| 5990. | 範 | fan | 4 | 10 | 0.0013 | 621 | 686 |
| | 例 | li | 4 | | | 1400 | 751 |
| 5991. | 妨 | fang | 2 | 10 | 0.0013 | 652 | 1858 |
| 5992. | 房 | fang | 2 | 10 | 0.0013 | 649 | 560 |
| | 門 | mun | 2 | | | 476 | 274 |

| | Char. | Syll. | Tone | Freq. | Freq.% | ID | Rank |
|---|---|---|---|---|---|---|---|
| 5993. | 放 | fang | 4 | 10 | 0.0013 | 660 | 285 |
| | 大 | da | 4 | | | 745 | 12 |
| 5994. | 飛 | fei | 1 | 10 | 0.0013 | 589 | 230 |
| | 揚 | yang | 2 | | | 4534 | 1156 |
| 5995. | 沸 | fei | 4 | 10 | 0.0013 | 601 | 2551 |
| | 點 | dien | 3 | | | 892 | 160 |
| 5996. | 佛 | fo | 2 | 10 | 0.0013 | 587 | 1169 |
| | 教 | jiau | 4 | | | 2368 | 68 |
| 5997. | 服 | fu | 2 | 10 | 0.0013 | 688 | 366 |
| | 飾 | shi | 4 | | | 3611 | 2183 |
| 5998. | 腐 | fu | 3 | 10 | 0.0013 | 712 | 1462 |
| 5999. | 附 | fu | 4 | 10 | 0.0013 | 719 | 591 |
| | 帶 | dai | 4 | | | 755 | 301 |
| 6000. | 婦 | fu | 4 | 10 | 0.0013 | 725 | 1200 |
| 6001. | 附 | fu | 4 | 10 | 0.0013 | 719 | 591 |
| | 屬 | shu | 3 | | | 3747 | 806 |
| 6002. | 分 | fun | 1 | 10 | 0.0013 | 630 | 112 |
| | 割 | guh | 1 | | | 1618 | 1617 |
| 6003. | 粉 | fun | 3 | 10 | 0.0013 | 639 | 999 |
| 6004. | 奮 | fun | 4 | 10 | 0.0013 | 643 | 1244 |
| | 發 | fa | 1 | | | 577 | 73 |
| 6005. | 封 | fung | 1 | 10 | 0.0013 | 664 | 945 |
| | 閉 | bi | 4 | | | 142 | 1644 |
| 6006. | 蜂 | fung | 1 | 10 | 0.0013 | 661 | 717 |
| 6007. | 馮 | fung | 2 | 10 | 0.0013 | 675 | 2862 |
| | 特 | tuh | 4 | | | 989 | 328 |
| 6008. | 甘 | gan | 1 | 10 | 0.0013 | 1670 | 600 |
| | 比 | bi | 3 | | | 134 | 211 |
| | 亞 | ya | 4 | | | 4384 | 345 |
| 6009. | 橄 | gan | 2 | 10 | 0.0013 | 1684 | 3511 |
| | 欖 | lan | 3 | | | 1350 | 3488 |
| 6010. | 槓 | gang | 4 | 10 | 0.0013 | 1699 | 2342 |
| 6011. | 高 | gau | 1 | 10 | 0.0013 | 1647 | 104 |
| | 粱 | liang | 2 | | | 1493 | 1109 |
| 6012. | 高 | gau | 1 | 10 | 0.0013 | 1647 | 104 |
| | 深 | shun | 1 | | | 3690 | 639 |
| 6013. | 搞 | gau | 3 | 10 | 0.0013 | id 6 | rk 6 |
| 6014. | 公 | goong | 1 | 10 | 0.0013 | 1805 | 83 |
| | 噸 | doon | 4 | | | 959 | 2223 |
| 6015. | 公 | goong | 1 | 10 | 0.0013 | 1805 | 83 |
| | 事 | shi | 4 | | | 3592 | 77 |
| 6016. | 辜 | gu | 1 | 10 | 0.0013 | 1713 | 2956 |
| | 負 | fu | 4 | | | 723 | 948 |
| 6017. | 骨 | gu | 3 | 10 | 0.0013 | 1718 | 901 |
| | 肉 | rou | 4 | | | 3805 | 611 |
| 6018. | 古 | gu | 3 | 10 | 0.0013 | 1719 | 407 |
| | 時 | shi | 2 | | | 3578 | 29 |
| 6019. | 顧 | gu | 4 | 10 | 0.0013 | 1727 | 1074 |
| | 到 | dau | 4 | | | 775 | 21 |
| 6020. | 固 | gu | 4 | 10 | 0.0013 | 1730 | 1093 |
| | 執 | rji | 2 | | | 3095 | 1314 |
| 6021. | 關 | gwan | 1 | 10 | 0.0013 | 1780 | 247 |
| | 連 | lien | 2 | | | 1459 | 343 |
| 6022. | 管 | gwan | 2 | 10 | 0.0013 | 1787 | 452 |
| | 子 | dsi | 3 | | | 3874 | 324 |
| 6023. | 光 | gwang | 1 | 10 | 0.0013 | 1801 | 224 |
| | 陰 | yin | 1 | | | 4510 | 1148 |
| 6024. | 歸 | gwei | 1 | 10 | 0.0013 | 1759 | 976 |
| | 還 | hwan | 2 | | | 2139 | 1383 |
| 6025. | 歸 | gwei | 1 | 10 | 0.0013 | 1759 | 976 |
| | 納 | na | 4 | | | 1178 | 955 |
| 6026. | 國 | gwo | 2 | 10 | 0.0013 | 1749 | 7 |
| | 民 | min | 2 | | | 542 | 59 |
| | 大 | da | 4 | | | 745 | 12 |
| | 會 | hwei | 4 | | | 2126 | 31 |
| 6027. | 國 | gwo | 2 | 10 | 0.0013 | 1749 | 7 |
| | 慶 | ching | 4 | | | 2738 | 776 |
| 6028. | 國 | gwo | 2 | 10 | 0.0013 | 1749 | 7 |
| | 貿 | mau | 4 | | | 457 | 1907 |
| | 局 | jü | 2 | | | 2516 | 672 |
| 6029. | 害 | hai | 4 | 10 | 0.0013 | 1982 | 484 |
| | 處 | rcu | 4 | | | 3521 | 334 |
| 6030. | 杭 | hang | 2 | 10 | 0.0013 | 2045 | 1467 |
| | 州 | rjou | 1 | | | 3186 | 337 |
| 6031. | 航 | hang | 2 | 10 | 0.0013 | 2043 | 671 |
| | 運 | yün | 4 | | | 4841 | 284 |

| | Char. | Syll. | Tone | Freq. | Freq.% | ID | Rank |
|---|---|---|---|---|---|---|---|
| 6032. | 昏 | hoon | 1 | 10 | 0.0013 | 2154 | 1826 |
| 6033. | 呼 | hu | 1 | 10 | 0.0013 | 2053 | 829 |
| 6034. | 湖 | hu | 2 | 10 | 0.0013 | 2057 | 445 |
| | 泊 | bo | 2 | | | 30 | 1565 |
| 6035. | 互 | hu | 4 | 10 | 0.0013 | 2074 | 1045 |
| | 助 | rju | 4 | | | 3306 | 493 |
| 6036. | 合 | huh | 2 | 10 | 0.0013 | 1953 | 172 |
| | 格 | guh | 2 | | | 1623 | 740 |
| 6037. | 和 | huh | 2 | 10 | 0.0013 | 1956 | 395 |
| | 諧 | xieh | 2 | | | 2855 | 3368 |
| 6038. | 華 | hwa | 2 | 10 | 0.0013 | 2080 | 166 |
| | 麗 | li | 4 | | | 1397 | 536 |
| 6039. | 華 | hwa | 2 | 10 | 0.0013 | 2080 | 166 |
| | 視 | shi | 4 | | | 3602 | 720 |
| 6040. | 化 | hwa | 4 | 10 | 0.0013 | 2085 | 278 |
| | 合 | huh | 2 | | | 1953 | 172 |
| | 我 | wo | 3 | | | 4625 | 4 |
| 6041. | 揮 | hwei | 1 | 10 | 0.0013 | 2112 | 1222 |
| 6042. | 火 | hwo | 3 | 10 | 0.0013 | 2093 | 235 |
| | 柴 | rcai | 2 | | | 3421 | 1089 |
| 6043. | 擊 | ji | 2 | 10 | 0.0013 | 2229 | 886 |
| | 出 | rcu | 1 | | | 3507 | 60 |
| 6044. | 脊 | ji | 3 | 10 | 0.0013 | 2250 | 1843 |
| | 髓 | swei | 2 | | | 4175 | 2046 |
| 6045. | 計 | ji | 4 | 10 | 0.0013 | 2256 | 410 |
| | 較 | jiau | 4 | | | 2370 | 509 |
| 6046. | 技 | ji | 4 | 10 | 0.0013 | 2263 | 1196 |
| | 藝 | yi | 4 | | | 4337 | 1161 |
| 6047. | 夾 | jia | 1 | 10 | 0.0013 | 2285 | 3530 |
| | 雜 | dsa | 2 | | | 3885 | 1104 |
| 6048. | 駕 | jia | 4 | 10 | 0.0013 | 2300 | 1937 |
| | 車 | rcuh | 1 | | | 3412 | 181 |
| 6049. | 將 | jiang | 4 | 10 | 0.0013 | 2474 | 1288 |
| 6050. | 將 | jiang | 4 | 10 | 0.0013 | 2474 | 1288 |
| | 領 | ling | 3 | | | 1521 | 461 |
| 6051. | 交 | jiau | 1 | 10 | 0.0013 | 2339 | 358 |
| | 互 | hu | 4 | | | 2074 | 1045 |
| 6052. | 腳 | jiau | 3 | 10 | 0.0013 | 2356 | 729 |
| | 踏 | ta | 4 | | | 985 | 1298 |
| | 車 | rcuh | 1 | | | 3412 | 181 |
| 6053. | 叫 | jiau | 4 | 10 | 0.0013 | 2367 | 168 |
| | 喊 | han | 3 | | | 2024 | 1061 |
| 6054. | 接 | jieh | 1 | 10 | 0.0013 | 2305 | 294 |
| | 連 | lien | 2 | | | 1459 | 343 |
| 6055. | 街 | jieh | 1 | 10 | 0.0013 | 2304 | 862 |
| | 上 | shang | 4 | | | 3712 | 17 |
| 6056. | 揭 | jieh | 1 | 10 | 0.0013 | 2309 | 1895 |
| 6057. | 節 | jieh | 2 | 10 | 0.0013 | 2311 | 352 |
| | 日 | ri | 4 | | | 3795 | 54 |
| 6058. | 解 | jieh | 3 | 10 | 0.0013 | 2326 | 546 |
| | 散 | san | 4 | | | 4141 | 1155 |
| 6059. | 姊 | jieh | 3 | 10 | 0.0013 | 2327 | 848 |
| 6060. | 簡 | jien | 3 | 10 | 0.0013 | 2405 | 765 |
| | 易 | yi | 4 | | | 4333 | 565 |
| 6061. | 簡 | jien | 3 | 10 | 0.0013 | 2405 | 765 |
| | 化 | hwa | 4 | | | 2085 | 278 |
| 6062. | 濺 | jien | 4 | 10 | 0.0013 | 2439 | 4007 |
| 6063. | 鍵 | jien | 4 | 10 | 0.0013 | 2438 | 4468 |
| | 盤 | pan | 2 | | | 272 | 1009 |
| 6064. | 近 | jin | 4 | 10 | 0.0013 | 2453 | 344 |
| | 世 | shi | 4 | | | 3594 | 236 |
| 6065. | 精 | jing | 1 | 10 | 0.0013 | 2478 | 527 |
| | 巧 | chiau | 3 | | | 2659 | 1491 |
| 6066. | 警 | jing | 3 | 10 | 0.0013 | 2491 | 1088 |
| | 員 | yüen | 2 | | | 4808 | 210 |
| 6067. | 警 | jing | 3 | 10 | 0.0013 | 2491 | 1088 |
| | 衛 | wei | 4 | | | 4661 | 453 |
| 6068. | 糾 | jiu | 1 | 10 | 0.0013 | 2375 | 1748 |
| | 正 | rjung | 4 | | | 3274 | 193 |
| 6069. | 酒 | jiu | 3 | 10 | 0.0013 | 2379 | 753 |
| | 精 | jing | 1 | | | 2478 | 527 |
| 6070. | 咎 | jiu | 4 | 10 | 0.0013 | 2389 | 4464 |
| 6071. | 就 | jiu | 4 | 10 | 0.0013 | 2382 | 25 |
| | 職 | rji | 2 | | | 3091 | 585 |

| | Char. | Syll. | Tone | Freq. | Freq.% | ID | Rank |
|---|---|---|---|---|---|---|---|
| 6072. | 舊 | jiu | 4 | 10 | 0.0013 | 2383 | 813 |
| | 日 | ri | 4 | | | 3795 | 54 |
| 6073. | 菊 | jü | 2 | 10 | 0.0013 | 2518 | 2173 |
| | 花 | hwa | 1 | | | 2078 | 246 |
| 6074. | 舉 | jü | 3 | 10 | 0.0013 | 2522 | 276 |
| | 人 | run | 2 | | | 3812 | 11 |
| 6075. | 均 | jün | 1 | 10 | 0.0013 | 2573 | 1245 |
| | 勢 | shi | 4 | | | 3600 | 557 |
| 6076. | 君 | jün | 1 | 10 | 0.0013 | 2576 | 1289 |
| | 子 | dsi | 3 | | | 3874 | 324 |
| 6077. | 開 | kai | 1 | 10 | 0.0013 | 1849 | 114 |
| | 槍 | chiang | 1 | | | 2712 | 1077 |
| 6078. | 刊 | kan | 1 | 10 | 0.0013 | 1862 | 1546 |
| | 登 | dung | 1 | | | 832 | 1360 |
| 6079. | 抗 | kang | 4 | 10 | 0.0013 | 1881 | 588 |
| | 拒 | jü | 4 | | | 2533 | 1649 |
| 6080. | 考 | kau | 3 | 10 | 0.0013 | 1855 | 438 |
| | 察 | rca | 2 | | | 3404 | 448 |
| 6081. | 科 | kuh | 1 | 10 | 0.0013 | 1826 | 341 |
| | 目 | mu | 4 | | | 565 | 348 |
| 6082. | 渴 | kuh | 3 | 10 | 0.0013 | 1839 | 1746 |
| 6083. | 課 | kuh | 4 | 10 | 0.0013 | 1843 | 111 |
| | 本 | bun | 3 | | | 112 | 65 |
| 6084. | 誇 | kwa | 1 | 10 | 0.0013 | 1893 | 2671 |
| | 耀 | yau | 4 | | | 4426 | 1830 |
| 6085. | 筷 | kwai | 4 | 10 | 0.0013 | 1904 | 2423 |
| | 子 | dsi | 3 | | | 3874 | 324 |
| 6086. | 礦 | kwang | 4 | 10 | 0.0013 | 1937 | 928 |
| 6087. | 況 | kwang | 4 | 10 | 0.0013 | 1939 | 1209 |
| | 且 | chieh | 3 | | | 2643 | 425 |
| 6088. | 拉 | la | 1 | 10 | 0.0013 | 1282 | 406 |
| | 開 | kai | 1 | | | 1849 | 114 |
| 6089. | 來 | lai | 2 | 10 | 0.0013 | 1297 | 15 |
| | 歷 | li | 4 | | | 1399 | 934 |
| 6090. | 賴 | lai | 4 | 10 | 0.0013 | 1299 | 1772 |
| | 爾 | er | 3 | | | 4293 | 306 |
| | 德 | duh | 2 | | | 747 | 286 |
| 6091. | 濫 | lan | 4 | 10 | 0.0013 | 1352 | 2665 |
| 6092. | 狼 | lang | 2 | 10 | 0.0013 | 1355 | 1863 |
| | 狽 | bei | 4 | | | 69 | 3151 |
| 6093. | 撈 | lau | 1 | 10 | 0.0013 | 1316 | 2258 |
| 6094. | 老 | lau | 2 | 10 | 0.0013 | 1322 | 117 |
| | 百 | bai | 3 | | | 50 | 180 |
| | 姓 | xing | 4 | | | 2997 | 1279 |
| 6095. | 老 | lau | 2 | 10 | 0.0013 | 1322 | 117 |
| | 板 | ban | 3 | | | 98 | 700 |
| 6096. | 料 | liau | 4 | 10 | 0.0013 | 1445 | 387 |
| | 到 | dau | 4 | | | 775 | 21 |
| 6097. | 獵 | lieh | 4 | 10 | 0.0013 | 1430 | 1329 |
| 6098. | 列 | lieh | 4 | 10 | 0.0013 | 1428 | 500 |
| | 為 | wei | 2 | | | 4639 | 95 |
| 6099. | 聯 | lien | 2 | 10 | 0.0013 | 1458 | 379 |
| 6100. | 靈 | ling | 2 | 10 | 0.0013 | 1506 | 1260 |
| | 感 | gan | 3 | | | 1680 | 551 |
| 6101. | 靈 | ling | 2 | 10 | 0.0013 | 1506 | 1260 |
| | 活 | hwo | 2 | | | 2091 | 203 |
| 6102. | 領 | ling | 3 | 10 | 0.0013 | 1521 | 461 |
| | 先 | xien | 1 | | | 2910 | 234 |
| 6103. | 流 | liu | 2 | 10 | 0.0013 | 1448 | 353 |
| | 露 | lu | 4 | | | 1538 | 1395 |
| 6104. | 樓 | lou | 2 | 10 | 0.0013 | 1328 | 1099 |
| | 房 | fang | 2 | | | 649 | 560 |
| 6105. | 路 | lu | 4 | 10 | 0.0013 | 1537 | 149 |
| | 易 | yi | 4 | | | 4333 | 565 |
| 6106. | 冷 | lung | 3 | 10 | 0.0013 | 1367 | 710 |
| | 卻 | chüeh | 4 | | | 2759 | 462 |
| 6107. | 埋 | mai | 2 | 10 | 0.0013 | 424 | 1740 |
| | 藏 | tsang | 2 | | | 4040 | 1118 |
| 6108. | 酶 | mei | 2 | 10 | 0.0013 | id 3 | rk 3 |
| 6109. | 玫 | mei | 2 | 10 | 0.0013 | 438 | 3649 |
| | 瑰 | gwei | 1 | | | 1763 | 3696 |
| 6110. | 瀰 | mi | 2 | 10 | 0.0013 | 505 | 3882 |
| | 漫 | man | 4 | | | 472 | 1999 |
| 6111. | 渺 | miau | 2 | 10 | 0.0013 | 524 | 2937 |
| | 小 | xiau | 3 | | | 2887 | 40 |

| | Char. | Syll. | Tone | Freq. | Freq.% | ID | Rank |
|---|---|---|---|---|---|---|---|
| 6112. | 緬 | mien | 3 | 10 | 0.0013 | 533 | 1541 |
| | 共 | goong | 4 | | | 1820 | 186 |
| 6113. | 免 | mien | 3 | 10 | 0.0013 | 534 | 781 |
| | 於 | yü | 2 | | | 4728 | 113 |
| 6114. | 面 | mien | 4 | 10 | 0.0013 | 539 | 66 |
| | 子 | dsi | 3 | | | 3874 | 324 |
| 6115. | 敏 | min | 3 | 10 | 0.0013 | 543 | 1972 |
| | 捷 | jieh | 2 | | | 2315 | 2035 |
| 6116. | 明 | ming | 2 | 10 | 0.0013 | 552 | 101 |
| | 貴 | gwei | 4 | | | 1772 | 804 |
| 6117. | 磨 | mo | 2 | 10 | 0.0013 | 401 | 1718 |
| | 鍊 | lien | 4 | | | 1469 | 1633 |
| 6118. | 莫 | mo | 4 | 10 | 0.0013 | 411 | 1294 |
| | 札 | rja | 2 | | | 3135 | 3376 |
| | 特 | tuh | 4 | | | 989 | 328 |
| 6119. | 謀 | mou | 2 | 10 | 0.0013 | 462 | 1327 |
| | 求 | chiu | 2 | | | 2669 | 494 |
| 6120. | 拿 | na | 2 | 10 | 0.0013 | 1175 | 382 |
| | 到 | dau | 4 | | | 775 | 21 |
| 6121. | 奶 | nai | 2 | 10 | 0.0013 | 1189 | 1647 |
| | 粉 | fun | 3 | | | 639 | 999 |
| 6122. | 奶 | nai | 2 | 10 | 0.0013 | 1189 | 1647 |
| | 奶 | nai | 3 | | | 1189 | 1647 |
| 6123. | 年 | nien | 2 | 10 | 0.0013 | 1242 | 35 |
| | 歲 | swei | 4 | | | 4180 | 685 |
| 6124. | 扭 | niu | 3 | 10 | 0.0013 | 1236 | 2257 |
| 6125. | 女 | nü | 3 | 10 | 0.0013 | 1278 | 302 |
| | 生 | shung | 1 | | | 3715 | 32 |
| 6126. | 歐 | ou | 1 | 10 | 0.0013 | 4266 | 860 |
| | 洲 | rjou | 1 | | | 3188 | 420 |
| | 人 | run | 2 | | | 3812 | 11 |
| 6127. | 拍 | pai | 1 | 10 | 0.0013 | 238 | 979 |
| | 攝 | shuh | 4 | | | 3640 | 1691 |
| 6128. | 攀 | pan | 1 | 10 | 0.0013 | 269 | 3155 |
| | 登 | dung | 1 | | | 832 | 1360 |
| 6129. | 畔 | pan | 4 | 10 | 0.0013 | 275 | 2854 |
| 6130. | 炮 | pau | 4 | 10 | 0.0013 | 263 | 1283 |
| | 火 | hwo | 3 | | | 2093 | 235 |
| 6131. | 胚 | pei | 1 | 10 | 0.0013 | 248 | 2928 |
| 6132. | 陪 | pei | 2 | 10 | 0.0013 | 249 | 1928 |
| | 同 | toong | 2 | | | 1160 | 92 |
| 6133. | 佩 | pei | 4 | 10 | 0.0013 | 254 | 1375 |
| | 服 | fu | 2 | | | 688 | 366 |
| 6134. | 疲 | pi | 2 | 10 | 0.0013 | 310 | 1765 |
| | 憊 | bei | 4 | | | 70 | 3844 |
| 6135. | 飄 | piau | 1 | 10 | 0.0013 | 332 | 1444 |
| | 浮 | fu | 2 | | | 692 | 1543 |
| 6136. | 片 | pien | 4 | 10 | 0.0013 | 344 | 476 |
| | 子 | dsi | 3 | | | 3874 | 324 |
| 6137. | 貧 | pin | 2 | 10 | 0.0013 | 348 | 1696 |
| | 民 | min | 2 | | | 542 | 59 |
| 6138. | 蘋 | ping | 2 | 10 | 0.0013 | 360 | 3041 |
| | 果 | gwo | 3 | | | 1751 | 174 |
| 6139. | 婆 | po | 2 | 10 | 0.0013 | 232 | 1176 |
| 6140. | 樸 | pu | 2 | 10 | 0.0013 | 367 | 2333 |
| | 實 | shi | 2 | | | 3581 | 215 |
| 6141. | 噴 | pun | 1 | 10 | 0.0013 | 278 | 1625 |
| | 射 | shuh | 4 | | | 3638 | 446 |
| 6142. | 差 | rca | 1 | 10 | 0.0013 | 3399 | 2434 |
| | 距 | jü | 4 | | | 2532 | 1197 |
| 6143. | 插 | rca | 1 | 10 | 0.0013 | 3400 | 1401 |
| | 頭 | tou | 2 | | | 1017 | 164 |
| 6144. | 茶 | rca | 2 | 10 | 0.0013 | 3403 | 643 |
| | 杯 | bei | 1 | | | 54 | 1050 |
| 6145. | 柴 | rcai | 2 | 10 | 0.0013 | 3421 | 1089 |
| 6146. | 遲 | rci | 2 | 10 | 0.0013 | 3382 | 1875 |
| | 疑 | yi | 2 | | | 4311 | 1609 |
| 6147. | 遲 | rci | 2 | 10 | 0.0013 | 3382 | 1875 |
| | 到 | dau | 4 | | | 775 | 21 |
| 6148. | 醇 | rcoon | 2 | 10 | 0.0013 | 3548 | 3774 |
| 6149. | 充 | rcoong | 1 | 10 | 0.0013 | 3560 | 739 |
| 6150. | 重 | rcoong | 2 | 10 | 0.0013 | 3567 | 746 |
| | 重 | rcoong | 2 | | | 3567 | 746 |
| 6151. | 出 | rcu | 1 | 10 | 0.0013 | 3507 | 60 |
| | 力 | li | 4 | | | 1396 | 143 |

| | Char. | Syll. | Tone | Freq. | Freq.% | ID | Rank |
|---|---|---|---|---|---|---|---|
| 6152. | 除 | rcu | 2 | 10 | 0.0013 | 3510 | 444 |
| | 去 | chü | 3 | | | 2754 | 43 |
| 6153. | 畜 | rcu | 4 | 10 | 0.0013 | 3520 | 1356 |
| 6154. | 車 | rcuh | 1 | 10 | 0.0013 | 3412 | 181 |
| | 票 | piau | 4 | | | 338 | 490 |
| 6155. | 扯 | rcuh | 3 | 10 | 0.0013 | 3413 | 3240 |
| | 住 | rju | 4 | | | 3304 | 333 |
| 6156. | 成 | rcung | 2 | 10 | 0.0013 | 3490 | 56 |
| | 天 | tien | 1 | | | 1097 | 28 |
| 6157. | 成 | rcung | 2 | 10 | 0.0013 | 3490 | 56 |
| | 千 | chien | 1 | | | 2674 | 365 |
| | 上 | shang | 4 | | | 3712 | 17 |
| | 萬 | wan | 4 | | | 4695 | 315 |
| 6158. | 串 | rcwan | 4 | 10 | 0.0013 | 3541 | 2211 |
| | 聯 | lien | 2 | | | 1458 | 379 |
| 6159. | 宅 | rjai | 2 | 10 | 0.0013 | 3163 | 2822 |
| 6160. | 戰 | rjan | 4 | 10 | 0.0013 | 3215 | 280 |
| | 事 | shi | 4 | | | 3592 | 77 |
| 6161. | 戰 | rjan | 4 | 10 | 0.0013 | 3215 | 280 |
| | 火 | hwo | 3 | | | 2093 | 235 |
| 6162. | 照 | rjau | 4 | 10 | 0.0013 | 3179 | 408 |
| | 常 | rcang | 2 | | | 3472 | 136 |
| 6163. | 止 | rji | 3 | 10 | 0.0013 | 3104 | 707 |
| | 住 | rju | 4 | | | 3304 | 333 |
| 6164. | 志 | rji | 4 | 10 | 0.0013 | 3115 | 728 |
| | 氣 | chi | 4 | | | 2627 | 132 |
| 6165. | 智 | rji | 4 | 10 | 0.0013 | 3116 | 1355 |
| | 能 | nung | 2 | | | 1212 | 70 |
| 6166. | 中 | rjoong | 1 | 10 | 0.0013 | 3361 | 20 |
| | 子 | dsi | 3 | | | 3874 | 324 |
| 6167. | 重 | rjoong | 4 | 10 | 0.0013 | 3372 | 214 |
| | 工 | goong | 1 | | | 1804 | 125 |
| | 業 | yeh | 4 | | | 4397 | 137 |
| 6168. | 主 | rju | 3 | 10 | 0.0013 | 3299 | 130 |
| | 動 | doong | 4 | | | 974 | 94 |
| 6169. | 柱 | rju | 4 | 10 | 0.0013 | 3309 | 2235 |
| | 子 | dsi | 3 | | | 3874 | 324 |
| 6170. | 真 | rjun | 1 | 10 | 0.0013 | 3223 | 238 |
| | 摯 | rji | 4 | | | 3126 | 4066 |
| 6171. | 癥 | rjung | 1 | 10 | 0.0013 | id12 | rk12 |
| | 結 | jieh | 2 | | | 2310 | 404 |
| 6172. | 爭 | rjung | 1 | 10 | 0.0013 | 3263 | 613 |
| | 論 | loon | 4 | | | 1577 | 347 |
| 6173. | 政 | rjung | 4 | 10 | 0.0013 | 3275 | 162 |
| | 變 | bien | 4 | | | 180 | 316 |
| 6174. | 正 | rjung | 4 | 10 | 0.0013 | 3274 | 193 |
| | 方 | fang | 1 | | | 647 | 62 |
| | 形 | xing | 2 | | | 2988 | 252 |
| 6175. | 專 | rjwan | 1 | 10 | 0.0013 | 3339 | 547 |
| | 利 | li | 4 | | | 1398 | 222 |
| 6176. | 轉 | rjwan | 3 | 10 | 0.0013 | 3343 | 531 |
| | 彎 | wan | 1 | | | 4679 | 1407 |
| 6177. | 傳 | rjwan | 4 | 10 | 0.0013 | 3344 | 2209 |
| 6178. | 如 | ru | 2 | 10 | 0.0013 | 3829 | 120 |
| | 來 | lai | 2 | | | 1297 | 15 |
| | 佛 | fo | 2 | | | 587 | 1169 |
| 6179. | 熱 | ruh | 4 | 10 | 0.0013 | 3797 | 390 |
| | 帶 | dai | 4 | | | 755 | 301 |
| | 魚 | yü | 2 | | | 4727 | 608 |
| 6180. | 仁 | run | 2 | 10 | 0.0013 | 3811 | 973 |
| | 慈 | tsi | 2 | | | 3987 | 1013 |
| 6181. | 人 | run | 2 | 10 | 0.0013 | 3812 | 11 |
| | 心 | xin | 1 | | | 2946 | 142 |
| 6182. | 任 | run | 4 | 10 | 0.0013 | 3817 | 293 |
| | 期 | chi | 2 | | | 2599 | 225 |
| 6183. | 認 | run | 4 | 10 | 0.0013 | 3816 | 479 |
| | 出 | rcu | 1 | | | 3507 | 60 |
| 6184. | 軟 | rwan | 3 | 10 | 0.0013 | 3849 | 1428 |
| | 弱 | rwo | 4 | | | 3840 | 1236 |
| 6185. | 卅 | sa | 4 | 10 | 0.0013 | 4110 | 2481 |
| 6186. | 散 | san | 3 | 10 | 0.0013 | 4139 | 3131 |
| | 兵 | bing | 1 | | | 192 | 459 |
| 6187. | 鯊 | sha | 1 | 10 | 0.0013 | id15 | rk15 |
| | 魚 | yü | 2 | | | 4727 | 608 |
| 6188. | 砂 | sha | 1 | 10 | 0.0013 | 3620 | 1777 |
| 6189. | 商 | shang | 1 | 10 | 0.0013 | 3707 | 474 |
| | 討 | tau | 3 | | | 1012 | 393 |

| | Char. | Syll. | Tone | Freq. | Freq.% | ID | Rank |
|---|---|---|---|---|---|---|---|
| 6190. | 商 | shang | 1 | 10 | 0.0013 | 3707 | 474 |
| | 王 | wang | 2 | | | 4712 | 257 |
| 6191. | 傷 | shang | 1 | 10 | 0.0013 | 3706 | 754 |
| | 患 | hwan | 4 | | | 2145 | 1703 |
| 6192. | 商 | shang | 1 | 10 | 0.0013 | 3707 | 474 |
| | 務 | wu | 4 | | | 4601 | 377 |
| 6193. | 上 | shang | 4 | 10 | 0.0013 | 3712 | 17 |
| | 下 | xia | 4 | | | 2844 | 50 |
| 6194. | 上 | shang | 4 | 10 | 0.0013 | 3712 | 17 |
| | 校 | xiau | 4 | | | 2889 | 63 |
| 6195. | 燒 | shau | 1 | 10 | 0.0013 | 3647 | 788 |
| | 成 | rcung | 2 | | | 3490 | 56 |
| 6196. | 燒 | shau | 1 | 10 | 0.0013 | 3647 | 788 |
| | 杯 | bei | 1 | | | 54 | 1050 |
| 6197. | 失 | shi | 1 | 10 | 0.0013 | 3569 | 266 |
| | 事 | shi | 4 | | | 3592 | 77 |
| 6198. | 失 | shi | 1 | 10 | 0.0013 | 3569 | 266 |
| | 眠 | mien | 2 | | | 529 | 1785 |
| 6199. | 失 | shi | 1 | 10 | 0.0013 | 3569 | 266 |
| | 掉 | diau | 4 | | | 882 | 854 |
| 6200. | 施 | shi | 1 | 10 | 0.0013 | 3572 | 772 |
| | 肥 | fei | 2 | | | 595 | 818 |
| 6201. | 實 | shi | 2 | 10 | 0.0013 | 3581 | 215 |
| | 習 | xi | 2 | | | 2807 | 263 |
| 6202. | 時 | shi | 2 | 10 | 0.0013 | 3578 | 29 |
| | 光 | gwang | 1 | | | 1801 | 224 |
| 6203. | 食 | shi | 2 | 10 | 0.0013 | 3580 | 350 |
| | 慾 | yü | 4 | | | 4787 | 4697 |
| 6204. | 事 | shi | 4 | 10 | 0.0013 | 3592 | 77 |
| | 理 | li | 3 | | | 1388 | 207 |
| 6205. | 世 | shi | 4 | 10 | 0.0013 | 3594 | 236 |
| | 局 | jü | 2 | | | 2516 | 672 |
| 6206. | 市 | shi | 4 | 10 | 0.0013 | 3595 | 87 |
| | 面 | mien | 4 | | | 539 | 66 |
| 6207. | 世 | shi | 4 | 10 | 0.0013 | 3594 | 236 |
| | 間 | jien | 1 | | | 2391 | 245 |
| 6208. | 市 | shi | 4 | 10 | 0.0013 | 3595 | 87 |
| | 價 | jia | 4 | | | 2299 | 805 |
| 6209. | 市 | shi | 4 | 10 | 0.0013 | 3595 | 87 |
| | 政 | rjung | 4 | | | 3275 | 162 |
| 6210. | 事 | shi | 4 | 10 | 0.0013 | 3592 | 77 |
| | 宜 | yi | 2 | | | 4309 | 936 |
| 6211. | 市 | shi | 4 | 10 | 0.0013 | 3595 | 87 |
| | 政 | rjung | 4 | | | 3275 | 162 |
| | 府 | fu | 3 | | | 710 | 323 |
| 6212. | 飾 | shi | 4 | 10 | 0.0013 | 3611 | 2183 |
| 6213. | 侍 | shi | 4 | 10 | 0.0013 | 3610 | 2582 |
| | 候 | hou | 4 | | | 2008 | 140 |
| 6214. | 手 | shou | 3 | 10 | 0.0013 | 3660 | 190 |
| | 腕 | wan | 4 | | | 4694 | 3027 |
| 6215. | 疏 | shu | 1 | 10 | 0.0013 | 3733 | 1654 |
| | 忽 | hu | 1 | | | 2052 | 833 |
| 6216. | 書 | shu | 1 | 10 | 0.0013 | 3732 | 179 |
| | 單 | dan | 1 | | | 797 | 616 |
| 6217. | 樹 | shu | 4 | 10 | 0.0013 | 3756 | 303 |
| | 叢 | tsoong | 2 | | | 4080 | 1988 |
| 6218. | 奢 | shuh | 1 | 10 | 0.0013 | 3627 | 3776 |
| | 侈 | rci | 3 | | | 3389 | 4079 |
| 6219. | 涉 | shuh | 4 | 10 | 0.0013 | 3639 | 1757 |
| | 及 | ji | 2 | | | 2223 | 291 |
| 6220. | 深 | shun | 1 | 10 | 0.0013 | 3690 | 639 |
| | 度 | du | 4 | | | 927 | 212 |
| 6221. | 審 | shun | 3 | 10 | 0.0013 | 3699 | 1415 |
| | 議 | yi | 4 | | | 4331 | 290 |
| 6222. | 沈 | shun | 3 | 10 | 0.0013 | 3701 | 1878 |
| 6223. | 腎 | shun | 4 | 10 | 0.0013 | 3702 | 2386 |
| 6224. | 生 | shung | 1 | 10 | 0.0013 | 3715 | 32 |
| | 物 | wu | 4 | | | 4602 | 128 |
| | 學 | xüeh | 2 | | | 3028 | 26 |
| 6225. | 盛 | shung | 4 | 10 | 0.0013 | 3726 | 597 |
| | 大 | da | 4 | | | 745 | 12 |
| 6226. | 衰 | shwai | 1 | 10 | 0.0013 | 3775 | 2350 |
| | 弱 | rwo | 4 | | | 3840 | 1236 |
| 6227. | 衰 | shwai | 1 | 10 | 0.0013 | 3775 | 2350 |
| | 老 | lau | 3 | | | 1322 | 117 |
| 6228. | 栓 | shwan | 1 | 10 | 0.0013 | 3786 | 3782 |

| No. | Char. | Syll. | Tone | Freq. | Freq.% | ID | Rank |
|---|---|---|---|---|---|---|---|
| 6229. | 雙 | shwang | 1 | 10 | 0.0013 | 3792 | 898 |
| | 親 | chin | 1 | | | 2700 | 261 |
| 6230. | 説 | shwo | 1 | 10 | 0.0013 | 3770 | 37 |
| | 説 | shwo | 1 | | | 3770 | 37 |
| | 看 | kan | 4 | | | 1871 | 58 |
| 6231. | 四 | si | 4 | 10 | 0.0013 | 4094 | 30 |
| | 面 | mien | 4 | | | 539 | 66 |
| 6232. | 俟 | si | 4 | 10 | 0.0013 | 4101 | 3600 |
| 6233. | 孫 | soon | 1 | 10 | 0.0013 | 4190 | 998 |
| | 中 | rjoong | 1 | | | 3361 | 20 |
| | 山 | shan | 1 | | | 3670 | 107 |
| 6234. | 宋 | soong | 4 | 10 | 0.0013 | 4203 | 1218 |
| | 代 | dai | 4 | | | 756 | 262 |
| 6235. | 色 | suh | 4 | 10 | 0.0013 | 4114 | 339 |
| | 素 | su | 4 | | | 4154 | 704 |
| 6236. | 塔 | ta | 3 | 10 | 0.0013 | 983 | 1238 |
| 6237. | 太 | tai | 4 | 10 | 0.0013 | 998 | 158 |
| | 子 | dsi | 3 | | | 3874 | 324 |
| 6238. | 探 | tan | 4 | 10 | 0.0013 | 1036 | 1518 |
| | 聽 | ting | 1 | | | 1107 | 267 |
| 6239. | 唐 | tang | 2 | 10 | 0.0013 | 1046 | 1157 |
| | 朝 | rcau | 2 | | | 3426 | 628 |
| 6240. | 唐 | tang | 2 | 10 | 0.0013 | 1046 | 1157 |
| | 代 | dai | 4 | | | 756 | 262 |
| 6241. | 倘 | tang | 3 | 10 | 0.0013 | 1051 | 2662 |
| 6242. | 題 | ti | 2 | 10 | 0.0013 | 1066 | 229 |
| | 材 | tsai | 2 | | | 4005 | 755 |
| 6243. | 提 | ti | 2 | 10 | 0.0013 | 1065 | 409 |
| | 琴 | chin | 2 | | | 2704 | 1053 |
| 6244. | 體 | ti | 3 | 10 | 0.0013 | 1073 | 178 |
| | 育 | yü | 4 | | | 4762 | 196 |
| | 館 | gwan | 3 | | | 1786 | 702 |
| 6245. | 挑 | tiau | 1 | 10 | 0.0013 | 1088 | 1860 |
| | 起 | chi | 3 | | | 2621 | 78 |
| 6246. | 跳 | tiau | 4 | 10 | 0.0013 | 1095 | 670 |
| | 動 | doong | 4 | | | 974 | 94 |
| 6247. | 天 | tien | 1 | 10 | 0.0013 | 1097 | 28 |
| | 資 | dsi | 1 | | | 3865 | 920 |
| 6248. | 天 | tien | 1 | 10 | 0.0013 | 1097 | 28 |
| | 師 | shi | 1 | | | 3570 | 116 |
| 6249. | 通 | toong | 1 | 10 | 0.0013 | 1158 | 202 |
| | 信 | xin | 4 | | | 2957 | 378 |
| 6250. | 統 | toong | 2 | 10 | 0.0013 | 1169 | 283 |
| | 統 | toong | 3 | | | 1169 | 283 |
| 6251. | 投 | tou | 2 | 10 | 0.0013 | 1016 | 714 |
| | 降 | xiang | 2 | | | 2968 | 1559 |
| 6252. | 頭 | tou | 2 | 10 | 0.0013 | 1017 | 164 |
| | 部 | bu | 4 | | | 212 | 91 |
| 6253. | 透 | tou | 4 | 10 | 0.0013 | 1018 | 1221 |
| | 徹 | rcuh | 4 | | | 3414 | 2276 |
| 6254. | 採 | tsai | 2 | 10 | 0.0013 | 4011 | 827 |
| | 訪 | fang | 3 | | | 655 | 893 |
| 6255. | 材 | tsai | 2 | 10 | 0.0013 | 4005 | 755 |
| 6256. | 操 | tsau | 1 | 10 | 0.0013 | 4019 | 1014 |
| | 心 | xin | 1 | | | 2946 | 142 |
| 6257. | 曹 | tsau | 2 | 10 | 0.0013 | 4021 | 1388 |
| | 操 | tsau | 1 | | | 4019 | 1014 |
| 6258. | 瓷 | tsi | 2 | 10 | 0.0013 | 3992 | 1987 |
| | 器 | chi | 4 | | | 2626 | 394 |
| 6259. | 慈 | tsi | 2 | 10 | 0.0013 | 3987 | 1013 |
| | 禧 | xi | 1 | | | 2795 | 2746 |
| | 太 | tai | 4 | | | 998 | 158 |
| | 后 | hou | 4 | | | 2010 | 1490 |
| 6260. | 次 | tsi | 4 | 10 | 0.0013 | 3996 | 173 |
| | 要 | yau | 4 | | | 4425 | 27 |
| 6261. | 摧 | tswei | 1 | 10 | 0.0013 | 4057 | 2838 |
| | 殘 | tsan | 2 | | | 4029 | 1405 |
| 6262. | 錯 | tswo | 4 | 10 | 0.0013 | 4052 | 789 |
| | 覺 | jüeh | 2 | | | 2545 | 512 |
| 6263. | 突 | tu | 1 | 10 | 0.0013 | 1122 | 968 |
| | 變 | bien | 4 | | | 180 | 316 |
| 6264. | 屠 | tu | 2 | 10 | 0.0013 | 1124 | 2080 |
| | 殺 | sha | 1 | | | 3618 | 689 |
| 6265. | 團 | twan | 2 | 10 | 0.0013 | 1150 | 524 |
| | 長 | rjang | 3 | | | 3250 | 135 |
| 6266. | 推 | twei | 1 | 10 | 0.0013 | 1145 | 601 |
| | 出 | rcu | 1 | | | 3507 | 60 |

| | Char. | Syll. | Tone | Freq. | Freq.% | ID | Rank |
|---|---|---|---|---|---|---|---|
| 6267. | 推 | twei | 1 | 10 | 0.0013 | 1145 | 601 |
| | 測 | tsuh | 4 | | | 3999 | 1048 |
| 6268. | 歪 | wai | 1 | 10 | 0.0013 | 4631 | 2285 |
| 6269. | 彎 | wan | 1 | 10 | 0.0013 | 4679 | 1407 |
| | 腰 | yau | 1 | | | 4408 | 1816 |
| 6270. | 晚 | wan | 3 | 10 | 0.0013 | 4687 | 441 |
| | 會 | hwei | 4 | | | 2126 | 31 |
| 6271. | 萬 | wan | 4 | 10 | 0.0013 | 4695 | 315 |
| | 能 | nung | 2 | | | 1212 | 70 |
| 6272. | 枉 | wang | 3 | 10 | 0.0013 | 4716 | 3621 |
| 6273. | 維 | wei | 2 | 10 | 0.0013 | 4638 | 769 |
| | 也 | yeh | 3 | | | 4394 | 46 |
| | 納 | na | 4 | | | 1178 | 955 |
| 6274. | 微 | wei | 2 | 10 | 0.0013 | 4640 | 798 |
| | 風 | fung | 1 | | | 662 | 268 |
| 6275. | 微 | wei | 2 | 10 | 0.0013 | 4640 | 798 |
| | 生 | shung | 1 | | | 3715 | 32 |
| | 物 | wu | 4 | | | 4602 | 128 |
| 6276. | 武 | wu | 3 | 10 | 0.0013 | 4595 | 515 |
| | 帝 | di | 4 | | | 859 | 477 |
| 6277. | 稀 | xi | 1 | 10 | 0.0013 | 2786 | 1728 |
| 6278. | 錫 | xi | 2 | 10 | 0.0013 | 2808 | 1227 |
| 6279. | 襲 | xi | 2 | 10 | 0.0013 | 2810 | 1793 |
| | 擊 | ji | 2 | | | 2229 | 886 |
| 6280. | 習 | xi | 2 | 10 | 0.0013 | 2807 | 263 |
| | 俗 | su | 2 | | | 4152 | 1341 |
| 6281. | 襲 | xi | 2 | 10 | 0.0013 | 2810 | 1793 |
| 6282. | 夕 | xi | 4 | 10 | 0.0013 | 2825 | 2204 |
| 6283. | 下 | xia | 4 | 10 | 0.0013 | 2844 | 50 |
| | 手 | shou | 3 | | | 3660 | 190 |
| 6284. | 下 | xia | 4 | 10 | 0.0013 | 2844 | 50 |
| | 處 | rcu | 4 | | | 3521 | 334 |
| 6285. | 相 | xiang | 1 | 10 | 0.0013 | 2959 | 327 |
| | 干 | gan | 1 | | | 1671 | 1307 |
| 6286. | 小 | xiau | 3 | 10 | 0.0013 | 2887 | 40 |
| | 提 | ti | 2 | | | 1065 | 409 |
| | 琴 | chin | 2 | | | 2704 | 1053 |
| 6287. | 孝 | xiau | 4 | 10 | 0.0013 | 2890 | 1352 |
| | 順 | shoon | 4 | | | 3789 | 905 |
| 6288. | 掀 | xien | 1 | 10 | 0.0013 | 2913 | 3101 |
| | 開 | kai | 1 | | | 1849 | 114 |
| 6289. | 閑 | xien | 2 | 10 | 0.0013 | 2918 | 2177 |
| | 談 | tan | 2 | | | 1024 | 581 |
| 6290. | 心 | xin | 1 | 10 | 0.0013 | 2946 | 142 |
| | 境 | jing | 4 | | | 2501 | 853 |
| 6291. | 新 | xin | 1 | 10 | 0.0013 | 2947 | 134 |
| | 生 | shung | 1 | | | 3715 | 32 |
| 6292. | 信 | xin | 4 | 10 | 0.0013 | 2957 | 378 |
| | 號 | hau | 4 | | | 1997 | 270 |
| 6293. | 信 | xin | 4 | 10 | 0.0013 | 2957 | 378 |
| | 封 | fung | 1 | | | 664 | 945 |
| 6294. | 星 | xing | 1 | 10 | 0.0013 | 2983 | 226 |
| | 球 | chiu | 2 | | | 2670 | 237 |
| 6295. | 行 | xing | 2 | 10 | 0.0013 | 2989 | 76 |
| | 程 | rcung | 2 | | | 3491 | 580 |
| 6296. | 幸 | xing | 4 | 10 | 0.0013 | 2998 | 939 |
| | 而 | er | 2 | | | 4290 | 156 |
| 6297. | 尋 | xün | 2 | 10 | 0.0013 | 3053 | 1652 |
| | 因 | yin | 1 | | | 4508 | 138 |
| 6298. | 詢 | xün | 2 | 10 | 0.0013 | 3054 | 2097 |
| | 問 | wun | 4 | | | 4708 | 151 |
| 6299. | 兄 | xüoong | 1 | 10 | 0.0013 | 3069 | 1159 |
| | 長 | rjang | 3 | | | 3250 | 135 |
| 6300. | 雄 | xüoong | 2 | 10 | 0.0013 | 3075 | 711 |
| | 偉 | wei | 3 | | | 4652 | 1057 |
| 6301. | 妖 | yau | 1 | 10 | 0.0013 | 4407 | 1992 |
| | 怪 | gwai | 4 | | | 1758 | 821 |
| 6302. | 野 | yeh | 2 | 10 | 0.0013 | 4393 | 814 |
| | 馬 | ma | 3 | | | 390 | 282 |
| 6303. | 鹽 | yen | 2 | 10 | 0.0013 | 4466 | 663 |
| | 酸 | swan | 1 | | | 4186 | 1255 |
| 6304. | 眼 | yen | 3 | 10 | 0.0013 | 4484 | 396 |
| | 鏡 | jing | 4 | | | 2499 | 756 |
| 6305. | 眼 | yen | 3 | 10 | 0.0013 | 4484 | 396 |
| | 球 | chiu | 2 | | | 2670 | 237 |

| | Char. | Syll. | Tone | Freq. | Freq.% | ID | Rank |
|---|---|---|---|---|---|---|---|
| 6306. | 遺 | yi | 2 | 10 | 0.0013 | 4307 | 449 |
| | 體 | ti | 3 | | | 1073 | 178 |
| 6307. | 議 | yi | 4 | 10 | 0.0013 | 4331 | 290 |
| | 論 | loon | 4 | | | 1577 | 347 |
| 6308. | 殷 | yin | 1 | 10 | 0.0013 | 4509 | 2485 |
| 6309. | 憂 | you | 1 | 10 | 0.0013 | 4430 | 2151 |
| | 鬱 | yü | 4 | | | 4777 | 3148 |
| 6310. | 優 | you | 1 | 10 | 0.0013 | 4431 | 983 |
| | 勝 | shung | 4 | | | 3725 | 895 |
| 6311. | 猶 | you | 2 | 10 | 0.0013 | 4441 | 2445 |
| | 太 | tai | 4 | | | 998 | 158 |
| | 人 | run | 2 | | | 3812 | 11 |
| 6312. | 郵 | you | 2 | 10 | 0.0013 | 4439 | 1091 |
| | 票 | piau | 4 | | | 338 | 490 |
| 6313. | 郵 | you | 2 | 10 | 0.0013 | 4439 | 1091 |
| | 局 | jü | 2 | | | 2516 | 672 |
| 6314. | 油 | you | 2 | 10 | 0.0013 | 4437 | 487 |
| | 漆 | chi | 1 | | | 2589 | 1351 |
| 6315. | 誘 | you | 4 | 10 | 0.0013 | 4449 | 2357 |
| | 惑 | hwo | 4 | | | 2102 | 3084 |
| 6316. | 余 | yü | 2 | 10 | 0.0013 | 4734 | 1852 |
| 6317. | 漁 | yü | 2 | 10 | 0.0013 | 4729 | 1257 |
| | 民 | min | 2 | | | 542 | 59 |
| 6318. | 寓 | yü | 4 | 10 | 0.0013 | 4776 | 2772 |
| 6319. | 原 | yüen | 2 | 10 | 0.0013 | 4809 | 197 |
| | 故 | gu | 4 | | | 1728 | 437 |
| 6320. | 運 | yün | 4 | 10 | 0.0013 | 4841 | 284 |
| | 銷 | xiau | 1 | | | 2872 | 1795 |
| 6321. | 用 | yüoong | 4 | 10 | 0.0013 | 4864 | 38 |
| | 以 | yi | 3 | | | 4324 | 24 |

*Corpus of 6,321 Chinese Words in Phonetic Order*

| Char. | Syll. | Tone | Freq. | Freq.% | ID | Rank |
|---|---|---|---|---|---|---|
| 八 | ba | 1 | 749 | 0.0949 | 1 | 93 |
| 巴 | ba | 1 | 10 | 0.0013 | 2 | 388 |
| 西 | xi | 1 | | | 2783 | 61 |
| 吧 | ba | 1 | 262 | 0.0332 | 3 | 540 |
| 拔 | ba | 2 | 29 | 0.0037 | 9 | 1833 |
| 把 | ba | 3 | 15 | 0.0019 | id 1 | rk 1 |
| 爸 | ba | 4 | 44 | 0.0056 | 12 | 275 |
| 爸 | ba | 4 | 151 | 0.0191 | 12 | 275 |
| 爸 | ba | 4 | | | 12 | 275 |
| 罷 | ba | 4 | 206 | 0.0261 | 13 | 1182 |
| 罷 | ba | 4 | 27 | 0.0034 | 13 | 1182 |
| 了 | luh | 5 | | | 1295 | 5 |
| 罷 | ba | 4 | 20 | 0.0025 | 13 | 1182 |
| 工 | goong | 1 | | | 1804 | 125 |
| 波 | bo | 1 | 32 | 0.0041 | 18 | 807 |
| 波 | bo | 1 | 10 | 0.0013 | 18 | 807 |
| 蘭 | lan | 2 | | | 1339 | 552 |
| 玻 | bo | 1 | 49 | 0.0062 | 19 | 984 |
| 璃 | li | 2 | | | 1370 | 1150 |
| 玻 | bo | 1 | 10 | 0.0013 | 19 | 984 |
| 璃 | li | 2 | | | 1370 | 1150 |
| 管 | gwan | 3 | | | 1787 | 452 |
| 剝 | bo | 1 | 13 | 0.0016 | 21 | 2545 |
| 撥 | bo | 1 | 28 | 0.0035 | 20 | 1577 |
| 伯 | bo | 2 | 13 | 0.0016 | 25 | 883 |
| 伯 | bo | 2 | | | 25 | 883 |
| 伯 | bo | 2 | 12 | 0.0015 | 25 | 883 |
| 母 | mu | 3 | | | 560 | 287 |
| 伯 | bo | 2 | 25 | 0.0032 | 25 | 883 |
| 爵 | jüeh | 2 | | | 2547 | 2524 |
| 脖 | bo | 2 | 16 | 0.0020 | 36 | 2643 |
| 子 | dsi | 3 | | | 3874 | 324 |
| 柏 | bo | 2 | 15 | 0.0019 | 26 | 1106 |
| 林 | lin | 2 | | | 1477 | 228 |

| Char. | Syll. | Tone | Freq. | Freq.% | ID | Rank |
|---|---|---|---|---|---|---|
| 博 | bo | 1 | 117 | 0.0148 | 29 | 933 |
| 士 | shi | 4 | | | 3596 | 362 |
| 博 | bo | 1 | 11 | 0.0014 | 29 | 933 |
| 物 | wu | 4 | | | 4602 | 128 |
| 館 | gwan | 3 | | | 1786 | 702 |
| 薄 | bo | 2 | 48 | 0.0061 | 28 | 1566 |
| 播 | bo | 4 | 13 | 0.0016 | 46 | 683 |
| 出 | rcu | 1 | | | 3507 | 60 |
| 白 | bai | 2 | 243 | 0.0308 | 49 | 251 |
| 白 | bai | 2 | 27 | 0.0034 | 49 | 251 |
| 天 | tien | 1 | | | 1097 | 28 |
| 白 | bai | 2 | 20 | 0.0025 | 49 | 251 |
| 宮 | goong | 1 | | | 1808 | 1094 |
| 白 | bai | 2 | 18 | 0.0023 | 49 | 251 |
| 人 | run | 2 | | | 3812 | 11 |
| 白 | bai | 2 | 37 | 0.0047 | 49 | 251 |
| 色 | suh | 4 | | | 4114 | 339 |
| 白 | bai | 2 | 15 | 0.0019 | 49 | 251 |
| 雲 | yün | 2 | | | 4832 | 544 |
| 百 | bai | 3 | 1022 | 0.1295 | 50 | 180 |
| 百 | bai | 3 | 13 | 0.0016 | 50 | 180 |
| 貨 | hwo | 4 | | | 2098 | 1331 |
| 公 | goong | 1 | | | 1805 | 83 |
| 司 | si | 1 | | | 4084 | 564 |
| 擺 | bai | 3 | 64 | 0.0081 | 51 | 1358 |
| 擺 | bai | 3 | 16 | 0.0020 | 51 | 1358 |
| 脱 | two | 1 | | | 1133 | 1251 |
| 拜 | bai | 4 | 60 | 0.0076 | 52 | 1138 |
| 敗 | bai | 4 | 80 | 0.0101 | 53 | 851 |
| 敗 | bai | 4 | 10 | 0.0013 | 53 | 851 |
| 壞 | hwai | 4 | | | 2111 | 732 |
| 杯 | bei | 1 | 95 | 0.0120 | 54 | 1050 |
| 悲 | bei | 1 | 33 | 0.0042 | 57 | 1717 |
| 劇 | jü | 4 | | | 2531 | 1213 |
| 悲 | bei | 1 | 12 | 0.0015 | 57 | 1717 |
| 傷 | shang | 1 | | | 3706 | 754 |
| 悲 | bei | 1 | 15 | 0.0019 | 57 | 1717 |
| 慘 | tsan | 3 | | | 4032 | 1655 |

| Char. | Syll. | Tone | Freq. | Freq.% | ID | Rank |
|---|---|---|---|---|---|---|
| 悲哀 | bei | 1 | 27 | 0.0034 | 57 | 1717 |
| | ai | 1 | | | 4236 | 2017 |
| 北 | bei | 3 | 207 | 0.0262 | 61 | 72 |
| 北部 | bei | 3 | 50 | 0.0063 | 61 | 72 |
| | bu | 4 | | | 212 | 91 |
| 北平 | bei | 3 | 57 | 0.0072 | 61 | 72 |
| | ping | 2 | | | 354 | 165 |
| 北美 | bei | 2 | 14 | 0.0018 | 61 | 72 |
| | mei | 3 | | | 442 | 80 |
| 北面 | bei | 3 | 13 | 0.0016 | 61 | 72 |
| | mien | 4 | | | 539 | 66 |
| 北伐 | bei | 3 | 13 | 0.0016 | 61 | 72 |
| | fa | 1 | | | 576 | 1646 |
| 北方 | bei | 3 | 35 | 0.0044 | 61 | 72 |
| | fang | 1 | | | 647 | 62 |
| 北極 | bei | 3 | 12 | 0.0015 | 61 | 72 |
| | ji | 2 | | | 2224 | 485 |
| 北京 | bei | 3 | 29 | 0.0037 | 61 | 72 |
| | jing | 1 | | | 2481 | 533 |
| 北市 | bei | 3 | 18 | 0.0023 | 61 | 72 |
| | shi | 4 | | | 3595 | 87 |
| 北越 | bei | 3 | 71 | 0.0090 | 61 | 72 |
| | yüeh | 4 | | | 4793 | 558 |
| 貝多芬 | bei | 4 | 11 | 0.0014 | 64 | 1443 |
| | dwo | 1 | | | 933 | 49 |
| | fun | 1 | | | 632 | 1628 |
| 背後 | bei | 4 | 24 | 0.0030 | 65 | 975 |
| | hou | 4 | | | 2009 | 48 |
| 背景 | bei | 4 | 30 | 0.0038 | 65 | 975 |
| | jing | 3 | | | 2492 | 808 |
| 倍 | bei | 4 | 124 | 0.0157 | 67 | 1951 |
| 被 | bei | 4 | 1032 | 0.1307 | 63 | 218 |
| 被動 | bei | 4 | 12 | 0.0015 | 63 | 218 |
| | doong | 4 | | | 974 | 94 |
| 被告 | bei | 4 | 11 | 0.0014 | 63 | 218 |
| | gau | 4 | | | 1655 | 386 |
| 備 | bei | 4 | 84 | 0.0106 | 62 | 392 |
| 輩 | bei | 4 | 10 | 0.0013 | 66 | 2925 |
| 包 | bau | 1 | 66 | 0.0084 | 73 | 554 |
| 包袱 | bau | 1 | 11 | 0.0014 | 73 | 554 |
| | fu | 2 | | | 708 | 4255 |
| 包裹 | bau | 1 | 225 | 0.0285 | 73 | 554 |
| | gwo | 3 | | | 1753 | 2804 |
| 包括 | bau | 1 | 35 | 0.0044 | 73 | 554 |
| | kuo | 3 | | | 1897 | 1076 |
| 包含 | bau | 1 | 21 | 0.0027 | 73 | 554 |
| | han | 2 | | | 2016 | 991 |
| 包紮 | bau | 1 | 44 | 0.0056 | 73 | 554 |
| | rja | 2 | | | 3133 | 2471 |
| 包裝 | bau | 1 | 13 | 0.0016 | 73 | 554 |
| | rjwang | 1 | | | 3352 | 545 |
| 包圍 | bau | 1 | 25 | 0.0032 | 73 | 554 |
| | wei | 2 | | | 4641 | 792 |
| 狍子 | bau | 1 | 15 | 0.0019 | id 2 | rk 2 |
| | dsi | 3 | | | 3874 | 324 |
| 保 | bau | 3 | 64 | 0.0081 | 80 | 411 |
| 保密 | bau | 3 | 12 | 0.0015 | 80 | 411 |
| | mi | 4 | | | 511 | 660 |
| 保留 | bau | 3 | 49 | 0.0062 | 80 | 411 |
| | liu | 2 | | | 1450 | 800 |
| 保護 | bau | 3 | 122 | 0.0155 | 80 | 411 |
| | hu | 4 | | | 2072 | 722 |
| 保健 | bau | 3 | 11 | 0.0014 | 80 | 411 |
| | jien | 4 | | | 2421 | 657 |
| 保險 | bau | 2 | 12 | 0.0015 | 80 | 411 |
| | xien | 3 | | | 2928 | 957 |
| 保障 | bau | 3 | 66 | 0.0084 | 80 | 411 |
| | rjang | 4 | | | 3256 | 1874 |
| 保證 | bau | 3 | 78 | 0.0099 | 80 | 411 |
| | rjung | 4 | | | 3277 | 712 |
| 保持 | bau | 3 | 166 | 0.0210 | 80 | 411 |
| | rci | 2 | | | 3380 | 590 |
| 保守 | bau | 2 | 21 | 0.0027 | 80 | 411 |
| | shou | 3 | | | 3661 | 931 |

| Char. | Syll. | Tone | Freq. | Freq.% | ID | Rank |
|---|---|---|---|---|---|---|
| 保 | bau | 3 | 36 | 0.0046 | 80 | 411 |
| 存 | tsoon | 2 | | | 4070 | 1105 |
| 保 | bau | 2 | 10 | 0.0013 | 80 | 411 |
| 養 | yang | 3 | | | 4542 | 421 |
| 保 | bau | 3 | 19 | 0.0024 | 80 | 411 |
| 衛 | wei | 4 | | | 4661 | 453 |
| 飽 | bau | 3 | 40 | 0.0051 | 83 | 1420 |
| 飽 | bau | 3 | 10 | 0.0013 | 83 | 1420 |
| 合 | huh | 2 | | | 1953 | 172 |
| 寶 | bau | 3 | 16 | 0.0020 | 81 | 716 |
| 貝 | bei | 4 | | | 64 | 1443 |
| 抱 | bau | 4 | 96 | 0.0122 | 84 | 1063 |
| 抱 | bau | 4 | 18 | 0.0023 | 84 | 1063 |
| 歉 | chien | 4 | | | 2696 | 2572 |
| 抱 | bau | 4 | 23 | 0.0029 | 84 | 1063 |
| 怨 | yüen | 4 | | | 4826 | 2155 |
| 報 | bau | 4 | 200 | 0.0253 | 85 | 184 |
| 報 | bau | 4 | 22 | 0.0028 | 85 | 184 |
| 名 | ming | 2 | | | 551 | 141 |
| 報 | bau | 4 | 20 | 0.0025 | 85 | 184 |
| 復 | fu | 4 | | | 722 | 595 |
| 報 | bau | 4 | 81 | 0.0103 | 85 | 184 |
| 導 | dau | 4 | | | 777 | 405 |
| 報 | bau | 4 | 85 | 0.0108 | 85 | 184 |
| 館 | gwan | 3 | | | 1786 | 702 |
| 報 | bau | 4 | 85 | 0.0108 | 85 | 184 |
| 紙 | rji | 3 | | | 3105 | 648 |
| 報 | bau | 4 | 19 | 0.0024 | 85 | 184 |
| 酬 | rcou | 2 | | | 3437 | 2755 |
| 暴 | bau | 4 | 31 | 0.0039 | 87 | 1086 |
| 暴 | bau | 4 | 13 | 0.0016 | 87 | 1086 |
| 動 | doong | 4 | | | 974 | 94 |
| 暴 | bau | 4 | 22 | 0.0028 | 87 | 1086 |
| 力 | li | 4 | | | 1396 | 143 |
| 爆 | bau | 4 | 10 | 0.0013 | 86 | 1162 |
| 爆 | bau | 4 | 32 | 0.0041 | 86 | 1162 |
| 發 | fa | 1 | | | 577 | 73 |
| 爆 | bau | 4 | 37 | 0.0047 | 86 | 1162 |
| 炸 | rja | 4 | | | 3139 | 1239 |
| 班 | ban | 1 | 134 | 0.0170 | 93 | 372 |
| 般 | ban | 1 | 77 | 0.0098 | 92 | 770 |
| 搬 | ban | 1 | 173 | 0.0219 | 95 | 1359 |
| 搬 | ban | 1 | 16 | 0.0020 | 95 | 1359 |
| 運 | yün | 4 | | | 4841 | 284 |
| 頒 | ban | 1 | 10 | 0.0013 | 97 | 2157 |
| 獎 | jiang | 3 | | | 2470 | 718 |
| 板 | ban | 3 | 14 | 0.0018 | 98 | 700 |
| 版 | ban | 3 | 21 | 0.0027 | 99 | 697 |
| 版 | ban | 3 | 12 | 0.0015 | 99 | 697 |
| 畫 | hwa | 4 | | | 2088 | 320 |
| 半 | ban | 4 | 390 | 0.0494 | 103 | 413 |
| 半 | ban | 4 | 20 | 0.0025 | 103 | 413 |
| 島 | dau | 3 | | | 770 | 380 |
| 半 | ban | 4 | 14 | 0.0018 | 103 | 413 |
| 徑 | jing | 4 | | | 2504 | 1672 |
| 半 | ban | 4 | 14 | 0.0018 | 103 | 413 |
| 夜 | yeh | 4 | | | 4399 | 664 |
| 半 | ban | 4 | 22 | 0.0028 | 103 | 413 |
| 天 | tien | 1 | | | 1097 | 28 |
| 伴 | ban | 4 | 13 | 0.0016 | 106 | 1431 |
| 奏 | dsou | 4 | | | 3922 | 1593 |
| 扮 | ban | 4 | 16 | 0.0020 | 108 | 2594 |
| 演 | yen | 3 | | | 4483 | 645 |
| 辦 | ban | 4 | 147 | 0.0186 | 104 | 332 |
| 辦 | ban | 4 | 203 | 0.0257 | 104 | 332 |
| 法 | fa | 4 | | | 586 | 640 |
| 辦 | ban | 4 | 134 | 0.0170 | 104 | 332 |
| 理 | li | 3 | | | 1388 | 207 |
| 辦 | ban | 4 | 15 | 0.0019 | 104 | 332 |
| 到 | dau | 4 | | | 775 | 21 |
| 辦 | ban | 4 | 12 | 0.0015 | 104 | 332 |
| 公 | goong | 1 | | | 1805 | 83 |
| 辦 | ban | 4 | 49 | 0.0062 | 104 | 332 |
| 公 | goong | 1 | | | 1805 | 83 |
| 室 | shi | 4 | | | 3601 | 549 |

| Char. | Syll. | Tone | Freq. | Freq.% | ID | Rank |
|---|---|---|---|---|---|---|
| 辦 | ban | 4 | 12 | 0.0015 | 104 | 332 |
| 公 | goong | 1 | | | 1805 | 83 |
| 處 | rcu | 4 | | | 3521 | 334 |
| 奔 | bun | 1 | 44 | 0.0056 | 110 | 1803 |
| 奔 | bun | 1 | 12 | 0.0015 | 110 | 1803 |
| 走 | dsou | 3 | | | 3920 | 217 |
| 本 | bun | 3 | 1100 | 0.1394 | 112 | 65 |
| 本 | bun | 3 | 31 | 0.0039 | 112 | 65 |
| 票 | piau | 4 | | | 338 | 490 |
| 本 | bun | 3 | 124 | 0.0157 | 112 | 65 |
| 來 | lai | 2 | | | 1297 | 15 |
| 本 | bun | 2 | 28 | 0.0035 | 112 | 65 |
| 領 | ling | 3 | | | 1521 | 461 |
| 本 | bun | 3 | 16 | 0.0020 | 112 | 65 |
| 國 | gwo | 2 | | | 1749 | 7 |
| 本 | bun | 3 | 14 | 0.0018 | 112 | 65 |
| 質 | rji | 4 | | | 3127 | 3565 |
| 本 | bun | 3 | 11 | 0.0014 | 112 | 65 |
| 事 | shi | 4 | | | 3592 | 77 |
| 本 | bun | 3 | 92 | 0.0117 | 112 | 65 |
| 身 | shun | 1 | | | 3691 | 249 |
| 本 | bun | 3 | 32 | 0.0041 | 112 | 65 |
| 人 | run | 2 | | | 3812 | 11 |
| 笨 | bun | 4 | 12 | 0.0015 | 113 | 4195 |
| 重 | rjoong | 4 | | | 3372 | 214 |
| 邦 | bang | 1 | 14 | 0.0018 | 115 | 1432 |
| 邦 | bang | 1 | 17 | 0.0022 | 115 | 1432 |
| 交 | jiau | 1 | | | 2339 | 358 |
| 傍 | bang | 4 | 26 | 0.0033 | 125 | 4196 |
| 晚 | wan | 3 | | | 4687 | 441 |
| 幫 | bang | 1 | 51 | 0.0065 | 116 | 726 |
| 幫 | bang | 1 | 53 | 0.0067 | 116 | 726 |
| 忙 | mang | 2 | | | 481 | 620 |
| 幫 | bang | 1 | 135 | 0.0171 | 116 | 726 |
| 助 | rju | 4 | | | 3306 | 493 |
| 榜 | bang | 3 | 14 | 0.0018 | 118 | 2191 |
| 綁 | bang | 3 | 17 | 0.0022 | 120 | 2645 |

| Char. | Syll. | Tone | Freq. | Freq.% | ID | Rank |
|---|---|---|---|---|---|---|
| 棒 | bang | 4 | 17 | 0.0022 | 122 | 925 |
| 球 | chiu | 2 | | | 2670 | 237 |
| 磅 | bang | 4 | 13 | 0.0016 | 121 | 2110 |
| 崩 | bung | 1 | 10 | 0.0013 | 127 | 2450 |
| 潰 | kwei | 4 | | | 1918 | 2226 |
| 逼 | bi | 1 | 47 | 0.0060 | 130 | 1881 |
| 鼻 | bi | 2 | 12 | 0.0015 | 132 | 1475 |
| 孔 | koong | 3 | | | 1946 | 1060 |
| 鼻 | bi | 2 | 31 | 0.0039 | 132 | 1475 |
| 子 | dsi | 5 | | | 3880 | 52 |
| 比 | bi | 3 | 570 | 0.0722 | 134 | 211 |
| 比 | bi | 3 | 32 | 0.0041 | 134 | 211 |
| 例 | li | 4 | | | 1400 | 751 |
| 比 | bi | 3 | 13 | 0.0016 | 134 | 211 |
| 率 | lü | 4 | | | 1603 | 1842 |
| 比 | bi | 3 | 261 | 0.0331 | 134 | 211 |
| 較 | jiau | 4 | | | 2370 | 509 |
| 比 | bi | 3 | 26 | 0.0033 | 134 | 211 |
| 如 | ru | 2 | | | 3829 | 120 |
| 比 | bi | 3 | 169 | 0.0214 | 134 | 211 |
| 賽 | sai | 4 | | | 4123 | 514 |
| 比 | bi | 3 | 24 | 0.0030 | 134 | 211 |
| 喻 | yü | 4 | | | 4778 | 3147 |
| 彼 | bi | 3 | 37 | 0.0047 | 136 | 1612 |
| 彼 | bi | 2 | 122 | 0.0155 | 136 | 1612 |
| 此 | tsi | 3 | | | 3994 | 314 |
| 筆 | bi | 3 | 112 | 0.0142 | 133 | 429 |
| 筆 | bi | 3 | 48 | 0.0061 | 133 | 429 |
| 名 | ming | 2 | | | 551 | 141 |
| 筆 | bi | 3 | 12 | 0.0015 | 133 | 429 |
| 鋒 | fung | 1 | | | 667 | 1930 |
| 筆 | bi | 3 | 12 | 0.0015 | 133 | 429 |
| 記 | ji | 4 | | | 2255 | 517 |
| 筆 | bi | 2 | 22 | 0.0028 | 133 | 429 |
| 者 | rjuh | 3 | | | 3153 | 376 |
| 必 | bi | 4 | 344 | 0.0436 | 139 | 483 |

| Char. | Syll. | Tone | Freq. | Freq.% | ID | Rank |
|---|---|---|---|---|---|---|
| 必 | bi | 4 | 62 | 0.0079 | 139 | 483 |
| 定 | ding | 4 | | | 912 | 121 |
| 必 | bi | 4 | 64 | 0.0081 | 139 | 483 |
| 需 | xü | 1 | | | 3003 | 733 |
| 必 | bi | 4 | 506 | 0.0641 | 139 | 483 |
| 須 | xü | 1 | | | 3004 | 626 |
| 必 | bi | 4 | 73 | 0.0092 | 139 | 483 |
| 然 | ran | 2 | | | 3807 | 123 |
| 必 | bi | 4 | 102 | 0.0129 | 139 | 483 |
| 要 | yau | 4 | | | 4425 | 27 |
| 閉 | bi | 4 | 39 | 0.0049 | 142 | 1644 |
| 秘 | mi | 4 | 25 | 0.0032 | 510 | 1080 |
| 密 | mi | 4 | | | 511 | 660 |
| 陛 | bi | 4 | 10 | 0.0013 | 155 | 3636 |
| 下 | xia | 4 | | | 2844 | 50 |
| 俾 | bi | 4 | 17 | 0.0022 | 149 | 2926 |
| 畢 | bi | 4 | 24 | 0.0030 | 138 | 708 |
| 畢 | bi | 4 | 35 | 0.0044 | 138 | 708 |
| 竟 | jing | 4 | | | 2500 | 859 |
| 畢 | bi | 4 | 84 | 0.0106 | 138 | 708 |
| 業 | yeh | 4 | | | 4397 | 137 |
| 畢 | bi | 4 | 11 | 0.0014 | 138 | 708 |
| 業 | yeh | 4 | | | 4397 | 137 |
| 生 | shung | 1 | | | 3715 | 32 |
| 幣 | bi | 4 | 14 | 0.0018 | 144 | 2070 |
| 壁 | bi | 4 | 52 | 0.0066 | 140 | 1319 |
| 避 | bi | 4 | 54 | 0.0068 | 141 | 1183 |
| 避 | bi | 4 | 85 | 0.0108 | 141 | 1183 |
| 免 | mien | 3 | | | 534 | 781 |
| 臂 | bi | 4 | 20 | 0.0025 | 143 | 1537 |
| 別 | bieh | 2 | 22 | 0.0028 | 163 | 259 |
| 墅 | shu | 4 | | | 3765 | 3780 |
| 別 | bieh | 2 | 285 | 0.0361 | 163 | 259 |
| 人 | run | 2 | | | 3812 | 11 |
| 標 | biau | 1 | 10 | 0.0013 | 166 | 832 |
| 誌 | rji | 4 | | | 3118 | 2143 |
| 標 | biau | 1 | 131 | 0.0166 | 166 | 832 |
| 準 | rjoon | 3 | | | 3350 | 623 |
| 表 | biau | 3 | 72 | 0.0091 | 168 | 182 |
| 表 | biau | 3 | 13 | 0.0016 | 168 | 182 |
| 皮 | pi | 2 | | | 311 | 481 |
| 表 | biau | 3 | 95 | 0.0120 | 168 | 182 |
| 面 | mien | 4 | | | 539 | 66 |
| 表 | biau | 3 | 14 | 0.0018 | 168 | 182 |
| 明 | ming | 2 | | | 552 | 101 |
| 表 | biau | 3 | 33 | 0.0042 | 168 | 182 |
| 達 | da | 2 | | | 741 | 296 |
| 表 | biau | 3 | 38 | 0.0048 | 168 | 182 |
| 情 | ching | 2 | | | 2734 | 233 |
| 表 | biau | 3 | 219 | 0.0277 | 168 | 182 |
| 現 | xien | 4 | | | 2933 | 167 |
| 表 | biau | 3 | 21 | 0.0027 | 168 | 182 |
| 現 | xien | 4 | | | 2933 | 167 |
| 出 | rcu | 1 | | | 3507 | 60 |
| 表 | biau | 3 | 10 | 0.0013 | 168 | 182 |
| 現 | xien | 4 | | | 2933 | 167 |
| 出 | rcu | 1 | | | 3507 | 60 |
| 來 | lai | 2 | | | 1297 | 15 |
| 表 | biau | 3 | 419 | 0.0531 | 168 | 182 |
| 示 | shi | 4 | | | 3598 | 528 |
| 表 | biau | 2 | 68 | 0.0086 | 168 | 182 |
| 演 | yen | 3 | | | 4483 | 645 |
| 錶 | biau | 3 | 32 | 0.0041 | 167 | 2451 |
| 編 | bien | 1 | 26 | 0.0033 | 170 | 472 |
| 編 | bien | 1 | 21 | 0.0027 | 170 | 472 |
| 輯 | ji | 2 | | | 2232 | 2227 |
| 編 | bien | 1 | 18 | 0.0023 | 170 | 472 |
| 成 | rcung | 2 | | | 3490 | 56 |
| 邊 | bien | 1 | 450 | 0.0570 | 171 | 260 |
| 邊 | bien | 1 | 12 | 0.0015 | 171 | 260 |
| 界 | jieh | 4 | | | 2329 | 265 |
| 邊 | bien | 1 | 14 | 0.0018 | 171 | 260 |
| 疆 | jiang | 1 | | | 2465 | 1030 |
| 邊 | bien | 1 | 11 | 0.0014 | 171 | 260 |
| 境 | jing | 4 | | | 2501 | 853 |

| Char. | Syll. | Tone | Freq. | Freq.% | ID | Rank |
|---|---|---|---|---|---|---|
| 邊 | bien | 1 | 37 | 0.0047 | 171 | 260 |
| 緣 | yüen | 2 | | | 4814 | 1623 |
| 貶 | bien | 3 | 10 | 0.0013 | 174 | 3433 |
| 便 | bien | 4 | 1237 | 0.1567 | 178 | 209 |
| 便 | bien | 4 | 46 | 0.0058 | 178 | 209 |
| 利 | li | 4 | | | 1398 | 222 |
| 遍 | bien | 4 | 60 | 0.0076 | 177 | 264 |
| 辨 | bien | 4 | 19 | 0.0024 | 179 | 1926 |
| 辨 | bien | 4 | 12 | 0.0015 | 179 | 1926 |
| 別 | bieh | 2 | | | 163 | 259 |
| 辨 | bien | 4 | 16 | 0.0020 | 179 | 1926 |
| 認 | run | 4 | | | 3816 | 479 |
| 辯 | bien | 4 | 24 | 0.0030 | 182 | 2158 |
| 論 | loon | 4 | | | 1577 | 347 |
| 變 | bien | 4 | 277 | 0.0351 | 180 | 316 |
| 變 | bien | 4 | 24 | 0.0030 | 180 | 316 |
| 動 | doong | 4 | | | 974 | 94 |
| 變 | bien | 4 | 17 | 0.0022 | 180 | 316 |
| 更 | gung | 4 | | | 1708 | 349 |
| 變 | bien | 4 | 190 | 0.0241 | 180 | 316 |
| 化 | hwa | 4 | | | 2085 | 278 |
| 變 | bien | 4 | 33 | 0.0042 | 180 | 316 |
| 換 | hwan | 4 | | | 2146 | 1011 |
| 變 | bien | 4 | 10 | 0.0013 | 180 | 316 |
| 局 | jü | 2 | | | 2516 | 672 |
| 變 | bien | 4 | 12 | 0.0015 | 180 | 316 |
| 遷 | chien | 1 | | | 2676 | 1468 |
| 變 | bien | 4 | 196 | 0.0248 | 180 | 316 |
| 成 | rcung | 2 | | | 3490 | 56 |
| 變 | bien | 4 | 20 | 0.0025 | 180 | 316 |
| 做 | dswo | 4 | | | 3952 | 99 |
| 變 | bien | 4 | 12 | 0.0015 | 180 | 316 |
| 異 | yi | 4 | | | 4335 | 1096 |
| 變 | bien | 4 | 55 | 0.0070 | 180 | 316 |
| 爲 | wei | 2 | | | 4639 | 95 |
| 賓 | bin | 1 | 13 | 0.0016 | 185 | 1139 |

| Char. | Syll. | Tone | Freq. | Freq.% | ID | Rank |
|---|---|---|---|---|---|---|
| 濱 | bin | 1 | 20 | 0.0025 | 184 | 1374 |
| 兵 | bing | 1 | 176 | 0.0223 | 192 | 459 |
| 兵 | bing | 1 | 21 | 0.0027 | 192 | 459 |
| 器 | chi | 4 | | | 2626 | 394 |
| 冰 | bing | 1 | 50 | 0.0063 | 194 | 1107 |
| 冰 | bing | 1 | 17 | 0.0022 | 194 | 1107 |
| 河 | huh | 2 | | | 1954 | 159 |
| 丙 | bing | 3 | 15 | 0.0019 | 196 | 1783 |
| 柄 | bing | 3 | 21 | 0.0027 | 198 | 2249 |
| 稟 | bing | 3 | 17 | 0.0022 | 201 | 3856 |
| 幷 | bing | 4 | 19 | 0.0024 | 205 | 1970 |
| 並 | bing | 4 | 1397 | 0.1770 | 203 | 204 |
| 並 | bing | 4 | 234 | 0.0296 | 203 | 204 |
| 且 | chieh | 3 | | | 2643 | 425 |
| 併 | bing | 4 | 11 | 0.0014 | 204 | 1995 |
| 病 | bing | 4 | 233 | 0.0295 | 202 | 318 |
| 病 | bing | 4 | 11 | 0.0014 | 202 | 318 |
| 毒 | du | 2 | | | 918 | 847 |
| 病 | bing | 4 | 12 | 0.0015 | 202 | 318 |
| 症 | rjung | 4 | | | 3278 | 2317 |
| 病 | bing | 4 | 98 | 0.0124 | 202 | 318 |
| 人 | run | 2 | | | 3812 | 11 |
| 病 | bing | 4 | 10 | 0.0013 | 202 | 318 |
| 原 | yüen | 2 | | | 4809 | 197 |
| 體 | ti | 3 | | | 1073 | 178 |
| 不 | bu | 4 | 11410 | 1.4455 | 213 | 8 |
| 不 | bu | 4 | 109 | 0.0138 | 213 | 8 |
| 必 | bi | 4 | | | 139 | 483 |
| 不 | bu | 4 | 248 | 0.0314 | 213 | 8 |
| 但 | dan | 4 | | | 808 | 175 |
| 不 | bu | 4 | 159 | 0.0201 | 213 | 8 |
| 斷 | dwan | 4 | | | 952 | 871 |
| 不 | bu | 4 | 18 | 0.0023 | 213 | 8 |
| 啻 | rci | 4 | | | 3397 | 4564 |
| 不 | bu | 4 | 13 | 0.0016 | 213 | 8 |
| 利 | li | 4 | | | 1398 | 222 |

| Char. | Syll. | Tone | Freq. | Freq.% | ID | Rank |
|---|---|---|---|---|---|---|
| 不 | bu | 4 | 23 | 0.0029 | 213 | 8 |
| 料 | liau | 4 | | | 1445 | 387 |
| 不 | bu | 4 | 95 | 0.0120 | 213 | 8 |
| 論 | loon | 2 | | | 1575 | 3950 |
| 不 | bu | 4 | 468 | 0.0593 | 213 | 8 |
| 過 | gwo | 4 | | | 1754 | 67 |
| 不 | bu | 4 | 64 | 0.0081 | 213 | 8 |
| 幸 | xing | 4 | | | 2998 | 939 |
| 不 | bu | 4 | 30 | 0.0038 | 213 | 8 |
| 至 | rji | 4 | | | 3110 | 442 |
| 不 | bu | 4 | 10 | 0.0013 | 213 | 8 |
| 致 | rji | 4 | | | 3117 | 838 |
| 於 | yü | 2 | | | 4728 | 113 |
| 不 | bu | 4 | 38 | 0.0048 | 213 | 8 |
| 錯 | tswo | 4 | | | 4052 | 789 |
| 不 | bu | 4 | 11 | 0.0014 | 213 | 8 |
| 滿 | man | 3 | | | 468 | 454 |
| 不 | bu | 4 | 59 | 0.0075 | 213 | 8 |
| 免 | mien | 3 | | | 534 | 781 |
| 不 | bu | 4 | 27 | 0.0034 | 213 | 8 |
| 妨 | fang | 2 | | | 652 | 1858 |
| 不 | bu | 4 | 60 | 0.0076 | 213 | 8 |
| 得 | duh | 2 | | | 746 | 146 |
| 不 | bu | 4 | | | 213 | 8 |
| 不 | bu | 4 | 15 | 0.0019 | 213 | 8 |
| 得 | duh | 2 | | | 746 | 146 |
| 了 | liau | 3 | | | 1443 | 1003 |
| 不 | bu | 4 | 14 | 0.0018 | 213 | 8 |
| 得 | duh | 2 | | | 746 | 146 |
| 已 | yi | 3 | | | 4323 | 183 |
| 不 | bu | 4 | 10 | 0.0013 | 213 | 8 |
| 停 | ting | 2 | | | 1110 | 649 |
| 不 | bu | 4 | 39 | 0.0049 | 213 | 8 |
| 能 | nung | 2 | | | 1212 | 70 |
| 不 | bu | 4 | | | 213 | 8 |
| 不 | bu | 4 | 65 | 0.0082 | 213 | 8 |
| 管 | gwan | 3 | | | 1787 | 452 |
| 不 | bu | 4 | 173 | 0.0219 | 213 | 8 |
| 久 | jiu | 3 | | | 2376 | 522 |
| 不 | bu | 4 | 41 | 0.0052 | 213 | 8 |
| 禁 | jin | 1 | | | 2446 | 2970 |
| 不 | bu | 4 | 147 | 0.0186 | 213 | 8 |
| 僅 | jin | 2 | | | 2447 | 1146 |
| 不 | bu | 4 | 30 | 0.0038 | 213 | 8 |
| 覺 | jüeh | 2 | | | 2545 | 512 |
| 不 | bu | 4 | 14 | 0.0018 | 213 | 8 |
| 惜 | xi | 2 | | | 2811 | 1620 |
| 不 | bu | 4 | 18 | 0.0023 | 213 | 8 |
| 知 | rji | 1 | | | 3076 | 269 |
| 不 | bu | 4 | | | 213 | 8 |
| 覺 | jüeh | 2 | | | 2545 | 512 |
| 不 | bu | 4 | 29 | 0.0037 | 213 | 8 |
| 時 | shi | 2 | | | 3578 | 29 |
| 不 | bu | 4 | 25 | 0.0032 | 213 | 8 |
| 然 | ran | 2 | | | 3807 | 123 |
| 不 | bu | 4 | 38 | 0.0048 | 213 | 8 |
| 如 | ru | 2 | | | 3829 | 120 |
| 不 | bu | 4 | 22 | 0.0028 | 213 | 8 |
| 安 | an | 1 | | | 4273 | 242 |
| 不 | bu | 4 | 14 | 0.0018 | 213 | 8 |
| 由 | you | 2 | | | 4435 | 126 |
| 得 | duh | 2 | | | 746 | 146 |
| 捕 | bu | 3 | 51 | 0.0065 | 207 | 1258 |
| 捕 | bu | 3 | 15 | 0.0019 | 207 | 1258 |
| 捉 | rjwo | 1 | | | 3318 | 1198 |
| 補 | bu | 3 | 20 | 0.0025 | 208 | 842 |
| 補 | bu | 3 | 40 | 0.0051 | 208 | 842 |
| 助 | rju | 4 | | | 3306 | 493 |
| 補 | bu | 3 | 15 | 0.0019 | 208 | 842 |
| 償 | rcang | 2 | | | 3475 | 2384 |
| 補 | bu | 3 | 43 | 0.0054 | 208 | 842 |
| 充 | rcoong | 1 | | | 3560 | 739 |
| 布 | bu | 4 | 249 | 0.0315 | 215 | 297 |
| 佈 | bu | 4 | 21 | 0.0027 | 216 | 986 |
| 置 | rji | 4 | | | 3114 | 741 |
| 步 | bu | 4 | 230 | 0.0291 | 214 | 417 |
| 步 | bu | 4 | 11 | 0.0014 | 214 | 417 |
| 兵 | bing | 1 | | | 192 | 459 |
| 步 | bu | 4 | 19 | 0.0024 | 214 | 417 |
| 行 | xing | 2 | | | 2989 | 76 |

| Char. | Syll. | Tone | Freq. | Freq.% | ID | Rank |
|---|---|---|---|---|---|---|
| 步 | bu | 4 | 35 | 0.0044 | 214 | 417 |
| 驟 | dsou | 4 | | | 3921 | 2584 |
| 部 | bu | 4 | 273 | 0.0346 | 212 | 91 |
| 部 | bu | 4 | 37 | 0.0047 | 212 | 91 |
| 門 | mun | 2 | | | 476 | 274 |
| 部 | bu | 4 | 21 | 0.0027 | 212 | 91 |
| 份 | fun | 4 | | | 641 | 661 |
| 部 | bu | 4 | 277 | 0.0351 | 212 | 91 |
| 分 | fun | 4 | | | 640 | 693 |
| 部 | bu | 4 | 77 | 0.0098 | 212 | 91 |
| 隊 | dwei | 4 | | | 946 | 427 |
| 部 | bu | 4 | 15 | 0.0019 | 212 | 91 |
| 會 | hwei | 4 | | | 2126 | 31 |
| 部 | bu | 4 | 12 | 0.0015 | 212 | 91 |
| 下 | xia | 4 | | | 2844 | 50 |
| 部 | bu | 4 | 15 | 0.0019 | 212 | 91 |
| 署 | shu | 3 | | | 3749 | 1457 |
| 部 | bu | 4 | 17 | 0.0022 | 212 | 91 |
| 位 | wei | 4 | | | 4659 | 188 |
| 爬 | pa | 2 | 78 | 0.0099 | 224 | 1026 |
| 爬 | pa | 2 | 17 | 0.0022 | 224 | 1026 |
| 山 | shan | 1 | | | 3670 | 107 |
| 怕 | pa | 4 | 234 | 0.0296 | 228 | 653 |
| 坡 | po | 1 | 16 | 0.0020 | 230 | 1344 |
| 婆 | po | 2 | 10 | 0.0013 | 232 | 1176 |
| 婆 | po | 2 | 11 | 0.0014 | 232 | 1176 |
| 婆 | po | 2 | | | 232 | 1176 |
| 婆 | po | 2 | 11 | 0.0014 | 232 | 1176 |
| 娘 | niang | 2 | | | 1253 | 1579 |
| 迫 | po | 4 | 54 | 0.0068 | 234 | 1364 |
| 迫 | po | 4 | 12 | 0.0015 | 234 | 1364 |
| 切 | chieh | 1 | | | 2640 | 1869 |
| 破 | po | 4 | 102 | 0.0129 | 235 | 654 |
| 破 | po | 4 | 23 | 0.0029 | 235 | 654 |
| 裂 | lieh | 4 | | | 1429 | 1545 |
| 破 | po | 4 | 11 | 0.0014 | 235 | 654 |
| 獲 | hwo | 4 | | | 2095 | 1111 |
| 破 | po | 4 | 97 | 0.0123 | 235 | 654 |
| 壞 | hwai | 2 | | | 2111 | 732 |
| 破 | po | 4 | 11 | 0.0014 | 235 | 654 |
| 舊 | jiu | 4 | | | 2383 | 813 |
| 拍 | pai | 1 | 78 | 0.0099 | 238 | 979 |
| 拍 | pai | 1 | 14 | 0.0018 | 238 | 979 |
| 賣 | mai | 4 | | | 426 | 889 |
| 拍 | pai | 1 | 10 | 0.0013 | 238 | 979 |
| 攝 | shuh | 4 | | | 3640 | 1691 |
| 拍 | pai | 1 | 36 | 0.0046 | 238 | 979 |
| 子 | dsi | 3 | | | 3874 | 324 |
| 排 | pai | 2 | 104 | 0.0132 | 240 | 736 |
| 排 | pai | 2 | 11 | 0.0014 | 240 | 736 |
| 隊 | dwei | 4 | | | 946 | 427 |
| 排 | pai | 2 | 35 | 0.0044 | 240 | 736 |
| 列 | lieh | 4 | | | 1428 | 500 |
| 排 | pai | 2 | 12 | 0.0015 | 240 | 736 |
| 出 | rcu | 1 | | | 3507 | 60 |
| 派 | pai | 4 | 213 | 0.0270 | 246 | 701 |
| 派 | pai | 4 | 14 | 0.0018 | 246 | 701 |
| 出 | rcu | 1 | | | 3507 | 60 |
| 所 | swo | 3 | | | 4169 | 79 |
| 胚 | pei | 1 | 10 | 0.0013 | 248 | 2928 |
| 培 | pei | 2 | 13 | 0.0016 | 250 | 1345 |
| 植 | rji | 2 | | | 3093 | 887 |
| 培 | pei | 2 | 115 | 0.0146 | 250 | 1345 |
| 養 | yang | 3 | | | 4542 | 421 |
| 陪 | pei | 2 | 69 | 0.0087 | 249 | 1928 |
| 陪 | pei | 2 | 10 | 0.0013 | 249 | 1928 |
| 同 | toong | 2 | | | 1160 | 92 |
| 賠 | pei | 2 | 20 | 0.0025 | 252 | 2219 |
| 佩 | pei | 4 | 10 | 0.0013 | 254 | 1375 |
| 服 | fu | 2 | | | 688 | 366 |
| 配 | pei | 4 | 62 | 0.0079 | 255 | 1097 |
| 配 | pei | 4 | 123 | 0.0156 | 255 | 1097 |
| 合 | huh | 2 | | | 1953 | 172 |

| Char. | Syll. | Tone | Freq. | Freq.% | ID | Rank |
|---|---|---|---|---|---|---|
| 配 | pei | 4 | 11 | 0.0014 | 255 | 1097 |
| 上 | shang | 4 | | | 3712 | 17 |
| 配 | pei | 4 | 74 | 0.0094 | 255 | 1097 |
| 子 | dsi | 3 | | | 3874 | 324 |
| 配 | pei | 4 | 12 | 0.0015 | 255 | 1097 |
| 偶 | ou | 3 | | | 4269 | 2282 |
| 拋 | pau | 1 | 26 | 0.0033 | 259 | 2648 |
| 拋 | pau | 1 | 20 | 0.0025 | 259 | 2648 |
| 棄 | chi | 4 | | | 2628 | 1709 |
| 袍 | pau | 2 | 15 | 0.0019 | 261 | 2853 |
| 跑 | pau | 3 | 72 | 0.0091 | 262 | 489 |
| 跑 | pau | 3 | 14 | 0.0018 | 262 | 489 |
| 道 | dau | 4 | | | 774 | 155 |
| 泡 | pau | 1 | 15 | 0.0019 | 258 | 4216 |
| 炮 | pau | 4 | 11 | 0.0014 | 263 | 1283 |
| 彈 | dan | 4 | | | 810 | 875 |
| 炮 | pau | 4 | 10 | 0.0013 | 263 | 1283 |
| 火 | hwo | 3 | | | 2093 | 235 |
| 攀 | pan | 1 | 13 | 0.0016 | 269 | 3155 |
| 攀 | pan | 1 | 10 | 0.0013 | 269 | 3155 |
| 登 | dung | 1 | | | 832 | 1360 |
| 盤 | pan | 2 | 28 | 0.0035 | 272 | 1009 |
| 盤 | pan | 2 | 13 | 0.0016 | 272 | 1009 |
| 旋 | xüen | 2 | | | 3039 | 1291 |
| 判 | pan | 4 | 14 | 0.0018 | 274 | 1284 |
| 判 | pan | 4 | 60 | 0.0076 | 274 | 1284 |
| 斷 | dwan | 4 | | | 952 | 871 |
| 判 | pan | 4 | 17 | 0.0022 | 274 | 1284 |
| 決 | jüeh | 2 | | | 2546 | 363 |
| 判 | pan | 4 | 17 | 0.0022 | 274 | 1284 |
| 亂 | lwan | 4 | | | 1568 | 794 |
| 畔 | pan | 4 | 10 | 0.0013 | 275 | 2854 |
| 噴 | pun | 1 | 24 | 0.0030 | 278 | 1625 |
| 噴 | pun | 1 | 10 | 0.0013 | 278 | 1625 |
| 射 | shuh | 4 | | | 3638 | 446 |

| Char. | Syll. | Tone | Freq. | Freq.% | ID | Rank |
|---|---|---|---|---|---|---|
| 盆 | pun | 2 | 31 | 0.0039 | 279 | 1243 |
| 盆 | pun | 2 | 29 | 0.0037 | 279 | 1243 |
| 地 | di | 4 | | | 858 | 33 |
| 旁 | pang | 2 | 130 | 0.0165 | 284 | 867 |
| 旁 | pang | 2 | 90 | 0.0114 | 284 | 867 |
| 邊 | bien | 1 | | | 171 | 260 |
| 旁 | pang | 2 | 13 | 0.0016 | 284 | 867 |
| 人 | run | 2 | | | 3812 | 11 |
| 龐 | pang | 2 | 47 | 0.0060 | 286 | 2595 |
| 大 | da | 4 | | | 745 | 12 |
| 胖 | pang | 4 | 19 | 0.0024 | 288 | 1835 |
| 朋 | pung | 2 | 335 | 0.0424 | 293 | 414 |
| 友 | you | 3 | | | 4443 | 336 |
| 膨 | pung | 2 | 12 | 0.0015 | 294 | 2452 |
| 大 | da | 4 | | | 745 | 12 |
| 膨 | pung | 2 | 24 | 0.0030 | 294 | 2452 |
| 脹 | rjang | 4 | | | 3258 | 2382 |
| 捧 | pung | 3 | 25 | 0.0032 | 300 | 2778 |
| 碰 | pung | 4 | 33 | 0.0042 | 301 | 1266 |
| 碰 | pung | 4 | 43 | 0.0054 | 301 | 1266 |
| 到 | dau | 4 | | | 775 | 21 |
| 碰 | pung | 4 | 14 | 0.0018 | 301 | 1266 |
| 撞 | rjwang | 4 | | | 3359 | 2145 |
| 匹 | pi | 1 | 12 | 0.0015 | 302 | 1971 |
| 批 | pi | 1 | 85 | 0.0108 | 303 | 1306 |
| 批 | pi | 1 | 58 | 0.0073 | 303 | 1306 |
| 評 | ping | 2 | | | 353 | 1445 |
| 披 | pi | 1 | 32 | 0.0041 | 305 | 2331 |
| 皮 | pi | 2 | 53 | 0.0067 | 311 | 481 |
| 皮 | pi | 2 | 57 | 0.0072 | 311 | 481 |
| 膚 | fu | 1 | | | 680 | 1567 |
| 皮 | pi | 2 | 13 | 0.0016 | 311 | 481 |
| 帶 | dai | 4 | | | 755 | 301 |
| 皮 | pi | 2 | 18 | 0.0023 | 311 | 481 |
| 鞋 | xieh | 2 | | | 2851 | 1335 |

| Char. | Syll. | Tone | Freq. | Freq.% | ID | Rank |
|---|---|---|---|---|---|---|
| 疲 | pi | 2 | 10 | 0.0013 | 310 | 1765 |
| 憊 | bei | 4 | | | 70 | 3844 |
| 疲 | pi | 2 | 15 | 0.0019 | 310 | 1765 |
| 勞 | lau | 2 | | | 1318 | 775 |
| 疲 | pi | 2 | 32 | 0.0041 | 310 | 1765 |
| 倦 | jüen | 4 | | | 2567 | 2203 |
| 啤 | pi | 2 | 11 | 0.0014 | 315 | 3643 |
| 酒 | jiu | 3 | | | 2379 | 753 |
| 脾 | pi | 2 | 25 | 0.0032 | 313 | 2596 |
| 氣 | chi | 4 | | | 2627 | 132 |
| 闢 | pi | 4 | 17 | 0.0022 | 324 | 2250 |
| 譬 | pi | 4 | 72 | 0.0091 | 325 | 2159 |
| 如 | ru | 2 | | | 3829 | 120 |
| 飄 | piau | 1 | 19 | 0.0024 | 332 | 1444 |
| 飄 | piau | 1 | 10 | 0.0013 | 332 | 1444 |
| 浮 | fu | 2 | | | 692 | 1543 |
| 票 | piau | 4 | 29 | 0.0037 | 338 | 490 |
| 漂 | piau | 1 | 81 | 0.0103 | 331 | 2651 |
| 亮 | liang | 4 | | | 1502 | 553 |
| 偏 | pien | 1 | 28 | 0.0035 | 339 | 1660 |
| 偏 | pien | 1 | 12 | 0.0015 | 339 | 1660 |
| 僻 | pi | 4 | | | 327 | 2780 |
| 偏 | pien | 1 | 11 | 0.0014 | 339 | 1660 |
| 偏 | pien | 1 | | | 339 | 1660 |
| 偏 | pien | 1 | 11 | 0.0014 | 339 | 1660 |
| 愛 | ai | 4 | | | 4246 | 300 |
| 篇 | pien | 1 | 171 | 0.0217 | 340 | 987 |
| 篇 | pien | 1 | 11 | 0.0014 | 340 | 987 |
| 幅 | fu | 2 | | | 689 | 1476 |
| 便 | pien | 2 | 38 | 0.0048 | 342 | 2194 |
| 宜 | yi | 2 | | | 4309 | 936 |
| 片 | pien | 4 | 152 | 0.0193 | 344 | 476 |
| 片 | pien | 4 | 21 | 0.0027 | 344 | 476 |
| 刻 | kuh | 4 | | | 1845 | 738 |
| 片 | pien | 4 | 10 | 0.0013 | 344 | 476 |
| 子 | dsi | 3 | | | 3874 | 324 |

| Char. | Syll. | Tone | Freq. | Freq.% | ID | Rank |
|---|---|---|---|---|---|---|
| 遍 | bien | 4 | 48 | 0.0061 | 177 | 264 |
| 騙 | pien | 4 | 24 | 0.0030 | 343 | 2050 |
| 拼 | pin | 1 | 23 | 0.0029 | 346 | 1645 |
| 命 | ming | 4 | | | 557 | 431 |
| 貧 | pin | 2 | 23 | 0.0029 | 348 | 1696 |
| 貧 | pin | 2 | 10 | 0.0013 | 348 | 1696 |
| 民 | min | 2 | | | 542 | 59 |
| 貧 | pin | 2 | 22 | 0.0028 | 348 | 1696 |
| 苦 | ku | 3 | | | 1888 | 567 |
| 貧 | pin | 2 | 16 | 0.0020 | 348 | 1696 |
| 血 | xüeh | 4 | | | 3031 | 1604 |
| 頻 | pin | 2 | 11 | 0.0014 | 349 | 3040 |
| 率 | lü | 4 | | | 1603 | 1842 |
| 品 | pin | 3 | 26 | 0.0033 | 350 | 415 |
| 品 | pin | 3 | 22 | 0.0028 | 350 | 415 |
| 質 | rji | 2 | | | 3094 | 724 |
| 品 | pin | 2 | 13 | 0.0016 | 350 | 415 |
| 種 | rjoong | 3 | | | 3368 | 89 |
| 平 | ping | 2 | 92 | 0.0117 | 354 | 165 |
| 平 | ping | 2 | 31 | 0.0039 | 354 | 165 |
| 民 | min | 2 | | | 542 | 59 |
| 平 | ping | 2 | 27 | 0.0034 | 354 | 165 |
| 凡 | fan | 2 | | | 611 | 1082 |
| 平 | ping | 2 | 11 | 0.0014 | 354 | 165 |
| 方 | fang | 1 | | | 647 | 62 |
| 平 | ping | 2 | 57 | 0.0072 | 354 | 165 |
| 等 | dung | 3 | | | 833 | 118 |
| 平 | ping | 2 | 15 | 0.0019 | 354 | 165 |
| 地 | di | 4 | | | 858 | 33 |
| 平 | ping | 2 | 12 | 0.0015 | 354 | 165 |
| 坦 | tan | 3 | | | 1034 | 1250 |
| 平 | ping | 2 | 79 | 0.0100 | 354 | 165 |
| 衡 | hung | 2 | | | 2049 | 1915 |
| 平 | ping | 2 | 44 | 0.0056 | 354 | 165 |
| 靜 | jing | 4 | | | 2498 | 785 |
| 平 | ping | 2 | 101 | 0.0128 | 354 | 165 |
| 均 | jün | 1 | | | 2573 | 1245 |

| Char. | Syll. | Tone | Freq. | Freq.% | ID | Rank |
|---|---|---|---|---|---|---|
| 平 | ping | 2 | 24 | 0.0030 | 354 | 165 |
| 行 | xing | 2 | | | 2989 | 76 |
| 平 | ping | 2 | 48 | 0.0061 | 354 | 165 |
| 常 | rcang | 2 | | | 3472 | 136 |
| 平 | ping | 2 | 58 | 0.0073 | 354 | 165 |
| 時 | shi | 2 | | | 3578 | 29 |
| 平 | ping | 2 | 13 | 0.0016 | 354 | 165 |
| 日 | ri | 4 | | | 3795 | 54 |
| 平 | ping | 2 | 14 | 0.0018 | 354 | 165 |
| 安 | an | 1 | | | 4273 | 242 |
| 平 | ping | 2 | 81 | 0.0103 | 354 | 165 |
| 原 | yüen | 2 | | | 4809 | 197 |
| 瓶 | ping | 2 | 74 | 0.0094 | 355 | 1697 |
| 評 | ping | 2 | 15 | 0.0019 | 353 | 1445 |
| 論 | loon | 4 | | | 1577 | 347 |
| 憑 | ping | 2 | 76 | 0.0096 | 358 | 1997 |
| 蘋 | ping | 2 | 10 | 0.0013 | 360 | 3041 |
| 果 | gwo | 3 | | | 1751 | 174 |
| 撲 | pu | 1 | 36 | 0.0046 | 362 | 1513 |
| 撲 | pu | 1 | 13 | 0.0016 | 362 | 1513 |
| 滅 | mieh | 4 | | | 519 | 947 |
| 鋪 | pu | 4 | 30 | 0.0038 | 377 | 1998 |
| 菩 | pu | 2 | 26 | 0.0033 | 371 | 4225 |
| 薩 | sa | 4 | | | 4111 | 1496 |
| 葡 | pu | 2 | 21 | 0.0027 | 365 | 1662 |
| 萄 | tau | 5 | | | 1014 | 1909 |
| 糖 | tang | 2 | | | 1044 | 855 |
| 僕 | pu | 2 | 25 | 0.0032 | 366 | 2855 |
| 人 | run | 2 | | | 3812 | 11 |
| 樸 | pu | 2 | 10 | 0.0013 | 367 | 2333 |
| 實 | shi | 2 | | | 3581 | 215 |
| 樸 | pu | 2 | 15 | 0.0019 | 367 | 2333 |
| 素 | su | 4 | | | 4154 | 704 |
| 普 | pu | 3 | 81 | 0.0103 | 373 | 824 |
| 遍 | bien | 4 | | | 177 | 264 |
| 普 | pu | 3 | 121 | 0.0153 | 373 | 824 |
| 通 | toong | 1 | | | 1158 | 202 |

| Char. | Syll. | Tone | Freq. | Freq.% | ID | Rank |
|---|---|---|---|---|---|---|
| 暴 | pu | 4 | 17 | 0.0022 | 381 | 3442 |
| 露 | lu | 4 | | | 1538 | 1395 |
| 嗎 | ma | 5 | 494 | 0.0626 | 394 | 508 |
| 嘛 | ma | 5 | 24 | 0.0030 | 396 | 4228 |
| 媽 | ma | 1 | 47 | 0.0060 | 382 | 148 |
| 媽 | ma | 1 | 151 | 0.0191 | 382 | 148 |
| 媽 | ma | 1 | | | 382 | 148 |
| 麻 | ma | 2 | 40 | 0.0051 | 384 | 817 |
| 煩 | fan | 2 | | | 613 | 1460 |
| 馬 | ma | 3 | 251 | 0.0318 | 390 | 282 |
| 馬 | ma | 3 | 12 | 0.0015 | 390 | 282 |
| 尼 | ni | 2 | | | 1214 | 602 |
| 拉 | la | 1 | | | 1282 | 406 |
| 馬 | ma | 3 | 23 | 0.0029 | 390 | 282 |
| 來 | lai | 2 | | | 1297 | 15 |
| 西 | xi | 1 | | | 2783 | 61 |
| 亞 | ya | 4 | | | 4384 | 345 |
| 馬 | ma | 3 | 29 | 0.0037 | 390 | 282 |
| 路 | lu | 4 | | | 1537 | 149 |
| 馬 | ma | 2 | 14 | 0.0018 | 390 | 282 |
| 可 | kuh | 3 | | | 1840 | 41 |
| 斯 | si | 1 | | | 4085 | 304 |
| 馬 | ma | 3 | 25 | 0.0032 | 390 | 282 |
| 車 | rcuh | 1 | | | 3412 | 181 |
| 馬 | ma | 3 | 70 | 0.0089 | 390 | 282 |
| 上 | shang | 4 | | | 3712 | 17 |
| 碼 | ma | 3 | 13 | 0.0016 | 392 | 1836 |
| 頭 | tou | 2 | | | 1017 | 164 |
| 螞 | ma | 3 | 14 | 0.0018 | 391 | 1855 |
| 蟻 | yi | 3 | | | 4327 | 1486 |
| 罵 | ma | 4 | 64 | 0.0081 | 393 | 1220 |
| 麼 | muh | 5 | 67 | 0.0085 | 395 | 3443 |
| 摸 | mo | 1 | 19 | 0.0024 | 397 | 1285 |
| 莫 | mo | 4 | 12 | 0.0015 | 411 | 1294 |
| 耳 | er | 3 | | | 4295 | 994 |
| 模 | mu | 2 | 22 | 0.0028 | 558 | 2782 |
| 倣 | fang | 3 | | | 659 | 3456 |

| Char. | Syll. | Tone | Freq. | Freq.% | ID | Rank |
|---|---|---|---|---|---|---|
| 模 | mu | 2 | 17 | 0.0022 | 558 | 2782 |
| 糊 | hu | 2 | | | 2060 | 1958 |
| 模 | mu | 2 | 16 | 0.0020 | 558 | 2782 |
| 型 | xing | 2 | | | 2991 | 1214 |
| 模 | mu | 2 | 22 | 0.0028 | 558 | 2782 |
| 樣 | yang | 4 | | | 4546 | 69 |
| 磨 | mo | 2 | 45 | 0.0057 | 401 | 1718 |
| 磨 | mo | 2 | 10 | 0.0013 | 401 | 1718 |
| 鍊 | lien | 4 | | | 1469 | 1633 |
| 磨 | mo | 2 | 23 | 0.0029 | 401 | 1718 |
| 擦 | tsa | 1 | | | 3998 | 1206 |
| 抹 | mo | 3 | 15 | 0.0019 | 407 | 2400 |
| 抹 | mo | 3 | 19 | 0.0024 | 407 | 2400 |
| 煞 | sha | 4 | | | 3624 | 2898 |
| 末 | mo | 4 | 73 | 0.0092 | 410 | 1390 |
| 陌 | mo | 4 | 24 | 0.0030 | 416 | 2654 |
| 生 | shung | 1 | | | 3715 | 32 |
| 陌 | mo | 4 | 13 | 0.0016 | 416 | 2654 |
| 生 | shung | 1 | | | 3715 | 32 |
| 人 | run | 2 | | | 3812 | 11 |
| 莫 | mo | 4 | 94 | 0.0119 | 411 | 1294 |
| 莫 | mo | 4 | 12 | 0.0015 | 411 | 1294 |
| 名 | ming | 2 | | | 551 | 141 |
| 其 | chi | 2 | | | 2598 | 243 |
| 妙 | miau | 4 | | | 528 | 1392 |
| 莫 | mo | 4 | 10 | 0.0013 | 411 | 1294 |
| 札 | rja | 2 | | | 3135 | 3376 |
| 特 | tuh | 4 | | | 989 | 328 |
| 莫 | mo | 4 | 37 | 0.0047 | 411 | 1294 |
| 斯 | si | 1 | | | 4085 | 304 |
| 科 | kuh | 1 | | | 1826 | 341 |
| 墨 | mo | 4 | 19 | 0.0024 | 408 | 1199 |
| 墨 | mo | 4 | 41 | 0.0052 | 408 | 1199 |
| 西 | xi | 1 | | | 2783 | 61 |
| 哥 | guh | 1 | | | 1616 | 433 |
| 埋 | mai | 2 | 30 | 0.0038 | 424 | 1740 |
| 埋 | mai | 2 | 10 | 0.0013 | 424 | 1740 |
| 藏 | tsang | 2 | | | 4040 | 1118 |
| 埋 | mai | 2 | 11 | 0.0014 | 424 | 1740 |
| 怨 | yüen | 4 | | | 4826 | 2155 |
| 買 | mai | 3 | 291 | 0.0369 | 425 | 550 |
| 買 | mai | 3 | 17 | 0.0022 | 425 | 550 |
| 賣 | mai | 4 | | | 426 | 889 |
| 麥 | mai | 4 | 15 | 0.0019 | 427 | 843 |
| 賣 | mai | 4 | 124 | 0.0157 | 426 | 889 |
| 賣 | mai | 4 | 11 | 0.0014 | 426 | 889 |
| 掉 | diau | 4 | | | 882 | 854 |
| 沒 | mei | 2 | 2251 | 0.2852 | 431 | 108 |
| 枚 | mei | 2 | 25 | 0.0032 | 434 | 1953 |
| 玫 | mei | 2 | 10 | 0.0013 | 438 | 3649 |
| 瑰 | gwei | 1 | | | 1763 | 3696 |
| 眉 | mei | 2 | 17 | 0.0022 | 432 | 1837 |
| 梅 | mei | 2 | 11 | 0.0014 | 433 | 1487 |
| 媒 | mei | 2 | 15 | 0.0019 | 439 | 3045 |
| 介 | jieh | 4 | | | 2330 | 1332 |
| 煤 | mei | 2 | 39 | 0.0049 | 430 | 1058 |
| 煤 | mei | 2 | 19 | 0.0024 | 430 | 1058 |
| 礦 | kwang | 4 | | | 1937 | 928 |
| 酶 | mei | 2 | 10 | 0.0013 | id 3 | rk 3 |
| 每 | mei | 3 | 1260 | 0.1596 | 441 | 171 |
| 每 | mei | 2 | 13 | 0.0016 | 441 | 171 |
| 每 | mei | 3 | | | 441 | 171 |
| 美 | mei | 3 | 417 | 0.0528 | 442 | 80 |
| 美 | mei | 2 | 19 | 0.0024 | 442 | 80 |
| 滿 | man | 3 | | | 468 | 454 |
| 美 | mei | 3 | 18 | 0.0023 | 442 | 80 |
| 妙 | miau | 4 | | | 528 | 1392 |
| 美 | mei | 3 | 12 | 0.0015 | 442 | 80 |
| 德 | duh | 2 | | | 747 | 286 |
| 美 | mei | 3 | 116 | 0.0147 | 442 | 80 |
| 麗 | li | 4 | | | 1397 | 536 |
| 美 | mei | 3 | 1021 | 0.1293 | 442 | 80 |
| 國 | gwo | 2 | | | 1749 | 7 |

| Char. | Syll. | Tone | Freq. | Freq.% | ID | Rank |
|---|---|---|---|---|---|---|
| 美 | mei | 3 | 49 | 0.0062 | 442 | 80 |
| 國 | gwo | 2 | | | 1749 | 7 |
| 人 | run | 2 | | | 3812 | 11 |
| 美 | mei | 3 | 20 | 0.0025 | 442 | 80 |
| 觀 | gwan | 1 | | | 1782 | 359 |
| 美 | mei | 2 | 23 | 0.0029 | 442 | 80 |
| 好 | hau | 3 | | | 1995 | 45 |
| 美 | mei | 3 | 13 | 0.0016 | 442 | 80 |
| 化 | hwa | 4 | | | 2085 | 278 |
| 美 | mei | 3 | 35 | 0.0044 | 442 | 80 |
| 金 | jin | 1 | | | 2440 | 271 |
| 美 | mei | 3 | 29 | 0.0037 | 442 | 80 |
| 軍 | jün | 1 | | | 2574 | 150 |
| 美 | mei | 3 | 20 | 0.0025 | 442 | 80 |
| 洲 | rjou | 1 | | | 3188 | 420 |
| 美 | mei | 3 | 44 | 0.0056 | 442 | 80 |
| 術 | shu | 4 | | | 3758 | 598 |
| 美 | mei | 3 | 132 | 0.0167 | 442 | 80 |
| 元 | yüen | 2 | | | 4811 | 239 |
| 妹 | mei | 4 | 64 | 0.0081 | 445 | 501 |
| 妹 | mei | 4 | 80 | 0.0101 | 445 | 501 |
| 妹 | mei | 4 | | | 445 | 501 |
| 貓 | mau | 1 | 54 | 0.0068 | 451 | 1189 |
| 毛 | mau | 2 | 68 | 0.0086 | 453 | 573 |
| 毛 | mau | 2 | 12 | 0.0015 | 453 | 573 |
| 筆 | bi | 3 | | | 133 | 429 |
| 毛 | mau | 2 | 29 | 0.0037 | 453 | 573 |
| 病 | bing | 4 | | | 202 | 318 |
| 毛 | mau | 2 | 12 | 0.0015 | 453 | 573 |
| 澤 | dsuh | 2 | | | 3888 | 1778 |
| 東 | doong | 1 | | | 967 | 84 |
| 矛 | mau | 2 | 37 | 0.0047 | 454 | 3445 |
| 盾 | doon | 4 | | | 962 | 3168 |
| 冒 | mau | 4 | 42 | 0.0053 | 455 | 1578 |
| 冒 | mau | 4 | 29 | 0.0037 | 455 | 1578 |
| 險 | xien | 3 | | | 2928 | 957 |
| 貿 | mau | 4 | 156 | 0.0198 | 457 | 1907 |
| 易 | yi | 4 | | | 4333 | 565 |

| Char. | Syll. | Tone | Freq. | Freq.% | ID | Rank |
|---|---|---|---|---|---|---|
| 帽 | mau | 4 | 31 | 0.0039 | 456 | 1514 |
| 帽 | mau | 4 | 13 | 0.0016 | 456 | 1514 |
| 子 | dsi | 3 | | | 3874 | 324 |
| 貌 | mau | 4 | 30 | 0.0038 | 458 | 1767 |
| 謀 | mou | 2 | 64 | 0.0081 | 462 | 1327 |
| 謀 | mou | 2 | 10 | 0.0013 | 462 | 1327 |
| 求 | chiu | 2 | | | 2669 | 494 |
| 某 | mou | 3 | 259 | 0.0328 | 464 | 1613 |
| 某 | mou | 3 | 70 | 0.0089 | 464 | 1613 |
| 些 | xieh | 1 | | | 2849 | 139 |
| 瞞 | man | 2 | 12 | 0.0015 | 467 | 3284 |
| 蠻 | man | 2 | 22 | 0.0028 | 466 | 2291 |
| 滿 | man | 3 | 329 | 0.0417 | 468 | 454 |
| 滿 | man | 3 | 15 | 0.0019 | 468 | 454 |
| 清 | ching | 1 | | | 2726 | 289 |
| 滿 | man | 3 | 76 | 0.0096 | 468 | 454 |
| 足 | dsu | 2 | | | 3942 | 655 |
| 滿 | man | 3 | 47 | 0.0060 | 468 | 454 |
| 意 | yi | 4 | | | 4332 | 195 |
| 慢 | man | 4 | 70 | 0.0089 | 470 | 659 |
| 曼 | man | 4 | 14 | 0.0018 | 469 | 1391 |
| 谷 | gu | 3 | | | 1723 | 1437 |
| 慢 | man | 4 | 35 | 0.0044 | 470 | 659 |
| 慢 | man | 4 | | | 470 | 659 |
| 的 | duh | 5 | | | 749 | 1 |
| 慢 | man | 4 | 29 | 0.0037 | 470 | 659 |
| 慢 | man | 4 | | | 470 | 659 |
| 地 | di | 4 | | | 858 | 33 |
| 漫 | man | 4 | 12 | 0.0015 | 472 | 1999 |
| 蔓 | man | 4 | 15 | 0.0019 | 474 | 3446 |
| 悶 | mun | 1 | 28 | 0.0035 | 475 | 3157 |
| 門 | mun | 2 | 430 | 0.0545 | 476 | 274 |
| 門 | mun | 2 | 82 | 0.0104 | 476 | 274 |
| 口 | kou | 3 | | | 1858 | 220 |
| 門 | mun | 2 | 20 | 0.0025 | 476 | 274 |
| 戶 | hu | 4 | | | 2071 | 858 |

| Char. | Syll. | Tone | Freq. | Freq.% | ID | Rank |
|---|---|---|---|---|---|---|
| 們 | mun | 5 | 625 | 0.0792 | 479 | 16 |
| 盲 | mang | 2 | 21 | 0.0027 | 482 | 2656 |
| 目 | mu | 4 | | | 565 | 348 |
| 忙 | mang | 2 | 209 | 0.0265 | 481 | 620 |
| 忙 | mang | 2 | 30 | 0.0038 | 481 | 620 |
| 碌 | lu | 4 | | | 1540 | 2565 |
| 茫 | mang | 2 | 14 | 0.0018 | 483 | 2251 |
| 然 | ran | 2 | | | 3807 | 123 |
| 蒙 | mung | 2 | 29 | 0.0037 | 487 | 937 |
| 蒙 | mung | 2 | 25 | 0.0033 | 487 | 937 |
| 古 | gu | 3 | | | 1719 | 407 |
| 朦 | mung | 2 | 25 | 0.0032 | 490 | 3878 |
| 朧 | loong | 2 | | | 1581 | 1683 |
| 猛 | mung | 3 | 49 | 0.0062 | 495 | 1295 |
| 猛 | mung | 3 | 28 | 0.0035 | 495 | 1295 |
| 然 | ran | 2 | | | 3807 | 123 |
| 孟 | mung | 4 | 13 | 0.0016 | 498 | 1185 |
| 孟 | mung | 4 | 15 | 0.0019 | 498 | 1185 |
| 子 | dsi | 3 | | | 3874 | 324 |
| 夢 | mung | 4 | 46 | 0.0058 | 497 | 1248 |
| 夢 | mung | 4 | 12 | 0.0015 | 497 | 1248 |
| 見 | jien | 4 | | | 2417 | 206 |
| 夢 | mung | 4 | 17 | 0.0022 | 497 | 1248 |
| 想 | xiang | 3 | | | 2970 | 192 |
| 迷 | mi | 2 | 22 | 0.0028 | 502 | 1627 |
| 惑 | hwo | 4 | | | 2102 | 3084 |
| 迷 | mi | 2 | 14 | 0.0018 | 502 | 1627 |
| 惘 | wang | 3 | | | 4717 | 4692 |
| 彌 | mi | 2 | 12 | 0.0015 | 501 | 2598 |
| 補 | bu | 3 | | | 208 | 842 |
| 瀰 | mi | 2 | 10 | 0.0013 | 505 | 3882 |
| 漫 | man | 4 | | | 472 | 1999 |
| 米 | mi | 3 | 60 | 0.0076 | 507 | 559 |
| 秘 | mi | 4 | 57 | 0.0072 | 510 | 1080 |
| 密 | mi | 4 | | | 511 | 660 |
| 秘 | mi | 4 | 24 | 0.0030 | 510 | 1080 |
| 書 | shu | 1 | | | 3732 | 179 |

| Char. | Syll. | Tone | Freq. | Freq.% | ID | Rank |
|---|---|---|---|---|---|---|
| 密 | mi | 4 | 70 | 0.0089 | 511 | 660 |
| 密 | mi | 4 | 62 | 0.0079 | 511 | 660 |
| 度 | du | 4 | | | 927 | 212 |
| 密 | mi | 4 | 11 | 0.0014 | 511 | 660 |
| 集 | ji | 2 | | | 2225 | 342 |
| 密 | mi | 4 | 76 | 0.0096 | 511 | 660 |
| 切 | chieh | 1 | | | 2640 | 1869 |
| 蜜 | mi | 4 | 13 | 0.0016 | 512 | 1081 |
| 蜂 | fung | 1 | | | 661 | 717 |
| 滅 | mieh | 4 | 25 | 0.0032 | 519 | 947 |
| 滅 | mieh | 4 | 16 | 0.0020 | 519 | 947 |
| 亡 | wang | 2 | | | 4711 | 1208 |
| 描 | miau | 2 | 57 | 0.0072 | 521 | 2111 |
| 寫 | xieh | 3 | | | 2861 | 161 |
| 描 | miau | 2 | 27 | 0.0034 | 521 | 2111 |
| 述 | shu | 4 | | | 3757 | 917 |
| 秒 | miau | 3 | 52 | 0.0066 | 525 | 1838 |
| 秒 | miau | 3 | 21 | 0.0027 | 525 | 1838 |
| 鐘 | rjoong | 1 | | | 3360 | 662 |
| 渺 | miau | 2 | 10 | 0.0013 | 524 | 2937 |
| 小 | xiau | 3 | | | 2887 | 40 |
| 妙 | miau | 4 | 45 | 0.0057 | 528 | 1392 |
| 廟 | miau | 4 | 53 | 0.0067 | 527 | 1768 |
| 棉 | mien | 2 | 16 | 0.0020 | 530 | 737 |
| 棉 | mien | 2 | 29 | 0.0037 | 530 | 737 |
| 花 | hwa | 1 | | | 2078 | 246 |
| 免 | mien | 3 | 30 | 0.0038 | 534 | 781 |
| 免 | mien | 3 | 22 | 0.0028 | 534 | 781 |
| 費 | fei | 4 | | | 599 | 635 |
| 免 | mien | 3 | 22 | 0.0028 | 534 | 781 |
| 得 | duh | 2 | | | 746 | 146 |
| 免 | mien | 3 | 10 | 0.0013 | 534 | 781 |
| 於 | yü | 2 | | | 4728 | 113 |
| 免 | mien | 3 | 16 | 0.0020 | 534 | 781 |
| 勵 | li | 4 | | | 1402 | 1480 |
| 免 | mien | 3 | 55 | 0.0070 | 534 | 781 |
| 強 | chiang | 2 | | | 2716 | 354 |

| Char. | Syll. | Tone | Freq. | Freq.% | ID | Rank |
|---|---|---|---|---|---|---|
| 緬 | mien | 3 | 19 | 0.0024 | 533 | 1541 |
| 甸 | dien | 4 | | | 898 | 1770 |
| 緬 | mien | 3 | 10 | 0.0013 | 533 | 1541 |
| 共 | goong | 4 | | | 1820 | 186 |
| 面 | mien | 4 | 351 | 0.0445 | 539 | 66 |
| 面 | mien | 4 | 12 | 0.0015 | 539 | 66 |
| 貌 | mau | 4 | | | 458 | 1767 |
| 面 | mien | 4 | 20 | 0.0025 | 539 | 66 |
| 目 | mu | 4 | | | 565 | 348 |
| 面 | mien | 4 | 56 | 0.0071 | 539 | 66 |
| 對 | dwei | 4 | | | 947 | 90 |
| 面 | mien | 4 | 24 | 0.0030 | 539 | 66 |
| 臨 | lin | 2 | | | 1476 | 857 |
| 面 | mien | 4 | 24 | 0.0030 | 539 | 66 |
| 孔 | koong | 3 | | | 1946 | 1060 |
| 面 | mien | 4 | 153 | 0.0194 | 539 | 66 |
| 積 | ji | 1 | | | 2201 | 961 |
| 面 | mien | 4 | 144 | 0.0182 | 539 | 66 |
| 前 | chien | 2 | | | 2687 | 145 |
| 面 | mien | 4 | 10 | 0.0013 | 539 | 66 |
| 子 | dsi | 3 | | | 3874 | 324 |
| 麵 | mien | 4 | 15 | 0.0019 | 538 | 1393 |
| 麵 | mien | 4 | 22 | 0.0028 | 538 | 1393 |
| 包 | bau | 1 | | | 73 | 554 |
| 民 | min | 2 | 156 | 0.0198 | 542 | 59 |
| 民 | min | 2 | 12 | 0.0015 | 542 | 59 |
| 歌 | guh | 1 | | | 1615 | 542 |
| 民 | min | 2 | 127 | 0.0161 | 542 | 59 |
| 國 | gwo | 2 | | | 1749 | 7 |
| 民 | min | 2 | 61 | 0.0077 | 542 | 59 |
| 間 | jien | 1 | | | 2391 | 245 |
| 民 | min | 2 | 15 | 0.0019 | 542 | 59 |
| 權 | chüen | 2 | | | 2766 | 473 |
| 民 | min | 2 | 80 | 0.0101 | 542 | 59 |
| 主 | rju | 3 | | | 3299 | 130 |
| 民 | min | 2 | 21 | 0.0027 | 542 | 59 |
| 主 | rju | 2 | | | 3299 | 130 |
| 黨 | dang | 3 | | | 822 | 903 |

| Char. | Syll. | Tone | Freq. | Freq.% | ID | Rank |
|---|---|---|---|---|---|---|
| 民 | min | 2 | 38 | 0.0048 | 542 | 59 |
| 眾 | rjoong | 4 | | | 3371 | 757 |
| 民 | min | 2 | 52 | 0.0066 | 542 | 59 |
| 生 | shung | 1 | | | 3715 | 32 |
| 民 | min | 2 | 227 | 0.0288 | 542 | 59 |
| 族 | dsu | 2 | | | 3941 | 809 |
| 民 | min | 2 | 15 | 0.0019 | 542 | 59 |
| 族 | dsu | 2 | | | 3941 | 809 |
| 主 | rju | 3 | | | 3299 | 130 |
| 義 | yi | 4 | | | 4334 | 330 |
| 民 | min | 2 | 17 | 0.0022 | 542 | 59 |
| 意 | yi | 4 | | | 4332 | 195 |
| 敏 | min | 2 | 17 | 0.0022 | 543 | 1972 |
| 感 | gan | 3 | | | 1680 | 551 |
| 敏 | min | 3 | 10 | 0.0013 | 543 | 1972 |
| 捷 | jieh | 2 | | | 2315 | 2035 |
| 名 | ming | 2 | 612 | 0.0775 | 551 | 141 |
| 名 | ming | 2 | 23 | 0.0029 | 551 | 141 |
| 單 | dan | 1 | | | 797 | 616 |
| 名 | ming | 2 | 12 | 0.0015 | 551 | 141 |
| 叫 | jiau | 4 | | | 2367 | 168 |
| 名 | ming | 2 | 39 | 0.0049 | 551 | 141 |
| 稱 | rcung | 1 | | | 3485 | 470 |
| 名 | ming | 2 | 96 | 0.0122 | 551 | 141 |
| 字 | dsi | 4 | | | 3877 | 194 |
| 名 | ming | 2 | 36 | 0.0046 | 551 | 141 |
| 詞 | tsi | 2 | | | 3988 | 568 |
| 名 | ming | 2 | 11 | 0.0014 | 551 | 141 |
| 義 | yi | 4 | | | 4334 | 330 |
| 名 | ming | 2 | 14 | 0.0018 | 551 | 141 |
| 譽 | yü | 4 | | | 4767 | 1903 |
| 明 | ming | 2 | 213 | 0.0270 | 552 | 101 |
| 明 | ming | 2 | 188 | 0.0238 | 552 | 101 |
| 白 | bai | 2 | | | 49 | 251 |
| 明 | ming | 2 | 14 | 0.0018 | 552 | 101 |
| 明 | ming | 2 | | | 552 | 101 |
| 明 | ming | 2 | 78 | 0.0099 | 552 | 101 |
| 天 | tien | 1 | | | 1097 | 28 |

| Char. | Syll. | Tone | Freq. | Freq.% | ID | Rank |
|---|---|---|---|---|---|---|
| 明 | ming | 2 | 36 | 0.0046 | 552 | 101 |
| 年 | nien | 2 | | | 1242 | 35 |
| 明 | ming | 2 | 31 | 0.0039 | 552 | 101 |
| 瞭 | liau | 3 | | | 1442 | 2260 |
| 明 | ming | 2 | 25 | 0.0032 | 552 | 101 |
| 亮 | liang | 4 | | | 1502 | 553 |
| 明 | ming | 2 | 10 | 0.0013 | 552 | 101 |
| 貴 | gwei | 4 | | | 1772 | 804 |
| 明 | ming | 2 | 15 | 0.0019 | 552 | 101 |
| 確 | chüeh | 4 | | | 2761 | 949 |
| 明 | ming | 2 | 34 | 0.0043 | 552 | 101 |
| 顯 | xian | 3 | | | 2927 | 972 |
| 明 | ming | 2 | 32 | 0.0041 | 552 | 101 |
| 星 | xing | 1 | | | 2983 | 226 |
| 鳴 | ming | 2 | 32 | 0.0041 | 553 | 2549 |
| 命 | ming | 4 | 131 | 0.0166 | 557 | 431 |
| 命 | ming | 4 | 67 | 0.0085 | 557 | 431 |
| 令 | ling | 4 | | | 1523 | 650 |
| 命 | ming | 4 | 47 | 0.0060 | 557 | 431 |
| 運 | yün | 4 | | | 4841 | 284 |
| 木 | mu | 4 | 13 | 0.0016 | 564 | 383 |
| 木 | mu | 4 | 13 | 0.0016 | 564 | 383 |
| 塊 | kwai | 4 | | | 1901 | 684 |
| 木 | mu | 4 | 17 | 0.0022 | 564 | 383 |
| 材 | tsai | 2 | | | 4005 | 755 |
| 牧 | mu | 4 | 13 | 0.0016 | 566 | 1365 |
| 幕 | mu | 4 | 14 | 0.0018 | 567 | 1229 |
| 伐 | fa | 1 | 10 | 0.0013 | 576 | 1646 |
| 發 | fa | 1 | 234 | 0.0296 | 577 | 73 |
| 發 | fa | 1 | 157 | 0.0199 | 577 | 73 |
| 表 | biau | 3 | | | 168 | 182 |
| 發 | fa | 1 | 57 | 0.0072 | 577 | 73 |
| 明 | ming | 2 | | | 552 | 101 |
| 發 | fa | 1 | 126 | 0.0160 | 577 | 73 |
| 達 | da | 2 | | | 741 | 296 |
| 發 | fa | 1 | 14 | 0.0018 | 577 | 73 |
| 電 | dien | 4 | | | 896 | 129 |
| 發 | fa | 1 | 45 | 0.0057 | 577 | 73 |
| 動 | doong | 4 | | | 974 | 94 |
| 發 | fa | 1 | 109 | 0.0138 | 577 | 73 |
| 揮 | hwei | 1 | | | 2112 | 1222 |
| 發 | fa | 1 | 14 | 0.0018 | 577 | 73 |
| 行 | xing | 2 | | | 2989 | 76 |
| 發 | fa | 1 | 19 | 0.0024 | 577 | 73 |
| 掘 | jüeh | 2 | | | 2550 | 2738 |
| 發 | fa | 1 | 45 | 0.0057 | 577 | 73 |
| 覺 | jüeh | 2 | | | 2545 | 512 |
| 發 | fa | 1 | 27 | 0.0034 | 577 | 73 |
| 起 | chi | 3 | | | 2621 | 78 |
| 發 | fa | 1 | 12 | 0.0015 | 577 | 73 |
| 洩 | xieh | 4 | | | 2865 | 1962 |
| 發 | fa | 1 | 49 | 0.0062 | 577 | 73 |
| 見 | jien | 4 | | | 2417 | 206 |
| 發 | fa | 1 | 383 | 0.0485 | 577 | 73 |
| 現 | xien | 4 | | | 2933 | 167 |
| 發 | fa | 1 | 20 | 0.0025 | 577 | 73 |
| 行 | xing | 2 | | | 2989 | 76 |
| 發 | fa | 1 | 542 | 0.0687 | 577 | 73 |
| 展 | rjan | 3 | | | 3209 | 577 |
| 發 | fa | 1 | 90 | 0.0114 | 577 | 73 |
| 出 | rcu | 1 | | | 3507 | 60 |
| 發 | fa | 1 | 13 | 0.0016 | 577 | 73 |
| 誓 | shi | 4 | | | 3608 | 2121 |
| 發 | fa | 1 | 16 | 0.0020 | 577 | 73 |
| 射 | shuh | 4 | | | 3638 | 446 |
| 發 | fa | 1 | 539 | 0.0683 | 577 | 73 |
| 生 | shung | 1 | | | 3715 | 32 |
| 發 | fa | 1 | 15 | 0.0019 | 577 | 73 |
| 財 | tsai | 2 | | | 4008 | 1119 |
| 發 | fa | 1 | 18 | 0.0023 | 577 | 73 |
| 言 | yen | 2 | | | 4468 | 846 |
| 發 | fa | 1 | 22 | 0.0028 | 577 | 73 |
| 言 | yen | 2 | | | 4468 | 846 |
| 人 | run | 2 | | | 3812 | 11 |
| 發 | fa | 1 | 19 | 0.0024 | 577 | 73 |
| 音 | yin | 1 | | | 4507 | 313 |

| Char. | Syll. | Tone | Freq. | Freq.% | ID | Rank |
|---|---|---|---|---|---|---|
| 發 | fa | 1 | 45 | 0.0057 | 577 | 73 |
| 揚 | yang | 2 | | | 4534 | 1156 |
| 發 | fa | 1 | 12 | 0.0015 | 577 | 73 |
| 問 | wun | 4 | | | 4708 | 151 |
| 發 | fa | 1 | 48 | 0.0061 | 577 | 73 |
| 育 | yü | 4 | | | 4762 | 196 |
| 乏 | fa | 2 | 11 | 0.0014 | 578 | 2365 |
| 法 | fa | 3 | 18 | 0.0023 | 584 | 88 |
| 子 | dsi | 5 | | | 3880 | 52 |
| 罰 | fa | 2 | 36 | 0.0046 | 579 | 1515 |
| 法 | fa | 3 | 487 | 0.0617 | 584 | 88 |
| 法 | fa | 3 | 18 | 0.0023 | 584 | 88 |
| 庭 | ting | 2 | | | 1109 | 687 |
| 法 | fa | 3 | 36 | 0.0046 | 584 | 88 |
| 令 | ling | 4 | | | 1523 | 650 |
| 法 | fa | 3 | 125 | 0.0158 | 584 | 88 |
| 律 | lü | 4 | | | 1602 | 667 |
| 法 | fa | 3 | 19 | 0.0024 | 584 | 88 |
| 官 | gwan | 1 | | | 1781 | 556 |
| 法 | fa | 3 | 12 | 0.0015 | 584 | 88 |
| 治 | rji | 4 | | | 3111 | 361 |
| 法 | fa | 3 | 23 | 0.0029 | 584 | 88 |
| 則 | dsuh | 2 | | | 3887 | 758 |
| 法 | fa | 3 | 55 | 0.0070 | 584 | 88 |
| 院 | yüen | 4 | | | 4824 | 255 |
| 法 | fa | 4 | 129 | 0.0163 | 586 | 640 |
| 國 | gwo | 2 | | | 1749 | 7 |
| 髮 | fa | 3 | 40 | 0.0051 | 583 | 1446 |
| 佛 | fo | 2 | 30 | 0.0038 | 587 | 1169 |
| 佛 | fo | 2 | 10 | 0.0013 | 587 | 1169 |
| 教 | jiau | 4 | | | 2368 | 68 |
| 非 | fei | 1 | 348 | 0.0441 | 588 | 355 |
| 非 | fei | 1 | 15 | 0.0019 | 588 | 355 |
| 旦 | dan | 4 | | | 814 | 2003 |
| 非 | fei | 1 | 55 | 0.0070 | 588 | 355 |
| 洲 | rjou | 1 | | | 3188 | 420 |
| 非 | fei | 1 | 376 | 0.0476 | 588 | 355 |
| 常 | rcang | 2 | | | 3472 | 136 |
| 飛 | fei | 1 | 224 | 0.0284 | 589 | 230 |
| 飛 | fei | 1 | 13 | 0.0016 | 589 | 230 |
| 彈 | dan | 4 | | | 810 | 875 |
| 飛 | fei | 1 | 63 | 0.0080 | 589 | 230 |
| 行 | xing | 2 | | | 2989 | 76 |
| 飛 | fei | 1 | 34 | 0.0043 | 589 | 230 |
| 行 | xing | 2 | | | 2989 | 76 |
| 員 | yüen | 2 | | | 4808 | 210 |
| 飛 | fei | 1 | 10 | 0.0013 | 589 | 230 |
| 揚 | yang | 2 | | | 4534 | 1156 |
| 菲 | fei | 1 | 11 | 0.0014 | 591 | 1408 |
| 菲 | fei | 1 | 23 | 0.0029 | 591 | 1408 |
| 律 | lü | 4 | | | 1602 | 667 |
| 賓 | bin | 1 | | | 185 | 1139 |
| 肥 | fei | 2 | 12 | 0.0015 | 595 | 818 |
| 肥 | fei | 2 | 12 | 0.0015 | 595 | 818 |
| 料 | liau | 4 | | | 1445 | 387 |
| 肥 | fei | 2 | 34 | 0.0043 | 595 | 818 |
| 沃 | wo | 4 | | | 4629 | 2641 |
| 匪 | fei | 3 | 90 | 0.0114 | 597 | 673 |
| 匪 | fei | 2 | 11 | 0.0014 | 597 | 673 |
| 黨 | dang | 3 | | | 822 | 903 |
| 匪 | fei | 3 | 28 | 0.0035 | 597 | 673 |
| 諜 | dieh | 2 | | | 870 | 2053 |
| 肺 | fei | 4 | 34 | 0.0043 | 602 | 1296 |
| 沸 | fei | 4 | 10 | 0.0013 | 601 | 2551 |
| 點 | dien | 3 | | | 892 | 160 |
| 費 | fei | 4 | 104 | 0.0132 | 599 | 635 |
| 費 | fei | 4 | 60 | 0.0076 | 599 | 635 |
| 用 | yüoong | 4 | | | 4864 | 38 |
| 廢 | fei | 4 | 26 | 0.0033 | 600 | 464 |
| 廢 | fei | 4 | 30 | 0.0038 | 600 | 464 |
| 物 | wu | 4 | | | 4602 | 128 |
| 否 | fou | 3 | 210 | 0.0266 | 604 | 1101 |

| Char. | Syll. | Tone | Freq. | Freq.% | ID | Rank |
|---|---|---|---|---|---|---|
| 否 | fou | 3 | 14 | 0.0018 | 604 | 1101 |
| 定 | ding | 4 | | | 912 | 121 |
| 否 | fou | 3 | 20 | 0.0025 | 604 | 1101 |
| 認 | run | 4 | | | 3816 | 479 |
| 否 | fou | 3 | 91 | 0.0115 | 604 | 1101 |
| 則 | dsuh | 2 | | | 3887 | 758 |
| 番 | fan | 1 | 50 | 0.0063 | 605 | 1542 |
| 翻 | fan | 1 | 44 | 0.0056 | 606 | 1297 |
| 翻 | fan | 1 | 10 | 0.0013 | 606 | 1297 |
| 譯 | yi | 4 | | | 4338 | 1120 |
| 凡 | fan | 2 | 137 | 0.0174 | 611 | 1082 |
| 凡 | fan | 2 | 49 | 0.0062 | 611 | 1082 |
| 是 | shi | 4 | | | 3593 | 3 |
| 帆 | fan | 2 | 13 | 0.0016 | 612 | 1857 |
| 船 | rcwan | 2 | | | 3537 | 563 |
| 煩 | fan | 2 | 19 | 0.0024 | 613 | 1460 |
| 繁 | fan | 2 | 11 | 0.0014 | 610 | 1134 |
| 繁 | fan | 2 | 44 | 0.0056 | 610 | 1134 |
| 難 | nan | 4 | | | 1209 | 1377 |
| 繁 | fan | 2 | 38 | 0.0048 | 610 | 1134 |
| 殖 | rji | 2 | | | 3098 | 1454 |
| 繁 | fan | 2 | 55 | 0.0070 | 610 | 1134 |
| 榮 | roong | 2 | | | 3854 | 888 |
| 反 | fan | 3 | 169 | 0.0214 | 620 | 460 |
| 反 | fan | 3 | 10 | 0.0013 | 620 | 460 |
| 面 | mien | 4 | | | 539 | 66 |
| 反 | fan | 3 | 11 | 0.0014 | 620 | 460 |
| 覆 | fu | 4 | | | 728 | 1421 |
| 反 | fan | 3 | 120 | 0.0152 | 620 | 460 |
| 對 | dwei | 4 | | | 947 | 90 |
| 反 | fan | 3 | 20 | 0.0025 | 620 | 460 |
| 攻 | goong | 1 | | | 1806 | 695 |
| 反 | fan | 3 | 10 | 0.0013 | 620 | 460 |
| 抗 | kang | 4 | | | 1881 | 588 |
| 反 | fan | 3 | 28 | 0.0035 | 620 | 460 |
| 正 | rjung | 4 | | | 3274 | 193 |
| 反 | fan | 3 | 13 | 0.0016 | 620 | 460 |
| 射 | shuh | 4 | | | 3638 | 446 |
| 反 | fan | 3 | 72 | 0.0091 | 620 | 460 |
| 而 | er | 2 | | | 4290 | 156 |
| 反 | fan | 3 | 27 | 0.0034 | 620 | 460 |
| 映 | ying | 4 | | | 4577 | 1781 |
| 反 | fan | 3 | 190 | 0.0241 | 620 | 460 |
| 應 | ying | 4 | | | 4576 | 569 |
| 反 | fan | 3 | 11 | 0.0014 | 620 | 460 |
| 應 | ying | 4 | | | 4576 | 569 |
| 熱 | ruh | 4 | | | 3797 | 390 |
| 返 | fan | 3 | 30 | 0.0038 | 619 | 1433 |
| 返 | fan | 3 | 16 | 0.0020 | 619 | 1433 |
| 回 | hwei | 2 | | | 2120 | 163 |
| 犯 | fan | 4 | 54 | 0.0068 | 624 | 1741 |
| 犯 | fan | 4 | 10 | 0.0013 | 624 | 1741 |
| 人 | run | 2 | | | 3812 | 11 |
| 犯 | fan | 4 | 29 | 0.0037 | 624 | 1741 |
| 罪 | dswei | 4 | | | 3960 | 1779 |
| 泛 | fan | 4 | 18 | 0.0023 | 625 | 2499 |
| 濫 | lan | 4 | | | 1352 | 2665 |
| 飯 | fan | 4 | 80 | 0.0101 | 622 | 418 |
| 飯 | fan | 4 | 24 | 0.0030 | 622 | 418 |
| 店 | dien | 4 | | | 895 | 1141 |
| 範 | fan | 4 | 10 | 0.0013 | 621 | 686 |
| 例 | li | 4 | | | 1400 | 751 |
| 範 | fan | 4 | 139 | 0.0176 | 621 | 686 |
| 圍 | wei | 2 | | | 4641 | 792 |
| 分 | fun | 1 | 776 | 0.0983 | 630 | 112 |
| 分 | fun | 1 | 145 | 0.0184 | 630 | 112 |
| 別 | bieh | 2 | | | 163 | 259 |
| 分 | fun | 1 | 70 | 0.0089 | 630 | 112 |
| 布 | bu | 4 | | | 215 | 297 |
| 分 | fun | 1 | 22 | 0.0028 | 630 | 112 |
| 配 | pei | 4 | | | 255 | 1097 |
| 分 | fun | 1 | 33 | 0.0042 | 630 | 112 |
| 泌 | mi | 4 | | | 515 | 2221 |

| Char. | Syll. | Tone | Freq. | Freq.% | ID | Rank |
|---|---|---|---|---|---|---|
| 分 | fun | 1 | 20 | 0.0025 | 630 | 112 |
| 明 | ming | 2 | | | 552 | 101 |
| 分 | fun | 1 | 20 | 0.0025 | 630 | 112 |
| 母 | mu | 3 | | | 560 | 287 |
| 分 | fun | 1 | 13 | 0.0016 | 630 | 112 |
| 發 | fa | 1 | | | 577 | 73 |
| 分 | fun | 1 | 16 | 0.0020 | 630 | 112 |
| 付 | fu | 4 | | | 727 | 1463 |
| 分 | fun | 1 | 12 | 0.0015 | 630 | 112 |
| 類 | lei | 4 | | | 1314 | 298 |
| 分 | fun | 1 | 38 | 0.0048 | 630 | 112 |
| 離 | li | 2 | | | 1371 | 538 |
| 分 | fun | 1 | 40 | 0.0051 | 630 | 112 |
| 裂 | lieh | 4 | | | 1429 | 1545 |
| 分 | fun | 1 | 10 | 0.0013 | 630 | 112 |
| 割 | guh | 1 | | | 1618 | 1617 |
| 分 | fun | 1 | 21 | 0.0027 | 630 | 112 |
| 開 | kai | 1 | | | 1849 | 114 |
| 分 | fun | 1 | 30 | 0.0038 | 630 | 112 |
| 解 | jieh | 3 | | | 2326 | 546 |
| 分 | fen | 1 | 61 | 0.0077 | 630 | 112 |
| 析 | xi | 1 | | | 2790 | 2273 |
| 分 | fun | 1 | 131 | 0.0166 | 630 | 112 |
| 鐘 | rjoong | 1 | | | 3360 | 662 |
| 分 | fun | 1 | 33 | 0.0042 | 630 | 112 |
| 成 | rcung | 2 | | | 3490 | 56 |
| 分 | fun | 1 | 51 | 0.0065 | 630 | 112 |
| 數 | shu | 3 | | | 3753 | 2041 |
| 分 | fun | 1 | 151 | 0.0191 | 630 | 112 |
| 子 | dsi | 3 | | | 3874 | 324 |
| 分 | fun | 1 | 33 | 0.0042 | 630 | 112 |
| 散 | san | 3 | | | 4139 | 3131 |
| 分 | fun | 1 | 86 | 0.0109 | 630 | 112 |
| 為 | wei | 2 | | | 4639 | 95 |
| 吩 | fun | 1 | 52 | 0.0066 | 634 | 3049 |
| 咐 | fu | 4 | | | 734 | 2864 |
| 紛 | fun | 1 | 11 | 0.0014 | 629 | 1108 |
| 紛 | fun | 1 | 63 | 0.0080 | 629 | 1108 |
| 紛 | fun | 1 | | | 629 | 1108 |
| 焚 | fun | 2 | 12 | 0.0015 | 636 | 2713 |
| 粉 | fun | 3 | 10 | 0.0013 | 639 | 999 |
| 粉 | fun | 3 | 12 | 0.0015 | 639 | 999 |
| 碎 | swei | 4 | | | 4179 | 1736 |
| 份 | fun | 4 | 105 | 0.0133 | 641 | 661 |
| 份 | fun | 4 | 57 | 0.0072 | 641 | 661 |
| 子 | dsi | 3 | | | 3874 | 324 |
| 奮 | fun | 4 | 10 | 0.0013 | 643 | 1244 |
| 發 | fa | 1 | | | 577 | 73 |
| 憤 | fun | 4 | 17 | 0.0022 | 642 | 1629 |
| 怒 | nu | 4 | | | 1265 | 1531 |
| 方 | fang | 1 | 313 | 0.0397 | 647 | 62 |
| 方 | fang | 1 | 76 | 0.0096 | 647 | 62 |
| 便 | bien | 4 | | | 178 | 209 |
| 方 | fang | 1 | 613 | 0.0777 | 647 | 62 |
| 面 | mien | 4 | | | 539 | 66 |
| 方 | fang | 1 | 407 | 0.0516 | 647 | 62 |
| 法 | fa | 3 | | | 584 | 88 |
| 方 | fang | 1 | 13 | 0.0016 | 647 | 62 |
| 公 | goong | 1 | | | 1805 | 83 |
| 里 | li | 3 | | | 1387 | 419 |
| 方 | fang | 1 | 163 | 0.0206 | 647 | 62 |
| 向 | xiang | 4 | | | 2974 | 189 |
| 方 | fang | 1 | 11 | 0.0014 | 647 | 62 |
| 程 | rcung | 2 | | | 3491 | 580 |
| 式 | shi | 4 | | | 3604 | 762 |
| 方 | fang | 1 | 183 | 0.0232 | 647 | 62 |
| 式 | shi | 4 | | | 3604 | 762 |
| 方 | fang | 1 | 43 | 0.0054 | 647 | 62 |
| 纔 | tsai | 2 | | | 4007 | 1484 |
| 方 | fang | 1 | 19 | 0.0024 | 647 | 62 |
| 案 | an | 4 | | | 4280 | 630 |
| 方 | fang | 1 | 11 | 0.0014 | 647 | 62 |
| 言 | yen | 2 | | | 4468 | 846 |
| 防 | fang | 2 | 45 | 0.0057 | 650 | 375 |
| 防 | fang | 2 | 21 | 0.0027 | 650 | 375 |
| 空 | koong | 1 | | | 1944 | 199 |

| Char. | Syll. | Tone | Freq. | Freq.% | ID | Rank |
|---|---|---|---|---|---|---|
| 防 | fang | 2 | 54 | 0.0068 | 650 | 375 |
| 止 | rji | 3 | | | 3104 | 707 |
| 防 | fang | 2 | 13 | 0.0016 | 650 | 375 |
| 衛 | wei | 4 | | | 4661 | 453 |
| 防 | fang | 2 | 14 | 0.0018 | 650 | 375 |
| 禦 | yü | 4 | | | 4774 | 2592 |
| 房 | fang | 2 | 129 | 0.0163 | 649 | 560 |
| 房 | fang | 2 | 10 | 0.0013 | 649 | 560 |
| 門 | mun | 2 | | | 476 | 274 |
| 房 | fang | 2 | 12 | 0.0015 | 649 | 560 |
| 東 | doong | 1 | | | 967 | 84 |
| 房 | fang | 2 | 65 | 0.0082 | 649 | 560 |
| 間 | jien | 1 | | | 2391 | 245 |
| 房 | fang | 2 | 108 | 0.0137 | 649 | 560 |
| 子 | dsi | 3 | | | 3874 | 324 |
| 房 | fang | 2 | 77 | 0.0098 | 649 | 560 |
| 屋 | wu | 1 | | | 4579 | 767 |
| 彷 | fang | 3 | 85 | 0.0108 | 656 | 2455 |
| 彿 | fu | 2 | | | 696 | 2501 |
| 妨 | fang | 2 | 10 | 0.0013 | 652 | 1858 |
| 妨 | fang | 2 | 15 | 0.0019 | 652 | 1858 |
| 礙 | ai | 4 | | | 4248 | 2018 |
| 紡 | fang | 3 | 21 | 0.0027 | 654 | 1614 |
| 織 | rji | 1 | | | 3078 | 471 |
| 訪 | fang | 3 | 30 | 0.0038 | 655 | 893 |
| 訪 | fang | 3 | 132 | 0.0167 | 655 | 893 |
| 問 | wun | 4 | | | 4708 | 151 |
| 放 | fang | 4 | 463 | 0.0587 | 660 | 285 |
| 放 | fang | 4 | 10 | 0.0013 | 660 | 285 |
| 大 | da | 4 | | | 745 | 12 |
| 放 | fang | 4 | 12 | 0.0015 | 660 | 285 |
| 大 | da | 4 | | | 745 | 12 |
| 鏡 | jing | 4 | | | 2499 | 756 |
| 放 | fang | 4 | 11 | 0.0014 | 660 | 285 |
| 寬 | kwan | 1 | | | 1922 | 1618 |
| 放 | fang | 4 | 51 | 0.0065 | 660 | 285 |
| 棄 | cni | 4 | | | 2628 | 1709 |

| Char. | Syll. | Tone | Freq. | Freq.% | ID | Rank |
|---|---|---|---|---|---|---|
| 放 | fang | 4 | 19 | 0.0024 | 660 | 285 |
| 下 | xia | 4 | | | 2844 | 50 |
| 放 | fang | 4 | 57 | 0.0072 | 660 | 285 |
| 心 | xin | 1 | | | 2946 | 142 |
| 放 | fang | 4 | 26 | 0.0033 | 660 | 285 |
| 出 | rcu | 1 | | | 3507 | 60 |
| 放 | fang | 4 | 20 | 0.0025 | 660 | 285 |
| 射 | shuh | 4 | | | 3638 | 446 |
| 放 | fang | 4 | 21 | 0.0027 | 660 | 285 |
| 射 | shuh | 4 | | | 3638 | 446 |
| 性 | xing | 4 | | | 2996 | 482 |
| 放 | fang | 4 | 23 | 0.0029 | 660 | 285 |
| 鬆 | soong | 1 | | | 4195 | 1497 |
| 封 | fung | 1 | 109 | 0.0138 | 664 | 945 |
| 封 | fung | 1 | 10 | 0.0013 | 664 | 945 |
| 閉 | bi | 4 | | | 142 | 1644 |
| 封 | fung | 1 | 13 | 0.0016 | 664 | 945 |
| 建 | jien | 4 | | | 2416 | 273 |
| 風 | fung | 1 | 277 | 0.0351 | 662 | 268 |
| 風 | fung | 1 | 22 | 0.0028 | 662 | 268 |
| 度 | du | 4 | | | 927 | 212 |
| 風 | fung | 1 | 28 | 0.0035 | 662 | 268 |
| 格 | guh | 2 | | | 1623 | 740 |
| 風 | fung | 1 | 17 | 0.0022 | 662 | 268 |
| 光 | gwang | 1 | | | 1801 | 224 |
| 風 | fung | 1 | 40 | 0.0051 | 662 | 268 |
| 景 | jing | 3 | | | 2492 | 808 |
| 風 | fung | 1 | 30 | 0.0038 | 662 | 268 |
| 氣 | chi | 4 | | | 2627 | 132 |
| 風 | fung | 1 | 11 | 0.0014 | 662 | 268 |
| 箏 | rjung | 1 | | | 3266 | 2684 |
| 風 | fung | 1 | 25 | 0.0032 | 662 | 268 |
| 俗 | su | 2 | | | 4152 | 1341 |
| 峯 | fung | 1 | 19 | 0.0024 | 665 | 1597 |
| 蜂 | fung | 1 | 10 | 0.0013 | 661 | 717 |
| 瘋 | fung | 1 | 18 | 0.0023 | 670 | 2252 |
| 狂 | kwang | 2 | | | 1935 | 1957 |

| Char. | Syll. | Tone | Freq. | Freq.% | ID | Rank |
|---|---|---|---|---|---|---|
| 豐 | fung | 1 | 37 | 0.0047 | 663 | 953 |
| 豐富 | fung | 1 | 97 | 0.0123 | 663 | 953 |
| | fu | 4 | | | 721 | 773 |
| 馮特 | fung | 2 | 10 | 0.0013 | 675 | 2862 |
| | tuh | 4 | | | 989 | 328 |
| 逢 | fung | 2 | 40 | 0.0051 | 674 | 1954 |
| 縫 | fung | 2 | 44 | 0.0056 | 673 | 2222 |
| 諷刺 | fung | 1 | 14 | 0.0018 | 669 | 2861 |
| | tsi | 4 | | | 3995 | 1404 |
| 奉 | fung | 4 | 41 | 0.0052 | 676 | 1499 |
| 夫 | fu | 1 | 15 | 0.0019 | 681 | 502 |
| 夫妻 | fu | 1 | 17 | 0.0022 | 681 | 502 |
| | chi | 1 | | | 2594 | 1750 |
| 夫人 | fu | 1 | 126 | 0.0160 | 681 | 502 |
| | run | 2 | | | 3812 | 11 |
| 伏 | fu | 2 | 15 | 0.0019 | 694 | 1908 |
| 扶 | fu | 2 | 44 | 0.0056 | 691 | 1885 |
| 服 | fu | 2 | 38 | 0.0048 | 688 | 366 |
| 服裝 | fu | 2 | 46 | 0.0058 | 688 | 366 |
| | rjwang | 1 | | | 3352 | 545 |
| 服飾 | fu | 2 | 10 | 0.0013 | 688 | 366 |
| | shi | 4 | | | 3611 | 2183 |
| 服從 | fu | 2 | 29 | 0.0037 | 688 | 366 |
| | tsoong | 2 | | | 4081 | 133 |
| 服務 | fu | 2 | 223 | 0.0283 | 688 | 366 |
| | wu | 4 | | | 4601 | 377 |
| 浮 | fu | 2 | 33 | 0.0042 | 692 | 1543 |
| 符合 | fu | 2 | 17 | 0.0022 | 690 | 1067 |
| | huh | 2 | | | 1953 | 172 |
| 符號 | fu | 2 | 13 | 0.0016 | 690 | 1067 |
| | hau | 4 | | | 1997 | 270 |
| 幅 | fu | 2 | 46 | 0.0058 | 689 | 1476 |
| 福 | fu | 2 | 38 | 0.0048 | 687 | 529 |
| 福利 | fu | 2 | 38 | 0.0048 | 687 | 529 |
| | li | 4 | | | 1398 | 222 |
| 輻射 | fu | 2 | 13 | 0.0016 | 704 | 3660 |
| | shuh | 4 | | | 3638 | 446 |
| 府 | fu | 3 | 40 | 0.0051 | 710 | 323 |
| 腐 | fu | 3 | 10 | 0.0013 | 712 | 1462 |
| 腐敗 | fu | 3 | 18 | 0.0023 | 712 | 1462 |
| | bai | 4 | | | 53 | 851 |
| 腐爛 | fu | 3 | 19 | 0.0024 | 712 | 1462 |
| | lan | 4 | | | 1353 | 1465 |
| 輔導 | fu | 3 | 39 | 0.0049 | 709 | 1190 |
| | dau | 4 | | | 777 | 405 |
| 父 | fu | 4 | 210 | 0.0266 | 720 | 256 |
| 父母 | fu | 4 | 37 | 0.0047 | 720 | 256 |
| | mu | 3 | | | 560 | 287 |
| 父親 | fu | 4 | 398 | 0.0504 | 720 | 256 |
| | chin | 1 | | | 2700 | 261 |
| 付 | fu | 4 | 91 | 0.0115 | 727 | 1463 |
| 付出 | fu | 4 | 28 | 0.0035 | 727 | 1463 |
| | rcu | 1 | | | 3507 | 60 |
| 附 | fu | 4 | 44 | 0.0056 | 719 | 591 |
| 附帶 | fu | 4 | 10 | 0.0013 | 719 | 591 |
| | dai | 4 | | | 755 | 301 |
| 附近 | fu | 4 | 160 | 0.0203 | 719 | 591 |
| | jin | 4 | | | 2453 | 344 |
| 附屬 | fu | 4 | 10 | 0.0013 | 719 | 591 |
| | shu | 3 | | | 3747 | 806 |
| 赴 | fu | 4 | 43 | 0.0054 | 729 | 1973 |
| 負 | fu | 4 | 84 | 0.0106 | 723 | 948 |
| 負擔 | fu | 4 | 43 | 0.0054 | 723 | 948 |
| | dan | 1 | | | 799 | 1059 |
| 負担 | fu | 4 | 28 | 0.0035 | 723 | 948 |
| | dan | 1 | | | 798 | 1059 |
| 負責 | fu | 4 | 132 | 0.0167 | 723 | 948 |
| | dsuh | 2 | | | 3886 | 777 |
| 副 | fu | 4 | 55 | 0.0070 | 724 | 844 |
| 副總統 | fu | 4 | 11 | 0.0014 | 724 | 844 |
| | dsoong | 2 | | | 3979 | 200 |
| | toong | 3 | | | 1169 | 283 |

| Char. | Syll. | Tone | Freq. | Freq.% | ID | Rank |
|---|---|---|---|---|---|---|
| 婦 | fu | 4 | 10 | 0.0013 | 725 | 1200 |
| 婦 | fu | 4 | 83 | 0.0105 | 725 | 1200 |
| 女 | nü | 3 | | | 1278 | 302 |
| 婦 | fu | 4 | 88 | 0.0111 | 725 | 1200 |
| 人 | run | 2 | | | 3812 | 11 |
| 富 | fu | 4 | 48 | 0.0061 | 721 | 773 |
| 富 | fu | 4 | 12 | 0.0015 | 721 | 773 |
| 強 | chiang | 2 | | | 2716 | 354 |
| 富 | fu | 4 | 14 | 0.0018 | 721 | 773 |
| 翁 | wung | 1 | | | 4723 | 1474 |
| 富 | fu | 4 | 12 | 0.0015 | 721 | 773 |
| 裕 | yü | 4 | | | 4770 | 2286 |
| 復 | fu | 4 | 127 | 0.0161 | 722 | 595 |
| 復 | fu | 4 | 49 | 0.0062 | 722 | 595 |
| 興 | xing | 1 | | | 2982 | 505 |
| 傅 | fu | 4 | 11 | 0.0014 | 733 | 2865 |
| 會 | hwei | 4 | | | 2126 | 31 |
| 腹 | fu | 4 | 21 | 0.0027 | 730 | 1821 |
| 複 | fu | 4 | 84 | 0.0106 | 726 | 1164 |
| 雜 | dsa | 2 | | | 3885 | 1104 |
| 覆 | fu | 4 | 17 | 0.0022 | 728 | 1421 |
| 搭 | da | 1 | 26 | 0.0033 | 738 | 1679 |
| 答 | da | 1 | 116 | 0.0147 | 737 | 1931 |
| 答 | da | 1 | 63 | 0.0080 | 737 | 1931 |
| 覆 | fu | 4 | | | 728 | 1421 |
| 答 | da | 1 | 100 | 0.0127 | 737 | 1931 |
| 應 | ying | 4 | | | 4576 | 569 |
| 達 | da | 2 | 141 | 0.0179 | 741 | 296 |
| 達 | da | 2 | 121 | 0.0153 | 741 | 296 |
| 到 | dau | 4 | | | 775 | 21 |
| 達 | da | 2 | 76 | 0.0096 | 741 | 296 |
| 成 | rcung | 2 | | | 3490 | 56 |
| 打 | da | 3 | 351 | 0.0445 | 744 | 253 |
| 打 | da | 3 | 16 | 0.0020 | 744 | 253 |
| 扮 | ban | 4 | | | 108 | 2594 |
| 打 | da | 3 | 20 | 0.0025 | 744 | 253 |
| 破 | po | 4 | | | 235 | 654 |
| 打 | da | 3 | 11 | 0.0014 | 744 | 253 |
| 發 | fa | 1 | | | 577 | 73 |
| 打 | da | 3 | 19 | 0.0024 | 744 | 253 |
| 電 | dien | 4 | | | 896 | 129 |
| 話 | hwa | 4 | | | 2086 | 254 |
| 打 | da | 2 | 11 | 0.0014 | 744 | 253 |
| 倒 | dau | 3 | | | 769 | 964 |
| 打 | da | 3 | 17 | 0.0022 | 744 | 253 |
| 獵 | lieh | 4 | | | 1430 | 1329 |
| 打 | da | 3 | 72 | 0.0091 | 744 | 253 |
| 開 | kai | 1 | | | 1849 | 114 |
| 打 | da | 3 | 37 | 0.0047 | 744 | 253 |
| 擊 | ji | 2 | | | 2229 | 886 |
| 打 | da | 3 | 30 | 0.0038 | 744 | 253 |
| 仗 | rjang | 4 | | | 3253 | 1850 |
| 打 | da | 3 | 54 | 0.0068 | 744 | 253 |
| 算 | swan | 4 | | | 4188 | 480 |
| 大 | da | 4 | 3433 | 0.4349 | 745 | 12 |
| 大 | da | 4 | 21 | 0.0027 | 745 | 12 |
| 部 | bu | 4 | | | 212 | 91 |
| 大 | da | 4 | 107 | 0.0136 | 745 | 12 |
| 部 | bu | 4 | | | 212 | 91 |
| 分 | fun | 1 | | | 630 | 112 |
| 大 | da | 4 | 19 | 0.0024 | 745 | 12 |
| 半 | ban | 4 | | | 103 | 413 |
| 大 | da | 4 | 18 | 0.0023 | 745 | 12 |
| 門 | mun | 2 | | | 476 | 274 |
| 大 | da | 4 | 13 | 0.0016 | 745 | 12 |
| 夫 | fu | 1 | | | 681 | 502 |
| 大 | da | 4 | 38 | 0.0048 | 745 | 12 |
| 多 | dwo | 1 | | | 933 | 49 |
| 大 | da | 4 | 109 | 0.0138 | 745 | 12 |
| 多 | dwo | 1 | | | 933 | 49 |
| 數 | shu | 4 | | | 3755 | 400 |
| 大 | da | 4 | 30 | 0.0038 | 745 | 12 |
| 都 | dou | 1 | | | 783 | 42 |
| 大 | da | 4 | 10 | 0.0013 | 745 | 12 |
| 豆 | dou | 4 | | | 788 | 1087 |

| Char. | Syll. | Tone | Freq. | Freq.% | ID | Rank |
|---|---|---|---|---|---|---|
| 大 | da | 4 | 27 | 0.0034 | 745 | 12 |
| 胆 | dan | 3 | | | 804 | 1787 |
| 大 | da | 4 | 11 | 0.0014 | 745 | 12 |
| 提 | ti | 2 | | | 1065 | 409 |
| 琴 | chin | 2 | | | 2704 | 1053 |
| 大 | da | 4 | 12 | 0.0015 | 745 | 12 |
| 體 | ti | 3 | | | 1073 | 178 |
| 大 | da | 4 | 11 | 0.0014 | 745 | 12 |
| 廳 | ting | 1 | | | 1106 | 750 |
| 大 | da | 4 | 27 | 0.0034 | 745 | 12 |
| 同 | toong | 2 | | | 1160 | 92 |
| 大 | da | 4 | 30 | 0.0038 | 745 | 12 |
| 量 | liang | 4 | | | 1503 | 423 |
| 大 | da | 4 | 186 | 0.0236 | 745 | 12 |
| 陸 | lu | 4 | | | 1536 | 430 |
| 大 | da | 4 | 13 | 0.0016 | 745 | 12 |
| 哥 | guh | 1 | | | 1616 | 433 |
| 大 | da | 4 | 103 | 0.0130 | 745 | 12 |
| 概 | gai | 4 | | | 1641 | 1073 |
| 大 | da | 4 | 70 | 0.0089 | 745 | 12 |
| 會 | hwei | 4 | | | 2126 | 31 |
| 大 | da | 4 | 14 | 0.0018 | 745 | 12 |
| 漢 | han | 4 | | | 2025 | 492 |
| 大 | da | 4 | 430 | 0.0545 | 745 | 12 |
| 家 | jia | 1 | | | 2279 | 36 |
| 大 | da | 4 | 14 | 0.0018 | 745 | 12 |
| 氣 | chi | 4 | | | 2627 | 132 |
| 大 | da | 4 | 22 | 0.0028 | 745 | 12 |
| 西 | xi | 1 | | | 2783 | 61 |
| 洋 | yang | 2 | | | 4532 | 456 |
| 大 | da | 4 | 41 | 0.0052 | 745 | 12 |
| 小 | xiau | 3 | | | 2887 | 40 |
| 大 | da | 4 | 83 | 0.0105 | 745 | 12 |
| 学 | xüeh | 2 | | | 3028 | 26 |
| 大 | da | 4 | 26 | 0.0033 | 745 | 12 |
| 学 | xüeh | 2 | | | 3028 | 26 |
| 生 | shung | 1 | | | 3715 | 32 |
| 大 | da | 4 | 40 | 0.0051 | 745 | 12 |
| 致 | rji | 4 | | | 3117 | 838 |

| Char. | Syll. | Tone | Freq. | Freq.% | ID | Rank |
|---|---|---|---|---|---|---|
| 大 | da | 4 | 45 | 0.0057 | 745 | 12 |
| 自 | dsi | 4 | | | 3878 | 86 |
| 然 | ran | 2 | | | 3807 | 123 |
| 大 | da | 4 | 16 | 0.0020 | 745 | 12 |
| 專 | rjwan | 1 | | | 3339 | 547 |
| 大 | da | 4 | 43 | 0.0054 | 745 | 12 |
| 衆 | rjoong | 4 | | | 3371 | 757 |
| 大 | da | 4 | 42 | 0.0053 | 745 | 12 |
| 戰 | rjan | 4 | | | 3215 | 280 |
| 大 | da | 4 | 18 | 0.0023 | 745 | 12 |
| 師 | shi | 1 | | | 3570 | 116 |
| 大 | da | 4 | 32 | 0.0041 | 745 | 12 |
| 使 | shi | 3 | | | 3587 | 154 |
| 大 | da | 4 | 16 | 0.0020 | 745 | 12 |
| 使 | shi | 2 | | | 3587 | 154 |
| 館 | gwan | 3 | | | 1786 | 702 |
| 大 | da | 4 | 64 | 0.0081 | 745 | 12 |
| 厦 | sha | 4 | | | 3625 | 1278 |
| 大 | da | 4 | 26 | 0.0033 | 745 | 12 |
| 人 | run | 2 | | | 3812 | 11 |
| 大 | da | 4 | 12 | 0.0015 | 745 | 12 |
| 衣 | yi | 1 | | | 4299 | 432 |
| 大 | da | 4 | 13 | 0.0016 | 745 | 12 |
| 王 | wang | 2 | | | 4712 | 257 |
| 大 | da | 4 | 51 | 0.0065 | 745 | 12 |
| 約 | yüeh | 1 | | | 4792 | 357 |
| 的 | duh | 5 | 54438 | 6.8965 | 749 | 1 |
| 的 | di | 4 | 70 | 0.0089 | 862 | 1044 |
| 確 | chüeh | 4 | | | 2761 | 949 |
| 得 | duh | 2 | 2519 | 0.3191 | 746 | 146 |
| 得 | duh | 2 | 211 | 0.0267 | 746 | 146 |
| 到 | dau | 4 | | | 775 | 21 |
| 得 | duh | 2 | 28 | 0.0035 | 746 | 146 |
| 以 | yi | 3 | | | 4324 | 24 |
| 得 | duh | 2 | 26 | 0.0033 | 746 | 146 |
| 意 | yi | 4 | | | 4332 | 195 |
| 德 | duh | 2 | 53 | 0.0067 | 747 | 286 |
| 德 | duh | 2 | 69 | 0.0087 | 747 | 286 |
| 國 | gwo | 2 | | | 1749 | 7 |

| Char. | Syll. | Tone | Freq. | Freq.% | ID | Rank |
|---|---|---|---|---|---|---|
| 呆 | dai | 1 | 20 | 0.0025 | 752 | 1786 |
| 代 | dai | 4 | 154 | 0.0195 | 756 | 262 |
| 代 | dai | 4 | 17 | 0.0022 | 756 | 262 |
| 表 | biau | 3 | | | 168 | 182 |
| 團 | twan | 2 | | | 1150 | 524 |
| 代 | dai | 4 | 54 | 0.0068 | 756 | 262 |
| 替 | ti | 4 | | | 1075 | 815 |
| 代 | dai | 4 | 29 | 0.0037 | 756 | 262 |
| 價 | jia | 4 | | | 2299 | 805 |
| 待 | dai | 4 | 161 | 0.0204 | 758 | 927 |
| 待 | dai | 4 | 32 | 0.0041 | 758 | 927 |
| 遇 | yü | 4 | | | 4766 | 1008 |
| 帶 | dai | 4 | 558 | 0.0707 | 755 | 301 |
| 帶 | dai | 4 | 18 | 0.0023 | 755 | 301 |
| 給 | gei | 3 | | | 1645 | 219 |
| 袋 | dai | 4 | 10 | 0.0013 | 760 | 1477 |
| 逮 | dai | 2 | 16 | 0.0020 | 754 | 2075 |
| 捕 | bu | 3 | | | 207 | 1258 |
| 貸 | dai | 4 | 35 | 0.0044 | 762 | 2660 |
| 款 | kwan | 3 | | | 1923 | 1262 |
| 戴 | dai | 4 | 92 | 0.0117 | 757 | 1127 |
| 刀 | dau | 1 | 10 | 0.0013 | 768 | 1072 |
| 口 | kou | 3 | | | 1858 | 220 |
| 倒 | dau | 3 | 326 | 0.0413 | 769 | 964 |
| 倒 | dau | 3 | 10 | 0.0013 | 769 | 964 |
| 霉 | mei | 2 | | | 436 | 2781 |
| 島 | dau | 3 | 88 | 0.0111 | 770 | 380 |
| 島 | dau | 2 | 11 | 0.0014 | 770 | 380 |
| 嶼 | yü | 3 | | | 4759 | 1716 |
| 導 | dau | 4 | 12 | 0.0015 | 777 | 405 |
| 導 | dau | 4 | 11 | 0.0014 | 777 | 405 |
| 體 | ti | 3 | | | 1073 | 178 |
| 導 | dau | 4 | 45 | 0.0057 | 777 | 405 |
| 致 | rji | 4 | | | 3117 | 838 |
| 導 | dau | 4 | 19 | 0.0024 | 777 | 405 |
| 師 | shi | 1 | | | 3570 | 116 |
| 導 | dau | 4 | 35 | 0.0044 | 777 | 405 |
| 演 | yen | 3 | | | 4483 | 645 |
| 到 | dau | 4 | 2906 | 0.3681 | 775 | 21 |
| 到 | dau | 4 | 71 | 0.0090 | 775 | 21 |
| 底 | di | 3 | | | 854 | 820 |
| 到 | dau | 4 | 86 | 0.0109 | 775 | 21 |
| 達 | da | 2 | | | 741 | 296 |
| 到 | dau | 4 | 76 | 0.0096 | 775 | 21 |
| 處 | rcu | 3 | | | 3517 | 562 |
| 道 | dau | 4 | 1561 | 0.1978 | 774 | 155 |
| 道 | dau | 4 | 139 | 0.0176 | 774 | 155 |
| 德 | duh | 2 | | | 747 | 286 |
| 道 | dau | 4 | 97 | 0.0123 | 774 | 155 |
| 理 | li | 3 | | | 1388 | 207 |
| 道 | dau | 4 | 76 | 0.0096 | 774 | 155 |
| 路 | lu | 4 | | | 1537 | 149 |
| 道 | dau | 4 | 10 | 0.0013 | 774 | 155 |
| 義 | yi | 4 | | | 4334 | 330 |
| 稻 | dau | 4 | 22 | 0.0028 | 776 | 980 |
| 子 | dsi | 3 | | | 3874 | 324 |
| 稻 | dau | 4 | 12 | 0.0015 | 776 | 980 |
| 田 | tien | 2 | | | 1099 | 535 |
| 都 | dou | 1 | 3191 | 0.4043 | 783 | 42 |
| 鬪 | dou | 4 | 14 | 0.0018 | 789 | 1140 |
| 鬪 | dou | 4 | 29 | 0.0037 | 789 | 1140 |
| 爭 | rjung | 1 | | | 3263 | 613 |
| 担 | dan | 1 | 30 | 0.0038 | 798 | 1059 |
| 心 | xin | 1 | | | 2946 | 142 |
| 担 | dan | 1 | 92 | 0.0117 | 798 | 1059 |
| 任 | run | 4 | | | 3817 | 293 |
| 單 | dan | 1 | 92 | 0.0117 | 797 | 616 |
| 單 | dan | 1 | 13 | 0.0016 | 797 | 616 |
| 調 | diau | 4 | | | 883 | 646 |
| 單 | dan | 1 | 40 | 0.0051 | 797 | 616 |
| 獨 | du | 2 | | | 920 | 959 |
| 單 | dan | 1 | 22 | 0.0028 | 797 | 616 |
| 純 | rcoon | 2 | | | 3544 | 2040 |

| Char. | Syll. | Tone | Freq. | Freq.% | ID | Rank |
|---|---|---|---|---|---|---|
| 單 | dan | 1 | 13 | 0.0016 | 797 | 616 |
| 一 | yi | 1 | | | 4300 | 2 |
| 單 | dan | 1 | 182 | 0.0231 | 797 | 616 |
| 位 | wei | 4 | | | 4659 | 188 |
| 胆 | dan | 3 | 12 | 0.0015 | 804 | 1787 |
| 怯 | chüeh | 4 | | | 2763 | 3363 |
| 但 | dan | 4 | 1579 | 0.2000 | 808 | 175 |
| 但 | dan | 4 | 796 | 0.1008 | 808 | 175 |
| 是 | shi | 4 | | | 3593 | 3 |
| 蛋 | dan | 4 | 35 | 0.0044 | 807 | 713 |
| 蛋 | dan | 4 | 39 | 0.0049 | 807 | 713 |
| 白 | bai | 2 | | | 49 | 251 |
| 質 | rji | 2 | | | 3094 | 724 |
| 彈 | dan | 4 | 17 | 0.0022 | 810 | 875 |
| 當 | dang | 1 | 851 | 0.1078 | 819 | 157 |
| 當 | dang | 1 | 72 | 0.0091 | 819 | 157 |
| 地 | di | 4 | | | 858 | 33 |
| 當 | dang | 1 | 19 | 0.0024 | 819 | 157 |
| 天 | tien | 1 | | | 1097 | 28 |
| 當 | dang | 1 | 50 | 0.0063 | 819 | 157 |
| 年 | nien | 2 | | | 1242 | 35 |
| 當 | dang | 1 | 53 | 0.0067 | 819 | 157 |
| 局 | jü | 2 | | | 2516 | 672 |
| 當 | dang | 1 | 46 | 0.0058 | 819 | 157 |
| 前 | chien | 2 | | | 2687 | 145 |
| 當 | dang | 1 | 27 | 0.0034 | 819 | 157 |
| 下 | xia | 4 | | | 2844 | 50 |
| 當 | dang | 1 | 18 | 0.0023 | 819 | 157 |
| 選 | xüen | 3 | | | 3042 | 412 |
| 當 | dang | 1 | 32 | 0.0041 | 819 | 157 |
| 中 | rjoong | 1 | | | 3361 | 20 |
| 當 | dang | 1 | 51 | 0.0065 | 819 | 157 |
| 初 | rcu | 1 | | | 3506 | 496 |
| 當 | dang | 1 | 293 | 0.0371 | 819 | 157 |
| 時 | shi | 2 | | | 3578 | 29 |
| 當 | dang | 1 | 11 | 0.0014 | 819 | 157 |
| 事 | shi | 4 | | | 3592 | 77 |
| 人 | run | 2 | | | 3812 | 11 |
| 當 | dang | 1 | 23 | 0.0029 | 819 | 157 |
| 日 | ri | 4 | | | 3795 | 54 |
| 當 | dang | 1 | 292 | 0.0370 | 819 | 157 |
| 然 | ran | 2 | | | 3807 | 123 |
| 當 | dang | 1 | 47 | 0.0060 | 819 | 157 |
| 作 | dswo | 4 | | | 3953 | 47 |
| 黨 | dang | 3 | 86 | 0.0109 | 822 | 903 |
| 登 | dung | 1 | 67 | 0.0085 | 832 | 1360 |
| 登 | dung | 1 | 30 | 0.0038 | 832 | 1360 |
| 記 | ji | 4 | | | 2255 | 517 |
| 登 | dung | 1 | 10 | 0.0013 | 832 | 1360 |
| 山 | shan | 1 | | | 3670 | 107 |
| 燈 | dung | 1 | 15 | 0.0019 | 831 | 677 |
| 燈 | dung | 1 | 22 | 0.0028 | 831 | 677 |
| 光 | gwang | 1 | | | 1801 | 224 |
| 等 | dung | 3 | 1314 | 0.1665 | 833 | 118 |
| 等 | dung | 3 | 10 | 0.0013 | 833 | 118 |
| 待 | dai | 4 | | | 758 | 927 |
| 等 | dung | 3 | 75 | 0.0095 | 833 | 118 |
| 到 | dau | 4 | | | 775 | 21 |
| 等 | dung | 2 | 91 | 0.0115 | 833 | 118 |
| 等 | dung | 3 | | | 833 | 118 |
| 等 | dung | 3 | 27 | 0.0034 | 833 | 118 |
| 候 | hou | 4 | | | 2008 | 140 |
| 等 | dung | 3 | 90 | 0.0114 | 833 | 118 |
| 於 | yü | 2 | | | 4728 | 113 |
| 低 | di | 1 | 196 | 0.0248 | 842 | 799 |
| 低 | di | 1 | 53 | 0.0067 | 842 | 799 |
| 頭 | tou | 2 | | | 1017 | 164 |
| 低 | di | 1 | 12 | 0.0015 | 842 | 799 |
| 廉 | lien | 2 | | | 1461 | 1489 |
| 滴 | di | 1 | 30 | 0.0038 | 841 | 1698 |
| 滌 | di | 2 | 11 | 0.0014 | 851 | 3295 |
| 敵 | di | 2 | 68 | 0.0086 | 845 | 912 |
| 敵 | di | 2 | 65 | 0.0082 | 845 | 912 |
| 人 | run | 2 | | | 3812 | 11 |

| Char. | Syll. | Tone | Freq. | Freq.% | ID | Rank |
|---|---|---|---|---|---|---|
| 底 | di | 3 | 176 | 0.0223 | 854 | 820 |
| 底 | di | 3 | 25 | 0.0032 | 854 | 820 |
| 下 | xia | 4 | | | 2844 | 50 |
| 抵 | di | 3 | 16 | 0.0020 | 853 | 890 |
| 抵 | di | 3 | 39 | 0.0049 | 853 | 890 |
| 達 | da | 2 | | | 741 | 296 |
| 抵 | di | 3 | 27 | 0.0034 | 853 | 890 |
| 抗 | kang | 4 | | | 1881 | 588 |
| 地 | di | 4 | 1541 | 0.1952 | 858 | 33 |
| 地 | di | 4 | 17 | 0.0022 | 858 | 33 |
| 板 | ban | 3 | | | 98 | 700 |
| 地 | di | 4 | 65 | 0.0082 | 858 | 33 |
| 面 | mien | 4 | | | 539 | 66 |
| 地 | di | 4 | 667 | 0.0845 | 858 | 33 |
| 方 | fang | 1 | | | 647 | 62 |
| 地 | di | 4 | 72 | 0.0091 | 858 | 33 |
| 點 | dien | 3 | | | 892 | 160 |
| 地 | di | 4 | 96 | 0.0122 | 858 | 33 |
| 帶 | dai | 4 | | | 755 | 301 |
| 地 | di | 4 | 20 | 0.0025 | 858 | 33 |
| 圖 | tu | 2 | | | 1120 | 85 |
| 地 | di | 4 | 40 | 0.0051 | 858 | 33 |
| 理 | li | 3 | | | 1388 | 207 |
| 地 | di | 4 | 10 | 0.0013 | 858 | 33 |
| 殼 | kuh | 2 | | | 1837 | 1398 |
| 地 | di | 4 | 136 | 0.0172 | 858 | 33 |
| 球 | chiu | 2 | | | 2670 | 237 |
| 地 | di | 4 | 362 | 0.0459 | 858 | 33 |
| 區 | chü | 1 | | | 2740 | 385 |
| 地 | di | 4 | 17 | 0.0022 | 858 | 33 |
| 下 | xia | 4 | | | 2844 | 50 |
| 地 | di | 4 | 16 | 0.0020 | 858 | 33 |
| 下 | xia | 4 | | | 2844 | 50 |
| 室 | shi | 4 | | | 3601 | 549 |
| 地 | di | 4 | 31 | 0.0039 | 858 | 33 |
| 形 | xing | 2 | | | 2988 | 252 |
| 地 | di | 4 | 26 | 0.0033 | 858 | 33 |
| 址 | rji | 3 | | | 3107 | 1775 |
| 地 | di | 4 | 13 | 0.0016 | 858 | 33 |
| 主 | rju | 3 | | | 3299 | 130 |
| 地 | di | 4 | 27 | 0.0034 | 858 | 33 |
| 中 | rjoong | 1 | | | 3361 | 20 |
| 海 | hai | 3 | | | 1980 | 102 |
| 地 | di | 4 | 13 | 0.0016 | 858 | 33 |
| 勢 | shi | 4 | | | 3600 | 557 |
| 地 | di | 4 | 168 | 0.0213 | 858 | 33 |
| 位 | wei | 4 | | | 4659 | 188 |
| 地 | di | 4 | 15 | 0.0019 | 858 | 33 |
| 獄 | yü | 4 | | | 4768 | 1902 |
| 弟 | di | 4 | 142 | 0.0180 | 860 | 340 |
| 弟 | di | 4 | 77 | 0.0098 | 860 | 340 |
| 弟 | di | 4 | | | 860 | 340 |
| 弟 | di | 4 | 10 | 0.0013 | 860 | 340 |
| 兄 | xüoong | 1 | | | 3069 | 1159 |
| 帝 | di | 4 | 12 | 0.0015 | 859 | 477 |
| 王 | wang | 2 | | | 4712 | 257 |
| 第 | di | 4 | 1315 | 0.1666 | 857 | 39 |
| 遞 | di | 4 | 29 | 0.0037 | 864 | 2367 |
| 跌 | dieh | 2 | 16 | 0.0020 | 867 | 1720 |
| 跌 | dieh | 2 | 10 | 0.0013 | 867 | 1720 |
| 交 | jiau | 1 | | | 2339 | 358 |
| 疊 | dieh | 2 | 13 | 0.0016 | 871 | 3467 |
| 雕 | diau | 1 | 39 | 0.0049 | 878 | 2556 |
| 刻 | kuh | 4 | | | 1845 | 738 |
| 吊 | diau | 4 | 11 | 0.0014 | 884 | 2716 |
| 掉 | diau | 4 | 41 | 0.0052 | 882 | 854 |
| 釣 | diau | 4 | 12 | 0.0015 | 885 | 2077 |
| 調 | diau | 4 | 85 | 0.0108 | 883 | 646 |
| 調 | diau | 4 | 107 | 0.0136 | 883 | 646 |
| 查 | rca | 2 | | | 3406 | 644 |
| 丟 | diu | 1 | 33 | 0.0042 | 887 | 1615 |
| 典 | dien | 3 | 27 | 0.0034 | 894 | 1177 |
| 型 | xing | 2 | | | 2991 | 1214 |

| Char. | Syll. | Tone | Freq. | Freq.% | ID | Rank |
|---|---|---|---|---|---|---|
| 點 | dien | 3 | 484 | 0.0613 | 892 | 160 |
| 點 | dien | 2 | 23 | 0.0029 | 892 | 160 |
| 點 | dien | 3 | | | 892 | 160 |
| 頭 | tou | 2 | | | 1017 | 164 |
| 點 | dien | 2 | 11 | 0.0014 | 892 | 160 |
| 火 | hwo | 3 | | | 2093 | 235 |
| 點 | dien | 3 | 15 | 0.0019 | 892 | 160 |
| 心 | xin | 1 | | | 2946 | 142 |
| 點 | dien | 3 | 10 | 0.0013 | 892 | 160 |
| 綴 | rjwei | 4 | | | 3337 | 2993 |
| 點 | dien | 3 | 39 | 0.0049 | 892 | 160 |
| 鐘 | rjoong | 1 | | | 3360 | 662 |
| 店 | dien | 4 | 83 | 0.0105 | 895 | 1141 |
| 店 | dien | 4 | 13 | 0.0016 | 895 | 1141 |
| 員 | yüen | 2 | | | 4808 | 210 |
| 奠 | dien | 4 | 10 | 0.0013 | 900 | 2404 |
| 定 | ding | 4 | | | 912 | 121 |
| 電 | dien | 4 | 120 | 0.0152 | 896 | 129 |
| 電 | dien | 4 | 10 | 0.0013 | 896 | 129 |
| 動 | doong | 4 | | | 974 | 94 |
| 機 | ji | 1 | | | 2198 | 153 |
| 電 | dien | 4 | 32 | 0.0041 | 896 | 129 |
| 燈 | dung | 1 | | | 831 | 677 |
| 電 | dien | 4 | 10 | 0.0013 | 896 | 129 |
| 台 | tai | 2 | | | 991 | 636 |
| 電 | dien | 4 | 34 | 0.0043 | 896 | 129 |
| 腦 | nau | 3 | | | 1198 | 908 |
| 電 | dien | 4 | 12 | 0.0015 | 896 | 129 |
| 力 | li | 4 | | | 1396 | 143 |
| 電 | dien | 4 | 64 | 0.0081 | 896 | 129 |
| 流 | liu | 2 | | | 1448 | 353 |
| 電 | dien | 4 | 18 | 0.0023 | 896 | 129 |
| 路 | lu | 4 | | | 1537 | 149 |
| 電 | dien | 4 | 89 | 0.0113 | 896 | 129 |
| 話 | hwa | 4 | | | 2086 | 254 |
| 電 | dien | 4 | 17 | 0.0022 | 896 | 129 |
| 器 | chi | 4 | | | 2626 | 394 |
| 電 | dien | 4 | 25 | 0.0032 | 896 | 129 |
| 線 | xien | 4 | | | 2935 | 368 |
| 電 | dien | 4 | 24 | 0.0030 | 896 | 129 |
| 池 | rci | 2 | | | 3379 | 1181 |
| 電 | dien | 4 | 120 | 0.0152 | 896 | 129 |
| 視 | shi | 4 | | | 3602 | 720 |
| 電 | dien | 4 | 15 | 0.0019 | 896 | 129 |
| 視 | shi | 4 | | | 3602 | 720 |
| 機 | ji | 1 | | | 2198 | 153 |
| 電 | dien | 4 | 11 | 0.0014 | 896 | 129 |
| 壓 | ya | 1 | | | 4368 | 944 |
| 電 | dien | 4 | 126 | 0.0160 | 896 | 129 |
| 影 | ying | 3 | | | 4574 | 498 |
| 電 | dien | 4 | 10 | 0.0013 | 896 | 129 |
| 影 | ying | 3 | | | 4574 | 498 |
| 院 | yüen | 4 | | | 4824 | 255 |
| 電 | dien | 4 | 15 | 0.0019 | 896 | 129 |
| 位 | wei | 4 | | | 4659 | 188 |
| 澱 | dien | 4 | 22 | 0.0028 | 902 | 2868 |
| 粉 | fun | 3 | | | 639 | 999 |
| 丁 | ding | 1 | 12 | 0.0015 | 906 | 1380 |
| 釘 | ding | 1 | 21 | 0.0027 | 905 | 1616 |
| 頂 | ding | 3 | 103 | 0.0130 | 910 | 989 |
| 定 | ding | 4 | 318 | 0.0403 | 912 | 121 |
| 定 | ding | 4 | 17 | 0.0022 | 912 | 121 |
| 律 | lü | 4 | | | 1602 | 667 |
| 訂 | ding | 4 | 27 | 0.0034 | 911 | 694 |
| 訂 | ding | 4 | 12 | 0.0015 | 911 | 694 |
| 立 | li | 4 | | | 1395 | 152 |
| 都 | du | 1 | 152 | 0.0193 | 916 | 510 |
| 市 | shi | 4 | | | 3595 | 87 |
| 毒 | du | 2 | 61 | 0.0077 | 918 | 847 |
| 毒 | du | 2 | 10 | 0.0013 | 918 | 847 |
| 品 | pin | 3 | | | 350 | 415 |
| 獨 | du | 2 | 39 | 0.0049 | 920 | 959 |
| 獨 | du | 2 | 82 | 0.0104 | 920 | 959 |
| 立 | li | 4 | | | 1395 | 152 |
| 獨 | du | 2 | 22 | 0.0028 | 920 | 959 |
| 自 | dsi | 4 | | | 3878 | 86 |

| Char. | Syll. | Tone | Freq. | Freq.% | ID | Rank |
|---|---|---|---|---|---|---|
| 讀 | du | 2 | 180 | 0.0228 | 919 | 391 |
| 讀 | du | 2 | 80 | 0.0101 | 919 | 391 |
| 者 | rjuh | 3 | | | 3153 | 376 |
| 讀 | du | 2 | 138 | 0.0175 | 919 | 391 |
| 書 | shu | 1 | | | 3732 | 179 |
| 賭 | du | 3 | 23 | 0.0029 | 922 | 2026 |
| 肚 | du | 4 | 42 | 0.0053 | 929 | 1422 |
| 子 | dsi | 5 | | | 3880 | 52 |
| 度 | du | 4 | 159 | 0.0201 | 927 | 212 |
| 渡 | du | 4 | 41 | 0.0052 | 926 | 1068 |
| 多 | dwo | 1 | 4289 | 0.5434 | 933 | 49 |
| 多 | dwo | 1 | 60 | 0.0076 | 933 | 49 |
| 半 | ban | 4 | | | 103 | 413 |
| 多 | dwo | 1 | 62 | 0.0079 | 933 | 49 |
| 麼 | muh | 5 | | | 395 | 3443 |
| 多 | dwo | 1 | 13 | 0.0016 | 933 | 49 |
| 瑙 | nau | 3 | | | 1199 | 4314 |
| 河 | huh | 2 | | | 1954 | 159 |
| 多 | dwo | 1 | 379 | 0.0480 | 933 | 49 |
| 少 | shau | 3 | | | 3652 | 360 |
| 多 | dwo | 1 | 21 | 0.0027 | 933 | 49 |
| 數 | shu | 4 | | | 3755 | 400 |
| 多 | dwo | 1 | 10 | 0.0013 | 933 | 49 |
| 餘 | yü | 2 | | | 4730 | 1168 |
| 奪 | dwo | 2 | 27 | 0.0034 | 934 | 1423 |
| 奪 | dwo | 2 | 72 | 0.0091 | 934 | 1423 |
| 鬥 | dou | 4 | | | 787 | 1140 |
| 朵 | dwo | 3 | 32 | 0.0041 | 938 | 1424 |
| 躲 | dwo | 3 | 46 | 0.0058 | 937 | 1488 |
| 躲 | dwo | 3 | 10 | 0.0013 | 937 | 1488 |
| 避 | bi | 4 | | | 141 | 1183 |
| 堆 | dwei | 1 | 88 | 0.0111 | 945 | 1447 |
| 堆 | dwei | 1 | 10 | 0.0013 | 945 | 1447 |
| 積 | ji | 1 | | | 2201 | 961 |
| 隊 | dwei | 4 | 215 | 0.0272 | 946 | 427 |
| 對 | dwei | 4 | 2124 | 0.2691 | 947 | 90 |
| 對 | dwei | 4 | 25 | 0.0032 | 947 | 90 |
| 不 | bu | 4 | | | 213 | 8 |
| 起 | chi | 3 | | | 2621 | 78 |
| 對 | dwei | 4 | 32 | 0.0041 | 947 | 90 |
| 面 | mien | 4 | | | 539 | 66 |
| 對 | dwei | 4 | 77 | 0.0098 | 947 | 90 |
| 方 | fang | 1 | | | 647 | 62 |
| 對 | dwei | 4 | 43 | 0.0054 | 947 | 90 |
| 付 | fu | 4 | | | 727 | 1463 |
| 對 | dwei | 4 | 57 | 0.0072 | 947 | 90 |
| 象 | xiang | 4 | | | 2975 | 599 |
| 對 | dwei | 4 | 17 | 0.0022 | 947 | 90 |
| 手 | shou | 3 | | | 3660 | 190 |
| 對 | dwei | 4 | 587 | 0.0744 | 947 | 90 |
| 於 | yü | 2 | | | 4728 | 113 |
| 端 | dwan | 1 | 158 | 0.0200 | 949 | 764 |
| 短 | dwan | 3 | 192 | 0.0243 | 950 | 884 |
| 短 | dwan | 3 | 10 | 0.0013 | 950 | 884 |
| 暫 | rjan | 4 | | | 3219 | 1247 |
| 段 | dwan | 4 | 107 | 0.0136 | 951 | 967 |
| 斷 | dwan | 4 | 89 | 0.0113 | 952 | 871 |
| 斷 | dwan | 4 | 17 | 0.0022 | 952 | 871 |
| 定 | ding | 4 | | | 912 | 121 |
| 斷 | dwan | 4 | 16 | 0.0020 | 952 | 871 |
| 絕 | jüeh | 2 | | | 2548 | 940 |
| 頓 | doon | 4 | 55 | 0.0070 | 960 | 782 |
| 噸 | doon | 4 | 31 | 0.0039 | 959 | 2223 |
| 冬 | doong | 1 | 17 | 0.0022 | 966 | 885 |
| 冬 | doong | 1 | 38 | 0.0048 | 966 | 885 |
| 天 | tien | 1 | | | 1097 | 28 |
| 冬 | doong | 1 | 24 | 0.0030 | 966 | 885 |
| 季 | ji | 4 | | | 2259 | 793 |
| 東 | doong | 1 | 236 | 0.0299 | 967 | 84 |
| 東 | doong | 1 | 39 | 0.0049 | 967 | 84 |
| 北 | bei | 3 | | | 61 | 72 |

| Char. | Syll. | Tone | Freq. | Freq.% | ID | Rank |
|---|---|---|---|---|---|---|
| 東 | doong | 1 | 18 | 0.0023 | 967 | 84 |
| 部 | bu | 4 | | | 212 | 91 |
| 東 | doong | 1 | 38 | 0.0048 | 967 | 84 |
| 方 | fang | 1 | | | 647 | 62 |
| 東 | doong | 1 | 14 | 0.0018 | 967 | 84 |
| 南 | nan | 2 | | | 1203 | 81 |
| 東 | doong | 1 | 52 | 0.0066 | 967 | 84 |
| 南 | nan | 2 | | | 1203 | 81 |
| 亞 | ya | 4 | | | 4384 | 345 |
| 東 | doong | 1 | 15 | 0.0019 | 967 | 84 |
| 尼 | ni | 2 | | | 1214 | 602 |
| 東 | doong | 1 | 66 | 0.0084 | 967 | 84 |
| 京 | jing | 1 | | | 2481 | 533 |
| 東 | doong | 1 | 431 | 0.0546 | 967 | 84 |
| 西 | xi | 1 | | | 2783 | 61 |
| 東 | doong | 1 | 10 | 0.0013 | 967 | 84 |
| 亞 | ya | 4 | | | 4384 | 345 |
| 董 | doong | 3 | 20 | 0.0025 | 971 | 2558 |
| 事 | shi | 4 | | | 3592 | 77 |
| 長 | rjang | 3 | | | 3250 | 135 |
| 懂 | doong | 3 | 69 | 0.0087 | 972 | 1663 |
| 懂 | doong | 3 | 27 | 0.0034 | 972 | 1663 |
| 得 | duh | 2 | | | 746 | 146 |
| 洞 | doong | 4 | 72 | 0.0091 | 973 | 1051 |
| 凍 | doong | 4 | 17 | 0.0022 | 976 | 2132 |
| 動 | doong | 4 | 175 | 0.0222 | 974 | 94 |
| 動 | doong | 4 | 14 | 0.0018 | 974 | 94 |
| 能 | nung | 2 | | | 1212 | 70 |
| 動 | doong | 4 | 19 | 0.0024 | 974 | 94 |
| 力 | li | 4 | | | 1396 | 143 |
| 動 | doong | 4 | 24 | 0.0030 | 974 | 94 |
| 機 | ji | 1 | | | 2198 | 153 |
| 動 | doong | 4 | 10 | 0.0013 | 974 | 94 |
| 手 | shou | 3 | | | 3660 | 190 |
| 動 | doong | 4 | 16 | 0.0020 | 974 | 94 |
| 人 | run | 2 | | | 3812 | 11 |
| 動 | doong | 4 | 113 | 0.0143 | 974 | 94 |
| 作 | dswo | 4 | | | 3953 | 47 |
| 動 | doong | 4 | 29 | 0.0037 | 974 | 94 |
| 詞 | tsi | 2 | | | 3988 | 568 |
| 動 | doong | 4 | 176 | 0.0223 | 974 | 94 |
| 物 | wu | 4 | | | 4602 | 128 |
| 他 | ta | 1 | 9076 | 1.1498 | 979 | 10 |
| 他 | ta | 1 | 1903 | 0.2411 | 979 | 10 |
| 們 | mun | 5 | | | 479 | 16 |
| 他 | ta | 1 | 48 | 0.0061 | 979 | 10 |
| 人 | run | 2 | | | 3812 | 11 |
| 它 | ta | 1 | 1068 | 0.1353 | 980 | 205 |
| 它 | ta | 1 | 234 | 0.0296 | 980 | 205 |
| 們 | mun | 5 | | | 479 | 16 |
| 她 | ta | 1 | 3072 | 0.3892 | 978 | 10 |
| 她 | ta | 1 | 200 | 0.0253 | 978 | 10 |
| 們 | mun | 5 | | | 479 | 16 |
| 牠 | ta | 1 | 3250 | 0.4117 | 981 | 10 |
| 牠 | ta | 1 | 28 | 0.0035 | 981 | 10 |
| 們 | mun | 5 | | | 479 | 16 |
| 祂 | ta | 1 | 22 | 0.0028 | id 4 | rk 4 |
| 塔 | ta | 3 | 10 | 0.0013 | 983 | 1238 |
| 踏 | ta | 4 | 51 | 0.0065 | 985 | 1298 |
| 特 | tuh | 4 | 123 | 0.0156 | 989 | 328 |
| 特 | tuh | 4 | 277 | 0.0351 | 989 | 328 |
| 別 | bieh | 2 | | | 163 | 259 |
| 特 | tuh | 4 | 16 | 0.0020 | 989 | 328 |
| 地 | di | 4 | | | 858 | 33 |
| 特 | tuh | 4 | 17 | 0.0022 | 989 | 328 |
| 點 | dien | 3 | | | 892 | 160 |
| 特 | tuh | 4 | 21 | 0.0027 | 989 | 328 |
| 權 | chüen | 2 | | | 2766 | 473 |
| 特 | tuh | 4 | 29 | 0.0037 | 989 | 328 |
| 性 | xing | 4 | | | 2996 | 482 |
| 特 | tuh | 4 | 14 | 0.0018 | 989 | 328 |
| 質 | rji | 2 | | | 3094 | 724 |
| 特 | tuh | 4 | 35 | 0.0044 | 989 | 328 |
| 徵 | wei | 2 | | | 4640 | 798 |

| Char. | Syll. | Tone | Freq. | Freq.% | ID | Rank |
|---|---|---|---|---|---|---|
| 特 | tuh | 4 | 89 | 0.0113 | 989 | 328 |
| 殊 | shu | 1 | | | 3738 | 1812 |
| 特 | tuh | 4 | 36 | 0.0046 | 989 | 328 |
| 色 | suh | 4 | | | 4114 | 339 |
| 胎 | tai | 1 | 13 | 0.0016 | 990 | 2503 |
| 兒 | er | 2 | | | 4291 | 82 |
| 臺 | tai | 2 | 96 | 0.0122 | 992 | 177 |
| 臺 | tai | 2 | 159 | 0.0201 | 992 | 177 |
| 北 | bei | 3 | | | 61 | 72 |
| 臺 | tai | 2 | 123 | 0.0156 | 992 | 177 |
| 北 | bei | 3 | | | 61 | 72 |
| 市 | shi | 4 | | | 3595 | 87 |
| 台 | tai | 2 | 14 | 0.0018 | 991 | 636 |
| 南 | nan | 2 | | | 1203 | 81 |
| 台 | tai | 2 | 19 | 0.0024 | 991 | 636 |
| 中 | rjoong | 1 | | | 3361 | 20 |
| 台 | tai | 2 | 13 | 0.0016 | 991 | 636 |
| 視 | shi | 4 | | | 3602 | 720 |
| 台 | tai | 2 | 316 | 0.0400 | 991 | 636 |
| 灣 | wan | 1 | | | 4677 | 321 |
| 台 | tai | 2 | 19 | 0.0024 | 991 | 636 |
| 灣 | wan | 1 | | | 4677 | 321 |
| 省 | shung | 3 | | | 3724 | 201 |
| 颱 | tai | 2 | 19 | 0.0024 | 996 | 2336 |
| 風 | fung | 1 | | | 662 | 268 |
| 擡 | tai | 2 | 35 | 0.0044 | 994 | 1517 |
| 擡 | tai | 2 | 43 | 0.0054 | 994 | 1517 |
| 頭 | tou | 2 | | | 1017 | 164 |
| 太 | tai | 4 | 531 | 0.0673 | 998 | 158 |
| 太 | tai | 4 | 47 | 0.0060 | 998 | 158 |
| 平 | ping | 2 | | | 354 | 165 |
| 洋 | yang | 2 | | | 4532 | 456 |
| 太 | tai | 4 | 179 | 0.0227 | 998 | 158 |
| 太 | tai | 4 | | | 998 | 158 |
| 太 | tai | 4 | 33 | 0.0042 | 998 | 158 |
| 公 | goong | 1 | | | 1805 | 83 |
| 太 | tai | 4 | 48 | 0.0061 | 998 | 158 |
| 空 | koong | 1 | | | 1944 | 199 |
| 太 | tai | 4 | 12 | 0.0015 | 998 | 158 |
| 空 | koong | 1 | | | 1944 | 199 |
| 船 | rcwan | 2 | | | 3537 | 563 |
| 太 | tai | 4 | 14 | 0.0018 | 998 | 158 |
| 空 | koong | 1 | | | 1944 | 199 |
| 人 | run | 2 | | | 3812 | 11 |
| 太 | tai | 4 | 18 | 0.0023 | 998 | 158 |
| 守 | shou | 3 | | | 3661 | 931 |
| 太 | tai | 4 | 10 | 0.0013 | 998 | 158 |
| 子 | dsi | 3 | | | 3874 | 324 |
| 太 | tai | 4 | 123 | 0.0156 | 998 | 158 |
| 陽 | yang | 2 | | | 4533 | 299 |
| 太 | tai | 4 | 36 | 0.0046 | 998 | 158 |
| 尉 | wei | 4 | | | 4671 | 2487 |
| 泰 | tai | 4 | 55 | 0.0070 | 1000 | 965 |
| 國 | gwo | 2 | | | 1749 | 7 |
| 態 | tai | 4 | 13 | 0.0016 | 997 | 954 |
| 態 | tai | 4 | 146 | 0.0185 | 997 | 954 |
| 度 | du | 4 | | | 927 | 212 |
| 逃 | tau | 2 | 60 | 0.0076 | 1006 | 1064 |
| 逃 | tau | 2 | 17 | 0.0022 | 1006 | 1064 |
| 避 | bi | 4 | | | 141 | 1183 |
| 逃 | tau | 2 | 15 | 0.0019 | 1006 | 1064 |
| 走 | dsou | 3 | | | 3920 | 217 |
| 逃 | tau | 2 | 13 | 0.0016 | 1006 | 1064 |
| 亡 | wang | 2 | | | 4711 | 1208 |
| 討 | tau | 3 | 28 | 0.0035 | 1012 | 393 |
| 討 | tau | 3 | 125 | 0.0158 | 1012 | 393 |
| 論 | loon | 4 | | | 1577 | 347 |
| 討 | tau | 3 | 28 | 0.0035 | 1012 | 393 |
| 厭 | yen | 4 | | | 4492 | 1817 |
| 套 | tau | 4 | 74 | 0.0094 | 1013 | 1276 |
| 偷 | tou | 1 | 41 | 0.0052 | 1015 | 990 |
| 投 | tou | 2 | 75 | 0.0095 | 1016 | 714 |
| 投 | tou | 2 | 13 | 0.0016 | 1016 | 714 |
| 票 | piau | 4 | | | 338 | 490 |
| 投 | tou | 2 | 14 | 0.0018 | 1016 | 714 |
| 機 | ji | 1 | | | 2198 | 153 |

| Char. | Syll. | Tone | Freq. | Freq.% | ID | Rank |
|---|---|---|---|---|---|---|
| 投 | tou | 2 | 10 | 0.0013 | 1016 | 714 |
| 降 | xiang | 2 | | | 2968 | 1559 |
| 投 | tou | 2 | 30 | 0.0038 | 1016 | 714 |
| 手 | shou | 3 | | | 3660 | 190 |
| 投 | tou | 2 | 116 | 0.0147 | 1016 | 714 |
| 資 | dsi | 1 | | | 3865 | 920 |
| 頭 | tou | 2 | 385 | 0.0488 | 1017 | 164 |
| 頭 | tou | 2 | 10 | 0.0013 | 1017 | 164 |
| 部 | bu | 4 | | | 212 | 91 |
| 頭 | tou | 2 | 62 | 0.0079 | 1017 | 164 |
| 髮 | fa | 3 | | | 583 | 1446 |
| 頭 | tou | 2 | 37 | 0.0047 | 1017 | 164 |
| 腦 | nau | 3 | | | 1198 | 908 |
| 頭 | tou | 2 | 33 | 0.0042 | 1017 | 164 |
| 領 | ling | 3 | | | 1521 | 461 |
| 透 | tou | 4 | 55 | 0.0070 | 1018 | 1221 |
| 透 | tou | 4 | 19 | 0.0024 | 1018 | 1221 |
| 明 | ming | 2 | | | 552 | 101 |
| 透 | tou | 4 | 32 | 0.0041 | 1018 | 1221 |
| 露 | lu | 4 | | | 1538 | 1395 |
| 透 | tou | 4 | 12 | 0.0015 | 1018 | 1221 |
| 過 | gwo | 4 | | | 1754 | 67 |
| 透 | tou | 4 | 10 | 0.0013 | 1018 | 1221 |
| 徹 | rcuh | 4 | | | 3414 | 2276 |
| 談 | tan | 2 | 197 | 0.0250 | 1024 | 581 |
| 談 | tan | 2 | 37 | 0.0047 | 1024 | 581 |
| 判 | pan | 4 | | | 274 | 1284 |
| 談 | tan | 2 | 51 | 0.0065 | 1024 | 581 |
| 到 | dau | 4 | | | 775 | 21 |
| 談 | tan | 2 | 36 | 0.0046 | 1024 | 581 |
| 談 | tan | 2 | | | 1024 | 581 |
| 談 | tan | 2 | 12 | 0.0015 | 1024 | 581 |
| 天 | tien | 1 | | | 1097 | 28 |
| 談 | tan | 2 | 31 | 0.0039 | 1024 | 581 |
| 吐 | tu | 3 | | | 1127 | 1681 |
| 談 | tan | 2 | 24 | 0.0030 | 1024 | 581 |
| 論 | loon | 4 | | | 1577 | 347 |
| 談 | tan | 2 | 94 | 0.0119 | 1024 | 581 |
| 話 | hwa | 4 | | | 2086 | 254 |
| 談 | tan | 2 | 16 | 0.0020 | 1024 | 581 |
| 起 | chi | 3 | | | 2621 | 78 |
| 彈 | tan | 2 | 37 | 0.0047 | 1023 | 1201 |
| 彈 | tan | 2 | 11 | 0.0014 | 1023 | 1201 |
| 簧 | hwang | 2 | | | 2171 | 2674 |
| 秤 | rcung | 4 | | | 3505 | 1755 |
| 彈 | tan | 2 | 13 | 0.0016 | 1023 | 1201 |
| 奏 | dsou | 4 | | | 3922 | 1593 |
| 坦 | tan | 3 | 18 | 0.0023 | 1034 | 1250 |
| 白 | bai | 2 | | | 49 | 251 |
| 探 | tan | 4 | 22 | 0.0028 | 1036 | 1518 |
| 討 | tau | 3 | | | 1012 | 393 |
| 探 | tan | 4 | 10 | 0.0013 | 1036 | 1518 |
| 聽 | ting | 1 | | | 1107 | 267 |
| 探 | tan | 4 | 13 | 0.0016 | 1036 | 1518 |
| 險 | xien | 3 | | | 2928 | 957 |
| 嘆 | tan | 4 | 15 | 0.0019 | 1040 | 2054 |
| 炭 | tan | 4 | 17 | 0.0022 | 1037 | 1886 |
| 湯 | tang | 1 | 36 | 0.0046 | 1042 | 1680 |
| 堂 | tang | 2 | 11 | 0.0014 | 1043 | 1098 |
| 唐 | tang | 2 | 41 | 0.0052 | 1046 | 1157 |
| 唐 | tang | 2 | 10 | 0.0013 | 1046 | 1157 |
| 代 | dai | 4 | | | 756 | 262 |
| 唐 | tang | 2 | 10 | 0.0013 | 1046 | 1157 |
| 朝 | rcau | 2 | | | 3426 | 628 |
| 糖 | tang | 2 | 19 | 0.0024 | 1044 | 855 |
| 倘 | tang | 3 | 10 | 0.0013 | 1051 | 2662 |
| 倘 | tang | 3 | 29 | 0.0037 | 1051 | 2662 |
| 若 | rwo | 4 | | | 3841 | 899 |
| 躺 | tang | 3 | 51 | 0.0065 | 1052 | 1788 |
| 趟 | tang | 4 | 15 | 0.0019 | 1056 | 2255 |
| 燙 | tang | 4 | 15 | 0.0019 | 1055 | 2794 |
| 疼 | tung | 2 | 24 | 0.0030 | 1058 | 1361 |

| Char. | Syll. | Tone | Freq. | Freq.% | ID | Rank |
|---|---|---|---|---|---|---|
| 踢 | ti | 1 | 23 | 0.0029 | 1062 | 2295 |
| 啼 | ti | 2 | 12 | 0.0015 | 1070 | 2079 |
| 提 | ti | 2 | 148 | 0.0187 | 1065 | 409 |
| 提 | ti | 2 | 18 | 0.0023 | 1065 | 409 |
| 名 | ming | 2 | | | 551 | 141 |
| 提 | ti | 2 | 43 | 0.0054 | 1065 | 409 |
| 到 | dau | 4 | | | 775 | 21 |
| 提 | ti | 2 | 116 | 0.0147 | 1065 | 409 |
| 高 | gau | 1 | | | 1647 | 104 |
| 提 | ti | 2 | 66 | 0.0084 | 1065 | 409 |
| 供 | goong | 4 | | | 1821 | 1685 |
| 提 | ti | 2 | 24 | 0.0030 | 1065 | 409 |
| 起 | chi | 3 | | | 2621 | 78 |
| 提 | ti | 2 | 10 | 0.0013 | 1065 | 409 |
| 琴 | chin | 2 | | | 2704 | 1053 |
| 提 | ti | 2 | 12 | 0.0015 | 1065 | 409 |
| 轄 | xia | 2 | | | 2831 | 1411 |
| 提 | ti | 2 | 23 | 0.0029 | 1065 | 409 |
| 醒 | xing | 3 | | | 2994 | 1301 |
| 提 | ti | 2 | 22 | 0.0028 | 1065 | 409 |
| 倡 | rcang | 4 | | | 3480 | 1690 |
| 提 | ti | 2 | 202 | 0.0256 | 1065 | 409 |
| 出 | rcu | 1 | | | 3507 | 60 |
| 提 | ti | 2 | 11 | 0.0014 | 1065 | 409 |
| 早 | dsau | 3 | | | 3906 | 370 |
| 提 | ti | 2 | 12 | 0.0015 | 1065 | 409 |
| 案 | an | 4 | | | 4280 | 630 |
| 提 | ti | 2 | 11 | 0.0014 | 1065 | 409 |
| 議 | yi | 4 | | | 4331 | 290 |
| 題 | ti | 2 | 33 | 0.0042 | 1066 | 229 |
| 題 | ti | 2 | 48 | 0.0061 | 1066 | 229 |
| 目 | mu | 4 | | | 565 | 348 |
| 題 | ti | 2 | 10 | 0.0013 | 1066 | 229 |
| 材 | tsai | 2 | | | 4005 | 755 |
| 體 | ti | 3 | 134 | 0.0170 | 1073 | 178 |
| 體 | ti | 3 | 14 | 0.0018 | 1073 | 178 |
| 面 | mien | 4 | | | 539 | 66 |
| 體 | ti | 3 | 40 | 0.0051 | 1073 | 178 |
| 力 | li | 4 | | | 1396 | 143 |
| 體 | ti | 3 | 62 | 0.0079 | 1073 | 178 |
| 積 | ji | 1 | | | 2201 | 961 |
| 體 | ti | 3 | 30 | 0.0038 | 1073 | 178 |
| 重 | rjoong | 4 | | | 3372 | 214 |
| 體 | ti | 3 | 12 | 0.0015 | 1073 | 178 |
| 認 | run | 4 | | | 3816 | 479 |
| 體 | ti | 3 | 12 | 0.0015 | 1073 | 178 |
| 驗 | yen | 4 | | | 4493 | 749 |
| 體 | ti | 3 | 40 | 0.0051 | 1073 | 178 |
| 育 | yü | 4 | | | 4762 | 196 |
| 體 | ti | 3 | 10 | 0.0013 | 1073 | 178 |
| 育 | yü | 4 | | | 4762 | 196 |
| 館 | gwan | 3 | | | 1786 | 702 |
| 替 | ti | 4 | 219 | 0.0277 | 1075 | 815 |
| 貼 | tieh | 1 | 27 | 0.0034 | 1083 | 1394 |
| 鐵 | tieh | 3 | 61 | 0.0077 | 1085 | 250 |
| 鐵 | tieh | 3 | 62 | 0.0079 | 1085 | 250 |
| 路 | lu | 4 | | | 1537 | 149 |
| 挑 | tiau | 1 | 34 | 0.0043 | 1088 | 1860 |
| 挑 | tiau | 1 | 10 | 0.0013 | 1088 | 1860 |
| 起 | chi | 3 | | | 2621 | 78 |
| 條 | tiau | 2 | 466 | 0.0590 | 1090 | 231 |
| 條 | tiau | 2 | 12 | 0.0015 | 1090 | 231 |
| 例 | li | 4 | | | 1400 | 751 |
| 條 | tiau | 2 | 163 | 0.0206 | 1090 | 231 |
| 件 | jien | 4 | | | 2419 | 521 |
| 條 | tiau | 2 | 33 | 0.0042 | 1090 | 231 |
| 約 | yüeh | 1 | | | 4792 | 357 |
| 調 | tiau | 2 | 17 | 0.0022 | 1089 | 1121 |
| 和 | huh | 2 | | | 1956 | 395 |
| 調 | tiau | 2 | 32 | 0.0041 | 1089 | 1121 |
| 節 | jieh | 2 | | | 2311 | 352 |
| 調 | tiau | 2 | 29 | 0.0037 | 1089 | 1121 |
| 整 | rjung | 3 | | | 3273 | 593 |
| 挑 | tiau | 3 | 12 | 0.0015 | 1093 | 3914 |
| 戰 | rjan | 4 | | | 3215 | 280 |

| Char. | Syll. | Tone | Freq. | Freq.% | ID | Rank |
|---|---|---|---|---|---|---|
| 跳 | tiau | 4 | 134 | 0.0170 | 1095 | 670 |
| 跳 | tiau | 4 | 10 | 0.0013 | 1095 | 670 |
| 動 | doong | 4 | | | 974 | 94 |
| 跳 | tiau | 4 | 20 | 0.0025 | 1095 | 670 |
| 舞 | wu | 3 | | | 4594 | 978 |
| 天 | tien | 1 | 1186 | 0.1502 | 1097 | 28 |
| 天 | tien | 1 | 15 | 0.0019 | 1097 | 28 |
| 賦 | fu | 4 | | | 731 | 2715 |
| 天 | tien | 1 | 22 | 0.0028 | 1097 | 28 |
| 地 | di | 4 | | | 858 | 33 |
| 天 | tien | 1 | 40 | 0.0051 | 1097 | 28 |
| 堂 | tang | 2 | | | 1043 | 1098 |
| 天 | tien | 1 | 50 | 0.0063 | 1097 | 28 |
| 天 | tien | 1 | | | 1097 | 28 |
| 天 | tien | 1 | 59 | 0.0075 | 1097 | 28 |
| 空 | koong | 1 | | | 1944 | 199 |
| 天 | tien | 1 | 82 | 0.0104 | 1097 | 28 |
| 氣 | chi | 4 | | | 2627 | 132 |
| 天 | tien | 1 | 90 | 0.0114 | 1097 | 28 |
| 下 | xia | 4 | | | 2844 | 50 |
| 天 | tien | 1 | 18 | 0.0023 | 1097 | 28 |
| 性 | xing | 4 | | | 2996 | 482 |
| 天 | tien | 1 | 15 | 0.0019 | 1097 | 28 |
| 真 | rjun | 1 | | | 3223 | 238 |
| 天 | tien | 1 | 10 | 0.0013 | 1097 | 28 |
| 師 | shi | 1 | | | 3570 | 116 |
| 天 | tien | 1 | 21 | 0.0027 | 1097 | 28 |
| 上 | shang | 4 | | | 3712 | 17 |
| 天 | tien | 1 | 19 | 0.0024 | 1097 | 28 |
| 生 | shung | 1 | | | 3715 | 32 |
| 天 | tien | 1 | 66 | 0.0084 | 1097 | 28 |
| 然 | ran | 2 | | | 3807 | 123 |
| 天 | tien | 1 | 10 | 0.0013 | 1097 | 28 |
| 資 | dsi | 1 | | | 3865 | 920 |
| 天 | tien | 1 | 25 | 0.0032 | 1097 | 28 |
| 子 | dsi | 3 | | | 3874 | 324 |
| 天 | tien | 1 | 41 | 0.0052 | 1097 | 28 |
| 才 | tsai | 2 | | | 4006 | 248 |
| 天 | tien | 1 | 15 | 0.0019 | 1097 | 28 |
| 色 | suh | 4 | | | 4114 | 339 |
| 添 | tien | 1 | 18 | 0.0023 | 1096 | 2196 |
| 填 | tien | 2 | 36 | 0.0046 | 1098 | 1320 |
| 甜 | tien | 2 | 18 | 0.0023 | 1101 | 1530 |
| 田 | tien | 2 | 44 | 0.0056 | 1099 | 535 |
| 田 | tien | 2 | 25 | 0.0032 | 1099 | 535 |
| 地 | di | 4 | | | 858 | 33 |
| 田 | tien | 2 | 23 | 0.0029 | 1099 | 535 |
| 中 | rjoong | 1 | | | 3361 | 20 |
| 聽 | ting | 1 | 412 | 0.0522 | 1107 | 267 |
| 聽 | ting | 1 | 44 | 0.0056 | 1107 | 267 |
| 得 | duh | 2 | | | 746 | 146 |
| 聽 | ting | 1 | 138 | 0.0175 | 1107 | 267 |
| 到 | dau | 4 | | | 775 | 21 |
| 聽 | ting | 1 | 112 | 0.0142 | 1107 | 267 |
| 見 | jien | 4 | | | 2417 | 206 |
| 聽 | ting | 1 | 23 | 0.0029 | 1107 | 267 |
| 衆 | rjoong | 4 | | | 3371 | 757 |
| 聽 | ting | 1 | 61 | 0.0077 | 1107 | 267 |
| 說 | shwo | 1 | | | 3770 | 37 |
| 廳 | ting | 1 | 40 | 0.0051 | 1106 | 750 |
| 廳 | ting | 1 | 14 | 0.0018 | 1106 | 750 |
| 長 | rjang | 3 | | | 3250 | 135 |
| 停 | ting | 2 | 156 | 0.0198 | 1110 | 649 |
| 停 | ting | 2 | 27 | 0.0034 | 1110 | 649 |
| 留 | liu | 2 | | | 1450 | 800 |
| 停 | ting | 2 | 43 | 0.0054 | 1110 | 649 |
| 火 | hwo | 3 | | | 2093 | 235 |
| 停 | ting | 2 | 13 | 0.0016 | 1110 | 649 |
| 下 | xia | 4 | | | 2844 | 50 |
| 來 | lai | 2 | | | 1297 | 15 |
| 停 | ting | 2 | 81 | 0.0103 | 1110 | 649 |
| 止 | rji | 3 | | | 3104 | 707 |
| 挺 | ting | 3 | 25 | 0.0032 | 1114 | 2369 |

| Char. | Syll. | Tone | Freq. | Freq.% | ID | Rank |
|---|---|---|---|---|---|---|
| 屠 | tu | 2 | 10 | 0.0013 | 1124 | 2080 |
| 殺 | sha | 1 | | | 3618 | 689 |
| 塗 | tu | 2 | 24 | 0.0030 | 1121 | 1822 |
| 圖 | tu | 2 | 166 | 0.0210 | 1120 | 85 |
| 圖 | tu | 2 | 25 | 0.0032 | 1120 | 85 |
| 畫 | hwa | 4 | | | 2088 | 320 |
| 圖 | tu | 2 | 22 | 0.0028 | 1120 | 85 |
| 書 | shu | 1 | | | 3732 | 179 |
| 館 | gwan | 3 | | | 1786 | 702 |
| 圖 | tu | 2 | 17 | 0.0022 | 1120 | 85 |
| 案 | an | 4 | | | 4280 | 630 |
| 徒 | tu | 2 | 15 | 0.0019 | 1123 | 2197 |
| 徒 | tu | 2 | 154 | 0.0195 | 1123 | 2197 |
| 然 | ran | 2 | | | 3807 | 123 |
| 途 | tu | 2 | 39 | 0.0049 | 1119 | 706 |
| 途 | tu | 2 | 30 | 0.0038 | 1119 | 706 |
| 徑 | jing | 4 | | | 2504 | 1672 |
| 突 | tu | 1 | 10 | 0.0013 | 1122 | 968 |
| 變 | bien | 4 | | | 180 | 316 |
| 突 | tu | 1 | 25 | 0.0032 | 1122 | 968 |
| 出 | rcu | 1 | | | 3507 | 60 |
| 吐 | tu | 3 | 16 | 0.0020 | 1127 | 1681 |
| 土 | tu | 3 | 54 | 0.0068 | 1128 | 422 |
| 土 | tu | 3 | 133 | 0.0168 | 1128 | 422 |
| 地 | di | 4 | | | 858 | 33 |
| 土 | tu | 2 | 52 | 0.0066 | 1128 | 422 |
| 壤 | rang | 3 | | | 3824 | 1339 |
| 土 | tu | 2 | 12 | 0.0015 | 1128 | 422 |
| 耳 | er | 3 | | | 4295 | 994 |
| 其 | chi | 2 | | | 2598 | 243 |
| 拖 | two | 1 | 19 | 0.0024 | 1132 | 1699 |
| 拖 | two | 1 | 23 | 0.0029 | 1132 | 1699 |
| 延 | yen | 2 | | | 4472 | 1256 |
| 託 | two | 1 | 13 | 0.0016 | 1134 | 2163 |
| 脫 | two | 1 | 21 | 0.0027 | 1133 | 1251 |
| 脫 | two | 1 | 31 | 0.0039 | 1133 | 1251 |
| 離 | li | 2 | | | 1371 | 538 |
| 脫 | two | 1 | 16 | 0.0020 | 1133 | 1251 |
| 落 | lwo | 4 | | | 1558 | 681 |
| 妥 | two | 3 | 18 | 0.0023 | 1142 | 2718 |
| 拓 | two | 4 | 14 | 0.0018 | 1144 | 2296 |
| 展 | rjan | 3 | | | 3209 | 577 |
| 推 | twei | 1 | 96 | 0.0122 | 1145 | 601 |
| 推 | twei | 1 | 27 | 0.0034 | 1145 | 601 |
| 翻 | fan | 1 | | | 606 | 1297 |
| 推 | twei | 1 | 56 | 0.0071 | 1145 | 601 |
| 動 | doong | 4 | | | 974 | 94 |
| 推 | twei | 1 | 32 | 0.0041 | 1145 | 601 |
| 廣 | gwang | 3 | | | 1802 | 288 |
| 推 | twei | 1 | 14 | 0.0018 | 1145 | 601 |
| 銷 | xiau | 1 | | | 2872 | 1795 |
| 推 | twei | 1 | 69 | 0.0087 | 1145 | 601 |
| 行 | xing | 2 | | | 2989 | 76 |
| 推 | twei | 1 | 10 | 0.0013 | 1145 | 601 |
| 出 | rcu | 1 | | | 3507 | 60 |
| 推 | twei | 1 | 10 | 0.0013 | 1145 | 601 |
| 測 | tsuh | 4 | | | 3999 | 1048 |
| 腿 | twei | 3 | 79 | 0.0100 | 1147 | 1434 |
| 退 | twei | 4 | 25 | 0.0032 | 1148 | 819 |
| 休 | xiu | 1 | | | 2896 | 894 |
| 退 | twei | 4 | 17 | 0.0022 | 1148 | 819 |
| 出 | rcu | 1 | | | 3507 | 60 |
| 團 | twan | 2 | 36 | 0.0046 | 1150 | 524 |
| 團 | twan | 2 | 14 | 0.0018 | 1150 | 524 |
| 隊 | dwei | 4 | | | 946 | 427 |
| 團 | twan | 2 | 124 | 0.0157 | 1150 | 524 |
| 體 | ti | 3 | | | 1073 | 178 |
| 團 | twan | 2 | 46 | 0.0058 | 1150 | 524 |
| 結 | jieh | 2 | | | 2310 | 404 |
| 團 | twan | 2 | 10 | 0.0013 | 1150 | 524 |
| 長 | rjang | 3 | | | 3250 | 135 |
| 吞 | toon | 1 | 28 | 0.0035 | 1151 | 1806 |
| 通 | toong | 1 | 201 | 0.0255 | 1158 | 202 |

| Char. | Syll. | Tone | Freq. | Freq.% | ID | Rank |
|---|---|---|---|---|---|---|
| 通 | toong | 1 | 53 | 0.0067 | 1158 | 202 |
| 過 | gwo | 4 | | | 1754 | 67 |
| 通 | toong | 1 | 10 | 0.0013 | 1158 | 202 |
| 信 | xin | 4 | | | 2957 | 378 |
| 通 | toong | 1 | 11 | 0.0014 | 1158 | 202 |
| 行 | xing | 2 | | | 2989 | 76 |
| 通 | toong | 1 | 50 | 0.0063 | 1158 | 202 |
| 知 | rji | 1 | | | 3076 | 269 |
| 通 | toong | 1 | 134 | 0.0170 | 1158 | 202 |
| 常 | rcang | 2 | | | 3472 | 136 |
| 同 | toong | 2 | 932 | 0.1181 | 1160 | 92 |
| 同 | toong | 2 | 77 | 0.0098 | 1160 | 92 |
| 胞 | bau | 1 | | | 74 | 985 |
| 同 | toong | 2 | 12 | 0.0015 | 1160 | 92 |
| 伴 | ban | 4 | | | 106 | 1431 |
| 同 | toong | 2 | 18 | 0.0023 | 1160 | 92 |
| 盟 | mung | 2 | | | 486 | 1596 |
| 同 | toong | 2 | 47 | 0.0060 | 1160 | 92 |
| 情 | ching | 2 | | | 2734 | 233 |
| 同 | toong | 2 | 276 | 0.0350 | 1160 | 92 |
| 學 | xüeh | 2 | | | 3028 | 26 |
| 同 | toong | 2 | 17 | 0.0022 | 1160 | 92 |
| 志 | rji | 4 | | | 3115 | 728 |
| 同 | toong | 2 | 426 | 0.0540 | 1160 | 92 |
| 時 | shi | 2 | | | 3578 | 29 |
| 同 | toong | 2 | 24 | 0.0030 | 1160 | 92 |
| 事 | shi | 4 | | | 3592 | 77 |
| 同 | toong | 2 | 32 | 0.0041 | 1160 | 92 |
| 意 | yi | 4 | | | 4332 | 195 |
| 同 | toong | 2 | 152 | 0.0193 | 1160 | 92 |
| 樣 | yang | 4 | | | 4546 | 69 |
| 童 | toong | 2 | 42 | 0.0053 | 1159 | 389 |
| 子 | dsi | 3 | | | 3874 | 324 |
| 軍 | jün | 1 | | | 2574 | 150 |
| 銅 | toong | 2 | 26 | 0.0033 | 1162 | 1102 |
| 統 | toong | 2 | 10 | 0.0013 | 1169 | 283 |
| 統 | toong | 3 | | | 1169 | 283 |
| 統 | toong | 3 | 32 | 0.0041 | 1169 | 283 |
| 計 | ji | 4 | | | 2256 | 410 |

| Char. | Syll. | Tone | Freq. | Freq.% | ID | Rank |
|---|---|---|---|---|---|---|
| 統 | toong | 3 | 61 | 0.0077 | 1169 | 283 |
| 治 | rji | 4 | | | 3111 | 361 |
| 統 | toong | 3 | 84 | 0.0106 | 1169 | 283 |
| 一 | yi | 1 | | | 4300 | 2 |
| 痛 | toong | 4 | 128 | 0.0162 | 1172 | 880 |
| 苦 | ku | 3 | | | 1888 | 567 |
| 痛 | toong | 4 | 13 | 0.0016 | 1172 | 880 |
| 快 | kwai | 4 | | | 1902 | 232 |
| 拏 | nu | 2 | 30 | 0.0038 | id 5 | rk 5 |
| 拿 | na | 2 | 372 | 0.0471 | 1175 | 382 |
| 拿 | na | 2 | 20 | 0.0025 | 1175 | 382 |
| 破 | po | 4 | | | 235 | 654 |
| 崙 | loon | 2 | | | 1572 | 2084 |
| 拿 | na | 2 | 10 | 0.0013 | 1175 | 382 |
| 到 | dau | 4 | | | 775 | 21 |
| 拿 | na | 2 | 18 | 0.0023 | 1175 | 382 |
| 出 | rcu | 1 | | | 3507 | 60 |
| 那 | na | 4 | 2978 | 0.3773 | 1179 | 71 |
| 那 | na | 4 | 21 | 0.0027 | 1179 | 71 |
| 邊 | bien | 1 | | | 171 | 260 |
| 那 | na | 4 | 35 | 0.0044 | 1179 | 71 |
| 末 | mo | 4 | | | 410 | 1390 |
| 那 | na | 4 | 348 | 0.0441 | 1179 | 71 |
| 麼 | muh | 5 | | | 395 | 3443 |
| 那 | na | 4 | 14 | 0.0018 | 1179 | 71 |
| 裡 | li | 3 | | | 1385 | 44 |
| 那 | na | 4 | 426 | 0.0540 | 1179 | 71 |
| 裏 | li | 3 | | | 1386 | 44 |
| 那 | na | 4 | 423 | 0.0536 | 1179 | 71 |
| 些 | xieh | 1 | | | 2849 | 139 |
| 那 | na | 4 | 93 | 0.0118 | 1179 | 71 |
| 兒 | er | 2 | | | 4291 | 82 |
| 那 | na | 4 | 178 | 0.0226 | 1179 | 71 |
| 樣 | yang | 4 | | | 4546 | 69 |
| 哪 | na | 5 | 59 | 0.0075 | 1183 | 2081 |
| 納 | na | 4 | 23 | 0.0029 | 1178 | 955 |
| 乃 | nai | 3 | 233 | 0.0295 | 1187 | 921 |

| Char. | Syll. | Tone | Freq. | Freq.% | ID | Rank |
|---|---|---|---|---|---|---|
| 奶 | nai | 2 | 10 | 0.0013 | 1189 | 1647 |
| 粉 | fun | 3 | | | 639 | 999 |
| 奶 | nai | 2 | 10 | 0.0013 | 1189 | 1647 |
| 奶 | nai | 3 | | | 1189 | 1647 |
| 奈 | nai | 4 | 15 | 0.0019 | 1190 | 2256 |
| 何 | huh | 2 | | | 1955 | 609 |
| 耐 | nai | 4 | 16 | 0.0020 | 1191 | 1500 |
| 耐 | nai | 4 | 18 | 0.0023 | 1191 | 1500 |
| 心 | xin | 1 | | | 2946 | 142 |
| 內 | nei | 4 | 1004 | 0.1272 | 1193 | 241 |
| 內 | nei | 4 | 58 | 0.0073 | 1193 | 241 |
| 部 | bu | 4 | | | 212 | 91 |
| 內 | nei | 4 | 11 | 0.0014 | 1193 | 241 |
| 地 | di | 4 | | | 858 | 33 |
| 內 | nei | 4 | 20 | 0.0025 | 1193 | 241 |
| 陸 | lu | 4 | | | 1536 | 430 |
| 內 | nei | 4 | 27 | 0.0034 | 1193 | 241 |
| 閣 | guh | 2 | | | 1625 | 1889 |
| 內 | nei | 4 | 55 | 0.0070 | 1193 | 241 |
| 心 | xin | 1 | | | 2946 | 142 |
| 內 | nei | 4 | 105 | 0.0133 | 1193 | 241 |
| 容 | roong | 2 | | | 3855 | 401 |
| 內 | nei | 4 | 13 | 0.0016 | 1193 | 241 |
| 臟 | dsang | 4 | | | 3932 | 1340 |
| 腦 | nau | 3 | 51 | 0.0065 | 1198 | 908 |
| 腦 | nau | 3 | 16 | 0.0020 | 1198 | 908 |
| 袋 | dai | 4 | | | 760 | 1477 |
| 腦 | nau | 3 | 11 | 0.0014 | 1198 | 908 |
| 筋 | jin | 1 | | | 2444 | 2735 |
| 腦 | nau | 2 | 15 | 0.0019 | 1198 | 908 |
| 子 | dsi | 3 | | | 3874 | 324 |
| 鬧 | nau | 4 | 48 | 0.0061 | 1201 | 1143 |
| 男 | nan | 2 | 141 | 0.0179 | 1205 | 938 |
| 男 | nan | 2 | 14 | 0.0018 | 1205 | 938 |
| 孩 | hai | 2 | | | 1977 | 367 |
| 子 | dsi | 3 | | | 3874 | 324 |
| 男 | nan | 2 | 14 | 0.0018 | 1205 | 938 |
| 性 | xing | 4 | | | 2996 | 482 |
| 男 | nan | 2 | 14 | 0.0018 | 1205 | 938 |
| 生 | shung | 1 | | | 3715 | 32 |
| 男 | nan | 2 | 91 | 0.0115 | 1205 | 938 |
| 人 | run | 2 | | | 3812 | 11 |
| 男 | nan | 2 | 54 | 0.0068 | 1205 | 938 |
| 子 | dsi | 3 | | | 3874 | 324 |
| 南 | nan | 2 | 218 | 0.0276 | 1203 | 81 |
| 南 | nan | 2 | 59 | 0.0075 | 1203 | 81 |
| 部 | bu | 4 | | | 212 | 91 |
| 南 | nan | 2 | 11 | 0.0014 | 1203 | 81 |
| 美 | mei | 3 | | | 442 | 80 |
| 南 | nan | 2 | 36 | 0.0046 | 1203 | 81 |
| 方 | fang | 1 | | | 647 | 62 |
| 南 | nan | 2 | 13 | 0.0016 | 1203 | 81 |
| 海 | hai | 3 | | | 1980 | 102 |
| 南 | nan | 2 | 15 | 0.0019 | 1203 | 81 |
| 極 | ji | 2 | | | 2224 | 485 |
| 南 | nan | 2 | 15 | 0.0019 | 1203 | 81 |
| 京 | jing | 1 | | | 2481 | 533 |
| 南 | nan | 2 | 20 | 0.0025 | 1203 | 81 |
| 越 | yüeh | 4 | | | 4793 | 558 |
| 難 | nan | 2 | 327 | 0.0414 | 1202 | 570 |
| 難 | nan | 2 | 24 | 0.0030 | 1202 | 570 |
| 免 | mien | 3 | | | 534 | 781 |
| 難 | nan | 2 | 33 | 0.0042 | 1202 | 570 |
| 得 | duh | 2 | | | 746 | 146 |
| 難 | nan | 2 | 48 | 0.0061 | 1202 | 570 |
| 道 | dau | 4 | | | 774 | 155 |
| 難 | nan | 2 | 16 | 0.0020 | 1202 | 570 |
| 題 | ti | 2 | | | 1066 | 229 |
| 難 | nan | 2 | 17 | 0.0022 | 1202 | 570 |
| 過 | gwo | 4 | | | 1754 | 67 |
| 難 | nan | 2 | 14 | 0.0018 | 1202 | 570 |
| 堪 | kan | 1 | | | 1864 | 2669 |
| 難 | nan | 2 | 39 | 0.0049 | 1202 | 570 |
| 仰 | yang | 3 | | | 4544 | 1418 |
| 嫩 | nun | 4 | 14 | 0.0018 | 1210 | 1448 |

| Char. | Syll. | Tone | Freq. | Freq.% | ID | Rank |
|---|---|---|---|---|---|---|
| 能 | nung | 2 | 9907 | 1.2551 | 1212 | 70 |
| 能 | nung | 2 | 222 | 0.0281 | 1212 | 70 |
| 力 | li | 4 | | | 1396 | 143 |
| 能 | nung | 2 | 49 | 0.0062 | 1212 | 70 |
| 量 | liang | 4 | | | 1503 | 423 |
| 能 | nung | 2 | 259 | 0.0328 | 1212 | 70 |
| 夠 | gou | 4 | | | 1663 | 520 |
| 能 | nung | 2 | 18 | 0.0023 | 1212 | 70 |
| 幹 | gan | 4 | | | 1686 | 971 |
| 尼 | ni | 2 | 152 | 0.0193 | 1214 | 602 |
| 克 | kuh | 4 | | | 1842 | 458 |
| 森 | sun | 1 | | | 4142 | 1000 |
| 呢 | ni | 2 | 752 | 0.0953 | 1215 | 2507 |
| 泥 | ni | 2 | 26 | 0.0033 | 1213 | 1027 |
| 泥 | ni | 2 | 49 | 0.0062 | 1213 | 1027 |
| 土 | tu | 3 | | | 1128 | 422 |
| 你 | ni | 3 | 1710 | 0.2166 | 1221 | 57 |
| 你 | ni | 3 | 325 | 0.0412 | 1221 | 57 |
| 們 | mun | 5 | | | 479 | 16 |
| 你 | ni | 2 | 15 | 0.0019 | 1221 | 57 |
| 老 | lau | 3 | | | 1322 | 117 |
| 妳 | ni | 3 | 229 | 0.0290 | 1220 | 57 |
| 妳 | ni | 3 | 11 | 0.0014 | 1220 | 57 |
| 們 | mun | 5 | | | 479 | 16 |
| 逆 | ni | 4 | 14 | 0.0018 | 1224 | 3061 |
| 捏 | nieh | 1 | 13 | 0.0016 | 1227 | 3062 |
| 鳥 | niau | 3 | 117 | 0.0148 | 1233 | 603 |
| 牛 | niu | 2 | 80 | 0.0101 | 1235 | 587 |
| 牛 | niu | 2 | 23 | 0.0029 | 1235 | 587 |
| 頓 | doon | 4 | | | 960 | 782 |
| 牛 | niu | 2 | 22 | 0.0028 | 1235 | 587 |
| 奶 | nai | 3 | | | 1189 | 1647 |
| 扭 | niu | 3 | 10 | 0.0013 | 1236 | 2257 |
| 紐 | niu | 3 | 53 | 0.0067 | 1237 | 1252 |
| 約 | yüeh | 1 | | | 4792 | 357 |

| Char. | Syll. | Tone | Freq. | Freq.% | ID | Rank |
|---|---|---|---|---|---|---|
| 年 | nien | 2 | 2467 | 0.3125 | 1242 | 35 |
| 年 | nien | 2 | 44 | 0.0056 | 1242 | 35 |
| 代 | dai | 4 | | | 756 | 262 |
| 年 | nien | 2 | 18 | 0.0023 | 1242 | 35 |
| 度 | du | 4 | | | 927 | 212 |
| 年 | nien | 2 | 69 | 0.0087 | 1242 | 35 |
| 齡 | ling | 2 | | | 1511 | 1955 |
| 年 | nien | 2 | 74 | 0.0094 | 1242 | 35 |
| 級 | ji | 2 | | | 2222 | 317 |
| 年 | nien | 2 | 60 | 0.0076 | 1242 | 35 |
| 紀 | ji | 4 | | | 2257 | 682 |
| 年 | nien | 2 | 11 | 0.0014 | 1242 | 35 |
| 青 | ching | 1 | | | 2725 | 488 |
| 年 | nien | 2 | 144 | 0.0182 | 1242 | 35 |
| 輕 | ching | 1 | | | 2728 | 592 |
| 年 | nien | 2 | 10 | 0.0013 | 1242 | 35 |
| 歲 | swei | 4 | | | 4180 | 685 |
| 粘 | nien | 2 | 11 | 0.0014 | 1241 | 1682 |
| 土 | tu | 3 | | | 1128 | 422 |
| 念 | nien | 4 | 144 | 0.0182 | 1250 | 578 |
| 念 | nien | 4 | 16 | 0.0020 | 1250 | 578 |
| 頭 | tou | 2 | | | 1017 | 164 |
| 唸 | nien | 4 | 16 | 0.0020 | 1249 | 578 |
| 唸 | nien | 4 | 25 | 0.0032 | 1249 | 578 |
| 書 | shu | 1 | | | 3732 | 179 |
| 廿 | nien | 4 | 224 | 0.0284 | 1251 | 2457 |
| 您 | nin | 2 | 225 | 0.0285 | 1252 | 1001 |
| 娘 | niang | 2 | 17 | 0.0022 | 1253 | 1579 |
| 娘 | niang | 2 | 17 | 0.0022 | 1253 | 1579 |
| 子 | dsi | 3 | | | 3874 | 324 |
| 寧 | ning | 2 | 20 | 0.0025 | 1256 | 774 |
| 靜 | jing | 4 | | | 2498 | 785 |
| 寧 | ning | 2 | 17 | 0.0022 | 1256 | 774 |
| 願 | yüen | 4 | | | 4823 | 787 |
| 努 | nu | 3 | 209 | 0.0265 | 1264 | 709 |
| 力 | li | 4 | | | 1396 | 143 |

| Char. | Syll. | Tone | Freq. | Freq.% | ID | Rank |
|---|---|---|---|---|---|---|
| 怒 | nu | 4 | 56 | 0.0071 | 1265 | 1531 |
| 暖 | nwan | 3 | 13 | 0.0016 | 1271 | 1170 |
| 農 | noong | 2 | 58 | 0.0073 | 1273 | 451 |
| 農 | noong | 2 | 145 | 0.0184 | 1273 | 451 |
| 民 | min | 2 | | | 542 | 59 |
| 農 | noong | 2 | 29 | 0.0037 | 1273 | 451 |
| 夫 | fu | 1 | | | 681 | 502 |
| 農 | noong | 2 | 14 | 0.0018 | 1273 | 451 |
| 田 | tien | 2 | | | 1099 | 535 |
| 農 | noong | 2 | 22 | 0.0028 | 1273 | 451 |
| 會 | hwei | 4 | | | 2126 | 31 |
| 農 | noong | 2 | 34 | 0.0043 | 1273 | 451 |
| 產 | rcan | 3 | | | 3449 | 279 |
| 農 | noong | 2 | 22 | 0.0028 | 1273 | 451 |
| 產 | rcan | 2 | | | 3449 | 279 |
| 品 | pin | 3 | | | 350 | 415 |
| 農 | noong | 2 | 34 | 0.0043 | 1273 | 451 |
| 場 | rcang | 2 | | | 3474 | 450 |
| 農 | noong | 2 | 14 | 0.0018 | 1273 | 451 |
| 人 | run | 2 | | | 3812 | 11 |
| 農 | noong | 2 | 13 | 0.0016 | 1273 | 451 |
| 作 | dswo | 4 | | | 3953 | 47 |
| 物 | wu | 4 | | | 4602 | 128 |
| 農 | noong | 2 | 45 | 0.0057 | 1273 | 451 |
| 村 | tsoon | 1 | | | 4069 | 666 |
| 農 | noong | 2 | 195 | 0.0247 | 1273 | 451 |
| 業 | yeh | 4 | | | 4397 | 137 |
| 濃 | noong | 2 | 33 | 0.0042 | 1272 | 1824 |
| 濃 | noong | 2 | 24 | 0.0030 | 1272 | 1824 |
| 度 | du | 4 | | | 927 | 212 |
| 弄 | noong | 4 | 125 | 0.0158 | 1277 | 1259 |
| 女 | nü | 3 | 429 | 0.0543 | 1278 | 302 |
| 女 | nü | 3 | 12 | 0.0015 | 1278 | 302 |
| 童 | toong | 2 | | | 1159 | 389 |
| 軍 | jü | 1 | | | 2574 | 150 |
| 女 | nü | 3 | 11 | 0.0014 | 1278 | 302 |
| 郎 | lang | 2 | | | 1356 | 1347 |
| 女 | nü | 3 | 69 | 0.0087 | 1278 | 302 |
| 孩 | hai | 2 | | | 1977 | 367 |
| 女 | nü | 3 | 53 | 0.0067 | 1278 | 302 |
| 孩 | hai | 2 | | | 1977 | 367 |
| 兒 | er | 2 | | | 4291 | 82 |
| 女 | nü | 3 | 16 | 0.0020 | 1278 | 302 |
| 性 | xing | 4 | | | 2996 | 482 |
| 女 | nü | 3 | 31 | 0.0039 | 1278 | 302 |
| 士 | shi | 4 | | | 3596 | 362 |
| 女 | nü | 3 | 10 | 0.0013 | 1278 | 302 |
| 生 | shung | 1 | | | 3715 | 32 |
| 女 | nü | 3 | 179 | 0.0227 | 1278 | 302 |
| 人 | run | 2 | | | 3812 | 11 |
| 女 | nü | 2 | 78 | 0.0099 | 1278 | 302 |
| 子 | dsi | 3 | | | 3874 | 324 |
| 女 | nü | 3 | 120 | 0.0152 | 1278 | 302 |
| 兒 | er | 2 | | | 4291 | 82 |
| 女 | nü | 3 | 23 | 0.0029 | 1278 | 302 |
| 王 | wang | 2 | | | 4712 | 257 |
| 拉 | la | 1 | 115 | 0.0146 | 1282 | 406 |
| 拉 | la | 1 | 10 | 0.0013 | 1282 | 406 |
| 開 | kai | 1 | | | 1849 | 114 |
| 拉 | la | 1 | 11 | 0.0014 | 1282 | 406 |
| 住 | rju | 4 | | | 3304 | 333 |
| 拉 | la | 1 | 11 | 0.0014 | 1282 | 406 |
| 曳 | yi | 4 | | | 4358 | 3807 |
| 蠟 | la | 4 | 26 | 0.0033 | 1285 | 1841 |
| 燭 | rju | 2 | | | 3293 | 2100 |
| 啦 | la | 1 | 73 | 0.0092 | 1281 | 621 |
| 垃 | luh | 4 | 28 | 0.0035 | 1294 | 2458 |
| 圾 | suh | 4 | | | 4116 | 2443 |
| 樂 | luh | 4 | 34 | 0.0043 | 1292 | 465 |
| 觀 | gwan | 1 | | | 1782 | 359 |
| 樂 | luh | 4 | 13 | 0.0016 | 1292 | 465 |
| 趣 | chü | 4 | | | 2753 | 904 |
| 樂 | luh | 4 | 30 | 0.0038 | 1292 | 465 |
| 園 | yüen | 2 | | | 4810 | 656 |
| 了 | luh | 5 | 11061 | 1.4013 | 1295 | 5 |

| Char. | Syll. | Tone | Freq. | Freq.% | ID | Rank |
|---|---|---|---|---|---|---|
| 來 | lai | 2 | 4930 | 0.6246 | 1297 | 15 |
| 來 | lai | 2 | 11 | 0.0014 | 1297 | 15 |
| 年 | nien | 2 | | | 1242 | 35 |
| 來 | lai | 2 | 10 | 0.0013 | 1297 | 15 |
| 歷 | li | 4 | | | 1399 | 934 |
| 來 | lai | 2 | 11 | 0.0014 | 1297 | 15 |
| 臨 | lin | 2 | | | 1476 | 857 |
| 來 | lai | 2 | 58 | 0.0073 | 1297 | 15 |
| 源 | yüen | 2 | | | 4812 | 1037 |
| 賴 | lai | 4 | 51 | 0.0065 | 1299 | 1772 |
| 賴 | lai | 4 | 10 | 0.0013 | 1299 | 1772 |
| 爾 | er | 3 | | | 4293 | 306 |
| 德 | duh | 2 | | | 747 | 286 |
| 雷 | lei | 2 | 16 | 0.0020 | 1302 | 891 |
| 壘 | lei | 3 | 20 | 0.0025 | 1308 | 1328 |
| 淚 | lei | 4 | 26 | 0.0033 | 1313 | 1435 |
| 累 | lei | 3 | 26 | 0.0033 | 1307 | 2721 |
| 類 | lei | 4 | 285 | 0.0361 | 1314 | 298 |
| 類 | lei | 4 | 16 | 0.0020 | 1314 | 298 |
| 型 | xing | 2 | | | 2991 | 1214 |
| 類 | lei | 4 | 23 | 0.0029 | 1314 | 298 |
| 似 | si | 4 | | | 4093 | 841 |
| 撈 | lau | 1 | 10 | 0.0013 | 1316 | 2258 |
| 牢 | lau | 2 | 26 | 0.0033 | 1317 | 1912 |
| 勞 | lau | 2 | 20 | 0.0025 | 1318 | 775 |
| 勞 | lau | 2 | 25 | 0.0032 | 1318 | 775 |
| 動 | doong | 4 | | | 974 | 94 |
| 勞 | lau | 2 | 11 | 0.0014 | 1318 | 775 |
| 動 | doong | 4 | | | 974 | 94 |
| 力 | li | 4 | | | 1396 | 143 |
| 勞 | lau | 2 | 38 | 0.0048 | 1318 | 775 |
| 工 | goong | 1 | | | 1804 | 125 |
| 勞 | lau | 2 | 447 | 0.0566 | 1318 | 775 |
| 苦 | ku | 3 | | | 1888 | 567 |
| 老 | lau | 2 | 10 | 0.0013 | 1322 | 117 |
| 百 | bai | 3 | | | 50 | 180 |
| 姓 | xing | 4 | | | 2997 | 1279 |

| Char. | Syll. | Tone | Freq. | Freq.% | ID | Rank |
|---|---|---|---|---|---|---|
| 老 | lau | 2 | 10 | 0.0013 | 1322 | 117 |
| 板 | ban | 3 | | | 98 | 700 |
| 老 | lau | 2 | 22 | 0.0028 | 1322 | 117 |
| 闆 | ban | 3 | | | 101 | 2775 |
| 老 | lau | 3 | 24 | 0.0030 | 1322 | 117 |
| 太 | tai | 4 | | | 998 | 158 |
| 太 | tai | 4 | | | 998 | 158 |
| 老 | lau | 2 | 21 | 0.0027 | 1322 | 117 |
| 虎 | hu | 3 | | | 2069 | 1210 |
| 老 | lau | 3 | 227 | 0.0288 | 1322 | 117 |
| 師 | shi | 1 | | | 3570 | 116 |
| 老 | lau | 3 | 18 | 0.0023 | 1322 | 117 |
| 實 | shi | 2 | | | 3581 | 215 |
| 老 | lau | 2 | 49 | 0.0062 | 1322 | 117 |
| 鼠 | shu | 3 | | | 3746 | 1036 |
| 老 | lau | 3 | 107 | 0.0136 | 1322 | 117 |
| 人 | run | 2 | | | 3812 | 11 |
| 老 | lau | 3 | 22 | 0.0028 | 1322 | 117 |
| 人 | run | 2 | | | 3812 | 11 |
| 家 | jia | 1 | | | 2279 | 36 |
| 老 | lau | 3 | 97 | 0.0123 | 1322 | 117 |
| 爺 | yeh | 2 | | | 4390 | 1801 |
| 樓 | lou | 2 | 78 | 0.0099 | 1328 | 1099 |
| 樓 | lou | 2 | 10 | 0.0013 | 1328 | 1099 |
| 房 | fang | 2 | | | 649 | 560 |
| 樓 | lou | 2 | 18 | 0.0023 | 1328 | 1099 |
| 梯 | ti | 1 | | | 1063 | 1598 |
| 樓 | lou | 2 | 27 | 0.0034 | 1328 | 1099 |
| 下 | xia | 4 | | | 2844 | 50 |
| 樓 | lou | 2 | 25 | 0.0032 | 1328 | 1099 |
| 上 | shang | 4 | | | 3712 | 17 |
| 漏 | lou | 4 | 11 | 0.0014 | 1334 | 2259 |
| 露 | lou | 4 | 14 | 0.0018 | 1335 | 1862 |
| 出 | rcu | 1 | | | 3507 | 60 |
| 藍 | lan | 2 | 23 | 0.0029 | 1338 | 1544 |
| 色 | suh | 4 | | | 4114 | 339 |
| 攔 | lan | 2 | 24 | 0.0030 | 1343 | 2723 |
| 籃 | lan | 2 | 29 | 0.0037 | 1341 | 1631 |

| Char. | Syll. | Tone | Freq. | Freq.% | ID | Rank |
|---|---|---|---|---|---|---|
| 籃 | lan | 2 | 18 | 0.0023 | 1341 | 1631 |
| 球 | chiu | 2 | | | 2670 | 237 |
| 懶 | lan | 3 | 13 | 0.0016 | 1348 | 1888 |
| 濫 | lan | 4 | 10 | 0.0013 | 1352 | 2665 |
| 瀾 | lan | 2 | 16 | 0.0020 | 1342 | 3179 |
| 狼 | lang | 2 | 11 | 0.0014 | 1355 | 1863 |
| 狼 | lang | 2 | 10 | 0.0013 | 1355 | 1863 |
| 狽 | bei | 4 | | | 69 | 3151 |
| 琅 | lang | 3 | 26 | 0.0033 | 1362 | 3680 |
| 朗 | lang | 3 | 11 | 0.0014 | 1363 | 1721 |
| 誦 | soong | 4 | | | 4208 | 3011 |
| 浪 | lang | 4 | 14 | 0.0018 | 1364 | 1202 |
| 浪 | lang | 4 | 49 | 0.0062 | 1364 | 1202 |
| 費 | fei | 4 | | | 599 | 635 |
| 冷 | lung | 3 | 115 | 0.0146 | 1367 | 710 |
| 冷 | lung | 3 | 16 | 0.0020 | 1367 | 710 |
| 靜 | jing | 4 | | | 2498 | 785 |
| 冷 | lung | 3 | 10 | 0.0013 | 1367 | 710 |
| 却 | chüeh | 4 | | | 2759 | 462 |
| 離 | li | 2 | 205 | 0.0260 | 1371 | 538 |
| 離 | li | 2 | 172 | 0.0218 | 1371 | 538 |
| 開 | kai | 1 | | | 1849 | 114 |
| 離 | li | 2 | 15 | 0.0019 | 1371 | 538 |
| 婚 | hoon | 1 | | | 2155 | 1747 |
| 離 | li | 2 | 13 | 0.0016 | 1371 | 538 |
| 去 | chü | 4 | | | 2754 | 43 |
| 離 | li | 2 | 12 | 0.0015 | 1371 | 538 |
| 子 | dsi | 3 | | | 3874 | 324 |
| 里 | li | 3 | 87 | 0.0110 | 1387 | 419 |
| 李 | li | 3 | 68 | 0.0086 | 1390 | 575 |
| 理 | li | 3 | 128 | 0.0162 | 1388 | 207 |
| 理 | li | 3 | 108 | 0.0137 | 1388 | 207 |
| 論 | loon | 4 | | | 1577 | 347 |
| 理 | li | 3 | 16 | 0.0020 | 1388 | 207 |
| 會 | hwei | 4 | | | 2126 | 31 |
| 理 | li | 2 | 17 | 0.0022 | 1388 | 207 |
| 解 | jieh | 3 | | | 2326 | 546 |
| 理 | li | 2 | 160 | 0.0203 | 1388 | 207 |
| 想 | xiang | 3 | | | 2970 | 192 |
| 理 | li | 3 | 22 | 0.0028 | 1388 | 207 |
| 性 | xing | 4 | | | 2996 | 482 |
| 理 | li | 3 | 16 | 0.0020 | 1388 | 207 |
| 智 | rji | 4 | | | 3116 | 1355 |
| 理 | li | 3 | 98 | 0.0124 | 1388 | 207 |
| 由 | you | 2 | | | 4435 | 126 |
| 裡 | li | 3 | 161 | 0.0204 | 1385 | 44 |
| 裏 | li | 3 | 2281 | 0.2890 | 1386 | 44 |
| 禮 | li | 3 | 56 | 0.0071 | 1389 | 605 |
| 禮 | li | 3 | 16 | 0.0020 | 1389 | 605 |
| 拜 | bai | 4 | | | 52 | 1138 |
| 禮 | li | 3 | 40 | 0.0051 | 1389 | 605 |
| 貌 | mau | 4 | | | 458 | 1767 |
| 禮 | li | 3 | 18 | 0.0023 | 1389 | 605 |
| 物 | wu | 4 | | | 4602 | 128 |
| 力 | li | 4 | 225 | 0.0285 | 1396 | 143 |
| 量 | liang | 2 | | | 1498 | 1436 |
| 力 | li | 4 | 12 | 0.0015 | 1396 | 143 |
| 学 | xüeh | 2 | | | 3028 | 26 |
| 立 | li | 4 | 468 | 0.0593 | 1395 | 152 |
| 立 | li | 4 | 26 | 0.0033 | 1395 | 152 |
| 法 | fa | 3 | | | 584 | 88 |
| 立 | li | 4 | 16 | 0.0020 | 1395 | 152 |
| 法 | fa | 2 | | | 584 | 88 |
| 委 | wei | 3 | | | 4653 | 518 |
| 員 | yüen | 2 | | | 4808 | 210 |
| 立 | li | 4 | 30 | 0.0038 | 1395 | 152 |
| 法 | fa | 3 | | | 584 | 88 |
| 院 | yüen | 4 | | | 4824 | 255 |
| 立 | li | 4 | 162 | 0.0205 | 1395 | 152 |
| 刻 | kuh | 4 | | | 1845 | 738 |
| 立 | li | 4 | 99 | 0.0125 | 1395 | 152 |
| 即 | ji | 2 | | | 2227 | 812 |
| 立 | li | 4 | 17 | 0.0022 | 1395 | 152 |
| 志 | rji | 4 | | | 3115 | 728 |

| Char. | Syll. | Tone | Freq. | Freq.% | ID | Rank |
|---|---|---|---|---|---|---|
| 立 | li | 4 | 70 | 0.0089 | 1395 | 152 |
| 正 | rjung | 4 | | | 3274 | 193 |
| 立 | li | 4 | 55 | 0.0070 | 1395 | 152 |
| 場 | rcang | 2 | | | 3474 | 450 |
| 利 | li | 4 | 161 | 0.0204 | 1398 | 222 |
| 利 | li | 4 | 24 | 0.0030 | 1398 | 222 |
| 息 | xi | 2 | | | 2806 | 622 |
| 利 | li | 4 | 14 | 0.0018 | 1398 | 222 |
| 潤 | roon | 4 | | | 3853 | 2278 |
| 利 | li | 4 | 75 | 0.0095 | 1398 | 222 |
| 益 | yi | 4 | | | 4336 | 1078 |
| 利 | li | 4 | 332 | 0.0421 | 1398 | 222 |
| 用 | yüoong | 4 | | | 4864 | 38 |
| 例 | li | 4 | 93 | 0.0118 | 1400 | 751 |
| 例 | li | 4 | 30 | 0.0038 | 1400 | 751 |
| 外 | wai | 4 | | | 4632 | 122 |
| 例 | li | 4 | 208 | 0.0264 | 1400 | 751 |
| 如 | ru | 2 | | | 3829 | 120 |
| 例 | li | 4 | 47 | 0.0060 | 1400 | 751 |
| 子 | dsi | 3 | | | 3874 | 324 |
| 粒 | li | 4 | 25 | 0.0032 | 1404 | 1743 |
| 粒 | li | 4 | 16 | 0.0020 | 1404 | 1743 |
| 子 | dsi | 3 | | | 3874 | 324 |
| 厲 | li | 4 | 43 | 0.0054 | 1403 | 1789 |
| 害 | hai | 4 | | | 1982 | 484 |
| 曆 | li | 4 | 50 | 0.0063 | 1401 | 1556 |
| 歷 | li | 4 | 228 | 0.0289 | 1399 | 934 |
| 史 | shi | 3 | | | 3589 | 795 |
| 勵 | li | 4 | 50 | 0.0063 | 1402 | 1480 |
| 哩 | li | 5 | 101 | 0.0128 | 1425 | 2459 |
| 倆 | lia | 3 | 38 | 0.0048 | 1426 | 2298 |
| 列 | lieh | 4 | 187 | 0.0237 | 1428 | 500 |
| 列 | lieh | 4 | 10 | 0.0013 | 1428 | 500 |
| 為 | wei | 2 | | | 4639 | 95 |
| 劣 | lieh | 4 | 14 | 0.0018 | 1432 | 2604 |
| 烈 | lieh | 4 | 14 | 0.0018 | 1427 | 913 |
| 裂 | lieh | 4 | 23 | 0.0029 | 1429 | 1545 |
| 獵 | lieh | 4 | 10 | 0.0013 | 1430 | 1329 |
| 寮 | liau | 2 | 20 | 0.0025 | 1434 | 856 |
| 國 | gwo | 2 | | | 1749 | 7 |
| 瞭 | liau | 2 | 72 | 0.0091 | 1442 | 2260 |
| 解 | jieh | 3 | | | 2326 | 546 |
| 了 | liau | 3 | 59 | 0.0075 | 1443 | 1003 |
| 了 | liau | 3 | 19 | 0.0024 | 1443 | 1003 |
| 不 | bu | 4 | | | 213 | 8 |
| 起 | chi | 3 | | | 2621 | 78 |
| 了 | liau | 2 | 201 | 0.0255 | 1443 | 1003 |
| 解 | jieh | 3 | | | 2326 | 546 |
| 料 | liau | 4 | 16 | 0.0020 | 1445 | 387 |
| 料 | liau | 4 | 10 | 0.0013 | 1445 | 387 |
| 到 | dau | 4 | | | 775 | 21 |
| 溜 | liu | 1 | 19 | 0.0024 | 1446 | 1580 |
| 流 | liu | 2 | 29 | 0.0037 | 1448 | 353 |
| 動 | doong | 4 | | | 974 | 94 |
| 流 | liu | 2 | 14 | 0.0018 | 1448 | 353 |
| 浪 | lang | 4 | | | 1364 | 1202 |
| 流 | liu | 2 | 10 | 0.0013 | 1448 | 353 |
| 露 | lu | 4 | | | 1538 | 1395 |
| 流 | liu | 2 | 12 | 0.0015 | 1448 | 353 |
| 傳 | rcwan | 2 | | | 3538 | 371 |
| 流 | liu | 2 | 20 | 0.0025 | 1448 | 353 |
| 域 | yü | 4 | | | 4763 | 811 |
| 留 | liu | 2 | 170 | 0.0215 | 1450 | 800 |
| 留 | liu | 2 | 136 | 0.0172 | 1450 | 800 |
| 下 | xia | 4 | | | 2844 | 50 |
| 留 | liu | 2 | 12 | 0.0015 | 1450 | 800 |
| 學 | xüeh | 2 | | | 3028 | 26 |
| 留 | liu | 2 | 15 | 0.0019 | 1450 | 800 |
| 學 | xüeh | 2 | | | 3028 | 26 |
| 生 | shung | 1 | | | 3715 | 32 |
| 劉 | liu | 2 | 29 | 0.0037 | 1447 | 680 |

| Char. | Syll. | Tone | Freq. | Freq.% | ID | Rank |
|---|---|---|---|---|---|---|
| 六 | liu | 4 | 1063 | 0.1347 | 1457 | 64 |
| 連 | lien | 2 | 296 | 0.0375 | 1459 | 343 |
| 連 | lien | 2 | 23 | 0.0029 | 1459 | 343 |
| 忙 | mang | 2 | | | 481 | 620 |
| 連 | lien | 2 | 53 | 0.0067 | 1459 | 343 |
| 繫 | xi | 4 | | | 2827 | 2377 |
| 連 | lien | 2 | 49 | 0.0062 | 1459 | 343 |
| 續 | xü | 4 | | | 3014 | 669 |
| 連 | lien | 2 | 13 | 0.0016 | 1459 | 343 |
| 任 | run | 4 | | | 3817 | 293 |
| 聯 | lien | 2 | 10 | 0.0013 | 1458 | 379 |
| 聯 | lien | 2 | 16 | 0.0020 | 1458 | 379 |
| 邦 | bang | 1 | | | 115 | 1432 |
| 聯 | lien | 2 | 27 | 0.0034 | 1458 | 379 |
| 盟 | mung | 2 | | | 486 | 1596 |
| 聯 | lien | 2 | 38 | 0.0048 | 1458 | 379 |
| 絡 | lwo | 4 | | | 1560 | 2031 |
| 聯 | lien | 2 | 13 | 0.0016 | 1458 | 379 |
| 合 | huh | 2 | | | 1953 | 172 |
| 聯 | lien | 2 | 36 | 0.0046 | 1458 | 379 |
| 合 | huh | 2 | | | 1953 | 172 |
| 國 | gwo | 2 | | | 1749 | 7 |
| 聯 | lien | 2 | 20 | 0.0025 | 1458 | 379 |
| 軍 | jün | 1 | | | 2574 | 150 |
| 憐 | lien | 2 | 16 | 0.0020 | 1460 | 1519 |
| 廉 | lien | 2 | 18 | 0.0023 | 1461 | 1489 |
| 廉 | lien | 2 | 11 | 0.0014 | 1461 | 1489 |
| 價 | jia | 4 | | | 2299 | 805 |
| 鐮 | lien | 2 | 11 | 0.0014 | 1464 | 3498 |
| 刀 | dau | 1 | | | 768 | 1072 |
| 臉 | lien | 3 | 203 | 0.0257 | 1468 | 778 |
| 臉 | lien | 2 | 11 | 0.0014 | 1468 | 778 |
| 孔 | koong | 3 | | | 1946 | 1060 |
| 臉 | lien | 3 | 18 | 0.0023 | 1468 | 778 |
| 色 | suh | 4 | | | 4114 | 339 |
| 戀 | lien | 4 | 13 | 0.0016 | 1474 | 3068 |
| 愛 | ai | 4 | | | 4246 | 300 |

| Char. | Syll. | Tone | Freq. | Freq.% | ID | Rank |
|---|---|---|---|---|---|---|
| 練 | lien | 4 | 30 | 0.0038 | 1470 | 424 |
| 練 | lien | 4 | 55 | 0.0070 | 1470 | 424 |
| 習 | xi | 2 | | | 2807 | 263 |
| 鄰 | lin | 2 | 23 | 0.0029 | 1479 | 1016 |
| 鄰 | lin | 2 | 11 | 0.0014 | 1479 | 1016 |
| 近 | jin | 4 | | | 2453 | 344 |
| 鄰 | lin | 2 | 83 | 0.0105 | 1479 | 1016 |
| 居 | jü | 1 | | | 2511 | 674 |
| 臨 | lin | 2 | 82 | 0.0104 | 1476 | 857 |
| 臨 | lin | 2 | 30 | 0.0038 | 1476 | 857 |
| 時 | shi | 2 | | | 3578 | 29 |
| 林 | lin | 2 | 120 | 0.0152 | 1477 | 228 |
| 林 | lin | 2 | 11 | 0.0014 | 1477 | 228 |
| 班 | ban | 1 | | | 93 | 372 |
| 良 | liang | 2 | 104 | 0.0132 | 1494 | 537 |
| 良 | liang | 2 | 72 | 0.0091 | 1494 | 537 |
| 好 | hau | 3 | | | 1995 | 45 |
| 良 | liang | 2 | 14 | 0.0018 | 1494 | 537 |
| 心 | xin | 1 | | | 2946 | 142 |
| 涼 | liang | 2 | 12 | 0.0015 | 1495 | 1178 |
| 量 | liang | 2 | 45 | 0.0057 | 1498 | 1436 |
| 糧 | liang | 2 | 29 | 0.0037 | 1496 | 1171 |
| 兩 | liang | 3 | 2365 | 0.2996 | 1500 | 103 |
| 兩 | liang | 3 | 12 | 0.0015 | 1500 | 103 |
| 三 | san | 1 | | | 4138 | 18 |
| 輛 | liang | 4 | 97 | 0.0123 | 1505 | 1299 |
| 亮 | liang | 4 | 66 | 0.0084 | 1502 | 553 |
| 量 | liang | 4 | 340 | 0.0431 | 1503 | 423 |
| 零 | ling | 2 | 147 | 0.0186 | 1507 | 1092 |
| 零 | ling | 2 | 12 | 0.0015 | 1507 | 1092 |
| 件 | jien | 4 | | | 2419 | 521 |
| 靈 | ling | 2 | 14 | 0.0018 | 1506 | 1260 |
| 靈 | ling | 2 | 10 | 0.0013 | 1506 | 1260 |
| 感 | gan | 3 | | | 1680 | 551 |

| Char. | Syll. | Tone | Freq. | Freq.% | ID | Rank |
|---|---|---|---|---|---|---|
| 靈 | ling | 2 | 10 | 0.0013 | 1506 | 1260 |
| 活 | hwo | 2 | | | 2091 | 203 |
| 靈 | ling | 2 | 32 | 0.0041 | 1506 | 1260 |
| 魂 | hoon | 2 | | | 2157 | 2375 |
| 領 | ling | 3 | 43 | 0.0054 | 1521 | 461 |
| 領 | ling | 3 | 74 | 0.0094 | 1521 | 461 |
| 導 | dau | 4 | | | 777 | 405 |
| 領 | ling | 2 | 20 | 0.0025 | 1521 | 461 |
| 土 | tu | 3 | | | 1128 | 422 |
| 領 | ling | 3 | 63 | 0.0080 | 1521 | 461 |
| 袖 | xiu | 4 | | | 2901 | 1710 |
| 領 | ling | 3 | 10 | 0.0013 | 1521 | 461 |
| 先 | xien | 1 | | | 2910 | 234 |
| 令 | ling | 4 | 234 | 0.0296 | 1523 | 650 |
| 另 | ling | 4 | 292 | 0.0370 | 1522 | 691 |
| 另 | ling | 4 | 134 | 0.0170 | 1522 | 691 |
| 外 | wai | 4 | | | 4632 | 122 |
| 蘆 | lu | 2 | 12 | 0.0015 | 1528 | 2137 |
| 葦 | wei | 3 | | | 4657 | 3420 |
| 路 | lu | 4 | 397 | 0.0503 | 1537 | 149 |
| 路 | lu | 4 | 37 | 0.0047 | 1537 | 149 |
| 線 | xien | 4 | | | 2935 | 368 |
| 路 | lu | 4 | 10 | 0.0013 | 1537 | 149 |
| 易 | yi | 4 | | | 4333 | 565 |
| 露 | lu | 4 | 38 | 0.0048 | 1538 | 1395 |
| 陸 | lu | 4 | 55 | 0.0070 | 1536 | 430 |
| 陸 | lu | 4 | 26 | 0.0033 | 1536 | 430 |
| 地 | di | 4 | | | 858 | 33 |
| 陸 | lu | 4 | 27 | 0.0034 | 1536 | 430 |
| 軍 | jün | 1 | | | 2574 | 150 |
| 陸 | lu | 4 | 12 | 0.0015 | 1536 | 430 |
| 續 | xü | 4 | | | 3014 | 669 |
| 鹿 | lu | 4 | 13 | 0.0016 | 1541 | 1582 |
| 羅 | lwo | 2 | 36 | 0.0046 | 1549 | 511 |
| 馬 | ma | 3 | | | 390 | 282 |
| 羅 | lwo | 2 | 32 | 0.0041 | 1549 | 511 |
| 素 | su | 4 | | | 4154 | 704 |

| Char. | Syll. | Tone | Freq. | Freq.% | ID | Rank |
|---|---|---|---|---|---|---|
| 洛 | lwo | 4 | 16 | 0.0020 | 1557 | 1311 |
| 杉 | shan | 1 | | | 3671 | 3246 |
| 磯 | ji | 1 | | | 2214 | 2676 |
| 落 | lwo | 4 | 183 | 0.0232 | 1558 | 681 |
| 落 | lwo | 4 | 28 | 0.0035 | 1558 | 681 |
| 後 | hou | 4 | | | 2009 | 48 |
| 卵 | lwan | 3 | 13 | 0.0016 | 1567 | 1864 |
| 亂 | lwan | 4 | 126 | 0.0160 | 1568 | 794 |
| 倫 | loon | 2 | 74 | 0.0094 | 1569 | 734 |
| 敦 | doon | 1 | | | 957 | 1287 |
| 倫 | loon | 2 | 51 | 0.0065 | 1569 | 734 |
| 理 | li | 3 | | | 1388 | 207 |
| 淪 | loon | 2 | 13 | 0.0016 | 1571 | 2167 |
| 陷 | xien | 4 | | | 2939 | 1353 |
| 輪 | loon | 2 | 24 | 0.0030 | 1570 | 506 |
| 輪 | loon | 2 | 12 | 0.0015 | 1570 | 506 |
| 流 | liu | 2 | | | 1448 | 353 |
| 輪 | loon | 2 | 12 | 0.0015 | 1570 | 506 |
| 廓 | kwo | 4 | | | 1900 | 3521 |
| 輪 | loon | 2 | 13 | 0.0016 | 1570 | 506 |
| 船 | rcwan | 2 | | | 3537 | 563 |
| 論 | loon | 4 | 108 | 0.0137 | 1577 | 347 |
| 論 | loon | 4 | 13 | 0.0016 | 1577 | 347 |
| 文 | wun | 2 | | | 4699 | 147 |
| 龍 | loong | 2 | 17 | 0.0022 | 1579 | 582 |
| 籠 | loong | 2 | 24 | 0.0030 | 1581 | 1683 |
| 籠 | loong | 2 | 11 | 0.0014 | 1581 | 1683 |
| 罩 | rjau | 4 | | | 3180 | 1982 |
| 呂 | lü | 3 | 16 | 0.0020 | 1593 | 1348 |
| 旅 | lü | 3 | 14 | 0.0018 | 1594 | 1034 |
| 旅 | lü | 2 | 41 | 0.0052 | 1594 | 1034 |
| 館 | gwan | 3 | | | 1786 | 702 |
| 旅 | lü | 3 | 16 | 0.0020 | 1594 | 1034 |
| 客 | kuh | 4 | | | 1844 | 922 |
| 旅 | lü | 3 | 79 | 0.0100 | 1594 | 1034 |
| 行 | xing | 2 | | | 2989 | 76 |

| Char. | Syll. | Tone | Freq. | Freq.% | ID | Rank |
|---|---|---|---|---|---|---|
| 旅 | lü | 3 | 18 | 0.0023 | 1594 | 1034 |
| 社 | shuh | 4 | | | 3636 | 305 |
| 屢 | lü | 3 | 21 | 0.0027 | 1596 | 2301 |
| 律 | lü | 4 | 30 | 0.0038 | 1602 | 667 |
| 師 | shi | 1 | | | 3570 | 116 |
| 綠 | lü | 4 | 69 | 0.0087 | 1601 | 801 |
| 綠 | lü | 4 | 40 | 0.0051 | 1601 | 801 |
| 色 | suh | 4 | | | 4114 | 339 |
| 率 | lü | 4 | 13 | 0.0016 | 1603 | 1842 |
| 略 | lüeh | 4 | 65 | 0.0082 | 1608 | 1039 |
| 哥 | guh | 1 | 57 | 0.0072 | 1616 | 433 |
| 哥 | guh | 1 | 106 | 0.0134 | 1616 | 433 |
| 哥 | guh | 1 | | | 1616 | 433 |
| 歌 | guh | 1 | 60 | 0.0076 | 1615 | 542 |
| 歌 | guh | 1 | 17 | 0.0022 | 1615 | 542 |
| 劇 | jü | 4 | | | 2531 | 1213 |
| 歌 | guh | 1 | 15 | 0.0019 | 1615 | 542 |
| 曲 | chü | 3 | | | 2750 | 849 |
| 歌 | guh | 1 | 21 | 0.0027 | 1615 | 542 |
| 唱 | rcang | 4 | | | 3481 | 469 |
| 歌 | guh | 1 | 14 | 0.0018 | 1615 | 542 |
| 星 | xing | 1 | | | 2983 | 226 |
| 擱 | guh | 1 | 15 | 0.0019 | 1619 | 3076 |
| 割 | guh | 1 | 33 | 0.0042 | 1618 | 1617 |
| 格 | guh | 2 | 35 | 0.0044 | 1623 | 740 |
| 格 | guh | 2 | 18 | 0.0023 | 1623 | 740 |
| 外 | wai | 4 | | | 4632 | 122 |
| 閣 | guh | 2 | 22 | 0.0028 | 1625 | 1889 |
| 下 | xia | 4 | | | 2844 | 50 |
| 革 | guh | 2 | 118 | 0.0149 | 1624 | 678 |
| 命 | ming | 4 | | | 557 | 431 |
| 革 | guh | 2 | 14 | 0.0018 | 1624 | 678 |
| 命 | ming | 4 | | | 557 | 431 |
| 黨 | dang | 3 | | | 822 | 903 |
| 革 | guh | 2 | 36 | 0.0046 | 1624 | 678 |
| 新 | xin | 1 | | | 2947 | 134 |

| Char. | Syll. | Tone | Freq. | Freq.% | ID | Rank |
|---|---|---|---|---|---|---|
| 隔 | guh | 2 | 75 | 0.0095 | 1626 | 1268 |
| 隔 | guh | 2 | 20 | 0.0025 | 1626 | 1268 |
| 壁 | bi | 4 | | | 140 | 1319 |
| 箇 | guh | 4 | 73 | 0.0092 | 1633 | 22 |
| 個 | guh | 4 | 7482 | 0.9479 | 1634 | 22 |
| 個 | guh | 4 | 16 | 0.0020 | 1634 | 22 |
| 體 | ti | 3 | | | 1073 | 178 |
| 個 | guh | 4 | 43 | 0.0054 | 1634 | 22 |
| 個 | guh | 4 | | | 1634 | 22 |
| 個 | guh | 4 | 47 | 0.0060 | 1634 | 22 |
| 性 | xing | 4 | | | 2996 | 482 |
| 個 | guh | 4 | 18 | 0.0023 | 1634 | 22 |
| 中 | rjoong | 1 | | | 3361 | 20 |
| 個 | guh | 4 | 196 | 0.0248 | 1634 | 22 |
| 人 | run | 2 | | | 3812 | 11 |
| 個 | guh | 4 | 14 | 0.0018 | 1634 | 22 |
| 位 | wei | 4 | | | 4659 | 188 |
| 各 | guh | 4 | 2019 | 0.2558 | 1636 | 119 |
| 各 | guh | 4 | 36 | 0.0046 | 1636 | 119 |
| 自 | dsi | 4 | | | 3878 | 86 |
| 該 | gai | 1 | 164 | 0.0208 | 1638 | 384 |
| 改 | gai | 3 | 125 | 0.0158 | 1639 | 436 |
| 改 | gai | 3 | 187 | 0.0237 | 1639 | 436 |
| 變 | bien | 4 | | | 180 | 316 |
| 改 | gai | 3 | 24 | 0.0030 | 1639 | 436 |
| 良 | liang | 2 | | | 1494 | 537 |
| 改 | gai | 3 | 59 | 0.0075 | 1639 | 436 |
| 革 | guh | 2 | | | 1624 | 678 |
| 改 | gai | 3 | 77 | 0.0098 | 1639 | 436 |
| 進 | jin | 4 | | | 2454 | 144 |
| 改 | gai | 3 | 18 | 0.0023 | 1639 | 436 |
| 正 | rjung | 4 | | | 3274 | 193 |
| 改 | gai | 3 | 136 | 0.0172 | 1639 | 436 |
| 善 | shan | 4 | | | 3682 | 840 |
| 改 | gai | 3 | 15 | 0.0019 | 1639 | 436 |
| 造 | dsau | 4 | | | 3911 | 338 |

| Char. | Syll. | Tone | Freq. | Freq.% | ID | Rank |
|---|---|---|---|---|---|---|
| 改 | gai | 2 | 13 | 0.0016 | 1639 | 436 |
| 組 | dsu | 3 | | | 3946 | 329 |
| 改 | gai | 3 | 29 | 0.0037 | 1639 | 436 |
| 爲 | wei | 2 | | | 4639 | 95 |
| 蓋 | gai | 4 | 86 | 0.0109 | 1640 | 1277 |
| 概 | gai | 4 | 22 | 0.0028 | 1641 | 1073 |
| 概 | gai | 4 | 20 | 0.0025 | 1641 | 1073 |
| 念 | nien | 4 | | | 1250 | 578 |
| 給 | gei | 3 | 671 | 0.0850 | 1645 | 219 |
| 高 | gau | 1 | 881 | 0.1116 | 1647 | 104 |
| 高 | gau | 1 | 44 | 0.0056 | 1647 | 104 |
| 棉 | mien | 2 | | | 530 | 737 |
| 高 | gau | 1 | 12 | 0.0015 | 1647 | 104 |
| 明 | ming | 2 | | | 552 | 101 |
| 高 | gau | 1 | 22 | 0.0028 | 1647 | 104 |
| 大 | da | 4 | | | 745 | 12 |
| 高 | gau | 1 | 26 | 0.0033 | 1647 | 104 |
| 等 | dung | 3 | | | 833 | 118 |
| 高 | gau | 1 | 64 | 0.0081 | 1647 | 104 |
| 度 | du | 4 | | | 927 | 212 |
| 高 | gau | 1 | 10 | 0.0013 | 1647 | 104 |
| 粱 | liang | 2 | | | 1493 | 1109 |
| 高 | gau | 1 | 83 | 0.0105 | 1647 | 104 |
| 級 | ji | 2 | | | 2222 | 317 |
| 高 | gau | 1 | 141 | 0.0179 | 1647 | 104 |
| 興 | xing | 4 | | | 2995 | 555 |
| 高 | gau | 1 | 31 | 0.0039 | 1647 | 104 |
| 雄 | xüoong | 2 | | | 3075 | 711 |
| 高 | gau | 1 | 38 | 0.0048 | 1647 | 104 |
| 中 | rjoong | 1 | | | 3361 | 20 |
| 高 | gau | 1 | 21 | 0.0027 | 1647 | 104 |
| 潮 | rcau | 2 | | | 3425 | 1607 |
| 高 | gau | 1 | 10 | 0.0013 | 1647 | 104 |
| 深 | shun | 1 | | | 3690 | 639 |
| 高 | gau | 1 | 21 | 0.0027 | 1647 | 104 |
| 尚 | shang | 4 | | | 3711 | 1324 |
| 高 | gau | 1 | 17 | 0.0022 | 1647 | 104 |
| 爾 | er | 3 | | | 4293 | 306 |
| 夫 | fu | 1 | | | 681 | 502 |
| 高 | gau | 1 | 46 | 0.0058 | 1647 | 104 |
| 原 | yüen | 2 | | | 4809 | 197 |
| 搞 | gau | 3 | 10 | 0.0013 | id 6 | rk 6 |
| 稿 | gau | 3 | 14 | 0.0018 | 1652 | 1723 |
| 告 | gau | 4 | 70 | 0.0089 | 1655 | 386 |
| 告 | gau | 4 | 12 | 0.0015 | 1655 | 386 |
| 別 | bieh | 2 | | | 163 | 259 |
| 告 | gau | 4 | 332 | 0.0421 | 1655 | 386 |
| 訴 | su | 4 | | | 4153 | 759 |
| 勾 | gou | 1 | 11 | 0.0014 | 1659 | 1975 |
| 結 | jieh | 1 | | | 2307 | 1378 |
| 鉤 | gou | 1 | 11 | 0.0014 | 1658 | 2261 |
| 狗 | gou | 3 | 66 | 0.0084 | 1662 | 760 |
| 夠 | gou | 4 | 179 | 0.0227 | 1663 | 520 |
| 構 | gou | 4 | 15 | 0.0019 | 1666 | 876 |
| 想 | xiang | 3 | | | 2970 | 192 |
| 構 | gou | 4 | 77 | 0.0098 | 1666 | 876 |
| 成 | rcung | 2 | | | 3490 | 56 |
| 構 | gou | 4 | 63 | 0.0080 | 1666 | 876 |
| 造 | dsau | 4 | | | 3911 | 338 |
| 購 | gou | 4 | 24 | 0.0030 | 1665 | 1269 |
| 購 | gou | 4 | 22 | 0.0028 | 1665 | 1269 |
| 買 | mai | 3 | | | 425 | 550 |
| 購 | gou | 4 | 11 | 0.0014 | 1665 | 1269 |
| 置 | rji | 4 | | | 3114 | 741 |
| 干 | gan | 1 | 16 | 0.0020 | 1671 | 1307 |
| 涉 | shuh | 4 | | | 3639 | 1757 |
| 干 | gan | 1 | 11 | 0.0014 | 1671 | 1307 |
| 擾 | rau | 3 | | | 3799 | 2102 |
| 干 | gan | 1 | 12 | 0.0015 | 1671 | 1307 |
| 預 | yü | 4 | | | 4761 | 690 |
| 乾 | gan | 1 | 56 | 0.0071 | 1669 | 761 |
| 乾 | gan | 1 | 29 | 0.0037 | 1669 | 761 |
| 淨 | jing | 4 | | | 2502 | 1031 |
| 乾 | gan | 1 | 35 | 0.0044 | 1669 | 761 |
| 燥 | dsau | 4 | | | 3913 | 2015 |

| Char. | Syll. | Tone | Freq. | Freq.% | ID | Rank |
|---|---|---|---|---|---|---|
| 乾 | gan | 1 | 11 | 0.0014 | 1669 | 761 |
| 脆 | tswei | 4 | | | 4059 | 2441 |
| 甘 | gan | 1 | 24 | 0.0030 | 1670 | 600 |
| 甘 | gan | 1 | 10 | 0.0013 | 1670 | 600 |
| 比 | bi | 3 | | | 134 | 211 |
| 亞 | ya | 4 | | | 4384 | 345 |
| 桿 | gan | 3 | 12 | 0.0015 | 1681 | 1253 |
| 趕 | gan | 3 | 164 | 0.0208 | 1679 | 731 |
| 趕 | gan | 3 | 43 | 0.0054 | 1679 | 731 |
| 快 | kwai | 4 | | | 1902 | 232 |
| 趕 | gan | 3 | 15 | 0.0019 | 1679 | 731 |
| 緊 | jin | 2 | | | 2448 | 822 |
| 趕 | gan | 3 | 19 | 0.0024 | 1679 | 731 |
| 上 | shang | 4 | | | 3712 | 17 |
| 敢 | gan | 3 | 299 | 0.0379 | 1682 | 816 |
| 橄 | gan | 2 | 10 | 0.0013 | 1684 | 3511 |
| 欖 | lan | 3 | | | 1350 | 3488 |
| 感 | gan | 3 | 128 | 0.0162 | 1680 | 551 |
| 感 | gan | 3 | 13 | 0.0016 | 1680 | 551 |
| 冒 | mau | 4 | | | 455 | 1578 |
| 感 | gan | 3 | 139 | 0.0176 | 1680 | 551 |
| 到 | dau | 4 | | | 775 | 21 |
| 感 | gan | 3 | 44 | 0.0056 | 1680 | 551 |
| 動 | doong | 4 | | | 974 | 94 |
| 感 | gan | 3 | 29 | 0.0037 | 1680 | 551 |
| 激 | ji | 1 | | | 2203 | 1223 |
| 感 | gan | 3 | 174 | 0.0220 | 1680 | 551 |
| 覺 | jüeh | 2 | | | 2545 | 512 |
| 感 | gan | 3 | 48 | 0.0061 | 1680 | 551 |
| 覺 | jüeh | 2 | | | 2545 | 512 |
| 到 | dau | 4 | | | 775 | 21 |
| 感 | gan | 3 | 88 | 0.0111 | 1680 | 551 |
| 情 | ching | 2 | | | 2734 | 233 |
| 感 | gan | 3 | 36 | 0.0046 | 1680 | 551 |
| 謝 | xieh | 4 | | | 2863 | 902 |
| 感 | gan | 2 | 11 | 0.0014 | 1680 | 551 |
| 想 | xiang | 3 | | | 2970 | 192 |

| Char. | Syll. | Tone | Freq. | Freq.% | ID | Rank |
|---|---|---|---|---|---|---|
| 感 | gan | 3 | 17 | 0.0022 | 1680 | 551 |
| 受 | shou | 4 | | | 3663 | 351 |
| 感 | gan | 2 | 15 | 0.0019 | 1680 | 551 |
| 染 | ran | 3 | | | 3810 | 942 |
| 幹 | gan | 4 | 76 | 0.0096 | 1686 | 971 |
| 根 | gun | 1 | 153 | 0.0194 | 1689 | 519 |
| 根 | gun | 1 | 103 | 0.0130 | 1689 | 519 |
| 本 | bun | 3 | | | 112 | 65 |
| 根 | gun | 1 | 166 | 0.0210 | 1689 | 519 |
| 據 | jü | 4 | | | 2528 | 523 |
| 跟 | gun | 1 | 479 | 0.0607 | 1690 | 240 |
| 跟 | gun | 1 | 19 | 0.0024 | 1690 | 240 |
| 前 | chien | 2 | | | 2687 | 145 |
| 跟 | gun | 1 | 16 | 0.0020 | 1690 | 240 |
| 隨 | swei | 2 | | | 4176 | 747 |
| 剛 | gang | 1 | 112 | 0.0142 | 1692 | 771 |
| 剛 | gang | 1 | 37 | 0.0047 | 1692 | 771 |
| 剛 | gang | 1 | | | 1692 | 771 |
| 剛 | gang | 1 | 24 | 0.0030 | 1692 | 771 |
| 好 | hau | 3 | | | 1995 | 45 |
| 剛 | gang | 1 | 40 | 0.0051 | 1692 | 771 |
| 才 | tsai | 2 | | | 4006 | 248 |
| 鋼 | gang | 1 | 13 | 0.0016 | 1691 | 1017 |
| 鋼 | gang | 1 | 16 | 0.0020 | 1691 | 1017 |
| 鐵 | tieh | 3 | | | 1085 | 250 |
| 鋼 | gang | 1 | 37 | 0.0047 | 1691 | 1017 |
| 琴 | chin | 2 | | | 2704 | 1053 |
| 港 | gang | 3 | 42 | 0.0053 | 1698 | 491 |
| 港 | gang | 2 | 15 | 0.0019 | 1698 | 491 |
| 口 | kou | 3 | | | 1858 | 220 |
| 槓 | gang | 4 | 10 | 0.0013 | 1699 | 2342 |
| 槓 | gang | 4 | 15 | 0.0019 | 1699 | 2342 |
| 桿 | gan | 3 | | | 1681 | 1253 |
| 更 | gung | 1 | 1160 | 0.1470 | 1700 | 1466 |
| 更 | gung | 1 | 53 | 0.0067 | 1700 | 1466 |
| 衣 | yi | 1 | | | 4299 | 432 |
| 室 | shi | 4 | | | 3601 | 549 |

| Char. | Syll. | Tone | Freq. | Freq.% | ID | Rank |
|---|---|---|---|---|---|---|
| 更 | gung | 4 | 20 | 0.0025 | 1708 | 349 |
| 巧 | chiau | 3 | | | 2659 | 1491 |
| 耕 | gung | 1 | 23 | 0.0029 | 1701 | 1336 |
| 耕 | gung | 1 | 14 | 0.0018 | 1701 | 1336 |
| 種 | rjoong | 4 | | | 3374 | 763 |
| 耕 | gung | 1 | 14 | 0.0018 | 1701 | 1336 |
| 作 | dswo | 4 | | | 3953 | 47 |
| 估 | gu | 1 | 63 | 0.0080 | 1714 | 2727 |
| 計 | ji | 4 | | | 2256 | 410 |
| 姑 | gu | 1 | 23 | 0.0029 | 1710 | 1366 |
| 娘 | niang | 2 | | | 1253 | 1579 |
| 辜 | gu | 1 | 10 | 0.0013 | 1713 | 2956 |
| 負 | fu | 4 | | | 723 | 948 |
| 孤 | gu | 1 | 14 | 0.0018 | 1712 | 2085 |
| 孤 | gu | 1 | 48 | 0.0061 | 1712 | 2085 |
| 獨 | du | 2 | | | 920 | 959 |
| 孤 | gu | 1 | 41 | 0.0052 | 1712 | 2085 |
| 兒 | er | 2 | | | 4291 | 82 |
| 骨 | gu | 3 | 16 | 0.0020 | 1718 | 901 |
| 頭 | tou | 2 | | | 1017 | 164 |
| 古 | gu | 3 | 213 | 0.0270 | 1719 | 407 |
| 古 | gu | 3 | 19 | 0.0024 | 1719 | 407 |
| 巴 | ba | 1 | | | 2 | 388 |
| 古 | gu | 3 | 50 | 0.0063 | 1719 | 407 |
| 代 | dai | 4 | | | 756 | 262 |
| 古 | gu | 2 | 22 | 0.0028 | 1719 | 407 |
| 典 | dien | 3 | | | 894 | 1177 |
| 古 | gu | 2 | 30 | 0.0038 | 1719 | 407 |
| 老 | lau | 3 | | | 1322 | 117 |
| 古 | gu | 3 | 15 | 0.0019 | 1719 | 407 |
| 怪 | gwai | 4 | | | 1758 | 821 |
| 古 | gu | 3 | 10 | 0.0013 | 1719 | 407 |
| 時 | shi | 2 | | | 3578 | 29 |
| 古 | gu | 3 | 23 | 0.0029 | 1719 | 407 |
| 人 | run | 2 | | | 3812 | 11 |
| 古 | gu | 3 | 14 | 0.0018 | 1719 | 407 |
| 色 | suh | 4 | | | 4114 | 339 |
| 古 | gu | 3 | | | 1719 | 407 |
| 香 | xiang | 1 | | | 2961 | 745 |

| Char. | Syll. | Tone | Freq. | Freq.% | ID | Rank |
|---|---|---|---|---|---|---|
| 古 | gu | 3 | 14 | 0.0018 | 1719 | 407 |
| 文 | wun | 2 | | | 4699 | 147 |
| 鼓 | gu | 3 | 49 | 0.0062 | 1721 | 1122 |
| 鼓 | gu | 3 | 100 | 0.0127 | 1721 | 1122 |
| 勵 | li | 4 | | | 1402 | 1480 |
| 鼓 | gu | 2 | 21 | 0.0027 | 1721 | 1122 |
| 舞 | wu | 3 | | | 4594 | 978 |
| 谷 | gu | 3 | 15 | 0.0019 | 1723 | 1437 |
| 股 | gu | 3 | 68 | 0.0086 | 1722 | 1569 |
| 股 | gu | 3 | 18 | 0.0023 | 1722 | 1569 |
| 票 | piau | 4 | | | 338 | 490 |
| 骨 | gu | 3 | 18 | 0.0023 | 1718 | 901 |
| 骨 | gu | 3 | 12 | 0.0015 | 1718 | 901 |
| 骼 | guh | 2 | | | 1628 | 2115 |
| 骨 | gu | 3 | 10 | 0.0013 | 1718 | 901 |
| 肉 | rou | 4 | | | 3805 | 611 |
| 骨 | gu | 3 | 15 | 0.0019 | 1718 | 901 |
| 髓 | swei | 2 | | | 4175 | 2046 |
| 炎 | yen | 2 | | | 4475 | 1677 |
| 故 | gu | 4 | 356 | 0.0451 | 1728 | 437 |
| 故 | gu | 4 | 34 | 0.0043 | 1728 | 437 |
| 鄉 | xiang | 1 | | | 2958 | 576 |
| 故 | gu | 4 | 166 | 0.0210 | 1728 | 437 |
| 事 | shi | 4 | | | 3592 | 77 |
| 故 | gu | 4 | 53 | 0.0067 | 1728 | 437 |
| 意 | yi | 4 | | | 4332 | 195 |
| 固 | gu | 4 | 52 | 0.0066 | 1730 | 1093 |
| 固 | gu | 4 | 65 | 0.0082 | 1730 | 1093 |
| 定 | ding | 4 | | | 912 | 121 |
| 固 | gu | 4 | 50 | 0.0063 | 1730 | 1093 |
| 體 | ti | 3 | | | 1073 | 178 |
| 固 | gu | 4 | 10 | 0.0013 | 1730 | 1093 |
| 執 | rji | 2 | | | 3095 | 1314 |
| 固 | gu | 4 | 81 | 0.0103 | 1730 | 1093 |
| 然 | ran | 2 | | | 3807 | 123 |
| 固 | gu | 4 | 13 | 0.0016 | 1730 | 1093 |
| 有 | you | 3 | | | 4444 | 6 |
| 痼 | gu | 4 | | | id 7 | rk 7 |

| Char. | Syll. | Tone | Freq. | Freq.% | ID | Rank |
|---|---|---|---|---|---|---|
| 雇 | gu | 4 | 22 | 0.0028 | 1732 | 2728 |
| 雇用 | gu | 4 | 19 | 0.0024 | 1732 | 2728 |
| | yüoong | 4 | | | 4864 | 38 |
| 顧 | gu | 4 | 108 | 0.0137 | 1727 | 1074 |
| 顧到 | gu | 4 | 10 | 0.0013 | 1727 | 1074 |
| | dau | 4 | | | 775 | 21 |
| 顧客 | gu | 4 | 17 | 0.0022 | 1727 | 1074 |
| | kuh | 4 | | | 1844 | 922 |
| 顧問 | gu | 4 | 46 | 0.0058 | 1727 | 1074 |
| | wun | 4 | | | 4708 | 151 |
| 刮 | gwa | 1 | 15 | 0.0019 | 1734 | 2086 |
| 寡 | gwa | 3 | 19 | 0.0024 | 1740 | 2668 |
| 掛 | gwa | 4 | 89 | 0.0113 | 1742 | 981 |
| 鍋 | gwo | 1 | 39 | 0.0049 | 1746 | 1745 |
| 國 | gwo | 2 | 1428 | 0.1809 | 1749 | 7 |
| 國貿局 | gwo | 2 | 10 | 0.0013 | 1749 | 7 |
| | mau | 4 | | | 457 | 1907 |
| | jü | 2 | | | 2516 | 672 |
| 國民 | gwo | 2 | 255 | 0.0323 | 1749 | 7 |
| | min | 2 | | | 542 | 59 |
| 國民大會 | gwo | 2 | 10 | 0.0013 | 1749 | 7 |
| | min | 2 | | | 542 | 59 |
| | da | 4 | | | 745 | 12 |
| | hwei | 4 | | | 2126 | 31 |
| 國民黨 | gwo | 2 | 43 | 0.0054 | 1749 | 7 |
| | min | 2 | | | 542 | 59 |
| | dang | 3 | | | 822 | 903 |
| 國民小学 | gwo | 2 | 11 | 0.0014 | 1749 | 7 |
| | min | 2 | | | 542 | 59 |
| | xiau | 3 | | | 2887 | 40 |
| | xüeh | 2 | | | 3028 | 26 |
| 國民中學 | gwo | 2 | 12 | 0.0015 | 1749 | 7 |
| | min | 2 | | | 542 | 59 |
| | rjoong | 1 | | | 3361 | 20 |
| | xüeh | 2 | | | 3028 | 26 |
| 國防 | gwo | 2 | 74 | 0.0094 | 1749 | 7 |
| | fang | 2 | | | 650 | 375 |
| 國防部 | gwo | 2 | 13 | 0.0016 | 1749 | 7 |
| | fang | 2 | | | 650 | 375 |
| | bu | 4 | | | 212 | 91 |
| 國父 | gwo | 2 | 144 | 0.0182 | 1749 | 7 |
| | fu | 4 | | | 720 | 256 |
| 國土 | gwo | 2 | 14 | 0.0018 | 1749 | 7 |
| | tu | 3 | | | 1128 | 422 |
| 國內 | gwo | 2 | 171 | 0.0217 | 1749 | 7 |
| | nei | 4 | | | 1193 | 241 |
| 國立 | gwo | 2 | 26 | 0.0033 | 1749 | 7 |
| | li | 4 | | | 1395 | 152 |
| 國歌 | gwo | 2 | 12 | 0.0015 | 1749 | 7 |
| | guh | 1 | | | 1615 | 542 |
| 國畫 | gwo | 2 | 13 | 0.0016 | 1749 | 7 |
| | hwa | 4 | | | 2088 | 320 |
| 國貨 | gwo | 2 | 13 | 0.0016 | 1749 | 7 |
| | hwo | 4 | | | 2098 | 1331 |
| 國會 | gwo | 2 | 73 | 0.0092 | 1749 | 7 |
| | hwei | 4 | | | 2126 | 31 |
| 國際 | gwo | 2 | 286 | 0.0362 | 1749 | 7 |
| | ji | 4 | | | 2258 | 571 |
| 國家 | gwo | 2 | 919 | 0.1164 | 1749 | 7 |
| | jia | 1 | | | 2279 | 36 |
| 國軍 | gwo | 2 | 23 | 0.0029 | 1749 | 7 |
| | jün | 1 | | | 2574 | 150 |
| 國旗 | gwo | 2 | 11 | 0.0014 | 1749 | 7 |
| | chi | 2 | | | 2603 | 868 |
| 國慶 | gwo | 2 | 10 | 0.0013 | 1749 | 7 |
| | ching | 4 | | | 2738 | 776 |
| 國小 | gwo | 2 | 23 | 0.0029 | 1749 | 7 |
| | xiau | 3 | | | 2887 | 40 |
| 國中 | gwo | 2 | 30 | 0.0038 | 1749 | 7 |
| | rjoong | 1 | | | 3361 | 20 |
| 國勢 | gwo | 2 | 11 | 0.0014 | 1749 | 7 |
| | shi | 4 | | | 3600 | 557 |
| 國人 | gwo | 2 | 26 | 0.0033 | 1749 | 7 |
| | run | 2 | | | 3812 | 11 |
| 國務院 | gwo | 2 | 11 | 0.0014 | 1749 | 7 |
| | wu | 4 | | | 4601 | 377 |
| | yüen | 4 | | | 4824 | 255 |
| 國外 | gwo | 2 | 80 | 0.0101 | 1749 | 7 |
| | wai | 4 | | | 4632 | 122 |

| Char. | Syll. | Tone | Freq. | Freq.% | ID | Rank |
|---|---|---|---|---|---|---|
| 國 | gwo | 2 | 22 | 0.0028 | 1749 | 7 |
| 文 | wun | 2 | | | 4699 | 147 |
| 國 | gwo | 2 | 86 | 0.0109 | 1749 | 7 |
| 王 | wang | 2 | | | 4712 | 257 |
| 國 | gwo | 2 | 51 | 0.0065 | 1749 | 7 |
| 語 | yü | 3 | | | 4751 | 346 |
| 果 | gwo | 3 | 37 | 0.0047 | 1751 | 174 |
| 果 | gwo | 3 | 18 | 0.0023 | 1751 | 174 |
| 實 | shi | 2 | | | 3581 | 215 |
| 果 | gwo | 3 | 52 | 0.0066 | 1751 | 174 |
| 然 | ran | 2 | | | 3807 | 123 |
| 過 | gwo | 4 | 1986 | 0.2516 | 1754 | 67 |
| 過 | gwo | 4 | 38 | 0.0048 | 1754 | 67 |
| 份 | fun | 4 | | | 641 | 661 |
| 過 | gwo | 4 | 23 | 0.0029 | 1754 | 67 |
| 度 | du | 4 | | | 927 | 212 |
| 過 | gwo | 4 | 11 | 0.0014 | 1754 | 67 |
| 頭 | tou | 2 | | | 1017 | 164 |
| 過 | gwo | 4 | 254 | 0.0322 | 1754 | 67 |
| 去 | chü | 4 | | | 2754 | 43 |
| 過 | gwo | 4 | 100 | 0.0127 | 1754 | 67 |
| 程 | rcung | 2 | | | 3491 | 580 |
| 過 | gwo | 4 | 24 | 0.0030 | 1754 | 67 |
| 於 | yü | 2 | | | 4728 | 113 |
| 怪 | gwai | 4 | 133 | 0.0168 | 1758 | 821 |
| 規 | gwei | 1 | 60 | 0.0076 | 1760 | 579 |
| 模 | mu | 2 | | | 558 | 2782 |
| 規 | gwei | 1 | 22 | 0.0028 | 1760 | 579 |
| 範 | fan | 4 | | | 621 | 686 |
| 規 | gwei | 1 | 218 | 0.0276 | 1760 | 579 |
| 定 | ding | 4 | | | 912 | 121 |
| 規 | gwei | 1 | 33 | 0.0042 | 1760 | 579 |
| 律 | lü | 4 | | | 1602 | 667 |
| 規 | gwei | 1 | 32 | 0.0041 | 1760 | 579 |
| 矩 | jü | 3 | | | 2521 | 2607 |
| 規 | gwei | 1 | 21 | 0.0027 | 1760 | 579 |
| 則 | dsuh | 2 | | | 3887 | 758 |
| 歸 | gwei | 1 | 130 | 0.0165 | 1759 | 976 |
| 歸 | gwei | 1 | 10 | 0.0013 | 1759 | 976 |
| 納 | na | 4 | | | 1178 | 955 |
| 歸 | gwei | 1 | 11 | 0.0014 | 1759 | 976 |
| 納 | na | 4 | | | 1178 | 955 |
| 法 | fa | 3 | | | 584 | 88 |
| 歸 | gwei | 1 | 10 | 0.0013 | 1759 | 976 |
| 還 | hwan | 2 | | | 2139 | 1383 |
| 軌 | gwei | 3 | 15 | 0.0019 | 1767 | 1449 |
| 道 | dau | 4 | | | 774 | 155 |
| 鬼 | gwei | 3 | 28 | 0.0035 | 1766 | 1914 |
| 桂 | gwei | 4 | 12 | 0.0015 | 1771 | 1075 |
| 花 | hwa | 1 | | | 2078 | 246 |
| 櫃 | gwei | 4 | 12 | 0.0015 | 1774 | 2343 |
| 台 | tai | 2 | | | 991 | 636 |
| 跪 | gwei | 4 | 39 | 0.0049 | 1773 | 2566 |
| 貴 | gwei | 4 | 48 | 0.0061 | 1772 | 804 |
| 貴 | gwei | 4 | 21 | 0.0027 | 1772 | 804 |
| 族 | dsu | 2 | | | 3941 | 809 |
| 官 | gwan | 1 | 102 | 0.0129 | 1781 | 556 |
| 官 | gwan | 1 | 20 | 0.0025 | 1781 | 556 |
| 兵 | bing | 1 | | | 192 | 459 |
| 官 | gwan | 1 | 19 | 0.0024 | 1781 | 556 |
| 方 | fang | 1 | | | 647 | 62 |
| 官 | gwan | 1 | 22 | 0.0028 | 1781 | 556 |
| 吏 | li | 4 | | | 1405 | 2135 |
| 官 | gwan | 1 | 34 | 0.0043 | 1781 | 556 |
| 人 | run | 2 | | | 3812 | 11 |
| 官 | gwan | 1 | 14 | 0.0018 | 1781 | 556 |
| 司 | si | 1 | | | 4084 | 564 |
| 官 | gwan | 1 | 84 | 0.0106 | 1781 | 556 |
| 員 | yüen | 2 | | | 4808 | 210 |
| 關 | gwan | 1 | 393 | 0.0498 | 1780 | 247 |
| 關 | gwan | 1 | 19 | 0.0024 | 1780 | 247 |
| 頭 | tou | 2 | | | 1017 | 164 |
| 關 | gwan | 1 | 10 | 0.0013 | 1780 | 247 |
| 連 | lien | 2 | | | 1459 | 343 |

| Char. | Syll. | Tone | Freq. | Freq.% | ID | Rank |
|---|---|---|---|---|---|---|
| 關 | gwan | 1 | 18 | 0.0023 | 1780 | 247 |
| 懷 | hwai | 2 | | | 2107 | 1187 |
| 關 | gwan | 1 | 19 | 0.0024 | 1780 | 247 |
| 節 | jieh | 2 | | | 2311 | 352 |
| 關 | gwan | 1 | 17 | 0.0022 | 1780 | 247 |
| 鍵 | jien | 4 | | | 2438 | 4468 |
| 關 | gwan | 1 | 20 | 0.0025 | 1780 | 247 |
| 切 | chieh | 4 | | | 2645 | 642 |
| 關 | gwan | 1 | 431 | 0.0546 | 1780 | 247 |
| 係 | xi | 4 | | | 2822 | 877 |
| 關 | gwan | 1 | 38 | 0.0048 | 1780 | 247 |
| 心 | xin | 1 | | | 2946 | 142 |
| 關 | gwan | 1 | 14 | 0.0018 | 1780 | 247 |
| 上 | shang | 4 | | | 3712 | 17 |
| 關 | gwan | 1 | 17 | 0.0022 | 1780 | 247 |
| 稅 | shwei | 4 | | | 3782 | 1235 |
| 關 | gwan | 1 | 121 | 0.0153 | 1780 | 247 |
| 於 | yü | 2 | | | 4728 | 113 |
| 觀 | gwan | 1 | 34 | 0.0043 | 1782 | 359 |
| 觀 | gwan | 1 | 39 | 0.0049 | 1782 | 359 |
| 點 | dien | 3 | | | 892 | 160 |
| 觀 | gwan | 1 | 174 | 0.0220 | 1782 | 359 |
| 念 | nien | 4 | | | 1250 | 578 |
| 觀 | gwan | 1 | 57 | 0.0072 | 1782 | 359 |
| 光 | gwang | 1 | | | 1801 | 224 |
| 觀 | gwan | 1 | 13 | 0.0016 | 1782 | 359 |
| 看 | kan | 4 | | | 1871 | 58 |
| 觀 | gwan | 1 | 91 | 0.0115 | 1782 | 359 |
| 衆 | rjoong | 4 | | | 3371 | 757 |
| 觀 | gwan | 1 | 156 | 0.0198 | 1782 | 359 |
| 察 | rca | 2 | | | 3404 | 448 |
| 觀 | gwan | 1 | 17 | 0.0022 | 1782 | 359 |
| 賞 | shang | 3 | | | 3709 | 1456 |
| 觀 | gwan | 1 | 12 | 0.0015 | 1782 | 359 |
| 測 | tsuh | 4 | | | 3999 | 1048 |
| 管 | gwan | 3 | 189 | 0.0239 | 1787 | 452 |
| 管 | gwan | 3 | 12 | 0.0015 | 1787 | 452 |
| 待 | dai | 4 | | | 758 | 927 |

| Char. | Syll. | Tone | Freq. | Freq.% | ID | Rank |
|---|---|---|---|---|---|---|
| 管 | gwan | 2 | 113 | 0.0143 | 1787 | 452 |
| 理 | li | 3 | | | 1388 | 207 |
| 管 | gwan | 3 | 18 | 0.0023 | 1787 | 452 |
| 家 | jia | 1 | | | 2279 | 36 |
| 管 | gwan | 3 | 42 | 0.0053 | 1787 | 452 |
| 制 | rji | 4 | | | 3113 | 495 |
| 管 | gwan | 2 | 10 | 0.0013 | 1787 | 452 |
| 子 | dsi | 3 | | | 3874 | 324 |
| 館 | gwan | 3 | 17 | 0.0022 | 1786 | 702 |
| 貫 | gwan | 4 | 16 | 0.0020 | 1794 | 1976 |
| 慣 | gwan | 4 | 15 | 0.0019 | 1790 | 1004 |
| 冠 | gwan | 4 | 35 | 0.0044 | 1792 | 1790 |
| 軍 | jün | 1 | | | 2574 | 150 |
| 灌 | gwan | 4 | 17 | 0.0022 | 1789 | 1666 |
| 灌 | gwan | 4 | 33 | 0.0042 | 1789 | 1666 |
| 溉 | gai | 4 | | | 1643 | 2302 |
| 罐 | gwan | 4 | 11 | 0.0014 | 1791 | 1956 |
| 罐 | gwan | 4 | 13 | 0.0016 | 1791 | 1956 |
| 頭 | tou | 2 | | | 1017 | 164 |
| 滾 | goon | 3 | 24 | 0.0030 | 1797 | 1583 |
| 光 | gwang | 1 | 244 | 0.0309 | 1801 | 224 |
| 光 | gwang | 1 | 12 | 0.0015 | 1801 | 224 |
| 芒 | mang | 2 | | | 480 | 2000 |
| 光 | gwang | 1 | 38 | 0.0048 | 1801 | 224 |
| 明 | ming | 2 | | | 552 | 101 |
| 光 | gwang | 1 | 39 | 0.0049 | 1801 | 224 |
| 復 | fu | 4 | | | 722 | 595 |
| 光 | gwang | 1 | 11 | 0.0014 | 1801 | 224 |
| 能 | nung | 2 | | | 1212 | 70 |
| 光 | gwang | 1 | 11 | 0.0014 | 1801 | 224 |
| 亮 | liang | 4 | | | 1502 | 553 |
| 光 | gwang | 1 | 11 | 0.0014 | 1801 | 224 |
| 合 | huh | 2 | | | 1953 | 172 |
| 作 | dswo | 4 | | | 3953 | 47 |
| 用 | yüoong | 4 | | | 4864 | 38 |
| 光 | gwang | 1 | 16 | 0.0020 | 1801 | 224 |
| 煇 | hwei | 1 | | | 2117 | 1702 |

| Char. | Syll. | Tone | Freq. | Freq.% | ID | Rank |
|---|---|---|---|---|---|---|
| 光 | gwang | 1 | 16 | 0.0020 | 1801 | 224 |
| 景 | jing | 3 | | | 2492 | 808 |
| 光 | gwang | 1 | 20 | 0.0025 | 1801 | 224 |
| 緒 | xü | 4 | | | 3016 | 1550 |
| 光 | gwang | 1 | 41 | 0.0052 | 1801 | 224 |
| 榮 | roong | 2 | | | 3854 | 888 |
| 光 | gwang | 1 | 13 | 0.0016 | 1801 | 224 |
| 彩 | tsai | 3 | | | 4010 | 951 |
| 光 | gwang | 1 | 10 | 0.0013 | 1801 | 224 |
| 陰 | yin | 1 | | | 4510 | 1148 |
| 廣 | gwang | 3 | 104 | 0.0132 | 1802 | 288 |
| 廣 | gwang | 3 | 42 | 0.0053 | 1802 | 288 |
| 播 | bo | 4 | | | 46 | 683 |
| 廣 | gwang | 3 | 38 | 0.0048 | 1802 | 288 |
| 泛 | fan | 4 | | | 625 | 2499 |
| 廣 | gwang | 3 | 85 | 0.0108 | 1802 | 288 |
| 大 | da | 4 | | | 745 | 12 |
| 廣 | gwang | 3 | 14 | 0.0018 | 1802 | 288 |
| 東 | doong | 1 | | | 967 | 84 |
| 廣 | gwang | 3 | 24 | 0.0030 | 1802 | 288 |
| 告 | gau | 4 | | | 1655 | 386 |
| 廣 | gwang | 3 | 33 | 0.0042 | 1802 | 288 |
| 州 | rjou | 1 | | | 3186 | 337 |
| 廣 | gwang | 3 | 18 | 0.0023 | 1802 | 288 |
| 場 | rcang | 2 | | | 3474 | 450 |
| 逛 | gwang | 4 | 17 | 0.0022 | 1803 | 2805 |
| 工 | goong | 1 | 59 | 0.0075 | 1804 | 125 |
| 工 | goong | 1 | 24 | 0.0030 | 1804 | 125 |
| 夫 | fu | 1 | | | 681 | 502 |
| 工 | goong | 1 | 30 | 0.0038 | 1804 | 125 |
| 會 | hwei | 4 | | | 2126 | 31 |
| 工 | goong | 1 | 108 | 0.0137 | 1804 | 125 |
| 具 | jü | 4 | | | 2530 | 583 |
| 工 | goong | 1 | 101 | 0.0128 | 1804 | 125 |
| 廠 | rcang | 3 | | | 3479 | 969 |
| 工 | goong | 1 | 76 | 0.0096 | 1804 | 125 |
| 程 | rcung | 2 | | | 3491 | 580 |
| 工 | goong | 1 | 31 | 0.0039 | 1804 | 125 |
| 程 | rcung | 2 | | | 3491 | 580 |
| 師 | shi | 1 | | | 3570 | 116 |
| 工 | goong | 1 | 12 | 0.0015 | 1804 | 125 |
| 商 | shang | 1 | | | 3707 | 474 |
| 業 | yeh | 4 | | | 4397 | 137 |
| 工 | goong | 1 | 107 | 0.0136 | 1804 | 125 |
| 人 | run | 2 | | | 3812 | 11 |
| 工 | goong | 1 | 30 | 0.0038 | 1804 | 125 |
| 資 | dsi | 1 | | | 3865 | 920 |
| 工 | goong | 1 | 878 | 0.1112 | 1804 | 125 |
| 作 | dswo | 4 | | | 3953 | 47 |
| 工 | goong | 1 | 370 | 0.0469 | 1804 | 125 |
| 業 | yeh | 4 | | | 4397 | 137 |
| 工 | goong | 1 | 16 | 0.0020 | 1804 | 125 |
| 業 | yeh | 4 | | | 4397 | 137 |
| 化 | hwa | 4 | | | 2085 | 278 |
| 功 | goong | 1 | 90 | 0.0114 | 1807 | 335 |
| 功 | goong | 1 | 34 | 0.0043 | 1807 | 335 |
| 夫 | fu | 1 | | | 681 | 502 |
| 功 | goong | 1 | 59 | 0.0075 | 1807 | 335 |
| 能 | nung | 2 | | | 1212 | 70 |
| 功 | goong | 1 | 50 | 0.0063 | 1807 | 335 |
| 課 | kuh | 4 | | | 1843 | 111 |
| 功 | goong | 1 | 11 | 0.0014 | 1807 | 335 |
| 效 | xiau | 4 | | | 2891 | 935 |
| 功 | goong | 1 | 28 | 0.0035 | 1807 | 335 |
| 用 | yüoong | 4 | | | 4864 | 38 |
| 攻 | goong | 1 | 61 | 0.0077 | 1806 | 695 |
| 攻 | goong | 1 | 87 | 0.0110 | 1806 | 695 |
| 擊 | ji | 2 | | | 2229 | 886 |
| 攻 | goong | 1 | 20 | 0.0025 | 1806 | 695 |
| 勢 | shi | 4 | | | 3600 | 557 |
| 公 | goong | 1 | 138 | 0.0175 | 1805 | 83 |
| 公 | goong | 1 | 17 | 0.0022 | 1805 | 83 |
| 布 | bu | 4 | | | 215 | 297 |
| 公 | goong | 1 | 40 | 0.0051 | 1805 | 83 |
| 平 | ping | 2 | | | 354 | 165 |

| Char. | Syll. | Tone | Freq. | Freq.% | ID | Rank |
|---|---|---|---|---|---|---|
| 公 | goong | 1 | 41 | 0.0052 | 1805 | 83 |
| 民 | min | 2 | | | 542 | 59 |
| 公 | goong | 1 | 86 | 0.0109 | 1805 | 83 |
| 分 | fun | 1 | | | 630 | 112 |
| 公 | goong | 1 | 13 | 0.0016 | 1805 | 83 |
| 道 | dau | 4 | | | 774 | 155 |
| 公 | goong | 1 | 10 | 0.0013 | 1805 | 83 |
| 噸 | doon | 4 | | | 959 | 2223 |
| 公 | goong | 1 | 105 | 0.0133 | 1805 | 83 |
| 里 | li | 3 | | | 1387 | 419 |
| 公 | goong | 1 | 11 | 0.0014 | 1805 | 83 |
| 立 | li | 4 | | | 1395 | 152 |
| 公 | goong | 1 | 59 | 0.0075 | 1805 | 83 |
| 路 | lu | 4 | | | 1537 | 149 |
| 公 | goong | 1 | 17 | 0.0022 | 1805 | 83 |
| 路 | lu | 4 | | | 1537 | 149 |
| 局 | jü | 2 | | | 2516 | 672 |
| 公 | goong | 1 | 11 | 0.0014 | 1805 | 83 |
| 告 | gau | 4 | | | 1655 | 386 |
| 公 | goong | 1 | 75 | 0.0095 | 1805 | 83 |
| 共 | goong | 4 | | | 1820 | 186 |
| 公 | goong | 1 | 12 | 0.0015 | 1805 | 83 |
| 共 | goong | 4 | | | 1820 | 186 |
| 汽 | chi | 4 | | | 2629 | 675 |
| 車 | rcuh | 1 | | | 3412 | 181 |
| 公 | goong | 1 | 17 | 0.0022 | 1805 | 83 |
| 克 | kuh | 4 | | | 1842 | 458 |
| 公 | goong | 1 | 68 | 0.0086 | 1805 | 83 |
| 開 | kai | 1 | | | 1849 | 114 |
| 公 | goong | 1 | 13 | 0.0016 | 1805 | 83 |
| 會 | hwei | 4 | | | 2126 | 31 |
| 公 | goong | 1 | 15 | 0.0019 | 1805 | 83 |
| 家 | jia | 1 | | | 2279 | 36 |
| 公 | goong | 1 | 71 | 0.0090 | 1805 | 83 |
| 斤 | jin | 1 | | | 2442 | 1587 |
| 公 | goong | 1 | 28 | 0.0035 | 1805 | 83 |
| 頃 | ching | 3 | | | 2736 | 3551 |
| 公 | goong | 1 | 17 | 0.0022 | 1805 | 83 |
| 正 | rjung | 4 | | | 3274 | 193 |

| Char. | Syll. | Tone | Freq. | Freq.% | ID | Rank |
|---|---|---|---|---|---|---|
| 公 | goong | 1 | 45 | 0.0057 | 1805 | 83 |
| 主 | rju | 3 | | | 3299 | 130 |
| 公 | goong | 1 | 193 | 0.0245 | 1805 | 83 |
| 尺 | rci | 3 | | | 3386 | 725 |
| 公 | goong | 1 | 10 | 0.0013 | 1805 | 83 |
| 事 | shi | 4 | | | 3592 | 77 |
| 公 | goong | 1 | 21 | 0.0027 | 1805 | 83 |
| 人 | run | 2 | | | 3812 | 11 |
| 公 | goong | 1 | 30 | 0.0038 | 1805 | 83 |
| 子 | dsi | 5 | | | 3880 | 52 |
| 公 | goong | 1 | 359 | 0.0455 | 1805 | 83 |
| 司 | si | 1 | | | 4084 | 564 |
| 公 | goong | 1 | 66 | 0.0084 | 1805 | 83 |
| 務 | wu | 4 | | | 4601 | 377 |
| 員 | yüen | 2 | | | 4808 | 210 |
| 公 | goong | 1 | 13 | 0.0016 | 1805 | 83 |
| 文 | wun | 2 | | | 4699 | 147 |
| 公 | goong | 1 | 33 | 0.0042 | 1805 | 83 |
| 寓 | yü | 4 | | | 4776 | 2772 |
| 公 | goong | 1 | 19 | 0.0024 | 1805 | 83 |
| 元 | yüen | 2 | | | 4811 | 239 |
| 公 | goong | 1 | 58 | 0.0073 | 1805 | 83 |
| 園 | yüen | 2 | | | 4810 | 656 |
| 弓 | goong | 1 | 14 | 0.0018 | 1813 | 2198 |
| 供 | goong | 1 | 169 | 0.0214 | 1809 | 825 |
| 供 | goong | 1 | 54 | 0.0068 | 1809 | 825 |
| 給 | ji | 3 | | | 1645 | 219 |
| 供 | goong | 1 | 116 | 0.0147 | 1809 | 825 |
| 應 | ying | 1 | | | 4549 | 325 |
| 宮 | goong | 1 | 39 | 0.0049 | 1808 | 1094 |
| 共 | goong | 4 | 201 | 0.0255 | 1820 | 186 |
| 共 | goong | 4 | 81 | 0.0103 | 1820 | 186 |
| 黨 | dang | 3 | | | 822 | 903 |
| 共 | goong | 4 | 181 | 0.0229 | 1820 | 186 |
| 同 | toong | 2 | | | 1160 | 92 |
| 共 | goong | 4 | 11 | 0.0014 | 1820 | 186 |
| 和 | huh | 2 | | | 1956 | 395 |
| 黨 | dang | 3 | | | 822 | 903 |

| Char. | Syll. | Tone | Freq. | Freq.% | ID | Rank |
|---|---|---|---|---|---|---|
| 共 | goong | 4 | 15 | 0.0019 | 1820 | 186 |
| 軍 | jün | 1 | | | 2574 | 150 |
| 共 | goong | 4 | 47 | 0.0060 | 1820 | 186 |
| 產 | rcan | 3 | | | 3449 | 279 |
| 共 | goong | 4 | 39 | 0.0049 | 1820 | 186 |
| 產 | rcan | 2 | | | 3449 | 279 |
| 黨 | dang | 3 | | | 822 | 903 |
| 共 | goong | 4 | 26 | 0.0033 | 1820 | 186 |
| 產 | rcan | 2 | | | 3449 | 279 |
| 主 | rju | 3 | | | 3299 | 130 |
| 義 | yi | 4 | | | 4334 | 330 |
| 貢 | goong | 4 | 82 | 0.0104 | 1819 | 1450 |
| 獻 | xien | 4 | | | 2938 | 1354 |
| 卡 | ka | 3 | 59 | 0.0075 | 1823 | 1110 |
| 卡 | ka | 3 | 25 | 0.0032 | 1823 | 1110 |
| 車 | rcuh | 1 | | | 3412 | 181 |
| 棵 | kuh | 1 | 44 | 0.0056 | 1827 | 1667 |
| 顆 | kuh | 1 | 80 | 0.0101 | 1825 | 1502 |
| 科 | kuh | 1 | 64 | 0.0081 | 1826 | 341 |
| 科 | kuh | 1 | 10 | 0.0013 | 1826 | 341 |
| 目 | mu | 4 | | | 565 | 348 |
| 科 | kuh | 1 | 12 | 0.0015 | 1826 | 341 |
| 舉 | jü | 3 | | | 2522 | 276 |
| 科 | kuh | 1 | 304 | 0.0385 | 1826 | 341 |
| 學 | xüeh | 2 | | | 3028 | 26 |
| 科 | kuh | 1 | 100 | 0.0127 | 1826 | 341 |
| 學 | xüeh | 2 | | | 3028 | 26 |
| 家 | jia | 1 | | | 2279 | 36 |
| 殼 | kuh | 2 | 14 | 0.0018 | 1837 | 1398 |
| 可 | kuh | 3 | 1773 | 0.2246 | 1840 | 41 |
| 可 | kuh | 3 | 48 | 0.0061 | 1840 | 41 |
| 怕 | pa | 4 | | | 228 | 653 |
| 可 | kuh | 3 | 499 | 0.0632 | 1840 | 41 |
| 能 | nung | 2 | | | 1212 | 70 |
| 可 | kuh | 3 | 14 | 0.0018 | 1840 | 41 |
| 能 | nung | 2 | | | 1212 | 70 |
| 性 | xing | 4 | | | 2996 | 482 |
| 可 | kuh | 3 | 56 | 0.0071 | 1840 | 41 |
| 憐 | lien | 2 | | | 1460 | 1519 |
| 可 | kuh | 3 | 13 | 0.0016 | 1840 | 41 |
| 觀 | gwan | 1 | | | 1782 | 359 |
| 可 | kuh | 3 | 22 | 0.0028 | 1840 | 41 |
| 靠 | kau | 4 | | | 1857 | 960 |
| 可 | kuh | 3 | 15 | 0.0019 | 1840 | 41 |
| 笑 | xiau | 4 | | | 2888 | 455 |
| 可 | kuh | 3 | 584 | 0.0740 | 1840 | 41 |
| 是 | shi | 4 | | | 3593 | 3 |
| 可 | kuh | 3 | 74 | 0.0094 | 1840 | 41 |
| 愛 | ai | 4 | | | 4246 | 300 |
| 可 | kuh | 2 | 1598 | 0.2024 | 1840 | 41 |
| 以 | yi | 3 | | | 4324 | 24 |
| 渴 | kuh | 3 | 10 | 0.0013 | 1839 | 1746 |
| 渴 | kuh | 3 | 30 | 0.0038 | 1839 | 1746 |
| 望 | wang | 4 | | | 4719 | 381 |
| 克 | kuh | 4 | 13 | 0.0016 | 1842 | 458 |
| 克 | kuh | 4 | 36 | 0.0046 | 1842 | 458 |
| 服 | fu | 2 | | | 688 | 366 |
| 客 | kuh | 4 | 48 | 0.0061 | 1844 | 922 |
| 客 | kuh | 4 | 12 | 0.0015 | 1844 | 922 |
| 店 | dien | 4 | | | 895 | 1141 |
| 客 | kuh | 4 | 32 | 0.0041 | 1844 | 922 |
| 廳 | ting | 1 | | | 1106 | 750 |
| 客 | kuh | 4 | 32 | 0.0041 | 1844 | 922 |
| 觀 | gwan | 1 | | | 1782 | 359 |
| 客 | kuh | 4 | 95 | 0.0120 | 1844 | 922 |
| 人 | run | 2 | | | 3812 | 11 |
| 刻 | kuh | 4 | 75 | 0.0095 | 1845 | 738 |
| 刻 | kuh | 4 | 19 | 0.0024 | 1845 | 738 |
| 度 | du | 4 | | | 927 | 212 |
| 課 | kuh | 4 | 60 | 0.0076 | 1843 | 111 |
| 課 | kuh | 4 | 10 | 0.0013 | 1843 | 111 |
| 本 | bun | 3 | | | 112 | 65 |
| 課 | kuh | 4 | 44 | 0.0056 | 1843 | 111 |
| 程 | rcung | 2 | | | 3491 | 580 |
| 開 | kai | 1 | 353 | 0.0447 | 1849 | 114 |

| Char. | Syll. | Tone | Freq. | Freq.% | ID | Rank |
|---|---|---|---|---|---|---|
| 開 | kai | 1 | 26 | 0.0033 | 1849 | 114 |
| 闢 | pi | 4 | | | 324 | 2250 |
| 開 | kai | 1 | 89 | 0.0113 | 1849 | 114 |
| 發 | fa | 1 | | | 577 | 73 |
| 開 | kai | 1 | 27 | 0.0034 | 1849 | 114 |
| 放 | fang | 4 | | | 660 | 285 |
| 開 | kai | 1 | 24 | 0.0030 | 1849 | 114 |
| 拓 | two | 4 | | | 1144 | 2296 |
| 開 | kai | 1 | 36 | 0.0046 | 1849 | 114 |
| 口 | kou | 3 | | | 1858 | 220 |
| 開 | kai | 1 | 47 | 0.0060 | 1849 | 114 |
| 會 | hwei | 4 | | | 2126 | 31 |
| 開 | kai | 1 | 10 | 0.0013 | 1849 | 114 |
| 槍 | chiang | 1 | | | 2712 | 1077 |
| 開 | kai | 1 | 15 | 0.0019 | 1849 | 114 |
| 心 | xin | 1 | | | 2946 | 142 |
| 開 | kai | 1 | 12 | 0.0015 | 1849 | 114 |
| 展 | rjan | 3 | | | 3209 | 577 |
| 開 | kai | 1 | 16 | 0.0020 | 1849 | 114 |
| 車 | rcuh | 1 | | | 3412 | 181 |
| 開 | kai | 1 | 13 | 0.0016 | 1849 | 114 |
| 創 | rcwang | 4 | | | 3558 | 916 |
| 開 | kai | 1 | 452 | 0.0573 | 1849 | 114 |
| 始 | shi | 3 | | | 3586 | 503 |
| 開 | kai | 1 | 13 | 0.0016 | 1849 | 114 |
| 設 | shuh | 4 | | | 3635 | 374 |
| 開 | kai | 1 | 14 | 0.0018 | 1849 | 114 |
| 採 | tsai | 3 | | | 4011 | 827 |
| 開 | kai | 1 | 20 | 0.0025 | 1849 | 114 |
| 玩 | wan | 2 | | | 4682 | 457 |
| 笑 | xiau | 4 | | | 2888 | 455 |
| 考 | kau | 3 | 63 | 0.0080 | 1855 | 438 |
| 考 | kau | 3 | 103 | 0.0130 | 1855 | 438 |
| 慮 | lü | 4 | | | 1604 | 1722 |
| 考 | kau | 3 | 12 | 0.0015 | 1855 | 438 |
| 慮 | lü | 4 | | | 1604 | 1722 |
| 到 | dau | 4 | | | 775 | 21 |
| 考 | kau | 3 | 10 | 0.0013 | 1855 | 438 |
| 察 | rca | 2 | | | 3404 | 448 |
| 考 | kau | 3 | 63 | 0.0080 | 1855 | 438 |
| 試 | shi | 4 | | | 3599 | 504 |
| 考 | kau | 3 | 19 | 0.0024 | 1855 | 438 |
| 生 | shung | 1 | | | 3715 | 32 |
| 考 | kau | 3 | 23 | 0.0029 | 1855 | 438 |
| 驗 | yen | 4 | | | 4493 | 749 |
| 烤 | kau | 3 | 13 | 0.0016 | 1856 | 2879 |
| 靠 | kau | 4 | 183 | 0.0232 | 1857 | 960 |
| 靠 | kau | 4 | 45 | 0.0057 | 1857 | 960 |
| 近 | jin | 4 | | | 2453 | 344 |
| 口 | kou | 3 | 146 | 0.0185 | 1858 | 220 |
| 口 | kou | 3 | 17 | 0.0022 | 1858 | 220 |
| 袋 | dai | 4 | | | 760 | 1477 |
| 口 | kou | 3 | 14 | 0.0018 | 1858 | 220 |
| 腔 | chiang | 1 | | | 2714 | 1961 |
| 扣 | kou | 4 | 15 | 0.0019 | 1859 | 2225 |
| 刊 | kan | 1 | 14 | 0.0018 | 1862 | 1546 |
| 刊 | kan | 1 | 10 | 0.0013 | 1862 | 1546 |
| 登 | dung | 1 | | | 832 | 1360 |
| 堪 | kan | 1 | 35 | 0.0044 | 1864 | 2669 |
| 砍 | kan | 3 | 17 | 0.0022 | 1867 | 2006 |
| 看 | kan | 4 | 1320 | 0.1672 | 1871 | 58 |
| 看 | kan | 4 | 30 | 0.0038 | 1871 | 58 |
| 不 | bu | 4 | | | 213 | 8 |
| 起 | chi | 3 | | | 2621 | 78 |
| 看 | kan | 4 | 60 | 0.0076 | 1871 | 58 |
| 法 | fa | 3 | | | 584 | 88 |
| 看 | kan | 4 | 362 | 0.0459 | 1871 | 58 |
| 到 | dau | 4 | | | 775 | 21 |
| 看 | kan | 4 | 103 | 0.0130 | 1871 | 58 |
| 來 | lai | 2 | | | 1297 | 15 |
| 看 | kan | 4 | 184 | 0.0233 | 1871 | 58 |
| 看 | kan | 4 | | | 1871 | 58 |
| 看 | kan | 4 | 333 | 0.0422 | 1871 | 58 |
| 見 | jien | 4 | | | 2417 | 206 |
| 看 | kan | 4 | 40 | 0.0051 | 1871 | 58 |
| 起 | chi | 3 | | | 2621 | 78 |
| 來 | lai | 2 | | | 1297 | 15 |

| Char. | Syll. | Tone | Freq. | Freq.% | ID | Rank |
|---|---|---|---|---|---|---|
| 看 | kan | 4 | 80 | 0.0101 | 1871 | 58 |
| 出 | rcu | 1 | | | 3507 | 60 |
| 看 | kan | 4 | 16 | 0.0020 | 1871 | 58 |
| 作 | dswo | 4 | | | 3953 | 47 |
| 肯 | kun | 3 | 197 | 0.0250 | 1873 | 1040 |
| 肯 | kun | 3 | 16 | 0.0020 | 1873 | 1040 |
| 定 | ding | 4 | | | 912 | 121 |
| 抗 | kang | 4 | 20 | 0.0025 | 1881 | 588 |
| 抗 | kang | 4 | 10 | 0.0013 | 1881 | 588 |
| 拒 | jü | 4 | | | 2533 | 1649 |
| 抗 | kang | 4 | 62 | 0.0079 | 1881 | 588 |
| 戰 | rjan | 4 | | | 3215 | 280 |
| 抗 | kang | 4 | 36 | 0.0046 | 1881 | 588 |
| 議 | yi | 4 | | | 4331 | 290 |
| 坑 | kung | 1 | 21 | 0.0027 | 1883 | 1933 |
| 哭 | ku | 1 | 132 | 0.0167 | 1885 | 1069 |
| 枯 | ku | 1 | 14 | 0.0018 | 1884 | 2139 |
| 苦 | ku | 3 | 134 | 0.0170 | 1888 | 567 |
| 苦 | ku | 2 | 11 | 0.0014 | 1888 | 567 |
| 惱 | nau | 3 | | | 1197 | 2601 |
| 苦 | ku | 3 | 14 | 0.0018 | 1888 | 567 |
| 難 | nan | 4 | | | 1209 | 1377 |
| 誇 | kwa | 1 | 10 | 0.0013 | 1893 | 2671 |
| 耀 | yau | 4 | | | 4426 | 1830 |
| 跨 | kwa | 4 | 32 | 0.0041 | 1895 | 2168 |
| 擴 | kwo | 4 | 20 | 0.0025 | 1896 | 1397 |
| 擴 | kwo | 4 | 87 | 0.0110 | 1896 | 1397 |
| 大 | da | 4 | | | 745 | 12 |
| 擴 | kwo | 4 | 25 | 0.0032 | 1896 | 1397 |
| 展 | rjan | 3 | | | 3209 | 577 |
| 擴 | kwo | 4 | 38 | 0.0048 | 1896 | 1397 |
| 張 | rjang | 1 | | | 3243 | 311 |
| 快 | kwai | 4 | 395 | 0.0500 | 1902 | 232 |
| 快 | kwai | 4 | 141 | 0.0179 | 1902 | 232 |
| 樂 | luh | 4 | | | 1292 | 465 |

| Char. | Syll. | Tone | Freq. | Freq.% | ID | Rank |
|---|---|---|---|---|---|---|
| 快 | kwai | 4 | 24 | 0.0030 | 1902 | 232 |
| 活 | hwo | 2 | | | 2091 | 203 |
| 快 | kwai | 4 | 15 | 0.0019 | 1902 | 232 |
| 速 | su | 4 | | | 4156 | 1056 |
| 筷 | kwai | 4 | 10 | 0.0013 | 1904 | 2423 |
| 子 | dsi | 3 | | | 3874 | 324 |
| 塊 | kwai | 4 | 225 | 0.0285 | 1901 | 684 |
| 虧 | kwei | 1 | 13 | 0.0016 | 1908 | 2034 |
| 寬 | kwan | 1 | 69 | 0.0087 | 1922 | 1618 |
| 寬 | kwan | 1 | 13 | 0.0016 | 1922 | 1618 |
| 闊 | kwo | 4 | | | 1899 | 2088 |
| 款 | kwan | 3 | 69 | 0.0087 | 1923 | 1262 |
| 困 | koon | 4 | 26 | 0.0033 | 1931 | 1128 |
| 困 | koon | 4 | 174 | 0.0220 | 1931 | 1128 |
| 難 | nan | 2 | | | 1202 | 570 |
| 困 | koon | 4 | 35 | 0:0044 | 1931 | 1128 |
| 擾 | rau | 3 | | | 3799 | 2102 |
| 狂 | kwang | 2 | 29 | 0.0037 | 1935 | 1957 |
| 況 | kwang | 4 | 15 | 0.0019 | 1939 | 1209 |
| 況 | kwang | 4 | 10 | 0.0013 | 1939 | 1209 |
| 且 | chieh | 3 | | | 2643 | 425 |
| 礦 | kwang | 4 | 10 | 0.0013 | 1937 | 928 |
| 空 | koong | 1 | 163 | 0.0206 | 1944 | 199 |
| 空 | koong | 1 | 49 | 0.0062 | 1944 | 199 |
| 等 | dung | 3 | | | 833 | 118 |
| 空 | koong | 1 | 26 | 0.0033 | 1944 | 199 |
| 間 | jien | 1 | | | 2391 | 245 |
| 空 | koong | 1 | 322 | 0.0408 | 1944 | 199 |
| 氣 | chi | 4 | | | 2627 | 132 |
| 空 | koong | 1 | 20 | 0.0025 | 1944 | 199 |
| 虛 | xü | 1 | | | 3006 | 1920 |
| 空 | koong | 1 | 52 | 0.0066 | 1944 | 199 |
| 中 | rjoong | 1 | | | 3361 | 20 |
| 孔 | koong | 3 | 27 | 0.0034 | 1946 | 1060 |
| 孔 | koong | 2 | 64 | 0.0081 | 1946 | 1060 |
| 子 | dsi | 3 | | | 3874 | 324 |

| Char. | Syll. | Tone | Freq. | Freq.% | ID | Rank |
|---|---|---|---|---|---|---|
| 恐 | koong | 3 | 24 | 0.0030 | 1945 | 1070 |
| 恐 | koong | 3 | 38 | 0.0048 | 1945 | 1070 |
| 佈 | bu | 4 | | | 216 | 986 |
| 恐 | koong | 3 | 64 | 0.0081 | 1945 | 1070 |
| 怕 | pa | 4 | | | 228 | 653 |
| 恐 | koong | 3 | 31 | 0.0039 | 1945 | 1070 |
| 懼 | jü | 4 | | | 2538 | 2523 |
| 控 | koong | 4 | 120 | 0.0152 | 1948 | 1584 |
| 制 | rji | 4 | | | 3113 | 495 |
| 呵 | huh | 1 | 15 | 0.0019 | 1951 | 2007 |
| 喝 | huh | 1 | 186 | 0.0236 | 1952 | 919 |
| 合 | huh | 2 | 184 | 0.0233 | 1953 | 172 |
| 合 | huh | 2 | 62 | 0.0079 | 1953 | 172 |
| 理 | li | 3 | | | 1388 | 207 |
| 合 | huh | 2 | 10 | 0.0013 | 1953 | 172 |
| 格 | guh | 2 | | | 1623 | 740 |
| 合 | huh | 2 | 28 | 0.0035 | 1953 | 172 |
| 唱 | rcang | 4 | | | 3481 | 469 |
| 合 | huh | 2 | 13 | 0.0016 | 1953 | 172 |
| 唱 | rcang | 4 | | | 3481 | 469 |
| 團 | twan | 2 | | | 1150 | 524 |
| 合 | huh | 2 | 36 | 0.0046 | 1953 | 172 |
| 成 | rcung | 2 | | | 3490 | 56 |
| 合 | huh | 2 | 33 | 0.0042 | 1953 | 172 |
| 適 | shi | 4 | | | 3605 | 735 |
| 合 | huh | 2 | 84 | 0.0106 | 1953 | 172 |
| 作 | dswo | 4 | | | 3953 | 47 |
| 何 | huh | 2 | 230 | 0.0291 | 1955 | 609 |
| 何 | huh | 2 | 20 | 0.0025 | 1955 | 609 |
| 必 | bi | 4 | | | 139 | 483 |
| 何 | huh | 2 | 29 | 0.0037 | 1955 | 609 |
| 等 | dung | 3 | | | 833 | 118 |
| 和 | huh | 2 | 4711 | 0.5968 | 1956 | 395 |
| 和 | huh | 2 | 185 | 0.0234 | 1956 | 395 |
| 平 | ping | 2 | | | 354 | 165 |
| 和 | huh | 2 | 18 | 0.0023 | 1956 | 395 |
| 談 | tan | 2 | | | 1024 | 581 |
| 和 | huh | 2 | 10 | 0.0013 | 1956 | 395 |
| 諧 | xieh | 2 | | | 2855 | 3368 |
| 和 | huh | 2 | 78 | 0.0099 | 1956 | 395 |
| 尚 | shang | 4 | | | 3711 | 1324 |
| 和 | huh | 2 | 11 | 0.0014 | 1956 | 395 |
| 藹 | ai | 3 | | | 4241 | 2843 |
| 和 | huh | 2 | 16 | 0.0020 | 1956 | 395 |
| 約 | yüeh | 1 | | | 4792 | 357 |
| 河 | huh | 2 | 106 | 0.0134 | 1954 | 159 |
| 河 | huh | 2 | 14 | 0.0018 | 1954 | 159 |
| 北 | bei | 3 | | | 61 | 72 |
| 河 | huh | 2 | 14 | 0.0018 | 1954 | 159 |
| 內 | nei | 4 | | | 1193 | 241 |
| 河 | huh | 2 | 12 | 0.0015 | 1954 | 159 |
| 南 | nan | 2 | | | 1203 | 81 |
| 河 | huh | 2 | 29 | 0.0037 | 1954 | 159 |
| 流 | liu | 2 | | | 1448 | 353 |
| 河 | huh | 2 | 11 | 0.0014 | 1954 | 159 |
| 谷 | gu | 3 | | | 1723 | 1437 |
| 河 | huh | 2 | 23 | 0.0029 | 1954 | 159 |
| 川 | rcwan | 1 | | | 3536 | 698 |
| 河 | huh | 2 | 22 | 0.0028 | 1954 | 159 |
| 水 | shwei | 3 | | | 3781 | 75 |
| 核 | huh | 2 | 25 | 0.0032 | 1958 | 956 |
| 核 | huh | 2 | 22 | 0.0028 | 1958 | 956 |
| 定 | ding | 4 | | | 912 | 121 |
| 核 | huh | 2 | 16 | 0.0020 | 1958 | 956 |
| 准 | rjoon | 3 | | | 3349 | 1470 |
| 核 | huh | 2 | 37 | 0.0047 | 1958 | 956 |
| 子 | dsi | 3 | | | 3874 | 324 |
| 彈 | dan | 4 | | | 810 | 875 |
| 荷 | huh | 2 | 14 | 0.0018 | 1957 | 1151 |
| 蘭 | lan | 2 | | | 1339 | 552 |
| 盒 | huh | 2 | 12 | 0.0015 | 1960 | 1686 |
| 喝 | huh | 4 | 16 | 0.0020 | 1970 | 2963 |
| 采 | tsai | 3 | | | 4012 | 2479 |
| 孩 | hai | 2 | 416 | 0.0527 | 1977 | 367 |
| 子 | dsi | 3 | | | 3874 | 324 |

| Char. | Syll. | Tone | Freq. | Freq.% | ID | Rank |
|---|---|---|---|---|---|---|
| 還 | hai | 2 | 1607 | 0.2036 | 1978 | 127 |
| 還 | hai | 2 | 362 | 0.0459 | 1978 | 127 |
| 是 | shi | 4 | | | 3593 | 3 |
| 還 | hai | 2 | 18 | 0.0023 | 1978 | 127 |
| 要 | yau | 4 | | | 4425 | 27 |
| 海 | hai | 3 | 343 | 0.0435 | 1980 | 102 |
| 海 | hai | 3 | 24 | 0.0030 | 1980 | 102 |
| 濱 | bin | 1 | | | 184 | 1374 |
| 海 | hai | 3 | 16 | 0.0020 | 1980 | 102 |
| 盜 | dau | 4 | | | 778 | 2502 |
| 海 | hai | 2 | 12 | 0.0015 | 1980 | 102 |
| 底 | di | 3 | | | 854 | 820 |
| 海 | hai | 2 | 11 | 0.0014 | 1980 | 102 |
| 港 | gang | 3 | | | 1698 | 491 |
| 海 | hai | 3 | 12 | 0.0015 | 1980 | 102 |
| 關 | gwan | 1 | | | 1780 | 247 |
| 海 | hai | 3 | 88 | 0.0111 | 1980 | 102 |
| 軍 | jün | 1 | | | 2574 | 150 |
| 海 | hai | 2 | 48 | 0.0061 | 1980 | 102 |
| 水 | shwei | 3 | | | 3781 | 75 |
| 海 | hai | 3 | 12 | 0.0015 | 1980 | 102 |
| 鷗 | ou | 1 | | | id 8 | rk 8 |
| 海 | hai | 3 | 38 | 0.0048 | 1980 | 102 |
| 岸 | an | 4 | | | 4282 | 796 |
| 海 | hai | 3 | 100 | 0.0127 | 1980 | 102 |
| 洋 | yang | 2 | | | 4532 | 456 |
| 海 | hai | 3 | 51 | 0.0065 | 1980 | 102 |
| 外 | wai | 4 | | | 4632 | 122 |
| 海 | hai | 3 | 11 | 0.0014 | 1980 | 102 |
| 灣 | wan | 1 | | | 4677 | 321 |
| 害 | hai | 4 | 63 | 0.0080 | 1982 | 484 |
| 害 | hai | 4 | 38 | 0.0048 | 1982 | 484 |
| 怕 | pa | 4 | | | 228 | 653 |
| 害 | hai | 4 | 17 | 0.0022 | 1982 | 484 |
| 羞 | xiu | 1 | | | 2899 | 2314 |
| 害 | hai | 4 | 10 | 0.0013 | 1982 | 484 |
| 處 | rcu | 4 | | | 3521 | 334 |

| Char. | Syll. | Tone | Freq. | Freq.% | ID | Rank |
|---|---|---|---|---|---|---|
| 黑 | hei | 1 | 173 | 0.0219 | 1986 | 443 |
| 黑 | hei | 1 | 15 | 0.0019 | 1986 | 443 |
| 海 | hai | 3 | | | 1980 | 102 |
| 黑 | hei | 1 | 35 | 0.0044 | 1986 | 443 |
| 人 | run | 2 | | | 3812 | 11 |
| 黑 | hei | 1 | 33 | 0.0042 | 1986 | 443 |
| 色 | suh | 4 | | | 4114 | 339 |
| 黑 | hei | 1 | 46 | 0.0058 | 1986 | 443 |
| 暗 | an | 4 | | | 4279 | 790 |
| 毫 | hau | 2 | 125 | 0.0158 | 1989 | 1773 |
| 豪 | hau | 2 | 18 | 0.0023 | 1988 | 1865 |
| 華 | hwa | 2 | | | 2080 | 166 |
| 好 | hau | 3 | 2069 | 0.2621 | 1995 | 45 |
| 好 | hau | 3 | 18 | 0.0023 | 1995 | 45 |
| 萊 | lai | 2 | | | 1296 | 1887 |
| 塢 | wu | 4 | | | 4609 | 3142 |
| 好 | hau | 2 | 32 | 0.0041 | 1995 | 45 |
| 好 | hau | 3 | | | 1995 | 45 |
| 好 | hau | 2 | 52 | 0.0066 | 1995 | 45 |
| 好 | hau | 3 | | | 1995 | 45 |
| 的 | duh | 5 | | | 749 | 1 |
| 好 | hau | 3 | 33 | 0.0042 | 1995 | 45 |
| 漢 | han | 4 | | | 2025 | 492 |
| 好 | hau | 3 | 15 | 0.0019 | 1995 | 45 |
| 些 | xieh | 1 | | | 2849 | 139 |
| 好 | hau | 3 | 173 | 0.0219 | 1995 | 45 |
| 像 | xiang | 4 | | | 2973 | 223 |
| 好 | hau | 3 | 40 | 0.0051 | 1995 | 45 |
| 處 | rcu | 4 | | | 3521 | 334 |
| 好 | hau | 3 | 11 | 0.0014 | 1995 | 45 |
| 在 | dsai | 4 | | | 3899 | 9 |
| 好 | hau | 3 | 13 | 0.0016 | 1995 | 45 |
| 意 | yi | 4 | | | 4332 | 195 |
| 好 | hau | 4 | 15 | 0.0019 | 1999 | 1547 |
| 奇 | chi | 2 | | | 2600 | 730 |
| 號 | hau | 4 | 148 | 0.0187 | 1997 | 270 |
| 號 | hau | 4 | 19 | 0.0024 | 1997 | 270 |
| 碼 | ma | 3 | | | 392 | 1836 |

| Char. | Syll. | Tone | Freq. | Freq.% | ID | Rank |
|---|---|---|---|---|---|---|
| 號 | hau | 4 | 23 | 0.0029 | 1997 | 270 |
| 召 | rjau | 4 | | | 3178 | 1338 |
| 號 | hau | 4 | 11 | 0.0014 | 1997 | 270 |
| 稱 | rcung | 1 | | | 3485 | 470 |
| 喉 | hou | 2 | 12 | 0.0015 | 2004 | 2169 |
| 嚨 | loong | 2 | | | 1580 | 3071 |
| 猴 | hou | 2 | 14 | 0.0018 | 2006 | 2672 |
| 子 | dsi | 3 | | | 3874 | 324 |
| 吼 | hou | 3 | 21 | 0.0027 | 2007 | 2373 |
| 厚 | hou | 4 | 72 | 0.0091 | 2011 | 1312 |
| 後 | hou | 4 | 1665 | 0.2109 | 2009 | 48 |
| 後 | hou | 4 | 77 | 0.0098 | 2009 | 48 |
| 面 | mien | 4 | | | 539 | 66 |
| 後 | hou | 4 | 28 | 0.0035 | 2009 | 48 |
| 方 | fang | 1 | | | 647 | 62 |
| 後 | hou | 4 | 276 | 0.0350 | 2009 | 48 |
| 來 | lai | 2 | | | 1297 | 15 |
| 後 | hou | 4 | 11 | 0.0014 | 2009 | 48 |
| 涼 | liang | 2 | | | 1495 | 1178 |
| 後 | hou | 4 | 24 | 0.0030 | 2009 | 48 |
| 果 | gwo | 3 | | | 1751 | 174 |
| 候 | hou | 4 | 20 | 0.0025 | 2008 | 140 |
| 候 | hou | 4 | 59 | 0.0075 | 2008 | 140 |
| 選 | xüen | 3 | | | 3042 | 412 |
| 人 | run | 2 | | | 3812 | 11 |
| 含 | han | 2 | 210 | 0.0266 | 2016 | 991 |
| 函 | han | 2 | 18 | 0.0023 | 2020 | 2463 |
| 寒 | han | 2 | 55 | 0.0070 | 2015 | 1018 |
| 寒 | han | 2 | 29 | 0.0037 | 2015 | 1018 |
| 冷 | lung | 3 | | | 1367 | 710 |
| 韓 | han | 2 | 38 | 0.0048 | 2018 | 1035 |
| 韓 | han | 2 | 58 | 0.0073 | 2018 | 1035 |
| 國 | gwo | 2 | | | 1749 | 7 |
| 喊 | han | 3 | 109 | 0.0138 | 2024 | 1061 |
| 汗 | han | 4 | 44 | 0.0056 | 2028 | 1300 |

| Char. | Syll. | Tone | Freq. | Freq.% | ID | Rank |
|---|---|---|---|---|---|---|
| 漢 | han | 4 | 52 | 0.0066 | 2025 | 492 |
| 漢 | han | 4 | 23 | 0.0029 | 2025 | 492 |
| 人 | run | 2 | | | 3812 | 11 |
| 漢 | han | 4 | 24 | 0.0030 | 2025 | 492 |
| 子 | dsi | 3 | | | 3874 | 324 |
| 很 | hun | 3 | 2508 | 0.3177 | 2040 | 53 |
| 恨 | hun | 4 | 52 | 0.0066 | 2041 | 1165 |
| 行 | hang | 2 | 81 | 0.0103 | 2042 | 1123 |
| 行 | hang | 2 | 15 | 0.0019 | 2042 | 1123 |
| 列 | lieh | 4 | | | 1428 | 500 |
| 行 | hang | 2 | 26 | 0.0033 | 2042 | 1123 |
| 業 | yeh | 4 | | | 4397 | 137 |
| 杭 | hang | 2 | 10 | 0.0013 | 2045 | 1467 |
| 州 | rjou | 1 | | | 3186 | 337 |
| 航 | hang | 2 | 26 | 0.0033 | 2043 | 671 |
| 空 | koong | 1 | | | 1944 | 199 |
| 航 | hang | 2 | 20 | 0.0025 | 2043 | 671 |
| 空 | koong | 1 | | | 1944 | 199 |
| 公 | goong | 1 | | | 1805 | 83 |
| 司 | si | 1 | | | 4084 | 564 |
| 航 | hang | 2 | 42 | 0.0053 | 2043 | 671 |
| 線 | xien | 4 | | | 2935 | 368 |
| 航 | hang | 2 | 18 | 0.0023 | 2043 | 671 |
| 行 | xing | 2 | | | 2989 | 76 |
| 航 | hang | 2 | 10 | 0.0013 | 2043 | 671 |
| 運 | yün | 4 | | | 4841 | 284 |
| 哼 | hung | 1 | 15 | 0.0019 | 2046 | 2345 |
| 恆 | hung | 2 | 13 | 0.0016 | 2050 | 1585 |
| 恆 | hung | 2 | 16 | 0.0020 | 2050 | 1585 |
| 河 | huh | 2 | | | 1954 | 159 |
| 衡 | hung | 2 | 13 | 0.0016 | 2049 | 1915 |
| 量 | liang | 2 | | | 1498 | 1436 |
| 橫 | hung | 2 | 34 | 0.0043 | 2048 | 1172 |
| 橫 | hung | 2 | 14 | 0.0018 | 2048 | 1172 |
| 貫 | gwan | 4 | | | 1794 | 1976 |
| 乎 | hu | 1 | 53 | 0.0067 | 2055 | 1144 |

| Char. | Syll. | Tone | Freq. | Freq.% | ID | Rank |
|---|---|---|---|---|---|---|
| 呼 | hu | 1 | 10 | 0.0013 | 2053 | 829 |
| 呼 | hu | 1 | 22 | 0.0028 | 2053 | 829 |
| 喚 | hwan | 4 | | | 2148 | 2306 |
| 呼 | hu | 1 | 123 | 0.0156 | 2053 | 829 |
| 吸 | xi | 1 | | | 2785 | 786 |
| 呼 | hu | 1 | 13 | 0.0016 | 2053 | 829 |
| 出 | rcu | 1 | | | 3507 | 60 |
| 呼 | hu | 1 | 23 | 0.0029 | 2053 | 829 |
| 籲 | yü | 4 | | | 4769 | 2358 |
| 忽 | hu | 1 | 41 | 0.0052 | 2052 | 833 |
| 忽 | hu | 1 | 16 | 0.0020 | 2052 | 833 |
| 略 | lüeh | 4 | | | 1608 | 1039 |
| 忽 | hu | 1 | 26 | 0.0033 | 2052 | 833 |
| 視 | shi | 4 | | | 3602 | 720 |
| 忽 | hu | 1 | 143 | 0.0181 | 2052 | 833 |
| 然 | ran | 2 | | | 3807 | 123 |
| 胡 | hu | 2 | 38 | 0.0048 | 2056 | 966 |
| 湖 | hu | 2 | 50 | 0.0063 | 2057 | 445 |
| 湖 | hu | 2 | 10 | 0.0013 | 2057 | 445 |
| 泊 | bo | 2 | | | 30 | 1565 |
| 湖 | hu | 2 | 12 | 0.0015 | 2057 | 445 |
| 南 | nan | 2 | | | 1203 | 81 |
| 壺 | hu | 2 | 29 | 0.0037 | 2061 | 1935 |
| 蝴 | hu | 2 | 17 | 0.0022 | 2059 | 1586 |
| 蝶 | dieh | 2 | | | 868 | 1267 |
| 糊 | hu | 2 | 13 | 0.0016 | 2060 | 1958 |
| 塗 | tu | 2 | | | 1121 | 1822 |
| 虎 | hu | 3 | 27 | 0.0034 | 2069 | 1210 |
| 戶 | hu | 4 | 19 | 0.0024 | 2071 | 858 |
| 互 | hu | 4 | 66 | 0.0084 | 2074 | 1045 |
| 互 | hu | 4 | 151 | 0.0191 | 2074 | 1045 |
| 相 | xiang | 1 | | | 2959 | 327 |
| 互 | hu | 4 | 10 | 0.0013 | 2074 | 1045 |
| 助 | rju | 4 | | | 3306 | 493 |
| 護 | hu | 4 | 12 | 0.0015 | 2072 | 722 |
| 護 | hu | 4 | 13 | 0.0016 | 2072 | 722 |
| 理 | li | 3 | | | 1388 | 207 |
| 護 | hu | 4 | 26 | 0.0033 | 2072 | 722 |
| 士 | shi | 4 | | | 3596 | 362 |
| 花 | hwa | 1 | 312 | 0.0395 | 2078 | 246 |
| 花 | hwa | 1 | 11 | 0.0014 | 2078 | 246 |
| 瓣 | ban | 4 | | | 107 | 3633 |
| 花 | hwa | 1 | 13 | 0.0016 | 2078 | 246 |
| 蓮 | lien | 2 | | | 1463 | 1557 |
| 花 | hwa | 1 | 16 | 0.0020 | 2078 | 246 |
| 卉 | hwei | 4 | | | 2133 | 3713 |
| 花 | hwa | 1 | 13 | 0.0016 | 2078 | 246 |
| 錢 | chien | 2 | | | 2686 | 525 |
| 花 | hwa | 1 | 14 | 0.0018 | 2078 | 246 |
| 樣 | yang | 4 | | | 4546 | 69 |
| 花 | hwa | 1 | 45 | 0.0057 | 2078 | 246 |
| 園 | yüen | 2 | | | 4810 | 656 |
| 划 | hwa | 2 | 20 | 0.0025 | 2082 | 2263 |
| 華 | hwa | 2 | 45 | 0.0057 | 2080 | 166 |
| 華 | hwa | 2 | 10 | 0.0013 | 2080 | 166 |
| 麗 | li | 4 | | | 1397 | 536 |
| 華 | hwa | 2 | 32 | 0.0041 | 2080 | 166 |
| 僑 | chiau | 2 | | | 2652 | 1006 |
| 華 | hwa | 2 | 10 | 0.0013 | 2080 | 166 |
| 視 | shi | 4 | | | 3602 | 720 |
| 華 | hwa | 2 | 37 | 0.0047 | 2080 | 166 |
| 盛 | shung | 4 | | | 3726 | 597 |
| 頓 | doon | 4 | | | 960 | 782 |
| 華 | hwa | 2 | 15 | 0.0019 | 2080 | 166 |
| 人 | run | 2 | | | 3812 | 11 |
| 滑 | hwa | 2 | 30 | 0.0038 | 2079 | 1046 |
| 滑 | hwa | 2 | 14 | 0.0018 | 2079 | 1046 |
| 輪 | loon | 2 | | | 1570 | 506 |
| 化 | hwa | 4 | 37 | 0.0047 | 2085 | 278 |
| 化 | hwa | 4 | 27 | 0.0034 | 2085 | 278 |
| 合 | huh | 2 | | | 1953 | 172 |
| 化 | hwa | 4 | 10 | 0.0013 | 2085 | 278 |
| 合 | huh | 2 | | | 1953 | 172 |
| 我 | wo | 3 | | | 4625 | 4 |

| Char. | Syll. | Tone | Freq. | Freq.% | ID | Rank |
|---|---|---|---|---|---|---|
| 化 | hwa | 4 | 23 | 0.0029 | 2085 | 278 |
| 合 | huh | 2 | | | 1953 | 172 |
| 物 | wu | 4 | | | 4602 | 128 |
| 化 | hwa | 4 | 126 | 0.0160 | 2085 | 278 |
| 學 | xüeh | 2 | | | 3028 | 26 |
| 化 | hwa | 4 | 13 | 0.0016 | 2085 | 278 |
| 學 | xüeh | 2 | | | 3028 | 26 |
| 品 | pin | 3 | | | 350 | 415 |
| 化 | hwa | 4 | 21 | 0.0027 | 2085 | 278 |
| 學 | xüeh | 2 | | | 3028 | 26 |
| 家 | jia | 1 | | | 2279 | 36 |
| 化 | hwa | 4 | 12 | 0.0015 | 2085 | 278 |
| 石 | shi | 2 | | | 3583 | 369 |
| 化 | hwa | 4 | 23 | 0.0029 | 2085 | 278 |
| 為 | wei | 2 | | | 4639 | 95 |
| 畫 | hwa | 4 | 35 | 0.0044 | 2088 | 320 |
| 家 | jia | 1 | | | 2279 | 36 |
| 畫 | hwa | 4 | 312 | 0.0395 | 2088 | 320 |
| 一 | yi | 1 | | | 4300 | 2 |
| 話 | hwa | 4 | 342 | 0.0433 | 2086 | 254 |
| 話 | hwa | 4 | 11 | 0.0014 | 2086 | 254 |
| 頭 | tou | 2 | | | 1017 | 164 |
| 劃 | hwa | 4 | 14 | 0.0018 | 2090 | 723 |
| 活 | hwo | 2 | 158 | 0.0200 | 2091 | 203 |
| 活 | hwo | 2 | 49 | 0.0062 | 2091 | 203 |
| 潑 | po | 1 | | | 229 | 1819 |
| 活 | hwo | 2 | 363 | 0.0460 | 2091 | 203 |
| 動 | doong | 4 | | | 974 | 94 |
| 活 | hwo | 2 | 25 | 0.0032 | 2091 | 203 |
| 力 | li | 4 | | | 1396 | 143 |
| 活 | hwo | 2 | 13 | 0.0016 | 2091 | 203 |
| 塞 | sai | 4 | | | 4122 | 1131 |
| 活 | hwo | 2 | 14 | 0.0018 | 2091 | 203 |
| 躍 | yao | 4 | | | id 9 | rk 9 |
| 火 | hwo | 3 | 129 | 0.0163 | 2093 | 235 |
| 火 | hwo | 3 | 11 | 0.0014 | 2093 | 235 |
| 力 | li | 4 | | | 1396 | 143 |
| 火 | hwo | 3 | 13 | 0.0016 | 2093 | 235 |
| 爐 | lu | 2 | | | 1526 | 1599 |
| 火 | hwo | 3 | 12 | 0.0015 | 2093 | 235 |
| 箭 | jien | 4 | | | 2420 | 779 |
| 火 | hwo | 3 | 49 | 0.0062 | 2093 | 235 |
| 車 | rcuh | 1 | | | 3412 | 181 |
| 火 | hwo | 3 | 11 | 0.0014 | 2093 | 235 |
| 車 | rcuh | 1 | | | 3412 | 181 |
| 站 | rjan | 4 | | | 3214 | 586 |
| 火 | hwo | 3 | 10 | 0.0013 | 2093 | 235 |
| 柴 | rcai | 2 | | | 3421 | 1089 |
| 火 | hwo | 3 | 13 | 0.0016 | 2093 | 235 |
| 山 | shan | 1 | | | 3670 | 107 |
| 夥 | hwo | 3 | 16 | 0.0020 | 2094 | 2964 |
| 夥 | hwo | 3 | 12 | 0.0015 | 2094 | 2964 |
| 計 | ji | 4 | | | 2256 | 410 |
| 或 | hwo | 4 | 1556 | 0.1971 | 2096 | 208 |
| 或 | hwo | 4 | 36 | 0.0046 | 2096 | 208 |
| 許 | xü | 3 | | | 3011 | 322 |
| 或 | hwo | 4 | 150 | 0.0190 | 2096 | 208 |
| 者 | rjuh | 3 | | | 3153 | 376 |
| 貨 | hwo | 4 | 42 | 0.0053 | 2098 | 1331 |
| 貨 | hwo | 4 | 52 | 0.0066 | 2098 | 1331 |
| 幣 | bi | 4 | | | 144 | 2070 |
| 貨 | hwo | 4 | 11 | 0.0014 | 2098 | 1331 |
| 品 | pin | 3 | | | 350 | 415 |
| 貨 | hwo | 4 | 34 | 0.0043 | 2098 | 1331 |
| 物 | wu | 4 | | | 4602 | 128 |
| 禍 | hwo | 4 | 21 | 0.0027 | 2100 | 1916 |
| 獲 | hwo | 4 | 59 | 0.0075 | 2095 | 1111 |
| 獲 | hwo | 4 | 229 | 0.0290 | 2095 | 1111 |
| 得 | duh | 2 | | | 746 | 146 |
| 獲 | hwo | 4 | 20 | 0.0025 | 2095 | 1111 |
| 致 | rji | 4 | | | 3117 | 838 |
| 懷 | hwai | 2 | 76 | 0.0096 | 2107 | 1187 |
| 懷 | hwai | 2 | 17 | 0.0022 | 2107 | 1187 |
| 念 | nien | 4 | | | 1250 | 578 |
| 懷 | hwai | 2 | 64 | 0.0081 | 2107 | 1187 |
| 疑 | yi | 2 | | | 4311 | 1609 |

| Char. | Syll. | Tone | Freq. | Freq.% | ID | Rank |
|---|---|---|---|---|---|---|
| 懷 | hwai | 2 | 12 | 0.0015 | 2107 | 1187 |
| 孕 | yün | 4 | | | 4845 | 4184 |
| 壞 | hwai | 4 | 139 | 0.0176 | 2111 | 732 |
| 灰 | hwei | 1 | 23 | 0.0029 | 2113 | 1010 |
| 色 | suh | 4 | | | 4114 | 339 |
| 恢 | hwei | 1 | 124 | 0.0157 | 2114 | 1522 |
| 復 | fu | 4 | | | 722 | 595 |
| 揮 | hwei | 1 | 10 | 0.0013 | 2112 | 1222 |
| 輝 | hwei | 1 | 23 | 0.0029 | 2117 | 1702 |
| 煌 | hwang | 2 | | | 2168 | 2517 |
| 回 | hwei | 2 | 1070 | 0.1356 | 2120 | 163 |
| 回 | hwei | 2 | 142 | 0.0180 | 2120 | 163 |
| 答 | da | 1 | | | 737 | 1931 |
| 回 | hwei | 2 | 38 | 0.0048 | 2120 | 163 |
| 頭 | tou | 2 | | | 1017 | 164 |
| 回 | hwei | 2 | 14 | 0.0018 | 2120 | 163 |
| 顧 | gu | 4 | | | 1727 | 1074 |
| 回 | hwei | 2 | 15 | 0.0019 | 2120 | 163 |
| 合 | huh | 2 | | | 1953 | 172 |
| 回 | hwei | 2 | 24 | 0.0030 | 2120 | 163 |
| 家 | jia | 1 | | | 2279 | 36 |
| 回 | hwei | 2 | 14 | 0.0018 | 2120 | 163 |
| 教 | jiau | 4 | | | 2368 | 68 |
| 回 | hwei | 2 | 42 | 0.0053 | 2120 | 163 |
| 憶 | yi | 4 | | | 4344 | 1851 |
| 毀 | hwei | 3 | 27 | 0.0034 | 2121 | 1808 |
| 毀 | hwei | 3 | 24 | 0.0030 | 2121 | 1808 |
| 滅 | mieh | 4 | | | 519 | 947 |
| 會 | hwei | 4 | 2139 | 0.2710 | 2126 | 31 |
| 會 | hwei | 4 | 46 | 0.0058 | 2126 | 31 |
| 談 | tan | 2 | | | 1024 | 581 |
| 會 | hwei | 4 | 20 | 0.0025 | 2126 | 31 |
| 腳 | jiau | 3 | | | 2356 | 729 |
| 會 | hwei | 4 | 16 | 0.0020 | 2126 | 31 |
| 長 | rjang | 3 | | | 3250 | 135 |
| 會 | hwei | 4 | 12 | 0.0015 | 2126 | 31 |
| 場 | rcang | 2 | | | 3474 | 450 |

| Char. | Syll. | Tone | Freq. | Freq.% | ID | Rank |
|---|---|---|---|---|---|---|
| 會 | hwei | 4 | 14 | 0.0018 | 2126 | 31 |
| 首 | shou | 3 | | | 3659 | 618 |
| 會 | hwei | 4 | 181 | 0.0229 | 2126 | 31 |
| 議 | yi | 4 | | | 4331 | 290 |
| 會 | hwei | 4 | 60 | 0.0076 | 2126 | 31 |
| 員 | yüen | 2 | | | 4808 | 210 |
| 會 | hwei | 4 | 15 | 0.0019 | 2126 | 31 |
| 員 | yüen | 2 | | | 4808 | 210 |
| 國 | gwo | 2 | | | 1749 | 7 |
| 繪 | hwei | 4 | 22 | 0.0028 | 2127 | 1438 |
| 畫 | hwa | 4 | | | 2088 | 320 |
| 歡 | hwan | 1 | 18 | 0.0023 | 2138 | 428 |
| 歡 | hwan | 1 | 43 | 0.0054 | 2138 | 428 |
| 樂 | luh | 4 | | | 1292 | 465 |
| 歡 | hwan | 1 | 20 | 0.0025 | 2138 | 428 |
| 喜 | xi | 3 | | | 2817 | 440 |
| 歡 | hwan | 1 | 80 | 0.0101 | 2138 | 428 |
| 迎 | ying | 2 | | | 4561 | 907 |
| 歡 | hwan | 1 | 83 | 0.0105 | 2138 | 428 |
| 愉 | yü | 2 | | | 4732 | 1622 |
| 環 | hwan | 2 | 45 | 0.0057 | 2140 | 845 |
| 環 | hwan | 2 | 480 | 0.0608 | 2140 | 845 |
| 境 | jing | 4 | | | 2501 | 853 |
| 還 | hwan | 2 | 150 | 0.0190 | 2139 | 1383 |
| 還 | hwan | 2 | 17 | 0.0022 | 2139 | 1383 |
| 原 | yüen | 2 | | | 4809 | 197 |
| 緩 | hwan | 3 | 24 | 0.0030 | 2144 | 1825 |
| 緩 | hwan | 3 | 15 | 0.0019 | 2144 | 1825 |
| 慢 | man | 4 | | | 470 | 659 |
| 緩 | hwan | 3 | 16 | 0.0020 | 2144 | 1825 |
| 和 | huh | 2 | | | 1956 | 395 |
| 幻 | hwan | 4 | 36 | 0.0046 | 2147 | 2425 |
| 想 | xiang | 3 | | | 2970 | 192 |
| 宦 | hwan | 4 | 17 | 0.0022 | 2151 | 4426 |
| 官 | gwan | 1 | | | 1781 | 556 |
| 患 | hwan | 4 | 77 | 0.0098 | 2145 | 1703 |
| 患 | hwan | 4 | 17 | 0.0022 | 2145 | 1703 |
| 者 | rjuh | 3 | | | 3153 | 376 |

| Char. | Syll. | Tone | Freq. | Freq.% | ID | Rank |
|---|---|---|---|---|---|---|
| 喚 | hwan | 4 | 22 | 0.0028 | 2148 | 2306 |
| 喚 | hwan | 4 | 14 | 0.0018 | 2148 | 2306 |
| 做 | dswo | 4 | | | 3952 | 99 |
| 換 | hwan | 4 | 82 | 0.0104 | 2146 | 1011 |
| 昏 | hoon | 1 | 10 | 0.0013 | 2154 | 1826 |
| 昏 | hoon | 1 | 14 | 0.0018 | 2154 | 1826 |
| 暗 | an | 4 | | | 4279 | 790 |
| 婚 | hoon | 1 | 48 | 0.0061 | 2155 | 1747 |
| 婚 | hoon | 1 | 30 | 0.0038 | 2155 | 1747 |
| 禮 | li | 3 | | | 1389 | 605 |
| 婚 | hoon | 1 | 14 | 0.0018 | 2155 | 1747 |
| 事 | shi | 4 | | | 3592 | 77 |
| 婚 | hoon | 1 | 55 | 0.0070 | 2155 | 1747 |
| 姻 | yin | 1 | | | 4512 | 4161 |
| 魂 | hoon | 2 | 14 | 0.0018 | 2157 | 2375 |
| 混 | hoon | 3 | 13 | 0.0016 | 2162 | 1827 |
| 亂 | lwan | 4 | | | 1568 | 794 |
| 混 | hoon | 4 | 37 | 0.0047 | 2163 | 2091 |
| 混 | hoon | 4 | 46 | 0.0058 | 2163 | 2091 |
| 合 | huh | 2 | | | 1953 | 172 |
| 混 | hoon | 4 | 15 | 0.0019 | 2163 | 2091 |
| 合 | huh | 2 | | | 1953 | 172 |
| 物 | wu | 4 | | | 4602 | 128 |
| 荒 | hwang | 1 | 21 | 0.0027 | 2165 | 1503 |
| 荒 | hwang | 1 | 12 | 0.0015 | 2165 | 1503 |
| 涼 | liang | 2 | | | 1495 | 1178 |
| 荒 | hwang | 1 | 12 | 0.0015 | 2165 | 1503 |
| 忙 | mang | 2 | | | 481 | 620 |
| 皇 | hwang | 2 | 14 | 0.0018 | 2166 | 929 |
| 帝 | di | 4 | | | 859 | 477 |
| 黃 | hwang | 2 | 83 | 0.0105 | 2167 | 258 |
| 黃 | hwang | 2 | 40 | 0.0051 | 2167 | 258 |
| 帝 | di | 4 | | | 859 | 477 |
| 黃 | hwang | 2 | 29 | 0.0037 | 2167 | 258 |
| 河 | huh | 2 | | | 1954 | 159 |
| 黃 | hwang | 2 | 34 | 0.0043 | 2167 | 258 |
| 金 | jin | 1 | | | 2440 | 271 |
| 黃 | hwang | 2 | 28 | 0.0035 | 2167 | 258 |
| 色 | suh | 4 | | | 4114 | 339 |
| 轟 | hoong | 1 | 12 | 0.0015 | 2185 | 1866 |
| 炸 | rja | 4 | | | 3139 | 1239 |
| 轟 | hoong | 1 | 11 | 0.0014 | 2185 | 1866 |
| 炸 | rja | 4 | | | 3139 | 1239 |
| 機 | ji | 1 | | | 2198 | 153 |
| 宏 | hoong | 2 | 12 | 0.0015 | 2190 | 1270 |
| 偉 | wei | 3 | | | 4652 | 1057 |
| 洪 | hoong | 2 | 19 | 0.0024 | 2187 | 1129 |
| 洪 | hoong | 2 | 12 | 0.0015 | 2187 | 1129 |
| 水 | shwei | 3 | | | 3781 | 75 |
| 紅 | hoong | 2 | 180 | 0.0228 | 2188 | 604 |
| 紅 | hoong | 2 | 26 | 0.0033 | 2188 | 604 |
| 血 | xüeh | 4 | | | 3031 | 1604 |
| 球 | chiu | 2 | | | 2670 | 237 |
| 紅 | hoong | 2 | 34 | 0.0043 | 2188 | 604 |
| 色 | suh | 4 | | | 4114 | 339 |
| 肌 | ji | 1 | 52 | 0.0066 | 2204 | 1124 |
| 肉 | rou | 4 | | | 3805 | 611 |
| 飢 | ji | 1 | 26 | 0.0033 | 2209 | 2266 |
| 餓 | uh | 4 | | | 4224 | 1473 |
| 基 | ji | 1 | 11 | 0.0014 | 2197 | 497 |
| 基 | ji | 1 | 165 | 0.0209 | 2197 | 497 |
| 本 | bun | 3 | | | 112 | 65 |
| 基 | ji | 1 | 58 | 0.0073 | 2197 | 497 |
| 地 | di | 4 | | | 858 | 33 |
| 基 | ji | 1 | 14 | 0.0018 | 2197 | 497 |
| 督 | du | 1 | | | 915 | 1376 |
| 教 | jiau | 4 | | | 2368 | 68 |
| 基 | ji | 1 | 11 | 0.0014 | 2197 | 497 |
| 隆 | loong | 2 | | | 1578 | 1028 |
| 基 | ji | 1 | 15 | 0.0019 | 2197 | 497 |
| 金 | jin | 1 | | | 2440 | 271 |
| 基 | ji | 1 | 17 | 0.0022 | 2197 | 497 |
| 因 | yin | 1 | | | 4508 | 138 |
| 基 | ji | 1 | 36 | 0.0046 | 2197 | 497 |
| 於 | yü | 2 | | | 4728 | 113 |

| Char. | Syll. | Tone | Freq. | Freq.% | ID | Rank |
|---|---|---|---|---|---|---|
| 機 | ji | 1 | 83 | 0.0105 | 2198 | 153 |
| 構 | gou | 4 | | | 1666 | 876 |
| 機 | ji | 1 | 130 | 0.0165 | 2198 | 153 |
| 關 | gwan | 1 | | | 1780 | 247 |
| 機 | ji | 1 | 252 | 0.0319 | 2198 | 153 |
| 會 | hwei | 4 | | | 2126 | 31 |
| 機 | ji | 1 | 68 | 0.0086 | 2198 | 153 |
| 器 | chi | 4 | | | 2626 | 394 |
| 機 | ji | 1 | 93 | 0.0118 | 2198 | 153 |
| 械 | xieh | 4 | | | 2862 | 1872 |
| 機 | ji | 1 | 17 | 0.0022 | 2198 | 153 |
| 車 | rcuh | 1 | | | 3412 | 181 |
| 機 | ji | 1 | 31 | 0.0039 | 2198 | 153 |
| 場 | rcang | 2 | | | 3474 | 450 |
| 譏 | ji | 1 | 70 | 0.0089 | 2213 | 3340 |
| 雞 | ji | 1 | 66 | 0.0084 | 2200 | 641 |
| 雞 | ji | 1 | 18 | 0.0023 | 2200 | 641 |
| 蛋 | dan | 4 | | | 807 | 713 |
| 跡 | ji | 1 | 93 | 0.0118 | 2206 | 1224 |
| 象 | xiang | 4 | | | 2975 | 599 |
| 積 | ji | 1 | 52 | 0.0066 | 2201 | 961 |
| 積 | ji | 1 | 93 | 0.0118 | 2201 | 961 |
| 極 | ji | 2 | | | 2224 | 485 |
| 積 | ji | 1 | 14 | 0.0018 | 2201 | 961 |
| 蓄 | xü | 4 | | | 3018 | 2119 |
| 積 | ji | 1 | 12 | 0.0015 | 2201 | 961 |
| 怨 | yüen | 4 | | | 4826 | 2155 |
| 激 | ji | 1 | 12 | 0.0015 | 2203 | 1223 |
| 激 | ji | 1 | 27 | 0.0034 | 2203 | 1223 |
| 動 | doong | 4 | | | 974 | 94 |
| 激 | ji | 1 | 41 | 0.0052 | 2203 | 1223 |
| 烈 | lieh | 4 | | | 1427 | 913 |
| 激 | ji | 1 | 12 | 0.0015 | 2203 | 1223 |
| 起 | chi | 3 | | | 2621 | 78 |
| 及 | ji | 2 | 1597 | 0.2023 | 2223 | 291 |
| 及 | ji | 2 | 23 | 0.0029 | 2223 | 291 |
| 時 | shi | 2 | | | 3578 | 29 |
| 級 | ji | 2 | 84 | 0.0106 | 2222 | 317 |
| 吉 | ji | 2 | 20 | 0.0025 | 2228 | 1005 |
| 吉 | ji | 2 | 11 | 0.0014 | 2228 | 1005 |
| 普 | pu | 3 | | | 373 | 824 |
| 車 | rcuh | 1 | | | 3412 | 181 |
| 極 | ji | 2 | 560 | 0.0709 | 2224 | 485 |
| 極 | ji | 2 | 33 | 0.0042 | 2224 | 485 |
| 端 | dwan | 1 | | | 949 | 764 |
| 極 | ji | 2 | 22 | 0.0028 | 2224 | 485 |
| 力 | li | 4 | | | 1396 | 143 |
| 極 | ji | 2 | 12 | 0.0015 | 2224 | 485 |
| 權 | chüen | 2 | | | 2766 | 473 |
| 急 | ji | 2 | 169 | 0.0214 | 2226 | 830 |
| 急 | ji | 2 | 27 | 0.0034 | 2226 | 830 |
| 忙 | mang | 2 | | | 481 | 620 |
| 急 | ji | 2 | 12 | 0.0015 | 2226 | 830 |
| 救 | jiu | 4 | | | 2384 | 727 |
| 即 | ji | 2 | 801 | 0.1015 | 2227 | 812 |
| 即 | ji | 2 | 11 | 0.0014 | 2227 | 812 |
| 將 | jiang | 1 | | | 2462 | 213 |
| 即 | ji | 2 | 103 | 0.0130 | 2227 | 812 |
| 時 | shi | 2 | | | 3578 | 29 |
| 疾 | ji | 2 | 16 | 0.0020 | 2231 | 1112 |
| 疾 | ji | 2 | 62 | 0.0079 | 2231 | 1112 |
| 病 | bing | 4 | | | 202 | 318 |
| 寂 | ji | 2 | 44 | 0.0056 | 2233 | 1978 |
| 寞 | mo | 4 | | | 417 | 2547 |
| 集 | ji | 2 | 69 | 0.0087 | 2225 | 342 |
| 集 | ji | 2 | 11 | 0.0014 | 2225 | 342 |
| 體 | ti | 3 | | | 1073 | 178 |
| 集 | ji | 2 | 49 | 0.0062 | 2225 | 342 |
| 團 | twan | 2 | | | 1150 | 524 |
| 集 | ji | 2 | 60 | 0.0076 | 2225 | 342 |
| 合 | huh | 2 | | | 1953 | 172 |
| 集 | ji | 2 | 13 | 0.0016 | 2225 | 342 |
| 訓 | xün | 4 | | | 3061 | 864 |

| Char. | Syll. | Tone | Freq. | Freq.% | ID | Rank |
|---|---|---|---|---|---|---|
| 集 | ji | 2 | 69 | 0.0087 | 2225 | 342 |
| 中 | rjoong | 1 | | | 3361 | 20 |
| 籍 | ji | 2 | 16 | 0.0020 | 2230 | 1619 |
| 擊 | ji | 2 | 73 | 0.0092 | 2229 | 886 |
| 擊 | ji | 2 | 10 | 0.0013 | 2229 | 886 |
| 出 | rcu | 1 | | | 3507 | 60 |
| 己 | ji | 3 | 64 | 0.0081 | 2246 | 307 |
| 幾 | ji | 3 | 1156 | 0.1464 | 2247 | 191 |
| 幾 | ji | 3 | 14 | 0.0018 | 2247 | 191 |
| 何 | huh | 2 | | | 1955 | 609 |
| 幾 | ji | 3 | 169 | 0.0214 | 2247 | 191 |
| 乎 | hu | 1 | | | 2055 | 1144 |
| 擠 | ji | 3 | 46 | 0.0058 | 2248 | 1705 |
| 脊 | ji | 3 | 10 | 0.0013 | 2250 | 1843 |
| 髓 | swei | 2 | | | 4175 | 2046 |
| 既 | ji | 4 | 299 | 0.0379 | 2264 | 1180 |
| 既 | ji | 4 | 76 | 0.0096 | 2264 | 1180 |
| 然 | ran | 2 | | | 3807 | 123 |
| 伎 | ji | 4 | 12 | 0.0015 | id10 | rk10 |
| 倆 | liang | 3 | | | 1426 | 2298 |
| 技 | ji | 4 | 29 | 0.0037 | 2263 | 1196 |
| 能 | nung | 2 | | | 1212 | 70 |
| 技 | ji | 4 | 39 | 0.0049 | 2263 | 1196 |
| 巧 | chiau | 3 | | | 2659 | 1491 |
| 技 | ji | 4 | 204 | 0.0258 | 2263 | 1196 |
| 術 | shu | 4 | | | 3758 | 598 |
| 技 | ji | 4 | 10 | 0.0013 | 2263 | 1196 |
| 藝 | yi | 4 | | | 4337 | 1161 |
| 紀 | ji | 4 | 91 | 0.0115 | 2257 | 682 |
| 錄 | lu | 4 | | | 1539 | 1065 |
| 紀 | ji | 4 | 11 | 0.0014 | 2257 | 682 |
| 律 | lü | 4 | | | 1602 | 667 |
| 記 | ji | 4 | 93 | 0.0118 | 2255 | 517 |
| 記 | ji | 4 | 135 | 0.0171 | 2255 | 517 |
| 得 | duh | 2 | | | 746 | 146 |
| 記 | ji | 4 | 22 | 0.0028 | 2255 | 517 |
| 號 | hau | 4 | | | 1997 | 270 |

| Char. | Syll. | Tone | Freq. | Freq.% | ID | Rank |
|---|---|---|---|---|---|---|
| 記 | ji | 4 | 113 | 0.0143 | 2255 | 517 |
| 者 | rjuh | 3 | | | 3153 | 376 |
| 記 | ji | 4 | 14 | 0.0018 | 2255 | 517 |
| 住 | rju | 4 | | | 3304 | 333 |
| 記 | ji | 4 | 11 | 0.0014 | 2255 | 517 |
| 述 | shu | 4 | | | 3757 | 917 |
| 記 | ji | 4 | 40 | 0.0051 | 2255 | 517 |
| 載 | dsai | 4 | | | 3900 | 1326 |
| 記 | ji | 4 | 35 | 0.0044 | 2255 | 517 |
| 憶 | yi | 4 | | | 4344 | 1851 |
| 季 | ji | 4 | 16 | 0.0020 | 2259 | 793 |
| 季 | ji | 4 | 26 | 0.0033 | 2259 | 793 |
| 風 | fung | 1 | | | 662 | 268 |
| 季 | ji | 4 | 41 | 0.0052 | 2259 | 793 |
| 節 | jieh | 2 | | | 2311 | 352 |
| 季 | ji | 4 | 36 | 0.0046 | 2259 | 793 |
| 辛 | xin | 1 | | | 2949 | 992 |
| 吉 | ji | 2 | | | 2228 | 1005 |
| 計 | ji | 4 | 96 | 0.0122 | 2256 | 410 |
| 計 | ji | 4 | 393 | 0.0498 | 2256 | 410 |
| 劃 | hwa | 4 | | | 2090 | 723 |
| 計 | ji | 4 | 10 | 0.0013 | 2256 | 410 |
| 較 | jiau | 4 | | | 2370 | 509 |
| 計 | ji | 4 | 29 | 0.0037 | 2256 | 410 |
| 程 | rcung | 2 | | | 3491 | 580 |
| 車 | rcuh | 1 | | | 3412 | 181 |
| 計 | ji | 4 | 68 | 0.0086 | 2256 | 410 |
| 算 | swan | 4 | | | 4188 | 480 |
| 計 | ji | 4 | 22 | 0.0028 | 2256 | 410 |
| 算 | swan | 4 | | | 4188 | 480 |
| 機 | ji | 1 | | | 2198 | 153 |
| 寄 | ji | 4 | 51 | 0.0065 | 2261 | 1084 |
| 寄 | ji | 4 | 14 | 0.0018 | 2261 | 1084 |
| 託 | two | 1 | | | 1134 | 2163 |
| 祭 | ji | 4 | 17 | 0.0022 | 2268 | 1936 |
| 際 | ji | 4 | 45 | 0.0057 | 2258 | 571 |
| 繼 | ji | 4 | 40 | 0.0051 | 2260 | 692 |

| Char. | Syll. | Tone | Freq. | Freq.% | ID | Rank |
|---|---|---|---|---|---|---|
| 繼 | ji | 4 | 277 | 0.0351 | 2260 | 692 |
| 續 | xü | 4 | | | 3014 | 669 |
| 繼 | ji | 4 | 35 | 0.0044 | 2260 | 692 |
| 承 | rcung | 2 | | | 3494 | 897 |
| 濟 | ji | 4 | 14 | 0.0018 | 2262 | 839 |
| 繫 | ji | 4 | 13 | 0.0016 | 2274 | 4445 |
| 加 | jia | 1 | 339 | 0.0429 | 2278 | 124 |
| 加 | jia | 1 | 14 | 0.0018 | 2278 | 124 |
| 倍 | bei | 4 | | | 67 | 1951 |
| 加 | jia | 1 | 17 | 0.0022 | 2278 | 124 |
| 拿 | na | 2 | | | 1175 | 382 |
| 大 | da | 4 | | | 745 | 12 |
| 加 | jia | 1 | 19 | 0.0024 | 2278 | 124 |
| 工 | goong | 1 | | | 1804 | 125 |
| 加 | jia | 1 | 14 | 0.0018 | 2278 | 124 |
| 緊 | jin | 2 | | | 2448 | 822 |
| 加 | jia | 1 | 185 | 0.0234 | 2278 | 124 |
| 強 | chiang | 2 | | | 2716 | 354 |
| 加 | jia | 1 | 31 | 0.0039 | 2278 | 124 |
| 州 | rjou | 1 | | | 3186 | 337 |
| 加 | jia | 1 | 16 | 0.0020 | 2278 | 124 |
| 速 | su | 4 | | | 4156 | 1056 |
| 度 | du | 4 | | | 927 | 212 |
| 加 | jia | 1 | 18 | 0.0023 | 2278 | 124 |
| 熱 | ruh | 4 | | | 3797 | 390 |
| 加 | jia | 1 | 18 | 0.0023 | 2278 | 124 |
| 入 | ru | 4 | | | 3836 | 319 |
| 加 | jia | 1 | 88 | 0.0111 | 2278 | 124 |
| 上 | shang | 4 | | | 3712 | 17 |
| 加 | jia | 1 | 47 | 0.0060 | 2278 | 124 |
| 速 | su | 4 | | | 4156 | 1056 |
| 加 | jia | 1 | 190 | 0.0241 | 2278 | 124 |
| 以 | yi | 3 | | | 4324 | 24 |
| 佳 | jia | 1 | 75 | 0.0095 | 2280 | 1523 |
| 家 | jia | 1 | 1120 | 0.1419 | 2279 | 36 |
| 家 | jia | 1 | 284 | 0.0360 | 2279 | 36 |
| 庭 | ting | 2 | | | 1109 | 687 |

| Char. | Syll. | Tone | Freq. | Freq.% | ID | Rank |
|---|---|---|---|---|---|---|
| 家 | jia | 1 | 21 | 0.0027 | 2279 | 36 |
| 裏 | li | 3 | | | 1386 | 44 |
| 家 | jia | 1 | 15 | 0.0019 | 2279 | 36 |
| 鄉 | xiang | 1 | | | 2958 | 576 |
| 家 | jia | 1 | 46 | 0.0058 | 2279 | 36 |
| 長 | rjang | 3 | | | 3250 | 135 |
| 家 | jia | 1 | 13 | 0.0016 | 2279 | 36 |
| 事 | shi | 4 | | | 3592 | 77 |
| 家 | jia | 1 | 63 | 0.0080 | 2279 | 36 |
| 人 | run | 2 | | | 3812 | 11 |
| 家 | jia | 1 | 18 | 0.0023 | 2279 | 36 |
| 族 | dsu | 2 | | | 3941 | 809 |
| 家 | jia | 1 | 16 | 0.0020 | 2279 | 36 |
| 務 | wu | 4 | | | 4601 | 377 |
| 傢 | jia | 1 | 20 | 0.0025 | 2283 | 2200 |
| 伙 | hwo | 3 | | | 2092 | 2170 |
| 傢 | jia | 1 | 13 | 0.0016 | 2283 | 2200 |
| 具 | jü | 4 | | | 2530 | 583 |
| 夾 | jia | 1 | 35 | 0.0044 | 2285 | 3530 |
| 夾 | jia | 1 | 10 | 0.0013 | 2285 | 3530 |
| 雜 | dsa | 2 | | | 3885 | 1104 |
| 挾 | jia | 2 | 13 | 0.0016 | id11 | rk11 |
| 假 | jia | 3 | 45 | 0.0057 | 2292 | 896 |
| 假 | jia | 2 | 32 | 0.0041 | 2292 | 896 |
| 使 | shi | 3 | | | 3587 | 154 |
| 假 | jia | 3 | 41 | 0.0052 | 2292 | 896 |
| 設 | shuh | 4 | | | 3635 | 374 |
| 假 | jia | 3 | 59 | 0.0075 | 2292 | 896 |
| 如 | ru | 2 | | | 3829 | 120 |
| 假 | jia | 3 | 24 | 0.0030 | 2292 | 896 |
| 若 | rwo | 4 | | | 3841 | 899 |
| 甲 | jia | 3 | 48 | 0.0061 | 2293 | 783 |
| 架 | jia | 4 | 98 | 0.0124 | 2301 | 1130 |
| 駕 | jia | 4 | 35 | 0.0044 | 2300 | 1937 |
| 駕 | jia | 4 | 10 | 0.0013 | 2300 | 1937 |
| 車 | rcuh | 1 | | | 3412 | 181 |

| Char. | Syll. | Tone | Freq. | Freq.% | ID | Rank |
|---|---|---|---|---|---|---|
| 駕 | jia | 4 | 25 | 0.0032 | 2300 | 1937 |
| 駛 | shi | 3 | | | 3588 | 1711 |
| 假 | jia | 4 | 35 | 0.0044 | 2298 | 1103 |
| 期 | chi | 2 | | | 2599 | 225 |
| 假 | jia | 4 | 11 | 0.0014 | 2298 | 1103 |
| 日 | ri | 4 | | | 3795 | 54 |
| 價 | jia | 4 | 67 | 0.0085 | 2299 | 805 |
| 價 | jia | 4 | 171 | 0.0217 | 2299 | 805 |
| 格 | guh | 2 | | | 1623 | 740 |
| 價 | jia | 4 | 27 | 0.0034 | 2299 | 805 |
| 錢 | chien | 2 | | | 2686 | 525 |
| 價 | jia | 4 | 136 | 0.0172 | 2299 | 805 |
| 值 | rji | 2 | | | 3096 | 1116 |
| 嫁 | jia | 4 | 33 | 0.0042 | 2303 | 3722 |
| 皆 | jieh | 1 | 165 | 0.0209 | 2308 | 2426 |
| 階 | jieh | 1 | 716 | 0.0907 | 2306 | 1601 |
| 段 | dwan | 4 | | | 951 | 967 |
| 階 | jieh | 1 | 46 | 0.0058 | 2306 | 1601 |
| 級 | ji | 2 | | | 2222 | 317 |
| 階 | jieh | 1 | 22 | 0.0028 | 2306 | 1601 |
| 層 | tsung | 2 | | | 4041 | 1055 |
| 街 | jieh | 1 | 95 | 0.0120 | 2304 | 862 |
| 街 | jieh | 1 | 29 | 0.0037 | 2304 | 862 |
| 道 | dau | 4 | | | 774 | 155 |
| 街 | jieh | 1 | 32 | 0.0041 | 2304 | 862 |
| 頭 | tou | 2 | | | 1017 | 164 |
| 街 | jieh | 1 | 10 | 0.0013 | 2304 | 862 |
| 上 | shang | 4 | | | 3712 | 17 |
| 接 | jieh | 1 | 172 | 0.0218 | 2305 | 294 |
| 接 | jieh | 1 | 14 | 0.0018 | 2305 | 294 |
| 待 | dai | 4 | | | 758 | 927 |
| 接 | jieh | 1 | 36 | 0.0046 | 2305 | 294 |
| 到 | dau | 4 | | | 775 | 21 |
| 接 | jieh | 1 | 10 | 0.0013 | 2305 | 294 |
| 連 | lien | 2 | | | 1459 | 343 |
| 接 | jieh | 1 | 85 | 0.0108 | 2305 | 294 |
| 近 | jin | 4 | | | 2453 | 344 |
| 接 | jieh | 1 | 18 | 0.0023 | 2305 | 294 |
| 洽 | xia | 2 | | | 2835 | 3096 |
| 接 | jieh | 1 | 73 | 0.0092 | 2305 | 294 |
| 著 | rju | 4 | | | 3305 | 638 |
| 接 | jieh | 1 | 103 | 0.0130 | 2305 | 294 |
| 觸 | rcu | 4 | | | 3523 | 1509 |
| 接 | jieh | 1 | 214 | 0.0271 | 2305 | 294 |
| 受 | shou | 4 | | | 3663 | 351 |
| 揭 | jieh | 1 | 10 | 0.0013 | 2309 | 1895 |
| 揭 | jieh | 1 | 15 | 0.0019 | 2309 | 1895 |
| 幕 | mu | 4 | | | 567 | 1229 |
| 節 | jieh | 2 | 129 | 0.0163 | 2311 | 352 |
| 節 | jieh | 2 | 132 | 0.0167 | 2311 | 352 |
| 目 | mu | 4 | | | 565 | 348 |
| 節 | jieh | 2 | 17 | 0.0022 | 2311 | 352 |
| 制 | rji | 4 | | | 3113 | 495 |
| 節 | jieh | 2 | 20 | 0.0025 | 2311 | 352 |
| 省 | shung | 3 | | | 3724 | 201 |
| 節 | jieh | 2 | 10 | 0.0013 | 2311 | 352 |
| 日 | ri | 4 | | | 3795 | 54 |
| 節 | jieh | 2 | 18 | 0.0023 | 2311 | 352 |
| 奏 | dsou | 4 | | | 3922 | 1593 |
| 節 | jieh | 2 | 13 | 0.0016 | 2311 | 352 |
| 約 | yüeh | 1 | | | 4792 | 357 |
| 劫 | jieh | 2 | 23 | 0.0029 | 2317 | 2968 |
| 結 | jieh | 2 | 49 | 0.0062 | 2310 | 404 |
| 結 | jieh | 2 | 50 | 0.0063 | 2310 | 404 |
| 論 | loon | 4 | | | 1577 | 347 |
| 結 | jieh | 2 | 52 | 0.0066 | 2310 | 404 |
| 構 | gou | 4 | | | 1666 | 876 |
| 結 | jieh | 2 | 357 | 0.0452 | 2310 | 404 |
| 果 | gwo | 3 | | | 1751 | 174 |
| 結 | jieh | 2 | 68 | 0.0086 | 2310 | 404 |
| 合 | huh | 2 | | | 1953 | 172 |
| 結 | jieh | 2 | 132 | 0.0167 | 2310 | 404 |
| 婚 | hoon | 1 | | | 2155 | 1747 |
| 結 | jieh | 2 | 11 | 0.0014 | 2310 | 404 |
| 晶 | jing | 1 | | | 2485 | 1634 |

| Char. | Syll. | Tone | Freq. | Freq.% | ID | Rank |
|---|---|---|---|---|---|---|
| 結 | jieh | 2 | 11 | 0.0014 | 2310 | 404 |
| 局 | jü | 2 | | | 2516 | 672 |
| 結 | jieh | 2 | 16 | 0.0020 | 2310 | 404 |
| 實 | shi | 2 | | | 3581 | 215 |
| 結 | jieh | 2 | 105 | 0.0133 | 2310 | 404 |
| 束 | shu | 4 | | | 3760 | 1234 |
| 傑 | jieh | 2 | 24 | 0.0030 | 2312 | 1558 |
| 出 | rcu | 1 | | | 3507 | 60 |
| 傑 | jieh | 2 | 18 | 0.0023 | 2312 | 1558 |
| 作 | dswo | 4 | | | 3953 | 47 |
| 截 | jieh | 2 | 23 | 0.0029 | 2314 | 2267 |
| 姊 | jieh | 3 | 10 | 0.0013 | 2327 | 848 |
| 姊 | jieh | 2 | 48 | 0.0061 | 2327 | 848 |
| 姊 | jieh | 3 | | | 2327 | 848 |
| 姐 | jieh | 3 | 44 | 0.0056 | 2325 | 679 |
| 姐 | jieh | 3 | 11 | 0.0014 | 2325 | 679 |
| 夫 | fu | 1 | | | 681 | 502 |
| 姐 | jieh | 2 | 22 | 0.0028 | 2325 | 679 |
| 姐 | jieh | 3 | | | 2325 | 679 |
| 解 | jieh | 3 | 72 | 0.0091 | 2326 | 546 |
| 解 | jieh | 3 | 13 | 0.0016 | 2326 | 546 |
| 放 | fang | 4 | | | 660 | 285 |
| 解 | jieh | 3 | 20 | 0.0025 | 2326 | 546 |
| 答 | da | 1 | | | 737 | 1931 |
| 解 | jieh | 3 | 181 | 0.0229 | 2326 | 546 |
| 決 | jüeh | 2 | | | 2546 | 363 |
| 解 | jieh | 3 | 25 | 0.0032 | 2326 | 546 |
| 除 | rcu | 2 | | | 3510 | 444 |
| 解 | jieh | 3 | 118 | 0.0149 | 2326 | 546 |
| 釋 | shi | 4 | | | 3606 | 1482 |
| 解 | jieh | 3 | 10 | 0.0013 | 2326 | 546 |
| 散 | san | 4 | | | 4141 | 1155 |
| 介 | jieh | 4 | 21 | 0.0027 | 2330 | 1332 |
| 介 | jieh | 4 | 35 | 0.0044 | 2330 | 1332 |
| 質 | rji | 2 | | | 3094 | 724 |
| 介 | jieh | 4 | 97 | 0.0123 | 2330 | 1332 |
| 紹 | shau | 4 | | | 3653 | 1492 |

| Char. | Syll. | Tone | Freq. | Freq.% | ID | Rank |
|---|---|---|---|---|---|---|
| 界 | jieh | 4 | 55 | 0.0070 | 2329 | 265 |
| 屆 | jieh | 4 | 109 | 0.0138 | 2331 | 1308 |
| 借 | jieh | 4 | 95 | 0.0120 | 2328 | 1188 |
| 藉 | jieh | 4 | 71 | 0.0090 | 2332 | 1868 |
| 藉 | jieh | 4 | 20 | 0.0025 | 2332 | 1868 |
| 口 | kou | 3 | | | 1858 | 220 |
| 交 | jiau | 1 | 105 | 0.0133 | 2339 | 358 |
| 交 | jiau | 1 | 14 | 0.0018 | 2339 | 358 |
| 談 | tan | 2 | | | 1024 | 581 |
| 交 | jiau | 1 | 123 | 0.0156 | 2339 | 358 |
| 通 | toong | 1 | | | 1158 | 202 |
| 交 | jiau | 1 | 23 | 0.0029 | 2339 | 358 |
| 流 | liu | 2 | | | 1448 | 353 |
| 交 | jiau | 1 | 28 | 0.0035 | 2339 | 358 |
| 給 | gei | 3 | | | 1645 | 219 |
| 交 | jiau | 1 | 10 | 0.0013 | 2339 | 358 |
| 互 | hu | 4 | | | 2074 | 1045 |
| 交 | jiau | 1 | 43 | 0.0054 | 2339 | 358 |
| 換 | hwan | 4 | | | 2146 | 1011 |
| 交 | jiau | 1 | 15 | 0.0019 | 2339 | 358 |
| 涉 | shuh | 4 | | | 3639 | 1757 |
| 交 | jiau | 1 | 42 | 0.0053 | 2339 | 358 |
| 易 | yi | 4 | | | 4333 | 565 |
| 交 | jiau | 1 | 14 | 0.0018 | 2339 | 358 |
| 易 | yi | 4 | | | 4333 | 565 |
| 所 | swo | 3 | | | 4169 | 79 |
| 郊 | jiau | 1 | 15 | 0.0019 | 2340 | 1828 |
| 區 | chü | 1 | | | 2740 | 385 |
| 郊 | jiau | 1 | 13 | 0.0016 | 2340 | 1828 |
| 外 | wai | 4 | | | 4632 | 122 |
| 教 | jiau | 1 | 242 | 0.0307 | 2341 | 1225 |
| 教 | jiau | 1 | 39 | 0.0049 | 2341 | 1225 |
| 學 | xüeh | 2 | | | 3028 | 26 |
| 教 | jiau | 1 | 13 | 0.0016 | 2341 | 1225 |
| 書 | shu | 1 | | | 3732 | 179 |
| 驕 | jiau | 1 | 34 | 0.0043 | 2342 | 2059 |
| 傲 | au | 4 | | | 4264 | 2188 |

| Char. | Syll. | Tone | Freq. | Freq.% | ID | Rank |
|---|---|---|---|---|---|---|
| 焦點 | jiau | 1 | 14 | 0.0018 | 2346 | 2268 |
| | dien | 3 | | | 892 | 160 |
| 焦急 | jiau | 1 | 21 | 0.0027 | 2346 | 2268 |
| | ji | 2 | | | 2226 | 830 |
| 繳 | jiau | 3 | 23 | 0.0029 | 2355 | 1896 |
| 角 | jiau | 3 | 86 | 0.0109 | 2354 | 637 |
| 角度 | jiau | 3 | 22 | 0.0028 | 2354 | 637 |
| | du | 4 | | | 927 | 212 |
| 角落 | jiau | 3 | 19 | 0.0024 | 2354 | 637 |
| | lwo | 4 | | | 1558 | 681 |
| 角色 | jiau | 3 | 17 | 0.0022 | 2354 | 637 |
| | suh | 4 | | | 4114 | 339 |
| 腳 | jiau | 3 | 166 | 0.0210 | 2356 | 729 |
| 腳步 | jiau | 3 | 28 | 0.0035 | 2356 | 729 |
| | bu | 4 | | | 214 | 417 |
| 腳踏車 | jiau | 3 | 10 | 0.0013 | 2356 | 729 |
| | ta | 4 | | | 985 | 1298 |
| | rcuh | 1 | | | 3412 | 181 |
| 叫 | jiau | 4 | 671 | 0.0850 | 2367 | 168 |
| 叫喊 | jiau | 4 | 10 | 0.0013 | 2367 | 168 |
| | han | 3 | | | 2024 | 1061 |
| 叫作 | jiau | 4 | 16 | 0.0020 | 2367 | 168 |
| | dswo | 4 | | | 3953 | 47 |
| 叫做 | jiau | 4 | 342 | 0.0433 | 2367 | 168 |
| | dswo | 4 | | | 3952 | 99 |
| 較 | jiau | 4 | 357 | 0.0452 | 2370 | 509 |
| 教導 | jiau | 4 | 29 | 0.0037 | 2368 | 68 |
| | dau | 4 | | | 777 | 405 |
| 教頭 | jiau | 4 | 24 | 0.0030 | 2368 | 68 |
| | tou | 2 | | | 1017 | 164 |
| 教堂 | jiau | 4 | 37 | 0.0047 | 2368 | 68 |
| | tang | 2 | | | 1043 | 1098 |
| 教徒 | jiau | 4 | 16 | 0.0020 | 2368 | 68 |
| | tu | 2 | | | 1123 | 2197 |
| 教練 | jiau | 4 | 50 | 0.0063 | 2368 | 68 |
| | lien | 4 | | | 1470 | 424 |
| 教官 | jiau | 4 | 12 | 0.0015 | 2368 | 68 |
| | gwan | 1 | | | 1781 | 556 |
| 教會 | jiau | 4 | 39 | 0.0049 | 2368 | 68 |
| | hwei | 4 | | | 2126 | 31 |
| 教訓 | jiau | 4 | 35 | 0.0044 | 2368 | 68 |
| | xün | 4 | | | 3061 | 864 |
| 教師 | jiau | 4 | 79 | 0.0100 | 2368 | 68 |
| | shi | 1 | | | 3570 | 116 |
| 教士 | jiau | 4 | 15 | 0.0019 | 2368 | 68 |
| | shi | 4 | | | 3596 | 362 |
| 教室 | jiau | 4 | 38 | 0.0048 | 2368 | 68 |
| | shi | 4 | | | 3601 | 549 |
| 教授 | jiau | 4 | 104 | 0.0132 | 2368 | 68 |
| | shou | 4 | | | 3665 | 1553 |
| 教養 | jiau | 4 | 21 | 0.0027 | 2368 | 68 |
| | yang | 3 | | | 4542 | 421 |
| 教育 | jiau | 4 | 341 | 0.0432 | 2368 | 68 |
| | yü | 4 | | | 4762 | 196 |
| 教育部 | jiau | 4 | 23 | 0.0029 | 2368 | 68 |
| | yü | 4 | | | 4762 | 196 |
| | bu | 4 | | | 212 | 91 |
| 教育廳 | jiau | 4 | 14 | 0.0018 | 2368 | 68 |
| | yü | 4 | | | 4762 | 196 |
| | ting | 1 | | | 1106 | 750 |
| 教育局 | jiau | 4 | 14 | 0.0018 | 2368 | 68 |
| | yü | 4 | | | 4762 | 196 |
| | jü | 2 | | | 2516 | 672 |
| 教員 | jiau | 4 | 12 | 0.0015 | 2368 | 68 |
| | yüen | 2 | | | 4808 | 210 |
| 轎 | jiau | 4 | 25 | 0.0032 | 2371 | 2733 |
| 轎子 | jiau | 4 | 17 | 0.0022 | 2371 | 2733 |
| | dsi | 3 | | | 3874 | 324 |
| 糾紛 | jiu | 1 | 17 | 0.0022 | 2375 | 1748 |
| | fun | 3 | | | 639 | 999 |
| 糾正 | jiu | 1 | 10 | 0.0013 | 2375 | 1748 |
| | rjung | 4 | | | 3274 | 193 |
| 九 | jiu | 3 | 872 | 0.1105 | 2377 | 105 |
| 久 | jiu | 3 | 278 | 0.0352 | 2376 | 522 |
| 酒 | jiu | 3 | 232 | 0.0294 | 2379 | 753 |
| 酒保 | jiu | 2 | 16 | 0.0020 | 2379 | 753 |
| | bau | 3 | | | 80 | 411 |

| Char. | Syll. | Tone | Freq. | Freq.% | ID | Rank |
|---|---|---|---|---|---|---|
| 酒 | jiu | 2 | 50 | 0.0063 | 2379 | 753 |
| 店 | dian | 3 | | | 895 | 1141 |
| 酒 | jiu | 3 | 10 | 0.0013 | 2379 | 753 |
| 精 | jing | 1 | | | 2478 | 527 |
| 酒 | jiu | 3 | 13 | 0.0016 | 2379 | 753 |
| 食 | shi | 2 | | | 3580 | 350 |
| 舅 | jiu | 4 | 16 | 0.0020 | 2386 | 1726 |
| 母 | mu | 3 | | | 560 | 287 |
| 舅 | jiu | 4 | 19 | 0.0024 | 2386 | 1726 |
| 舅 | jiu | 4 | | | 2386 | 1726 |
| 舊 | jiu | 4 | 90 | 0.0114 | 2383 | 813 |
| 舊 | jiu | 4 | 16 | 0.0020 | 2383 | 813 |
| 金 | jin | 1 | | | 2440 | 271 |
| 山 | shan | 1 | | | 3670 | 107 |
| 舊 | jiu | 4 | 10 | 0.0013 | 2383 | 813 |
| 日 | ri | 4 | | | 3795 | 54 |
| 究 | jiu | 4 | 104 | 0.0132 | 2381 | 434 |
| 竟 | jing | 4 | | | 2500 | 859 |
| 咎 | jiu | 4 | 10 | 0.0013 | 2389 | 4464 |
| 救 | jiu | 4 | 133 | 0.0168 | 2384 | 727 |
| 救 | jiu | 4 | 13 | 0.0016 | 2384 | 727 |
| 濟 | ji | 4 | | | 2262 | 839 |
| 救 | jiu | 4 | 13 | 0.0016 | 2384 | 727 |
| 助 | rju | 4 | | | 3306 | 493 |
| 就 | jiu | 4 | 4802 | 0.6083 | 2382 | 25 |
| 就 | jiu | 4 | 10 | 0.0013 | 2382 | 25 |
| 職 | rji | 2 | | | 3091 | 585 |
| 就 | jiu | 4 | 51 | 0.0065 | 2382 | 25 |
| 業 | yeh | 4 | | | 4397 | 137 |
| 奸 | jien | 1 | 11 | 0.0014 | 2396 | 2969 |
| 肩 | jien | 1 | 46 | 0.0058 | 2394 | 1917 |
| 肩 | jien | 1 | 34 | 0.0043 | 2394 | 1917 |
| 膀 | bang | 3 | | | 119 | 1536 |
| 間 | jien | 1 | 937 | 0.1187 | 2391 | 245 |
| 堅 | jien | 1 | 24 | 0.0030 | 2390 | 1041 |
| 堅 | jien | 1 | 37 | 0.0047 | 2390 | 1041 |
| 定 | ding | 4 | | | 912 | 121 |

| Char. | Syll. | Tone | Freq. | Freq.% | ID | Rank |
|---|---|---|---|---|---|---|
| 堅 | jien | 1 | 18 | 0.0023 | 2390 | 1041 |
| 決 | jüeh | 2 | | | 2546 | 363 |
| 堅 | jien | 1 | 34 | 0.0043 | 2390 | 1041 |
| 強 | chiang | 2 | | | 2716 | 354 |
| 堅 | jien | 1 | 39 | 0.0049 | 2390 | 1041 |
| 持 | rci | 2 | | | 3380 | 590 |
| 艱 | jien | 1 | 19 | 0.0024 | 2397 | 2269 |
| 難 | nan | 2 | | | 1202 | 570 |
| 艱 | jien | 1 | 33 | 0.0042 | 2397 | 2269 |
| 苦 | ku | 3 | | | 1888 | 567 |
| 尖 | jien | 1 | 37 | 0.0047 | 2392 | 1688 |
| 尖 | jien | 1 | 11 | 0.0014 | 2392 | 1688 |
| 銳 | rwei | 4 | | | 3844 | 2626 |
| 兼 | jien | 1 | 108 | 0.0137 | 2395 | 1749 |
| 監 | jien | 1 | 12 | 0.0015 | 2393 | 1313 |
| 監 | jien | 1 | 27 | 0.0034 | 2393 | 1313 |
| 督 | du | 1 | | | 915 | 1376 |
| 監 | jien | 1 | 17 | 0.0022 | 2393 | 1313 |
| 察 | rca | 2 | | | 3404 | 448 |
| 院 | yüen | 4 | | | 4824 | 255 |
| 監 | jien | 1 | 17 | 0.0022 | 2393 | 1313 |
| 視 | shi | 4 | | | 3602 | 720 |
| 監 | jien | 1 | 69 | 0.0087 | 2393 | 1313 |
| 獄 | yü | 4 | | | 4768 | 1902 |
| 剪 | jien | 3 | 35 | 0.0044 | 2409 | 1263 |
| 減 | jien | 3 | 54 | 0.0068 | 2406 | 1071 |
| 減 | jien | 3 | 17 | 0.0022 | 2406 | 1071 |
| 低 | di | 1 | | | 842 | 799 |
| 減 | jien | 3 | 34 | 0.0043 | 2406 | 1071 |
| 輕 | ching | 1 | | | 2728 | 592 |
| 減 | jien | 3 | 135 | 0.0171 | 2406 | 1071 |
| 少 | shau | 4 | | | 3654 | 993 |
| 撿 | jien | 3 | 14 | 0.0018 | 2415 | 2813 |
| 簡 | jien | 3 | 57 | 0.0072 | 2405 | 765 |
| 簡 | jien | 3 | 161 | 0.0204 | 2405 | 765 |
| 單 | dan | 1 | | | 797 | 616 |

| Char. | Syll. | Tone | Freq. | Freq.% | ID | Rank |
|---|---|---|---|---|---|---|
| 簡 | jien | 2 | 11 | 0.0014 | 2405 | 765 |
| 短 | dwan | 3 | | | 950 | 884 |
| 簡 | jien | 3 | 10 | 0.0013 | 2405 | 765 |
| 化 | hwa | 4 | | | 2085 | 278 |
| 簡 | jien | 3 | 59 | 0.0075 | 2405 | 765 |
| 直 | rji | 2 | | | 3092 | 416 |
| 簡 | jien | 3 | 10 | 0.0013 | 2405 | 765 |
| 易 | yi | 4 | | | 4333 | 565 |
| 檢 | jien | 3 | 13 | 0.0016 | 2407 | 1029 |
| 檢 | jien | 2 | 40 | 0.0051 | 2407 | 1029 |
| 討 | tau | 3 | | | 1012 | 393 |
| 檢 | jien | 3 | 94 | 0.0119 | 2407 | 1029 |
| 查 | rca | 2 | | | 3406 | 644 |
| 檢 | jien | 3 | 13 | 0.0016 | 2407 | 1029 |
| 查 | rca | 2 | | | 3406 | 644 |
| 官 | gwan | 1 | | | 1781 | 556 |
| 檢 | jien | 3 | 39 | 0.0049 | 2407 | 1029 |
| 驗 | yen | 4 | | | 4493 | 749 |
| 瞼 | jien | 3 | 11 | 0.0014 | 2413 | 2521 |
| 件 | jien | 4 | 398 | 0.0504 | 2419 | 521 |
| 見 | jien | 4 | 1078 | 0.1366 | 2417 | 206 |
| 見 | jien | 4 | 68 | 0.0086 | 2417 | 206 |
| 面 | mien | 4 | | | 539 | 66 |
| 見 | jien | 4 | 102 | 0.0129 | 2417 | 206 |
| 到 | dau | 4 | | | 775 | 21 |
| 見 | jien | 4 | 28 | 0.0035 | 2417 | 206 |
| 解 | jieh | 3 | | | 2326 | 546 |
| 建 | jien | 4 | 151 | 0.0191 | 2416 | 273 |
| 建 | jien | 4 | 154 | 0.0195 | 2416 | 273 |
| 立 | li | 4 | | | 1395 | 152 |
| 建 | jien | 4 | 14 | 0.0018 | 2416 | 273 |
| 國 | gwo | 2 | | | 1749 | 7 |
| 建 | jien | 4 | 15 | 0.0019 | 2416 | 273 |
| 交 | jiau | 1 | | | 2339 | 358 |
| 建 | jien | 4 | 53 | 0.0067 | 2416 | 273 |
| 築 | rju | 2 | | | 3291 | 1022 |
| 建 | jien | 4 | 12 | 0.0015 | 2416 | 273 |
| 築 | rju | 2 | | | 3291 | 1022 |
| 師 | shi | 1 | | | 3570 | 116 |
| 建 | jien | 4 | 28 | 0.0035 | 2416 | 273 |
| 築 | rju | 2 | | | 3291 | 1022 |
| 物 | wu | 4 | | | 4602 | 128 |
| 建 | jien | 4 | 191 | 0.0242 | 2416 | 273 |
| 設 | shuh | 4 | | | 3635 | 374 |
| 建 | jien | 4 | 44 | 0.0056 | 2416 | 273 |
| 造 | dsau | 4 | | | 3911 | 338 |
| 建 | jien | 4 | 110 | 0.0139 | 2416 | 273 |
| 議 | yi | 4 | | | 4331 | 290 |
| 健 | jien | 4 | 172 | 0.0218 | 2421 | 657 |
| 康 | kang | 1 | | | 1877 | 631 |
| 健 | jien | 4 | 47 | 0.0060 | 2421 | 657 |
| 全 | chüen | 2 | | | 2767 | 170 |
| 間 | jien | 4 | 14 | 0.0018 | 2429 | 2466 |
| 諜 | dieh | 2 | | | 870 | 2053 |
| 間 | jien | 4 | 27 | 0.0034 | 2429 | 2466 |
| 接 | jieh | 1 | | | 2305 | 294 |
| 鍵 | jien | 4 | 14 | 0.0018 | 2438 | 4468 |
| 鍵 | jien | 4 | 10 | 0.0013 | 2438 | 4468 |
| 盤 | pan | 2 | | | 272 | 1009 |
| 濺 | jien | 4 | 10 | 0.0013 | 2439 | 4007 |
| 箭 | jien | 4 | 29 | 0.0037 | 2420 | 779 |
| 艦 | jien | 4 | 21 | 0.0027 | 2423 | 1145 |
| 隊 | dwei | 4 | | | 946 | 427 |
| 鑑 | jien | 4 | 17 | 0.0022 | 2428 | 2734 |
| 定 | ding | 4 | | | 912 | 121 |
| 鑒 | jien | 4 | 12 | 0.0015 | 2430 | 3213 |
| 漸 | jien | 4 | 103 | 0.0130 | 2418 | 652 |
| 漸 | jien | 4 | 95 | 0.0120 | 2418 | 652 |
| 漸 | jien | 4 | | | 2418 | 652 |
| 劍 | jien | 4 | 25 | 0.0032 | 2425 | 1809 |
| 劍 | jien | 4 | 17 | 0.0022 | 2425 | 1809 |
| 僑 | chiau | 2 | | | 2652 | 1006 |
| 斤 | jin | 1 | 21 | 0.0027 | 2442 | 1587 |
| 今 | jin | 1 | 275 | 0.0348 | 2441 | 176 |
| 今 | jin | 1 | 439 | 0.0556 | 2441 | 176 |
| 天 | tien | 1 | | | 1097 | 28 |

| Char. | Syll. | Tone | Freq. | Freq.% | ID | Rank |
|---|---|---|---|---|---|---|
| 今 | jin | 1 | 164 | 0.0208 | 2441 | 176 |
| 年 | nien | 2 | | | 1242 | 35 |
| 今 | jin | 1 | 101 | 0.0128 | 2441 | 176 |
| 後 | hou | 4 | | | 2009 | 48 |
| 今 | jin | 1 | 205 | 0.0260 | 2441 | 176 |
| 日 | ri | 4 | | | 3795 | 54 |
| 金 | jin | 1 | 154 | 0.0195 | 2440 | 271 |
| 金 | jin | 1 | 26 | 0.0033 | 2440 | 271 |
| 門 | mun | 2 | | | 476 | 274 |
| 金 | jin | 1 | 43 | 0.0054 | 2440 | 271 |
| 錢 | chien | 2 | | | 2686 | 525 |
| 金 | jin | 1 | 107 | 0.0136 | 2440 | 271 |
| 屬 | shu | 3 | | | 3747 | 806 |
| 金 | jin | 1 | 37 | 0.0047 | 2440 | 271 |
| 融 | roong | 2 | | | 3859 | 2319 |
| 金 | jin | 1 | 11 | 0.0014 | 2440 | 271 |
| 子 | dsi | 3 | | | 3874 | 324 |
| 金 | jin | 1 | 11 | 0.0014 | 2440 | 271 |
| 額 | uh | 2 | | | 4216 | 1167 |
| 僅 | jin | 2 | 97 | 0.0123 | 2447 | 1146 |
| 僅 | jin | 2 | 18 | 0.0023 | 2447 | 1146 |
| 僅 | jin | 2 | | | 2447 | 1146 |
| 謹 | jin | 2 | 12 | 0.0015 | 2452 | 2971 |
| 慎 | shun | 4 | | | 3705 | 2535 |
| 緊 | jin | 2 | 44 | 0.0056 | 2448 | 822 |
| 急 | ji | 2 | | | 2226 | 830 |
| 緊 | jin | 2 | 84 | 0.0106 | 2448 | 822 |
| 張 | rjang | 1 | | | 3243 | 311 |
| 緊 | jin | 2 | 23 | 0.0029 | 2448 | 822 |
| 要 | yau | 4 | | | 4425 | 27 |
| 儘 | jin | 2 | 44 | 0.0056 | 2449 | 2009 |
| 儘 | jin | 2 | 67 | 0.0085 | 2449 | 2009 |
| 量 | liang | 4 | | | 1503 | 423 |
| 儘 | jin | 2 | 67 | 0.0085 | 2449 | 2009 |
| 管 | gwan | 3 | | | 1787 | 452 |
| 錦 | jin | 2 | 11 | 0.0014 | 2450 | 1453 |
| 標 | biau | 1 | | | 166 | 832 |

| Char. | Syll. | Tone | Freq. | Freq.% | ID | Rank |
|---|---|---|---|---|---|---|
| 錦 | jin | 2 | 11 | 0.0014 | 2450 | 1453 |
| 標 | biau | 1 | | | 166 | 832 |
| 賽 | sai | 4 | | | 4123 | 514 |
| 近 | jin | 4 | 331 | 0.0419 | 2453 | 344 |
| 近 | jin | 4 | 22 | 0.0028 | 2453 | 344 |
| 代 | dai | 4 | | | 756 | 262 |
| 近 | jin | 4 | 24 | 0.0030 | 2453 | 344 |
| 年 | nien | 2 | | | 1242 | 35 |
| 近 | jin | 4 | 20 | 0.0025 | 2453 | 344 |
| 來 | lai | 2 | | | 1297 | 15 |
| 近 | jin | 4 | 15 | 0.0019 | 2453 | 344 |
| 郊 | jiau | 1 | | | 2340 | 1828 |
| 近 | jin | 4 | 10 | 0.0013 | 2453 | 344 |
| 世 | shi | 4 | | | 3594 | 236 |
| 晉 | jin | 4 | 30 | 0.0038 | 2458 | 1524 |
| 進 | jin | 4 | 1055 | 0.1337 | 2454 | 144 |
| 進 | jin | 4 | 185 | 0.0234 | 2454 | 144 |
| 步 | bu | 4 | | | 214 | 417 |
| 進 | jin | 4 | 16 | 0.0020 | 2454 | 144 |
| 度 | du | 4 | | | 927 | 212 |
| 進 | jin | 4 | 19 | 0.0024 | 2454 | 144 |
| 攻 | goong | 1 | | | 1806 | 695 |
| 進 | jin | 4 | 39 | 0.0049 | 2454 | 144 |
| 口 | kou | 3 | | | 1858 | 220 |
| 進 | jin | 4 | 46 | 0.0058 | 2454 | 144 |
| 化 | hwa | 4 | | | 2085 | 278 |
| 進 | jin | 4 | 16 | 0.0020 | 2454 | 144 |
| 取 | chü | 3 | | | 2751 | 486 |
| 進 | jin | 4 | 275 | 0.0348 | 2454 | 144 |
| 行 | xing | 2 | | | 2989 | 76 |
| 進 | jin | 4 | 32 | 0.0041 | 2454 | 144 |
| 展 | rjan | 3 | | | 3209 | 577 |
| 盡 | jin | 4 | 268 | 0.0340 | 2456 | 914 |
| 盡 | jin | 4 | 12 | 0.0015 | 2456 | 914 |
| 頭 | tou | 2 | | | 1017 | 164 |
| 盡 | jin | 4 | 25 | 0.0032 | 2456 | 914 |
| 力 | li | 4 | | | 1396 | 143 |

| Char. | Syll. | Tone | Freq. | Freq.% | ID | Rank |
|---|---|---|---|---|---|---|
| 盡 | jin | 4 | 29 | 0.0037 | 2456 | 914 |
| 量 | liang | 4 | | | 1503 | 423 |
| 浸 | jin | 4 | 30 | 0.0038 | 2457 | 1727 |
| 禁 | jin | 4 | 44 | 0.0056 | 2455 | 1113 |
| 禁 | jin | 4 | 51 | 0.0065 | 2455 | 1113 |
| 止 | rji | 3 | | | 3104 | 707 |
| 江 | jiang | 1 | 33 | 0.0042 | 2463 | 131 |
| 江 | jiang | 1 | 13 | 0.0016 | 2463 | 131 |
| 南 | nan | 2 | | | 1203 | 81 |
| 江 | jiang | 1 | 17 | 0.0022 | 2463 | 131 |
| 湖 | hu | 2 | | | 2057 | 445 |
| 將 | jiang | 1 | 1694 | 0.2146 | 2462 | 213 |
| 將 | jiang | 1 | 160 | 0.0203 | 2462 | 213 |
| 來 | lai | 2 | | | 1297 | 15 |
| 將 | jiang | 1 | 62 | 0.0079 | 2462 | 213 |
| 軍 | jün | 1 | | | 2574 | 150 |
| 漿 | jiang | 1 | 13 | 0.0016 | 2464 | 2736 |
| 獎 | jiang | 3 | 28 | 0.0035 | 2470 | 718 |
| 獎 | jiang | 3 | 17 | 0.0022 | 2470 | 718 |
| 勵 | li | 4 | | | 1402 | 1480 |
| 獎 | jiang | 3 | 17 | 0.0022 | 2470 | 718 |
| 金 | jin | 1 | | | 2440 | 271 |
| 蔣 | jiang | 3 | 107 | 0.0136 | 2473 | 1025 |
| 講 | jiang | 3 | 256 | 0.0324 | 2471 | 356 |
| 講 | jiang | 3 | 36 | 0.0046 | 2471 | 356 |
| 話 | hwa | 4 | | | 2086 | 254 |
| 講 | jiang | 2 | 15 | 0.0019 | 2471 | 356 |
| 解 | jieh | 3 | | | 2326 | 546 |
| 講 | jiang | 3 | 25 | 0.0032 | 2471 | 356 |
| 究 | jiu | 4 | | | 2381 | 434 |
| 講 | jiang | 3 | 11 | 0.0014 | 2471 | 356 |
| 求 | chiu | 2 | | | 2669 | 494 |
| 講 | jiang | 2 | 26 | 0.0033 | 2471 | 356 |
| 演 | yen | 3 | | | 4483 | 645 |
| 降 | jiang | 4 | 53 | 0.0067 | 2475 | 1212 |
| 降 | jiang | 4 | 42 | 0.0053 | 2475 | 1212 |
| 低 | di | 1 | | | 842 | 799 |
| 將 | jiang | 4 | 10 | 0.0013 | 2474 | 1288 |
| 將 | jiang | 4 | 10 | 0.0013 | 2474 | 1288 |
| 領 | ling | 3 | | | 1521 | 461 |
| 醬 | jiang | 4 | 12 | 0.0015 | 2477 | 1504 |
| 油 | you | 2 | | | 4437 | 487 |
| 京 | jing | 1 | 27 | 0.0034 | 2481 | 533 |
| 京 | jing | 1 | 13 | 0.0016 | 2481 | 533 |
| 師 | shi | 1 | | | 3570 | 116 |
| 精 | jing | 1 | 42 | 0.0053 | 2478 | 527 |
| 精 | jing | 1 | 12 | 0.0015 | 2478 | 527 |
| 闢 | pi | 4 | | | 324 | 2250 |
| 精 | jing | 1 | 20 | 0.0025 | 2478 | 527 |
| 密 | mi | 4 | | | 511 | 660 |
| 精 | jing | 1 | 32 | 0.0041 | 2478 | 527 |
| 力 | li | 4 | | | 1396 | 143 |
| 精 | jing | 1 | 17 | 0.0022 | 2478 | 527 |
| 華 | hwa | 2 | | | 2080 | 166 |
| 精 | jing | 1 | 10 | 0.0013 | 2478 | 527 |
| 巧 | chiau | 3 | | | 2659 | 1491 |
| 精 | jing | 1 | 25 | 0.0032 | 2478 | 527 |
| 確 | chüeh | 4 | | | 2761 | 949 |
| 精 | jing | 1 | 15 | 0.0019 | 2478 | 527 |
| 細 | xi | 4 | | | 2821 | 584 |
| 精 | jing | 1 | 13 | 0.0016 | 2478 | 527 |
| 緻 | rji | 4 | | | 3123 | 2751 |
| 精 | jing | 1 | 378 | 0.0479 | 2478 | 527 |
| 神 | shun | 2 | | | 3697 | 466 |
| 精 | jing | 1 | 13 | 0.0016 | 2478 | 527 |
| 彩 | tsai | 3 | | | 4010 | 951 |
| 莖 | jing | 1 | 18 | 0.0023 | 2482 | 1548 |
| 經 | jing | 1 | 363 | 0.0460 | 2479 | 110 |
| 經 | jing | 1 | 65 | 0.0082 | 2479 | 110 |
| 費 | fei | 4 | | | 599 | 635 |
| 經 | jing | 1 | 43 | 0.0054 | 2479 | 110 |
| 理 | li | 3 | | | 1388 | 207 |

| Char. | Syll. | Tone | Freq. | Freq.% | ID | Rank |
|---|---|---|---|---|---|---|
| 經 | jing | 1 | 26 | 0.0033 | 2479 | 110 |
| 歷 | li | 4 | | | 1399 | 934 |
| 經 | jing | 1 | 321 | 0.0407 | 2479 | 110 |
| 過 | gwo | 4 | | | 1754 | 67 |
| 經 | jing | 1 | 441 | 0.0559 | 2479 | 110 |
| 濟 | ji | 4 | | | 2262 | 839 |
| 經 | jing | 1 | 27 | 0.0034 | 2479 | 110 |
| 濟 | ji | 4 | | | 2262 | 839 |
| 部 | bu | 4 | | | 212 | 91 |
| 經 | jing | 1 | 134 | 0.0170 | 2479 | 110 |
| 常 | rcang | 2 | | | 3472 | 136 |
| 經 | jing | 1 | 20 | 0.0025 | 2479 | 110 |
| 由 | you | 2 | | | 4435 | 126 |
| 經 | jing | 1 | 46 | 0.0058 | 2479 | 110 |
| 驗 | yen | 4 | | | 4493 | 749 |
| 經 | jing | 1 | 101 | 0.0128 | 2479 | 110 |
| 營 | ying | 2 | | | 4562 | 791 |
| 晶 | jing | 1 | 52 | 0.0066 | 2485 | 1634 |
| 體 | ti | 3 | | | 1073 | 178 |
| 驚 | jing | 1 | 70 | 0.0089 | 2483 | 1152 |
| 驚 | jing | 1 | 12 | 0.0015 | 2483 | 1152 |
| 慌 | hwang | 1 | | | 2164 | 1670 |
| 驚 | jing | 1 | 31 | 0.0039 | 2483 | 1152 |
| 奇 | chi | 2 | | | 2600 | 730 |
| 驚 | jing | 1 | 30 | 0.0038 | 2483 | 1152 |
| 人 | run | 2 | | | 3812 | 11 |
| 驚 | jing | 1 | 14 | 0.0018 | 2483 | 1152 |
| 異 | yi | 4 | | | 4335 | 1096 |
| 驚 | jing | 1 | 11 | 0.0014 | 2483 | 1152 |
| 訝 | ya | 4 | | | 4386 | 3410 |
| 井 | jing | 3 | 23 | 0.0029 | 2494 | 1439 |
| 頸 | jing | 3 | 17 | 0.0022 | 2493 | 2571 |
| 景 | jing | 3 | 43 | 0.0054 | 2492 | 808 |
| 景 | jing | 3 | 33 | 0.0042 | 2492 | 808 |
| 色 | suh | 4 | | | 4114 | 339 |
| 景 | jing | 3 | 16 | 0.0020 | 2492 | 808 |
| 物 | wu | 4 | | | 4602 | 128 |

| Char. | Syll. | Tone | Freq. | Freq.% | ID | Rank |
|---|---|---|---|---|---|---|
| 警 | jing | 3 | 18 | 0.0023 | 2491 | 1088 |
| 警 | jing | 3 | 23 | 0.0029 | 2491 | 1088 |
| 方 | fang | 1 | | | 647 | 62 |
| 警 | jing | 3 | 25 | 0.0032 | 2491 | 1088 |
| 告 | gau | 4 | | | 1655 | 386 |
| 警 | jing | 3 | 11 | 0.0014 | 2491 | 1088 |
| 局 | jü | 2 | | | 2516 | 672 |
| 警 | jing | 3 | 12 | 0.0015 | 2491 | 1088 |
| 覺 | jüeh | 2 | | | 2545 | 512 |
| 警 | jing | 3 | 71 | 0.0090 | 2491 | 1088 |
| 察 | rca | 2 | | | 3404 | 448 |
| 警 | jing | 3 | 10 | 0.0013 | 2491 | 1088 |
| 衛 | wei | 4 | | | 4661 | 453 |
| 警 | jing | 3 | 10 | 0.0013 | 2491 | 1088 |
| 員 | yüen | 2 | | | 4808 | 210 |
| 逕 | jing | 4 | 32 | 0.0041 | 2509 | 3733 |
| 竟 | jing | 4 | 206 | 0.0261 | 2500 | 859 |
| 竟 | jing | 4 | 25 | 0.0032 | 2500 | 859 |
| 然 | ran | 2 | | | 3807 | 123 |
| 境 | jing | 4 | 13 | 0.0016 | 2501 | 853 |
| 內 | nei | 4 | | | 1193 | 241 |
| 境 | jing | 4 | 29 | 0.0037 | 2501 | 853 |
| 界 | jieh | 4 | | | 2329 | 265 |
| 鏡 | jing | 4 | 26 | 0.0033 | 2499 | 756 |
| 頭 | tou | 2 | | | 1017 | 164 |
| 鏡 | jing | 4 | 32 | 0.0041 | 2499 | 756 |
| 子 | dsi | 3 | | | 3874 | 324 |
| 淨 | jing | 4 | 28 | 0.0035 | 2502 | 1031 |
| 淨 | jing | 4 | 11 | 0.0014 | 2502 | 1031 |
| 化 | hwa | 4 | | | 2085 | 278 |
| 靜 | jing | 4 | 31 | 0.0039 | 2498 | 785 |
| 靜 | jing | 4 | 13 | 0.0016 | 2498 | 785 |
| 靜 | jing | 4 | | | 2498 | 785 |
| 的 | duh | 5 | | | 749 | 1 |
| 靜 | jing | 4 | 12 | 0.0015 | 2498 | 785 |
| 悄 | chiau | 2 | | | 2658 | 1751 |
| 悄 | chiau | 3 | | | 2658 | 1751 |

| Char. | Syll. | Tone | Freq. | Freq.% | ID | Rank |
|---|---|---|---|---|---|---|
| 靜 | jing | 4 | 35 | 0.0044 | 2498 | 785 |
| 止 | rji | 3 | | | 3104 | 707 |
| 敬 | jing | 4 | 33 | 0.0042 | 2503 | 909 |
| 敬 | jing | 4 | 25 | 0.0032 | 2503 | 909 |
| 禮 | li | 3 | | | 1389 | 605 |
| 競 | jing | 4 | 34 | 0.0043 | 2505 | 1272 |
| 選 | xüen | 3 | | | 3042 | 412 |
| 競 | jing | 4 | 53 | 0.0067 | 2505 | 1272 |
| 爭 | rjung | 1 | | | 3263 | 613 |
| 競 | jing | 4 | 16 | 0.0020 | 2505 | 1272 |
| 賽 | sai | 4 | | | 4123 | 514 |
| 居 | jü | 1 | 160 | 0.0203 | 2511 | 674 |
| 居 | jü | 1 | 102 | 0.0129 | 2511 | 674 |
| 民 | min | 2 | | | 542 | 59 |
| 居 | jü | 1 | 42 | 0.0053 | 2511 | 674 |
| 住 | rju | 4 | | | 3304 | 333 |
| 居 | jü | 1 | 48 | 0.0061 | 2511 | 674 |
| 然 | ran | 2 | | | 3807 | 123 |
| 局 | jü | 2 | 71 | 0.0090 | 2516 | 672 |
| 局 | jü | 2 | 45 | 0.0057 | 2516 | 672 |
| 面 | mien | 4 | | | 539 | 66 |
| 局 | jü | 2 | 24 | 0.0030 | 2516 | 672 |
| 長 | rjang | 3 | | | 3250 | 135 |
| 局 | jü | 2 | 25 | 0.0032 | 2516 | 672 |
| 勢 | shi | 4 | | | 3600 | 557 |
| 菊 | jü | 2 | 10 | 0.0013 | 2518 | 2173 |
| 花 | hwa | 1 | | | 2078 | 246 |
| 舉 | jü | 3 | 153 | 0.0194 | 2522 | 276 |
| 舉 | jü | 3 | 46 | 0.0058 | 2522 | 276 |
| 辦 | ban | 4 | | | 104 | 332 |
| 舉 | jü | 3 | 28 | 0.0035 | 2522 | 276 |
| 動 | doong | 4 | | | 974 | 94 |
| 舉 | jü | 3 | 160 | 0.0203 | 2522 | 276 |
| 行 | xing | 2 | | | 2989 | 76 |
| 舉 | jü | 2 | 28 | 0.0035 | 2522 | 276 |
| 手 | shou | 3 | | | 3660 | 190 |
| 舉 | jü | 3 | 10 | 0.0013 | 2522 | 276 |
| 人 | run | 2 | | | 3812 | 11 |
| 句 | jü | 4 | 169 | 0.0214 | 2529 | 831 |
| 句 | jü | 4 | 18 | 0.0023 | 2529 | 831 |
| 子 | dsi | 3 | | | 3874 | 324 |
| 巨 | jü | 4 | 69 | 0.0087 | 2534 | 1226 |
| 巨 | jü | 4 | 38 | 0.0048 | 2534 | 1226 |
| 大 | da | 4 | | | 745 | 12 |
| 拒 | jü | 4 | 22 | 0.0028 | 2533 | 1649 |
| 拒 | jü | 4 | 72 | 0.0091 | 2533 | 1649 |
| 絕 | jüeh | 2 | | | 2548 | 940 |
| 距 | jü | 4 | 51 | 0.0065 | 2532 | 1197 |
| 距 | jü | 4 | 118 | 0.0149 | 2532 | 1197 |
| 離 | li | 2 | | | 1371 | 538 |
| 具 | jü | 4 | 354 | 0.0448 | 2530 | 583 |
| 具 | jü | 4 | 51 | 0.0065 | 2530 | 583 |
| 備 | bei | 4 | | | 62 | 392 |
| 具 | jü | 4 | 39 | 0.0049 | 2530 | 583 |
| 體 | ti | 3 | | | 1073 | 178 |
| 俱 | jü | 4 | 13 | 0.0016 | 2537 | 2972 |
| 俱 | jü | 4 | 19 | 0.0024 | 2537 | 2972 |
| 樂 | luh | 4 | | | 1292 | 465 |
| 部 | bu | 4 | | | 212 | 91 |
| 據 | jü | 4 | 220 | 0.0279 | 2528 | 523 |
| 據 | jü | 4 | 59 | 0.0075 | 2528 | 523 |
| 說 | shwo | 1 | | | 3770 | 37 |
| 聚 | jü | 4 | 23 | 0.0029 | 2535 | 1918 |
| 劇 | jü | 4 | 43 | 0.0054 | 2531 | 1213 |
| 劇 | jü | 4 | 22 | 0.0028 | 2531 | 1213 |
| 烈 | lieh | 4 | | | 1427 | 913 |
| 劇 | jü | 4 | 159 | 0.0201 | 2531 | 1213 |
| 情 | ching | 2 | | | 2734 | 233 |
| 決 | jüeh | 2 | 108 | 0.0137 | 2546 | 363 |
| 決 | jüeh | 2 | 333 | 0.0422 | 2546 | 363 |
| 定 | ding | 4 | | | 912 | 121 |
| 決 | jüeh | 2 | 82 | 0.0104 | 2546 | 363 |
| 心 | xin | 1 | | | 2946 | 142 |

| Char. | Syll. | Tone | Freq. | Freq.% | ID | Rank |
|---|---|---|---|---|---|---|
| 決 | jüeh | 2 | 11 | 0.0014 | 2546 | 363 |
| 策 | tsuh | 4 | | | 4002 | 1373 |
| 決 | jüeh | 2 | 17 | 0.0022 | 2546 | 363 |
| 賽 | sai | 4 | | | 4123 | 514 |
| 決 | jüeh | 2 | 15 | 0.0019 | 2546 | 363 |
| 議 | yi | 4 | | | 4331 | 290 |
| 絶 | jüeh | 2 | 179 | 0.0227 | 2548 | 940 |
| 絶 | jüeh | 2 | 77 | 0.0098 | 2548 | 940 |
| 對 | dwei | 4 | | | 947 | 90 |
| 覺 | jüeh | 2 | 79 | 0.0100 | 2545 | 512 |
| 覺 | jüeh | 2 | 435 | 0.0551 | 2545 | 512 |
| 得 | duh | 2 | | | 746 | 146 |
| 捐 | jüen | 1 | 20 | 0.0025 | 2563 | 1602 |
| 捲 | jüen | 3 | 46 | 0.0058 | 2566 | 2036 |
| 均 | jün | 1 | 334 | 0.0423 | 2573 | 1245 |
| 均 | jün | 1 | 11 | 0.0014 | 2573 | 1245 |
| 衡 | hung | 2 | | | 2049 | 1915 |
| 均 | jün | 1 | 10 | 0.0013 | 2573 | 1245 |
| 勢 | shi | 4 | | | 3600 | 557 |
| 均 | jün | 1 | 92 | 0.0117 | 2573 | 1245 |
| 匀 | yün | 2 | | | 4831 | 2287 |
| 君 | jün | 1 | 49 | 0.0062 | 2576 | 1289 |
| 君 | jün | 1 | 32 | 0.0041 | 2576 | 1289 |
| 主 | rju | 3 | | | 3299 | 130 |
| 君 | jü | 1 | 10 | 0.0013 | 2576 | 1289 |
| 子 | dsi | 3 | | | 3874 | 324 |
| 軍 | jün | 1 | 246 | 0.0312 | 2574 | 150 |
| 軍 | jün | 1 | 96 | 0.0122 | 2574 | 150 |
| 隊 | dwei | 4 | | | 946 | 427 |
| 軍 | jün | 1 | 14 | 0.0018 | 2574 | 150 |
| 力 | li | 4 | | | 1396 | 143 |
| 軍 | jün | 1 | 55 | 0.0070 | 2574 | 150 |
| 官 | gwan | 1 | | | 1781 | 556 |
| 軍 | jün | 1 | 15 | 0.0019 | 2574 | 150 |
| 艦 | jien | 4 | | | 2423 | 1145 |
| 軍 | jün | 1 | 154 | 0.0195 | 2574 | 150 |
| 事 | shi | 4 | | | 3592 | 77 |
| 軍 | jün | 1 | 45 | 0.0057 | 2574 | 150 |
| 人 | run | 2 | | | 3812 | 11 |
| 郡 | jün | 4 | 18 | 0.0023 | 2578 | 2311 |
| 妻 | chi | 1 | 52 | 0.0066 | 2594 | 1750 |
| 妻 | chi | 1 | 68 | 0.0086 | 2594 | 1750 |
| 子 | dsi | 3 | | | 3874 | 324 |
| 凄 | chi | 1 | 15 | 0.0019 | 2596 | 3092 |
| 涼 | liang | 2 | | | 1495 | 1178 |
| 欺 | chi | 1 | 21 | 0.0027 | 2591 | 1708 |
| 七 | chi | 1 | 238 | 0.0302 | 2590 | 100 |
| 七 | chi | 1 | 18 | 0.0023 | 2590 | 100 |
| 八 | ba | 1 | | | 1 | 93 |
| 漆 | chi | 1 | 16 | 0.0020 | 2589 | 1351 |
| 歧 | chi | 2 | 15 | 0.0019 | 2608 | 3093 |
| 視 | shi | 4 | | | 3602 | 720 |
| 祈 | chi | 2 | 17 | 0.0022 | 2607 | 2609 |
| 禱 | dau | 3 | | | 772 | 2402 |
| 其 | chi | 2 | 1403 | 0.1777 | 2598 | 243 |
| 其 | chi | 2 | 438 | 0.0555 | 2598 | 243 |
| 她 | ta | 1 | | | 978 | 10 |
| 其 | chi | 2 | 12 | 0.0015 | 2598 | 243 |
| 間 | jien | 1 | | | 2391 | 245 |
| 其 | chi | 2 | 279 | 0.0353 | 2598 | 243 |
| 中 | rjoong | 1 | | | 3361 | 20 |
| 其 | chi | 2 | 140 | 0.0177 | 2598 | 243 |
| 實 | shi | 2 | | | 3581 | 215 |
| 其 | chi | 2 | 43 | 0.0054 | 2598 | 243 |
| 次 | tsi | 4 | | | 3996 | 173 |
| 其 | chi | 2 | 56 | 0.0071 | 2598 | 243 |
| 餘 | yü | 2 | | | 4730 | 1168 |
| 期 | chi | 2 | 249 | 0.0315 | 2599 | 225 |
| 期 | chi | 2 | 10 | 0.0013 | 2599 | 225 |
| 待 | dai | 4 | | | 758 | 927 |
| 期 | chi | 2 | 120 | 0.0152 | 2599 | 225 |
| 間 | jien | 1 | | | 2391 | 245 |
| 期 | chi | 2 | 13 | 0.0016 | 2599 | 225 |
| 限 | xien | 4 | | | 2936 | 910 |

| Char. | Syll. | Tone | Freq. | Freq.% | ID | Rank |
|---|---|---|---|---|---|---|
| 期 | chi | 2 | 37 | 0.0047 | 2599 | 225 |
| 望 | wang | 4 | | | 4719 | 381 |
| 旗 | chi | 2 | 23 | 0.0029 | 2603 | 868 |
| 奇 | chi | 2 | 57 | 0.0072 | 2600 | 730 |
| 奇 | chi | 2 | 18 | 0.0023 | 2600 | 730 |
| 妙 | miau | 3 | | | 525 | 1838 |
| 奇 | chi | 2 | 23 | 0.0029 | 2600 | 730 |
| 特 | tuh | 4 | | | 989 | 328 |
| 奇 | chi | 2 | 154 | 0.0195 | 2600 | 730 |
| 怪 | gwai | 4 | | | 1758 | 821 |
| 奇 | chi | 2 | 15 | 0.0019 | 2600 | 730 |
| 異 | yi | 4 | | | 4335 | 1096 |
| 崎 | chi | 2 | 11 | 0.0014 | 2604 | 2467 |
| 嶇 | chü | 1 | | | 2745 | 2978 |
| 騎 | chi | 2 | 82 | 0.0104 | 2602 | 1410 |
| 騎 | chi | 2 | 10 | 0.0013 | 2602 | 1410 |
| 士 | shi | 4 | | | 3596 | 362 |
| 齊 | chi | 2 | 62 | 0.0079 | 2601 | 668 |
| 起 | chi | 3 | 707 | 0.0896 | 2621 | 78 |
| 起 | chi | 3 | 11 | 0.0014 | 2621 | 78 |
| 飛 | fei | 1 | | | 589 | 230 |
| 起 | chi | 3 | 18 | 0.0023 | 2621 | 78 |
| 伏 | fu | 2 | | | 694 | 1908 |
| 起 | chi | 2 | 13 | 0.0016 | 2621 | 78 |
| 點 | dien | 3 | | | 892 | 160 |
| 起 | chi | 3 | 130 | 0.0165 | 2621 | 78 |
| 來 | lai | 2 | | | 1297 | 15 |
| 起 | chi | 3 | 13 | 0.0016 | 2621 | 78 |
| 見 | jien | 4 | | | 2417 | 206 |
| 起 | chi | 3 | 11 | 0.0014 | 2621 | 78 |
| 先 | xien | 1 | | | 2910 | 234 |
| 起 | chi | 3 | 11 | 0.0014 | 2621 | 78 |
| 義 | yi | 4 | | | 4334 | 330 |
| 起 | chi | 3 | 28 | 0.0035 | 2621 | 78 |
| 初 | rcu | 1 | | | 3506 | 496 |
| 起 | chi | 3 | 16 | 0.0020 | 2621 | 78 |
| 床 | rcwang | 2 | | | 3554 | 1095 |
| 起 | chi | 3 | 26 | 0.0033 | 2621 | 78 |
| 身 | shun | 1 | | | 3691 | 249 |
| 起 | chi | 3 | 13 | 0.0016 | 2621 | 78 |
| 源 | yüen | 2 | | | 4812 | 1037 |
| 啓 | chi | 3 | 11 | 0.0014 | 2620 | 977 |
| 啓 | chi | 3 | 22 | 0.0028 | 2620 | 977 |
| 發 | fa | 1 | | | 577 | 73 |
| 啓 | chi | 3 | 12 | 0.0015 | 2620 | 977 |
| 示 | shi | 4 | | | 3598 | 528 |
| 豈 | chi | 3 | 89 | 0.0113 | 2622 | 3217 |
| 汽 | chi | 4 | 141 | 0.0179 | 2629 | 675 |
| 車 | rcuh | 1 | | | 3412 | 181 |
| 汽 | chi | 4 | 10 | 0.0013 | 2629 | 675 |
| 油 | you | 2 | | | 4437 | 487 |
| 氣 | chi | 4 | 177 | 0.0224 | 2627 | 132 |
| 氣 | chi | 4 | 15 | 0.0019 | 2627 | 132 |
| 泡 | pau | 1 | | | 258 | 4216 |
| 氣 | chi | 4 | 39 | 0.0049 | 2627 | 132 |
| 氛 | fun | 1 | | | 631 | 2940 |
| 氣 | chi | 4 | 22 | 0.0028 | 2627 | 132 |
| 盾 | doon | 4 | | | 962 | 3168 |
| 氣 | chi | 4 | 151 | 0.0191 | 2627 | 132 |
| 體 | ti | 3 | | | 1073 | 178 |
| 氣 | chi | 4 | 11 | 0.0014 | 2627 | 132 |
| 管 | gwan | 3 | | | 1787 | 452 |
| 氣 | chi | 4 | 104 | 0.0132 | 2627 | 132 |
| 候 | hou | 4 | | | 2008 | 140 |
| 氣 | chi | 4 | 14 | 0.0018 | 2627 | 132 |
| 球 | chiu | 2 | | | 2670 | 237 |
| 氣 | chi | 4 | 33 | 0.0042 | 2627 | 132 |
| 象 | xiang | 4 | | | 2975 | 599 |
| 氣 | chi | 4 | 19 | 0.0024 | 2627 | 132 |
| 壓 | ya | 1 | | | 4368 | 944 |
| 氣 | chi | 4 | 15 | 0.0019 | 2627 | 132 |
| 味 | wei | 4 | | | 4663 | 882 |
| 氣 | chi | 4 | 34 | 0.0043 | 2627 | 132 |
| 溫 | wun | 1 | | | 4697 | 534 |

| Char. | Syll. | Tone | Freq. | Freq.% | ID | Rank |
|---|---|---|---|---|---|---|
| 企 | chi | 4 | 155 | 0.0196 | 2631 | 2312 |
| 圖 | tu | 2 | | | 1120 | 85 |
| 企 | chi | 4 | 55 | 0.0070 | 2631 | 2312 |
| 業 | yeh | 4 | | | 4397 | 137 |
| 契 | chi | 4 | 13 | 0.0016 | 2630 | 2525 |
| 約 | yüeh | 1 | | | 4792 | 357 |
| 砌 | chi | 4 | 10 | 0.0013 | 2635 | 3546 |
| 棄 | chi | 4 | 19 | 0.0024 | 2628 | 1709 |
| 器 | chi | 4 | 12 | 0.0015 | 2626 | 394 |
| 皿 | min | 3 | | | 546 | 2938 |
| 器 | chi | 4 | 56 | 0.0071 | 2626 | 394 |
| 官 | gwan | 1 | | | 1781 | 556 |
| 器 | chi | 4 | 18 | 0.0023 | 2626 | 394 |
| 具 | jü | 4 | | | 2530 | 583 |
| 器 | chi | 4 | 15 | 0.0019 | 2626 | 394 |
| 材 | tsai | 2 | | | 4005 | 755 |
| 器 | chi | 4 | 14 | 0.0018 | 2626 | 394 |
| 物 | wu | 4 | | | 4602 | 128 |
| 迄 | chi | 4 | 33 | 0.0042 | 2633 | 3356 |
| 恰 | chia | 4 | 25 | 0.0032 | 2639 | 1845 |
| 恰 | chia | 4 | 17 | 0.0022 | 2639 | 1845 |
| 好 | hau | 3 | | | 1995 | 45 |
| 切 | chieh | 1 | 23 | 0.0029 | 2640 | 1869 |
| 切 | chieh | 1 | 14 | 0.0018 | 2640 | 1869 |
| 斷 | dwan | 4 | | | 952 | 871 |
| 切 | chieh | 1 | 13 | 0.0016 | 2640 | 1869 |
| 成 | rcung | 2 | | | 3490 | 56 |
| 且 | chieh | 3 | 320 | 0.0405 | 2643 | 425 |
| 切 | chieh | 4 | 19 | 0.0024 | 2645 | 642 |
| 切 | chieh | 4 | 21 | 0.0027 | 2645 | 642 |
| 實 | shi | 2 | | | 3581 | 215 |
| 敲 | chiau | 1 | 43 | 0.0054 | 2648 | 2093 |
| 敲 | chiau | 1 | 13 | 0.0016 | 2648 | 2093 |
| 擊 | ji | 2 | | | 2229 | 886 |
| 僑 | chiau | 2 | 14 | 0.0018 | 2652 | 1006 |
| 僑 | chiau | 2 | 28 | 0.0035 | 2652 | 1006 |
| 胞 | bau | 1 | | | 74 | 985 |
| 僑 | chiau | 2 | 11 | 0.0014 | 2652 | 1006 |
| 民 | min | 2 | | | 542 | 59 |
| 僑 | chiau | 2 | 10 | 0.0013 | 2652 | 1006 |
| 能 | nung | 2 | | | 1212 | 70 |
| 橋 | chiau | 2 | 48 | 0.0061 | 2651 | 1052 |
| 橋 | chiau | 2 | 27 | 0.0034 | 2651 | 1052 |
| 樑 | liang | 2 | | | 1497 | 2165 |
| 瞧 | chiau | 2 | 40 | 0.0051 | 2654 | 1673 |
| 瞧 | chiau | 2 | 16 | 0.0020 | 2654 | 1673 |
| 見 | jien | 4 | | | 2417 | 206 |
| 巧 | chiau | 3 | 11 | 0.0014 | 2659 | 1491 |
| 妙 | miau | 4 | | | 528 | 1392 |
| 悄 | chiau | 1 | 15 | 0.0019 | 2658 | 1751 |
| 悄 | chiau | 1 | | | 2658 | 1751 |
| 丘 | chiu | 1 | 15 | 0.0019 | 2668 | 2117 |
| 陵 | ling | 2 | | | 1509 | 1261 |
| 邱 | chiu | 1 | 12 | 0.0015 | 2665 | 1368 |
| 吉 | ji | 2 | | | 2228 | 1005 |
| 爾 | er | 3 | | | 4293 | 306 |
| 秋 | chiu | 1 | 32 | 0.0041 | 2666 | 826 |
| 秋 | chiu | 1 | 11 | 0.0014 | 2666 | 826 |
| 季 | ji | 4 | | | 2259 | 793 |
| 求 | chiu | 2 | 308 | 0.0390 | 2669 | 494 |
| 求 | chiu | 2 | 10 | 0.0013 | 2669 | 494 |
| 取 | chü | 3 | | | 2751 | 486 |
| 求 | chiu | 2 | 18 | 0.0023 | 2669 | 494 |
| 學 | xüeh | 2 | | | 3028 | 26 |
| 球 | chiu | 2 | 101 | 0.0128 | 2670 | 237 |
| 球 | chiu | 2 | 11 | 0.0014 | 2670 | 237 |
| 場 | rcang | 2 | | | 3474 | 450 |
| 球 | chiu | 2 | 10 | 0.0013 | 2670 | 237 |
| 賽 | sai | 4 | | | 4123 | 514 |
| 球 | chiu | 2 | 27 | 0.0034 | 2670 | 237 |
| 員 | yüen | 2 | | | 4808 | 210 |
| 千 | chien | 1 | 605 | 0.0766 | 2674 | 365 |

| Char. | Syll. | Tone | Freq. | Freq.% | ID | Rank |
|---|---|---|---|---|---|---|
| 千 | chien | 1 | 32 | 0.0041 | 2674 | 365 |
| 萬 | wan | 4 | | | 4695 | 315 |
| 遷 | chien | 1 | 68 | 0.0086 | 2676 | 1468 |
| 牽 | chien | 1 | 26 | 0.0033 | 2678 | 1810 |
| 鉛 | chien | 1 | 39 | 0.0049 | 2673 | 872 |
| 筆 | bi | 3 | | | 133 | 429 |
| 簽 | chien | 1 | 10 | 0.0013 | 2675 | 1505 |
| 定 | ding | 4 | | | 912 | 121 |
| 簽 | chien | 1 | 18 | 0.0023 | 2675 | 1505 |
| 訂 | ding | 4 | | | 911 | 694 |
| 籤 | chien | 1 | 11 | 0.0014 | 2677 | 2271 |
| 條 | tiau | 2 | | | 1090 | 231 |
| 前 | chien | 2 | 1393 | 0.1765 | 2687 | 145 |
| 前 | chien | 2 | 123 | 0.0156 | 2687 | 145 |
| 面 | mien | 4 | | | 539 | 66 |
| 前 | chien | 2 | 20 | 0.0025 | 2687 | 145 |
| 方 | fang | 1 | | | 647 | 62 |
| 前 | chien | 2 | 58 | 0.0073 | 2687 | 145 |
| 途 | tu | 2 | | | 1119 | 706 |
| 前 | chien | 2 | 52 | 0.0066 | 2687 | 145 |
| 進 | jin | 4 | | | 2454 | 144 |
| 前 | chien | 2 | 15 | 0.0019 | 2687 | 145 |
| 線 | xien | 4 | | | 2935 | 368 |
| 前 | chien | 2 | 58 | 0.0073 | 2687 | 145 |
| 往 | wang | 3 | | | 4714 | 426 |
| 錢 | chien | 2 | 370 | 0.0469 | 2686 | 525 |
| 潛 | chien | 2 | 12 | 0.0015 | 2689 | 1650 |
| 淺 | chien | 3 | 40 | 0.0051 | 2694 | 1792 |
| 遣 | chien | 3 | 18 | 0.0023 | 2693 | 2094 |
| 欠 | chien | 4 | 21 | 0.0027 | 2697 | 2468 |
| 親 | chin | 1 | 11 | 0.0014 | 2700 | 261 |
| 密 | mi | 4 | | | 511 | 660 |
| 親 | chin | 1 | 38 | 0.0048 | 2700 | 261 |
| 戚 | chi | 1 | | | 2592 | 1549 |
| 親 | chin | 1 | 26 | 0.0033 | 2700 | 261 |
| 切 | chieh | 1 | | | 2640 | 1869 |

| Char. | Syll. | Tone | Freq. | Freq.% | ID | Rank |
|---|---|---|---|---|---|---|
| 親 | chin | 1 | 49 | 0.0062 | 2700 | 261 |
| 自 | dsi | 4 | | | 3878 | 86 |
| 親 | chin | 1 | 26 | 0.0033 | 2700 | 261 |
| 愛 | ai | 4 | | | 4246 | 300 |
| 親 | chin | 1 | 20 | 0.0025 | 2700 | 261 |
| 友 | you | 3 | | | 4443 | 336 |
| 侵 | chin | 1 | 32 | 0.0041 | 2699 | 941 |
| 侵 | chin | 1 | 14 | 0.0018 | 2699 | 941 |
| 犯 | fan | 4 | | | 624 | 1741 |
| 侵 | chin | 1 | 36 | 0.0046 | 2699 | 941 |
| 略 | lüeh | 4 | | | 1608 | 1039 |
| 侵 | chin | 1 | 12 | 0.0015 | 2699 | 941 |
| 害 | hai | 4 | | | 1982 | 484 |
| 侵 | chin | 1 | 23 | 0.0029 | 2699 | 941 |
| 蝕 | shi | 2 | | | 3585 | 1590 |
| 秦 | chin | 2 | 54 | 0.0068 | 2706 | 1321 |
| 秦 | chin | 2 | 10 | 0.0013 | 2706 | 1321 |
| 始 | shi | 3 | | | 3586 | 503 |
| 皇 | hwang | 2 | | | 2166 | 929 |
| 勤 | chin | 2 | 11 | 0.0014 | 2703 | 1290 |
| 勤 | chin | 2 | 14 | 0.0018 | 2703 | 1290 |
| 奮 | fun | 4 | | | 643 | 1244 |
| 勤 | chin | 2 | 23 | 0.0029 | 2703 | 1290 |
| 勞 | lau | 2 | | | 1318 | 775 |
| 琴 | chin | 2 | 30 | 0.0038 | 2704 | 1053 |
| 腔 | chiang | 1 | 10 | 0.0013 | 2714 | 1961 |
| 槍 | chiang | 1 | 90 | 0.0114 | 2712 | 1077 |
| 強 | chiang | 2 | 201 | 0.0255 | 2716 | 354 |
| 強 | chiang | 3 | 17 | 0.0022 | 2722 | 2977 |
| 迫 | po | 4 | | | 234 | 1364 |
| 強 | chiang | 2 | 49 | 0.0062 | 2716 | 354 |
| 大 | da | 4 | | | 745 | 12 |
| 強 | chiang | 2 | 10 | 0.0013 | 2716 | 354 |
| 盜 | dau | 4 | | | 778 | 2502 |
| 強 | chiang | 2 | 79 | 0.0100 | 2716 | 354 |
| 調 | diau | 4 | | | 883 | 646 |

| Char. | Syll. | Tone | Freq. | Freq.% | ID | Rank |
|---|---|---|---|---|---|---|
| 強 | chiang | 2 | 16 | 0.0020 | 2716 | 354 |
| 度 | du | 4 | | | 927 | 212 |
| 強 | chiang | 2 | 70 | 0.0089 | 2716 | 354 |
| 烈 | lieh | 4 | | | 1427 | 913 |
| 強 | chiang | 2 | 14 | 0.0018 | 2716 | 354 |
| 健 | jien | 4 | | | 2421 | 657 |
| 強 | chiang | 2 | 14 | 0.0018 | 2716 | 354 |
| 盛 | shung | 4 | | | 3726 | 597 |
| 牆 | chiang | 2 | 81 | 0.0103 | 2718 | 1333 |
| 牆 | chiang | 2 | 31 | 0.0039 | 2718 | 1333 |
| 壁 | bi | 4 | | | 140 | 1319 |
| 搶 | chiang | 3 | 40 | 0.0051 | 2723 | 1384 |
| 青 | ching | 1 | 41 | 0.0052 | 2725 | 488 |
| 青 | ching | 1 | 10 | 0.0013 | 2725 | 488 |
| 銅 | toong | 2 | | | 1162 | 1102 |
| 青 | ching | 1 | 272 | 0.0345 | 2725 | 488 |
| 年 | nien | 2 | | | 1242 | 35 |
| 青 | ching | 1 | 13 | 0.0016 | 2725 | 488 |
| 年 | nien | 2 | | | 1242 | 35 |
| 人 | run | 2 | | | 3812 | 11 |
| 青 | ching | 1 | 16 | 0.0020 | 2725 | 488 |
| 春 | rcoon | 1 | | | 3542 | 513 |
| 青 | ching | 1 | 10 | 0.0013 | 2725 | 488 |
| 少 | shau | 4 | | | 3654 | 993 |
| 棒 | bang | 4 | | | 122 | 925 |
| 青 | ching | 1 | 34 | 0.0043 | 2725 | 488 |
| 少 | shau | 4 | | | 3654 | 993 |
| 年 | nien | 2 | | | 1242 | 35 |
| 青 | ching | 1 | 11 | 0.0014 | 2725 | 488 |
| 蛙 | wa | 1 | | | 4613 | 1949 |
| 清 | ching | 1 | 128 | 0.0162 | 2726 | 289 |
| 清 | ching | 1 | 12 | 0.0015 | 2726 | 289 |
| 代 | dai | 4 | | | 756 | 262 |
| 清 | ching | 1 | 15 | 0.0019 | 2726 | 289 |
| 廷 | ting | 2 | | | 1112 | 1664 |
| 清 | ching | 1 | 64 | 0.0081 | 2726 | 289 |
| 潔 | jieh | 2 | | | 2313 | 982 |
| 清 | ching | 1 | 18 | 0.0023 | 2726 | 289 |
| 晰 | xi | 1 | | | 2799 | 3365 |

| Char. | Syll. | Tone | Freq. | Freq.% | ID | Rank |
|---|---|---|---|---|---|---|
| 清 | ching | 1 | 23 | 0.0029 | 2726 | 289 |
| 醒 | xing | 3 | | | 2994 | 1301 |
| 清 | ching | 1 | 21 | 0.0027 | 2726 | 289 |
| 晨 | rcun | 2 | | | 3456 | 878 |
| 清 | ching | 1 | 10 | 0.0013 | 2726 | 289 |
| 除 | rcu | 2 | | | 3510 | 444 |
| 清 | ching | 1 | 103 | 0.0130 | 2726 | 289 |
| 楚 | rcu | 3 | | | 3516 | 1205 |
| 清 | ching | 1 | 11 | 0.0014 | 2726 | 289 |
| 鬆 | soong | 1 | | | 4195 | 1497 |
| 傾 | ching | 1 | 28 | 0.0035 | 2730 | 2095 |
| 傾 | ching | 1 | 20 | 0.0025 | 2730 | 2095 |
| 斜 | xieh | 2 | | | 2854 | 1794 |
| 傾 | ching | 1 | 15 | 0.0019 | 2730 | 2095 |
| 向 | xiang | 4 | | | 2974 | 189 |
| 氫 | ching | 1 | 74 | 0.0094 | 2729 | 2573 |
| 輕 | ching | 1 | 99 | 0.0125 | 2728 | 592 |
| 輕 | ching | 1 | 11 | 0.0014 | 2728 | 592 |
| 工 | goong | 1 | | | 1804 | 125 |
| 業 | yeh | 4 | | | 4397 | 137 |
| 輕 | ching | 1 | 22 | 0.0028 | 2728 | 592 |
| 輕 | ching | 1 | | | 2728 | 592 |
| 輕 | ching | 1 | 11 | 0.0014 | 2728 | 592 |
| 輕 | ching | 1 | | | 2728 | 592 |
| 的 | duh | 5 | | | 749 | 1 |
| 輕 | ching | 1 | 10 | 0.0013 | 2728 | 592 |
| 輕 | ching | 1 | | | 2728 | 592 |
| 地 | di | 4 | | | 858 | 33 |
| 輕 | ching | 1 | 45 | 0.0057 | 2728 | 592 |
| 鬆 | soong | 1 | | | 4195 | 1497 |
| 輕 | ching | 1 | 18 | 0.0023 | 2728 | 592 |
| 易 | yi | 4 | | | 4333 | 565 |
| 輕 | ching | 1 | 15 | 0.0019 | 2728 | 592 |
| 微 | wei | 2 | | | 4640 | 798 |
| 情 | ching | 2 | 94 | 0.0119 | 2734 | 233 |
| 情 | ching | 2 | 21 | 0.0027 | 2734 | 233 |
| 報 | bau | 4 | | | 85 | 184 |
| 情 | ching | 2 | 27 | 0.0034 | 2734 | 233 |
| 感 | gan | 3 | | | 1680 | 551 |

| Char. | Syll. | Tone | Freq. | Freq.% | ID | Rank |
|---|---|---|---|---|---|---|
| 情 | ching | 2 | 178 | 0.0226 | 2734 | 233 |
| 況 | kwang | 4 | | | 1939 | 1209 |
| 情 | ching | 2 | 13 | 0.0016 | 2734 | 233 |
| 節 | jieh | 2 | | | 2311 | 352 |
| 情 | ching | 2 | 18 | 0.0023 | 2734 | 233 |
| 景 | jing | 3 | | | 2492 | 808 |
| 情 | ching | 2 | 10 | 0.0013 | 2734 | 233 |
| 趣 | chü | 4 | | | 2753 | 904 |
| 情 | ching | 2 | 372 | 0.0471 | 2734 | 233 |
| 形 | xing | 2 | | | 2988 | 252 |
| 情 | ching | 2 | 64 | 0.0081 | 2734 | 233 |
| 緒 | xü | 4 | | | 3016 | 1550 |
| 情 | ching | 2 | 68 | 0.0086 | 2734 | 233 |
| 勢 | shi | 4 | | | 3600 | 557 |
| 情 | ching | 2 | 19 | 0.0024 | 2734 | 233 |
| 願 | yüen | 4 | | | 4823 | 787 |
| 晴 | ching | 2 | 10 | 0.0013 | 2733 | 1870 |
| 朗 | lang | 3 | | | 1363 | 1721 |
| 請 | ching | 3 | 494 | 0.0626 | 2737 | 310 |
| 請 | ching | 3 | 39 | 0.0049 | 2737 | 310 |
| 教 | jiau | 4 | | | 2368 | 68 |
| 請 | ching | 3 | 42 | 0.0053 | 2737 | 310 |
| 求 | chiu | 2 | | | 2669 | 494 |
| 慶 | ching | 4 | 10 | 0.0013 | 2738 | 776 |
| 慶 | ching | 4 | 56 | 0.0071 | 2738 | 776 |
| 祝 | rju | 4 | | | 3307 | 1228 |
| 區 | chü | 1 | 279 | 0.0353 | 2740 | 385 |
| 區 | chü | 1 | 14 | 0.0018 | 2740 | 385 |
| 別 | bieh | 2 | | | 163 | 259 |
| 區 | chü | 1 | 37 | 0.0047 | 2740 | 385 |
| 域 | yü | 4 | | | 4763 | 811 |
| 驅 | chü | 1 | 12 | 0.0015 | 2741 | 1980 |
| 逐 | rju | 2 | | | 3294 | 1254 |
| 趨 | chü | 1 | 70 | 0.0089 | 2743 | 2680 |
| 趨 | chü | 1 | 33 | 0.0042 | 2743 | 2680 |
| 勢 | shi | 4 | | | 3600 | 557 |
| 曲 | chü | 1 | 43 | 0.0054 | 2739 | 1440 |
| 曲 | chü | 1 | 30 | 0.0038 | 2739 | 1440 |
| 折 | rjuh | 2 | | | 3146 | 1469 |
| 曲 | chü | 3 | 31 | 0.0039 | 2750 | 849 |
| 調 | diau | 4 | | | 883 | 646 |
| 屈 | chü | 1 | 22 | 0.0028 | 2742 | 1919 |
| 取 | chü | 3 | 263 | 0.0333 | 2751 | 486 |
| 取 | chü | 3 | 23 | 0.0029 | 2751 | 486 |
| 得 | duh | 2 | | | 746 | 146 |
| 取 | chü | 3 | 19 | 0.0024 | 2751 | 486 |
| 締 | di | 4 | | | 865 | 3465 |
| 取 | chü | 3 | 13 | 0.0016 | 2751 | 486 |
| 消 | xiau | 1 | | | 2873 | 475 |
| 取 | chü | 3 | 15 | 0.0019 | 2751 | 486 |
| 出 | rcu | 1 | | | 3507 | 60 |
| 娶 | chü | 3 | 35 | 0.0044 | 2752 | 3552 |
| 去 | chü | 4 | 3136 | 0.3973 | 2754 | 43 |
| 去 | chü | 4 | 144 | 0.0182 | 2754 | 43 |
| 年 | nien | 2 | | | 1242 | 35 |
| 去 | chü | 4 | 25 | 0.0032 | 2754 | 43 |
| 世 | shi | 4 | | | 3594 | 236 |
| 趣 | chü | 4 | 11 | 0.0014 | 2753 | 904 |
| 趣 | chü | 4 | 22 | 0.0028 | 2753 | 904 |
| 味 | wei | 4 | | | 4663 | 882 |
| 缺 | chüeh | 1 | 17 | 0.0022 | 2757 | 1273 |
| 缺 | chüeh | 1 | 111 | 0.0141 | 2757 | 1273 |
| 乏 | fa | 2 | | | 578 | 2365 |
| 缺 | chüeh | 1 | 54 | 0.0068 | 2757 | 1273 |
| 點 | dien | 3 | | | 892 | 160 |
| 缺 | chüeh | 1 | 42 | 0.0053 | 2757 | 1273 |
| 少 | shau | 3 | | | 3652 | 360 |
| 却 | chüeh | 4 | 839 | 0.1063 | 2759 | 462 |
| 確 | chüeh | 4 | 77 | 0.0098 | 2761 | 949 |
| 確 | chüeh | 4 | 44 | 0.0056 | 2761 | 949 |
| 定 | ding | 4 | | | 912 | 121 |
| 確 | chüeh | 4 | 12 | 0.0015 | 2761 | 949 |
| 切 | chieh | 4 | | | 2645 | 642 |

| Char. | Syll. | Tone | Freq. | Freq.% | ID | Rank |
|---|---|---|---|---|---|---|
| 確 | chüeh | 4 | 67 | 0.0085 | 2761 | 949 |
| 實 | shi | 2 | | | 3581 | 215 |
| 圈 | chüen | 1 | 24 | 0.0030 | 2765 | 1399 |
| 全 | chüen | 2 | 900 | 0.1140 | 2767 | 170 |
| 全 | chüen | 2 | 157 | 0.0199 | 2767 | 170 |
| 部 | bu | 4 | | | 212 | 91 |
| 全 | chüen | 2 | 36 | 0.0046 | 2767 | 170 |
| 面 | mien | 4 | | | 539 | 66 |
| 全 | chüen | 2 | 78 | 0.0099 | 2767 | 170 |
| 體 | ti | 3 | | | 1073 | 178 |
| 全 | chüen | 2 | 33 | 0.0042 | 2767 | 170 |
| 力 | li | 4 | | | 1396 | 143 |
| 全 | chüen | 2 | 33 | 0.0042 | 2767 | 170 |
| 球 | chiu | 2 | | | 2670 | 237 |
| 全 | chüen | 2 | 13 | 0.0016 | 2767 | 170 |
| 然 | ran | 2 | | | 3807 | 123 |
| 拳 | chüen | 2 | 11 | 0.0014 | 2768 | 1940 |
| 權 | chüen | 2 | 112 | 0.0142 | 2766 | 473 |
| 權 | chüen | 2 | 45 | 0.0057 | 2766 | 473 |
| 力 | li | 4 | | | 1396 | 143 |
| 權 | chüen | 2 | 63 | 0.0080 | 2766 | 473 |
| 利 | li | 4 | | | 1398 | 222 |
| 勸 | chüen | 4 | 55 | 0.0070 | 2773 | 1532 |
| 勸 | chüen | 4 | 111 | 0.0141 | 2773 | 1532 |
| 募 | mu | 4 | | | 571 | 2498 |
| 群 | chün | 2 | 157 | 0.0199 | 2774 | 651 |
| 群 | chün | 2 | 37 | 0.0047 | 2774 | 651 |
| 衆 | rjoong | 4 | | | 3371 | 757 |
| 窮 | chüoong | 2 | 45 | 0.0057 | 2780 | 1588 |
| 西 | xi | 1 | 193 | 0.0245 | 2783 | 61 |
| 西 | xi | 1 | 20 | 0.0025 | 2783 | 61 |
| 北 | bei | 3 | | | 61 | 72 |
| 西 | xi | 1 | 44 | 0.0056 | 2783 | 61 |
| 班 | ban | 1 | | | 93 | 372 |
| 牙 | ya | 2 | | | 4374 | 836 |
| 西 | xi | 1 | 23 | 0.0029 | 2783 | 61 |
| 面 | mien | 4 | | | 539 | 66 |
| 西 | xi | 1 | 104 | 0.0132 | 2783 | 61 |
| 方 | fang | 1 | | | 647 | 62 |
| 西 | xi | 1 | 58 | 0.0073 | 2783 | 61 |
| 德 | duh | 2 | | | 747 | 286 |
| 西 | xi | 1 | 19 | 0.0024 | 2783 | 61 |
| 南 | nan | 2 | | | 1203 | 81 |
| 西 | xi | 1 | 19 | 0.0024 | 2783 | 61 |
| 裝 | rjwang | 1 | | | 3352 | 545 |
| 西 | xi | 1 | 12 | 0.0015 | 2783 | 61 |
| 藏 | dsang | 4 | | | 3933 | 1240 |
| 西 | xi | 1 | 31 | 0.0039 | 2783 | 61 |
| 歐 | ou | 1 | | | 4266 | 860 |
| 西 | xi | 1 | 33 | 0.0042 | 2783 | 61 |
| 洋 | yang | 2 | | | 4532 | 456 |
| 西 | xi | 1 | 18 | 0.0023 | 2783 | 61 |
| 域 | yü | 4 | | | 4763 | 811 |
| 西 | xi | 1 | 50 | 0.0063 | 2783 | 61 |
| 元 | yüen | 2 | | | 4811 | 239 |
| 希 | xi | 1 | 16 | 0.0020 | 2782 | 561 |
| 特 | tuh | 4 | | | 989 | 328 |
| 勒 | luh | 4 | | | 1291 | 1381 |
| 希 | xi | 1 | 38 | 0.0048 | 2782 | 561 |
| 臘 | la | 4 | | | 1284 | 1861 |
| 希 | xi | 1 | 74 | 0.0094 | 2782 | 561 |
| 望 | wang | 4 | | | 4719 | 381 |
| 稀 | xi | 1 | 10 | 0.0013 | 2786 | 1728 |
| 稀 | xi | 1 | 12 | 0.0015 | 2786 | 1728 |
| 薄 | bo | 2 | | | 28 | 1566 |
| 稀 | xi | 1 | 12 | 0.0015 | 2786 | 1728 |
| 少 | shau | 3 | | | 3652 | 360 |
| 溪 | xi | 1 | 26 | 0.0033 | 2784 | 1230 |
| 犧 | xi | 1 | 46 | 0.0058 | 2791 | 2272 |
| 牲 | shung | 1 | | | 3716 | 1901 |
| 攜 | xi | 1 | 15 | 0.0019 | 2789 | 2231 |
| 攜 | xi | 1 | 25 | 0.0032 | 2789 | 2231 |
| 帶 | dai | 4 | | | 755 | 301 |
| 吸 | xi | 1 | 83 | 0.0105 | 2785 | 786 |

| Char. | Syll. | Tone | Freq. | Freq.% | ID | Rank |
|---|---|---|---|---|---|---|
| 吸 | xi | 1 | 13 | 0.0016 | 2785 | 786 |
| 取 | chü | 3 | | | 2751 | 486 |
| 吸 | xi | 1 | 80 | 0.0101 | 2785 | 786 |
| 收 | shou | 1 | | | 3657 | 397 |
| 吸 | xi | 1 | 16 | 0.0020 | 2785 | 786 |
| 烟 | yen | 1 | | | 4456 | 1147 |
| 吸 | xi | 1 | 49 | 0.0062 | 2785 | 786 |
| 引 | yin | 3 | | | 4520 | 797 |
| 悉 | xi | 1 | 15 | 0.0019 | 2793 | 2528 |
| 膝 | xi | 1 | 23 | 0.0029 | 2797 | 3095 |
| 昔 | xi | 2 | 13 | 0.0016 | 2812 | 3366 |
| 日 | ri | 4 | | | 3795 | 54 |
| 惜 | xi | 2 | 24 | 0.0030 | 2811 | 1620 |
| 息 | xi | 2 | 20 | 0.0025 | 2806 | 622 |
| 媳 | xi | 2 | 33 | 0.0042 | 2814 | 4503 |
| 婦 | fu | 4 | | | 725 | 1200 |
| 熄 | xi | 2 | 15 | 0.0019 | 2813 | 2747 |
| 滅 | mieh | 4 | | | 519 | 947 |
| 席 | xi | 2 | 45 | 0.0057 | 2809 | 850 |
| 習 | xi | 2 | 20 | 0.0025 | 2807 | 263 |
| 習 | xi | 2 | 124 | 0.0157 | 2807 | 263 |
| 慣 | gwan | 4 | | | 1790 | 1004 |
| 習 | xi | 2 | 10 | 0.0013 | 2807 | 263 |
| 俗 | śu | 2 | | | 4152 | 1341 |
| 錫 | xi | 2 | 10 | 0.0013 | 2808 | 1227 |
| 襲 | xi | 2 | 10 | 0.0013 | 2810 | 1793 |
| 襲 | xi | 2 | 10 | 0.0013 | 2810 | 1793 |
| 擊 | ji | 2 | | | 2229 | 886 |
| 洗 | xi | 3 | 98 | 0.0124 | 2816 | 633 |
| 洗 | xi | 2 | 18 | 0.0023 | 2816 | 633 |
| 澡 | dsau | 3 | | | 3905 | 1813 |
| 喜 | xi | 3 | 89 | 0.0113 | 2817 | 440 |
| 喜 | xi | 3 | 288 | 0.0365 | 2817 | 440 |
| 歡 | hwan | 1 | | | 2138 | 428 |
| 喜 | xi | 3 | 37 | 0.0047 | 2817 | 440 |
| 愛 | ai | 4 | | | 4246 | 300 |
| 喜 | xi | 3 | 11 | 0.0014 | 2817 | 440 |
| 悅 | yüeh | 4 | | | 4802 | 2850 |
| 系 | xi | 4 | 40 | 0.0051 | 2823 | 834 |
| 系 | xi | 4 | 28 | 0.0035 | 2823 | 834 |
| 統 | toong | 3 | | | 1169 | 283 |
| 係 | xi | 4 | 133 | 0.0168 | 2822 | 877 |
| 細 | xi | 4 | 63 | 0.0080 | 2821 | 584 |
| 細 | xi | 4 | 56 | 0.0071 | 2821 | 584 |
| 胞 | bau | 1 | | | 74 | 985 |
| 細 | xi | 4 | 16 | 0.0020 | 2821 | 584 |
| 節 | jieh | 2 | | | 2311 | 352 |
| 細 | xi | 4 | 24 | 0.0030 | 2821 | 584 |
| 菌 | jün | 4 | | | 2579 | 962 |
| 細 | xi | 4 | 12 | 0.0015 | 2821 | 584 |
| 小 | xiau | 3 | | | 2887 | 40 |
| 細 | xi | 4 | 21 | 0.0027 | 2821 | 584 |
| 心 | xin | 1 | | | 2946 | 142 |
| 細 | xi | 4 | 11 | 0.0014 | 2821 | 584 |
| 長 | rcang | 2 | | | 3471 | 227 |
| 戲 | xi | 4 | 157 | 0.0199 | 2820 | 647 |
| 戲 | xi | 4 | 11 | 0.0014 | 2820 | 647 |
| 台 | tai | 2 | | | 991 | 636 |
| 戲 | xi | 4 | 36 | 0.0046 | 2820 | 647 |
| 劇 | jü | 4 | | | 2531 | 1213 |
| 戲 | xi | 4 | 18 | 0.0023 | 2820 | 647 |
| 院 | yüen | 4 | | | 4824 | 255 |
| 夕 | xi | 4 | 10 | 0.0013 | 2825 | 2204 |
| 夕 | xi | 4 | 18 | 0.0023 | 2825 | 2204 |
| 陽 | yang | 2 | | | 4533 | 299 |
| 蝦 | xia | 1 | 11 | 0.0014 | 2830 | 2118 |
| 瞎 | xia | 1 | 11 | 0.0014 | 2829 | 2748 |
| 下 | xia | 4 | 1767 | 0.2239 | 2844 | 50 |
| 下 | xia | 4 | 20 | 0.0025 | 2844 | 50 |
| 班 | ban | 1 | | | 93 | 372 |
| 下 | xia | 4 | 173 | 0.0219 | 2844 | 50 |
| 面 | mien | 4 | | | 539 | 66 |

| Char. | Syll. | Tone | Freq. | Freq.% | ID | Rank |
|---|---|---|---|---|---|---|
| 下 | xia | 4 | 11 | 0.0014 | 2844 | 50 |
| 樓 | lou | 2 | | | 1328 | 1099 |
| 下 | xia | 4 | 29 | 0.0037 | 2844 | 50 |
| 令 | ling | 4 | | | 1523 | 650 |
| 下 | xia | 4 | 12 | 0.0015 | 2844 | 50 |
| 功 | goong | 1 | | | 1807 | 335 |
| 夫 | fu | 1 | | | 681 | 502 |
| 下 | xia | 4 | 15 | 0.0019 | 2844 | 50 |
| 降 | jiang | 4 | | | 2475 | 1212 |
| 下 | xia | 4 | 11 | 0.0014 | 2844 | 50 |
| 去 | chü | 4 | | | 2754 | 43 |
| 下 | xia | 4 | 10 | 0.0013 | 2844 | 50 |
| 處 | rcu | 4 | | | 3521 | 334 |
| 下 | xia | 4 | 10 | 0.0013 | 2844 | 50 |
| 手 | shou | 3 | | | 3660 | 190 |
| 下 | xia | 4 | 14 | 0.0018 | 2844 | 50 |
| 游 | you | 2 | | | 4438 | 1126 |
| 下 | xia | 4 | 172 | 0.0218 | 2844 | 50 |
| 午 | wu | 3 | | | 4592 | 292 |
| 下 | xia | 4 | 20 | 0.0025 | 2844 | 50 |
| 雨 | yü | 3 | | | 4752 | 532 |
| 夏 | xia | 4 | 50 | 0.0063 | 2843 | 589 |
| 夏 | xia | 4 | 59 | 0.0075 | 2843 | 589 |
| 天 | tien | 1 | | | 1097 | 28 |
| 夏 | xia | 4 | 70 | 0.0089 | 2843 | 589 |
| 季 | ji | 4 | | | 2259 | 793 |
| 夏 | xia | 4 | 13 | 0.0016 | 2843 | 589 |
| 威 | wei | 1 | | | 4634 | 744 |
| 夷 | yi | 2 | | | 4310 | 2104 |
| 嚇 | xia | 4 | 50 | 0.0063 | 2845 | 1570 |
| 些 | xieh | 1 | 350 | 0.0443 | 2849 | 139 |
| 歇 | xieh | 1 | 39 | 0.0049 | 2848 | 2749 |
| 邪 | xieh | 2 | 15 | 0.0019 | 2858 | 4046 |
| 惡 | uh | 4 | | | 4221 | 1264 |
| 斜 | xieh | 2 | 36 | 0.0046 | 2854 | 1794 |
| 鞋 | xieh | 2 | 30 | 0.0038 | 2851 | 1335 |
| 鞋 | xieh | 2 | 21 | 0.0027 | 2851 | 1335 |
| 子 | dsi | 3 | | | 3874 | 324 |

| Char. | Syll. | Tone | Freq. | Freq.% | ID | Rank |
|---|---|---|---|---|---|---|
| 協 | xieh | 2 | 53 | 0.0067 | 2852 | 823 |
| 定 | ding | 4 | | | 912 | 121 |
| 協 | xieh | 2 | 19 | 0.0024 | 2852 | 823 |
| 調 | tiau | 2 | | | 1089 | 1121 |
| 協 | xieh | 2 | 32 | 0.0041 | 2852 | 823 |
| 會 | hwei | 4 | | | 2126 | 31 |
| 協 | xieh | 2 | 86 | 0.0109 | 2852 | 823 |
| 助 | rju | 4 | | | 3306 | 493 |
| 協 | xieh | 2 | 42 | 0.0053 | 2852 | 823 |
| 議 | yi | 4 | | | 4331 | 290 |
| 寫 | xieh | 3 | 355 | 0.0450 | 2861 | 161 |
| 寫 | xieh | 3 | 42 | 0.0053 | 2861 | 161 |
| 作 | dswo | 4 | | | 3953 | 47 |
| 謝 | xieh | 4 | 62 | 0.0079 | 2863 | 902 |
| 謝 | xieh | 4 | 35 | 0.0044 | 2863 | 902 |
| 謝 | xieh | 4 | | | 2863 | 902 |
| 消 | xiau | 1 | 17 | 0.0022 | 2873 | 475 |
| 消 | xiau | 1 | 52 | 0.0066 | 2873 | 475 |
| 滅 | mieh | 4 | | | 519 | 947 |
| 消 | xiau | 1 | 21 | 0.0027 | 2873 | 475 |
| 費 | fei | 4 | | | 599 | 635 |
| 消 | xiau | 1 | 11 | 0.0014 | 2873 | 475 |
| 防 | fang | 2 | | | 650 | 375 |
| 消 | xiau | 1 | 17 | 0.0022 | 2873 | 475 |
| 毒 | du | 2 | | | 918 | 847 |
| 消 | xiau | 1 | 18 | 0.0023 | 2873 | 475 |
| 耗 | hau | 4 | | | 2001 | 2730 |
| 消 | xiau | 1 | 29 | 0.0037 | 2873 | 475 |
| 化 | hwa | 4 | | | 2085 | 278 |
| 消 | xiau | 1 | 23 | 0.0029 | 2873 | 475 |
| 極 | ji | 2 | | | 2224 | 485 |
| 消 | xiau | 1 | 14 | 0.0018 | 2873 | 475 |
| 遣 | chien | 3 | | | 2693 | 2094 |
| 消 | xiau | 1 | 140 | 0.0177 | 2873 | 475 |
| 息 | xi | 2 | | | 2806 | 622 |
| 消 | xiau | 1 | 23 | 0.0029 | 2873 | 475 |
| 除 | rcu | 2 | | | 3510 | 444 |

| Char. | Syll. | Tone | Freq. | Freq.% | ID | Rank |
|---|---|---|---|---|---|---|
| 消 | xiau | 1 | 34 | 0.0043 | 2873 | 475 |
| 失 | shi | 1 | | | 3569 | 266 |
| 銷 | xiau | 1 | 25 | 0.0032 | 2872 | 1795 |
| 銷 | xiau | 1 | 21 | 0.0027 | 2872 | 1795 |
| 售 | shou | 4 | | | 3664 | 1637 |
| 蕭 | xiau | 1 | 13 | 0.0016 | 2874 | 2347 |
| 削 | xiau | 1 | 14 | 0.0018 | 2875 | 1963 |
| 弱 | rwo | 4 | | | 3840 | 1236 |
| 小 | xiau | 3 | 1491 | 0.1889 | 2887 | 40 |
| 小 | xiau | 3 | 45 | 0.0057 | 2887 | 40 |
| 朋 | pung | 2 | | | 293 | 414 |
| 友 | you | 3 | | | 4443 | 336 |
| 小 | xiau | 3 | 65 | 0.0082 | 2887 | 40 |
| 麥 | mai | 4 | | | 427 | 843 |
| 小 | xiau | 3 | 25 | 0.0032 | 2887 | 40 |
| 弟 | di | 4 | | | 860 | 340 |
| 小 | xiau | 3 | 10 | 0.0013 | 2887 | 40 |
| 提 | ti | 2 | | | 1065 | 409 |
| 琴 | chin | 2 | | | 2704 | 1053 |
| 小 | xiau | 2 | 12 | 0.0015 | 2887 | 40 |
| 腿 | twei | 3 | | | 1147 | 1434 |
| 小 | xiau | 3 | 18 | 0.0023 | 2887 | 40 |
| 嘍 | lou | 5 | | | 1337 | 3930 |
| 囉 | lwo | 2 | | | 1552 | 3946 |
| 小 | xiau | 3 | 41 | 0.0052 | 2887 | 40 |
| 孩 | hai | 2 | | | 1977 | 367 |
| 小 | xiau | 3 | 47 | 0.0060 | 2887 | 40 |
| 孩 | hai | 2 | | | 1977 | 367 |
| 子 | dsi | 3 | | | 3874 | 324 |
| 小 | xiau | 2 | 212 | 0.0269 | 2887 | 40 |
| 姐 | jieh | 3 | | | 2325 | 679 |
| 小 | xiau | 2 | 24 | 0.0030 | 2887 | 40 |
| 小 | xiau | 3 | | | 2887 | 40 |
| 小 | xiau | 2 | 39 | 0.0049 | 2887 | 40 |
| 小 | xiau | 3 | | | 2887 | 40 |
| 的 | duh | 5 | | | 749 | 1 |
| 小 | xiau | 3 | 50 | 0.0063 | 2887 | 40 |
| 心 | xin | 1 | | | 2946 | 142 |
| 小 | xiau | 3 | 58 | 0.0073 | 2887 | 40 |
| 学 | xüeh | 2 | | | 3028 | 26 |

| Char. | Syll. | Tone | Freq. | Freq.% | ID | Rank |
|---|---|---|---|---|---|---|
| 小 | xiau | 3 | 157 | 0.0199 | 2887 | 40 |
| 時 | shi | 2 | | | 3578 | 29 |
| 小 | xiau | 3 | 29 | 0.0037 | 2887 | 40 |
| 數 | shu | 4 | | | 3755 | 400 |
| 小 | xiau | 3 | 51 | 0.0065 | 2887 | 40 |
| 說 | shwo | 1 | | | 3770 | 37 |
| 小 | xiau | 3 | 41 | 0.0052 | 2887 | 40 |
| 人 | run | 2 | | | 3812 | 11 |
| 小 | xiau | 2 | 26 | 0.0033 | 2887 | 40 |
| 組 | dsu | 3 | | | 3946 | 329 |
| 曉 | xiau | 3 | 15 | 0.0019 | 2886 | 1400 |
| 曉 | xiau | 3 | 65 | 0.0082 | 2886 | 1400 |
| 得 | duh | 2 | | | 746 | 146 |
| 孝 | xiau | 4 | 20 | 0.0025 | 2890 | 1352 |
| 孝 | xiau | 4 | 10 | 0.0013 | 2890 | 1352 |
| 順 | shoon | 4 | | | 3789 | 905 |
| 校 | xiau | 4 | 139 | 0.0176 | 2889 | 63 |
| 校 | xiau | 4 | 33 | 0.0042 | 2889 | 63 |
| 長 | rjang | 3 | | | 3250 | 135 |
| 校 | xiau | 4 | 15 | 0.0019 | 2889 | 63 |
| 舍 | shuh | 4 | | | 3637 | 1370 |
| 校 | xiau | 4 | 17 | 0.0022 | 2889 | 63 |
| 園 | yüen | 2 | | | 4810 | 656 |
| 效 | xiau | 4 | 20 | 0.0025 | 2891 | 935 |
| 效 | xiau | 4 | 13 | 0.0016 | 2891 | 935 |
| 法 | fa | 3 | | | 584 | 88 |
| 效 | xiau | 4 | 22 | 0.0028 | 2891 | 935 |
| 率 | lü | 4 | | | 1603 | 1842 |
| 效 | xiau | 4 | 77 | 0.0098 | 2891 | 935 |
| 果 | gwo | 3 | | | 1751 | 174 |
| 效 | xiau | 4 | 14 | 0.0018 | 2891 | 935 |
| 忠 | rjoong | 1 | | | 3362 | 1054 |
| 笑 | xiau | 4 | 407 | 0.0516 | 2888 | 455 |
| 笑 | xiau | 4 | 23 | 0.0029 | 2888 | 455 |
| 話 | hwa | 4 | | | 2086 | 254 |
| 笑 | xiau | 4 | 11 | 0.0014 | 2888 | 455 |
| 起 | chi | 3 | | | 2621 | 78 |
| 來 | lai | 2 | | | 1297 | 15 |

| Char. | Syll. | Tone | Freq. | Freq.% | ID | Rank |
|---|---|---|---|---|---|---|
| 笑 | xiau | 4 | 16 | 0.0020 | 2888 | 455 |
| 嘻 | xi | 1 | | | 2787 | 1603 |
| 嘻 | xi | 1 | | | 2787 | 1603 |
| 笑 | xiau | 4 | 15 | 0.0019 | 2888 | 455 |
| 笑 | xiau | 4 | | | 2888 | 455 |
| 笑 | xiau | 4 | 11 | 0.0014 | 2888 | 455 |
| 出 | rcu | 1 | | | 3507 | 60 |
| 笑 | xiau | 4 | 23 | 0.0029 | 2888 | 455 |
| 容 | roong | 2 | | | 3855 | 401 |
| 休 | xiu | 1 | 71 | 0.0090 | 2896 | 894 |
| 息 | xi | 2 | | | 2806 | 622 |
| 修 | xiu | 1 | 68 | 0.0086 | 2897 | 688 |
| 修 | xiu | 1 | 14 | 0.0018 | 2897 | 688 |
| 理 | li | 3 | | | 1388 | 207 |
| 修 | xiu | 1 | 20 | 0.0025 | 2897 | 688 |
| 改 | gai | 3 | | | 1639 | 436 |
| 修 | xiu | 1 | 29 | 0.0037 | 2897 | 688 |
| 正 | rjung | 4 | | | 3274 | 193 |
| 修 | xiu | 1 | 43 | 0.0054 | 2897 | 688 |
| 養 | yang | 3 | | | 4542 | 421 |
| 袖 | xiu | 4 | 12 | 0.0015 | 2901 | 1710 |
| 仙 | xien | 1 | 13 | 0.0016 | 2909 | 1173 |
| 先 | xien | 1 | 573 | 0.0726 | 2910 | 234 |
| 先 | xien | 1 | 570 | 0.0722 | 2910 | 234 |
| 生 | shung | 1 | | | 3715 | 32 |
| 掀 | xien | 1 | 10 | 0.0013 | 2913 | 3101 |
| 開 | kai | 1 | | | 1849 | 114 |
| 掀 | xien | 1 | 15 | 0.0019 | 2913 | 3101 |
| 起 | chi | 3 | | | 2621 | 78 |
| 鮮 | xien | 1 | 119 | 0.0151 | 2912 | 1363 |
| 鮮 | xien | 1 | 12 | 0.0015 | 2912 | 1363 |
| 艷 | yen | 4 | | | 4497 | 2284 |
| 纖 | xien | 1 | 19 | 0.0024 | 2911 | 1941 |
| 維 | wei | 2 | | | 4638 | 769 |
| 弦 | xien | 2 | 13 | 0.0016 | 2921 | 2817 |
| 閑 | xien | 2 | 23 | 0.0029 | 2918 | 2177 |
| 閑 | xien | 2 | 10 | 0.0013 | 2918 | 2177 |
| 談 | tan | 2 | | | 1024 | 581 |
| 賢 | xien | 2 | 28 | 0.0035 | 2916 | 1571 |
| 嫌 | xien | 2 | 45 | 0.0057 | 2924 | 2982 |
| 顯 | xien | 3 | 63 | 0.0080 | 2927 | 972 |
| 顯 | xien | 3 | 40 | 0.0051 | 2927 | 972 |
| 得 | duh | 2 | | | 746 | 146 |
| 顯 | xien | 3 | 50 | 0.0063 | 2927 | 972 |
| 著 | rju | 4 | | | 3305 | 638 |
| 顯 | xien | 3 | 14 | 0.0018 | 2927 | 972 |
| 出 | rcu | 1 | | | 3507 | 60 |
| 顯 | xien | 3 | 69 | 0.0087 | 2927 | 972 |
| 示 | shi | 4 | | | 3598 | 528 |
| 顯 | xien | 3 | 81 | 0.0103 | 2927 | 972 |
| 然 | ran | 2 | | | 3807 | 123 |
| 顯 | xien | 3 | 20 | 0.0025 | 2927 | 972 |
| 微 | wei | 2 | | | 4640 | 798 |
| 鏡 | jing | 4 | | | 2499 | 756 |
| 險 | xien | 3 | 14 | 0.0018 | 2928 | 957 |
| 險 | xien | 2 | 13 | 0.0016 | 2928 | 957 |
| 阻 | dsu | 3 | | | 3947 | 1387 |
| 現 | xien | 4 | 184 | 0.0233 | 2933 | 167 |
| 現 | xien | 4 | 145 | 0.0184 | 2933 | 167 |
| 代 | dai | 4 | | | 756 | 262 |
| 現 | xien | 4 | 32 | 0.0041 | 2933 | 167 |
| 代 | dai | 4 | | | 756 | 262 |
| 化 | hwa | 4 | | | 2085 | 278 |
| 現 | xien | 4 | 13 | 0.0016 | 2933 | 167 |
| 今 | jin | 1 | | | 2441 | 176 |
| 現 | xien | 4 | 11 | 0.0014 | 2933 | 167 |
| 金 | jin | 1 | | | 2440 | 271 |
| 現 | xien | 4 | 178 | 0.0226 | 2933 | 167 |
| 象 | xiang | 4 | | | 2975 | 599 |
| 現 | xien | 4 | 18 | 0.0023 | 2933 | 167 |
| 行 | xing | 2 | | | 2989 | 76 |
| 現 | xien | 4 | 21 | 0.0027 | 2933 | 167 |
| 場 | rcang | 2 | | | 3474 | 450 |

| Char. | Syll. | Tone | Freq. | Freq.% | ID | Rank |
|---|---|---|---|---|---|---|
| 現 | xien | 4 | 29 | 0.0037 | 2933 | 167 |
| 成 | rcung | 2 | | | 3490 | 56 |
| 現 | xien | 4 | 17 | 0.0022 | 2933 | 167 |
| 出 | rcu | 1 | | | 3507 | 60 |
| 現 | xien | 4 | 21 | 0.0027 | 2933 | 167 |
| 時 | shi | 2 | | | 3578 | 29 |
| 現 | xien | 4 | 25 | 0.0032 | 2933 | 167 |
| 實 | shi | 2 | | | 3581 | 215 |
| 現 | xien | 4 | 793 | 0.1005 | 2933 | 167 |
| 在 | dsai | 4 | | | 3899 | 9 |
| 限 | xien | 4 | 19 | 0.0024 | 2936 | 910 |
| 度 | du | 4 | | | 927 | 212 |
| 限 | xien | 4 | 101 | 0.0128 | 2936 | 910 |
| 制 | rji | 4 | | | 3113 | 495 |
| 羨 | xien | 4 | 22 | 0.0028 | 2940 | 2205 |
| 慕 | mu | 4 | | | 569 | 1929 |
| 線 | xien | 4 | 110 | 0.0139 | 2935 | 368 |
| 線 | xien | 4 | 17 | 0.0022 | 2935 | 368 |
| 條 | tiau | 2 | | | 1090 | 231 |
| 線 | xien | 4 | 32 | 0.0041 | 2935 | 368 |
| 圈 | chüen | 1 | | | 2765 | 1399 |
| 線 | xien | 4 | 18 | 0.0023 | 2935 | 368 |
| 索 | swo | 3 | | | 4168 | 1406 |
| 縣 | xien | 4 | 103 | 0.0130 | 2932 | 308 |
| 縣 | xien | 4 | 17 | 0.0022 | 2932 | 308 |
| 府 | fu | 3 | | | 710 | 323 |
| 縣 | xien | 4 | 16 | 0.0020 | 2932 | 308 |
| 長 | rjang | 3 | | | 3250 | 135 |
| 憲 | xien | 4 | 54 | 0.0068 | 2937 | 881 |
| 法 | fa | 3 | | | 584 | 88 |
| 獻 | xien | 4 | 17 | 0.0022 | 2938 | 1354 |
| 陷 | xien | 4 | 65 | 0.0082 | 2939 | 1353 |
| 欣 | xin | 1 | 94 | 0.0119 | 2948 | 1481 |
| 賞 | shang | 3 | | | 3709 | 1456 |
| 辛 | xin | 1 | 15 | 0.0019 | 2949 | 992 |
| 勞 | lau | 2 | | | 1318 | 775 |
| 辛 | xin | 1 | 33 | 0.0042 | 2949 | 992 |
| 苦 | ku | 3 | | | 1888 | 567 |
| 新 | xin | 1 | 843 | 0.1068 | 2947 | 134 |
| 新 | xin | 1 | 34 | 0.0043 | 2947 | 134 |
| 臺 | tai | 2 | | | 992 | 177 |
| 幣 | bi | 4 | | | 144 | 2070 |
| 新 | xin | 1 | 22 | 0.0028 | 2947 | 134 |
| 加 | jia | 1 | | | 2278 | 124 |
| 坡 | po | 1 | | | 230 | 1344 |
| 新 | xin | 1 | 16 | 0.0020 | 2947 | 134 |
| 奇 | chi | 2 | | | 2600 | 730 |
| 新 | xin | 1 | 42 | 0.0053 | 2947 | 134 |
| 鮮 | xien | 1 | | | 2912 | 1363 |
| 新 | xin | 1 | 15 | 0.0019 | 2947 | 134 |
| 興 | xing | 4 | | | 2995 | 555 |
| 新 | xin | 1 | 10 | 0.0013 | 2947 | 134 |
| 生 | shung | 1 | | | 3715 | 32 |
| 新 | xin | 1 | 14 | 0.0018 | 2947 | 134 |
| 穎 | ying | 3 | | | 4573 | 2768 |
| 新 | xin | 1 | 85 | 0.0108 | 2947 | 134 |
| 聞 | wun | 2 | | | 4698 | 1242 |
| 薪 | xin | 1 | 20 | 0.0025 | 2950 | 2890 |
| 水 | shwei | 3 | | | 3781 | 75 |
| 心 | xin | 1 | 682 | 0.0864 | 2946 | 142 |
| 心 | xin | 1 | 30 | 0.0038 | 2946 | 142 |
| 目 | mu | 4 | | | 565 | 348 |
| 心 | xin | 1 | 16 | 0.0020 | 2946 | 142 |
| 得 | duh | 2 | | | 746 | 146 |
| 心 | xin | 1 | 18 | 0.0023 | 2946 | 142 |
| 頭 | tou | 2 | | | 1017 | 164 |
| 心 | xin | 1 | 143 | 0.0181 | 2946 | 142 |
| 理 | li | 3 | | | 1388 | 207 |
| 心 | xin | 1 | 35 | 0.0044 | 2946 | 142 |
| 理 | li | 3 | | | 1388 | 207 |
| 學 | xüeh | 2 | | | 3028 | 26 |
| 心 | xin | 1 | 49 | 0.0062 | 2946 | 142 |
| 靈 | ling | 2 | | | 1506 | 1260 |
| 心 | xin | 1 | 10 | 0.0013 | 2946 | 142 |
| 境 | jing | 4 | | | 2501 | 853 |
| 心 | xin | 1 | 71 | 0.0090 | 2946 | 142 |
| 情 | ching | 2 | | | 2734 | 233 |

| Char. | Syll. | Tone | Freq. | Freq.% | ID | Rank |
|---|---|---|---|---|---|---|
| 心 | xin | 1 | 19 | 0.0024 | 2946 | 142 |
| 事 | shi | 4 | | | 3592 | 77 |
| 心 | xin | 1 | 19 | 0.0024 | 2946 | 142 |
| 臟 | dsang | 4 | | | 3932 | 1340 |
| 病 | bing | 4 | | | 202 | 318 |
| 心 | xin | 1 | 16 | 0.0020 | 2946 | 142 |
| 意 | yi | 4 | | | 4332 | 195 |
| 信 | xin | 4 | 363 | 0.0460 | 2957 | 378 |
| 信 | xin | 4 | 10 | 0.0013 | 2957 | 378 |
| 封 | fung | 1 | | | 664 | 945 |
| 信 | xin | 4 | 18 | 0.0023 | 2957 | 378 |
| 徒 | tu | 2 | | | 1123 | 2197 |
| 信 | xin | 4 | 10 | 0.0013 | 2957 | 378 |
| 號 | hau | 4 | | | 1997 | 270 |
| 信 | xin | 4 | 56 | 0.0071 | 2957 | 378 |
| 心 | xin | 1 | | | 2946 | 142 |
| 信 | xin | 4 | 20 | 0.0025 | 2957 | 378 |
| 任 | run | 4 | | | 3817 | 293 |
| 信 | xin | 4 | 44 | 0.0056 | 2957 | 378 |
| 仰 | yang | 3 | | | 4544 | 1418 |
| 信 | xin | 4 | 14 | 0.0018 | 2957 | 378 |
| 用 | yüoong | 4 | | | 4864 | 38 |
| 鄉 | xiang | 1 | 78 | 0.0099 | 2958 | 576 |
| 鄉 | xiang | 1 | 12 | 0.0015 | 2958 | 576 |
| 間 | jien | 1 | | | 2391 | 245 |
| 鄉 | xiang | 1 | 19 | 0.0024 | 2958 | 576 |
| 下 | xia | 4 | | | 2844 | 50 |
| 鄉 | xiang | 1 | 35 | 0.0044 | 2958 | 576 |
| 村 | tsoon | 1 | | | 4069 | 666 |
| 香 | xiang | 1 | 65 | 0.0082 | 2961 | 745 |
| 香 | xiang | 1 | 117 | 0.0148 | 2961 | 745 |
| 港 | gang | 3 | | | 1698 | 491 |
| 香 | xiang | 1 | 23 | 0.0029 | 2961 | 745 |
| 蕉 | jiau | 1 | | | 2343 | 1938 |
| 香 | xiang | 1 | 17 | 0.0022 | 2961 | 745 |
| 烟 | yen | 1 | | | 4456 | 1147 |
| 相 | xiang | 1 | 348 | 0.0441 | 2959 | 327 |
| 相 | xiang | 1 | 74 | 0.0094 | 2959 | 327 |
| 反 | fan | 3 | | | 620 | 460 |
| 相 | xiang | 1 | 219 | 0.0277 | 2959 | 327 |
| 當 | dang | 1 | | | 819 | 157 |
| 相 | xiang | 1 | 39 | 0.0049 | 2959 | 327 |
| 等 | dung | 3 | | | 833 | 118 |
| 相 | xiang | 1 | 33 | 0.0042 | 2959 | 327 |
| 對 | dwei | 4 | | | 947 | 90 |
| 相 | xiang | 1 | 157 | 0.0199 | 2959 | 327 |
| 同 | toong | 2 | | | 1160 | 92 |
| 相 | xiang | 1 | 10 | 0.0013 | 2959 | 327 |
| 干 | gan | 1 | | | 1671 | 1307 |
| 相 | xiang | 1 | 31 | 0.0039 | 2959 | 327 |
| 互 | hu | 4 | | | 2074 | 1045 |
| 相 | xiang | 1 | 11 | 0.0014 | 2959 | 327 |
| 繼 | ji | 4 | | | 2260 | 692 |
| 相 | xiang | 1 | 95 | 0.0120 | 2959 | 327 |
| 信 | xin | 4 | | | 2957 | 378 |
| 相 | xiang | 1 | 24 | 0.0030 | 2959 | 327 |
| 差 | rca | 1 | | | 3399 | 2434 |
| 相 | xiang | 1 | 43 | 0.0054 | 2959 | 327 |
| 處 | rcu | 3 | | | 3517 | 562 |
| 相 | xiang | 1 | 14 | 0.0018 | 2959 | 327 |
| 識 | shi | 4 | | | 3603 | 632 |
| 相 | xiang | 1 | 54 | 0.0068 | 2959 | 327 |
| 似 | si | 4 | | | 4093 | 841 |
| 箱 | xiang | 1 | 22 | 0.0028 | 2960 | 1572 |
| 箱 | xiang | 1 | 20 | 0.0025 | 2960 | 1572 |
| 子 | dsi | 3 | | | 3874 | 324 |
| 詳 | xiang | 2 | 34 | 0.0043 | 2965 | 1506 |
| 詳 | xiang | 2 | 48 | 0.0061 | 2965 | 1506 |
| 細 | xi | 4 | | | 2821 | 584 |
| 享 | xiang | 3 | 56 | 0.0071 | 2971 | 1441 |
| 享 | xiang | 3 | 66 | 0.0084 | 2971 | 1441 |
| 受 | shou | 4 | | | 3663 | 351 |
| 想 | xiang | 3 | 1096 | 0.1388 | 2970 | 192 |
| 想 | xiang | 2 | 83 | 0.0105 | 2970 | 192 |
| 法 | fa | 3 | | | 584 | 88 |

| Char. | Syll. | Tone | Freq. | Freq.% | ID | Rank |
|---|---|---|---|---|---|---|
| 想 | xiang | 3 | 195 | 0.0247 | 2970 | 192 |
| 到 | dau | 4 | | | 775 | 21 |
| 想 | xiang | 2 | 62 | 0.0079 | 2970 | 192 |
| 起 | chi | 3 | | | 2621 | 78 |
| 想 | xiang | 2 | 28 | 0.0035 | 2970 | 192 |
| 想 | xiang | 3 | | | 2970 | 192 |
| 想 | xiang | 3 | 61 | 0.0077 | 2970 | 192 |
| 像 | xiang | 4 | | | 2973 | 223 |
| 想 | xiang | 3 | 24 | 0.0030 | 2970 | 192 |
| 出 | rcu | 1 | | | 3507 | 60 |
| 想 | xiang | 3 | 20 | 0.0025 | 2970 | 192 |
| 一 | yi | 1 | | | 4300 | 2 |
| 想 | xiang | 3 | | | 2970 | 192 |
| 嚮 | xiang | 4 | 23 | 0.0029 | 2979 | 2983 |
| 嚮 | xiang | 4 | 12 | 0.0015 | 2979 | 2983 |
| 導 | dau | 4 | | | 777 | 405 |
| 嚮 | xiang | 4 | 18 | 0.0023 | 2979 | 2983 |
| 往 | wang | 3 | | | 4714 | 426 |
| 響 | xiang | 3 | 63 | 0.0080 | 2969 | 696 |
| 響 | xiang | 3 | 12 | 0.0015 | 2969 | 696 |
| 應 | ying | 4 | | | 4576 | 569 |
| 向 | xiang | 4 | 1184 | 0.1500 | 2974 | 189 |
| 向 | xiang | 4 | 17 | 0.0022 | 2974 | 189 |
| 來 | lai | 2 | | | 1297 | 15 |
| 巷 | xiang | 4 | 21 | 0.0027 | 2980 | 1846 |
| 相 | xiang | 4 | 24 | 0.0030 | 2978 | 1174 |
| 公 | goong | 1 | | | 1805 | 83 |
| 項 | xiang | 4 | 515 | 0.0652 | 2976 | 507 |
| 項 | xiang | 4 | 45 | 0.0057 | 2976 | 507 |
| 目 | mu | 4 | | | 565 | 348 |
| 象 | xiang | 4 | 13 | 0.0016 | 2975 | 599 |
| 象 | xiang | 4 | 27 | 0.0034 | 2975 | 599 |
| 徵 | rjung | 1 | | | 3265 | 1192 |
| 像 | xiang | 4 | 951 | 0.1205 | 2973 | 223 |
| 橡 | xiang | 4 | 13 | 0.0016 | 2977 | 1674 |
| 皮 | pi | 2 | | | 311 | 481 |
| 圈 | chüen | 1 | | | 2765 | 1399 |

| Char. | Syll. | Tone | Freq. | Freq.% | ID | Rank |
|---|---|---|---|---|---|---|
| 星 | xing | 1 | 47 | 0.0060 | 2983 | 226 |
| 星 | xing | 1 | 175 | 0.0222 | 2983 | 226 |
| 期 | chi | 2 | | | 2599 | 225 |
| 星 | xing | 1 | 10 | 0.0013 | 2983 | 226 |
| 球 | chiu | 2 | | | 2670 | 237 |
| 星 | xing | 1 | 11 | 0.0014 | 2983 | 226 |
| 星 | xing | 1 | | | 2983 | 226 |
| 興 | xing | 1 | 42 | 0.0053 | 2982 | 505 |
| 興 | xing | 1 | 41 | 0.0052 | 2982 | 505 |
| 奮 | fun | 4 | | | 643 | 1244 |
| 興 | xing | 1 | 43 | 0.0054 | 2982 | 505 |
| 建 | jien | 4 | | | 2416 | 273 |
| 興 | xing | 1 | 22 | 0.0028 | 2982 | 505 |
| 起 | chi | 3 | | | 2621 | 78 |
| 形 | xing | 2 | 109 | 0.0138 | 2988 | 252 |
| 形 | xing | 2 | 22 | 0.0028 | 2988 | 252 |
| 態 | tai | 4 | | | 997 | 954 |
| 形 | xing | 2 | 14 | 0.0018 | 2988 | 252 |
| 體 | ti | 3 | | | 1073 | 178 |
| 形 | xing | 2 | 88 | 0.0111 | 2988 | 252 |
| 狀 | rjwang | 4 | | | 3358 | 873 |
| 形 | xing | 2 | 143 | 0.0181 | 2988 | 252 |
| 成 | rcung | 2 | | | 3490 | 56 |
| 形 | xing | 2 | 63 | 0.0080 | 2988 | 252 |
| 式 | shi | 4 | | | 3604 | 762 |
| 形 | xing | 2 | 17 | 0.0022 | 2988 | 252 |
| 勢 | shi | 4 | | | 3600 | 557 |
| 形 | xing | 2 | 49 | 0.0062 | 2988 | 252 |
| 容 | roong | 2 | | | 3855 | 401 |
| 型 | xing | 2 | 100 | 0.0127 | 2991 | 1214 |
| 型 | xing | 2 | 21 | 0.0027 | 2991 | 1214 |
| 態 | tai | 4 | | | 997 | 954 |
| 行 | xing | 2 | 446 | 0.0565 | 2989 | 76 |
| 行 | xing | 2 | 167 | 0.0212 | 2989 | 76 |
| 動 | doong | 4 | | | 974 | 94 |
| 行 | xing | 2 | 37 | 0.0047 | 2989 | 76 |
| 李 | li | 3 | | | 1390 | 575 |

| Char. | Syll. | Tone | Freq. | Freq.% | ID | Rank |
|---|---|---|---|---|---|---|
| 行 | xing | 2 | 15 | 0.0019 | 2989 | 76 |
| 進 | jin | 4 | | | 2454 | 144 |
| 行 | xing | 2 | 13 | 0.0016 | 2989 | 76 |
| 軍 | jün | 1 | | | 2574 | 150 |
| 行 | xing | 2 | 14 | 0.0018 | 2989 | 76 |
| 星 | xing | 1 | | | 2983 | 226 |
| 行 | xing | 2 | 76 | 0.0096 | 2989 | 76 |
| 政 | rjung | 4 | | | 3275 | 162 |
| 行 | xing | 2 | 54 | 0.0068 | 2989 | 76 |
| 政 | rjung | 4 | | | 3275 | 162 |
| 院 | yüen | 4 | | | 4824 | 255 |
| 行 | xing | 2 | 10 | 0.0013 | 2989 | 76 |
| 程 | rcung | 2 | | | 3491 | 580 |
| 行 | xing | 2 | 13 | 0.0016 | 2989 | 76 |
| 使 | shi | 3 | | | 3587 | 154 |
| 行 | xing | 2 | 44 | 0.0056 | 2989 | 76 |
| 人 | run | 2 | | | 3812 | 11 |
| 行 | xing | 2 | 17 | 0.0022 | 2989 | 76 |
| 走 | dsou | 3 | | | 3920 | 217 |
| 行 | xing | 2 | 158 | 0.0200 | 2989 | 76 |
| 爲 | wei | 2 | | | 4639 | 95 |
| 醒 | xing | 3 | 70 | 0.0089 | 2994 | 1301 |
| 幸 | xing | 4 | 41 | 0.0052 | 2998 | 939 |
| 幸 | xing | 4 | 83 | 0.0105 | 2998 | 939 |
| 福 | fu | 2 | | | 687 | 529 |
| 幸 | xing | 4 | 15 | 0.0019 | 2998 | 939 |
| 虧 | kwei | 1 | | | 1908 | 2034 |
| 幸 | xing | 4 | 10 | 0.0013 | 2998 | 939 |
| 而 | er | 2 | | | 4290 | 156 |
| 幸 | xing | 4 | 29 | 0.0037 | 2998 | 939 |
| 運 | yün | 4 | | | 4841 | 284 |
| 性 | xing | 4 | 226 | 0.0286 | 2996 | 482 |
| 性 | xing | 4 | 52 | 0.0066 | 2996 | 482 |
| 命 | ming | 4 | | | 557 | 431 |
| 性 | xing | 4 | 42 | 0.0053 | 2996 | 482 |
| 格 | guh | 2 | | | 1623 | 740 |
| 性 | xing | 4 | 13 | 0.0016 | 2996 | 482 |
| 情 | ching | 2 | | | 2734 | 233 |

| Char. | Syll. | Tone | Freq. | Freq.% | ID | Rank |
|---|---|---|---|---|---|---|
| 性 | xing | 4 | 13 | 0.0016 | 2996 | 482 |
| 向 | xiang | 4 | | | 2974 | 189 |
| 性 | xing | 4 | 110 | 0.0139 | 2996 | 482 |
| 質 | rji | 4 | | | 3127 | 3565 |
| 姓 | xing | 4 | 91 | 0.0115 | 2997 | 1279 |
| 姓 | xing | 4 | 42 | 0.0053 | 2997 | 1279 |
| 名 | ming | 2 | | | 551 | 141 |
| 興 | xing | 4 | 221 | 0.0280 | 2995 | 555 |
| 趣 | chü | 4 | | | 2753 | 904 |
| 虛 | xü | 1 | 34 | 0.0043 | 3006 | 1920 |
| 須 | xü | 1 | 245 | 0.0310 | 3004 | 626 |
| 須 | xü | 1 | 28 | 0.0035 | 3004 | 626 |
| 要 | yau | 4 | | | 4425 | 27 |
| 需 | xü | 1 | 197 | 0.0250 | 3003 | 733 |
| 需 | xü | 1 | 380 | 0.0481 | 3003 | 733 |
| 要 | yau | 4 | | | 4425 | 27 |
| 徐 | xü | 2 | 19 | 0.0024 | 3009 | 1274 |
| 光 | gwang | 1 | | | 1801 | 224 |
| 啓 | chi | 3 | | | 2620 | 977 |
| 許 | xü | 3 | 68 | 0.0086 | 3011 | 322 |
| 配 | pei | 4 | | | 255 | 1097 |
| 許 | xü | 3 | 591 | 0.0749 | 3011 | 322 |
| 諾 | nwo | 4 | | | 1269 | 1501 |
| 許 | xü | 2 | 18 | 0.0023 | 3011 | 322 |
| 可 | kuh | 3 | | | 1840 | 41 |
| 許 | xü | 2 | 15 | 0.0019 | 3011 | 322 |
| 可 | kuh | 3 | | | 1840 | 41 |
| 證 | rjung | 4 | | | 3277 | 712 |
| 序 | xü | 4 | 11 | 0.0014 | 3013 | 1158 |
| 幕 | mu | 4 | | | 567 | 1229 |
| 敍 | xü | 4 | 13 | 0.0016 | 3015 | 1898 |
| 談 | tan | 2 | | | 1024 | 581 |
| 敍 | xü | 4 | 29 | 0.0037 | 3015 | 1898 |
| 述 | shu | 4 | | | 3757 | 917 |
| 出 | rcu | 1 | | | 3507 | 60 |
| 來 | lai | 2 | | | 1297 | 15 |
| 畜 | xü | 4 | 24 | 0.0030 | 3017 | 2179 |
| 牧 | mu | 4 | | | 566 | 1365 |

| Char. | Syll. | Tone | Freq. | Freq.% | ID | Rank |
|---|---|---|---|---|---|---|
| 績 | xü | 4 | 11 | 0.0014 | 3014 | 669 |
| 學 | xüeh | 2 | 14 | 0.0018 | 3028 | 26 |
| 學 | xüeh | 2 | 17 | 0.0022 | 3028 | 26 |
| 家 | jia | 1 | | | 2279 | 36 |
| 學 | xüeh | 2 | 36 | 0.0046 | 3028 | 26 |
| 期 | chi | 2 | | | 2599 | 225 |
| 學 | xüeh | 2 | 151 | 0.0191 | 3028 | 26 |
| 習 | xi | 2 | | | 2807 | 263 |
| 學 | xüeh | 2 | 390 | 0.0494 | 3028 | 26 |
| 校 | xiau | 4 | | | 2889 | 63 |
| 學 | xüeh | 2 | 72 | 0.0091 | 3028 | 26 |
| 者 | rjuh | 3 | | | 3153 | 376 |
| 學 | xüeh | 2 | 17 | 0.0022 | 3028 | 26 |
| 識 | shi | 4 | | | 3603 | 632 |
| 學 | xüeh | 2 | 446 | 0.0565 | 3028 | 26 |
| 生 | shung | 1 | | | 3715 | 32 |
| 學 | xüeh | 2 | 75 | 0.0095 | 3028 | 26 |
| 術 | shu | 4 | | | 3758 | 598 |
| 學 | xüeh | 2 | 49 | 0.0062 | 3028 | 26 |
| 說 | shwo | 1 | | | 3770 | 37 |
| 學 | xüeh | 2 | 11 | 0.0014 | 3028 | 26 |
| 人 | run | 2 | | | 3812 | 11 |
| 學 | xüeh | 2 | 31 | 0.0039 | 3028 | 26 |
| 業 | yeh | 4 | | | 4397 | 137 |
| 學 | xüeh | 2 | 71 | 0.0090 | 3028 | 26 |
| 問 | wun | 4 | | | 4708 | 151 |
| 學 | xüeh | 2 | 59 | 0.0075 | 3028 | 26 |
| 院 | yüen | 4 | | | 4824 | 255 |
| 雪 | xüeh | 3 | 85 | 0.0108 | 3029 | 863 |
| 血 | xüeh | 4 | 24 | 0.0030 | 3031 | 1604 |
| 血 | xüeh | 4 | 19 | 0.0024 | 3031 | 1604 |
| 管 | gwan | 3 | | | 1787 | 452 |
| 血 | xüeh | 4 | 15 | 0.0019 | 3031 | 1604 |
| 壓 | ya | 1 | | | 4368 | 944 |
| 血 | xüeh | 4 | 172 | 0.0218 | 3031 | 1604 |
| 液 | yeh | 4 | | | 4398 | 892 |
| 宣 | xüen | 1 | 106 | 0.0134 | 3034 | 766 |
| 佈 | bu | 4 | | | 216 | 986 |
| 宣 | xüen | 1 | 11 | 0.0014 | 3034 | 766 |
| 告 | gau | 4 | | | 1655 | 386 |
| 宣 | xüen | 1 | 21 | 0.0027 | 3034 | 766 |
| 傳 | rcwan | 2 | | | 3538 | 371 |
| 旋 | xüen | 2 | 15 | 0.0019 | 3039 | 1291 |
| 律 | lü | 4 | | | 1602 | 667 |
| 旋 | xüen | 2 | 39 | 0.0049 | 3039 | 1291 |
| 轉 | rjwan | 4 | | | 3347 | 2348 |
| 懸 | xüen | 2 | 34 | 0.0043 | 3038 | 1873 |
| 選 | xüen | 3 | 142 | 0.0180 | 3042 | 412 |
| 選 | xüen | 2 | 110 | 0.0139 | 3042 | 412 |
| 舉 | jü | 3 | | | 2522 | 276 |
| 選 | xüen | 3 | 14 | 0.0018 | 3042 | 412 |
| 出 | rcu | 1 | | | 3507 | 60 |
| 選 | xüen | 2 | 54 | 0.0068 | 3042 | 412 |
| 手 | shou | 3 | | | 3660 | 190 |
| 選 | xüen | 3 | 121 | 0.0153 | 3042 | 412 |
| 擇 | dsuh | 2 | | | 3889 | 1574 |
| 詢 | xün | 2 | 10 | 0.0013 | 3054 | 2097 |
| 問 | wun | 4 | | | 4708 | 151 |
| 循 | xün | 2 | 32 | 0.0041 | 3055 | 2096 |
| 循 | xün | 2 | 17 | 0.0022 | 3055 | 2096 |
| 環 | hwan | 2 | | | 2140 | 845 |
| 尋 | xün | 2 | 43 | 0.0054 | 3053 | 1652 |
| 尋 | xün | 2 | 32 | 0.0041 | 3053 | 1652 |
| 求 | chiu | 2 | | | 2669 | 494 |
| 尋 | xün | 2 | 28 | 0.0035 | 3053 | 1652 |
| 找 | rjau | 3 | | | 3176 | 606 |
| 尋 | xün | 2 | 12 | 0.0015 | 3053 | 1652 |
| 常 | rcang | 2 | | | 3472 | 136 |
| 尋 | xün | 2 | 10 | 0.0013 | 3053 | 1652 |
| 因 | yin | 1 | | | 4508 | 138 |
| 迅 | xün | 4 | 98 | 0.0124 | 3064 | 2206 |
| 速 | su | 4 | | | 4156 | 1056 |
| 訓 | xün | 4 | 145 | 0.0184 | 3061 | 864 |
| 練 | lien | 4 | | | 1470 | 424 |
| 兇 | xüoong | 1 | 19 | 0.0024 | 3068 | 1605 |
| 手 | shou | 3 | | | 3660 | 190 |

| Char. | Syll. | Tone | Freq. | Freq.% | ID | Rank |
|---|---|---|---|---|---|---|
| 洶 | xüoong | 1 | 13 | 0.0016 | 3072 | 3374 |
| 湧 | yüoong | 3 | | | 4853 | 2156 |
| 胸 | xüoong | 1 | 12 | 0.0015 | 3070 | 1753 |
| 部 | bu | 4 | | | 212 | 91 |
| 兄 | xüoong | 1 | 95 | 0.0120 | 3069 | 1159 |
| 兄 | xüoong | 1 | 81 | 0.0103 | 3069 | 1159 |
| 弟 | di | 4 | | | 860 | 340 |
| 兄 | xüoong | 1 | 10 | 0.0013 | 3069 | 1159 |
| 長 | rjang | 3 | | | 3250 | 135 |
| 雄 | xüoong | 2 | 14 | 0.0018 | 3075 | 711 |
| 雄 | xüoong | 2 | 10 | 0.0013 | 3075 | 711 |
| 偉 | wei | 3 | | | 4652 | 1057 |
| 之 | rji | 1 | 4921 | 0.6234 | 3077 | 106 |
| 支 | rji | 1 | 143 | 0.0181 | 3080 | 923 |
| 支 | rji | 1 | 18 | 0.0023 | 3080 | 923 |
| 配 | pei | 4 | | | 255 | 1097 |
| 支 | rji | 1 | 18 | 0.0023 | 3080 | 923 |
| 票 | piau | 4 | | | 338 | 490 |
| 支 | rji | 1 | 12 | 0.0015 | 3080 | 923 |
| 付 | fu | 4 | | | 727 | 1463 |
| 支 | rji | 1 | 23 | 0.0029 | 3080 | 923 |
| 流 | liu | 2 | | | 1448 | 353 |
| 支 | rji | 1 | 123 | 0.0156 | 3080 | 923 |
| 持 | rci | 2 | | | 3380 | 590 |
| 支 | rji | 1 | 14 | 0.0018 | 3080 | 923 |
| 出 | rcu | 1 | | | 3507 | 60 |
| 支 | rji | 1 | 19 | 0.0024 | 3080 | 923 |
| 援 | yüen | 2 | | | 4815 | 1085 |
| 知 | rji | 1 | 730 | 0.0925 | 3076 | 269 |
| 知 | rji | 1 | 24 | 0.0030 | 3076 | 269 |
| 府 | fu | 3 | | | 710 | 323 |
| 知 | rji | 1 | 904 | 0.1145 | 3076 | 269 |
| 道 | dau | 4 | | | 774 | 155 |
| 知 | rji | 1 | 12 | 0.0015 | 3076 | 269 |
| 覺 | jüeh | 2 | | | 2545 | 512 |
| 知 | rji | 1 | 30 | 0.0038 | 3076 | 269 |
| 縣 | xien | 4 | | | 2932 | 308 |
| 知 | rji | 1 | 176 | 0.0223 | 3076 | 269 |
| 識 | shi | 4 | | | 3603 | 632 |
| 知 | rji | 1 | 23 | 0.0029 | 3076 | 269 |
| 識 | shi | 4 | | | 3603 | 632 |
| 份 | fun | 4 | | | 641 | 661 |
| 子 | dsi | 3 | | | 3874 | 324 |
| 祇 | rji | 1 | 269 | 0.0341 | 3088 | 3753 |
| 祇 | rji | 1 | 11 | 0.0014 | 3088 | 3753 |
| 要 | yau | 4 | | | 4425 | 27 |
| 隻 | rji | 1 | 355 | 0.0450 | 3079 | 402 |
| 脂 | rji | 1 | 14 | 0.0018 | 3087 | 2061 |
| 粉 | fun | 3 | | | 639 | 999 |
| 織 | rji | 1 | 16 | 0.0020 | 3078 | 471 |
| 直 | rji | 2 | 285 | 0.0361 | 3092 | 416 |
| 直 | rji | 2 | 19 | 0.0024 | 3092 | 416 |
| 到 | dau | 4 | | | 775 | 21 |
| 直 | rji | 2 | 12 | 0.0015 | 3092 | 416 |
| 立 | li | 4 | | | 1395 | 152 |
| 直 | rji | 2 | 145 | 0.0184 | 3092 | 416 |
| 接 | jieh | 1 | | | 2305 | 294 |
| 直 | rji | 2 | 11 | 0.0014 | 3092 | 416 |
| 角 | jiau | 3 | | | 2354 | 637 |
| 直 | rji | 2 | 27 | 0.0034 | 3092 | 416 |
| 徑 | jing | 4 | | | 2504 | 1672 |
| 直 | rji | 2 | 12 | 0.0015 | 3092 | 416 |
| 昇 | shung | 1 | | | 3719 | 2241 |
| 機 | ji | 1 | | | 2198 | 153 |
| 直 | rji | 2 | 35 | 0.0044 | 3092 | 416 |
| 線 | xien | 4 | | | 2935 | 368 |
| 值 | rji | 2 | 108 | 0.0137 | 3096 | 1116 |
| 值 | rji | 2 | 100 | 0.0127 | 3096 | 1116 |
| 得 | duh | 2 | | | 746 | 146 |
| 執 | rji | 2 | 17 | 0.0022 | 3095 | 1314 |
| 執 | rji | 2 | 81 | 0.0103 | 3095 | 1314 |
| 行 | xing | 2 | | | 2989 | 76 |
| 執 | rji | 2 | 11 | 0.0014 | 3095 | 1314 |
| 政 | rjung | 4 | | | 3275 | 162 |

| Char. | Syll. | Tone | Freq. | Freq.% | ID | Rank |
|---|---|---|---|---|---|---|
| 執 | rji | 2 | 14 | 0.0018 | 3095 | 1314 |
| 政 | rjung | 4 | | | 3275 | 162 |
| 黨 | dang | 3 | | | 822 | 903 |
| 植 | rji | 2 | 11 | 0.0014 | 3093 | 887 |
| 植 | rji | 2 | 224 | 0.0284 | 3093 | 887 |
| 物 | wu | 4 | | | 4602 | 128 |
| 殖 | rji | 2 | 25 | 0.0032 | 3098 | 1454 |
| 民 | min | 2 | | | 542 | 59 |
| 地 | di | 4 | | | 858 | 33 |
| 質 | rji | 4 | 33 | 0.0042 | 3127 | 3565 |
| 質 | rji | 4 | 47 | 0.0060 | 3127 | 3565 |
| 量 | liang | 4 | | | 1503 | 423 |
| 質 | rji | 4 | 17 | 0.0022 | 3127 | 3565 |
| 詢 | xün | 2 | | | 3054 | 2097 |
| 職 | rji | 2 | 45 | 0.0057 | 3091 | 585 |
| 職 | rji | 2 | 19 | 0.0024 | 3091 | 585 |
| 責 | dsuh | 2 | | | 3886 | 777 |
| 職 | rji | 2 | 30 | 0.0038 | 3091 | 585 |
| 務 | wu | 4 | | | 4601 | 377 |
| 職 | rji | 2 | 41 | 0.0052 | 3091 | 585 |
| 員 | yüen | 2 | | | 4808 | 210 |
| 止 | rji | 3 | 133 | 0.0168 | 3104 | 707 |
| 止 | rji | 3 | 10 | 0.0013 | 3104 | 707 |
| 住 | rju | 4 | | | 3304 | 333 |
| 只 | rji | 3 | 1600 | 0.2027 | 3103 | 277 |
| 只 | rji | 3 | 34 | 0.0043 | 3103 | 277 |
| 得 | duh | 2 | | | 746 | 146 |
| 只 | rji | 2 | 93 | 0.0118 | 3103 | 277 |
| 好 | hau | 3 | | | 1995 | 45 |
| 只 | rji | 3 | 64 | 0.0081 | 3103 | 277 |
| 是 | shi | 4 | | | 3593 | 3 |
| 只 | rji | 3 | 170 | 0.0215 | 3103 | 277 |
| 要 | yau | 4 | | | 4425 | 27 |
| 只 | rji | 2 | 61 | 0.0077 | 3103 | 277 |
| 有 | you | 3 | | | 4444 | 6 |
| 旨 | rji | 3 | 26 | 0.0033 | 3106 | 2379 |
| 指 | rji | 3 | 296 | 0.0375 | 3102 | 373 |

| Char. | Syll. | Tone | Freq. | Freq.% | ID | Rank |
|---|---|---|---|---|---|---|
| 指 | rji | 3 | 87 | 0.0110 | 3102 | 373 |
| 導 | dau | 4 | | | 777 | 405 |
| 指 | rji | 3 | 28 | 0.0035 | 3102 | 373 |
| 定 | ding | 4 | | | 912 | 121 |
| 指 | rji | 3 | 11 | 0.0014 | 3102 | 373 |
| 頭 | tou | 2 | | | 1017 | 164 |
| 指 | rji | 3 | 61 | 0.0077 | 3102 | 373 |
| 揮 | hwei | 1 | | | 2112 | 1222 |
| 指 | rji | 3 | 12 | 0.0015 | 3102 | 373 |
| 揮 | hwei | 1 | | | 2112 | 1222 |
| 部 | bu | 4 | | | 212 | 91 |
| 指 | rji | 2 | 12 | 0.0015 | 3102 | 373 |
| 甲 | jia | 3 | | | 2293 | 783 |
| 指 | rji | 3 | 21 | 0.0027 | 3102 | 373 |
| 針 | rjun | 1 | | | 3222 | 915 |
| 指 | rji | 3 | 143 | 0.0181 | 3102 | 373 |
| 出 | rcu | 1 | | | 3507 | 60 |
| 指 | rji | 3 | 46 | 0.0058 | 3102 | 373 |
| 示 | shi | 4 | | | 3598 | 528 |
| 指 | rji | 3 | 23 | 0.0029 | 3102 | 373 |
| 責 | dsuh | 2 | | | 3886 | 777 |
| 紙 | rji | 3 | 202 | 0.0256 | 3105 | 648 |
| 至 | rji | 4 | 274 | 0.0347 | 3110 | 442 |
| 至 | rji | 4 | 17 | 0.0022 | 3110 | 442 |
| 今 | jin | 1 | | | 2441 | 176 |
| 至 | rji | 4 | 182 | 0.0231 | 3110 | 442 |
| 少 | shau | 3 | | | 3652 | 360 |
| 至 | rji | 4 | 210 | 0.0266 | 3110 | 442 |
| 於 | yü | 2 | | | 4728 | 113 |
| 志 | rji | 4 | 32 | 0.0041 | 3115 | 728 |
| 志 | rji | 4 | 10 | 0.0013 | 3115 | 728 |
| 氣 | chi | 4 | | | 2627 | 132 |
| 志 | rji | 4 | 11 | 0.0014 | 3115 | 728 |
| 士 | shi | 4 | | | 3596 | 362 |
| 志 | rji | 4 | 22 | 0.0028 | 3115 | 728 |
| 願 | yüen | 4 | | | 4823 | 787 |
| 制 | rji | 4 | 37 | 0.0047 | 3113 | 495 |

| Char. | Syll. | Tone | Freq. | Freq.% | ID | Rank |
|---|---|---|---|---|---|---|
| 制 | rji | 4 | 19 | 0.0024 | 3113 | 495 |
| 服 | fu | 2 | | | 688 | 366 |
| 制 | rji | 4 | 161 | 0.0204 | 3113 | 495 |
| 度 | du | 4 | | | 927 | 212 |
| 制 | rji | 4 | 37 | 0.0047 | 3113 | 495 |
| 裁 | tsai | 2 | | | 4009 | 1535 |
| 治 | rji | 4 | 89 | 0.0113 | 3111 | 361 |
| 治 | rji | 4 | 12 | 0.0015 | 3111 | 361 |
| 理 | li | 3 | | | 1388 | 207 |
| 治 | rji | 4 | 70 | 0.0089 | 3111 | 361 |
| 療 | liau | 2 | | | 1436 | 1632 |
| 治 | rji | 4 | 13 | 0.0016 | 3111 | 361 |
| 安 | an | 1 | | | 4273 | 242 |
| 致 | rji | 4 | 127 | 0.0161 | 3117 | 838 |
| 致 | rji | 4 | 25 | 0.0032 | 3117 | 838 |
| 力 | li | 4 | | | 1396 | 143 |
| 致 | rji | 4 | 15 | 0.0019 | 3117 | 838 |
| 敬 | jing | 4 | | | 2503 | 909 |
| 致 | rji | 4 | 12 | 0.0015 | 3117 | 838 |
| 詞 | tsi | 2 | | | 3988 | 568 |
| 秩 | rji | 4 | 47 | 0.0060 | 3119 | 1848 |
| 序 | xü | 4 | | | 3013 | 1158 |
| 窒 | rji | 4 | 18 | 0.0023 | 3125 | 3375 |
| 息 | xi | 2 | | | 2806 | 622 |
| 智 | rji | 4 | 18 | 0.0023 | 3116 | 1355 |
| 智 | rji | 4 | 10 | 0.0013 | 3116 | 1355 |
| 能 | nung | 2 | | | 1212 | 70 |
| 智 | rji | 4 | 17 | 0.0022 | 3116 | 1355 |
| 力 | li | 4 | | | 1396 | 143 |
| 智 | rji | 4 | 11 | 0.0014 | 3116 | 1355 |
| 利 | li | 4 | | | 1398 | 222 |
| 智 | rji | 4 | 70 | 0.0089 | 3116 | 1355 |
| 慧 | hwei | 4 | | | 2130 | 1959 |
| 置 | rji | 4 | 91 | 0.0115 | 3114 | 741 |
| 製 | rji | 4 | 131 | 0.0166 | 3112 | 526 |
| 製 | rji | 4 | 58 | 0.0073 | 3112 | 526 |
| 成 | rcung | 2 | | | 3490 | 56 |

| Char. | Syll. | Tone | Freq. | Freq.% | ID | Rank |
|---|---|---|---|---|---|---|
| 製 | rji | 4 | 155 | 0.0196 | 3112 | 526 |
| 造 | dsau | 4 | | | 3911 | 338 |
| 製 | rji | 4 | 48 | 0.0061 | 3112 | 526 |
| 作 | dswo | 4 | | | 3953 | 47 |
| 炸 | rja | 2 | 18 | 0.0023 | 3134 | 3754 |
| 遮 | rjuh | 1 | 12 | 0.0015 | 3144 | 1899 |
| 折 | rjuh | 2 | 37 | 0.0047 | 3146 | 1469 |
| 折 | rjuh | 2 | 13 | 0.0016 | 3146 | 1469 |
| 射 | shuh | 4 | | | 3638 | 446 |
| 哲 | rjuh | 2 | 82 | 0.0104 | 3145 | 2039 |
| 学 | xüeh | 2 | | | 3028 | 26 |
| 哲 | rjuh | 2 | 15 | 0.0019 | 3145 | 2039 |
| 学 | xüeh | 2 | | | 3028 | 26 |
| 家 | jia | 1 | | | 2279 | 36 |
| 者 | rjuh | 3 | 84 | 0.0106 | 3153 | 376 |
| 這 | rjuh | 4 | 6865 | 0.8697 | 3155 | 19 |
| 這 | rjuh | 4 | 17 | 0.0022 | 3155 | 19 |
| 般 | ban | 1 | | | 92 | 770 |
| 這 | rjuh | 4 | 13 | 0.0016 | 3155 | 19 |
| 邊 | bien | 1 | | | 171 | 260 |
| 這 | rjuh | 4 | 344 | 0.0436 | 3155 | 19 |
| 麼 | muh | 5 | | | 395 | 3443 |
| 這 | rjuh | 4 | 372 | 0.0471 | 3155 | 19 |
| 裏 | li | 3 | | | 1386 | 44 |
| 這 | rjuh | 4 | 753 | 0.0954 | 3155 | 19 |
| 些 | xieh | 1 | | | 2849 | 139 |
| 這 | rjuh | 4 | 90 | 0.0114 | 3155 | 19 |
| 兒 | er | 2 | | | 4291 | 82 |
| 這 | rjuh | 4 | 783 | 0.0992 | 3155 | 19 |
| 樣 | yang | 4 | | | 4546 | 69 |
| 摘 | rjai | 1 | 12 | 0.0015 | 3161 | 1943 |
| 宅 | rjai | 2 | 10 | 0.0013 | 3163 | 2822 |
| 窄 | rjai | 3 | 19 | 0.0024 | 3164 | 3567 |
| 債 | rjai | 4 | 22 | 0.0028 | 3165 | 2617 |
| 招 | rjau | 1 | 22 | 0.0028 | 3168 | 950 |

| Char. | Syll. | Tone | Freq. | Freq.% | ID | Rank |
|---|---|---|---|---|---|---|
| 招 | rjau | 1 | 16 | 0.0020 | 3168 | 950 |
| 牌 | pai | 2 | | | 239 | 1538 |
| 招 | rjau | 1 | 30 | 0.0038 | 3168 | 950 |
| 待 | dai | 4 | | | 758 | 927 |
| 招 | rjau | 1 | 21 | 0.0027 | 3168 | 950 |
| 呼 | hu | 1 | | | 2053 | 829 |
| 招 | rjau | 1 | 11 | 0.0014 | 3168 | 950 |
| 生 | shung | 1 | | | 3715 | 32 |
| 朝 | rjau | 1 | 16 | 0.0020 | 3167 | 1849 |
| 着 | rjau | 2 | 3876 | 0.4910 | 3173 | 1153 |
| 着 | rjau | 2 | 75 | 0.0095 | 3173 | 1153 |
| 迷 | mi | 2 | | | 502 | 1627 |
| 着 | rjau | 2 | 26 | 0.0033 | 3173 | 1153 |
| 急 | ji | 2 | | | 2226 | 830 |
| 着 | rjau | 2 | 21 | 0.0027 | 3173 | 1153 |
| 重 | rjoong | 4 | | | 3372 | 214 |
| 着 | rjau | 2 | 33 | 0.0042 | 3173 | 1153 |
| 手 | shou | 3 | | | 3660 | 190 |
| 找 | rjau | 3 | 146 | 0.0185 | 3176 | 606 |
| 找 | rjau | 3 | 129 | 0.0163 | 3176 | 606 |
| 到 | dau | 4 | | | 775 | 21 |
| 找 | rjau | 3 | 37 | 0.0047 | 3176 | 606 |
| 出 | rcu | 1 | | | 3507 | 60 |
| 召 | rjau | 4 | 12 | 0.0015 | 3178 | 1338 |
| 召 | rjau | 4 | 18 | 0.0023 | 3178 | 1338 |
| 開 | kai | 1 | | | 1849 | 114 |
| 召 | rjau | 4 | 18 | 0.0023 | 3178 | 1338 |
| 集 | ji | 2 | | | 2225 | 342 |
| 照 | rjau | 4 | 190 | 0.0241 | 3179 | 408 |
| 照 | rjau | 4 | 57 | 0.0072 | 3179 | 408 |
| 片 | pien | 4 | | | 344 | 476 |
| 照 | rjau | 4 | 23 | 0.0029 | 3179 | 408 |
| 例 | li | 4 | | | 1400 | 751 |
| 照 | rjau | 4 | 20 | 0.0025 | 3179 | 408 |
| 料 | liau | 4 | | | 1445 | 387 |
| 照 | rjau | 4 | 41 | 0.0052 | 3179 | 408 |
| 顧 | gu | 4 | | | 1727 | 1074 |

| Char. | Syll. | Tone | Freq. | Freq.% | ID | Rank |
|---|---|---|---|---|---|---|
| 照 | rjau | 4 | 10 | 0.0013 | 3179 | 408 |
| 常 | rcang | 2 | | | 3472 | 136 |
| 照 | rjau | 4 | 28 | 0.0035 | 3179 | 408 |
| 射 | shuh | 4 | | | 3638 | 446 |
| 照 | rjau | 4 | 11 | 0.0014 | 3179 | 408 |
| 樣 | yang | 4 | | | 4546 | 69 |
| 趙 | rjau | 4 | 19 | 0.0024 | 3181 | 1730 |
| 州 | rjou | 1 | 82 | 0.0104 | 3186 | 337 |
| 舟 | rjou | 1 | 18 | 0.0023 | 3190 | 2381 |
| 周 | rjou | 1 | 66 | 0.0084 | 3185 | 398 |
| 周 | rjou | 1 | 15 | 0.0019 | 3185 | 398 |
| 恩 | un | 1 | | | 4285 | 1562 |
| 來 | lai | 2 | | | 1297 | 15 |
| 周 | rjou | 1 | 60 | 0.0076 | 3185 | 398 |
| 圍 | wei | 2 | | | 4641 | 792 |
| 週 | rjou | 1 | 89 | 0.0113 | 3187 | 865 |
| 週 | rjou | 1 | 21 | 0.0027 | 3187 | 865 |
| 末 | mo | 4 | | | 410 | 1390 |
| 洲 | rjou | 1 | 36 | 0.0046 | 3188 | 420 |
| 軸 | rjou | 2 | 17 | 0.0022 | 3191 | 1573 |
| 晝 | rjou | 4 | 24 | 0.0030 | 3195 | 1983 |
| 皺 | rjou | 4 | 11 | 0.0014 | 3197 | 2753 |
| 沾 | rjan | 1 | 11 | 0.0014 | 3204 | 2988 |
| 詹 | rjan | 1 | 16 | 0.0020 | 3202 | 2533 |
| 森 | sun | 1 | | | 4142 | 1000 |
| 展 | rjan | 3 | 18 | 0.0023 | 3209 | 577 |
| 展 | rjan | 2 | 37 | 0.0047 | 3209 | 577 |
| 覽 | lan | 3 | | | 1349 | 1195 |
| 盞 | rjan | 3 | 25 | 0.0032 | 3208 | 3109 |
| 占 | rjan | 4 | 64 | 0.0081 | 3217 | 930 |
| 佔 | rjan | 4 | 12 | 0.0015 | 3216 | 1215 |
| 領 | ling | 3 | | | 1521 | 461 |
| 站 | rjan | 4 | 277 | 0.0351 | 3214 | 586 |
| 站 | rjan | 4 | 31 | 0.0039 | 3214 | 586 |
| 立 | li | 4 | | | 1395 | 152 |

| Char. | Syll. | Tone | Freq. | Freq.% | ID | Rank |
|---|---|---|---|---|---|---|
| 暫 | rjan | 4 | 44 | 0.0056 | 3219 | 1247 |
| 暫 | rjan | 4 | 44 | 0.0056 | 3219 | 1247 |
| 時 | shi | 2 | | | 3578 | 29 |
| 戰 | rjan | 4 | 256 | 0.0324 | 3215 | 280 |
| 戰 | rjan | 4 | 11 | 0.0014 | 3215 | 280 |
| 俘 | fu | 2 | | | 693 | 2130 |
| 戰 | rjan | 4 | 67 | 0.0085 | 3215 | 280 |
| 鬥 | dou | 4 | | | 789 | 1140 |
| 戰 | rjan | 4 | 25 | 0.0032 | 3215 | 280 |
| 略 | lüeh | 4 | | | 1608 | 1039 |
| 戰 | rjan | 4 | 16 | 0.0020 | 3215 | 280 |
| 國 | gwo | 2 | | | 1749 | 7 |
| 戰 | rjan | 4 | 10 | 0.0013 | 3215 | 280 |
| 火 | hwo | 3 | | | 2093 | 235 |
| 戰 | rjan | 4 | 117 | 0.0148 | 3215 | 280 |
| 爭 | rjung | 1 | | | 3263 | 613 |
| 戰 | rjan | 4 | 28 | 0.0035 | 3215 | 280 |
| 場 | rcang | 2 | | | 3474 | 450 |
| 戰 | rjan | 4 | 10 | 0.0013 | 3215 | 280 |
| 事 | shi | 4 | | | 3592 | 77 |
| 戰 | rjan | 4 | 14 | 0.0018 | 3215 | 280 |
| 術 | shu | 4 | | | 3758 | 598 |
| 珍 | rjun | 1 | 22 | 0.0028 | 3225 | 1292 |
| 妮 | ni | 2 | | | 1216 | 2411 |
| 珍 | rjun | 1 | 12 | 0.0015 | 3225 | 1292 |
| 貴 | gwei | 4 | | | 1772 | 804 |
| 真 | rjun | 1 | 707 | 0.0896 | 3223 | 238 |
| 真 | rjun | 1 | 20 | 0.0025 | 3223 | 238 |
| 的 | duh | 5 | | | 749 | 1 |
| 真 | rjun | 1 | 40 | 0.0051 | 3223 | 238 |
| 理 | li | 3 | | | 1388 | 207 |
| 真 | rjun | 1 | 11 | 0.0014 | 3223 | 238 |
| 空 | koong | 1 | | | 1944 | 199 |
| 真 | rjun | 1 | 12 | 0.0015 | 3223 | 238 |
| 相 | xiang | 4 | | | 2978 | 1174 |
| 真 | rjun | 1 | 10 | 0.0013 | 3223 | 238 |
| 摯 | rji | 4 | | | 3126 | 4066 |

| Char. | Syll. | Tone | Freq. | Freq.% | ID | Rank |
|---|---|---|---|---|---|---|
| 真 | rjun | 1 | 178 | 0.0226 | 3223 | 238 |
| 正 | rjung | 4 | | | 3274 | 193 |
| 真 | rjun | 1 | 11 | 0.0014 | 3223 | 238 |
| 誠 | rcung | 2 | | | 3493 | 1413 |
| 真 | rjun | 1 | 43 | 0.0054 | 3223 | 238 |
| 實 | shi | 2 | | | 3581 | 215 |
| 針 | rjun | 1 | 22 | 0.0028 | 3222 | 915 |
| 針 | rjun | 1 | 21 | 0.0027 | 3222 | 915 |
| 對 | dwei | 4 | | | 947 | 90 |
| 枕 | rjun | 3 | 11 | 0.0014 | 3233 | 2754 |
| 頭 | tou | 2 | | | 1017 | 164 |
| 診 | rjun | 3 | 18 | 0.0023 | 3234 | 2234 |
| 療 | liau | 2 | | | 1436 | 1632 |
| 振 | rjun | 4 | 24 | 0.0030 | 3236 | 996 |
| 振 | rjun | 4 | 35 | 0.0044 | 3236 | 996 |
| 動 | doong | 4 | | | 974 | 94 |
| 振 | rjun | 4 | 11 | 0.0014 | 3236 | 996 |
| 作 | dswo | 4 | | | 3953 | 47 |
| 陣 | rjun | 4 | 26 | 0.0033 | 3239 | 1021 |
| 震 | rjun | 4 | 31 | 0.0039 | 3238 | 1426 |
| 震 | rjun | 4 | 20 | 0.0025 | 3238 | 1426 |
| 動 | doong | 4 | | | 974 | 94 |
| 震 | rjun | 4 | 11 | 0.0014 | 3238 | 1426 |
| 撼 | han | 4 | | | 2036 | 3983 |
| 鎮 | rjun | 4 | 70 | 0.0089 | 3237 | 869 |
| 鎮 | rjun | 4 | 11 | 0.0014 | 3237 | 869 |
| 定 | ding | 4 | | | 912 | 121 |
| 鎮 | rjun | 4 | 15 | 0.0019 | 3237 | 869 |
| 靜 | jing | 4 | | | 2498 | 785 |
| 章 | rjang | 1 | 51 | 0.0065 | 3242 | 784 |
| 張 | rjang | 1 | 276 | 0.0350 | 3243 | 311 |
| 張 | rjang | 1 | 16 | 0.0020 | 3243 | 311 |
| 老 | lau | 3 | | | 1322 | 117 |
| 師 | shi | 1 | | | 3570 | 116 |
| 張 | rjang | 1 | 13 | 0.0016 | 3243 | 311 |
| 開 | kai | 1 | | | 1849 | 114 |

| Char. | Syll. | Tone | Freq. | Freq.% | ID | Rank |
|---|---|---|---|---|---|---|
| 張 | rjang | 1 | 13 | 0.0016 | 3243 | 311 |
| 望 | wang | 4 | | | 4719 | 381 |
| 長 | rjang | 3 | 150 | 0.0190 | 3250 | 135 |
| 長 | rjang | 3 | 72 | 0.0091 | 3250 | 135 |
| 大 | da | 4 | | | 745 | 12 |
| 長 | rjang | 2 | 41 | 0.0052 | 3250 | 135 |
| 老 | lau | 3 | | | 1322 | 117 |
| 長 | rjang | 3 | 23 | 0.0029 | 3250 | 135 |
| 官 | gwan | 1 | | | 1781 | 556 |
| 長 | rjang | 3 | 14 | 0.0018 | 3250 | 135 |
| 成 | rcung | 2 | | | 3490 | 56 |
| 掌 | rjang | 3 | 21 | 0.0027 | 3249 | 1280 |
| 掌 | rjang | 3 | 23 | 0.0029 | 3249 | 1280 |
| 櫃 | gwei | 4 | | | 1774 | 2343 |
| 掌 | rjang | 3 | 22 | 0.0028 | 3249 | 1280 |
| 握 | wo | 4 | | | 4627 | 1419 |
| 漲 | rjang | 4 | 16 | 0.0020 | 3252 | 3763 |
| 丈 | rjang | 4 | 13 | 0.0016 | 3254 | 1689 |
| 丈 | rjang | 4 | 150 | 0.0190 | 3254 | 1689 |
| 夫 | fu | 1 | | | 681 | 502 |
| 仗 | rjang | 4 | 13 | 0.0016 | 3253 | 1850 |
| 帳 | rjang | 4 | 17 | 0.0022 | 3255 | 2099 |
| 障 | rjang | 4 | 21 | 0.0027 | 3256 | 1874 |
| 礙 | ai | 4 | | | 4248 | 2018 |
| 漲 | rjang | 4 | 12 | 0.0015 | 3261 | 4549 |
| 征 | rjung | 1 | 22 | 0.0028 | 3264 | 1427 |
| 征 | rjung | 1 | 28 | 0.0035 | 3264 | 1427 |
| 服 | fu | 2 | | | 688 | 366 |
| 爭 | rjung | 1 | 75 | 0.0095 | 3263 | 613 |
| 爭 | rjung | 1 | 17 | 0.0022 | 3263 | 613 |
| 奪 | dwo | 2 | | | 934 | 1423 |
| 爭 | rjung | 1 | 10 | 0.0013 | 3263 | 613 |
| 論 | loon | 4 | | | 1577 | 347 |
| 爭 | rjung | 1 | 81 | 0.0103 | 3263 | 613 |
| 取 | chü | 3 | | | 2751 | 486 |
| 爭 | rjung | 1 | 16 | 0.0020 | 3263 | 613 |
| 執 | rji | 2 | | | 3095 | 1314 |
| 爭 | rjung | 1 | 13 | 0.0016 | 3263 | 613 |
| 議 | yi | 4 | | | 4331 | 290 |
| 掙 | rjung | 1 | 36 | 0.0046 | 3269 | 2829 |
| 扎 | rja | 2 | | | 3132 | 2531 |
| 睜 | rjung | 1 | 21 | 0.0027 | 3267 | 1944 |
| 蒸 | rjung | 1 | 18 | 0.0023 | 3262 | 1114 |
| 發 | fa | 1 | | | 577 | 73 |
| 蒸 | rjung | 1 | 16 | 0.0020 | 3262 | 1114 |
| 氣 | chi | 4 | | | 2627 | 132 |
| 徵 | rjung | 1 | 28 | 0.0035 | 3265 | 1192 |
| 癥 | rjung | 1 | 10 | 0.0013 | id12 | rk12 |
| 結 | jieh | 2 | | | 2310 | 404 |
| 拯 | rjung | 3 | 12 | 0.0015 | 3272 | 3111 |
| 救 | jiu | 4 | | | 2384 | 727 |
| 整 | rjung | 3 | 94 | 0.0119 | 3273 | 593 |
| 整 | rjung | 3 | 14 | 0.0018 | 3273 | 593 |
| 頓 | doon | 4 | | | 960 | 782 |
| 整 | rjung | 2 | 17 | 0.0022 | 3273 | 593 |
| 體 | ti | 3 | | | 1073 | 178 |
| 整 | rjung | 2 | 52 | 0.0066 | 3273 | 593 |
| 理 | li | 3 | | | 1388 | 207 |
| 整 | rjung | 3 | 170 | 0.0215 | 3273 | 593 |
| 個 | guh | 4 | | | 1634 | 22 |
| 整 | rjung | 3 | 30 | 0.0038 | 3273 | 593 |
| 潔 | jieh | 2 | | | 2313 | 982 |
| 整 | rjung | 3 | 51 | 0.0065 | 3273 | 593 |
| 齊 | chi | 2 | | | 2601 | 668 |
| 整 | rjung | 2 | 17 | 0.0022 | 3273 | 593 |
| 整 | rjung | 3 | | | 3273 | 593 |
| 整 | rjung | 3 | 16 | 0.0020 | 3273 | 593 |
| 數 | shu | 4 | | | 3755 | 400 |
| 正 | rjung | 4 | 862 | 0.1092 | 3274 | 193 |
| 正 | rjung | 4 | 12 | 0.0015 | 3274 | 193 |
| 面 | mien | 4 | | | 539 | 66 |
| 正 | rjung | 4 | 10 | 0.0013 | 3274 | 193 |
| 方 | fang | 1 | | | 647 | 62 |
| 形 | xing | 2 | | | 2988 | 252 |

| Char. | Syll. | Tone | Freq. | Freq.% | ID | Rank |
|---|---|---|---|---|---|---|
| 正 | rjung | 4 | 30 | 0.0038 | 3274 | 193 |
| 當 | dang | 1 | | | 819 | 157 |
| 正 | rjung | 4 | 39 | 0.0049 | 3274 | 193 |
| 好 | hau | 3 | | | 1995 | 45 |
| 正 | rjung | 4 | 15 | 0.0019 | 3274 | 193 |
| 經 | jing | 1 | | | 2479 | 110 |
| 正 | rjung | 4 | 92 | 0.0117 | 3274 | 193 |
| 確 | chüeh | 4 | | | 2761 | 949 |
| 正 | rjung | 4 | 106 | 0.0134 | 3274 | 193 |
| 常 | rcang | 2 | | | 3472 | 136 |
| 正 | rjung | 4 | 75 | 0.0095 | 3274 | 193 |
| 式 | shi | 4 | | | 3604 | 762 |
| 正 | rjung | 4 | 24 | 0.0030 | 3274 | 193 |
| 義 | yi | 4 | | | 4334 | 330 |
| 政 | rjung | 4 | 24 | 0.0030 | 3275 | 162 |
| 政 | rjung | 4 | 10 | 0.0013 | 3275 | 162 |
| 變 | bien | 4 | | | 180 | 316 |
| 政 | rjung | 4 | 686 | 0.0869 | 3275 | 162 |
| 府 | fu | 3 | | | 710 | 323 |
| 政 | rjung | 4 | 13 | 0.0016 | 3275 | 162 |
| 黨 | dang | 3 | | | 822 | 903 |
| 政 | rjung | 4 | 11 | 0.0014 | 3275 | 162 |
| 客 | kuh | 4 | | | 1844 | 922 |
| 政 | rjung | 4 | 28 | 0.0035 | 3275 | 162 |
| 見 | jien | 4 | | | 2417 | 206 |
| 政 | rjung | 4 | 71 | 0.0090 | 3275 | 162 |
| 權 | chüen | 4 | | | 2766 | 473 |
| 政 | rjung | 4 | 219 | 0.0277 | 3275 | 162 |
| 治 | rji | 4 | | | 3111 | 361 |
| 政 | rjung | 4 | 187 | 0.0237 | 3275 | 162 |
| 策 | tsuh | 4 | | | 4002 | 1373 |
| 政 | rjung | 4 | 13 | 0.0016 | 3275 | 162 |
| 務 | wu | 4 | | | 4601 | 377 |
| 鄭 | rjung | 4 | 13 | 0.0016 | 3279 | 748 |
| 證 | rjung | 4 | 18 | 0.0023 | 3277 | 712 |
| 證 | rjung | 4 | 117 | 0.0148 | 3277 | 712 |
| 明 | ming | 2 | | | 552 | 101 |
| 證 | rjung | 4 | 25 | 0.0032 | 3277 | 712 |
| 據 | jü | 4 | | | 2528 | 523 |
| 證 | rjung | 4 | 18 | 0.0023 | 3277 | 712 |
| 券 | chüen | 4 | | | 2772 | 2527 |
| 證 | rjung | 4 | 21 | 0.0027 | 3277 | 712 |
| 實 | shi | 2 | | | 3581 | 215 |
| 朱 | rju | 1 | 19 | 0.0024 | 3285 | 1551 |
| 珠 | rju | 1 | 13 | 0.0016 | 3283 | 1047 |
| 寶 | bau | 3 | | | 81 | 716 |
| 株 | rju | 1 | 29 | 0.0037 | 3284 | 2208 |
| 豬 | rju | 1 | 48 | 0.0061 | 3280 | 926 |
| 豬 | rju | 1 | 18 | 0.0023 | 3280 | 926 |
| 肉 | rou | 4 | | | 3805 | 611 |
| 諸 | rju | 1 | 123 | 0.0156 | 3282 | 1100 |
| 諸 | rju | 1 | 13 | 0.0016 | 3282 | 1100 |
| 侯 | hou | 4 | | | 2008 | 140 |
| 竹 | rju | 2 | 23 | 0.0029 | 3292 | 634 |
| 逐 | rju | 2 | 37 | 0.0047 | 3294 | 1254 |
| 逐 | rju | 2 | 122 | 0.0155 | 3294 | 1254 |
| 漸 | jien | 4 | | | 2418 | 652 |
| 築 | rju | 2 | 49 | 0.0062 | 3291 | 1022 |
| 主 | rju | 3 | 185 | 0.0234 | 3299 | 130 |
| 主 | rju | 3 | 32 | 0.0041 | 3299 | 130 |
| 辦 | ban | 4 | | | 104 | 332 |
| 主 | rju | 3 | 16 | 0.0020 | 3299 | 130 |
| 婦 | fu | 4 | | | 725 | 1200 |
| 主 | rju | 3 | 10 | 0.0013 | 3299 | 130 |
| 動 | doong | 4 | | | 974 | 94 |
| 主 | rju | 3 | 22 | 0.0028 | 3299 | 130 |
| 題 | ti | 2 | | | 1066 | 229 |
| 主 | rju | 2 | 13 | 0.0016 | 3299 | 130 |
| 體 | ti | 3 | | | 1073 | 178 |
| 主 | rju | 3 | 11 | 0.0014 | 3299 | 130 |
| 觀 | gwan | 1 | | | 1782 | 359 |
| 主 | rju | 2 | 55 | 0.0070 | 3299 | 130 |
| 管 | gwan | 3 | | | 1787 | 452 |

| Char. | Syll. | Tone | Freq. | Freq.% | ID | Rank |
|---|---|---|---|---|---|---|
| 主 | rju | 2 | 17 | 0.0022 | 3299 | 130 |
| 角 | jiau | 3 | | | 2354 | 637 |
| 主 | rju | 3 | 47 | 0.0060 | 3299 | 130 |
| 席 | xi | 2 | | | 2809 | 850 |
| 主 | rju | 3 | 97 | 0.0123 | 3299 | 130 |
| 張 | rjang | 1 | | | 3243 | 311 |
| 主 | rju | 3 | 65 | 0.0082 | 3299 | 130 |
| 持 | rci | 2 | | | 3380 | 590 |
| 主 | rju | 2 | 12 | 0.0015 | 3299 | 130 |
| 審 | shun | 3 | | | 3699 | 1415 |
| 主 | rju | 3 | 105 | 0.0133 | 3299 | 130 |
| 人 | run | 2 | | | 3812 | 11 |
| 主 | rju | 3 | 55 | 0.0070 | 3299 | 130 |
| 任 | run | 4 | | | 3817 | 293 |
| 主 | rju | 3 | 27 | 0.0034 | 3299 | 130 |
| 意 | yi | 4 | | | 4332 | 195 |
| 主 | rju | 3 | 95 | 0.0120 | 3299 | 130 |
| 義 | yi | 4 | | | 4334 | 330 |
| 主 | rju | 3 | 412 | 0.0522 | 3299 | 130 |
| 要 | yau | 4 | | | 4425 | 27 |
| 主 | rju | 2 | 11 | 0.0014 | 3299 | 130 |
| 演 | yen | 3 | | | 4483 | 645 |
| 煮 | rju | 3 | 23 | 0.0029 | 3298 | 1281 |
| 囑 | rju | 3 | 11 | 0.0014 | 3301 | 2318 |
| 住 | rju | 4 | 363 | 0.0460 | 3304 | 333 |
| 住 | rju | 4 | 52 | 0.0066 | 3304 | 333 |
| 宅 | rjai | 2 | | | 3163 | 2822 |
| 助 | rju | 4 | 88 | 0.0111 | 3306 | 493 |
| 助 | rju | 4 | 19 | 0.0024 | 3306 | 493 |
| 手 | shou | 3 | | | 3660 | 190 |
| 注 | rju | 4 | 54 | 0.0068 | 3303 | 447 |
| 注 | rju | 4 | 33 | 0.0042 | 3303 | 447 |
| 重 | rjoong | 4 | | | 3372 | 214 |
| 注 | rju | 4 | 330 | 0.0418 | 3303 | 447 |
| 視 | shi | 4 | | | 3602 | 720 |
| 注 | rju | 4 | 269 | 0.0341 | 3303 | 447 |
| 意 | yi | 4 | | | 4332 | 195 |

| Char. | Syll. | Tone | Freq. | Freq.% | ID | Rank |
|---|---|---|---|---|---|---|
| 注 | rju | 4 | 23 | 0.0029 | 3303 | 447 |
| 意 | yi | 4 | | | 4332 | 195 |
| 到 | dau | 4 | | | 775 | 21 |
| 柱 | rju | 4 | 20 | 0.0025 | 3309 | 2235 |
| 柱 | rju | 4 | 10 | 0.0013 | 3309 | 2235 |
| 子 | dsi | 3 | | | 3874 | 324 |
| 祝 | rju | 4 | 17 | 0.0022 | 3307 | 1228 |
| 註 | rju | 4 | 16 | 0.0020 | 3310 | 1965 |
| 定 | ding | 4 | | | 912 | 121 |
| 著 | rju | 4 | 80 | 0.0101 | 3305 | 638 |
| 名 | ming | 2 | | | 551 | 141 |
| 著 | rju | 4 | 18 | 0.0023 | 3305 | 638 |
| 稱 | rcung | 1 | | | 3485 | 470 |
| 著 | rju | 4 | 16 | 0.0020 | 3305 | 638 |
| 作 | dswo | 4 | | | 3953 | 47 |
| 駐 | rju | 4 | 88 | 0.0111 | 3308 | 1117 |
| 抓 | rjwa | 1 | 27 | 0.0034 | 3316 | 1275 |
| 抓 | rjwa | 1 | 32 | 0.0041 | 3316 | 1275 |
| 住 | rju | 4 | | | 3304 | 333 |
| 桌 | rjwo | 1 | 112 | 0.0142 | 3319 | 911 |
| 桌 | rjwo | 1 | 77 | 0.0098 | 3319 | 911 |
| 子 | dsi | 3 | | | 3874 | 324 |
| 捉 | rjwo | 1 | 59 | 0.0075 | 3318 | 1198 |
| 卓 | rjwo | 2 | 15 | 0.0019 | 3321 | 2579 |
| 越 | yüeh | 4 | | | 4793 | 558 |
| 追 | rjwei | 1 | 62 | 0.0079 | 3334 | 1135 |
| 追 | rjwei | 1 | 12 | 0.0015 | 3334 | 1135 |
| 究 | jiu | 4 | | | 2381 | 434 |
| 追 | rjwei | 1 | 66 | 0.0084 | 3334 | 1135 |
| 求 | chiu | 2 | | | 2669 | 494 |
| 追 | rjwei | 1 | 16 | 0.0020 | 3334 | 1135 |
| 蹤 | dsoong | 1 | | | 3973 | 2388 |
| 墜 | rjwei | 4 | 12 | 0.0015 | 3336 | 3238 |
| 專 | rjwan | 1 | 154 | 0.0195 | 3339 | 547 |
| 專 | rjwan | 1 | 25 | 0.0032 | 3339 | 547 |
| 門 | mun | 2 | | | 476 | 274 |

| Char. | Syll. | Tone | Freq. | Freq.% | ID | Rank |
|---|---|---|---|---|---|---|
| 專 | rjwan | 1 | 10 | 0.0013 | 3339 | 547 |
| 利 | li | 4 | | | 1398 | 222 |
| 專 | rjwan | 1 | 14 | 0.0018 | 3339 | 547 |
| 科 | kuh | 1 | | | 1826 | 341 |
| 專 | rjwan | 1 | 91 | 0.0115 | 3339 | 547 |
| 家 | jia | 1 | | | 2279 | 36 |
| 專 | rjwan | 1 | 17 | 0.0022 | 3339 | 547 |
| 心 | xin | 1 | | | 2946 | 142 |
| 專 | rjwan | 1 | 15 | 0.0019 | 3339 | 547 |
| 制 | rji | 4 | | | 3113 | 495 |
| 專 | rjwan | 1 | 14 | 0.0018 | 3339 | 547 |
| 政 | rjung | 4 | | | 3275 | 162 |
| 專 | rjwan | 1 | 18 | 0.0023 | 3339 | 547 |
| 業 | yeh | 4 | | | 4397 | 137 |
| 磚 | rjwan | 1 | 14 | 0.0018 | 3341 | 1811 |
| 轉 | rjwan | 3 | 265 | 0.0336 | 3343 | 531 |
| 轉 | rjwan | 3 | 27 | 0.0034 | 3343 | 531 |
| 變 | bien | 4 | | | 180 | 316 |
| 轉 | rjwan | 3 | 31 | 0.0039 | 3343 | 531 |
| 動 | doong | 4 | | | 974 | 94 |
| 轉 | rjwan | 3 | 30 | 0.0038 | 3343 | 531 |
| 身 | shun | 1 | | | 3691 | 249 |
| 轉 | rjwan | 3 | 19 | 0.0024 | 3343 | 531 |
| 移 | yi | 2 | | | 4306 | 918 |
| 轉 | rjwan | 3 | 14 | 0.0018 | 3343 | 531 |
| 為 | wei | 2 | | | 4639 | 95 |
| 轉 | rjwan | 3 | 10 | 0.0013 | 3343 | 531 |
| 彎 | wan | 1 | | | 4679 | 1407 |
| 傳 | rjwan | 4 | 10 | 0.0013 | 3344 | 2209 |
| 傳 | rjwan | 4 | 13 | 0.0016 | 3344 | 2209 |
| 記 | ji | 4 | | | 2255 | 517 |
| 賺 | rjwan | 4 | 47 | 0.0060 | 3345 | 2144 |
| 賺 | rjwan | 4 | 21 | 0.0027 | 3345 | 2144 |
| 錢 | chien | 2 | | | 2686 | 525 |
| 准 | rjoon | 3 | 38 | 0.0048 | 3349 | 1470 |
| 准 | rjoon | 2 | 19 | 0.0024 | 3349 | 1470 |
| 許 | xü | 3 | | | 3011 | 322 |
| 準 | rjoon | 3 | 33 | 0.0042 | 3350 | 623 |
| 準 | rjoon | 3 | 219 | 0.0277 | 3350 | 623 |
| 備 | bei | 4 | | | 62 | 392 |
| 準 | rjoon | 3 | 24 | 0.0030 | 3350 | 623 |
| 確 | chüeh | 4 | | | 2761 | 949 |
| 確 | chüeh | 4 | 13 | 0.0016 | 2761 | 949 |
| 則 | dsuh | 2 | | | 3887 | 758 |
| 莊 | rjwang | 1 | 84 | 0.0106 | 3351 | 1315 |
| 莊 | rjwang | 1 | 30 | 0.0038 | 3351 | 1315 |
| 嚴 | yen | 2 | | | 4471 | 861 |
| 裝 | rjwang | 1 | 13 | 0.0016 | 3352 | 545 |
| 備 | bei | 4 | | | 62 | 392 |
| 裝 | rjwang | 1 | 40 | 0.0051 | 3352 | 545 |
| 置 | rji | 4 | | | 3114 | 741 |
| 裝 | rjwang | 1 | 19 | 0.0024 | 3352 | 545 |
| 成 | rcung | 2 | | | 3490 | 56 |
| 裝 | rjwang | 1 | 28 | 0.0035 | 3352 | 545 |
| 飾 | shi | 4 | | | 3611 | 2183 |
| 樁 | rjwang | 1 | 180 | 0.0228 | 3355 | 4075 |
| 壯 | rjwang | 4 | 16 | 0.0020 | 3357 | 1507 |
| 狀 | rjwang | 4 | 69 | 0.0087 | 3358 | 873 |
| 狀 | rjwang | 4 | 77 | 0.0098 | 3358 | 873 |
| 態 | tai | 4 | | | 997 | 954 |
| 狀 | rjwang | 4 | 40 | 0.0051 | 3358 | 873 |
| 況 | kwang | 4 | | | 1939 | 1209 |
| 撞 | rjwang | 4 | 28 | 0.0035 | 3359 | 2145 |
| 中 | rjoong | 1 | 3607 | 0.4570 | 3361 | 20 |
| 中 | rjoong | 1 | 39 | 0.0049 | 3361 | 20 |
| 部 | bu | 4 | | | 212 | 91 |
| 中 | rjoong | 1 | 11 | 0.0014 | 3361 | 20 |
| 等 | dung | 3 | | | 833 | 118 |
| 中 | rjoong | 4 | 15 | 0.0019 | 3373 | 1442 |
| 毒 | du | 2 | | | 918 | 847 |
| 中 | rjoong | 1 | 17 | 0.0022 | 3361 | 20 |
| 斷 | dwan | 4 | | | 952 | 871 |
| 中 | rjoong | 1 | 26 | 0.0033 | 3361 | 20 |
| 東 | doong | 1 | | | 967 | 84 |

| Char. | Syll. | Tone | Freq. | Freq.% | ID | Rank |
|---|---|---|---|---|---|---|
| 中 | rjoong | 1 | 24 | 0.0030 | 3361 | 20 |
| 途 | tu | 2 | | | 1119 | 706 |
| 中 | rjoong | 1 | 19 | 0.0024 | 3361 | 20 |
| 南 | nan | 2 | | | 1203 | 81 |
| 半 | ban | 4 | | | 103 | 413 |
| 島 | dau | 3 | | | 770 | 380 |
| 中 | rjoong | 1 | 22 | 0.0028 | 3361 | 20 |
| 年 | nien | 2 | | | 1242 | 35 |
| 中 | rjoong | 1 | 170 | 0.0215 | 3361 | 20 |
| 國 | gwo | 2 | | | 1749 | 7 |
| 中 | rjoong | 1 | 102 | 0.0129 | 3361 | 20 |
| 國 | gwo | 2 | | | 1749 | 7 |
| 人 | run | 2 | | | 3812 | 11 |
| 中 | rjoong | 1 | 82 | 0.0104 | 3361 | 20 |
| 共 | goong | 4 | | | 1820 | 186 |
| 中 | rjoong | 1 | 117 | 0.0148 | 3361 | 20 |
| 華 | hwa | 2 | | | 2080 | 166 |
| 中 | rjoong | 1 | 203 | 0.0257 | 3361 | 20 |
| 華 | hwa | 2 | | | 2080 | 166 |
| 民 | min | 2 | | | 542 | 59 |
| 國 | gwo | 2 | | | 1749 | 7 |
| 中 | rjoong | 1 | 24 | 0.0030 | 3361 | 20 |
| 華 | hwa | 2 | | | 2080 | 166 |
| 民 | min | 2 | | | 542 | 59 |
| 族 | dsu | 2 | | | 3941 | 809 |
| 中 | rjoong | 1 | 11 | 0.0014 | 3361 | 20 |
| 級 | ji | 2 | | | 2222 | 317 |
| 中 | rjoong | 1 | 66 | 0.0084 | 3361 | 20 |
| 間 | jien | 1 | | | 2391 | 245 |
| 中 | rjoong | 1 | 237 | 0.0300 | 3361 | 20 |
| 心 | xin | 1 | | | 2946 | 142 |
| 中 | rjoong | 1 | 47 | 0.0060 | 3361 | 20 |
| 學 | xüeh | 2 | | | 3028 | 26 |
| 中 | rjoong | 1 | 15 | 0.0019 | 3361 | 20 |
| 樞 | shu | 1 | | | 3737 | 2242 |
| 中 | rjoong | 1 | 10 | 0.0013 | 3361 | 20 |
| 子 | dsi | 3 | | | 3874 | 324 |
| 中 | rjoong | 1 | 176 | 0.0223 | 3361 | 20 |
| 央 | yang | 1 | | | 4528 | 625 |
| 中 | rjoong | 1 | 24 | 0.0030 | 3361 | 20 |
| 央 | yang | 1 | | | 4528 | 625 |
| 銀 | yin | 2 | | | 4514 | 963 |
| 行 | hang | 2 | | | 2042 | 1123 |

| Char. | Syll. | Tone | Freq. | Freq.% | ID | Rank |
|---|---|---|---|---|---|---|
| 中 | rjoong | 1 | 171 | 0.0217 | 3361 | 20 |
| 午 | wu | 3 | | | 4592 | 292 |
| 中 | rjoong | 1 | 14 | 0.0018 | 3361 | 20 |
| 原 | yüen | 2 | | | 4809 | 197 |
| 忠 | rjoong | 1 | 37 | 0.0047 | 3362 | 1054 |
| 忠 | rjoong | 1 | 13 | 0.0016 | 3362 | 1054 |
| 心 | xin | 1 | | | 2946 | 142 |
| 終 | rjoong | 1 | 104 | 0.0132 | 3363 | 874 |
| 終 | rjoong | 1 | 130 | 0.0165 | 3363 | 874 |
| 點 | dien | 3 | | | 892 | 160 |
| 終 | rjoong | 1 | 11 | 0.0014 | 3363 | 874 |
| 止 | rji | 3 | | | 3104 | 707 |
| 終 | rjoong | 1 | 15 | 0.0019 | 3363 | 874 |
| 身 | shun | 1 | | | 3691 | 249 |
| 終 | rjoong | 1 | 13 | 0.0016 | 3363 | 874 |
| 日 | ri | 4 | | | 3795 | 54 |
| 終 | rjoong | 1 | 130 | 0.0165 | 3363 | 874 |
| 於 | yü | 2 | | | 4728 | 113 |
| 鐘 | rjoong | 1 | 50 | 0.0063 | 3360 | 662 |
| 鐘 | rjoong | 1 | 32 | 0.0041 | 3360 | 662 |
| 頭 | tou | 2 | | | 1017 | 164 |
| 腫 | rjoong | 3 | 15 | 0.0019 | 3367 | 2894 |
| 種 | rjoong | 3 | 2862 | 0.3626 | 3368 | 89 |
| 種 | rjoong | 3 | 81 | 0.0103 | 3368 | 89 |
| 類 | lei | 4 | | | 1314 | 298 |
| 種 | rjoong | 4 | 33 | 0.0042 | 3374 | 763 |
| 植 | rji | 2 | | | 3093 | 887 |
| 種 | rjoong | 2 | 103 | 0.0130 | 3368 | 89 |
| 種 | rjoong | 3 | | | 3368 | 89 |
| 種 | rjoong | 2 | 59 | 0.0075 | 3368 | 89 |
| 子 | dsi | 3 | | | 3874 | 324 |
| 種 | rjoong | 3 | 21 | 0.0027 | 3368 | 89 |
| 族 | dsu | 2 | | | 3941 | 809 |
| 重 | rjoong | 4 | 287 | 0.0364 | 3372 | 214 |
| 重 | rjoong | 4 | 85 | 0.0108 | 3372 | 214 |
| 大 | da | 4 | | | 745 | 12 |

| Char. | Syll. | Tone | Freq. | Freq.% | ID | Rank |
|---|---|---|---|---|---|---|
| 重 | rjoong | 4 | 38 | 0.0048 | 3372 | 214 |
| 點 | dien | 3 | | | 892 | 160 |
| 重 | rjoong | 4 | 24 | 0.0030 | 3372 | 214 |
| 力 | li | 4 | | | 1396 | 143 |
| 重 | rjoong | 4 | 82 | 0.0104 | 3372 | 214 |
| 量 | liang | 4 | | | 1503 | 423 |
| 重 | rjoong | 4 | 10 | 0.0013 | 3372 | 214 |
| 工 | goong | 1 | | | 1804 | 125 |
| 業 | yeh | 4 | | | 4397 | 137 |
| 重 | rjoong | 4 | 32 | 0.0041 | 3372 | 214 |
| 心 | xin | 1 | | | 2946 | 142 |
| 重 | rjoong | 4 | 116 | 0.0147 | 3372 | 214 |
| 視 | shi | 4 | | | 3602 | 720 |
| 重 | rjoong | 4 | 513 | 0.0650 | 3372 | 214 |
| 要 | yau | 4 | | | 4425 | 27 |
| 重 | rjoong | 4 | 32 | 0.0041 | 3372 | 214 |
| 要 | yau | 4 | | | 4425 | 27 |
| 性 | xing | 4 | | | 2996 | 482 |
| 衆 | rjoong | 4 | 149 | 0.0189 | 3371 | 757 |
| 衆 | rjoong | 4 | 20 | 0.0025 | 3371 | 757 |
| 多 | dwo | 1 | | | 933 | 49 |
| 衆 | rjoong | 4 | 106 | 0.0134 | 3371 | 757 |
| 人 | run | 2 | | | 3812 | 11 |
| 吃 | rci | 1 | 517 | 0.0655 | 3377 | 169 |
| 吃 | rci | 1 | 81 | 0.0103 | 3377 | 169 |
| 飯 | fan | 4 | | | 622 | 418 |
| 吃 | rci | 1 | 13 | 0.0016 | 3377 | 169 |
| 力 | li | 4 | | | 1396 | 143 |
| 吃 | rci | 1 | 14 | 0.0018 | 3377 | 169 |
| 虧 | kwei | 1 | | | 1908 | 2034 |
| 吃 | rci | 1 | 26 | 0.0033 | 3377 | 169 |
| 驚 | jing | 1 | | | 2483 | 1152 |
| 喫 | rci | 1 | 123 | 0.0156 | id13 | rk13 |
| 喫 | rci | 1 | 13 | 0.0016 | id13 | rk13 |
| 酒 | jiu | 3 | | | 2379 | 753 |
| 池 | rci | 2 | 15 | 0.0019 | 3379 | 1181 |
| 池 | rci | 2 | 12 | 0.0015 | 3379 | 1181 |
| 塘 | tang | 2 | | | 1045 | 1771 |
| 持 | rci | 2 | 73 | 0.0092 | 3380 | 590 |
| 遲 | rci | 2 | 36 | 0.0046 | 3382 | 1875 |
| 遲 | rci | 2 | 10 | 0.0013 | 3382 | 1875 |
| 到 | dau | 4 | | | 775 | 21 |
| 遲 | rci | 2 | 14 | 0.0018 | 3382 | 1875 |
| 遲 | rci | 2 | | | 3382 | 1875 |
| 遲 | rci | 2 | 10 | 0.0013 | 3382 | 1875 |
| 疑 | yi | 2 | | | 4311 | 1609 |
| 恥 | rci | 3 | 23 | 0.0029 | 3388 | 2236 |
| 齒 | rci | 3 | 13 | 0.0016 | 3385 | 1232 |
| 齒 | rci | 3 | 12 | 0.0015 | 3385 | 1232 |
| 輪 | loon | 2 | | | 1570 | 506 |
| 尺 | rci | 3 | 58 | 0.0073 | 3386 | 725 |
| 尺 | rci | 3 | 12 | 0.0015 | 3386 | 725 |
| 度 | du | 4 | | | 927 | 212 |
| 呎 | rci | 3 | 17 | 0.0022 | 3390 | 2433 |
| 翅 | rci | 4 | 19 | 0.0024 | 3392 | 1675 |
| 膀 | bang | 3 | | | 119 | 1536 |
| 赤 | rci | 4 | 31 | 0.0039 | 3393 | 1455 |
| 道 | dau | 4 | | | 774 | 155 |
| 赤 | rci | 4 | 12 | 0.0015 | 3393 | 1455 |
| 化 | hwa | 4 | | | 2085 | 278 |
| 差 | rca | 1 | 76 | 0.0096 | 3399 | 2434 |
| 差 | rca | 1 | 31 | 0.0039 | 3399 | 2434 |
| 別 | bieh | 2 | | | 163 | 259 |
| 差 | rca | 1 | 10 | 0.0013 | 3399 | 2434 |
| 距 | jü | 4 | | | 2532 | 1197 |
| 差 | rca | 1 | 18 | 0.0023 | 3399 | 2434 |
| 誤 | wu | 4 | | | 4604 | 1678 |
| 插 | rca | 1 | 79 | 0.0100 | 3400 | 1401 |
| 插 | rca | 1 | 10 | 0.0013 | 3400 | 1401 |
| 頭 | tou | 2 | | | 1017 | 164 |
| 查 | rca | 2 | 30 | 0.0038 | 3406 | 644 |

| Char. | Syll. | Tone | Freq. | Freq.% | ID | Rank |
|---|---|---|---|---|---|---|
| 查 | rca | 2 | 19 | 0.0024 | 3406 | 644 |
| 出 | rcu | 1 | | | 3507 | 60 |
| 茶 | rca | 2 | 87 | 0.0110 | 3403 | 643 |
| 茶 | rca | 2 | 10 | 0.0013 | 3403 | 643 |
| 杯 | bei | 1 | | | 54 | 1050 |
| 詫 | rca | 4 | 18 | 0.0023 | 3409 | 4080 |
| 異 | yi | 4 | | | 4335 | 1096 |
| 差 | rca | 4 | 62 | 0.0079 | 3408 | 1369 |
| 不 | bu | 4 | | | 213 | 8 |
| 多 | dwo | 1 | | | 933 | 49 |
| 車 | rcuh | 1 | 203 | 0.0257 | 3412 | 181 |
| 車 | rcuh | 1 | 10 | 0.0013 | 3412 | 181 |
| 票 | piau | 4 | | | 338 | 490 |
| 車 | rcuh | 1 | 51 | 0.0065 | 3412 | 181 |
| 輛 | liang | 4 | | | 1505 | 1299 |
| 車 | rcuh | 1 | 17 | 0.0022 | 3412 | 181 |
| 禍 | hwo | 4 | | | 2100 | 1916 |
| 車 | rcuh | 1 | 22 | 0.0028 | 3412 | 181 |
| 站 | rjan | 4 | | | 3214 | 586 |
| 扯 | rcuh | 3 | 28 | 0.0035 | 3413 | 3240 |
| 扯 | rcuh | 3 | 10 | 0.0013 | 3413 | 3240 |
| 住 | rju | 4 | | | 3304 | 333 |
| 撤 | rcuh | 4 | 14 | 0.0018 | 3415 | 1635 |
| 撤 | rcuh | 4 | 11 | 0.0014 | 3415 | 1635 |
| 退 | twei | 4 | | | 1148 | 819 |
| 撤 | rcuh | 4 | 14 | 0.0018 | 3415 | 1635 |
| 出 | rcu | 1 | | | 3507 | 60 |
| 徹 | rcuh | 4 | 47 | 0.0060 | 3414 | 2276 |
| 底 | di | 3 | | | 854 | 820 |
| 差 | rcai | 1 | 18 | 0.0023 | 3420 | 1606 |
| 拆 | rcai | 1 | 13 | 0.0016 | 3419 | 2146 |
| 坼 | rcuh | 4 | 18 | 0.0023 | 3418 | 4568 |
| 除 | rcu | 2 | | | 3510 | 444 |
| 柴 | rcai | 2 | 10 | 0.0013 | 3421 | 1089 |
| 鈔 | rcau | 1 | 25 | 0.0032 | 3422 | 2120 |
| 票 | piau | 4 | | | 338 | 490 |

| Char. | Syll. | Tone | Freq. | Freq.% | ID | Rank |
|---|---|---|---|---|---|---|
| 超 | rcau | 1 | 24 | 0.0030 | 3423 | 1233 |
| 超 | rcau | 1 | 68 | 0.0086 | 3423 | 1233 |
| 過 | gwo | 4 | | | 1754 | 67 |
| 超 | rcau | 1 | 16 | 0.0020 | 3423 | 1233 |
| 出 | rcu | 1 | | | 3507 | 60 |
| 超 | rcau | 1 | 21 | 0.0027 | 3423 | 1233 |
| 越 | yüeh | 4 | | | 4793 | 558 |
| 朝 | rcau | 2 | 132 | 0.0167 | 3426 | 628 |
| 朝 | rcau | 2 | 18 | 0.0023 | 3426 | 628 |
| 廷 | ting | 2 | | | 1112 | 1664 |
| 潮 | rcau | 2 | 18 | 0.0023 | 3425 | 1607 |
| 潮 | rcau | 2 | 17 | 0.0022 | 3425 | 1607 |
| 流 | liu | 2 | | | 1448 | 353 |
| 潮 | rcau | 2 | 32 | 0.0041 | 3425 | 1607 |
| 濕 | shi | 1 | | | 3571 | 1316 |
| 巢 | rcau | 2 | 22 | 0.0028 | 3428 | 1966 |
| 吵 | rcau | 3 | 26 | 0.0033 | 3430 | 1797 |
| 抽 | rcou | 1 | 29 | 0.0037 | 3431 | 1402 |
| 稠 | rcou | 2 | 13 | 0.0016 | 3436 | 2831 |
| 密 | mi | 4 | | | 511 | 660 |
| 籌 | rcou | 2 | 15 | 0.0019 | 3433 | 1754 |
| 籌 | rcou | 2 | 20 | 0.0025 | 3433 | 1754 |
| 備 | bei | 4 | | | 62 | 392 |
| 醜 | rcou | 3 | 32 | 0.0041 | 3439 | 2237 |
| 臭 | rcou | 4 | 14 | 0.0018 | 3440 | 2180 |
| 纏 | rcan | 2 | 12 | 0.0015 | 3443 | 2474 |
| 產 | rcan | 3 | 214 | 0.0271 | 3449 | 279 |
| 產 | rcan | 2 | 117 | 0.0148 | 3449 | 279 |
| 品 | pin | 3 | | | 350 | 415 |
| 產 | rcan | 3 | 37 | 0.0047 | 3449 | 279 |
| 量 | liang | 4 | | | 1503 | 423 |
| 產 | rcan | 3 | 229 | 0.0290 | 3449 | 279 |
| 生 | shung | 1 | | | 3715 | 32 |
| 產 | rcan | 3 | 19 | 0.0024 | 3449 | 279 |
| 業 | yeh | 4 | | | 4397 | 137 |

| Char. | Syll. | Tone | Freq. | Freq.% | ID | Rank |
|---|---|---|---|---|---|---|
| 產 | rcan | 3 | 15 | 0.0019 | 3449 | 279 |
| 物 | wu | 4 | | | 4602 | 128 |
| 臣 | rcun | 2 | 18 | 0.0023 | 3461 | 1412 |
| 晨 | rcun | 2 | 26 | 0.0033 | 3456 | 878 |
| 陳 | rcun | 2 | 60 | 0.0076 | 3457 | 530 |
| 塵 | rcun | 2 | 11 | 0.0014 | 3460 | 2013 |
| 沈 | rcun | 2 | 30 | 0.0038 | 3459 | 1323 |
| 沈 | rcun | 2 | 51 | 0.0065 | 3459 | 1323 |
| 默 | mo | 4 | | | 412 | 1766 |
| 沈 | rcun | 2 | 11 | 0.0014 | 3459 | 1323 |
| 着 | rjwo | 2 | | | 3322 | 1731 |
| 沈 | rcun | 2 | 32 | 0.0041 | 3459 | 1323 |
| 重 | rjoong | 4 | | | 3372 | 214 |
| 沈 | rcun | 2 | 19 | 0.0024 | 3459 | 1323 |
| 思 | si | 1 | | | 4087 | 619 |
| 趁 | rcun | 3 | 42 | 0.0053 | 3466 | 2238 |
| 襯 | rcun | 3 | 23 | 0.0029 | 3465 | 3242 |
| 衫 | shan | 1 | | | 3671 | 3246 |
| 昌 | rcang | 1 | 11 | 0.0014 | 3468 | 997 |
| 明 | ming | 2 | | | 552 | 101 |
| 長 | rcang | 2 | 712 | 0.0902 | 3471 | 227 |
| 長 | rcang | 2 | 12 | 0.0015 | 3471 | 227 |
| 方 | fang | 1 | | | 647 | 62 |
| 形 | xing | 2 | | | 2988 | 252 |
| 長 | rcang | 2 | 36 | 0.0046 | 3471 | 227 |
| 度 | du | 4 | | | 927 | 212 |
| 長 | rcang | 2 | 23 | 0.0029 | 3471 | 227 |
| 久 | jiu | 3 | | | 2376 | 522 |
| 長 | rcang | 2 | 231 | 0.0293 | 3471 | 227 |
| 江 | jiang | 1 | | | 2463 | 131 |
| 長 | rcang | 2 | 11 | 0.0014 | 3471 | 227 |
| 期 | chi | 2 | | | 2599 | 225 |
| 長 | rcang | 2 | 13 | 0.0016 | 3471 | 227 |
| 長 | rcang | 2 | | | 3471 | 227 |
| 的 | duh | 5 | | | 749 | 1 |
| 長 | rcang | 2 | 14 | 0.0018 | 3471 | 227 |
| 城 | rcung | 2 | | | 3489 | 467 |
| 長 | rcang | 2 | 11 | 0.0014 | 3471 | 227 |
| 處 | rcu | 4 | | | 3521 | 334 |
| 常 | rcang | 2 | 438 | 0.0555 | 3472 | 136 |
| 常 | rcang | 2 | 174 | 0.0220 | 3472 | 136 |
| 常 | rcang | 2 | | | 3472 | 136 |
| 常 | rcang | 2 | 16 | 0.0020 | 3472 | 136 |
| 識 | shi | 4 | | | 3603 | 632 |
| 常 | rcang | 2 | 11 | 0.0014 | 3472 | 136 |
| 娥 | uh | 2 | | | 4218 | 1990 |
| 嘗 | rcang | 2 | 26 | 0.0033 | 3476 | 2383 |
| 嘗 | rcang | 2 | 30 | 0.0038 | 3476 | 2383 |
| 試 | shi | 4 | | | 3599 | 504 |
| 場 | rcang | 2 | 247 | 0.0313 | 3474 | 450 |
| 場 | rcang | 2 | 12 | 0.0015 | 3474 | 450 |
| 面 | mien | 4 | | | 539 | 66 |
| 場 | rcang | 2 | 17 | 0.0022 | 3474 | 450 |
| 地 | di | 4 | | | 858 | 33 |
| 場 | rcang | 2 | 54 | 0.0068 | 3474 | 450 |
| 所 | swo | 3 | | | 4169 | 79 |
| 腸 | rcang | 2 | 20 | 0.0025 | 3473 | 1471 |
| 廠 | rcang | 3 | 47 | 0.0060 | 3479 | 969 |
| 廠 | rcang | 3 | 29 | 0.0037 | 3479 | 969 |
| 商 | shang | 1 | | | 3707 | 474 |
| 唱 | rcang | 4 | 126 | 0.0160 | 3481 | 469 |
| 唱 | rcang | 4 | 49 | 0.0062 | 3481 | 469 |
| 歌 | guh | 1 | | | 1615 | 542 |
| 暢 | rcang | 4 | 14 | 0.0018 | 3483 | 2239 |
| 稱 | rcung | 1 | 313 | 0.0397 | 3485 | 470 |
| 稱 | rcung | 1 | 18 | 0.0023 | 3485 | 470 |
| 呼 | hu | 1 | | | 2053 | 829 |
| 稱 | rcung | 1 | 290 | 0.0367 | 3485 | 470 |
| 讚 | dsan | 4 | | | 3927 | 1526 |
| 稱 | rcung | 1 | 12 | 0.0015 | 3485 | 470 |
| 做 | dswo | 4 | | | 3952 | 99 |
| 稱 | rcung | 1 | 289 | 0.0366 | 3485 | 470 |
| 為 | wei | 2 | | | 4639 | 95 |

| Char. | Syll. | Tone | Freq. | Freq.% | ID | Rank |
|---|---|---|---|---|---|---|
| 撑 | rcung | 1 | 12 | 0.0015 | 3484 | 2832 |
| 成 | rcung | 2 | 605 | 0.0766 | 3490 | 56 |
| 成 | rcung | 2 | 29 | 0.0037 | 3490 | 56 |
| 本 | bun | 3 | | | 112 | 65 |
| 成 | rcung | 2 | 14 | 0.0018 | 3490 | 56 |
| 品 | pin | 3 | | | 350 | 415 |
| 成 | rcung | 2 | 21 | 0.0027 | 3490 | 56 |
| 分 | fun | 4 | | | 640 | 693 |
| 成 | rcung | 2 | 14 | 0.0018 | 3490 | 56 |
| 份 | fun | 4 | | | 641 | 661 |
| 成 | rcung | 2 | 10 | 0.0013 | 3490 | 56 |
| 天 | tien | 1 | | | 1097 | 28 |
| 成 | rcung | 2 | 25 | 0.0032 | 3490 | 56 |
| 年 | nien | 2 | | | 1242 | 35 |
| 成 | rcung | 2 | 101 | 0.0128 | 3490 | 56 |
| 立 | li | 4 | | | 1395 | 152 |
| 成 | rcung | 2 | 30 | 0.0038 | 3490 | 56 |
| 果 | gwo | 3 | | | 1751 | 174 |
| 成 | rcung | 2 | 204 | 0.0258 | 3490 | 56 |
| 功 | goong | 1 | | | 1807 | 335 |
| 成 | rcung | 2 | 92 | 0.0117 | 3490 | 56 |
| 績 | ji | 1 | | | 2202 | 837 |
| 成 | rcung | 2 | 106 | 0.0134 | 3490 | 56 |
| 就 | jiu | 4 | | | 2382 | 25 |
| 成 | rcung | 2 | 10 | 0.0013 | 3490 | 56 |
| 千 | chien | 1 | | | 2674 | 365 |
| 上 | shang | 4 | | | 3712 | 17 |
| 萬 | wan | 4 | | | 4695 | 315 |
| 成 | rcung | 2 | 61 | 0.0077 | 3490 | 56 |
| 長 | rjang | 3 | | | 3250 | 135 |
| 成 | rcung | 2 | 40 | 0.0051 | 3490 | 56 |
| 熟 | shou | 2 | | | 3658 | 1033 |
| 成 | rcung | 2 | 23 | 0.0029 | 3490 | 56 |
| 人 | run | 2 | | | 3812 | 11 |
| 成 | rcung | 2 | 363 | 0.0460 | 3490 | 56 |
| 為 | wei | 2 | | | 4639 | 95 |
| 城 | rcung | 2 | 242 | 0.0307 | 3489 | 467 |
| 城 | rcung | 2 | 91 | 0.0115 | 3489 | 467 |
| 市 | shi | 4 | | | 3595 | 87 |
| 盛 | rcung | 2 | 36 | 0.0046 | 3498 | 2277 |
| 誠 | rcung | 2 | 21 | 0.0027 | 3493 | 1413 |
| 誠 | rcung | 2 | 22 | 0.0028 | 3493 | 1413 |
| 懇 | kun | 3 | | | 1875 | 2370 |
| 誠 | rcung | 2 | 12 | 0.0015 | 3493 | 1413 |
| 實 | shi | 2 | | | 3581 | 215 |
| 誠 | rcung | 2 | 12 | 0.0015 | 3493 | 1413 |
| 意 | yi | 4 | | | 4332 | 195 |
| 承 | rcung | 2 | 22 | 0.0028 | 3494 | 897 |
| 承 | rcung | 2 | 11 | 0.0014 | 3494 | 897 |
| 擔 | dan | 1 | | | 798 | 1059 |
| 承 | rcung | 2 | 11 | 0.0014 | 3494 | 897 |
| 諾 | nwo | 4 | | | 1269 | 1501 |
| 承 | rcung | 2 | 61 | 0.0077 | 3494 | 897 |
| 認 | run | 4 | | | 3816 | 479 |
| 呈 | rcung | 2 | 56 | 0.0071 | 3496 | 1985 |
| 呈 | rcung | 2 | 24 | 0.0030 | 3496 | 1985 |
| 現 | xien | 4 | | | 2933 | 167 |
| 程 | rcung | 2 | 31 | 0.0039 | 3491 | 580 |
| 序 | xü | 4 | | | 3013 | 1158 |
| 乘 | rcung | 2 | 102 | 0.0129 | 3492 | 543 |
| 乘 | rcung | 2 | 32 | 0.0041 | 3492 | 543 |
| 客 | kuh | 4 | | | 1844 | 922 |
| 乘 | rcung | 2 | 12 | 0.0015 | 3492 | 543 |
| 機 | ji | 1 | | | 2198 | 153 |
| 乘 | rcung | 2 | 22 | 0.0028 | 3492 | 543 |
| 積 | ji | 1 | | | 2201 | 961 |
| 逞 | rcung | 3 | 12 | 0.0015 | 3503 | 3117 |
| 初 | rcu | 1 | 271 | 0.0343 | 3506 | 496 |
| 初 | rcu | 1 | 16 | 0.0020 | 3506 | 496 |
| 步 | bu | 4 | | | 214 | 417 |
| 初 | rcu | 1 | 14 | 0.0018 | 3506 | 496 |
| 中 | rjoong | 1 | | | 3361 | 20 |
| 出 | rcu | 1 | 1991 | 0.2522 | 3507 | 60 |
| 出 | rcu | 1 | 39 | 0.0049 | 3507 | 60 |
| 版 | ban | 3 | | | 99 | 697 |

| Char. | Syll. | Tone | Freq. | Freq.% | ID | Rank |
|---|---|---|---|---|---|---|
| 出 | rcu | 1 | 17 | 0.0022 | 3507 | 60 |
| 賣 | mai | 4 | | | 426 | 889 |
| 出 | rcu | 1 | 25 | 0.0032 | 3507 | 60 |
| 門 | mun | 2 | | | 476 | 274 |
| 出 | rcu | 1 | 12 | 0.0015 | 3507 | 60 |
| 面 | mien | 4 | | | 539 | 66 |
| 出 | rcu | 1 | 22 | 0.0028 | 3507 | 60 |
| 名 | ming | 2 | | | 551 | 141 |
| 出 | rcu | 1 | 41 | 0.0052 | 3507 | 60 |
| 發 | fa | 1 | | | 577 | 73 |
| 出 | rcu | 1 | 12 | 0.0015 | 3507 | 60 |
| 發 | fa | 1 | | | 577 | 73 |
| 點 | dien | 3 | | | 892 | 160 |
| 出 | rcu | 1 | 34 | 0.0043 | 3507 | 60 |
| 來 | lai | 2 | | | 1297 | 15 |
| 出 | rcu | 1 | 10 | 0.0013 | 3507 | 60 |
| 力 | li | 4 | | | 1396 | 143 |
| 出 | rcu | 1 | 19 | 0.0024 | 3507 | 60 |
| 路 | lu | 4 | | | 1537 | 149 |
| 出 | rcu | 1 | 15 | 0.0019 | 3507 | 60 |
| 國 | gwo | 2 | | | 1749 | 7 |
| 出 | rcu | 1 | 49 | 0.0062 | 3507 | 60 |
| 口 | kou | 3 | | | 1858 | 220 |
| 出 | rcu | 1 | 14 | 0.0018 | 3507 | 60 |
| 家 | jia | 1 | | | 2279 | 36 |
| 出 | rcu | 1 | 44 | 0.0056 | 3507 | 60 |
| 席 | xi | 2 | | | 2809 | 850 |
| 出 | rcu | 1 | 127 | 0.0161 | 3507 | 60 |
| 現 | xien | 4 | | | 2933 | 167 |
| 出 | rcu | 1 | 20 | 0.0025 | 3507 | 60 |
| 產 | rcan | 3 | | | 3449 | 279 |
| 出 | rcu | 1 | 17 | 0.0022 | 3507 | 60 |
| 世 | shi | 4 | | | 3594 | 236 |
| 出 | rcu | 1 | 36 | 0.0046 | 3507 | 60 |
| 售 | shou | 4 | | | 3664 | 1637 |
| 出 | rcu | 1 | 38 | 0.0048 | 3507 | 60 |
| 身 | shun | 1 | | | 3691 | 249 |
| 出 | rcu | 1 | 40 | 0.0051 | 3507 | 60 |
| 生 | shung | 1 | | | 3715 | 32 |
| 出 | rcu | 1 | 12 | 0.0015 | 3507 | 60 |
| 租 | dsu | 1 | | | 3940 | 1639 |
| 除 | rcu | 2 | 52 | 0.0066 | 3510 | 444 |
| 除 | rcu | 2 | 52 | 0.0066 | 3510 | 444 |
| 非 | fei | 1 | | | 588 | 355 |
| 除 | rcu | 2 | 189 | 0.0239 | 3510 | 444 |
| 了 | luh | 5 | | | 1295 | 5 |
| 除 | rcu | 2 | 10 | 0.0013 | 3510 | 444 |
| 去 | chü | 3 | | | 2754 | 43 |
| 除 | rcu | 2 | 15 | 0.0019 | 3510 | 444 |
| 數 | shu | 4 | | | 3755 | 400 |
| 儲 | rcu | 2 | 19 | 0.0024 | 3509 | 1508 |
| 儲 | rcu | 2 | 27 | 0.0034 | 3509 | 1508 |
| 蓄 | xü | 4 | | | 3018 | 2119 |
| 廚 | rcu | 2 | 39 | 0.0049 | 3512 | 1732 |
| 房 | fang | 2 | | | 649 | 560 |
| 處 | rcu | 3 | 82 | 0.0104 | 3517 | 562 |
| 處 | rcu | 3 | 14 | 0.0018 | 3517 | 562 |
| 罰 | fa | 2 | | | 579 | 1515 |
| 處 | rcu | 3 | 15 | 0.0019 | 3517 | 562 |
| 分 | fun | 4 | | | 640 | 693 |
| 處 | rcu | 2 | 115 | 0.0146 | 3517 | 562 |
| 理 | li | 3 | | | 1388 | 207 |
| 處 | rcu | 3 | 14 | 0.0018 | 3517 | 562 |
| 境 | jing | 4 | | | 2501 | 853 |
| 楚 | rcu | 3 | 13 | 0.0016 | 3516 | 1205 |
| 處 | rcu | 4 | 573 | 0.0726 | 3521 | 334 |
| 處 | rcu | 4 | 31 | 0.0039 | 3521 | 334 |
| 處 | rcu | 4 | | | 3521 | 334 |
| 畜 | rcu | 4 | 10 | 0.0013 | 3520 | 1356 |
| 觸 | rcu | 4 | 15 | 0.0019 | 3523 | 1509 |
| 吹 | rcwei | 1 | 114 | 0.0144 | 3529 | 1007 |
| 炊 | rcwei | 1 | 14 | 0.0018 | 3528 | 4579 |
| 事 | shi | 4 | | | 3592 | 77 |
| 垂 | rcwei | 2 | 17 | 0.0022 | 3531 | 2014 |

| Char. | Syll. | Tone | Freq. | Freq.% | ID | Rank |
|---|---|---|---|---|---|---|
| 垂 | rcwei | 2 | 26 | 0.0033 | 3531 | 2014 |
| 直 | rji | 2 | | | 3092 | 416 |
| 川 | rcwan | 1 | 16 | 0.0020 | 3536 | 698 |
| 穿 | rcwan | 1 | 314 | 0.0398 | 3535 | 719 |
| 穿 | rcwan | 1 | 16 | 0.0020 | 3535 | 719 |
| 上 | shang | 4 | | | 3712 | 17 |
| 船 | rcwan | 2 | 254 | 0.0322 | 3537 | 563 |
| 船 | rcwan | 2 | 11 | 0.0014 | 3537 | 563 |
| 頭 | tou | 2 | | | 1017 | 164 |
| 船 | rcwan | 2 | 18 | 0.0023 | 3537 | 563 |
| 隻 | rji | 1 | | | 3079 | 402 |
| 船 | rcwan | 2 | 21 | 0.0027 | 3537 | 563 |
| 長 | rjang | 3 | | | 3250 | 135 |
| 船 | rcwan | 2 | 12 | 0.0015 | 3537 | 563 |
| 員 | yüen | 2 | | | 4808 | 210 |
| 傳 | rcwan | 2 | 175 | 0.0222 | 3538 | 371 |
| 傳 | rcwan | 2 | 43 | 0.0054 | 3538 | 371 |
| 播 | bo | 4 | | | 46 | 683 |
| 傳 | rcwan | 2 | 15 | 0.0019 | 3538 | 371 |
| 遞 | di | 4 | | | 864 | 2367 |
| 傳 | rcwan | 2 | 70 | 0.0089 | 3538 | 371 |
| 統 | toong | 3 | | | 1169 | 283 |
| 傳 | rcwan | 2 | 11 | 0.0014 | 3538 | 371 |
| 出 | rcu | 1 | | | 3507 | 60 |
| 傳 | rcwan | 2 | 26 | 0.0033 | 3538 | 371 |
| 説 | shwo | 1 | | | 3770 | 37 |
| 傳 | rcwan | 2 | 22 | 0.0028 | 3538 | 371 |
| 染 | ran | 3 | | | 3810 | 942 |
| 傳 | rcwan | 2 | 14 | 0.0018 | 3538 | 371 |
| 染 | ran | 3 | | | 3810 | 942 |
| 病 | bing | 4 | | | 202 | 318 |
| 串 | rcwan | 4 | 18 | 0.0023 | 3541 | 2211 |
| 串 | rcwan | 4 | 10 | 0.0013 | 3541 | 2211 |
| 聯 | lien | 2 | | | 1458 | 379 |
| 春 | rcoon | 1 | 70 | 0.0089 | 3542 | 513 |
| 春 | rcoon | 1 | 53 | 0.0067 | 3542 | 513 |
| 天 | tien | 1 | | | 1097 | 28 |
| 春 | rcoon | 1 | 11 | 0.0014 | 3542 | 513 |
| 節 | jieh | 2 | | | 2311 | 352 |
| 春 | rcoon | 1 | 12 | 0.0015 | 3542 | 513 |
| 秋 | chiu | 1 | | | 2666 | 826 |
| 純 | rcoon | 2 | 62 | 0.0079 | 3544 | 2040 |
| 純 | rcoon | 2 | 17 | 0.0022 | 3544 | 2040 |
| 潔 | jieh | 2 | | | 2313 | 982 |
| 純 | rcoon | 2 | 12 | 0.0015 | 3544 | 2040 |
| 熟 | shou | 2 | | | 3658 | 1033 |
| 純 | rcoon | 2 | 23 | 0.0029 | 3544 | 2040 |
| 粹 | tswei | 4 | | | 4062 | 2906 |
| 醇 | rcoon | 2 | 10 | 0.0013 | 3548 | 3774 |
| 窗 | rcwang | 1 | 78 | 0.0099 | 3551 | 1136 |
| 窗 | rcwang | 1 | 18 | 0.0023 | 3551 | 1136 |
| 口 | kou | 3 | | | 1858 | 220 |
| 窗 | rcwang | 1 | 17 | 0.0022 | 3551 | 1136 |
| 戶 | hu | 4 | | | 2071 | 858 |
| 窗 | rcwang | 1 | 24 | 0.0030 | 3551 | 1136 |
| 子 | dsi | 3 | | | 3874 | 324 |
| 牀 | rcwang | 2 | 30 | 0.0038 | 3553 | 1095 |
| 床 | rcwang | 2 | 81 | 0.0103 | 3554 | 1095 |
| 幢 | rcwang | 2 | 24 | 0.0030 | 3555 | 3244 |
| 闖 | rcwang | 3 | 21 | 0.0027 | 3556 | 3121 |
| 創 | rcwang | 4 | 31 | 0.0039 | 3558 | 916 |
| 創 | rcwang | 4 | 22 | 0.0028 | 3558 | 916 |
| 辦 | ban | 4 | | | 104 | 332 |
| 創 | rcwang | 4 | 88 | 0.0111 | 3558 | 916 |
| 造 | dsau | 4 | | | 3911 | 338 |
| 創 | rcwang | 4 | 33 | 0.0042 | 3558 | 916 |
| 作 | dswo | 4 | | | 3953 | 47 |
| 冲 | rcoong | 1 | 17 | 0.0022 | 3562 | 1636 |
| 充 | rcoong | 1 | 10 | 0.0013 | 3560 | 739 |
| 充 | rcoong | 1 | 76 | 0.0096 | 3560 | 739 |
| 滿 | man | 3 | | | 468 | 454 |
| 充 | rcoong | 1 | 130 | 0.0165 | 3560 | 739 |
| 分 | fun | 4 | | | 640 | 693 |

| Char. | Syll. | Tone | Freq. | Freq.% | ID | Rank |
|---|---|---|---|---|---|---|
| 充 | rcoong | 1 | 22 | 0.0028 | 3560 | 739 |
| 實 | shi | 2 | | | 3581 | 215 |
| 充 | rcoong | 1 | 14 | 0.0018 | 3560 | 739 |
| 裕 | yü | 4 | | | 4770 | 2286 |
| 衝 | rcoong | 1 | 55 | 0.0070 | 3559 | 1160 |
| 衝 | rcoong | 1 | 14 | 0.0018 | 3559 | 1160 |
| 動 | doong | 4 | | | 974 | 94 |
| 衝 | rcoong | 1 | 33 | 0.0042 | 3559 | 1160 |
| 突 | tu | 2 | | | 1122 | 968 |
| 衝 | rcoong | 1 | 24 | 0.0030 | 3559 | 1160 |
| 擊 | ji | 2 | | | 2229 | 886 |
| 蟲 | rcoong | 2 | 33 | 0.0042 | 3565 | 665 |
| 重 | rcoong | 2 | 126 | 0.0160 | 3567 | 746 |
| 重 | rcoong | 2 | 15 | 0.0019 | 3567 | 746 |
| 複 | fu | 4 | | | 726 | 1164 |
| 重 | rcoong | 2 | 19 | 0.0024 | 3567 | 746 |
| 慶 | ching | 4 | | | 2738 | 776 |
| 重 | rcoong | 2 | 65 | 0.0082 | 3567 | 746 |
| 新 | xin | 1 | | | 2947 | 134 |
| 重 | rcoong | 2 | 10 | 0.0013 | 3567 | 746 |
| 重 | rcoong | 2 | | | 3567 | 746 |
| 崇 | rcoong | 2 | 15 | 0.0019 | 3566 | 1756 |
| 高 | gau | 1 | | | 1647 | 104 |
| 崇 | rcoong | 2 | 13 | 0.0016 | 3566 | 1756 |
| 尚 | shang | 4 | | | 3711 | 1324 |
| 失 | shi | 1 | 77 | 0.0098 | 3569 | 266 |
| 失 | shi | 1 | 102 | 0.0129 | 3569 | 266 |
| 敗 | bai | 4 | | | 53 | 851 |
| 失 | shi | 1 | 10 | 0.0013 | 3569 | 266 |
| 眠 | mien | 2 | | | 529 | 1785 |
| 失 | shi | 1 | 10 | 0.0013 | 3569 | 266 |
| 掉 | diau | 4 | | | 882 | 854 |
| 失 | shi | 1 | 127 | 0.0161 | 3569 | 266 |
| 去 | chü | 4 | | | 2754 | 43 |
| 失 | shi | 1 | 10 | 0.0013 | 3569 | 266 |
| 事 | shi | 4 | | | 3592 | 77 |
| 失 | shi | 1 | 29 | 0.0037 | 3569 | 266 |
| 蹤 | dsoong | 1 | | | 3974 | 2388 |
| 失 | shi | 1 | 12 | 0.0015 | 3569 | 266 |
| 業 | yeh | 4 | | | 4397 | 137 |
| 失 | shi | 1 | 37 | 0.0047 | 3569 | 266 |
| 望 | wang | 4 | | | 4719 | 381 |
| 屍 | shi | 1 | 15 | 0.0019 | 3575 | 2385 |
| 屍 | shi | 1 | 40 | 0.0051 | 3575 | 2385 |
| 體 | ti | 3 | | | 1073 | 178 |
| 施 | shi | 1 | 58 | 0.0073 | 3572 | 772 |
| 施 | shi | 1 | 10 | 0.0013 | 3572 | 772 |
| 肥 | fei | 2 | | | 595 | 818 |
| 施 | shi | 1 | 16 | 0.0020 | 3572 | 772 |
| 工 | goong | 1 | | | 1804 | 125 |
| 施 | shi | 1 | 39 | 0.0049 | 3572 | 772 |
| 行 | xing | 2 | | | 2042 | 1123 |
| 施 | shi | 1 | 11 | 0.0014 | 3572 | 772 |
| 展 | rjan | 3 | | | 3209 | 577 |
| 施 | shi | 1 | 18 | 0.0023 | 3572 | 772 |
| 政 | rjung | 4 | | | 3275 | 162 |
| 師 | shi | 1 | 62 | 0.0079 | 3570 | 116 |
| 師 | shi | 1 | 15 | 0.0019 | 3570 | 116 |
| 父 | fu | 4 | | | 720 | 256 |
| 師 | shi | 1 | 27 | 0.0034 | 3570 | 116 |
| 兄 | xüoong | 1 | | | 3069 | 1159 |
| 師 | shi | 1 | 17 | 0.0022 | 3570 | 116 |
| 長 | rjang | 3 | | | 3250 | 135 |
| 詩 | shi | 1 | 144 | 0.0182 | 3573 | 1533 |
| 詩 | shi | 1 | 13 | 0.0016 | 3573 | 1533 |
| 句 | jü | 4 | | | 2529 | 831 |
| 詩 | shi | 1 | 12 | 0.0015 | 3573 | 1533 |
| 歌 | guh | 1 | | | 1615 | 542 |
| 詩 | shi | 1 | 47 | 0.0060 | 3573 | 1533 |
| 人 | run | 2 | | | 3812 | 11 |
| 詩 | shi | 1 | 12 | 0.0015 | 3573 | 1533 |
| 意 | yi | 4 | | | 4332 | 195 |
| 獅 | shi | 1 | 12 | 0.0015 | 3576 | 1876 |
| 獅 | shi | 1 | 19 | 0.0024 | 3576 | 1876 |
| 子 | dsi | 3 | | | 3874 | 324 |

| Char. | Syll. | Tone | Freq. | Freq.% | ID | Rank |
|---|---|---|---|---|---|---|
| 濕 | shi | 1 | 55 | 0.0070 | 3571 | 1316 |
| 濕 | shi | 1 | 18 | 0.0023 | 3571 | 1316 |
| 度 | du | 4 | | | 927 | 212 |
| 濕 | shi | 1 | 12 | 0.0015 | 3571 | 1316 |
| 潤 | roon | 4 | | | 3853 | 2278 |
| 十 | shi | 2 | 2908 | 0.3684 | 3579 | 13 |
| 十 | shi | 2 | 168 | 0.0213 | 3579 | 13 |
| 分 | fun | 1 | | | 630 | 112 |
| 石 | shi | 2 | 70 | 0.0089 | 3583 | 369 |
| 石 | shi | 2 | 44 | 0.0056 | 3583 | 369 |
| 頭 | tou | 2 | | | 1017 | 164 |
| 石 | shi | 2 | 33 | 0.0042 | 3583 | 369 |
| 器 | chi | 4 | | | 2626 | 394 |
| 石 | shi | 2 | 15 | 0.0019 | 3583 | 369 |
| 子 | dsi | 3 | | | 3874 | 324 |
| 石 | shi | 2 | 68 | 0.0086 | 3583 | 369 |
| 油 | you | 2 | | | 4437 | 487 |
| 食 | shi | 2 | 115 | 0.0146 | 3580 | 350 |
| 食 | shi | 2 | 52 | 0.0066 | 3580 | 350 |
| 品 | pin | 3 | | | 350 | 415 |
| 食 | shi | 2 | 15 | 0.0019 | 3580 | 350 |
| 糧 | liang | 2 | | | 1496 | 1171 |
| 食 | shi | 2 | 21 | 0.0027 | 3580 | 350 |
| 鹽 | yen | 2 | | | 4466 | 663 |
| 食 | shi | 2 | 195 | 0.0247 | 3580 | 350 |
| 物 | wu | 4 | | | 4602 | 128 |
| 食 | shi | 2 | 10 | 0.0013 | 3580 | 350 |
| 慾 | yü | 4 | | | 4787 | 4697 |
| 拾 | shi | 2 | 22 | 0.0028 | 3582 | 1589 |
| 時 | shi | 2 | 2986 | 0.3783 | 3578 | 29 |
| 時 | shi | 2 | 18 | 0.0023 | 3578 | 29 |
| 髦 | mao | 2 | | | id14 | rk14 |
| 時 | shi | 2 | 26 | 0.0033 | 3578 | 29 |
| 分 | fun | 1 | | | 630 | 112 |
| 時 | shi | 2 | 302 | 0.0383 | 3578 | 29 |
| 代 | dai | 4 | | | 756 | 262 |
| 時 | shi | 2 | 10 | 0.0013 | 3578 | 29 |
| 光 | gwang | 1 | | | 1801 | 224 |
| 時 | shi | 2 | 36 | 0.0046 | 3578 | 29 |
| 刻 | kuh | 4 | | | 1845 | 738 |
| 時 | shi | 2 | 1662 | 0.2106 | 3578 | 29 |
| 候 | hou | 4 | | | 2008 | 140 |
| 時 | shi | 2 | 20 | 0.0025 | 3578 | 29 |
| 機 | ji | 1 | | | 2198 | 153 |
| 時 | shi | 2 | 538 | 0.0682 | 3578 | 29 |
| 間 | jien | 1 | | | 2391 | 245 |
| 時 | shi | 2 | 105 | 0.0133 | 3578 | 29 |
| 期 | chi | 2 | | | 2599 | 225 |
| 時 | shi | 2 | 76 | 0.0096 | 3578 | 29 |
| 常 | rcang | 2 | | | 3472 | 136 |
| 時 | shi | 2 | 15 | 0.0019 | 3578 | 29 |
| 辰 | rcun | 2 | | | 3463 | 2581 |
| 時 | shi | 2 | 21 | 0.0027 | 3578 | 29 |
| 時 | shi | 2 | | | 3578 | 29 |
| 時 | shi | 2 | 12 | 0.0015 | 3578 | 29 |
| 日 | ri | 4 | | | 3795 | 54 |
| 時 | shi | 2 | 18 | 0.0023 | 3578 | 29 |
| 速 | su | 4 | | | 4156 | 1056 |
| 實 | shi | 2 | 179 | 0.0227 | 3581 | 215 |
| 實 | shi | 2 | 12 | 0.0015 | 3581 | 215 |
| 地 | di | 4 | | | 858 | 33 |
| 實 | shi | 2 | 43 | 0.0054 | 3581 | 215 |
| 力 | li | 4 | | | 1396 | 143 |
| 實 | shi | 2 | 167 | 0.0212 | 3581 | 215 |
| 際 | ji | 4 | | | 2258 | 571 |
| 實 | shi | 2 | 30 | 0.0038 | 3581 | 215 |
| 踐 | jien | 4 | | | 2422 | 1707 |
| 實 | shi | 2 | 10 | 0.0013 | 3581 | 215 |
| 習 | xi | 2 | | | 2807 | 263 |
| 實 | shi | 2 | 66 | 0.0084 | 3581 | 215 |
| 現 | xien | 4 | | | 2933 | 167 |
| 實 | shi | 2 | 84 | 0.0106 | 3581 | 215 |
| 行 | xing | 2 | | | 2042 | 1123 |
| 實 | shi | 2 | 13 | 0.0016 | 3581 | 215 |
| 質 | rji | 4 | | | 3127 | 3565 |

| Char. | Syll. | Tone | Freq. | Freq.% | ID | Rank |
|---|---|---|---|---|---|---|
| 實 | shi | 2 | 117 | 0.0148 | 3581 | 215 |
| 施 | shi | 1 | | | 3572 | 772 |
| 實 | shi | 2 | 104 | 0.0132 | 3581 | 215 |
| 在 | dsai | 4 | | | 3899 | 9 |
| 實 | shi | 2 | 157 | 0.0199 | 3581 | 215 |
| 驗 | yen | 4 | | | 4493 | 749 |
| 實 | shi | 2 | 19 | 0.0024 | 3581 | 215 |
| 驗 | yen | 4 | | | 4493 | 749 |
| 室 | shi | 4 | | | 3601 | 549 |
| 實 | shi | 2 | 19 | 0.0024 | 3581 | 215 |
| 用 | yüoong | 4 | | | 4864 | 38 |
| 史 | shi | 3 | 57 | 0.0072 | 3589 | 795 |
| 史 | shi | 3 | 11 | 0.0014 | 3589 | 795 |
| 密 | mi | 4 | | | 511 | 660 |
| 斯 | si | 1 | | | 4085 | 304 |
| 使 | shi | 3 | 1604 | 0.2032 | 3587 | 154 |
| 使 | shi | 3 | 17 | 0.0022 | 3587 | 154 |
| 命 | ming | 4 | | | 557 | 431 |
| 使 | shi | 3 | 50 | 0.0063 | 3587 | 154 |
| 得 | duh | 2 | | | 746 | 146 |
| 使 | shi | 2 | 11 | 0.0014 | 3587 | 154 |
| 館 | gwan | 3 | | | 1786 | 702 |
| 使 | shi | 3 | 234 | 0.0296 | 3587 | 154 |
| 用 | yüoong | 4 | | | 4864 | 38 |
| 始 | shi | 3 | 95 | 0.0120 | 3586 | 503 |
| 始 | shi | 3 | 74 | 0.0094 | 3586 | 503 |
| 終 | rjoong | 1 | | | 3363 | 874 |
| 始 | shi | 2 | 12 | 0.0015 | 3586 | 503 |
| 祖 | dsu | 3 | | | 3945 | 610 |
| 駛 | shi | 3 | 34 | 0.0043 | 3588 | 1711 |
| 士 | shi | 4 | 27 | 0.0034 | 3596 | 362 |
| 士 | shi | 4 | 34 | 0.0043 | 3596 | 362 |
| 兵 | bing | 1 | | | 192 | 459 |
| 士 | shi | 4 | 17 | 0.0022 | 3596 | 362 |
| 氣 | chi | 4 | | | 2627 | 132 |
| 氏 | shi | 4 | 113 | 0.0143 | 3607 | 1403 |
| 世 | shi | 4 | 218 | 0.0276 | 3594 | 236 |
| 世 | shi | 4 | 12 | 0.0015 | 3594 | 236 |
| 代 | dai | 4 | | | 756 | 262 |
| 世 | shi | 4 | 76 | 0.0096 | 3594 | 236 |
| 紀 | ji | 4 | | | 2257 | 682 |
| 世 | shi | 4 | 698 | 0.0884 | 3594 | 236 |
| 界 | jieh | 4 | | | 2329 | 265 |
| 世 | shi | 4 | 33 | 0.0042 | 3594 | 236 |
| 界 | jieh | 4 | | | 2329 | 265 |
| 大 | da | 4 | | | 745 | 12 |
| 戰 | rjan | 4 | | | 3215 | 280 |
| 世 | shi | 4 | 10 | 0.0013 | 3594 | 236 |
| 間 | jien | 1 | | | 2391 | 245 |
| 世 | shi | 4 | 10 | 0.0013 | 3594 | 236 |
| 局 | jü | 2 | | | 2516 | 672 |
| 世 | shi | 4 | 14 | 0.0018 | 3594 | 236 |
| 人 | run | 2 | | | 3812 | 11 |
| 示 | shi | 4 | 37 | 0.0047 | 3598 | 528 |
| 示 | shi | 4 | 16 | 0.0020 | 3598 | 528 |
| 範 | fan | 4 | | | 621 | 686 |
| 市 | shi | 4 | 162 | 0.0205 | 3595 | 87 |
| 市 | shi | 4 | 11 | 0.0014 | 3595 | 87 |
| 舶 | bo | 2 | | | 39 | 3840 |
| 市 | shi | 4 | 10 | 0.0013 | 3595 | 87 |
| 面 | mien | 4 | | | 539 | 66 |
| 市 | shi | 4 | 36 | 0.0046 | 3595 | 87 |
| 民 | min | 2 | | | 542 | 59 |
| 市 | shi | 4 | 47 | 0.0060 | 3595 | 87 |
| 府 | fu | 3 | | | 710 | 323 |
| 市 | shi | 4 | 12 | 0.0015 | 3595 | 87 |
| 立 | li | 4 | | | 1395 | 152 |
| 市 | shi | 4 | 10 | 0.0013 | 3595 | 87 |
| 價 | jia | 4 | | | 2299 | 805 |
| 市 | shi | 4 | 39 | 0.0049 | 3595 | 87 |
| 區 | chü | 1 | | | 2740 | 385 |
| 市 | shi | 4 | 37 | 0.0047 | 3595 | 87 |
| 長 | rjang | 3 | | | 3250 | 135 |
| 市 | shi | 4 | 10 | 0.0013 | 3595 | 87 |
| 政 | rjung | 4 | | | 3275 | 162 |

| Char. | Syll. | Tone | Freq. | Freq.% | ID | Rank |
|---|---|---|---|---|---|---|
| 市 | shi | 4 | 10 | 0.0013 | 3595 | 87 |
| 政 | rjung | 4 | | | 3275 | 162 |
| 府 | fu | 3 | | | 710 | 323 |
| 市 | shi | 4 | 188 | 0.0238 | 3595 | 87 |
| 場 | rcang | 2 | | | 3474 | 450 |
| 式 | shi | 4 | 116 | 0.0147 | 3604 | 762 |
| 式 | shi | 4 | 19 | 0.0024 | 3604 | 762 |
| 樣 | yang | 4 | | | 4546 | 69 |
| 侍 | shi | 4 | 10 | 0.0013 | 3610 | 2582 |
| 候 | hou | 4 | | | 2008 | 140 |
| 事 | shi | 4 | 1143 | 0.1448 | 3592 | 77 |
| 事 | shi | 4 | 10 | 0.0013 | 3592 | 77 |
| 理 | li | 3 | | | 1388 | 207 |
| 事 | shi | 4 | 11 | 0.0014 | 3592 | 77 |
| 功 | goong | 1 | | | 1807 | 335 |
| 事 | shi | 4 | 11 | 0.0014 | 3592 | 77 |
| 蹟 | ji | 1 | | | 2205 | 1224 |
| 事 | shi | 4 | 92 | 0.0117 | 3592 | 77 |
| 件 | jien | 4 | | | 2419 | 521 |
| 事 | shi | 4 | 14 | 0.0018 | 3592 | 77 |
| 情 | ching | 2 | | | 2734 | 233 |
| 事 | shi | 4 | 18 | 0.0023 | 3592 | 77 |
| 先 | xien | 1 | | | 2910 | 234 |
| 事 | shi | 4 | 46 | 0.0058 | 3592 | 77 |
| 項 | xiang | 4 | | | 2976 | 507 |
| 事 | shi | 4 | 197 | 0.0250 | 3592 | 77 |
| 實 | shi | 2 | | | 3581 | 215 |
| 事 | shi | 4 | 10 | 0.0013 | 3592 | 77 |
| 宜 | yi | 2 | | | 4309 | 936 |
| 事 | shi | 4 | 195 | 0.0247 | 3592 | 77 |
| 業 | yeh | 4 | | | 4397 | 137 |
| 事 | shi | 4 | 58 | 0.0073 | 3592 | 77 |
| 物 | wu | 4 | | | 4602 | 128 |
| 事 | shi | 4 | 33 | 0.0042 | 3592 | 77 |
| 務 | wu | 4 | | | 4601 | 377 |
| 是 | shi | 4 | 16504 | 2.0908 | 3593 | 3 |
| 是 | shi | 4 | 50 | 0.0063 | 3593 | 3 |
| 的 | duh | 5 | | | 749 | 1 |

| Char. | Syll. | Tone | Freq. | Freq.% | ID | Rank |
|---|---|---|---|---|---|---|
| 室 | shi | 4 | 77 | 0.0098 | 3601 | 549 |
| 視 | shi | 4 | 79 | 0.0100 | 3602 | 720 |
| 視 | shi | 4 | 17 | 0.0022 | 3602 | 720 |
| 覺 | jüeh | 2 | | | 2545 | 512 |
| 視 | shi | 4 | 28 | 0.0035 | 3602 | 720 |
| 爲 | wei | 2 | | | 4639 | 95 |
| 逝 | shi | 4 | 14 | 0.0018 | 3609 | 1900 |
| 世 | shi | 4 | | | 3594 | 236 |
| 勢 | shi | 4 | 71 | 0.0090 | 3600 | 557 |
| 勢 | shi | 4 | 65 | 0.0082 | 3600 | 557 |
| 力 | li | 4 | | | 1396 | 143 |
| 試 | shi | 4 | 114 | 0.0144 | 3599 | 504 |
| 試 | shi | 4 | 39 | 0.0049 | 3599 | 504 |
| 管 | gwan | 3 | | | 1787 | 452 |
| 試 | shi | 4 | 20 | 0.0025 | 3599 | 504 |
| 試 | shi | 4 | | | 3599 | 504 |
| 試 | shi | 4 | 59 | 0.0075 | 3599 | 504 |
| 驗 | yen | 4 | | | 4493 | 749 |
| 飾 | shi | 4 | 10 | 0.0013 | 3611 | 2183 |
| 誓 | shi | 4 | 12 | 0.0015 | 3608 | 2121 |
| 詞 | tsi | 2 | | | 3988 | 568 |
| 適 | shi | 4 | 80 | 0.0101 | 3605 | 735 |
| 適 | shi | 4 | 116 | 0.0147 | 3605 | 735 |
| 當 | dang | 1 | | | 819 | 157 |
| 適 | shi | 4 | 13 | 0.0016 | 3605 | 735 |
| 度 | du | 4 | | | 927 | 212 |
| 適 | shi | 4 | 50 | 0.0063 | 3605 | 735 |
| 合 | huh | 2 | | | 1953 | 172 |
| 適 | shi | 4 | 28 | 0.0035 | 3605 | 735 |
| 宜 | yi | 2 | | | 4309 | 936 |
| 適 | shi | 4 | 78 | 0.0099 | 3605 | 735 |
| 應 | ying | 4 | | | 4576 | 569 |
| 識 | shi | 4 | 24 | 0.0030 | 3603 | 632 |
| 釋 | shi | 4 | 26 | 0.0033 | 3606 | 1482 |
| 釋 | shi | 4 | 22 | 0.0028 | 3606 | 1482 |
| 放 | fang | 4 | | | 660 | 285 |

| Char. | Syll. | Tone | Freq. | Freq.% | ID | Rank |
|---|---|---|---|---|---|---|
| 沙 | sha | 1 | 19 | 0.0024 | 3619 | 614 |
| 沙 | sha | 1 | 71 | 0.0090 | 3619 | 614 |
| 漠 | mo | 4 | | | 415 | 1906 |
| 沙 | sha | 1 | 13 | 0.0016 | 3619 | 614 |
| 發 | fa | 1 | | | 577 | 73 |
| 沙 | sha | 1 | 27 | 0.0034 | 3619 | 614 |
| 灘 | tan | 1 | | | 1019 | 2195 |
| 砂 | sha | 1 | 10 | 0.0013 | 3620 | 1777 |
| 紗 | sha | 1 | 12 | 0.0015 | 3621 | 1472 |
| 紗 | sha | 1 | 12 | 0.0015 | 3621 | 1472 |
| 布 | bu | 4 | | | 215 | 297 |
| 殺 | sha | 1 | 166 | 0.0210 | 3618 | 689 |
| 殺 | sha | 1 | 15 | 0.0019 | 3618 | 689 |
| 害 | hai | 4 | | | 1982 | 484 |
| 殺 | sha | 1 | 14 | 0.0018 | 3618 | 689 |
| 死 | si | 3 | | | 4092 | 403 |
| 鯊 | sha | 1 | 10 | 0.0013 | id15 | rk15 |
| 魚 | yü | 2 | | | 4727 | 608 |
| 傻 | sha | 3 | 22 | 0.0028 | 3623 | 2435 |
| 奢 | shuh | 1 | 10 | 0.0013 | 3627 | 3776 |
| 侈 | rci | 3 | | | 3389 | 4079 |
| 什 | shuh | 2 | 125 | 0.0158 | 3628 | 96 |
| 麼 | muh | 5 | | | 395 | 3443 |
| 舌 | shuh | 2 | 11 | 0.0014 | 3630 | 2240 |
| 舌 | shuh | 2 | 14 | 0.0018 | 3630 | 2240 |
| 頭 | tou | 2 | | | 1017 | 164 |
| 甚 | shuh | 2 | 222 | 0.0281 | 3629 | 96 |
| 麼 | muh | 5 | | | 395 | 3443 |
| 蛇 | shuh | 2 | 15 | 0.0019 | 3631 | 1877 |
| 捨 | shuh | 3 | 18 | 0.0023 | 3634 | 2062 |
| 社 | shuh | 4 | 14 | 0.0018 | 3636 | 305 |
| 團 | twan | 2 | | | 1150 | 524 |
| 社 | shuh | 4 | 11 | 0.0014 | 3636 | 305 |
| 論 | loon | 4 | | | 1577 | 347 |
| 社 | shuh | 4 | 694 | 0.0879 | 3636 | 305 |
| 會 | hwei | 4 | | | 2126 | 31 |
| 社 | shuh | 4 | 11 | 0.0014 | 3636 | 305 |
| 會 | hwei | 4 | | | 2126 | 31 |
| 學 | xüeh | 2 | | | 3028 | 26 |
| 社 | shuh | 4 | 12 | 0.0015 | 3636 | 305 |
| 會 | hwei | 4 | | | 2126 | 31 |
| 主 | rju | 3 | | | 3299 | 130 |
| 義 | yi | 4 | | | 4334 | 330 |
| 社 | shuh | 4 | 41 | 0.0052 | 3636 | 305 |
| 區 | chü | 1 | | | 2740 | 385 |
| 舍 | shuh | 4 | 22 | 0.0028 | 3637 | 1370 |
| 射 | shuh | 4 | 71 | 0.0090 | 3638 | 446 |
| 射 | shuh | 4 | 21 | 0.0027 | 3638 | 446 |
| 擊 | ji | 2 | | | 2229 | 886 |
| 射 | shuh | 4 | 11 | 0.0014 | 3638 | 446 |
| 綫 | xien | 4 | | | 2934 | 368 |
| 涉 | shuh | 4 | 10 | 0.0013 | 3639 | 1757 |
| 及 | ji | 2 | | | 2223 | 291 |
| 設 | shuh | 4 | 179 | 0.0227 | 3635 | 374 |
| 設 | shuh | 4 | 220 | 0.0279 | 3635 | 374 |
| 備 | bei | 4 | | | 62 | 392 |
| 設 | shuh | 4 | 64 | 0.0081 | 3635 | 374 |
| 法 | fa | 3 | | | 584 | 88 |
| 設 | shuh | 4 | 58 | 0.0073 | 3635 | 374 |
| 立 | li | 4 | | | 1395 | 152 |
| 設 | shuh | 4 | 105 | 0.0133 | 3635 | 374 |
| 計 | ji | 4 | | | 2256 | 410 |
| 設 | shuh | 4 | 17 | 0.0022 | 3635 | 374 |
| 想 | xiang | 3 | | | 2970 | 192 |
| 設 | shuh | 4 | 32 | 0.0041 | 3635 | 374 |
| 置 | rji | 4 | | | 3114 | 741 |
| 設 | shuh | 4 | 41 | 0.0052 | 3635 | 374 |
| 施 | shi | 1 | | | 3572 | 772 |
| 攝 | shuh | 4 | 19 | 0.0024 | 3640 | 1691 |
| 攝 | shuh | 4 | 15 | 0.0019 | 3640 | 1691 |
| 取 | chü | 3 | | | 2751 | 486 |
| 攝 | shuh | 4 | 30 | 0.0038 | 3640 | 1691 |
| 氏 | shi | 4 | | | 3607 | 1403 |
| 曬 | shai | 4 | 39 | 0.0049 | 3644 | 1552 |

| Char. | Syll. | Tone | Freq. | Freq.% | ID | Rank |
|---|---|---|---|---|---|---|
| 誰 | shei | 2 | 322 | 0.0408 | 3645 | 627 |
| 稍 | shau | 1 | 70 | 0.0089 | 3646 | 1591 |
| 稍 | shau | 1 | 15 | 0.0019 | 3646 | 1591 |
| 微 | wei | 2 | | | 4640 | 798 |
| 燒 | shau | 1 | 73 | 0.0092 | 3647 | 788 |
| 燒 | shau | 1 | 10 | 0.0013 | 3647 | 788 |
| 杯 | bei | 1 | | | 54 | 1050 |
| 燒 | shau | 1 | 10 | 0.0013 | 3647 | 788 |
| 成 | rcung | 2 | | | 3490 | 56 |
| 少 | shau | 3 | 534 | 0.0677 | 3652 | 360 |
| 少 | shau | 4 | 20 | 0.0025 | 3654 | 993 |
| 棒 | bang | 4 | | | 122 | 925 |
| 少 | shau | 4 | 80 | 0.0101 | 3654 | 993 |
| 年 | nien | 2 | | | 1242 | 35 |
| 少 | shau | 4 | 37 | 0.0047 | 3654 | 993 |
| 女 | nü | 3 | | | 1278 | 302 |
| 少 | shau | 2 | 15 | 0.0019 | 3652 | 360 |
| 許 | xü | 3 | | | 3011 | 322 |
| 少 | shau | 3 | 35 | 0.0044 | 3652 | 360 |
| 數 | shu | 4 | | | 3755 | 400 |
| 少 | shau | 4 | 16 | 0.0020 | 3654 | 993 |
| 爺 | yeh | 2 | | | 4390 | 1801 |
| 收 | shou | 1 | 159 | 0.0201 | 3657 | 397 |
| 收 | shou | 1 | 12 | 0.0015 | 3657 | 397 |
| 復 | fu | 4 | | | 722 | 595 |
| 收 | shou | 1 | 48 | 0.0061 | 3657 | 397 |
| 到 | dau | 4 | | | 775 | 21 |
| 收 | shou | 1 | 11 | 0.0014 | 3657 | 397 |
| 看 | kan | 4 | | | 1871 | 58 |
| 收 | shou | 1 | 23 | 0.0029 | 3657 | 397 |
| 穫 | hwo | 4 | | | 2099 | 2171 |
| 收 | shou | 1 | 48 | 0.0061 | 3657 | 397 |
| 集 | ji | 2 | | | 2225 | 342 |
| 收 | shou | 1 | 34 | 0.0043 | 3657 | 397 |
| 拾 | shi | 2 | | | 3582 | 1589 |
| 收 | shou | 1 | 67 | 0.0085 | 3657 | 397 |
| 入 | ru | 4 | | | 3836 | 319 |

| Char. | Syll. | Tone | Freq. | Freq.% | ID | Rank |
|---|---|---|---|---|---|---|
| 收 | shou | 1 | 13 | 0.0016 | 3657 | 397 |
| 容 | roong | 2 | | | 3855 | 401 |
| 收 | shou | 1 | 13 | 0.0016 | 3657 | 397 |
| 藏 | tsang | 2 | | | 4040 | 1118 |
| 收 | shou | 1 | 21 | 0.0027 | 3657 | 397 |
| 縮 | swo | 1 | | | 4164 | 1429 |
| 收 | shou | 1 | 21 | 0.0027 | 3657 | 397 |
| 音 | yin | 1 | | | 4507 | 313 |
| 機 | ji | 1 | | | 2198 | 153 |
| 熟 | shou | 2 | 85 | 0.0108 | 3658 | 1033 |
| 熟 | shou | 2 | 11 | 0.0014 | 3658 | 1033 |
| 練 | lien | 4 | | | 1470 | 424 |
| 熟 | shou | 2 | 31 | 0.0039 | 3658 | 1033 |
| 悉 | xi | 1 | | | 2793 | 2528 |
| 手 | shou | 3 | 638 | 0.0808 | 3660 | 190 |
| 手 | shou | 3 | 28 | 0.0035 | 3660 | 190 |
| 臂 | bi | 4 | | | 143 | 1537 |
| 手 | shou | 2 | 21 | 0.0027 | 3660 | 190 |
| 錶 | biau | 3 | | | 167 | 2451 |
| 手 | shou | 3 | 13 | 0.0016 | 3660 | 190 |
| 帕 | pa | 4 | | | 227 | 2494 |
| 手 | shou | 2 | 17 | 0.0022 | 3660 | 190 |
| 法 | fa | 3 | | | 584 | 88 |
| 手 | shou | 3 | 54 | 0.0068 | 3660 | 190 |
| 段 | dwan | 4 | | | 951 | 967 |
| 手 | shou | 3 | 11 | 0.0014 | 3660 | 190 |
| 下 | xia | 4 | | | 2844 | 50 |
| 手 | shou | 3 | 34 | 0.0043 | 3660 | 190 |
| 續 | xü | 4 | | | 3014 | 669 |
| 手 | shou | 2 | 52 | 0.0066 | 3660 | 190 |
| 指 | rji | 3 | | | 3102 | 373 |
| 手 | shou | 2 | 13 | 0.0016 | 3660 | 190 |
| 掌 | rjang | 3 | | | 3249 | 1280 |
| 手 | shou | 3 | 27 | 0.0034 | 3660 | 190 |
| 術 | shu | 4 | | | 3758 | 598 |
| 手 | shou | 3 | 10 | 0.0013 | 3660 | 190 |
| 腕 | wan | 4 | | | 4694 | 3027 |
| 守 | shou | 3 | 82 | 0.0104 | 3661 | 931 |

| Char. | Syll. | Tone | Freq. | Freq.% | ID | Rank |
|---|---|---|---|---|---|---|
| 首 | shou | 3 | 164 | 0.0208 | 3659 | 618 |
| 首 | shou | 3 | 50 | 0.0063 | 3659 | 618 |
| 都 | du | 1 | | | 916 | 510 |
| 首 | shou | 2 | 12 | 0.0015 | 3659 | 618 |
| 領 | ling | 3 | | | 1521 | 461 |
| 首 | shou | 3 | 116 | 0.0147 | 3659 | 618 |
| 先 | xien | 1 | | | 2910 | 234 |
| 首 | shou | 3 | 18 | 0.0023 | 3659 | 618 |
| 相 | xiang | 1 | | | 2959 | 327 |
| 首 | shou | 2 | 26 | 0.0033 | 3659 | 618 |
| 長 | rjang | 3 | | | 3250 | 135 |
| 首 | shou | 3 | 11 | 0.0014 | 3659 | 618 |
| 要 | yau | 4 | | | 4425 | 27 |
| 受 | shou | 4 | 645 | 0.0817 | 3663 | 351 |
| 受 | shou | 4 | 178 | 0.0226 | 3663 | 351 |
| 到 | dau | 4 | | | 775 | 21 |
| 受 | shou | 4 | 20 | 0.0025 | 3663 | 351 |
| 精 | jing | 1 | | | 2478 | 527 |
| 受 | shou | 4 | 16 | 0.0020 | 3663 | 351 |
| 訓 | xün | 4 | | | 3061 | 864 |
| 受 | shou | 4 | 45 | 0.0057 | 3663 | 351 |
| 傷 | shang | 1 | | | 3706 | 754 |
| 投 | shou | 4 | 21 | 0.0027 | 3665 | 1553 |
| 售 | shou | 4 | 24 | 0.0030 | 3664 | 1637 |
| 瘦 | shou | 4 | 17 | 0.0022 | 3666 | 2063 |
| 獸 | shou | 4 | 31 | 0.0039 | 3662 | 1510 |
| 山 | shan | 1 | 535 | 0.0678 | 3670 | 107 |
| 山 | shan | 1 | 12 | 0.0015 | 3670 | 107 |
| 胞 | bau | 1 | | | 74 | 985 |
| 山 | shan | 1 | 36 | 0.0046 | 3670 | 107 |
| 坡 | po | 1 | | | 230 | 1344 |
| 山 | shan | 1 | 11 | 0.0014 | 3670 | 107 |
| 峯 | fung | 1 | | | 665 | 1597 |
| 山 | shan | 1 | 65 | 0.0082 | 3670 | 107 |
| 地 | di | 4 | | | 858 | 33 |
| 山 | shan | 1 | 17 | 0.0022 | 3670 | 107 |
| 東 | doong | 1 | | | 967 | 84 |

| Char. | Syll. | Tone | Freq. | Freq.% | ID | Rank |
|---|---|---|---|---|---|---|
| 山 | shan | 1 | 13 | 0.0016 | 3670 | 107 |
| 頭 | tou | 2 | | | 1017 | 164 |
| 山 | shan | 1 | 11 | 0.0014 | 3670 | 107 |
| 嶺 | ling | 3 | | | 1520 | 1409 |
| 山 | shan | 1 | 20 | 0.0025 | 3670 | 107 |
| 麓 | lu | 4 | | | 1542 | 2875 |
| 山 | shan | 1 | 27 | 0.0034 | 3670 | 107 |
| 谷 | gu | 3 | | | 1723 | 1437 |
| 山 | shan | 1 | 14 | 0.0018 | 3670 | 107 |
| 西 | xi | 1 | | | 2783 | 61 |
| 山 | shan | 1 | 14 | 0.0018 | 3670 | 107 |
| 寨 | rjai | 4 | | | 3166 | 2532 |
| 山 | shan | 1 | 125 | 0.0158 | 3670 | 107 |
| 莊 | rjwang | 1 | | | 3351 | 1315 |
| 山 | shan | 1 | 11 | 0.0014 | 3670 | 107 |
| 水 | shwei | 3 | | | 3781 | 75 |
| 山 | shan | 1 | 11 | 0.0014 | 3670 | 107 |
| 水 | shwei | 3 | | | 3781 | 75 |
| 畫 | hwa | 4 | | | 2088 | 320 |
| 衫 | shan | 1 | 14 | 0.0018 | 3671 | 3246 |
| 閃 | shan | 3 | 41 | 0.0052 | 3680 | 1309 |
| 閃 | shan | 3 | 19 | 0.0024 | 3680 | 1309 |
| 爍 | shwo | 4 | | | 3771 | 2687 |
| 扇 | shan | 4 | 43 | 0.0054 | 3681 | 1967 |
| 善 | shan | 4 | 138 | 0.0175 | 3682 | 840 |
| 善 | shan | 4 | 28 | 0.0035 | 3682 | 840 |
| 良 | liang | 2 | | | 1494 | 537 |
| 膳 | shan | 4 | 17 | 0.0022 | 3689 | 4593 |
| 食 | shi | 2 | | | 3580 | 350 |
| 申 | shun | 1 | 11 | 0.0014 | 3692 | 1414 |
| 申 | shun | 1 | 78 | 0.0099 | 3692 | 1414 |
| 請 | ching | 3 | | | 2737 | 310 |
| 伸 | shun | 1 | 55 | 0.0070 | 3693 | 1062 |
| 伸 | shun | 1 | 20 | 0.0025 | 3693 | 1062 |
| 出 | rcu | 1 | | | 3507 | 60 |
| 伸 | shun | 1 | 13 | 0.0016 | 3693 | 1062 |
| 手 | shou | 3 | | | 3660 | 190 |

| Char. | Syll. | Tone | Freq. | Freq.% | ID | Rank |
|---|---|---|---|---|---|---|
| 身 | shun | 1 | 552 | 0.0699 | 3691 | 249 |
| 身 | shun | 1 | 46 | 0.0058 | 3691 | 249 |
| 份 | fun | 4 | | | 641 | 661 |
| 身 | shun | 1 | 294 | 0.0372 | 3691 | 249 |
| 體 | ti | 3 | | | 1073 | 178 |
| 身 | shun | 1 | 53 | 0.0067 | 3691 | 249 |
| 子 | dsi | 3 | | | 3874 | 324 |
| 身 | shun | 1 | 17 | 0.0022 | 3691 | 249 |
| 材 | tsai | 2 | | | 4005 | 755 |
| 紳 | shun | 1 | 15 | 0.0019 | 3696 | 4102 |
| 士 | shi | 4 | | | 3596 | 362 |
| 深 | shun | 1 | 405 | 0.0513 | 3690 | 639 |
| 深 | shun | 1 | 10 | 0.0013 | 3690 | 639 |
| 度 | du | 4 | | | 927 | 212 |
| 深 | shun | 1 | 25 | 0.0032 | 3690 | 639 |
| 刻 | kuh | 4 | | | 1845 | 738 |
| 深 | shun | 1 | 19 | 0.0024 | 3690 | 639 |
| 厚 | hou | 4 | | | 2011 | 1312 |
| 深 | shun | 1 | 20 | 0.0025 | 3690 | 639 |
| 深 | shun | 1 | | | 3690 | 639 |
| 深 | shun | 1 | 12 | 0.0015 | 3690 | 639 |
| 深 | shun | 1 | | | 3690 | 639 |
| 的 | duh | 5 | | | 749 | 1 |
| 深 | shun | 1 | 14 | 0.0018 | 3690 | 639 |
| 入 | ru | 4 | | | 3836 | 319 |
| 神 | shun | 2 | 84 | 0.0106 | 3697 | 466 |
| 神 | shun | 2 | 38 | 0.0048 | 3697 | 466 |
| 秘 | mi | 4 | | | 510 | 1080 |
| 神 | shun | 2 | 15 | 0.0019 | 3697 | 466 |
| 父 | fu | 4 | | | 720 | 256 |
| 神 | shun | 2 | 21 | 0.0027 | 3697 | 466 |
| 話 | hwa | 4 | | | 2086 | 254 |
| 神 | shun | 2 | 47 | 0.0060 | 3697 | 466 |
| 經 | jing | 1 | | | 2479 | 110 |
| 神 | shun | 2 | 16 | 0.0020 | 3697 | 466 |
| 奇 | chi | 2 | | | 2600 | 730 |
| 神 | shun | 2 | 17 | 0.0022 | 3697 | 466 |
| 氣 | chi | 4 | | | 2627 | 132 |

| Char. | Syll. | Tone | Freq. | Freq.% | ID | Rank |
|---|---|---|---|---|---|---|
| 神 | shun | 2 | 27 | 0.0034 | 3697 | 466 |
| 情 | ching | 2 | | | 2734 | 233 |
| 神 | shun | 2 | 18 | 0.0023 | 3697 | 466 |
| 仙 | xien | 1 | | | 2909 | 1173 |
| 神 | shun | 2 | 28 | 0.0035 | 3697 | 466 |
| 聖 | shung | 4 | | | 3728 | 1154 |
| 沈 | shun | 3 | 10 | 0.0013 | 3701 | 1878 |
| 審 | shun | 3 | 15 | 0.0019 | 3699 | 1415 |
| 審 | shun | 3 | 11 | 0.0014 | 3699 | 1415 |
| 判 | pan | 4 | | | 274 | 1284 |
| 審 | shun | 3 | 29 | 0.0037 | 3699 | 1415 |
| 查 | rca | 2 | | | 3406 | 644 |
| 審 | shun | 3 | 10 | 0.0013 | 3699 | 1415 |
| 議 | yi | 4 | | | 4331 | 290 |
| 瀋 | shun | 3 | 15 | 0.0019 | 3698 | 1560 |
| 陽 | yang | 2 | | | 4533 | 299 |
| 甚 | shun | 4 | 222 | 0.0281 | 3703 | 1303 |
| 甚 | shun | 4 | 177 | 0.0224 | 3703 | 1303 |
| 至 | rji | 4 | | | 3110 | 442 |
| 腎 | shun | 4 | 10 | 0.0013 | 3702 | 2386 |
| 慎 | shun | 4 | 12 | 0.0015 | 3705 | 2535 |
| 慎 | shun | 4 | 20 | 0.0025 | 3705 | 2535 |
| 重 | rjoong | 4 | | | 3372 | 214 |
| 滲 | shun | 4 | 17 | 0.0022 | 3704 | 2622 |
| 透 | tou | 4 | | | 1018 | 1221 |
| 商 | shang | 1 | 61 | 0.0077 | 3707 | 474 |
| 商 | shang | 1 | 26 | 0.0033 | 3707 | 474 |
| 品 | pin | 3 | | | 350 | 415 |
| 商 | shang | 1 | 11 | 0.0014 | 3707 | 474 |
| 代 | dai | 4 | | | 756 | 262 |
| 商 | shang | 1 | 22 | 0.0028 | 3707 | 474 |
| 店 | dien | 4 | | | 895 | 1141 |
| 商 | shang | 1 | 10 | 0.0013 | 3707 | 474 |
| 討 | tau | 3 | | | 1012 | 393 |
| 商 | shang | 1 | 13 | 0.0016 | 3707 | 474 |
| 談 | tan | 2 | | | 1024 | 581 |

| Char. | Syll. | Tone | Freq. | Freq.% | ID | Rank |
|---|---|---|---|---|---|---|
| 商 | shang | 1 | 42 | 0.0053 | 3707 | 474 |
| 量 | liang | 4 | | | 1503 | 423 |
| 商 | shang | 1 | 13 | 0.0016 | 3707 | 474 |
| 令 | ling | 4 | | | 1523 | 650 |
| 商 | shang | 1 | 34 | 0.0043 | 3707 | 474 |
| 人 | run | 2 | | | 3812 | 11 |
| 商 | shang | 1 | 23 | 0.0029 | 3707 | 474 |
| 議 | yi | 4 | | | 4331 | 290 |
| 商 | shang | 1 | 78 | 0.0099 | 3707 | 474 |
| 業 | yeh | 4 | | | 4397 | 137 |
| 商 | shang | 1 | 10 | 0.0013 | 3707 | 474 |
| 務 | wu | 4 | | | 4601 | 377 |
| 商 | shang | 1 | 10 | 0.0013 | 3707 | 474 |
| 王 | wang | 2 | | | 4712 | 257 |
| 傷 | shang | 1 | 127 | 0.0161 | 3706 | 754 |
| 傷 | shang | 1 | 18 | 0.0023 | 3706 | 754 |
| 口 | kou | 3 | | | 1858 | 220 |
| 傷 | shang | 1 | 34 | 0.0043 | 3706 | 754 |
| 害 | hai | 4 | | | 1982 | 484 |
| 傷 | shang | 1 | 10 | 0.0013 | 3706 | 754 |
| 患 | hwan | 4 | | | 2145 | 1703 |
| 傷 | shang | 1 | 26 | 0.0033 | 3706 | 754 |
| 心 | xin | 1 | | | 2946 | 142 |
| 賞 | shang | 3 | 40 | 0.0051 | 3709 | 1456 |
| 上 | shang | 4 | 5093 | 0.6452 | 3712 | 17 |
| 上 | shang | 4 | 19 | 0.0024 | 3712 | 17 |
| 班 | ban | 1 | | | 93 | 372 |
| 上 | shang | 4 | 184 | 0.0233 | 3712 | 17 |
| 面 | mien | 4 | | | 539 | 66 |
| 上 | shang | 4 | 50 | 0.0063 | 3712 | 17 |
| 課 | kuh | 4 | | | 1843 | 111 |
| 上 | shang | 4 | 18 | 0.0023 | 3712 | 17 |
| 空 | koong | 1 | | | 1944 | 199 |
| 上 | shang | 4 | 54 | 0.0068 | 3712 | 17 |
| 海 | hai | 3 | | | 1980 | 102 |
| 上 | shang | 4 | 12 | 0.0015 | 3712 | 17 |
| 級 | ji | 2 | | | 2222 | 317 |
| 上 | shang | 4 | 10 | 0.0013 | 3712 | 17 |
| 下 | xia | 4 | | | 2844 | 50 |
| 上 | shang | 4 | 10 | 0.0013 | 3712 | 17 |
| 校 | xiau | 4 | | | 2889 | 63 |
| 上 | shang | 4 | 35 | 0.0044 | 3712 | 17 |
| 学 | xüeh | 2 | | | 3028 | 26 |
| 上 | shang | 4 | 21 | 0.0027 | 3712 | 17 |
| 漲 | rjang | 4 | | | 3261 | 4549 |
| 上 | shang | 4 | 35 | 0.0044 | 3712 | 17 |
| 升 | shung | 1 | | | 3717 | 715 |
| 上 | shang | 4 | 11 | 0.0014 | 3712 | 17 |
| 司 | si | 1 | | | 4084 | 564 |
| 上 | shang | 4 | 15 | 0.0019 | 3712 | 17 |
| 游 | you | 2 | | | 4438 | 1126 |
| 上 | shang | 4 | 11 | 0.0014 | 3712 | 17 |
| 演 | yen | 3 | | | 4483 | 645 |
| 上 | shang | 4 | 81 | 0.0103 | 3712 | 17 |
| 午 | wu | 3 | | | 4592 | 292 |
| 尚 | shang | 4 | 145 | 0.0184 | 3711 | 1324 |
| 尚 | shang | 4 | 22 | 0.0028 | 3711 | 1324 |
| 書 | shu | 1 | | | 3732 | 179 |
| 升 | shung | 1 | 32 | 0.0041 | 3717 | 715 |
| 升 | shung | 1 | 18 | 0.0023 | 3717 | 715 |
| 高 | gau | 1 | | | 1647 | 104 |
| 升 | shung | 1 | 44 | 0.0056 | 3717 | 715 |
| 学 | xüeh | 2 | | | 3028 | 26 |
| 生 | shung | 1 | 414 | 0.0524 | 3715 | 32 |
| 生 | shung | 1 | 26 | 0.0033 | 3715 | 32 |
| 病 | bing | 4 | | | 202 | 318 |
| 生 | shung | 1 | 18 | 0.0023 | 3715 | 32 |
| 平 | ping | 2 | | | 354 | 165 |
| 生 | shung | 1 | 56 | 0.0071 | 3715 | 32 |
| 命 | ming | 4 | | | 557 | 431 |
| 生 | shung | 1 | 17 | 0.0022 | 3715 | 32 |
| 動 | doong | 4 | | | 974 | 94 |
| 生 | shung | 1 | 36 | 0.0046 | 3715 | 32 |
| 理 | li | 3 | | | 1388 | 207 |

| Char. | Syll. | Tone | Freq. | Freq.% | ID | Rank |
|---|---|---|---|---|---|---|
| 生 | shung | 1 | 817 | 0.1035 | 3715 | 32 |
| 活 | hwo | 2 | | | 2091 | 203 |
| 生 | shung | 1 | 35 | 0.0044 | 3715 | 32 |
| 氣 | chi | 4 | | | 2627 | 132 |
| 生 | shung | 1 | 12 | 0.0015 | 3715 | 32 |
| 前 | chien | 2 | | | 2687 | 145 |
| 生 | shung | 1 | 25 | 0.0032 | 3715 | 32 |
| 殖 | rji | 2 | | | 3098 | 1454 |
| 生 | shung | 1 | 115 | 0.0146 | 3715 | 32 |
| 長 | rjang | 3 | | | 3250 | 135 |
| 生 | shung | 1 | 268 | 0.0340 | 3715 | 32 |
| 產 | rcan | 3 | | | 3449 | 279 |
| 生 | shung | 1 | 18 | 0.0023 | 3715 | 32 |
| 成 | rcung | 2 | | | 3490 | 56 |
| 生 | shung | 1 | 14 | 0.0018 | 3715 | 32 |
| 出 | rcu | 1 | | | 3507 | 60 |
| 生 | shung | 1 | 12 | 0.0015 | 3715 | 32 |
| 日 | ri | 4 | | | 3795 | 54 |
| 生 | shung | 1 | 87 | 0.0110 | 3715 | 32 |
| 存 | tsoon | 2 | | | 4070 | 1105 |
| 生 | shung | 1 | 48 | 0.0061 | 3715 | 32 |
| 意 | yi | 4 | | | 4332 | 195 |
| 生 | shung | 1 | 12 | 0.0015 | 3715 | 32 |
| 涯 | ya | 2 | | | 4377 | 4150 |
| 生 | shung | 1 | 126 | 0.0160 | 3715 | 32 |
| 物 | wu | 4 | | | 4602 | 128 |
| 生 | shung | 1 | 12 | 0.0015 | 3715 | 32 |
| 物 | wu | 4 | | | 4602 | 128 |
| 體 | ti | 3 | | | 1073 | 178 |
| 生 | shung | 1 | 10 | 0.0013 | 3715 | 32 |
| 物 | wu | 4 | | | 4602 | 128 |
| 学 | xüeh | 2 | | | 3028 | 26 |
| 生 | shung | 1 | 11 | 0.0014 | 3715 | 32 |
| 物 | wu | 4 | | | 4602 | 128 |
| 学 | xüeh | 2 | | | 3028 | 26 |
| 家 | jia | 1 | | | 2279 | 36 |
| 昇 | shung | 1 | 34 | 0.0043 | 3719 | 2241 |
| 牲 | shung | 1 | 14 | 0.0018 | 3716 | 1901 |
| 畜 | rcu | 4 | | | 3520 | 1356 |

| Char. | Syll. | Tone | Freq. | Freq.% | ID | Rank |
|---|---|---|---|---|---|---|
| 聲 | shung | 1 | 662 | 0.0839 | 3714 | 221 |
| 聲 | shung | 1 | 15 | 0.0019 | 3714 | 221 |
| 波 | bo | 1 | | | 18 | 807 |
| 聲 | shung | 1 | 40 | 0.0051 | 3714 | 221 |
| 明 | ming | 2 | | | 552 | 101 |
| 聲 | shung | 1 | 11 | 0.0014 | 3714 | 221 |
| 調 | diau | 4 | | | 883 | 646 |
| 聲 | shung | 1 | 233 | 0.0295 | 3714 | 221 |
| 音 | yin | 1 | | | 4507 | 313 |
| 繩 | shung | 2 | 20 | 0.0025 | 3723 | 1653 |
| 繩 | shung | 2 | 19 | 0.0024 | 3723 | 1653 |
| 子 | dsi | 5 | | | 3880 | 52 |
| 省 | shung | 3 | 329 | 0.0417 | 3724 | 201 |
| 省 | shung | 2 | 24 | 0.0030 | 3724 | 201 |
| 府 | fu | 3 | | | 710 | 323 |
| 省 | shung | 3 | 14 | 0.0018 | 3724 | 201 |
| 立 | li | 4 | | | 1395 | 152 |
| 省 | shung | 3 | 22 | 0.0028 | 3724 | 201 |
| 會 | hwei | 4 | | | 2126 | 31 |
| 盛 | shung | 4 | 80 | 0.0101 | 3726 | 597 |
| 盛 | shung | 4 | 10 | 0.0013 | 3726 | 597 |
| 大 | da | 4 | | | 745 | 12 |
| 盛 | shung | 4 | 14 | 0.0018 | 3726 | 597 |
| 行 | xing | 2 | | | 2989 | 76 |
| 剩 | shung | 4 | 34 | 0.0043 | 3727 | 1638 |
| 剩 | shung | 4 | 58 | 0.0073 | 3727 | 1638 |
| 下 | xia | 4 | | | 2844 | 50 |
| 剩 | shung | 4 | 11 | 0.0014 | 3727 | 1638 |
| 餘 | yü | 2 | | | 4730 | 1168 |
| 勝 | shung | 4 | 133 | 0.0168 | 3725 | 895 |
| 勝 | shung | 4 | 11 | 0.0014 | 3725 | 895 |
| 地 | di | 4 | | | 858 | 33 |
| 勝 | shung | 4 | 81 | 0.0103 | 3725 | 895 |
| 利 | li | 4 | | | 1398 | 222 |
| 聖 | shung | 4 | 15 | 0.0019 | 3728 | 1154 |
| 殊 | shu | 1 | 16 | 0.0020 | 3738 | 1812 |

| Char. | Syll. | Tone | Freq. | Freq.% | ID | Rank |
|---|---|---|---|---|---|---|
| 書 | shu | 1 | 423 | 0.0536 | 3732 | 179 |
| 書 | shu | 1 | 12 | 0.0015 | 3732 | 179 |
| 包 | bau | 1 | | | 73 | 554 |
| 書 | shu | 1 | 19 | 0.0024 | 3732 | 179 |
| 本 | bun | 3 | | | 112 | 65 |
| 書 | shu | 1 | 14 | 0.0018 | 3732 | 179 |
| 法 | fa | 3 | | | 584 | 88 |
| 書 | shu | 1 | 22 | 0.0028 | 3732 | 179 |
| 房 | fang | 2 | | | 649 | 560 |
| 書 | shu | 1 | 10 | 0.0013 | 3732 | 179 |
| 單 | dan | 1 | | | 797 | 616 |
| 書 | shu | 1 | 29 | 0.0037 | 3732 | 179 |
| 籍 | ji | 2 | | | 2230 | 1619 |
| 書 | shu | 1 | 11 | 0.0014 | 3732 | 179 |
| 信 | xin | 4 | | | 2957 | 378 |
| 疏 | shu | 1 | 18 | 0.0023 | 3733 | 1654 |
| 疏 | shu | 1 | 10 | 0.0013 | 3733 | 1654 |
| 忽 | hu | 1 | | | 2052 | 833 |
| 舒 | shu | 1 | 37 | 0.0047 | 3734 | 1371 |
| 服 | fu | 2 | | | 688 | 366 |
| 舒 | shu | 1 | 41 | 0.0052 | 3734 | 1371 |
| 適 | shi | 4 | | | 3605 | 735 |
| 蔬 | shu | 1 | 29 | 0.0037 | 3735 | 1759 |
| 菜 | tsai | 4 | | | 4017 | 574 |
| 輸 | shu | 1 | 70 | 0.0089 | 3731 | 1125 |
| 輸 | shu | 1 | 68 | 0.0086 | 3731 | 1125 |
| 出 | rcu | 1 | | | 3507 | 60 |
| 輸 | shu | 1 | 20 | 0.0025 | 3731 | 1125 |
| 入 | ru | 4 | | | 3836 | 319 |
| 輸 | shu | 1 | 21 | 0.0027 | 3731 | 1125 |
| 送 | soong | 4 | | | 4204 | 435 |
| 叔 | shu | 2 | 14 | 0.0018 | 3743 | 742 |
| 父 | fu | 4 | | | 720 | 256 |
| 叔 | shu | 2 | 16 | 0.0020 | 3743 | 742 |
| 叔 | shu | 2 | | | 3743 | 742 |
| 暑 | shu | 3 | 14 | 0.0018 | 3749 | 1457 |
| 暑 | shu | 3 | 14 | 0.0018 | 3749 | 1457 |
| 假 | jia | 4 | | | 2298 | 1103 |
| 鼠 | shu | 3 | 18 | 0.0023 | 3746 | 1036 |
| 屬 | shu | 3 | 100 | 0.0127 | 3747 | 806 |
| 屬 | shu | 3 | 113 | 0.0143 | 3747 | 806 |
| 於 | yü | 2 | | | 4728 | 113 |
| 束 | shu | 4 | 21 | 0.0027 | 3760 | 1234 |
| 縛 | fu | 4 | | | 700 | 3164 |
| 述 | shu | 4 | 134 | 0.0170 | 3757 | 917 |
| 恕 | shu | 4 | 11 | 0.0014 | 3761 | 2901 |
| 術 | shu | 4 | 17 | 0.0022 | 3758 | 598 |
| 數 | shu | 4 | 504 | 0.0638 | 3755 | 400 |
| 數 | shu | 4 | 58 | 0.0073 | 3755 | 400 |
| 目 | mu | 4 | | | 565 | 348 |
| 數 | shu | 4 | 56 | 0.0071 | 3755 | 400 |
| 量 | liang | 4 | | | 1503 | 423 |
| 數 | shu | 4 | 39 | 0.0049 | 3755 | 400 |
| 學 | xüeh | 2 | | | 3028 | 26 |
| 數 | shu | 4 | 111 | 0.0141 | 3755 | 400 |
| 學 | xüeh | 2 | | | 3028 | 26 |
| 家 | jia | 1 | | | 2279 | 36 |
| 數 | shu | 4 | 63 | 0.0080 | 3755 | 400 |
| 字 | dsi | 4 | | | 3877 | 194 |
| 數 | shu | 4 | 13 | 0.0016 | 3755 | 400 |
| 額 | uh | 2 | | | 4216 | 1167 |
| 樹 | shu | 4 | 154 | 0.0195 | 3756 | 303 |
| 樹 | shu | 4 | 69 | 0.0087 | 3756 | 303 |
| 林 | lin | 2 | | | 1477 | 228 |
| 樹 | shu | 4 | 16 | 0.0020 | 3756 | 303 |
| 枝 | rji | 1 | | | 3081 | 835 |
| 樹 | shu | 4 | 10 | 0.0013 | 3756 | 303 |
| 叢 | tsoong | 2 | | | 4080 | 1988 |
| 樹 | shu | 4 | 25 | 0.0032 | 3756 | 303 |
| 葉 | yeh | 4 | | | 4396 | 612 |
| 說 | shwo | 1 | 4452 | 0.5640 | 3770 | 37 |
| 說 | shwo | 1 | 16 | 0.0020 | 3770 | 37 |
| 不 | bu | 4 | | | 213 | 8 |
| 定 | ding | 4 | | | 912 | 121 |

| Char. | Syll. | Tone | Freq. | Freq.% | ID | Rank |
|---|---|---|---|---|---|---|
| 說 | shwo | 1 | 171 | 0.0217 | 3770 | 37 |
| 明 | ming | 2 | | | 552 | 101 |
| 說 | shwo | 1 | 47 | 0.0060 | 3770 | 37 |
| 法 | fa | 3 | | | 584 | 88 |
| 說 | shwo | 1 | 14 | 0.0018 | 3770 | 37 |
| 服 | fu | 2 | | | 688 | 366 |
| 說 | shwo | 1 | 44 | 0.0056 | 3770 | 37 |
| 到 | dau | 4 | | | 775 | 21 |
| 說 | shwo | 1 | 145 | 0.0184 | 3770 | 37 |
| 道 | dau | 4 | | | 774 | 155 |
| 說 | shwo | 1 | 33 | 0.0042 | 3770 | 37 |
| 來 | lai | 2 | | | 1297 | 15 |
| 說 | shwo | 1 | 166 | 0.0210 | 3770 | 37 |
| 話 | hwa | 4 | | | 2086 | 254 |
| 說 | shwo | 1 | 11 | 0.0014 | 3770 | 37 |
| 起 | chi | 3 | | | 2621 | 78 |
| 說 | shwo | 1 | 14 | 0.0018 | 3770 | 37 |
| 起 | chi | 3 | | | 2621 | 78 |
| 來 | lai | 2 | | | 1297 | 15 |
| 說 | shwo | 1 | 62 | 0.0079 | 3770 | 37 |
| 出 | rcu | 1 | | | 3507 | 60 |
| 說 | shwo | 1 | 23 | 0.0029 | 3770 | 37 |
| 出 | rcu | 1 | | | 3507 | 60 |
| 來 | lai | 2 | | | 1297 | 15 |
| 說 | shwo | 1 | 10 | 0.0013 | 3770 | 37 |
| 說 | shwo | 1 | | | 3770 | 37 |
| 看 | kan | 4 | | | 1871 | 58 |
| 衰 | shwai | 1 | 15 | 0.0019 | 3775 | 2350 |
| 衰 | shwai | 1 | 10 | 0.0013 | 3775 | 2350 |
| 老 | lau | 3 | | | 1322 | 117 |
| 衰 | shwai | 1 | 10 | 0.0013 | 3775 | 2350 |
| 弱 | rwo | 4 | | | 3840 | 1236 |
| 摔 | shwai | 1 | 20 | 0.0025 | 3774 | 2437 |
| 率 | shwai | 4 | 12 | 0.0015 | 3778 | 1534 |
| 率 | shwai | 4 | 28 | 0.0035 | 3778 | 1534 |
| 領 | ling | 3 | | | 1521 | 461 |
| 水 | shwei | 3 | 951 | 0.1205 | 3781 | 75 |
| 水 | shwei | 3 | 31 | 0.0039 | 3781 | 75 |
| 平 | ping | 2 | | | 354 | 165 |
| 水 | shwei | 3 | 21 | 0.0027 | 3781 | 75 |
| 分 | fun | 4 | | | 640 | 693 |
| 水 | shwei | 3 | 18 | 0.0023 | 3781 | 75 |
| 稻 | dau | 4 | | | 776 | 980 |
| 水 | shwei | 3 | 30 | 0.0038 | 3781 | 75 |
| 泥 | ni | 2 | | | 1213 | 1027 |
| 水 | shwei | 3 | 20 | 0.0025 | 3781 | 75 |
| 利 | li | 4 | | | 1398 | 222 |
| 水 | shwci | 3 | 17 | 0.0022 | 3781 | 75 |
| 力 | li | 4 | | | 1396 | 143 |
| 水 | shwei | 3 | 16 | 0.0020 | 3781 | 75 |
| 流 | liu | 2 | | | 1448 | 353 |
| 水 | shwei | 3 | 12 | 0.0015 | 3781 | 75 |
| 溝 | gou | 1 | | | 1657 | 1330 |
| 水 | shwei | 2 | 29 | 0.0037 | 3781 | 75 |
| 果 | gwo | 3 | | | 1751 | 174 |
| 水 | shwei | 3 | 40 | 0.0051 | 3781 | 75 |
| 蒸 | rjung | 1 | | | 3262 | 1114 |
| 氣 | chi | 4 | | | 2627 | 132 |
| 水 | shwei | 2 | 70 | 0.0089 | 3781 | 75 |
| 準 | rjoon | 3 | | | 3350 | 623 |
| 水 | shwei | 2 | 13 | 0.0016 | 3781 | 75 |
| 手 | shou | 3 | | | 3660 | 190 |
| 水 | shwei | 2 | 11 | 0.0014 | 3781 | 75 |
| 草 | tsau | 3 | | | 4025 | 541 |
| 水 | shwei | 3 | 15 | 0.0019 | 3781 | 75 |
| 銀 | yin | 2 | | | 4514 | 963 |
| 水 | shwei | 3 | 12 | 0.0015 | 3781 | 75 |
| 運 | yün | 4 | | | 4841 | 284 |
| 稅 | shwei | 4 | 28 | 0.0035 | 3782 | 1235 |
| 睡 | shwei | 4 | 182 | 0.0231 | 3783 | 703 |
| 睡 | shwei | 4 | 22 | 0.0028 | 3783 | 703 |
| 眠 | mien | 2 | | | 529 | 1785 |
| 睡 | shwei | 4 | 51 | 0.0065 | 3783 | 703 |
| 覺 | jiau | 4 | | | 2369 | 1350 |
| 睡 | shwei | 4 | 19 | 0.0024 | 3783 | 703 |
| 着 | rjau | 2 | | | 3173 | 1153 |
| 栓 | shwan | 1 | 10 | 0.0013 | 3786 | 3782 |

| Char. | Syll. | Tone | Freq. | Freq.% | ID | Rank |
|---|---|---|---|---|---|---|
| 順 | shoon | 4 | 37 | 0.0047 | 3789 | 905 |
| 順 | shoon | 4 | 45 | 0.0057 | 3789 | 905 |
| 利 | li | 4 | | | 1398 | 222 |
| 順 | shoon | 4 | 18 | 0.0023 | 3789 | 905 |
| 序 | xü | 4 | | | 3013 | 1158 |
| 霜 | shwang | 1 | 12 | 0.0015 | 3793 | 2123 |
| 雙 | shwang | 1 | 259 | 0.0328 | 3792 | 898 |
| 雙 | shwang | 1 | 10 | 0.0013 | 3792 | 898 |
| 親 | chin | 1 | | | 2700 | 261 |
| 日 | ri | 4 | 1229 | 0.1557 | 3795 | 54 |
| 日 | ri | 4 | 535 | 0.0678 | 3795 | 54 |
| 本 | bun | 3 | | | 112 | 65 |
| 日 | ri | 4 | 52 | 0.0066 | 3795 | 54 |
| 本 | bun | 3 | | | 112 | 65 |
| 人 | run | 2 | | | 3812 | 11 |
| 日 | ri | 4 | 13 | 0.0016 | 3795 | 54 |
| 光 | gwang | 1 | | | 1801 | 224 |
| 日 | ri | 4 | 15 | 0.0019 | 3795 | 54 |
| 後 | hou | 4 | | | 2009 | 48 |
| 日 | ri | 4 | 21 | 0.0027 | 3795 | 54 |
| 記 | ji | 4 | | | 2255 | 517 |
| 日 | ri | 4 | 35 | 0.0044 | 3795 | 54 |
| 期 | chi | 2 | | | 2599 | 225 |
| 日 | ri | 4 | 14 | 0.0018 | 3795 | 54 |
| 前 | chien | 2 | | | 2687 | 145 |
| 日 | ri | 4 | 138 | 0.0175 | 3795 | 54 |
| 子 | dsi | 5 | | | 3880 | 52 |
| 惹 | ruh | 3 | 18 | 0.0023 | 3796 | 2438 |
| 熱 | ruh | 4 | 271 | 0.0343 | 3797 | 390 |
| 熱 | ruh | 4 | 39 | 0.0049 | 3797 | 390 |
| 帶 | dai | 4 | | | 755 | 301 |
| 熱 | ruh | 4 | 10 | 0.0013 | 3797 | 390 |
| 帶 | dai | 4 | | | 755 | 301 |
| 魚 | yü | 2 | | | 4727 | 608 |
| 熱 | ruh | 4 | 46 | 0.0058 | 3797 | 390 |
| 鬧 | nau | 4 | | | 1201 | 1143 |
| 熱 | ruh | 4 | 43 | 0.0054 | 3797 | 390 |
| 烈 | lieh | 4 | | | 1427 | 913 |
| 熱 | ruh | 4 | 24 | 0.0030 | 3797 | 390 |
| 量 | liang | 4 | | | 1503 | 423 |
| 熱 | ruh | 4 | 43 | 0.0054 | 3797 | 390 |
| 情 | ching | 2 | | | 2734 | 233 |
| 熱 | ruh | 4 | 31 | 0.0039 | 3797 | 390 |
| 心 | xin | 1 | | | 2946 | 142 |
| 熱 | ruh | 4 | 20 | 0.0025 | 3797 | 390 |
| 愛 | ai | 4 | | | 4246 | 300 |
| 熱 | ruh | 4 | 23 | 0.0029 | 3797 | 390 |
| 忱 | rcun | 2 | | | 3462 | 3578 |
| 擾 | rau | 3 | 12 | 0.0015 | 3799 | 2102 |
| 亂 | lwan | 4 | | | 1568 | 794 |
| 繞 | rau | 4 | 61 | 0.0077 | 3800 | 1137 |
| 柔 | rou | 2 | 13 | 0.0016 | 3802 | 1733 |
| 和 | huh | 2 | | | 1956 | 395 |
| 肉 | rou | 4 | 104 | 0.0132 | 3805 | 611 |
| 然 | ran | 2 | 48 | 0.0061 | 3807 | 123 |
| 然 | ran | 2 | 391 | 0.0495 | 3807 | 123 |
| 後 | hou | 4 | | | 2009 | 48 |
| 然 | ran | 2 | 172 | 0.0218 | 3807 | 123 |
| 而 | er | 2 | | | 4290 | 156 |
| 燃 | ran | 2 | 38 | 0.0048 | 3806 | 924 |
| 燃 | ran | 2 | 21 | 0.0027 | 3806 | 924 |
| 料 | liau | 4 | | | 1445 | 387 |
| 燃 | ran | 2 | 88 | 0.0111 | 3806 | 924 |
| 燒 | shau | 1 | | | 3647 | 788 |
| 染 | ran | 3 | 17 | 0.0022 | 3810 | 942 |
| 染 | ran | 3 | 29 | 0.0037 | 3810 | 942 |
| 色 | suh | 4 | | | 4114 | 339 |
| 體 | ti | 3 | | | 1073 | 178 |
| 人 | run | 2 | 4977 | 0.6305 | 3812 | 11 |
| 人 | run | 2 | 156 | 0.0198 | 3812 | 11 |
| 們 | mun | 5 | | | 479 | 16 |
| 人 | run | 2 | 295 | 0.0374 | 3812 | 11 |
| 民 | min | 2 | | | 542 | 59 |
| 人 | run | 2 | 72 | 0.0091 | 3812 | 11 |
| 體 | ti | 3 | | | 1073 | 178 |

| Char. | Syll. | Tone | Freq. | Freq.% | ID | Rank |
|---|---|---|---|---|---|---|
| 人 | run | 2 | 357 | 0.0452 | 3812 | 11 |
| 類 | lei | 4 | | | 1314 | 298 |
| 人 | run | 2 | 37 | 0.0047 | 3812 | 11 |
| 力 | li | 4 | | | 1396 | 143 |
| 人 | run | 2 | 29 | 0.0037 | 3812 | 11 |
| 格 | guh | 2 | | | 1623 | 740 |
| 人 | run | 2 | 32 | 0.0041 | 3812 | 11 |
| 工 | goong | 1 | | | 1804 | 125 |
| 人 | run | 2 | 199 | 0.0252 | 3812 | 11 |
| 口 | kou | 3 | | | 1858 | 220 |
| 人 | run | 2 | 146 | 0.0185 | 3812 | 11 |
| 家 | jia | 1 | | | 2279 | 36 |
| 人 | run | 2 | 27 | 0.0034 | 3812 | 11 |
| 間 | jien | 1 | | | 2391 | 245 |
| 人 | run | 2 | 19 | 0.0024 | 3812 | 11 |
| 情 | ching | 2 | | | 2734 | 233 |
| 人 | run | 2 | 24 | 0.0030 | 3812 | 11 |
| 羣 | chün | 2 | | | 2775 | 651 |
| 人 | run | 2 | 25 | 0.0032 | 3812 | 11 |
| 群 | chün | 2 | | | 2774 | 651 |
| 人 | run | 2 | 10 | 0.0013 | 3812 | 11 |
| 心 | xin | 1 | | | 2946 | 142 |
| 人 | run | 2 | 35 | 0.0044 | 3812 | 11 |
| 性 | xing | 4 | | | 2996 | 482 |
| 人 | run | 2 | 14 | 0.0018 | 3812 | 11 |
| 選 | xüen | 3 | | | 3042 | 412 |
| 人 | run | 2 | 204 | 0.0258 | 3812 | 11 |
| 士 | shi | 4 | | | 3596 | 362 |
| 人 | run | 2 | 16 | 0.0020 | 3812 | 11 |
| 事 | shi | 4 | | | 3592 | 77 |
| 人 | run | 2 | 124 | 0.0157 | 3812 | 11 |
| 生 | shung | 1 | | | 3715 | 32 |
| 人 | run | 2 | 15 | 0.0019 | 3812 | 11 |
| 生 | shung | 1 | | | 3715 | 32 |
| 觀 | gwan | 1 | | | 1782 | 359 |
| 人 | run | 2 | 65 | 0.0082 | 3812 | 11 |
| 數 | shu | 4 | | | 3755 | 400 |
| 人 | run | 2 | 82 | 0.0104 | 3812 | 11 |
| 人 | run | 2 | | | 3812 | 11 |

| Char. | Syll. | Tone | Freq. | Freq.% | ID | Rank |
|---|---|---|---|---|---|---|
| 人 | run | 2 | 56 | 0.0071 | 3812 | 11 |
| 才 | tsai | 2 | | | 4006 | 248 |
| 人 | run | 2 | 129 | 0.0163 | 3812 | 11 |
| 物 | wu | 4 | | | 4602 | 128 |
| 人 | run | 2 | 16 | 0.0020 | 3812 | 11 |
| 爲 | wei | 2 | | | 4639 | 95 |
| 人 | run | 2 | 13 | 0.0016 | 3812 | 11 |
| 文 | wun | 2 | | | 4699 | 147 |
| 人 | run | 2 | 317 | 0.0402 | 3812 | 11 |
| 員 | yüen | 2 | | | 4808 | 210 |
| 仁 | run | 2 | 36 | 0.0046 | 3811 | 973 |
| 仁 | run | 2 | 10 | 0.0013 | 3811 | 973 |
| 慈 | tsi | 2 | | | 3987 | 1013 |
| 仁 | run | 2 | 17 | 0.0022 | 3811 | 973 |
| 愛 | ai | 4 | | | 4246 | 300 |
| 忍 | run | 3 | 31 | 0.0039 | 3815 | 1216 |
| 忍 | run | 3 | 27 | 0.0034 | 3815 | 1216 |
| 耐 | nai | 4 | | | 1191 | 1500 |
| 忍 | run | 3 | 33 | 0.0042 | 3815 | 1216 |
| 住 | rju | 4 | | | 3304 | 333 |
| 忍 | run | 3 | 39 | 0.0049 | 3815 | 1216 |
| 受 | shou | 4 | | | 3663 | 351 |
| 認 | run | 4 | 53 | 0.0067 | 3816 | 479 |
| 認 | run | 4 | 34 | 0.0043 | 3816 | 479 |
| 得 | duh | 2 | | | 746 | 146 |
| 認 | run | 4 | 19 | 0.0024 | 3816 | 479 |
| 定 | ding | 4 | | | 912 | 121 |
| 認 | run | 4 | 43 | 0.0054 | 3816 | 479 |
| 真 | rjun | 1 | | | 3223 | 238 |
| 認 | run | 4 | 188 | 0.0238 | 3816 | 479 |
| 識 | shi | 4 | | | 3603 | 632 |
| 認 | run | 4 | 10 | 0.0013 | 3816 | 479 |
| 出 | rcu | 1 | | | 3507 | 60 |
| 認 | run | 4 | 192 | 0.0243 | 3816 | 479 |
| 爲 | wei | 2 | | | 4639 | 95 |
| 任 | run | 4 | 200 | 0.0253 | 3817 | 293 |
| 任 | run | 4 | 16 | 0.0020 | 3817 | 293 |
| 命 | ming | 4 | | | 557 | 431 |

| Char. | Syll. | Tone | Freq. | Freq.% | ID | Rank |
|---|---|---|---|---|---|---|
| 任 | run | 4 | 31 | 0.0039 | 3817 | 293 |
| 劳 | lau | 2 | | | 1318 | 775 |
| 任 | run | 4 | | | 3817 | 293 |
| 怨 | yüen | 4 | | | 4826 | 2155 |
| 任 | run | 4 | 339 | 0.0429 | 3817 | 293 |
| 何 | huh | 2 | | | 1955 | 609 |
| 任 | run | 4 | 10 | 0.0013 | 3817 | 293 |
| 期 | chi | 2 | | | 2599 | 225 |
| 任 | run | 4 | 16 | 0.0020 | 3817 | 293 |
| 意 | yi | 4 | | | 4332 | 195 |
| 任 | run | 4 | 67 | 0.0085 | 3817 | 293 |
| 務 | wu | 4 | | | 4601 | 377 |
| 嚷 | rang | 3 | 19 | 0.0024 | 3823 | 2351 |
| 讓 | rang | 4 | 436 | 0.0552 | 3825 | 615 |
| 扔 | rung | 1 | 17 | 0.0022 | 3826 | 1712 |
| 仍 | rung | 2 | 393 | 0.0498 | 3827 | 803 |
| 仍 | rung | 2 | 36 | 0.0046 | 3827 | 803 |
| 舊 | jiu | 4 | | | 2383 | 813 |
| 仍 | rung | 2 | 143 | 0.0181 | 3827 | 803 |
| 然 | ran | 2 | | | 3807 | 123 |
| 如 | ru | 2 | 1148 | 0.1454 | 3829 | 120 |
| 如 | ru | 2 | 13 | 0.0016 | 3829 | 120 |
| 同 | toong | 2 | | | 1160 | 92 |
| 如 | ru | 2 | 10 | 0.0013 | 3829 | 120 |
| 來 | lai | 2 | | | 1297 | 15 |
| 佛 | fo | 2 | | | 587 | 1169 |
| 如 | ru | 2 | 880 | 0.1115 | 3829 | 120 |
| 果 | gwo | 3 | | | 1751 | 174 |
| 如 | ru | 2 | 38 | 0.0048 | 3829 | 120 |
| 何 | huh | 2 | | | 1955 | 609 |
| 如 | ru | 2 | 100 | 0.0127 | 3829 | 120 |
| 今 | jin | 1 | | | 2441 | 176 |
| 如 | ru | 2 | 290 | 0.0367 | 3829 | 120 |
| 此 | tsi | 3 | | | 3994 | 314 |
| 如 | ru | 2 | 12 | 0.0015 | 3829 | 120 |
| 意 | yi | 4 | | | 4332 | 195 |
| 儒 | ru | 2 | 15 | 0.0019 | 3828 | 2624 |
| 儒 | ru | 2 | 28 | 0.0035 | 3828 | 2624 |
| 家 | jia | 1 | | | 2279 | 36 |
| 入 | ru | 4 | 986 | 0.1249 | 3836 | 319 |
| 入 | ru | 4 | 14 | 0.0018 | 3836 | 319 |
| 学 | xüeh | 2 | | | 3028 | 26 |
| 若 | rwo | 4 | 317 | 0.0402 | 3841 | 899 |
| 若 | rwo | 4 | 161 | 0.0204 | 3841 | 899 |
| 干 | gan | 1 | | | 1671 | 1307 |
| 若 | rwo | 4 | 18 | 0.0023 | 3841 | 899 |
| 是 | shi | 4 | | | 3593 | 3 |
| 弱 | rwo | 4 | 45 | 0.0057 | 3840 | 1236 |
| 瑞 | rwei | 4 | 17 | 0.0022 | 3845 | 1325 |
| 典 | dien | 3 | | | 894 | 1177 |
| 瑞 | rwei | 4 | 30 | 0.0038 | 3845 | 1325 |
| 士 | shi | 4 | | | 3596 | 362 |
| 阮 | rwan | 3 | 28 | 0.0035 | 3851 | 3127 |
| 文 | wun | 2 | | | 4699 | 147 |
| 紹 | shau | 4 | | | 3653 | 1492 |
| 軟 | rwan | 3 | 31 | 0.0039 | 3849 | 1428 |
| 軟 | rwan | 3 | 10 | 0.0013 | 3849 | 1428 |
| 弱 | rwo | 4 | | | 3840 | 1236 |
| 蠕 | ru | 2 | 11 | 0.0014 | 3850 | 3591 |
| 動 | doong | 4 | | | 974 | 94 |
| 容 | roong | 2 | 55 | 0.0070 | 3855 | 401 |
| 容 | roong | 2 | 16 | 0.0020 | 3855 | 401 |
| 納 | na | 4 | | | 1178 | 955 |
| 容 | roong | 2 | 13 | 0.0016 | 3855 | 401 |
| 量 | liang | 4 | | | 1503 | 423 |
| 容 | roong | 2 | 26 | 0.0033 | 3855 | 401 |
| 器 | chi | 4 | | | 2626 | 394 |
| 容 | roong | 2 | 288 | 0.0365 | 3855 | 401 |
| 易 | yi | 4 | | | 4333 | 565 |
| 溶 | roong | 2 | 20 | 0.0025 | 3857 | 1734 |
| 溶 | roong | 2 | 11 | 0.0014 | 3857 | 1734 |
| 濟 | ji | 4 | | | 2262 | 839 |
| 溶 | roong | 2 | 35 | 0.0044 | 3857 | 1734 |
| 解 | jieh | 3 | | | 2326 | 546 |

| Char. | Syll. | Tone | Freq. | Freq.% | ID | Rank |
|---|---|---|---|---|---|---|
| 溶 | roong | 2 | 33 | 0.0042 | 3857 | 1734 |
| 液 | yeh | 4 | | | 4398 | 892 |
| 榮 | roong | 2 | 16 | 0.0020 | 3854 | 888 |
| 榮 | roong | 2 | 24 | 0.0030 | 3854 | 888 |
| 譽 | yü | 4 | | | 4767 | 1903 |
| 融 | roong | 2 | 13 | 0.0016 | 3859 | 2319 |
| 姿 | dsi | 1 | 27 | 0.0034 | 3864 | 1525 |
| 態 | tai | 4 | | | 997 | 954 |
| 姿 | dsi | 1 | 68 | 0.0086 | 3864 | 1525 |
| 勢 | shi | 4 | | | 3600 | 557 |
| 茲 | dsi | 1 | 22 | 0.0028 | 3867 | 2042 |
| 資 | dsi | 1 | 49 | 0.0062 | 3865 | 920 |
| 資 | dsi | 1 | 72 | 0.0091 | 3865 | 920 |
| 本 | bun | 3 | | | 112 | 65 |
| 資 | dsi | 1 | 103 | 0.0130 | 3865 | 920 |
| 料 | liau | 4 | | | 1445 | 387 |
| 資 | dsi | 1 | 46 | 0.0058 | 3865 | 920 |
| 格 | guh | 2 | | | 1623 | 740 |
| 資 | dsi | 1 | 59 | 0.0075 | 3865 | 920 |
| 金 | jin | 1 | | | 2440 | 271 |
| 資 | dsi | 1 | 99 | 0.0125 | 3865 | 920 |
| 源 | yüen | 2 | | | 4812 | 1037 |
| 滋 | dsi | 1 | 27 | 0.0034 | 3869 | 2279 |
| 味 | wei | 4 | | | 4663 | 882 |
| 子 | dsi | 3 | 127 | 0.0161 | 3874 | 324 |
| 子 | dsi | 3 | 18 | 0.0023 | 3874 | 324 |
| 弟 | di | 4 | | | 860 | 340 |
| 子 | dsi | 3 | 11 | 0.0014 | 3874 | 324 |
| 宮 | goong | 1 | | | 1808 | 1094 |
| 子 | dsi | 3 | 26 | 0.0033 | 3874 | 324 |
| 孫 | soon | 1 | | | 4190 | 998 |
| 仔 | dsai | 3 | 69 | 0.0087 | 3895 | 1575 |
| 細 | xi | 4 | | | 2821 | 584 |
| 紫 | dsi | 3 | 13 | 0.0016 | 3873 | 1592 |
| 紫 | dsi | 3 | 15 | 0.0019 | 3873 | 1592 |
| 色 | suh | 4 | | | 4114 | 339 |

| Char. | Syll. | Tone | Freq. | Freq.% | ID | Rank |
|---|---|---|---|---|---|---|
| 自 | dsi | 4 | 1029 | 0.1304 | 3878 | 86 |
| 自 | dsi | 4 | 53 | 0.0067 | 3878 | 86 |
| 動 | doong | 4 | | | 974 | 94 |
| 自 | dsi | 4 | 19 | 0.0024 | 3878 | 86 |
| 來 | lai | 2 | | | 1297 | 15 |
| 水 | shwei | 3 | | | 3781 | 75 |
| 自 | dsi | 4 | 10 | 0.0013 | 3878 | 86 |
| 立 | li | 4 | | | 1395 | 152 |
| 自 | dsi | 4 | 12 | 0.0015 | 3878 | 86 |
| 豪 | hau | 2 | | | 1988 | 1865 |
| 自 | dsi | 4 | 1395 | 0.1767 | 3878 | 86 |
| 己 | ji | 3 | | | 2246 | 307 |
| 自 | dsi | 4 | 16 | 0.0020 | 3878 | 86 |
| 給 | ji | 3 | | | 2249 | 1271 |
| 自 | dsi | 4 | 11 | 0.0014 | 3878 | 86 |
| 覺 | jüeh | 2 | | | 2545 | 512 |
| 自 | dsi | 4 | 31 | 0.0039 | 3878 | 86 |
| 強 | chiang | 2 | | | 2716 | 354 |
| 自 | dsi | 4 | 16 | 0.0020 | 3878 | 86 |
| 信 | xin | 4 | | | 2957 | 378 |
| 自 | dsi | 4 | 40 | 0.0051 | 3878 | 86 |
| 行 | xing | 2 | | | 2989 | 76 |
| 自 | dsi | 4 | 36 | 0.0046 | 3878 | 86 |
| 治 | rji | 4 | | | 3111 | 361 |
| 自 | dsi | 4 | 19 | 0.0024 | 3878 | 86 |
| 殺 | sha | 1 | | | 3618 | 689 |
| 自 | dsi | 4 | 21 | 0.0027 | 3878 | 86 |
| 身 | shun | 1 | | | 3691 | 249 |
| 自 | dsi | 4 | 318 | 0.0403 | 3878 | 86 |
| 然 | ran | 2 | | | 3807 | 123 |
| 自 | dsi | 4 | 35 | 0.0044 | 3878 | 86 |
| 然 | ran | 2 | | | 3807 | 123 |
| 界 | jieh | 4 | | | 2329 | 265 |
| 自 | dsi | 4 | 11 | 0.0014 | 3878 | 86 |
| 在 | dsai | 4 | | | 3899 | 9 |
| 自 | dsi | 4 | 86 | 0.0109 | 3878 | 86 |
| 從 | tsoong | 2 | | | 4081 | 133 |
| 自 | dsi | 4 | 20 | 0.0025 | 3878 | 86 |
| 私 | si | 1 | | | 4089 | 943 |

| Char. | Syll. | Tone | Freq. | Freq.% | ID | Rank |
|---|---|---|---|---|---|---|
| 自 | dsi | 4 | 301 | 0.0381 | 3878 | 86 |
| 由 | you | 2 | | | 4435 | 126 |
| 自 | dsi | 4 | 15 | 0.0019 | 3878 | 86 |
| 言 | yen | 2 | | | 4468 | 846 |
| 自 | dsi | 4 | | | 3878 | 86 |
| 語 | yü | 3 | | | 4751 | 346 |
| 自 | dsi | 4 | 67 | 0.0085 | 3878 | 86 |
| 我 | wo | 3 | | | 4625 | 4 |
| 字 | dsi | 4 | 359 | 0.0455 | 3877 | 194 |
| 字 | dsi | 4 | 12 | 0.0015 | 3877 | 194 |
| 母 | mu | 3 | | | 560 | 287 |
| 字 | dsi | 4 | 15 | 0.0019 | 3877 | 194 |
| 典 | dien | 3 | | | 894 | 1177 |
| 咱 | dsan | 2 | 36 | 0.0046 | 3925 | 2212 |
| 們 | mun | 5 | | | 479 | 16 |
| 雜 | dsa | 2 | 23 | 0.0029 | 3885 | 1104 |
| 雜 | dsa | 2 | 14 | 0.0018 | 3885 | 1104 |
| 糧 | liang | 2 | | | 1496 | 1171 |
| 雜 | dsa | 2 | 11 | 0.0014 | 3885 | 1104 |
| 貨 | hwo | 4 | | | 2098 | 1331 |
| 店 | dien | 4 | | | 895 | 1141 |
| 雜 | dsa | 2 | 59 | 0.0075 | 3885 | 1104 |
| 誌 | rji | 4 | | | 3118 | 2143 |
| 則 | dsuh | 2 | 749 | 0.0949 | 3887 | 758 |
| 責 | dsuh | 2 | 29 | 0.0037 | 3886 | 777 |
| 責 | dsuh | 2 | 15 | 0.0019 | 3886 | 777 |
| 備 | bei | 4 | | | 62 | 392 |
| 責 | dsuh | 2 | 104 | 0.0132 | 3886 | 777 |
| 任 | run | 4 | | | 3817 | 293 |
| 擇 | dsuh | 2 | 15 | 0.0019 | 3889 | 1574 |
| 怎 | dsun | 3 | 69 | 0.0087 | 3930 | 185 |
| 怎 | dsun | 3 | 292 | 0.0370 | 3930 | 185 |
| 麼 | muh | 5 | | | 395 | 3443 |
| 怎 | dsun | 3 | 42 | 0.0053 | 3930 | 185 |
| 麼 | muh | 5 | | | 395 | 3443 |
| 辦 | ban | 4 | | | 104 | 332 |
| 怎 | dsun | 3 | 10 | 0.0013 | 3930 | 185 |
| 地 | di | 4 | | | 858 | 33 |

| Char. | Syll. | Tone | Freq. | Freq.% | ID | Rank |
|---|---|---|---|---|---|---|
| 怎 | dsun | 3 | 21 | 0.0027 | 3930 | 185 |
| 的 | di | 4 | | | 862 | 1044 |
| 怎 | dsun | 3 | 18 | 0.0023 | 3930 | 185 |
| 生 | shung | 1 | | | 3715 | 32 |
| 怎 | dsun | 3 | 277 | 0.0351 | 3930 | 185 |
| 樣 | yang | 4 | | | 4546 | 69 |
| 災 | dsai | 1 | 13 | 0.0016 | 3893 | 1217 |
| 災 | dsai | 1 | 35 | 0.0044 | 3893 | 1217 |
| 害 | hai | 4 | | | 1982 | 484 |
| 栽 | dsai | 1 | 19 | 0.0024 | 3892 | 1693 |
| 培 | pei | 2 | | | 250 | 1345 |
| 栽 | dsai | 1 | 13 | 0.0016 | 3892 | 1693 |
| 種 | rjoong | 4 | | | 3374 | 763 |
| 宰 | dsai | 3 | 11 | 0.0014 | 3896 | 1494 |
| 相 | xiang | 4 | | | 2978 | 1174 |
| 在 | dsai | 4 | 12252 | 1.5522 | 3899 | 9 |
| 在 | dsai | 4 | 16 | 0.0020 | 3899 | 9 |
| 乎 | hu | 1 | | | 2055 | 1144 |
| 在 | dsai | 4 | 13 | 0.0016 | 3899 | 9 |
| 意 | yi | 4 | | | 4332 | 195 |
| 在 | dsai | 4 | 44 | 0.0056 | 3899 | 9 |
| 於 | yü | 2 | | | 4728 | 113 |
| 再 | dsai | 4 | 1265 | 0.1603 | 3898 | 216 |
| 再 | dsai | 4 | 14 | 0.0018 | 3898 | 216 |
| 見 | jien | 4 | | | 2417 | 206 |
| 再 | dsai | 4 | 11 | 0.0014 | 3898 | 216 |
| 三 | san | 1 | | | 4138 | 18 |
| 載 | dsai | 4 | 70 | 0.0089 | 3900 | 1326 |
| 賊 | dsei | 2 | 35 | 0.0044 | 3901 | 2583 |
| 遭 | dsau | 1 | 51 | 0.0065 | 3903 | 1372 |
| 遭 | dsau | 1 | 22 | 0.0028 | 3903 | 1372 |
| 到 | dau | 4 | | | 775 | 21 |
| 遭 | dsau | 1 | 46 | 0.0058 | 3903 | 1372 |
| 受 | shou | 4 | | | 3663 | 351 |
| 遭 | dsau | 1 | 42 | 0.0053 | 3903 | 1372 |
| 遇 | yü | 4 | | | 4766 | 1008 |

| Char. | Syll. | Tone | Freq. | Freq.% | ID | Rank |
|---|---|---|---|---|---|---|
| 糟 | dsau | 1 | 26 | 0.0033 | 3902 | 2185 |
| 鑿 | dsau | 2 | 10 | 0.0013 | 3904 | 1829 |
| 早 | dsau | 3 | 683 | 0.0865 | 3906 | 370 |
| 早 | dsau | 3 | 11 | 0.0014 | 3906 | 370 |
| 飯 | fan | 4 | | | 622 | 418 |
| 早 | dsau | 3 | 83 | 0.0105 | 3906 | 370 |
| 晨 | rcun | 2 | | | 3456 | 878 |
| 早 | dsau | 3 | 52 | 0.0066 | 3906 | 370 |
| 上 | shang | 4 | | | 3712 | 17 |
| 早 | dsau | 3 | 13 | 0.0016 | 3906 | 370 |
| 餐 | tsan | 1 | | | 4027 | 1594 |
| 造 | dsau | 4 | 107 | 0.0136 | 3911 | 338 |
| 造 | dsau | 4 | 14 | 0.0018 | 3911 | 338 |
| 詣 | yi | 4 | | | 4361 | 4655 |
| 走 | dsou | 3 | 1030 | 0.1305 | 3920 | 217 |
| 走 | dsou | 3 | 12 | 0.0015 | 3920 | 217 |
| 動 | doong | 4 | | | 974 | 94 |
| 走 | dsou | 3 | 14 | 0.0018 | 3920 | 217 |
| 廊 | lang | 2 | | | 1358 | 2134 |
| 走 | dsou | 3 | 37 | 0.0047 | 3920 | 217 |
| 路 | lu | 4 | | | 1537 | 149 |
| 走 | dsou | 3 | 12 | 0.0015 | 3920 | 217 |
| 開 | kai | 1 | | | 1849 | 114 |
| 走 | dsou | 3 | 24 | 0.0030 | 3920 | 217 |
| 私 | si | 1 | | | 4089 | 943 |
| 奏 | dsou | 4 | 68 | 0.0086 | 3922 | 1593 |
| 驟 | dsou | 4 | 13 | 0.0016 | 3921 | 2584 |
| 讚 | dsan | 4 | 15 | 0.0019 | 3927 | 1526 |
| 美 | mei | 3 | | | 442 | 80 |
| 讚 | dsan | 4 | 17 | 0.0022 | 3927 | 1526 |
| 賞 | shang | 3 | | | 3709 | 1456 |
| 讚 | dsan | 4 | 21 | 0.0027 | 3927 | 1526 |
| 揚 | yang | 2 | | | 4534 | 1156 |
| 讚 | dsan | 4 | 10 | 0.0013 | 3927 | 1526 |
| 譽 | yü | 4 | | | 4767 | 1903 |
| 髒 | dsang | 1 | 30 | 0.0038 | 3931 | 1386 |
| 葬 | dsang | 4 | 12 | 0.0015 | 3934 | 2043 |
| 增 | dsung | 1 | 173 | 0.0219 | 3936 | 658 |
| 增 | dsung | 1 | 310 | 0.0393 | 3936 | 658 |
| 加 | jia | 1 | | | 2278 | 124 |
| 增 | dsung | 1 | 52 | 0.0066 | 3936 | 658 |
| 進 | jin | 4 | | | 2454 | 144 |
| 增 | dsung | 1 | 21 | 0.0027 | 3936 | 658 |
| 強 | chiang | 2 | | | 2716 | 354 |
| 贈 | dsung | 4 | 27 | 0.0034 | 3939 | 1561 |
| 租 | dsu | 1 | 27 | 0.0034 | 3940 | 1639 |
| 足 | dsu | 2 | 220 | 0.0279 | 3942 | 655 |
| 足 | dsu | 2 | 36 | 0.0046 | 3942 | 655 |
| 夠 | gou | 4 | | | 1663 | 520 |
| 足 | dsu | 2 | 52 | 0.0066 | 3942 | 655 |
| 球 | chiu | 2 | | | 2670 | 237 |
| 足 | dsu | 2 | 44 | 0.0056 | 3942 | 655 |
| 以 | yi | 3 | | | 4324 | 24 |
| 族 | dsu | 2 | 28 | 0.0035 | 3941 | 809 |
| 阻 | dsu | 3 | 11 | 0.0014 | 3947 | 1387 |
| 阻 | dsu | 3 | 20 | 0.0025 | 3947 | 1387 |
| 力 | li | 4 | | | 1396 | 143 |
| 阻 | dsu | 2 | 40 | 0.0051 | 3947 | 1387 |
| 止 | rji | 3 | | | 3104 | 707 |
| 阻 | dsu | 3 | 11 | 0.0014 | 3947 | 1387 |
| 塞 | sai | 1 | | | 4120 | 2045 |
| 阻 | dsu | 3 | 25 | 0.0032 | 3947 | 1387 |
| 礙 | ai | 4 | | | 4248 | 2018 |
| 祖 | dsu | 3 | 13 | 0.0016 | 3945 | 610 |
| 祖 | dsu | 2 | 30 | 0.0038 | 3945 | 610 |
| 母 | mu | 3 | | | 560 | 287 |
| 祖 | dsu | 3 | 30 | 0.0038 | 3945 | 610 |
| 父 | fu | 4 | | | 720 | 256 |
| 祖 | dsu | 3 | 40 | 0.0051 | 3945 | 610 |
| 國 | gwo | 2 | | | 1749 | 7 |
| 祖 | dsu | 3 | 25 | 0.0032 | 3945 | 610 |
| 先 | xien | 1 | | | 2910 | 234 |

| Char. | Syll. | Tone | Freq. | Freq.% | ID | Rank |
|---|---|---|---|---|---|---|
| 組 | dsu | 3 | 96 | 0.0122 | 3946 | 329 |
| 組 | dsu | 3 | 25 | 0.0032 | 3946 | 329 |
| 合 | huh | 2 | | | 1953 | 172 |
| 組 | dsu | 3 | 270 | 0.0342 | 3946 | 329 |
| 織 | rji | 1 | | | 3078 | 471 |
| 組 | dsu | 3 | 104 | 0.0132 | 3946 | 329 |
| 成 | rcung | 2 | | | 3490 | 56 |
| 昨 | dswo | 2 | 44 | 0.0056 | 3949 | 629 |
| 昨 | dswo | 2 | 166 | 0.0210 | 3949 | 629 |
| 天 | tien | 1 | | | 1097 | 28 |
| 昨 | dswo | 2 | 60 | 0.0076 | 3949 | 629 |
| 日 | ri | 4 | | | 3795 | 54 |
| 左 | dswo | 3 | 156 | 0.0198 | 3951 | 594 |
| 左 | dswo | 3 | 14 | 0.0018 | 3951 | 594 |
| 邊 | bien | 1 | | | 171 | 260 |
| 左 | dswo | 3 | 14 | 0.0018 | 3951 | 594 |
| 派 | pai | 4 | | | 246 | 701 |
| 左 | dswo | 2 | 32 | 0.0041 | 3951 | 594 |
| 手 | shou | 3 | | | 3660 | 190 |
| 左 | dswo | 3 | 89 | 0.0113 | 3951 | 594 |
| 右 | you | 4 | | | 4447 | 828 |
| 坐 | dswo | 3 | 790 | 0.1001 | 3955 | 596 |
| 作 | dswo | 4 | 745 | 0.0944 | 3953 | 47 |
| 作 | dswo | 4 | 115 | 0.0146 | 3953 | 47 |
| 品 | pin | 3 | | | 350 | 415 |
| 作 | dswo | 4 | 12 | 0.0015 | 3953 | 47 |
| 法 | fa | 3 | | | 584 | 88 |
| 作 | dswo | 4 | 32 | 0.0041 | 3953 | 47 |
| 風 | fung | 1 | | | 662 | 268 |
| 作 | dswo | 4 | 21 | 0.0027 | 3953 | 47 |
| 官 | gwan | 1 | | | 1781 | 556 |
| 作 | dswo | 4 | 56 | 0.0071 | 3953 | 47 |
| 家 | jia | 1 | | | 2279 | 36 |
| 作 | dswo | 4 | 14 | 0.0018 | 3953 | 47 |
| 曲 | chü | 3 | | | 2750 | 849 |
| 作 | dswo | 4 | 21 | 0.0027 | 3953 | 47 |
| 曲 | chü | 3 | | | 2750 | 849 |
| 家 | jia | 1 | | | 2279 | 36 |
| 作 | dswo | 4 | 67 | 0.0085 | 3953 | 47 |
| 者 | rjuh | 3 | | | 3153 | 376 |
| 作 | dswo | 4 | 55 | 0.0070 | 3953 | 47 |
| 戰 | rjan | 4 | | | 3215 | 280 |
| 作 | dswo | 4 | 28 | 0.0035 | 3953 | 47 |
| 成 | rcung | 2 | | | 3490 | 56 |
| 作 | dswo | 4 | 16 | 0.0020 | 3953 | 47 |
| 出 | rcu | 1 | | | 3507 | 60 |
| 作 | dswo | 4 | 30 | 0.0038 | 3953 | 47 |
| 業 | yeh | 4 | | | 4397 | 137 |
| 作 | dswo | 4 | 29 | 0.0037 | 3953 | 47 |
| 物 | wu | 4 | | | 4602 | 128 |
| 作 | dswo | 4 | 150 | 0.0190 | 3953 | 47 |
| 為 | wei | 2 | | | 4639 | 95 |
| 作 | dswo | 4 | 16 | 0.0020 | 3953 | 47 |
| 文 | wun | 2 | | | 4699 | 147 |
| 作 | dswo | 4 | 282 | 0.0357 | 3953 | 47 |
| 用 | yüoong | 4 | | | 4864 | 38 |
| 座 | dswo | 4 | 188 | 0.0238 | 3954 | 1012 |
| 座 | dswo | 4 | 22 | 0.0028 | 3954 | 1012 |
| 位 | wei | 4 | | | 4659 | 188 |
| 做 | dswo | 4 | 989 | 0.1253 | 3952 | 99 |
| 做 | dswo | 4 | 19 | 0.0024 | 3952 | 99 |
| 法 | fa | 3 | | | 584 | 88 |
| 做 | dswo | 4 | 35 | 0.0044 | 3952 | 99 |
| 到 | dau | 4 | | | 775 | 21 |
| 做 | dswo | 4 | 12 | 0.0015 | 3952 | 99 |
| 起 | chi | 3 | | | 2621 | 78 |
| 做 | dswo | 4 | 17 | 0.0022 | 3952 | 99 |
| 成 | rcung | 2 | | | 3490 | 56 |
| 做 | dswo | 4 | 15 | 0.0019 | 3952 | 99 |
| 出 | rcu | 1 | | | 3507 | 60 |
| 做 | dswo | 4 | 30 | 0.0038 | 3952 | 99 |
| 事 | shi | 4 | | | 3592 | 77 |
| 做 | dswo | 4 | 18 | 0.0023 | 3952 | 99 |
| 人 | run | 2 | | | 3812 | 11 |
| 嘴 | dswei | 3 | 101 | 0.0128 | 3959 | 852 |

| Char. | Syll. | Tone | Freq. | Freq.% | ID | Rank |
|---|---|---|---|---|---|---|
| 嘴 | dswei | 3 | 11 | 0.0014 | 3959 | 852 |
| 巴 | ba | 1 | | | 2 | 388 |
| 嘴 | dswei | 3 | 17 | 0.0022 | 3959 | 852 |
| 唇 | rcoon | 2 | | | 3543 | 3243 |
| 最 | dswei | 4 | 1909 | 0.2418 | 3961 | 109 |
| 最 | dswei | 4 | 55 | 0.0070 | 3961 | 109 |
| 好 | hau | 3 | | | 1995 | 45 |
| 最 | dswei | 4 | 87 | 0.0110 | 3961 | 109 |
| 後 | hou | 4 | | | 2009 | 48 |
| 最 | dswei | 4 | 144 | 0.0182 | 3961 | 109 |
| 近 | jin | 4 | | | 2453 | 344 |
| 最 | dswei | 4 | 24 | 0.0030 | 3961 | 109 |
| 初 | rcu | 1 | | | 3506 | 496 |
| 醉 | dswei | 4 | 32 | 0.0041 | 3962 | 2126 |
| 罪 | dswei | 4 | 62 | 0.0079 | 3960 | 1779 |
| 罪 | dswei | 4 | 12 | 0.0015 | 3960 | 1779 |
| 行 | xing | 2 | | | 2989 | 76 |
| 罪 | dswei | 4 | 12 | 0.0015 | 3960 | 1779 |
| 惡 | uh | 4 | | | 4221 | 1264 |
| 鑽 | dswan | 1 | 39 | 0.0049 | 3963 | 2439 |
| 尊 | dsoon | 1 | 35 | 0.0044 | 3969 | 1495 |
| 尊 | dsoon | 1 | 28 | 0.0035 | 3969 | 1495 |
| 敬 | jing | 4 | | | 2503 | 909 |
| 尊 | dsoon | 1 | 15 | 0.0019 | 3969 | 1495 |
| 重 | rjoong | 4 | | | 3372 | 214 |
| 尊 | dsoon | 1 | 25 | 0.0032 | 3969 | 1495 |
| 嚴 | yen | 2 | | | 4471 | 861 |
| 遵 | dsoon | 1 | 60 | 0.0076 | 3968 | 1761 |
| 守 | shou | 3 | | | 3661 | 931 |
| 宗 | dsoong | 1 | 29 | 0.0037 | 3972 | 699 |
| 宗 | dsoong | 1 | 58 | 0.0073 | 3972 | 699 |
| 教 | jiau | 4 | | | 2368 | 68 |
| 宗 | dsoong | 1 | 19 | 0.0024 | 3972 | 699 |
| 旨 | rji | 3 | | | 3106 | 2379 |
| 縱 | dsoong | 4 | 28 | 0.0035 | 3981 | 2065 |
| 縱 | dsoong | 4 | 12 | 0.0015 | 3981 | 2065 |
| 使 | shi | 3 | | | 3587 | 154 |
| 縱 | dsoong | 4 | 16 | 0.0020 | 3981 | 2065 |
| 然 | ran | 2 | | | 3807 | 123 |
| 蹤 | dsoong | 1 | 16 | 0.0020 | 3974 | 2388 |
| 跡 | ji | 1 | | | 2206 | 1224 |
| 總 | dsoong | 3 | 510 | 0.0646 | 3979 | 200 |
| 總 | dsoong | 2 | 364 | 0.0461 | 3979 | 200 |
| 統 | toong | 3 | | | 1169 | 283 |
| 總 | dsoong | 3 | 11 | 0.0014 | 3979 | 200 |
| 督 | du | 1 | | | 915 | 1376 |
| 總 | dsoong | 2 | 45 | 0.0057 | 3979 | 200 |
| 理 | li | 3 | | | 1388 | 207 |
| 總 | dsoong | 3 | 15 | 0.0019 | 3979 | 200 |
| 經 | jing | 1 | | | 2479 | 110 |
| 理 | li | 3 | | | 1388 | 207 |
| 總 | dsoong | 3 | 19 | 0.0024 | 3979 | 200 |
| 之 | rji | 1 | | | 3077 | 106 |
| 總 | dsoong | 3 | 14 | 0.0018 | 3979 | 200 |
| 裁 | tsai | 2 | | | 4009 | 1535 |
| 總 | dsoong | 3 | 15 | 0.0019 | 3979 | 200 |
| 司 | si | 1 | | | 4084 | 564 |
| 令 | ling | 4 | | | 1523 | 650 |
| 總 | dsoong | 3 | 12 | 0.0015 | 3979 | 200 |
| 算 | swan | 4 | | | 4188 | 480 |
| 綜 | dsoong | 4 | 36 | 0.0046 | 3980 | 2353 |
| 合 | huh | 2 | | | 1953 | 172 |
| 雌 | tsi | 1 | 20 | 0.0025 | 3985 | 2440 |
| 詞 | tsi | 2 | 36 | 0.0046 | 3988 | 568 |
| 瓷 | tsi | 2 | 10 | 0.0013 | 3992 | 1987 |
| 器 | chi | 4 | | | 2626 | 394 |
| 慈 | tsi | 2 | 10 | 0.0013 | 3987 | 1013 |
| 禧 | xi | 1 | | | 2795 | 2746 |
| 太 | tai | 4 | | | 998 | 158 |
| 后 | hou | 4 | | | 2010 | 1490 |
| 磁 | tsi | 2 | 36 | 0.0046 | 3990 | 1090 |
| 鐵 | tieh | 3 | | | 1085 | 250 |
| 磁 | tsi | 2 | 15 | 0.0019 | 3990 | 1090 |
| 極 | ji | 2 | | | 2224 | 485 |
| 磁 | tsi | 2 | 18 | 0.0023 | 3990 | 1090 |
| 場 | rcang | 2 | | | 3474 | 450 |

| Char. | Syll. | Tone | Freq. | Freq.% | ID | Rank |
|---|---|---|---|---|---|---|
| 辭 | tsi | 2 | 83 | 0.0105 | 3989 | 1735 |
| 辭 | tsi | 2 | 12 | 0.0015 | 3989 | 1735 |
| 職 | rji | 2 | | | 3091 | 585 |
| 此 | tsi | 3 | 1346 | 0.1705 | 3994 | 314 |
| 次 | tsi | 4 | 290 | 0.0367 | 3996 | 173 |
| 次 | tsi | 4 | 14 | 0.0018 | 3996 | 173 |
| 長 | rcang | 2 | | | 3471 | 227 |
| 次 | tsi | 4 | 22 | 0.0028 | 3996 | 173 |
| 數 | shu | 4 | | | 3755 | 400 |
| 次 | tsi | 4 | 10 | 0.0013 | 3996 | 173 |
| 要 | yau | 4 | | | 4425 | 27 |
| 刺 | tsi | 4 | 34 | 0.0043 | 3995 | 1404 |
| 刺 | tsi | 4 | 74 | 0.0094 | 3995 | 1404 |
| 激 | ji | 1 | | | 2203 | 1223 |
| 擦 | tsa | 1 | 39 | 0.0049 | 3998 | 1206 |
| 册 | tsuh | 4 | 42 | 0.0053 | 4000 | 810 |
| 策 | tsuh | 4 | 17 | 0.0022 | 4002 | 1373 |
| 策 | tsuh | 4 | 13 | 0.0016 | 4002 | 1373 |
| 略 | lüeh | 4 | | | 1608 | 1039 |
| 策 | tsuh | 4 | 17 | 0.0022 | 4002 | 1373 |
| 劃 | hwa | 4 | | | 2090 | 723 |
| 側 | tsuh | 4 | 72 | 0.0091 | 4001 | 1946 |
| 測 | tsuh | 4 | 34 | 0.0043 | 3999 | 1048 |
| 測 | tsuh | 4 | 26 | 0.0033 | 3999 | 1048 |
| 定 | ding | 4 | | | 912 | 121 |
| 測 | tsuh | 4 | 23 | 0.0029 | 3999 | 1048 |
| 量 | liang | 2 | | | 1498 | 1436 |
| 測 | tsuh | 4 | 27 | 0.0034 | 3999 | 1048 |
| 驗 | yen | 4 | | | 4493 | 749 |
| 廁 | tsuh | 4 | 17 | 0.0022 | 4003 | 2186 |
| 所 | swo | 3 | | | 4169 | 79 |
| 猜 | tsai | 1 | 20 | 0.0025 | 4004 | 2016 |
| 猜 | tsai | 1 | 12 | 0.0015 | 4004 | 2016 |
| 想 | xiang | 3 | | | 2970 | 192 |
| 才 | tsai | 2 | 945 | 0.1197 | 4006 | 248 |

| Char. | Syll. | Tone | Freq. | Freq.% | ID | Rank |
|---|---|---|---|---|---|---|
| 才 | tsai | 2 | 39 | 0.0049 | 4006 | 248 |
| 能 | nung | 2 | | | 1212 | 70 |
| 才 | tsai | 2 | 13 | 0.0016 | 4006 | 248 |
| 華 | hwa | 2 | | | 2080 | 166 |
| 才 | tsai | 2 | 13 | 0.0016 | 4006 | 248 |
| 智 | rji | 4 | | | 3116 | 1355 |
| 材 | tsai | 2 | 10 | 0.0013 | 4005 | 755 |
| 材 | tsai | 2 | 50 | 0.0063 | 4005 | 755 |
| 料 | liau | 4 | | | 1445 | 387 |
| 財 | tsai | 2 | 22 | 0.0028 | 4008 | 1119 |
| 財 | tsai | 2 | 30 | 0.0038 | 4008 | 1119 |
| 富 | fu | 4 | | | 721 | 773 |
| 財 | tsai | 2 | 23 | 0.0029 | 4008 | 1119 |
| 政 | rjung | 4 | | | 3275 | 162 |
| 財 | tsai | 2 | 48 | 0.0061 | 4008 | 1119 |
| 產 | rcan | 3 | | | 3449 | 279 |
| 財 | tsai | 2 | 14 | 0.0018 | 4008 | 1119 |
| 物 | wu | 4 | | | 4602 | 128 |
| 裁 | tsai | 2 | 12 | 0.0015 | 4009 | 1535 |
| 判 | pan | 4 | | | 274 | 1284 |
| 纔 | tsai | 2 | 140 | 0.0177 | 4007 | 1484 |
| 彩 | tsai | 3 | 16 | 0.0020 | 4010 | 951 |
| 採 | tsai | 3 | 45 | 0.0057 | 4011 | 827 |
| 採 | tsai | 2 | 10 | 0.0013 | 4011 | 827 |
| 訪 | fang | 3 | | | 655 | 893 |
| 採 | tsai | 3 | 11 | 0.0014 | 4011 | 827 |
| 納 | na | 4 | | | 1178 | 955 |
| 採 | tsai | 3 | 18 | 0.0023 | 4011 | 827 |
| 購 | gou | 4 | | | 1665 | 1269 |
| 採 | tsai | 3 | 11 | 0.0014 | 4011 | 827 |
| 集 | ji | 2 | | | 2225 | 342 |
| 採 | tsai | 2 | 111 | 0.0141 | 4011 | 827 |
| 取 | chü | 3 | | | 2751 | 486 |
| 採 | tsai | 3 | 66 | 0.0084 | 4011 | 827 |
| 用 | yüoong | 4 | | | 4864 | 38 |
| 踩 | tsai | 3 | 14 | 0.0018 | 4013 | 2540 |

| Char. | Syll. | Tone | Freq. | Freq.% | ID | Rank |
|---|---|---|---|---|---|---|
| 菜 | tsai | 4 | 64 | 0.0081 | 4017 | 574 |
| 操 | tsau | 1 | 12 | 0.0015 | 4019 | 1014 |
| 操 | tsau | 1 | 10 | 0.0013 | 4019 | 1014 |
| 心 | xin | 1 | | | 2946 | 142 |
| 操 | tsau | 1 | 23 | 0.0029 | 4019 | 1014 |
| 作 | dswo | 4 | | | 3953 | 47 |
| 操 | tsau | 1 | 15 | 0.0019 | 4019 | 1014 |
| 縱 | dsoong | 4 | | | 3981 | 2065 |
| 曹 | tsau | 2 | 10 | 0.0013 | 4021 | 1388 |
| 操 | tsau | 1 | | | 4019 | 1014 |
| 槽 | tsau | 2 | 13 | 0.0016 | 4023 | 3598 |
| 草 | tsau | 3 | 123 | 0.0156 | 4025 | 541 |
| 草 | tsau | 3 | 36 | 0.0046 | 4025 | 541 |
| 地 | di | 4 | | | 858 | 33 |
| 草 | tsau | 3 | 12 | 0.0015 | 4025 | 541 |
| 叢 | tsoong | 2 | | | 4080 | 1988 |
| 草 | tsau | 3 | 19 | 0.0024 | 4025 | 541 |
| 原 | yüen | 2 | | | 4809 | 197 |
| 湊 | tsou | 4 | 13 | 0.0016 | 4026 | 2837 |
| 餐 | tsan | 1 | 21 | 0.0027 | 4027 | 1594 |
| 餐 | tsan | 1 | 13 | 0.0016 | 4027 | 1594 |
| 廳 | ting | 1 | | | 1106 | 750 |
| 參 | tsan | 1 | 117 | 0.0148 | 4028 | 331 |
| 觀 | gwan | 1 | | | 1782 | 359 |
| 參 | tsan | 1 | 37 | 0.0047 | 4028 | 331 |
| 考 | kau | 3 | | | 1855 | 438 |
| 參 | tsan | 1 | 392 | 0.0497 | 4028 | 331 |
| 加 | jia | 1 | | | 2278 | 124 |
| 參 | tsan | 1 | 13 | 0.0016 | 4028 | 331 |
| 議 | yi | 4 | | | 4331 | 290 |
| 員 | yüen | 2 | | | 4808 | 210 |
| 參 | tsan | 1 | 23 | 0.0029 | 4028 | 331 |
| 與 | yü | 4 | | | 4781 | 3425 |
| 殘 | tsan | 2 | 17 | 0.0022 | 4029 | 1405 |
| 殘 | tsan | 2 | 14 | 0.0018 | 4029 | 1405 |
| 廢 | fei | 4 | | | 600 | 464 |
| 殘 | tsan | 2 | 16 | 0.0020 | 4029 | 1405 |
| 酷 | ku | 4 | | | 1891 | 2670 |
| 蠶 | tsan | 2 | 13 | 0.0016 | 4030 | 879 |
| 慘 | tsan | 3 | 18 | 0.0023 | 4032 | 1655 |
| 燦 | tsan | 4 | 27 | 0.0034 | 4033 | 2354 |
| 爛 | lan | 4 | | | 1353 | 1465 |
| 蒼 | tsang | 1 | 17 | 0.0022 | 4036 | 1527 |
| 白 | bai | 2 | | | 49 | 251 |
| 蒼 | tsang | 1 | 13 | 0.0016 | 4036 | 1527 |
| 冥 | ming | 2 | | | 555 | 3655 |
| 蒼 | tsang | 1 | 21 | 0.0027 | 4036 | 1527 |
| 涼 | liang | 2 | | | 1495 | 1178 |
| 蒼 | tsang | 1 | 15 | 0.0019 | 4036 | 1527 |
| 蠅 | ying | 2 | | | 4564 | 1658 |
| 艙 | tsang | 1 | 12 | 0.0015 | 4037 | 3599 |
| 藏 | tsang | 2 | 63 | 0.0080 | 4040 | 1118 |
| 藏 | tsang | 2 | 22 | 0.0028 | 4040 | 1118 |
| 斂 | lien | 4 | | | 1475 | 3499 |
| 曾 | tsung | 2 | 699 | 0.0886 | 4042 | 607 |
| 曾 | tsung | 2 | 153 | 0.0194 | 4042 | 607 |
| 經 | jing | 1 | | | 2479 | 110 |
| 層 | tsung | 2 | 159 | 0.0201 | 4041 | 1055 |
| 粗 | tsu | 1 | 66 | 0.0084 | 4043 | 1416 |
| 促 | tsu | 4 | 12 | 0.0015 | 4045 | 1485 |
| 促 | tsu | 4 | 85 | 0.0108 | 4045 | 1485 |
| 進 | jin | 4 | | | 2454 | 144 |
| 促 | tsu | 4 | 27 | 0.0034 | 4045 | 1485 |
| 成 | rcung | 2 | | | 3490 | 56 |
| 促 | tsu | 4 | 22 | 0.0028 | 4045 | 1485 |
| 使 | shi | 3 | | | 3587 | 154 |
| 挫 | tswo | 4 | 25 | 0.0032 | 4055 | 2904 |
| 折 | rjuh | 2 | | | 3146 | 1469 |
| 措 | tswo | 4 | 108 | 0.0137 | 4051 | 2280 |
| 施 | shi | 1 | | | 3572 | 772 |
| 錯 | tswo | 4 | 100 | 0.0127 | 4052 | 789 |

| Char. | Syll. | Tone | Freq. | Freq.% | ID | Rank |
|---|---|---|---|---|---|---|
| 错 | tswo | 4 | 10 | 0.0013 | 4052 | 789 |
| 覺 | jüeh | 2 | | | 2545 | 512 |
| 错 | tswo | 4 | 68 | 0.0086 | 4052 | 789 |
| 误 | wu | 4 | | | 4604 | 1678 |
| 催 | tswei | 1 | 13 | 0.0016 | 4056 | 2905 |
| 摧 | tswei | 1 | 12 | 0.0015 | 4057 | 2838 |
| 毁 | hwei | 3 | | | 2121 | 1808 |
| 摧 | tswei | 1 | 10 | 0.0013 | 4057 | 2838 |
| 殘 | tsan | 2 | | | 4029 | 1405 |
| 村 | tsoon | 1 | 14 | 0.0018 | 4069 | 666 |
| 子 | dsi | 3 | | | 3874 | 324 |
| 存 | tsoon | 2 | 130 | 0.0165 | 4070 | 1105 |
| 存 | tsoon | 2 | 14 | 0.0018 | 4070 | 1105 |
| 款 | kwan | 3 | | | 1923 | 1262 |
| 存 | tsoon | 2 | 143 | 0.0181 | 4070 | 1105 |
| 在 | dsai | 4 | | | 3899 | 9 |
| 寸 | tsoon | 4 | 33 | 0.0042 | 4072 | 1640 |
| 匆 | tsoong | 1 | 13 | 0.0016 | 4076 | 3007 |
| 忙 | mang | 2 | | | 481 | 620 |
| 匆 | tsoong | 1 | 14 | 0.0018 | 4076 | 3007 |
| 匆 | tsoong | 1 | | | 4076 | 3007 |
| 聰 | tsoong | 1 | 63 | 0.0080 | 4074 | 1317 |
| 明 | ming | 2 | | | 552 | 101 |
| 從 | tsoong | 1 | 11 | 0.0014 | 4081 | 133 |
| 容 | roong | 2 | | | 3855 | 401 |
| 從 | tsoong | 2 | 1415 | 0.1793 | 4081 | 133 |
| 從 | tsoong | 2 | 84 | 0.0106 | 4081 | 133 |
| 來 | lai | 2 | | | 1297 | 15 |
| 從 | tsoong | 2 | 93 | 0.0118 | 4081 | 133 |
| 前 | chien | 2 | | | 2687 | 145 |
| 從 | tsoong | 2 | 156 | 0.0198 | 4081 | 133 |
| 事 | shi | 4 | | | 3592 | 77 |
| 從 | tsoong | 2 | 263 | 0.0333 | 4081 | 133 |
| 此 | tsi | 3 | | | 3994 | 314 |
| 叢 | tsoong | 2 | 24 | 0.0030 | 4080 | 1988 |
| 私 | si | 1 | 62 | 0.0079 | 4089 | 943 |
| 私 | si | 1 | 37 | 0.0047 | 4089 | 943 |
| 立 | li | 4 | | | 1395 | 152 |
| 私 | si | 1 | 44 | 0.0056 | 4089 | 943 |
| 人 | run | 2 | | | 3812 | 11 |
| 司 | si | 1 | 16 | 0.0020 | 4084 | 564 |
| 司 | si | 1 | 16 | 0.0020 | 4084 | 564 |
| 法 | fa | 3 | | | 584 | 88 |
| 司 | si | 1 | 14 | 0.0018 | 4084 | 564 |
| 令 | ling | 4 | | | 1523 | 650 |
| 司 | si | 1 | 27 | 0.0034 | 4084 | 564 |
| 機 | ji | 1 | | | 2198 | 153 |
| 思 | si | 1 | 34 | 0.0043 | 4087 | 619 |
| 思 | si | 1 | 13 | 0.0016 | 4087 | 619 |
| 量 | liang | 4 | | | 1503 | 423 |
| 思 | si | 1 | 41 | 0.0052 | 4087 | 619 |
| 考 | kau | 3 | | | 1855 | 438 |
| 思 | si | 1 | 248 | 0.0314 | 4087 | 619 |
| 想 | xiang | 3 | | | 2970 | 192 |
| 思 | si | 1 | 11 | 0.0014 | 4087 | 619 |
| 想 | xiang | 3 | | | 2970 | 192 |
| 家 | jia | 1 | | | 2279 | 36 |
| 思 | si | 1 | 14 | 0.0018 | 4087 | 619 |
| 索 | swo | 3 | | | 4168 | 1406 |
| 斯 | si | 1 | 26 | 0.0033 | 4085 | 304 |
| 蒂 | di | 4 | | | 861 | 1932 |
| 文 | wun | 2 | | | 4699 | 147 |
| 廝 | si | 1 | 57 | 0.0072 | 4091 | 3254 |
| 絲 | si | 1 | 44 | 0.0056 | 4086 | 676 |
| 絲 | si | 1 | 30 | 0.0038 | 4086 | 676 |
| 毫 | hau | 2 | | | 1989 | 1773 |
| 死 | si | 3 | 562 | 0.0712 | 4092 | 403 |
| 死 | si | 3 | 73 | 0.0092 | 4092 | 403 |
| 亡 | wang | 2 | | | 4711 | 1208 |
| 四 | si | 4 | 1364 | 0.1728 | 4094 | 30 |
| 四 | si | 4 | 10 | 0.0013 | 4094 | 30 |
| 面 | mien | 4 | | | 539 | 66 |
| 四 | si | 4 | 14 | 0.0018 | 4094 | 30 |
| 肢 | rji | 1 | | | 3084 | 2060 |

| Char. | Syll. | Tone | Freq. | Freq.% | ID | Rank |
|---|---|---|---|---|---|---|
| 四 | si | 4 | 58 | 0.0073 | 4094 | 30 |
| 周 | rjou | 1 | | | 3185 | 398 |
| 四 | si | 4 | 14 | 0.0018 | 4094 | 30 |
| 五 | wu | 3 | | | 4593 | 34 |
| 似 | shi | 4 | 96 | 0.0122 | 4093 | 841 |
| 似 | shi | 4 | 131 | 0.0166 | 4093 | 841 |
| 的 | duh | 5 | | | 749 | 1 |
| 似 | shi | 4 | 11 | 0.0014 | 4093 | 841 |
| 地 | di | 4 | | | 858 | 33 |
| 似 | shi | 4 | 213 | 0.0270 | 4093 | 841 |
| 乎 | hu | 1 | | | 2055 | 1144 |
| 寺 | si | 4 | 33 | 0.0042 | 4098 | 1989 |
| 伺 | tsi | 4 | 13 | 0.0016 | 3997 | 4620 |
| 候 | hou | 4 | | | 2008 | 140 |
| 嗣 | si | 4 | 33 | 0.0042 | 4104 | 3794 |
| 飼 | si | 4 | 11 | 0.0014 | 4096 | 1389 |
| 料 | liau | 4 | | | 1445 | 387 |
| 飼 | si | 4 | 16 | 0.0020 | 4096 | 1389 |
| 養 | yang | 3 | | | 4542 | 421 |
| 俟 | si | 4 | 10 | 0.0013 | 4101 | 3600 |
| 賜 | si | 4 | 22 | 0.0028 | 4097 | 2629 |
| 灑 | sa | 3 | 11 | 0.0014 | 4108 | 2044 |
| 撒 | sa | 1 | 23 | 0.0029 | 4106 | 3256 |
| 色 | suh | 4 | 111 | 0.0141 | 4114 | 339 |
| 色 | suh | 4 | 13 | 0.0016 | 4114 | 339 |
| 情 | ching | 2 | | | 2734 | 233 |
| 狂 | kwang | 2 | | | 1935 | 1957 |
| 色 | suh | 4 | 148 | 0.0187 | 4114 | 339 |
| 彩 | tsai | 3 | | | 4010 | 951 |
| 色 | suh | 4 | 10 | 0.0013 | 4114 | 339 |
| 素 | su | 4 | | | 4154 | 704 |
| 鰓 | sai | 1 | 14 | 0.0018 | 4119 | 2839 |
| 塞 | sai | 1 | 28 | 0.0035 | 4120 | 2045 |
| 賽 | sai | 4 | 72 | 0.0091 | 4123 | 514 |
| 嫂 | sau | 3 | 25 | 0.0032 | 4128 | 2066 |
| 嫂 | sau | 2 | 17 | 0.0022 | 4128 | 2066 |
| 嫂 | sau | 3 | | | 4128 | 2066 |
| 搜 | sou | 1 | 313 | 0.0397 | 4132 | 1968 |
| 搜 | sou | 1 | 17 | 0.0022 | 4132 | 1968 |
| 索 | swo | 3 | | | 4168 | 1406 |
| 艘 | sou | 1 | 37 | 0.0047 | 4125 | 2389 |
| 三 | san | 1 | 2165 | 0.2743 | 4138 | 18 |
| 三 | san | 1 | 42 | 0.0053 | 4138 | 18 |
| 民 | min | 2 | | | 542 | 59 |
| 主 | rju | 3 | | | 3299 | 130 |
| 義 | yi | 4 | | | 4334 | 330 |
| 三 | san | 1 | 25 | 0.0032 | 4138 | 18 |
| 角 | jiau | 3 | | | 2354 | 637 |
| 形 | xing | 2 | | | 2988 | 252 |
| 三 | san | 1 | 22 | 0.0028 | 4138 | 18 |
| 角 | jiau | 3 | | | 2354 | 637 |
| 洲 | rjou | 1 | | | 3188 | 420 |
| 卅 | sa | 4 | 10 | 0.0013 | 4110 | 2481 |
| 三 | san | 1 | 15 | 0.0019 | 4138 | 18 |
| 四 | si | 4 | | | 4094 | 30 |
| 三 | san | 1 | 16 | 0.0020 | 4138 | 18 |
| 五 | wu | 3 | | | 4593 | 34 |
| 傘 | san | 3 | 13 | 0.0016 | 4140 | 2187 |
| 散 | san | 3 | 10 | 0.0013 | 4139 | 3131 |
| 兵 | bing | 1 | | | 192 | 459 |
| 散 | san | 3 | 11 | 0.0014 | 4139 | 3131 |
| 文 | wun | 2 | | | 4699 | 147 |
| 散 | san | 4 | 84 | 0.0106 | 4141 | 1155 |
| 散 | san | 4 | 35 | 0.0044 | 4141 | 1155 |
| 步 | bu | 4 | | | 214 | 417 |
| 散 | san | 4 | 23 | 0.0029 | 4141 | 1155 |
| 佈 | bu | 4 | | | 216 | 986 |
| 森 | sun | 1 | 62 | 0.0079 | 4142 | 1000 |
| 林 | lin | 2 | | | 1477 | 228 |
| 桑 | sang | 1 | 12 | 0.0015 | 4144 | 1780 |
| 喪 | sang | 1 | 26 | 0.0033 | 4143 | 2586 |
| 喪 | sang | 4 | 14 | 0.0018 | 4146 | 2322 |
| 失 | shi | 1 | | | 3569 | 266 |

| Char. | Syll. | Tone | Freq. | Freq.% | ID | Rank |
|---|---|---|---|---|---|---|
| 喪 | sang | 4 | 15 | 0.0019 | 4146 | 2322 |
| 生 | shung | 1 | | | 3715 | 32 |
| 僧 | sung | 1 | 51 | 0.0065 | 4147 | 2761 |
| 酥 | su | 1 | 14 | 0.0018 | 4151 | 3602 |
| 蘇 | su | 1 | 29 | 0.0037 | 4149 | 399 |
| 蘇 | su | 1 | 156 | 0.0198 | 4149 | 399 |
| 聯 | lien | 2 | | | 1458 | 379 |
| 蘇 | su | 1 | 133 | 0.0168 | 4149 | 399 |
| 俄 | uh | 4 | | | 4222 | 312 |
| 俗 | su | 2 | 38 | 0.0048 | 4152 | 1341 |
| 俗 | su | 2 | 12 | 0.0015 | 4152 | 1341 |
| 語 | yü | 3 | | | 4751 | 346 |
| 訴 | su | 4 | 17 | 0.0022 | 4153 | 759 |
| 訴 | su | 4 | 17 | 0.0022 | 4153 | 759 |
| 訟 | soong | 4 | | | 4206 | 2444 |
| 素 | su | 4 | 28 | 0.0035 | 4154 | 704 |
| 塑 | su | 4 | 31 | 0.0039 | 4157 | 1923 |
| 膠 | jiau | 1 | | | 2338 | 1166 |
| 塑 | su | 4 | 14 | 0.0018 | 4157 | 1923 |
| 造 | dsau | 4 | | | 3911 | 338 |
| 速 | su | 4 | 77 | 0.0098 | 4156 | 1056 |
| 速 | su | 4 | 88 | 0.0111 | 4156 | 1056 |
| 度 | du | 4 | | | 927 | 212 |
| 速 | su | 4 | 35 | 0.0044 | 4156 | 1056 |
| 率 | lü | 4 | | | 1603 | 1842 |
| 宿 | su | 4 | 22 | 0.0028 | 4158 | 1800 |
| 宿 | su | 4 | 21 | 0.0027 | 4158 | 1800 |
| 舍 | shuh | 4 | | | 3637 | 1370 |
| 唆 | swo | 1 | 17 | 0.0022 | 4166 | 3797 |
| 使 | shi | 3 | | | 3587 | 154 |
| 縮 | swo | 1 | 19 | 0.0024 | 4164 | 1429 |
| 縮 | swo | 1 | 15 | 0.0019 | 4164 | 1429 |
| 短 | dwan | 3 | | | 950 | 884 |
| 縮 | swo | 1 | 21 | 0.0027 | 4164 | 1429 |
| 小 | xiau | 3 | | | 2887 | 40 |
| 所 | swo | 3 | 2450 | 0.3104 | 4169 | 79 |
| 所 | swo | 3 | 14 | 0.0018 | 4169 | 79 |
| 得 | duh | 2 | | | 746 | 146 |
| 所 | swo | 3 | 60 | 0.0076 | 4169 | 79 |
| 得 | duh | 2 | | | 746 | 146 |
| 稅 | shwei | 4 | | | 3782 | 1235 |
| 所 | swo | 3 | 13 | 0.0016 | 4169 | 79 |
| 在 | dsai | 4 | | | 3899 | 9 |
| 所 | swo | 2 | 1036 | 0.1312 | 4169 | 79 |
| 以 | yi | 3 | | | 4324 | 24 |
| 所 | swo | 2 | 207 | 0.0262 | 4169 | 79 |
| 有 | you | 3 | | | 4444 | 6 |
| 所 | swo | 3 | 200 | 0.0253 | 4169 | 79 |
| 謂 | wei | 4 | | | 4668 | 1831 |
| 鎖 | swo | 3 | 12 | 0.0015 | 4171 | 2323 |
| 索 | swo | 3 | 14 | 0.0018 | 4168 | 1406 |
| 索 | swo | 3 | 14 | 0.0018 | 4168 | 1406 |
| 性 | xing | 4 | | | 2996 | 482 |
| 雖 | swei | 1 | 347 | 0.0440 | 4173 | 548 |
| 雖 | swei | 1 | 485 | 0.0614 | 4173 | 548 |
| 然 | ran | 2 | | | 3807 | 123 |
| 隋 | swei | 2 | 19 | 0.0024 | 4177 | 2482 |
| 隨 | swei | 2 | 230 | 0.0291 | 4176 | 747 |
| 隨 | swei | 2 | 51 | 0.0065 | 4176 | 747 |
| 便 | bien | 4 | | | 178 | 209 |
| 隨 | swei | 2 | 20 | 0.0025 | 4176 | 747 |
| 地 | di | 4 | | | 858 | 33 |
| 隨 | swei | 2 | 26 | 0.0033 | 4176 | 747 |
| 後 | hou | 4 | | | 2009 | 48 |
| 隨 | swei | 2 | 30 | 0.0038 | 4176 | 747 |
| 即 | ji | 2 | | | 2227 | 812 |
| 隨 | swei | 2 | 97 | 0.0123 | 4176 | 747 |
| 時 | shi | 2 | | | 3578 | 29 |
| 遂 | swei | 4 | 43 | 0.0054 | 4181 | 2908 |
| 隧 | swei | 4 | 15 | 0.0019 | 4183 | 4133 |
| 道 | dau | 4 | | | 774 | 155 |

| Char. | Syll. | Tone | Freq. | Freq.% | ID | Rank |
|---|---|---|---|---|---|---|
| 碎 | swei | 4 | 38 | 0.0048 | 4179 | 1736 |
| 歲 | swei | 4 | 280 | 0.0355 | 4180 | 685 |
| 酸 | swan | 1 | 24 | 0.0030 | 4186 | 1255 |
| 算 | swan | 4 | 209 | 0.0265 | 4188 | 480 |
| 算 | swan | 4 | 11 | 0.0014 | 4188 | 480 |
| 盤 | pan | 2 | | | 272 | 1009 |
| 算 | swan | 4 | 11 | 0.0014 | 4188 | 480 |
| 命 | ming | 4 | | | 557 | 431 |
| 孫 | soon | 1 | 21 | 0.0027 | 4190 | 998 |
| 孫 | soon | 1 | 10 | 0.0013 | 4190 | 998 |
| 中 | rjoong | 1 | | | 3361 | 20 |
| 山 | shan | 1 | | | 3670 | 107 |
| 損 | soon | 3 | 39 | 0.0049 | 4192 | 1357 |
| 害 | hai | 4 | | | 1982 | 484 |
| 損 | soon | 3 | 12 | 0.0015 | 4192 | 1357 |
| 壞 | hwai | 4 | | | 2111 | 732 |
| 損 | soon | 3 | 58 | 0.0073 | 4192 | 1357 |
| 失 | shi | 1 | | | 3569 | 266 |
| 鬆 | soong | 1 | 20 | 0.0025 | 4195 | 1497 |
| 鬆 | soong | 1 | 12 | 0.0015 | 4195 | 1497 |
| 弛 | rci | 2 | | | 3383 | 4078 |
| 宋 | soong | 4 | 46 | 0.0058 | 4203 | 1218 |
| 宋 | soong | 4 | 10 | 0.0013 | 4203 | 1218 |
| 代 | dai | 4 | | | 756 | 262 |
| 送 | soong | 4 | 391 | 0.0495 | 4204 | 435 |
| 送 | soong | 4 | 26 | 0.0033 | 4204 | 435 |
| 給 | gei | 3 | | | 1645 | 219 |
| 阿 | a | 4 | 11 | 0.0014 | 4211 | 478 |
| 拉 | la | 1 | | | 1282 | 406 |
| 伯 | bo | 2 | | | 25 | 883 |
| 阿 | a | 4 | 15 | 0.0019 | 4211 | 478 |
| 里 | li | 3 | | | 1387 | 419 |
| 山 | shan | 1 | | | 3670 | 107 |
| 啊 | a | 1 | 154 | 0.0195 | 4209 | 624 |
| 哦 | o | 2 | 68 | 0.0086 | 4213 | 2694 |
| 鵝 | uh | 2 | 68 | 0.0086 | 4215 | 1676 |

| Char. | Syll. | Tone | Freq. | Freq.% | ID | Rank |
|---|---|---|---|---|---|---|
| 額 | uh | 2 | 65 | 0.0082 | 4216 | 1167 |
| 俄 | uh | 4 | 45 | 0.0057 | 4222 | 312 |
| 俄 | uh | 4 | 41 | 0.0052 | 4222 | 312 |
| 國 | gwo | 2 | | | 1749 | 7 |
| 餓 | uh | 4 | 43 | 0.0054 | 4224 | 1473 |
| 惡 | uh | 4 | 75 | 0.0095 | 4221 | 1264 |
| 惡 | uh | 4 | 27 | 0.0034 | 4221 | 1264 |
| 劣 | lieh | 4 | | | 1432 | 2604 |
| 哎 | ai | 1 | 11 | 0.0014 | 4239 | 2355 |
| 呀 | ya | 1 | | | 4369 | 572 |
| 唉 | ai | 1 | 39 | 0.0049 | 4235 | 2047 |
| 埃 | ai | 1 | 45 | 0.0057 | 4238 | 2128 |
| 及 | ji | 2 | | | 2223 | 291 |
| 挨 | ai | 1 | 20 | 0.0025 | 4237 | 2150 |
| 矮 | ai | 3 | 31 | 0.0039 | 4242 | 1762 |
| 愛 | ai | 4 | 393 | 0.0498 | 4246 | 300 |
| 愛 | ai | 4 | 367 | 0.0465 | 4246 | 300 |
| 好 | hau | 4 | | | 1999 | 1547 |
| 愛 | ai | 4 | 28 | 0.0035 | 4246 | 300 |
| 護 | hu | 4 | | | 2072 | 722 |
| 愛 | ai | 4 | 50 | 0.0063 | 4246 | 300 |
| 情 | ching | 2 | | | 2734 | 233 |
| 愛 | ai | 4 | 10 | 0.0013 | 4246 | 300 |
| 惜 | xi | 2 | | | 2811 | 1620 |
| 愛 | ai | 4 | 10 | 0.0013 | 4246 | 300 |
| 上 | shang | 4 | | | 3712 | 17 |
| 愛 | ai | 4 | 12 | 0.0015 | 4246 | 300 |
| 因 | yin | 1 | | | 4508 | 138 |
| 斯 | si | 1 | | | 4085 | 304 |
| 坦 | tan | 3 | | | 1034 | 1250 |
| 噢 | au | 1 | 14 | 0.0018 | 4251 | 4141 |
| 熬 | au | 2 | 15 | 0.0019 | 4255 | 3133 |
| 奧 | au | 4 | 13 | 0.0016 | 4261 | 1342 |
| 奧 | au | 4 | 12 | 0.0015 | 4261 | 1342 |
| 林 | lin | 2 | | | 1477 | 228 |
| 匹 | pi | 3 | | | 319 | 2932 |
| 克 | kuh | 4 | | | 1842 | 458 |

| Char. | Syll. | Tone | Freq. | Freq.% | ID | Rank |
|---|---|---|---|---|---|---|
| 奧 | au | 4 | 10 | 0.0013 | 4261 | 1342 |
| 國 | gwo | 2 | | | 1749 | 7 |
| 奧 | au | 4 | 11 | 0.0014 | 4261 | 1342 |
| 運 | yün | 4 | | | 4841 | 284 |
| 澳 | au | 4 | 40 | 0.0051 | 4262 | 1282 |
| 洲 | rjou | 1 | | | 3188 | 420 |
| 歐 | ou | 1 | 67 | 0.0085 | 4266 | 860 |
| 歐 | ou | 1 | 17 | 0.0022 | 4266 | 860 |
| 姆 | mu | 3 | | | 559 | 1528 |
| 歐 | ou | 1 | 178 | 0.0226 | 4266 | 860 |
| 洲 | rjou | 1 | | | 3188 | 420 |
| 歐 | ou | 1 | 10 | 0.0013 | 4266 | 860 |
| 洲 | rjou | 1 | | | 3188 | 420 |
| 人 | run | 2 | | | 3812 | 11 |
| 偶 | ou | 3 | 14 | 0.0018 | 4269 | 2282 |
| 偶 | ou | 3 | 39 | 0.0049 | 4269 | 2282 |
| 然 | ran | 2 | | | 3807 | 123 |
| 偶 | ou | 2 | 15 | 0.0019 | 4269 | 2282 |
| 爾 | er | 3 | | | 4293 | 306 |
| 安 | an | 1 | 70 | 0.0089 | 4273 | 242 |
| 安 | an | 1 | 83 | 0.0105 | 4273 | 242 |
| 排 | pai | 2 | | | 240 | 736 |
| 安 | an | 1 | 39 | 0.0049 | 4273 | 242 |
| 定 | ding | 4 | | | 912 | 121 |
| 安 | an | 1 | 12 | 0.0015 | 4273 | 242 |
| 寧 | ning | 2 | | | 1256 | 774 |
| 安 | an | 1 | 42 | 0.0053 | 4273 | 242 |
| 靜 | jing | 4 | | | 2498 | 785 |
| 安 | an | 1 | 210 | 0.0266 | 4273 | 242 |
| 全 | chüen | 2 | | | 2767 | 170 |
| 安 | an | 1 | 14 | 0.0018 | 4273 | 242 |
| 心 | xin | 1 | | | 2946 | 142 |
| 安 | an | 1 | 12 | 0.0015 | 4273 | 242 |
| 詳 | xiang | 2 | | | 2965 | 1506 |
| 安 | an | 1 | 15 | 0.0019 | 4273 | 242 |
| 置 | rji | 4 | | | 3114 | 741 |
| 安 | an | 1 | 57 | 0.0072 | 4273 | 242 |
| 慰 | wei | 4 | | | 4667 | 1925 |
| 俺 | an | 3 | 26 | 0.0033 | id16 | rk16 |
| 岸 | an | 4 | 129 | 0.0163 | 4282 | 796 |
| 按 | an | 4 | 122 | 0.0155 | 4281 | 1024 |
| 按 | an | 4 | 36 | 0.0046 | 4281 | 1024 |
| 照 | rjau | 4 | | | 3179 | 408 |
| 按 | an | 4 | 12 | 0.0015 | 4281 | 1024 |
| 時 | shi | 2 | | | 3578 | 29 |
| 案 | an | 4 | 129 | 0.0163 | 4280 | 630 |
| 案 | an | 4 | 18 | 0.0023 | 4280 | 630 |
| 件 | jien | 4 | | | 2419 | 521 |
| 案 | an | 4 | 25 | 0.0032 | 4280 | 630 |
| 子 | dsi | 5 | | | 3880 | 52 |
| 暗 | an | 4 | 57 | 0.0072 | 4279 | 790 |
| 暗 | an | 4 | 15 | 0.0019 | 4279 | 790 |
| 中 | rjoong | 1 | | | 3361 | 20 |
| 暗 | an | 4 | 24 | 0.0030 | 4279 | 790 |
| 示 | shi | 4 | | | 3598 | 528 |
| 暗 | an | 4 | 10 | 0.0013 | 4279 | 790 |
| 暗 | an | 4 | | | 4279 | 790 |
| 恩 | un | 1 | 34 | 0.0043 | 4285 | 1562 |
| 嗯 | un | 1 | 30 | 0.0038 | 4284 | 3259 |
| 昂 | ang | 2 | 12 | 0.0015 | 4288 | 2068 |
| 貴 | gwei | 4 | | | 1772 | 804 |
| 而 | er | 2 | 756 | 0.0958 | 4290 | 156 |
| 而 | er | 2 | 400 | 0.0507 | 4290 | 156 |
| 且 | chieh | 3 | | | 2643 | 425 |
| 而 | er | 2 | 92 | 0.0117 | 4290 | 156 |
| 已 | yi | 3 | | | 4323 | 183 |
| 兒 | er | 2 | 45 | 0.0057 | 4291 | 82 |
| 兒 | er | 2 | 108 | 0.0137 | 4291 | 82 |
| 童 | toong | 2 | | | 1159 | 389 |
| 兒 | er | 2 | 29 | 0.0037 | 4291 | 82 |
| 女 | nü | 3 | | | 1278 | 302 |
| 兒 | er | 2 | 148 | 0.0187 | 4291 | 82 |
| 子 | dsi | 3 | | | 3874 | 324 |

| Char. | Syll. | Tone | Freq. | Freq.% | ID | Rank |
|---|---|---|---|---|---|---|
| 耳 | er | 3 | 35 | 0.0044 | 4295 | 994 |
| 耳 | er | 2 | 63 | 0.0080 | 4295 | 994 |
| 朵 | dwo | 3 | | | 938 | 1424 |
| 餌 | er | 3 | 17 | 0.0022 | 4296 | 3804 |
| 二 | er | 4 | 2358 | 0.2987 | 4298 | 14 |
| 二 | er | 4 | 20 | 0.0025 | 4298 | 14 |
| 氧 | yang | 3 | | | 4541 | 1305 |
| 化 | hwa | 4 | | | 2085 | 278 |
| 衣 | yi | 1 | 90 | 0.0114 | 4299 | 432 |
| 衣 | yi | 1 | 186 | 0.0236 | 4299 | 432 |
| 服 | fu | 2 | | | 688 | 366 |
| 衣 | yi | 1 | 17 | 0.0022 | 4299 | 432 |
| 料 | liau | 4 | | | 1445 | 387 |
| 衣 | yi | 1 | 23 | 0.0029 | 4299 | 432 |
| 裳 | shang | 5 | | | 3713 | 1483 |
| 依 | yi | 1 | 187 | 0.0237 | 4301 | 743 |
| 依 | yi | 1 | 20 | 0.0025 | 4301 | 743 |
| 賴 | lai | 4 | | | 1299 | 1772 |
| 依 | yi | 1 | 15 | 0.0019 | 4301 | 743 |
| 麗 | li | 4 | | | 1397 | 536 |
| 沙 | sha | 1 | | | 3619 | 614 |
| 白 | bai | 2 | | | 49 | 251 |
| 依 | yi | 1 | 16 | 0.0020 | 4301 | 743 |
| 舊 | jiu | 4 | | | 2383 | 813 |
| 依 | yi | 1 | 37 | 0.0047 | 4301 | 743 |
| 據 | jü | 4 | | | 2528 | 523 |
| 依 | yi | 1 | 87 | 0.0110 | 4301 | 743 |
| 照 | rjau | 4 | | | 3179 | 408 |
| 依 | yi | 1 | 57 | 0.0072 | 4301 | 743 |
| 然 | ran | 2 | | | 3807 | 123 |
| 依 | yi | 1 | 12 | 0.0015 | 4301 | 743 |
| 次 | tsi | 4 | | | 3996 | 173 |
| 伊 | yi | 1 | 18 | 0.0023 | 4304 | 1042 |
| 朗 | lang | 3 | | | 1363 | 1721 |
| 伊 | yi | 1 | 17 | 0.0022 | 4304 | 1042 |
| 朗 | lang | 3 | | | 1363 | 1721 |
| 高 | gau | 1 | | | 1647 | 104 |
| 原 | yüen | 2 | | | 4809 | 197 |
| 伊 | yi | 1 | 11 | 0.0014 | 4304 | 1042 |
| 利 | li | 4 | | | 1398 | 222 |
| 沙 | sha | 1 | | | 3622 | 2685 |
| 白 | bai | 2 | | | 49 | 251 |
| 醫 | yi | 1 | 57 | 0.0072 | 4302 | 617 |
| 醫 | yi | 1 | 18 | 0.0023 | 4302 | 617 |
| 療 | liau | 2 | | | 1436 | 1632 |
| 醫 | yi | 1 | 66 | 0.0084 | 4302 | 617 |
| 学 | xüeh | 2 | | | 3028 | 26 |
| 醫 | yi | 1 | 11 | 0.0014 | 4302 | 617 |
| 治 | rji | 4 | | | 3111 | 361 |
| 醫 | yi | 1 | 58 | 0.0073 | 4302 | 617 |
| 師 | shi | 1 | | | 3570 | 116 |
| 醫 | yi | 1 | 162 | 0.0205 | 4302 | 617 |
| 生 | shung | 1 | | | 3715 | 32 |
| 醫 | yi | 1 | 24 | 0.0030 | 4302 | 617 |
| 藥 | yau | 4 | | | 4427 | 721 |
| 一 | yi | 1 | 11935 | 1.5120 | 4300 | 2 |
| 一 | yi | 1 | 12 | 0.0015 | 4300 | 2 |
| 輩 | bei | 4 | | | 66 | 2925 |
| 子 | dsi | 5 | | | 3880 | 52 |
| 一 | yi | 1 | 565 | 0.0716 | 4300 | 2 |
| 般 | ban | 1 | | | 92 | 770 |
| 一 | yi | 1 | 62 | 0.0079 | 4300 | 2 |
| 半 | ban | 4 | | | 103 | 413 |
| 一 | yi | 1 | 36 | 0.0046 | 4300 | 2 |
| 邊 | bien | 1 | | | 171 | 260 |
| 一 | yi | 1 | 46 | 0.0058 | 4300 | 2 |
| 部 | bu | 4 | | | 212 | 91 |
| 份 | fun | 4 | | | 641 | 661 |
| 一 | yi | 1 | 150 | 0.0190 | 4300 | 2 |
| 片 | pien | 4 | | | 344 | 476 |
| 一 | yi | 1 | 209 | 0.0265 | 4300 | 2 |
| 面 | mien | 4 | | | 539 | 66 |
| 一 | yi | 1 | 70 | 0.0089 | 4300 | 2 |
| 番 | fan | 1 | | | 605 | 1542 |
| 一 | yi | 1 | 61 | 0.0077 | 4300 | 2 |
| 帶 | dai | 4 | | | 755 | 301 |
| 一 | yi | 1 | 17 | 0.0022 | 4300 | 2 |
| 道 | dau | 4 | | | 774 | 155 |

| Char. | Syll. | Tone | Freq. | Freq.% | ID | Rank |
|---|---|---|---|---|---|---|
| 一 | yi | 1 | 76 | 0.0096 | 4300 | 2 |
| 旦 | dan | 4 | | | 814 | 2003 |
| 一 | yi | 1 | 295 | 0.0374 | 4300 | 2 |
| 點 | dien | 3 | | | 892 | 160 |
| 一 | yi | 1 | 471 | 0.0597 | 4300 | 2 |
| 定 | ding | 4 | | | 912 | 121 |
| 一 | yi | 1 | 22 | 0.0028 | 4300 | 2 |
| 度 | du | 4 | | | 927 | 212 |
| 一 | yi | 1 | 56 | 0.0071 | 4300 | 2 |
| 同 | toong | 2 | | | 1160 | 92 |
| 一 | yi | 1 | 17 | 0.0022 | 4300 | 2 |
| 連 | lien | 2 | | | 1459 | 343 |
| 一 | yi | 1 | 28 | 0.0035 | 4300 | 2 |
| 連 | lien | 2 | | | 1459 | 343 |
| 串 | rcwan | 4 | | | 3541 | 2211 |
| 一 | yi | 1 | 21 | 0.0027 | 4300 | 2 |
| 兩 | liang | 3 | | | 1500 | 103 |
| 一 | yi | 1 | 40 | 0.0051 | 4300 | 2 |
| 律 | lü | 4 | | | 1602 | 667 |
| 一 | yi | 1 | 14 | 0.0018 | 4300 | 2 |
| 股 | gu | 3 | | | 1722 | 1569 |
| 一 | yi | 1 | 20 | 0.0025 | 4300 | 2 |
| 貫 | gwan | 4 | | | 1794 | 1976 |
| 一 | yi | 1 | 31 | 0.0039 | 4300 | 2 |
| 共 | goong | 4 | | | 1820 | 186 |
| 一 | yi | 1 | 16 | 0.0020 | 4300 | 2 |
| 塊 | kwai | 4 | | | 1901 | 684 |
| 兒 | er | 2 | | | 4291 | 82 |
| 一 | yi | 1 | 53 | 0.0067 | 4300 | 2 |
| 會 | hwei | 4 | | | 2126 | 31 |
| 一 | yi | 1 | 77 | 0.0098 | 4300 | 2 |
| 會 | hwei | 4 | | | 2126 | 31 |
| 兒 | er | 2 | | | 4291 | 82 |
| 一 | yi | 1 | 14 | 0.0018 | 4300 | 2 |
| 逕 | jing | 4 | | | 2509 | 3733 |
| 一 | yi | 1 | 41 | 0.0052 | 4300 | 2 |
| 齊 | chi | 2 | | | 2601 | 668 |
| 一 | yi | 1 | 201 | 0.0255 | 4300 | 2 |
| 起 | chi | 3 | | | 2621 | 78 |

| Char. | Syll. | Tone | Freq. | Freq.% | ID | Rank |
|---|---|---|---|---|---|---|
| 一 | yi | 1 | 378 | 0.0479 | 4300 | 2 |
| 切 | chieh | 1 | | | 2640 | 1869 |
| 一 | yi | 1 | 169 | 0.0214 | 4300 | 2 |
| 下 | xia | 4 | | | 2844 | 50 |
| 一 | yi | 1 | 21 | 0.0027 | 4300 | 2 |
| 下 | xia | 4 | | | 2844 | 50 |
| 子 | dsi | 5 | | | 3880 | 52 |
| 一 | yi | 1 | 317 | 0.0402 | 4300 | 2 |
| 些 | xieh | 1 | | | 2849 | 139 |
| 一 | yi | 1 | 81 | 0.0103 | 4300 | 2 |
| 向 | xiang | 4 | | | 2974 | 189 |
| 一 | yi | 1 | 243 | 0.0308 | 4300 | 2 |
| 直 | rji | 2 | | | 3092 | 416 |
| 一 | yi | 1 | 95 | 0.0120 | 4300 | 2 |
| 致 | rji | 4 | | | 3117 | 838 |
| 一 | yi | 1 | 79 | 0.0100 | 4300 | 2 |
| 陣 | rjun | 4 | | | 3239 | 1021 |
| 一 | yi | 1 | 12 | 0.0015 | 4300 | 2 |
| 剎 | sha | 4 | | | id17 | rk17 |
| 那 | na | 4 | | | 1179 | 71 |
| 一 | yi | 1 | 107 | 0.0136 | 4300 | 2 |
| 時 | shi | 2 | | | 3578 | 29 |
| 一 | yi | 1 | 62 | 0.0079 | 4300 | 2 |
| 生 | shung | 1 | | | 3715 | 32 |
| 一 | yi | 1 | 47 | 0.0060 | 4300 | 2 |
| 再 | dsai | 4 | | | 3898 | 216 |
| 一 | yi | 1 | 13 | 0.0016 | 4300 | 2 |
| 二 | er | 4 | | | 4298 | 14 |
| 一 | yi | 1 | 899 | 0.1139 | 4300 | 2 |
| 一 | yi | 1 | | | 4300 | 2 |
| 一 | yi | 1 | 14 | 0.0018 | 4300 | 2 |
| 氧 | yang | 3 | | | 4541 | 1305 |
| 化 | hwa | 4 | | | 2085 | 278 |
| 碳 | tan | 4 | | | 1037 | 1886 |
| 一 | yi | 1 | 471 | 0.0597 | 4300 | 2 |
| 樣 | yang | 4 | | | 4546 | 69 |
| 一 | yi | 1 | 13 | 0.0016 | 4300 | 2 |
| 味 | wei | 4 | | | 4663 | 882 |
| 宜 | yi | 2 | 72 | 0.0091 | 4309 | 936 |

| Char. | Syll. | Tone | Freq. | Freq.% | ID | Rank |
|---|---|---|---|---|---|---|
| 移 | yi | 2 | 74 | 0.0094 | 4306 | 918 |
| 移 | yi | 2 | 22 | 0.0028 | 4306 | 918 |
| 民 | min | 2 | | | 542 | 59 |
| 移 | yi | 2 | 70 | 0.0089 | 4306 | 918 |
| 動 | doong | 4 | | | 974 | 94 |
| 移 | yi | 2 | 23 | 0.0029 | 4306 | 918 |
| 植 | rji | 2 | | | 3093 | 887 |
| 疑 | yi | 2 | 31 | 0.0039 | 4311 | 1609 |
| 疑 | yi | 2 | 16 | 0.0020 | 4311 | 1609 |
| 問 | wun | 4 | | | 4708 | 151 |
| 儀 | yi | 2 | 36 | 0.0046 | 4308 | 1498 |
| 器 | chi | 4 | | | 2626 | 394 |
| 儀 | yi | 2 | 27 | 0.0034 | 4308 | 1498 |
| 式 | shi | 4 | | | 3604 | 762 |
| 遺 | yi | 2 | 18 | 0.0023 | 4307 | 449 |
| 遺 | yi | 2 | 10 | 0.0013 | 4307 | 449 |
| 體 | ti | 3 | | | 1073 | 178 |
| 遺 | yi | 2 | 23 | 0.0029 | 4307 | 449 |
| 憾 | han | 4 | | | 2032 | 2569 |
| 遺 | yi | 2 | 23 | 0.0029 | 4307 | 449 |
| 傳 | rcwan | 2 | | | 3538 | 371 |
| 遺 | yi | 2 | 25 | 0.0032 | 4307 | 449 |
| 失 | shi | 1 | | | 3569 | 266 |
| 已 | yi | 3 | 1465 | 0.1856 | 4323 | 183 |
| 已 | yi | 3 | 605 | 0.0766 | 4323 | 183 |
| 經 | jing | 1 | | | 2479 | 110 |
| 以 | yi | 3 | 3189 | 0.4040 | 4324 | 24 |
| 以 | yi | 3 | 41 | 0.0052 | 4324 | 24 |
| 便 | bien | 4 | | | 178 | 209 |
| 以 | yi | 2 | 49 | 0.0062 | 4324 | 24 |
| 免 | mien | 3 | | | 534 | 781 |
| 以 | yi | 3 | 134 | 0.0170 | 4324 | 24 |
| 來 | lai | 2 | | | 1297 | 15 |
| 以 | yi | 3 | 127 | 0.0161 | 4324 | 24 |
| 前 | chien | 2 | | | 2687 | 145 |
| 以 | yi | 3 | 112 | 0.0142 | 4324 | 24 |
| 後 | hou | 4 | | | 2009 | 48 |
| 以 | yi | 3 | 324 | 0.0410 | 4324 | 24 |
| 及 | ji | 2 | | | 2223 | 291 |
| 以 | yi | 3 | 17 | 0.0022 | 4324 | 24 |
| 至 | rji | 4 | | | 3110 | 442 |
| 以 | yi | 3 | 12 | 0.0015 | 4324 | 24 |
| 至 | rji | 4 | | | 3110 | 442 |
| 於 | yü | 2 | | | 4728 | 113 |
| 以 | yi | 3 | 47 | 0.0060 | 4324 | 24 |
| 致 | rji | 4 | | | 3117 | 838 |
| 以 | yi | 3 | 15 | 0.0019 | 4324 | 24 |
| 身 | shun | 1 | | | 3691 | 249 |
| 作 | dswo | 4 | | | 3953 | 47 |
| 則 | dsuh | 2 | | | 3887 | 758 |
| 以 | yi | 3 | 48 | 0.0061 | 4324 | 24 |
| 色 | suh | 4 | | | 4114 | 339 |
| 列 | lieh | 4 | | | 1428 | 500 |
| 以 | yi | 3 | 237 | 0.0300 | 4324 | 24 |
| 為 | wei | 2 | | | 4639 | 95 |
| 以 | yi | 2 | 50 | 0.0063 | 4324 | 24 |
| 往 | wang | 3 | | | 4714 | 426 |
| 矣 | yi | 3 | 28 | 0.0035 | 4329 | 4149 |
| 椅 | yi | 3 | 26 | 0.0033 | 4328 | 1237 |
| 乙 | yi | 3 | 37 | 0.0047 | 4326 | 1066 |
| 易 | yi | 4 | 203 | 0.0257 | 4333 | 565 |
| 異 | yi | 4 | 203 | 0.0257 | 4335 | 1096 |
| 異 | yi | 4 | 28 | 0.0035 | 4335 | 1096 |
| 常 | rcang | 2 | | | 3472 | 136 |
| 異 | yi | 4 | 13 | 0.0016 | 4335 | 1096 |
| 議 | yi | 4 | | | 4331 | 290 |
| 義 | yi | 4 | 114 | 0.0144 | 4334 | 330 |
| 義 | yi | 4 | 47 | 0.0060 | 4334 | 330 |
| 大 | da | 4 | | | 745 | 12 |
| 利 | li | 4 | | | 1398 | 222 |
| 義 | yi | 4 | 13 | 0.0016 | 4334 | 330 |
| 士 | shi | 4 | | | 3596 | 362 |
| 義 | yi | 4 | 38 | 0.0048 | 4334 | 330 |
| 務 | wu | 4 | | | 4601 | 377 |
| 議 | yi | 4 | 18 | 0.0023 | 4331 | 290 |

| Char. | Syll. | Tone | Freq. | Freq.% | ID | Rank |
|---|---|---|---|---|---|---|
| 議 | yi | 4 | 10 | 0.0013 | 4331 | 290 |
| 論 | loon | 4 | | | 1577 | 347 |
| 議 | yi | 4 | 29 | 0.0037 | 4331 | 290 |
| 會 | hwei | 4 | | | 2126 | 31 |
| 議 | yi | 4 | 71 | 0.0090 | 4331 | 290 |
| 員 | yüen | 2 | | | 4808 | 210 |
| 意 | yi | 4 | 166 | 0.0210 | 4332 | 195 |
| 意 | yi | 4 | 12 | 0.0015 | 4332 | 195 |
| 料 | liau | 4 | | | 1445 | 387 |
| 意 | yi | 4 | 115 | 0.0146 | 4332 | 195 |
| 見 | jien | 4 | | | 2417 | 206 |
| 意 | yi | 4 | 28 | 0.0035 | 4332 | 195 |
| 志 | rji | 4 | | | 3115 | 728 |
| 意 | yi | 4 | 53 | 0.0067 | 4332 | 195 |
| 識 | shi | 4 | | | 3603 | 632 |
| 意 | yi | 4 | 290 | 0.0367 | 4332 | 195 |
| 思 | si | 1 | | | 4087 | 619 |
| 意 | yi | 4 | 51 | 0.0065 | 4332 | 195 |
| 義 | yi | 4 | | | 4334 | 330 |
| 意 | yi | 4 | 68 | 0.0086 | 4332 | 195 |
| 外 | wai | 4 | | | 4632 | 122 |
| 意 | yi | 4 | 42 | 0.0053 | 4332 | 195 |
| 味 | wei | 4 | | | 4663 | 882 |
| 毅 | yi | 4 | 19 | 0.0024 | 4348 | 2356 |
| 力 | li | 4 | | | 1396 | 143 |
| 毅 | yi | 4 | 13 | 0.0016 | 4348 | 2356 |
| 然 | ran | 2 | | | 3807 | 123 |
| 藝 | yi | 4 | 12 | 0.0015 | 4337 | 1161 |
| 藝 | yi | 4 | 11 | 0.0014 | 4337 | 1161 |
| 能 | nung | 2 | | | 1212 | 70 |
| 藝 | yi | 4 | 190 | 0.0241 | 4337 | 1161 |
| 術 | shu | 4 | | | 3758 | 598 |
| 藝 | yi | 4 | 12 | 0.0015 | 4337 | 1161 |
| 術 | shu | 4 | | | 3758 | 598 |
| 家 | jia | 1 | | | 2279 | 36 |
| 亦 | yi | 4 | 453 | 0.0574 | 4339 | 1563 |
| 抑 | yi | 4 | 55 | 0.0070 | 4354 | 3261 |

| Char. | Syll. | Tone | Freq. | Freq.% | ID | Rank |
|---|---|---|---|---|---|---|
| 抑 | yi | 4 | 17 | 0.0022 | 4354 | 3261 |
| 制 | rji | 4 | | | 3113 | 495 |
| 役 | yi | 4 | 37 | 0.0047 | 4340 | 1417 |
| 益 | yi | 4 | 96 | 0.0122 | 4336 | 1078 |
| 液 | yeh | 4 | 12 | 0.0015 | 4398 | 892 |
| 液 | yeh | 4 | 12 | 0.0015 | 4398 | 892 |
| 態 | tai | 4 | | | 997 | 954 |
| 液 | yeh | 4 | 110 | 0.0139 | 4398 | 892 |
| 體 | ti | 3 | | | 1073 | 178 |
| 億 | yi | 4 | 131 | 0.0166 | 4342 | 1610 |
| 呀 | ya | 1 | 150 | 0.0190 | 4369 | 572 |
| 鴉 | ya | 1 | 12 | 0.0015 | 4370 | 1737 |
| 鴉 | ya | 1 | 17 | 0.0022 | 4370 | 1737 |
| 片 | pien | 4 | | | 344 | 476 |
| 押 | ya | 1 | 12 | 0.0015 | 4372 | 3262 |
| 鴨 | ya | 1 | 19 | 0.0024 | 4371 | 1304 |
| 壓 | ya | 1 | 79 | 0.0100 | 4368 | 944 |
| 壓 | ya | 1 | 12 | 0.0015 | 4368 | 944 |
| 迫 | po | 4 | | | 234 | 1364 |
| 壓 | ya | 1 | 99 | 0.0125 | 4368 | 944 |
| 力 | li | 4 | | | 1396 | 143 |
| 牙 | ya | 2 | 14 | 0.0018 | 4374 | 836 |
| 牙 | ya | 2 | 25 | 0.0032 | 4374 | 836 |
| 齒 | rci | 3 | | | 3385 | 1232 |
| 芽 | ya | 2 | 14 | 0.0018 | 4373 | 1713 |
| 衙 | ya | 2 | 16 | 0.0020 | 4376 | 2633 |
| 門 | mun | 2 | | | 476 | 274 |
| 亞 | ya | 4 | 16 | 0.0020 | 4384 | 345 |
| 亞 | ya | 4 | 124 | 0.0157 | 4384 | 345 |
| 洲 | rjou | 1 | | | 3188 | 420 |
| 爺 | yeh | 2 | 71 | 0.0090 | 4390 | 1801 |
| 也 | yeh | 3 | 4798 | 0.6078 | 4394 | 46 |
| 也 | yeh | 2 | 231 | 0.0293 | 4394 | 46 |
| 許 | xü | 3 | | | 3011 | 322 |

| Char. | Syll. | Tone | Freq. | Freq.% | ID | Rank |
|---|---|---|---|---|---|---|
| 野 | yeh | 3 | 33 | 0.0042 | 4393 | 814 |
| | | | | | | |
| 野 | yeh | 2 | 10 | 0.0013 | 4393 | 814 |
| 馬 | ma | 3 | | | 390 | 282 |
| | | | | | | |
| 野 | yeh | 3 | 20 | 0.0025 | 4393 | 814 |
| 心 | xin | 1 | | | 2946 | 142 |
| | | | | | | |
| 野 | yeh | 3 | 14 | 0.0018 | 4393 | 814 |
| 獸 | shou | 4 | | | 3662 | 1510 |
| | | | | | | |
| 野 | yeh | 3 | 25 | 0.0032 | 4393 | 814 |
| 外 | wai | 4 | | | 4632 | 122 |
| | | | | | | |
| 夜 | yeh | 4 | 311 | 0.0394 | 4399 | 664 |
| | | | | | | |
| 夜 | yeh | 4 | 13 | 0.0016 | 4399 | 664 |
| 裏 | li | 3 | | | 1386 | 44 |
| | | | | | | |
| 夜 | yeh | 4 | 14 | 0.0018 | 4399 | 664 |
| 間 | jien | 1 | | | 2391 | 245 |
| | | | | | | |
| 夜 | yeh | 4 | 13 | 0.0016 | 4399 | 664 |
| 間 | jien | 1 | | | 2391 | 245 |
| 部 | bu | 4 | | | 212 | 91 |
| | | | | | | |
| 夜 | yeh | 4 | 27 | 0.0034 | 4399 | 664 |
| 晚 | wan | 3 | | | 4687 | 441 |
| | | | | | | |
| 頁 | yeh | 4 | 39 | 0.0049 | 4401 | 1714 |
| | | | | | | |
| 葉 | yeh | 4 | 107 | 0.0136 | 4396 | 612 |
| | | | | | | |
| 葉 | yeh | 4 | 26 | 0.0033 | 4396 | 612 |
| 綠 | lü | 4 | | | 1601 | 801 |
| 素 | su | 4 | | | 4154 | 704 |
| | | | | | | |
| 葉 | yeh | 4 | 26 | 0.0033 | 4396 | 612 |
| 子 | dsi | 5 | | | 3880 | 52 |
| | | | | | | |
| 業 | yeh | 4 | 178 | 0.0226 | 4397 | 137 |
| | | | | | | |
| 業 | yeh | 4 | 19 | 0.0024 | 4397 | 137 |
| 者 | rjuh | 3 | | | 3153 | 376 |
| | | | | | | |
| 業 | yeh | 4 | 73 | 0.0092 | 4397 | 137 |
| 務 | wu | 4 | | | 4601 | 377 |
| | | | | | | |
| 妖 | yau | 1 | 59 | 0.0075 | 4407 | 1992 |
| | | | | | | |
| 妖 | yau | 1 | 10 | 0.0013 | 4407 | 1992 |
| 怪 | gwai | 4 | | | 1758 | 821 |
| | | | | | | |
| 妖 | yau | 1 | 45 | 0.0057 | 4407 | 1992 |
| 精 | jing | 1 | | | 2478 | 527 |
| | | | | | | |
| 腰 | yau | 1 | 40 | 0.0051 | 4408 | 1816 |
| | | | | | | |
| 邀 | yau | 1 | 44 | 0.0056 | 4405 | 1656 |
| | | | | | | |
| 邀 | yau | 1 | 69 | 0.0087 | 4405 | 1656 |
| 請 | ching | 3 | | | 2737 | 310 |
| | | | | | | |
| 搖 | yau | 2 | 48 | 0.0061 | 4412 | 906 |
| | | | | | | |
| 搖 | yau | 2 | 14 | 0.0018 | 4412 | 906 |
| 動 | doong | 4 | | | 974 | 94 |
| | | | | | | |
| 搖 | yau | 2 | 13 | 0.0016 | 4412 | 906 |
| 搖 | yau | 2 | | | 4412 | 906 |
| 頭 | tou | 2 | | | 1017 | 164 |
| | | | | | | |
| 遙 | yau | 2 | 28 | 0.0035 | 4413 | 2019 |
| 遠 | yüen | 3 | | | 4822 | 364 |
| | | | | | | |
| 謠 | yau | 2 | 19 | 0.0024 | 4416 | 2845 |
| 言 | yen | 2 | | | 4468 | 846 |
| | | | | | | |
| 咬 | yau | 3 | 43 | 0.0054 | 4421 | 1641 |
| | | | | | | |
| 要 | yau | 4 | 194 | 0.0246 | 4425 | 27 |
| 求 | chiu | 2 | | | 2669 | 494 |
| | | | | | | |
| 要 | yau | 4 | 3574 | 0.4528 | 4425 | 27 |
| | | | | | | |
| 要 | yau | 4 | 17 | 0.0022 | 4425 | 27 |
| 點 | dien | 3 | | | 892 | 160 |
| | | | | | | |
| 要 | yau | 4 | 20 | 0.0025 | 4425 | 27 |
| 領 | ling | 3 | | | 1521 | 461 |
| | | | | | | |
| 要 | yau | 4 | 33 | 0.0042 | 4425 | 27 |
| 緊 | jin | 2 | | | 2448 | 822 |
| | | | | | | |
| 要 | yau | 4 | 79 | 0.0100 | 4425 | 27 |
| 是 | shi | 4 | | | 3593 | 3 |
| | | | | | | |
| 藥 | yau | 4 | 59 | 0.0075 | 4427 | 721 |
| | | | | | | |
| 藥 | yau | 4 | 13 | 0.0016 | 4427 | 721 |
| 品 | pin | 3 | | | 350 | 415 |
| | | | | | | |
| 藥 | yau | 4 | 16 | 0.0020 | 4427 | 721 |
| 物 | wu | 4 | | | 4602 | 128 |
| | | | | | | |
| 悠 | you | 1 | 27 | 0.0034 | 4432 | 2391 |
| 久 | jiu | 3 | | | 2376 | 522 |
| | | | | | | |
| 幽 | you | 1 | 13 | 0.0016 | 4433 | 2283 |
| 默 | mo | 4 | | | 412 | 1766 |
| | | | | | | |
| 憂 | you | 1 | 34 | 0.0043 | 4430 | 2151 |
| | | | | | | |
| 憂 | you | 1 | 21 | 0.0027 | 4430 | 2151 |
| 慮 | lü | 4 | | | 1604 | 1722 |

| Char. | Syll. | Tone | Freq. | Freq.% | ID | Rank |
|---|---|---|---|---|---|---|
| 憂 | you | 1 | 10 | 0.0013 | 4430 | 2151 |
| 鬱 | yü | 4 | | | 4777 | 3148 |
| 優 | you | 1 | 30 | 0.0038 | 4431 | 983 |
| 優 | you | 1 | 27 | 0.0034 | 4431 | 983 |
| 美 | mei | 3 | | | 442 | 80 |
| 優 | you | 1 | 20 | 0.0025 | 4431 | 983 |
| 點 | dien | 3 | | | 892 | 160 |
| 優 | you | 1 | 46 | 0.0058 | 4431 | 983 |
| 良 | liang | 2 | | | 1494 | 537 |
| 優 | you | 1 | 21 | 0.0027 | 4431 | 983 |
| 秀 | xiu | 4 | | | 2902 | 1020 |
| 優 | you | 1 | 18 | 0.0023 | 4431 | 983 |
| 勢 | shi | 4 | | | 3600 | 557 |
| 優 | you | 1 | 10 | 0.0013 | 4431 | 983 |
| 勝 | shung | 4 | | | 3725 | 895 |
| 優 | you | 1 | 13 | 0.0016 | 4431 | 983 |
| 異 | yi | 4 | | | 4335 | 1096 |
| 優 | you | 1 | 23 | 0.0029 | 4431 | 983 |
| 越 | yüeh | 4 | | | 4793 | 558 |
| 尤 | you | 2 | 297 | 0.0376 | 4436 | 1043 |
| 尤 | you | 2 | 311 | 0.0394 | 4436 | 1043 |
| 其 | chi | 2 | | | 2598 | 243 |
| 由 | you | 2 | 1181 | 0.1496 | 4435 | 126 |
| 由 | you | 2 | 16 | 0.0020 | 4435 | 126 |
| 來 | lai | 2 | | | 1297 | 15 |
| 油 | you | 2 | 60 | 0.0076 | 4437 | 487 |
| 油 | you | 2 | 10 | 0.0013 | 4437 | 487 |
| 漆 | chi | 1 | | | 2589 | 1351 |
| 游 | you | 2 | 45 | 0.0057 | 4438 | 1126 |
| 游 | you | 2 | 46 | 0.0058 | 4438 | 1126 |
| 泳 | yüoong | 3 | | | 4855 | 2190 |
| 遊 | you | 2 | 41 | 0.0052 | 4434 | 463 |
| 遊 | you | 2 | 15 | 0.0019 | 4434 | 463 |
| 牧 | mu | 4 | | | 566 | 1365 |
| 遊 | you | 2 | 16 | 0.0020 | 4434 | 463 |
| 覽 | lan | 3 | | | 1349 | 1195 |
| 遊 | you | 2 | 11 | 0.0014 | 4434 | 463 |
| 歷 | li | 4 | | | 1399 | 934 |
| 遊 | you | 2 | 30 | 0.0038 | 4434 | 463 |
| 客 | kuh | 4 | | | 1844 | 922 |
| 遊 | you | 2 | 36 | 0.0046 | 4434 | 463 |
| 戲 | xi | 4 | | | 2820 | 647 |
| 遊 | you | 2 | 12 | 0.0015 | 4434 | 463 |
| 行 | xing | 2 | | | 2989 | 76 |
| 遊 | you | 2 | 13 | 0.0016 | 4434 | 463 |
| 玩 | wan | 2 | | | 4682 | 457 |
| 猶 | you | 2 | 147 | 0.0186 | 4441 | 2445 |
| 猶 | you | 2 | 10 | 0.0013 | 4441 | 2445 |
| 太 | tai | 4 | | | 998 | 158 |
| 人 | run | 2 | | | 3812 | 11 |
| 猶 | you | 2 | 14 | 0.0018 | 4441 | 2445 |
| 如 | ru | 2 | | | 3829 | 120 |
| 郵 | you | 2 | 10 | 0.0013 | 4439 | 1091 |
| 票 | piau | 4 | | | 338 | 490 |
| 郵 | you | 2 | 10 | 0.0013 | 4439 | 1091 |
| 局 | jü | 2 | | | 2516 | 672 |
| 友 | you | 3 | 29 | 0.0037 | 4443 | 336 |
| 友 | you | 3 | 90 | 0.0114 | 4443 | 336 |
| 邦 | bang | 1 | | | 115 | 1432 |
| 友 | you | 3 | 18 | 0.0023 | 4443 | 336 |
| 人 | run | 2 | | | 3812 | 11 |
| 友 | you | 3 | 18 | 0.0023 | 4443 | 336 |
| 愛 | ai | 4 | | | 4246 | 300 |
| 友 | you | 3 | 28 | 0.0035 | 4443 | 336 |
| 誼 | yi | 4 | | | 4345 | 2215 |
| 有 | you | 3 | 10685 | 1.3536 | 4444 | 6 |
| 有 | you | 3 | 38 | 0.0048 | 4444 | 6 |
| 名 | ming | 2 | | | 551 | 141 |
| 有 | you | 3 | 97 | 0.0123 | 4444 | 6 |
| 點 | dien | 3 | | | 892 | 160 |
| 有 | you | 3 | 19 | 0.0024 | 4444 | 6 |
| 點 | dien | 3 | | | 892 | 160 |
| 兒 | er | 2 | | | 4291 | 82 |
| 有 | you | 3 | 31 | 0.0039 | 4444 | 6 |
| 利 | li | 4 | | | 1398 | 222 |

| Char. | Syll. | Tone | Freq. | Freq.% | ID | Rank |
|---|---|---|---|---|---|---|
| 有 | you | 3 | 14 | 0.0018 | 4444 | 6 |
| 關 | gwan | 1 | | | 1780 | 247 |
| 有 | you | 3 | 28 | 0.0035 | 4444 | 6 |
| 機 | ji | 1 | | | 2198 | 153 |
| 有 | you | 3 | 12 | 0.0015 | 4444 | 6 |
| 機 | ji | 1 | | | 2198 | 153 |
| 物 | wu | 4 | | | 4602 | 128 |
| 有 | you | 3 | 11 | 0.0014 | 4444 | 6 |
| 錢 | chien | 2 | | | 2686 | 525 |
| 有 | you | 3 | 55 | 0.0070 | 4444 | 6 |
| 趣 | chü | 4 | | | 2753 | 904 |
| 有 | you | 3 | 359 | 0.0455 | 4444 | 6 |
| 些 | xieh | 1 | | | 2849 | 139 |
| 有 | you | 3 | 69 | 0.0087 | 4444 | 6 |
| 效 | xiau | 4 | | | 2891 | 935 |
| 有 | you | 3 | 32 | 0.0041 | 4444 | 6 |
| 限 | xien | 4 | | | 2936 | 910 |
| 有 | you | 3 | 20 | 0.0025 | 4444 | 6 |
| 如 | ru | 2 | | | 3829 | 120 |
| 有 | you | 3 | 27 | 0.0034 | 4444 | 6 |
| 意 | yi | 4 | | | 4332 | 195 |
| 又 | you | 4 | 2236 | 0.2833 | 4448 | 115 |
| 右 | you | 4 | 140 | 0.0177 | 4447 | 828 |
| 右 | you | 4 | 16 | 0.0020 | 4447 | 828 |
| 邊 | bien | 1 | | | 171 | 260 |
| 右 | you | 4 | 27 | 0.0034 | 4447 | 828 |
| 手 | shou | 3 | | | 3660 | 190 |
| 幼 | you | 4 | 62 | 0.0079 | 4450 | 1132 |
| 幼 | you | 4 | 11 | 0.0014 | 4450 | 1132 |
| 小 | xiau | 3 | | | 2887 | 40 |
| 幼 | you | 4 | 20 | 0.0025 | 4450 | 1132 |
| 兒 | er | 2 | | | 4291 | 82 |
| 誘 | you | 4 | 11 | 0.0014 | 4449 | 2357 |
| 誘 | you | 4 | 10 | 0.0013 | 4449 | 2357 |
| 惑 | hwo | 4 | | | 2102 | 3084 |
| 煙 | yen | 1 | 15 | 0.0019 | 4457 | 1147 |
| 言 | yen | 2 | 500 | 0.0633 | 4468 | 846 |
| 言 | yen | 2 | 24 | 0.0030 | 4468 | 846 |
| 論 | loọn | 4 | | | 1577 | 347 |
| 言 | yen | 2 | 29 | 0.0037 | 4468 | 846 |
| 語 | yü | 3 | | | 4751 | 346 |
| 延 | yen | 2 | 12 | 0.0015 | 4472 | 1256 |
| 延 | yen | 2 | 11 | 0.0014 | 4472 | 1256 |
| 續 | xü | 4 | | | 3014 | 669 |
| 延 | yen | 2 | 21 | 0.0027 | 4472 | 1256 |
| 長 | rcang | 2 | | | 3471 | 227 |
| 沿 | yen | 2 | 153 | 0.0194 | 4470 | 900 |
| 研 | yen | 2 | 24 | 0.0030 | 4467 | 439 |
| 討 | tau | 3 | | | 1012 | 393 |
| 研 | yen | 2 | 496 | 0.0628 | 4467 | 439 |
| 究 | jiu | 4 | | | 2381 | 434 |
| 研 | yen | 2 | 18 | 0.0023 | 4467 | 439 |
| 究 | jiu | 4 | | | 2381 | 434 |
| 所 | swo | 3 | | | 4169 | 79 |
| 顏 | yen | 2 | 93 | 0.0118 | 4473 | 952 |
| 色 | suh | 4 | | | 4114 | 339 |
| 岩 | yen | 2 | 30 | 0.0038 | 4474 | 1879 |
| 石 | shi | 2 | | | 3583 | 369 |
| 炎 | yen | 2 | 14 | 0.0018 | 4475 | 1677 |
| 熱 | ruh | 4 | | | 3797 | 390 |
| 癌 | yen | 2 | 15 | 0.0019 | 4482 | 4669 |
| 症 | rjung | 4 | | | 3278 | 2317 |
| 嚴 | yen | 2 | 43 | 0.0054 | 4471 | 861 |
| 嚴 | yen | 2 | 13 | 0.0016 | 4471 | 861 |
| 厲 | li | 4 | | | 1403 | 1789 |
| 嚴 | yen | 2 | 67 | 0.0085 | 4471 | 861 |
| 格 | guh | 2 | | | 1623 | 740 |
| 嚴 | yen | 2 | 127 | 0.0161 | 4471 | 861 |
| 重 | rjoong | 4 | | | 3372 | 214 |
| 嚴 | yen | 2 | 21 | 0.0027 | 4471 | 861 |
| 肅 | su | 4 | | | 4155 | 1318 |
| 鹽 | yen | 2 | 48 | 0.0061 | 4466 | 663 |
| 鹽 | yen | 2 | 11 | 0.0014 | 4466 | 663 |
| 分 | fun | 1 | | | 630 | 112 |

| Char. | Syll. | Tone | Freq. | Freq.% | ID | Rank |
|---|---|---|---|---|---|---|
| 鹽 | yen | 2 | 11 | 0.0014 | 4466 | 663 |
| 水 | shwei | 3 | | | 3781 | 75 |
| 鹽 | yen | 2 | 10 | 0.0013 | 4466 | 663 |
| 酸 | swan | 1 | | | 4186 | 1255 |
| 眼 | yen | 3 | 264 | 0.0334 | 4484 | 396 |
| 眼 | yen | 3 | 37 | 0.0047 | 4484 | 396 |
| 淚 | lei | 4 | | | 1313 | 1435 |
| 眼 | yen | 3 | 41 | 0.0052 | 4484 | 396 |
| 光 | gwang | 1 | | | 1801 | 224 |
| 眼 | yen | 3 | 186 | 0.0236 | 4484 | 396 |
| 睛 | jing | 1 | | | 2480 | 802 |
| 眼 | yen | 3 | 10 | 0.0013 | 4484 | 396 |
| 鏡 | jing | 4 | | | 2499 | 756 |
| 眼 | yen | 3 | 10 | 0.0013 | 4484 | 396 |
| 球 | chiu | 2 | | | 2670 | 237 |
| 演 | yen | 3 | 77 | 0.0098 | 4483 | 645 |
| 演 | yen | 3 | 15 | 0.0019 | 4483 | 645 |
| 變 | bien | 4 | | | 180 | 316 |
| 演 | yen | 3 | 11 | 0.0014 | 4483 | 645 |
| 化 | hwa | 4 | | | 2085 | 278 |
| 演 | yen | 2 | 30 | 0.0038 | 4483 | 645 |
| 講 | jiang | 3 | | | 2471 | 356 |
| 演 | yen | 3 | 19 | 0.0024 | 4483 | 645 |
| 習 | xi | 2 | | | 2807 | 263 |
| 演 | yen | 3 | 12 | 0.0015 | 4483 | 645 |
| 戲 | xi | 4 | | | 2820 | 647 |
| 演 | yen | 3 | 24 | 0.0030 | 4483 | 645 |
| 唱 | rcang | 4 | | | 3481 | 469 |
| 演 | yen | 3 | 49 | 0.0062 | 4483 | 645 |
| 出 | rcu | 1 | | | 3507 | 60 |
| 演 | yen | 3 | 19 | 0.0024 | 4483 | 645 |
| 說 | shwo | 1 | | | 3770 | 37 |
| 演 | yen | 3 | 69 | 0.0087 | 4483 | 645 |
| 奏 | dsou | 4 | | | 3922 | 1593 |
| 演 | yen | 3 | 15 | 0.0019 | 4483 | 645 |
| 奏 | dsou | 4 | | | 3922 | 1593 |
| 會 | hwei | 4 | | | 2126 | 31 |
| 演 | yen | 3 | 57 | 0.0072 | 4483 | 645 |
| 員 | yüen | 2 | | | 4808 | 210 |
| 掩 | yen | 3 | 12 | 0.0015 | 4486 | 2484 |
| 掩 | yen | 3 | 12 | 0.0015 | 4486 | 2484 |
| 護 | hu | 4 | | | 2072 | 722 |
| 宴 | yen | 4 | 15 | 0.0019 | 4494 | 2020 |
| 宴 | yen | 4 | 18 | 0.0023 | 4494 | 2020 |
| 會 | hwei | 4 | | | 2126 | 31 |
| 嚥 | yen | 4 | 11 | 0.0014 | 4505 | 3413 |
| 厭 | yen | 4 | 11 | 0.0014 | 4492 | 1817 |
| 厭 | yen | 4 | 11 | 0.0014 | 4492 | 1817 |
| 煩 | fan | 2 | | | 613 | 1460 |
| 驗 | yen | 4 | 13 | 0.0016 | 4493 | 749 |
| 因 | yin | 1 | 1066 | 0.1350 | 4508 | 138 |
| 因 | yin | 1 | 89 | 0.0113 | 4508 | 138 |
| 素 | su | 4 | | | 4154 | 704 |
| 因 | yin | 1 | 674 | 0.0854 | 4508 | 138 |
| 此 | tsi | 3 | | | 3994 | 314 |
| 因 | yin | 1 | 93 | 0.0118 | 4508 | 138 |
| 而 | er | 2 | | | 4290 | 156 |
| 因 | yin | 1 | 1041 | 0.1319 | 4508 | 138 |
| 為 | wei | 4 | | | 4660 | 98 |
| 殷 | yin | 1 | 10 | 0.0013 | 4509 | 2485 |
| 陰 | yin | 1 | 11 | 0.0014 | 4510 | 1148 |
| 陰 | yin | 1 | 28 | 0.0035 | 4510 | 1148 |
| 謀 | mou | 2 | | | 462 | 1327 |
| 陰 | yin | 1 | 11 | 0.0014 | 4510 | 1148 |
| 極 | ji | 2 | | | 2224 | 485 |
| 陰 | yin | 1 | 12 | 0.0015 | 4510 | 1148 |
| 影 | ying | 3 | | | 4574 | 498 |
| 音 | yin | 1 | 136 | 0.0172 | 4507 | 313 |
| 音 | yin | 1 | 30 | 0.0038 | 4507 | 313 |
| 符 | fu | 2 | | | 690 | 1067 |
| 音 | yin | 1 | 25 | 0.0032 | 4507 | 313 |
| 調 | diau | 4 | | | 883 | 646 |
| 音 | yin | 1 | 28 | 0.0035 | 4507 | 313 |
| 色 | suh | 4 | | | 4114 | 339 |

| Char. | Syll. | Tone | Freq. | Freq.% | ID | Rank |
|---|---|---|---|---|---|---|
| 音 | yin | 1 | 193 | 0.0245 | 4507 | 313 |
| 樂 | yüeh | 4 | | | 4796 | 705 |
| 音 | yin | 1 | 12 | 0.0015 | 4507 | 313 |
| 樂 | yüeh | 4 | | | 4796 | 705 |
| 會 | hwei | 4 | | | 2126 | 31 |
| 音 | yin | 1 | 22 | 0.0028 | 4507 | 313 |
| 樂 | yüeh | 4 | | | 4796 | 705 |
| 家 | jia | 1 | | | 2279 | 36 |
| 銀 | yin | 2 | 34 | 0.0043 | 4514 | 963 |
| 銀 | yin | 2 | 99 | 0.0125 | 4514 | 963 |
| 行 | hang | 2 | | | 2042 | 1123 |
| 銀 | yin | 2 | 28 | 0.0035 | 4514 | 963 |
| 子 | dsi | 5 | | | 3880 | 52 |
| 引 | yin | 3 | 119 | 0.0151 | 4520 | 797 |
| 引 | yin | 3 | 11 | 0.0014 | 4520 | 797 |
| 力 | li | 4 | | | 1396 | 143 |
| 引 | yin | 2 | 178 | 0.0226 | 4520 | 797 |
| 起 | chi | 3 | | | 2621 | 78 |
| 引 | yin | 3 | 12 | 0.0015 | 4520 | 797 |
| 擎 | ching | 2 | | | 2735 | 2428 |
| 引 | yin | 3 | 17 | 0.0022 | 4520 | 797 |
| 申 | shun | 1 | | | 3692 | 1414 |
| 引 | yin | 3 | 15 | 0.0019 | 4520 | 797 |
| 誘 | you | 4 | | | 4449 | 2357 |
| 飲 | yin | 3 | 42 | 0.0053 | 4519 | 1642 |
| 飲 | yin | 3 | 11 | 0.0014 | 4519 | 1642 |
| 料 | liau | 4 | | | 1445 | 387 |
| 飲 | yin | 3 | 30 | 0.0038 | 4519 | 1642 |
| 食 | shi | 2 | | | 3580 | 350 |
| 印 | yin | 4 | 50 | 0.0063 | 4525 | 326 |
| 印 | yin | 4 | 14 | 0.0018 | 4525 | 326 |
| 地 | di | 4 | | | 858 | 33 |
| 安 | an | 1 | | | 4273 | 242 |
| 人 | run | 2 | | | 3812 | 11 |
| 印 | yin | 4 | 59 | 0.0075 | 4525 | 326 |
| 度 | du | 4 | | | 927 | 212 |
| 印 | yin | 4 | 18 | 0.0023 | 4525 | 326 |
| 度 | du | 4 | | | 927 | 212 |
| 洋 | yang | 2 | | | 4532 | 456 |
| 印 | yin | 4 | 20 | 0.0025 | 4525 | 326 |
| 尼 | ni | 2 | | | 1214 | 602 |
| 印 | yin | 4 | 60 | 0.0076 | 4525 | 326 |
| 象 | xiang | 4 | | | 2975 | 599 |
| 羊 | yang | 2 | 47 | 0.0060 | 4535 | 946 |
| 羊 | yang | 2 | 16 | 0.0020 | 4535 | 946 |
| 毛 | mau | 2 | | | 453 | 573 |
| 洋 | yang | 2 | 30 | 0.0038 | 4532 | 456 |
| 洋 | yang | 2 | 13 | 0.0016 | 4532 | 456 |
| 溢 | yi | 4 | | | 4359 | 3810 |
| 揚 | yang | 2 | 16 | 0.0020 | 4534 | 1156 |
| 陽 | yang | 2 | 11 | 0.0014 | 4533 | 299 |
| 明 | ming | 2 | | | 552 | 101 |
| 山 | shan | 1 | | | 3670 | 107 |
| 陽 | yang | 2 | 84 | 0.0106 | 4533 | 299 |
| 光 | gwang | 1 | | | 1801 | 224 |
| 楊 | yang | 2 | 22 | 0.0028 | 4537 | 1207 |
| 仰 | yang | 3 | 25 | 0.0032 | 4544 | 1418 |
| 氧 | yang | 3 | 126 | 0.0160 | 4541 | 1305 |
| 氧 | yang | 3 | 11 | 0.0014 | 4541 | 1305 |
| 化 | hwa | 4 | | | 2085 | 278 |
| 氧 | yang | 3 | 13 | 0.0016 | 4541 | 1305 |
| 氣 | chi | 4 | | | 2627 | 132 |
| 養 | yang | 3 | 102 | 0.0129 | 4542 | 421 |
| 養 | yang | 3 | 18 | 0.0023 | 4542 | 421 |
| 分 | fun | 1 | | | 630 | 112 |
| 養 | yang | 3 | 54 | 0.0068 | 4542 | 421 |
| 成 | rcung | 2 | | | 3490 | 56 |
| 樣 | yang | 4 | 81 | 0.0103 | 4546 | 69 |
| 樣 | yang | 4 | 174 | 0.0220 | 4546 | 69 |
| 子 | dsi | 5 | | | 3880 | 52 |
| 樣 | yang | 4 | 21 | 0.0027 | 4546 | 69 |
| 樣 | yang | 4 | | | 4546 | 69 |
| 英 | ying | 1 | 80 | 0.0101 | 4550 | 272 |
| 英 | ying | 1 | 14 | 0.0018 | 4550 | 272 |
| 里 | li | 3 | | | 1387 | 419 |

| Char. | Syll. | Tone | Freq. | Freq.% | ID | Rank |
|---|---|---|---|---|---|---|
| 英 | ying | 1 | 247 | 0.0313 | 4550 | 272 |
| 國 | gwo | 2 | | | 1749 | 7 |
| 英 | ying | 1 | 21 | 0.0027 | 4550 | 272 |
| 國 | gwo | 2 | | | 1749 | 7 |
| 人 | run | 2 | | | 3812 | 11 |
| 英 | ying | 1 | 44 | 0.0056 | 4550 | 272 |
| 雄 | xüoong | 2 | | | 3075 | 711 |
| 英 | ying | 1 | 35 | 0.0044 | 4550 | 272 |
| 文 | wun | 2 | | | 4699 | 147 |
| 英 | ying | 1 | 14 | 0.0018 | 4550 | 272 |
| 語 | yü | 3 | | | 4751 | 346 |
| 英 | ying | 1 | 20 | 0.0025 | 4550 | 272 |
| 勇 | yüoong | 3 | | | 4851 | 974 |
| 嬰 | ying | 1 | 43 | 0.0054 | 4551 | 2447 |
| 兒 | er | 2 | | | 4291 | 82 |
| 迎 | ying | 2 | 56 | 0.0071 | 4561 | 907 |
| 迎 | ying | 2 | 11 | 0.0014 | 4561 | 907 |
| 面 | mien | 4 | | | 539 | 66 |
| 迎 | ying | 2 | 31 | 0.0039 | 4561 | 907 |
| 接 | jieh | 1 | | | 2305 | 294 |
| 營 | ying | 2 | 58 | 0.0073 | 4562 | 791 |
| 營 | ying | 2 | 20 | 0.0025 | 4562 | 791 |
| 業 | yeh | 4 | | | 4397 | 137 |
| 營 | ying | 2 | 54 | 0.0068 | 4562 | 791 |
| 養 | yang | 3 | | | 4542 | 421 |
| 營 | ying | 2 | 23 | 0.0029 | 4562 | 791 |
| 養 | yang | 3 | | | 4542 | 421 |
| 素 | su | 4 | | | 4154 | 704 |
| 贏 | ying | 2 | 30 | 0.0038 | 4565 | 2393 |
| 贏 | ying | 2 | 20 | 0.0025 | 4565 | 2393 |
| 得 | duh | 2 | | | 746 | 146 |
| 影 | ying | 3 | 79 | 0.0100 | 4574 | 498 |
| 影 | ying | 3 | 67 | 0.0085 | 4574 | 498 |
| 片 | pien | 4 | | | 344 | 476 |
| 影 | ying | 2 | 322 | 0.0408 | 4574 | 498 |
| 響 | xiang | 3 | | | 2969 | 696 |
| 影 | ying | 2 | 12 | 0.0015 | 4574 | 498 |
| 響 | xiang | 3 | | | 2969 | 696 |
| 到 | dau | 4 | | | 775 | 21 |
| 影 | ying | 2 | 11 | 0.0014 | 4574 | 498 |
| 響 | xiang | 3 | | | 2969 | 696 |
| 力 | li | 4 | | | 1396 | 143 |
| 映 | ying | 4 | 14 | 0.0018 | 4577 | 1781 |
| 硬 | ying | 4 | 63 | 0.0080 | 4575 | 1458 |
| 硬 | ying | 4 | 12 | 0.0015 | 4575 | 1458 |
| 幣 | bi | 4 | | | 144 | 2070 |
| 應 | ying | 4 | 596 | 0.0755 | 4576 | 569 |
| 應 | ying | 4 | 77 | 0.0098 | 4576 | 569 |
| 當 | dang | 1 | | | 819 | 157 |
| 應 | ying | 4 | 353 | 0.0447 | 4576 | 569 |
| 該 | gai | 1 | | | 1638 | 384 |
| 應 | ying | 4 | 107 | 0.0136 | 4576 | 569 |
| 用 | yüoong | 4 | | | 4864 | 38 |
| 污 | wu | 1 | 24 | 0.0030 | 4581 | 1694 |
| 污 | wu | 1 | 55 | 0.0070 | 4581 | 1694 |
| 染 | ran | 3 | | | 3810 | 942 |
| 屋 | wu | 1 | 140 | 0.0177 | 4579 | 767 |
| 屋 | wu | 1 | 35 | 0.0044 | 4579 | 767 |
| 頂 | ding | 3 | | | 910 | 989 |
| 屋 | wu | 1 | 40 | 0.0051 | 4579 | 767 |
| 子 | dsi | 5 | | | 3880 | 52 |
| 吳 | wu | 2 | 25 | 0.0032 | 4584 | 932 |
| 吳 | wu | 2 | 11 | 0.0014 | 4584 | 932 |
| 家 | jia | 1 | | | 2279 | 36 |
| 驤 | xiang | 1 | | | id18 | rk18 |
| 吳 | wu | 2 | 12 | 0.0015 | 4584 | 932 |
| 淞 | soong | 1 | | | 4198 | 2693 |
| 吾 | wu | 2 | 14 | 0.0018 | 4586 | 2216 |
| 吾 | wu | 2 | 15 | 0.0019 | 4586 | 2216 |
| 人 | run | 2 | | | 3812 | 11 |
| 無 | wu | 2 | 1377 | 0.1744 | 4585 | 295 |
| 無 | wu | 2 | 19 | 0.0024 | 4585 | 295 |
| 比 | bi | 3 | | | 134 | 211 |
| 無 | wu | 2 | 17 | 0.0022 | 4585 | 295 |
| 非 | fei | 1 | | | 588 | 355 |

| Char. | Syll. | Tone | Freq. | Freq.% | ID | Rank |
|---|---|---|---|---|---|---|
| 無 | wu | 2 | 16 | 0.0020 | 4585 | 295 |
| 奈 | nai | 4 | | | 1190 | 2256 |
| 無 | wu | 2 | 15 | 0.0019 | 4585 | 295 |
| 聊 | liau | 2 | | | 1435 | 2798 |
| 無 | wu | 2 | 171 | 0.0217 | 4585 | 295 |
| 論 | loon | 4 | | | 1577 | 347 |
| 無 | wu | 2 | 11 | 0.0014 | 4585 | 295 |
| 辜 | gu | 1 | | | 1713 | 2956 |
| 無 | wu | 2 | 26 | 0.0033 | 4585 | 295 |
| 可 | kuh | 3 | | | 1840 | 41 |
| 奈 | nai | 4 | | | 1190 | 2256 |
| 何 | huh | 2 | | | 1955 | 609 |
| 無 | wu | 2 | 15 | 0.0019 | 4585 | 295 |
| 窮 | chüoong | 2 | | | 2780 | 1588 |
| 無 | wu | 2 | 37 | 0.0047 | 4585 | 295 |
| 限 | xien | 4 | | | 2936 | 910 |
| 無 | wu | 2 | 15 | 0.0019 | 4585 | 295 |
| 形 | xing | 2 | | | 2988 | 252 |
| 無 | wu | 2 | 50 | 0.0063 | 4585 | 295 |
| 數 | shu | 4 | | | 3755 | 400 |
| 無 | wu | 2 | 19 | 0.0024 | 4585 | 295 |
| 疑 | yi | 2 | | | 4311 | 1609 |
| 無 | wu | 2 | 80 | 0.0101 | 4585 | 295 |
| 意 | yi | 4 | | | 4332 | 195 |
| 五 | wu | 3 | 161 | 0.0204 | 4593 | 34 |
| 五 | wu | 3 | 17 | 0.0022 | 4593 | 34 |
| 六 | liu | 4 | | | 1457 | 64 |
| 午 | wu | 3 | 15 | 0.0019 | 4592 | 292 |
| 餐 | tsan | 1 | | | 4027 | 1594 |
| 午 | wu | 3 | 13 | 0.0016 | 4592 | 292 |
| 夜 | yeh | 4 | | | 4399 | 664 |
| 武 | wu | 3 | 11 | 0.0014 | 4595 | 515 |
| 武 | wu | 3 | 10 | 0.0013 | 4595 | 515 |
| 帝 | di | 4 | | | 859 | 477 |
| 武 | wu | 3 | 33 | 0.0042 | 4595 | 515 |
| 力 | li | 4 | | | 1396 | 143 |
| 武 | wu | 3 | 81 | 0.0103 | 4595 | 515 |
| 器 | chi | 4 | | | 2626 | 394 |
| 武 | wu | 3 | 15 | 0.0019 | 4595 | 515 |
| 裝 | rjwang | 1 | | | 3352 | 545 |
| 武 | wu | 3 | 11 | 0.0014 | 4595 | 515 |
| 昌 | rcang | 1 | | | 3468 | 997 |
| 侮 | wu | 3 | 11 | 0.0014 | 4596 | 2152 |
| 辱 | ru | 4 | | | 3835 | 2625 |
| 舞 | wu | 3 | 29 | 0.0037 | 4594 | 978 |
| 舞 | wu | 3 | 18 | 0.0023 | 4594 | 978 |
| 蹈 | dau | 4 | | | 781 | 2553 |
| 舞 | wu | 3 | 36 | 0.0046 | 4594 | 978 |
| 台 | tai | 2 | | | 991 | 636 |
| 誤 | wu | 4 | 41 | 0.0052 | 4604 | 1678 |
| 誤 | wu | 4 | 18 | 0.0023 | 4604 | 1678 |
| 會 | hwei | 4 | | | 2126 | 31 |
| 誤 | wu | 4 | 14 | 0.0018 | 4604 | 1678 |
| 解 | jieh | 3 | | | 2326 | 546 |
| 務 | wu | 4 | 31 | 0.0039 | 4601 | 377 |
| 霧 | wu | 4 | 29 | 0.0037 | 4603 | 1969 |
| 勿 | wu | 4 | 36 | 0.0046 | 4611 | 3418 |
| 物 | wu | 4 | 142 | 0.0180 | 4602 | 128 |
| 物 | wu | 4 | 29 | 0.0037 | 4602 | 128 |
| 品 | pin | 3 | | | 350 | 415 |
| 物 | wu | 4 | 222 | 0.0281 | 4602 | 128 |
| 體 | ti | 3 | | | 1073 | 178 |
| 物 | wu | 4 | 33 | 0.0042 | 4602 | 128 |
| 理 | li | 3 | | | 1388 | 207 |
| 物 | wu | 4 | 53 | 0.0067 | 4602 | 128 |
| 價 | jia | 4 | | | 2299 | 805 |
| 物 | wu | 4 | 11 | 0.0014 | 4602 | 128 |
| 件 | jien | 4 | | | 2419 | 521 |
| 物 | wu | 4 | 282 | 0.0357 | 4602 | 128 |
| 質 | rji | 4 | | | 3127 | 3565 |
| 物 | wu | 4 | 25 | 0.0032 | 4602 | 128 |
| 資 | dsi | 1 | | | 3865 | 920 |
| 挖 | wa | 1 | 17 | 0.0022 | 4616 | 2217 |
| 瓦 | wa | 3 | 13 | 0.0016 | 4619 | 1219 |

| Char. | Syll. | Tone | Freq. | Freq.% | ID | Rank |
|---|---|---|---|---|---|---|
| 瓦 | wa | 2 | 11 | 0.0014 | 4619 | 1219 |
| 解 | jieh | 3 | | | 2326 | 546 |
| 瓦 | wa | 3 | 14 | 0.0018 | 4619 | 1219 |
| 斯 | si | 1 | | | 4085 | 304 |
| 窩 | wo | 1 | 16 | 0.0020 | 4622 | 1379 |
| 我 | wo | 3 | 9096 | 1.1523 | 4625 | 4 |
| 我 | wo | 3 | 3012 | 0.3816 | 4625 | 4 |
| 們 | mun | 5 | | | 479 | 16 |
| 我 | wo | 2 | 12 | 0.0015 | 4625 | 4 |
| 等 | dung | 3 | | | 833 | 118 |
| 臥 | wo | 4 | 18 | 0.0023 | 4626 | 2218 |
| 臥 | wo | 4 | 12 | 0.0015 | 4626 | 2218 |
| 室 | shi | 4 | | | 3601 | 549 |
| 握 | wo | 4 | 49 | 0.0062 | 4627 | 1419 |
| 握 | wo | 4 | 20 | 0.0025 | 4627 | 1419 |
| 手 | shou | 3 | | | 3660 | 190 |
| 歪 | wai | 1 | 10 | 0.0013 | 4631 | 2285 |
| 外 | wai | 4 | 1075 | 0.1362 | 4632 | 122 |
| 外 | wai | 4 | 22 | 0.0028 | 4632 | 122 |
| 表 | biau | 3 | | | 168 | 182 |
| 外 | wai | 4 | 118 | 0.0149 | 4632 | 122 |
| 面 | mien | 4 | | | 539 | 66 |
| 外 | wai | 4 | 111 | 0.0141 | 4632 | 122 |
| 國 | gwo | 2 | | | 1749 | 7 |
| 外 | wai | 4 | 36 | 0.0046 | 4632 | 122 |
| 國 | gwo | 2 | | | 1749 | 7 |
| 人 | run | 2 | | | 3812 | 11 |
| 外 | wai | 4 | 11 | 0.0014 | 4632 | 122 |
| 科 | kuh | 1 | | | 1826 | 341 |
| 外 | wai | 4 | 24 | 0.0030 | 4632 | 122 |
| 匯 | hwei | 4 | | | 2129 | 2516 |
| 外 | wai | 4 | 25 | 0.0032 | 4632 | 122 |
| 界 | jieh | 4 | | | 2329 | 265 |
| 外 | wai | 4 | 108 | 0.0137 | 4632 | 122 |
| 交 | jiau | 1 | | | 2339 | 358 |
| 外 | wai | 4 | 16 | 0.0020 | 4632 | 122 |
| 交 | jiau | 1 | | | 2339 | 358 |
| 部 | bu | 4 | | | 212 | 91 |

| Char. | Syll. | Tone | Freq. | Freq.% | ID | Rank |
|---|---|---|---|---|---|---|
| 外 | wai | 4 | 11 | 0.0014 | 4632 | 122 |
| 戚 | chi | 1 | | | 2592 | 1549 |
| 外 | wai | 4 | 56 | 0.0071 | 4632 | 122 |
| 銷 | xiau | 1 | | | 2872 | 1795 |
| 外 | wai | 4 | 16 | 0.0020 | 4632 | 122 |
| 長 | rjang | 3 | | | 3250 | 135 |
| 外 | wai | 4 | 16 | 0.0020 | 4632 | 122 |
| 出 | rcu | 1 | | | 3507 | 60 |
| 外 | wai | 4 | 17 | 0.0022 | 4632 | 122 |
| 人 | run | 2 | | | 3812 | 11 |
| 外 | wai | 4 | 12 | 0.0015 | 4632 | 122 |
| 衣 | yi | 1 | | | 4299 | 432 |
| 威 | wei | 1 | 11 | 0.0014 | 4634 | 744 |
| 力 | li | 4 | | | 1396 | 143 |
| 威 | wei | 1 | 61 | 0.0077 | 4634 | 744 |
| 脅 | xieh | 2 | | | 2853 | 2142 |
| 危 | wei | 2 | 23 | 0.0029 | 4643 | 1079 |
| 危 | wei | 2 | 15 | 0.0019 | 4643 | 1079 |
| 害 | hai | 4 | | | 1982 | 484 |
| 危 | wei | 2 | 37 | 0.0047 | 4643 | 1079 |
| 機 | ji | 1 | | | 2198 | 153 |
| 危 | wei | 2 | 105 | 0.0133 | 4643 | 1079 |
| 險 | xien | 3 | | | 2928 | 957 |
| 圍 | wei | 2 | 52 | 0.0066 | 4641 | 792 |
| 違 | wei | 2 | 23 | 0.0029 | 4645 | 1950 |
| 違 | wei | 2 | 12 | 0.0015 | 4645 | 1950 |
| 背 | bei | 4 | | | 65 | 975 |
| 違 | wei | 2 | 37 | 0.0047 | 4645 | 1950 |
| 反 | fan | 3 | | | 620 | 460 |
| 唯 | wei | 2 | 30 | 0.0038 | 4644 | 2543 |
| 唯 | wei | 2 | 79 | 0.0100 | 4644 | 2543 |
| 一 | yi | 1 | | | 4300 | 2 |
| 惟 | wei | 2 | 121 | 0.0153 | 4642 | 1802 |
| 維 | wei | 2 | 11 | 0.0014 | 4638 | 769 |
| 維 | wei | 2 | 47 | 0.0060 | 4638 | 769 |
| 護 | hu | 4 | | | 2072 | 722 |

| Char. | Syll. | Tone | Freq. | Freq.% | ID | Rank |
|---|---|---|---|---|---|---|
| 維 | wei | 2 | 143 | 0.0181 | 4638 | 769 |
| 持 | rci | 2 | | | 3380 | 590 |
| 維 | wei | 2 | 13 | 0.0016 | 4638 | 769 |
| 生 | shung | 1 | | | 3715 | 32 |
| 素 | su | 4 | | | 4154 | 704 |
| 維 | wei | 2 | 10 | 0.0013 | 4638 | 769 |
| 也 | yeh | 3 | | | 4394 | 46 |
| 納 | na | 4 | | | 1178 | 955 |
| 為 | wei | 2 | 3382 | 0.4285 | 4639 | 95 |
| 為 | wei | 2 | 13 | 0.0016 | 4639 | 95 |
| 人 | run | 2 | | | 3812 | 11 |
| 為 | wei | 4 | 302 | 0.0383 | 4660 | 98 |
| 了 | luh | 5 | | | 1295 | 5 |
| 為 | wei | 4 | 18 | 0.0023 | 4660 | 98 |
| 何 | huh | 2 | | | 1955 | 609 |
| 為 | wei | 4 | 388 | 0.0492 | 4660 | 98 |
| 什 | shuh | 2 | | | 3628 | 96 |
| 麼 | muh | 5 | | | 395 | 3443 |
| 微 | wei | 2 | 32 | 0.0041 | 4640 | 798 |
| 微 | wei | 2 | 10 | 0.0013 | 4640 | 798 |
| 風 | fung | 1 | | | 662 | 268 |
| 微 | wei | 2 | 16 | 0.0020 | 4640 | 798 |
| 小 | xiau | 3 | | | 2887 | 40 |
| 微 | wei | 2 | 57 | 0.0072 | 4640 | 798 |
| 笑 | xiau | 4 | | | 2888 | 455 |
| 微 | wei | 2 | 13 | 0.0016 | 4640 | 798 |
| 血 | xüeh | 4 | | | 3031 | 1604 |
| 管 | gwan | 3 | | | 1787 | 452 |
| 微 | wei | 2 | 10 | 0.0013 | 4640 | 798 |
| 生 | shung | 1 | | | 3715 | 32 |
| 物 | wu | 4 | | | 4602 | 128 |
| 微 | wei | 2 | 14 | 0.0018 | 4640 | 798 |
| 弱 | rwo | 4 | | | 3840 | 1236 |
| 微 | wei | 2 | 11 | 0.0014 | 4640 | 798 |
| 微 | wei | 2 | | | 4640 | 798 |
| 尾 | wei | 3 | 37 | 0.0047 | 4655 | 1715 |
| 尾 | wei | 3 | 21 | 0.0027 | 4655 | 1715 |
| 巴 | ba | 1 | | | 2 | 388 |
| 委 | wei | 3 | 16 | 0.0020 | 4653 | 518 |
| 託 | two | 1 | | | 1134 | 2163 |
| 委 | wei | 3 | 29 | 0.0037 | 4653 | 518 |
| 員 | yüen | 2 | | | 4808 | 210 |
| 委 | wei | 3 | 163 | 0.0206 | 4653 | 518 |
| 員 | yüen | 2 | | | 4808 | 210 |
| 會 | hwei | 4 | | | 2126 | 31 |
| 偉 | wei | 3 | 122 | 0.0155 | 4652 | 1057 |
| 大 | da | 4 | | | 745 | 12 |
| 偉 | wei | 3 | 13 | 0.0016 | 4652 | 1057 |
| 人 | run | 2 | | | 3812 | 11 |
| 緯 | wei | 3 | 14 | 0.0018 | 4654 | 2917 |
| 緯 | wei | 3 | 15 | 0.0019 | 4654 | 2917 |
| 度 | du | 4 | | | 927 | 212 |
| 未 | wei | 4 | 621 | 0.0787 | 4664 | 870 |
| 未 | wei | 4 | 13 | 0.0016 | 4664 | 870 |
| 必 | bi | 4 | | | 139 | 483 |
| 未 | wei | 4 | 15 | 0.0019 | 4664 | 870 |
| 免 | mien | 3 | | | 534 | 781 |
| 未 | wei | 4 | 86 | 0.0109 | 4664 | 870 |
| 來 | lai | 2 | | | 1297 | 15 |
| 味 | wei | 4 | 39 | 0.0049 | 4663 | 882 |
| 味 | wei | 4 | 53 | 0.0067 | 4663 | 882 |
| 道 | dau | 4 | | | 774 | 155 |
| 位 | wei | 4 | 1138 | 0.1442 | 4659 | 188 |
| 位 | wei | 4 | 136 | 0.0172 | 4659 | 188 |
| 置 | rji | 4 | | | 3114 | 741 |
| 畏 | wei | 4 | 21 | 0.0027 | 4673 | 3023 |
| 喂 | wei | 4 | 15 | 0.0019 | 4670 | 2048 |
| 胃 | wei | 4 | 30 | 0.0038 | 4665 | 1430 |
| 謂 | wei | 4 | 230 | 0.0291 | 4668 | 1831 |
| 僞 | wei | 4 | 38 | 0.0048 | 4672 | 2395 |
| 衛 | wei | 4 | 14 | 0.0018 | 4661 | 453 |
| 星 | xing | 1 | | | 2983 | 226 |
| 衛 | wei | 4 | 91 | 0.0115 | 4661 | 453 |
| 生 | shung | 1 | | | 3715 | 32 |
| 魏 | wei | 4 | 24 | 0.0030 | 4666 | 1175 |

| Char. | Syll. | Tone | Freq. | Freq.% | ID | Rank |
|---|---|---|---|---|---|---|
| 彎 | wan | 1 | 22 | 0.0028 | 4679 | 1407 |
| 彎 | wan | 1 | 32 | 0.0041 | 4679 | 1407 |
| 曲 | chü | 1 | | | 2739 | 1440 |
| 彎 | wan | 1 | 10 | 0.0013 | 4679 | 1407 |
| 腰 | yau | 1 | | | 4408 | 1816 |
| 完 | wan | 2 | 200 | 0.0253 | 4683 | 309 |
| 完 | wan | 2 | 14 | 0.0018 | 4683 | 309 |
| 備 | bei | 4 | | | 62 | 392 |
| 完 | wan | 2 | 35 | 0.0044 | 4683 | 309 |
| 畢 | bi | 4 | | | 138 | 708 |
| 完 | wan | 2 | 24 | 0.0030 | 4683 | 309 |
| 美 | mei | 3 | | | 442 | 80 |
| 完 | wan | 2 | 338 | 0.0428 | 4683 | 309 |
| 全 | chüen | 2 | | | 2767 | 170 |
| 完 | wan | 2 | 45 | 0.0057 | 4683 | 309 |
| 整 | rjung | 3 | | | 3273 | 593 |
| 完 | wan | 2 | 167 | 0.0212 | 4683 | 309 |
| 成 | rcung | 2 | | | 3490 | 56 |
| 完 | wan | 2 | 14 | 0.0018 | 4683 | 309 |
| 善 | shan | 4 | | | 3682 | 840 |
| 玩 | wan | 2 | 96 | 0.0122 | 4682 | 457 |
| 玩 | wan | 2 | 27 | 0.0034 | 4682 | 457 |
| 具 | jü | 4 | | | 2530 | 583 |
| 頑 | wan | 2 | 13 | 0.0016 | 4685 | 2107 |
| 皮 | pi | 2 | | | 311 | 481 |
| 碗 | wan | 3 | 71 | 0.0090 | 4686 | 1343 |
| 挽 | wan | 3 | 12 | 0.0015 | 4691 | 3026 |
| 挽 | wan | 3 | 16 | 0.0020 | 4691 | 3026 |
| 救 | jiu | 4 | | | 2384 | 727 |
| 晚 | wan | 3 | 185 | 0.0234 | 4687 | 441 |
| 晚 | wan | 3 | 31 | 0.0039 | 4687 | 441 |
| 飯 | fan | 4 | | | 622 | 418 |
| 晚 | wan | 3 | 10 | 0.0013 | 4687 | 441 |
| 會 | hwei | 4 | | | 2126 | 31 |
| 晚 | wan | 3 | 13 | 0.0016 | 4687 | 441 |
| 間 | jien | 1 | | | 2391 | 245 |

| Char. | Syll. | Tone | Freq. | Freq.% | ID | Rank |
|---|---|---|---|---|---|---|
| 晚 | wan | 3 | 140 | 0.0177 | 4687 | 441 |
| 上 | shang | 4 | | | 3712 | 17 |
| 餐 | tsan | 1 | 16 | 0.0020 | 4027 | 1594 |
| 餐 | tsan | 1 | | | 4027 | 1594 |
| 萬 | wan | 4 | 617 | 0.0782 | 4695 | 315 |
| 萬 | wan | 4 | 13 | 0.0016 | 4695 | 315 |
| 分 | fun | 1 | | | 630 | 112 |
| 萬 | wan | 4 | 10 | 0.0013 | 4695 | 315 |
| 能 | nung | 2 | | | 1212 | 70 |
| 萬 | wan | 4 | 11 | 0.0014 | 4695 | 315 |
| 千 | chien | 1 | | | 2674 | 365 |
| 萬 | wan | 4 | 24 | 0.0030 | 4695 | 315 |
| 一 | yi | 1 | | | 4300 | 2 |
| 萬 | wan | 4 | 11 | 0.0014 | 4695 | 315 |
| 物 | wu | 4 | | | 4602 | 128 |
| 溫 | wun | 1 | 68 | 0.0086 | 4697 | 534 |
| 溫 | wun | 1 | 16 | 0.0020 | 4697 | 534 |
| 帶 | dai | 4 | | | 755 | 301 |
| 溫 | wun | 1 | 138 | 0.0175 | 4697 | 534 |
| 度 | du | 4 | | | 927 | 212 |
| 溫 | wun | 1 | 14 | 0.0018 | 4697 | 534 |
| 度 | du | 4 | | | 927 | 212 |
| 計 | ji | 4 | | | 2256 | 410 |
| 溫 | wun | 1 | 51 | 0.0065 | 4697 | 534 |
| 暖 | nwan | 3 | | | 1271 | 1170 |
| 溫 | wun | 1 | 29 | 0.0037 | 4697 | 534 |
| 和 | huh | 2 | | | 1956 | 395 |
| 溫 | wun | 1 | 11 | 0.0014 | 4697 | 534 |
| 柔 | rou | 2 | | | 3802 | 1733 |
| 文 | wun | 2 | 155 | 0.0196 | 4699 | 147 |
| 文 | wun | 2 | 58 | 0.0073 | 4699 | 147 |
| 明 | ming | 2 | | | 552 | 101 |
| 文 | wun | 2 | 387 | 0.0490 | 4699 | 147 |
| 化 | hwa | 4 | | | 2085 | 278 |
| 文 | wun | 2 | 11 | 0.0014 | 4699 | 147 |
| 化 | hwa | 4 | | | 2085 | 278 |
| 局 | jü | 2 | | | 2516 | 672 |
| 文 | wun | 2 | 29 | 0.0037 | 4699 | 147 |
| 件 | jien | 4 | | | 2419 | 521 |

| Char. | Syll. | Tone | Freq. | Freq.% | ID | Rank |
|---|---|---|---|---|---|---|
| 文 | wun | 2 | 105 | 0.0133 | 4699 | 147 |
| 学 | xüeh | 2 | | | 3028 | 26 |
| 文 | wun | 2 | 110 | 0.0139 | 4699 | 147 |
| 章 | rjang | 1 | | | 3242 | 784 |
| 文 | wun | 2 | 15 | 0.0019 | 4699 | 147 |
| 書 | shu | 1 | | | 3732 | 179 |
| 文 | wun | 2 | 15 | 0.0019 | 4699 | 147 |
| 人 | run | 2 | | | 3812 | 11 |
| 文 | wun | 2 | 105 | 0.0133 | 4699 | 147 |
| 字 | dsi | 4 | | | 3877 | 194 |
| 文 | wun | 2 | 34 | 0.0043 | 4699 | 147 |
| 藝 | yi | 4 | | | 4337 | 1161 |
| 文 | wun | 2 | 20 | 0.0025 | 4699 | 147 |
| 物 | wu | 4 | | | 4602 | 128 |
| 蚊 | wun | 2 | 12 | 0.0015 | 4701 | 1738 |
| 聞 | wun | 2 | 107 | 0.0136 | 4698 | 1242 |
| 聞 | wun | 2 | 21 | 0.0027 | 4698 | 1242 |
| 名 | ming | 2 | | | 551 | 141 |
| 吻 | wun | 3 | 13 | 0.0016 | 4704 | 2849 |
| 穩 | wun | 3 | 20 | 0.0025 | 4705 | 2022 |
| 穩 | wun | 3 | 86 | 0.0109 | 4705 | 2022 |
| 定 | ding | 4 | | | 912 | 121 |
| 紊 | wun | 4 | 12 | 0.0015 | 4709 | 4691 |
| 亂 | lwan | 4 | | | 1568 | 794 |
| 問 | wun | 4 | 677 | 0.0858 | 4708 | 151 |
| 問 | wun | 4 | 735 | 0.0931 | 4708 | 151 |
| 題 | ti | 2 | | | 1066 | 229 |
| 問 | wun | 4 | 18 | 0.0023 | 4708 | 151 |
| 世 | shi | 4 | | | 3594 | 236 |
| 汪 | wang | 1 | 17 | 0.0022 | 4710 | 2154 |
| 亡 | wang | 2 | 48 | 0.0061 | 4711 | 1208 |
| 王 | wang | 2 | 1372 | 0.1738 | 4712 | 257 |
| 王 | wang | 2 | 23 | 0.0029 | 4712 | 257 |
| 國 | gwo | 2 | | | 1749 | 7 |
| 王 | wang | 2 | 13 | 0.0016 | 4712 | 257 |
| 朝 | rcau | 2 | | | 3426 | 628 |
| 王 | wang | 2 | 23 | 0.0029 | 4712 | 257 |
| 室 | shi | 4 | | | 3601 | 549 |
| 王 | wang | 2 | 23 | 0.0029 | 4712 | 257 |
| 子 | dsi | 3 | | | 3874 | 324 |
| 網 | wang | 3 | 29 | 0.0037 | 4713 | 1695 |
| 枉 | wang | 3 | 10 | 0.0013 | 4716 | 3621 |
| 往 | wang | 3 | 308 | 0.0390 | 4714 | 426 |
| 往 | wang | 3 | 32 | 0.0041 | 4714 | 426 |
| 來 | lai | 2 | | | 1297 | 15 |
| 往 | wang | 2 | 13 | 0.0016 | 4714 | 426 |
| 常 | rcang | 2 | | | 3472 | 136 |
| 往 | wang | 3 | 17 | 0.0022 | 4714 | 426 |
| 事 | shi | 4 | | | 3592 | 77 |
| 往 | wang | 2 | 158 | 0.0200 | 4714 | 426 |
| 往 | wang | 3 | | | 4714 | 426 |
| 旺 | wang | 4 | 13 | 0.0016 | 4720 | 3144 |
| 盛 | shung | 4 | | | 3726 | 597 |
| 忘 | wang | 4 | 89 | 0.0113 | 4718 | 1133 |
| 忘 | wang | 4 | 12 | 0.0015 | 4718 | 1133 |
| 掉 | diau | 4 | | | 882 | 854 |
| 忘 | wang | 4 | 71 | 0.0090 | 4718 | 1133 |
| 記 | ji | 4 | | | 2255 | 517 |
| 望 | wang | 4 | 198 | 0.0251 | 4719 | 381 |
| 望 | wang | 4 | 14 | 0.0018 | 4719 | 381 |
| 見 | jien | 4 | | | 2417 | 206 |
| 望 | wang | 4 | 11 | 0.0014 | 4719 | 381 |
| 遠 | yüen | 3 | | | 4822 | 364 |
| 鏡 | jing | 4 | | | 2499 | 756 |
| 于 | yü | 2 | 32 | 0.0041 | 4735 | 2488 |
| 余 | yü | 2 | 10 | 0.0013 | 4734 | 1852 |
| 餘 | yü | 2 | 214 | 0.0271 | 4730 | 1168 |
| 於 | yü | 2 | 2075 | 0.2629 | 4728 | 113 |
| 於 | yü | 2 | 357 | 0.0452 | 4728 | 113 |
| 是 | shi | 4 | | | 3593 | 3 |
| 隅 | yü | 2 | 11 | 0.0014 | 4745 | 3828 |

| Char. | Syll. | Tone | Freq. | Freq.% | ID | Rank |
|---|---|---|---|---|---|---|
| 愚 | yü | 2 | 11 | 0.0014 | 4743 | 3422 |
| 愉 | yü | 2 | 83 | 0.0105 | 4732 | 1622 |
| 快 | kwai | 4 | | | 1902 | 232 |
| 娛 | yü | 2 | 35 | 0.0044 | 4738 | 2489 |
| 樂 | luh | 4 | | | 1292 | 465 |
| 虞 | yü | 2 | 16 | 0.0020 | 4741 | 3274 |
| 魚 | yü | 2 | 193 | 0.0245 | 4727 | 608 |
| 漁 | yü | 2 | 10 | 0.0013 | 4729 | 1257 |
| 民 | min | 2 | | | 542 | 59 |
| 漁 | yü | 2 | 12 | 0.0015 | 4729 | 1257 |
| 夫 | fu | 1 | | | 681 | 502 |
| 漁 | yü | 2 | 17 | 0.0022 | 4729 | 1257 |
| 船 | rcwan | 2 | | | 3537 | 563 |
| 漁 | yü | 2 | 18 | 0.0023 | 4729 | 1257 |
| 業 | yeh | 4 | | | 4397 | 137 |
| 輿 | yü | 2 | 16 | 0.0020 | 4744 | 3275 |
| 論 | loon | 4 | | | 1577 | 347 |
| 予 | yü | 2 | 67 | 0.0085 | 4731 | 1852 |
| 予 | yü | 2 | 42 | 0.0053 | 4731 | 1852 |
| 以 | yi | 3 | | | 4324 | 24 |
| 宇 | yü | 3 | 27 | 0.0034 | 4754 | 1554 |
| 宙 | rjou | 4 | | | 3194 | 2683 |
| 羽 | yü | 3 | 14 | 0.0018 | 4756 | 1576 |
| 毛 | mau | 2 | | | 453 | 573 |
| 雨 | yü | 3 | 221 | 0.0280 | 4752 | 532 |
| 雨 | yü | 3 | 16 | 0.0020 | 4752 | 532 |
| 季 | ji | 4 | | | 2259 | 793 |
| 雨 | yü | 2 | 13 | 0.0016 | 4752 | 532 |
| 水 | shwei | 3 | | | 3781 | 75 |
| 語 | yü | 3 | 71 | 0.0090 | 4751 | 346 |
| 語 | yü | 2 | 15 | 0.0019 | 4751 | 346 |
| 法 | fa | 3 | | | 584 | 88 |
| 語 | yü | 3 | 25 | 0.0032 | 4751 | 346 |
| 氣 | chi | 4 | | | 2627 | 132 |
| 語 | yü | 3 | 66 | 0.0084 | 4751 | 346 |
| 言 | yen | 2 | | | 4468 | 846 |
| 語 | yü | 3 | 12 | 0.0015 | 4751 | 346 |
| 文 | wun | 2 | | | 4699 | 147 |
| 與 | yü | 3 | 2980 | 0.3775 | 4750 | 468 |
| 寓 | yü | 4 | 10 | 0.0013 | 4776 | 2772 |
| 遇 | yü | 4 | 87 | 0.0110 | 4766 | 1008 |
| 遇 | yü | 4 | 80 | 0.0101 | 4766 | 1008 |
| 到 | dau | 4 | | | 775 | 21 |
| 遇 | yü | 4 | 26 | 0.0033 | 4766 | 1008 |
| 見 | jien | 4 | | | 2417 | 206 |
| 愈 | yü | 4 | 190 | 0.0241 | 4765 | 1595 |
| 愈 | yü | 4 | 22 | 0.0028 | 4765 | 1595 |
| 來 | lai | 2 | | | 1297 | 15 |
| 愈 | yü | 4 | | | 4765 | 1595 |
| 預 | yü | 4 | 26 | 0.0033 | 4761 | 690 |
| 預 | yü | 4 | 47 | 0.0060 | 4761 | 690 |
| 備 | bei | 4 | | | 62 | 392 |
| 預 | yü | 4 | 42 | 0.0053 | 4761 | 690 |
| 防 | fang | 2 | | | 650 | 375 |
| 預 | yü | 4 | 52 | 0.0066 | 4761 | 690 |
| 定 | ding | 4 | | | 912 | 121 |
| 預 | yü | 4 | 44 | 0.0056 | 4761 | 690 |
| 料 | liau | 4 | | | 1445 | 387 |
| 預 | yü | 4 | 16 | 0.0020 | 4761 | 690 |
| 期 | chi | 2 | | | 2599 | 225 |
| 預 | yü | 4 | 16 | 0.0020 | 4761 | 690 |
| 先 | xien | 1 | | | 2910 | 234 |
| 預 | yü | 4 | 23 | 0.0029 | 4761 | 690 |
| 測 | tsuh | 4 | | | 3999 | 1048 |
| 預 | yü | 4 | 40 | 0.0051 | 4761 | 690 |
| 算 | swan | 4 | | | 4188 | 480 |
| 預 | yü | 4 | 11 | 0.0014 | 4761 | 690 |
| 言 | yen | 2 | | | 4468 | 846 |
| 譽 | yü | 4 | 12 | 0.0015 | 4767 | 1903 |
| 玉 | yü | 4 | 11 | 0.0014 | 4764 | 768 |
| 玉 | yü | 4 | 27 | 0.0034 | 4764 | 768 |
| 米 | mi | 3 | | | 507 | 559 |

| Char. | Syll. | Tone | Freq. | Freq.% | ID | Rank |
|---|---|---|---|---|---|---|
| 育 | yü | 4 | 15 | 0.0019 | 4762 | 196 |
| 域 | yü | 4 | 20 | 0.0025 | 4763 | 811 |
| 欲 | yü | 4 | 117 | 0.0148 | 4771 | 2397 |
| 欲 | yü | 4 | 18 | 0.0023 | 4771 | 2397 |
| 望 | wang | 4 | | | 4719 | 381 |
| 獄 | yü | 4 | 14 | 0.0018 | 4768 | 1902 |
| 曰 | yüeh | 1 | 48 | 0.0061 | 4791 | 2920 |
| 約 | yüeh | 1 | 251 | 0.0318 | 4792 | 357 |
| 約 | yüeh | 1 | 12 | 0.0015 | 4792 | 357 |
| 定 | ding | 4 | | | 912 | 121 |
| 約 | yüeh | 1 | 16 | 0.0020 | 4792 | 357 |
| 會 | hwei | 4 | | | 2126 | 31 |
| 約 | yüeh | 1 | 20 | 0.0025 | 4792 | 357 |
| 束 | shu | 4 | | | 3760 | 1234 |
| 月 | yüeh | 4 | 880 | 0.1115 | 4794 | 97 |
| 月 | yüeh | 4 | 18 | 0.0023 | 4794 | 97 |
| 份 | fun | 4 | | | 641 | 661 |
| 月 | yüeh | 4 | 23 | 0.0029 | 4794 | 97 |
| 亮 | liang | 4 | | | 1502 | 553 |
| 月 | yüeh | 4 | 41 | 0.0052 | 4794 | 97 |
| 球 | chiu | 2 | | | 2670 | 237 |
| 越 | yüeh | 4 | 183 | 0.0232 | 4793 | 558 |
| 越 | yüeh | 4 | 136 | 0.0172 | 4793 | 558 |
| 南 | nan | 2 | | | 1203 | 81 |
| 越 | yüeh | 4 | 39 | 0.0049 | 4793 | 558 |
| 來 | lai | 2 | | | 1297 | 15 |
| 越 | yüeh | 4 | | | 4793 | 558 |
| 越 | yüeh | 4 | 15 | 0.0019 | 4793 | 558 |
| 過 | gwo | 4 | | | 1754 | 67 |
| 越 | yüeh | 4 | 19 | 0.0024 | 4793 | 558 |
| 共 | goong | 4 | | | 1820 | 186 |
| 越 | yüeh | 4 | 41 | 0.0052 | 4793 | 558 |
| 戰 | rjan | 4 | | | 3215 | 280 |
| 閱 | yüeh | 4 | 15 | 0.0019 | 4795 | 1265 |
| 閱 | yüeh | 4 | 25 | 0.0032 | 4795 | 1265 |
| 讀 | du | 2 | | | 919 | 391 |
| 樂 | yüeh | 4 | 18 | 0.0023 | 4796 | 705 |
| 樂 | yüeh | 4 | 30 | 0.0038 | 4796 | 705 |
| 隊 | dwei | 4 | | | 946 | 427 |
| 樂 | yüeh | 4 | 80 | 0.0101 | 4796 | 705 |
| 器 | chi | 4 | | | 2626 | 394 |
| 樂 | yüeh | 4 | 14 | 0.0018 | 4796 | 705 |
| 曲 | chü | 3 | | | 2750 | 849 |
| 躍 | yüeh | 4 | 24 | 0.0030 | 4800 | 2448 |
| 冤 | yüen | 1 | 11 | 0.0014 | 4803 | 3626 |
| 枉 | wang | 3 | | | 4716 | 3621 |
| 元 | yüen | 2 | 482 | 0.0611 | 4811 | 239 |
| 元 | yüen | 2 | 12 | 0.0015 | 4811 | 239 |
| 宵 | xiau | 1 | | | 2877 | 2469 |
| 元 | yüen | 2 | 13 | 0.0016 | 4811 | 239 |
| 首 | shou | 3 | | | 3659 | 618 |
| 元 | yüen | 2 | 98 | 0.0124 | 4811 | 239 |
| 素 | su | 4 | | | 4154 | 704 |
| 援 | yüen | 2 | 15 | 0.0019 | 4815 | 1085 |
| 援 | yüen | 2 | 16 | 0.0020 | 4815 | 1085 |
| 助 | rju | 4 | | | 3306 | 493 |
| 原 | yüen | 2 | 326 | 0.0413 | 4809 | 197 |
| 原 | yüen | 2 | 48 | 0.0061 | 4809 | 197 |
| 理 | li | 3 | | | 1388 | 207 |
| 原 | yüen | 2 | 245 | 0.0310 | 4809 | 197 |
| 來 | lai | 2 | | | 1297 | 15 |
| 原 | yüen | 2 | 89 | 0.0113 | 4809 | 197 |
| 料 | liau | 4 | | | 1445 | 387 |
| 原 | yüen | 2 | 14 | 0.0018 | 4809 | 197 |
| 諒 | liang | 4 | | | 1504 | 2415 |
| 原 | yüen | 2 | 10 | 0.0013 | 4809 | 197 |
| 故 | gu | 4 | | | 1728 | 437 |
| 原 | yüen | 2 | 15 | 0.0019 | 4809 | 197 |
| 先 | xien | 1 | | | 2910 | 234 |
| 原 | yüen | 2 | 35 | 0.0044 | 4809 | 197 |
| 始 | shi | 3 | | | 3586 | 503 |
| 原 | yüen | 2 | 102 | 0.0129 | 4809 | 197 |
| 子 | dsi | 3 | | | 3874 | 324 |

| Char. | Syll. | Tone | Freq. | Freq.% | ID | Rank |
|---|---|---|---|---|---|---|
| 原 | yüen | 2 | 15 | 0.0019 | 4809 | 197 |
| 子 | dsi | 3 | | | 3874 | 324 |
| 能 | nung | 2 | | | 1212 | 70 |
| 原 | yüen | 2 | 31 | 0.0039 | 4809 | 197 |
| 子 | dsi | 3 | | | 3874 | 324 |
| 核 | huh | 2 | | | 1958 | 956 |
| 原 | yüen | 2 | 117 | 0.0148 | 4809 | 197 |
| 則 | dsuh | 2 | | | 3887 | 758 |
| 原 | yüen | 2 | 183 | 0.0232 | 4809 | 197 |
| 因 | yin | 1 | | | 4508 | 138 |
| 源 | yüen | 2 | 31 | 0.0039 | 4812 | 1037 |
| 袁 | yüen | 2 | 16 | 0.0020 | 4817 | 1782 |
| 世 | shi | 4 | | | 3594 | 236 |
| 凱 | kai | 3 | | | 1851 | 1791 |
| 園 | yüen | 2 | 18 | 0.0023 | 4810 | 656 |
| 園 | yüen | 2 | 14 | 0.0018 | 4810 | 656 |
| 地 | di | 4 | | | 858 | 33 |
| 員 | yüen | 2 | 19 | 0.0024 | 4808 | 210 |
| 員 | yüen | 2 | 25 | 0.0032 | 4808 | 210 |
| 工 | goong | 1 | | | 1804 | 125 |
| 員 | yüen | 2 | 23 | 0.0029 | 4808 | 210 |
| 外 | wai | 4 | | | 4632 | 122 |
| 圓 | yüen | 2 | 95 | 0.0120 | 4813 | 970 |
| 圓 | yüen | 2 | 30 | 0.0038 | 4813 | 970 |
| 形 | xing | 2 | | | 2988 | 252 |
| 圓 | yüen | 2 | 12 | 0.0015 | 4813 | 970 |
| 周 | rjou | 1 | | | 3185 | 398 |
| 緣 | yüen | 2 | 18 | 0.0023 | 4814 | 1623 |
| 緣 | yüen | 2 | 31 | 0.0039 | 4814 | 1623 |
| 故 | gu | 4 | | | 1728 | 437 |
| 遠 | yüen | 3 | 367 | 0.0465 | 4822 | 364 |
| 遠 | yüen | 3 | 21 | 0.0027 | 4822 | 364 |
| 東 | doong | 1 | | | 967 | 84 |
| 遠 | yüen | 2 | 14 | 0.0018 | 4822 | 364 |
| 遠 | yüen | 3 | | | 4822 | 364 |
| 的 | duh | 5 | | | 749 | 1 |
| 怨 | yüen | 4 | 28 | 0.0035 | 4826 | 2155 |
| 院 | yüen | 4 | 44 | 0.0056 | 4824 | 255 |
| 院 | yüen | 4 | 75 | 0.0095 | 4824 | 255 |
| 長 | rjang | 3 | | | 3250 | 135 |
| 院 | yüen | 4 | 27 | 0.0034 | 4824 | 255 |
| 子 | dsi | 5 | | | 3880 | 52 |
| 願 | yüen | 4 | 274 | 0.0347 | 4823 | 787 |
| 願 | yüen | 4 | 131 | 0.0166 | 4823 | 787 |
| 意 | yi | 4 | | | 4332 | 195 |
| 願 | yüen | 4 | 24 | 0.0030 | 4823 | 787 |
| 望 | wang | 4 | | | 4719 | 381 |
| 云 | yün | 2 | 24 | 0.0030 | 4834 | 3832 |
| 雲 | yün | 2 | 101 | 0.0128 | 4832 | 544 |
| 雲 | yün | 2 | 11 | 0.0014 | 4832 | 544 |
| 南 | nan | 2 | | | 1203 | 81 |
| 允 | yün | 2 | 18 | 0.0023 | 4839 | 2108 |
| 許 | xü | 3 | | | 3011 | 322 |
| 運 | yün | 4 | 68 | 0.0086 | 4841 | 284 |
| 運 | yün | 4 | 444 | 0.0562 | 4841 | 284 |
| 動 | doong | 4 | | | 974 | 94 |
| 運 | yün | 4 | 22 | 0.0028 | 4841 | 284 |
| 動 | doong | 4 | | | 974 | 94 |
| 會 | hwei | 4 | | | 2126 | 31 |
| 運 | yün | 4 | 23 | 0.0029 | 4841 | 284 |
| 動 | doong | 4 | | | 974 | 94 |
| 場 | rcang | 2 | | | 3474 | 450 |
| 運 | yün | 4 | 35 | 0.0044 | 4841 | 284 |
| 動 | doong | 4 | | | 974 | 94 |
| 員 | yüen | 2 | | | 4808 | 210 |
| 運 | yün | 4 | 19 | 0.0024 | 4841 | 284 |
| 氣 | chi | 4 | | | 2627 | 132 |
| 運 | yün | 4 | 10 | 0.0013 | 4841 | 284 |
| 銷 | xiau | 1 | | | 2872 | 1795 |
| 運 | yün | 4 | 48 | 0.0061 | 4841 | 284 |
| 輸 | shu | 1 | | | 3731 | 1125 |
| 運 | yün | 4 | 15 | 0.0019 | 4841 | 284 |
| 送 | soong | 4 | | | 4204 | 435 |
| 運 | yün | 4 | 77 | 0.0098 | 4841 | 284 |
| 用 | yüoong | 4 | | | 4864 | 38 |

| Char. | Syll. | Tone | Freq. | Freq.% | ID | Rank |
|---|---|---|---|---|---|---|
| 永 | yüoong | 3 | 41 | 0.0052 | 4852 | 780 |
| 永 | yüoong | 3 | 27 | 0.0034 | 4852 | 780 |
| 恆 | hung | 2 | | | 2050 | 1585 |
| 永 | yüoong | 2 | 35 | 0.0044 | 4852 | 780 |
| 久 | jiu | 3 | | | 2376 | 522 |
| 永 | yüoong | 2 | 120 | 0.0152 | 4852 | 780 |
| 遠 | yüen | 3 | | | 4822 | 364 |
| 勇 | yüoong | 3 | 20 | 0.0025 | 4851 | 974 |
| 勇 | yüoong | 2 | 27 | 0.0034 | 4851 | 974 |
| 敢 | gan | 3 | | | 1682 | 816 |
| 勇 | yüoong | 3 | 51 | 0.0065 | 4851 | 974 |
| 氣 | chi | 4 | | | 2627 | 132 |
| 湧 | yüoong | 3 | 17 | 0.0022 | 4853 | 2156 |
| 踴 | yüoong | 3 | 13 | 0.0016 | 4862 | 3835 |
| 躍 | yüeh | 4 | | | 4800 | 2448 |
| 擁 | yüoong | 3 | 53 | 0.0067 | 4854 | 1643 |
| 擁 | yüoong | 3 | 21 | 0.0027 | 4854 | 1643 |
| 護 | hu | 4 | | | 2072 | 722 |
| 擁 | yüoong | 2 | 20 | 0.0025 | 4854 | 1643 |
| 擠 | ji | 3 | | | 2248 | 1705 |
| 擁 | yüoong | 2 | 24 | 0.0030 | 4854 | 1643 |
| 有 | you | 3 | | | 4444 | 6 |
| 用 | yüoong | 4 | 2146 | 0.2719 | 4864 | 38 |
| 用 | yüoong | 4 | 11 | 0.0014 | 4864 | 38 |
| 品 | pin | 3 | | | 350 | 415 |
| 用 | yüoong | 4 | 18 | 0.0023 | 4864 | 38 |
| 法 | fa | 3 | | | 584 | 88 |
| 用 | yüoong | 4 | 34 | 0.0043 | 4864 | 38 |
| 掉 | diau | 4 | | | 882 | 854 |
| 用 | yüoong | 4 | 38 | 0.0048 | 4864 | 38 |
| 途 | tu | 2 | | | 1119 | 706 |
| 用 | yüoong | 4 | 12 | 0.0015 | 4864 | 38 |
| 來 | lai | 2 | | | 1297 | 15 |
| 用 | yüoong | 4 | 22 | 0.0028 | 4864 | 38 |
| 力 | li | 4 | | | 1396 | 143 |
| 用 | yüoong | 4 | 15 | 0.0019 | 4864 | 38 |
| 具 | jü | 4 | | | 2530 | 583 |

| Char. | Syll. | Tone | Freq. | Freq.% | ID | Rank |
|---|---|---|---|---|---|---|
| 用 | yüoong | 4 | 19 | 0.0024 | 4864 | 38 |
| 心 | xin | 1 | | | 2946 | 142 |
| 用 | yüoong | 4 | 24 | 0.0030 | 4864 | 38 |
| 處 | rcu | 4 | | | 3521 | 334 |
| 用 | yüoong | 4 | 13 | 0.0016 | 4864 | 38 |
| 作 | dswo | 4 | | | 3953 | 47 |
| 用 | yüoong | 4 | 10 | 0.0013 | 4864 | 38 |
| 以 | yi | 3 | | | 4324 | 24 |
| 用 | yüoong | 4 | 16 | 0.0020 | 4864 | 38 |
| 意 | yi | 4 | | | 4332 | 195 |

*Appendices*

## Appendix A: Sample of Phonetic Data

| Char. | Syll. | Tone | Freq. | Freq.% | ID | Rank |
|---|---|---|---|---|---|---|
| 可 | kuh | 3 | 13 | 0.0016 | 1840 | 41 |
| 觀 | gwan | 1 | | | 1782 | 359 |
| 可 | kuh | 3 | 22 | 0.0028 | 1840 | 41 |
| 靠 | kau | 4 | | | 1857 | 960 |
| 可 | kuh | 3 | 15 | 0.0019 | 1840 | 41 |
| 笑 | xiau | 4 | | | 2888 | 455 |
| 可 | kuh | 3 | 584 | 0.0740 | 1840 | 41 |
| 是 | shi | 4 | | | 3593 | 3 |
| 可 | kuh | 3 | 74 | 0.0094 | 1840 | 41 |
| 愛 | ai | 4 | | | 4246 | 300 |
| 可 | kuh | 2 | 1598 | 0.2024 | 1840 | 41 |
| 以 | yi | 3 | | | 4324 | 24 |
| 渴 | kuh | 3 | 10 | 0.0013 | 1839 | 1746 |
| 渴 | kuh | 3 | 30 | 0.0038 | 1839 | 1746 |
| 望 | wang | 4 | | | 4719 | 381 |
| 克 | kuh | 4 | 13 | 0.0016 | 1842 | 458 |
| 克 | kuh | 4 | 36 | 0.0046 | 1842 | 458 |
| 服 | fu | 2 | | | 688 | 366 |
| 客 | kuh | 4 | 48 | 0.0061 | 1844 | 922 |
| 客 | kuh | 4 | 12 | 0.0015 | 1844 | 922 |
| 店 | dien | 4 | | | 895 | 1141 |
| 客 | kuh | 4 | 32 | 0.0041 | 1844 | 922 |
| 廳 | ting | 1 | | | 1106 | 750 |
| 客 | kuh | 4 | 32 | 0.0041 | 1844 | 922 |
| 觀 | gwan | 1 | | | 1782 | 359 |
| 客 | kuh | 4 | 95 | 0.0120 | 1844 | 922 |
| 人 | run | 2 | | | 3812 | 11 |

## Appendices B - F: Lists of Exception Characters

### Appendix B

| Filename | No. | Character | ID | Rank | Filename | No. | Character | ID | Rank |
|---|---|---|---|---|---|---|---|---|---|
| F50 | 1 | 粑 | 8 | 4186 | F50 | 26 | 熛 | 333 | 4222 |
| F50 | 2 | 灞 | 17 | 4188 | F50 | 27 | 瞟 | 335 | 4223 |
| F50 | 3 | 慱 | 29 | 933 | F50 | 28 | 蹼 | 370 | 4226 |
| F50 | 4 | [illegible] | 35 | 2643 | F50 | 29 | 嚒 | 396 | 4228 |
| F50 | 5 | 簸 | 45 | 4190 | F50 | 30 | 嚰 | 403 | 2653 |
| F50 | 6 | 趵 | 90 | 3847 | F50 | 31 | 蘑 | 406 | 4229 |
| F50 | 7 | 甭 | 128 | 4197 | F50 | 32 | 嫚 | 471 | 2934 |
| F50 | 8 | 蹦 | 129 | 2492 | F50 | 33 | 莽 | 485 | 3158 |
| F50 | 9 | 沘 | 135 | 4198 | F50 | 34 | 矇 | 488 | 3448 |
| F50 | 10 | 愎 | 162 | 4202 | F50 | 35 | 濛 | 489 | 3447 |
| F50 | 11 | 彆 | 164 | 4203 | F50 | 36 | 懵 | 493 | 3879 |
| F50 | 12 | 鰾 | 169 | 3853 | F50 | 37 | 蜢 | 494 | 3285 |
| F50 | 13 | 秉 | 197 | 3035 | F50 | 38 | 瞇 | 499 | 3881 |
| F50 | 14 | 咼 | 199 | 3855 | F50 | 39 | 咩 | 517 | 1883 |
| F50 | 15 | 友 | 202 | 318 | F50 | 40 | 喵 | 520 | 3884 |
| F50 | 16 | 鈰 | 220 | 4209 | F50 | 41 | 冕 | 535 | 3654 |
| F50 | 17 | 啪 | 221 | 3857 | F50 | 42 | 麵 | 538 | 1393 |
| F50 | 18 | 趴 | 222 | 3434 | F50 | 43 | 抿 | 547 | 4240 |
| F50 | 19 | 箄 | 241 | 3640 | F50 | 44 | 冥 | 555 | 3655 |
| F50 | 20 | 渒 | 243 | 4212 | F50 | 45 | 母 | 560 | 287 |
| F50 | 21 | 薭 | 244 | 4211 | F50 | 46 | 砝 | 582 | 3452 |
| F50 | 22 | 炮 | 267 | 3861 | F50 | 47 | 玢 | 635 | 4248 |
| F50 | 23 | 噼 | 309 | 3437 | F50 | 48 | 跗 | 686 | 4251 |
| F50 | 24 | 毘 | 317 | 3865 | F50 | 49 | 滏 | 717 | 4257 |
| F50 | 25 | 媲 | 328 | 4220 | F50 | 50 | 瘩 | 739 | 4259 |

| Filename | No. | Character | ID | Rank | Filename | No. | Character | ID | Rank |
|---|---|---|---|---|---|---|---|---|---|
| F50 | 51 | 玳 | 765 | 4262 | F50 | 76 | 嘟 | 917 | 3058 |
| F50 | 52 | 擣 | 773 | 3662 | F50 | 77 | 鐸 | 936 | 4278 |
| F50 | 53 | 荳 | 793 | 3664 | F50 | 78 | 剁 | 941 | 3905 |
| F50 | 54 | 讀 | 795 | 4263 | F50 | 79 | 跺 | 943 | 4279 |
| F50 | 55 | 簞 | 802 | 4265 | F50 | 80 | 沌 | 961 | 3667 |
| F50 | 56 | 鄲 | 803 | 4264 | F50 | 81 | 盹 | 963 | 4280 |
| F50 | 57 | 撣 | 806 | 3894 | F50 | 82 | 燉 | 965 | 4281 |
| F50 | 58 | 啖 | 817 | 4266 | F50 | 83 | 躂 | 988 | 4284 |
| F50 | 59 | 當 | 824 | 4267 | F50 | 84 | 鐔 | 1029 | 3471 |
| F50 | 60 | 菪 | 829 | 3897 | F50 | 85 | 鐔 | 1032 | 3471 |
| F50 | 61 | 燈 | 831 | 677 | F50 | 86 | 碳 | 1037 | 1886 |
| F50 | 62 | 蹬 | 840 | 4268 | F50 | 87 | 醣 | 1047 | 3304 |
| F50 | 63 | 氐 | 843 | 4269 | F50 | 88 | 謄 | 1061 | 4292 |
| F50 | 64 | 啾 | 850 | 3898 | F50 | 89 | 笤 | 1091 | 2368 |
| F50 | 65 | 嫡 | 852 | 4270 | F50 | 90 | 馱 | 1138 | 3916 |
| F50 | 66 | 爹 | 866 | 566 | F50 | 91 | 氛 | 1188 | 4312 |
| F50 | 67 | 跌 | 867 | 1720 | F50 | 92 | 楠 | 1204 | 3174 |
| F50 | 68 | 喋 | 873 | 4271 | F50 | 93 | 匿 | 1226 | 3480 |
| F50 | 69 | 褶 | 875 | 4273 | F50 | 94 | 捏 | 1227 | 3062 |
| F50 | 70 | 牒 | 876 | 4272 | F50 | 95 | 涅 | 1232 | 3923 |
| F50 | 71 | 碉 | 881 | 4274 | F50 | 96 | 攆 | 1248 | 4320 |
| F50 | 72 | 吊 | 884 | 2716 | F50 | 97 | 噥 | 1274 | 4322 |
| F50 | 73 | 巔 | 890 | 4275 | F50 | 98 | 鑯 | 1288 | 3485 |
| F50 | 74 | 佃 | 903 | 4276 | F50 | 99 | 漯 | 1309 | 3678 |
| F50 | 75 | 盯 | 907 | 4277 | F50 | 100 | 癆 | 1320 | 2797 |

Appendix C

| Filename | no. | Character | Id | Rank | Filename | No. | Character | ID | Rank |
|---|---|---|---|---|---|---|---|---|---|
| F51 | 1 | 楼 | 1327 | 1099 | F51 | 26 | 觀 | 1782 | 359 |
| F51 | 2 | 犛 | 1380 | 3182 | F51 | 27 | 舘 | 1788 | 702 |
| F51 | 3 | 灘 | 1384 | 4337 | F51 | 28 | 摜 | 1795 | 4386 |
| F51 | 4 | 鎦 | 1456 | 3184 | F51 | 29 | 鯀 | 1796 | 3198 |
| F51 | 5 | 鐮 | 1464 | 3498 | F51 | 30 | 棵 | 1827 | 1667 |
| F51 | 6 | 磷 | 1482 | 3069 | F51 | 31 | 頦 | 1833 | 4387 |
| F51 | 7 | 啢 | 1501 | 4349 | F51 | 32 | 窠 | 1834 | 3962 |
| F51 | 8 | 鴿 | 1516 | 3943 | F51 | 33 | 靠 | 1857 | 960 |
| F51 | 9 | 漉 | 1544 | 3945 | F51 | 34 | 啃 | 1874 | 3700 |
| F51 | 10 | 囉 | 1552 | 3946 | F51 | 35 | 骷 | 1887 | 4392 |
| F51 | 11 | 濼 | 1562 | 3070 | F51 | 36 | 款 | 1923 | 1262 |
| F51 | 12 | 礲 | 1584 | 4356 | F51 | 37 | 崆 | 1943 | 3971 |
| F51 | 13 | 畧 | 1607 | 1039 | F51 | 38 | 嗨 | 1975 | 3975 |
| F51 | 14 | 尬 | 1614 | 4361 | F51 | 39 | 邢 | 2019 | 3979 |
| F51 | 15 | 疙 | 1621 | 4362 | F51 | 40 | 邯 | 2021 | 4410 |
| F51 | 16 | 夠 | 1663 | 520 | F51 | 41 | 開 | 2035 | 4411 |
| F51 | 17 | 够 | 1664 | 520 | F51 | 42 | 狠 | 2039 | 1687 |
| F51 | 18 | 研 | 1677 | 4369 | F51 | 43 | 亨 | 2047 | 1425 |
| F51 | 19 | 幹 | 1685 | 971 | F51 | 44 | 餬 | 2067 | 4415 |
| F51 | 20 | 贛 | 1688 | 1890 | F51 | 45 | 貨 | 2098 | 1331 |
| F51 | 21 | 賡 | 1704 | 4371 | F51 | 46 | 会 | 2126 | 31 |
| F51 | 22 | 櫃 | 1774 | 2343 | F51 | 47 | 哄 | 2186 | 2882 |
| F51 | 23 | 劌 | 1777 | 4385 | F51 | 48 | 鉉 | 2193 | 4435 |
| F51 | 24 | 鱖 | 1778 | 4384 | F51 | 49 | 犄 | 2218 | 3994 |
| F51 | 25 | 関 | 1779 | 247 | F51 | 50 | 乩 | 2219 | 4439 |

| Filename | No. | Character | ID | Rank |
|---|---|---|---|---|
| F51 | 51 | 鶺 | 2241 | 3995 |
| F51 | 52 | 噌 | 2243 | 3997 |
| F51 | 53 | 麃 | 2254 | 4444 |
| F51 | 54 | 濟 | 2262 | 839 |
| F51 | 55 | 剂 | 2265 | 1671 |
| F51 | 56 | 剽 | 2337 | 3725 |
| F51 | 57 | 腳 | 2356 | 729 |
| F51 | 58 | 韭 | 2380 | 4462 |
| F51 | 59 | 簡 | 2404 | 765 |
| F51 | 60 | 毽 | 2426 | 2376 |
| F51 | 61 | 筋 | 2444 | 2735 |
| F51 | 62 | 韁 | 2468 | 4470 |
| F51 | 63 | 疽 | 2514 | 4013 |
| F51 | 64 | 舉 | 2522 | 276 |
| F51 | 65 | 洵 | 2543 | 4479 |
| F51 | 66 | 噘 | 2544 | 4017 |
| F51 | 67 | 鱖 | 2558 | 4020 |
| F51 | 68 | 桷 | 2560 | 4480 |
| F51 | 69 | 皸 | 2577 | 4484 |
| F51 | 70 | 濬 | 2582 | 3542 |
| F51 | 71 | 哭 | 2588 | 3737 |
| F51 | 72 | 萋 | 2597 | 4025 |
| F51 | 73 | 啓 | 2620 | 977 |
| F51 | 74 | 檥 | 2649 | 4489 |
| F51 | 75 | 鴿 | 2685 | 4492 |
| F51 | 76 | 噙 | 2707 | 4493 |
| F51 | 77 | 强 | 2717 | 354 |
| F51 | 78 | 嗆 | 2724 | 4496 |
| F51 | 79 | 蔳 | 2731 | 4497 |
| F51 | 80 | 蟝 | 2749 | 3740 |
| F51 | 81 | 芎 | 2777 | 4500 |
| F51 | 82 | 蜥 | 2800 | 3744 |
| F51 | 83 | 峽 | 2832 | 1246 |
| F51 | 84 | 蠍 | 2850 | 2979 |
| F51 | 85 | 咻 | 2898 | 4513 |
| F51 | 86 | 銹 | 2908 | 3556 |
| F51 | 87 | 纖 | 2911 | 1941 |
| F51 | 88 | 啣 | 2922 | 2613 |
| F51 | 89 | 炘 | 2955 | 4054 |
| F51 | 90 | 珦 | 2981 | 4518 |
| F51 | 91 | 樂 | 2985 | 505 |
| F51 | 92 | 徐 | 3009 | 1274 |
| F51 | 93 | 昫 | 3012 | 4520 |
| F51 | 94 | 躑 | 3101 | 4530 |
| F51 | 95 | 榨 | 3138 | 2577 |
| F51 | 96 | 搌 | 3210 | 3759 |
| F51 | 97 | 賑 | 3241 | 3762 |
| F51 | 98 | 麞 | 3248 | 4547 |
| F51 | 99 | 憆 | 3251 | 4548 |
| F51 | 100 | 賬 | 3260 | 3235 |

Appendix D

| Filename | no. | Character | Id | Rank | Filename | No. | Character | ID | Rank |
|---|---|---|---|---|---|---|---|---|---|
| F52 | 1 | 蒸 | 3262 | 1114 | F52 | 26 | 紮 | 3882 | 4114 |
| F52 | 2 | 錚 | 3270 | 3765 | F52 | 27 | 咂 | 3883 | 4607 |
| F52 | 3 | 术 | 3295 | 4070 | F52 | 28 | 砸 | 3884 | 3592 |
| F52 | 4 | 煮 | 3298 | 1281 | F52 | 29 | 邹 | 3917 | 3396 |
| F52 | 5 | 插 | 3400 | 1401 | F52 | 30 | 鄒 | 3919 | 4609 |
| F52 | 6 | 喳 | 3402 | 2996 | F52 | 31 | 糌 | 3924 | 4610 |
| F52 | 7 | 汉 | 3411 | 4567 | F52 | 32 | 鏨 | 3928 | 4611 |
| F52 | 8 | 澶 | 3446 | 4570 | F52 | 33 | 嘬 | 3948 | 4614 |
| F52 | 9 | 沈 | 3459 | 1323 | F52 | 34 | 祚 | 3956 | 4118 |
| F52 | 10 | 閶 | 3469 | 4572 | F52 | 35 | 攥 | 3966 | 4616 |
| F52 | 11 | 芻 | 3515 | 4089 | F52 | 36 | 樓 | 3975 | 2539 |
| F52 | 12 | 婼 | 3526 | 4092 | F52 | 37 | 総 | 3978 | 200 |
| F52 | 13 | 蕁 | 3547 | 4093 | F52 | 38 | 跴 | 4013 | 2540 |
| F52 | 14 | 溼 | 3574 | 1316 | F52 | 39 | 鰽 | 4023 | 4621 |
| F52 | 15 | 舌 | 3597 | 236 | F52 | 40 | 蒽 | 4073 | 2690 |
| F52 | 16 | 嗜 | 3613 | 3775 | F52 | 41 | 囱 | 4077 | 3399 |
| F52 | 17 | 潸 | 3675 | 4100 | F52 | 42 | 仨 | 4105 | 4628 |
| F52 | 18 | 鄯 | 3683 | 3123 | F52 | 43 | 颼 | 4131 | 3601 |
| F52 | 19 | 嬙 | 3700 | 2122 | F52 | 44 | 藪 | 4134 | 4631 |
| F52 | 20 | 贖 | 3744 | 3779 | F52 | 45 | 溯 | 4160 | 4130 |
| F52 | 21 | 澍 | 3767 | 4596 | F52 | 46 | 濉 | 4174 | 4635 |
| F52 | 22 | 甩 | 3776 | 4108 | F52 | 47 | 嶲 | 4178 | 4636 |
| F52 | 23 | 涮 | 3787 | 2623 | F52 | 48 | 餸 | 4207 | 3604 |
| F52 | 24 | 箬 | 3842 | 4600 | F52 | 49 | 峨 | 4220 | 3013 |
| F52 | 25 | 齜 | 3870 | 4604 | F52 | 50 | 捱 | 4240 | 4642 |

| Filename | No. | Character | ID | Rank |
|---|---|---|---|---|
| F52 | 51 | 遨 | 4256 | 4645 |
| F52 | 52 | 摁 | 4286 | 4145 |
| F52 | 53 | 尔 | 4292 | 306 |
| F52 | 54 | 洱 | 4294 | 3134 |
| F52 | 55 | 縊 | 4363 | 4657 |
| F52 | 56 | 脓 | 4367 | 4660 |
| F52 | 57 | 垭 | 4379 | 4151 |
| F52 | 58 | 氩 | 4382 | 4661 |
| F52 | 59 | 砑 | 4385 | 3812 |
| F52 | 60 | 吆 | 4409 | 4663 |
| F52 | 61 | 黝 | 4445 | 4155 |
| F52 | 62 | 叹 | 4453 | 4156 |
| F52 | 63 | 盬 | 4466 | 663 |
| F52 | 64 | 妍 | 4481 | 3820 |
| F52 | 65 | 鼴 | 4485 | 3270 |
| F52 | 66 | 仰 | 4544 | 1418 |
| F52 | 67 | 媖 | 4559 | 4677 |
| F52 | 68 | 潕 | 4590 | 4681 |
| F52 | 69 | 萵 | 4623 | 4684 |
| F52 | 70 | 葳 | 4635 | 4685 |
| F52 | 71 | 煒 | 4658 | 4688 |
| F52 | 72 | 衛 | 4662 | 453 |
| F52 | 73 | 湾 | 4676 | 321 |
| F52 | 74 | 萸 | 4747 | 4694 |
| F52 | 75 | 矩 | 4753 | 468 |
| F52 | 76 | 禹 | 4757 | 1564 |
| F52 | 77 | 瑀 | 4758 | 2702 |
| F52 | 78 | 域 | 4763 | 811 |
| F52 | 79 | 彧 | 4788 | 4696 |
| F52 | 80 | 埕 | 4789 | 4699 |
| F52 | 81 | 湞 | 4837 | 4705 |

Appendix E

| Filename | no. | Character | Id | Rank |
|---|---|---|---|---|
| F53 | 1 | 體 | 1073 | 178 |
| F53 | 2 | 廳 | 1106 | 750 |
| F53 | 3 | 仰 | 4544 | 1418 |
| F53 | 4 | 夠 | 1663 | 520 |
| F53 | 5 | 村 | 4069 | 666 |
| F53 | 6 | 觀 | 1782 | 359 |
| F53 | 7 | 憐 | 1460 | 1519 |
| F53 | 8 | 桿 | 1681 | 1253 |
| F53 | 9 | 本 | 112 | 65 |
| F53 | 10 | 據 | 2528 | 523 |
| F53 | 11 | 鐵 | 1085 | 250 |
| F53 | 12 | 棵 | 1827 | 1667 |
| F53 | 13 | 虧 | 1908 | 2034 |
| F53 | 14 | 號 | 1997 | 270 |
| F53 | 15 | 含 | 2016 | 991 |
| F53 | 16 | 念 | 1250 | 578 |
| F53 | 17 | 頭 | 1017 | 164 |
| F53 | 18 | 入 | 3836 | 319 |
| F53 | 19 | 度 | 927 | 212 |
| F53 | 20 | 舅 | 2386 | 1726 |
| F53 | 21 | 母 | 560 | 287 |
| F53 | 22 | 店 | 895 | 1141 |
| F53 | 23 | 定 | 912 | 121 |
| F53 | 24 | 低 | 842 | 799 |
| F53 | 25 | 鹼 | 2413 | 2521 |
| F53 | 26 | 盤 | 272 | 1009 |
| F53 | 27 | 錢 | 2686 | 525 |
| F53 | 28 | 世 | 3594 | 236 |
| F53 | 29 | 歷 | 1399 | 934 |
| F53 | 30 | 捐 | 2563 | 1602 |
| F53 | 31 | 味 | 4663 | 882 |
| F53 | 32 | 丘 | 2668 | 2117 |
| F53 | 33 | 臘 | 1284 | 1861 |
| F53 | 34 | 攜 | 2789 | 2231 |
| F53 | 35 | 細 | 2821 | 584 |
| F53 | 36 | 生 | 3715 | 32 |
| F53 | 37 | 獻 | 2938 | 1354 |
| F53 | 38 | 響 | 2969 | 696 |
| F53 | 39 | 興 | 2982 | 505 |
| F53 | 40 | 徐 | 3009 | 1274 |
| F53 | 41 | 士 | 3596 | 362 |
| F53 | 42 | 櫃 | 1774 | 2343 |
| F53 | 43 | 蒸 | 3262 | 1114 |
| F53 | 44 | 症 | 3278 | 2317 |
| F53 | 45 | 權 | 2766 | 473 |
| F53 | 46 | 煮 | 3298 | 1281 |
| F53 | 47 | 磚 | 3341 | 1811 |
| F53 | 48 | 琅 | 1362 | 3680 |
| F53 | 49 | 肯 | 1873 | 1040 |
| F53 | 50 | 俘 | 693 | 2130 |

| Filename | No. | Character | ID | Rank |
|---|---|---|---|---|
| F53 | 51 | 他 | 979 | 10 |
| F53 | 52 | 略 | 1608 | 1039 |
| F53 | 53 | 荒 | 2165 | 1503 |
| F53 | 54 | 腳 | 2356 | 729 |
| F53 | 55 | 欣 | 2948 | 1481 |
| F53 | 56 | 瀰 | 505 | 3882 |
| F53 | 57 | 麫 | 540 | 1393 |
| F53 | 58 | 母 | 560 | 287 |
| F53 | 59 | 吊 | 884 | 2716 |
| F53 | 60 | 她 | 978 | 10 |
| F53 | 61 | 鐵 | 1085 | 250 |
| F53 | 62 | 勾 | 1659 | 1975 |
| F53 | 63 | 鉤 | 1658 | 2261 |
| F53 | 64 | 幹 | 1685 | 971 |
| F53 | 65 | 館 | 1788 | 702 |
| F53 | 66 | 貨 | 2098 | 1331 |
| F53 | 67 | 跡 | 2206 | 1224 |
| F53 | 68 | 蹟 | 2205 | 1224 |
| F53 | 69 | 腳 | 2356 | 729 |
| F53 | 70 | 羣 | 2775 | 651 |
| F53 | 71 | 樂 | 4796 | 705 |
| F53 | 72 | 冲 | 3562 | 1636 |
| F53 | 73 | 什 | 3628 | 96 |
| F53 | 74 | 舍 | 3633 | 2062 |
| F53 | 75 | 墅 | 3765 | 3780 |

| Filename | No. | Character | ID | Rank |
|---|---|---|---|---|
| F53 | 76 | 軟 | 3849 | 1428 |
| F53 | 77 | 草 | 4025 | 541 |
| F53 | 78 | 飼 | 4096 | 1389 |
| F53 | 79 | 賽 | 4123 | 514 |
| F53 | 80 | 嚥 | 4505 | 3413 |
| F53 | 81 | 佘 | | |
| F53 | 82 | 予 | 4731 | 1852 |
| F53 | 83 | 筆 | 133 | 429 |
| F53 | 84 | 碌 | 1540 | 2565 |
| F53 | 85 | 番 | 605 | 1542 |
| F53 | 86 | 胎 | 990 | 2503 |
| F53 | 87 | 廚 | 3512 | 1732 |
| F53 | 88 | 溱 | | |
| F53 | 89 | 按 | 4281 | 1024 |
| F53 | 90 | 探 | 1036 | 1518 |

Appendix F

| Filename | no. | Character | Id | Rank |
|---|---|---|---|---|
| F54 | 1 | 傷 | 3706 | 754 |
| F54 | 2 | 途 | 1119 | 706 |
| F54 | 3 | 級 | 2222 | 317 |
| F54 | 4 | 別 | 163 | 259 |
| F54 | 5 | 伎 | id 10 | rk 10 |
| F54 | 6 | 僻 | 327 | 2780 |
| F54 | 7 | 祂 | id 4 | rk 4 |
| F54 | 8 | 泌 | 515 | 2221 |
| F54 | 9 | 酶 | id 3 | rk 3 |
| F54 | 10 | 徑 | 2504 | 1672 |
| F54 | 11 | 孥 | id 5 | rk 5 |
| F54 | 12 | 搞 | id 6 | rk 6 |
| F54 | 13 | 痼 | id 7 | rk 7 |
| F54 | 14 | 鷗 | id 8 | rk 8 |
| F54 | 15 | 躍 | id 9 | rk 9 |
| F54 | 16 | 挾 | id 10 | rk 10 |
| F54 | 17 | 洶 | 3072 | 3374 |
| F54 | 18 | 艷 | 4497 | 2284 |
| F54 | 19 | 績 | 2202 | 837 |
| F54 | 20 | 髦 | id 14 | rk 14 |
| F54 | 21 | 燈 | 831 | 677 |
| F54 | 22 | 踩 | 4013 | 2540 |
| F54 | 23 | 撒 | 4106 | 3256 |
| F54 | 24 | 俺 | id 16 | rk 16 |
| F54 | 25 | 刹 | id 17 | rk 17 |

| Filename | No. | Character | ID | Rank |
|---|---|---|---|---|
| F54 | 26 | 驟 | 3921 | 2584 |
| F54 | 27 | 攀 | 2522 | 276 |
| F54 | 28 | 驤 | id 18 | rk 18 |
| F54 | 29 | 喫 | id 13 | rk 13 |
| F54 | 30 | 鯊 | id 15 | rk 15 |
| F54 | 31 | 狍 | id 2 | rk 2 |
| F54 | 32 | 靶 | id 1 | rk 1 |
| F54 | 33 | 崑 | 1924 | 2304 |
| F54 | 34 | 舖 | 377 | 1998 |
| F54 | 35 | 麵 | 538 | 66 |
| F54 | 36 | 牠 | 981 | 10 |
| F54 | 37 | 貶 | 174 | 3433 |
| F54 | 38 | 買 | 425 | 550 |
| F54 | 39 | 美 | 442 | 80 |
| F54 | 40 | 她 | 978 | 10 |
| F54 | 41 | 弄 | 1277 | 1259 |
| F54 | 42 | 郎 | 1356 | 1347 |
| F54 | 43 | 籠 | 1581 | 1683 |
| F54 | 44 | 著 | 3174 | 1153 |
| F54 | 45 | 隨 | 4176 | 747 |
| F54 | 46 | 歐 | 4266 | 860 |
| F54 | 47 | 館 | 1786 | 702 |
| F54 | 48 | 幹 | 1686 | 971 |
| F54 | 49 | 鐵 | 1085 | 250 |
| F54 | 50 | 觀 | 1782 | 359 |

| Filename | No. | Character | ID | Rank |
|---|---|---|---|---|
| F54 | 51 | 捨 | 3634 | 2062 |
| F54 | 52 | 容 | 3855 | 401 |
| F54 | 53 | 飼 | 4096 | 2837 |
| F54 | 54 | 綜 | 3980 | 2353 |
| F54 | 55 | 湊 | 4026 | 2837 |
| F54 | 56 | 癜 | id 12 | rk 12 |
| F54 | 57 | 驗 | 4493 | 749 |
| F54 | 58 | 雇 | 1732 | 2728 |
| F54 | 59 | 額 | 4769 | 2358 |
| F54 | 60 | 唇 | 3543 | 3243 |
| F54 | 61 | 疏 | 3733 | 1654 |
| F54 | 62 | 亂 | 1568 | 794 |
| F54 | 63 | 余 | 4734 | 1852 |
| F54 | 64 | 斂 | 1475 | 3499 |
| F54 | 65 | 瀰 | 505 | 3882 |
| F54 | 66 | 汩 | 516 | 3883 |
| F54 | 67 | 鈴 | 1508 | 1520 |

## Appendix G: A FORTRAN Program which Extracts the Character Matrices

```
C      The following FORTRAN program reads data from a
C      F??.DAT file. This includes computing of ?? in a F??.DAT
C      file. When using this program, you have to keep
C      a consistent data format when you create the SORRER1.DAT
C      file. For example, you want to read 100th record in F18
C      and 3rd record in F8, the data in file SORRER1.DAT should
C      be written in following format:
C
C      b18b100
C      bb8bbb3
C
C                     Where b = blank.
C
C      Before you run this program, you should have a SORRER1.DAT
C      ready. After you have run this program, the Chinese character
C      is then stored in a file named SORCH1.DAT
C
C      This program is written for a VAX 11 computer. Parameter MTA0
C      is the tape drive name.
C
       PROGRAM EXTRACT
       INTEGER D1,D10,FILENO,INDEX,DIFF,POS
       LOGICAL *1 FNAME(13)
       CHARACTER*52 LINE(51)
       LASTFILE=0
       POS=0
C
C      First, open SORRER1.DAT file.
C
       OPEN(UNIT=2,FILE='SORRER1.DAT',STATUS='OLD')
C
C      Create a new data file called SORCH1.DAT.
C
       OPEN(UNIT=3,FILE='SORCH1.DAT',STATUS='NEW',CARRIAGE CONTROL='LIST')
C
C      Read file number and index from SORRER1.DAT file.
C
20     READ(2,50,END=99)FILENO,INDEX
50     FORMAT(1X,I2,1X,I3)
C
C      If this is the first file to read then open F??.DAT,
C      move to the record position, read the corresponding
```

```
C       character, and store (write) this character into
C       SORCH1.DAT file.
C
C       Else
C
C       Check the file number and index number, if not the same
C       as the last opened file, or the index is less than the
C       last index number, then proceed as follows:
C       1. Close last opened data file.
C       2. Open F??.DAT file. Where ?? is the new file number.
C       3. Move to position as specified by the index number.
C       4. Read the corresponding character.
C       5. Store (write) the character into SORCH1.DAT file.
C
C       Else
C
C       If index number is same as last index number
C
C       Then
C
C       Store the character into SORCH1.DAT file
C
C       Else move to position as specified by the index number
C       read and store the character.
C
        IF(LASTFILE.EQ.0)THEN
           CALL OPENFILE(FILENO)
           LASTFILE=FILENO
           CALL READFILE(INDEX,POS,LINE)
           CALL WRITECHR(LINE)
        ELSE
           IF(LASTFILE.NE.FILENO.OR.INDEX.LT.POS)THEN
           CLOSE(UNIT=1)
           POS=0
           CALL OPENFILE(FILENO)
           LASTFILE=FILENO
           CALL READFILE(INDEX,POS,LINE)
           CALL WRITECHR(LINE)
        ELSE
           IF(INDEX.EQ.POS)THEN
           CALL WRITECHR(LINE)
          ELSE
          CALL READFILE(INDEX,POS,LINE)
          CALL WRITECHR(LINE)
          ENDIF
          ENDIF
```

```
      ENDIF
      GOTO 20
99    CLOSE(UNIT=2)
      CLOSE(UNIT=3)
      CLOSE(UNIT=1)
      STOP
      END
C
C     Subroutine OPENFILE to create a file name from a file number.
C
      SUBROUTINE OPENFILE(FILENO)
      INTEGER D1,D10,FILENO
      LOGICAL*1 FNAME(13)
      FNAME(1)='M'
      FNAME(2)='T'
      FNAME(3)='A'
      FNAME(4)='0'
      FNAME(5)=':'
      FNAME(6)='F'
      FNAME(8) =' '
      FNAME(9) ='.'
      FNAME(10)='D'
      FNAME(11)='A'
      FNAME(12)='T'
      D10=FILENO/10
      D1=MOD(FILENO,10)
      IF(D10.NE.0) THEN
           FNAME(7)=D10+48
           FNAME(8)=D1+48
      ELSE
           FNAME(7)=D1+48
      ENDIF
10    OPEN(UNIT=1,FILE=FNAME,READONLY,STATUS='OLD',RECL=60,
     +RECORDTYPE='FIXED',BLOCKSIZE=3060)
      RETURN
      END
      SUBROUTINE READFILE(INDEX,POS,LINE)
      INTEGER INDEX,POS,DIFF
      CHARACTER*52 LINE(51)
      DIFF=INDEX-POS
      DO 1 I=1,DIFF
      DO 2 J=1,51
      READ(1,3)LINE(J)
2     CONTINUE
3     FORMAT(A52)
```

```
1       CONTINUE
        POS=INDEX
        RETURN
        END
        SUBROUTINE WRITECHR(LINE)
        CHARACTER*52 LINE(51)
        DO 1 I=1,51
        WRITE(3,2)LINE(I)
1       CONTINUE
2       FORMAT(A52)
        RETURN
        END
```